Joint Conference JEP-TALN-RECITAL 2012

Grenoble, France
4-7 June 2012

Editors:

Laurent Besacier
Gilles Serasset
Benjamin Lecouteux

ISBN: 978-1-62276-513-3

Printed from e-media with permission by:

Curran Associates, Inc.
57 Morehouse Lane
Red Hook, NY 12571

Some format issues inherent in the e-media version may also appear in this print version.

Printed by Curran Associates, Inc. (2013)

Association for Computational Linguistics
209 N. Eighth Street
Stroudsburg, Pennsylvania 18360

Phone: 1-570-476-8006
Fax: 1-570-476-0860

acl@aclweb.org

Additional copies of this publication are available from:

Curran Associates, Inc.
57 Morehouse Lane
Red Hook, NY 12571 USA
Phone: 845-758-0400
Fax: 845-758-2634
Email: curran@proceedings.com
Web: www.proceedings.com

Préface

Pour la quatrième fois, après Nancy en 2002, Fès en 2004, et Avignon en 2008, l'AFCP (Association Francophone pour la Communication Parlée) et l'ATALA (Association pour le Traitement Automatique des Langues) organisent conjointement leurs principales conférences afin de réunir en un seul lieu les deux communautés du traitement de la parole et de la langue écrite pour favoriser les interactions entre nos deux communautés.

Plus précisément, la conférence JEP-TALN-RECITAL'2012 réunit cette année la vingt-neuvième édition des Journées d'Étude sur la Parole (JEP'2012), la dix-neuvième édition de la conférence sur le Traitement Automatique des Langues Naturelles (TALN'2012) et la quinzième édition des Rencontres des Étudiants Chercheurs en Informatique pour le Traitement Automatique des Langues (RECITAL'2012).

Nous avons souhaité organiser cet événement sur le campus universitaire de l'université de Grenoble, au plus proche des trois laboratoires co-organisateurs (LIG, LIDILEM, GIPSA-Lab). L'université Stendhal-Grenoble 3 (consacrée aux disciplines des humanités) nous accueille dans ses locaux à cette occasion.

Par ailleurs, JEP-TALN-RECITAL'2012 accueille quatre ateliers ; la septième édition du « DÉfi Fouille de Texte » (DEFT), la seconde édition du « DEfi Geste Langue et Signe » (DEGELS), ainsi que deux nouveaux auxquels nous souhaitons longue vie : « Interactions Langagières pour personnes Agées Dans les habitats Intelligents » (ILADI) et « Traitement Automatique des Langues Africaines – écrit et parole » (TALAf). Quatre conférenciers renommés ont accepté notre invitation pour des sessions plénières communes. Nous espérons que leur hauteur de vue et leur ouverture d'esprit permettront des discussions intéressantes et ouvriront des perspectives prometteuses.

Quelques informations sur les processus de sélection pour cette édition sont présentées ci-dessous. Nous remercions tous les relecteurs et membres des différents comités de programme pour leur travail ainsi que nos sociétés savantes : l'AFCP et l'ATALA (avec son comité permanent qui assure la continuité de la forme et du fond entre les diverses éditions).

Nous avons reçu 62 propositions d'articles longs pour TALN, parmi lesquels 24 ont été sélectionnés au moyen d'un processus de relecture consciencieux, soit un taux de sélection de 39 %. 61 articles courts ont été soumis parmi lesquels 29 ont été sélectionnés au moyen d'un processus de relecture identique à celui des articles longs, soit un taux de sélection de 48 %. Comme lors de l'édition précédente de TALN, les articles courts seront présentés sous forme de sessions orales brèves (2 minutes par publication) et de poster. 10 démonstrations seront également présentées au cours d'une session dédiée.

Concernant les JEP, 145 propositions ont été reçues. À l'issue de la réunion du comité de programme qui s'est tenue à Grenoble les 15 et 16 mars, 108 articles ont été sélectionnés (74 %). 28 articles seront présentés en session orale et 80 lors de sessions poster.

La désaffection grandissante des soumissions à RECITAL nous a conduit à proposer plusieurs innovations afin de remobiliser nos jeunes chercheurs. Tout d'abord, l'appel à communication a été étendu pour permettre la soumission de travaux préliminaires, projets de thèse, travaux des premiers mois de recherche (états de l'art, premières pistes...). Ensuite le processus de relecture a été modifié pour offrir à nos jeunes des relectures pédagogiques (encouragements, pistes) et permettre des échanges directs avec les relecteurs (relectures non-anonymes). Ces changements ont été accueillis très favorablement puisque nous avons reçu 42 propositions de communications parmi lesquelles 11 feront l'objet de présentations orales (27 %) et 17 de présentations sous forme de poster (40 %). Nous sommes également revenus à des sessions RECITAL spécifiques qui ne sont pas en parallèle avec des sessions TALN.

En ce qui concerne les actes, nous avons fourni de nouveaux styles optimisés pour une lecture à l'écran. Bien que les habitudes des auteurs aient été changées à cette occasion, nous espérons que les lecteurs nous feront des retours d'usage positifs. Un meilleur référencement des travaux présentés a aussi été l'une de nos préoccupations ; aussi avons-nous choisi de les faire référencer par l'ACL (*Association for Computational Linguistics*) dans l'*ACL Anthology* [1] pour une meilleure visibilité.

Nous vous souhaitons, chers lecteurs, un parcours passionnant et passionné au fil des nombreuses pages de ces actes et, pourquoi pas, des découvertes inattendues grâce au hasard et à votre sagacité ; découvertes qui seront les graines de nouvelles idées pour faire progresser nos champs de recherche.

Laurent Besacier, Président JEP

Hervé Blanchon & Georges Antoniadis, Présidents TALN

Didier Schwab & Jorge Mauricio Molina Mejia, Présidents RECITAL

1. `http://www.aclweb.org/anthology/`

Le mot de la présidente
de l'Association pour le Traitement Automatique des Langues

L'Association pour le Traitement Automatique des Langues (ATALA[2]) soutient depuis 1959 les travaux de recherche fondamentale et appliquée en linguistique informatique.

En complément des travaux sur les modèles informatiques de la langue, il est primordial pour l'ATALA de renforcer ses liens avec des domaines connexes tels que le traitement de la parole ou la représentation des connaissances.

Ceci est d'autant plus important à un moment où, avec l'avènement des technologies de l'Internet et de l'information, les données écrites et parlées, qu'il était jusqu'alors très difficile de recueillir sont devenues, en un laps de temps très court, pléthores et très faciles d'accès. En quelques années seulement, nous sommes passé du rêve, avoir accès à plus de données, au cauchemar, avoir trop de données. L'Internet et l'utilisation généralisée des bases de données sont aujourd'hui la cause principale de la croissance exponentielle et continue des données en ligne.

De nos jours, grâce aux logiciels embarqués la plupart des types de dispositifs électroniques que nous utilisons quotidiennement sont en mesure de fournir des données pérennes. En effet, alors qu'auparavant la plupart des données disparaissaient après avoir été utilisées dans un but précis, les données sont maintenant stockées, fusionnées, distribuées et même revendues pour être analysées et interprétées dans le meilleur des cas, à des fins d'innovation ou d'avancée scientifique.

Dans un contexte en constante mutation, l'organisation conjointe entre l'AFCP et l'ATALA des journées TALN permet aux deux communautés d'échanger leurs méthodes d'analyse et de compréhension de ces données textuelles ou parlées afin de faire progresser la recherche en proposant de nouvelles méthodes et de nouveaux algorithmes sur lesquels s'appuyer pour développer de nouvelles technologies et services dans le domaine de l'analyse intelligente des données.

Frédérique Segond
Présidente de l'ATALA

2. http://www.atala.org/

Le mot de la présidente de l'Association Francophone de la Communication Parlée

Chers collègues,

Après les éditions de 1970 (1ères JEP), 1979 (10èmes JEP), et avec en 2000 un détour à Aussois (23èmes JEP), les Journées d'Etude sur la Parole sont de retour à Grenoble !

L'AFCP (Association Francophone de la Communication Parlée [3]) se réjouit de s'associer de nouveau à l'ATALA (Association pour le Traitement Automatique des Langues) pour l'organisation de cet événement commun que sont les JEP-TALN-RECITAL. Rappelons que depuis 2002, les communautés du traitement de la langue, orale comme écrite, se retrouvent périodiquement en un même lieu afin favoriser les échanges et stimuler l'émergence de projets de recherche commun. Les éditions passées, à Nancy en 2002, à Fès en 2004, à Avignon en 2008, ont été un réel succès et nous gageons que cette édition JEP-TALN-RECITAL'2012 sera de nouveau un moment fort de rencontres et d'échanges fructueux entre les différents acteurs de nos communautés.

Pour ce qui concerne cette 29ème édition des Journées d'Etude sur la Parole, 145 communications ont été soumises, ce qui est très satisfaisant (136 soumissions en 2010 à Mons, 130 en 2008 à Avignon). L'origine variée des soumissions (majoritairement de France, mais aussi de Belgique, de Suisse, du Canada, des Etats-Unis, de Tunisie, du Maroc,...) souligne une fois encore le caractère international de ces journées francophones, qui est une priorité de l'AFCP. Sur ces 145 soumissions, 108 ont été retenues, ce qui donne un taux d'acceptation de 74% qui est similaire à celui de l'édition précédente. La couverture thématique des papiers retenus est vaste et reflète le dynamisme et la diversité des recherches sur la parole dans la communauté francophone.

Pour rappel, les communications aux JEP sont sélectionnées sur la base d'un article complet. Chaque soumission est évaluée par deux relecteurs. Le comité de programme, constitué des membres du CA de l'AFCP et de membres du comité d'organisation, se réunit pendant deux jours pour examiner les soumissions et leurs évaluations, certaines sont relues par un 3ème lecteur, et la sélection finale est effectuée. Les communications sélectionnées sont alors groupées par thèmes afin de définir les sessions thématiques de la conférence, et pour chaque session, des communications orales sont choisies. Les autres communications, qui seront présentées sous forme de posters, ne sont pas regroupées thématiquement de façon a avoir des sessions poster couvrant un large spectre d'intérêts. Il est donc à noter qu'aux JEP, la sélection entre communication orale et affichée s'effectue principalement sur la base d'un choix thématique pour les sessions orales et ne renvoie donc pas à un critère de qualité.

---

3. L'Association Francophone de la Communication Parlée (AFCP) est une structure d'animation et de réflexion de la communauté francophone travaillant sur la parole. `http://www.afcp-parole.org/`

Pour ces JEP, outres les traditionnelles bourses proposées aux étudiants et jeunes chercheurs, nous renouvelons notre action d'invitation de jeunes chercheurs appartenant à des laboratoires situés hors de France. Cinq jeunes chercheurs venant de Tunisie et d'Algérie ont été ainsi sélectionnés sur dossier et nous auront le plaisir de les accueillir à ces rencontres. Nous aurons également l'honneur de remettre lors de ces journées les prix de thèse édition 2010 et 2011, à Gwénolé Lecorvé et Juliette Kahn, respectivement.

Pour finir, l'AFCP est ravie de voir cette 29ème édition des Journées d'Etude sur la Parole se tenir à Grenoble. Grenoble est depuis longtemps un haut lieu de la recherche sur la parole et a toujours eu un rôle important dans la structuration et l'animation de notre communauté parole, tant au niveau national, qu'au niveau international. Après des restructurations difficiles du pôle parole grenoblois, nous ne pouvons que nous réjouir que l'ensemble des laboratoires grenoblois, sous l'impulsion du LIG, ait entrepris l'aventure commune qu'est l'organisation de cet événement important pour la communauté francophone. Au nom de l'AFCP, je tiens donc à remercier sincèrement tous les organisateurs de ces Journées, le LIG, le LIDILEM et le GIPSA-Lab et en particulier Laurent Besacier, pour son dynamisme et son investissement dans cette entreprise.

Au nom du comité de programme, je remercie aussi vivement les 114 relecteurs pour leur temps et leur travail fait dans un esprit constructif.

Enfin, je tiens à remercier tous les auteurs, conférenciers, et participants qui sont le moteur de notre communauté scientifique si sympathique.

Je vous souhaite à tous des journées et des rencontres enrichissantes et stimulantes.

Cécile Fougeron
Présidente de l'AFCP
Présidente du Comité de Programme des XXIXèmes JEP

Comité d'organisation de JEP-TALN-RECITAL'2012 :

Georges ANTONIADIS (LIDILEM, Université Grenoble 3)
Véronique AUBERGÉ (Gipsa-Lab, CNRS)
Valérie BELLYNCK (LIG-GETALP, Grenoble INP)
Laurent BESACIER (LIG-GETALP, Université Grenoble 1)
Hervé BLANCHON (LIG-GETALP, Université Grenoble 2)
Francis BRUNET-MANQUAT (LIG-GETALP, Université Grenoble 2)
Emmanuelle ESPERANÇA-RODIER (LIG-GETALP, Université Grenoble 1)
Jérôme GOULIAN (LIG-GETALP, Université Grenoble 2)
Marie-Paule JACQUES (LIDILEM, Université Grenoble 3)
Olivier KRAIF (LIDILEM, Université Grenoble 3)
Alexandre LABADIÉ (LIG-GETALP, CNRS)
Thomas LEBARBÉ (LIDILEM, Université Grenoble 3)
Benjamin LECOUTEUX (LIG-GETALP, Université Grenoble 2)
Mathieu MANGEOT (LIG-GETALP, Université De Savoie)
Jorge Mauricio MOLINA MEJIA (LIDILEM, Université Grenoble 3)
Claude PONTON (LIDILEM, Université Grenoble 3)
François PORTET (LIG-GETALP, Grenoble INP)
Solange ROSSATO (LIG-GETALP, Université Grenoble 3)
Isabelle ROUSSET (LIDILEM, Université Grenoble 3)
Didier SCHWAB (LIG-GETALP, Université Grenoble 2)
Frédérique SEGOND (Pôle Innovation Viseo)
Gilles SÉRASSET (LIG-GETALP, Université Grenoble 1)
Agnès TUTIN (LIDILEM, Université Grenoble 3)
Michel VACHER (LIG-GETALP, CNRS)
Nathalie VALLÉE (Gipsa-Lab, CNRS)
Virginie ZAMPA (LIDILEM, Université Grenoble 3)

Comité de programme de JEP'2012 :

Présidents :

Laurent BESACIER (LIG-GETALP, Université Grenoble 1, France)
Cécile FOUGERON (LPP Paris)
Guillaume GRAVIER, IRISA et CNRS-INRIA Rennes)

Membres :

Gilles ADDA (LIMSI, Paris)
Melissa BARKAT-DEFRADAS (PRAXILING, Montpellier)
Loïc BARRAULT (LIUM, Le Mans)
Philippe BOULA DE MAREUIL (LIMSI, Paris)
Véronique BOULENGER (DDL Lyon)
Elisabeth DELAIS-ROUSSARIE (Lab. Linguistique Formelle, Paris)
Véronique DELVAUX (Univ. Mons, Belgique)

Didier DEMOLIN (Gipsa-Lab, Grenoble)
Laurence DEVILLERS (LIMSI, Paris)
Isabelle FERRANE (IRIT, Toulouse)
Emmanuel FERRAGNE (CLILLAC-ARP, Paris)
Corinne FREDOUILLE (LIA, Avignon)
Bernard HARMEGNIES (Univ. Mons, Belgique)
Fabrice HIRSCH (PRAXILING, Montpellier)
Thomas HUEBER (Gipsa-Lab, Grenoble)
Irina ILLINA (LORIA, Nancy)
David LANGLOIS (LORIA, Nancy)
Georges LINARES (LIA, Avignon)
Hélène LOEVENBRUCK (Gipsa-Lab, Grenoble)
Egidio MARSICO (DDL, Lyon)
Sylvain MEIGNIER (LIUM, Le Mans)
Christine MEUNIER (LPL, Aix en Provence)
Yohann MEYNADIER (LPL, Aix en Provence)
François PELLEGRINO (DDL, Lyon)
Pascal PERRIER (Gipsa-Lab, Grenoble)
François PORTET (LIG-GETALP, Grenoble)
Solange ROSSATO (LIG-GETALP, Grenoble)
Sophie ROSSET (LIMSI, Paris)
Marc SATO (Gipsa-Lab, Grenoble)
Christophe SAVARIAUX (Gipsa-Lab, Grenoble)
Christine SÉNAC (IRIT, Toulouse)
Rudolph SOCK (IPS, Strasbourg)
Annemie VAN HIRTUM (Gipsa-Lab, Grenoble)
Béatrice VAXELAIRE (IPS, Strasbourg)
Chakir ZEROUAL (LPP Paris et Univ. Sidi Mohamed Ben-abdellah, Fes, Maroc)

Relecteurs additionnels :

Martine ADDA-DECKER, LPP et LIMSI Paris)
Régine ANDRE-OBRECHT (IRIT, Toulouse)
Angélique AMELOT (LPP, Paris)
Corine ASTESANO (Univ. Toulouse 2 et LPL, Aix en Provence)
Véronique AUBERGÉ (LIG et GIPSA-Lab, Grenoble)
Nicolas AUDIBERT (LPP, Paris)
Gérard BAILLY (Gipsa-Lab, Grenoble)
Claude BARRAS (LIMSI, Paris)
Denis BEAUTEMPS (Gipsa-Lab, Grenoble)
Nathalie BEDOIN (DDL, Lyon)
Roxane BERTRAND (LPL, Aix en Provence)
Benjamin BIGOT (LIA, Avignon)
Frédéric BIMBOT (IRISA et CNRS-INRIA Rennes)
Anne BONNEAU (LORIA, Nancy)
Hélène BONNEAU-MAYNARD (LIMSI, Paris)
Hervé BREDIN (LIMSI, Paris)

Nathalie CAMELIN (LIUM, Le Mans)
Christian CAVE (LPL, Aix en Provence)
Claire PILLOT-LOISEAU (LPP, Paris)
Lise CREVIER-BUCHMAN (LPP, Paris)
Mariapaola D'IMPERIO (LPL, Aix en Provence)
Paul DELÉGLISE (LIUM, Le Mans)
Christian DICANIO (UC Berkeley, États-Unis)
Cong-Thanh DO (LIMSI, Paris)
Christelle DODANE (PRAXILING, Montpellier)
Driss MATROUF (LIA, Avignon)
Sophie DUFOUR (LPL, Aix en Provence)
Elie EL-KHOURY (LIUM, Le Mans)
Robert ESPESSER (LPL, Aix en Provence)
Yannick ESTÈVE (LIUM, Le Mans)
Martine FARACO (LPL, Aix en Provence)
Jérôme FARINAS (IRIT, Toulouse)
Dominique FOHR (LORIA, Nancy)
Teddy FURON (IRISA et CNRS-INRIA Rennes)
Maeva GARNIER (Gipsa-Lab, Grenoble)
Cedric GENDROT (LPP, Paris)
Alain GHIO (LPL, Aix en Provence)
Antoine GIOVANNI (CHU Marseille et LPL Aix en Provence)
Laurent GIRIN (Gipsa-Lab, Grenoble)
Pierre HALLE (LPP, Paris)
Sophie HERMENT (LPL, Aix en Provence)
Daniel HIRST (LPL, Aix en Provence)
Kathy HUET (Univ. Mons, Belgique)
Stephane HUET (LIA, Avignon)
Denis JOUVET (LORIA, Nancy)
Juliette KAHN (LNE Paris)
Sophie KERN (DDL, Lyon)
Hélène LACHAMBRE (IRIT, Toulouse)
Muriel LALAIN (LPL, Aix en Provence)
Antoine LAURENT (LIUM, Le Mans)
Gwénolé LECORVE (IDIAP Martigny (Suisse))
Thierry LEGOU (LPL, Aix en Provence)
Christophe LÉVY (LIA, Avignon)
Alain MARCHAL (LPL, Aix en Provence)
Odile MELLA (LORIA, Nancy)
Ilya OPARIN (LIMSI, Paris)
Caterina PETRONE (LPL, Aix en Provence)
Myriam PICCALUGA (LPL, Aix en Provence)
Julien PINQUIER (IRIT, Toulouse)
Serge PINTO (LPL, Aix en Provence)
Agnès PIQUARD-KIPFFER (LORIA, Nancy)

Michel PITERMANN (LPL, Aix en Provence)
Rachid RIDOUANE (LPP Paris)
Albert RILLIARD (LIMSI, Paris)
Mickael ROUVIER (LIUM, Le Mans)
Jérémi SAUVAGE (PRAXILING, Montpellier)
Jean-Luc SCHWARTZ (Gipsa-Lab, Grenoble)
Grégory SENAY (LIA, Avignon)
Willy SERNICLAES (ULB Bruxelles, Belgique)
Marion TELLIER (LPL, Aix en Provence)
Michel VACHER (LIG Grenoble)
Nathalie VALLÉE (Gipsa-Lab, Grenoble)
Anne VILAIN (Gipsa-Lab, Grenoble)
Coriandre VILAIN (Gipsa-Lab, Grenoble)
Emmanuel VINCENT (IRISA et CNRS-INRIA Rennes)
Pauline WELBY (LPL, Aix en Provence)

Comité de programme de TALN'2012 :

Présidents :

Georges ANTONIADIS (LIDILEM, Université Grenoble 3, France)
Hervé BLANCHON (LIG-GETALP, Université Grenoble 2, France)

Membres :

Nicholas ASHER (IRIT, CNRS et Université Toulouse 3)
Frédéric BÉCHET (LIF, Aix Marseille Université)
Yves BESTGEN (Université Catholique de Louvain, Louvain-la-Neuve, Belgique)
Philippe BLACHE (LPL, CNRS et Université de Provence)
Christian BOITET (LIG-GETALP, Université Grenoble 1)
Malek BOUALEM (France Telecom Orange Labs, Lannion)
Narjès BOUFADEN (KeaText, Montréal, Canada)
Yllias CHALI (University of Lethbridge, Lethbridge, Canada)
Laurence DANLOS (ALPAGE, Université Paris 7)
Piet DESMET (ITEC, K.U.Leuven et K.U.Leuven KULAK, Belgique)
Mark DRAS (Macquarie University, Sydney, Australie)
Denys DUCHIER (LIFO, Université d'Orléans)
Marc DYMETMAN (XRCE, Grenoble)
Dominique ESTIVAL (University of Western Sydney, Sydney, Australie)
Cédrick FAIRON (Université Catholique de Louvain, Louvain-la-Neuve, Belgique)
Olivier FERRET (CEA LIST, Palaiseau)
Michel GAGNON (École Polytechnique de Montréal, Montréal, Canada)
Claire GARDENT (LORIA, Villers lès Nancy)
Nabil HATOUT (CLLE-ERSS, CNRS et Université Toulouse II)
Sylvain KAHANE (MODYCO-ALPAGE, Université Paris 10)
Laura KALLMEYER (Heinrich-Heine-Universität, Düsseldorf, Allemagne)
Mathieu LAFOURCADE (LIRMM, Université Montpellier 2)
Philippe LANGLAIS (DIRO, Université Montréal, Canada)
Guy LAPALME (RALI, Université Montréal, Canada)

Yves LEPAGE (IPS, Université Waseda, Japon)
Emmanuel MORIN (LINA, Université Nantes)
Adeline NAZARENKO (LIPN, Université Paris 13)
Luka NERIMA (LATL, Université Genève, Suisse)
Alain POLGUÈRE (Université de Lorraine et ATILF CNRS)
Laurent PRÉVOT (LPL, CNRS et Université de Provence)
Violaine PRINCE (LIRMM, Université Montpellier 2)
Jean-Philippe PROST (LIRMM, Université Montpellier 2)
Christian RETORÉ (LaBRI et INRIA, Université Bordeaux 1)
Sophie ROSSET (LIMSI, CNRS)
Didier SCHWAB (LIG-GETALP, Université Grenoble 2)
Holger SCHWENK (LIUM, Université du Maine, Le Mans)
Pascale SÉBILLOT (IRISA, INSA de Rennes)
Gilles SÉRASSET (LIG-GETALP, Université Grenoble 1)
Agnès TUTIN (LIDILEM, Université Grenoble 3)
Anne VILNAT (LIMSI, CNRS et Université Paris Sud)
François YVON (LIMSI, CNRS et Université Paris Sud)
Virginie ZAMPA (LIDILEM, Université Grenoble 3)
Pierre ZWEIGENBAUM (LIMSI, CNRS et INALCO)

Comité Scientifique de TALN'2012 :

Présidents :

Georges ANTONIADIS (LIDILEM, Université Grenoble 3, France)
Hervé BLANCHON (LIG-GETALP, Université Grenoble 2, France)

Membres :

Les membres du comité de programme aidés de ...
Ramzi ABBES (Techlimed, Lyon)
Stergos AFANTENOS (IRIT, Université de Toulouse)
Salah AIT-MOKHTAR (XRCE, Grenoble)
Maxime AMBLARD (LORIA, Université de Lorraine)
Jean-Yves ANTOINE (LI, Université de Tours et Lab-STICC, CNRS)
Delphine BATTISTELLI (STIH, Université Paris 4)
Denis BECHET (LINA, Université de Nantes)
Patrice BELLOT (LSIS, Université Aix-Marseille)
Delphine BERNHARD (LiLPa, Université de Strasbourg)
Romaric BESANÇON (CEA-LIST, Saclay Nano-Innov)
Brigitte BIGI (LPL, Aix en Provence)
Julien BOURDAILLET (Xerox, États-Unis)
Caroline BRUN (XRCE, Grenoble)
Francis BRUNET-MANQUAT (LIG-GETALP, Université Grenoble 2)
Marie CANDITO (Alpage, Université Paris Diderot)
Thierry CHANIER (LRL, Clermont Université)
Vincent CLAVEAU (IRISA-CNRS, Rennes)
Nathalie COLINEAU (CSIRO ICT Centre, Marsfield, Australie)
Benoît CRABBÉ (Alpage, Paris 7)

Béatrice DAILLE (LINA, Université de Nantes)
Pascal DENIS (Alpage)
Iris ESHKOL-TARAVELLA (LLL, Université d'Orléans)
Cécile FABRE (CLLE-ERSS, Université Toulouse 2)
Benoit FAVRE (LIF, Université Aix-Marseille)
Dominic FOREST (Université de Montréal, Canada)
Karen FORT (INIST et LIPN, Paris 13)
George FOSTER (CNRC, Gatineau, Canada)
Nuria GALA (LIF, Université Aix-Marseille)
Bruno GAUME (CLLE-ERSS, Université Toulouse 2)
Éric GAUSSIER (LIG-GETALP, Université Grenoble 1)
Kim GERDES (LPP, Université Paris 3)
Jérôme GOULIAN (LIG-GETALP, Université Grenoble 2)
Benoît HABERT (ICAR, ENS Lyon)
Najeh HAJLAOUI (Institut de recherche Idiap, Martigny, Suisse)
Thierry HAMON (LimetBio, Université Paris 13)
Marie-Paule JACQUES (LIDILEM, Université Grenoble 1)
Guillaume JACQUET (XRCE, Grenoble)
Christine JACQUIN (LINA, Université de Nantes)
Adel JEBALI (Université Concordia, Montréal, Canada)
Leïla KOSSEIM (Université Concordia, Montréal, Canada)
Olivier KRAIF (LIDILEM, Université Grenoble 3)
Éric LAPORTE (LIGM, Université Paris-Est Marne-la-Valée)
Dominique LAURENT (Synapse, Toulouse)
Thomas LEBARBÉ (LIDILEM, Université Grenoble 3)
Anne-Laure LIGOZAT (LIMSI, ENSIIE)
Cédric LOPEZ (LIRMM, Université Montpellier 2)
Mathieu MANGEOT (LIG-GETALP, Université de Savoie)
Denis MAUREL (LI, Université de Tours)
Aurélien MAX (LIMSI, Université Paris-Sud)
Jasmina MILIĆEVIĆ (OLST, Dalhousie University, Canada)
Laura MONCEAUX (LINA, Université de Nantes)
Richard MOOT (LaBRI et SIGNES, Bordeaux)
Erwan MOREAU (Trinity College Dublin, Irlande)
Fabienne MOREAU (IRISA, Universtié Rennes 2)
Véronique MORICEAU (LIMSI, Université Paris-Sud)
Philippe MULLER (IRIT, Université de Toulouse)
Alexis NASR (LIF, Université Aix-Marseille)
Aurélie NÉVÉOL (NCBI, National Library of Medicine, États-Unis)
Jian-Yun NIE (RALI, Université de Montréal, Canada)
Cécile PARIS (CSIRO ICT Centre, Marsfield, Australie)
Yannick PARMENTIER (LIFO, Université d'Orléans)
Guy PERRIER (LORIA, Université de Lorraine)
Sylvain POGODALLA (LORIA, Vandoeuvre-lès-Nancy)
Thierry POIBEAU (LaTTiCe, Montrouge)
Claude PONTON (LIDILEM, Université Grenoble 3)

Andrei POPESCU-BELIS (Institut de recherche Idiap, Martigny, Suisse)
Carlos RAMISCH (LIG-GETALP, Grenoble)
Mathieu ROCHE (LIRMM, Université Montpellier 2)
Antoine ROZENKNOP (LIPN, Universtité Paris 13)
Benoît SAGOT (Alpage, INRIA Roquencourt)
Djamé SEDDAH (Alpage, Université Paris 4)
Kamel SMAÏLI (LORIA, Université de Lorraine)
Xavier TANNIER (LIMSI, Université Paris-Sud)
Isabelle TELLIER (LaTTiCe, Université Paris 3)
Juan-Manuel TORRES-MORENO (LIA, Université d'Avignon et des Pays de Vaucluse)
François TROUILLEUX (LRL, Université Clermont-Ferrand 2)
Lonneke VAN DER PLAS (IMS, Université de Stuttgart, Allemagne)
Fabienne VENANT (LORIA, Université Nancy 2)
Jacques VERGNE (GREYC, Université de Caen)
Éric VILLEMONTE DE LA CLERGERIE (Alpage, INRIA Roquencourt)
Eric WEHRLI (LATL, Université de Genève, Suisse)
Guillaume WISNIEWSKI (LIMSI, Université Paris-Sud)
Imed ZITOUNI (IBM T.J. Watson Research Center, Yorktown Heights, États-Unis)
Michael ZOCK (LIF, Marseille)
Amal ZOUAQ (Royal Military College of Canada et Athabasca University, Canada)
Mounir ZRIGUI (UTIC, Faculté des Sciences de Monastir, Tunisie)
Sandrine ZUFFEREY (ILC, Université Catholique de Louvain-la-Neuve, Belgique)

Comité de programme de RECITAL'2012 :

Présidents :

Jorge Mauricio MOLINA MEJIA (LIDILEM, Université Stendhal – Grenoble 3)
Didier SCHWAB (GETALP-LIG, Université Pierre Mendes France – Grenoble 2)

Membres :

Vanessa ANDRÉANI (Société CFH et laboratoire ERSS, Université Toulouse 2 – Le Mirail)
Nicolas AUDIBERT (Laboratoire de Phonétique et Phonologie-CNRS, Université Sorbonne-Nouvelle)
Frédéric BÉCHET (Laboratoire d'Informatique Fondamentale de Marseille, Université d'Aix-Marseille)
Patrice BELLOT (LSIS, Université d'Aix-Marseille)
Valérie BELLYNCK (GETALP-LIG, Grenoble INP)
Farah BENAMARA (IRIT, Université Toulouse 3)
Christian BOITET (GETALP-LIG, Université Joseph Fourier – Grenoble 1)
Leila BOUTORA (LPL, Université d'Aix-Marseille, Marseille)
Francis BRUNET-MANQUAT (GETALP-LIG, Université Pierre Mendes France – Grenoble 2)
François-Régis CHAUMARTIN (Société Proxem, Laboratoire Alpage, UMR INRIA, Université Paris 7)
Gaël DE CHALENDAR (CEA LIST, Palaiseau)
Achille FALAISE (GETALP-LIG, Société Floralis, Université Joseph Fourier-Grenoble 1)
Olivier FERRET (CEA LIST, Palaiseau)
Nuria GALA (LIF, Université d'Aix-Marseille)
Jérôme GOULIAN (GETALP-LIG, Université Pierre Mendes France – Grenoble 2)
Thierry HAMON (LIM&BIO, Université Paris 13)
Nicolas HERNANDEZ (LINA, CNRS 6241, Nantes)

Bernard JACQUEMIN (CREM, Université de Haute Alsace, Mulhouse)
Olivier KRAIF (LIDILEM, Université Stendhal – Grenoble 3)
Alexandre LABADIÉ (GETALP-LIG, Grenoble)
Mathieu LAFOURCADE (LIRMM, Université de Montpellier 2)
Guy LAPALME (RALI, Université de Montréal, Canada)
François LAREAU (CLT, Macquarie University, Australie)
Thomas LEBARBÉ (LIDILEM, Université Stendhal – Grenoble 3)
Benjamin LECOUTEUX (LIG-GETALP, Université Pierre Mendès France – Grenoble 2)
Yves LEPAGE (Université Waseda, Japon)
Mathieu LOISEAU (LIDILEM, Université Stendhal – Grenoble 3)
Cédric LOPEZ (LIRMM, Université Montpellier 2)
Denis MAUREL (Université François Rabelais Tours)
Aurélien MAX (LIMSI-CNRS & Université Paris-Sud)
Jean-Luc MINEL (MoDyCO, UMR 7114, Université Paris-Ouest Nanterre La Défense – CNRS)
Emmanuel MORIN (LINA, CNRS 6241, Nantes)
Yayoi NAKAMURA-DELLOYE (LCAO, Université Paris VII)
Claude PONTON (LIDILEM, Université Stendhal-Grenoble 3)
François PORTET (GETALP-LIG, Grenoble INP)
Laurent PREVOT (LPL, Université d'Aix-Marseille, Marseille)
Violaine PRINCE (LIRMM, Université Montpellier 2)
Jean-Philippe PROST (LIRMM, Université Montpellier 2)
Bali RANAIVO-MALANÇON (Universiti Sarawak Malaysia, Malaisie)
Christian RETORÉ (LaBRI, Université Bordeaux 1)
Mathieu ROCHE (LIRMM, Université Montpellier 2)
Solange ROSSATO (GETALP-LIG, Université Stendhal – Grenoble 3)
Azim ROUSSANALY (LORIA, Université de Lorraine)
Isabelle ROUSSET (LIDILEM, Université Stendhal – Grenoble 3)
Fatiha SADAT (Université du Québec à Montréal, Canada)
Tristan VANRULLEN (TVSI, Marseille)
Eric WEHRLI (LATL, Université de Genève, Suisse)
Virginie ZAMPA (LIDILEM, Université Stendhal – Grenoble 3)
Haifa ZARGAYOUNA (LIPN, Université Paris 13)
Michael ZOCK (CNRS-LIF, Marseille)
Mounir ZRIGUI (Faculté des Sciences, Université de Monastir, Tunisie)
Pierre ZWEIGENBAUM (LIMSI-CNRS, Orsay)

Conférenciers invités :

Ian Maddieson (Université de Californie, Berkeley, États-Unis)
Jacqueline Léon (Laboratoire d'histoire des théories linguistiques, CNRS, Paris)
Yoshinori Sagisaka (Université de Waseda, Japon)
Hans Uszkoreit (DFKI, Sarrebruck, Allemagne)

Sponsors :

Table des matières

Contexte et nature des réalisations phonétiques en parole conversationnelle

Christine Meunier
LPL, UMR 7309, 5 av. Pasteur – 13604 Aix-en-Provence
Christine.Meunier@lpl-aix.fr

RESUME

Depuis une dizaine d'années, les recherches en phonétique se sont tournées avec intérêt vers la description des grands corpus de parole naturelle, non lue. Ce nouveau terrain d'investigation ouvre de nombreuses perspectives mais pose également de nouvelles questions aux phonéticiens. Ce papier évalue, dans un premier temps, le contexte lexical et phonologique dans lequel les réalisations phonétiques sont produites, contexte très différent de celui des corpus construits. Ensuite, nous abordons la question de l'annotation, déterminante pour les analyses phonétiques. Enfin, nous évoquons quelques cas spécifiques de réduction phonétique qui offrent de nouvelles perspectives pour nos interprétations concernant la production de la parole.

ABSTRACT

Context and nature of phonetic realizations in conversational speech

Since a decade, research in phonetics has turned with interest to the description of large corpora of casual speech. This new field of research opens up many opportunities but asks also new questions for phoneticians. Firstly, this paper evaluates the lexical and phonological context in which phonetic realizations are produced. This context is noticeably different from lexical context in constructed corpora. Next, we address the question of phonetic annotation which is critical for phonetic analyses. Finally, we discuss some specific cases of phonetic reduction which offer new perspectives for our interpretations of speech production.

MOTS-CLES : parole spontanée, grands corpus, données lexicales, annotation phonétique, alignement automatique, réduction phonétique.

KEYWORDS : spontaneous speech, large corpora, lexical data, phonetic annotation, phonetic reduction.

1 Introduction

Depuis une dizaine d'années, les recherches en phonétique se sont tournées avec intérêt vers la description de types de parole naturelle, non lue. Nous faisons ici une distinction entre les corpus construits a priori par l'expérimentateur (lecture de sons, syllabes ou mots produits isolément ou dans des phrases porteuses, textes, etc.) et les corpus non construits par l'expérimentateur mais exploités a posteriori (parole spontanée, interviews, récits, conversations, etc.). L'analyse de cette deuxième catégorie de corpus implique la prise en compte de contextes variés. Notamment, les dimensions linguistiques telle que l'usage de la syntaxe à l'oral, la structure du discours ou encore l'influence des caractéristiques pragmatiques de la parole en situation naturelle sont autant de facteurs susceptibles d'influencer la production de la parole. Cette influence peut, à certains égards, modifier nos connaissances sur la réalisation des sons en contexte. Notre intérêt se porte ici sur les corpus non construits dans l'objectif de mieux cerner, à la fois, le contexte mais aussi la nature des réalisations phonétiques. Cette description prend la forme de deux parties: 1/ un inventaire des caractéristiques lexicales et phonologiques est dressé de façon à comprendre en quoi ces caractéristiques sont distinctes de celles présentes dans des corpus construits; 2/ les spécificités phonétiques des corpus non construits sont abordées en évoquant l'impact de l'annotation automatique des corpus de parole sur les pratiques des phonéticiens.

2 Caractéristiques linguistiques de la parole conversationnelle

Nos descriptions se basent sur un style de parole spontanée et relâchée. Il s'agit de conversations entre des locuteurs qui se connaissent. Les productions phonétiques de ce style de parole peuvent être très éloignées des réalisations canoniques habituellement observées en parole lue[1]. Le corpus utilisé ici -*Corpus of Interactional Data* (CID, Bertrand et al, 2008)- est un enregistrement audio-vidéo de dialogues spontanés entre des locuteurs français natifs (8h, 16 locuteurs). Une Transcription Orthographique Enrichie (TOE, Bertrand et al, 2008) a été réalisée et corrigée manuellement. A partir de cette TOE, un convertisseur graphème-phonème suivi d'un aligneur permettent d'obtenir une suite phonétique alignée sur le signal de parole.

2.1 Contexte lexical des productions phonétiques

La distribution des formes lexicales présentes dans le CID est semblable à celle que l'on trouve dans l'ensemble des corpus oraux spontanés et des grands corpus textuels. On y retrouve les caractéristiques de la loi de Zipf avec des mots dont la fréquence est inversement proportionnelle à leur rang dans le corpus. Les formes lexicales n'apparaissant qu'une seule fois dans le corpus sont au nombre de 3259 tandis que la forme la plus fréquence apparaît 3130 fois, ce qui est comparable à d'autres corpus de parole spontanée (Torreira, 2010). En revanche, la spécificité des mots fréquents des corpus conversationnels repose sur la nature de ces mots ("ouais", "je", "tu", etc.) que l'on ne retrouve pas avec cette fréquence dans des corpus radiophoniques ou des textes journalistiques. Les 8 heures du CID contiennent 6611 formes lexicales différentes tandis que la totalité des occurrences est de 102457. La moitié des occurrences du corpus totalise seulement 39 formes différentes.

Forme	Est	c'	ouais	et	de	tu	pas	je	ça	le
Nbre	3130	3018	2916	2679	2033	2027	1895	1893	1817	1655
%	3,05	2,95	2,85	2,61	1,98	1,98	1,85	1,85	1,77	1,62

TABLE 1 – Occurrences des 10 formes lexicales les plus fréquentes

On remarquera que les mots les plus fréquents (table 1) sont courts et la plupart sont des mots fonction (déterminants, conjonction, etc.). Plusieurs travaux ont pu montrer que ces caractéristiques lexicales ont une influence sur les productions phonétiques (Johnson,

[1] Voir à ce propos le *Special Issue on Speech Reduction* (*Journal of Phonetics*, vol. 39, n°3) dans lequel de nombreux articles décrivent ces phénomènes en parole spontanée.

2004; Meunier & Espesser, 2011). Sur les 39 formes les plus fréquentes, seulement 3 sont bisyllabiques ("était", "enfin", "avait") et aucune n'est un nom. 57% des mots du corpus sont des monosyllabes. Les quatre compositions syllabiques les plus fréquentes totalisent plus de 50% du corpus et regroupent des mono- et des bisyllabes (table 2).

	monosyllabes		bisyllabes	
Forme	CV	V	CV.CV	V.CV
%	22	17,5	7	6

TABLE 2 – Décomposition syllabique des mots les plus fréquents du corpus.

Ces caractéristiques rendent l'exploitation statistique des données très délicate. En effet, plusieurs facteurs sont en interaction et il est difficile de les exploiter séparément. Comparer le mot de contenu fréquents et rares revient à comparer très peu de mots répétés de très nombreuses fois à une grande quantité de mots répétés très peu de fois.

2.2 Contexte phonologique des productions phonétiques

2.2.1 Structures syllabiques

La décomposition syllabique du corpus montre un total de 139751 syllabes[2]. La fréquence syllabique est, là encore, conforme à ce que l'on peut trouver dans des corpus de textes journalistiques ou les bases de données lexicales (Goldman et al., 1996), la structure CV étant de loin la plus fréquente et représentant, à elle seule, plus de la moitié des syllabes produites. Les six structures syllabiques les plus fréquentes représentent 99% des syllabes du corpus, ce qui rend les autres structures très marginales (table 3).

Forme	CV	V	CVC	CCV	CCVC	VC
%	60,5	13	11,5	10,5	2	1,5

TABLE 3 – Structures syllabiques les plus fréquentes.

2.2.2 Les phonèmes du corpus

Les phonèmes[3] sont issus de la transcription du corpus pour laquelle les experts avaient la possibilité d'indiquer les élisions (grâce à la TOE, Bertrand et al., 2008). Les 272166 phonèmes (53% de consonnes) sont donc ceux qui ont été perçus et transcrits par les experts. Pour le CID, les voyelles à timbre variable ont été regroupées[4]. La fréquence des phonèmes produits dans le CID est sensiblement comparable à celle que l'on peut trouver dans différentes bases de données (ici *Lexique*[5]). On retrouve donc parmi les phonèmes les plus fréquents les voyelles e, A, @ et les consonnes r, s, t, l (figure 1). La voyelle e est surreprésentée dans le CID en raison de la fréquence du mot "ouais" dans ce corpus alors que ce mot est évidemment absent des corpus utilisés par *Lexique*. En revanche, R est

---

[2] La syllabation du corpus a été effectuée à l'aide du syllabeur développé au LPL par B. Bigi (Bigi et al., 2010). Cette syllabation est indépendante des frontières lexicales.

[3] Transcrits en code SAMPA: http://www.phon.ucl.ac.uk/home/sampa/french.htm

[4] e et E sont codés e; o et O sont codés o; a et A sont codés A; @ (schwa), 2 et 9 sont codés @). En vue d'une comparaison, les mêmes regroupements ont été effectués pour les fréquences de *Lexique*.

[5] *Lexique*, site réalisé par Boris New & Christophe Pallier (http://www.lexique.org)

sous-représenté dans le CID. Cela peut-être du au fait que cette consonne fait partie des élisions les plus fréquentes (voir plus loin). On notera également la forte représentation de w, ce qui, là encore, peut-être du à la fréquence du mot "ouais".

La majorité des phonèmes sont réalisés dans un nombre de mots très restreints. Par exemple, 50% des réalisations de la voyelle A se trouvent dans seulement 13 mots différents ("pas", "ça", "a", "la", etc.) et 20% des réalisations de la voyelle y se trouvent dans le pronom "tu" (très fréquent en parole conversationnel). Là encore, ces mots sont essentiellement des mots fonction monosyllabiques. Le support lexical de ce type de corpus est ainsi très éloigné de celui utilisé dans des corpus construits.

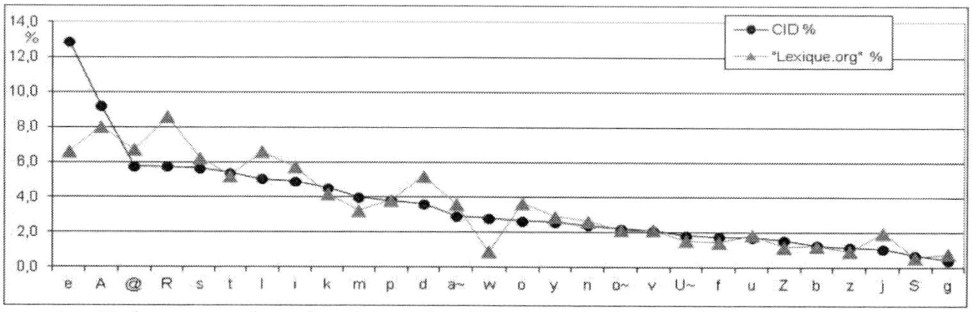

FIGURE 1 – Fréquences des phonèmes du CID comparées à celles extraites de *Lexique.*

2.2.3 Réalisations particulières identifiées

Les experts transcripteurs du CID avaient la possibilité de coder les réalisations particulières (variantes perçues) ainsi que les élisions identifiées. 2948 réalisations particulières ont été codées. 20% de ces réalisations concernent les cas spécifiques du pronom "je" suivi d'une consonne non voisée ("s" la plupart du temps). Il s'agit donc pour l'essentiel des séquences "je sais" (produit Se) ou "je suis" (produit SYi). Les deux phonèmes sont ici fusionnés (lieu articulation du premier phonème Z et voisement de la deuxième consonne s, le tout donnant un seul phonème S). Cette forme, très fréquente, est particulièrement bien identifiée par les auditeurs et peut être considérée comme une forme figée, assez prédictible. Les autres réalisations codées sont en lien avec l'accent des locuteurs. Notamment, de nombreux @ ont été ajoutés comme réalisation particulière là où le transcripteur s'attendait à son absence. De même le pronom "tu" est souvent transcrit "ti" ce qui est une spécificité des locuteurs du sud-est.

2.2.4 Élisions identifiées

10925 élisions ont été codées. Les dix élisions les plus fréquentes (table 4) représentent 99% des élisions codées dans le corpus. @ est clairement le phonème le plus souvent identifié comme manquant, ce qui n'est pas surprenant puisque ce symbole comprend le schwa dont la présence ou l'absence sont souvent bien identifiées par les auditeurs.

phonème	@	l	y	R	a~	v	e	i	u	d
%	35,8	19,1	8,4	8,6	5	3,1	3,1	2,1	13	1,1

TABLE 4 – Les dix élisions les plus fréquemment codées par les experts

3 Phonétique des corpus de parole naturelle

Cette deuxième partie est consacrée à une approche phonétique du corpus. Dans un premier temps, la méthodologie concernant l'annotation phonétique est abordée car elle est centrale dans l'exploitation des résultats. Nous verrons en quoi les différentes approches sont autant de sources d'information nouvelles pour l'exploitation des données phonétiques. Nous aborderons enfin les cas spécifiques des phénomènes de réduction dans ce type de parole. Ces phénomènes pourraient nous apporter un éclairage nouveau sur l'interaction entre des contraintes physiologiques et linguistiques.

3.1 L'annotation phonétique

Pour être analysés, les corpus de parole ont besoin d'être annotés. L'annotation phonétique sur des grands corpus est difficilement envisageable manuellement tant elle est coûteuse en temps. Ainsi, les processus automatiques tels que l'alignement basé sur les transcriptions des experts fournissent une annotation indispensable à l'exploitation des grands corpus. Ces annotations ont parfois besoin d'être corrigées par un expert selon le type d'analyse envisagé (Fougeron et al., 2010). Ainsi, la plupart du temps, l'annotation phonétique est réalisée en plusieurs phases: transcription, alignement automatique puis, selon les besoins des analyses, corrections manuelles par des experts. Il ne s'agit donc pas de choisir entre annotation manuelle et automatique mais plutôt de les utiliser de façon complémentaire. Ces différentes phases sont autant d'étapes permettant de nouvelles perspectives pour les analyses phonétiques.

La **transcription** revêt une importance considérable pour la phonétisation (Bigi et al., 2012): 1/ elle permet de minimiser les erreurs de l'aligneur (le codage des réalisations particulières et des élisions évitent des annotations erronées); 2/ elle est une source d'information considérable concernant les variations perçues par les auditeurs. Ce deuxième point nous permet de distinguer les variations phonologiques ou stéréotypées (perçues par les locuteurs) des variations non perçues et souvent non prédictibles (voir plus loin 3.2).

L'alignement automatique, et plus précisément les erreurs qu'il produit, fournit de précieuses informations concernant la localisation des zones déviantes (Fredouille & Pouchoulin, 2011). Il est ainsi possible d'utiliser les résultats de l'alignement pour identifier les séquences de forte réduction en localisant, par exemple, les suites de segments ayant la durée minimale affectée par l'aligneur.

La **correction** de l'alignement est désormais souvent la seule occasion dont dispose le phonéticien pour expertiser les réalisations phonétiques et ainsi identifier les phénomènes spécifiques de la parole spontanée. En effet, le risque est grand d'utiliser uniquement les annotations automatiques et, ainsi, de passer à côté des caractéristiques phonétiques de la parole en situation naturelle telle que le phénomène de **réduction**.

3.2 Réductions, altérations et variations

Sous le terme de *réduction* on entend aussi bien les élisions que les altérations des segments phonétiques. On distinguera trois types de réduction qui n'impliquent pas les mêmes conséquences aussi bien pour les auditeurs que pour l'interprétation linguistique:

- Les réductions *phonologiques* telles que la chute du schwa; ces formes de réduction sont intégrées dans les modèles phonologiques; elles sont souvent prédictibles et reproductibles; leur niveau de dépendance est phonologique.
- Les réductions *stéréotypées* ou *figées*, telles que celles que l'on observe couramment en parole naturelle sur des séquences identiques ("je ne sais pas" devient Sepa); ces formes sont souvent prédictibles et reproductibles; leur niveau de dépendance peut être lexical, dialectal ou individuel.
- Les réductions *opaques*; ce terme est utilisé volontairement car nous avons peu de connaissance sur ces phénomènes; elles ne sont, en général, pas perçues par les transcripteurs et ne sont donc pas rendues visibles dans l'alignement automatique (figure 2); ces formes sont difficilement prédictibles ou reproductibles d'un point de vue phonologique ou lexical car il est probable que le niveau de dépendance se situe en amont (prosodie, discours, etc.).

On notera que, pour les réductions *phonologiques* ou *stéréotypées*, les transcripteurs sont à même de coder la réalisation particulière ou l'élision car elles sont perceptibles. En revanche, le codage de la troisième catégorie est beaucoup plus aléatoire. Ces réductions sont d'autant plus difficiles à coder qu'elles ne répondent pas à notre codage "discret" des élisions. Nous considérons souvent que les réductions se manifestent par l'absence d'un phonème. Or, très souvent, les réductions *opaques* relèvent d'une fusion ou coalescence entre plusieurs segments qui rend impossible l'identification des segments préservés ou omis (figure 2).

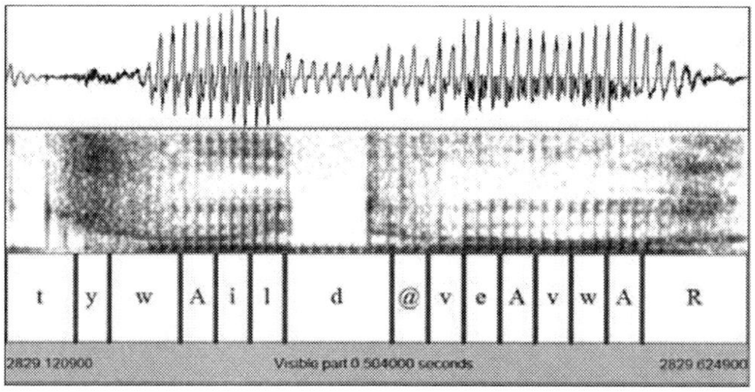

FIGURE 2 – Séquence transcrite "tu (v)ois il devait avoir". Seul le v est codé comme manquant. Annotation issue de l'aligneur.

Une première hypothèse consiste à considérer qu'il s'agit d'hypo-articulation répondant à des contraintes physiologiques et dont la conséquence est une sous-spécification du niveau phonétique lorsque la redondance de l'information linguistique le permet. Dans cette hypothèse, ces productions ne contribuent pas à l'information. La compréhension du message serait alors garantie par des informations descendantes permettant de pallier la sous-spécification phonétique (Warren & Obusek, 1971). L'observation des réductions présentes dans le CID nous amènent à soutenir une autre hypothèse: certains de ces phénomènes seraient régis par des contraintes physiologiques mais répondraient également à des contraintes du système linguistique. Dans plusieurs cas, nous avons pu noter que le processus de réduction tendait à préserver des caractéristiques phonétiques porteuses d'information. Par exemple, dans la figure 3, le A est transcrit mais n'est pas réalisé, la production réelle est donc sdveet. Habituellement, dans ce contexte, on devrait trouver une assimilation de voisement entre s et d, ce qui n'est pas le cas. Notre hypothèse est que la perception correcte de la séquence est préservée par cette absence d'assimilation "témoin" de la présence sous-jacente du A.

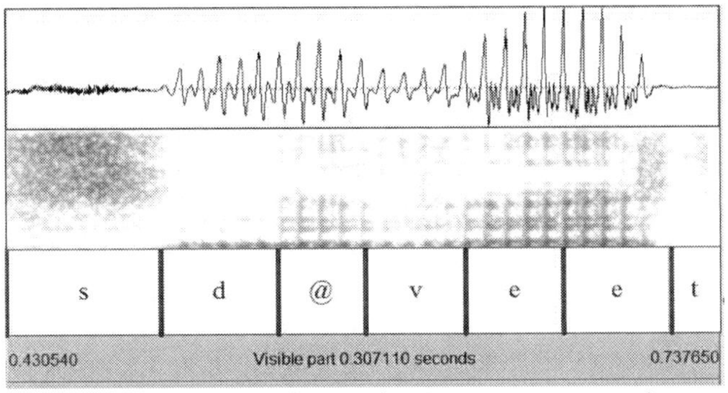

FIGURE 3 – Séquence transcrite "ça devait ê(tr)". La segmentation est proposée par un expert humain.

De même, dans la séquence "une assistante" (figure 4), le transcripteur n'a pas noté d'élision alors que le signal semble indiquer une suite assa~t. L'observation du signal devrait nous amener à considérer que les segments ist ont été omis, mais l'écoute de la séquence ne va pas dans ce sens. Il est probable qu'ici des indices spectraux et temporels permettent à l'auditeur de percevoir la version canonique et non la version réduite.

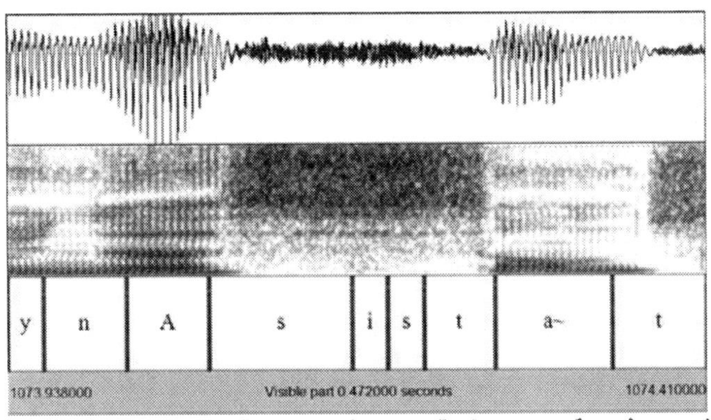

FIGURE 4 – Séquence transcrite "une assistante". Aucun phonème n'est codé comme manquant. Annotation issue de l'aligneur.

Notre hypothèse est que, dans de nombreux cas, les réductions *opaques*, contrairement aux réductions *phonologiques*, ne correspondent pas systématiquement à l'élision simple d'un segment mais sont caractérisées par des processus articulatoires complexes et variés tendant à préserver des indices pertinents qui rendent accessible l'information phonétique, et donc le message linguistique.

4 Conclusion

Nos connaissances physiologiques, physiques ou linguistiques des sons du langage se sont considérablement développées au cours du XXème siècle. Toutefois, les travaux portant sur des corpus de parole lue ont conduit à une vision assez figée des productions sonores. Nous savons désormais que le contexte linguistique de la parole lue est très éloigné des situations de production non contrôlées. Sans remettre en question les résultats obtenus en parole lue, les travaux récents sur les productions phonétiques en parole spontanée questionnent le lien entre contraintes physiologiques et contraintes linguistiques. L'analyse des phénomènes de réduction (notamment *opaques*) est toutefois extrêmement complexe car ils sont non reproductibles (chaque séquence semble unique concernant le contexte phonétique et les unités lexicales impliquées), peu accessibles d'un point de vue perceptif et peu adaptés aux analyses acoustiques (certains gestes articulatoires pourraient avoir un rôle perceptif important sans laisser d'indices acoustiques interprétables). Il semble donc nécessaire d'envisager les analyses phonétiques au travers de méthodologies complémentaires telles que le traitement automatique de la parole, l'expertise phonétique, la prise en compte d'autres niveaux linguistiques et l'enregistrement de données articulatoires.

Remerciements

Ce travail a été réalisé grâce au soutien financier du projet OTIM (Philippe Blache, LPL, ANR BLAN08-2_349062). Remerciements spéciaux à R. Espesser, B. Bigi et S. Rauzy.

Références

BERTRAND, R., BLACHE, P., ESPESSER, R., FERRE, G., MEUNIER, C., PRIEGO-VALVERDE, B., RAUZY, S. (2008). Le CID - Corpus of Interactional Data - Annotation et exploitation multimodale de parole conversationnelle. *in Traitement Automatique des Langues*, 49, 105-134.

BIGI, B., PERI, P., BERTRAND, R. (2012). Influence de la transcription sur la phonétisation automatique de corpus oraux. *Actes des XXIXèmes journées d'Etudes sur la Parole*, Grenoble, Juin 2012.

BIGI, B., MEUNIER, C., NESTERENKO, I., BERTRAND, R. (2010). Syllable boundaries automatic detection in spontaneous speech. *In proceedings LREC*, malte, mai 2010, 3285-3292.

FOUGERON, C., AUDIBERT, N., FREDOUILLE, C. MEUNIER, C. GENDROT, C., PANSERI, O. (2010). Comparaison d'analyses phonétiques de parole dysarthrique basées sur un alignement manuel et un alignement automatique. *Actes des XXVIII Journées d'Etude sur la Parole*, Mons, mai 2010, 365-368.

FREDOUILLE, C., POUCHOULIN, G. (2011). Automatic detection of abnormal zones in pathological speech. *Proceedings of ICPhS 2011*, Hong-Kong, 699-702.

GOLDMAN, J.PH., CONTENT, A., FRAUENFELDER, U.H. (1996). Comparaison des structures syllabiques en français et en anglais. *Actes des XXIèmes Journées d'Etudes sur la Parole*, Avignon.

JOHNSON, K., (2004). Massive reduction in conversational American English. In: Yoneyama, K., Maekawa, K. (Eds.), *Spontaneous Speech: Data and Analysis. Proc. 1st Session of the 10th Internat. Symposium*, Tokyo, Japan, 29–54.

MEUNIER, C., ESPESSER, R. (2011) "Vowel reduction in conversational speech in French: The role of lexical factors", Journal of Phonetics, Vol. 39, Issue 3, 271-278.

TORREIRA, F., ADDA-DECKER, M., & ERNESTUS, M. (2010). The Nijmegen corpus of casual French. *Speech Communication*, 52, 201-212.

Warren, R.M. & Obusek, C.J. (1971). Speech perception and phonemic restauration, *Perception & Psychophysics*, 9, 358-362

La structuration prosodique et les relations syntaxe/ prosodie dans le discours politique

Ingo Feldhausen[1,2] *Elisabeth Delais-Roussarie*[2]
(1) UMR7018-LPP, Université de Paris 3 – Sorbonne Nouvelle, 75005 PARIS
(2) UMR 7110-LLF, Université Paris-Diderot, 75013 PARIS

ingo.feldhausen@gmx.de,elisabeth.roussarie@wanadoo.fr

RESUME

Les travaux sur la structuration prosodique du français reconnaissent l'existence de plusieurs types de constituants prosodiques qui se distinguent par la façon dont ils sont construits et réalisés phonétiquement. Malgré tout, ces constituants, différents des constituants syntaxiques, se construisent à partir de contraintes spécifiant les modalités d'appariement avec la structure syntaxique. A l'écoute de certains discours politiques, cependant, on ne peut qu'être frappé par les découpages produits : ils diffèrent en effet souvent de ce qui est attendu si on se réfère aux règles qui régissent leur construction et à la forme des contours terminaux. Notre but ici est d'étudier systématiquement les découpages prosodiques observés dans un discours politique de Jacques Chirac, afin de déterminer quels principes interviennent dans la construction des constituants, et ce qui les distinguent ou les rapprochent des principes du français standard.

ABSTRACT

Prosodic Structuring and the Syntax-Prosody Relationship in Political Speech

Studies on the prosodic structure of French recognize the existence of different types of prosodic constituents. These constituents differ from each other in the way in which they are constructed and realized. Generally speaking, prosodic structure is sensitive to syntactic structure and influenced by the syntax – despite the difference between prosodic and syntactic constituency. In listening to political speeches, one cannot help but notice the division of the stream of speech produced by its speakers; it differs markedly from what is expected, especially with respect to both the matching conditions with syntactic structure and the shape of the contours. The present paper is a systematic study of chunking produced in a political speech by Jacques Chirac. The goal is twofold: First, to uncover the factors intervening in the construction of the prosodic constituents and second, to determine the ways in which they resemble or differ from established assumptions pertaining to standard French.

MOTS-CLES : structure prosodique, interface prosodie/syntaxe, variation et phonostyle.
KEYWORDS : prosodic structure, prosody-syntax interface, variation and phono-style

1 Introduction

Les découpages prosodiques et la forme des contours terminaux jouent un rôle essentiel dans l'interprétation des énoncés puisqu'ils donnent accès à la structure syntaxique. Les frontières des constituants prosodiques, qui coïncident souvent avec des frontières d'unités syntaxiques, facilitent la reconstruction de la structure syntaxique en permettant de regrouper correctement les éléments syntaxiquement dépendants (cf., sur ce point, l'exemple sous (1), où les découpages indiquent comment interpréter l'item *ferme*).

(1) a. (la belle) (ferme le voile) où *ferme* est un verbe ayant pour sujet *la belle*.
b. (la belle ferme) (le voile) où *ferme* est un nom, sujet du verbe *voiler*.

La forme des contours indique pour sa part les modalités d'attachement des syntagmes ajouts et la hiérarchisation entre constituants, grâce par exemple à l'opposition entre les continuatifs mineurs et majeurs (cf. sur ce point, Delattre, 1966 ; Martin, 1987 et 2011). Cependant, dans les discours politiques, on observe parfois des découpages prosodiques et des formes de contours qui vont à l'encontre de ces règles de base. Ainsi, en (2), le positionnement d'une frontière majeure (notée par «] ») après *mot* mais pas après *historique* est étonnant. De même, en (3), que les montées mélodiques réalisées sur *siècles* et sur *France* soient moins amples que celle réalisée sur *liée* est inattendu.

(2) ? On prête à Napoléon, fondateur de la Banque de France, **un mot] historique** mais que je n'ai pas retrouvé.

(3) Depuis deux **siècles↑**, l'évolution de la Banque de **France↑** est **liée↑]** au destin de notre pays.

Ces réalisations sont d'autant plus surprenantes qu'on pourrait penser que, dans ce genre de parole, les locuteurs mettent tout en œuvre pour faciliter l'accès à la structure syntaxique et à l'interprétation. Aussi avons-nous voulu étudier en détails les découpages prosodiques et les formes tonales observées aux frontières dans un discours politique particulier. Notre but était de (i) décrire comment sont construits et réalisés les différents types de constituants prosodiques, et (ii) d'évaluer dans quelle mesure les modalités de construction retenues diffèrent de celles généralement observées en français standard.

Nous présentons dans un premier temps les traits prosodiques généralement reconnus comme caractérisant le français standard (section 2). Nous nous centrons surtout sur les modalités de construction des unités prosodiques et sur la forme tonale des contours terminaux. Ensuite, le corpus et la méthode utilisée pour l'annoter et pour classer les données sont décrits (section 3). Les résultats obtenus sont exposés dans la section 4. Ce travail doit permettre d'évaluer comment la prosodie du discours politique se différencie ou se rapproche de celle du français standard.

2 Cadre d'analyse : les découpages prosodiques en français standard

Pour analyser les données et évaluer en quoi elles diffèrent de ce qui est observé en français standard, il est important de s'appuyer sur un cadre qui serve de référence. Dans cette étude, nous avons retenus comme caractéristiques prosodiques essentielles du français celles qui ont été défendues dans de nombreux auteurs (cf., entre autres, Delattre, 1966 ; Di Cristo, 2011 ; Mertens, 2008).

Pour ce qui est de la structuration prosodique et des constituants prosodique, deux constituants de base sont généralement reconnus : le *mot prosodique* (aussi appelé *groupe accentuel*, *syntagme phonologique*, *groupe rythmique* ou *syntagme phonologique mineur* (noté MiP)) et le *groupe intonatif* (ou *syntagme intonatif*, noté IP). S'y ajoute parfois un troisième constituant de niveau intermédiaire appelé selon les auteurs *syntagme intermédiaire* (Michelas, 2011), *syntagme phonologique composé* (Post, 2000) ou, comme ici, *syntagme phonologique majeur* (noté MaP). Le mot prosodique regroupe au minimum un mot plein précédé des mots grammaticaux qui en dépendent ; mais ce principe de construction peut être modifié si la taille du constituant est trop petite ou trop grande (cf., entre autres, Delais-Roussarie et al, 2011 et Martin, 1987). En ce qui concerne le syntagme intonatif (IP), sa formation est également contrainte par la syntaxe : toute phrase racine et toute construction syntaxique comme l'incidence (ou construction parenthétique), la dislocation ou l'antéposition d'un ajout appelle le positionnement d'une frontière d'IP à la droite du constituant syntaxique entrant dans la construction (cf., Delais-Roussarie et al., 2011 ; Mertens, 2008). Pour finir, les mots prosodiques peuvent se regrouper dans un constituant prosodique plus large, le syntagme phonologique majeur (MaP), si l'énoncé est complexe et si les séquences de MiP gagnent à être organisées. La formation des syntagmes phonologiques majeurs est en partie contrainte par la syntaxe, même si la taille des constituants intervient dans les regroupements. Ainsi le complément d'une tête syntaxique doit soit rester autonome soit être regroupé avec cette tête, mais il ne peut pas en aucun cas être regroupé avec une autre tête que celle dont il dépend. On peut avoir les découpages sous (4a) mais pas ceux sous (4b).

(4) a. (Elle donne) (à la France)$\}_{MaP}$ (et à ses partenaires)$\}_{MaP}$ (les moyens) (d'affirmer) (collectivement) (leur souveraineté)$\}_{MaP}$....
   b. * (Elle donne) (à la France)$\}_{MaP}$ (et à ses partenaires) (les moyens)$\}_{MaP}$ (d'affirmer) (collectivement) (leur souveraineté)$\}_{MaP}$...

Pour ce qui est du marquage prosodique et de la réalisation des frontières des constituants prosodiques, trois éléments sont à retenir. Premièrement, la dernière syllabe des syntagmes phonologiques mineurs est accentuée. De ce fait, elle porte plusieurs marques prosodiques : elle est sensiblement allongée et est généralement porteuse d'un mouvement mélodique montant (cf., Delais-Roussarie et al, 2011 ; Di Cristo, 2011 et Martin, 1987). Deuxièmement, la frontière d'un syntagme intonatif est marquée par la présence d'un contour mélodique, la syllabe finale étant quant à elle fortement allongée, voire suivie d'une pause. Dans ces cas, le contour est de forme montante (continuation majeure) si la frontière du syntagme ne coïncide pas avec celle du syntagme terminal de l'énoncé ou celle du syntagme portant le focus informationnel (cf., entre autres, Delais-Roussarie etal., 2011 ; Di Cristo, 2011 et Mertens, 2008). En revanche, lorsque le syntagme intonatif est en position finale, le contour peut être montant, descendant, montant-descendant ou descendant après un pic sur la pénultième, le choix se faisant généralement en fonction de la modalité de l'énoncé (cf., Delattre, 1966 et Post, 2000). Pour finir, notons que si plusieurs frontières d'unités prosodiques se succèdent en position non finale dans la chaine linéaire, les mouvements montants sont d'autant plus amples qu'ils sont associés à des frontières de niveau supérieur. Ainsi, une montée en fin de syntagme mineur est moins ample qu'une montée en fin de syntagme majeur, et ainsi de suite (cf. sur ce point Delattre, 1966).

Ces traits prosodiques servent de base à l'étude de la parole politique présentée ici. Nous verrons comment les réalisations observées les respectent, mais aussi comment elles s'en écartent.

3 Méthodologie

3.1 Corpus utilisé

Pour étudier les mouvements mélodiques et les découpages prosodiques dans le discours politique, nous avons travaillé sur un extrait d'un discours de Jacques Chirac, ancien président de la République Française (1995-2007). Nous sommes conscients qu'en travaillant sur les productions d'un seul homme politique la validité des résultats est plus contestable. Elle sera dans un proche futur vérifiée sur des données plus diversifiées (autres locuteurs, autres types de discours, etc.). Seul cet élargissement permettra en effet de décider si les caractéristiques observées relèvent d'un idiolecte (celui de Jacques Chirac) ou réellement d'un phonostyle. Deux raisons expliquent notre choix :

- nous avions à notre disposition les fichiers audio (format Wav et MP3) et les transcriptions orthographiques d'un nombre important de discours et d'allocutions de Jacques Chirac, ces données ayant été téléchargées du site de la Présidence de la République ;
- à l'écoute des discours de Jacques Chirac il apparaît clairement que les découpages réalisés se différencient de ce qui est attendu en français standard.

Pour l'étude, nous avons choisi les cinq premières minutes d'une allocution faite le 29 mai 2000 devant le personnel de la Banque de France, lors du bicentenaire de cette institution. La totalité de l'extrait retenu a été aligné sous PRAAT au niveau de la phrase. Ce travail d'alignement a permis de corriger la transcription orthographique si besoin.

3.2 Annotation et découpage prosodique

L'annotation prosodique du corpus a consisté à indiquer les découpages prosodiques et la forme des contours utilisés à la fin des constituants. Elle a été faite par les deux auteurs à partir de plusieurs écoutes attentives des données et, lorsque cela était nécessaire – notamment pour le codage de la forme des contours –, par l'observation sous PRAAT des variations de F0 et de durée aux frontières prosodiques. Pour minimiser les désaccords entre transcripteurs et pour éviter toute circularité dans l'analyse, nous avons effectué la segmentation en retenant trois constituants qui se distinguent selon des critères précis :

- le syntagme intonatif ou IP (noté par le symbole] dans la transcription) qui se caractérise par la présence d'un allongement et d'une pause. Sur le plan mélodique, la syllabe finale de ce constituant est généralement porteuse d'un mouvement mélodique ample. Ici la caractérisation et la différentiation des IP reposent uniquement sur la présence d'une pause;
- le syntagme majeur ou MaP (noté par }) qui se distingue par la présence d'un mouvement mélodique important sur sa syllabe finale, ce dernier étant plus ample que les mouvements réalisés à la fin des syntagmes mineurs. De plus, le syntagme majeur se distingue du syntagme intonatif par l'absence de pause.
- le syntagme mineur ou MiP (indiqué par une parenthèse dans la transcription) se caractérise par la présence d'un accent final sur la dernière syllabe. Sur le plan prosodique, cette syllabe est marquée par un allongement et par un changement de hauteur mélodique qui la différencie des syllabes adjacentes (Di Cristo, 2011).

Pour annoter les mouvements mélodiques réalisés aux frontières prosodiques, nous avons utilisé quatre symboles qui représentent les différentes formes des contours mélodiques: ↑ pour les mouvements mélodiques montants; ↓ pour les mouvements descendants; ∩ pour les contours montant-descendants réalisés sur une syllabe (et parfois deux); → pour les frontières qui sont essentiellement marquées par des variations de durée. A l'issue de ce travail d'encodage prosodique, il est apparu que notre corpus comprenait 130 frontières de fin d'IP, 19 frontières de fin de MaP et 86 frontières de fin de MiP.

Ce travail d'annotation a été fait sur l'ensemble du corpus par les deux auteurs, et les rares points de désaccord ont été discutés, dans le but de parvenir à un taux d'accord de 100%.

3.3 Classification des données et relation syntaxe / prosodie

Les frontières prosodiques ont été classées en fonction du niveau de structuration prosodique (IP, MaP ou MiP), de la forme des mouvements mélodiques associés aux frontières, et également de la position de ces frontières relativement à la structure syntaxique. Pour ce dernier point, nous nous sommes surtout appuyés sur les descriptions grammaticales et sur les traits mentionnés dans la section 2. Pour le syntagme intonatif (IP), le positionnement des frontières est considéré comme agrammatical (noté *) si les frontières ne coïncident pas avec les bornes droites d'une phrase racine ou d'un syntagme disloqué, incident ou ajout (quelle que soit sa catégorie SP, SN ou P'). Sont considérés comme discutables (noté ?) les cas où on attendrait plutôt une frontière de MaP. Sont aussi jugés discutables les cas où le positionnement des frontières pourrait coïncider avec une frontière de fin de phrase, puisqu'il s'agit des termes dans une énumération en position finale d'énoncé. Pour le syntagme majeur (MaP), sont jugés agrammaticaux les cas où le positionnement des frontières enfreint les règles syntaxiques de regroupement. En revanche, on évalue comme discutable les cas où une frontière de MiP serait préférable, dans la mesure où ni la métrique ni la complexité des énoncés ne réclament une frontière de MaP. Pour finir, pour les MiP, on ne retient qu'une distinction entre agrammatical et acceptable. Sont agrammaticaux les cas où la frontière est placée à droite d'un mot grammatical et non d'un mot plein comme en (5).

(5) Les enjeux →) sont essentiels↑] notamment en matière→) prudentielle ↑] <u>**et →)**</u> <u>**de →)**</u> contrôle→) monétaire↓].

Pour chaque constituant, la forme du contour final a également été annotée. L'analyse de la forme se fait en considérant que les contours de fin de IP, de MaP et de MiP en position non terminale doivent être montants. Pour les contours terminaux d'IP en position finale d'énoncé, on s'attend à ce qu'ils soient descendants, les phrases étant toutes des assertions.

4 Résultats

La répartition des frontières en fonction de leur grammaticalité et de la forme des contours est synthétisée dans la figure 1. Une analyse détaillée permet de mettre en relation le positionnement des frontières et la forme des contours. Elle fournit également des indications sur la position syntaxique des cas agrammaticaux et discutables.

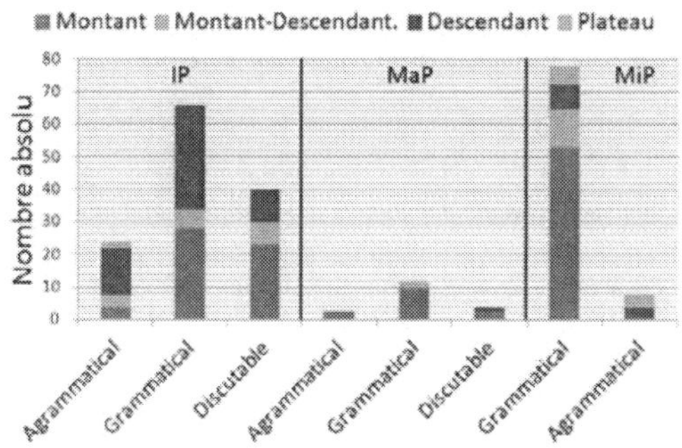

Fig. 1 : Répartition des formes en fonction des positions

4.1 Les syntagmes intonatifs : marquage tonal et position des frontières

Sur les 130 frontières d'IP, 66 sont réalisées dans des positions grammaticales (50,8% des cas), 40 dans des positions discutables (30,8 %) et 24 dans des positions agrammaticales (18,4%). Dans les cas grammaticaux, les contours réalisés à la frontière des IP sont d'une forme satisfaisante dans plus de 86 % des cas (montant en position non-finale d'énoncé et descendant en fin d'énoncé). Les autres cas se répartissent en 3 catégories : deux cas de contours non descendant en fin d'assertion, soit 3% (un montant et un montant-descendant) ; deux cas (3 %) de contours descendants en position non terminale (un ajout antéposé et le premier conjoint dans une coordination de clause) ; et 5 cas où un IP non-terminal s'achève par un contour montant-descendant (soit 8 %). Si on considère que les contours montant-descendants constituent une variante des contours montants de continuation, seulement 4 cas sur les 66 sont problématiques quant à la forme du contour.

Parmi les 40 cas discutables, on distingue 10 cas avec un contour descendant (25%), 7 cas avec un contour montant-descendant (17,5 %) et 23 cas avec un contour montant (57,5%). Sur le plan syntaxique, les contours montants et montant-descendants sont surtout utilisés entre le sujet et le verbe (9 cas), dans une relation tête-complément (6 cas), entre conjoints dans une énumération (6 cas) ou entre deux compléments (2 cas). Quant au contour descendant, il est essentiellement observé dans les énumérations.

(6) l'histoire de la Banque de France est aussi et surtout celle des **Français↓], de leurs espoirs↓], ... de leurs contradictions↓]**, de leur souci constant↑] **de modernité↓] et de solidarité↓].**

Pour ce qui est de la forme des contours, notons que dans les énumérations, le contour final de chaque conjoint est presque toujours identique à celui des conjoints qui suivent. En revanche, dans près de 70% des IP qui n'entrent pas dans des énumérations, la forme du contour est de pente inverse, que ce soit localement, c'est-à-dire par rapport au constituant qui suit immédiatement (3 cas), ou globalement, c'est à dire par rapport à l'IP qui suit (15 cas).

Parmi les 24 cas agrammaticaux, il existe 10 cas (41,7%) où la frontière est après un mot grammatical, et 14 cas (58,3%) où elle est après une tête de syntagme, dans une position où on attendrait une frontière de MiP (*[on prête]* dans *on prête à Napoléon un mot historique,* etc.). Dans les deux configurations, les contours sont très souvent descendants ou plateau (70% après un mot grammatical et 64% dans les autres cas). En outre, lorsqu'ils sont descendants, le contour de l'IP qui suit est généralement montant, donc de sens inverse (dans 10 cas, soit 72 %). Le contour de l'IP qui suit immédiatement est de sens identique dans seulement 14% des cas (voir l'exemple (7)). Dans d'autres cas où le contour d'IP est de sens identique, au moins le contour du constituant qui suit immédiatement est de sens inverse (voir exemple 8).

(7) C'est ce qui fait la grandeur de l'action d'une banque centrale et ce qui **fonde↓] sa responsabilité↓]** .

(8) les résultats **obtenus ont été↓] à la hauteur↑)** des intentions↑) et des ambitions↓].

4.2 Syntagmes phonologiques mineurs et majeurs : marquage tonal et position

Sur les 19 frontières de MaP, 12 positionnements sont jugés grammaticaux (soit 63%), 3 agrammaticaux et 4 discutables. Les cas grammaticaux sont tous réalisés avec un contour de forme acceptable (montant dans 83% des cas ; montant-descendant dans 17% des cas). Dans les cas agrammaticaux, la frontière se situe après un mot grammatical, et est toujours réalisée au moyen d'un contour montant, mais le contour qui suit immédiatement est descendant, sauf dans l'exemple sous (9).

(9) l'inflation est↑} parfois une facilité↑]

Dans les cas discutables, la frontière se situe après une tête lexicale. Dans un cas, elle se situe dans une position où on attendrait un IP car elle suit un ajout antéposé incident.

(10) **Depuis deux siècles↑}**, l'évolution de la Banque de France est liée ....

Dans les 3 autres cas, elle se situe à droite d'une tête de syntagme et sépare celle-ci de son complément immédiat. On attendrait donc plutôt une frontière de MiP dans ces configurations. Dans ces cas, les contours sont de même type que le contour de la frontière d'IP qui suit (11).

(11) a. la création↓} du franc germinal↓]
b. La première mission↑} de la Banque↑]

Sur les 86 frontières de MiP, seulement 8 (soit 9%) sont dans des positions agrammaticales, c'est-à-dire après un mot grammatical. Parmi elles, une seule s'achève par un contour montant. Les autres sont toujours indiquées par un contour descendant ou plateau. Parmi les cas grammaticaux, les contours montants et montant-descendants sont largement représentés. Seuls 7 cas se terminent par un contour descendant et 6 cas par un contour plateau. Parmi les 7 cas descendants, 5 cas entrent dans une relation tête-complément avec le groupe suivant, et 4 sont dans une configuration tonale d'inversion de pente. D'une manière générale, au niveau du MiP, les contours descendants et plateau sont plutôt la marque d'une agrammaticalité dans le positionnement des frontières.

5 Conclusion et perspectives

D'après notre étude, la structuration prosodique observée dans la parole politique se distingue dans plus d'un tiers des cas de ce qui est attendu en français standard. Parmi ces différences, seule une petite part (8% du total) peut être attribuée à ce que Verluyten (1982) appelle *l'élasticité* des syntagmes intonatifs et qui se caractérise dans le discours politique par un recours massif à des pauses. Dans 22% des cas, le positionnement des frontières va à l'encontre des règles d'appariement et de traitement des mots grammaticaux. Force est cependant de constater que dans ces cas la forme des contours associées aux frontières est marquée: le contour est descendant, alors qu'on attend un contour montant. En outre, un contour de forme inverse est très souvent utilisé dans le constituant qui suit, qu'il soit de même niveau, ou d'un niveau inférieur. Comme ces différences dans le positionnement des frontières ne semblent pas gêner à la bonne interprétation du message, nous pouvons nous interroger sur le rôle des contours descendants en position non terminale et sur l'inversion de pente : peuvent-ils constituer des indices fiables – mais non suffisants car non systématiques – pour mettre à jour la structure syntaxique ? Pour répondre à cette question et pour savoir si l'utilisation massive des contours descendants et de l'inversion de pente caractérise le discours politique, nous comptons étudier d'autres orateurs et effectuer des tests perceptifs.

Remerciements

Ce travail a été financé par le projet ANR *Labex EFL (Empirical Foundations of Linguistics)* et a été mené dans l'opération « Prosodic phrasing and prosodic hierarchy: a data driven approach ».

Références

DELAIS-ROUSSARIE, E., YOO H. et POST, B. (2011). Quand frontières prosodiques et frontières syntaxiques se rencontrent. *Langue Française* 170 : 29-44.

DELATTRE, P. (1966). Les dix intonations de base en français. *French Review* 40 (1) : 1-14.

DI CRISTO, A. (2011). Une approche intégrative des relations de l'accentuation au phrasé prosodique du français. *Journal of French Language studies* 21 : 73-95

MARTIN, P. (1987). Prosodic and rhythmic structures in French. *Linguistics* 25 : 925-949.

MARTIN, P. (2011). Traits nécessaires et suffisants pour l'indication de la structure prosodique. *In Actes d' IDP 09*, pages 275-286.

MERTENS, P. (2008). Syntaxe, prosodie et structure informationnelle: une approche prédictive pour l'analyse de l'intonation dans le discours. *Travaux de Linguistique* 56/1: 87-124.

MICHELAS, A. (2011). *Caractérisation phonétique et phonologique du syntagme intermédiaire en français.* Thèse de Doctorat, Université de Provence, Aix-en-Provence.

POST, B. (2000). *Tonal and phrasal structures in French intonation.* The Hague: Holland Academic Graphics.

VERLUYTEN, S.P. (1982). *Investigation on French Prosodics and Metrics,* Phd Dissertation, Antwerpen, Belgium.

Emphasis does not always coincide with phrasal boundaries in spontaneous spoken French

Caroline L. Smith
Department of Linguistics, University of New Mexico, Albuquerque, NM 87131-0001, USA
caroline@unm.edu

RÉSUMÉ

L'accentuation emphatique ne s'aligne pas toujours avec une frontière prosodique en français parlé

La prosodie française se caractérise par un lien étroit entre la proéminence et la découpage du flux de parole en unités prosodiques. Les chercheurs se mettent d'accord sur la proéminence de la syllabe finale (pleine) de la plus petite unité. Mais la possibilité de mettre de l'emphase sur d'autres syllabes peut créer des proéminences qui ne se situent pas dans la position pré-frontière. Ici nous présentons des exemples de parole spontanée tirés de deux émissions radiophoniques où les auditeurs perçoivent l'emphase sans l'occurrence d'une frontière prosodique. Ensuite, nous examinons quelques-uns des modifications prosodiques que peuvent employer les locuteurs pour communiquer l'emphase avec ou sans la présence d'une frontière prosodique. Nous concluons que, à la différence de la proéminence, l'emphase ne se situe pas toujours en fin du syntagme.

ABSTRACT

The prosodic structure of French involves a tight connection between the location of prominent syllables and locations where the flow of speech is divided into prosodic units. Researchers agree that the final (full) syllable of the smallest prosodic unit is prominent. The possibility remains that other syllables or words may be emphasized that do not precede a prosodic boundary. This paper examines cases from two radio broadcasts where emphasis is found without a boundary, and illustrates some prosodic modifications that speakers use to create emphasis with or without boundaries. The data demonstrate that emphasis is not tied to a specific phrasal position, even though words preceding a boundary are more prominent than other words.

MOTS-CLÉS : syntagmes prosodiques, proéminence, perception de la prosodie, français.
KEYWORDS : phrasing, prominence, perception of prosody, French.

1 Introduction

In French, prominence and phrasing are largely co-dependent. The location of prominence is coincident with syllables receiving accent by virtue of their position in the prosodic unit (Di Cristo 1999, 2000). Mertens (2006:70) is particularly explicit about this connection, saying that "final stress entails a right hand boundary of the intonation unit." The smallest prosodic unit has prominence (stress, according to Mertens) on the final non-schwa syllable, and may also have an initial prominence on its first or second syllable. (This unit consists of a single lexical word with optional preceding function words – the *Unité Tonale* of Di Cristo (2000), Phonological Phrase of

Post (2000), and Accentual Phrase of Jun and Fougeron (2002).) The initial accent is often associated with the expression of emphasis (e.g., Di Cristo 2000), although this has been challenged (see below). These analyses have been most clearly validated for prepared speech, such as reading aloud, but also for spontaneous speech.

However, spontaneous speech frequently includes emphasis that does not fit so cleanly into the prosodic structure described above. The term 'emphasis' is used here to refer to the paralinguistic expression of an attitude or emotion towards what is being said, in contrast to prominence, which relates to linguistic organization. Words can be emphasized without being in the phrasal positions for either initial or final accent. Both initial and final accents are generally associated with pitch rises (or falls, utterance-finally), but in emphatic speech, speakers may use more intonational possibilities than the basic LH pattern (Dahan and Bernard 1996). Surveying the ways that emphasis can be conveyed in French, Ferré (2011:2) suggests that "Prosodic emphasis is understood as some unusually strong word onset (this is unusual since French normally carries primary stress on the last syllable of the word and nuclear stress falls on the last syllable of the intonation group) ..." Selting (1994) showed that German speakers use rhythm, accent density and f0, in addition to syntax and lexical cues, to communicate emphasis. Although the details are likely to be language-specific, we might expect some of the same dimensions to be manipulated in French, despite the great differences between the prosodic systems of French and German.

Defining emphasis is a challenge in itself. Dahan and Bernard (1996:342) say that: "To highlight specific information in an utterance, a speaker can prosodically focus the word that conveys most information by producing an emphatic accent." In their study of emphasis in French sentences read aloud, an f0 increase on the first syllable of a word was the best predictor of listeners' perception of emphasis, and the length of a pause before the emphasized word was also helpful for emphasis perception. A rather different prosodic method for communicating emphasis in French was identified by Simon and Grobet (2005). They studied rhythmic scansions (passages of speech in which prominent syllables recur at intervals perceived as isochronic), many of which are perceived as emphatic. They found that slow speech rate and dynamic f0 movement contributed to the perception of emphasis.

In many languages, prominence can be signaled by f0 rises, but Welby (2006) argues that in French this is not the case. She includes in this argument the rise on the initial syllable of an Accentual Phrase that has been referred to as the *accent d'insistance*, and shows that the initial f0 rises mark phrasal boundaries, and are not pitch accents, as was proposed by Post (2000). The study of initial accents by Astésano, Bard and Turk (2007) is consistent with Welby's analysis; they found that initial accents have a primarily structural role marking the onset of phonological phrases. However, Astésano et al. analyzed sentences that were read aloud, and thus were not looking for emotional or emphatic productions, so their proposal does not exclude the possibility that initial accent may convey emphasis under some circumstances. This highlights the need to distinguish between prominence, which comes from phrasal structure, and emphasis, which comes from the speaker's attitude towards her topic. The difficulty of identifying prominence has been discussed (Morel et al. 2006); emphasis should be easier to spot as it involves more extreme divergence from 'neutral' prosody. Emphatic words might be expected to also be prominent, that is, to occur in the prominent phrase-final position, since this would reinforce their salience.

Thus there remain a number of open questions about how emphasis is conveyed in French. Although syntax is employed more extensively than prosody to convey emphasis in French (Ferré 2011), speakers do use prosodic modifications in addition to, or instead of, syntactic constructions. This paper explores the ways that speakers manipulate prosody to convey emphasis, especially in cases where the prosody diverges from what is expected in words that are prominent because of their position in prosodic structure, or where the word is perceived as emphatic but not final in a phrase – the position that would be expected. Looking at cases where there is a perception of emphasis in non-final position may help to isolate the characteristics of these two, which tend to be conflated in French. In addition to lengthening, which marks accented syllables, speakers can also use abrupt changes in rate, f0 manipulations, and repetition of lexical items or prosodic patterns.

This paper first shows that it is possible for a word to be perceived as emphasized without an immediately following phrasal boundary. This finding is based on listeners' perceptions of extracts from a current affairs debate that was broadcast on France Inter radio in December 2008. Next, the prosodic modifications that can be used to express emphasis (with or without a boundary) are illustrated with examples from an interview that was also broadcast on France Inter, in February 2009. This interview was selected because, presumably due to the emotional nature of the topic, it seems to illustrate a very rich use of prosody in expressing emphasis.

2 Data set one: current affairs debate

This corpus of recordings of a current affairs debate broadcast on radio was used in a previous study of listeners' perceptions of boundaries and prominence (Smith 2011). In that experiment, listeners heard recordings of brief extracts from this debate and followed along on an orthographic unpunctuated transcript. One set of listeners were instructed to underline on their transcript any words that they heard as highlighted (*mis en relief*). This definition corresponds more closely to what we are calling emphasis than to the kind of prominence associated with phrasal accent. Another set of listeners were asked to mark at every location where they heard the end of a group of words. This definition was not intended to correspond to any specific phrasal unit. In other work (Smith 2011) it was argued that listeners marked boundaries corresponding approximately to Intonational Phrase-size units.

In general, words that listeners perceived as preceding a boundary were also perceived as more emphasized than words that were not pre-boundary. There was no such tendency for words following a boundary – in fact, there average degree of emphasis was lower than the average over all words, suggesting that at least in the samples of speech used in this study, there was little evidence of phrase-initial accents. In ten extracts (averaging 39 s in duration) from this debate, representing five different speakers, there were 17 words that at least two-thirds of the listeners identified as emphasized, but less than one-third identified as preceding a boundary. This accounts for 40% of the total number of words that listeners perceived as emphasized (43).

2.1 Methodology

In the study of listeners' perceptions, we first identified those words that at least two-thirds of the listeners perceived as emphasized, or where at least two-thirds of listeners perceived a boundary following the word. In general, there was a strong association between these two. More words were perceived as pre-boundary than as emphasized. Of the 85 words perceived as preceding a boundary, 18 were also perceived as emphasized by at least two-thirds of listeners. (Emphasis and boundaries were marked by different sets of listeners.) There were 25 other words that were perceived as emphasized but which fewer than two-thirds of listeners perceived as pre-boundary. Because of the predicted close association between emphasis, or prominence, and boundary perception, the question arises as to why listeners' perceptions of emphasis and boundaries did not coincide at these words. This question was investigated by examining the acoustic characteristics of the words where perceptions were "mismatched". The analysis focused on the words where the mismatch was strongest: the 17 words that more than two-thirds of listeners perceived as emphasized, but fewer than one-third perceived as pre-boundary (this is 20% of the total number of words perceived as pre-boundary). Most of the seventeen were lexical words (nouns, verbs or adjectives). Exceptions were *que* in *est-ce que*, and *ensuite*.

In terms of what might favor the perception of emphasis, 3 acoustic properties listed below were observed on these 17 words. Several words exhibited more than one of the properties listed. The presence of a glottalization at word onset is unusual in French (Ferré's (2011) "strong word onset" to convey emphasis). It creates the impression of a break in the speech even if there is no actual silent period. An f0 rise on the initial syllable of a word is the traditional sign of the *accent d'insistance* (Di Cristo 2000).

- Initial glottalization sometimes with pause preceding the word 5 words
- F0 rise on the initial syllable 8 words
- Marked (over 80 Hz) f0 rise on the final syllable 11 words

Two words in these extracts seemed to be made salient primarily because of properties other than those listed above, although they did both have substantial f0 rises on their final syllables. The *que* was prominent because of lengthening. It was 318 ms in duration compared to 205 ms for another *que* produced by the same speaker in utterance-final position; it may have been produced with extra duration because the speaker is introducing a new topic by asking a question beginning *est-ce que*. Another very prominent word produced by the same speaker was *lasse* in *est-ce que vous avez pas peur que que ça lasse un petit peu le le le public*, in which *lasse* is far louder than the surrounding words. It is not possible to make meaningful comparisons of intensity in these recordings, but in this case the difference is very striking.

The properties discussed here do not answer the question of why no boundary was perceived on these words. In particular, a substantial f0 rise on the final syllable would seem to be an excellent indicator that the word is final in an accent group. The most likely explanation is that the boundary-marking by listeners was more sparse than would be appropriate if they were marking accent groups. In these extracts, listeners marked boundaries on average every 11 words. If they were marking the smallest prosodic unit, we would expect boundaries to have been marked every two or three words. On the basis of f0 movement and lengthening, the words examined here could all be analyzed as final in an accent group but not an Intonational Phrase.

3 Data set two: interview

The second data source was used to survey the range of prosodic means that speakers have at their disposal to mark emphasis. This interview was transcribed and segmented into breath groups at each change in speaker, and at each pause (silent or filled) that lasted 150 ms or more. Some portions of the interview could not be analyzed because of background music, or because the two speakers occasionally spoke at the same time for extended periods. The interviewee accounts for the vast majority of the speech in this conversation. She is describing an extremely stressful job she held at a web design company that ended when she collapsed at work and was hospitalized. She moves from a fairly straightforward presentation of her job at the beginning of the interview, characterized by grammatically complete utterances, to the more emotional parts of her narration in which there are almost no grammatically complete utterances and the length of a single breath group varies from single syllables to as much as 13.7 seconds. Portions of the interviewee's speech were identified impressionistically by the investigator as involving emphasis of a word or group of words. The examples in the next section illustrate the different prosodic modifications that she produced which contribute to the perception of emphasis.

3.1 Modifications signaling emphasis

3.1.1 Lengthening

Lengthening is well-documented as an indicator of final position in the accent group. It can also signal greater prominence on a single word. In Figure 1, the words *je* and *suis* are lengthened, although they are not final in the breath group. Nor do they have any f0 movement that suggests they are being treated as separate Accentual Phrases. The lengthening seems to be simply a means to convey emphasis.

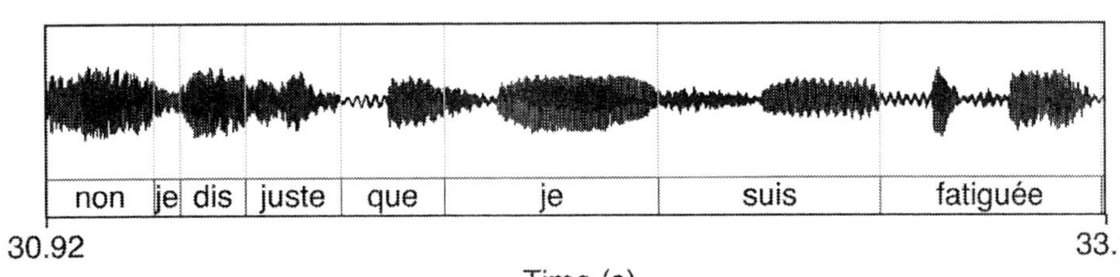

Figure 1. Waveform illustrating non-final lengthening

3.1.2 Abrupt changes in speaking rate

Here the interviewee has been speaking very rapidly, repeating the phrase *on y va*, as she recounts how she worked more and more intensely at her job. Her speaking rate reaches 7.52 syllables / second in the first breath group shown in Figure 2. Then a pause followed by two very short breath groups at much slower rates (2.00 and 3.31 syllables/s) signals her realization that the more she worked, the more projects she was assigned. The abrupt change in rate draws attention to the transition in her thinking.

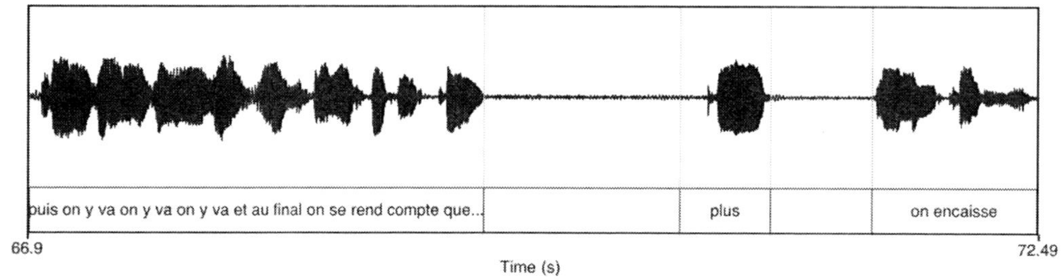

Figure 2. Waveform illustrating an abrupt change in rate

3.1.3 Schwa insertion with repetition of intonation

The interviewee frequently adds schwa-like vowels to the ends of words, a phenomenon well-known in contemporary spoken French (e.g., Carton 1999). Among the authors who have studied these are Hansen and Hansen (2003), who refer to them as parasitic schwas (*schwas parasitaires*). They say their most important function is "to attract the attention of the interlocutor to an important element in the discourse" (2003:105) (*d'attirer l'attention de l'interlocuteur sur un élément important du discours*). They also describe these parasitic schwas as associated with a characteristic melodic pattern.

The example in Figure 3 shows the f0 trace for a breath group that for convenience has been sub-divided into three short phrases. Each of these ends with a "parasitic schwa". The final lexical syllable of each short phrase (*tôt, heures, fond*) is produced at an f0 peak in the contour. F0 falls during the prolonged schwa following each of these syllables. The fall is more extensive and more rapid on the final one, which is also the end of the breath group. The repetition of this intonational contour emphasizes the words at the end of each group. The words gain prominence due to their final position in the phrases, as these coincide with the end of Accentual Phrases.

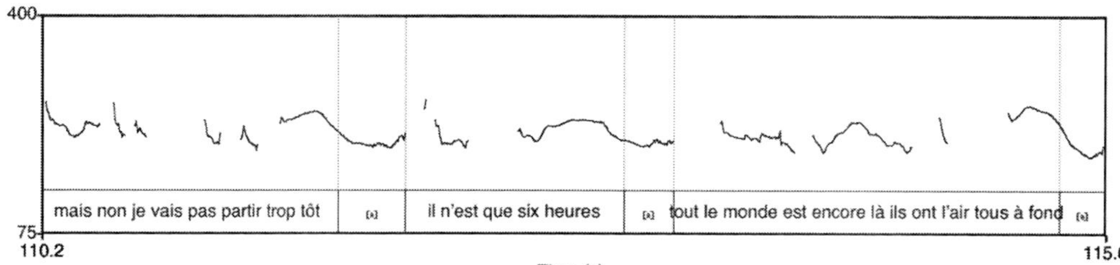

Figure 3. F0 trace (in Hz) illustrating a repeated melodic pattern

3.1.4 Accent clash

Potentially, phrasal prominence can occur on the final syllable of one Accentual Phrase and the initial syllable of the next, resulting in two adjacent accented syllables. Such "clash" is avoided in many languages. In the example of Figure 4, the clash draws attention to the two words, as the interviewee emphasizes the company's requirement that employees express a positive attitude at all times. The especially high f0 on the final syllable of *énergie* may add even more to the dynamic impression.

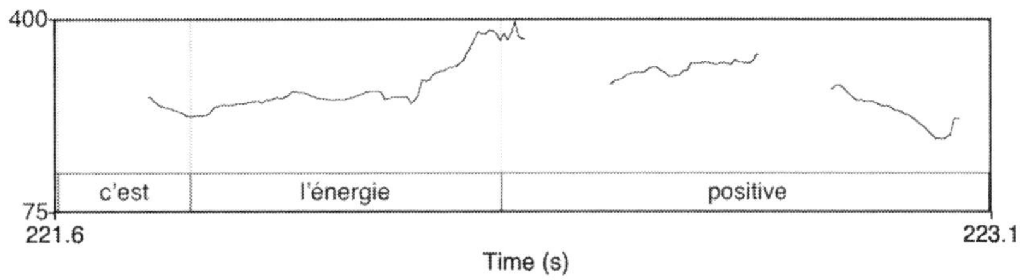

Figure 4. F0 trace (in Hz) illustrating a clash between the final accent of *énergie* and the initial accent of *positive*

4 Discussion

This paper has investigated ways that emphasis can be conveyed either without the presence of a perceptible boundary, or by using other prosodic means to convey emphasis in addition to the presence of a boundary. Speakers of French, exemplified by the interviewee studied here, use some of the same cues to emphasis as speakers of other languages, such as Selting's (1994) German speakers. These include expanded f0 movement, durational lengthening, and changes in speaking rate. But French also has language-specific ways of marking emphasis, such as the addition of parasitic schwas which may occur in conjunction with a repeated, stereotypical pitch contour. An important French-specific marker of emphasis is the initial *accent d'insistance*. In order to test its perceptual salience, it would be necessary to obtain syllable-level perceptual judgments, which was not done here.

The prosodic marking of emphasis is of interest in situating French relative to other languages such as English, for example, with a very different relation between emphasis and boundaries. Pitch accents in English are not the head of any prosodic unit, so phrasal structure and intonational structure do not have the same linkage as in French. Thus there would be no reason to suspect a role for phrasal structure in creating emphasis. The possibility shown here that emphasis can be perceived without a phrasal boundary in French suggests that this relative flexibility in the occurrence of emphasis may be widespread. Speakers may choose to emphasize words in any position in a phrase. The position of a word before a phrase boundary implies that it will be more prominent than it would be in other positions (Smith 2011), but emphasis (perhaps an extreme form of prominence) does not imply that a word will be positioned before a boundary. Paralinguistic factors such as the expression of emotion, which can be reflected by emphasis, are believed to contribute to the determination of prosodic structure. But they may also be somewhat independent of it.

References

ASTÉSANO, C., BARD, E.G. et TURK, A. (2007). Structural influences on initial accent placement in French. *Language and Speech 50*, 423-446.

CARTON, F. (1999) L'épithèse vocalique en français contemporain : étude phonétique. *Faits de Langue 13*, 35-45.

DAHAN, D. et BERNARD, J-M. (1996). Interspeaker variability in emphatic accent production in French. *Language and Speech 39*, 341-374.

DI CRISTO, A. (1999). Vers une modélisation de l'accentuation en français : première partie. *Journal of French Language Studies 9*, 143-179.

DI CRISTO, A. (2000). Vers une modélisation de l'accentuation en français (seconde partie). *Journal of French Language Studies 10*, 27-44.

FERRÉ, G. (2011). Thematisation and prosodic emphasis in spoken French. A preliminary analysis. *In Proceedings of GESPIN 2011*. Bielefeld. http://gespin.uni-bielefeld.de/?q=node/66. [accessed 30/1/2012].

HANSEN, A. B. et HANSEN, M-B. M. (2003). Le [ə] prépausal et l'interaction. *Etudes Romanes 54*, 89-109.

JUN, S.-A. et FOUGERON, C. (2002). Realizations of accentual phrase in French intonation. *Probus* 14, pages 147-172.

MERTENS, P. (2006). A predictive approach to the analysis of intonation in discourse in French. In (Kawaguchi, Y., Fonagy, I. et T. Moriguchi, T., editeurs, 2006), *Prosody and Syntax*. Usage-Based Linguistic Informatics 3. John Benjamins, Amsterdam, 64-101.

MOREL, M., LACHERET-DUJOUR, A., LYCHE, C. et POIRÉ, F. (2006). Vous avez dit *proéminence* ? *In Actes des XXVIes Journées d'études sur la parole*, Dinard. AFCP.

POST, B. (2000). *Tonal and phrasal structures in French intonation*. PhD Dissertation, Katholieke Universiteit Nijmegen.

SELTING, M. (1994). Emphatic speech style – with special focus on the prosodic signalling of heightened emotive involvement in conversation. *Journal of Pragmatics 22*, pages 375-408.

SIMON, A-C. et GROBET, A. (2005). Interprétation des scansions rythmiques en français. *In* (C. Auran et al. editeurs,), *Proceedings of the IDP05*, Laboratoire Parole et Langage, Université de Provence, Aix-en-Provence. http://www.lpl.univ-aix.fr/~prodige/idp05/idp05_actes.htm [accessed 30/1/2012]

SMITH, C. (2011). Naïve listeners' perceptions of French prosody compared to the predictions of theoretical models. *In* (Yoo, H-Y et Delais-Roussarie, E., editeurs, 2011), *Actes d'IDP 2009*, Paris, 335-349. http://makino.linguist.jussieu.fr/idp09/actes_fr.html. [accessed 16/1/12].

WELBY, P. (2006). French intonational structure: Evidence from tonal alignment. *Journal of Phonetics 34*, 343-371.

Entends-tu mes attitudes ? Perception de la prosodie des affects sociaux en chinois Mandarin

Yan Lu[1] *Véronique Aubergé*[1] *Albert Rilliard*[2]
(1) GIPSALab, Université de Grenoble
(2) LIMSI-CNRS, BP133, Orsay
{yan.lu, veronique.auberge}@gipsa-lab.grenoble-inp.fr,
albert.rilliard@limsi.fr

RESUME

Les affects sociaux sont, au contraire des émotions, des actes de parole volontairement contrôlés et construits socio-culturellement. Ce travail examine la perception d'affects sociaux chinois par des sujets natifs, avec l'enseignement de la prosodie attitudinale comme finalité. Un corpus de parole a été enregistré, comportant des variations de longueur, de placement de tons et de structure syntaxique des énoncés. Tous les énoncés ont été produits avec 19 affects sociaux. Un test perceptif montre que les affects sociaux sont globalement bien reconnus : les expressions de « déclaration » et de « déception » recevant les meilleurs scores ; la « confiance » et l'« ironie » les moins bons. Tous les affects sociaux testés s'organisent de façon cohérente en sept classes conceptuelles.

ABSTRACT

Do you hear my attitudes? Perception of Mandarin Chinese social affects' prosody

Social affects are, contrary to emotions, speech acts voluntarily controlled and socio-culturally built. This work examines the perception of Chinese social affects by natives, in the aim of attitudinal prosody teaching. A speech corpus was designed, with variation of length, tone location and syntactic structures of utterances, and produced with 19 social affects. The perception test reveals that social affects were globally recognized, the expressions of "declaration" and "disappointment" received the best scores, and "confidence" and "irony" the lowest. The social affects were organized into seven conceptually coherent clusters.

MOTS-CLES : perception de la prosodie, attitudes, affects sociaux, chinois mandarin
KEYWORDS: perception of prosody, attitudes, social affects, Mandarin Chinese

1 Introduction

Les affects exprimés durant une communication interactive impliquent deux niveaux différents de processus cognitif (Aubergé, 2002) : l'expression involontairement contrôlée d'affects (les *émotions*), et l'expression intentionnellement contrôlée et transmise au travers de la prosodie audio-visuelle (les *affects sociaux* ou *attitudes*). En opposition aux émotions, les affects sociaux sont étroitement liés au langage et s'insèrent dans une culture donnée au sein de laquelle ils sont acquis durant l'enfance. Ils constituent une partie indispensable de la construction de l'interaction verbale, de la communication. Différentes facteurs influents sur l'organisation des affects sociaux ont été proposés (Wichmann, 2000 ; de Moraes *et al.*, 2010), et nous proposons ici un classement assez proche :

- L'attitude exprime l'intention ou l'opinion du locuteur sur ce qu'il dit : son *engagement* dans l'acte de langage (au sens de Daneš, 1994). De la même manière, le fait qu'il n'exprime (ou ne veuille, ne doive, ne puisse exprimer) aucune attitude est également considéré comme une attitude (par ex. une déclaration ou une question simple).

- Des attitudes particulières sont liées aux caractéristiques de la relation sociale (comme la hiérarchie sociale, la puissance relative) entre les locuteurs impliquées dans l'interaction (par ex. la politesse, l'autorité).
- Certaines attitudes sont liées au contexte socioculturel de l'interaction : plus spécialement pour l'intimité, le langage maternel ou la séduction.

À la suite des travaux de Martins-Baltar (1977) ou Fónagy (1991), des chercheurs ont entrepris des études sur la prosodie attitudinale dans différentes langues (Fujisaki & Hirose, 1993 ; Mejvaldova, 2000 ; Diaferia, 2002 ; Mac *et al.*, 2010 ; Gu *et al.*, 2011), et certains d'entre eux avaient plus particulièrement comme finalité l'enseignement de la prosodie attitudinale (Shochi *et al.*, 2010) ou la comparaison interculturelle des attitudes (Shochi *et al.*, 2009).

Le présent travail constitue la première étape du développement d'une méthode didactique de l'enseignement de la prosodie attitudinale française aux apprenants chinois. Cette étude analysera la reconnaissance des affects sociaux chinois par des natifs et les proximités entre les 19 affects sociaux. Nous examinerons également la distance entre perception acoustique et compréhension des concepts des affects sociaux.

Notons que la relation entre langue et culture varie à la fois entre deux contextes de langue et de culture, mais varie aussi à l'intérieur d'une même langue/culture avec le rôle social, l'éducation, l'âge et le genre (Cornaire, 1998 ; Shochi *et al.*, 2009 ; Mac *et al.*, 2010). Dans cette étude, nous allons parallèlement observer si le genre, à la fois inné et stéréotypé, pourrait influencer ou structurer les affects sociaux.

2 Corpus de parole

Pour contrôler les variations prosodiques, nous avons conçu et enregistré un corpus dédié au lieu de collecter des données spontanées. Ce corpus de parole fait varier la longueur des phrases (en syllabes), le placement des tons et les structures syntaxiques des énoncés. Les valeurs prises par ces facteurs sont croisées systématiquement entre elles, afin d'analyser l'influence de chacun. Étant donné la difficulté de produire ces attitudes en dehors de tout contexte, une situation de communication a été imaginée pour chaque attitude, afin d'aider la locutrice à le rendre le plus naturellement possible. Les énoncés construits sont neutres (i.e. ne comprennent aucun mot qui implique un certain affect social ou une certaine émotion), néanmoins, ils pourraient être dans tous les contextes étudiés. Le corpus a proposé des variations de :

- la longueur globale de l'énoncé (de 1 à 9 syllabes)
- la structure syntaxique (de mono-mots à des structures complexes)
- placement de la frontière syntaxique
- valeur et placement des tons

Ce corpus contient 19 attitudes précédemment étudiées par Fónagy (1991), Aubergé (2002), Diaferia (2002), Mac *et al.* (2010), Shochi *et al.* (2009). Chaque affect social a été défini avec un contexte spécial dans le but de faciliter la compréhension des sujets. La table 1 classe ces affects sociaux au sein des quatre catégories proposées ci-dessus.

	Affects sociaux et leurs abréviations
Modalités	Déclaration (DECL), Question (QUES)
Attitudes	Admiration (ADMI), Ironie (IRON), Mépris (MEPR), Irritation (IRRI), Confiance (CONF), Résignation (RESI), Doute-incrédulité (DOUT), Déception (DECEP), Evidence (EVID) , Surprise neutre (S-NEU), Surprise positive (S-POS), Surprise négative (S-NEG)
Paramètres sociaux	Politesse (POLI), Autorité (AUTO)
Contexte social	Séduction (SEDU), Langage maternel (L-MAT), Intimité-familiarité(INTI)

TABLE 1 – Classification des affects sociaux et leurs abréviations

Le corpus a été enregistré par une femme chinoise native, originaire de la province du Shaanxi, locutrice de mandarin chinois standard sans accent. L'enregistrement a été effectué dans une chambre sourde et sauvegardé à la fois au format vidéo et audio. Notons que l'enregistrement d'un autre locuteur chinois est en cours pour mesurer un effet possible du genre sur la production des affects sociaux.

3 Expérience perceptive

Ce test est destiné à valider les attitudes et à examiner leur distribution. 30 auditeurs Chinois natifs ont participé, d'origine de différentes régions (15 hommes et 15 femmes, âge moyen 25,2 ans). Tous vivent en France. Aucun n'a signalé de trouble auditif.

Tons	*Chinois*	*Français*	*Structure*
1	书	Livre	nom
1-3	歌手	Chanteur	nom
1-1-1-2	张医生来	Docteur Zhang vient	GN(3)+GV(1)
1-1-1-1-1-1-1-1-2	张医生帮她搬微波炉	Docteur Zhang porte le micro-onde pour elle.	GN(3)+GV(3)+GN(3)

TABLE 2 – Exemple de phrases du corpus

Le corpus complet comprend 152 énoncés produits avec 19 attitudes. Une sélection de 21 énoncés sur des critères de longueur, de placement de tons et de complexité syntaxique a été faite pour le test perceptif (soir 399 stimuli). Cette sélection contient quatre mots monosyllabiques, sept mots bi-syllabiques, six phrases de 4 syllabes et quatre phrases de 9 syllabes. Les énoncés de 4 syllabes comprennent trois structures syntaxiques : un groupe nominal ; un GN sujet de 3 syllabes suivi d'un verbe d'une syllabe ; un nom sujet d'une syllabe suivi d'un GV de 3 syllabes. Les énoncés de 9 syllabes contiennent deux structures syntaxiques : un GN sujet de 7 syllabes suivi d'un verbe d'une syllabe et d'un nom d'une syllabe ; une phrase avec sujet, prédicat et complément d'objet de 3 syllabes. Tous les tons sont utilisés à chaque position des mots de 2 syllabes ; seuls les tons montant et descendant sont utilisés sur la dernière syllabe des phrases de 4 syllabes et de 9 syllabes. Les autres syllabes portent toujours un ton plat. La table 2 propose un exemple des phrases utilisées.

Tous les stimuli ont été présentés aux sujets à l'aide de casques de haute qualité dans une pièce tranquille. Le test perceptif débute par une présentation globale et une description de chaque attitude et d'exemples de contextes possibles. Chaque stimulus est présenté une seule fois, dans un ordre aléatoire, et les sujets doivent choisir l'attitude perçue parmi les 19 étiquettes proposées.

4 Analyse et résultats

Une analyse de variance à trois facteurs aléatoires a été réalisée sur les résultats (table 3). Les facteurs sont le genre des sujets (G, 2 niveaux), l'attitude présentée (A, 19 niveaux) et la longueur des phrases (L, 4 niveaux). Chaque cellule de ce plan contient au moins 60 observations. Le niveau de significativité a été fixé à 0,01.

	SCE	*ddl*	*F*	*p*	η^2
A	**253,43**	**18**	**86,22**	**0,0000**	**0,693**
G	**1,97**	**1**	**12,06**	**0,0005**	**0,005**
L	**16,19**	**3**	**33,06**	**0,0000**	**0,044**
*A*G*	5,57	18	1,90	0,0122	0,015
A*L	**80,30**	**54**	**9,11**	**0,0000**	**0,220**
*G*L*	0,13	3	0,26	0,8574	0,000
*A*G*L*	7,87	54	0,89	0,6958	0,021

TABLE 3 – Résultat de l'ANOVA, effets significatifs en gras.

L'effet significatif de l'attitude explique la plus grande part de la variance observée (voir la colonne η^2 de la table 3), avec l'interaction entre les facteurs attitude et longueur. Les facteurs genre et longueur sont significatifs, mais n'expliquent qu'une part mineure de la variance. Les interactions A*G, G*L et A*G*L n'ont pas montré d'effet significatif.

La figure 1 détaille les scores de reconnaissance obtenus pour chaque attitude, avec le détail de l'effet de la longueur. Presque tous les affects sociaux ont été reconnus au dessus du hasard, sauf la *confiance*. (fig. 1 gauche). Les scores varient avec la longueur des énoncés (fig. 1 droite). Une nette différence existe entre les stimuli d'une syllabe et les autres, le taux de reconnaissance des stimuli les plus courts est le plus bas, à l'exception des attitudes de *langage maternel* et d'*irritation*. Dans le cas du *langage maternel*, les stimuli de 1 et de 2 syllabes ont été mieux reconnus que ceux de 4 et 9 syllabes (confondus avec *séduction*). Une explication possible pourrait venir du fait que les adultes adressent rarement des phrases longues et complexes aux enfants. Pour l'*irritation*, les stimuli de 2 syllabes sont moins bien reconnus que les autres et sont confondus avec la *déclaration* et la *confiance*. En écoutant attentivement les stimuli d'*irritation* de toutes les longueurs, il apparaît que la locutrice utilise une qualité de voix rauque et tendue. Par conséquent, les confusions doivent être liées plus aux contours intonatifs qu'à la qualité de voix, ce qu'il faudra vérifier lors d'une analyse acoustique, ainsi que l'influence des tons. L'effet du genre sur la reconnaissance est de peu d'ampleur par rapport aux autres facteurs. Nous envisageons d'entreprendre une autre expérience avec un locuteur masculin et un locuteur féminin pour tester la spécificité du genre.

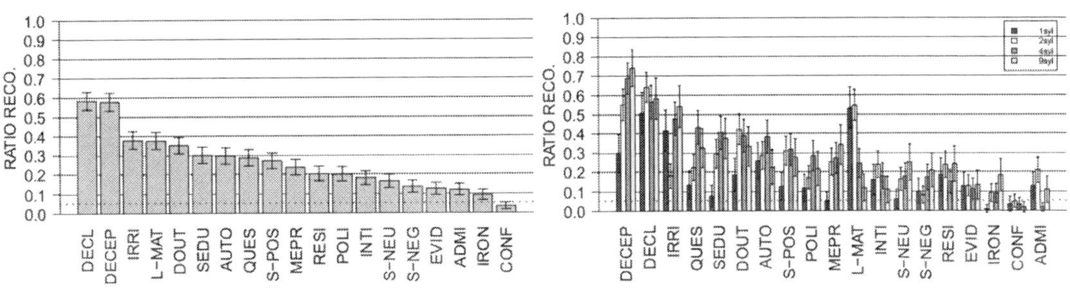

FIGURE 1 – Le taux de reconnaissance moyen des 19 affects sociaux : taux par attitude (gauche), taux par longueur de stimuli (droite).

L'analyse de la matrice de dispersion montrant les confusions inter-attitudes est résumée à la figure 2. Les confusions deux fois supérieures au hasard sont proposées. La plupart des reports se font vers la *déclaration*, notamment la *confiance* (56%) et la *politesse* (49%) – la *déclaration* elle-même étant bien reconnue (58%), avait quelques confusions avec l'*évidence*. La *confiance* et l'*ironie* ont été mal reconnues. Les trois expressions de *surprise* ont été confondues avec le *doute*, qui, lui, a été confondu avec la *question* (et vice versa). Le *mépris* et l'*ironie* ont été mélangés et le *mépris* a été aussi confondu avec la *déclaration*. Le *langage maternel* n'a été confondu qu'avec la *séduction*. La *résignation* et la *déception* ont été aussi mélangées.

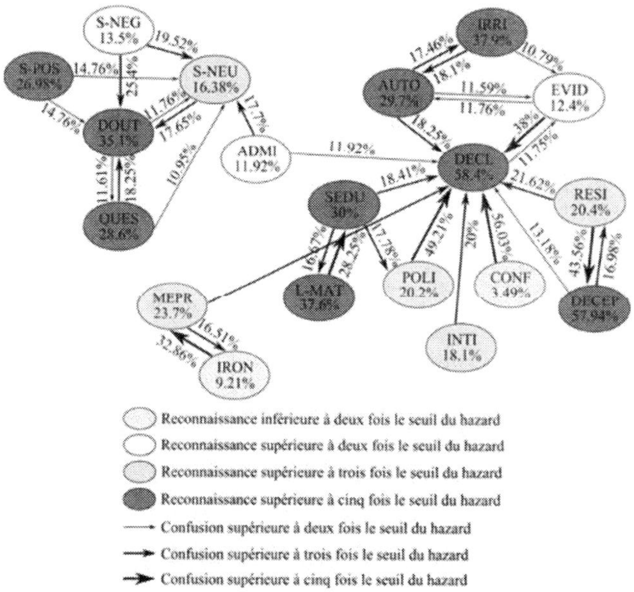

FIGURE 2 – Confusions des affects sociaux représentées graphiquement : les pourcentages d'identification sont indiqués dans les ovales et les taux de confusions sur les flèches. Seuls les taux supérieurs à deux fois le seuil du hasard sont rapportés.

Afin d'identifier des classes perceptives plus larges, un algorithme de classification hiérarchique a été utilisé sur la matrice de dispersion. Les distances entre attitudes ont été calculées en utilisant la corrélation entre les lignes (la valeur de *1-r* est utilisée comme distance, où *r* représente la corrélation entre deux lignes). Les confusions inter-attitudes sont illustrées à la figure 3. Cette classification montre que les sujets natifs ont classé ces 19 attitudes en sept catégories génériques (cf. Shochi *et al.*, 2010) :

- *admiration* & *surprise positive* : ces deux attitudes sont caractérisées par une valence positive marquée.
- *surprise négative, surprise neutre, question* et *doute* : expressions d'états mentaux inattendu et incertain.
- *langage maternel* & *séduction.* : expressions de proximité sociale – les deux utilisent une voix breathy avec des implications de soin et d'intimité (Wichmann, 2000 ; Campbell, 2004).
- *autorité* & *irritation* : actes de langage imposant la volonté du locuteur à son interlocuteur.
- *déception* & *résignation* : attitudes négatives conceptuellement proches.
- *ironie* & *mépris* : expressions d'impolitesse – le même regroupement est observé en vietnamien (Mac *et al.*, 2010). Ces expressions pourraient être considérées comme deux différentes étapes de la même opinion mentale.
- *déclaration, confiance, politesse, évidence* et *intimité* : catégorie de différentes manières de déclarer, sauf l'*intimité* qui aurait due être groupée avec les attitudes de voix breathy.

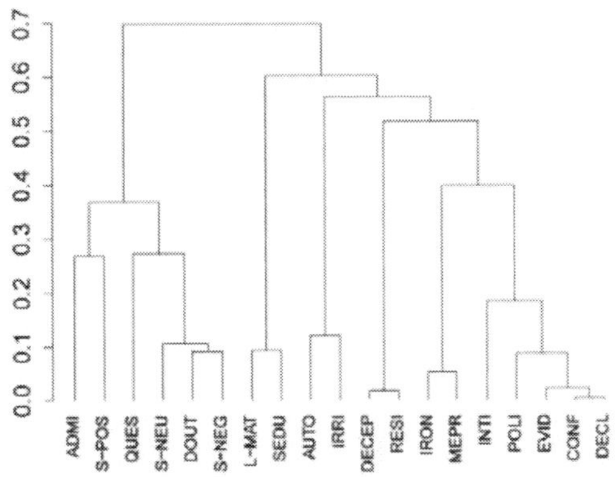

FIGURE 3 – Dendrogramme montrant la classification hiérarchique des affects sociaux.

5 Discussion et conclusions

Une distinction a été faite entre affects sociaux et émotions. Nous considérons que les affects sociaux, acquis au sein d'une culture donnée, peuvent être réalisés et contrôlés volontairement par le locuteur et font partie de l'acte de langage, au contraire des émotions. Un corpus d'énoncés attitudinaux en chinois mandarin a été enregistré et une sélection a permis d'en tester la pertinence auprès de 30 sujets chinois. L'observation des confusions perceptives montre que la *déclaration* attire la plupart des confusions, ce qui correspond aux résultats de Diaferia (2002) et Mac *et al.* (2010). La tâche de reconnaissance d'une étiquette parmi 19 est cognitivement complexe. Le choix de la *déclaration* peut constituer la catégorie refuge la plus neutre. La *confiance* a été mal reconnue par les sujets et principalement confondue avec la *déclaration*, soit du fait de la performance de la locutrice qui ne serait pas satisfaisante, soit du fait de la difficulté à extraire un indice prosodique hors contexte. Des indices visuels peuvent être très utiles pour de pareilles identifications (Nadeu & Prieto, 2011). La classification hiérarchique des résultats de perception regroupe les attitudes en sept classes. A l'intérieur de chacune, les affects sociaux sont cohérents en termes de processus cognitif.

Cette expérience valide les stratégies attitudinales enregistrées. Un test interculturel de ces attitudes avec des sujets français permettra de comparer les espaces perceptifs de sujets de ces deux cultures, avec des questions particulières autour d'éventuelles perturbations de la perception prosodique par les tons du chinois chez des sujets n'en ayant pas la pratique. Ces deux expériences seront reproduites avec un locuteur masculin chinois en vue d'examiner davantage la spécificité du genre. Parallèlement, le traitement de perception audio-visuelle des affects sociaux en mandarin sera mis en œuvre tant avec des natifs sinophones et francophones.

Remerciements

Nos chaleureux remerciements à C. Savariaux et L. Granjon. Ce projet est partiellement financé par le gouvernement chinois dans le cadre de la bourse d'une thèse de doctorat.

Références

AUBERGE, V. (2002). Morphology of Prosody Directed by Functions. *Speech Prosody*, Aix en Provence, France, 151-154.

CAMPBELL, N. (2004). Perception of Affect in Speech – towards an Automatic Processing of Paralinguistic Information. *In Proc. 8th International Conference on Spoken Language Processing (ICSLP)*, Jeju, Korea, 881-884.

CORNAIRE, C. (1998). *La compréhension orale*. CLE International, Paris.

DANES, F. (1994). Involvement with language and in language. *Journal of Pragmatics*, 22, 251–264.

DIAFERIA, M. L. (2002). *Les Attitudes de l'Anglais : Premiers Indices Prosodiques*. Mémoire de master en science cognitive. Institut national polytechnique de Grenoble, France.

FONAGY, Y. (1991). *La Vive Voix*. Paris, Payot.

FUJISAKI, H. & HIROSE, K. (1993). Analysis and perception of intonation expressing paralinguistic information in spoken Japanese. *ESCA Workshop on Prosody*. Lund, Sweden, 254-257.

GU W., ZHANG T., & FUJISAKI H. (2011). Prosodic Analysis and Perception of Mandarin Utterances Conveying Attitudes. *Interspeech*, Firenze, Italy, 1069-1072.

MAC, D. K., AUBERGE, V., RILLIARD, A. & CASTELLI, E. (2010). How prosodic attitudes can be recognized and confused: Vietnamese multimodal social affects. *SLTU*, Penang, Malaysia.

MARTINS-BALTAR, M. (1977). *De l'énoncé à l'énonciation: une approche des fonctions intonatives*. Didier, Paris.

MEJVALDOVA, J. (2000). *Expressions prosodiques de certaines attitudes en thèque et en français: étude comparative*. Université Paris 7 – Denis Diderot, Paris.

DE MORAES, J.A., RILLIARD, A., ALBERTO, B. & SHOCHI, T. (2010). Production and perception of attitudinal meaning in Brazilian Portuguese. *Speech Prosody*, Chicago, USA, 2010.

NADEU, M. & PRIETO, P. (2011). Pitch range, gestural information, and perceived politeness in Catalan. *Journal of Pragmatics* 43: 841–854.

SHOCHI, T., RILLIARD, A., AUBERGE, V. & ERICKSON, D. (2009). Intercultural Perception of English, French and Japanese Social Affective Prosody. in S. Hancil [Ed], *The role of prosody in Affective Speech*, 31-59, Linguistic Insights 97, Peter Lang AG, Bern.

SHOCHI, T., GAGNIE, G., RILLIARD, A., ERICKSON, D. & AUBERGE, V. (2010). Learning effect of prosodic social affects for Japanese learners of French language. Speech Prosody, paper 155.

WICHMANN, A. (2000). The attitudinal effects of prosody, and how they relate to emotion. *ISCA Workshop on Speech and Emotion*, Newcastle, North Ireland, 143-148.

La reconnaissance des sons consonantiques en cas de désynchronisation spectrale : avec et sans information spectrale fine

Marjolaine Ray, Olivier Crouzet
LLING – Laboratoire de Linguistique de Nantes – EA3827
Université de Nantes, Chemin de la Censive du Tertre, 44312 Nantes
www.lling.fr

RÉSUMÉ

Deux expériences ont été menées pour étudier l'identification de séquences VCV temporellement désynchronisées lorsqu'une partie de leurs informations spectrales était préalablement détruite : dans l'expérience 1, le spectre était intact (et contenait informations spectrales fines (TFS) et enveloppe d'amplitude), et dans l'expérience 2, seule l'enveloppe d'amplitude subsistait. Le but de cette étude était d'observer la baisse des scores d'intelligibilité en fonction du degré d'asynchronie et des indices acoustiques supprimés (i.e. la TFS). En accord avec les précédentes recherches concernant l'identification de phrases, on observe que l'identification des consonnes lors de tâches forcées de catégorisation engendre des scores de performance relativement hauts malgré des degrés de désynchronisation très élevés, bien que les scores de reconnaissance par consonnes soient très hétérogènes. Les causes possibles des divergences entre nos données et les résultats antérieurs sont envisagées.

ABSTRACT

Recognition of desynchronized consonantics sounds with and without fine spectral structure

This paper reports two experiments in which the identification of desynchronized VCV sequences was investigated with either both fine spectral structure (TFS) and envelope information or envelope information alone. These experiments compare the decrease in intelligibility scores with respect to the degree of desynchronization applied between spectral channels. The data are first analysed in terms of global performance intelligibility, then intelligibility of individual consonant sounds are investigated. Confirming previous data obtained in sentence identification tasks, it is shown that consonant identification in a forced choice categorisation task occurs with relatively high levels of performance even for strong levels of desynchronization, but that performance is highly variable depending on individual consonants. Various explanations for differences between our results and preceding work are discussed.

MOTS-CLÉS : Enveloppe d'amplitude, désynchronisation temporelle, structure spectrale fine, parole *vocodée*.

KEYWORDS: Temporal envelope, temporal desynchronization, fine spectral structure, vocoded speech.

1 Introduction

La perception des sons de parole se fait par le biais d'une analyse spectrale. Les filtres du système auditif analysent le signal sonore en fines bandes de fréquences, aussi a-t-on longtemps considéré que la perception et l'identification de la parole dépendaient largement des variations rapides d'énergie spectrale, c'est à dire de la structure spectrale fine. Néanmoins, certaines études ont démontré par la suite [8, 10] qu'une autre forme d'information tenait un rôle prépondérant dans la reconnaissance de la parole : l'information temporelle, une information basée sur les modulations d'amplitude relativement lentes, en fonction de l'axe temporel. Ces modulations d'amplitude se sont avérées être une source d'information particulièrement résistante en cas de dégradations des sons de parole. D'autre part, de nombreuses recherches [8, 3, 2, 6] ont montré que les indices spectro-temporels contenus dans l'enveloppe d'amplitude uniquement constituaient une source d'information suffisante pour obtenir une intelligibilité élevée.

Les travaux de Van Tasell, Soli, Kirby & Widin [10] ont montré que l'enveloppe d'amplitude globale d'un signal de parole contenait des informations non-négligeables. Après avoir extrait l'enveloppe d'un signal de parole grâce à un filtre passe-bas, selon trois fréquences de coupure différentes (20, 200 et 2000 Hz), Van Tasell et al. [10] ont appliqué ces enveloppes sur du bruit rose. Ces enveloppes provenaient donc du signal global et non de bandes de fréquence individuelles. Les trois types de stimuli ainsi générés donnaient lieu à des scores de reconnaissance assez faibles, mais significativement plus élevés que si les réponses avaient été aléatoires. Van Tasell et al. [10] en déduisent que l'enveloppe d'amplitude à elle seule transmet de l'information, et calculent les pourcentages moyens d'information transmise par les signaux (22% d'information transmise à 20 Hz de fréquence de coupure, 29% d'information à 200 Hz, 35% d'information à 2000 Hz). L'enveloppe temporelle véhicule donc de nombreuses informations même lorsque toutes les informations d'ordre fréquentiel ont disparu.

Shannon, Zeng, Kamath, Wygonski & Ekelid [8] divisent des signaux de parole – préalablement traités par un *vocoder*[1]– en 1, 2, 3 ou 4 bandes de fréquences. Ils observent qu'il suffit de trois bandes spectrales pour obtenir un score de reconnaissance proche de 90 %, et soulignent qu'aucune structure formantique n'est présente et que les transitions formantiques sont tout à fait brouillées. Le contenu spectral est donc très réduit, mais les indices temporels de l'enveloppe d'amplitude sont suffisants pour obtenir une reconnaissance de 90 %.

La dégradation des qualités acoustiques de l'envelopppe d'amplitude a permis d'étudier son rôle dans la perception des sons de parole. Arai & Greenberg [3] ont utilisé pour ceci la désynchronisation temporelle par bandes spectrales. Leur procédure consistait, tout d'abord, à diviser le spectre du signal de parole en 19 bandes de fréquence, puis ensuite, à désynchroniser temporellement ces bandes en les replaçant aléatoirement sur l'axe temporel.

La désynchronisation temporelle a un effet spécifique sur l'enveloppe d'amplitude globale du signal : en effet, tandis que toutes les informations spectro-temporelles sont conservées au sein de chaque bande de fréquence, l'enveloppe d'amplitude *globale* du signal, elle, subit une dispersion du fait de la désynchronisation temporelle de chacune de ces bandes. La dispersion et l'étalement réduisent alors la profondeur globale des modulations d'amplitude du signal. Arai & Greenberg [3] montrent que les auditeurs résistent bien à cette désynchronisation, même

1. Le *vocoder* utilisé par Shannon et al. [8] extrayait les modulations d'amplitude grâce à une Transformée de Hilbert, sélectionne la courbe positive de la modulation (*h*alf-wave rectification), puis la coupe grâce à un filtre passe-bas (à la fréquence de coupure désirée), et enfin utilise ces données pour moduler un échantillon de bruit.

lorsqu'elle atteint des seuils élevés : lorsque l'asynchronie maximale atteint 200 ms, le score de reconnaissance est encore de 50 %. En mesurant la baisse de profondeur d'amplitude des modulations, ils soulignent qu'elle semble être corrélée avec la baisse de l'intelligibilité.

Plus récemment, Fu & Galvin [2], ont poursuivi le travail de Arai & Greenberg [3] en étudiant la perception de signaux temporellement désynchronisés pour deux types de sons : des sons *vocodés* et des sons dont le spectre était intact. La désynchronisation était appliquée (1) aux signaux intacts et (2) aux mêmes signaux passés à travers un *vocoder* (de 4 ou 16 canaux). Fu & Galvin [2] observent que la perte de détails spectro-temporels ne détériore pas gravement l'intelligibilité tant que la désynchronisation est minime, mais que lorsque le niveau d'asynchronie augmente, la structure spectrale fine pourrait être source d'informations vitales pour la résistance aux dégradations. Par ailleurs, Fu & Galvin [2] relèvent aussi l'importance de la résolution spectrale pour l'intelligibilité lorsque les informations spectrales fines sont détruites, ce qui se traduit par une résistance plus élevée avec 16 bandes qu'avec 4 bandes.

Ces deux études [3, 2] ont eu recours à des tâches d'identification de mots dans des phrases. Dans les deux expériences présentées ici, nous cherchons à affiner notre compréhension de ces mécanismes en étudiant spécifiquement l'identification des segments consonantiques dans ces conditions dégradées, pour tenter d'analyser le rôle des différents types d'indices acoustiques en cas de désynchronisation temporelle pour les sons consonantiques spécifiquement. Cette approche nous permet non seulement d'étudier les performances globales d'identification et de les comparer aux résultats obtenus avec des phrases, mais aussi d'analyser plus spécifiquement le comportement de chaque consonne en fonction des dégradations appliquées.

2 Procédure

2.1 Protocole

Quinze sujets normo-entendants agés de 18 à 24 ans ont participé à l'expérience. Ils écoutaient des séquences VCV[2] au casque tandis que l'ensemble des séquences, transcrites orthographiquement, étaient présentées à l'écran. Les participants devaient cliquer sur l'item qu'ils pensaient avoir reconnu. La sélection engendrait alors la lecture aléatoire d'une autre item. Une séquence d'entraînement avait lieu avant les expériences, où les auditeurs entendaient chaque item (non-modifié) une fois.

2.2 Materiel

Les séquences VCV contenaient deux fois la même voyelle : [a], tandis que les consonnes pouvaient appartenir à l'ensemble du système consonantique français {p, t, k, b, d, g, f, s, ʃ, v, z, ʒ, m, n, ŋ, ʁ, l, w, j}. Ces séquences ont été préalablement enregistrées par une locutrice féminine. Les caractéristiques acoustiques des signaux ont ensuite été manipulées au sein de l'environnement de traitement du signal Octave [1]. Chaque séquence passait à travers un banc de filtres passe-bandes composé de 19 bandes (une condition identique à l'expérience de Arai & Greenberg [3], et proche des signaux de 16 bandes de Fu & Galvin [2]) . La largeur des

2. Voyelle - Consonne - Voyelle

bandes de fréquence et le calcul de leurs fréquences centrales était généré sur une échelle ERB en fonction du nombre de canaux en utilisant une implémentation de Slaney [9]. La réponse des filtres était basée sur un ordre 100 pour limiter les phénomènes de redondance à l'intérieur de chaque bande.

Dans l'expérience 1, tous les indices acoustiques du spectre étaient conservés au sein de chaque bande de fréquence. Les canaux générés par le filtre décrit précédemment étaient temporellement désynchronisés suivant la procédure décrite par Arai & Greenberg (1998) : 19 valeurs de décalage étaient générées linéairement de 0 à Dmax (le décalage maximal). Chacune de ces 19 valeurs de décalage était attribuée aléatoirement à l'une des 19 bandes de fréquence. Pour éviter la formation de poches à haute corrélation temporelle, le délai entre deux canaux adjacents était contrôlé pour être toujours supérieur à 1/4 de Dmax. Le degré global de désynchronisation dépendait de la valeur de Dmax : plus Dmax augmentait, plus les écarts entre les 19 valeurs générées linénairement augmentaient. Dans ces expériences, Dmax variait entre 0 et 240 ms : la première valeur non-nulle de Dmax était 60 ms, puis elle augmentait par pas de 20 ms. Au final, 11 degrés de désynchronisation ont été utilisés (0, 60, 80, 100, 120, 140, 160, 180, 200, 220, 240 ms). Une fois les bandes de fréquence désynchronisées entre elles ; elles étaient recombinées et passées à travers un filtre passe-bas éliminant toutes les fréquences supérieures à la fréquence de Nyquist.

Dans l'expérience 2, la structure spectrale fine (TFS) était supprimée et seules les variations lentes d'énergie étaient maintenues. Chacune des bandes de fréquence du banc de filtre passait à travers un *vocoder* qui multipliait aléatoirement chaque échantillon du signal par 1 ou -1 selon la procédure de Schroeder [7] [3]. Cette procédure était appliquée à chaque canal séparément, avant de refiltrer individuellement les bandes pour éviter tout artefact de fréquence. Les signaux résultants sont équivalents à la combinaison de 19 bandes de bruit dont les modulations d'amplitude sont similaires à celles des signaux naturels d'origine. Les séquences VCV ainsi produites étaient ensuite désynchronisées selon la même procédure que les signaux de l'expérience 1.

3 Résultats

Nous avons procédé à deux types d'analyses de données : le relevé des scores de reconnaissance globaux, et l'étude des scores de reconnaissance individuels par consonne.

3.1 Scores de reconnaissance : analyse globale

Les pourcentages d'identification correcte des deux expériences sont présentés dans la figure 1. Le pourcentage d'identification est représenté en fonction des niveaux moyens de désynchronisation (Dmax/2) entre les 19 bandes de fréquence. La ligne horizontale située à 5,26 % indique le pourcentage théorique qu'atteindraient les scores dans le cas de réponses aléatoires ($1/n \times 100$, n le nombre de réponses possibles, soit $n = 19$). L'intelligibilité chute à 55 % et 42 % de reconnaissance correcte pour les signaux intacts et les signaux vocodés respectivement lorsque le

3. La procédure de Schroeder [7] est différente de celle appliquée par Fu & Galvin [2] durant leur expérience. En effet, Fu & Galvin [2] utilisaient des modulations extraites grâce à une Transformée de Hilbert et qui permettent de contrôler quelle gamme des fréquences de modulation d'amplitude est conservée dans les signaux vocodés.

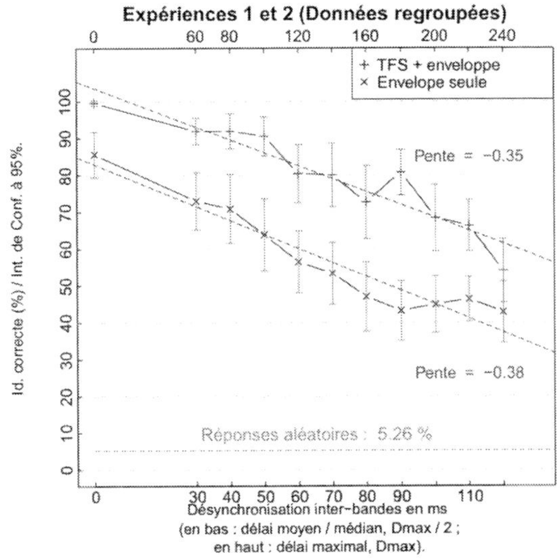

FIGURE 1: Scores de reconnaissance correcte pour les expériences 1 & 2 en fonction du degré de désynchronisation. Chaque pourcentage est issu de n observations, où $n = 19 \times 15$, 19 items et 15 sujets.

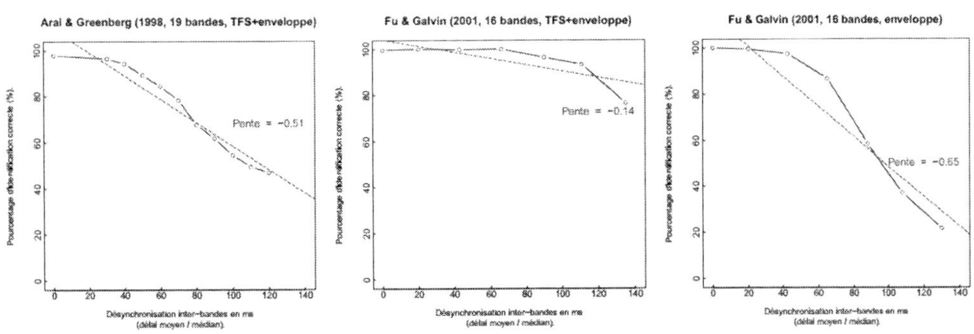

(a) Arai & Greenberg : signaux intacts (TFS + enveloppe)

(b) Fu & Galvin : signaux intacts (TFS + enveloppe)

(c) Fu & Galvin : signaux vocodés (enveloppe)

FIGURE 2: Scores de reconnaissance des études précédentes

degré d'asynchronie est le plus élevé. Dans tous les cas, les scores restent supérieurs au taux de réponses aléatoires, même aux degrés de désynchronisation les plus élevés.

Nous pouvons étudier ces données selon une analyse linéaire, pour permettre une comparaison avec les résultats antérieurs. Les points de la régression linéaire pour nos résultats ont été calculés en fonction de la moyenne du pourcentage de réussite pour chaque individu (soit 15 points, chacun obtenus par un pourcentage calculé sur 19 résultats).

Les pentes des scores de performance de Arai & Greenberg [3] et de Fu & Galvin [2] sont assez différentes de celles obtenues pour nos expériences (respectivement -0.51 pour [3] et, en ce qui concerne [2], -0,14 pour les signaux intacts et -0,65 pour les signaux vocodés, contre -0,35 et -0,38)[4]. Contrairement aux courbes des expériences 1 & 2 qui suivent des pentes semblables même si les scores de reconnaissance sont plus faibles pour les signaux *vocodés*, les performances de Fu & Galvin décrivent une pente beaucoup plus aigue pour les signaux vocodés que pour les signaux intacts.

3.2 Scores de reconnaissance : analyse individuelle

En analysant l'intelligibilité de chaque son consonantique en fonction de l'aggravation de la désynchronisation (Figure 3), on observe qu'ils ne sont pas tous affectés de la même manière par les dégradations acoustiques. Globalement, la reconnaissance des fricatives est très peu

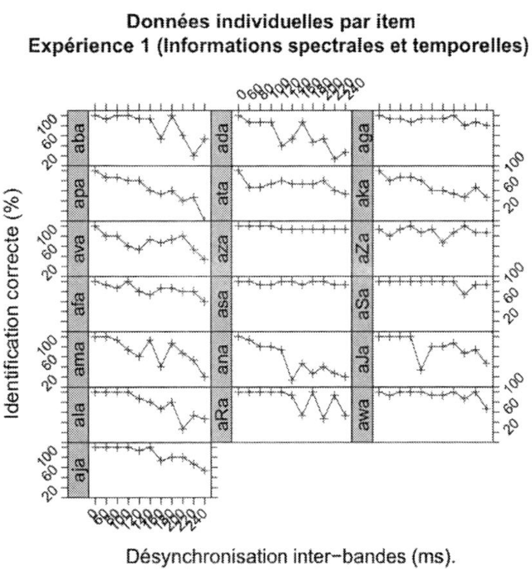

(a) Expérience 1

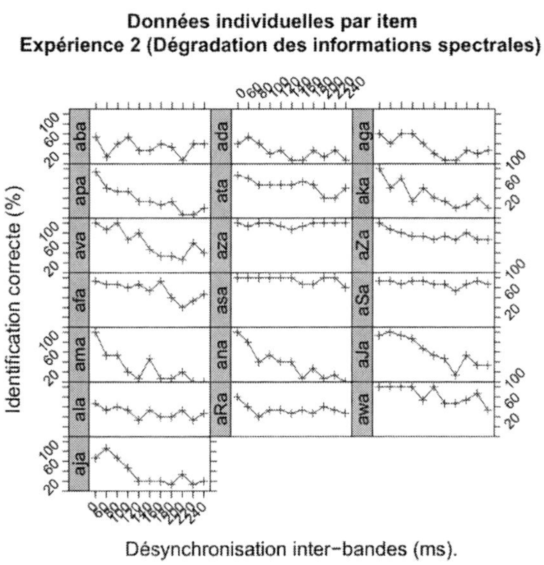

(b) Expérience 2

FIGURE 3: Expérience 1 et 2 : Reconnaissance des consonnes en fonction du degré de désynchronisation (description phonétique Sampa). (a) : enveloppe + TFS, (b) : enveloppe seule.
Les pourcentages de reconnaissance correcte représentés dans les Figures 3a et 3b sont calculés sur 15 observations pour chaque degré d'asynchronie.

affectée par la désynchronisation temporelle, surtout celle des fricatives non-voisées ; tandis que l'intelligibilité des occlusives baisse très vite, surtout celle des labiales. Ce comportement typique des occlusives et des fricatives se répète pour les deux expériences, avec et sans informations spectrales fines.

4. Les études de référence [2, 3] sont basées sur des tests d'intelligibilité de phrases dans lesquelles le contexte peut contribuer à la reconnaissance des mots, tandis que nous avons utilisé des logatomes. La comparaison reste néanmoins intéressante puisque l'identification phonétique intervient dans les deux cas

Leurs caractéristiques acoustiques et phonétiques [5] pourraient expliquer qu'ils résistent différemment aux phénomènes de désynchronisation et de dégradations spectrales, et donnent lieu à des scores de performances hétérogènes. Ces disparités entre les performances semblent pouvoir être associées à un certain nombre de traits distinctifs [4] des sons consonantiques. La meilleure résistance des fricatives en cas de désynchronisation temporelle pourrait s'expliquer par la longueur de leur bruit de friction, qui ne sera jamais totalement dispersé par l'asynchronie. Les fricatives [s, z, ʃ, ʒ] particulièrement génèrent une très forte intensité à des fréquences plus élevées [5] (le découpage logarithmique du filtre passe-bande ménage des bandes plus larges dans les hautes fréquences, dont le contenu spectral est moins touché par la désynchronisation). A l'inverse, la brièveté des occlusives pourrait les rendre très sensibles à la désynchronisation temporelle : les transitions formantiques, qui impliquent une variation spectro-temporelle très brève, chevauchent plusieurs bandes de fréquence et sont vite dispersées par l'asynchronie.

4 Discussion

En ce qui concerne les écarts entre nos résultats et ceux de Fu & Galvin (Figures 2b et 2c) : plusieurs sources peuvent être envisagées. La technique de désynchronisation utilisée lors de l'expérience de Fu & Galvin n'appariait pas les valeurs de décalage aléatoirement, mais selon une procédure séquentielle organisant les valeurs de décalage du canal le plus bas au plus élevé. Par ailleurs, la procédure que nous avons utilisé pour détruire la TFS dans les signaux est différente de celle utilisée par Fu & Galvin (cf. Materiel).

Nous n'envisageons pas que les scores de nos expériences, et ceux des études prédédentes [3, 2] chutent forcément de manière linéaire. De fait, les pentes des droites de régression ne sont peut-être pas le meilleur reflet des données obtenues. En effet, les tâches d'identification (oui/non) produisent des variables catégorielles, que les régressions linéaires ne peuvent pas représenter. Nous envisageons donc de calculer une régression logistique mixte, qui reflétera mieux nos variables catégorielles. Pour l'instant, la régression linéaire reste un outil de comparaison intéressant avec les précédentes études [3, 2], dont les données brutes ne sont pas disponibles.

Même si nous avons principalement utilisé des indices spectraux (brièveté des énergies, transitions formantiques) pour expliquer les résultats individuels par sons consonantiques, les écarts de résistance en fonction des traits phonétiques pourraient aussi s'expliquer par un affaiblissement variable des modulations d'amplitude selon les sons consonantiques. Shannon et al. [8] soulignent dans leurs travaux la faible importance des données spectrales dans l'identification des mots, puisque toutes les informations de type formantique ont disparu à l'intérieur de leurs items, et que le score de reconnaissance est malgré tout de 90 %. Ils font donc l'hypothèse que l'enveloppe temporelle est un vecteur d'information principal. La forme semblable de nos deux courbes de performances pourrait valider cette hypothèse, puisqu'en comparant la baisse de l'intelligibilité pour les deux expériences, avec et sans information spectrale fine, on observe que, bien que les scores soient plus bas pour l'expérience 2, la pente de la fonction n'est pas plus aïgue (- 0,35 pour l'expérience 1 vs. - 0,38 pour l'expérience 2). La disparition des informations spectrales fines provoque une baisse des performances, mais la chute de l'intelligibilité n'est pas plus rapide que lors de l'expérience 1.

Nous pouvons faire l'hypothèse, selon les observations d'Arai & Greenberg [3], que la forme des deux courbes corresponde à la baisse de la profondeur des modulations d'amplitude communes, ce qui expliquerait qu'elles soient si semblables. Déterminer ceci nécessitera de calculer, lors de futures analyses, la profondeur des modulations d'amplitude pour savoir si sa diminution est corrélée avec la chute de l'intelligibilité.

Remerciements

Cette étude a été réalisée grâce au soutien du Conseil Régional des Pays de la Loire (convention n. 939 92 6513).

Références

[1] John W. Eaton. *GNU Octave Manual*. Network Theory Limited, 2002.

[2] Qian-Jie Fu and John J. Galvin. Recognition of spectrally asynchronous speech by normal-hearing listeners and Nucleus-22 cochlear implant users. *Journal of the Acoustical Society of America*, 109(3) :1166–1172, 2001.

[3] Steven Greenberg and Takayuki Arai. Speech intelligibility in the presence of cross-channel spectral asynchrony. *IEEE International Conference on Acoustics, Speech and Signal Processing*, pages 933–936, 1998.

[4] Roman Jakobson, C. Gunnar M. Fant, and Morris Halle. Preliminaries to Speech Analysis. The distinctive features and their correlates. Technical Report 13, Acoustics Laboratory, Massachussetts Institute of Technology, 1952.

[5] Raymond D. Kent and Charles Read. *The Acoustic Analysis of Speech*. Singular Publishing, San Diego : CA, 1992.

[6] Mariken ter Keurs, Joost M. Festen, and Reinier Plomp. Effect of spectral envelope smearing on speech reception. I. *Journal of the Acoustical Society of America*, 91(5) :2872–2880, 1992.

[7] Schroeder, M. R. Vocoders : Analysis and Synthesis of speech. *Proc. IEEE*, 54 :720 – 734, 1966.

[8] Robert V. Shannon, Fan-Gang Zeng, Vivek Kamath, John Wygonski, and Michael Ekelid. Speech Recognition with Primarily Temporal Cues. *Science*, 270 :303–304, 1995.

[9] Malcolm Slaney. Auditory Toolbox. Apple Technical Report 45, Apple Computer Inc., Advanced Technology Group, 1993.

[10] Dianne J. Van Tasell, Sigfrid D. Soli, Virginia M. Kirby, and Gregory P. Widin. Speech waveform envelope cues for consonant recognition. *Journal of the Acoustical Society of America*, 82(4) :1152–1161, 1987.

Lecture et prosodie chez l'enfant dyslexique, le cas des pauses

Muriel Lalain[1], *Luciana Mendonça-Alves*[2], *Robert Espesser*[1], *Alain Ghio*[1], *Céline De Looze*[3], *César Reis*[2]
(1) LPL, 5, av Pasteur 13604 Aix-en-Provence, France
(2) Universidade Federal de Minas Gerais, Belo Horizonte, Brasil
(3) Trinity College, Dublin, Ireland
Muriel.lalain@lpl-aix.fr

RESUME

La dyslexie est aujourd'hui couramment associée à un déficit des capacités phonologiques. Les données concernant les habiletés en phonologie suprasegmentale du lecteur déficient, plus rares, ont cependant montré l'implication de la prosodie dans les processus de décodage et l'accès à la compréhension en lecture.

Nous avons constitué le corpus (DySpoLec) afin d'examiner différents paramètres prosodiques en lecture et en parole spontanée chez l'enfant dyslexique. Dans cette étude, nous proposons une analyse des pauses silencieuses (nombre et type de pauses, durée des pauses) dans deux conditions de production (lecture et parole spontanée) chez des enfants dyslexiques et normo-lecteurs.

Les résultats montrent des différences de durées selon le groupe, le type de pause et la condition de production. Les enfants dyslexiques présentent des pauses plus longues en lecture et en parole spontanée qui pourraient manifester des difficultés de planification des unités syntaxiques et sémantiques.

ABSTRACT

Reading and prosody in dyslexic children, pause patterns

Dyslexia is widely associated with a deficit in phonological awareness. Only few works in suprasegmental phonology showed that prosody is involved in the processes of decoding and reading comprehension.

We developed a corpus (DySpoLec) to examine various prosodic patterns in reading and spontaneous speech in dyslexic children. In this study, we propose an analysis of silent pauses (number, distribution and duration) in two conditions: reading aloud and spontaneous speech in dyslexic and control children.

Results show differences in durations according to the group, the type of pause and the condition of production. Dyslexic children show longer duration which could mean subtle language deficit in planification of syntaxic and semantic units.

MOTS-CLES : dyslexie, lecture, parole spontanée, prosodie, pauses
KEYWORDS : dyslexia, reading, spontaneous speech, prosody, pauses

1 Introduction

1.1 Lecture et dyslexie

L'apprentissage de la lecture dans un système d'écriture alphabétique implique la mise en œuvre de processus spécifiques (capacités phonologiques, apprentissage des règles de conversion graphème /phonème, automatisation des processus d'identification des mots) et non spécifiques (niveau de compréhension globale du langage oral). Les difficultés d'apprentissage sont majoritairement dues chez le lecteur faible ou dyslexique à un déficit des compétences phonologiques (Bradley & Bryant, 1978) tandis que les processus de compréhension globale ne sont pas incriminés[1].

De nombreux travaux conduits depuis la fin des années 70 ont mis en évidence différents déficits associés à la dyslexie parmi lesquels le déficit phonologique qui se manifeste spécifiquement par des difficultés à isoler et manipuler les différentes unités du langage oral, les syllabes, les rimes et en particulier les phonèmes (Snowling, 2000). Les données sont en revanche moins nombreuses pour ce qui concerne la phonologie suprasegmentale dont le rôle fondamental est largement reconnu dans l'apprentissage du langage oral et qui semble constituer une passerelle entre le décodage et la compréhension en lecture (Rasinski, 2004) : en effet, la lecture fluente, experte, qui implique décodage et compréhension, se caractérise entre autre par une lecture expressive, dite prosodique.

1.2 Lecture et prosodie

Le lecteur expert est capable de lecture fluente : il décode et comprend un texte lu. La lecture fluente, « naturelle », implique ainsi une précision de décodage, une automatisation des processus de reconnaissance des mots écrits, et une lecture prosodique i.e caractérisée par une segmentation du texte lu en unités syntaxiques et sémantiques appropriées. La fluence en lecture revêt une importance capitale car elle est un véritable gage de compréhension (Penner-Wilger, 2008). Le domaine de la prosodie dans le développement de la lecture a été relativement peu exploré ; Les relations entre habiletés prosodiques et vitesse de décodage (Schwanenflugel et al., 2004) ou entre habiletés prosodiques et habiletés en lecture (Kitzen, 2001) ont été clairement établies. L'accès au lexique pourrait également être facilité par la prosodie en lecture (Cutler & Swinney, 1987). Plus intéressant, Wood & Tarrel (1998) ont mis en évidence un lien entre le niveau de lecture et la sensibilité prosodique au rythme et aux phénomènes d'accentuation. De même, Goswami et coll. (2002, 2004) ont montré que les faibles lecteurs sont moins sensibles aux indices rythmiques de la parole. Les auteurs suggèrent que ce « socle » oral pourrait être impliqué dans la faiblesse des représentations phonologiques. L'ensemble des auteurs s'accordent ainsi à penser que les compétences prosodiques contribuent indirectement à la compréhension en lecture à travers l'importance de la prosodie dans la compréhension du langage oral. La prosodie dans la lecture impliquerait plusieurs outils suprasegmentaux (pauses, variations de débit, accentuation) permettant de segmenter le discours en unités de sens et mettre en relief

---

[1] La dyslexie, trouble spécifique de l'apprentissage de l'écrit est décrite chez des enfants normalement intelligents (QI >90)

les idées essentielles. Parce qu'en lecture, les pauses constituent l'un des marqueurs de fluence prosodique (Maddox, 2008), nous avons cherché à caractériser ce marqueur prosodique chez des enfants dyslexiques et normo-lecteurs, à la fois en lecture, condition dans laquelle les pauses seront sans doute dépendantes des capacités de décodage des sujets, et en parole spontanée, condition dans laquelle les compétences de décodage n'interviennent pas.

2 Méthode

2.1 Sujets

9 sujets dyslexiques (Dys, 11,1 ans) et 10 sujets témoins (Tem, 10,6ans) appariés en âge chronologique ont participé à cette étude. Les sujets dyslexiques ont été enregistrés dans une pièce calme au sein de l'internat qui les accueille pour une prise en charge pluridisciplinaire. Ces enfants ont suivis 2 années de rééducation orthophonique pour une dyslexie sévère et sont amenés à rejoindre un établissement ordinaire dès leur future rentrée scolaire. Les sujets contrôles ont été enregistrés dans une pièce calme au sein de leur établissement scolaire. Ils présentent tous un niveau de lecture correspondant à leur âge chronologique et sont scolarisés en CM2.

2.2 Protocole expérimental

Nous avons choisi d'examiner les aspects prosodiques en parole spontanée (i.e, non préparée) et en lecture en utilisant un support linguistique comparable. Pour cela nous avons dans un premier temps traduit l'histoire originale « O Tatu Encabulado[2] » (« Le tatou timide »), et l'avons fait illustrer de 8 planches représentant les personnages et les temps forts de l'histoire. Ces planches illustrées ont été utilisées au cours de la première phase de recueil des données : tâche de parole spontanée (SPO). La traduction respecte à la fois le fond et la forme du texte. Celui-ci a été dactylographié sur une page de format A4, dans une police et une taille de caractères confortables pour de jeunes lecteurs. C'est sous cette forme que le texte a été présenté à chacun des sujets au cours de la deuxième phase de recueil des données : tâche de lecture (LEC).

Pour la tâche de parole spontanée : chacun des sujets devait imaginer puis raconter une histoire à partir des 8 vignettes proposées après que l'expérimentateur lui a présenté à partir d'une vignette d'exemple les personnages et leurs caractéristiques (trait de caractère, particularité physique). Il leur a été expliqué qu'ils pouvaient décrire les images, choisir le rôle donné à chacun des personnages et les faire dialoguer. Auparavant, il a été donné aux sujets un exemple de récit à partir d'une autre planche (n'impliquant pas les mêmes personnages et proposant une intrigue totalement différente). Pour la tâche de lecture, chacun des sujets a reçu pour consigne de faire une lecture à voix haute du texte.

Les sujets ont effectué chacune des deux tâches au cours de passations individuelles dans une pièce calme. Ils ont été équipés d'un micro casque (AKGC520, 24bits, 44kHz) relié à

---

[2] Le texte « O Tatou encabulado » a servi de support à nos précédents travaux sur les caractéristiques prosodiques des enfants dyslexiques lusophones.

un boitier d'enregistrement Edirol. Leurs productions en parole spontanée et en lecture ont été enregistrées et anonymisées.

Ces enregistrements, effectués pour les besoins de nos travaux sur les caractéristiques prosodiques des enfants dyslexiques, constituent un corpus de parole DySpoLec archivé au SLDR (Speech and Language Data Repository, (réf : sldr 000782))

2.3 Traitement des données

Le corpus DySpoLec a été constitué pour l'étude des caractéristiques prosodiques en lecture et en parole spontanée chez les enfants dyslexiques. Plusieurs paramètres prosodiques seront explorés grâce à ce corpus (variations de F0, temps total d'élocution...). Dans un premier temps nous avons examiné les pauses silencieuses perçues: le nombre de pauses, le type de pause ainsi que leur durée. La transcription orthographique précise de l'ensemble des productions a été faite sous l'éditeur de signal Praat (Boersma & Weenink, 2001). Easy Align (Goldman, 2011), extension de cet éditeur a ensuite été utilisé afin de créer de manière semi automatique une annotation permettant d'obtenir une segmentation en phonèmes, syllabes et mots. Quelques réajustements manuels ont ensuite été nécessaires. Nous avons ensuite annoté les différents types de pauses relevés : les pauses syntaxiques i.e. correspondant à la ponctuation et/ou à l'organisation syntaxique et sémantique (syntax), les pauses relevées entre les mots mais ne correspondant pas à l'organisation syntaxique (intermot), enfin les pauses relevées à l'intérieur d'un mot (intramot).

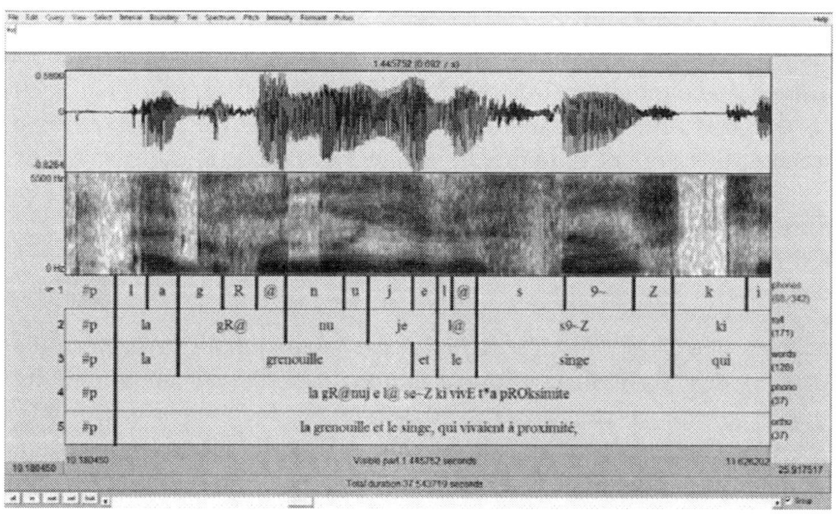

FIGURE 1 – Transcription et annotation d'un extrait de parole spontanée

Nous avons ensuite compté les pauses et examiné la répartition des effectifs en fonction de la durée des pauses, de leur localisation, du type de parole considéré (spontanée vs lecture) et du groupe de sujets Dyslexiques (Dys) versus Témoins (Tem). Dans un second temps nous avons analysé la durée des pauses en fonction du groupe (Dys vs Tem), du type de pause (syntax vs intermot vs intramot), du type de parole (Lec vs Spo).

3 Résultats

Un premier examen des effectifs de l'ensemble des pauses du corpus révèle la distribution suivante :

	Syntax		Intermot		Intramot		**Total**	
	Lec	Spo	Lec	Spo	Lec	Spo	Lec	Spo
Dys	141	103	278	84	48	2	467	189
Tem	148	103	51	88	6	2	205	193

TABLE 1 – Répartition des pauses selon le groupe et le type de parole

La table 1 montre que le nombre total de pauses est supérieur chez les Dys en Lec. En Spo le nombre total de pauses est équivalent chez les Dys et les Tem. Pour les deux groupes, le nombre total de pauses est plus élevé en condition Lec.

Les pauses Intramots sont caractéristiques des Dys en Lec (les Dys produisent 89% de cette catégorie), ce qui s'explique aisément par les difficultés de décodage et de reconnaissance des mots écrits que rencontrent les enfants dyslexiques. Pour l'étude des caractéristiques prosodiques de l'enfant dyslexique en parole spontanée, l'examen de ce type de pause n'est pas pertinent. Pour la suite de cette étude, les pauses Intramots n'ont pas été prises en considération.

Les pauses Intermots sont nettement plus représentées en Lec chez les Dys que chez les Tem. En revanche, en Spo leur nombre est comparable, d'un groupe à l'autre en Spo.

Enfin, les pauses Syntax sont représentées de manière équivalente chez les Dys et les Tem quel que soit le type de parole. Ce type de pause est plus élevé en Lec pour les deux groupes qui respectent vraisemblablement les signes de ponctuation comme premier et unique indice graphique de segmentation du texte en unités syntaxiques et sémantiques.

Nous avons constaté que les pauses pouvaient dans de rares cas, excéder 2s. Nous avons également exclu ces pauses, à supprimer puisque rares, de fréquence marginale, dans la suite de nos analyses. Nous sommes donc intéressés prioritairement aux pauses < 2s.

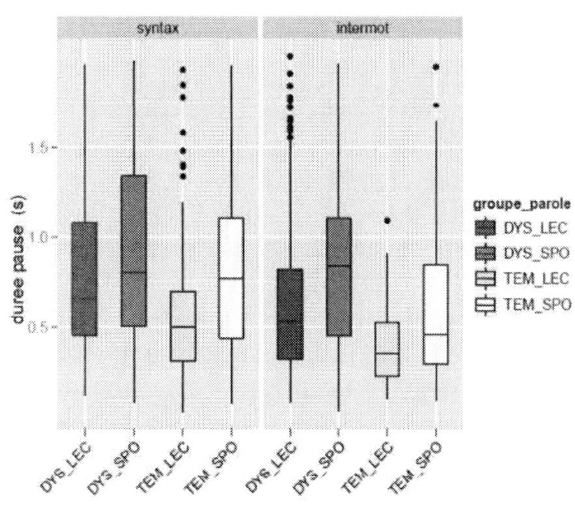

FIGURE 2 – Durée des pauses (< 2s) selon leur type, le groupe et le type de parole.

La figure 2 montre que pour les pauses d'une durée inférieure à 2s, les durées des pauses sont plus longues chez les sujets Dys que chez les Tem. Quel que soit le type de parole et le type de pause. Pour les deux groupes, les durées des pauses sont plus importantes en condition Spo qu'en condition Lec.

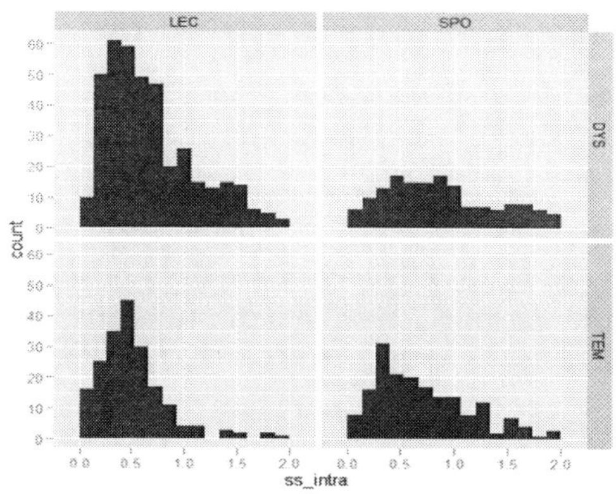

FIGURE 3 – Histogramme des pauses (< à 2s) selon le type de parole et le groupe

La figure 3 montre que les pauses comprises entre 1s et 2s s'observent majoritairement chez les Dys en Lec. Cet intervalle temporel révèle ainsi des différences saillantes et attendues entre les groupes. En revanche, les pauses inférieures à 1s sont observables dans les deux groupes, dans les deux conditions et correspondent à des durées de pauses ordinaires (Butcher, 1981). Nous avons donc restreint les analyses statistiques aux pauses inférieures à 1s.
Pour l'analyse de la durée des pauses en fonction du groupe, du type de parole et du type de pause, un modèle linéaire mixte a été estimé (package lme4 logiciel R, 2011) avec le logarithme de la pause comme variable dépendante ; les prédicteurs sont le groupe (facteur à 2 niveaux Dys vs Tem), le type de parole (facteur à 2 niveaux, Lec vs Spo) et le type de pause (facteur à 2 niveaux, syntax vs intermot. Un intercept aléatoire a été ajouté pour rendre compte de la variabilité entre les 19 sujets. Le modèle porte sur 723 mesures. L'interaction double n'est pas significative ($p=0.5$), les interactions entre les facteurs type de pause et groupe est non significative ($p=0.48$), de même que l'interaction avec le facteur type de parole ($p=0.85$). Enfin, l'interaction entre le groupe et le type de parole est non significative ($p=0.3$). L'effet groupe est significatif ($\beta=0.197$, $t=-3$, $p<0.01$) : les durées des pauses sont plus importantes chez Dys que chez Tem (20% de différence), quels que soient le type de parole et le type de pause. L'effet parole est significatif ($\beta=0.109$, $t=2$, $p<0.05$) : les pauses sont plus longues de 11% en condition Spo quel que soit le groupe et le type de pause. L'effet pause est significatif ($\beta=0.184$, $t=-4$, $p<0.001$) : les pauses syntaxiques sont plus longues que les intermots de 20%, quels que soient le groupe et le type de parole.

4 Discussion

Le nombre total de pauses plus élevé chez les Dys que chez les Tem en Lec reflète les difficultés de décodage et d'identification des mots écrits qui caractérisent les Dys. En Spo en revanche, on ne constate plus de différence entre les groupes puisqu'il n'est plus nécessaire d'avoir recours aux mécanismes d'identification du mot écrit (segmentation et conversion graphème/phonème) si couteux aux Dys. Le nombre de pauses supérieur en lecture pour les 2 groupes s'explique également par des erreurs de décodage que peuvent également commettre les Tem, et qui ne peuvent être observées en Spo.

Les pauses Intramots caractéristiques des Dys en Lec ont été exclues de l'analyse. Elles s'expliquent en effet là encore par des difficultés de décodage et d'identification des mots écrits qui conduisent les Dys à segmenter et oraliser les mots écrits en syllabes. Ce type de pause rencontré exclusivement chez les Dys, ne présente ainsi aucun intérêt pour les comparaisons entre les deux groupes.

Les pauses Intermots, plus nombreuses chez les Dys en Lec, sont ici encore un indice de déficit de décodage chez ces sujets. En Spo, ces pauses sont en nombre équivalent chez les Dys et les Tem et peuvent être qualifiées de pauses d'hésitation, liées à l'effort cognitif de production de la parole (Duez, 2001).

Les pauses de type Syntax sont équivalentes chez Dys et Tem, que ce soit en Lec ou en Spo. En Lec, ce résultat montre que les sujets des deux groupes identifient et respectent les signes de ponctuation comme unique indice graphique de segmentation du texte écrit en unités syntaxiques et sémantiques. En Spo, les pauses en nombre équivalent dans les deux groupes reflètent bien la structure grammaticale du discours (Di Cristo, 1999) et pourraient révéler une planification cognitive de la production comparable chez les Dys et les Tem.

Concernant l'analyse des durées, les résultats montrent que les durées des pauses sont supérieures chez les Dys quel que soit le type de pause et les types de parole. On peut donc penser que si le nombre de pauses reflète soit les difficultés de lecture des Dys, soit des capacités de planification cognitive de production liées à la structure grammaticale chez ces sujets comparables aux Tem, en ce qui concerne les durées, les résultats montrent une particularité, spécifique aux Dys, de l'organisation temporelle de cette planification d'encodage. Ce résultat est certainement à rapprocher des particularités observées dans la planification articulatoire du contraste de voisement des occlusives bilabiales chez les enfants dyslexiques (Lalain, 2002).

Les pauses sont plus longues en Spo, quel que soit le groupe et quel que soit le type de pause. Il a été montré que les pauses silencieuses sont liées à l'effort cognitif nécessaire à la production d'un énoncé, que ce soit en lecture ou en parole spontanée (Di Cristo, 1999). Les pauses sont également liées aux prises de souffle, elles-mêmes liées aux frontières syntaxiques majeures (Duez, 1997), à la structure grammaticale. Ainsi, la durée des pauses peut-elle être expliquée en termes de coût cognitif dans les deux modalités de parole. Le fait que la durée soit supérieure en spontanée, peut selon nous s'expliquer par une charge cognitive plus importante qu'en lecture, du fait de l'effort d'encodage qui est demandé (pour rappel, il s'agissait pour la tâche de parole spontanée, d'imaginer et raconter une histoire). En lecture, le texte est un support, qui entraîne certes des difficultés de décodage mais qui permet de visualiser les pauses attendues (le type de pause Syntax constitue 50% environ du total de pauses produite par l'ensemble des sujets en Lec). Ces pauses Syntax sont suivies la plupart du temps dans le texte, de pronoms ou de déterminants, qui ne sont pas les mots qui posent le plus de difficultés de décodage. Si en lecture, les durées des pauses ne sont pas augmentées par les difficultés de décodage, ni des difficultés d'encodage, on peut comprendre qu'elles soient plus courtes qu'en Spo pour les deux groupes.

Enfin, les pauses Syntax sont plus longues que les pauses Intermots quel que soit le

groupe et quel que soit le type de parole. Ce résultat confirme les données de la littérature qui montrent que les pauses silencieuses de nature syntaxique, ou pauses grammaticales sont plus longues que les pauses silencieuses intra syntagmes (appelées ici pauses Intermots) qui sont des pauses d'hésitation.
Les résultats confirment une partie des données de la littérature : on peut en effet observer des particularités au niveau des paramètres prosodiques chez l'enfant dyslexique qui soulignent les relations entre les formes orale et écrite du langage. Il semble ainsi important de reconsidérer l'influence de la prosodie dans le développement des représentations phonologiques et la prise en charge de ce déficit. Enfin, l'interprétation des résultats en termes de déficit de planification conduit à considérer les aspects temporels souvent pointés dans la littérature.

Remerciements

Nous remercions les enfants, les personnels et les écoles pour leur accueil et leur participation à cette étude. Un grand merci à Renato Serra qui de sa plume a animé le Tatou. Enfin, merci à Loundou Linganzi pour son aide technique Ô combien précieuse lors des enregistrements.

Références

BOERSMA, P., & WEENINK, D., (2012). Praat: doing phonetics by computer [Computer program]. Version 5.3.04, retrieved 12 January 2012 from http://www.praat.org/

BUTCHER, A., (1981). Aspects of the speech pauses: Phonetic correlates and communicative functions. Kiel, Germany: Universität Kiel (Arbeitsbericht Nr. 15 des Institus für Phonetik.

CUTLER, A., & SWINNEY, D.A., (1987). Prosody and the development of comprehension. Journal of Child Language 14, 145-167.

DUEZ, D., (2001). Signification des hésitations dans la production et la perception de la parole spontanée. Revue Parole, vol. 17-18-19. P. 113-117.

GOLDMAN, J.P., (2011). *EasyAlign: an automatic phonetic alignment tool under Praat* Proceedings of InterSpeech, Firenze, Italy.

KITZEN, K., (2001). Prosodic sensitivity, morphological ability, and reading ability in young adults with and without childhood histories of reading difficulty. Unpublished docotral dissertation. University of Colombia. Colombia.

MADDOW, D., (2008). Rhytmic awareness in reading development: the influence of prosodic sensitivity on word identification. The University of Alabama McNair Journal, 2008, vol.8, pp. 103-124.

MARSHALL, C.R., HARCOURT-BROWN, S., RAMUS,F., VAN DER LELY, H.K.J., (2009).The link between prosody and language skills in children with specific language impairment (SLI) and/or dyslexia. Interanational Journal of Language Communication Disorders, Vol.44, N) 4, 466-488.

R Development Core Team (2011). R: A language and environment for statistical computing. R Foundation for Statistical Computing, Vienna, Austria. ISBN 3-900051-07-0, URL http://www.R-project.org/

RASINSKI, T.V., (2004). Assessing reading fluency. Honolulu, HI: Pacific Resources for Education and Learning.

WHALLEY, K., & HANSEN, J., (2006), The role of prosodic sensitivity in children's reading development. Journal of Research in Reading, 29, 288-303.

Automates lexico-phonétiques pour l'indexation et la recherche de segments de parole

Julien Fayolle[1,5] Fabienne Moreau[2,5]
Christian Raymond[3,5] Guillaume Gravier[4,5]
(1) INRIA Rennes (2) Université de Rennes 2 (3) INSA Rennes (4) CNRS
(5) IRISA, Campus de Beaulieu, 35042 Rennes Cedex
Prenom.Nom@irisa.fr

RÉSUMÉ

Ce papier[1] présente une méthode d'indexation de segments de parole qui combine des hypothèses lexicales et phonétiques au sein d'un index hybride à base d'automates. La recherche se fait via un appariement lexico-phonétique semi-imparfait qui tolère certaines imperfections pour améliorer le rappel. Un vecteur de descripteurs, contenant des scores d'édition et une mesure de confiance, pondère chaque transition permettant de caractériser la pertinence des segments candidats pour une recherche plus précise. Les expériences montrent la complémentarité des représentations lexicales et phonétiques et leur intérêt pour rechercher des requêtes d'entités nommées.

ABSTRACT

Lexical-phonetic automata for spoken utterance indexing and retrieval

This paper presents a method for indexing spoken utterances which combines lexical and phonetic hypotheses in a hybrid index built from automata. The retrieval is realised by a lexical-phonetic and semi-imperfect matching whose aim is to improve the recall. A feature vector, containing edit distance scores and a confidence measure, weights each transition to help the filtering of the candidate utterance list for a more precise search. Experiment results show that the lexical and phonetic representations are complementary and we compare the hybrid search with the state-of-the-art cascaded search to retrieve named entity queries.

MOTS-CLÉS : recherche d'information, indexation de parole, représentations lexico-phonétiques, automates et transducteurs, mesures de confiance, distances d'édition, apprentissage supervisé.

KEYWORDS: information retrieval, speech indexing, lexical-phonetic representations, automata and transducers, confidence measures, edit distances, supervised learning.

1 Introduction

La recherche de contenus parlés (Chelba *et al.*, 2008) fait appel aux domaines de la reconnaissance automatique de la parole (RAP) et de la recherche d'information (RI). Seulement les outils de RI textuelle ne sont pas adaptés aux transcriptions automatiques qui sont particulièrement bruitées de par leur nature incomplète et incertaine. En effet, ces transcriptions contiennent de nombreuses erreurs de reconnaissance touchant notamment les mots hors vocabulaire (OOV pour

[1] Travaux réalisés dans le cadre du programme QUAERO, financé par OSEO, agence française pour l'innovation.

out-of-vocabulary) absents des lexiques de transcription et les entités nommées qui véhiculent les informations essentielles du discours (*e.g.*, noms de personnes, de lieux ou d'organisations) nécessaires à la RI. On distingue deux types d'approches pour pallier ces défauts. On peut, d'une part, améliorer le rappel en faisant appel à une représentation de plus bas niveau composée de sous-mots (*i.e.*, subdivisions du mot comme les syllabes ou les phonèmes) qui permet de représenter les mots OOV et plus généralement tous types d'erreurs lexicales. Il est aussi possible d'utiliser des représentations plus denses qu'une simple transcription telles que le graphe, le réseau de confusion ou la liste des N meilleures hypothèses. D'autre part, on peut améliorer la précision en estimant des mesures de confiance qui indiquent le degré de fiabilité de la reconnaissance permettant ainsi de filtrer le bruit. On s'intéresse ici à combiner ces deux approches pour une tâche de recherche de segments de parole.

Cette tâche consiste à retrouver, dans un ensemble de contenus parlés, tous les segments de parole contenant une requête textuelle donnée. On distingue deux stratégies dans l'état de l'art pour combiner efficacement deux niveaux de représentations lexicales et phonétiques. La première considère deux index séparés utilisés en "cascade", *i.e.*, la recherche utilise par défaut l'index lexical et se replie sur l'index phonétique que si nécessaire (Saraclar et Sproat, 2004), ce qui permet d'éviter le bruit de la recherche phonétique dans la plupart des cas. La seconde stratégie modélise les deux niveaux au sein d'un index hybride (Hori *et al.*, 2007; Yu et Seide, 2004), offrant l'avantage d'un possible appariement lexico-phonétique entre la requête et l'index. La méthode proposée reprend l'idée d'un index hybride car il permet des appariements lexico-phonétiques impossibles avec deux index séparés. La structure de l'index est basée sur les automates car ils peuvent représenter tous types de sorties de RAP. L'originalité de la méthode est qu'elle pondère les transitions des automates par un vecteur de descripteurs qui permet de caractériser la pertinence des segments candidats à la requête donnée. Les descripteurs utilisés comprennent : des scores d'édition calculés par un transducteur d'appariement semi-imparfait qui tolére certaines imperfections des représentations; et une mesure de confiance indiquant la fiabilité des symboles reconnus. Les expériences comparent les performances des combinaisons hybride et cascadée pour rechercher des requêtes d'entités nommées. On présentera tout d'abord la méthode (section 2) puis les expériences (section 3) pour enfin conclure (section 4).

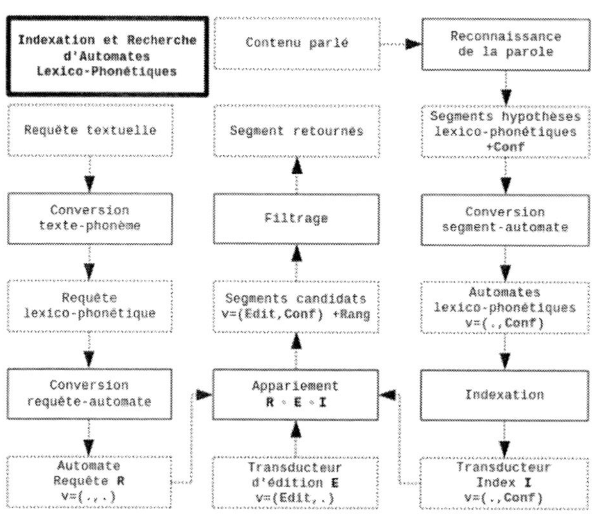

FIG. 1 – Vue générale de la méthode proposée.

2 Méthode proposée

La méthode proposée reprend le cadre général d'indexation d'automates pour la recherche de segments de parole présenté par (Allauzen *et al.*, 2004) en l'adaptant aux automates lexico-phonétiques. La figure 1 donne une vue générale de la méthode. À partir des sorties de RAP, on construit des automates lexico-phonétiques qui constituent l'index (section 2.1). La requête textuelle est phonétisée et aussi représentée par un automate lexico-phonétique. Un appariement plus ou moins imparfait est rendu possible en composant successivement la requête, un transducteur d'édition et l'index (section 2.2). Cette opération renvoie une liste de segments candidats qui peut être filtrée à l'aide d'un vecteur de descripteurs qui pondère chaque segment (section 2.3).

2.1 Automates lexico-phonétiques

Dans cet article, un automate lexico-phonétique désigne simplement un automate à états finis dont les symboles appartiennent soit à un alphabet lexical Σ^{lex} soit à un alphabet phonétique Σ^{ph}, et dont les poids sont multi-dimensionnels. L'automate peut ainsi avoir des chemins lexicaux et phonétiques concurrents pondérés par un vecteur de descripteurs variés (*e.g.*, voir figure 2). On définit l'automate sur le semi-anneau tropical de sorte que le poids d'un chemin soit la somme des poids de ses transitions et que le chemin le plus court soit celui de poids minimal. On peut toujours déterminer ce chemin le plus court si les poids sont toujours comparables, *i.e.*, s'ils sont totallement ordonnés. C'est précisément le cas lorsqu'on considère l'ordre lexicographique (aussi appelé ordre alphabétique) comme dans (Can et Saraclar, 2011). Chaque transition correspond à un symbole s (lexical ou phonétique) reconnu entre les temps de début t_d et de fin t_f avec une mesure de confiance associé c. Le poids de la transition est le suivant :

$$v = (0, 0, 0, 0, 0, w_{conf}^{lex+ph} = -(t_f - t_d).log(c))$$

où w_{conf}^{lex+ph} est un score de confiance commun aux niveaux lexical et phonétique. Il est proportionnel à la durée du symbole s pour que les chemins lexico-phonétique concurrents ayant des nombres différents de symboles soient comparables.

L'automate ainsi construit est ensuite converti en un transducteur de facteurs acceptant toutes les sous-séquences de l'automate en entrée et donnant l'identifiant du segment de parole en sortie. L'index est constitué de l'union de tous les transducteurs de facteurs (Allauzen *et al.*, 2004).

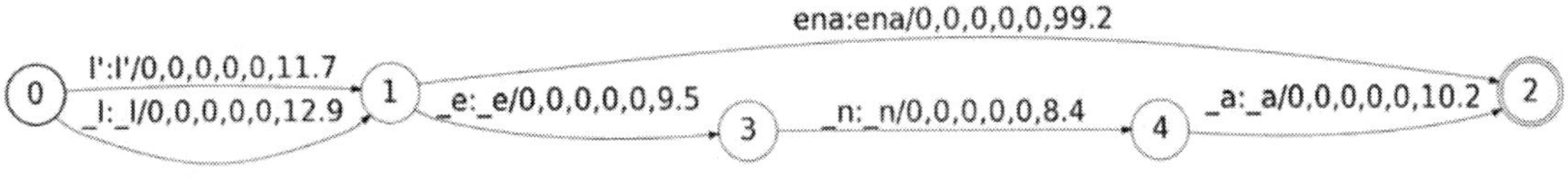

FIG. 2 – Exemple d'automate lexico-phonétique acceptant 4 chemins : 1 lexical ("l' ena"), 1 phonétique ("_l _E _n _a"), et 2 lexico-phonétiques ("l' _E _n _a" et "_l ena"). Les pondérations sont de la forme $(0, 0, 0, 0, 0, w_{conf}^{lex+ph})$.

2.2 Appariements lexico-phonétiques

L'appariement entre la requête R et l'index I peut être réalisé par la simple composition automate-transducteur $R \circ I$. Il est cependant possible d'obtenir un appariement plus flexible en utilisant un transducteur d'édition E par la composition successive $R \circ E \circ I$ (Mohri, 2002). Nous présentons trois types de transducteurs d'édition lexico-phonétiques correspondant à des appariements parfait, imparfait et semi-imparfait et calculant les scores d'édition du vecteur

$$v = (w_{cor}^{lex}, w_{cor}^{ph}, w_{sup}^{ph}, w_{ins}^{ph}, w_{sub}^{ph}, 0)$$

qui comprend les nombres de mots corrects, de phonèmes corrects, et d'erreurs phonétiques (suppressions, insertions et substitutions).

Le transducteur d'appariement parfait n'a pour but que de compter les mots et phonèmes corrects. Le compte des mots corrects vient en premier dans l'ordre lexicographique afin de privilégier les appariements lexicaux plutôt que phonétiques. Les imperfections ne sont pas tolérées, ce qui rend ce transducteur particulièrement restrictif.

Le transducteur d'appariement imparfait permet de compter non seulement les mots et phonèmes corrects mais aussi les erreurs phonétiques. Le problème est que l'appariement se fait sans aucune contrainte. Ainsi toutes les imperfections sont tolérées (*e.g.*, chemins ne comptant aucun symbole correct), ce qui le rend particulièrement gourmand.

Un bon compromis entre entre ces deux approches extrêmes peut être de compter les imperfections sous certaines contraintes. Le transducteur d'appariement semi-imparfait proposé tient compte de la variabilité phonétique connue a priori afin de limiter les possibilités d'imperfection : "sur une fenêtre glissante de ϕ phonèmes, le taux de phonèmes corrects doit être supérieur ou égal à τ". Les paramètres sont ici fixés arbitrairement à $\phi = 2$ et $\tau = 1/2$ en guise d'expérience préliminaire. De plus amples recherches seront nécessaires pour les fixer correctement.

La figure 3 illustre ces trois types de transducteurs pour un alphabet lexico-phonétique restreint.

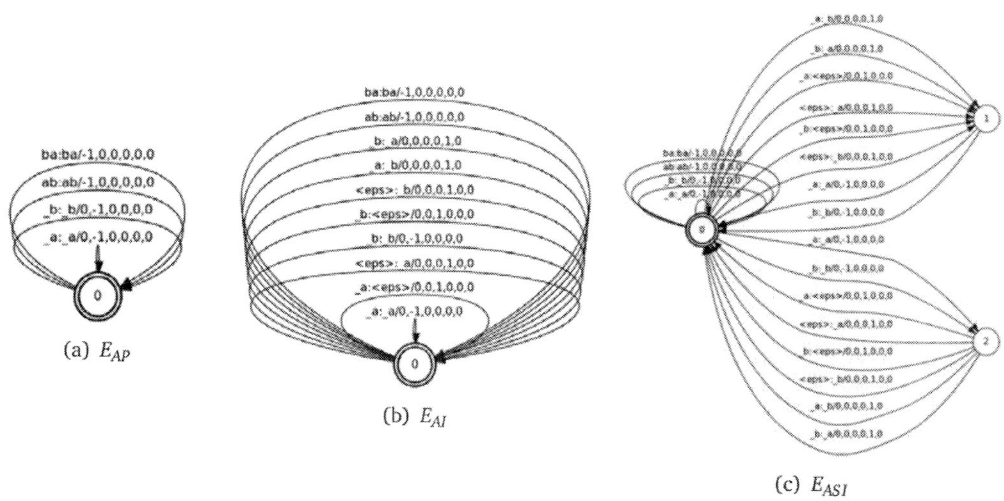

(a) E_{AP}

(b) E_{AI}

(c) E_{ASI}

FIG. 3 – Transducteurs d'édition pour appariements lexico-phonétiques parfait (a), imparfait (b) et semi-imparfait (c) dans le cas où $\Sigma^{lex} = \{ab, ba\}$ et $\Sigma^{ph} = \{\_a, \_b\}$. Les pondérations sont de la forme $(w_{cor}^{lex}, w_{cor}^{ph}, w_{sup}^{ph}, w_{ins}^{ph}, w_{sub}^{ph}, 0)$.

2.3 Filtrage des segments candidats

Après appariement et projection sur l'étiquette de sortie, on obtient une liste de segments pondérés et ordonnés suivant l'ordre lexicographique. Chaque segment candidat est ainsi associé à un vecteur de 7 descripteurs :

$$(rang, w^{lex}_{cor}, w^{ph}_{cor}, w^{ph}_{sup}, w^{ph}_{ins}, w^{ph}_{sub}, w^{lex+ph}_{conf})$$

Déterminer si un segment est pertinent ou non à partir de ces descripteurs se ramène à un problème de classification binaire qui peut se résoudre par une méthode d'apprentissage quelconque (*e.g.*, arbre de décision). La probabilité estimée qu'un segment soit pertinent peut ensuite être seuillée suivant le compromis rappel-précision recherché.

3 Expériences

Dans cette partie, nous détaillons le protocole expérimental (section 3.1) permettant de mettre en œuvre la méthode proposée à travers deux expériences sur la complémentarité des représentations lexicales et phonétiques (section 3.2) et la recherche de segments de parole (section 3.3).

3.1 Protocole expérimental

Les données audio utilisées pour les expériences rassemblent 6h d'émissions radiophoniques francophones (2h africa1, 2h tvme, 2h rfi) issues du corpus ESTER2 (Galliano *et al.*, 2009) dont les transcriptions de référence sont annotées manuellement en entités nommées. La RAP est réalisée par un système de transcription à large vocabulaire (65k mots) dont les taux d'erreurs par mot sur ce corpus varient de 16.0% à 42.2%. Les données sont automatiquement décomposées en 3447 segments de parole. La liste des N meilleures hypothèses est réordonnancée grâce à un étiquetage morpho-syntaxique (Huet *et al.*, 2010). Le niveau lexical n'est constitué que de la meilleure hypothèse de transcription. Le niveau phonétique est obtenue en forçant l'alignement entre le signal audio et la prononciation du niveau lexical. Les mesures de confiance lexicales et phonétiques sont calculées à partir des probabilités a posteriori et de l'entropie entre les différentes hypothèses (Chen *et al.*, 2006). Pour éviter les problèmes d'appariement dûs aux flexions morphologiques, les mots sont lemmatisés par l'outil TreeTagger[2].
Les automates ont été implémentés avec OpenFST[3]. Les tailles respectives des index lexical, phonétique et hybride sont de 9.9, 32.8 et 47.6 Mo.
Pour estimer la probabilité qu'un segment candidat soit pertinent étant donné l'ensemble des descripteurs, on a utilisé un bagging sur 20 arbres de décision (Bonzaiboost[4]). L'évaluation se fait suivant une validation croisée sur 5 ensembles d'échantillons : 80% pour l'apprentissage et 20% pour le test.
Les requêtes sont exclusivement composées d'entités nommées extraites des transcriptions de référence. Elles sont phonétisées grâce au lexique phonétique ILPho[5]. Si le mot ne se trouve pas

[2] `http://www.ims.uni-stuttgart.de/projekte/corplex/TreeTagger/`
[3] `http://www.openfst.org/`
[4] `http://bonzaiboost.gforge.inria.fr/`
[5] `http://catalog.elra.info/product_info.php?products_id=760`

dans le lexique, de multiples prononciations sont générées via le phonétiseur Lia_phon[6]. En plus des deux jeux de requêtes IV (pour in-vocabulary) et OOV habituels, nous proposons un troisième jeu de requêtes composées à la fois de mots IV et OOV (*e.g.*, prénom IV suivi du nom OOV). Ces requêtes IV/OOV sont intéressantes car elles représentent un niveau de difficulté intermédiaire (a priori plus difficile que les requêtes IV mais moins que celles OOV) et sont plus fréquentes que les requêtes OOV. Le tableau 1 montre la répartition des requêtes utilisées. La recherche de segments de parole est évaluée en terme de MAP (mean average precision) correspondant à l'aire sous la courbe rappel/précision.

3.2 Complémentarité des représentations lexicales et phonétiques

Cette expérience préliminaire consiste à mesurer la qualité des représentations lexicales et phonétiques ainsi que leur complémentarité. En alignant, pour chaque segment de parole, les automates lexico-phonétiques d'hypothèse et de référence à l'aide d'un transducteur d'édition imparfait, il est possible d'obtenir le tableau 2 qui donnent les taux de symboles corrects pour les termes IV et OOV composant les entités nommées. On utilise, d'une part, le niveau lexical sur les zones correctement reconnues et, d'autre part, le niveau phonétique sur les zones erronées. On constate que 73.89% des lemmes sont bien reconnus. Pour les lemmes mal reconnus, on peut heureusement se replier sur le niveau phonétique dont 67.73% des phonèmes sont corrects. Cela montre bien que les niveaux lexical et phonétique sont complémentaires et justifie donc leur combinaison pour rechercher des entités nommées.

3.3 Recherche de segments de parole

Le but de cette expérience est de comparer les recherches de segments de parole pour des index, des requêtes, des appariements et des filtrages différents. On distingue les recherches utilisant un index "lexical", un index "phonétique", deux index "cascadés" (méthode de l'état de l'art qui consiste à ne chercher dans l'index phonétique que si la recherche lexicale n'a rien donné) et un index "hybride" lexico-phonétique. Les requêtes peuvent être IV, OOV et IV/OOV. L'appariement est parfait ou semi-imparfait. L'appariement imparfait a été mis de côté car il est trop gourmand en temps de calcul. Deux filtrages sont considérés utilisant de simples seuillages soit sur le score de confiance lexico-phonétique (f-conf) soit sur la probabilité estimée de façon supervisée par les arbres de décisions qui combinent les 7 descripteurs présentés précédemment (f-super). La méthode de référence correspond à une recherche cascadée dont l'appariement est parfait et dont le filtrage est basé sur un seuillage du score de confiance. Le tableau 3 rapporte les résultats obtenus.

[6] `http://www.atala.org/LIA-PHON`

#mots	1	2	3	4	5	6	7	8+	total
IV	209	276	125	73	29	24	16	18	770 (68%)
OOV	76	43	1	.	.	.	.	.	120 (10%)
IV/OOV	.	120	73	29	11	8	4	2	247 (22%)

TAB. 1 – Répartition des requêtes en fonction du type et de la longueur en nombre de mots.

terme d'entité nommée	% lemmes dans la référence	% lemmes correct sur les zones correctes	% phonèmes corrects sur les zones erronées
IV	93.57	78.97	67.34
OOV	6.43	0.00	68.54
Tous	100.00	73.89	67.73

TAB. 2 – Complémentarité des représentations lexicales et phonétiques pour les entités nommées.

Appariement		Parfait				Semi-Imparfait			
Index		lex	ph	cas	hyb	lex	ph	cas	hyb
IV	f-conf	.634	.577	.673	.577	.634	.015	.047	.013
	f-super	.631	.646	*.677*	*.681*	.629	*.693*	*.713*	***.729***
OOV	f-conf	.000	.036	.036	.036	.000	.001	.001	.001
	f-super	.000	*.053*	*.053*	*.053*	.000	***.139***	***.139***	***.139***
IV/OOV	f-conf	.000	.024	.024	*.029*	.000	.001	.001	.001
	f-super	.000	*.024*	*.024*	*.024*	.000	**.256**	**.256**	*.250*
Global	f-conf	.523	.479	.556	.478	.523	.009	.015	.008
	f-super	.520	.540	*.568*	*.570*	.519	*.610*	*.637*	***.650***

TAB. 3 – Evaluation en MAP de la recherche de segments de parole : méthode de référence, *meilleur que la référence*, **meilleur(s) résultat(s)**.

De manière générale, on remarque tout d'abord que la méthode de référence peut facilement être améliorée pour tous les types de requêtes en utilisant un appariement semi-imparfait et un filtrage supervisé (le filtrage sur le score de confiance n'est pas suffisant). Deuxièmement, la recherche hybride (accompagnée d'un filtrage supervisé) obtient des performances supérieures ou équivalentes aux recherches lexicale et phonétique, ce qui justifie la combinaison hybride.

Plus spécifiquement, la recherche hybride obtient les meilleurs résultats pour les requêtes IV. Pour les requêtes OOV, les recherches phonétiques, cascadées et hybrides sont équivalentes puisqu'elle ne font appel qu'au niveau phonétique. Pour les requêtes mixtes IV/OOV, il est surprenant de constater que la recherche phonétique soit meilleure que celle hybride. Cela est dû au fait que le rang donne trop d'importance aux appariements lexicaux même lorsque ceux-ci ne sont pas pertinents (mots mal reconnus ou mots très fréquents). Nous pensons que l'ajout d'un score tf*idf dans le vecteur de pondération et l'utilisation de meilleurs mesures de confiance pourront aider à mieux gérer ces cas.

Finalement, la recherche hybride (avec un appariement semi-imparfait et un filtrage supervisé) offre les meilleures performances globales.

4 Conclusion

Nous avons présenté une méthode d'indexation et de recherche de segments de parole représentés sous forme d'automates lexico-phonétiques. Les résultats montrent la complémentarité des niveaux lexical et phonétique (extraits de la meilleure hypothèse de reconnaissance de la parole) et l'avantage d'un index hybride. L'utilisation d'un appariement semi-imparfait et d'un filtrage supervisé (combinant des scores d'édition et un score de confiance) permet d'améliorer significativement la recherche en terme de MAP.

En perspective, de nombreux aspects de la méthode sont encore à améliorer. On peut envisager une amélioration du rappel par une meilleure adaptation des transducteurs d'appariement semi-imparfait et l'utilisation de représentations plus denses (*e.g.*, N meilleures hypothèses) ; mais aussi une amélioration de la précision en utilisant des mesures de confiance de meilleure qualité (Fayolle *et al.*, 2010) et en enrichissant le vecteur de descripteurs avec d'autres types d'informations (*e.g.*, scores tf*idf).

Références

ALLAUZEN, C., MOHRI, M. et SARACLAR, M. (2004). General indexation of weighted automata - application to spoken utterance retrieval. *In HLT/NAACL'04*, pages 33–40.

CAN, D. et SARACLAR, M. (2011). Lattice indexing for spoken term detection. *IEEE Transactions on Audio, Speech & Language Processing*, 19(8):2338–2347.

CHELBA, C., HAZEN, T. J. et SARAÇLAR, M. (2008). Retrieval and browsing of spoken content. *Signal Processing Magazine, IEEE*, 25(3):39–49.

CHEN, T.-H., CHEN, B. et WANG, H.-M. (2006). On using entropy information to improve posterior probability-based confidence measures. *In ISCSLP'06*, pages 454–463.

FAYOLLE, J., MOREAU, F., RAYMOND, C., GRAVIER, G. et GROS, P. (2010). Crf-based combination of contextual features to improve a posteriori word-level confidence measures. *In Interspeech'10*, Makuhari, Japan.

GALLIANO, S., GRAVIER, G. et CHAUBARD, L. (2009). The ESTER 2 evaluation campaign for the rich transcription of French radio broadcasts. *In Interspeech'09*, pages 2583–2586.

HORI, T., HETHERINGTON, I. L., HAZEN, T. J. et GLASS, J. R. (2007). Open-vocabulary spoken utterance retrieval using confusion neworks. *In ICASSP'07*, pages 73–76.

HUET, S., GRAVIER, G. et SÉBILLOT, P. (2010). Morpho-syntactic post-processing of n-best lists for improved french automatic speech recognition. *Computer Speech and Language*, (24):663–684.

MOHRI, M. (2002). Edit-distance of weighted automata. *In CIAA'02*, pages 1–23. Springer Verlag.

SARACLAR, M. et SPROAT, R. (2004). Lattice-based search for spoken utterance retrieval. *In HLT-NAACL'04*, pages 129–136.

YU, P. et SEIDE, F. (2004). A hybrid-word/phoneme-based approach for improved vocabulary-independent search in spontaneous speech. *In Interspeech'04, Korea*, page 293296.

Caractérisation acoustique des obstruantes phonologiquement voisées du dialecte de Shanghai

Jiayin Gao[1] *Pierre Hallé*[1,2]
(1) Laboratoire de Phonétique et de Phonologie (UMR 7018), CNRS / Paris 3, 75005 Paris
(2) Laboratoire Mémoire et Cognition (Inserm S894), Paris 5, 92100 Boulogne-Billancourt
jiayin.gao@gmail.com, pierre.halle@univ-paris3.fr

RESUME

Dans le dialecte de Shanghai, les obstruantes sonores en position initiale/accentuée de mot sont phonétiquement non-voisées et se distinguent des autres (i.e., sourdes non-aspirées et aspirées) principalement par leur registre tonal bas. Selon la littérature, elles sont aussi associées à une qualité de voix légèrement soufflée dans cette position. Dans cette étude, nous utilisons des mots monosyllabiques et dissyllabiques pour réexaminer la question de la voix soufflée comme caractérisant les obstruantes sonores du dialecte de Shanghai non seulement en position accentuée mais aussi dans les autres positions, où le sandhi tonal peut modifier le registre tonal. Nos résultats confirment la présence de voix soufflée pour les obstruantes sonores dont le registre tonal reste bas. Nous trouvons aussi que des patterns de durée systématiques caractérisent les obstruantes sonores de façon robuste dans toutes les positions.

ABSTRACT

Acoustic characterization of phonologically voiced obstruents in Shanghai dialect

In Shanghainese, phonologically voiced obstruents in word-initial, accented position are phonetically voiceless and are distinguished from the others (i.e., voiceless and/or aspirated) mainly by a low tone register. Slightly breathy voice is also reported in the relevant literature as an additional characteristic of these obstruents in accented position. In this study, we used both monosyllabic and disyllabic words to revisit the issue of breathy phonation as characterizing phonologically voiced Shanghainese obstruents not only in accented position but also in non-accented position, where sandhi may affect tone register. We found breathy phonation most clearly when tone register is not affected. We also found that systematic duration patterns robustly characterize phonologically voiced obstruents, whether or not in accented position.

MOTS-CLES : dialectes Wu, shanghaïen, voix soufflée, voix slack, durée consonantique
KEYWORDS : Wu dialects, Shanghainese, breathy/slack voice, consonant duration

1 Introduction

1.1 Généralités

Les tons des dialectes chinois sont nés de distinctions segmentales en chinois archaïque puis ancien. Pour les consonnes en position de coda, cela a produit les quatre contours *ping*, *shang*, *qu* et *ru*, et pour les consonnes initiales, les deux registres *yin* et *yang* : le registre *yin* (haut) pour les sourdes et le registre *yang* (bas) pour les sonores (Sagart, 1999). Ce dernier processus est appelé "bipartition tonale" ('tone split') (Haudricourt,

1961) ; il est assez répandu dans les langues du sud-est asiatique. La distinction de registre a ainsi remplacé la distinction de voisement dans la plupart des dialectes chinois.

Les dialectes Wu possèdent pourtant distinction de voisement et de registre tonal (*yin* vs. *yang*) de façon complémentaire. La triple distinction des obstruantes (sourdes aspirées, non-aspirées et sonores) est une des caractéristiques majeures des dialectes Wu (Chao, 1928). En position initiale ou accentuée de mot, c'est le registre tonal qui distingue les sourdes (registre *yin*) des sonores (registre *yang*), toutes réalisées sans voisement ; en position non-initiale et non-accentuée, c'est le voisement qui les distingue : la distinction tonale est neutralisée par sandhi tonal (Cao, 1987).

De plus, il semble que les sonores en position initiale sont produites avec une qualité de voix "soufflée". Chao (1928) et Liu (1925) ont proposé que les obstruantes sonores à l'initiale sont réalisées comme des obstruantes non-voisées suivies par une aspiration voisée ('qing yin zhuo liu' : "son sourd, écoulement sonore"). Une qualité de voix soufflée est en effet suggérée par des mesures acoustiques (H1–H2 ou H1–F1 : Cao et Maddieson, 1992) ou articulatoires (ouverture glottale : Ren, 1988 ; mais voir l'étude articulatoire de Gao et al., 2011). Il s'agit d'une qualité de voix légèrement soufflée 'slack' plutôt que 'breathy', avec une ouverture glottale bien moindre que celle, par exemple, des occlusives voisées aspirées en hindi.

Notre étude est une étude acoustique des obstruantes du dialecte de Shanghai en attaque de mot monosyllabique, et de première ou deuxième syllabe de mot dissyllabique. Dans ce dernier cas, les sonores sont réalisées voisées mais le registre tonal réalisé sur la syllabe cible est déterminé par le ton de la syllabe précédente (sandhi : voir 1.2) : la qualité de voix reste-t-elle soufflée ? En plus des obstruantes (occlusives et fricatives), nous examinons les nasales /m/ et /n/ et l'attaque "vide" /Ø/.

1.2 Les tons du dialecte de Shanghai

Dans cette section, nous présentons brièvement les tons du shanghaïen en isolation (i.e., en "citation") et en contexte polysyllabique après application des règles de sandhi. Nous nous limitons au sandhi à "dominante gauche", où le ton d'une syllabe forte se propage à droite sur les syllabes suivantes. Selon les descriptions traditionnelles, le shanghaïen moderne possède 5 tons en citation : trois *yin* et deux *yang*. Deux tons dits "rentrants" ('ru sheng') sont portés par des syllabes courtes terminées par un coup de glotte. Dans cette étude, nous nous intéresserons uniquement aux tons non-rentrants : deux tons *yin*, notés ci-après T1 et T2 et un ton *yang* noté T3. Dans la notation à cinq niveaux de Chao (1930), ces trois tons ont les contours suivants en citation (Xu et Tang, 1988) : 53 (ou 52), 34 et 23 (pour T1, T2 et T3, respectivement), globalement en accord avec les données acoustiques de Rose (1993). Pour ce qui est du sandhi, nous nous limitons ici aux mots dissyllabiques avec première syllabe dominante. La propagation vers la droite du ton de la première syllabe modifie le contour tonal des syllabes suivantes, indépendamment de leur ton d'origine, ainsi que celui de la première syllabe, comme indiqué en (1) :

(1) 53 + S → 55-21 ; 34 + S → 33-44 ; 23 + S → 22-44 (quel que soit le ton de S)

Après application de (1), la première syllabe ne change pas de registre (si l'on considère que le registre *yin* correspond à une valeur moyenne supérieure ou égale à 3 et le *yang* à une valeur inférieure à 3) ; la seconde syllabe S est *yang* après T1, *yin* après T2 ou T3.

2 Étude de production

2.1 Méthode

2.1.1 Participants

Nous avons enregistré à Paris 10 locuteurs natifs du shanghaïen (5 hommes et 5 femmes) âgés de 22 à 30 ans (moyenne 26 ans) ayant vécu en France depuis quatre ans en moyenne. Aucun de ces locuteurs n'avait souffert de troubles du langage.

2.1.2 Matériel

Le matériel utilisé consiste en 60 mots cibles monosyllabiques ou dissyllabiques insérés au début de la phrase porteuse _ *gə ə zi ŋo nin tə ə* ("_ ce caractère/mot, je le connais"). La syllabe cible apparaît dans trois conditions : comme mot monosyllabique **(mono)** et comme première **(S1)** ou deuxième **(S2)** syllabe de mot dissyllabique. Elle est composée d'une attaque (occlusive : /p^h, p, b, t^h, t, d/, fricative : /f, v, s, z/, nasale : /m, n/, ou attaque vide Ø) et de la rime /ɛ/.

Pour la condition S1, la syllabe cible (S1) peut porter l'un des tons d'origine T1, T2, ou T3. Le sandhi (1) ne change pas son registre tonal. Pour la condition S2, le ton d'origine de la première syllabe est soit T1 soit T2. La syllabe cible (S2) prend le contour 21 après T1 et 44 après T2. Ainsi, les syllabes *yang* comme /bɛ/ restent *yang* après T1 mais deviennent *yin* après T2 tandis que les syllabes *yin* comme /pɛ/ deviennent *yang* après T1 mais restent *yin* après T2. La Table 1 montre les syllabes cibles pour les 3 conditions, et leurs contours tonals en citation et réalisé (après sandhi pour S1 et S2). Notons qu'ici, "syllabe *yang*" ou "*yin*" renvoie aux syllabes dont le ton en citation est *yang* ou *yin* ; "initiale *yang*" ou "*yin*" renvoie aux sonores ou sourdes : /bɛ/ est *yang* ; /pɛ/ est *yin*.

Condition	Ton en citation	Ton réalisé	Syllabes	N
mono	yin (53 ou 34)	yin (53 ou 34)	/ɛ, p^hɛ, pɛ, t^hɛ, tɛ, fɛ, sɛ, mɛ, nɛ/	9
	yang (23)	yang (23)	/ɛ, bɛ, dɛ, vɛ, zɛ, mɛ, nɛ/	7
S1	yin (53 ou 34)	yin (55 ou 33)	/ɛ, p^hɛ, pɛ, t^hɛ, tɛ, fɛ, sɛ, mɛ, nɛ/	9
	yang (23)	yang (22)	/ɛ, bɛ, dɛ, vɛ, zɛ, mɛ, nɛ/	7
S2	yin (53 ou 34)	yin (44) après T2	/ɛ, p^hɛ, pɛ, t^hɛ, tɛ, fɛ, sɛ, mɛ/	8
		yang (21) après T1	/ɛ, pɛ, tɛ, fɛ, sɛ, mɛ/	6
	yang (23)	yin (44) après T2	/ɛ, bɛ, dɛ, vɛ, zɛ, mɛ, nɛ/	7
		yang (21) après T1	/ɛ, bɛ, dɛ, vɛ, zɛ, mɛ, nɛ/	7

TABLE 1 – Matériel utilisé divisé selon les 3 conditions ; en bleuté : changement de registre tonal.

2.1.3 Enregistrement et analyses des données

Les locuteurs ont été enregistrés directement sur ordinateur avec le logiciel Sound Studio (16 bits, 44.1 kHz) à partir d'un micro-casque AKG C520L relié à une carte son externe EDIROL. Les locuteurs ont prononcé chaque phrase deux fois, d'où un total de 1200 phrases (60 cibles x 2 répétitions x 10 sujets). Les syllabes cibles ont été analysées comme suit. Pour les consonnes initiales, nous avons mesuré la *durée* et le *v-ratio*, ou proportion de signal voisé (0 : non-voisé; 1 : entièrement voisé). Pour la voyelle /ɛ/, nous avons mesuré la *durée*, un *contour tonal* schématique en 5 points par pas de 20% de la durée vocalique (Kratochvil, 1985) et la différence H1–H2 (dB) en début, milieu et fin de la voyelle. H1–H2 est d'autant plus élevé que la voix est plus soufflée.

2.2 Résultats

2.2.1 Contours tonals

Les contours moyens obtenus pour les syllabes cibles sont montrés dans la Figure 1. Ces contours sont normalisés pour la durée.

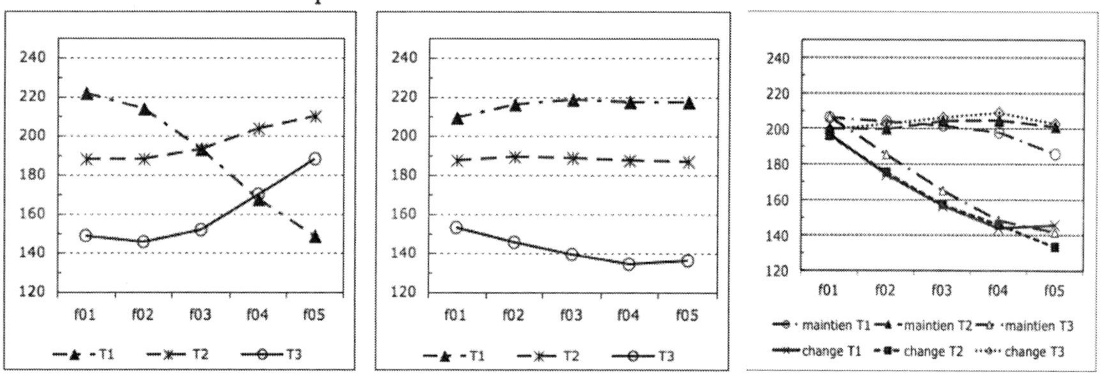

(A) (B) (C)

FIGURE 1 – Contours tonals moyens (Hz) sur la syllabe cible pour (A) la condition mono, (B) la condition S1 et (C) la condition S2 avec T1 ou T2 en première syllabe.

Les données correspondent bien aux descriptions de la littérature. En citation, T1 est haut tombant, pratiquement du haut jusqu'au bas de la plage de variation de F0, soit 51 ou 52 selon l'échelle à 5 niveaux ; T2 et T3 sont tous deux montants et se distinguent par le registre, plus haut pour T2 que T3 : 34 pour T2 et 23 pour T3 (Xu et Tang, 1988) semblent des notations raisonnables. En première syllabe de mot dissyllabique (condition S1), les contours réalisés sont pratiquement plats et pourraient être notés 55 (T1), 33 (T2), et 22 ou 21 (T3), en bon accord, donc, avec les valeurs proposées par Xu et Tang (1988). En deuxième syllabe de mot dissyllabique (condition S2), les trois tons perdent bien leur contour d'origine ; après T2, ils prennent un contour haut plat que l'on pourrait noter 44 ou 33 ; après T1, ils prennent un contour bas tombant que l'on pourrait noter 32 ou 31 (plutôt que 21 selon Xu et Tang, 1988).

2.2.2 v-ratio

Dans les conditions mono et S1, les occlusives, qu'elles soient sourdes ou sonores ont une occlusion entièrement non-voisée (donc, v-ratio = 0). Les /v/ ont un v-ratio plus élevé que les /f/ (0.70>0.10), $p<.0001$ (pour mono et S1 regroupées, t de student bilatéral). La tendance est similaire pour les /z/ et les /s/ (0.18 vs. 0.09) mais n'est pas significative, $p=.10$.

Dans la condition S2, les occlusives /b, d/ ont un v-ratio moyen de 0.86 contre 0.31 pour /p, t/ ; les fricatives /v, z/ ont un v-ratio de 1 (voisement complet) contre 0.23 pour /f, s/. Le v-ratio entre 0.2 et 0.3 pour les obstruantes sourdes correspond sans doute à l'extinction du voisement de la voyelle précédente.

Les nasales ont un v-ratio proche de 1 (plus de 0.9) dans toutes les conditions.

2.2.3 H1–H2

Nous avons comparé les différences H1–H2 entre les syllabes *yin* et *yang* dans les trois conditions mono, S1 et S2. Pour la condition S2. Nous avons distingué les cas où le registre tonal de la syllabe S2 change (S2-change : T1+*yin*, T2+*yang*) de ceux où il ne change pas (S2-maintien : T1+*yang*, T2+*yin*). Dans les cas où le registre tonal est maintenu, on peut s'attendre à un avantage des syllabes *yang* sur les *yin* pour H1–H2 ; dans les cas où le registre change, il est possible que l'avantage s'inverse s'il est lié au registre tonal réalisé, ou qu'il soit maintenu s'il est lié au registre tonal d'origine.

Pour les initiales nasales, il n'y a pas d'avantage systématique des syllabes *yang* sur les *yin* en termes de H1–H2 pour les trois conditions : autrement dit, la qualité de voix n'est pas plus soufflée pour les syllabes *yang* que les *yin*, ce qui montre que la voix soufflée n'est pas liée uniquement au registre tonal.

Pour les obstruantes, il y a un avantage *yang*>*yin* d'environ 2 dB sur toute la voyelle (condition mono) ou au moins jusqu'en milieu de voyelle (condition S1 et condition S2-maintien). Le pattern tend à s'inverser (*yin*>*yang* d'environ 1 dB) en cas de changement de registre tonal (condition S2-change) : la valeur H1–H2 est plus élevée pour les syllabes d'origine *yin* que les syllabes d'origine *yang*, comme montré dans la Figure 2. Ceci suggère que la qualité de voix soufflée est liée au registre tonal réalisé de la syllabe et que cette qualité persiste au moins jusqu'en milieu de la voyelle. (Notons que nos résultats montrent une tendance inverse de celle rapportée par Iseli et al., 2006, qui trouvent une corrélation positive entre F0 et H1–H2 pour des voix masculines.)

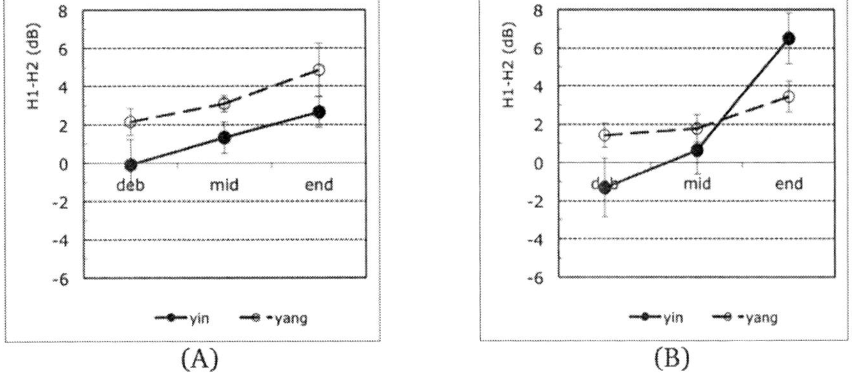

(A) (B)

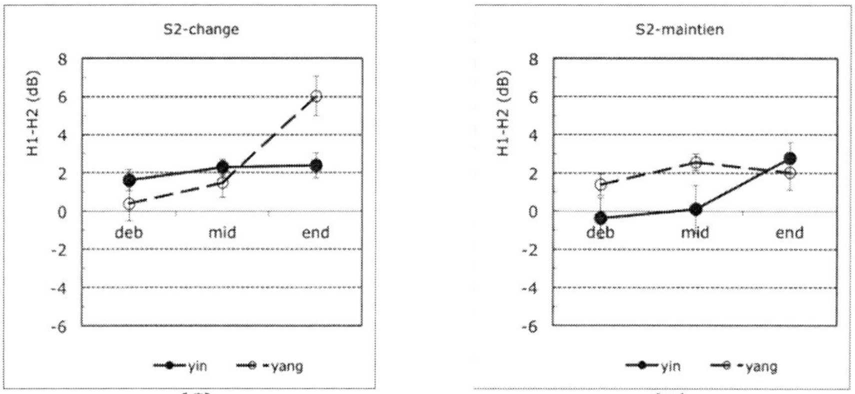

(C) (D)

FIGURE 2–Valeurs de H1–H2 pour syllabes *yin* et *yang* attaque obstruante, en début, milieu et fin de voyelle, dans les conditions (A) mono (B) S1, (C) S2-change et (D) S2-maintien.

Pour les attaques vides, dans les deux conditions mono et S1, les données H1–H2 sont analogues à celles obtenues pour les obstruantes dans la condition S1 : davantage de voix soufflée pour les syllabes *yang* que les *yin* jusqu'en milieu de voyelle. Notons que cette différence *yang–yin* pourrait être due à un /ɦ/ étymologique sous-jacent en attaque de syllabe *yang*. Dans la condition S2, l'avantage *yang*>*yin* est très net jusqu'en milieu de voyelle (de 9 à 5 dB) en cas de maintien de registre tonal, confirmant les données pour les conditions mono et S1 (avantage de 5 à 3 dB). L'avantage est moins net en cas de changement de registre tonal (~2 dB). Il semble donc que la qualité de voix soufflée des syllabes yang avec attaque vide, peut-être la trace d'un /ɦ/ sous-jacent, tend à disparaître en cas de changement de registre tonal.

2.2.4 durées

segment	mono		S1		S2-maintien		S2-change	
/f, v/	156*	87	111*	52	123*	50	122*	61
/s, z/	172*	148	145*	122	145*	48	120*	60
/p, b/	–	–	–	–	122*	51	96*	45
/t, d/	–	–	–	–	122*	68	105*	66
initiales	164*	117	128*	87	128*	54	111*	58
rime /ɛ/	204	242*	171	188*	159	164	151	174*

TABLE 2 – durées des consonnes *yin* (en blanc) et *yang* (en bleuté), et de la voyelle/ɛ/ (après fricatives ou occlusives) ; pour mono et S1, les durées des occlusions non-voisées ne peuvent être mesurées ; '*' : différences *yin–yang* significatives.

Nous trouvons des patterns de durées systématiques pour les consonnes initiales (sauf les nasales) ainsi que pour les voyelles. Ces patterns, récapitulés dans la Table 2, sont donc une caractéristique robuste distinguant les syllabes *yin* et *yang*.

Comme le montre la Table 2, les obstruantes *yin* ont une durée significativement plus longue que les obstruantes *yang* dans toutes les conditions, qu'il y ait changement de registre ou non. La voyelle /ɛ/, commune à tout le matériel, est plus longue après une initiale *yang* que *yin*. Nous avons conduit une analyse de variance sur les durées des consonnes (condition S2), avec les facteurs *Ton* (*yin* vs. *yang* : registre tonal en citation de la syllabe cible) et *Changement* (changement vs. maintien du registre tonal). Les facteur *Ton* et *Changement*, ainsi que l'interaction *Ton* x *Changement* sont très significatifs, $ps < .0005$, montrant que les initiales *yin* sont plus longues que les *yang*, et que cet avantage des *yin* sur les *yang* est plus marqué lorsque le registre tonal est maintenu. (Il reste cependant très significatif en cas de changement de registre tonal.)

3 Discussion et conclusion

Dans ce travail, nous avons revisité les caractéristiques acoustiques des obstruantes du shanghaïen. Nos résultats pour les v-ratios sont globalement conformes aux descriptions existantes de la littérature. Les occlusives yang et la fricative /z/ sont dévoisées en première syllabe de mot et voisées en seconde syllabe de mot (à l'intervocalique), mais la fricative /v/ tend à être voisée même en première syllabe de mot, contrairement à la description traditionnelle "son sourd, écoulement sonore".

Nos résultats pour H1–H2 confirment la présence de voix soufflée en début et milieu de rime, mais pas en fin de rime, en accord avec notre étude pilote (Gao et al., 2011). La voix soufflée en début de voyelle ne semble pas simplement résulter de la transition entre attaque et rime puisqu'elle est observée au moins jusqu'au milieu de la rime (voir aussi Cao et Maddieson, 1992). Elle n'est pas non plus une propriété de la syllabe entière, comme proposé par Chen (2010), puisqu'elle n'est pas observée en fin de rime. Les données obtenues pour la condition S2, où l'on peut comparer les situations où le registre tonal de la syllabe cible est maintenu avec celles où il est changé, suggèrent que la voix soufflée est plutôt associée au registre tonal réalisé qu'au registre d'origine. Autrement dit, la voix soufflée serait une caractéristique liée à un contour bas (à l'exception des syllabes avec initiale nasale), plutôt qu'à une initiale sonore (i.e., *yang*).

Les durées consonantiques et vocaliques que nous avons dégagées caractérisent les deux séries d'obstruantes, *yin* et *yang*, de façon bien plus tranchée que la qualité de voix plus ou moins soufflée : les obstruantes sourdes (i.e., *yin*) sont plus longues que les obstruantes sonores (i.e., *yang*), en première ou en deuxième syllabe de mot. En deuxième syllabe de mot, un changement de registre tonal par sandhi atténue sans annuler cette différence. De façon complémentaire, les voyelles (ici /ɛ/) sont plus courtes après les obstruantes sonores qu'après les sourdes.

Les différences de durée entre obstruantes sourdes et sonores sont une tendance universelle (O'Shaugnessy, 1981). Dans le dialecte de Shanghai, le voisement est un trait neutralisé dans certains contextes (en position initiale de première syllabe de mot) pour ce qui est des indices primaires de voisement (e.g., v-ratio). Pourtant, les patterns de durée liés au *voisement sous-jacent* sont maintenus. Nous n'avons pu étendre ces patterns aux occlusives en position initiale absolue, puisque leur occlusion, non-voisée dans cette situation, n'est pas mesurable à partir du signal acoustique. Nous nous proposons d'effectuer à l'avenir des mesures physiologiques pour combler cette lacune.

Références

CAO, J-F. (1987). The ancient initial "voiced" consonants in modern Wu dialects. *In Proc. 11th ICPhS 1987,* Tallinn, pages 169–172.

CAO, J-F. et MADDIESON, I. (1992). An exploration of phonation types in Wu dialects of Chinese. *Journal of Phonetics,* 20, pages 77–92.

CHAO, Y-R. (1928). *Studies in the modern Wu dialects.* Beijing: Qinghua University Press.

CHAO, Y-R. (1930). A system of tone-letters. *Le Maître Phonétique,* 45, pages 24–27.

CHEN, Z-M. (2010). An acoustic study of voiceless onset followed by breathiness of Wu dialects : based on the Shanghai dialect. *Yuyan yanjiu,* 30(3), pages 20–34.

GAO, J-Y., HALLÉ, P., HONDA, K., MAEDA, S. et TODA, M. (2011). Shanghai slack voice : acoustic and ePGG data. *In Proc. 17th ICPhS 2011,* Hong Kong, pages 719–722.

HAUDRICOURT, A. G. (1961). Bipartition et tripartition des systèmes de tons dans quelques langues d'Extrême-Orient. *Bulletin de la Société de Linguistique de Paris,* pages 163–180.

ISELI, M., SHUE, Y. et ALWAN, A. (2006). Age- and Gender-Dependent Analysis of Voice Source Characteristics. *In Proc. ICASSP mai 2006,* Toulouse, I-389.

KRATOCHVIL, P. (1985). Variable norms in Beijing prosody. *Cahiers de Linguistique Asie Orientale,* 14, pages 135-174.

LIU, F. (1961). *Étude expérimentale sur les tons du chinois* (Thèse). Société d'édition "Les Belles lettres", Paris.

O'SHAUGNESSY, D. (1961). A study of French vowel and consonant durations. *Journal of Phonetics,* 9, pages 385–406.

REN, N-Q. (1988). A Fiberoptic and transillumination study of Shanghai stops. Paper presented at *International Conference on Wu dialects,* Hong Kong.

ROSE, P. (1993). A linguistic-phonetic acoustic analysis of Shanghai tones. *Australian Journal of Linguistics,* 13, pages 185–220.

SAGART L. (1999). The origin of Chinese tones. *In Proc. of the Symposium/Cross-Linguistic Studies of Tonal Phenomena/Tonogenesis, Typology and Related Topics,* pages 91–64. Tokyo University of Foreign Studies.

XU B-H., et TANG Z-Z. (1988). *Shanghai shiqu fangyan yanjiu* [A description of urban Shanghai dialects]. Shanghai Jiaoyu Chubanshe.

A la recherche des temps perdus : Variations sur le rythme en français

Nicolas Obin[1] *Mathieu Avanzi*[2] *Guri Bordal*[3,4] *Alice Bardiaux*[5]
(1) IRCAM-CNRS UMR 9912-STMS, Paris, France
(2) Chaire de linguistique française, Université de Neuchâtel, Suisse
(3) Université d'Oslo, Norvège
(4) MoDyCo, UMR 7114, Université Paris Ouest Nanterre, France
(5) FNRS, Université catholique de Louvain, Belgique
nobin@ircam.fr mathieu.avanzi@unine.ch guri.bordal@ilos.uio.no
alice.bardiaux@uclouvain.be

RESUME

Dans cet article, nous étudions la pertinence des mesures acoustiques du rythme en vue de rendre compte de la variation dialectale en français (variétés standard, dialectales et en contact). Dans un premier temps, nous soulevons les limites des mesures conventionnelles de rythme (comme le %V, ΔC ou PVI). Dans un second temps, nous introduisons des mesures acoustiques du rythme fondées sur la description de caractéristiques suprasegmentales, et associées aux concepts de *métrique* (régularité des syntagmes accentuels) et de *tempo* (mesures de débit). Les mesures proposées conduisent à une classification cohérente des variétés de français en regard de la classification attendue.

ABSTRACT

Regional Variations of Speech Rhythm in French: *In Search of Lost Times*

This paper addresses the relevance of speech rhythm acoustic measurements for the description of some standard, regional and contact varieties of French. First, the limitation of conventional speech rhythm measures (e.g. %V, ΔC or PVI) for the description of French regional variations is pointed out. Then, alternative acoustic measures of speech rhythm, based on supra-segmental characteristics associated with *timing* (regularity of accentual phrases) and *tempo* (articulation rate, speech rate) are introduced and discussed. A comparison with the conventional measures indicates that long-term measures lead to a classification which is more consistent with the expected classification, either for the description of continuous similarities or categorical grouping.

MOTS-CLES : rythme, métrique, français régional, français en contact.
KEYWORDS : speech rhythm, rhythm metric, regional French, in-contact French.

1 Introduction

Dans cet article, nous comparons les caractéristiques rythmiques de 9 variétés de français parlées en Europe (France, Suisse, Belgique) et en Afrique (République Centrafricaine et Sénégal), choisies parce qu'elles représentent des variétés de français qui se répartissent graduellement une échelle graduelle de « dialectalité » (*cf.* figure 1) :

- [FR-ST] désigne des variétés de français parlées à Paris (FR-75) et à Lyon (FR-69), considérées comme des variétés de référence ou “standard”;

- [FR+] désigne des variétés de français parlées à Genève (SW-GE) et à Tournai (BE-TO), considérées comme des variétés régionales *faiblement* marquées de Suisse et de Belgique ;
- [FR-] désigne des variétés de français parlées à Neuchâtel (SW-NE) et à Liège (BE-LI), considérées comme des variétés régionales *fortement* marquées de Suisse et de Belgique ;
- [FR-CO] désigne trois variétés de français en-contact : le français parlé à Neuchâtel par des locuteurs dont la L1 est le suisse allemand (SW-GER), le français parlé en République Centrafricaine (AF-CFA) par des locuteurs dont la L1 est le sango, le français parlé au Sénégal par des locuteurs dont la L1 est le wolof (AF-SN).

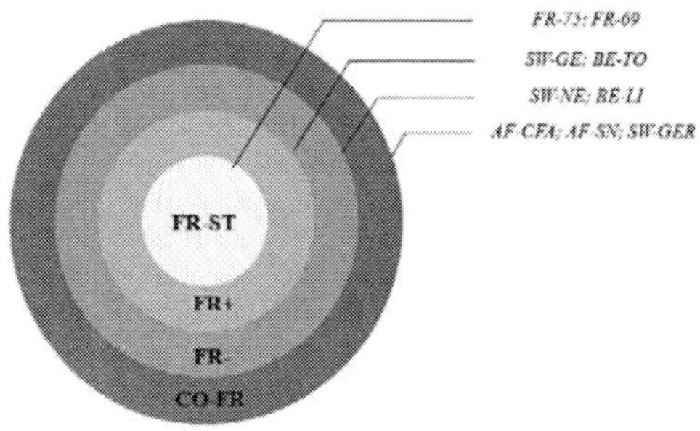

Figure 1: Echelle graduelle d'éloignement dialectal.

De nombreuses études ont approché la variation dialectale en français en se concentrant sur des faits segmentaux, peu de travaux ont étudié la variation dialectale sous l'angle de la prosodie. Lorsque c'est le cas, les auteurs se concentrent généralement sur des faits tels que l'accentuation, l'intonation et le débit. Aussi, la pertinence de mesures rythmiques classiques que constituent les mesures de %V/ΔC (Ramus *et al.* 1999) et nPVI/rPVI (Grabe et Low 2002) – c'est-à-dire les caractéristiques temporelles des segments vocaliques et consonantiques – reste à discuter pour le français. Les mesures segmentales de %V/ΔC et nPVI/rPVI ont été originellement développées pour discriminer, à la suite de Pike (1945), les langues « accentuelles», « syllabiques » ou « moraïques ». Cependant, de nombreuses études récentes ont remis en question la réalité scientifique de telles catégories (Barry *et al.* 2003 ; Boula de Mareuil *et al.* 2011). En revanche, d'autres travaux ont montré que de telles mesures pouvaient s'avérer utiles en vue de rendre compte des différences entre classes rythmiques (Dellwo 2006 ; White *et al.* 2007 ; Pietro *et al.* 2011), et ont même affirmé qu'elles pouvaient s'avérer pertinentes pour décrire des langues qui n'entrent pas dans une des trois classes susmentionnées, comme les langues à ton (Romano *et al.* 2011). Nous faisons ici l'hypothèse que les variétés considérées dans cette étude forment des groupes partageant des caractéristiques rythmiques similaires, de la même manière que les langues se regroupent en classes rythmiques. Compte tenu de l'éloignement dialectal supposé entre les variétés étudiées dans cet article, nous faisons les prévisions suivantes :

- les variétés standard [FR-ST] devraient partager les mêmes caractéristiques rythmiques ;

- les variétés régionales [FR+ and FR-] devraient partager des caractéristiques rythmiques similaires, et se distinguer significativement des variétés standards. En revanche, [FR+] and [FR-] devraient présenter des différences substantielles, en regard de leur proximité géographique aux variétés standards [FR-ST]. En particulier, les variétés régionales faiblement marquées [FR+] devraient être plus proches des variétés standards [FR-ST] que les variétés régionales fortement marquées [FR-].
- les variétés en-contact [FR-CO] devraient se distinguer à la fois des variétés standard et régionales, en regard des transferts prosodiques de la L1. Par ailleurs, les variétés en-contact devraient également présenter de nombreuses disparités en raison des différences typologiques entre les L1s des locuteurs.

Nous étudions dans cet article la pertinence de mesures acoustiques pour la description des variations de rythme en français régional. Dans un premier temps, nous soulevons les limites des mesures conventionnelles de rythme. Ensuite, nous introduisons et comparons des mesures acoustiques du rythme fondées sur la description de caractéristiques acoustique à long-terme – recouvrant des mesures de régularité de groupement accentuel et de débit. Pour ce faire, nous étendons la mesure de PVI à des segments prosodiques plus larges du rang du syntagme accentuel. Par analogie avec la musique, les mesures introduites peuvent être interprétées comme l'émergence d'une description unifiée du rythme en termes de *métrique* et de *tempo*.

2 Matériel

Les données sur lesquelles nous avons travaillé ont été collectées dans le cadre du projet PHONOLOGIE DU FRANÇAIS CONTEMPORAIN (PFC, *cf.* Durand, Laks, & Lyche 2009), qui constitue une base de données contenant des enregistrements de centaines de locuteurs originaires des quatre coins de la francophonie. Pour chacune des 9 variétés considérées dans cet article, nous avons sélectionné le texte PFC lu par 4 locuteurs (deux hommes deux femmes, deux locuteurs jeunes entre 20 et 30 ans, et deux locuteurs plus âgés, entre 40 et 50 ans). Le texte contient 398 mots regroupés en 22 phrases, et dure en moyenne 130 secondes. Au total, notre corpus d'étude est d'une durée de 52 minutes environ. Dans un premier temps, chacun des 24 enregistrements a été segmenté en phrases graphiques et transcrit en orthographe standard dans PRAAT (Boersma & Weenink 2012), puis aligné en phonèmes, syllabes et mots graphiques à l'aide du script EASYALIGN (Goldman 2011). Les alignements ont été corrigés manuellement. Les proéminences accentuelles et les disfluences (segments associés à une hésitation ou un piétinement sur l'axe syntagmatique) ont été codées par deux experts (deux des auteurs) parallèlement, suivant pour cela une procédure initiée par Avanzi, Simon, Goldman & Auchlin, (2010). Une tire de comparaison a ensuite été générée et l'accord mesuré. Cet accord ayant été jugé substantiel ($\kappa = 0.65$), un troisième expert (un des auteurs) a tranché dans les cas de discordance pour aboutir à un codage de référence. Enfin, un des auteurs a identifié dans une tire dédiée les groupes clitiques dont le bord droit était associé à une proéminence, segmentant ainsi le texte en syntagmes accentuels (désormais SA, Jun & Fougeron 2002).

3 Analyse

3.1 Mesures de Rythme

3.1.1 Mesures Segmentales

Les mesures conventionnelles visent à la description de la régularité syllabique – critère traditionnellement utilisé pour la classification des langues selon leurs classes rythmiques (chronométrage accentuel, rythmique ou moraïque). Les principales mesures utilisées dans la littérature sont :

- *(nPVI vocalique, rPVI inter-vocalique)* : vise à mesurer les variations de durée entre segments de parole consécutifs (segment vocalique, segment inter-vocalique) – avec ou sans normalisation du débit (nPVI et rPVI, respectivement). Le nPVI vocalique mesure la régularité vocalique (e.g., réduction vocalique), le rPVI mesure la régularité consonantique (*cf.* Grabe et Low 2002) ;
- *(%V, ΔC)* : où %V mesure la proportion de segments vocaliques dans la parole, et ΔC la déviation standard des segments consonantiques (*cf.* Ramus *et al.* 1999).

3.1.2 Mesures Prosodiques

Pour étudier la pertinence de mesures prosodiques du rythme pour la description de variétés et de langues, nous introduisons les mesures suivantes. Ces mesures s'articulent autour de la segmentation de la parole en syntagmes accentuels, reconnus comme les unités accentuelles de base en français :

- *(AP rPVI, AP nPVI)* : correspond à l'extension de la mesure de PVI pour décrire la régularité entre segments prosodiques consécutifs (i.e., entre syntagmes accentuels) ;
- *(débit de parole, débit articulatoire)* : mesure le débit de parole (nombre de syll./sec. incluant les pauses silencieuses), la vitesse d'articulation (nombre de syll/sec. excluant les pauses silencieuses).

Finalement, chaque mesure a été déterminée et moyennée, si nécessaire, par rapport à l'empan contextuel que constitue l'énoncé. Ainsi, chaque locuteur de la base est représenté par la distribution de ses caractéristiques par rapport à l'ensemble des 22 énoncés de notre base de données.

3.2 Statistiques

Les caractéristiques moyennes de chaque variété (moyenne μ et écart-type σ) ont été déterminées de la façon suivante :

$$\begin{aligned} \overline{\mu}_X &= \text{median}(\mathbf{x}) \\ \overline{\sigma}_X &= 0.7413 \times \text{iqr}(\mathbf{x}) \end{aligned}$$

où median(.) et iqr(.) désignent respectivement la médiane et l'écart interquartile ; x le vecteur des caractéristiques observées.

Cette estimation est « robuste » car elle permet en outre de décrire les caractéristiques rythmiques de chacune des variétés sans tenir compte d'éventuels points aberrants, voir même des caractéristiques d'un locuteur se distinguant substantiellement des autres membres de sa variété.

4 Résultats

Pour déterminer la pertinence des mesures acoustiques considérées pour la description des variations régionales de rythme en français, nous jugeons les classifications obtenues à partir des mesures acoustiques à la lumière de la classification théorique supposée. Nous pointons les limites que présentent les mesures segmentales afin de rendre compte de l'écart supposé entre les variétés que nous étudions (§4.1); nous étudions ensuite l'adéquation des nouvelles mesures introduites pour ce faire (§4.2).

4.1 Limites des Mesures Segmentales

La Figure 2 à gauche présente à gauche la classification obtenue avec les mesures de %V et de ΔC, à droite la classification obtenue avec les mesures de nPVI vocalique et de rPVI intervocalique. Les repères en noir représentent chacune des variétés dialectales de français étudiées dans cet article, les repères en gris représentent chacune des langues décrites dans Ramus 2002) :

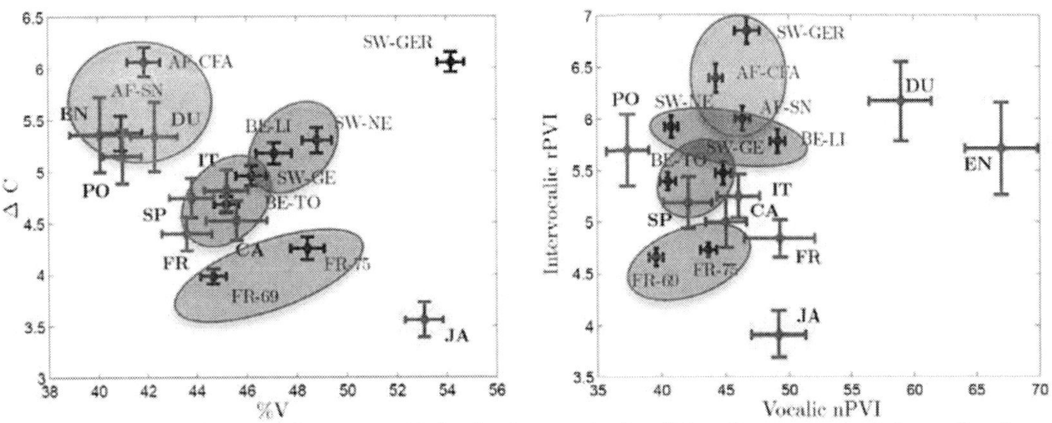

Figure 2: Distribution des 9 variétés de français étudiées dans cet article et des langues décrites dans Ramus *et al. (2002) dans le plan (%V, ΔC) à gauche, dans le plan (nPVI vocalique, rPVI intervocalique).*

On voit que la distribution des variétés [FR-ST], [FR+] et [FR-] sur la Figure 2 à gauche est partiellement satisfaisante au regard de nos hypothèses. D'une part, les variétés standard [FR-ST] apparaissent dispersées par rapport à leur distance supposée avec les variétés [FR+] et [FR-]. Par ailleurs, les variétés régionales [FR+] et [FR-] apparaissent réparties sur un continuum sans véritable distinction claire entre elles. Et même si les variétés africaines apparaissent comme proches, elles demeurent très éloignées du troisième type de français en contact [FR-SW]. Sur la figure à gauche, les variétés [FR-ST] sont moins dispersées et bien éloignées des variétés [FR+] et [FR-]. D'autre part, les variétés [FR-CO] se distribuent le long d'un continuum cohérent. Cependant, les variétés

[FR+] et [FR-] sont trop dispersées sur l'axe nPVI vocalique, et présentent des similarités clairement inattendues avec les variétés [FR-CO] (par exemple : BE-LI se situe à proximité de AF-SN). Au total, on voit que les mesures segmentales classiques que constituent les mesures de *(%V, ΔC)* et *(nPVI vocalique, rPVI intervocalique)* ne permettent pas rendre compte de manière cohérente de la classification théorique supposée (cf. aussi Boula de Mareuil *et al.* 2011).

4.2 A la Recherche des Temps Perdus

Les quatre figures ci-dessous présentent la comparaison du débit articulatoire (Figure 3) et du débit de parole (Figure 4), avec les mesures de PVI étendues au syntagme accentuel.

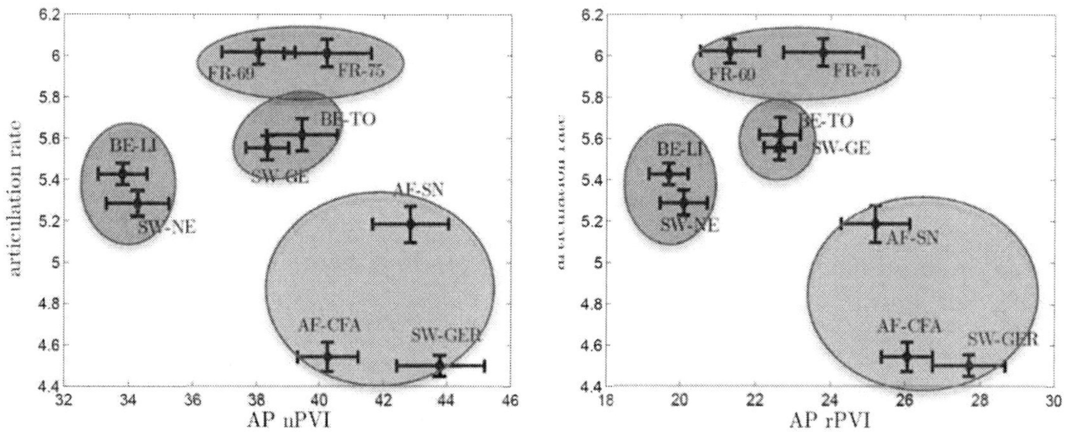

Figure 3: Distribution des 9 variétés de français étudiées dans cet article, dans le plan (AP_nPVI, vitesse d'articulation), à gauche et dans le plan (AP_rPVI, vitesse d'articulation) à droite.

La classification obtenue est globalement plus cohérente en regard des similarités dialectales attendues. Les variétés [FR-ST], [FR-+] et [FR-] forment des sous-groupes similaires sur le plan rythmique et se répartissent sur un continuum respectant l'échelle d'éloignement dialectal supposée. De plus, on observe une claire distinction entre les variétés [FR-CO] et les autres variétés. Enfin, les variétés [FR-CO] – de par leur nature hétérogène – se distribuent de manière plus dispersée que les autres variétés.

La comparaison des mesures de PVI normalisées ou non normalisées par rapport au temps de parole (AP_nPVI et AP_rPVI) ne fait apparaître aucune différence substantielle dans la classification obtenue (Figure 2 à droite vs Figure 2 à gauche, Figure 3 à droite vs Figure 3 à gauche). Cette observation semble indiquer que la normalisation de la durée des SAs par le temps de parole n'apporte pas d'information supplémentaire pour la description des variations régionales. La comparaison des mesures de vitesse d'articulation et de débit révèle des différences substantielles dans la classification obtenue. D'une part (Figure 3), le débit d'articulation permet une classification compacte des variétés standard [FR-ST] et [FR+], [FR-], mais avec une répartition dispersée des variétés en contact [FR-CO]. En particulier, la variété AF-SN apparaît en position intermédiaire entre les variétés [FR-ST], [FR+], [FR-]), et les variétés [FR-CO]. D'autre part (Figure 4), le débit de parole permet une classification regroupée des variétés en-contact [FR-CO], mais avec une répartition dispersée des variétés [FR-ST], [FR+] et [FR-].

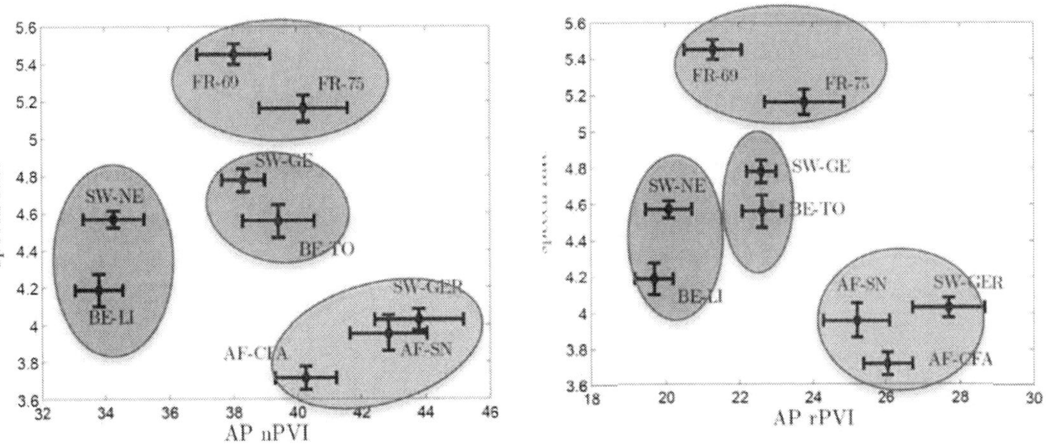

Figure 4: Distribution des 9 variétés de français étudiées dans cet article, dans le plan (AP_nPVI, débit), à gauche et dans le plan (AP_rPVI, débit) à droite.

5 Discussion

Les classifications obtenues démontrent la pertinence des mesures suprasegmentales utilisées pour la description des variations de rythme en français (métrique et tempo). En outre, les mesures confirment les hypothèses formulées sur les similarités et les regroupements entre les variétés considérées. Ainsi, les variétés [FR+] et [FR-] forment des groupes avec des similarités rythmiques qui les distinguent notablement des variétés [FR-ST], tandis que les variétés [FR-CO] se positionnent en marge de celles-ci. Par ailleurs, les classifications obtenues tendent à révéler un continuum de variations partant des variétés [FR-ST] (débit rapide, métrique irrégulière) aux variétés, [FR+] puis [FR-], plus éloignées dialectalement (débit lent, métrique régulière). Enfin, les variétés [FR-CO] semblent différer typologiquement des autres variétés – sans doute en raison de l'influence de la langue L1 et des interactions entre L1 et L2.

6 Conclusion

Dans cet article, nous avons étudié la pertinence de mesures acoustiques du rythme de la parole pour la description de variétés de français plus ou moins éloignées dialectalement. Dans un premier temps, nous avons soulevé les limites des mesures de rythme conventionnelles (%V, ΔC, et PVI). Dans un second temps, nous avons introduit et comparé des mesures acoustiques de rythme fondées sur la description de caractéristiques suprasegmentales, et associées aux concepts de *métrique* et de *tempo*. Les mesures proposées ont conduit à une classification cohérente des variétés en regard de la classification supposée, tout en confirmant les hypothèses théoriques formulées.

7 Remerciements

Les auteurs souhaitent remercier Volker Dellwo pour ses commentaires, et Franck Ramus pour avoir aimablement fourni les mesures utilisées en Figure 2.

8 Références

AVANZI, M., SIMON, A. C., GOLDMAN, J.-PH., AUCHLIN, A. "C-PROM. An annotated corpus for French prominence studies". *Proc. Prosodic Prominence: Speech Prosody Workshop*, 2010.

BARRY, W.J., ANDREEVA, B., RUSSO, M. DIMITROVA, S., KOSTADINOVA, T. "Do Rhythm Measures Tell us Anything about Language Type?", *Proc. 15th ICPHS*, 2003.

BOERSMA, P. & WEENINK, D. "Praat: doing phonetics by computer (Version 5.5)". www.praat.org, 2011.

BOULA DE MAREÜIL, P., VIERU-DIMULESCU, B., ADDA-DECKER, M. "Identification and characterisation of non-native French accents", *Speech Communication*, 53, 292-310, 2011.

DELLWO, V. Rhythm and speech rate: a variation coefficient for deltaC, in Karnowski P. & Szigeti, I. (ed.) Language and language processing. Frankfurt am Main, Peter Lang, 231-241, 2006.

DURAND, J., LAKS, B., LYCHE, C. (eds), *Phonologie, variation et accents du français*, Paris, Hermès, http://www.projet-pfc.net/, 2009.

GOLDMAN, J.-PH. "EasyAlign: an automatic phonetic alignment tool under Praat", *Proc. of Interspeech*, 3233-3236, http://latlcui.unige.ch/phonetique/, 2011.

GRABE, E & LOW, L. Durational Variability in Speech and the Rhythm Class Hypothesis, in Gussenhoven, C. & Warner, N. (eds), *Papers in Laboratory Phonology*, 7, 515-546, 2002.

JUN, S. A., FOUGERON, C., "Realizations of Accentual Phrase in French intonation", *Probus*, 14, 147-172, 2002.

PIKE, P. *The intonation of American English*, Ann Arbor, University of Michigan Press, 1945.

PRIETO, P. VANRELL, M., ASTRUC, L., PAYNE, E., POST, B., "Phonotactic and phrasal properties of speech rhythm. Evidence from Catalan, English, and Spanish", *Speech Communication*, 2012.

RAMUS, F., NESPOR, M. & MEHLER, J. "Correlates of linguistic rhythm in the speech signal", *Cognition*, 73/3, 265-292, 1999.

ROMANO, A., MAIRANO, P., CALABRÒC, L. Measures of speech Rhythm in East-Asian tonal Languages, *Proc. 17th ICPHS*, 2693-2696, 2011.

WHITE, L., MATTYS S. L., "Calibrating rhythm: First language and second language studies", *Journal of Phonetics*, 35/4, 501-522, 2007.

Mapping de l'espace spectral vers l'espace visuel de la parole: Les voyelles du Français en Langue Française Parlée Complétée

Zuheng Ming[1], Gang Feng[1], Denis Beautemps[1]

(1) Gipsa-lab, 11 rue des Mathématiques, Grenoble Campus, BP 46, F - 38402 SAINT MARTIN D'HERES Cedex

Denis.Beautemps@grenoble-inp.fr

RESUME

Cet article présente les résultats de l'approche statistique GMM pour le mapping des paramètres spectraux du signal acoustique de la parole vers les paramètres visuels de la Langue Parlée Complétée (LPC) au sens des moindres carrés, à un bas niveau d'interfaçage ce qui est innovant par rapport à l'approche classique texte-parole visuelle. A toute fin d'évaluation de l'approche GMM, nous présentons aussi les résultats de l'approche de modélisation multi-linéaire. Les résultats montrent que la méthode GMM améliore très significativement le mapping, tout particulièrement dans le cas de faible niveau de corrélation entre certains paramètres cibles comme ceux du LPC et les prédicteurs constitués des paramètres spectraux du signal acoustique de parole.

ABSTRACT

Mapping of the spectral space to the visual speech space for French vowels cued in Cued Speech

In this paper, we present a statistical method based on GMM modeling to map the acoustic speech spectral features to visual features of Cued Speech in the sense of least square error in a low signal level which is innovative and different with the classic text-to-visual approach. In comparison with the GMM based mapping modeling we first present the results with the use of a multi-linear model also at the low signal level and study the limitation of the approach. The experimental results demonstrate that the GMM based mapping method can significant improve the mapping performance compared with the multi-linear based mapping model especial in the sense of the weak linear correlation between the target and the predictor such as the hand positions of Cued Speech and the acoustic speech spectral features.

MOTS-CLES : LPC, LSP, MFCC, PARAMETRES LABIAUX, CONVERSION, MODELE LINEAIRE, GMMS.
KEYWORDS : Cued Speech, LSP, MFCC, Lips, Linear modeling, GMMs.

1 Introduction

Le cadre de cet article est la communication parlée chez les personnes sourdes. En France, cinq à six millions de personnes sont atteintes de surdité. Le recours à la lecture labiale est dans ce cas primordial pour la perception de la parole. Or l'information fournie par la forme des lèvres est ambigüe au sens où plusieurs sons de paroles peuvent avoir des formes aux lèvres similaires ([p], [b], [m] par exemple) ce qui de ce fait rend difficile la perception complète de la parole sans information complémentaire (auditive, sémantique,...). Avec des conséquences pour le développement du langage chez l'enfant. La méthode du Cued Speech (Cornett, 1967) a été introduite pour combler ce manque. C'est un code manuel conçu pour désambiguïser la lecture labiale. Le locuteur, tandis qu'il parle, utilise une de ses mains pour pointer des positions particulières sur le visage, le côté du visage ou le cou (pour coder les voyelles) tout en présentant le dos de la main avec des formes particulières (8 clés digitales pour coder les consonnes). La main en position et présentant une clé digitale code ainsi une syllabe Consonne-Voyelle. Avec ce système, les sons similaires aux lèvres sont désambiguïsés par des positions ou clés digitales distinctes. Etendue à plus de 60 langues depuis son invention en 1967, dont la langue Française avec la Langue Parlée Complétée (LPC), cette méthode permet aux enfants sourds congénitaux stimulés par cette méthode depuis leur plus jeune âge d'accéder à un système phonologique complet de la langue parlée et d'avoir un développement du langage similaire à des enfants normo-entendants (Leybaert, 2000). Enfin, cette méthode renvoie vers l'audition comme l'indique son utilisation dans la pratique orthophoniste des enfants implantés cochléaires. L'objectif du travail présenté dans cet article est la conversion automatique du son de parole en paramètres de formes labiales et LPC. Ces paramètres sont les sorties des systèmes de synthèse visuelle incluant la modalité LPC (voir par exemple Attina et al., 2004 ; Gibert et al., 2005). Des travaux antérieurs ont développé de nombreux dispositifs visant à traduire automatiquement le son de parole en clés LPC. Tous s'appuient sur le couplage d'un système de reconnaissance automatique avec un système visuel de génération des clés du LPC (Autocuer, Cornett, 1988) ou un système de synthèse de la main (Duchnovski et al., 2000) ou encore un système de parole audio visuelle (Attina, et al., 2004 ; Gibert et al., 2005 ; Beautemps et al., 2007). Dans ces différents dispositifs le recours au niveau syntaxique est une des clés du système. Ceci a l'inconvénient de perdre la richesse contenue dans la variabilité du signal de parole. L'objectif visé ici est ainsi d'étudier les méthodes de mapping des paramètres acoustiques du son de parole vers les paramètres visuels (labiaux et LPC) en utilisant un bas niveau d'interfaçage de type signal et donc sans le recours à la reconnaissance automatique de la parole. L'introduction de la composante manuelle du LPC dans ce programme constitue une véritable originalité de ce travail avec des retombées claires pour les systèmes de communication utilisant le geste associé à la parole ou non, tels que le LPC mais aussi des gestes de pointage ou la Langue des Signes. Nous abordons ce programme en traitant le cas des voyelles orales du Français. Le mapping consistera ici à déterminer les coefficients d'une combinaison linéaire reliant les paramètres de l'espace acoustique (les prédicteurs) aux paramètres de l'espace visuel (lèvres et LPC) en minimisant l'erreur au sens des moindres carrés entre le résultat de la prédiction et les valeurs des paramètres visuels. Dans la suite, nous présenterons tout d'abord l'expérimentation et les paramètres considérés pour caractériser chacun des espaces, puis nous étudierons les limites de l'approche par prédiction multi-linéaire pour finir par les résultats de la prédiction multi-gaussiennne GMM.

2 Expérimentation, paramètres spectraux, visuels et LPC

2.1. Dispositif expérimental

Les données sont composées d'un enregistrement vidéo d'un locuteur prononçant et codant un corpus de 50 mots isolés. Les mots étaient constitués de 32 nombres (de zéro à 31), des douze mois de l'année et de six mots couramment rencontrés en Français. Chaque mot était présenté sur un moniteur placé en face du locuteur, dans un ordre aléatoire. Le corpus a ainsi été répété 10 fois. Le locuteur est une femme de langue maternelle française, codeuse et diplômée en LPC. L'enregistrement a été réalisé en chambre sourde à la fréquence vidéo de 25 Hz conformément au banc expérimental vidéo du laboratoire. Le locuteur était assis en face de la caméra et d'un micro pour la bande son numérisée à la fréquence de 44100 Hz. Des pastilles colorées étaient placées sur la peau entre les arcades sourcilières et à l'extrémité des doigts pour permettre l'extraction des coordonnées après numérisation des images. Enfin, un panneau quadrillé placé dans le plan du visage a été enregistré par la caméra pour permettre une conversion pixel/centimètre pour la suite des traitements. L'enregistrement vidéo réalisé en format PAL, a été numérisé comme des images RGB constituées de l'entrelacement des deux ½ trames vidéo (composées des lignes impaires et paires respectivement). Pour chaque image ainsi numérisée, les deux ½ trames ont été reconstituées et pour chacune les lignes manquantes obtenues par interpolation linéaire des autres lignes de façon à obtenir deux images complètes séparées de 20 ms.

2.2. Extraction des paramètres de lèvres, de main et spectraux

Ces trames définissent l'ensemble des images à la cadence de 50 Hz auxquelles il sera fait référence dans la suite. De cet ensemble de données, des images correspondant aux instants t_0 des voyelles en position labiale cible ont été sélectionnées manuellement par un des expérimentateurs ainsi que l'extraction des coordonnées du contour interne des lèvres desquels les paramètres labiaux d'étirement (A), d'aperture (B) et d'aire intéro-labiale (S) ont alors été calculés selon les formules classiques dans le domaine (Lallouache, 1991). De même, les images correspondants aux instants t_1 auxquels la main pointant la position LPC atteint la cible de la voyelle ont été sélectionnées et les coordonnées (x,y) de l'extrémité du doigt « pointeur » ont été extraites en référence au centre de la pastille placée entre les arcades sourcillères. Enfin pour chaque instant t_0, deux extraits du son de parole correspondant (pondérés par une fenêtre de Hamming) d'une durée de 20 et 32 ms centrés sur t_0 sont utilisés pour le calcul des 16 coefficients spectraux LSP et MFCC respectivement. Enfin, 4 formants ont été extraits de l'enveloppe spectrale obtenue à partir des coefficients LSP. L'ensemble de ces traitements a ainsi permis de constituer deux bases de données de 331 et 263 éléments (Table 1) avec pour chacun, les 4 composantes principales (par Analyse en Composantes Principales) de l'ensemble des 4 formants, les 16 composantes principales des coefficients LSP, ceux des coefficients MFCCs, les 32 composantes principales de l'ensemble des coefficients LSP et MFCC, les coordonnées (x,y) liés à la main et les 3 paramètres labiaux (A,B,S).

Taille	[a]	[i]	[u]	[y]	[ø]	[œ]	[e]	[ɛ]	[o]	[ɔ]
331 (apprentissage)	24	67	22	10	28	37	51	68	15	9
263 (test)	35	51	14	14	14	19	50	42	15	9

Table 1- Bases de données des 331 voyelles pour l'apprentissage et 263 pour le test.

3 La modélisation multi-linéaire

3.1. Méthode

L'objectif de cette partie est de prédire les paramètres labiaux (A,B,S) et de main (x,y) à partir des paramètres spectraux (leurs composantes principales F_i) par la méthode de prédiction multi-linéaire. De façon à ordonner ces prédicteurs F_i, le coefficient de corrélation ρ de chacun des F_i avec le paramètre à prédire est calculé. Les prédicteurs sont alors ordonnés dans le sens décroissant des valeurs de leur ρ pour donner un ensemble ordonné $\{F_1,F_2,\ldots F_{32}\}$. Ainsi pour le paramètre B, celui-ci est tout d'abord centré sur sa valeur moyenne puis soumis à une régression linéaire avec F_1 ce qui permet d'obtenir le coefficient k_1 de régression linéaire. L'erreur résiduelle de prédiction est alors soumise à une régression linéaire avec F_2 et ainsi de suite jusqu'à l'ordre p (p entier tel que $1 \leq p \leq 32$). La formule de prédiction à l'ordre p s'écrit alors :

$$\hat{B} = k_1F_1 + k_2F_2 + \ldots + k_pF_p + \bar{B}$$

3.2. Résultats sur les paramètres labiaux

Cette formule de prédiction a été appliquée aux paramètres labiaux (A,B,S) à partir de l'analyse de la base de données composée des 331 observations des voyelles (Table 1). La figure 1 présente les résultats de prédiction. Elle montre une décroissance de la variance résiduelle en fonction du nombre de prédicteurs. Ce résultat conduit à trois remarques. Tout d'abord, la variance résiduelle reste élevée avec l'utilisation des formants (de l'ordre de 30% de la variance totale). Ce résultat est vraisemblablement dû au manque de dimension. En effet, l'utilisation de 16 paramètres MFCC et LSP améliore très significativement le résultat (variance résiduelle entre 15 et 20%). Une seconde remarque consiste à constater que les MFCCs permettent une décroissance rapide tandis que les LSPs permettent d'atteindre une plus faible variance résiduelle. La prédiction utilisant les 16 composantes principales de l'ensemble des LSPs et MFCCs permet à la fois une baisse rapide et une valeur finale basse. La troisième remarque est liée au constat que l'erreur reste malgré tout relativement élevée (10%). Ces résultats servent de référence pour la suite de la modélisation, notamment pour le choix des prédicteurs performants.

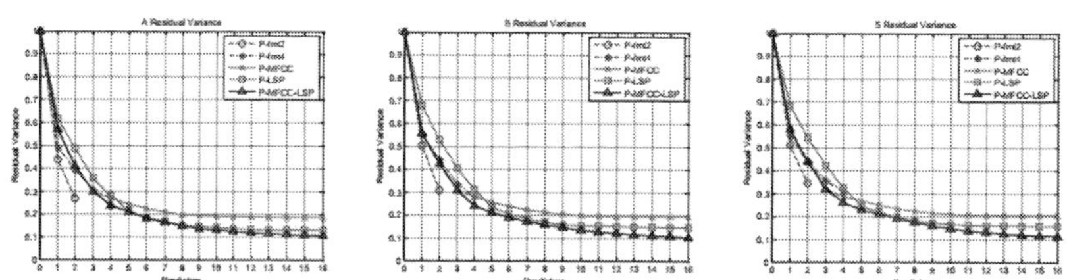

Figure 1 – Variance résiduelle de la prédiction des paramètres labiaux, de gauche à droite respectivement A, B et S, exprimés chacun relativement à leur variance totale, en fonction du nombre de prédicteurs (leurs composantes principales) et pour chaque ensemble de prédicteurs : 2, 4 formants (fmt), MFCC, LSP et l'ensemble de MFCC-LSP.

3.3 Résultats sur les paramètres LPC de main

La même méthode d'analyse a été appliquée pour les coordonnées (x,y) de la main. La valeur finale de la variance résiduelle atteint 40,8 % pour la coordonnée x et 35,5% pour y, même dans le cas des meilleurs prédicteurs constitués de l'ensemble des paramètres LSPs et MFCCs. Cette valeur élevée de la variance résiduelle finale s'explique par les valeurs faibles des corrélations ρ (0,43 et 0, 42 respectivement pour les coordonnées x et y). Cette faible corrélation est vraisemblablement liée à la relation d'ordre entre les coordonnées et les paramètres spectraux, ce qui constitue une limite de la méthode. Afin de vérifier cette hypothèse nous avons redistribué les positions (x, y) du LPC de façon cohérente avec le triangle vocalique défini par l'espace des deux premiers formants, étant donné la forte corrélation entre les formants et les paramètres spectraux (0,96 et 0,98 pour les 2 premiers formants). Nous avons alors pu observer une grande baisse de la variance résiduelle pour atteindre finalement 7,85% et 7,08% respectivement pour x et y).

4 La modélisation multi-gaussienne GMM

4.1. Méthode

Dans cette partie, l'espace spectral est caractérisé par les 16 premières composantes principales de l'ensemble des coefficients LSP et MFCC, composant les éléments du vecteur x de dimension N (1≤N≤32): En référence à la formulation de Kain (2001) (voir aussi Hueber et al., 2011), l'estimateur (au sens des moindres carrés) du paramètre y est une combinaison de l'observation x pondérées par les m probabilités $P(c_i/x)$ additionnée d'un biais :

$$\hat{y} = F(x) = \sum_{i=1}^{m} (W_i x + b_i) \cdot P(c_i \mid x)$$

$P(c_i/x)$ étant la probabilité conditionnelle a posteriori que l'observation x soit générée par le modèle gaussien c_i (de moyenne μ_i^X et de covariance $\sum_i^{YX}$),

W_i et b_i étant respectivement la matrice de transformation et de biais associés à c_i.

$$b_i = \mu_i^Y - \sum_i^{YX} (\sum_i^{XX})^{-1} \mu_i^X$$

$$W_i = \sum_i^{YX} (\sum_i^{XX})^{-1}$$

$$P(c_i \mid x) = \frac{\alpha_i N(x, \mu_i^X, \sum_i^{XX})}{\sum_{p=1}^{m} \alpha_p N(x, \mu_p^X, \sum_p^{XX})}$$

où :

α_i est le coefficient de pondération du modèle gaussien c_i, la somme de tous les coefficients valant 1 ; $\sum_i^{YX}$ étant la matrice de covariance entre x et le y calculée sur le sous-ensemble de données i et μ_i^Y la moyenne du paramètre y de ce même sous-ensemble. Dans cette expérience, le nombre de gaussiennes a été fixé à $m=3$ pour l'estimation des paramètres labiaux. En effet dans cet espace les voyelles sont traditionnellement réparties en 3 sous-ensembles de voyelles (les visèmes) : [a,i,e,ɛ], [y,o,u,ø] et [œ, ɔ]. Pour les coordonnées de main, le nombre de gaussiennes a été fixé à m=5 pour rendre compte des 5 positions du LPC pour les voyelles du Français ce qui donne dans ce cas 5 sous-ensembles de voyelles : [a, o, œ], [i], [ɛ,u,ɔ], [ø] et [y,e]. Les moyennes et matrices de covariances des modèles gaussiens ont été calculées sur ces sous-ensembles. Enfin, les 16 composantes spectrales sont ordonnées dans l'ordre décroissant de leur explication de la variance du paramètre estimé. Les N composantes du vecteur x sont alors les N premières composantes selon cet ordre.

4.2 Résultats de la modélisation

Nous avons appliqué la modélisation au corpus d'apprentissage des 331 observations des voyelles (Table 1). La Figure 2 présente les résultats de l'analyse de la variance des données. Elle montre une décroissance de la variance résiduelle en fonction de la dimension de l'espace spectral pour atteindre une valeur très basse en dessous de 5%. En comparaison des meilleurs résultats de la modélisation linéaire, on observe une amélioration significative. La décroissance rapide montre que la méthode converge avec peu de dimensions (5 pour les lèvres et 8 pour la main). Nous avons tenté d'améliorer ce résultat en utilisant l'algorithme k-means et l'algorithme EM (Expected Maximization). Nous n'avons pas obtenu de meilleurs résultats même en augmentant le nombre de gaussiennes de manière significative.

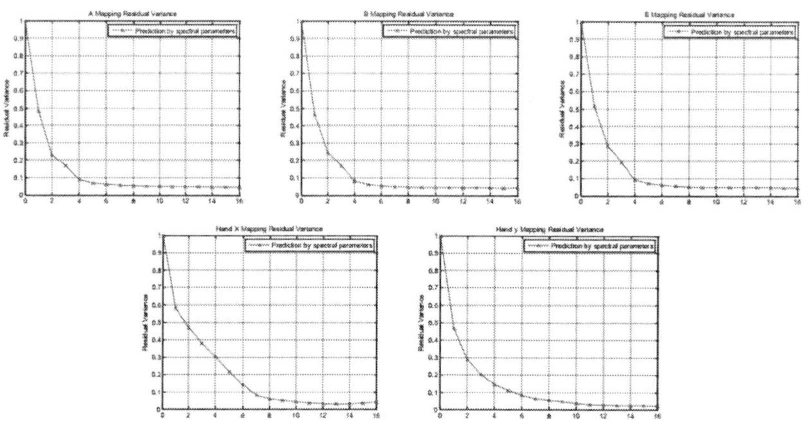

Figure 2 - Variance résiduelle des paramètres labiaux et de main exprimés chacun relativement à leur variance totale, en fonction de la dimension de l'espace spectral.

4.3 Evaluation

L'évaluation consiste à tester l'estimateur en fonction des dimensions de l'espace spectral sur la base des données de test (Table 1). Nous présentons les résultats de l'évaluation tout d'abord en terme de variance expliquée (Figure 3) pour permettre une comparaison avec la phase d'analyse puis en terme d'erreur quadratique moyenne (Figure 4). Ainsi sur la Figure 3 relative au paramètre labial *A*, le point de la courbe à l'abscisse p correspond au résultat du test en utilisant l'estimateur composé de 3 gaussiennes à p dimensions dont les paramètres ont été calculés sur la base d'apprentissage. De façon similaire sur la courbe correspondant à la coordonnée *y*, le point à l'abscisse *p* correspond au résultat du test en utilisant l'estimateur composé de 5 gaussiennes à *p* dimensions dont les paramètres ont été calculés sur la base d'apprentissage. Les valeurs finales de la Figure 3 sont de l'ordre de 10 à 12 %. Ces valeurs sont supérieures à celles obtenues avec les données d'apprentissage tout en restant proches. Avec l'ordre déterminé dans l'apprentissage, on constate de légères fluctuations dans la décroissance. Néanmoins, la décroissance reste rapide. L'ensemble montre une bonne adéquation du modèle. Ainsi la Figure 4 montre que les erreurs quadratiques moyennes suivent la même évolution pour atteindre une précision finale de 0,4 cm, 0,15 cm et 0,6 cm2 pour A, B et S respectivement et 1 cm pour les coordonnées *x* et *y*. Pour ces derniers, la variance de la prédiction à l'intérieur de chaque position LPC est similaire à celle des données et est centrée sur leur valeur moyenne.

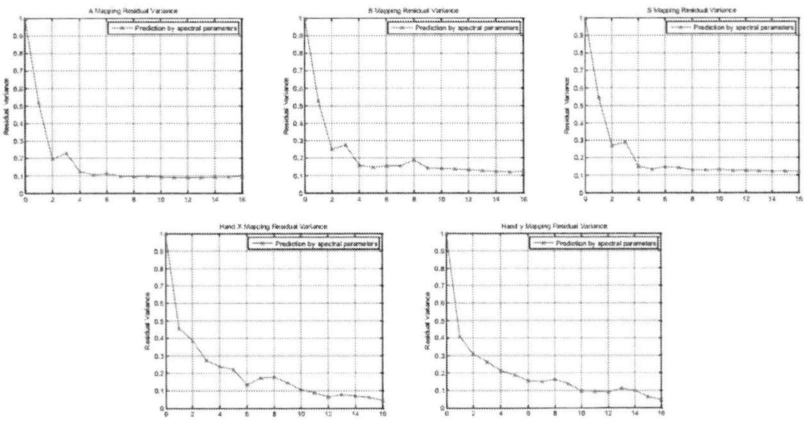

Figure 3 - Variance résiduelle sur les données de test des paramètres labiaux et de main exprimés chacun relativement à leur variance totale, en fonction de la dimension de la dimension de l'espace spectral.

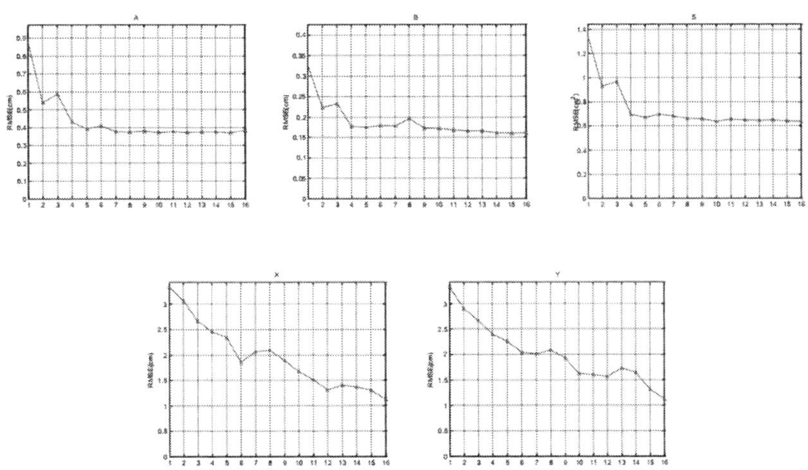

Figure 4 - Erreur quadratique moyenne (RMSE) sur les données de test des paramètres labiaux et de main en fonction de la dimension de l'espace spectral.

5 Conclusion

Cet article étudie les relations entre l'espace des paramètres spectraux de la parole et l'espace visuel de la parole et de la Langue parlée Complétée (LPC) dans l'objectif d'un mapping de l'un vers l'autre. Nous avons abordé ce programme avec le cas des voyelles du Français. Ainsi nous avons tout d'abord exploré la modélisation multi-linéaire pour convertir les paramètres spectraux vers les paramètres labiaux ainsi que les paramètres de la Langue Parlée Complétée. Les résultats montrent que les meilleurs prédicteurs sont 16 paramètres issus d'une analyse en composantes principales de l'ensemble composé de 16 coefficients LSP et 16 coefficients MFCC. L'approche linéaire a montré ses limites pour le cas de la composante manuelle du LPC. Nous avons ensuite testé l'approche GMM avec la modélisation multi-gaussienne de l'espace spectral. Les résultats ont été améliorés aussi bien pour les paramètres de lèvres que pour ceux de la composante LPC avec une explication de 95% de la variance totale sur le corpus d'apprentissage. Ces résultats (les meilleurs obtenus) ont été observés lorsque les gaussiennes étaient distribuées en fonction de connaissances phonétiques sur les représentations labiales et LPC des voyelles du Français. Dans le cadre de la conversion automatique, ces résultats prometteurs restent à être intégrés dans les systèmes de synthèse visuelle de la parole pour une évaluation perceptive auprès des personnes sourdes utilisatrices du LPC.

Remerciements

Les auteurs souhaitent remercier Myriam Diboui, la codeuse en LPC, pour avoir accepté les contraintes d'enregistrement. Ces travaux sont soutenus par l'Agence Nationale de la Recherche Française au travers des projets TELMA et PLASMODY.

Références

ATTINA, V., BEAUTEMPS, D., CATHIARD, M. A. & ODISIO, M. (2004). "A pilot study of temporal organization in Cued Speech production of French syllables: rules for Cued Speech synthesizer," Speech Communication, vol. 44, pp. 197-214.

BEAUTEMPS, D., GIRIN, L., ABOUTABIT, N., BAILLY, G., BESACIER, L., BRETON, G., BURGER, T., CAPLIER, A., CATHIARD, M.A., CHÊNE, D., CLARKE, J., ELISEI, F., GOVOKHINA, O., LE, V.B., MARTHOURET, M., MANCINI, S., MATHIEU, Y., PERRET, P., RIVET, B., SACHER, P., SAVARIAUX, C., SCHMERBER, S., SÉRIGNAT, J.F., TRIBOUT, M., VIDAL, S. (2007), "TELMA: Telephony for the Hearing-Impaired People, From Models to User Tests," In Proceedings of. ASSISTH 2007, pp. 201–208.

CORNETT, R. O. (1967). "Cued Speech," American Annals of the Deaf ,112, 3-13, 1967.

CORNETT, R. O. (1988). "Cued Speech, manual complement to lipreading, for visual reception of spoken language." Principles, practice and prospects for automation. Acta Oto-Rhino-Laryngologica Belgica 42(3): 375-384.

DUCHNOVSKI, P., D. S. LUM, J. C. KRAUSE, M. G. SEXTON, M. S. BRATAKOS AND L. D. BRAIDA (2000). "Development of speechreading supplements based on automatic speech recognition." IEEE Transactions on Biomedical Engineering 47(4): 487-496.

GIBERT, G., BAILLY, G., BEAUTEMPS, D., ELISEI, F., & BRUN, R. (2005). "Analysis and synthesis of the 3D movements of the head, face and hand of a speaker using Cued Speech," J. Acoust. Soc. Am., vol. 118(2), pp. 1144–1153.

HUEBER, T., BENAROYA, E.L, DENBY, B., CHOLLET, G. (2011). "Statistical Mapping between Articulatory and Acoustic Data for an Ultrasound-based Silent Speech Interface", Proceedings of Interspeech, pp. 593-596, Firenze, Italia.

KAIN, A. (2001). High-resolution voice transformation (PhD, OGI School of Science & Engineering, Oregon Health & Science University).

LALLOUACHE, M.T. (1991). "UN POSTE VISAGE-PAROLE COULEUR. ACQUISITION ET TRAITEMENT AUTOMATIQUE DES CONTOURS DES LEVRES," PH.D. THESIS, INSTITUT NATIONAL POLYTECHNIQUE DE GRENOBLE, 1991.

LEYBAERT, J., 2000. PHONOLOGY ACQUIRED THROUGH THE EYES AND SPELLING IN DEAF CHILDREN. JOURNAL OF EXPERIMENTAL CHILD PSYCHOLOGY 75, 291-318.

Développement et mise en œuvre de marqueurs fiduciaires pour l'imagerie IRM du conduit vocal en vue de la modélisation articulatoire de la parole

Pierre Badin [1] *Arielle Koncki* [1] *Julián Andrés Valdés Vargas* [1]
Laurent Lamalle [2] *Christophe Savariaux* [1]
(1) GIPSA-Lab (DPC / ICP), UMR 5216, CNRS – Université de Grenoble, France
(2) SFR1 RMN Biomédicale et Neurosciences (Unité IRM Recherche 3 Tesla), INSERM – CHU de Grenoble, France
Pierre.Badin@gipsa-lab.grenoble-inp.fr, konckia@minatec.inpg.fr

RESUME

L'IRM permet de caractériser la forme et la position des articulateurs de la parole, mais pas de suivre l'évolution des points de chair, car il n'existe pas de repères associés de manière fiable aux tissus hautement déformables de ces articulateurs. Or ces informations sont intéressantes pour la connaissance des propriétés biomécaniques de ces organes ainsi que pour la modélisation des relations entre modalités de mesure telles que l'IRM et l'articulographie électromagnétique. Nous avons donc attaché aux articulateurs d'un locuteur des marqueurs fiduciaires constitués de polymères non toxiques et visibles à l'IRM, et enregistré un corpus d'images IRM médiosagittales. Les contours des articulateurs et les coordonnées des marqueurs déterminés manuellement ont été analysés. Nous avons observé une déviation des marqueurs de l'ordre de 0.6 à 1.5 cm par rapport à une hypothèse d'élasticité répartie de manière uniforme. Nous avons par ailleurs montré que les marqueurs peuvent prédire les contours des articulateurs avec une explication de la variance autour de 85 %, et une erreur RMS entre 0.08 et 0.15 cm, à comparer avec 74 à 95 %, et 0.07 à 0.14 cm, pour les modèles articulatoires originaux.

ABSTRACT

Development and implementation of fiduciary markers for vocal tract MRI imaging and speech articulatory modelling

MRI allows to characterize the shape and position of speech articulators, but not to track the evolution of flesh points, since there are no markers reliably associated with the highly deformable tissues of these articulators. This information is however interesting for the knowledge of the biomechanical properties of these organs as well as for modelling the relations between measurement modalities such as MRI or the electromagnetic articulography. We have therefore attached to a speaker's articulators fiduciary markers made of non toxic polymers visible by MRI, and recorded a corpus of MRI midsagittal images. The articulators' contours and the markers' coordinates manually determined have been analysed. We have observed a departure from the hypothesis of uniformly distributed elasticity ranging from 0.6 to 1.5 cm. Besides, we have shown that the markers can predict the articulators' contours with a variance explanation around 85 %, and an RMS error from 0.08 to 0.15 cm, compared to 74 à 95 %, and 0.07 à 0.14 cm for the original articulatory models.

MOTS-CLES : Modèle articulatoire, point de chair, IRM, marqueur fiduciaire.
KEYWORDS : Articulatory model, flesh point, MRI, fiduciary marker.

1 Introduction

Il existe de nombreux modèles articulatoires pour la parole (*cf.* Bailly, Badin, Revéret & Ben Youssef (in press)). Les modèles géométriques et les modèles fonctionnels représentent les contours ou surfaces géométriques des articulateurs, que ce soit dans le plan médiosagittal ou en volume. Les modèles biomécaniques simulent les propriétés de déformation des tissus déformables qui composent les articulateurs : les nœuds de leurs réseaux bi- ou tri-dimensionnels peuvent être associés à des points de repère physiologiques – que l'on appellera *points de chair* (anglais : *flesh points*) – de ces tissus (Brunner, Fuchs & Perrier (2011)).

D'un autre côté, les données articulatoires à partir desquelles ces modèles peuvent être développés ou qui peuvent servir à les valider sont fournies soit par les méthodes d'imagerie médicale classique (IRM, scanner densitométrique) soit par des méthodes spécifiques à la parole comme l'articulographie électromagnétique (EMA, *cf.* Kaburagi, Wakamiya & Honda (2005)). Cette dernière permet de déterminer les coordonnées d'une quinzaine de points de chair auxquels sont attachées les petites bobines réceptrices du champ électromagnétique de l'articulographe, avec une bonne résolution temporelle de quelques centaines de Hz, mais un nombre limité de points. A l'inverse, l'IRM fournit des images médiosagittales ou volumiques de bonne résolution spatiale (de l'ordre du pixel / mm), mais avec une résolution temporelle de quelques dizaines de Hertz au maximum pour l'IRM dynamique. L'autre inconvénient de l'IRM classique est le manque d'information sur le comportement des points de chair, comme l'illustre la Figure 1, où l'on voit parfaitement le contour médiosagittal de la langue, mais où il est très difficile de localiser la pointe de la langue. L'IRM cinématique *tatouée* (anglais : *tagged cine-MRI*) constitue une approche intéressante de ce point de vue parce qu'elle fournit potentiellement le déplacement de n'importe quel point de la coupe analysée (Parthasarathy, Prince, Stone, Murano & NessAiver (2007)). Cependant le tatouage des images IRM est éphémère (rémanence de l'ordre de la seconde), ce qui est une condition rédhibitoire à son utilisation pour des modèles statistiques nécessitant l'enregistrement de plusieurs dizaines d'articulations avec des positions de marqueurs identiques, sans compter la nécessité de répéter de manière fiable la même séquence quelques dizaines de fois (Parthasarathy *et al.* (2007)).

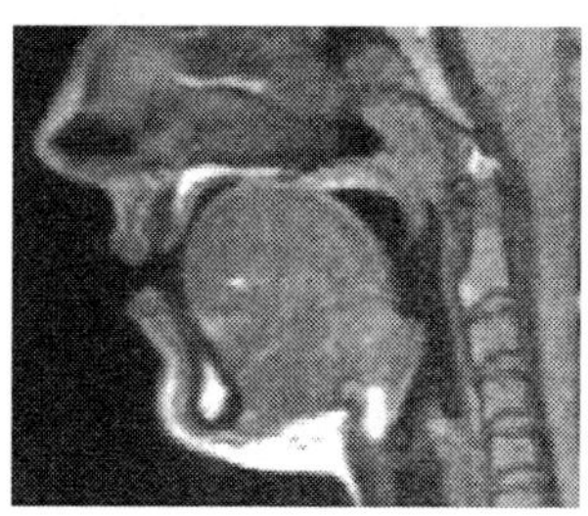

FIGURE 1: Image d'articulation /k^{e}/.

Nous sommes donc confrontés à un double problème : d'une part un manque de connaissance sur les propriétés d'élasticité et de déformation locale des tissus des articulateurs, et d'autre part la difficulté de lier par la modélisation les points de chairs et les contours pour piloter les modèles à bonne résolution spatiale à partir de données à bonne résolution temporelle issues de l'EMA (Badin, Tarabalka, Elisei & Bailly (2010)). Les principaux objectifs de notre étude étaient donc : (1) la mise en œuvre de marqueurs fiduciaires visibles à l'IRM et fixés de manière constante pendant toute la séance d'enregistrement IRM, permettant ainsi d'obtenir à la fois des données de contours de bonne résolution spatiale et un certain nombre de points de chair associés ; (2) l'analyse des relations entre ces deux types de données et la construction des modèles linéaires qui les mettent en correspondance.

2 Conception et mise en œuvre de marqueurs fiduciaires visibles à l'IRM

Un marqueur fiduciaire est un objet utilisé dans le champ de vision d'un système d'imagerie et qui apparaît dans l'image produite, pour une utilisation en tant que point de référence ou de mesure. Nous avons donc décidé de mettre au point des marqueurs fiduciaires visibles à l'IRM afin de pouvoir déterminer sur les mêmes images les contours des articulateurs – que ce soit en 2D ou en 3D – et les coordonnées des points de chair auxquels sont attachés ces marqueurs. Le cahier des charges de ces marqueurs était donc : (1) ne pas être toxiques ; (2) émettre assez de signal pour être visibles à l'IRM avec les protocoles généralement utilisés pour l'imagerie de l'articulation tout en conservant des tailles compatibles avec une articulation à peu près normale de la parole, comme pour l'EMA; (3) pouvoir être collés avec la colle *Cyano Veneer* à base de cyanoacrylate ou le ciment dentaire *Fuji I* à base d'acide polyacrylique.

Après divers essais infructueux de conditionnement en gels ou en gélules de substances susceptibles de donner du signal telles que le jus de myrtille ou différentes huiles, nous avons utilisé les gels décoratifs *GelGems®*: constitués de polymères résistants thermoplastiques qui contiennent des huiles minérales, ils donnent un bon signal à l'IRM. La fiche toxicologique du fournisseur *Design Ideas* indique qu'ils ne sont pas toxiques, même s'ils ne doivent pas être avalés dans un usage normal.

Les plaques de différentes épaisseurs de ces gels peuvent être très facilement découpées en petits blocs parallélépipédiques. Divers essais sur fantôme pour trouver un compromis entre taille des blocs – et donc perturbation de l'articulation – et visibilité ont débouché sur des blocs de 4 mm de hauteur dans le sens perpendiculaire à la surface de l'articulateur, et de 5×5 mm dans la direction de la surface (l'épaisseur de coupe médiosagittale IRM étant de 4 mm, il était important que la dimension transverse soit au moins aussi grande, en particulier au cas où les mouvements des articulateurs du locuteur ne se feraient pas exactement de manière symétrique et ne maintiendraient pas les marqueurs dans le plan médiosagittal). Ces marqueurs ont été ensuite testés sur le locuteur PB pour lequel sont déjà disponibles des données IRM (Badin & Serrurier (2006)) et des données EMA (Badin *et al.* (2010)). L'un des objectifs de cette étude étant de tester les relations entre les points de chair – qui peuvent être déterminés par EMA pour de la parole courante – et les contours médiosagittaux des articulateurs, nous avons collé les marqueurs dans le plan médiosagittal en des points similaires à ceux utilisés pour les bobines EMA, avec quelques points supplémentaires, comme illustré à la Figure 2 : quatre sur la langue (pointe, lame, corps, arrière), et six sur le profil extérieur médiosagittal (limites peau / vermillon pour les lèvres inférieure et supérieure, pointe et creux du nez, menton et creux du menton).

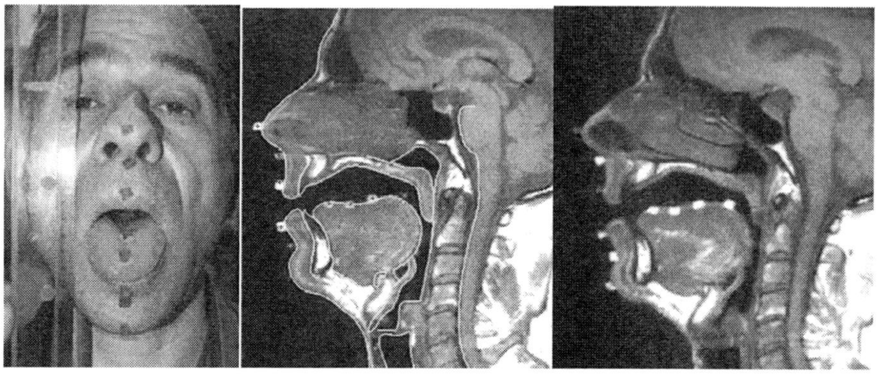

FIGURE 2 : Illustration des positions des marqueurs et des tracés de contours et marqueurs pointés (gauche : photo de face ; milieu : coupe médiosagittale avec contours (jaune) et marqueurs (croix bleues) ; droite : coupe sagittale adjacente complémentaire.

Les enregistrements IRM ont été réalisés à l'aide d'un imageur PHILIPS ASHIEVA 3T TX. La mise en place des marqueurs étant délicate, et les mouvements des articulateurs du locuteur n'étant pas forcément exactement symétriques par rapport au plan médiosagittal, les marqueurs peuvent se retrouver imparfaitement alignés dans le plan médiosagittal. Ainsi, pour pallier le risque de ne pas retrouver tous les marqueurs sur la même image, deux coupes jointives ont été acquises pour chaque articulation : l'une dans le plan médiosagittal et l'autre dans un plan sagittal adjacent où les marqueurs apparaissaient le mieux (voir Figure 2). Chaque image est une coupe de 4 mm d'épaisseur, avec un champ de vue de 256×256 mm, et une résolution de 1mm par pixel. La durée d'acquisition était de l'ordre de 8 secondes par image.

On notera sur la Figure 2 que les taches blanches correspondant aux marqueurs semblent en quelque sorte poinçonnées dans la surface de la langue. Les marqueurs de la langue et notamment les antérieurs sont les plus sujets à cet effet, alors que ceux du visage semblent bien posés en surface. Cet effet coïncide avec les articulations pour lesquelles un sillon central existe. Un effet de volume partiel pourrait expliquer cette observation : on intègre les signaux d'origine microscopique sur une épaisseur de 4 mm, la composition étant inhomogène sur cette épaisseur (par exemple, langue creusée en U en coupe coronale). Des expériences complémentaires pour essayer de comprendre ce qui se passe mécaniquement seraient à envisager par la suite.

3 Données de contours et marqueurs

Afin de permettre la construction de modèles articulatoires linéaires (*cf.* Badin & Serrurier (2006)), nous avons enregistré un corpus français complet comprenant toutes les voyelles orales et nasales /a ɛ e i y u o ø ɔ œ ɑ̃ ɛ̃ œ̃ ɔ̃/, ainsi que les consonnes /p t k f s ʃ m n ʁ l/ soutenues pendant 16 secondes dans les mêmes contextes vocaliques VCV (voyelle-consonne-voyelle). Un sous-ensemble restreint aux contextes /a ɛ e i u o/ a été utilisé pour la présente étude. Suivant la procédure décrite dans Badin & Serrurier (2006), les contours des différents organes déformables ont été édités manuellement à l'aide de courbes splines à partir de l'image médiosagittale, et les contours rigides ont été positionnés manuellement par rototranslation. Les structures crâniennes ont servi à aligner les contours de toutes les articulations sur le même repère, en permettant ainsi de compenser les mouvements de la tête du locuteur dans la direction sagittale. Les coordonnées des centres des taches produites par les marqueurs ont été marquées manuellement, en utilisant l'image sagittale adjacente lorsque ces taches n'étaient pas assez visibles, sous l'hypothèse que cette image n'est pas trop différente de l'image médiosagittale. Le contour de la langue a été tracé depuis la jonction avec l'épiglotte jusqu'au contact de l'apex avec la mandibule, et quand c'était possible en incluant le contour de la cavité sublinguale jusqu'à l'attachement du frein de la langue à la mandibule. Puisqu'il n'y avait pas de marqueur sur l'extrémité de la langue, ce point a été repéré et tracé séparément par l'opérateur. Les contours de langue sont ré-échantillonnés par 150 points équirépartis entre la racine et la pointe de la langue et sont similaires à des points de chair dans l'hypothèse d'une élasticité uniforme tout le long du contour ; de même les lèvres ont été ré-échantillonnées par 100 points chacune.

Pour chaque articulation et chaque contour, nous avons ensuite déterminé les projections des centres des marqueurs sur les contours, et les indices des points les plus proches de ces projections, afin d'évaluer le glissement entre les véritables points de chair et les points équirépartis. La Figure 3 montre, sur les tracés de la langue et des lèvres moyennés sur le corpus, les points correspondants à ces indices pour chaque articulation : on voit apparaître les zones associées à chaque marqueur ; l'étendue de ces zones est assez importante – de 0.6 à 1.5 cm –, ce qui montre que l'hypothèse d'élasticité uniforme n'est pas vérifiée. Par ailleurs, nous avons observé que la distance entre les marqueurs et les contours peut aller jusqu'à 0.4 cm, plus grande pour la lèvre supérieure, et pour les deux marqueurs à l'arrière de la langue.

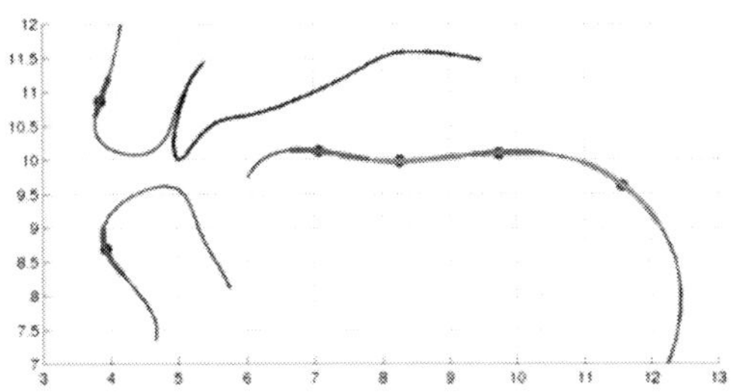

FIGURE 3 : Zones affiliées à chaque marqueur. Les étendues associées suivant le contour moyen sont de 1.2, 1.4, 1.1, et 1.5 cm pour les marqueurs linguaux (de l'apex vers la racine) et de 0.6 et 0.8 cm respectivement pour les lèvres supérieure et inférieure.

Il faut noter que la position des points rééchantillonnés sur les contours dépend en particulier des points d'ancrage qui définissent les extrémités de ces contours. Une erreur éventuelle sur ces points se répercute, d'une manière plus ou moins forte en fonction de leur distance, sur la position des autres points échantillonnés sur ce contour. La fiabilité de la position des points d'ancrage est donc cruciale. Citons par exemple le marqueur définissant le début des contours de la lèvre inférieure qui se trouve au centre du creux du menton : sa projection sur le contour peut être assez instable. Un faible bruit sur la position du pointage du marqueur peut entraîner une erreur de position du projeté importante et donc avoir des conséquences non négligeables sur l'échantillonnage. Il en est de même pour la langue : les extrémités sont définies par l'expert, mais peuvent être sujettes à des erreurs d'interprétation, en particulier au niveau de la pointe de la langue.

4 Modèles articulatoires et relations entre contours et marqueurs

Nous avons ensuite établi des modèles articulatoires par Analyse en Composantes Principales (ACP) guidée, suivant la méthode de Badin & Serrurier (2006) réduite au plan médiosagittal. Pour la langue, les composantes *JH*, *TB*, *TD*, *TTH* et *TTV* correspondent respectivement à l'influence de la mâchoire, au déplacement du corps de la langue, à la forme arrondie ou plate du corps, et aux mouvements horizontaux et verticaux de l'apex. Pour les lèvres, les mesures de protrusion (UL_pro et LL_pro) et de hauteur (UL_hei et LL_hei) de chaque lèvre ont été utilisées comme composantes complémentaires à la mâchoire. Enfin, le mouvement principal du velum dans une direction haut-arrière / bas-avant contrôlé par VH est complété par un petit mouvement horizontal (VS). Le Tableau 1 indique la variance expliquée cumulée pour chacune des composantes, et l'erreur quadratique moyenne de reconstruction des contours. La Figure 4 illustre les nomogrammes associés à chacune des composantes des divers articulateurs. Ces données sont compatibles avec les modèles précédents sur le même locuteur (Badin & Serrurier (2006)), même si nous avons noté de petites différences pouvant vraisemblablement être attribuées à la différence de systèmes de coordonnées. Dans l'ensemble, la reconstruction est précise, avec une variance expliquée entre 74 et 95 %, et une erreur quadratique moyenne (RMSE) entre 0.07 et 0.14 cm. Les moins bonnes performances sur la lèvre inférieure pourraient être attribuées à l'imprécision du marqueur situé au creux entre la lèvre inférieure et le menton.

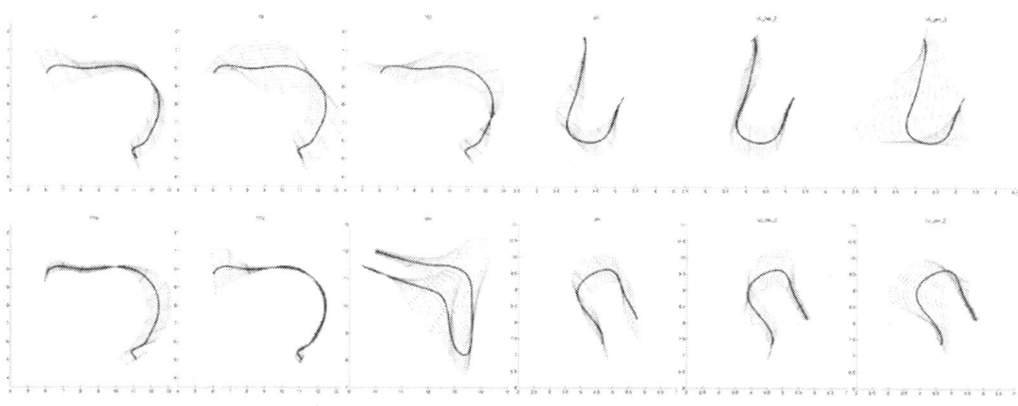

FIGURE 4 : Nomogrammes articulatoires de langue, lèvres et velum pour des variations des prédicteurs de -3 à +3 par pas de 0.5. La moyenne apparaît en noir épais, les contours pour les valeurs négatives en vert, et pour les valeurs positives en rouge.

Par ailleurs, une ACP standard a montré qu'il faut 5 composantes pour expliquer 97.2 % de la variance des 150 points de la langue, de même que pour expliquer 98.9 % de la variance des projections des 4 marqueurs, ce qui est encourageant pour la prédiction des contours à partir des marqueurs. Dans une approche complémentaire, nous avons donc développé des modèles articulatoires contrôlés par les coordonnées des marqueurs (complétées par celle de l'incisive inférieure). Pour chaque organe – langue et lèvres – ces coordonnées sont modélisées par ACP ; les prédicteurs ainsi obtenus – décorrélés entre eux – sont imposés comme paramètres de contrôle de modèles de contours obtenus par régression linéaire multiple. Les performances générales de ces modèles indiquées sur la dernière ligne du TABLEAU 1, sont proches de celles des modèles originaux, avec une variance expliquée autour de 86 %, et une RMSE entre 0.08 et 0.15 cm, même si une certaine dégradation est notable. La FIGURE 5 illustre certains résultats. Pour le /fª/, la compression de la lèvre inférieure, vraisemblablement associée un phénomène non-linéaire, est mal représentée. L'apex de langue pour le /lª/ est également mal reconstruit, tandis que le /kª/, de forme plus régulière, est très bien reconstruit.

Tongue	Cumvar	RMSE	UpperLip	Cumvar	RMSE	LowerLip	Cumvar	RMSE	Velum	Cumvar	RMSE
JH	14,6	0,43	JH	7,6	0,21	JH	25,3	0,23	VH	84,5	0,08
TB	54,8	0,31	UL_pro	70,6	0,12	LL_pro	50,2	0,19	VS	**89,6**	**0,07**
TD	82,0	0,20	UL_hei	**79,8**	**0,10**	LL_hei	**73,7**	**0,14**			
TTH	90,8	0,14									
TTV	**95,4**	**0,10**									
From Mrks	**88,7**	**0,15**		**85,7**	**0,08**		**86,5**	**0,10**			

TABLEAU 1: Variance expliquée pour les modèles articulatoires (Cumvar : variance expliquée cumulée en % ; RMSE en cm)

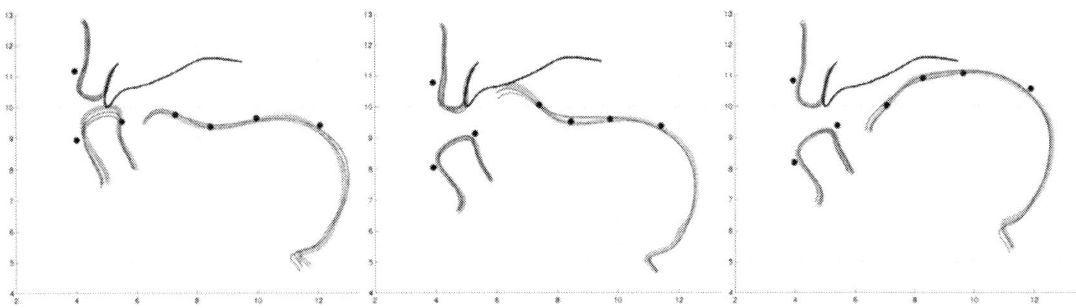

FIGURE 5 : Contours originaux (rouge), modélisés (bleu), et reconstruits (vert) à partir des marqueurs (points noirs) (de gauche à droite: /fª/, /lª/, /kª/).

5 Conclusions et perspectives

Nous avons développé avec succès des marqueurs fiduciaires constitués de polymères non toxiques visibles à l'IRM qui peuvent être attachés en différents points de chair des articulateurs. Une base d'images IRM a été acquise pour un locuteur pour un corpus représentatif du français, et les contours des articulateurs ainsi que les marqueurs associés ont été tracés. Nous avons constaté que l'hypothèse d'uniformité d'élasticité des organes le long de leurs contours n'est pas complètement vérifiée, avec des zones de glissement des marqueurs par rapport aux contours de l'ordre de 0.6 à 1.5 cm. Nous avons par ailleurs montré que les coordonnées des marqueurs et de la mandibule peuvent prédire les contours des articulateurs avec une explication de la variance autour de 85 %, et une erreur RMS entre 0.08 et 0.15 cm, à comparer avec 74 à 95 %, et 0.07 à 0.14 cm, pour les modèles articulatoires originaux.

Dans le court terme, il est nécessaire d'améliorer la technique décrite : tester des marqueurs plus petits et définir plus précisément les points d'ancrage. Ces résultats confirment ensuite la validité de l'approche qui consiste à piloter des têtes parlantes à partir de données articulographiques

(Badin *et al.* (2010)). Ils confirment aussi les études antérieures sur les relations entre points de chair et contours d'articulateurs tout en les étendant : Badin, Baricchi & Vilain (1997) ont travaillé à partir d'un court film cinéradiographique et donc d'une quantité de données limitée, sans traiter les lèvres, et n'ont pas abordé le problème de l'élasticité non homogène des contours ; les travaux de Kaburagi & Honda (1994) à partir d'imagerie ultrasonique et d'articulographie électromagnétique étaient limités à la partie de la langue visible par la sonde échographique, et n'abordaient pas non plus le problème d'élasticité.

Il sera également nécessaire de traiter d'autres locuteurs pour confirmer les résultats préliminaires présents, et il serait intéressant d'utiliser les marqueurs intermédiaires pour construire des modèles articulatoires qui prennent mieux en compte le déplacement des points de chair. Enfin, ces nouvelles données pourraient être confrontées à des modèles biomécaniques de la langue et des lèvres.

Remerciements

Nous remercions la société *Design Ideas* qui a gracieusement mis à notre disposition un lot varié d'éléments en gel *Gelgems®* et nous a fourni les fiches de toxicologie du matériau. Ce travail a été en partie financé par le projet ANR-08-EMER-001-02 ARTIS.

Références

Badin, P., Baricchi, E. & Vilain, A. (1997). Determining tongue articulation: from discrete fleshpoints to continuous shadow. In *5th EuroSpeech Conference*, vol. 1, pp. 47-50. Rhodos, Greece, University of Patras, Wire Communication Laboratory, Patras, Greece.

Badin, P. & Serrurier, A. (2006). Three-dimensional modeling of speech organs: Articulatory data and models. In *IEICE Technical Report*, vol. Vol. 106, No 177, SP2006-26, pp. 29-34. Kanazawa, Japan, The Institute of Electronics, Information, and Communication Engineers.

Badin, P., Tarabalka, Y., Elisei, F. & Bailly, G. (2010). Can you 'read' tongue movements? Evaluation of the contribution of tongue display to speech understanding. *Speech Communication,* **52**(6), 493-503.

Bailly, G., Badin, P., Revéret, L. & Ben Youssef, A. (in press). Sensori-motor characteristics of speech production. In *Audiovisual speech* (E. Vatikiotis-Bateson, G. Bailly & P. Perrier, editors), Cambridge, UK: Cambridge University Press.

Brunner, J., Fuchs, S. & Perrier, P. (2011). Supralaryngeal control in Korean velar stops. *Journal of Phonetics,* **39**(2), 178-195.

Kaburagi, T. & Honda, M. (1994). Determination of sagittal tongue shape from the positions of points on the tongue surface. *Journal of the Acoustical Society of America,* **96**(3), 1356-1366.

Kaburagi, T., Wakamiya, K. & Honda, M. (2005). Three-dimensional electromagnetic articulography: A measurement principle. *The Journal of the Acoustical Society of America,* **118**(1), 428-443.

Parthasarathy, V., Prince, J.L., Stone, M., Murano, E.Z. & NessAiver, M. (2007). Measuring tongue motion from tagged cine-MRI using harmonic phase (HARP) processing. *The Journal of the Acoustical Society of America,* **121**(1), 491-504.

Rhoticité et dérhoticisation en anglais écossais d'Ayrshire

Thomas Jauriberry[1,2]*, Rudolph Sock*[1,2]*, Albert Hamm*[1]*, Monika Pukli*[1]
(1) EA 1339 LILPA, 22, rue René Descartes 67100 Strasbourg
(2) Institut de Phonétique de Strasbourg, 22, rue René Descartes 67100 Strasbourg
t.jauriberry@unistra.fr, sock@unistra.fr, hamm@unistra.fr, mpukli@unistra.fr

RESUME

L'anglais écossais est typiquement décrit comme une variété rhotique, dont les variantes rhotiques typiques sont des taps [ɾ] et des approximantes [ɹ] (Wells, 1982 : 411). En position non-prévocalique, les études récentes indiquent non seulement que /r/ est extrêmement variable, mais aussi qu'un processus de dérhoticisation semble en cours dans cet accent, conduisant à la vocalisation voire la perte de /r/ en coda (Romaine, 1978 ; Stuart-Smith, 2007 ; Stuart-Smith et al., 2007 ; Lawson et al., 2008 ; Llamas, 2010 ; Pukli & Jauriberry, 2011). L'analyse acoustique de huit locuteurs d'Ayrshire a montré d'une part une grande variation dans la réalisation de /r/, en relation avec différents facteurs internes et externes (notamment l'âge). D'autre part, l'analyse en temps apparent indique deux changements, apparemment menés par les jeunes femmes : la lénition du tap [ɾ] vers l'approximante [ɹ], et la vocalisation voire la perte de /r/ non-prévocalique.

ABSTRACT

Rhoticity and derhoticisation in Ayrshire Scottish English

Scottish English is typically described as a rhotic variety, whose rhotic variants are taps [ɾ] and approximants [ɹ] (Wells, 1982 : 411). Non-prevocalically, recent findings indicate not only that /r/ is extremely variable, but also that a process of derhoticisation might be ongoing in this accent, leading to r-loss or vocalisation in coda position (Romaine, 1978 ; Stuart-Smith, 2007 ; Stuart-Smith et al., 2007 ; Lawson et al., 2008 ; Llamas, 2010 ; Pukli & Jauriberry, 2011). The acoustic analysis of eight native speakers of Ayrshire reveals first, great variability in the realisation of /r/, in relation to internal and external factors, and second, that, according to the apparent time principle, two sound changes might be ongoing and led by young women: the lenition of taps [ɾ] towards approximants [ɹ], and the vocalisation or even loss of non-prevocalic /r/.

MOTS-CLES : Rhotiques, Rhoticité, Anglais écossais, Variation, Changement
KEYWORDS : Rhotics, Rhoticity, Scottish English, Variation, Change

1 Introduction

/r/ est un phonème extrêmement variable dans de nombreuses variétés d'anglais, tout comme dans de nombreuses langues. L'anglais écossais (Scottish English – SE) est typiquement décrit comme une variété rhotique, c'est-à-dire une variété avec /r/ présent non seulement en position prévocalique (e.g. *great*), mais également en position non-prévocalique (e.g. *car*). En SE, les variantes rhotiques typiques sont des taps [ɾ] et des approximantes [ɹ] (Wells, 1982 : 411). En position prévocalique, la variation de /r/ dépend principalement de l'environnement phonologique, mais certains facteurs sociaux interviennent également (Wells, 1982 : 411 ; Pukli & Jauriberry, 2011), et l'approximante [ɹ] pourrait être associée aux femmes (Romaine 1978). En position non-prévocalique, les études récentes, notamment ces dix dernières années, indiquent non seulement que /r/ est extrêmement variable, mais aussi qu'un processus de dérhoticisation semble en cours dans cet accent, conduisant à la vocalisation voire à la perte de /r/ en coda (Romaine, 1978 ; Stuart-Smith, 2007 ; Stuart-Smith et al., 2007 ; Lawson et al., 2008 ; Llamas, 2010 ; Pukli & Jauriberry, 2011).

Notre étude examine la variation et le changement éventuel de /r/ tant en position prévocalique que non-prévocalique, en relation avec certains facteurs internes et externes dans un corpus de huit locuteurs d'Ayrshire. Notre *hypothèse* est que l'analyse sociophonétique en temps apparent pourrait confirmer la variation et le changement de /r/ en général, la dérhoticisation plus particulièrement, pour nos locuteurs écossais.

2 Méthodologie

Les données présentées dans ce papier proviennent de huit locuteurs natifs, tous nés et vivant dans la ville d'Ayr, en Ayrshire, au sud-ouest de l'Écosse. Ceux-ci furent enregistrés dans le cadre du projet PAC-PCE (voir Carr et al., 2004 pour une description du projet). Ces huit locuteurs ont été sélectionnés en fonction de leur âge et de leur sexe: quatre hommes (M) et quatre femmes (F), dont quatre jeunes locuteurs (Y) âgés de 18 à 28 ans, et quatre locuteurs plus âgés (O), âgés de 64 à 82 ans. Tous ces locuteurs appartiennent à la partie basse de la hiérarchie sociale, du bas de la classe moyenne aux ouvriers. Deux styles de discours ont été sélectionnés à partir du corpus Ayrshire, un style formel qui consiste en la lecture de listes de mots, et un style informel qui consiste en des discussions spontanées entre locuteurs natifs. Les résultats présentés dans ce papier concernent uniquement le style informel. Etant donnée la petite taille de notre corpus, nous n'entendons pas généraliser nos résultats à l'ensemble de Ayrshire, encore moins à l'ensemble de l'Écosse.

Des analyses acoustiques, ainsi qu'une évaluation auditive informelle des réalisations, ont été menées sur un total de 651 items afin de déterminer le type de rhotique produit. Les réalisations du phonème /r/ ont été analysées pour tous les environnements phonologiques possibles (aussi bien prévocalique que non-prévocalique), et ont été réparties en six catégories différentes. La catégorisation des réalisations de /r/ est impossible à établir sur la base de caractéristiques communes. Ainsi, un processus de choix, fondé sur la réponse à des questions à choix fermé concernant une seule caractéristique, a été utilisé (Figure 1). Les six catégories ainsi obtenues sont : i) 'trille [r]' : une trille alvéolaire [r] avec au moins deux cycles de fermeture-relâchement ; ii) 'tap [ɾ]' : un tap [ɾ] ou flap [ɽ] alvéolaire, ou une trille alvéolaire à un seul cycle de fermeture-relâchement ; iii) 'approximante [ɹ]' : une approximante centrale post-alvéolaire [ɹ] voire rétroflexe [ɻ] ; iv) 'fricative [h]' : une légère fricative glottale ou pharyngale. Le lieu d'articulation est toutefois incertain, et cette friction pourrait résulter d'un affaiblissement d'un /r/ coronal sourd. Cette réalisation ne semble pas être un simple dévoisement de voyelle finale, même si cette possibilité ne peut être écartée ; v) 'voyelle altérée [ɚ]' : une diphtongue centralisante, une réalisation vocalique sans structure formantique stable, dont une voyelle légèrement rhoticisée[1] ; vi) 'réalisation zéro [Ø]' : une monophtongue, avec une structure formantique stable, qui correspond à l'absence totale de /r/.

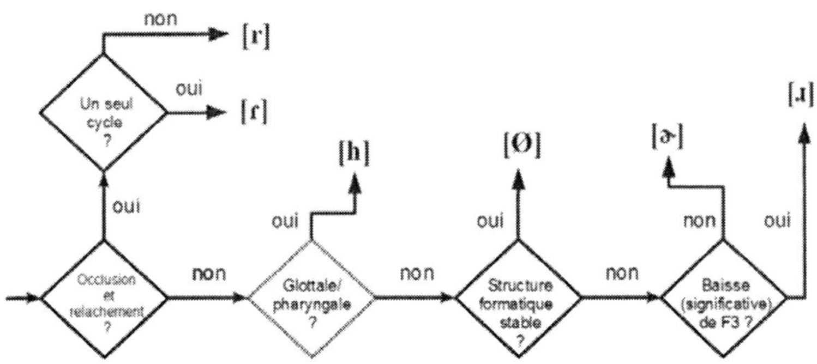

FIGURE 1 – Catégorisation des réalisations de /r/ via un processus de choix successifs.

	Environnement	Description	Exemple
Environnements prévocaliques	##_V	Initiale absolue de mot	*Right!*
	C#_V	Initiale de mot après consonne	*He's right!*
	V#_V	Initiale de mot après voyelle	*The red hat*
	C_V	Cluster initial de mot	*Great*
	V_V	Intervocalique interne	*Sorry*
Environnements non-prévocaliques	V_C	Pré-consonantique interne	*Park*
	V_#V	Finale de mot devant voyelle	*The car is mine*
	V_#C	Finale de mot devant consonne	*For me ?*
	V_##	Finale absolue de mot	*Just like before.*

Table 1: Environnements phonologiques analysés en style informel

Tous les environnements possibles en parole continue ont été sélectionnés pour analyse (Table 1). En plus des facteurs sociaux de l'âge et du sexe, et du facteur linguistique de l'environnement phonologique, analysés en contextes prévocaliques et non-prévocaliques, le facteur de l'accentuation syllabique, *i.e.* le fait que la syllabe contenant /r/ soit accentuée ou inaccentuée, a été pris en compte pour les environnements non-prévocaliques. Le placement de la frontière entre réalisation rhotique et réalisation non-rhotique est problématique, et dans ce papier nous avons considéré [r], [ɾ], [ɹ], et [h] comme des réalisations rhotiques, [ɚ] et [Ø] comme des réalisations non-rhotiques. Les premières variantes sont perçues comme /r/ présent, et correspondent pour la plupart à des rhotiques tant dans d'autres variétés que dans d'autres positions. Les autres variantes

[1] Nous utilisons le symbole [ɚ] habituellement réservé au 'schwar' proprement dit, car la vocalisation peut présenter une très légère coloration rhotique, en plus du breaking, même si la plupart des cas s'approchent fortement d'une diphtongue centralisante.

correspondent à la vocalisation et à l'absence de /r/, formes considérées comme non-rhotiques. La significativité des différents facteurs a ainsi été établie à partir de cette frontière, grâce à une analyse statistique VARBRUL réalisée à l'aide des logiciels R et Rbrul, où tous les items de /r/ potentiels pour tous les locuteurs ont été inclus dans l'analyse, avec comme facteurs l'âge, le sexe, l'environnement, et l'accentuation.

3 Résultats

3.1 /r/ prévocalique

En position prévocalique, les résultats montrent que /r/ est variable, et peut-être également en cours de changement. Les taps [ɾ] et approximantes [ɹ] sont fréquents ; les trilles [r] restent extrêmement rares. La variabilité observée semble dépendre du facteur interne de l'environnement phonologique et des facteurs externes de l'âge et du sexe (Figure 2).

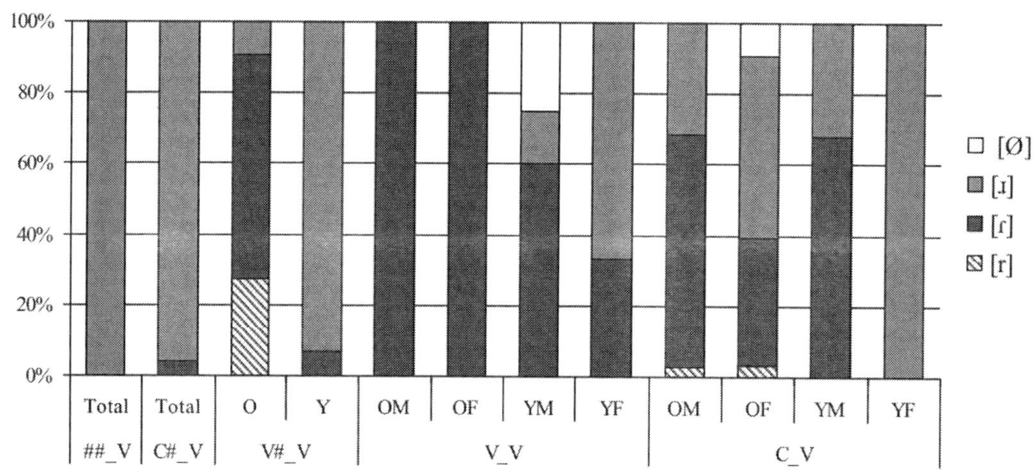

Figure 2 – Réalisations de /r/ prévocalique, en fonction de l'environnement phonologique (voir Table 1), du sexe (M = hommes, F = femmes), et de l'âge (O = locuteurs âgés, Y = locuteurs jeunes).

En initiale de mot après consonne (C#_V) et en initiale absolue (##_V), /r/ est catégoriquement une approximante [ɹ] (avec quelques rares taps [ɾ] en C#_V). Dans les trois autres environnements, en revanche, les facteurs sociaux semblent jouer un rôle important. En initiale de mot après voyelle (V#_V), l'âge des locuteurs est primordial : alors que les jeunes locuteurs produisent essentiellement des approximantes [ɹ], cette réalisation est rare pour les locuteurs âgés, qui produisent surtout des taps [ɾ], parfois des trilles [r]. Cela indique un changement quasiment achevé, du moins en temps apparent, vers une utilisation dominante d'approximantes [ɹ] dans cet environnement. En position intervocalique interne (V_V), non seulement l'âge, mais également le sexe, sont des facteurs pertinents. Alors que les locuteurs âgés produisent catégoriquement des taps [ɾ] dans cet environnement, les locuteurs plus jeunes produisent aussi des approximantes, la réalisation majoritaire (66%) pour les jeunes femmes. Il est à noter que le mot *apparently* a été prononcé plusieurs fois sans aucun /r/ présent, résultant en un hiatus interne. Ces résultats semblent indiquer un changement, apparemment mené par les jeunes femmes, du tap [ɾ] vers l'approximante [ɹ], pour la réalisation de /r/ intervocalique interne. En cluster initial (C_V), /r/ est variable, mais le sexe, devant l'âge, semble être le facteur principal conditionnant la réalisation de /r/. Les hommes jeunes et âgés ont des distributions similaires des variantes, à l'exception de rares trilles produites par les hommes âgés. Pour les hommes, les approximantes [ɹ] représentent environ un tiers des réalisations, contre environ deux tiers de taps [ɾ]. Les femmes, quant à elles, favorisent l'approximante, qui est l'unique réalisation des jeunes femmes, tandis que les femmes âgées produisent également des taps (36%), et quelques rares trilles (3%), ainsi qu'une absence de /r/ dans plusieurs occurrences du mot *from* (9%). Il est à préciser que pour cet environnement les résultats peuvent se trouver biaisés par le fait que la consonne initiale du cluster n'a pas été contrôlée. Pour ces deux derniers environnements, les jeunes femmes semblent mener un changement consistant en la lénition du tap [ɾ] vers l'approximante [ɹ].

3.2 /r/ non-prévocalique

Un certain nombre d'études, notamment ces dix dernières années, ont montré d'une part que le /r/ non-prévocalique est extrêmement variable en SE, et d'autre part qu'un processus de vocalisation voire de perte de ce phonème serait en cours (Romaine, 1978 ; Stuart-Smith, 2007 ; Stuart-Smith et al., 2007 ; Lawson et al., 2008 ; Llamas, 2010 ; Pukli & Jauriberry, 2011).

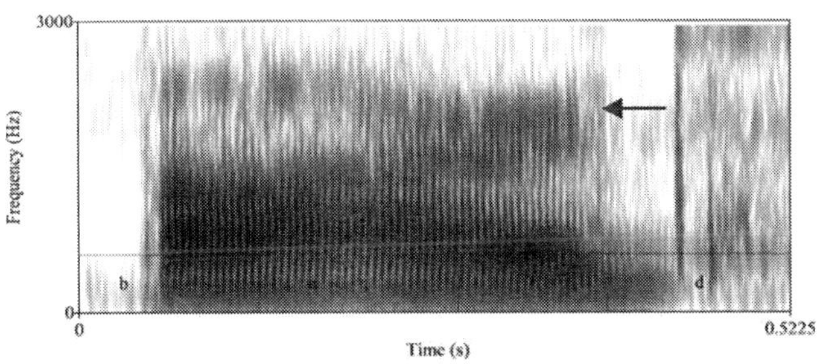

FIGURE 3 – Réalisation rhotique de /r/ en [ɹ], avec baisse de F3, dans le mot *bard*.

Nos analyses du corpus d'Ayrshire montrent des résultats similaires. /r/ présente une grande variation, de réalisations consonantiques [r], [ɾ], et [ɹ], à une absence totale [Ø], en passant par des réalisations fricatives [h] et des voyelles altérées [ɚ]. Typiquement, les approximantes [ɹ] présentent une baisse de F3 (Figure 3), alors que la structure formantique est stable pour une réalisation zéro [Ø] (Figure 4). Cette variabilité est structurée en fonction de facteurs internes et externes, l'âge étant le facteur le plus significatif ($p < 10^{-10}$), suivi du sexe ($p < 0.005$).

Tout d'abord, il semble que les facteurs linguistiques de l'environnement phonologique et de l'accentuation syllabique jouent un rôle dans la réalisation de /r/ en coda. À première vue, il semble que l'environnement soit un facteur significatif, puisque les réalisations rhotiques ([r], [ɾ], [ɹ], [h]) sont plus fréquentes en environnement V_#V que dans les autres (Figure 5). Cependant, V_#V est l'environnement du R de liaison dans les variétés non-rhotiques, qui préservent généralement /r/ devant la voyelle initiale d'un mot suivant. Il n'est ainsi pas surprenant que le taux de rhoticité soit élevé dans cet environnement, qui pourrait en fait être placé dans la catégorie 'prévocalique'. Toujours est-il que la dérhoticisation y est bien présente (de 20% à 40% selon l'accentuation syllabique), bien qu'elle semble freinée par rapport aux environnements purement non-prévocaliques.

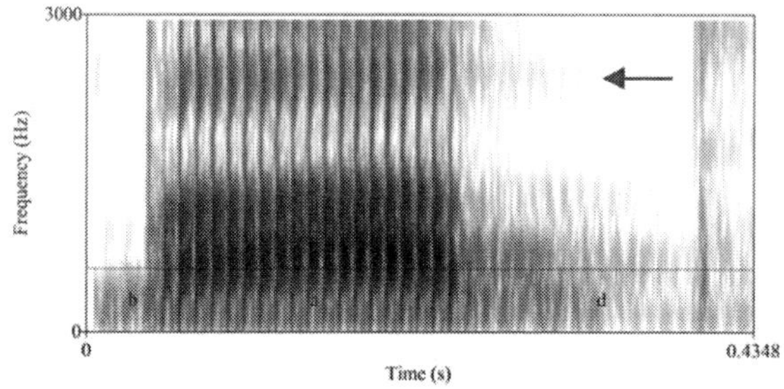

FIGURE 4 – Réalisation non-rhotique de /r/ en [Ø], avec structure formantique stable, dans le mot *bard*.

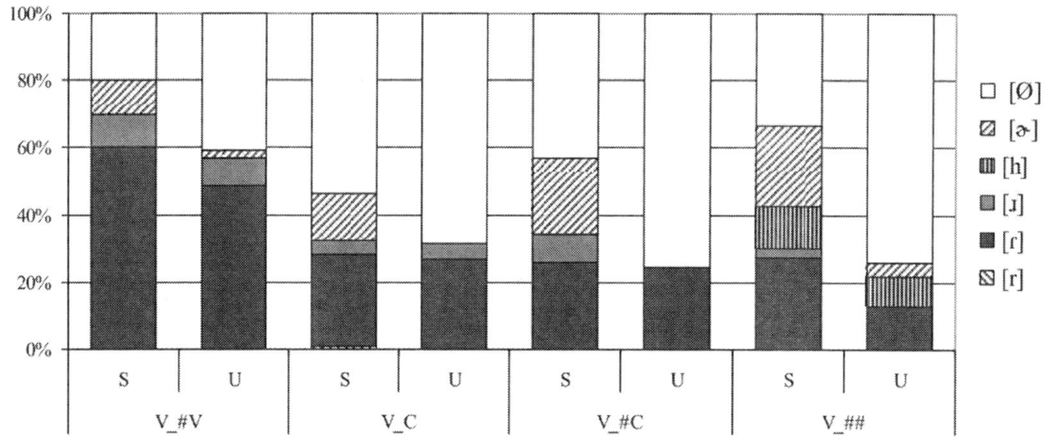

FIGURE 5 – Réalisation de /r/ en fonction de l'environnement phonologique (voir Table 1) et de l'accentuation syllabique (S = syllabe accentuée, U = inaccentuée).

Nous proposons ainsi de mettre de côté cet environnement (V_#V). Dans ce cas, et avec le placement de la frontière entre réalisations rhotiques ([r], [ɾ], [ɹ], [h]) et non-rhotiques ([ɚ], [Ø]), ni l'environnement ni l'accentuation syllabique ne sont des facteurs significatifs ($p > 0.01$), bien que les voyelles altérées soient bien plus fréquentes en syllabe accentuée qu'en syllabe inaccentuée. Le taux moyen de rhoticité est de 30.5% (sans V_#V), et /r/ est alors le plus fréquemment un tap [ɾ]. Les syllabes accentuées sont légèrement plus rhotiques que les syllabes inaccentuées, et le /r/ en finale absolue inaccentué est le moins rhotique, sans que ces différences soient significatives.

De plus, la réalisation de /r/ non-prévocalique est stratifiée socialement, et tant l'âge que le sexe des locuteurs sont des facteurs significatifs ($p < 0.01$). Les locuteurs plus âgés sont davantage rhotiques que les jeunes, et les hommes sont davantage rhotiques que les femmes (Figure 6). L'âge est le principal facteur, et indiquerait un changement en cours, *i.e.* la perte progressive de /r/ non-prévocalique. Les réalisations rhotiques sont essentiellement des taps, les approximantes et trilles sont relativement rares, à l'exception des jeunes femmes qui favorisent les approximantes au détriment des taps. De plus, alors que les voyelles altérées sont rares chez les hommes âgés, cette réalisation est fréquente chez les femmes.

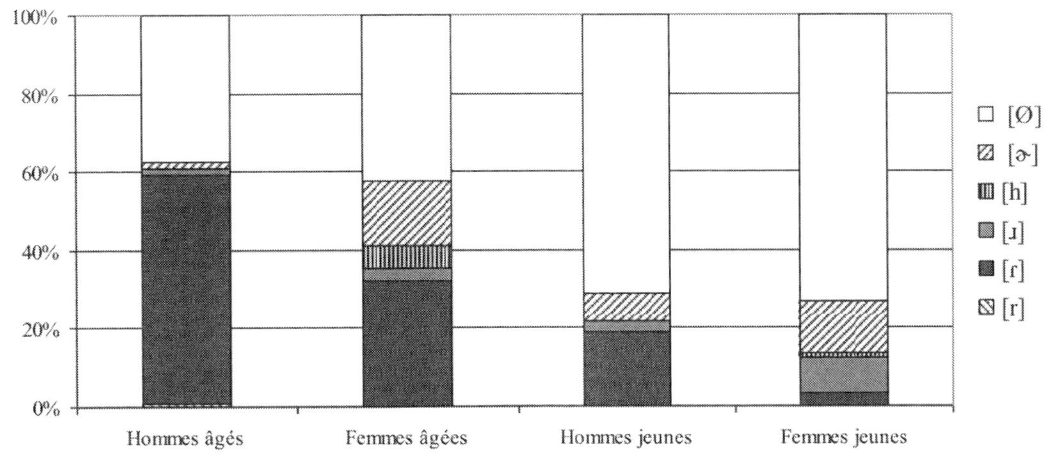

FIGURE 6 – Réalisation de /r/ en fonction de l'âge et du sexe des locuteurs.

Ces résultats indiquent que les jeunes femmes, qui présentent une tendance vers la non-rhoticité et l'utilisation d'approximantes au lieu de taps pour les réalisations consonantiques, mènent probablement un changement de niveau et de type de rhoticité.

4 Conclusions

L'analyse acoustique de huit locuteurs écossais d'Ayrshire a montré la grande variabilité de réalisation de /r/, tant en position prévocalique que non-prévocalique, et que cette variabilité était fonction de facteurs internes et externes. En position prévocalique, la réalisation de /r/ est déterminée par l'environnement phonologique, mais également par les facteurs sociaux de l'âge et du sexe. Tandis que /r/ est une approximante dans les environnements ##_V et C#_V, l'âge est crucial en V#_V, et l'âge et le sexe en V_V et C_V. L'analyse en temps apparent fait apparaitre un changement de réalisation de /r/ vers l'approximante [ɹ], qui semble mené par les jeunes femmes.

En position non-prévocalique, la réalisation de /r/ dépend des facteurs internes de l'environnement phonologique et de l'accentuation syllabique, mais aussi et surtout des facteurs externes de l'âge et du sexe. La dérhoticisation, le processus de perte ou vocalisation progressive de /r/, est la plus fréquente pour les jeunes femmes, et la moins fréquente pour les hommes âgés, l'âge étant le principal facteur, suivi du sexe. L'environnement phonologique (V_#V exclu) et l'accentuation syllabique ne sont pas des facteurs significatifs. Ces résultats en temps apparent confirment les indications précédentes faisant état d'un processus de dérhoticisation en Écosse. Ce changement en cours semble également mené par les jeunes femmes, qui changent également leur type de réalisation consonantique, du tap vers l'approximante. En ce qui concerne l'effet de l'environnement phonologique, la rhoticité est significativement plus élevée en environnement de liaison (V_#V), qui correspond à l'environnement de R de liaison dans les variétés non-rhotiques. La dérhoticisation y est effective mais ralentie. Il n'est alors pas exclu que la variation et le changement de type de rhotique et le processus de dérhoticisation soient intimement liés, et des phénomènes de 'covert gestures' ont été mis à jour en lien avec la dérhoticisation (Lawson et al., 2008), mais les influences respectives de facteurs phonétiques, phonologiques, et sociaux, ainsi que les processus de diffusion de cette innovation, tant lexicale que spatiale, restent à déterminer.

Références

CARR P., J. DURAND et PUKLI M. (2004). The PAC project: principles and methods. *In* P. Carr, J. Durand & M. Pukli (eds.), La Tribune Internationale des Langues Vivantes N° 36 – La prononciation de l'anglais: accents et variation, pages 24-35.

LAWSON, E., STUART-SMITH, J. et SCOBBIE, J.M. (2008). Articulatory Insights into Language Variation and Change: Preliminary Findings from an Ultrasound Study of Derhoticization in Scottish English. *In* K. Gorman (ed.) U. Penn Working Papers in Linguistics 14.2: Papers from NWAV 36, pages 102-110.

LLAMAS, C. (2010). Convergence and divergence across a national border. *In* Llamas, D. & Watt, D. (eds.), Language and Identities. Edinburgh: Edinburgh University Press, pages 227-236.

PUKLI, M. et JAURIBERRY, T. (2011). Language change in action – Variation in Scottish English. *In* RANAM 44, pages 83-100.

ROMAINE, S. (1978). Postvocalic /r/ in Scottish English: sound change in progress? *In* Trudgill, P. (ed.), Sociolinguistic Patterns in British English, London: Arnold, pages 144-157.

STUART-SMITH, J. et TWEEDIE, F. (2000). Accent change in Glaswegian: a sociophonetic investigation. Final Report to the Leverhulme Trust (Grant no. F/179/AX): <http://www.arts.gla.ac.uk/STELLA/Glasgow%20accent/Report.htm> [consulté le 01/01/2012].

STUART-SMITH, J. (2007). A sociophonetic investigation of postvocalic /r/ in Glaswegian adolescents. *In Proceedings of the XVIth International Congress of Phonetic Sciences*, Saarbrücken, pages 1449-1452.

STUART-SMITH, J., TIMMINS, C. & TWEEDIE, F. (2007). Talkin' Jockney: Accent change in Glaswegian. *In* Journal of Sociolinguistics, 11, pages 221-61.

WELLS, J.C. (1982). Accents of English. 3 volumes. Cambridge: Cambridge University Press.

Nouvelle approche pour le regroupement des locuteurs dans des émissions radiophoniques et télévisuelles

Mickael Rouvier Sylvain Meignier
LIUM, Université du Maine, France
{mickael.rouvier, sylvain.meignier}@lium.univ-lemans.fr

RÉSUMÉ

Dans cet article, nous proposons un nouveau modèle de regroupement de locuteurs pour la tâche de segmentation et de regroupement de locuteurs. Un des problèmes majeur rencontré dans le regroupement des locuteurs est que les algorithmes d'agglomération hiérarchique utilisés ne garantissent pas de donner une solution optimale. Nous proposons d'exprimer le problème de regroupement des locuteurs comme un problème de Programmation Linéaire en Nombre Entier (PLNE). Ainsi, un solveur PLNE peut être utilisé lequel ira chercher la solution optimale de regroupement de locuteurs sur l'ensemble du problème. Les expériences ont été conduites sur le corpus journalistique français ESTER-2. Avec ce nouveau modèle de regroupement de locuteurs, le DER décroît de 2,43 points absolus.

ABSTRACT

New approach for speaker clustering of broadcast news

In this paper, we propose a new clustering model for speaker diarization. A major problem with using greedy agglomerative hierarchical clustering for speaker diarization is that they do not guarantee an optimal solution. We propose a new clustering model, by redefining clustering as a problem of Integer Linear Programming (ILP). Thus an ILP solver can be used which searches the solution of speaker clustering over the whole problem. The experiments were conducted on the corpus of French broadcast news ESTER-2. With this new clustering, the DER decreases by 2.43 points.

MOTS-CLÉS : segmentation et regroupement de locuteur, programmation linéaire en nombres entiers, i-vecteur.

KEYWORDS: speaker diarization, integer linear programming, i-vector.

1 Introduction

L'objectif de la Segmentation et du Regroupement de Locuteurs (SRL) consiste à découper en tour de parole un enregistrement audio et à regrouper les zones dès lors qu'elles appartiennent à un même locuteur afin de répondre à la question : "qui parle et quand ?". Cette opération est réalisée sans information *a priori* ni sur le nombre de locuteurs, ni sur leur identité. L'approche classique consiste à découper le signal audio en segments et à les regrouper dans des classes, où chaque classe contient les segments d'un seul et même locuteur.

Actuellement, les principales méthodes de regroupement en locuteurs sont basées sur des algorithmes d'agglomération hiérarchique gloutonne tels que les algorithmes : ascendant (Barras *et al.*, 2006) ou descendant (Fredouille et Senay, 2006). Les systèmes ayant une approche ascendante (connus aussi sous le nom de Regroupement Agglomératif Hiérarchique (RAH)) ont obtenu les meilleurs résultats lors des évaluations ESTER et NIST. Le RAH est un algorithme itératif qui cherche à chaque itération à agglomérer les deux classes les plus similaires. Ce processus est itéré tant que la similarité entre les 2 classes les plus proches soit inférieure à un seuil fixé. Cette similarité est calculée à partir des vraisemblances obtenues via des Modèles de Mélanges de Gaussiennes (GMM). Malheureusement, les algorithmes gloutons basés sur les GMM souffrent de deux principaux inconvénients.

Le premier étant que les approches gloutonnes sont des algorithmes itératifs qui vont, à chaque itération, prendre une décision localement optimale dans l'espoir de proposer un résultat globalement optimal. Cependant, durant cette recherche, la sélection des deux prochaines classes à regrouper dépend fortement de celles choisies précédemment. Un mauvais regroupement n'est jamais remis en cause et il est conservé jusqu'à la fin pouvant causer une augmentation du nombre d'erreurs.

Deuxièmement, le regroupement des locuteurs se fait à partir de GMM appris sur le signal audio. Malheureusement, le signal audio ne véhicule pas seulement l'information sur les locuteurs (l'information utile) mais aussi d'autres informations qui peuvent venir perturber le processus de regroupement des locuteurs. Ces informations inutiles peuvent être de différentes natures et peuvent être liées à la variabilité de l'environnement (environnement bruité...), la variabilité du canal (microphone, téléphone...), la variabilité du locuteur (émotion...), etc...

Dans cet article, nous proposons un nouveau modèle de regroupement de locuteurs où, contrairement aux approches gloutonnes le processus de regroupement des locuteurs se fait de manière globale sur l'ensemble du problème. Nous proposons de remplacer la recherche gloutonne par une formulation optimale. En donnant quelques définitions générales sur les classes, l'algorithme ascendant peut être exprimé sous forme de problème de Programmation Linéaire en Nombre Entier (PLNE). Ainsi un solveur PLNE peut être utilisé pour minimiser le résultat de la fonction objective, lequel va chercher la solution optimale de regroupement des locuteurs sur l'ensemble du problème. Ce nouveau modèle PLNE est basé sur les i-vecteurs, une technique introduite dans le domaine de la vérification qui permet de modéliser uniquement l'information du locuteur.

Cet article est organisé comme suit. La Section 2 présente tout d'abord l'architecture du système, puis la Section 3 le corpus utilisé. Ensuite, l'approche des i-vecteurs est expliquée dans la Section 4. La Section 5 présente notre cadre de travail pour le regroupement de locuteurs ainsi que les résultats de nos expériences. Nos conclusions sont résumées dans la dernière partie (Section 6).

2 Architecture du système

Le système utilisé est celui du LIUM Speaker Diarization(Meignier et Merlin, 2010), disponible sous licence GPL [1]. Ce système a obtenu les meilleurs résultats durant la campagne d'évaluation ESTER-2.

Le système est composé d'une segmentation acoustique basée sur le BIC (*Bayesian Information Criterion*) suivi par un regroupement hiérarchique lui aussi basé sur le BIC. Chaque classe représente un locuteur et est modélisée avec une Gaussienne de covariance pleine. Un décodage en Viterbi est utilisé pour ajuster les frontières des segments en utilisant un GMM avec 8 composantes diagonales. Le regroupement de locuteurs est réalisé sur une paramétrisation acoustique de 12 MFCC+E, calculée sur une fenêtre de 10ms. La musique et les jingles sont supprimés en utilisant un décodage Viterbi avec 8 GMMs.

1. http ://www-lium.univ-lemans.fr/diarization/

Lors de ces étapes, l'environnement sonore aide le système à détecter les locuteurs : les paramètres ne sont donc pas normalisés. Parfois un locuteur est représenté par plusieurs classes qui contiennent les interventions de celui-ci en fonction de l'environnement sonore (bruit, musique, calme...). La contribution de l'environnement sonore doit alors être réduite et normalisée afin de regrouper ces classes en une seule.

La méthode classique consiste à faire un regroupement hiérarchique ascendant. Il est donc effectué sur les classes obtenues après la segmentation Viterbi : les paramètres de chaque segment sont normalisés et un modèle du monde est adapté (MAP) pour chaque classe. A chaque itération sont regroupées les 2 classes qui maximisent le critère NCLR (*Normalized Cross Likelihood Ratio*) (Le *et al.*, 2007). Le regroupement s'arrête lorsque la valeur de NCLR dépasse un seuil.

Dans cet article, nous proposons une autre méthode de regroupement des classes basée sur les i-vecteurs. Il s'agit juste de remplacer la dernière brique de regroupement des classes, le NCLR, par notre modèle. Tout le reste du processus de SRL, paramétrisation du signal audio, segmentation et regroupement BIC, reste valable.

3 Corpus

Les données utilisées pour les expériences sont celles de la campagne d'évaluation d'ESTER-2 (Galliano *et al.*, 2009). Elles sont composées d'émissions enregistrées sur 4 radios journalistiques françaises. Les données sont divisées en trois corpus : le corpus d'apprentissage correspondant à 111 émissions (90 heures de données), le corpus de développement correspondant à 20 émissions, et le corpus d'évaluation qui contient 26 émissions. Le corpus d'entraînement a été utilisé pour apprendre et conditionner les i-vecteurs et le corpus de développement pour choisir les différents paramètres de chaque système.

4 I-vecteur

4.1 Extraction des i-vecteurs

Dans le domaine de la vérification du locuteur, les i-vecteurs sont devenus état de l'art. Ils fournissent un cadre de travail élégant, permettant de réduire la taille d'un vecteur de très grande dimension en un vecteur plus compact, où toute l'information importante du locuteur est conservée. La technique est issue du cadre de travail Joint Factor Analysis (JFA), qui a été introduit dans (Kenny *et al.*, 2007). Ainsi, pour un GMM dépendant du locuteur et du canal où M est un super-vecteur correspondant aux moyennes du GMM, les i-vecteurs peuvent être exprimés comme suit :

$$M = m + Tw \tag{1}$$

où m est le super-vecteur correspondant aux moyennes concaténées d'un Modèle Universel (Universal Background Model - UBM) ; T est une matrice rectangulaire couvrant l'ensemble des variabilités importantes du locuteur ; w est un vecteur compact distribué selon $\mathbf{N}(0, \mathbf{I})$.

Plusieurs itérations sont nécessaires pour estimer la matrice T sur le corpus d'apprentissage, l'Equation 1 permet d'utiliser un vecteur compact w comme un modèle de locuteur en remplacement du

GMM. w est nommé par la suite i-vecteur. L'algorithme des i-vecteurs est décrit plus longuement dans (Dehak *et al.*, 2010).

4.2 Conditionnement des i-vecteurs

A cette étape les i-vecteurs contiennent l'information liée aux locuteurs mais aussi l'information inutile (canal, environnement...). Dans (Bousquet *et al.*, 2011), l'auteur propose une méthode robuste de conditionnement des i-vecteurs afin de modéliser cette information inutile. Cette méthode est un processus itératif qui a 2 buts :

1) S'assurer que les i-vecteurs sont distribués selon la loi $\mathbf{N}(0, \mathbf{I})$. Une des conséquences de cette contrainte est que les i-vecteurs deviennent ainsi indépendants.

2) Normaliser les i-vecteurs par leur longueur. Dans (Bousquet *et al.*, 2011; Garcia-Romero et Espy-Wilson, 2011), il a été montré que cela contribue à rendre gaussiennes les données et à rapprocher le corpus d'apprentissage et le corpus de test.

Dans le corpus d'apprentissage, pour chaque tour de parole obtenu en utilisant la segmentation en locuteur de référence nous calculons les i-vecteurs. L'algorithme de conditionnement consiste à extraire sur les i-vecteurs du corpus d'apprentissage, des paramètres de conditionnement et de les appliquer sur les i-vecteurs extraits du corpus de test.

L'Algorithme 1 décrit la méthode d'apprentissage des paramètres pour le conditionnement des i-vecteurs. Les paramètres (la moyenne μ_i et la matrice de covariance Σ_i) des i-vecteurs calculés sur le corpus d'apprentissage sont sauvegardés à chaque itération i (étape 0). Puis, les i-vecteurs sont conditionnés en utilisant les paramètres de l'itération actuelle. Ainsi, l'étape 1 consiste à centrer-réduire les i-vecteurs, et l'étape 2 à normaliser les i-vecteurs par leur longueur.

Algorithm 1: Algorithme de conditionnement des i-vecteurs sur le corpus d'apprentissage

for $i = 1\ a\ nb\_iterations$ **do**
  Etape 0 : Calculer la moyenne μ_i et la matrice de covariance Σ_i sur le corpus d'apprentissage;
  for *chaque w dans le corpus d'apprentissage :* **do**
    Etape 1 : $w = \Sigma_i^{-\frac{1}{2}} (w - \mu_i)$;
    Etape 2 : $w = \frac{w}{\|w\|}$;
  end
end

Sur notre corpus de test, après le processus de regroupement des locuteurs donné par le BIC, un i-vecteur est calculé pour chaque classe. Ces i-vecteurs sont conditionnés itérativement en appliquant l'algorithme 2. L'algorithme 2 est proche de l'algorithme 1. Les différences sont situées dans l'absence de l'étape 0 : la moyenne μ_i et la matrice de covariance Σ_i utilisées pour chaque itération i sont celles sauvegardées durant la phase d'apprentissage.

4.3 La distance

Pour deux i-vecteurs w_i et w_j, le but est de vérifier s'ils correspondent au même locuteur. Si nous assumons l'homoscédasticité (égalité des variances), alors la distance entre deux i-vecteurs peut

Algorithm 2: Algorithme de conditionnement des i-vecteurs pour la phase de test

for $i = 1$ a $nb\_iterations$ **do**

  Etape 1 : $w = \Sigma_i^{-\frac{1}{2}}(w - \mu_i)$;

  Etape 2 : $w = \frac{w}{\|w\|}$;

end

s'écrire ainsi :

$$d(w_i, w_j) = \left(w_i - w_j\right) W^{-1} \left(w_i - w_j\right)' \tag{2}$$

où W est une matrice de covariance intra-classe calculée sur les i-vecteurs du corpus d'apprentissage conditionnés. Cette matrice de covariance intra-classe est calculée comme suit :

$$W = \frac{1}{n} \sum_{s=1}^{S} \sum_{i=1}^{n_s} \left(w_i^s - \bar{w^s}\right) \left(w_i^s - \bar{w^s}\right)' \tag{3}$$

où n_s est le nombre de segments pour un locuteur s, n est le nombre total de segments, w_i^s est un i-vecteur du corpus d'apprentissage du locuteur s pour une session i et $\bar{w}_s$ est la moyenne des i-vecteurs du locuteur s.

5 Nouveau modèle de regroupement de locuteurs global

Les décisions prises à chaque itération par les algorithmes RAH, ne garantissent pas de donner une solution optimale. Nous proposons d'écrire notre problème de regroupement de locuteurs sous forme de PLNE (Programmation Linéaire en Nombre Entier).

Le problème de regroupement peut être décrit de la façon suivante. Étant donnée une segmentation initiale (donné par le BIC), un i-vecteur est extrait pour chaque classe. Notre but est de regrouper les N i-vecteurs dans K classe (où K est à déterminer et est compris entre 1 et N). Pour transformer notre problème sous forme de PLNE, nous prenons comme hypothèse qu'une classe k est dotée d'un centre et qu'un i-vecteur peut appartenir à la classe si sa distance entre le centre de la classe k et le i-vecteur n est inférieure à une distance fixée *a priori*. Le centre d'une classe est obligatoirement un i-vecteur issu de notre problème. Théoriquement, il peut y avoir autant de classes que de i-vecteurs. Le but est de minimiser le nombre de classes k, de telle sorte que tous les i-vecteurs soient attribués à une classe et qu'un i-vecteur appartienne à une et une seule classe.

A partir de ces descriptions, nous pouvons formuler les contraintes et la fonction objective de notre problème. La fonction objective consiste à minimiser le nombre de classes k, mais aussi de minimiser la dispersion des i-vecteurs pour l'ensemble des classes. Nous définissons deux variables binaires y_k et $x_{k,n}$. La variable binaire y_k permet de savoir si la classe k est sélectionnée. La variable binaire $x_{k,n}$ permet de savoir si le i-vecteur n appartient à la classe k. Ainsi notre fonction objective peut s'écrire :

$$z = \sum_{k=1}^{N} y_k + \frac{1}{F} \sum_{k=1}^{N} \sum_{n=1}^{N} d(w_k, w_n) x_{k,n} \tag{4}$$

La fonction objective se compose de deux parties : la première ($\sum_{k=1}^{K} y_k$) calcule le nombre de classes présentes dans notre problème ; la seconde ($\sum_{k=1}^{K} \sum_{n=1}^{N} d(w_k, w_n)x_{k,n}$) calcule la somme des distances entre les centres des k classes et leurs i-vecteurs. Où $d(w_k, w_n)$ correspond à la distance entre le centre de la classe k et un i-vecteur n. La résolution de notre problème cherche à minimiser le nombre de classes et la dispersion des classes avec F un facteur de normalisation, permettant de pondérer les deux sous-parties de l'équation 4.

Nous rappelons, d'après nos hypothèses, que le centre de la classe est en réalité un i-vecteur (un segment) et que le calcul de la distance entre le centre de la classe k et le i-vecteur n n'est en réalité que le calcul de la distance entre le i-vecteur k et le i-vecteur n.

Notre nouveau modèle de regroupement de locuteurs s'écrit donc :

$$
\begin{array}{lll}
\text{Minimize} & z & \\
\text{Subject To} & \sum_{n=1}^{N} x_{k,n} = 1, & \forall k, (5) \\
 & x_{k,n} - y_k \leq 0, & \forall k, \forall n, (6) \\
 & d(w_k, w_n)x_{k,n} \leq \delta, & \forall k, \forall n, (7) \\
 & x_{k,n} \in \{0,1\}, & \forall k, \forall n \\
 & y_k \in \{0,1\}, & \forall k
\end{array}
$$

Nous nous assurons, dans l'équation 5, que l'ensemble des i-vecteurs ait été assigné à une seule classe. Dans l'équation 6, nous nous assurons que si un i-vecteur n est attribué à une classe k, alors la classe k est sélectionnée. Dans l'équation 7, un segment n peut être sélectionné dans une classe k si sa distance est plus petite ou égale à une distance δ. $d(w_k, w_n)$ correspond à la distance donnée par l'Equation 2 entre le i-vecteur n et la classe k.

6 Résultat et comparaison

6.1 I-Vecteur et PLNE

La matrice T de l'Equation 1 est estimée sur le corpus d'apprentissage. La matrice est itérativement estimée utilisant l'algorithme d'espérance-maximisation (EM). Nous utilisons une paramétrisation acoustique de dimension 60 : composée de 19 MFCC plus l'énergie complétée de la dérivée première et seconde. Le modèle du monde GMM-UBM est un modèle indépendant du genre et du canal. Il est composé de 1024 Gaussiennes et est appris en utilisant l'outil Alize[2].

Afin d'avoir un équilibre entre la précision du modèle et la quantité de données menant à l'estimation des paramètres, nous avons choisi de fixer la dimension des i-vecteurs à 60. En effet, si nous choisissons une dimension de i-vecteurs supérieure pour des segments ayant une durée trop courte, la matrice T ne peut pas être correctement estimée.

Le solveur de PLNE utilisé est celui fourni gratuitement sous Linux : GNU Linear Programming Kit[3].

2. http ://alize.univ-avignon.fr/
3. http ://www.gnu.org/s/glpk/

6.2 Résultats

Dans un premier temps, nous cherchons à déterminer la distance à utiliser dans le modèle de PLNE (Equation 7). Dans la Figure 1, nous faisons varier la distance utilisée dans le modèle de PLNE (axe des abscisses) et reportons le DER (*Diarization Error Rate*) obtenu (axe des ordonnées) et ceci sur les corpus de développement et de test.

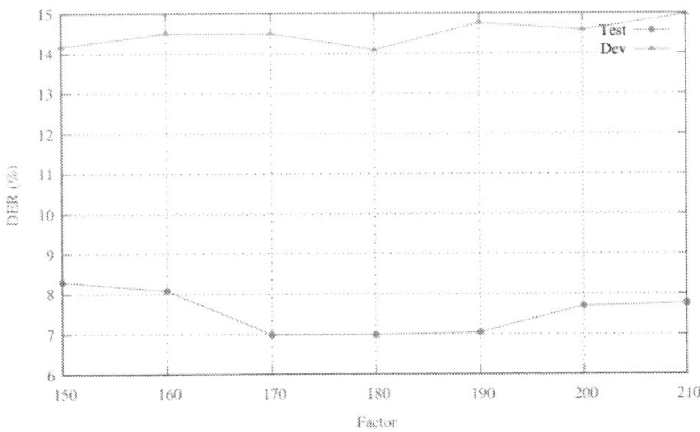

FIGURE 1 – DER en fonction de la distance utilisée dans le modèle PLNE

Nous observons dans la Figure 1 que la distance qui minimise le DER sur le corpus de développement est à 180. Celle-ci est exactement la même que sur le corpus de test.

Dans le Tableau 1, nous proposons pour l'algorithme de RAH de comparer les i-vecteurs (*i-vecteur RAH*) par rapport au NCLR (*NCLR RAH*). Puis nous proposons de voir l'apport du modèle de regroupement global sur le système à base de i-vecteurs (*i-vecteur PLNE*). Le système *NCLR RAH* est le système classique utilisé pendant la campagne d'évaluation ESTER-2. La différence entre ces 3 systèmes se situe uniquement sur le remplacement de la dernière brique NCLR.

TABLE 1 – Méthode de regroupement des classes (DER sur le corpus d'évaluation)
NCLR RAH : le système classique
i-vecteur RAH : le système utilisant les i-vecteurs et l'algorithme ascendant
i-vecteur PLNE : le système utilisant les i-vecteurs et le modèle de PLNE

Corpus	NCLR RAH	i-vecteur RAH	i-vecteur PLNE
Africa 1	9,60%	6,05%	2,79%
Inter	9,23%	11,72%	8,62%
RFI	3,61%	2,33%	2,33%
TVME	13,31%	13,17%	13,54%
ESTER-2	9,42%	9,08%	6,99%

Nous constatons une réduction du DER de 0,34 point absolu entre les systèmes *NCLR RAH* et *i-vecteur RAH*. Le remplacement par un modèle de regroupement global sur les i-vecteurs *i-vecteur PLNE* permet une réduction du DER d'environ 2 points absolus par rapport au système *i-vecteur RAH* et de 2,43 points absolus par rapport au système *NCLR RAH*. On observe, toujours sur le système *i-vecteur PLNE*, une réduction du DER sur l'ensemble des émissions, sauf pour les émissions TVME. En effet, sur les émissions TVME la plupart des locuteurs (56% des locuteurs) interviennent en utilisant un téléphone, ce qui peut poser un problème puisque l'extraction des i-vecteurs se fait à partir d'un GMM-UBM indépendant du canal et du genre.

7 Conclusion

Dans cet article, nous avons proposé un nouveau modèle de regroupement des locuteurs basé sur les i-vecteurs. Dans le processus de SRL, la dernière brique du regroupement de locuteurs (le NCLR) a été remplacée par notre nouveau modèle, ce qui permet d'obtenir sur le corpus de test d'ESTER-2 une réduction du DER d'environ 2,43 points absolus.

Remerciements

Les auteurs remercient Pierre-Michel Bousquet pour l'aide apportée sur l'algorithme de conditionnement des i-vecteurs.

Ces travaux ont été en partie financés par l'Agence Nationale de Recherche (ANR) par l'intermédiaire du projet SODA (ANR-2010-CORD-101-01).

Références

BARRAS, C., ZHU, X., MEIGNIER, S. et GAUVAIN, J.-L. (2006). Multi-stage speaker diarization of broadcast news. *IEEE Transactions on Audio, Speech & Language Processing*.

BOUSQUET, P.-M., MATROUF, D. et BONASTRE, J.-F. (2011). Intersession compensation and scoring methods in the i-vectors space for speaker recognition. *In Interspeech*.

DEHAK, N., KENNY, P., DEHAK, R. et OUELLET, P. (2010). Front-end factor analysis for speaker verification. *IEEE Transactions on Audio, Speech & Language Processing*, 19(99):1–23.

FREDOUILLE, C. et SENAY, G. (2006). Technical improvements of the E-HMM based speaker diarization system for meeting records. *In* RENALS, S., BENGIO, S. et FISCUS, J. G., éditeurs : *MLMI*, volume 4299 de *Lecture Notes in Computer Science*, pages 359–370. Springer.

GALLIANO, S., GRAVIER, G. et CHAUBARD, L. (2009). The ESTER 2 evaluation campaign for the rich transcription of French radio broadcasts. *In Interspeech*, pages 2583–2586. ISCA.

GARCIA-ROMERO, D. et ESPY-WILSON, C. (2011). Analysis of i-vector length normalization in speaker recognition systems. *In Interspeech*.

KENNY, P., BOULIANNE, G., OUELLET, P. et DUMOUCHEL, P. (2007). Joint factor analysis versus eigenchannels in speaker recognition. *IEEE Transactions on Audio, Speech & Language Processing*, 15(4):1435–1447.

LE, V.-B., MELLA, O. et FOHR, D. (2007). Speaker diarization using normalized cross likelihood ratio. *In Interspeech*, pages 1869–1872. ISCA.

MEIGNIER, S. et MERLIN, T. (2010). LIUM SpkDiarization : An open-source toolkit for diarization. *In CMU SPUD Workshop*.

Etude acoustique de voyelles soutenues produites par des patients opérés de la thyroïde souffrant ou non de paralysies récurrentielles

Camille Fauth[1],

Béatrice Vaxelaire[1], *Jean-François Rodier*[2], *Pierre-Philippe Volkmar*[2], *Fayssal Bouarourou*[1], *Fabrice Hirsch*[1,3], *Rudolph Sock*[1]

[1]Université de Strasbourg, Institut de Phonétique de Strasbourg – IPS & U.R. 1339 Linguistique, Langues et Parole – LilPa, E.R. Parole et Cognition

[2]Centre Paul Strauss – Strasbourg, Département de Chirurgie Oncologique, Centre Régional de Lutte Contre le Cancer

[3]Université Paul Valéry - Montpellier III, Praxiling UMR 5267, CNRS

Camille.fauth@gmail.com

RESUME

Le présent travail est une étude acoustique de quelques caractéristiques spectrales de voyelles soutenues de patients souffrant de paralysies récurrentielles mais également de patients pour lesquels le diagnostic ORL n'a pas révélé de paralysie mais dont la voix est altérée après une opération de la glande thyroïde. Les conséquences de l'opération chirurgicale sont évaluées dans le but d'identifier les différentes perturbations que cette opération peut provoquer mais également afin de mettre au jour les possibles stratégies de compensations et/ ou réajustements que le patient peut mettre en place seul ou à l'aide d'une rééducation orthophonique. Notre étude se veut longitudinale puisque les patients sont enregistrés lors de différentes phases post-opératoires.

ABSTRACT

An Acoustic Study of Sustained Vowels produced by Patient with or without Unilateral Paralysis after thyroid Surgery.

The present acoustic study is based on analyses of some spectral characteristics of the voice of patients with *recurrent paralyses,* and also of patients without diagnosed paralyses but with *alteration* of their voice, when producing sustained vowels. Consequences of surgery on the voice of patients are evaluated in order to identify the different *perturbations* that such a surgery may provoke, and also to uncover probable *compensatory* or *readjustment strategies* which a patient might deploy, alone or with the help of speech therapy. This is a longitudinal investigation..

MOTS-CLES : Paralysie récurrentielle, glande thyroïde, voyelles soutenues, phonétique clinique.
KEYWORDS: Unilateral paralysis, thyroid gland, sustained vowels, clinical phonetics.

1 Introduction

Les causes d'une paralysie laryngée unilatérale sont diverses, et son incidence dépend largement des populations étudiées mais également des moyens d'investigation (voir, par ex., Benninger et *al.*, 1998) La paralysie unilatérale post-thyroïdectomie peut être attribuée soit au geste chirurgical lui-même, soit à l'intubation trachéale, même si cette cause est relativement rare (Friedrich et *al.*, 2000). L'incidence de la paralysie laryngée unilatérale post-thyroïdectomie reste heureusement relativement faible. Selon les études publiées ces dernières années (voir, par ex., Benninger et *al.*, 1998) et prenant en compte 500 patients minimum, le taux de paralysies laryngées en postopératoire immédiat (soit un mois après l'opération) après une opération de la glande thyroïde est compris entre 0,5% et 8,3%. La littérature ne s'accorde pas pour dire si la paralysie laryngée unilatérale consécutive à une opération de la glande thyroïde est passagère ou définitive. Notons toutefois que l'étude de Wagner et Seiler (1994) avance 60% de récupération de la mobilité suite à une paralysie laryngée unilatérale. Enfin la dysphonie faisant suite à une intubation est généralement décrite comme un enrouement qui peut survenir alors même qu'aucune lésion n'est visible sur les plis vocaux (Yamanaka et *al.*, 2009). En outre, sans lésions laryngées, la dysphonie régresse rapidement et de façon spontanée (Jones et *al.*, 1992).

Le but de notre étude est d'analyser les caractéristiques spectrales de la voix de patients souffrant de paralysies récurrentielles, mais également la voix de patients pour qui le diagnostic ORL n'a pas détecté de paralysie mais dont la voix est altérée après une opération de la glande thyroïde. L'évaluation spectrale repose sur la production de voyelles soutenues. Notre étude se veut longitudinale, puisqu'il s'agit d'analyser la voix des patients afin de déceler les différentes *perturbations* qu'entraine l'ablation de la glande thyroïde et de mettre au jour les possibles stratégies de *compensation ou réajustements* que le patient est capable de mettre en place seul (population sans paralysie récurrentielle) ou à l'aide d'une rééducation orthophonique (population avec paralysie récurrentielle). Notons que seuls les patients souffrant de paralysie récurrentielle bénéficient d'une rééducation orthophonique.

2 Méthode

2.1 Patients

Le présent travail porte sur la voix de 10 patients. Tous sont des locuteurs français natifs ayant subi une thyroïdectomie.

Nos 10 locuteurs ont été divisés en deux groupes : un premier groupe de 5 patients (4 femmes et 1 homme) sans paralysie des plis vocaux mais dont la voix a été jugée de légèrement à sévèrement altérée (No Paralysis Patient – NPP) ; un deuxième groupe de 5 locuteurs (4 femmes et 1 homme) avec paralysie récurrentielle unilatérale dont la voix a été jugée de légèrement à sévèrement altérée (Unilateral Paralysis Patient – UPP).

En ce qui concerne les patients du groupe NPP, les données ont été acquises comme suit : (i) en préopératoire (préop), la veille de l'intervention. Cette phase constitue la voix de référence du locuteur ; (ii) en post-opératoire 1 (post-op 1), le lendemain de l'intervention, le degré d'altération vocal est variable en fonction des locuteurs ; (iii) en post-opératoire 2 (post-op2), 15 jours après l'intervention, ce qui nous permet de mesurer la possible récupération vocale spontanée.

Il n'a pas été possible, en raison des contraintes hospitalières, d'acquérir des données préopératoires pour les locuteurs du groupe UPP. Les premiers enregistrements n'ont pu être réalisés qu'à partir de la phase post-opératoire 2, c'est-à-dire 15 jours après l'intervention. Dans ces cas, nous avons enregistré, pour chaque patient, un locuteur contrôle, apparié en genre et âge, qui constitue la « voix de référence » du locuteur pathologique. Les patients sont ensuite enregistrés une fois par mois durant leur rééducation vocale chez l'orthophoniste de leur choix.

2.2 Corpus et enregistrements

Le corpus comprend des voyelles soutenues, /i, a, u/ qui permettent d'explorer l'espace vocalique maximum de chaque locuteur. Il s'agit pour le locuteur de prononcer et tenir environ 3 secondes la voyelle présentée. Chaque voyelle est répétée 10 fois, en tenant compte des éventuelles difficultés du locuteur, notamment dans les phases d'enregistrement post-opératoire précoces.

2.3 Mesures

Les mesures ont été acquises avec le logiciel PRAAT©. Les mesures effectuées pour les trois voyelles extrêmes sont les suivantes : 1) F0 (Hz) ; 2) Harmonics to-Noise Ratio ou HNR (dB) ; 3) F1 et F2 (taille de la fenêtre = 0,025s) ; 4) l'espace vocalique maximal (kHz^2) à partir de la formule de Héron.

3 Hypothèses

A cause d'une atteinte possible du nerf récurrent laryngé ou « simplement » à cause d'une opération au niveau de la glande thyroïde, la voix du patient en phases post-opératoires pourrait se trouver modifiée : (1) la modification de la voix affecterait directement les valeurs de F0 ; (2) l'activité irrégulière du larynx pourrait avoir des conséquences sur les valeurs de HNR généralement mesurées autour de 20 dB pour /i/ et /a/ et 30 dB pour /u/ pour un locuteur non pathologique ; (3) la perturbation de la source laryngée aurait également des conséquences sur les résonnances supra-glottiques *i.e.* les valeurs de F1 et de F2 ; (4) les perturbations formantiques pourraient affecter la taille et la forme de l'espace vocalique ; (5) le temps et la rééducation vocale devraient permettre une récupération vocale et une normalisation des paramètres précédemment évoqués ; les paramètres seraient alors comparables aux valeurs mesurées en phase préopératoire, ou celles du locuteur contrôle lorsque les enregistrements préopératoires ne sont pas disponibles.

4 Résultats

4.1 Remarques Générales

Des analyses de variance (ANOVA) à un facteur ont été effectuées pour toutes les *variables* (F0, F1, F2 et HNR), afin de déterminer s'il existait des effets de *phases d'enregistrement (temps)*. Pour les deux expériences, l'effet principal *phase d'enregistrement* s'est révélé significatif ($p < 0.05$) pour les variables F0 et HNR (*cf.*, ci-dessous, les résultats des analyses statistiques).

4.2 Fréquence fondamentale (F0)

L'effet principal de *phases d'enregistrement* a été significatif pour la variable F0 a [$F(3,12) = 29.05$, $p < 0.000000$] pour le groupe NPP.

Signalons cependant que l'analyse fine de la fréquence fondamentale de nos locuteurs masculins, a été effectuée indépendamment de nos locuteurs féminins, afin de ne pas fausser nos mesures statistiques.

La fréquence fondamentale du groupe NPP diminue pour nos 5 locuteurs entre la phase préopératoire et la phase post-opératoire 1. Lors de l'enregistrement en Postop2, les valeurs de F0 augmentent pour tous nos locuteurs. Ce phénomène est observable quelle que soit la voyelle produite (voir graphique 1).

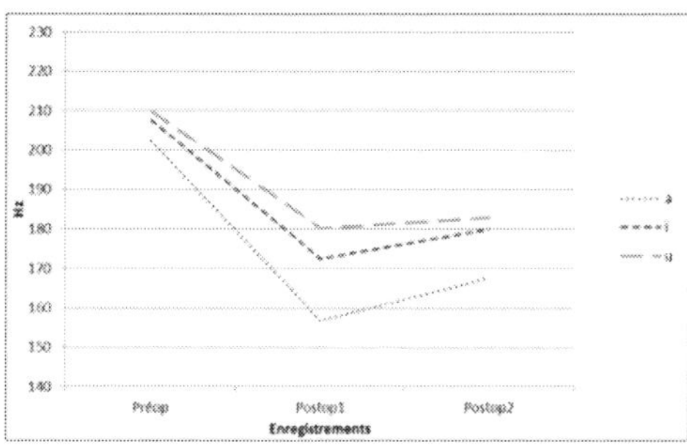

	F0 en Hz		
	Préop	Post1	Post2
a	202,2 (17,74)	156,82 (26,87)	167,66 (23,74)
i	207,75 (23,45)	172,47 (38,64)	179,95 (29,49)
u	209,92 (18,18)	180,22 (31,86)	182,82 (30,39)

GRAPHIQUE 1 – Valeurs moyennes de F0 - locuteurs féminins NPP

Les mesures de la fréquence fondamentale du locuteur masculin (NPPKAU) suivent les mêmes tendances. Une baisse en post-opératoire 1, puis une augmentation en post-opératoire 2 de sa fréquence fondamentale sont visibles pour toutes les voyelles (voir table 1).

NPPKAU	F0 (Hz)		
	Préop	Postop1	Postop2
	129,6 (2,06)	120 (2,24)	135,5 (3,04)

TABLE 1 – Valeurs moyennes de F0 [a] - locuteur masculin NPP

L'effet principal de *phases d'enregistrement* a été significatif pour la variable F0 a [$F(3,12) = 7.93$, $p < 0.000034$] pour le groupe UPP. En ce qui concerne ce groupe UPP (*i.e.* avec paralysie), la fréquence fondamentale est mesurée plus basse pour les sujets pathologiques par rapport aux sujets contrôle (LC). Rappelons que les enregistrements ne commencent que lors de la phase Postop2 pour cette population. La fréquence fondamentale augmente pour les trois voyelles à partir de la phase postop3, notons toutefois que les écarts types sont également plus importants, ce qui témoigne de la grande variabilité inter et intra-locuteur au début de la rééducation orthophonique. Les valeurs sont normalisées à partir de postop4, c'est-à-dire environ deux mois après l'opération, les écarts types restent toutefois importants (voir graphique 2).

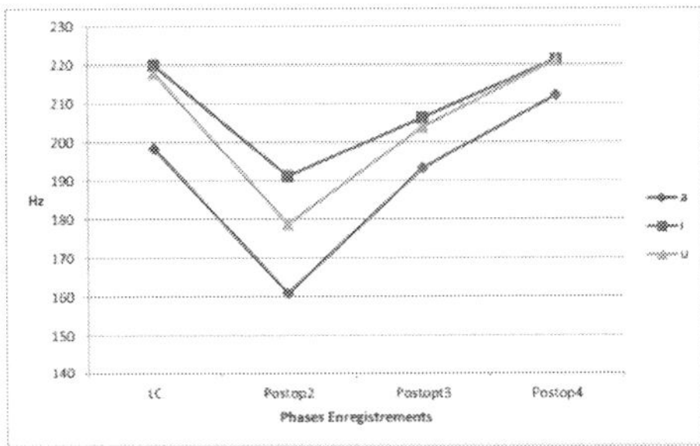

	F0 en Hz			
	LC	Postop2	Postopt3	Postop4
a	198,3 (21,71)	160,8 (41,51)	193,17 (52,69)	212,07 (40,59)
i	219,9 (11,94)	191,12 (26,33)	206,3 (60,45)	221,32 (45,57)
u	217,82 (14,75)	178,65 (34,35)	203,87 (62,19)	221,1 (43,93)

GRAPHIQUE 2 – Valeurs moyennes de F0 (Hz) - locuteurs féminins UPP

Il convient de signaler que la fréquence fondamentale du locuteur masculin (UPPPAI) n'a pas pu être détectée en Postop2 notamment pour la voyelle [a]. Dans les phases d'enregistrement suivantes, sa fréquence fondamentale reste inférieure à celle du locuteur contrôle. Les valeurs sont toutefois proches des valeurs standard et les écarts-types réduits témoignent de la régularité du locuteur.

	F0 (Hz)			
UPPPAI	LC	Postop2	Postop3	Postop4
	133 (1,33)	NC	110,20 (5,02)	107,40 (3,77)

TABLE 2 – Valeur moyennes de F0 [a]- Locuteur masculin UPP

4.3 Harmonics-to-Noise Ratio (HNR)

La mesure du HNR est considérée comme un indice de raucité, c'est-à-dire qu'elle renseigne sur le rapport bruit/harmoniques dans une voyelle. Traditionnellement, plus le ratio baisse, plus le signal est envahi par le bruit.

L'effet principal de *phases d'enregistrement* a été significatif pour la variable HNR a $[F(3,12) = 20.52, p < 0.000000]$ pour le groupe NPP. Les valeurs de HNR sont inférieures en postop1par rapport à celles mesurées en préopératoire et postop2, pour les locuteurs du groupe NPP. Toutefois, quelle que soit la phase d'enregistrement, les mesures restent très proches des valeurs attendues pour chacune des voyelles (voir graphique 3). La phase postop1 est ici aussi caractérisée par des écarts-types plus importants.

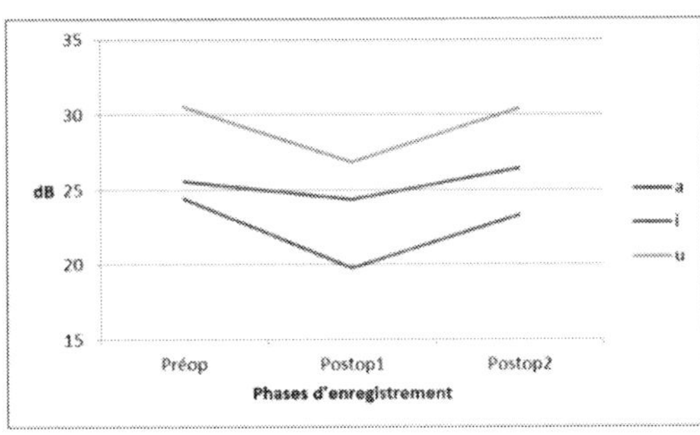

	HNR (dB)		
	Préop	Post1	Post2
a	24,42 (3,74)	19,78 (5,61)	23,28 (4,26)
i	25,58 (4,21)	24,38 (8,27)	26,66 (3,64)
u	30,52 (3,81)	26,84 (6,35)	30,38 (3,66)

GRAPHIQUE 3 – Valeurs moyennes de HNR – Groupe NPP

L'effet principal de *phases d'enregistrement* a été significatif pour la variable HNR a [F(3,12) = 60.68, p<0.000000] pour le groupe UPP. Ce groupe UPP présente également des valeurs de HNR inférieures en postop2 à celles des sujets contrôle. Les valeurs se normalisent dès postop3, et se maintiennent jusqu'en postop4 (voir graphique 4). Notons que si les valeurs en postop2 sont plus basses, cette phase est également marquée par des écarts types importants, traduisant notamment une certaine variabilité interlocuteur (les écarts types intralocuteur restent faibles). La variabilité interlocuteur se réduit à partir de postop4 ; cela est particulièrement visible pour la voyelle [a].

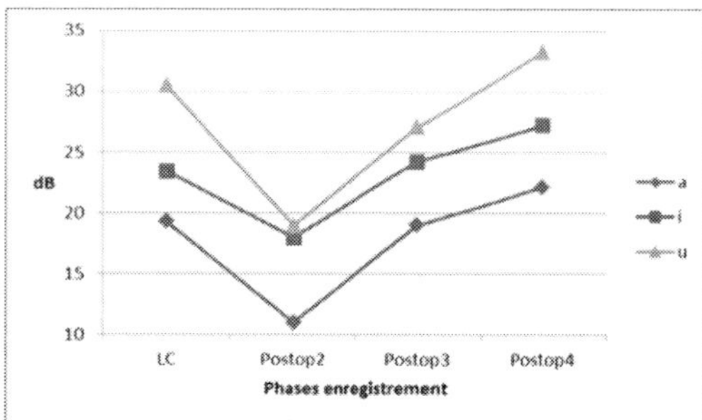

HNR (dB)				
	LC	Postop2	Postop3	Postop4
a	19,28 (1,76)	11,02 (7,65)	19 (7,18)	22,14 (3,91)
i	23,4 (6,48)	17,98 (6,37)	24,24 (8,69)	27,88 (9,35)
u	30,5 (2,30)	18,94 (9,13)	27,10(8,71)	33,24 (4,20)

GRAPHIQUE 4 – Valeurs moyennes de HNR - Groupe UPP

4.4 Valeurs formantiques

Pour le groupe NPP, les valeurs de F1 et F2 ne varient pas en fonction de la phase d'enregistrement pour la voyelle [i]. En revanche, F1 et/ou F2 subissent de légères modifications pour les voyelles [a] et [u] en phase d'enregistrement postop1, avant de retrouver des valeurs attendues en postop2. La Table illustre ces tendances (p=*ns*) qui pourraient tout de même influer sur les tailles de l'espace vocalique maximal (*cf.* infra).

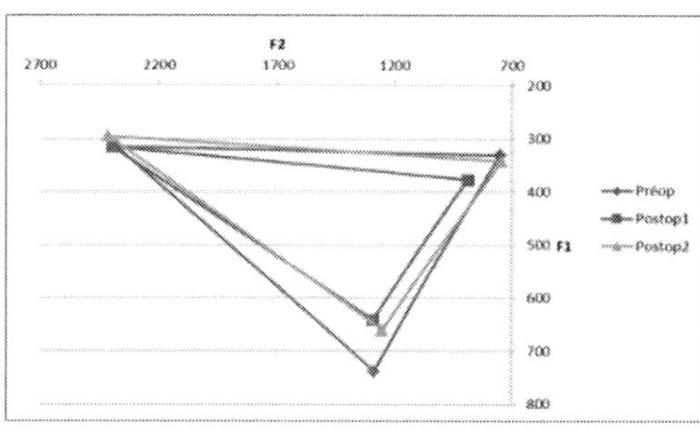

Voyelles	Formants	Préop	Postop1	Postop2
i	F1	315	316	295
	F2	2379	2393	2414
a	F1	738	641	661
	F2	1291	1295	1254
u	F1	331	377	343
	F2	749	883	741

GRAPHIQUE 5 – Valeurs formantiques moyennes du groupe NPP

Le scénario n'est pas similaire pour le groupe UPP, puisque seules les valeurs formantiques du [u] sont légèrement différentes de celles observées pour les locuteurs contrôle en postop2. Les valeurs formantiques des autres voyelles sont comparables à celles des contrôles (p=*ns*). Cela peut éventuellement être expliqué par le facteur temps. Les enregistrements débutant plus tard pour ce groupe, il est possible que les valeurs se soient déjà normalisées.

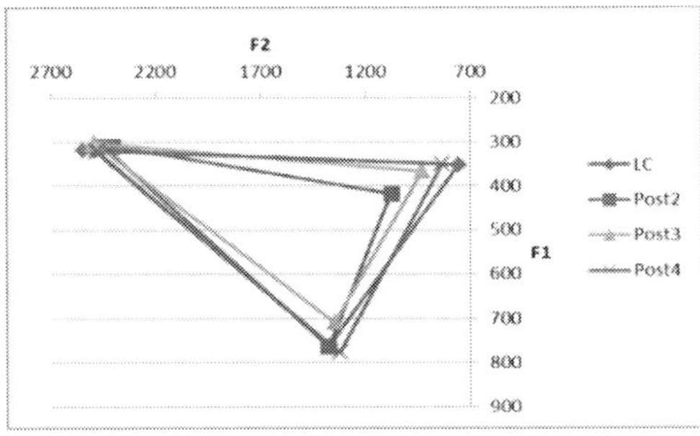

Voyelles	Formants	LC	Postop2	Postop3	Postop4
i	F1	319	310	304	321
	F2	2490	2449	2493	2482
a	F1	761	7064	709	777
	F2	1373	1381	1350	1325
u	F1	351	417	366	350
	F2	755	1079	931	834

GRAPHIQUE 6 – Valeurs formantiques moyennes du groupe UPP

4.5 Aire de l'espace vocalique

L'aire de l'espace vocalique est significativement réduite ($p < 0.05$) pour le groupe NPP entre les phases d'enregistrement préop et postop1 avant de ré-augmenter ($p < 0.05$) en phase postop2, sans toutefois atteindre une valeur de référence de la phase préopératoire. Elle est de 0.34kHz^2, 0.21kHz^2 et 0.28kHz^2 respectivement. Notons que si l'espace vocalique est réduit, il n'en reste pas moins géométriquement conventionnel (voir graphique 5).

Pour le groupe UPP, l'aire de l'espace vocalique en postop2 est également modifiée ($p < 0.05$) de manière significative (0.25kHz^2) par rapport à celle des contrôles (0.36kHz^2). Notons qu'en postop2, l'aire de l'espace vocalique du groupe UPP (0.25kHz^2) est alors comparable à celle du groupe NPP (0.25kHz^2). A partir de la phase postop3, l'aire augmente (0.28kHz^2) pour atteindre 0.35kHz^2 en postop4. Quelle que soit la phase d'enregistrement, l'espace vocalique est géométriquement conventionnel (voir graphique 6).

5 Discussion et conclusion

Il convient à présent de vérifier si nos hypothèses initiales ont été confirmées ou infirmées. (1) Les valeurs de fréquence fondamentale sont modifiées pour tous les locuteurs. La principale tendance semble être un abaissement de la fréquence fondamentale dans les phases d'enregistrement précoces. (2) De plus, l'activité irrégulière du larynx a également un impact sur les valeurs de Harmonics-to-Noise Ratio. Dans certains cas, la voix du patient est tellement rauque que les valeurs de HNR se rapprochent alors de 0dB. (3) Les valeurs formantiques, extraites à partir des voyelles soutenues, ont également été perturbées (sauf pour la voyelle [i]) essentiellement pour le groupe de locuteurs sans paralysie récurrentielles. (4) Ces modifications ont naturellement des conséquences sur l'aire de l'espace vocalique qui peut subir une réduction mais pas de réorganisation géométrique. Notons que ces modifications sont probablement liées aux perturbations de la source laryngée. (5) Enfin, de façon générale, le temps et/ou la rééducation vocale ont un impact positif sur tous les paramètres précédemment mentionnés. Les mesures se rapprochent des valeurs préopératoires dès la phase d'enregistrement postop 2 pour les patients sans paralysies récurrentielles. Pour les patients souffrants de paralysies récurrentielles, le processus de récupération vocal est plus long mais de façon générale, 2 mois après l'opération les valeurs mesurées sont proches des valeurs standard des locuteurs contrôle.

Ce travail nous a permis de vérifier la pertinence des mesures acoustiques pour évaluer les perturbations que peut entrainer l'ablation de la thyroïde sur la voix des patients. Une opération au niveau du larynx semble avoir des conséquences, au moins à court terme, sur la voix des patients. Cette étude a également permis d'observer les stratégies de compensation que les locuteurs sont capables de mettre en place seul ou à l'aide d'une rééducation orthophonique. Notons que la variabilité interlocuteur est toujours très importante dans les phases d'enregistrement post-opératoires, il pourrait se révéler intéressant d'augmenter le nombre de locuteurs afin de pouvoir classer les patients dans des sous-groupes, suivant les conséquences de la chirurgie sur la voix des patients. Des enregistrements complémentaires sont également en cours afin d'augmenter le nombre de locuteurs pour chaque groupe.

Des tests perceptifs sont actuellement en cours. Il s'agira d'une part d'évaluer l'intelligibilité des patients à l'aide de tests d'identification. D'autre part, nous souhaitons, conduire des tests visant à catégoriser le sexe du locuteur, notamment pour les locutrices pour lesquelles la fréquence fondamentale est fortement diminuée.

Remerciements

Ce travail a été financé par un programme de la Maison Interuniversitaire des Sciences de l'Homme Alsace (MISHA), 2008-2012 *« Perturbations et Réajustements : parole normale vs. parole pathologique »*, par une ANR "DOCVACIM" attribuée à l'Institut de Phonétique de Strasbourg / U.R. LiLPa, E.R. Parole et Cognition et par le projet du CS de UdS Gutenberg-Strasbourg, 2009-2011.

Références

BENNINGER, MICHAEL S, JOHN B GILLEN, ET JERALD S ALTAIAN (1998). Changing Etiology of Vocal Fold Immobility. *The Laryngoscope* 108 (9): 1346–1350.

Friedrich, T, U Hänsch, U Eichfeld, M Steinert, A Staemmler, et M Schönfelder. 2000. « Recurrent laryngeal nerve paralysis as intubation injury? » *Der Chirurg; Zeitschrift Für Alle Gebiete Der Operativen Medizen* 71 (5): 539–544.

JONES, M. W, S. CATLING, E. EVANS, D. H GREEN, ET J. R GREEN (1992) Hoarseness After Tracheal Intubation. *Anaesthesia* 47 (3) (mars 1): 213–216. Wagner, H. E, et Ch Seiler. 1994. « Recurrent Laryngeal Nerve Palsy After Thyroid Gland Surgery ». *British Journal of Surgery* 81 (2): 226–228.

YAMANAKA, H., Y. HAYASHI, Y. WATANABE, H. UEMATU, ET T. MASHIMO (2009) Prolonged hoarseness and arytenoid cartilage dislocation after tracheal intubation ». *British Journal of Anaesthesia* 103 (3): 452 –455.

HARTL DM, CREVIER-BUCHMAN L, VAISSIÈRE J, BRASNU D. *Phonetic effects of paralytic dysphonia.* Ann Otol Rhinol Laryngol 2005,114:792-8.

SCOTT AR, CHONG PS, HARTNICK CJ, RANDOLPH GW, *Spontaneous and evoked laryngeal electromyography of the thyroarytenoid muscles: a canine model for intraoperative recurrent laryngeal nerve monitoring.* An Otol Rhinol Laryngol. 2010 Jan ; 119(1):54-63.

Influence de l'expansion des joues lors de la production d'une plosive bilabiale

Louis Delebecque[1] Xavier Pelorson[1] Denis Beautemps[1]
Balbine Maillou[2] Christophe Savariaux[1] Xavier Laval[1]
(1) Gipsa-Lab, UMR 5216, 38402 SAINT MARTIN D'HERES Cedex
(2) LAUM, UMR 6613, 72085 LE MANS Cedex 9
{prenom}.{nom}@gipsa-lab.grenoble-inp.fr[1] balbine.maillou.etu@univ-lemans.fr[2]

RÉSUMÉ

Cette étude expérimentale met en valeur l'influence de l'expansion des joues lors de la production de plosives bilabiales. La fermeture des lèvres qui précède la plosive, provoque une augmentation de la pression intra-orale. L'hypothèse proposée dans cet article est que l'augmentation du volume de la cavité buccale sous l'effet de la pression intra-orale, a une influence non-négligeable sur la pression dans la cavité buccale. Ce phénomène est, dans un premier temps, mis en évidence par des mesures in-vivo pour la production de la séquence /apa/, puis reproduit en laboratoire, sur une maquette de l'appareil phonatoire humain. La partie supérieure du conduit vocal est alors représentée par un tube souple, dont le volume augmente sous l'effet de la pression.

ABSTRACT

Influence of the cheeks expansion during bilabial plosive production

This experimental study highlights the influence of expansion of the cheeks during the production of bilabial plosives. The closure of the lips, before the plosive, causes an increase in intra-oral pressure. The assumption suggested in this paper is that the increase of oral cavity volume, as a result of the intra-oral pressure, has a non-negligible impact on the pressure inside the oral cavity. Fisrtly, this phenomenon is shown by in-vivo measurements for an /apa/ utterance, then reproduced in laboratory on a replica of human vocal apparatus. The upper part of vocal tract is represented by a flexible tube, whose volume increases under the effect of the pressure.

MOTS-CLÉS : Production de la parole, plosives bilabiales, aérodynamique, mesures in-vivo/in-vitro, pression intra-orale.

KEYWORDS: Speech production, biliabial plosives, aerodynamic, in-vivo/in-vitro measurement, intra-oral pressure.

1 Introduction

Ce travail s'inscrit dans un contexte de modélisation physique de la production de la parole. Cette approche permet d'étudier les mécanismes aéroacoustiques et mécaniques qui régissent la production de la voix humaine et de quantifier leurs effets ainsi que leurs éventuelles interactions. L'objectif est de comprendre les phénomènes physiques mais aussi d'arriver à les modéliser afin d'en prédire les conséquences. Pour la parole, les simulations numériques reposant sur ces modèles théoriques permettent de synthétiser des signaux sonores. Le développement d'un tel outil présente des applications dans de nombreux domaines (médical, communication, pédagogique ...).

Les sons de la parole sont produits par différentes perturbations de l'écoulement d'air à travers le conduit vocal. L'étude présentée se concentre sur les plosives bilabiales, et en particulier sur l'évolution de la surpression à l'intérieur de la cavité buccale, nécessaire à la création d'une perturbation acoustique audible. L'objectif de cette étude expérimentale est d'identifier l'influence de l'augmentation du volume de la cavité buccale sur l'évolution de la pression intra-orale. L'origine physique de ce phénomène est liée à l'élasticité des joues. Cette déformation des joues entraine une variation du volume de la cavité buccale et donc de la pression intra-orale et du débit buccal.

Dans une première partie, nous présentons les références existantes dans la littérature, au phénomène d'expansion des joues et l'intérêt de le modéliser. Nous présentons ensuite des mesures de pression intra-orale in-vivo pour des séquences Voyelle-Plosive-Voyelle qui permettent d'identifier ce phénomène. Enfin, des mesures in-vitro sur une maquette du système phonatoire humain permettent de valider et de quantifier l'influence de l'expansion de la cavité buccale.

2 Analyse bibliographique

La production d'une consonne plosive nécessite au préalable la création d'une surpression dans le conduit vocal, en amont de l'occlusion. La pression augmente lors de la fermeture, puis chute à la réouverture jusqu'à s'équilibrer avec la partie située en aval de l'occlusion. Dans le cas des plosives bilabiales, c'est la pression intra-orale, notée PIO, qui augmente lors de la fermeture des lèvres.

Bien qu'il existe de nombreuses publications sur la physique des systèmes auto-oscillants que sont les plis vocaux et leur interactions avec le conduit vocal, les études aérodynamiques sur la partie située en aval des plis vocaux sont plus rares, en particulier celles qui s'intéressent à la modélisation physique des consonnes plosives.

McGowan a réalisé des simulations de la séquence /apa/ en utilisant comme paramètres de commande, la pression intra-orale en plus de la pression subglotique et des autres paramètres glottiques (McGowan *et al.*, 1995). Ce choix nécessite d'ajouter un débit supplémentaire, qui modélise l'effet induit par les joues, pour simuler un débit buccal comparable à celui mesuré sur des sujets. L'ordre de grandeur de ce débit dû à la variation de volume de la cavité buccale est considérable, environ la moitié du débit oral simulé. D'autre part, il utilise dans cette simulation d'autres paramètres de contrôle qui n'ont pas de support physiologique : évolution rapide de la pression subglotique et des paramètres glottiques, de l'ordre de 10 *ms*.

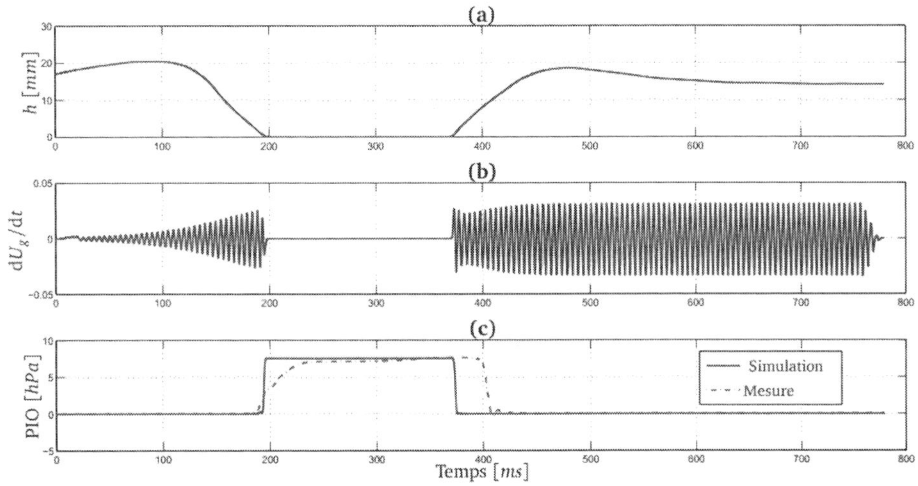

FIGURE 1 – Simulation numérique de la séquence /apa/ basée sur la théorie de Reynolds. **(a)** : h, interpolation polynomiale de l'ouverture des lèvres mesurée in-vivo toutes les 20 *ms* (paramètre de commande de la simulation). **(b)** : dU_g/dt, dérivée temporelle du débit glottique U_g simulé. **(c)** : Comparaison entre la PIO obtenue par la simulation numérique et la PIO mesurée in-vivo.

Le point de départ de cette étude vient de la différence entre des mesures in-vivo et des simulations pour la production de la séquence /apa/ (Pelorson *et al.*, 2011). La simulation numérique présentée sur la figure 1 repose sur une description bidimensionnelle de l'écoulement prenant en compte la formation d'un jet au niveau de la glotte et de la dissipation par turbulence. L'écoulement au niveau des lèvres est modélisé par la théorie de Reynolds des écoulements visqueux. Ce modèle théorique permet de retrouver une évolution et une amplitude de pression intra-orale similaire à celle mesurée in-vivo, en utilisant comme paramètres de contrôle l'aire intero-labiale et la pression subglotique choisie constante. Les résultats obtenus montrent que la PIO simulée atteint sa valeur maximum plus rapidement que la PIO mesurée. Un retard de la PIO mesurée par rapport à la simulation, apparait également au niveau de la chute de la pression lors de l'ouverture des lèvres. Ce modèle théorique de l'écoulement a été validé expérimentalement sur une réplique du système phonatoire (Maillou, 2011).
L'hypothèse qui a motivé ces travaux est que cet écart est dû à l'expansion des joues sous l'effet de la PIO. L'augmentation du volume de la cavité buccale provoquerait ainsi une dépression, responsable de l'effet observé. Ce phénomène pourrait également expliquer la chute de pression subglotique mesurée expérimentalement pour les plosives (Demolin, 2011). Cette chute est plus marquée dans le cas des plosives sourdes, lorsque l'espace glottique est le plus grand.
L'approche abordée ici est de modéliser le phénomène physique plutôt que les effets qui en résultent, de façon à limiter les paramètres de contrôle de la simulation numérique. La finalité est d'améliorer le réalisme de la simulation du point de vue de son comportement physique et de pouvoir prévoir l'évolution des paramètres physiques qui régissent la production de la parole.
À notre connaissance, l'expansion de la cavité buccale, n'est pas prise en compte dans les modèles physiques de production de parole existants.

3 Mesures in-vivo

3.1 Dispositif expérimental

L'identification du phénomène d'expansion des joues pendant la production de plosives bilabiales nécessite de réaliser des mesures sur l'humain. Les mesures in-vivo, ont été réalisé dans une chambre sourde à l'aide de la station EVA2^{TM}. La station EVA a été développé par le laboratoire « Parole et Langages » de l'université d'Aix en Provence, avec la collaboration du CHU Timone de Marseille (Giovanni *et al.*, 2006). Elle permet de réaliser des mesures acoustiques et aéroacoustiques pendant la production de parole. Nous mesurons la pression acoustique, notée P_{ac}, à la sortie du conduit vocal et la pression intra-orale, P_{io} à l'aide d'un tube de 5 mm de diamètre, placé à l'intérieur de la cavité buccale du sujet. Le capteur de pression absolue a, au préalable, été calibré en utilisant comme référence, les capteurs de pression utilisés dans la partie suivante, pour les mesures in-vitro. Les fréquences d'échantillonnage sont de 25 kHz pour le signal de pression acoustique et de $6,25$ kHz pour le signal de pression intra-orale.

La consigne donnée au sujet est de répéter 10 fois la séquence /apa/ pour deux conditions différentes :

- de manière naturelle : **N**,
- en exerçant une contrainte avec ses mains, pour empêcher ses joues de gonfler : **C**.

3.2 Analyse des résultats

La figure 2 montre un exemple représentatif des résultats obtenus. La pression intra-orale augmente significativement lorsque le sujet prononce la séquence /apa/. Cette augmentation de la PIO est provoquée par la fermeture des lèvres qui correspond à l'instant de fin du voisement de la voyelle précédente. L'évolution de la PIO peut se décomposer en trois parties, la phase d'augmentation, la phase où l'amplitude de la PIO peut être considérée comme constante puis la décroissance qui apparait à la réouverture des lèvres.

Nous cherchons à comparer la croissance de la PIO pour les deux conditions. La montée de pression qui apparait à la fermeture des lèvres est modélisée comme une droite dont la pente est déterminée par une régression linéaire. La figure 2.c illustre ce calcul. La portion de la courbe sur laquelle la régression linéaire est effectuée est délimitée par des symboles carrés. Ces instants considérés comme le début et la fin de la montée de la PIO, sont choisis manuellement. La croissance de la PIO est déterminée par le biais des coefficients directeurs, a_{pio}, des droites ainsi obtenues. Les résultats moyennés sur 10 occurrences sont présentés dans le tableau 1.

Conditions	ΔP_{io} $[hPa]$	a_{pio} $[hPa.s^{-1}]$
N	6,6	144,8
C	7,0	229,1

Tableau 1 – Mesures in-vivo : différences ΔP_{io} et croissances a_{pio} moyennes de la pression intra-orale sur 10 répétitions, pour les deux conditions de production.

Le tableau 1 montre que les ordres de grandeurs de la surpression dans la cavité buccale et sa

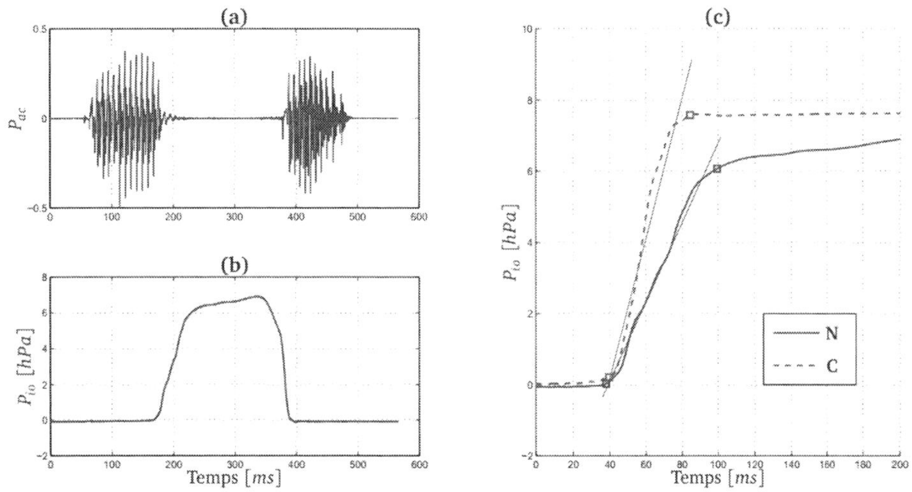

FIGURE 2 – Mesure in-vivo. **(a)** : Pression acoustique (P_{ac}) mesurée lors de la réalisation de la séquence /apa/ en condition de parole « naturelle »(**N**). **(b)** : pression intra-orale (P_{io}) mesurée simultanément. **(c)** : comparaison entre la montée de pression intra-orale modélisée comme une droite entre les symboles carrés, pour les deux conditions, naturelle (**N**) et avec une contrainte appliquée sur les joues (**C**).

croissance dans le temps sont respectivement de quelques hectopascals et de la centaine d'hectopascals par seconde. La croissance de la PIO mesurée est plus forte pour la condition **C**. L'écart type obtenu sur les coefficients a_{pio} pour chaque condition est relativement faible devant la différence entre les valeurs moyennes, un test de Student permet de discriminer les deux conditions, avec un seuil de 1 %. L'expansion des joues a donc une influence dans le cas des plosives bilabiales.

Pour ce protocole, des mesures in-vivo ne permettent pas de contrôler précisément les paramètres physiques mis en jeux. Dans la partie suivante, cette expérience est reproduite en laboratoire. L'objectif est d'obtenir un meilleur contrôle de l'ensemble des paramètres, afin de pouvoir par la suite, valider des modèles théoriques.

4 Mesures in-vitro

4.1 Dispositif expérimental

Les mesures in-vitro ont été réalisé sur une maquette à l'échelle 3 de l'appareil phonatoire humain. Elle se compose de différents éléments :

- un réservoir de pression, parallélépipédique d'environ $0,6\ m^3$ de volume, alimenté par un compresseur,
- une maquette de plis vocaux, constituée par une constriction crée par deux demi-cylindres,

- une maquette de lèvres en métal, dont le mouvement de la partie supérieure est contrôlé soit par un moteur, soit manuellement,
- un tube rigide, en plexiglas de 16 cm de longueur, ou bien un tube souple, en latex de 10 cm de longueur et de $0,2$ mm d'épaisseur, les deux diamètres étant de $2,5$ cm,
- des tubes en métal qui relient les différents éléments entre eux en assurant l'étanchéité de l'ensemble.

La configuration de l'ensemble du dispositif est schématisée en figure 3. Les pressions P_0 et P_1 correspondantes respectivement aux pressions subglotique et intra-orale, sont mesurées par des capteurs de pression différentiels piezo-résistif Endevco^{TM}, calibrés à l'aide d'un manomètre à eau. La précision de la calibration est de ± 5 Pa. Un capteur optique permet de mesurer précisément l'ouverture des lèvres en métal. Les signaux enregistrés sont conditionnés puis numérisés à l'aide d'une carte d'acquisition National Instruments^{TM}.

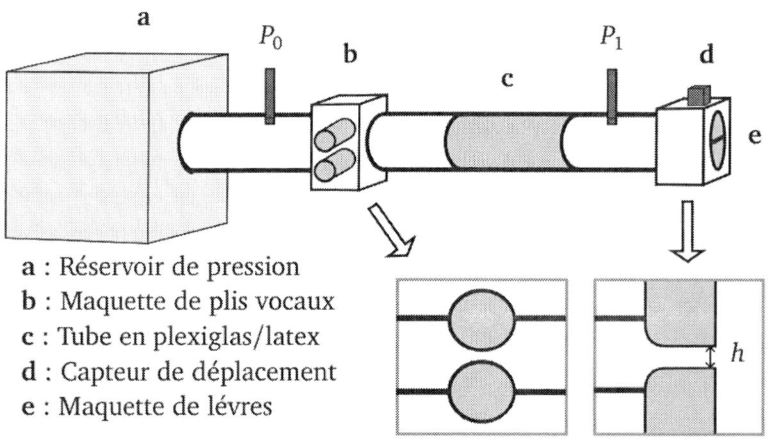

FIGURE 3 – Schéma du dispositif expérimental : maquette du système phonatoire, capteurs de pression mesurant P_0 et P_1 et capteur optique mesurant l'ouverture h des lèvres en métal.

La fermeture des lèvres est réalisée manuellement. On observe, pendant cette opération, que le diamètre du tube de latex augmente d'environ 2 mm sous l'effet de la pression.

4.2 Analyse des résultats

Les signaux de pression mesurés sont filtrés passe-bas de manière à supprimer la composante due à l'acoustique et améliorer la lisibilité des graphiques. Le filtre passe-bas est de type Butterworth, d'ordre 5. La fréquence de coupure est fixée à 50 Hz. La figure 4 présente la superposition de deux mesures réalisées avec les tubes de plexiglas et de latex, pour lesquelles la fermeture des lèvres est similaire. L'augmention de la valeur de P_1 mesurée est bien synchrone avec la fermeture des lèvres dans les deux cas et sa croissance est plus faible avec le tube en latex.
La croissance de P_1 à la fermeture des lèvres est quantifiée de la même manière que précédemment : par une régression linéaire. Le tableau 2 présente les résultats pour les mesures in-vitro.

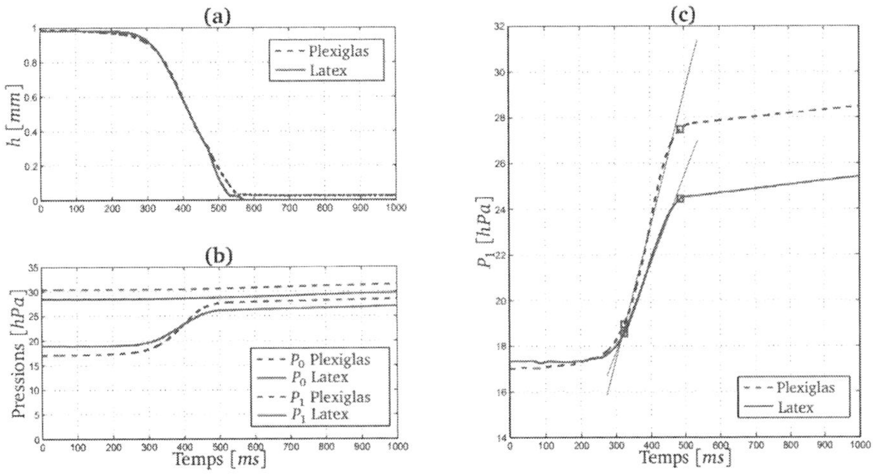

FIGURE 4 – Comparaison des mesures obtenues avec le tube rigide et le tube souple. **(a)** : ouverture des lèvres. **(b)** : P_0 et P_1 mesurés avec les deux tubes pour une fermeture des lèvres similaires. **(c)** : comparaison entre les montées de P_1 dans les deux configurations. La courbe décrivant l'évolution de P_1 pour le tube en latex a été recalée au niveau de celle pour le tube en plexiglas. Les droites modélisant la croissance de P_1 sont obtenues par régression linéaire sur les portions de courbes délimitées par les symboles carrés.

Tubes	ΔP_1 $[hPa]$	a_{P1} $[hPa.s^{-1}]$
Plexiglas	8,5	58,5
Latex	5,9	38,8

Tableau 2 – Mesures in-vitro : différence de pression P_1 et coefficient directeur de la droite modélisant la croissance de P_1 pour le tube rigide (plexiglas) et le tube souple (latex)

Bien que l'ordre de grandeur de la différence de pression P_1 avant et après la fermeture des lèvres est similaire à la différence de PIO mesurée chez l'humain, la différence entre la durée de la croissance entre les mesures in-vivo et vitro fait que les coefficients a_{P1} et a_{pio} ne sont pas comparables. Cette durée est de 200 *ms* pour les mesures in-vitro (figure 4) et de 50 *ms* chez l'humain (figure 2). Cependant, l'augmentation de la croissance de la PIO, qui résulte de la rigidité de la cavité buccale est du même ordre de grandeur dans les deux cas : 51% pour les mesures in-vitro et 58% pour les mesures in-vivo. La différence constatée peut s'expliquer par le fait que le latex choisi est plus rigide que les joues humaines. L'estimation des paramètres de raideur du tube en latex est une étape nécessaire à la modélisation physique de ce phénomène, qui fera l'objet de futurs travaux.

5 Conclusion

L'expansion des joues semble donc avoir un effet aérodynamique considérable. Celui-ci se traduit par une réduction de l'évolution de la pression intra-orale, particulièrement sensible dans la phase de fermeture des lèvres. Des variations de croissance de l'ordre de 60 % ont pu être observées in-vivo sur le temps de montée de la pression intra-orale. Ce phénomène a pu être reproduit in-vitro au moyen d'une maquette du système phonatoire.
Nos travaux portent à présent sur la modélisation théorique de ce phénomène, qui sera validée, in-vitro, sur le banc expérimental. Une étude semblable sur la décroissance de la pression intra-orale permettrait de déterminer si, lors de la réouverture des lèvres, l'expansion des joues a un effet similaire.

Remerciements

Ce travail est supporté par la région Rhône-Alpes par le bais d'une bourse CIBLE et du projet ANR Plasmody : Plasticité et Multimodalité pour la Communication Orale chez le Sourd.

Références

DEMOLIN, D. (2011). Communication personnelle.

GIOVANNI, A., YU, P., RÉVIS, J., GUARELLA, M., TESTON, B. et OUAKNINE, M. (2006). Analyse objective des dysphonies avec l'appareillage eva, état des lieux. *Revue Oto-Rhino-Laryngologie Française*, 90:183–192.

MAILLOU, B. (2011). Approche physique de la voix d'une personne sourde. Mémoire de D.E.A., Université du Maine.

MCGOWAN, R., KOENIG, L. et LÖFQVIST, A. (1995). Vocal tract aerodynamics in /aca/ utterances : Simulations. *Speech Communication*, 16:67–68.

PELORSON, X., MAILLOU, B., BEAUTEMP, D., VILAIN, A., HERMANT, N., SAVARIAUX, C. et LAVAL, X. (2011). Fluid mechanical interactions during vowel-plosive production. Présentation, Pan-European Voice Conferences.

Analyse acoustique de contrastes atypiques en anglais d'Irlande du Nord

Pauline Stephan[1] *Emmanuel Ferragne*[1]
(1) CLILLAC-ARP / Université Paris 7
stephan.pauline@gmail.com

RESUME

Cet article s'inscrit dans le cadre des travaux de recherche menés sur le statut problématique des contrastes dérivés. Il consiste en une analyse acoustique de deux contrastes vocaliques atypiques en anglais d'Irlande du Nord. Le premier contraste étudié naît de la variante nord-irlandaise de la Loi d'Aitken – selon laquelle une voyelle s'allonge lorsqu'elle est suivie par le morphème du passé /d/. Une deuxième partie est dédiée à l'étude d'un phénomène de diphtongaison bloqué par la présence d'une frontière morphémique. Il sera alors question de décrire la nature phonétique des voyelles concernées et de se demander dans quelle mesure la prononciation de paires telles que *daze/days* relève d'une opposition phonémique.

ABSTRACT

Acoustic analysis of atypical contrasts in Northern-Irish English

This paper participates in the discussion about the problematic status of the so-called "derived contrasts". Our study consists in an acoustic analysis of two vowel contrasts in Northern-Irish English. The first one arises from the Ulster variant of the Aitken law – according to which a vowel is appreciably longer when followed by the past morpheme /d/. A second part of this article deals with a process of vowel breaking which applies everywhere except at morpheme boundaries. We will thus describe the phonetic nature of the vowels under scrutiny and examine to what extent the pronunciation of pairs such as *daze/days* can be considered as phonemic contrasts.

MOTS-CLES : phonétique, phonologie, anglais, contrastes dérivés, Irlande du Nord
KEYWORDS : phonetics, phonology, English, derived contrasts, Ulster

1 Introduction

La classification des sons d'une langue s'articule ordinairement autour de la distinction entre contrastes phonémiques et variantes allophoniques. L'herméticité de ces deux catégories est cependant remise en question par de nombreux auteurs (Hall, 2009 ; Scobbie, 2006) et faits linguistiques – rendement fonctionnel faible, distribution lacunaire de certains phonèmes, etc.

Notre étude a pour but de soutenir l'existence de plusieurs degrés d'allophonie et de phonémicité à travers l'analyse phonétique acoustique de trois contrastes atypiques en anglais d'Irlande du Nord. Deux d'entre eux sont des phénomènes vocaliques – d'allongement (Loi d'Aitken) et de diphtongaison. Le troisième consiste quant à lui en la dentalisation de consonnes normalement alvéolaires. Chacun de ces phénomènes est conditionné par la présence ou non d'une frontière morphémique, donnant ainsi lieu à des paires minimales telles que *brood/brew#ed, daze/day#s* et *flatter/flat#er*.

Ces faits ont notamment été soulevés par Wells (1982) et Harris (1990, 2006). Il s'agira alors de les vérifier acoustiquement et de préciser leur portée. Cet article présente les résultats préliminaires de nos recherches sur les contrastes dérivés vocaliques nord-irlandais.

2 Méthode

2.1 Déroulement de l'expérience

Seize paires minimales ou quasi-minimales (cf. table 1) ont été sélectionnées et mises en contexte. Trente mots-cibles ont été insérés à la fin de courtes phrases telles que :

« You can't say "more flat", you have to say "**flatter**"».

Seuls les mots de la paire *grain/greyness* ont été introduits en milieu de phrase, afin de conserver un schéma accentuel semblable :

« The whole grain essential, what you need to eat. »

« The sky's greyness also, added to my gloom. »

Les phrases se succédaient dans un ordre prédéfini qui mélangeait les paires et les types de contraste – afin d'éviter que les participants ne repèrent l'objet de notre étude.

Forme mono-morphémique	Forme dérivée / composée	sens dans la phrase
brood	**brewed**	progéniture – infusé
crude	crewed	vulgaire – avait un équipage
side	sighed	côté – soupira
tide	tied	marée – liés
daze	**days**	étourdissement – jours
staid	stayed	insipide – étiez resté
Daly	daily	Daly – quotidiennement
grain	greyness	céréales – morosité
Reagan	ray-gun	Reagan – pistolet-laser
flatter	**flatter**	flatter – plus plat
litter	fitter	litière – installateur
butter	cutter	beurre – massicot
ladder	sadder	échelle – plus triste
Tennessee train	seat rain cover	train – protège-siège
pillar	filler	colonne – remplisseuse
manner	planner	manière – organisateur

TABLE 1 – Liste des 12 paires minimales employées dans l'étude.

L'expérience s'est déroulée à Enniskillen, ville nord-irlandaise de 13500 habitants située au centre du comté Fermanagh. Huit membres du personnel de la Portora Royal School ainsi que seize élèves de plus de 16 ans y ont participé – soit vingt-deux participants de sexe masculin et deux de sexe féminin. L'étude s'est réalisée en pièce calme à l'aide du logiciel d'enregistrement ROCme! (Ferragne, Flavier et Fressard, 2011). Un questionnaire était rempli en début d'expérience afin de recueillir des informations sur l'âge, les origines géographiques et sociales du participant ainsi que les langues couramment parlées par celui-ci.

2.2 Analyse acoustique

Le signal du microphone cardioïde a été directement converti au format numérique PCM mono avec un taux d'échantillonnage de 44,1 kHz et une résolution de 16 bits. Les fichiers audio ont été segmentés manuellement et analysés sous Praat. Le relevé des valeurs de formant a été réalisé à l'aide d'un script permettant d'ajuster manuellement les estimations automatiques avec le spectrogramme correspondant. Les voyelles ont été analysées selon des paramètres de durée brute, durée normalisée (exprimée comme une fraction de la durée du mot) et de distance parcourue par les formants – la distance parcourue par F2 et la distance parcourue sur le plan F1/F2 en Bark ont ainsi été calculées à partir de 13 valeurs couvrant l'intégralité de la durée de la voyelle. Ces données ont été examinées au moyen de t-tests et de régressions logistiques.

3 Phénomènes vocaliques

3.1 Scottish Vowel Length Rule

En 1609, la « Plantation d'Ulster » fit venir un très grand nombre d'Écossais en Irlande du Nord. Cette population immigrante contribua aux particularités de l'anglais nord-irlandais. C'est pourquoi, d'après les observations faites par Wells (1982), la phonologie de l'anglais d'Ulster présente quelques similarités avec l'anglais écossais. L'une d'entre elles est connue sous le nom de « Loi d'Aitken » (ou « Scottish Vowel Length Rule »). Le phénomène étudié dans cette partie en est issu. Il consiste en l'allongement des voyelles /i/, /u/ et /aɪ/ (avec variation de timbre pour /aɪ/) en présence du suffixe passé /d/ (Scobbie, 2006).

Ainsi, les voyelles courtes de *brood, crude, tide, side* contrastent avec les voyelles longues de *brewed, crewed, tied, sighed* en anglais écossais et nord-irlandais. Ces quatre paires sont pourtant parfaitement homophoniques en anglais britannique standard.

3.1.1 [aɪ] : *tide/tied* et *side/sighed*

Une différence de timbre est confirmée par les t-tests appariés menés sur les paires *tide/tied* et *side/sighed*. La distance parcourue sur F1/F2 se montre en effet discriminante avec une probabilité critique de $p=0{,}027$ pour la paire *tide/tied* et $p=0{,}003$ pour *side/sighed*. La différence estimée par les intervalles de confiance à 95% est comprise entre 0,1 et 0,9 Bark; soit une prononciation plus diphtonguée des voyelles de *tie#d* et *sigh#ed*, ce qui est conforme à nos prédictions.

Une régression logistique, opposant les voyelles des items mono-morphémiques aux les voyelles des mots suffixés, aboutit à une conclusion similaire. Ces résultats définissent la distance parcourue sur F1/F2 comme étant la plus propice à expliquer une différence entre les deux groupes de voyelles ($p=0{,}012$ après test de Wald). Le rapport des cotes (ou « odds ratio ») pour ce facteur est égal à 2,35. En d'autres termes, les chances d'avoir affaire à une voyelle mono-morphémique accroissent de 135% par Bark supplémentaire parcouru dans le plan F1/F2.

3.1.2 [u:] : *brood/brewed* et *crude/crewed*

Les résultats des t-tests appariés sur la voyelle [u:] sont plus difficilement interprétables. D'après les études réalisées sur la Scottish Vowel Length Rule (Scobbie, 2006 ; Harris 1990), un contraste de durée (plus que de timbre) devrait apparaître. Or, seule la distance parcourue sur F1/F2 pour la paire *brood/brewed* est jugée significative (p = 0,033). La différence estimée par l'intervalle de confiance est comprise entre 0,31 et 0,6 Bark ; soit un schéma formantique moins stable pour la voyelle de *brew#ed*.

De même, si on effectue une régression logistique à partir des données des deux paires simultanément, les paramètres de durée ne sont pas significatifs. La distance parcourue sur le plan F1/F2 est jugée plus apte à expliquer une différence entre les deux groupes de voyelles (avec p = 0,015 après test de Wald). Le rapport des cotes pour ce facteur est égal à 3,36.

3.2 Contraste de type *daze/days*

En anglais d'Irlande du Nord, la voyelle britannique de FACE est réalisée :

- comme une monophtongue ([ɛ:]) en syllabe ouverte finale ou lorsqu'elle est suivie par un suffixe flexionnel ou de dérivation – tel /z/, /d/ ou /lɪ/
- comme une diphtongue ([eə] ou [ɪə]) dans les autre cas.

Ainsi, *daze/day#s*, *staid/stay#ed* ou encore *Daly/dai#ly* (day + suffixe) sont susceptibles de constituer des paires minimales au sens strict du terme :

[dɪəz] / [dɛ:z]
[stɪəd] / [stɛ:d]
[dɪəlɪ] / [dɛ:lɪ]

Les productions issues de ce phénomène sont donc à la fois prévisibles *et* contrastives. (Krämer, 2009 ; Harris, 1990 ; Wells, 1982)

3.2.1 Résultats

D'après les résultats des t-tests, résumés dans la table 2, les réalisations du contraste s'avèrent très hétérogènes – ce dernier étant plus ou moins présent et marqué selon les paires et selon les locuteurs.

La différence entre les voyelles de *staid* et *stayed* est par exemple très distincte, tandis que les paires contenant des noms propres (*Reagan/ray-gun* et *Daly/daily*) ne donnent quasiment aucun résultat significatif. Nous pouvons envisager plusieurs explications à cela, parmi lesquelles :

– Le fait que le nom « Ronald Reagan » soit peu connu des participants lycéens (quelques hésitations peuvent en effet être perçues sur les enregistrements.)

– Le fait que les noms « Ronald Reagan » et « Tom Daly » (acteur américain) soient associés à une prononciation américaine et soient ainsi plus hermétiques au phénomène de diphtongaison.

	daze/days	*Daly/daily*	*staid/stayed*	*Reagan /ray-gun*	*grain/greyness*
durée brute	-	-	-	+	+
durée normalisée	+	x	+	-	non représentative
distance parcourue par F2	-	-	+	(p = 0,055)	-
distance parcourue sur F1/F2	-	-	(p= 0,054)	-	-
variance de F2	+	-	+	-	-

TABLE 2 – Résultats des t-tests : valeurs de p <0,05 (+), p>0,05 (-), résultats contradictoires (x).

L'étude simultanée de toutes les voyelles s'avère plus probante. Une régression logistique fait ressortir la distance parcourue par F2 comme étant le paramètre le plus apte à expliquer la différence conjecturée. En analysant toutes les paires (à l'exception de *grain/greyness* pour laquelle la durée normalisée n'avait pas été calculée) nous obtenons une valeur critique de p=0,005 après test de Wald. La distance parcourue par le deuxième formant de la voyelle est alors plus grande pour les items mono-morphémiques que pour les items suffixés.

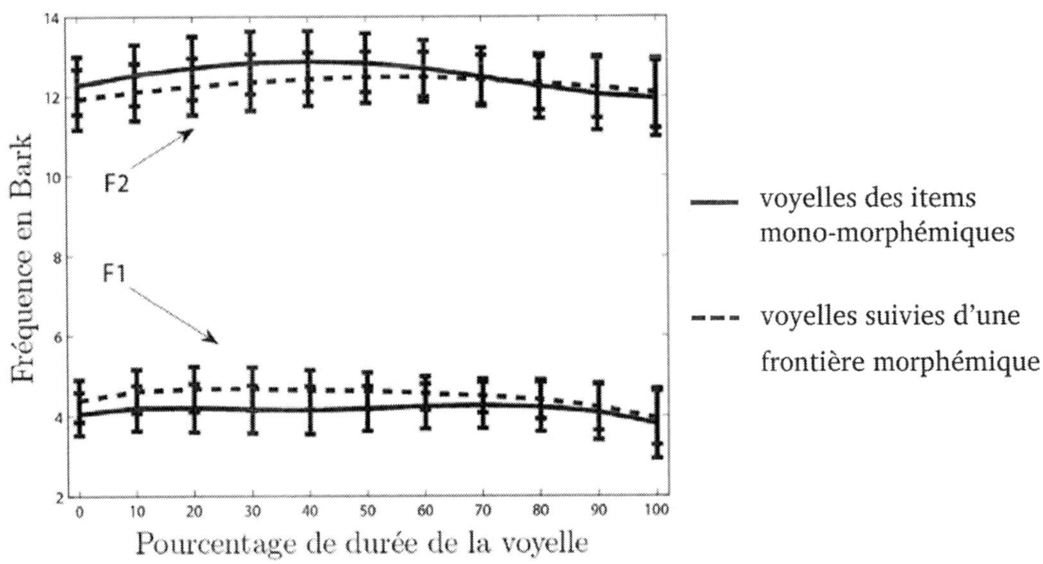

FIGURE 1 – Progression des moyennes des valeurs des deux premiers formants et de leurs écarts types pour les voyelles de toutes les paires de type *daze/days*.

La figure 1 présente ainsi une progression plus ample des valeurs de F2 pour les voyelles des items mono-morphémiques. La moyenne du deuxième formant est dans un premier temps plus élevée que pour les voyelles des items suffixés ; puis la valeur du formant décroit et la moyenne redescend légèrement en dessous des valeurs correspondant aux voyelles des items suffixés. [ɛ] étant une voyelle plus postérieure que [ɪ] ou [e] mais plus antérieure que [ə], ces résultats vont dans le sens de l'hypothèse théorique. De même, [ɛ] étant une voyelle plus ouverte que [ɪ], [e] et [ə], il est rassurant d'obtenir, pour les voyelles des items mono-morphémiques, des valeurs de F1 inférieures à celles des items suffixés.

4 Conclusion

L'existence des contrastes analysés dans cet article, quoique avérée, ne donne cependant pas lieu à des différences acoustiques très marquées si l'on se fie aux paramètres que nous avons mesurés : durée, durée normalisée, distance parcourue sur F2, distance parcourue dans F1/F2 en Bark. Pour les paires de type *tide/tied* et *side/sighed*, la distance parcourue dans F1/F2 – supérieure pour l'item bi-morphémique (*tied* et *sighed*) – constitue l'indice le plus fiable. En ce qui concerne le contraste *brood/brewed*, une différence de timbre – que nous n'attendions pourtant pas – apparaît à travers la distance F1/F2, alors que la différence de durée attendue n'a pas pu être mise en évidence. Il semble donc que, contrairement à ce qui avait été trouvé à Glasgow (Ferragne, Afonso-Santiago et Pellegrino, 2010) nos locuteurs enregistrés à Enniskillen en Irlande du Nord ne présentent pas l'allongement vocalique conditionné par le suffixe /d/. Pour ce qui est des contrastes dérivés du type *daze/days*, si l'on prend chaque paire séparément, les résultats sont très hétérogènes. La régression logistique menée sur toutes les paires simultanément (hormis *grain/greyness*) révèle la pertinence de la distance parcourue sur F2 pour expliquer la différence entre la voyelle de l'item mono-morphémique (distance plus grande) et celle de l'item bi-morphémique.

Les résultats contrastés que nous obtenons peuvent être dus à un certain nombre de facteurs. D'abord, nous n'avons aucune garantie a priori que les locuteurs enregistrés présentaient tous les contrastes étudiés. Il se peut donc que nous ayons inclus dans les analyses deux types de locuteurs : avec et sans le contraste qui nous intéressait. Les metadonnées recueillies en début d'expérience n'ont cependant pas fait apparaitre de paramètre permettant de discriminer certaines catégories de participants. Enfin, on ne peut pas exclure que le caractère prévisible des phrases dans lesquelles les mots apparaissaient ait pu favoriser une forme d'hypo-articulation, rendant la détection d'un contraste plus difficile. Cette étude constitue une première étape dans notre analyse du statut phonologique des contrastes dérivés en anglais d'Irlande du Nord. Elle sera rapidement suivie par un bilan de l'analyse des contrastes consonantiques et une série d'expériences de perception.

Remerciements

Nous remercions Nathalie Llorens, le personnel et les élèves de la Portora Royal School pour leur accueil. Ce travail a été financé dans le cadre de l'ANR COREGRAPHY, P.I. : Emmanuel Ferragne.

Références

FERRAGNE, E., AFONSO-SANTIAGO, J. et PELLEGRINO, F. (2010). "*Etude acoustique d'un contraste dérivé en anglais d'Ecosse*", actes de Journées d'Etude sur la Parole, Mons, 25-28 mai

FERRAGNE, E., FLAVIER, S. et FRESSARD, C. (2011). ROCme! (Version 1.1) [Logiciel informatique] Téléchargeable sur `www.ddl.ish-lyon.cnrs.fr/rocme` [consulté le 06/02/2012].

HALL, K. C. (2009). *A Probabilistic Model of Phonological Relationships from Contrast to Allophony.* Ph.D. dissertation, Ohio State University.

HARRIS, J. (1990). Derived phonological contrasts. *In* Susan Ramsaran (ed.), *Studies in the pronunciation of English: a commemorative volume in honour of A.C. Gimson*, pages 87-1-5. London: Routledge.

HARRIS, J. (2006). Wide-domainr-effects in English. *In UCL Working Papers in Linguistics 18.*

KRÄMER, M. (2009). *Br[eə]king news: Microvariation in Northern Irish derived contrasts.* Talk given at the University of Ulster at Jordanstown, Northern Ireland, 26 January 2009.

SCOBBIE, J. M. et STUART-SMITH, J. (2006) Quasi-phonemic contrast and the fuzzy inventory: examples from Scottish English. *In QMU Speech Science Research Centre Working Papers.*

WELLS, J. C. (1982). *Accent of English. Vol 2: the British Isles.* Cambridge: Cambridge University Press.

VisArtico : visualiser les données articulatoires obtenues par un articulographe

Slim Ouni[1,2] *Loïc Mangeonjean*[2]
(1) LORIA - UMR 7503, 54506 Vandoeuvre-lès-Nancy Cedex
(2) Université de Lorraine

Slim.Ouni@loria.fr

RESUME

Dans cet article, nous présentons VisArtico, un logiciel de visualisation de données articulatoires obtenues par un articulographe, l'AG500. Ce logiciel permet de visualiser les positions des capteurs et de les animer simultanément avec l'acoustique : l'utilisateur a la possibilité de visualiser le contour de la langue et des lèvres. Il permet également de trouver le plan midsagittal du locuteur, et déduire la position du palais, si cette information est absente lors de l'acquisition. De plus, VisArtico offre la possibilité d'étiqueter phonétiquement les trajectoires. D'autres fonctionnalités sont également décrites. L'objectif est de fournir un outil efficace de visualisation de données articulatoires qui peut être utile à toute personne étudiant la production de la parole.

ABSTRACT

VisArtico : visualizing articulatory data acquired by an articulograph

In this paper, we present VisArtico, visualization software of articulatory data acquired by an articulograph, AG500. The software allows displaying the positions of the sensors that are simultaneously played with the speech signal. It is possible to display the tongue contour and the lips contour. The software helps to find the midsagittal plane of the speaker and find the palate contour. In addition, VisArtico allows labeling phonetically the articulatory data. Our main goal is to provide an efficient tool to visualize articulatory data for researchers working in speech production field.

MOTS-CLES : Articulographe, visualisation, production de la parole, conduit vocal, EMA.
KEYWORDS : Articulograph, visualization, speech production, vocal tract, EMA.

1 Introduction

L'étude de la production de la parole se fait aussi bien au niveau acoustique qu'au niveau articulatoire. Contrairement aux techniques d'acquisition acoustique, les techniques d'acquisition articulatoire sont des tâches délicates qui rendent la collecte de données difficile. L'imagerie aux rayons-X a d'abord été utilisée durant plusieurs décennies (Ghazali, 1977 ; Bothorel et al., 1986). Mais son utilisation a été fortement réduite, voire même interdite dans certains pays, compte tenus des risques qu'elle représente pour la santé. Aujourd'hui, d'autres techniques, comme l'imagerie à résonnance magnétique (IRM), l'utilisation de techniques par échographie (US) ou encore l'électromagnétographie (EMA), sont utilisées. Les données obtenues par ses techniques permettent de suivre le mouvement de la langue, de la mâchoire et des lèvres. Certaines techniques offrent une bonne résolution spatiale (IRM), et une bonne résolution temporelle (EMA).

Dans ce papier, nous nous intéressons à la visualisation des données articulatoires obtenues par l'EMA. C'est une technique d'acquisition de données articulatoires consistant à suivre la position de petites bobines électromagnétiques collées sur les articulateurs de la parole. La position de ces bobines est calculée en mesurant les courants électriques produits par leurs déplacements lorsqu'elles sont soumises à plusieurs champs magnétiques de faible intensité, généralement trois, dont les caractéristiques dépendent du temps (Perkell et al. 1992 ; Hoole, 1996). Cette technique ne présente aucun danger connu pour la santé des sujets. Nous nous intéressons en particulier à la visualisation des données obtenues par l'articulographe 3D, AG500 (Carstens Medizinelektronik GmbH, Allemagne) qui permet de mesurer le déplacement simultané de 12 capteurs à une fréquence de 200 Hz. Les capteurs sont collés généralement sur la langue, les lèvres, et sur une des incisives. Trois capteurs sont généralement utilisés pour annuler les effets du mouvement de la tête et situer les données articulatoires par rapport à un repère fixe. En effet, le locuteur peut avoir un mouvement assez libre dans le cube de l'articulographe. Après un post-traitement des données, le logiciel Calpos, fourni avec l'articulographe permet d'obtenir en sortie des données avec 5 degrés de liberté pour chaque capteur (3 coordonnées spatiales en x, y et z et 2 coordonnées angulaires). Les chercheurs doivent par la suite utiliser leurs propres moyens (scripts, programmes, etc.) pour interpréter ces données en fonction de l'objectif de l'étude. Malheureusement cela limite énormément l'exploitation de l'articulographe pour les chercheurs qui n'ont pas forcément de connaissances avancées en informatique. Par exemple, les phonéticiens sont très intéressés par les données articulatoires, mais en l'absence d'un logiciel adéquat pour visualiser ces données, l'utilisation de l'articulographe reste très réduite.

Quelques logiciels qui permettent de visualiser les données EMA existent, comme EMATOOLS (Nguyen, 2000) ou JustView (Carstens, 2006). Malheureusement, certains logiciels ne sont plus maintenus ou disponibles, ou bien il faut les utiliser avec d'autres logiciels, comme MATLAB, par exemple. Ce dernier nécessite un effort de programmation de script, pour arriver à visualiser correctement les données.

Pour ces raisons, nous proposons le logiciel VisArtico qui permet de visualiser des données articulatoires obtenues par un articulographe. Le logiciel a été pensé de telle façon que les données fournies par l'articulographe soient directement utilisées. VisArtico permet de visualiser les gestes articulatoires simultanément avec l'acoustique correspondante. Ce logiciel ne permet pas uniquement de visualiser les capteurs mais il enrichit l'information visuelle en indiquant clairement et graphiquement les données relatives à la langue, aux lèvres et à la mâchoire. Dans la suite de cet article, nous présentons le logiciel et ses principales fonctionnalités.

2 Interface utilisateur de *VisArtico*

2.1 Description de l'interface

VisArtico étant un logiciel de visualisation, l'interface utilisateur en est une composante importante. Nous présentons dans la suite, une description de l'interface graphique du logiciel (voir figure 1). L'interface est composée de trois modules :

(1) une représentation spatiale 3D des capteurs

La position de chaque capteur dans l'espace ainsi que leur orientation sont représentées dans un repère tridimensionnel qui est celui de l'articulographe. L'utilisateur a ensuite la possibilité de relier certains capteurs entre eux par des segments ou des splines, si la disposition des capteurs exploite la troisième dimension. Il est également possible de montrer toutes les positions des capteurs sous forme de nuage de points. Cette vue permet d'exploiter pleinement l'AG500 pour représenter les données en 3D. Rappelons que les versions précédentes, AG100 et AG200 ne permettent de représenter les données que dans un plan.

(2) une représentation midsagittale des capteurs

La représentation midsagittale permet de présenter dans un repère 2D une vue midsagittale du conduit vocal qui laisse apparaître le contour de la langue, des lèvres, et de la mâchoire. La forme de la mâchoire est approximative et a pour unique but une meilleure interprétation des données. La forme du palais peut également être affichée si l'information est disponible. Enfin, une vue de face des lèvres est aussi disponible pour observer le degré d'ouverture des lèvres. Cette vue offre une représentation des données qui intéresse une grande partie de chercheurs dans le domaine de la production de la parole, comme les phonéticiens par exemple.

(3) une représentation temporelle des trajectoires

Ce module permet de visualiser les trajectoires articulatoires d'un ou de plusieurs capteurs selon toutes les informations disponibles (position et orientation) ainsi que le signal acoustique et l'étiquetage phonétique correspondants. Les trajectoires peuvent être affichées dans un seul ou plusieurs panels. Cette représentation temporelle permet également de sélectionner des segments de temps. Cette sélection peut se faire au niveau des phonèmes si l'étiquetage phonétique est disponible.

VisArtico permet d'animer les trois vues simultanément. Le déplacement du curseur dans le module temporel change instantanément la vue spatiale correspondante.

2.2 Etiquetage

Ajouter de l'information phonétique est très utile pour une meilleure interprétation des gestes articulatoires. Visartico permet l'étiquetage des données articulatoires. L'utilisateur peut le faire directement par l'interface utilisateur du logiciel, ou bien il peut importer un étiquetage réalisé par un autre logiciel comme Winsnoori (Laprie, 2002), ou Praat (Boersma, 2001), ou encore un format propre très simplifié qui est représenté par un temps de début, un temps de fin et le symbole phonétique correspondant. Nous envisageons d'ajouter d'autres formats provenant d'autres logiciels qui sont très utilisés par la communauté de la communication parlée. Il est possible d'ajouter plusieurs niveaux d'étiquetage. Par exemple, nous pouvons avoir un étiquetage au niveau des phonèmes, des mots, des phrases, etc.

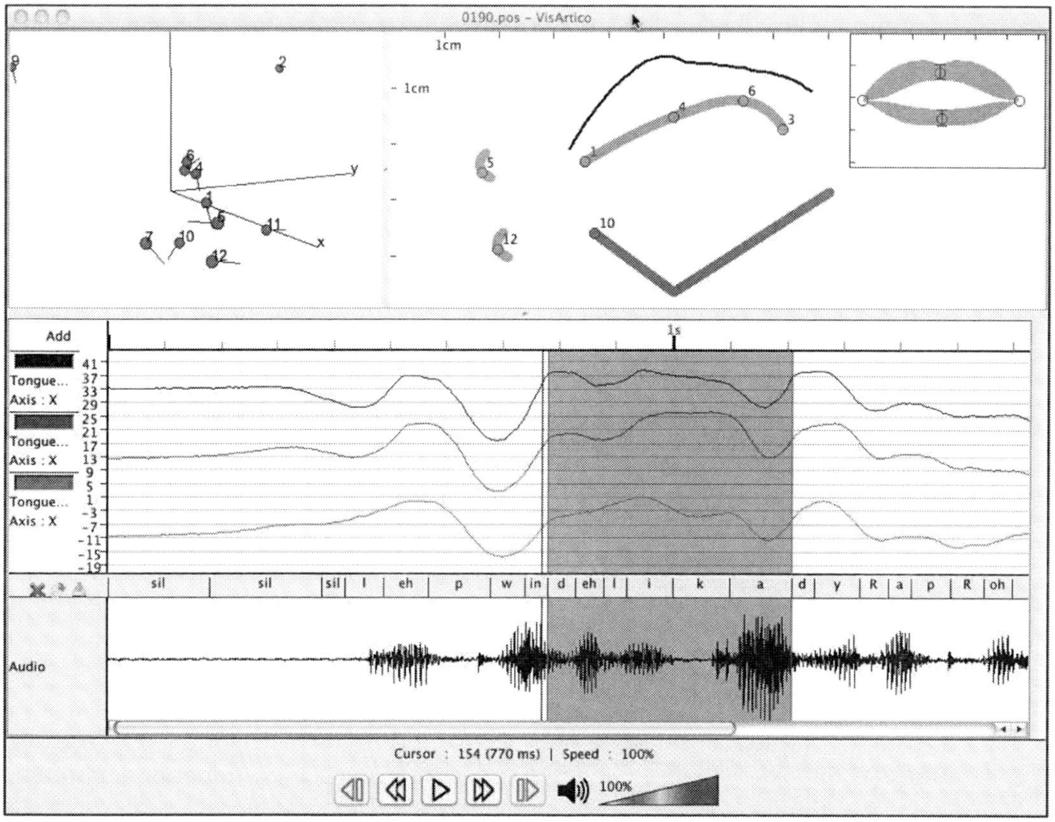

Figure 1 – Interface graphique de VisArtico. 3 vues sont disponibles : une vue 3D, une vue 2D midsagittale, et une vue temporelle représentant les trajectoires articulatoires et le signal acoustique.

2.3 Configuration

Lorsque les données sont chargées pour la première fois par le logiciel, ce dernier ne connaît pas la configuration des capteurs, c.-à-d. quels sont les capteurs mis sur la langue, ceux sur les lèvres, etc. L'outil de configuration, représenté par la figure 2, permet de faire cette association entre capteurs et articulateurs. Les articulateurs proposés sont : la langue, les lèvres, la mâchoire et le voile du palais. La forme de la mâchoire est approximative. Le contour de langue est réalisé en connectant les capteurs de la langue, soit par des segments, soit par une spline, pour approcher la forme réelle de la langue. Le logiciel peut déterminer la forme des lèvres à partir de 2 capteurs (par interpolation) et jusqu'à 4 capteurs (deux capteurs au niveau des commissures, un capteur au niveau de la lèvre supérieure et un au niveau de la lèvre inférieure).

Le module de configuration permet de déterminer le plan midsagittal du locuteur, ce qui permettrait une meilleure interprétation de la vue midsagittale. En effet, lors de l'acquisition, on s'arrange pour que les capteurs de la langue soient placés sur le plan midsagittal du locuteur. Néanmoins, l'orientation du locuteur dans le cube de l'articulographe peut ne pas être bien aligné avec le repère de l'articulographe. VisArtico utilise les positions des capteurs de la langue, pour déterminer le plan midsgittal. Il s'agit de déterminer la droite directrice du nuage de points de ces capteurs. Par la suite, le logiciel effectue une rotation par rapport à cette droite. Dans la figure 2, les trois têtes (représentant les vues) montrent le résultat de cette correction. La flèche rouge indique l'orientation du plan midsagittal.

L'utilisation de cet outil de configuration se fait une seule fois pour une acquisition donnée. Le logiciel se rappellera de la configuration pour les autres sessions d'une

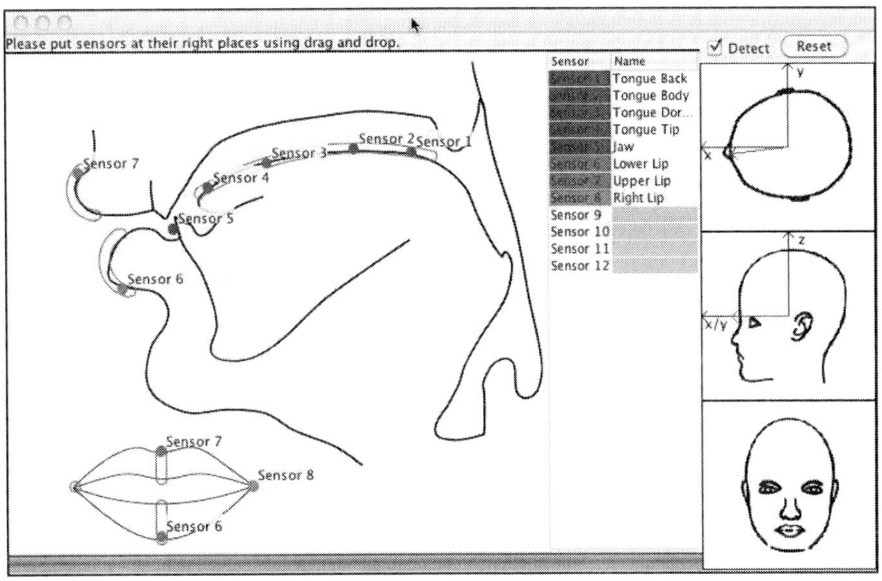

même acquisition.

Figure 2 – Module de configuration. Il permet d'indiquer l'emplacement de chaque capteur au niveau du conduit vocal et de déterminer le plan midsagittal du locuteur.

3 Quelques fonctionnalités

3.1 Détection du contour du palais

La visualisation du palais permet une meilleure interprétation du mouvement de la langue. Elle aide notamment à mieux voir les lieux de constriction. Lors d'une acquisition par l'articulographe, on utilise généralement l'une des sessions pour enregistrer le contour du palais. Cela se fait en dessinant le contour du palais manuellement à l'aide d'un capteur. VisArtico permet par la suite d'exploiter cette session pour récupérer le contour du palais qu'il sera possible de visualiser avec les autres données. Il arrive parfois que les données relatives au palais ne soient pas disponibles. Le logiciel peut alors donner une approximation du contour du palais grâce à un algorithme simple que nous avons développé et qui permet de prédire le contour à partir des positions des capteurs de la langue. Pour chaque instant, on détermine d'abord le contour de la langue à partir des capteurs qui lui sont associés. Nous obtenons ainsi plusieurs contours de langue obtenus à travers toutes les sessions enregistrées. Par la suite, l'algorithme récupère la position maximale dans le plan midsagittal de chaque contour, qui devrait correspondre à un contact entre la langue et le palais. Plus le nombre de sessions est grand, plus la forme du palais est réaliste. Cette solution permet d'approcher la forme réelle du palais.

3.2 Filtrage

Les mesures obtenues par l'articulographe peuvent présenter des erreurs de mesure qui sont généralement indiquées par une valeur d'erreur aux moindres carrées (RMS) fournies par le logiciel de l'articulographe, mais les erreurs peuvent également être dues aux bruits de la machine. VisArtico propose la possibilité d'appliquer un filtre passe-bas sur une ou plusieurs trajectoires articulatoires, pour supprimer les erreurs liées au bruit. Classiquement, nous utilisons une fréquence de coupure de 20hz qui permet de lisser les trajectoires, mais le logiciel donne la possibilité de choisir d'autres fréquences de coupure. Visartico permet également à l'utilisateur de ne pas prendre en compte les segments dont l'erreur RMS est supérieure à un certain seuil et pour lesquels un lissage ne permet pas de corriger ce type d'erreur. Les segments supprimés sont interpolés linéairement.

4 Conclusion

Nous avons présenté dans cet article un logiciel de visualisation des données articulatoires obtenues par un articulographe. L'objectif est d'ouvrir la possibilité d'utiliser l'articulographe aux chercheurs qui ne sont pas nécessairement des informaticiens. Ce logiciel est disponible gratuitement pour les chercheurs qui en font la demande. Un site web est disponible présentant le logiciel et ses principales fonctionnalités ainsi qu'un manuel d'utilisateur (http://visartico.loria.fr). Nous envisageons d'apporter plusieurs améliorations à ce logiciel, comme par exemple la possibilité de faire plus de traitements et d'analyse des données, d'afficher le signal acoustique par un spectrogramme, et de donner plus d'informations acoustiques (comme les valeurs des formants par exemple). La conception du logiciel rend son adaptation pour d'autres articulographes, comme le récent AG501 (Carstens) ou encore Wave (NDI) facile. Nous estimons que ce logiciel est très utile pour la communauté de la communication parlée et rend l'utilisation des données articulatoires plus accessible.

BOTHOREL, A., SIMON, P., WILAND, F., ZERLING, J. -P. (1986). Cinéradiographie, des voyelles et consonnes du français. Travaux de l'institut de phonétique de Strasbourg.

BOERSMA, P. (2001). Praat, A system for doing phonetics by computer. *GLOT*

International 5:9/10, 341-345.

BERNHARD, D. (2007). Apprentissage non supervisé de familles morphologiques par classification ascendante hiérarchique. *In* (Benarmara *et al.*, 2007), pages 367–376.

CARSTENS MEDIZINELEKTRONIK, (2006). JUSTVIEW: AG500 MEASURING ENVIRONMENT DISPLAY. *Lenglern, Allemagne.*

GHAZALI, S. (1977). Back consonants and backing coarticulation in Arabic. *Thèse de Doctorat de L'université de Texas*, Austin.

HOOLE, P. (1996). Issues in the acquisition, Processing, reduction and parameterization of articulographic data. *FIPKM*, 34, 158–173.

LAPRIE, Y. (2002). *The Winsnoori User's Manual Version 1.32.*

NGUYEN, N. (2000). *A MATLAB toolbox for the analysis of articulatory data in the production of speech, Behavior Research Methods, Instruments, & Computers, vol. 32, no. 3, pp.464-467.*

PERKELL, J. S., COHEN, M. H., SVIRSKY, M. A., MATTHIES, M. L., GARABIETA, I., JACKSON, M. T. (1992). Electromagnetic midsagittal articulometer systems for transducing speech articulatory movements. JASA, 92, 3078–3096.

Détection d'émotions dans la voix de patients en interaction avec un agent conversationnel animé

Clément Chastagnol[1,2] *Laurence Devillers*[1,3]
(1) LIMSI-CNRS
(2) Université Paris-Sud Orsay
(3) GEMASS, Université Paris-Sorbonne 4
cchastag@limsi.fr, devil@limsi.fr

Résumé

Le projet français ANR ARMEN a pour objectif de construire un robot assistant pour les personnes âgées et handicapées. L'interaction avec le robot est réalisée avec un agent conversationnel animé (ACA), le robot est une plateforme mobile. Ce travail se concentre sur la construction du module de détection d'émotions du système robotique. A cette fin, des données ont été collectées auprès de 77 patients de plusieurs centres médicaux. L'interaction avec les sujets était presque entièrement conduite de manière naturelle en parlant avec l'agent virtuel. La difficulté spécifique de ce projet réside dans la grande variété de voix (âgées, dégradées) et de comportement affectif des utilisateurs. Nos premiers résultats montrent un score de 46% de bonne détection sur quatre classes émotionnelles (Colère, Joie, Tristesse, Neutre). Nous analysons ces scores selon l'âge et la qualité vocale.

Abstract

Emotions detection in the voice of patients interacting with an animated conversational agent

The French ARMEN ANR-funded project aims at building an assistive robot for elderly and disabled people We focus in this paper on the emotion detection module for this robot. The interaction is almost entirely conducted in a natural, spoken fashion with a virtual agent. 77 patients have participated to the data collection. The specific difficulty in this project lies in the large variety of user voices (elderly, damaged) and affective behaviors of the patient. Our first results show 46% of good emotion detection on four classes (Anger, Joy, Neutral and Sadness). We first try to analyze the differences due to age and voice quality.

Mots-clés : robot assistant, détection d'émotions spontanées, qualité vocale

Keywords : assistive robot, spontaneous emotions detection, vocal quality

1. Introduction

Les machines et les ordinateurs ont vocation à devenir de plus en plus sociales et tournées vers l'utilisateur humain. Les récents développements dans les domaines des robots d'assistance et des interfaces Homme-Machine ont conduit à la prédiction de "robots sociaux" (*social assistive robots*). Le terme a été proposé par Feil-Seifer et Mataric (Feil-Seifer et Mataric, 2005) et définit une machine conçue pour deux objectifs : soutenir et aider physiquement des personnes en situation de handicap moteur et proposer une interaction sociale à l'utilisateur, en général dans le cadre d'une tâche bien délimitée (rééducation, coaching...). Alors que la manipulation d'objets réels rend nécessaire la présence physique d'un robot, le rôle social peut être assuré par un Agent Conversationnel Animé (ACA) affiché sur un écran. Beaucoup d'efforts ont été mis dans le développement de robots assistants, en particulier à destination des personnes âgées (Graf et al., 2002). Les robots sociaux sont plus récents et ils ont notamment été mis en application pour la thérapie d'enfants autistes (Robins et al., 2005). Enfin, la recherche dans le domaine des interactions sociales avec des ACA s'est concentrée sur le problème des interactions naturelles et multimodales et sur l'évolution de l'engagement de l'utilisateur au cours du temps dans plusieurs tâches comme agent immobilier (Cassel, 2000) ou coach sportif (Bickmore et al., 2005).

L'analyse des états affectifs (émotions, sentiments) et de la personnalité de l'utilisateur est encore très rudimentaire en robotique et se limite souvent à des interactions tactiles (Shibata et Tanie, 1999). C'est néanmoins en comprenant ces facteurs qu'il sera possible d'ajouter des compétences sociales aux robots (Delaborde et Devillers, 2010) ou aux ACA (Schroeder et al., 2008). Les interactions sociales sont caractérisées par un échange continu et dynamique de signaux porteurs d'information. Les humains peuvent communiquer sur plusieurs niveaux simultanément en produisant et en comprenant ces signaux. Parmi les différents canaux de communication utilisés, l'expression vocale communique la plus riche variété d'informations ; c'est aussi la modalité la plus naturelle pour communiquer de la signification, de l'émotion et de la personnalité. L'expression vocale est caractérisée par une composante verbale, porteuse du langage, et par une composante non-verbale ou para-linguistique (prosodie, intonations, hésitations).

Nous présentons ici la conception et la construction d'un module de détection d'émotions pour un robot social d'assistance, interagissant grâce à un agent conversationnel animé (ACA). La section 2 décrit les spécifications du système. Dans la section 3, des détails sur le protocole expérimental de recueil de données émotionnelles spontanées sont présentées. Le corpus collecté est présenté dans la section 4 et des premiers résultats expérimentaux dans la section 5.

2. Spécifications du robot ARMEN

Le projet français ANR ARMEN a pour but de concevoir un robot assistant pour les personnes âgées et handicapées, capable d'aller chercher des objets hors-de-portée ou perdus, les manipuler et d'évoluer dans un environnement réaliste. De plus, il doit pouvoir appeler de l'aide en cas d'urgence et se comporter comme un compagnon de vie en comprenant des discussions simples sur des sujets spécifiques et moduler ses réponses en fonction de l'état émotionnel de l'utilisateur. L'interaction doit se dérouler le plus naturellement possible en parlant à un ACA affiché à un écran. Le système de communication en développement se compose de plusieurs modules : un module de reconnaissance de la parole, un module de détection d'émotions et un module de gestion de dialogue.

La difficulté spécifique à ce projet se situe dans la grande variété de voix des utilisateurs : certains ont subi des interventions chirurgicales (trachéotomie par exemple) qui les empêchent de produire une voix claire et forte. La plupart des personnes handicapées moteur (para- ou tétraplégiques) ont également des voix très faibles car ils ont perdu le contrôle de leurs muscles abdominaux. Les bruits produits par les canules (valve posée suite à une trachéotomie) et les respirateurs sont également problématiques. Même les voix de personnes âgées en bonne santé peuvent être difficiles à traiter car elles sont parfois complètement dévoisées ou chuchotées.

Il existe peu de corpus disponibles contenant de la parole émotionnelle spontanée (Zeng et al., 2009) et encore moins avec la typologie de voix présente dans ce projet. C'est pourquoi des collectes de données dans les établissements médicalisés partenaires ont été décidées. Dans ces collectes, des émotions ont été provoquées chez des patients en les plongeant de manière la plus proche de l'application finale dans une interaction avec un ACA. L'interaction était structurée autour de scénarios inspirés de la vie quotidienne des patients et conçus avec le personnel des centres médicaux ; ces scénarios étaient choisis pour leur charge émotionnelle potentielle et pour que les patients s'y associent facilement. Le recrutement des patients pour la collecte a été effectué de manière la plus large possible en termes de qualité vocale pour examiner les cas les plus difficiles et pouvoir établir des limites de fonctionnement.

3. Protocole et dispositif expérimentaux

Deux collectes de données ont été organisées à Montpellier en France, en collaboration avec l'association APPROCHE, qui promeut l'utilisation des nouvelles technologies pour aider les personnes dépendantes. Les enregistrements ont eu lieu en juin 2010 et en juin 2011, sur une période de huit jours au total. Trois centres médicaux étaient impliqués : un centre de rééducation fonctionnelle, un EHPAD (Établissement d'Hébergement pour Personnes Âgées Dépendantes) et un centre de vie pour personnes handicapées. La complémentarité de ces trois sites a permis d'enregistrer un large spectre de voix, parfois très marquées.

Les expérimentations se sont déroulées selon la technique du Magicien d'Oz avec un interviewer, un module de dialogue sur un ordinateur portable et un opérateur déclenchant le module à l'insu du sujet, qui pensait réellement avoir une conversation avec le module. Les réactions obtenues sont donc très proches d'une interaction homme-machine en contexte réel. Pour la première collecte, le sujet interagissait uniquement avec une voix synthétique ; un ACA a été ajouté pour la seconde.

Les collectes étaient divisées en trois phases : dans la première, l'interviewer présentait le projet au sujet et expliquait le but de l'expérience. Le sujet était alors invité à jouer des émotions en exagérant le ton de sa voix. Dans la deuxième phase, le sujet interagissait avec le module de dialogue dans le cadre de plusieurs scénarios (8 scénarios courts pour la première collecte, 3 plus développés pour la seconde), conçus pour induire des émotions par projection ; l'interviewer expliquait le scénario courant au sujet et lui demandait de s'imaginer en situation et de faire comprendre au module l'état émotionnel qu'il ressentait. Le sujet interagissait alors avec le module de dialogue piloté par l'opérateur, qui déclenchait des réponses scriptées selon des stratégies pré-établies : comprendre, montrer de l'empathie, de pas comprendre, se tromper... Le dialogue durait en moyenne 4 à 5 tours de paroles par scénario pour la première collecte et jusqu'à 20 pour la seconde. Un extrait du scénario "Colère" de la première collecte est reproduit dans le tableau 1. Le sujet devait expliquer à l'ACA qu'il était énervé car il attendait un médecin pour examen et qu'il était très en retard. Dans la troisième et dernière phase, le sujet répondait à des questions posées par l'interviewer concernant la qualité de l'interaction, l'acceptabilité de l'ACA et leur propre personnalité.

Patient	Bon bah alors qu'est-ce que c'est ce-ce-ce-ce-cette pagaille là. Je comprends pas hein, il m'avait promis qu'il serait là puis il est pas là, mais... C'est pas possible quoi, y'en a marre hein.
Agent	Tu es en colère ?
Patient	Aaaahlala, ça suffit, je-je-je, ras-le-bol. C'est incroyable quoi, incroyable.
Agent	Oulala, tu as l'air très énervé.
Patient	Ouais ouais ouais. Là maintenant, c'est incroyable.
Agent	C'est vrai que ça fait longtemps, je comprends que ça t'agace.
Patient	Ouais, ça m'agace beaucoup, ouais.

TABLE 1 – Extrait d'un enregistrement d'un patient interagissant avec l'agent dans le scénario « Colère ».

Les scénarios ont été conçus conjointement avec les membres du personnel du centre de rééducation et approuvés par les médecins. Il ont été inspirés de situations de la vie quotidienne et étaient prévus pour se rapprocher de l'expérience réelle que pourrait avoir un utilisateur du robot final. Les deux collectes ont été filmées et enregistrées, les sessions ont duré en moyenne 20 minutes, avec un minimum de 9 minutes et un maximum de 37 minutes. Marie, l'ACA manipulé lors de la seconde collecte, est développé sur la plate-forme MARC développée au LIMSI-CNRS (Courgeon et al., 2008) ; une photo de Marie se trouve en Figure 1. L'ACA était contrôlé par une interface également développée au LIMSI-CNRS pour les besoins de ces collectes et utilisant le langage de balises émotionnelles BML (Vilhjalmsson et al., 2007) pour animer le visage de l'ACA.

Figure 1 - Illustration de Marie, l'ACA interagissant avec l'utilisateur.

4. Présentation du corpus ARMEN

Le corpus ARMEN_1 complet pour la première collecte contient 17,3 heures d'enregistrements audio et vidéo de 52 personnes âgées de 16 à 91 ans. Le corpus ARMEN_2 pour la deuxième collecte contient 8,7 heures d'enregistrements audio et vidéo de 25 personnes de 25 à 91 ans. Les sujets sont atteints de pathologies variées (handicaps physiques et cognitifs) et plus ou moins dépendants selon l'échelle AGGIR utilisée par les médecins français et basée sur la définition de l'US Diagnosed Related Groupe (Fetter et al., 1980).

Pour les deux collectes, les enregistrements audio de la deuxième phase de l'expérience (scénarios) ont été segmentés et étiquetés selon un protocole détaillé par deux annotateurs experts en segments d'au plus 5 secondes, cohérents au niveau du contenu émotionnel. Un schéma d'annotation simple a été utilisé, comprenant 5 étiquettes émotionnelles (Colère, Joie, Neutre, Peur, Tristesse, plus une étiquette "Poubelle" pour éliminer les segments bruités) et une échelle d'Activation à 5 degrés.

Les deux corpus annotés ainsi obtenus (ARMEN_1 et ARMEN_2) sont détaillés dans le tableau 2. Seuls les segments consensuels ont été gardés et utilisés pour les expériences décrites ci-dessous.

5. Premières expériences

Les résultats présentés plus bas montrent des premiers résultats de classification sur les étiquettes émotionnelles uniquement. Elles tentent d'établir une différence de performance selon l'âge et la voix des locuteurs et donnent une idée de la complexité des données. Le protocole pour chaque expérience a été le suivant : la classe Neutre a d'abord été sous-échantillonnée pour obtenir une répartition des classes moins déséquilibrée et la classe Peur a été supprimée car elle contenait trop peu d'instances. Des paramètres acoustiques (384 paramètres, utilisés pour le challenge Interspeech 2009 (Eyben et al., 2009)) ont ensuite été extraits des segments audio par la librairie openEAR (Schuller et al., 2009). Une optimisation "grid search" à deux dimensions a été réalisée sur le paramètre de coût C et le paramètre Gamma d'un classifieur SVM avec un noyau à base radiale. Pour chaque couple de paramètres (C, Gamma), une évaluation Leave One Speaker Out a été réalisée, pour s'assurer que le classifieur n'apprenait pas les voix des locuteurs, ce qui est à prendre particulièrement en compte dans le cas de données avec des voix très spécifiques et très différentes. La moyenne non-pondérée des précisions par classe a été utilisée pour quantifier la performance du classifieur, vu le déséquilibre persistant entre les classes.

Un ensemble regroupant les deux corpus ARMEN_1 et ARMEN_2 (ARMEN 1+2 équilibré) a d'abord été évalué. Puis cet ensemble a été divisé en deux paires de sous-ensembles selon deux critères : l'âge des locuteurs (plus ou moins de 60 ans) et la qualité vocale (normale ou dégradée), selon des informations fournies par des orthophonistes concernant la qualité vocale (volume faible, sauts de volume, timbre de voix altéré, dévoisement...), l'articulation et selon la présence de bruits parasites (respirateurs, valves...).

Nom du corpus	ARMEN_1	ARMEN_2	ARMEN 1+2 équilibré	Voix agées vs jeunes	Voix normales vs dégradées
Nombre de segments consensuels (% du total)	1996 (46%)	1588 (63%)	2080	658 / 997	978 / 677
Score Kappa	0.33	0.37	N/A	N/A	N/A
Nombre de locuteurs	52	25	77	31 / 37	33 / 35
Répartition des classes					
Colère	406 (20%)	92 (6%)	498 (24%)	108 (16%) / 260 (26%)	247 (25%) / 121 (18%)
Joie	427 (21%)	236 (15%)	663 (32%)	231 (35%) / 309 (31%)	383 (39%) / 157 (23%)
Neutre	748 (38%)	1158 (73%)	520 (25%)	164 (25%) / 249 (25%)	244 (25%) / 169 (25%)
Peur	97 (5%)	21 (1%)	0	0	0
Tristesse	318 (16%)	81 (5%)	399 (19%)	155 (24%) / 179 (18%)	104 (11%) / 230 (34%)

Table 2 – Détails sur la composition du corpus ARMEN.

Les premiers résultats montrent que le système de détection d'émotions global a une meilleure performance que les systèmes entraînés de manière spécifiques sur une catégorie d'âge ou de qualité vocale donnée.

Quelques remarques peuvent être faites : la Colère est beaucoup mieux reconnue pour les voix jeunes que pour les voix âgées, mais c'est le contraire pour la Joie. Concernant les voix normales, la Tristesse n'est pas reconnue (environ le même niveau que le hasard), mais elle est deux fois mieux reconnue pour les voix dégradées. Une expérience cross-corpus a également été menée (ses résultats ne figurent pas dans le tableau 3) avec les voix normales et dégradées. En entraînant le classifieur sur les voix dégradées et en testant sur les voix normales, la précision pour la classe Tristesse grimpe à 51% alors qu'elle descend à 20% lorsque l'on fait le contraire. Cela suggère que les voix dégradées dans ce corpus expriment la classe Tristesse d'une manière plus séparable des autres classes d'émotion que les voix normales. Il faudrait dependant vérifier d'éventuels effets de différence de taille de données d'apprentissage pour pouvoir conclure.

Sous-ensemble considéré	Score moyen	Colère	Joie	Neutre	Tristesse
Ensemble complet	46,1%	48,0%	53,1%	43,3%	40,1%
Voix jeunes	43,7%	52,7%	46,0%	42,2%	34,1%
Voix âgées	41,0%	19,4%	64,9%	42,1%	37,4%
Voix normales	43,2%	55,5%	51,4%	41,0%	25,0%
Voix dégradées	43,9%	41,3%	39,5%	42,6%	52,2%

TABLE 3 – Premiers résultats.

6. Conclusion

Nos premiers résultats montrent qu'il est difficile de traiter des données spontanées avec une qualité vocale très variable (voix âgées, dégradées...). De prochaines expériences tenteront de déterminer l'empreinte de certaines classes de qualité vocale et d'âge du locuteur avec des ensembles de paramètres acoustiques adaptés (Brendel et al., 2010) et d'améliorer les scores de détection d'émotion en utilisant la sortie du module de reconnaissance de la parole ainsi que des paramètres acoustiques supplémentaires ; les stratégies d'interaction de l'ACA et son niveau d'expressivité seront également l'objet de futures expériences.

Remerciements

Cette étude est financée par le projet français ANR ARMEN (http://projet_armen.byethost4.com). Les auteurs voudraient remercier l'association APPROCHE pour leur assistance durant les collectes de données.

Références

Bickmore, T., Caruso, L., Clough-Gorr, K. et Heeren, T. (2005). It's just like you talk to a friend - Relational agents for older adults. *In Interacting with Computers,* volume 17, numéro 6, pages 711–735.

Brendel, M., Zaccarelli, R., Schuller, B. et Devillers, L. (2010). Towards measuring similarity between emotional corpora. *In Proc. 3rd ELROA Internat. Workshop on EMOTION*, Valetta, Malte, pages 58–64.

Cassel, J. (2000). More Than Just Another Pretty Face: Embodied Conversational Interface Agents. *In Communications of the ACM,* volume 43, numéro 4, pages 70–78.

Courgeon, M., Martin, J-C. et Jacquemin, C. (2008). MARC: a Multimodal Affective and Reactive Character. *In Proceedings of the 1st Workshop on AFFective Interaction in Natural Environments*, Chania, Crète.

Delaborde, A. et Devillers, L. (2010). Use of non-verbal speech cues in social interaction between human and robot: Emotional and interactional markers. *In Proceedings of the 3rd ACM Workshop on Affective Interaction in Natural Environments*, pages 75–80.

Eyben, F., Wöllmer, M. et Schuller, B. (2009). openEAR - Introducing the Munich Open-Source Emotion and Affect Recognition Toolkit. *in Proc. 4th International HUMAINE Association Conference on Affective Computing and Intelligent Interaction 2009 (ACII 2009)*, Amsterdam, Pays-Bas, pages 1–6.

Feil-Seifer, D. et Mataric, M.J. (2005). Defining socially assistive robotics. *In Proc. IEEE International Conference on Rehabilitation Robotics (ICORR'05)*, Chicago, Il, USA, pages 465–468.

Fetter, R.B., Shin, Y., Freeman, J.L., Averill, R.F. et Thompson, J.D. (1980). Case-Mix definition by Diagnosis Related Groups. *In Medical Care*, volume 18, numéro 2.

Graf, B., Hans, M., Kubacki, J. et Schraft, R. (2002). Robotic home assistant care-o-bot II. *In Proceedings of the Joint EMBS/BMES Conference*, Houston, TX, USA, volume 3, pages 2343–2344.

Robins, B., Dautenhahn, K., Boekhorst, R. et Billard, A. (2005). Robotic assistants in therapy and education of children with autism: Can a small humanoid robot help encourage social interaction skills?. *In Universal Access in the Information Society (UAIS)*, volume 4, numéro 2, pages 105-120.

Schroeder, M., Cowie, R., Heylen, D., Pantic, M., Pelachaud, C. et Schuller, B. (2008). Towards responsive sensitive artificial listeners. *In Proc. 4th Intern. Workshop on Human-Computer Conversation*, Bellagio, Italie.

Schuller, B., Steidl, S. et Batliner, A. (2009). The Interspeech 2009 Emotion Challenge. *In Proc. of the 10th Annual Conference of the International Speech Communication Association*, Brighton, Royaume-Uni.

Shibata, T. et Tanie, K. (1999). Creation of Subjective Value through Physical Interaction between Human and Machine. *In Proceeding of the 4th International Symposium on Artificial Life and Robotics*, pages 20–23.

Vilhjalmsson, H., Cantelmo, N., Cassell, J., Chafai, N.E., Kipp, M., Kopp, S., Mancini, M., Marsella, S., Marshall, A.N., Pelachaud, C., Ruttkay, Z., Thórisson, K.R., van Welbergen, H. et van der Werf, R.J. (2007). The Behavior Markup Language: Recent Developments and Challenges. *In Proc. of the 7th International Conference on Intelligent Virtual Agents*, pages 99–111.

Zeng, Z., Pantic, M., Roisman, G.I. et Huang, T.S. (2009). A Survey of Affect Recognition Methods: Audio, Visual, and Spontaneous Expressions. *In IEEE Transactions on Pattern Analysis and Machine Intelligence*, volume 31n numéro 1, pages 39–58.

Analyse formantique des voyelles orales du français en contexte isolé : à la recherche d'une référence pour les apprenants de FLE

Georgeton Laurianne[1] *Paillereau Nikola*[1] *Landron Simon*[1,2] *Gao Jiayin*[1] *Kamiyama Takeki*[1 3]

(1) Laboratoire de Phonétique et Phonologie (UMR 7018), CNRS / Université Sorbonne-Nouvelle, 75005 Paris

(2) PLIDAM, INALCO, 75013 Paris

(3) Linguistique Anglaise, Psycholinguistique (EA1569), Université Paris 8, 93526 Saint-Denis

{laurianne.georgeton, takeki.kamiyama}@univ-paris3.fr, nikola.paillereau@mac.com, simon.landron@etud.sorbonne-nouvelle.fr jiayin.gao@gmail.com

RESUME

Cette étude s'intéresse à l'analyse formantique des 10 voyelles orales du français : /i e ɛ a ɔ o u y ø œ/, prononcées en contexte isolé par 40 locuteurs natifs dans une phrase cadre. Le but de ce travail est de mettre en valeur les caractéristiques acoustiques de ces voyelles françaises, afin d'élaborer une référence qui sera utilisée par la suite dans des études contrastives de productions d'apprenants du Français Langue Etrangère (FLE). Les résultats montrent (1) une stabilité formantique de ces voyelles ; (2) les moyennes formantiques relevées sont plus extrêmes que celles d'études antérieures, et (3) occupent un espace acoustique plus large. Les faibles écarts entre les formants F1-F2 (voyelles postérieures), F2-F3 (/y/) et F3-F4 (/i/) pour les voyelles françaises focales semblent une caractéristique définitoire de ces voyelles.

ABSTRACT

Formant analysis of French oral vowels in isolation: in search of a reference for learners of French as a Foreign Language

This study focuses on the formant analysis of the 10 oral vowels in French: /i e ɛ a ɔ o u y ø œ/, pronounced in isolation but placed in a carrier sentence by 40 female native speakers. The aim of this work is to highlight the acoustic characteristics of these French vowels in order to develop a reference that will be used later in contrastive studies of production of learners of French as a Foreign Language (FLE). The results show (1) formantic stability of these vowels, (2) that the mean formants are more extreme than those of previous studies, and (3) the formants occupy a larger acoustic space. Small distances between the formants F1-F2 (back vowels), F2-F3 (/y/) and F3-F4 (/i/) for French focal vowels seem a defining characteristic of these vowels.

MOTS-CLES : phonétique acoustique, français, voyelles orales, formants, voyelles focales

KEYWORDS : acoustic phonetics, French, oral vowels, formants, focal vowels

1 Introduction

Il est connu que les réalisations des voyelles sont variables et dépendent d'un grand nombre de facteurs, entre autres : le locuteur, le débit, la position par rapport aux frontières prosodiques, l'attitude du locuteur, son état émotif, etc. Pour l'apprentissage du français, il nous semble indispensable de disposer de données de référence sur des voyelles isolées, qui pourront être comparées aux réalisations d'apprenants de FLE, et servir de repères pour la comparaison entre les locuteurs natifs.

Nous nous sommes intéressés pour cela à la réalisation des voyelles orales en contexte isolé. Les français parisiens n'ont aucun problème pour produire les voyelles isolées en français, sauf pour les voyelles mi-ouvertes /ɔ œ/ car elles n'apparaissent jamais en position finale de mot.

À notre connaissance, de telles données en contexte isolé, ne sont pas disponibles à grande échelle. Les valeurs de « Calliope » (Tubach, 1989) présentent des données de voyelles prononcées dans le contexte /pV_1/ où V_1 est /e o u y ø/ et /pV_2ʀ/ où /i ɛ a ɔ œ/. Or, nous savons que la présence d'un /ʀ/ en coda aura tendance à allonger la voyelle (Léon, 2000, entre autres) et à augmenter la valeur du F1 et baisser la valeur du F2 (F2 dans la plupart des cas, mais F2, F3 pour le /i/) (Vaissière, 2007). Les auteurs eux-mêmes admettent que « ces valeurs ne peuvent en aucun cas être considérées comme la norme du français ». Gendrot et Adda-Decker (2005) présentent les valeurs formantiques de voyelles d'un corpus radiophonique, mêlant ainsi les contextes consonantiques, prosodiques en parole continue. Ce manque de données de référence portant sur les voyelles isolées semble justifier notre travail.

Le corpus (Landron et al., 2011) est issu d'un travail commun de jeunes docteurs/doctorants (Groupe Didactique) du Laboratoire de Phonétique et Phonologie (LPP) de l'Université Paris 3, Sorbonne Nouvelle, et dont le point commun est de s'intéresser à l'enseignement et l'apprentissage de la prononciation du français. A l'heure actuelle, nous disposons de 40 locutrices natives[1] de 10 apprenants japonophones, 10 tchécophones, 10 apprenants du mandarin de Taiwan, 10 apprenants bosniens et autres (apprenants lusophone du Brésil, anglophones britanniques, sinophones shanghaïens, arabes de Jordanie). Ces enregistrements, réalisés à partir d'un même corpus, dans des conditions similaires, nous permettront, entre autres, de procéder à des comparaisons entre apprenants de FLE et natifs et à la remédiation motivée des écarts de prononciation.

Pour cette étude, nous calculons les formants des voyelles orales du français prononcées en contexte isolé par 40 locutrices natives du français dont l'accent ne peut être défini comme venant d'une autre région que de la région parisienne. Ce travail tente de contribuer à l'établissement de valeurs de formants en privilégiant à la fois un nombre conséquent de locuteurs (40) et une exploitation de l'ensemble des voyelles orales (10 : /i, e, ɛ, a, ɔ, o, u, y, ø, œ/) avec répétitions (4).

2 Corpus et méthodologie

Le corpus est un enregistrement des 10 voyelles orales du français, placées dans des phrases cadre telles que : « CV(CV), il a dit « V » comme dans CV(CV) » avec V /i e ɛ a ɔ o u y ø œ/. Par exemple : « Bébé, il a dit <é> comme dans bébé ». Les 10 phrases sont

[1] Nous envisageons de futures études sur des locuteurs masculins. Les locuteurs natifs recrutés pour cette étude sont plutôt des femmes.

présentées dans un ordre aléatoire et répétées 4 fois par 40 locutrices natives du français. Notons que les valeurs formantiques sont en général plus élevées pour les femmes que pour les hommes, sauf pour les formants essentiellement dus à une résonance de Helmholtz (F1 de /i y u/, F2 de /u/, d'après les données de Calliope (Tubach, 1989). La lecture s'est faite à partir d'un fichier PowerPoint où chaque phrase occupe une diapositive pour éviter un effet de liste. Les locutrices ont été invitées à marquer des pauses autour de la voyelle cible afin d'éviter les transitions formantiques de l'occlusive vélaire qui suit, dans la mesure du possible. Une séance d'entraînement préliminaire a été effectuée avant de passer à la lecture du corpus. Certaines voyelles n'ayant pas été prononcées par les locutrices, nous obtenons donc un ensemble de 160 items pour les voyelles /a ɛ o œ ɔ u ø/, 159 pour /e y/, 157 pour /i/.

3 Enregistrements / Traitement

Les enregistrements ont été réalisés dans des lieux calmes : à domicile ou dans le studio d'enregistrement du Laboratoire de Phonétique et Phonologie (LPP), au moyen d'un microphone serre-tête AKG C 520 L. Nous utilisons pour l'enregistrement des données le logiciel Audacity ou Sound Studio avec une fréquence d'échantillonnage à 44100 Hz et une résolution de 16 bits.

3.1 Extraction des résultats

À partir du fichier son, les voyelles isolées sont extraites de la phrase cadre et sont, par la suite, segmentées et étiquetées manuellement avec le logiciel Praat (Boersma et Weenink, 1993-2011). La voyelle segmentée exclut les parties où le F2 et les formants supérieurs ne sont pas clairement observables, les périodes irrégulières dues à une glottalisation ainsi que le *voice decay time* et les irrégularités de fréquences fondamentales, comme la voix craquée.

Chaque voyelle a été caractérisée par (1) les valeurs formantiques moyennées sur toutes la longueur de la voyelle, (2) la stabilité des formants au cours de la voyelle, (3) les écarts F1/F2, F2/F3 et F3/F4 et (4) la place dans les triangles vocaliques sur les plans F1-F2 et F2-F3.

Pour mesurer les valeurs des quatre premiers formants de chaque voyelle, nous avons adapté le script « analyse 1 » (http://www.personnels.univ-paris3.fr/users/cgendrot/pub/download/analyse1.zip) développé par Gendrot. Quatre valeurs par formant sont détectées automatiquement : la moyenne calculée à partir de toutes les valeurs (mesurées toutes les 6,25 millisecondes) sur les 1er (deb), 2e (mid) et 3e tiers (fin) de la voyelle. Une moyenne globale de toutes ces valeurs a également été extraite. Toutes les mesures sont ensuite vérifiées et corrigées, en cas d'erreurs de détection automatique. À partir de ces mesures, un script Praat développé par Gendrot nous permet de générer des triangles vocaliques sur des axes F1-F2, F2-F3.

4 Valeurs formantiques des voyelles réalisées

4.1 La stabilité de la voyelle

L'étude des voyelles en contexte isolé nécessite une vérification de leur stabilité formantique. Pour cela, nous avons calculé un rapport de stabilité entre les valeurs de fin et de début de chaque voyelle avec la formule suivante : (fin/deb) * 100. Le résultat obtenu est exprimé en pourcentage. Un pourcentage inférieur à 100%, indique une baisse de formant alors qu'un pourcentage supérieur indique une montée formantique.

Nous observons une instabilité des formants au niveau du F1, sans pour autant dépasser en moyenne 6% de différence entre la fin et le début de la voyelle avec un écart-type de 13,6%. Le F1 le plus instable concerne respectivement /ɔ/, /a/ (baisse), /y/, /i/ et /u/ (montée). Au niveau du F2, la voyelle /u/ présente en moyenne une montée formantique de 6,2% avec un écart-type de 11,6%. Les autres voyelles présentent en moyenne des mouvements inférieurs à 3% entre la fin et le début de chaque voyelle avec un écart-type maximum à 13,6%. Les moyennes des mouvements sur le F3 et F4 ainsi que leurs écart-types sont moindres, ne dépassant jamais 2% de différence entre la fin et le début de la voyelle avec un écart-type de 6,4%. Les valeurs obtenues ici nous permettent de conclure que les voyelles analysées dans la présente étude sont relativement stables.

Ces résultats corroborent une des caractéristiques majeures des voyelles du français qui est le mode tendu d'articulation (Delattre, 1953). La stabilité des formants des voyelles du français est un facteur important à examiner pour une future comparaison avec les productions des apprenants de FLE ou de locuteurs natifs d'autres variétés de français (Arnaud et al, 2011, pour le québécois).

4.2 Les valeurs des formants

Il existe plusieurs sources de données acoustiques des valeurs spectrales des voyelles orales. Les données de Calliope (Tubach, 1989) sont les résultats basés sur un corpus de parole lue et dont les contextes consonantiques modifient la réalisation formantique. On attend également un effet important de la coarticulation dans les données de Gendrot et Adda-Decker (2005) où les valeurs sont extraites de 2 heures de parole où les voyelles occupent des contextes consonantiques et prosodiques différents.

Les moyennes formantiques que nous présentons atteignent des valeurs plus extrêmes que celles présentées par Calliope (Tubach, 1989) et Gendrot et Adda (2005). Elles sont en effet calculées à partir des voyelles hyperarticulées hors contexte. Le tableau 1 permet une comparaison des données de Calliope et Gendrot et Adda avec les nôtres (GD).

En comparant nos résultats à ceux de Calliope et Gendrot et Adda, nous constatons que :

Au niveau de F1, les voyelles fermées /i y u/ et les voyelles mi-fermées /e ø o/ présentent un F1 plus bas, ce qui est un renforcement du trait « fermé ». En revanche, les voyelles mi-ouvertes /ɛ, œ, o/ et la voyelle ouverte /a/ sont réalisées avec un F1 supérieur à celui indiqué par Gendrot et Adda, ce qui est un renforcement du trait « ouvert ». En isolé, ces voyelles occupent donc des positions acoustiques plus extrêmes, et un écartement des voyelles moyennes, selon leur trait phonologique ouvert ou fermé, ce qui est un résultat attendu.

Au niveau de F2, les voyelles antérieures /i y e ɛ/ présentent un F2 plus élevé alors que les voyelles postérieures /u o ɔ a/ se réalisent avec un F2 plus bas. L'opposition entre le trait « antérieur » et « postérieur » est donc acoustiquement renforcée, ce qui est également un résultat attendu.

Au niveau de F3, les voyelles antérieures non arrondies /i e ɛ/ ont un F3 nettement plus élevé que pour les autres bases de données, ce qui est attendu, dû à un raccourcissement de la cavité antérieure (Vaissière, 2007). En ce qui concerne la voyelle antérieure arrondie /y/, les différences sont moins marquées et pas cohérentes avec les données de G&A, qui dénote un allongement de la cavité antérieure, comme attendu. La voyelle /ø/ se réalise avec un F3 plus bas, comme attendu. Dans leur réalisation canonique, le F3 de /i/ est dû à la cavité antérieure, et par suite d'échange de cavités, le F2 de /y/ est essentiellement dû à cette même cavité et F3 à la cavité postérieure (Fant, 1960 ; Vaissière, 2007), la valeur plus élevée de F3 chez Gendrot & Adda-Decker (2005) pourrait être expliquée par un degré moins fort de labialisation (arrondissement et/ou protrusion) dans la parole continue. La centralisation du triangle vocalique de Gendrot & Adda-Decker (2005) est une conséquence du phénomène de « *target-undershoot* », de la non-réalisation des valeurs cibles attendues (Lindblom, 1963).

V	Moyenne sur F1			Moyenne sur F2			Moyenne sur F3			Moyenne sur F4		
	Call	GD	G&A	Call	GD	G&A	Call	GD	G&A	Call	GD	G&A
i	306	**275**	348	2456	**2585**	2365	3389	**3815**	3130	3389	**4521**	N/D
	(42)	**(32)**	N/D	(111)	**(228)**	N/D	(68)	**(228)**	N/D	(169)	**(256)**	
e	417	**405**	423	2351	**2553**	2176	3128	**3346**	2860	4161	**4325**	N/D
	(31)	**(44)**	N/D	(52)	**(174)**	N/D	(115)	**(202)**	N/D	(121)	**(271)**	
ɛ	660	**614**	526	2080	**2306**	2016	2954	**3137**	2800	4231	**4383**	N/D
	(46)	**(83)**	N/D	(108)	**(160)**	N/D	(156)	**(202)**	N/D	(210)	**(271)**	
a	788	**830**	685	1503	**1438**	1677	2737	**2900**	2735	3950	**4065**	N/D
	(51)	**(113)**	N/D	(86)	**(183)**	N/D	(174)	**(179)**	N/D	(192)	**(256)**	
y	305	**276**	371	2046	**2091**	2063	2535	2579	2745	3570	**3826**	N/D
	(68)	**(29)**	N/D	(124)	**(167)**	N/D	(139)	**(216)**	N/D	(216)	**(221)**	
ø	469	**409**	420	1605	**1599**	1693	2581	**2703**	2687	4005	**3985**	N/D
	(36)	**(47)**	N/D	(90)	**(162)**	N/D	(148)	**(178)**	N/D	(168)	**(190)**	
œ	647	**599**	436	1690	**1678**	1643	2753	**2843**	2715	4038	**4107**	N/D
	(58)	**(86)**	N/D	(47)	**(156)**	N/D	(155)	**(208)**	N/D	(202)	**(221)**	
u	311	**291**	404	804	**779**	1153	2485	**2648**	2742	3550	**3980**	N/D
	(43)	**(31)**	N/D	(53)	**(93)**	N/D	(284)	**(254)**	N/D	(197)	**(356)**	
o	461	**415**	438	855	**842**	1140	2756	**2862**	2790	3805	**4048**	N/D
	(38)	**(44)**	N/D	(73)	**(103)**	N/D	(240)	**(165)**	N/D	(183)	**(228)**	
ɔ	634	**595**	528	1180	**1144**	1347	2690	**2907**	2743	3950	**4035**	N/D
	(48)	**(100)**	N/D	(59)	**(141)**	N/D	(198)	**(172)**	N/D	(201)	**(209)**	

TABLEAU 1 – Valeurs moyennes des formants F1, F2, F3, F4 pour chaque voyelle orale du français, selon Calliope (Tubach, 1989) (Call), Groupe Didactique (GD) et Gendrot et Adda-Decker (2005) (G&A). Les écart-types sont entre parenthèses, N/D : non défini.

Ces résultats montrent que les voyelles prononcées hors contexte occupent un espace acoustique plus large, comme nous pouvons voir sur la figure 2. Les voyelles /i y u e ø o/ se réalisent avec un F1 bas, les voyelles /ɛ œ ɔ a/ avec un F1 élevé. Les voyelles antérieures/i y e ɛ/ présentent un F2 plus élevé alors que les voyelles postérieures /u o ɔ a/ se démarquent par un F2 plus bas. En ce qui concerne le F3, nécessaire pour la description des voyelles antérieures labiales, il est plus bas uniquement pour le /ø/.

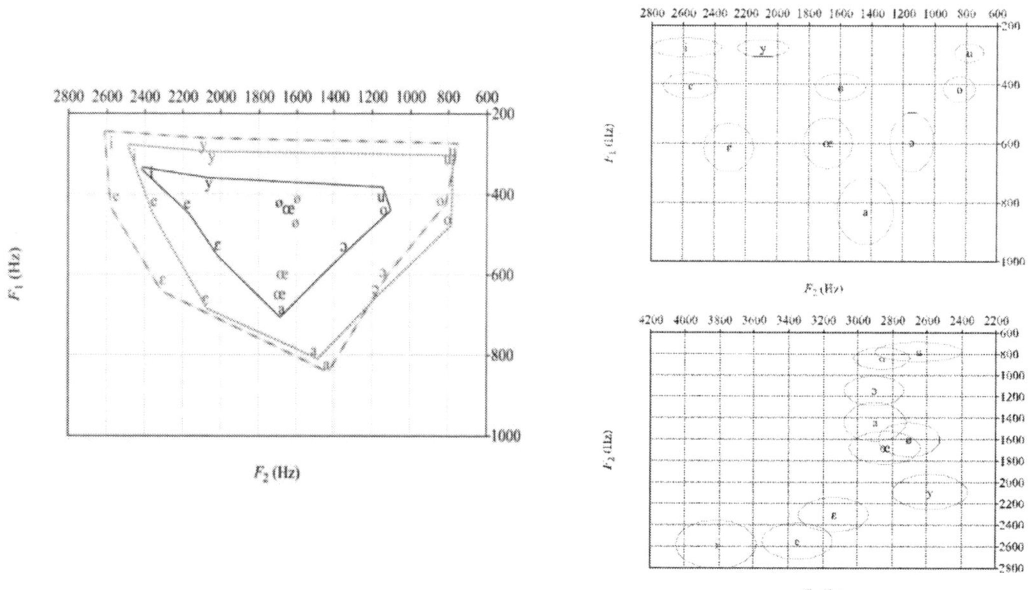

FIGURE 1 – Comparaison des triangles vocaliques sur le plan F1-F2 de Gendrot-Adda (en noir), Calliope (en bleu) et GD (en rouge) à gauche. Valeurs des formants sur un plan F1/ F2 et F2/ F3 de GD (à droite).

4.2.1 Les voyelles focales

L'observation de ces valeurs formantiques montre que certaines voyelles sont caractérisées par un rapprochement de deux formants : les voyelles focales (Schwartz et al. 1997, Vaissière, 2007). La voyelle /y/, qui est focale, est marquée par un petit écart F2/F3 (Vaissière, 2007) : l'arrondissement et la protrusion des lèvres ont un effet d'abaissement du F3, qui est dû essentiellement à la cavité antérieure dans le cas du /i/ français et qui devient une résonance de la cavité postérieure dans le cas de /y/ canonique quand il y a une forte constriction en avant du conduit vocal (passage du /i/ au /y/ français : *ibid.*). Le rapprochement F3/F4, comme indiqué ci-dessus, est particulièrement caractéristique du /i/ français (par rapport aux autres langues), alors que les autres voyelles antérieures non-arrondies, notamment les /e/ et /ɛ/ sont caractérisées par un F3 qui se situe à mi-chemin entre F2 et F4 (Liénard, 1977, Calliope, 1989, Vaissière, 2006, entre autres). Les voyelles postérieures du français /u o ɔ/, voyelles focales, sont caractérisées par une petite distance F1/F2 (Liénard, 1977, Tubach, 1989, Vaissière, 2006, entre autres). Les voyelles « acoustiquement centrales » /ø œ/ sont caractérisées par des formants approximativement équidistants (Vaissière, 2006), donc par des valeurs semblables d'écart F1/F2, F2/F3, F3/F4.

Le calcul des distances entre les valeurs de formants voisins nous permet de quantifier le rapprochement entre F3 et F4 pour la voyelle /i/, entre F2 et F3 pour la voyelle /y/, et enfin entre F1 et F2 pour les voyelles postérieures, et cela pour de futures comparaisons avec les apprenants. /i/ et /y/ sont notamment mentionnés comme des représentantes idéales du processus de focalisation puisque caractérisées par le rapprochement de deux de leur formants (Schwartz et al. 1997). Il a été trouvé que le /i/ du français possède la moindre distance entre F3 et F4 dans l'étude de Gendrot et al. (2008) sur le /i/ dans la parole continue en anglais, allemand, espagnol, portugais, arabe, chinois mandarin et français. Le Table 2 montre les distances en moyenne entre deux formants voisins.

	i	e	ɛ	a	y	ø	œ	u	o	ɔ
F2-F1	2309 (14)	2148 (13,5)	1693 (12)	**608 (6)**	1816 (12,5)	1183 (9,5)	1079 (9)	**488 (5)**	**427 (4)**	**549 (5,5)**
F3-F2	1229 (10)	793 (7)	831 (7,5)	1461 (11)	**488 (5)**	1097 (9)	1164 (9,5)	1869 12,5)	2021 (13)	1763 (12)
F4-F3	**706 (6,5)**	979 (8,5)	1246 (10)	1165 (10)	1247 (10)	1274 (10)	1265 (10)	1332 (10,5)	1185 (9,5)	1128 (9)

TABLE 2 – Distances en moyenne entre deux formants voisins des voyelles étudiées. En gras, les distances inférieures à 800 Hz, qui correspond dans tous les cas aux voyelles dites focales du français. Valeurs en Bark entre parenthèse (Traunmüller, 1997).

Nous pouvons constater que pour les voyelles focales postérieures /u o ɔ/, la distance entre F1 et F2 se situe entre 400 et 550 Hz, tandis que cette distance est manifestement plus écartée pour les voyelles antérieures (entre 1000 et 2400 Hz). Cette distance est aussi relativement rapprochée (env. 600 Hz) pour la voyelle /a/ souvent décrite comme articulatoirement antérieure. Pour la voyelle focale arrondie /y/, la distance entre F2 et F3 à environ 500 Hz confirme le rapprochement des deux formants. Pour la voyelle focale /i/, la distance entre F3 et F4 se trouve autour de 700 Hz. Ces tendances générales vocaliques sont prédictibles sur la base de la distinctivité et de la prégnance acoustico-perceptive pour les voyelles, selon la théorie de la dispersion focalisation. Il est à noter que certains locuteurs peuvent adopter une autre stratégie acoustique en rapprochant F4 et F5 pour produire le /i/ du français (Vaissière, 2011). Nous n'avons malheureusement pas pu calculer la distance entre les deux formants, car dans plus de 50% des cas, le F5 n'a pas été correctement détecté.

5 Conclusion

Cette étude s'est intéressée à la production des voyelles orales du français en contexte isolé. Après avoir conclu à la relative stabilité des voyelles, les moyennes formantiques observées se sont montrées plus élevées que celles de Gendrot-Adda (2005) et Calliope (Tubach, 1989) pour la plupart des voyelles (sauf le F1 des voyelles fermées, le F2 des voyelles postérieures, entre autres). L'espace acoustique est par conséquent plus large atteignant les cibles acoustiques attendues (Lindblom, 1963). Les écarts entre les formants F1-F2, F2-F3 et F3-F4 pour les voyelles focales sont conservés. Nous pourrons par la suite observer la réalisation de ces 40 locutrices francophones dans des contextes consonantiques différents car le corpus développé se construit dans son ensemble, en 4 temps : la production de voyelles isolées dans une phrase cadre (qui sert à la réalisation de l'étude ici présentée), la production de logatomes $C_1V_1C_1V_1C_1V_1C_1$ dans une phrase cadre où C_1 correspond aux consonnes du français, et V_1 à l'ensemble des voyelles ; ensuite, la lecture d'un texte et de phrases et enfin une production spontanée (de 10 minutes) aidée par des questions aiguillées sur les langues, leur apprentissage et le parcours universitaire des sujets (Landron et al., 2011). Cette étude permet donc l'élaboration d'une référence sur les caractéristiques acoustiques des sons du français, étape nécessaire à l'identification des écarts de productions entre apprenants et natifs.

Remerciements

Nous tenons à remercier Jacqueline Vaissière et Angélique Amelot pour leurs relectures et conseils avisés ainsi que nos 40 gentils locuteurs et les autres membres du groupe didactique, tout particulièrement Júlia Crochemore, Sara Da Silva et Saïd Youssef.

Références

ARNAUD, V., SIGOUIN, C. et ROY, J. (2011). Acoustic description of Quebec French high vowels: first results. In *Proceedings of the 17th ICPhS, Hong Kong*, pages 244-247.

BOERSMA, P. et WEENINK, D. (1993-2011). Praat: doing phonetics by computer [logiciel].

FANT, G. (1960). *Acoustic Theory of Speech Production*. The Hague, Mouton.

GENDROT, C. HTTP://ED268.UNIV-PARIS3.FR/LPP/PAGES/EQUIPE/GENDROT/PAGE_WEB/INDEX.HTM

GENDROT, C. et ADDA-DECKER, M. (2005). Impact of duration on F1/F2 formant values of oral vowels: an automatic analysis of large broadcast news corpora in French and German. In *Proceedings of Interspeech 2005*, pages 2453-2456.

GENDROT, C., ADDA-DECKER, M. et VAISSIÈRE, J. (2008). Les voyelles /i/ et /y/ du français : focalisation et variations formantiques. In *Actes des JEP 2008*, Avignon, pages 205-208.

LANDRON, S., PAILLEREAU, N., NAWAFLEH. A., EXARE C., ANDO, H. et GAO, J. (2011). Vers la construction d'un corpus commun de français langue étrangère : pour une étude phonétique des productions de locuteurs de langues maternelles plurielles. In *Actes du colloque « Corpus, données, modèles : approches qualitatives et quantitatives »*, Montpellier.

LEON, P. R. (2000). *Phonétisme et prononciations du français* (4ème édition). Paris, Nathan.

LIENARD, J.-S. (1977). *Les processus de la communication parlée : introduction à l'analyse et la synthèse de la parole.* Paris, Masson.

LINDBLOM, B. (1963) Spectrographic study of vowel reduction. *Journal of the Acoustical Society of America* 35, pages 1773-1781.

SCHWARTZ, J.-L., BOË, L.-J., VALLÉE, N. et ABRY, C. (1997). The Dispersion-Focalization Theory of vowel systems. *Journal of Phonetics* 25(3), pages 255-286.

TUBACH, J.-P. (1989). *La parole et son traitement automatique*, Calliope. Masson, Paris.

TRAUNMÜLLER, H. (1997). Auditory scales of frequency representation. http://www.ling.su.se/staff/hartmut/bark.htm]

VAISSIÈRE, J. (2006). *La phonétique*. Paris, Presses universitaires de France.

VAISSIÈRE, J. (2007). Area functions and articulatory modeling as a tool for investigating the articulatory, acoustic and perceptual properties of sounds across languages. In Solé M. J., Beddor, P. S., Ohala M., *Experimental Approaches to Phonology*. Oxford, Oxford University Press, pages 54-71.

VAISSIÈRE, J. (2011). On the acoustic and perceptual characterization of reference vowels in a cross-language perspective. In *Proceedings of the 17th ICPhS, Hong Kong*, pages 52-59.

Les temps de traitement des voix de femmes et d'hommes sont-ils équivalents ?

Erwan Pépiot

Groupe LAPS – EA1569
Université Paris 8 - 2 rue de la liberté 93200 Saint-Denis
erwan.pepiot@free.fr

RESUME

Cette étude a pour objet les temps de traitement des voix de femmes et d'hommes. Plusieurs auteurs ont mis en évidence la difficulté accrue de l'identification des voyelles lorsque ces dernières sont produites avec un F0 élevé (Ryalls & Lieberman, 1982). Cela a-t-il des conséquences sur le traitement des mots ? Les voix de femmes sont-elles traitées plus lentement que les voix d'hommes ? Une expérience de détection de mots a été réalisée, afin de tester le temps de réponse des participants en fonction du genre du locuteur ayant produit le mot-cible. Les résultats suggèrent que les voix d'hommes et de femmes sont traitées par l'auditeur à vitesse équivalente, mais néanmoins comme deux entités différentes.

ABSTRACT

Are female and male voices processed equally fast?

This study deals with processing time of female and male speech. Several authors showed that vowel identification was more difficult on voices with a high F0 (Ryalls & Lieberman, 1982). Does this have consequences on word processing? Are female voices processed more slowly than male ones? A word spotting experiment was conducted in order to test the participants' response time, depending on whether the target word is produced by a male or a female voice. Results suggest that these two types of voice are processed equally fast, even though they seem processed as two different entities.

MOTS-CLES : voix de femmes, voix d'hommes, temps de traitement, détection de mots.
KEYWORDS : female voices, male voices, processing time, word spotting.

1 Introduction

Les voix de femmes ont souvent été négligées par les phonéticiens, en particulier dans les études impliquant des relevés formantiques. Cela s'explique en partie par le fait que leurs formants vocaliques sont généralement plus durs à localiser que ceux de leurs homologues masculins sur les spectrogrammes et les spectres. En effet, les locuteurs féminins disposant d'un F0 moyen globalement plus élevé que celui des hommes, leurs voix présentent moins d'harmoniques, entraînant ainsi des formants moins repérables. Qu'en est-il alors du traitement de ces deux types de voix par l'auditeur ?

(Sokhi & al., 2005) et (Lattner & al., 2005) ont montré, grâce à l'utilisation de l'IRMf, que l'écoute de voix d'hommes et de femmes n'activait pas de la même manière certaines zones du cerveau de l'auditeur. Ces résultats semblent valider l'hypothèse d'un traitement différencié des voix de femmes et d'hommes par le cerveau.

Concernant la difficulté de traitement, une première étude importante a été réalisée par (Ryalls & Lieberman, 1982). Des voyelles isolées synthétisées ont été présentées à des auditeurs ayant pour tâche de les identifier. Le F0 des voyelles était soit de 100 Hz, de 135 Hz, ou de 250 Hz. Dans tous les cas, les voyelles avec un F0 à 100 Hz et à 135 Hz ont été significativement mieux identifiées par les auditeurs que celles avec un F0 à 250 Hz. Selon ces auteurs, une voix présentant beaucoup d'harmoniques (i.e. un F0 bas) facilite la localisation des formants par l'auditeur et donc l'identification des voyelles. Une étude similaire menée par (Diehl et al., 1996) présente les mêmes conclusions.

Compte tenu de ces constatations, on pourrait penser que le temps de traitement des voix est proportionnel au F0 de la voix traitée, donc supérieur pour les voix de femmes. Dans une étude réalisée sur des anglophones américains, (Strand, 2000) a diffusé des mots isolés produits par un homme ou une femme à des participants ayant pour tâche de répéter le mot le plus rapidement possible. Les temps de réponse ont été mesurés et comparés dans quatre conditions : voix d'homme stéréotypique, voix de femme stéréotypique, voix d'homme non-stéréotypique (i.e. ambiguë) et voix de femme non-stéréotypique. Aucune différence significative n'est apparue entre la voix d'homme et la voix de femme stéréotypiques. Les voix ambiguës (femme et homme) ont sans surprise entraîné un temps de réaction significativement plus long.

Cette étude suggère donc que les voix de femmes ne seraient pas plus longues à traiter par le cerveau que celles des hommes. Cependant, seules une voix d'homme et une voix de femme stéréotypiques ont été utilisées, ce qui ne permet pas de tirer des conclusions générales. De plus, plutôt que le paradigme de répétition de mots, celui de la détection de mots est potentiellement plus révélateur car il implique uniquement un travail de perception. Une expérience de ce type à donc été menée, pour tenter de vérifier les deux hypothèses ci-dessous.

Hypothèse 1 : toutes choses égales par ailleurs, les voix de femmes et les voix d'hommes sont traitées à vitesse équivalente.

Hypothèse 2 : les voix de femmes et les voix d'hommes sont considérées comme deux entités distinctes par le cerveau.

2 Méthode

2.1 Matériau linguistique et enregistrements

La détection de mots est un paradigme expérimental qui se caractérise par la diffusion de *séries de mots* de longueurs variables et se terminant par un *mot-cible*, préalablement communiqué au participant (Marslen-Wilson & Tyler 1980). La tâche de ce dernier est d'appuyer sur un bouton dès qu'il perçoit ce mot-cible.

Le choix des mots a été réalisé sur la base de plusieurs critères : une longueur équivalente (dissyllabiques), une fréquence d'occurrence élevée (figurant dans les 1500 mots les plus fréquents de la langue française[1]), un contenu émotionnel le plus neutre possible. Au total, 61 mots différents ont été sélectionnés, soit 1 mot-cible et 60 autres mots. La cible choisie est le mot *étage*. Ce dernier a été retenu en raison de sa voyelle initiale [e], présentant d'importantes différences formantiques entre hommes et femmes, et donc susceptible de maximiser les effets recherchés dans cette expérience.

Pour ces enregistrements, j'ai fait appel à 8 locuteurs francophones : 4 femmes et 4 hommes, âgés de 20 à 34 ans. Tous sont locuteurs du français dit *parisien*, non-fumeurs et ne présentant pas de trouble de la parole. Les enregistrements ont été effectués en chambre sourde, à l'aide d'un enregistreur numérique. Chaque locuteur a été enregistré sur l'ensemble des 61 mots. Afin d'homogénéiser les paramètres prosodiques, chaque mot a été placé dans le contexte suivant : « *Il a dit* MOT *deux fois* ». Ces mots ont par la suite été extraits de leur contexte.

2.2 Participants

Au total, 25 auditeurs (8 hommes et 17 femmes) ont pris part à cette expérience. Ces participants sont tous des francophones natifs ne présentant pas de troubles du langage et âgés de 18 à 65 ans. La moyenne d'âge est de 27,6 ans : 36,1 ans pour les hommes, 23,6 ans pour les femmes.

2.3 Procédure expérimentale

Une expérience de détection de mots nécessite la maîtrise de plusieurs variables inhérentes à ce paradigme, et la neutralisation de divers biais. Quatre conditions expérimentales doivent être utilisées pour tester les hypothèses :

- **Condition A** (*homogène*) : contexte *voix d'hommes* avant mot-cible expérimental *voix d'homme.*
- **Condition B** (*homogène*) : contexte *voix de femmes* avant mot-cible expérimental *voix de femme.*
- **Condition C** (*non-homogène*) : contexte *voix de femmes* avant mot-cible expérimental *voix d'homme.*
- **Condition D** (*non-homogène*) : contexte *voix d'hommes* avant mot-cible expérimental *voix de femme.*

[1] Sur la base de données mises à disposition par le Ministère de l'Education Nationale, de la Jeunesse et de la Vie Associative : http://eduscol.education.fr/cid47916/liste-des-mots-classee-par-frequence-decroissante.html.

Afin de maximiser son effet, le *contexte* s'étend non seulement sur les 4 mots non-cibles de la série expérimentale, mais également sur la série précédente, que je nommerai *pré-expérimentale* et longue de 3 à 4 items, mot-cible inclus, *soit un total de 7 à 8 mots précédant directement le mot-cible expérimental.* Des séries de distracteurs, contenant chacune un mot-cible mais dont les temps de réponse ne seront pas pris en compte, ont également été utilisées et un schéma de base est ainsi répété : deux séries de distracteurs, une série pré-expérimentale, une série expérimentale. La longueur des séries de distracteurs varie de 2 à 7 items, mot-cible inclus.

L'expérience se divise en quatre *blocs* de 16 séries de mots, comportant à chaque fois les quatre conditions expérimentales dans un ordre différent :

- **Bloc 1** : (2 séries de distracteurs), Cond. A, (2 séries de distracteurs), Cond. B, (2 séries de distracteurs), Cond. C, (2 séries de distracteurs), Cond. D.
- **Bloc 2** : (2 séries de distracteurs), Cond. B, (2 séries de distracteurs), Cond. A, (2 séries de distracteurs), Cond. D, (2 séries de distracteurs), Cond. C.
- **Bloc 3** : (2 séries de distracteurs), Cond. D, (2 séries de distracteurs), Cond. C, (2 séries de distracteurs), Cond. B, (2 séries de distracteurs), Cond. A.
- **Bloc 4** : (2 séries de distracteurs), Cond. C, (2 séries de distracteurs), Cond. D, (2 séries de distracteurs), Cond. A, (2 séries de distracteurs), Cond. B.

Chaque *condition*, qui contient deux séries de mots (*pré-expérimentale* et *expérimentale*), est donc testée quatre fois dans l'expérience, en occupant chacune des positions possibles (1, 2, 3 ou 4) à l'intérieur des blocs.

Un même mot-cible, le mot *étage*, a été utilisé pour toute l'expérience, afin de limiter les divers biais qu'aurait pu induire l'utilisation de mots-cibles variés. Par conséquent, un autre élément a dû être pris en compte : à force de détecter un même mot-cible, il est possible que les auditeurs améliorent globalement leur temps de réponse au fur et à mesure qu'ils avancent dans l'expérience. Pour compenser cet éventuel biais, une moitié d'auditeurs s'est vu diffuser les blocs dans l'ordre 1, 2, 3, 4 et l'autre moitié dans l'ordre 3, 4, 1, 2. De plus, une vérification statistique sera réalisée *a posteriori*.

Tous les mots non-cibles apparaissent une fois par bloc, toujours dans un ordre différent. Quant aux séries d'entraînement, diffusées en début d'expérience, 7 mots spécifiques ont été utilisés, chacun apparaissant 3 fois. La répartition des voix pour les différents mots s'est faite selon plusieurs règles, établies en vue de limiter de façon optimale les différents biais possibles. Ainsi, sur l'ensemble de l'expérience, chaque voix apparaît deux fois en position de mot-cible expérimental et aucune voix n'apparaît plus de deux fois dans une même série (y compris expérimentale), ni sur deux mots consécutifs.

L'expérience à été réalisée à l'aide d'un ordinateur portable, du logiciel *Perceval 3.0.5.0* et d'un boîtier externe : l'utilisation de ce type de périphérique a l'avantage de permettre une mesure très précise des temps de réponse. Une fois installé devant l'écran d'ordinateur et équipé d'un casque audio, le participant était invité, par consigne écrite affichée à l'écran, à *appuyer sur le bouton bleu du boîtier le plus rapidement possible dès qu'il entendrait le mot* étage.

Dans un premier temps, six séries de mots d'entraînement étaient diffusées, suivies des quatre blocs constitutifs de l'expérience. Durant toute la durée du test, aucun stimulus visuel n'était diffusé à l'écran. Les stimuli audio (i.e. les mots) ont été présentés avec un intervalle inter-stimulus de 600 ms. Le choix de cet intervalle relativement court a été effectué dans le but de maintenir éveillée l'attention du sujet tout au long de l'expérience tout en limitant la durée totale de celle-ci.

3 Analyse des données

Les temps de réponse, c'est-à-dire le délai entre le début du mot-cible et l'appui sur le bouton par le participant, étaient automatiquement inscrits par *Perceval* dans un fichier texte. Au total, 64 temps de réponse par participant ont été collectés, correspondant à tous les mots-cibles de l'expérience (hors séries d'entraînement), qu'ils apparaissent dans des séries de distracteurs, pré-expérimentales ou expérimentales. *Seuls les temps de réponse correspondant aux séries expérimentales ont été effectivement retenus.* Parmi ces derniers, aucune mesure pouvant être considérée comme « aberrante » n'a été observée : tous ces temps de réponse ont donc été conservés et pris en compte pour les résultats. Seize mesures ont ainsi été relevées par participant (4 par condition expérimentale). Pour l'ensemble des 25 participants, cela correspond à un total de 400 mesures, soit 100 temps de réponse pour chacune des 4 conditions expérimentales.

4 Résultats

Les temps de réponse moyens obtenus pour la reconnaissance du mot-cible dans les quatre conditions expérimentales, pour les 25 auditeurs, sont les suivants :

- **Condition A** (*homogène, mot-cible voix d'homme*) : 502 ms.
- **Condition B** (*homogène, mot-cible voix de femme*) : 495 ms.
- **Condition C** (*non-homogène, mot-cible voix d'homme*) : 478 ms.
- **Condition D** (*non-homogène, mot-cible voix de femme*) : 474 ms.

Les temps de réponse moyens sont relativement proches entre les conditions A et B d'une part, et entre les conditions B et C d'autre part, c'est-à-dire entre les mots-cibles produits par des hommes et ceux produits par des femmes, en contexte équivalent. Une différence assez importante apparaît en revanche entre les conditions A et C, ainsi que B et D (temps de réponse plus courts dans les conditions C et D), laissant supposer un possible effet du contexte (homogène ou non-homogène avec le mot-cible) sur les temps de traitement des mots-cibles.

Afin de vérifier diverses interactions possibles entre les facteurs et d'établir si les différences constatées sont significatives, j'ai procédé à une analyse statistique des résultats à l'aide du logiciel *StatView 5.0*.

Dans un premier temps, j'ai souhaité m'assurer que le genre des auditeurs n'avait pas eu d'influence sur les temps de réponse obtenus en fonction des différentes conditions expérimentales. Le résultat de l'ANOVA est clair : il n'existe aucune interaction entre les facteurs « genre des auditeurs » et « condition expérimentale » ($F(3,392) = 0{,}299$; $p > 0{,}80$). Cela suggère que *les différences relatives de temps de réponse entre les quatre conditions expérimentales (A, B, C, D) n'ont pas varié en fonction du genre des auditeurs.* L'analyse des temps de réponse en fonction des conditions expérimentales pourra donc être effectuée sur l'ensemble des auditeurs, indépendamment de leur genre.

Un autre biais potentiel existe : la longueur du mot-cible *étage*, qui varie sensiblement en fonction du locuteur l'ayant produit. J'ai donc effectué un test de Pearson sur le temps de réponse moyen des auditeurs et la durée des stimuli. Il en est ressorti une très faible corrélation : $r(8) = 0{,}206$. Cette dernière est très largement non significative, avec $z = 0{,}467$ et $p > 0{,}60$. *La longueur du mot-cible ne semble donc pas avoir joué sur les temps de réponse des auditeurs.*

Comme cela a été mentionné précédemment, l'utilisation d'un même mot-cible tout au long de l'expérience aurait pu entraîner une diminution progressive du temps de réponse des sujets. Un test de Spearman a été conduit sur les temps de réponse des sujets et le moment de diffusion de chaque mot-cible expérimental. On observe une absence totale de corrélation entre ces deux variables (*rhô* = 0,001 ; $p > 0{,}95$) : *la répétition du mot-cible* étage *ne semble donc pas avoir entraîné de diminution des temps de réponse des auditeurs.*

Les possibles biais ayant été écartés, j'ai ensuite testé l'effet du facteur « condition expérimentale », en effectuant une ANOVA à deux facteurs : « condition expérimentale » et « sujet » (ce deuxième facteur a été inclus afin d'obtenir une variance plus juste), sur les temps de réponse des auditeurs. Le graphique correspondant à cette analyse est visible ci-dessous (Figure 1).

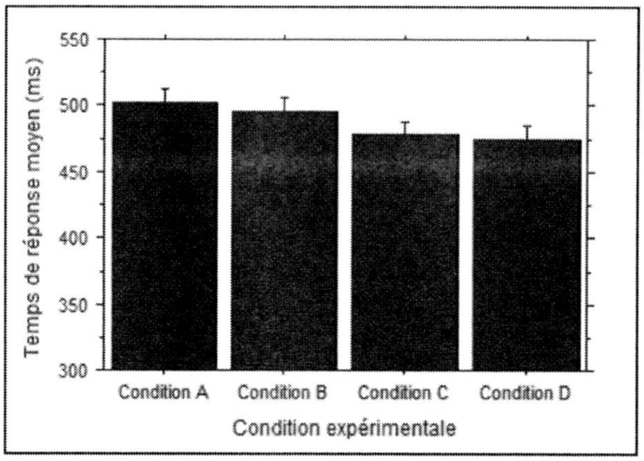

FIGURE 1 – Temps de réponse moyens (ms) des auditeurs en fonction de la condition expérimentale, avec les barres d'erreur correspondantes (± 1 erreur-type).

Le résultat obtenu montre l'existence d'un effet global significatif du facteur « condition expérimentale » ($F(3{,}300) = 4{,}597$; $p < 0{,}01$). *Globalement, les temps de réponse des auditeurs ont donc varié significativement en fonction de la condition expérimentale.*

De manière plus précise, le test PLSD de Fisher révèle que la différence est significative entre les conditions A et C ($p < 0{,}01$), ainsi qu'entre les conditions B et D ($p < 0{,}02$). Il existe donc un effet du contexte : *les temps de réponse pour les voix de femmes, comme pour les voix d'hommes, ont été significativement plus faibles dans les conditions non-homogènes (C et D), où les mots précédant le mot-cible sont produits par des voix du genre opposé, que dans les conditions homogènes (A et B).* En revanche, les différences entre les conditions A et B ($p > 0{,}40$), et C et D ($p > 0{,}60$) ne sont pas significatives. *En contexte équivalent, les mots-cibles produits par des femmes et ceux produits par des hommes ont donc entraîné des temps de réponse similaires.*

En plus de cette comparaison en contexte équivalent, j'ai souhaité vérifier si, globalement, les temps de réponse moyens obtenus pour les voix de femmes (conditions B et D) et pour les voix d'hommes (conditions A et C) ne présentaient pas de différence significative. Pour cela, j'ai regroupé les temps de réponse des conditions B et D (voix de femmes), et ceux des conditions A et C (voix d'hommes), et effectué une ANOVA à deux facteurs, « type de voix produisant le mot-cible » et « sujet », sur le temps de réponse moyen des auditeurs. Le graphique représentant les temps de réponse moyens en fonction du type de voix produisant le mot-cible est visible ci-après (Figure 2).

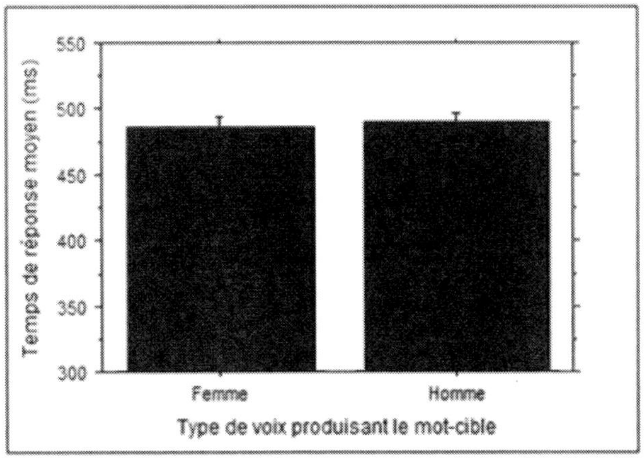

FIGURE 2 – Temps de réponse moyens (ms) des auditeurs, en fonction du type de voix (femme ou homme) produisant le mot-cible, avec les barres d'erreur (± 1 erreur-type).

Il n'existe aucun effet significatif du facteur « type de voix produisant le mot-cible » sur les temps de réponse moyens ($F(1,350) = 0,852$; $p > 0,30$). *Globalement, il n'y a donc pas de différence significative entre les temps de réponse des auditeurs pour les mots-cibles produits par des femmes et pour ceux produits par des hommes.*

5 Discussion - Conclusion

Cette expérience de détection de mots a permis d'obtenir certains résultats intéressants. Tout d'abord, l'hypothèse 1 a été confirmée : aussi bien en contexte équivalent que tous contextes confondus, les temps de traitement des mots produits par des hommes et de ceux produits par des femmes ne présentent aucune différence significative. Ainsi, *les voix de femmes et les voix d'hommes semblent être traitées à la même vitesse par les auditeurs sur les mots isolés*, et ceci *indépendamment du genre de l'auditeur.*

Ce résultat est à mettre en perspective avec des recherches antérieures. (Ryalls & Lieberman, 1982) et (Diehl & al., 1996) avaient mis en évidence le lien entre F0 et difficulté d'identification des voyelles. Cela pouvait suggérer que les voix de femmes sont plus difficiles à traiter par les auditeurs. Mais ces expériences ont mesuré le pourcentage d'erreur d'identification et non pas le temps de réponse. D'autre part, l'unité linguistique utilisée (voyelle isolée) peut sembler quelque peu artificielle : en dehors de conditions expérimentales, les auditeurs ont rarement à identifier une unité si petite hors contexte. On peut donc penser que les auditeurs, qui sont quotidiennement exposés à des voix à F0 élevé ainsi qu'à des voix à F0 bas, ont pu développer des capacités de traitement similaires pour ces différents types de voix, pour un input d'une taille au moins équivalente à celle d'un mot. Ainsi, même si les voyelles produites avec un F0 élevé sont plus difficiles à identifier, les auditeurs ont la possibilité de compenser avec les consonnes, dont on sait qu'elles sont particulièrement décisives pour l'accès au lexique (Owren & Cardillo, 2006).

(Strand, 2000) a quant à elle utilisé des mots isolés et mesuré les temps de réponse en fonction du type de voix, comme dans la présente étude. Néanmoins, le paradigme utilisé était une tâche de répétition de mots, ce qui implique non seulement une tâche de perception mais également un travail de production. Malgré ces divergences méthodologiques, les résultats obtenus dans l'expérience de Strand sont conformes à ceux obtenus ici : aucune différence significative de temps de réponse n'a été observée entre voix de femmes et voix d'hommes. Notons que dans cette précédente étude, seule une voix d'homme et une voix de femme dites « stéréotypiques » avaient été utilisées : il était donc nécessaire de confirmer ces tendances avec un plus grand nombre de voix.

La deuxième observation importante concerne les différences obtenues entre les conditions A et C d'une part et B et D d'autre part : les conditions *non-homogènes* (C et D) ont entraîné des temps de traitement inférieurs à celles dites *homogènes* (A et B). L'écoute d'un grand nombre de stimuli de type *voix d'homme* avant un mot-cible de type *voix de femmes* (ou *vice versa*) a fait baisser le temps de réponse des auditeurs. Cela s'explique probablement par un regain d'attention du sujet dû à un changement de paradigme, et semble donc aller dans le sens de l'hypothèse 2 selon laquelle les voix de femmes et d'hommes sont considérées comme deux entités distinctes par le cerveau. Ces résultats paraissent confirmer ceux obtenus par (Sokhi & al., 2005) et (Lattner & al., 2005), montrant que ces deux types de voix activent de manière différente certaines zones du cerveau des auditeurs.

Références

DIEHL, R. L. et al. (1996). On explaining certain male-female differences in the phonetic realization of vowel categories. *Journal of Phonetics*, 24, pages 187–208.

LATTNER, S. & al. (2005). Voice perception: Sex, pitch, and the right hemisphere. *Human Brain Mapping*, 24, pages 11–20.

MARSLEN-WILSON, W. & TYLER, L. K. (1980). The temporal structure of spoken language understanding. *Cognition*, 8, pages 1–71.

OWREN, M. et CARDILLO, G. (2006). The relative roles of vowels and consonants in discriminating talker identity versus word meaning. *Journal of the Acoustical Society of America*, 119, pages 1727–1739.

RYALLS, J. H. et LIEBERMAN, P (1982). Fundamental frequency and vowel perception. *Journal of the Acoustical Society of America*, 72, pages 1631–1634.

SOKHI, D. S et al. (2005). Male and female voices activate distinct regions in the male brain. *NeuroImage*, 27, pages 572–578.

STRAND, E. (2000) *Gender stereotype effects in speech processing*. PhD Thesis. The Ohio State University.

Variations prosodiques en synthèse par sélection d'unités : l'exemple des phrases interrogatives

Laurence Martin[1] Sophie Roekhaut[2,3] Richard Beaufort[2,3]
(1) Faculté de philosophie, arts et lettres
(2) Centre de traitement automatique du langage (CENTAL)
(3) Institut Langage et Communication
Université catholique de Louvain, Louvain-la-Neuve, Belgique
laurence.j.martin@student.uclouvain.be,
{sophie.roekhaut,richard.beaufort}@uclouvain.be

RÉSUMÉ

Cet article propose une méthode automatique d'augmentation des variations prosodiques en synthèse par sélection d'unités. Plus particulièrement, nous nous sommes intéressés à la synthèse de phrases interrogatives au sein du système de synthèse *eLite*, qui procède par sélection d'unités non uniformes et qui ne possède pas les unités nécessaires à la production de questions dans sa base de données. L'objectif de ce travail a été de pouvoir produire des interrogatives via ce système de synthèse, sans pour autant enregistrer une nouvelle base de données pour la sélection des unités. Après avoir décrit les phénomènes syntaxiques et prosodiques en jeu dans l'énonciation de phrases interrogatives, nous présentons la méthode développée, qui allie pré-traitement des cibles à rechercher dans la base de données, et post-traitement du signal de parole lorsqu'il a été généré. Une évaluation perceptive des phrases synthétisées via notre application nous a permis de percevoir l'intérêt du post-traitement en synthèse et de pointer les précautions qu'un tel traitement implique.

ABSTRACT

Prosodic variations in unit-based speech synthesis: the example of interrogative sentences

This paper proposes an automatic method to increase the number of possible prosodic variations in non-uniform unit-based speech synthesis. More specifically, we are interested in the production of interrogative sentences through the eLite text-to-speech synthesis system, which relies on the selection of non-uniform units, but does not have interrogative units in its speech database. The purpose of this work was to make the system able to synthesize interrogative sentences without having to record a new, interrogative database. After a study of the syntactic and prosodic phenomena involved in the production of interrogative sentences, we present our two-step method: an adapted pre-processing of the unit selection itself, and a post-processing of the whole speech signal built by the system. A perceptual evaluation of sentences synthesized by our approach is then described, which points out both pros and cons of the method and highlights some issues in the very principles of the eLite system.

MOTS-CLÉS : synthèse NUU, phrases interrogatives, variations prosodiques.

KEYWORDS: NUU text-to-speech synthesis, interrogative sentences, prosodic variations.

1 Introduction

De nos jours, la synthèse par sélection d'unités non-uniformes (*Non-Uniform Units*, NUU) reste la plus commercialisée. Ce succès, elle le doit au naturel de la parole qu'elle produit, résultat de son principe fondateur : choisir dans une base de données les unités de parole les plus proches de la mélodie à produire afin de les modifier le moins possible par traitement du signal. À toute médaille, cependant, son revers : en synthèse NUU, les variations prosodiques de la parole de synthèse sont limitées aux variations présentes dans la base de parole utilisée.
Plusieurs travaux ont d'ailleurs proposé d'enrichir les bases de données utilisées. Soit en enregistrant une base de données par style (émotion, expression, etc.) à produire : dans ce cas, le système choisit d'abord la base correspondant le mieux au style désiré, avant de réaliser la sélection des unités de parole (Kawanami *et al.*, 2000; Iida *et al.*, 2003). Soit en rassemblant les styles au sein d'une seule et même base : dans ce cas, l'étiquetage des unités de parole est enrichi de caractéristiques faisant référence au style, et l'algorithme de sélection est modifié pour en tenir compte (Strom *et al.*, 2006; Syrdal et Kim, 2008). L'enrichissement des bases a cependant deux inconvénients : la taille des bases obtenues, et la nécessité de disposer du même locuteur lorsque de nouveaux enregistrements sont nécessaires.
Afin de devoir éviter d'enrichir les bases de données, Roekhaut *et al.* (2010) ont proposé de modifier le système de synthèse lui-même, en intervenant en amont et en aval de la sélection des unités. En amont, en modifiant les *valeurs* de l'étiquetage à rechercher dans la base de données. En aval, en post-traitant le signal obtenu pour accentuer les caractéristiques prosodiques désirées. Le résultat est une parole effectivement expressive, mais parfois dégradée par le post-traitement réalisé.
Nous nous inscrivons dans la continuité directe des travaux de Roekhaut *et al.* (2010). Notre objectif est d'apporter des réponses aux questions que leurs résultats avaient suscitées. Pour ce faire, nous sommes partis d'un cas précis : celui de la synthèse de phrases interrogatives à partir d'une base de données de parole exclusivement déclarative. L'étude est donc spécifique, mais a été menée avec la volonté de proposer des résultats applicables à d'autres types de variations prosodiques.
La suite de cet article s'articule comme suit. Après avoir présenté en section 2 le système de synthèse concerné, nous analysons en section 3 le comportement prosodique des questions. Sur cette base, nous décrivons en section 4 les traitements mis en place pour synthétiser des interrogatives à partir d'unités déclaratives. Nous évaluons ensuite la méthode en section 5, et présentons, en section 6, les réflexions que nos résultats suscitent concernant l'étiquetage de la base de données du système.

2 eLite-LiONS

eLite, prononcé [i l a j t], est un système complet de synthèse de la parole à partir du texte développé à Multitel ASBL[1] de 2001 à 2008 et maintenu au CENTAL depuis. Le système comprend un module de traitement automatique du langage naturel (Beaufort et Ruelle, 2006), qui construit une représentation phonético-prosodique du texte, un module de sélection NUU, LiONS (Colotte et Beaufort, 2005), qui exploite cette représentation pour choisir dans une base de données les unités de parole à concaténer, et un module de traitement du signal, qui concatène les unités sélectionnées en se limitant à un lissage de leurs frontières par Copy-OLA (Bozkurt *et al.*, 2004).

L'algorithme LiONS. L'unité de sélection utilisée par LiONS est le diphone[2]. La séquence de phonèmes de la phrase à prononcer est donc convertie en une séquence de diphones. Chaque diphone se voit associer une liste de critères de sélection linguistiques, qui sont calculés au niveau

1. Centre de recherche belge situé à Mons, Hainaut, Belgique.
2. Le diphone est une unité acoustique qui s'étend de la partie stable d'un phonème à la partie stable du phonème suivant. Cette unité englobe donc la phase de coarticulation entre phonèmes, si difficile à modéliser.

de la syllabe à laquelle il appartient. Les diphones aux frontières de syllabes ou de groupes reçoivent des caractéristiques particulières. L'ensemble « diphone–critères » constitue une cible, pour laquelle on recherche des candidats dans la base de données. Lorsque des candidats ont été trouvés pour chaque cible, la meilleure séquence de candidats est sélectionnée en optimisant un double coût « cible–concaténation ».

Le coût de concaténation est une mesure de la distance acoustique entre les candidats de deux cibles différentes amenées à être concaténées dans le signal de parole.

Le coût cible est la distance d'un candidat par rapport à sa cible et dépend des critères de sélection utilisés. L'objectif de ces critères est avant tout de permettre au système de distinguer les unités toniques et proéminentes des autres, atones et non-proéminentes. Pendant longtemps, cette distinction a été exclusivement réalisée sur la base de valeurs acoustiques : F0, durée, spectre et énergie (Black et Campbell, 1995; Balestri *et al.*, 1999). LiONS appartient à une deuxième génération de systèmes NUU, qui ont remplacé les critères acoustiques par des critères linguistiques afin d'autoriser plus de variations dans la courbe prosodique. Initialement, LiONS utilisait 40 critères linguistiques pour décrire une cible. De nombreux tests on ensuite permis de réduire cette liste à 4 critères, tous calculés au niveau de la syllabe à laquelle appartient le diphone :

1. la structure syllabique : V, CV, VC, CVC, etc. (où V=*voyelle* et C=*consonne*) ;
2. l'accent syllabique : primaire (AP), secondaire (AS) ou non accentué (NA) ;
3. la position de la syllabe dans le groupe rythmique (GR). Le GR est une notion propre à eLite. Il s'agit d'un groupe de souffle portant un léger accent sur sa première syllabe (BOG), un accent marqué sur sa dernière syllabe (EOG) et susceptible d'être suivi d'une pause. Le GR est constitué d'une ou de plusieurs unités grammaticales ;
4. la position de la syllabe par rapport à la pause courte (SH), moyenne (MD) ou longue (LG). Une syllabe devant la pause est toujours proéminente, mais son contour intonatif varie selon le type de pause : légèrement montant devant SH et MD, il devient descendant devant LG.

L'exemple suivant illustre, sur un énoncé simple, les critères linguistiques calculés par LiONS à partir de l'analyse linguistique produite par eLite :

Analyse linguistique (eLite)	Mots	Aujourd'hui			,	il	fait	froid	.
	Syllabes	o"	ʒ u ʁ	d ɥ i'	_	i l	f ɛ'	f ʁ w a'	_
	GR	GR1				GR2			
Critères linguistiques (LiONS)	(1)	V	CVC	CV		VC	CV	CV	
	(2)	AS	NA	AP		NA	AP	AP	
	(3)	BOG		EOG		BOG		EOG	
	(4)			SH				LG	

3 Comportement prosodique des interrogatives

Typologie. Il existe de nombreuses typologies syntaxiques de la question. Dans le cadre de cette étude, nous avons décidé de rassembler les interrogatives selon les 4 classes suivantes :

1. Les questions partielles : l'interrogation porte sur un élément particulier de la phrase, qui est représenté par un mot interrogatif (*Où allons-nous ?*) ;
2. Les questions totales : l'interrogation porte sur la totalité de la phrase, qui appelle une réponse de type oui/non (*Vous avez bien dormi ?*) ;
3. Les questions alternatives : un choix entre plusieurs possibilités équivalentes et acceptables est proposé à l'interlocuteur (*Tu veux du thé ou du café ?*) ;
4. Les demandes de continuation : l'interrogation ne porte pas sur un élément de l'énoncé, mais pousse l'interlocuteur à poursuivre son développement (*Et alors ?*, *Ah bon ?*, *C'est-à-dire ?*).

Nous avons également réalisé un recensement des marqueurs syntaxiques de la question, et de la façon dont ils peuvent se combiner avec les quatre classes ci-dessus (voir figure 1). Le marquage syntaxique peut consister en :

A. un mot (déterminant, adverbe ou pronom) interrogatif;
B. un « tag » en fin d'énoncé, par exemple *n'est-ce pas*, marquant une demande de confirmation établie par le locuteur (Grundstorm, 1973) ;
C. la locution *est-ce que* ;
D. une inversion sujet-verbe;
E. aucun marqueur : l'énoncé est déclaratif, mais présente un point d'interrogation à l'écrit.

Corpus. Sur cette base, nous avons constitué un corpus d'interrogatives pouvant être, de manière univoque, transcrites et ponctuées à l'aide d'un point d'interrogation. Afin de faciliter l'identification des comportements prosodiques propres à chaque classe de notre typologie, nous avons arrêté notre choix sur 123 énoncés relativement stéréotypés, provenant d'un CD audio d'exercices destinés à des apprenants du français langue seconde (Berthet *et al.*, 2006). Chaque énoncé a été manuellement classé dans notre typologie, puis a été transcrit phonétiquement et aligné avec le signal de parole au moyen de *Praat*, un logiciel libre d'annotation et de manipulation de données orales (Boersma et Weenink, 2011), et son module *EasyAlign* (Goldman, 2011). Les énoncés étudiés ont enfin été soumis à une analyse prosodique afin de produire un prosogramme (Mertens, 2004), représentation graphique du contour prosodique d'un énoncé, basée sur les valeurs de hauteur de chaque noyau syllabique exprimées en demi-tons. Ceci nous a permis d'observer, de manière systématique, les valeurs de hauteur accordées aux syllabes finales, ainsi qu'aux syllabes des éventuels marqueurs syntaxiques.

Analyse. Les comportements prosodiques observés sur notre corpus, illustrés sur les exemples de la figure 1, confirment plusieurs théories linguistiques (Delattre, 1966; Léon et Léon, 2007). En finale, seules les interrogatives de forme déclarative sont obligées de monter du fait de l'absence de tout marqueur syntaxique (Ex. 2.E, 4.E). À l'inverse, une montée en finale en présence d'un marqueur syntaxique se perçoit comme redondante et n'est pas obligatoire (Ex. marqués syntaxiquement par A, C ou D). Enfin, une montée est fréquente sur la dernière syllabe d'un mot interrogatif (Ex. marqués syntaxiquement par A), quelle que soit sa position dans l'énoncé. La littérature (Vion *et al.*, 2002; Fónagy, 2003) signale également que dans le cas d'une alternative, le premier terme serait montant et le second, descendant (3.C, 3.D, 3.E). Sans questions alternatives dans notre corpus, nous n'avons pu vérifier cette hypothèse. Par contre, notre corpus nous a permis d'observer que dans le cas d'énoncés marqués par un tag en finale, une descente et une courte pause précèdent toujours le tag, tandis qu'une montée prend place sur la dernière syllabe du tag (Ex. 2B).

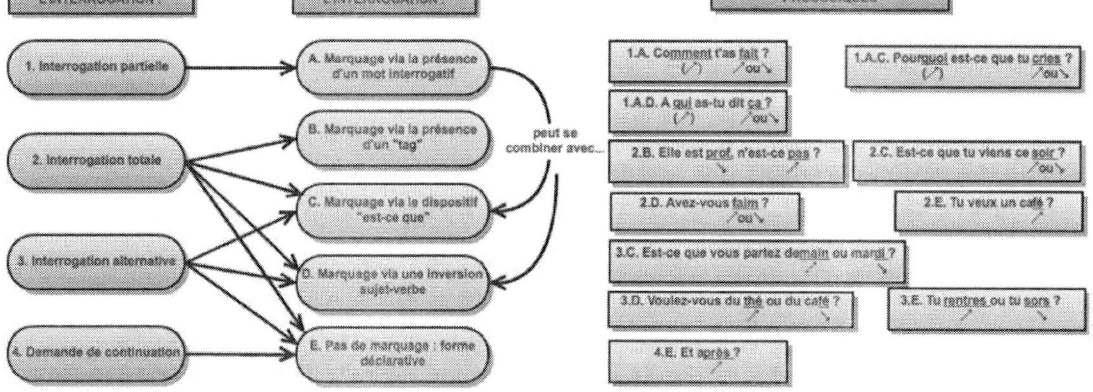

FIGURE 1 – Typologie syntaxique et prosodique des interrogatives

4 Traitements appliqués aux interrogatives

La base de données de parole manipulée par eLite-LiONS est constituée de 56 000 diphones provenant exclusivement de phrases déclaratives. Puisqu'elle ne contient pas d'unité proéminente et à contour mélodique ascendant en finale d'énoncé, cette base n'est donc pas adaptée telle quelle à la modélisation de certaines interrogatives, notamment celles qui ne sont pas marquées par la syntaxe et qui doivent alors obligatoirement monter en finale. Pour tendre vers l'interrogation, à l'instar de Roekhaut *et al.* (2010), nous intervenons par un pré-traitement en amont et un post-traitement en aval de la sélection des unités. Le pré-traitement doit permettre de choisir des unités dont la courbe prosodique, montante ou descendante, va dans le sens désiré. Le post-traitement doit accentuer cette tendance naturelle, la rendre audible et distinguable.

Pré-traitement. Le principe est de modifier les valeurs des critères linguistiques des cibles à rechercher dans la base de données. Selon le type de question, deux modifications peuvent s'envisager.
1) Soit, nous avons besoin d'une **intonation montante et proéminente** là où une déclarative serait naturellement plate ou descendante. Dans une phrase déclarative, les seules syllabes de ce type se situent à l'endroit d'une continuation majeure : une pause courte, correspondant dans le texte à une virgule. Nous avons forcé le système à sélectionner ces unités en imposant au critère linguistique « *distance par rapport à la pause* » la valeur « *devant pause courte* ». Cette modification a pu être appliquée à tous les cas où notre analyse prosodique a mis en évidence la nécessité d'une intonation montante, sauf à la dernière syllabe d'un mot interrogatif, parce que le mot interrogatif n'est jamais suivi d'une pause, contrairement à l'unité que nous aurions voulu lui substituer. Dans ce cas précis, seul le post-traitement décrit ci-dessous a pu être appliqué.
2) Soit, nous avons besoin d'une **intonation descendante** là où une déclarative serait naturellement ascendante. Dans une déclarative, cette intonation se retrouve typiquement en finale de phrase. Ici, nous avons forcé le système à sélectionner ces unités en imposant au critère linguistique « *distance par rapport à la pause* » la valeur « *devant pause longue* ». Ce cas ne concerne que les interrogatives terminées par un tag, dont la syllabe précédant le tag est caractérisée par une descente et une légère pause.

Post-traitement. L'analyse des prosogrammes de nos énoncés interrogatifs nous a permis de fixer à 3.4 demi-tons la différence de hauteur moyenne entre la syllabe montante de l'interrogative et la syllabe qui la précède. Pour obtenir cette différence de hauteur entre les syllabes concernées des interrogatives générées par eLite-LiONS, nous avons utilisé l'algorithme de synthèse PSOLA (Moulines et Charpentier, 1990) implémenté dans *Praat*.

La figure 2 illustre l'évolution de la courbe prosodique d'un énoncé subissant successivement les pré- et post-traitements décrits ci-dessus.

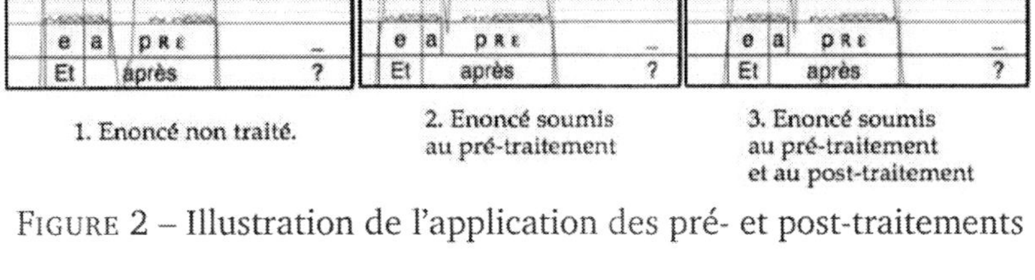

FIGURE 2 – Illustration de l'application des pré- et post-traitements

5 Évaluation

Vingt-et-un évaluateurs ont réalisé deux tests perceptifs en ligne[3] afin d'évaluer trois aspects des phrases interrogatives produites : *le naturel du signal* (les traitements appliqués altèrent-ils la qualité du signal ?), *la force de l'intonation interrogative* (les questions générées sont-elles bien perçues comme telles ?) et, enfin, *le naturel de l'intonation interrogative* (le résultat prosodique obtenu est-il perçu comme naturel ?).

Naturel du signal :

Pour chacun des 6 énoncés proposés, les évaluateurs devaient indiquer s'ils préféraient avec ou sans post-traitement. Lorsque l'étape de pré-traitement a sélectionné des unités fortement proéminentes pour la dernière syllabe de l'énoncé, le post-traitement a accentué cette proéminence et provoqué une sortie du registre de la voix de la base de données : la majorité des participants a alors préféré les énoncés non post-traités. À l'inverse, lorsque l'étape de pré-traitement a été correctement réalisée, le post-traitement n'a pas été rejeté.

Force de l'intonation interrogative :

Les évaluateurs devaient détecter les 11 interrogatives de forme déclarative dans un ensemble de 16 énoncés comptant 5 vraies déclaratives. l'intonation La force d'interrogation de chaque énoncé a été évaluée sur une échelle de 1 à 5. Le test est concluant : la grande majorité des questions générées par notre application sont comprises comme telles. Seules 3 interrogatives sur 11 ont résisté à nos traitements : leur intonation normalement montante ne s'est pas montrée aussi marquée que prévu. Elles n'ont de ce fait pas été perçues comme interrogatives. Nous revenons sur les causes possibles de cette irrégularité en section 6.

Naturel de l'intonation :

Questions marquées syntaxiquement. Nous l'avons mentionné en section 3, une montée finale dans le cas de questions marquées syntaxiquement peut être perçue comme redondante. Dans ce cas précis, nous avons demandé aux évaluateurs de choisir entre 3 versions différentes des mêmes 6 questions marquées : une version sans traitement, une version avec pré-traitement uniquement, et une version avec pré- et post-traitement. Globalement, la majorité des évaluateurs préfèrent la version uniquement pré-traitée, dont la légère montée permet d'insister suffisamment sur la question, tout en évitant les éventuelles dégradations dues au post-traitement.

Questions marquées par un mot interrogatif. Nous rappelons que la montée normalement attendue sur les mots interrogatifs (section 3) ne peut être produite que par post-traitement (section 4). Au vu des résultats du test perceptif réalisé sur 22 énoncés, cette limite n'est cependant pas gênante : les 10 questions marquées par un mot interrogatif dont la mélodie n'était montante qu'en finale ont été jugées plus naturelles, ou sans différence perceptible avec les énoncés où la mélodie était également montante sur le mot interrogatif. Ce résultat s'explique sans doute par la difficulté que nous avons eue à produire une montée significative préalable sur les mots interrogatifs.

Questions taguées. Sur la base de notre corpus, nous avons constaté la nécessité d'une descente mélodique sur la dernière syllabe du mot précédant le tag, suivie d'une légère pause (section 3). Le test perceptif, réalisé sur 2 énoncés, a validé cette observation : des 2 courbes intonatives, les participants ont systématiquement préféré celle qui présentait un contour déclaratif descendant avant le tag. Le pré-traitement est donc pertinent.

3. Disponibles sur http ://cental.fltr.ucl.ac.be/testperceptif2/ et sur http ://cental.fltr.ucl.ac.be/testperceptif3/.

Questions alternatives. Pour 3 énoncés, les évaluateurs ont départagé 2 intonations : la première, avec une montée sur le premier terme de la question uniquement, l'autre, avec une montée en finale également. La finale d'une question alternative ne correspond pourtant pas toujours au focus de la question : dans "*Il est en avril ou en septembre ton examen le plus difficile?*", une montée finale semblerait mal venue. Cet exemple met au jour la nécessité de repérer le focus de l'interrogative *avant* d'en prédire la prosodie. Pourtant, la majorité des évaluateurs ont apprécié la montée en finale, même lorsqu'elle ne correspondait pas au focus. Ceci est peut-être dû au fait que le pré-traitement décrit est impossible à appliquer au premier terme des alternatives, qui ne profite de ce fait que du post-traitement, marquant alors moins bien la question.

Portée de l'ascendance finale. L'objectif était de déterminer le meilleur nombre de syllabes sur lequel réaliser la montée en finale. Les utilisateurs ont dû choisir entre deux versions de 6 énoncés : la première avec une montée sur la dernière syllabe, l'autre avec une montée sur les trois dernières syllabes. La majorité des réponses obtenues ne font aucune différence entre les deux intonations proposées, ou sont favorables à la montée sur la dernière syllabe uniquement. La montée sur les trois dernières syllabes n'a été préférée que dans le cas d'énoncés où le post-traitement a provoqué une sortie du registre de la voix de synthèse, du fait de la sélection en amont d'unités fortement proéminentes. La diffusion de la montée sur les trois dernières syllabes de l'énoncé permet alors, sans doute, de réduire cette proéminence exagérée.

6 Conclusions et perspectives

Les variations prosodiques de la synthèse par sélection d'unités sont par nature limitées aux variations présentes dans les bases de données de parole utilisées. C'est en partant de ce constat que de nombreux chercheurs ont proposé diverses méthodes pour enrichir les bases en question. Cependant, l'enrichissement des bases est coûteux, et lie dans le temps le système de synthèse à la disponibilité de la voix utilisée.
Afin d'éviter ces désagréments, et en partant du cas particulier des interrogatives, cet article a proposé une méthode alliant pré- et post-traitement de la sélection d'unités pour augmenter les possibilités prosodiques de la base. Le pré-traitement permet de choisir des unités présentant la tendance prosodique souhaitée, tandis que le post-traitement accentue cette tendance pour la rendre audible.

L'évaluation perceptive que nous avons réalisée a montré que dans l'ensemble, les variations prosodiques obtenues par notre approche étaient audibles, reconnaissables et naturelles. Cependant, l'évaluation a également mis au jour un point important : la qualité et la pertinence du post-traitement réalisé dépendent directement des caractéristiques acoustiques de l'unité traitée. Si l'unité à traiter est déjà aux limites du registre de la voix de la base de données, le post-traitement peut l'en faire sortir et dégrader le signal de manière audible. À l'inverse, si l'unité à traiter ne possède pas la tendance prosodique recherchée (ici, une montée ou une descente), le post-traitement n'a aucune efficacité.
Cette inefficacité du post-traitement a également été constatée lorsque l'unité à traiter, proéminente dans son contexte initial, ne l'est plus ou pas assez dans le contexte de la phrase de synthèse. Ce dernier constat est très important, parce qu'il remet en cause le bienfondé du recours à des critères purement linguistiques pour décrire les cibles à sélectionner. Ces critères sont-ils suffisants pour distinguer les unités qui, hors de leur contexte initial, conserveront un comportement prosodique donné ? Nous n'en sommes pas certains. Au contraire, ces résultats semblent indiquer que des valeurs acoustiques restent somme toute nécessaires pour obtenir un signal de parole où l'alternance entre syllabes proéminentes et non proéminentes respecte les standards de la langue.

Références

BALESTRI, M., PACCHIOTTI, A., QUAZZA, S., SALZA, P. et SANDRI, S. (1999). Choose the best to modify the least : A new generation concatenative synthesis system. *In Proceedings of Eurospeech*, pages 2291–2294, Budapest, Hungary.

BEAUFORT, R. et RUELLE, A. (2006). elite : système de synthèse de la parole à orientation linguistique. *In Proceedings of JEP*, pages 509–512, Dinard, France.

BERTHET, A., HUGOT, C., KIZIRIAN, V., SAMPSONIS, B. et WAENDENDRIES, M. (2006). *Alter Ego 2*. Hachette.

BLACK, A. et CAMPBELL, N. (1995). Optimising selection of units from speech databases for concatenative synthesis. *In Proceedings of Eurospeech*, pages 581–584, Madrid, Spain.

BOERSMA, P. et WEENINK, D. (2011). Praat : doing phonetics by computer (version 5.2.28). `http://www.praat.org`.

BOZKURT, B., DUTOIT, T., PRUDON, R., D'ALESSANDRO, C. et PAGEL, V. (2004). Chapter 1 : Reducing discontinuities at synthesis time for corpus-based speech synthesis. *In* NARAYANAN, S. et ALWAN, A., éditeurs : *Text To Speech Synthesis : New Paradigms and Advances*. Prentice Hall PTR.

COLOTTE, V. et BEAUFORT, R. (2005). Linguistic features weighting for a text-to-speech system without prosody model. *In Proceedings of Interspeech*, pages 2549–2552, Lisbon, Portugal.

DELATTRE, P. (1966). Les dix intonations de base du français. *The French Review*, 40(1):1–14.

FÓNAGY, I. (2003). Des fonctions de l'intonation : essai de synthèse. *Flambeau*, 29:1–20.

GOLDMAN, J.-P. (2011). EasyAlign : an automatic phonetic alignment tool under Praat. *In Proceedings of Interspeech*, pages 3233–3236, Florence, Italy.

GRUNDSTORM, A. (1973). L'intonation des questions en français standard. *Studia Phonetica 8*, pages 19–49.

IIDA, A., CAMPBELL, N., HIGUCHI, F. et YASUMURA, M. (2003). A corpus-based speech synthesis system with emotion. *Speech Communication*, 40(1):161–187.

KAWANAMI, H., MASUDA, T., TODA, T. et SHIKANO, K. (2000). Designing speech database with prosodic variety for expressive tts system. *In Proceedings of LRE*.

LÉON, M. et LÉON, P. (2007). *La prononciation du français*. Armand Collin.

MERTENS, P. (2004). Un outil pour la transcription de la prosodie dans les corpus oraux. *Traitement Automatique des langues*, 45(2):109–130.

MOULINES, E. et CHARPENTIER, F. (1990). Pitch-synchronous waveform processing techniques for text-to-speech synthesis using diphones. *Speech communication*, 9(5):453–467.

ROEKHAUT, S., GOLDMAN, J. et SIMON, A. (2010). A model for varying speaking style in tts systems. *In Proceedings of Speech Prosody*, Chicago, Illinois, USA.

SCHRÖDER, M. (2001). Emotional speech synthesis : A review. *In Proceedings of Eurospeech*, pages 561–564, Aalborg, Denmark.

STROM, V., CLARK, R. et KING, S. (2006). Expressive prosody for unit-selection speech synthesis. *In Proceedings of Interspeech*, Pittsburgh, Pennsylvania, USA.

SYRDAL, A. et KIM, Y. (2008). Dialog speech acts and prosody : Considerations for tts. *In Proceedings of Speech Prosody*, pages 661–665, Campinas, Brazil.

VION, M., COLAS, A. *et al.* (2002). La reconnaissance du pattern prosodique de la question : questions de méthode. *Travaux Interdisciplinaires Parole et Langage*, 21:153–177.

Vers une inversion acoustico-articulatoire d'un locuteur étranger

Hélène Lachambre, Régine André-Obrecht
IRIT - Université de Toulouse, 118 route de Narbonne, 31062 Toulouse Cedex 9
lachambre@irit.fr, obrecht@irit.fr

RÉSUMÉ

Nous présentons une extension de notre méthode d'inversion acoustico-articulatoire basée sur des Modèles de Markov Cachés non supervisés. La génération des vecteurs articulatoires est inspirée par l'approche "GMM". Dans le cadre de l'aide à l'apprentissage des langues étrangères, nous étudions le comportement de cette approche dans le cas de données (phonèmes) manquants.

ABSTRACT

Toward an acoustic to articulatory inversion of a foreign speaker

We present an extension of our acoustic-to-articulatory inversion method, based on unsupervised Hidden Markov Models. The articulatory vectors' generation is based on the "GMM" approach. Considering the application of our method to the teaching of foreing languages, we study the performances of this approach in the case of missing data.

MOTS-CLÉS : Inversion acoustico-articulatoire, HMM non supervisé, données manquantes.

KEYWORDS: Acoustic-to-articulatory inversion, unsupervised HMM, missing data.

1 Introduction

L'inversion acoustico-articulatoire consiste à déterminer la forme du conduit bucal à partir d'un enregistrement audio de parole. Il s'agit plus précisément de reconstruire la trajectoire de divers points situés sur la langue, les lèvres et la machoire (et éventuellement le palais) à partir du signal acoustique. Intéressante en tant que telle pour l'étude des processus de production de la parole, l'inversion acoustico-articulatoire a également des applications plus "grand public" : par exemple, la parole augmentée (pour l'aide à la compréhension des mal-entendants) ou encore l'aide à l'apprentissage des langues étrangères (montrer à un apprenant comment il a prononcé un son, et comment il devrait le prononcer).

Deux principales approches sont utilisées dans la littérature, pour l'inversion acoustico-articulatoire : l'approche GMM (Toda *et al.*, 2008; Ben Youssef *et al.*, 2010) (Modèles de Mélanges de Gaussiennes) et l'approche HMM (Modèles de Markov Cachés) (Hiroya et Honda, 2004; Ben Youssef *et al.*, 2009; Zhang et Renals, 2008; Zen *et al.*, 2010). L'approche GMM consiste à modéliser la distribution conjointe des vecteurs acoustiques et articulatoires par un modèle GMM. L'inversion est considérée comme une recherche de données manquantes et est réalisée par mappage, selon divers critères : MMSE (Minimum Mean Square Error) (Toda *et al.*, 2008) ou Maximum de vraisemblance (Toda *et al.*, 2008; Ben Youssef *et al.*, 2010). L'approche HMM vise à prendre en compte le caractère temporel de la parole, et les conséquences en termes de contraintes tant au niveau acoustique qu'articulatoire. La partie acoustique est alors modélisée par un HMM. (Hiroya et Honda, 2004) propose une régression linéaire entre l'acoustique et l'articulatoire pour modéliser cette dernière. Dans (Ben Youssef *et al.*, 2009; Zhang et Renals, 2008; Zen *et al.*, 2010), la partie articulatoire est modélisée par un HMM appris conjointement à celui de l'acoustique. La phase d'inversion commence toujours par un décodage du signal audio par le HMM acoustique. La séquence d'états (phonèmes, biphones ou triphones) ainsi déterminée est alors convertie en paramètres articulatoires soit par régression linéaire (Hiroya et Honda, 2004), soit à l'aide du HMM articulatoire (Ben Youssef *et al.*, 2009; Zhang et Renals, 2008; Zen *et al.*, 2010). Dans ce dernier cas, l'inversion inclut des modèles de trajectoire (HTS (Zen *et al.*, 2004)), qui prennent en compte la dynamique des vecteurs articulatoires. Selon les travaux, l'apprentissage des modèles est fait en tenant compte des trajectoires (Zen *et al.*, 2010) ou non (Ben Youssef *et al.*, 2009; Zhang et Renals, 2008).

La modélisation par HMM considère l'aspect temporel de la parole, mais nécessite un étiquetage phonétique coûteux. L'approche GMM considère chaque instant indépendamment des autres, mais l'apprentissage se fait de manière non supervisée. L'approche que nous avons déjà proposée (Lachambre *et al.*, 2011) se place à un niveau intermédiaire : la modélisation se fait par des HMMs, afin de tenir compte de l'aspect temporel de la parole. Cependant, l'apprentissage se fait de manière non supervisée. Pour la phase d'inversion, nous avions précédemment proposé deux approches simples, basées sur des combinaisons linéaires d'états. Nous proposons une nouvelle approche, basée sur le Maximum de vraisemblance.

Dans le cadre particulier de l'apprentissage des langues étrangères, le processus complet consiste à imager la parole de l'apprenant dans l'espace articulatoire d'une personne connue parlant la langue cible (il n'est pas envisageable, pour des questions de coût et de confort de l'apprenant, d'acquérir des données articulatoires de l'apprenant.). Deux problèmes principaux se posent alors. Le premier, qui a été abordé récemment (Ben Youssef *et al.*, 2011), est lié au passage de l'acoustique de l'apprenant à l'articulatoire de la cible, alors que seul le modèle acoustico-articulatoire de la cible est connu. Le second réside dans le fait que l'apprenant est susceptible de prononcer des sons inconnus dans la langue cible, sons qu'il faudra malgré tout imager. Nous nous proposons ici d'étudier la capacité de généralisation de notre modèle confronté, pendant la phase d'inversion, à des sons inconnus lors de l'apprentissage.

Après une présentation du corpus utilisé dans la partie 2, nous rappelons l'apprentissage du modèle dans la partie 3.1. Dans la partie 3.2, nous décrivons l'inversion par Maximum de vraisemblance. Enfin, nous étudions ce modèle en contexte de données manquantes dans la partie 4.

2 Corpora

En tant que partenaire du projet ANR ARTIS [1], nous avons accès à la base de donnée développée par le Gipsa-Lab à Grenoble. Ce corpus a déjà été utilisé dans de nombreuses publications sur l'inversion acoustico-articulatoire (Ben Youssef *et al.*, 2010; Lachambre *et al.*, 2011).

Sont présents des prononciations des 34 phonèmes du français : [i y e ɛ ɛ̃ œ œ̃ ə a ɑ̃ u ø o ɔ ɔ̃ p

1. ARTIS : Articulatory inversion from audio-visual speech for augmented speech presentation, ANR-08-EMER-001-02

b m t d s z n f v ʁ l ʃ ʒ k ɡ j ɥ w]. Le corpus est composé de deux répétitions de 224 séquences VCV (Voyelle-Consonne-Voyelle), deux répétitions de 109 mots courts (CVC) français réels, 68 phrases courtes et 20 phrases longues.

Les données articulatoires sont acquises à l'aide d'un ElectroMagnetic Articulographe (EMA), et sont constituées des coordonnées (X,Y) de six capteurs placés dans un plan sagital. Deux capteurs sont positionnés sur les lèvres (inférieure et supérieure), un sur la machoire, et trois sur la langue (devant, au milieu et au fond). Les données audio sont acquises au format WAV. Elles sont représentées par 12 MFCC, l'énergie, et leurs dérivées. Tous ces paramètres sont calculés toutes les 10 ms, il en résulte des données acoustiques et articulatoires synchrones. Le vecteur global sera noté $\boldsymbol{O} = [\boldsymbol{O}^{ac^T} \boldsymbol{O}^{art^T}]^T$ avec $\boldsymbol{O}^{ac}$ et $\boldsymbol{O}^{art}$ les vecteurs acoustique et articulatoire.

3 Approche markovienne non supervisée

Notre approche repose sur un modèle de Markov Caché global $\boldsymbol{M}(A,B)$. Ce modèle induit deux sous-modèles $\boldsymbol{M}_{ac}(A,B_{ac})$ et $\boldsymbol{M}_{art}(A,B_{art})$, représentant respectivement les parties acoustique et articulatoire du signal.

Lors de l'étape d'inversion, le signal acoustique est classiquement décodé à l'aide du modèle acoustique $\boldsymbol{M}_{ac}$, résultant en une suite d'états. Cette suite d'état est ensuite transposée dans le modèle articulatoire pour générer les signaux articulatoires (figure 1).

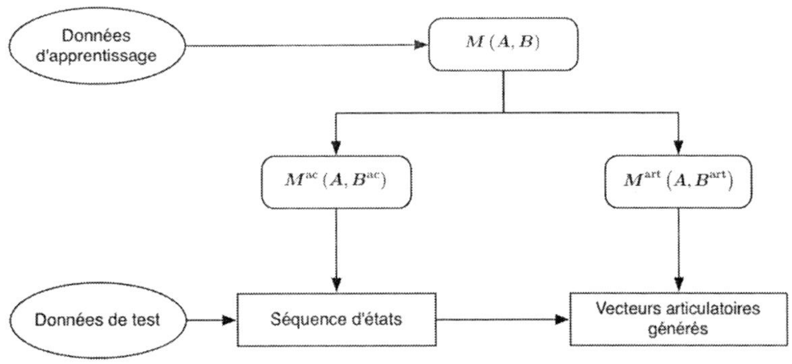

FIGURE 1 – Schéma global de notre méthode.

3.1 Apprentissage

L'apprentissage du modèle global $\boldsymbol{M}$ est réalisé en mode non supervisé (Lachambre *et al.*, 2011). Il se fait en trois étapes :

1. Un clustering non supervisé à l'aide d'un GMM est appliqué à l'ensemble d'apprentissage. Le nombre Q de composantes est fixé *a priori*. Chaque vecteur d'apprentissage est affecté *a posteriori* à une gaussienne et associé par conséquent à un label.
2. Le modèle de Markov global induit se compose d'autant d'états que de clusters. La probabilité d'émission associé à l'état i est modélisée par une loi gaussienne $\mathcal{N}(\mu_i, \Sigma_i)$. Les

paramètres de cette loi sont estimés à l'aide des vecteurs portant le label i.

3. La matrice de transition A est classiquement estimée en comptant le nombre de transitions sur les séquences de labels, associées aux séquences des vecteurs d'apprentissage.

Du modèle global $\boldsymbol{M}$ sont déduits les modèles acoustique et articulatoire $\boldsymbol{M}_{ac}$ et $\boldsymbol{M}_{art}$:

- Le nombre d'états des deux modèles est le même que pour $\boldsymbol{M}$. Chaque vecteur d'apprentissage $\boldsymbol{O}$, portant le label i dans $\boldsymbol{M}$, est séparé en sa partie acoustique $\boldsymbol{O}^{ac}$ et sa partie articulatoire $\boldsymbol{O}^{art}$, chacun assigné à l'état i du modèle correspondant.
- Les matrices de transitions A sont inchangées par rapport à celle de $\boldsymbol{M}$.
- Les probabilités d'émission pour chaque état i de chaque modèle sont des gaussiennes $\mathcal{N}(\mu_i^{ac}, \Sigma_i^{ac})$ et $\mathcal{N}(\mu_i^{art}, \Sigma_i^{art})$, dont les paramètres sont estimés avec les vecteurs portant le label i.

Notons que nous avons les relations suivantes :

$$\mu_i = [\mu_i^{ac^T}, \mu_i^{art^T}]^T \qquad \Sigma_i = \begin{bmatrix} \Sigma_i^{ac} & \Sigma_i^{ac,art} \\ \Sigma_i^{art,ac} & \Sigma_i^{art} \end{bmatrix}$$

3.2 Procédure d'inversion

Deux approches peuvent être envisagées résultant d'une résolution de type soit moindres carrés (MMSE) soit maximum de vraisemblance (ML). Compte tenu des modèles de Markov sous jacents, les deux approches prennent en compte partiellement la dimension temporelle ; elles diffèrent par la prise en compte à chaque instant de la correlation entre acoustique et articulatoire.

3.2.1 Inversion MMSE

Lors de la phase d'inversion, le signal acoustique est paramétré en une séquence de K vecteurs $\boldsymbol{O}_1^{ac}...\boldsymbol{O}_K^{ac}$. Dans une précédente étude (Lachambre *et al.*, 2011), l'approche MMSE a été utilisée pour générer les vecteurs articulatoires correspondants de la manière suivante (avec les notations classiques (Rabiner et Juang, 1993)) :

$$\hat{\boldsymbol{O}}_t^{art} = \sum_{i=1}^{Q} \gamma_t^{ac}(i) \mu_i^{art} \qquad \begin{array}{c} \gamma_t^{ac}(i) = \frac{\alpha_t^{ac}(i)\beta_t^{ac}(i)}{\sum_{i=1}^{Q} \alpha_t^{ac}(i)\beta_t^{ac}(i)} \\ \alpha_t^{ac}(i) = P(\boldsymbol{O}_1^{ac}, ..., \boldsymbol{O}_t^{ac}, s_t^{ac} = i) \\ \beta_t^{ac}(i) = P(\boldsymbol{O}_{t+1}^{ac}, ..., \boldsymbol{O}_K^{ac} | s_t^{ac} = i) \end{array} \tag{1}$$

3.2.2 Inversion ML

L'approche ML conduit à prendre en compte la correlation instantanée entre les données articulatoires et acoustiques. La comparaison avec les approches classiques basées GMM (cf introduction) montre une différence au niveau de la prise en compte de la dimension temporelle.

$$\hat{\boldsymbol{O}}_t^{art} = \sum_{i=1}^{Q} \gamma_t^{ac}(i)(\mu_i^{art} + \Sigma_i^{ac,art} \Sigma_i^{ac^{-1}} (\boldsymbol{O}_t^{ac} - \mu_i^{ac})) \tag{2}$$

Des expériences précédentes (Lachambre *et al.*, 2011) sur l'approche MMSE ayant montré que ne considérer que le terme prépondérant (l'état le plus probable) dans l'équation 1 donne des résultats équivalents, nous simplifions de la même façon l'approche ML :

$$\hat{O}_t^{art} = \mu_{\hat{s}_t}^{art} + \Sigma_i^{ac,art} \Sigma_i^{ac^{-1}} (O_t^{ac} - \mu_{\hat{s}_t}^{ac}), \quad \hat{s}_t = argmax_{i=1,\ldots,Q} \gamma_t(i) \tag{3}$$

4 Evaluation

4.1 Evaluation du modèle proposé - Comparaison des méthodes d'inversion

Nous avons montré (Lachambre *et al.*, 2011) qu'un clustering à 128 états est performant pour l'approche MMSE sur ce corpus. Nous avons repris cette valeur pour comparer les performances de l'approche MMSE à l'approche ML. Les résultats quantitatifs (Root Mean Square Error (RMSE) et Pearson Product-Moment Correlation Coefficient) sont présentés dans le tableau 1.

TABLE 1 – Comparaison des approches "MMSE" et "ML" pour l'inversion

Méthode	RMSE	PMCC
MMSE	2.25 mm	0.59
ML	1,83 mm	0.64

Il est clair que l'approche ML est plus perfomante que l'approche MMSE. Une visualisation de la couverture de l'espace articulatoire atteinte lors de l'inversion, pour chacune des deux méthodes, est visible sur la figure 2. La méthode "Maximum de vraisemblance" permet d'atteindre des points beaucoup plus proches de la frontière de l'espace articulatoire, ce qui explique les meilleures performances de l'approche proposée ici.

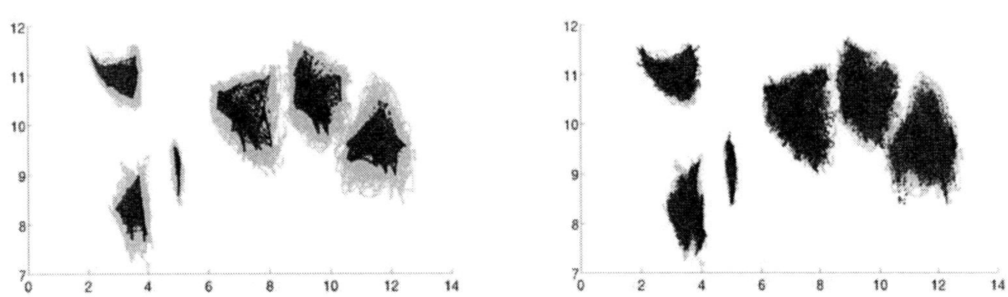

(a) MMSE (b) ML

FIGURE 2 – Dispersion des vecteurs articulatoires pour les deux méthodes d'inversion (gris : référence, noir : estimation).

4.2 Inversion pour l'apprentissage d'une langue étrangère

Dans le cadre d'inversion acoustico-articulatoire pour l'aide à l'apprentissage des langues, il faut tenir compte du fait que l'apprenant ne connait pas tous les sons de la langue cible, et qu'il va éventuellement ajouter des sons inexistants. Nous étudions ici le comportement de notre modèle, dans le cas où le système doit inverser des sons inconnus lors de l'apprentissage.

Le protocole que nous avons suivi est le suivant :
- L'apprentissage du modèle global et des modèles acoustique et articulatoire sont effectués en enlevant la totalité des prononciations de certains phonèmes de l'ensemble d'apprentissage.
- L'inversion est effectuée sur l'ensemble de test complet : des prononciations de phonèmes inconnus des modèles sont présentes.

Nous avons évalué plusieurs configurations ; pour chacune d'elles, nous préciserons :
- Les phonèmes manquants lors de l'apprentissage,
- La proportion de phonèmes enlevés et restants en terme de durée,
- Le RMSE pour les phonèmes inconnus, les phonèmes connus, et l'ensemble des données.

4.2.1 Les voyelles

En nous basant sur des études phonétiques des langues (Vallée, 1994; Pellegrino, 1998), elles-mêmes basées sur la base de données UPSID[2], il s'avère que 90% des langues utilisent le sous système vocalique [a i u] qui correspondent aux trois configurations extrèmes d'un point de vue articulatoire ; d'autre part, le système vocalique [a e i o u] est le plus représenté dans UPSID. Il apparait donc pertinent d'étudier le comportement de notre système en ne gardant que ces trois ou cinq voyelles dont les résultats apparaissent respectivement dans les tableau 2 et tableau 3.

TABLE 2 – Performances en l'absence de toutes les voyelles centrales - Phonèmes exclus de l'apprentissage : [y e ɛ ɛ̃ œ œ̃ ə ɑ̃ ø o ɔ ɔ̃]

	RMSE	% du temps
Phonèmes manquants	2,51 mm	40 %
Phonèmes connus	1,99 mm	60 %
Tous phonèmes	2,22 mm	100 %

TABLE 3 – Performances en l'absence des voyelles centrales suivantes : [y ɛ ɛ̃ œ œ̃ ə ɑ̃ ø ɔ ɔ̃]

	RMSE	% du temps
Phonèmes manquants	2,49 mm	34 %
Phonèmes connus	1,95 mm	66 %
Tous phonèmes	2,15 mm	100 %

Il est à noter qu'en enlevant 40 % du corpus d'apprentissage qui correspondent à 1/3 des phonèmes, les performances de notre système restent tout à fait honorables avec un RMSE

2. UCLA Phonological Segment Inventory Database

d'environ 2,22 mm sur l'ensemble du corpus de test. Cependant de fortes différences sont à observer selon les phonèmes : parmi les phonèmes inconnus, le mieux reconstruit est le [e] avec un RMSE de 1,88 mm, et le moins bien reconstruit est le [o] avec un RMSE de 3,03 mm. Lors de la comparaison des eux expériences, nous avons noté que les phonèmes bien ou mal reconstruits le sont dans les deux cas.

Nous pensons que l'approche, non supervisée lors de la phase d'apprentissage, permet effectivement une assez bonne capacité de généralisation : le noyau dont dérive chaque loi gaussienne, n'est pas pur en terme de classes phonétiques, puisque, en moyenne, il contient 70 % d'un seul phonème, son identité n'est donc pas une identite phonétique, mais sans doute plus proche d'une configuration articulatoire.

4.2.2 Vers l'inversion du français avec un modèle anglais

Afin de préfigurer l'apprentissage de l'anglais par un français, nous proposons l'expérience suivante : afin d'apprendre un "'modèle d'inversion proche d'un modèle d'inversion pour l'anglais", les phonèmes connus du français, et manquant en anglais sont retirés. Il est évident que dans la réalité, il manquerait des consonnes ou semi consonnes propres à l'anglais. Les résultats sont présentés dans le tableau 4.

TABLE 4 – Performances en l'absence des phonèmes inconnus d'un anglais : [y e ø ɛ̃ œ ɑ̃ o ɔ̃ ʁ ɥ]

	RMSE	% du temps
Phonèmes manquants	2,63 mm	31,5 %
Phonèmes connus	1,94 mm	68,5 %
Tous phonèmes	2,18 mm	100 %

Dans cette expérience, les résultats sont cohérents avec les résultats précédents, en terme de voyelles plus ou moins bien reconstruites. Les deux consonne/semi-consonne que nous avons retirées de l'apprentissage sont parmi les zones les moins bien reconstruits (RMSE de 3,45 mm pour le son [ɥ]).

5 Conclusion et perspectives

Dans cet article, nous avons proposé une nouvelle méthode pour l'inversion acoustico-articulatoire, à mi chemin entre les deux principales approches couramment développées : l'utilisation d'un modèle HMM mais dont l'apprentissage est non supervisé, et la définition de la fonction d'inversion exploitant l'approche ML des GMM. Cette nouvelle proposition améliore les résultats de notre approche.

Par ailleurs, en nous plaçant dans le cadre de l'apprentissage des langues étrangères, nous avons proposé une première étude du cas de phonèmes manquants lors de la phase d'apprentissage. Les premiers résultats sont à la fois encourageants et conformes à nos prévisions : plus le nombre de phonèmes enlevé est important, plus la tâche d'inversion est difficile ; les consonnes inconnues sont plus difficiles à reconstruire que les voyelles inconnues.

Pour la suite, nous allons étudier plus avant les performances de l'inversion pour chacun des phonèmes et nous étudierons à titre de comparaison les performances des approches classiques (HMM, GMM) en l'absence de données manquantes.

Remerciements

Les auteurs remercient le Gipsa-Lab à Grenoble, pour le partage du corpus ARTIS et les nombreux échanges scientifiques sur ce sujet.

Références

BEN YOUSSEF, A., BADIN, P. et BAILLY, G. (2010). Acoustic-to-articulatory inversion in speech based on statistical models. *In 9th International Conference on Auditory-Visual Speech Processing (AVSP)*, pages 160–165.

BEN YOUSSEF, A., BADIN, P., BAILLY, G. et HERACLEOUS, P. (2009). Acoustic-to-articulatory inversion using speech recognition and trajectory formation based on phoneme Hidden Markov Models. *In Interspeech - European Conference on Speech Communication and Technology*, pages 2255–2258.

BEN YOUSSEF, A., HUEBER, T., BADIN, P. et BAILLY, G. (2011). Toward a multi-speaker visual articulatory feedback system. *In 12th Annual Conference of the International Speech Communication Association (Interspeech 2011)*, pages 589–592.

HIROYA, S. et HONDA, M. (2004). Estimation of articulatory movements from speech acoustics using an HMM-based speech production model. *IEEE Transactions on Audio, Speech, and Language Processing*, 12(2):175–185.

LACHAMBRE, H., KOENIG, L. et ANDRÉ-OBRECHT, R. (2011). Articulatory parameter generation using unsupervised hidden markov models. *In European Signal Processing Conference (EUSIPCO)*, pages 456–459.

PELLEGRINO, F. (1998). *Une approche phonétique en identification automatique des langues : la modélisation acoustique des systèmes vocaliques*. Thèse de doctorat, Université Paul Sabatier, Toulouse.

RABINER, L. et JUANG, B.-H. (1993). *Fundamentals of speech recognition*. Upper Saddle River, NJ, USA.

TODA, T., BLACK, A. W. et TOKUDA, K. (2008). Statistical Mapping between Articulatory Movements and Acoustic Spectrum Using a Gaussian Mixture Model. *Speech Communication*, 50:215–227.

VALLÉE, N. (1994). *Systèmes vocaliques : de la typologie aux prédictions*. Thèse de doctorat, Université Stendhal, Grenoble.

ZEN, H., NANKAKU, Y. et TOKUDA, K. (2010). Continuous stochastic feature mapping based on trajectory hmms. *IEEE Transaction on Audio, Speech, and Language Processing*, 19(2):417–430.

ZEN, H., TOKUDA, K. et KITAMURA, T. (2004). An introduction of trajectory model into HMM-based speech synthesis. *In Fifth ISCA ITRW on Speech Synthesis*.

ZHANG, L. et RENALS, S. (2008). Acoustic-articulatory modeling with the trajectory HMM. *IEEE Signal Processing Letters*, 15:245–258.

Prosodie multimodale
Les enchères chantées aux Etats-Unis

Gaëlle Ferré
LLING, Chemin de la Censive du Tertre, BP 81227, 44312 Nantes, cedex 3
`Gaelle.Ferre@univ-nantes.fr`

RESUME

Cet article propose une analyse prosodique multimodale de la vente aux enchères chantée venant des Etats Unis. A partir d'un corpus d'enregistrements de 6 locuteurs et en nous appuyant sur l'analyse prosodique de Kuiper, K. & Tillis F. (1985), nous essayons de voir comment les gestes, nécessaires dans ce type d'interaction, sont alignés avec la parole alors que le débit des locuteurs est très rapide et que le contenu verbal est contraint par la structure rythmique du chant.

ABSTRACT

Multimodal Prosody. The auction chant in the United States

This paper proposes a multimodal prosodic analysis of the auction chant that is practiced in the US. Drawing upon a corpus that involves 6 auctioneers and relying upon the prosodic analysis of the chant by Kuiper, K. & Tillis F. (1985), we investigate how gestures, which are necessary in this type of interaction, align with speech despite a fast speech rate and the fact that verbal content is strongly constrained by the rhythmic structure of the chant.

MOTS-CLES : Communication multimodale, prosodie, vente aux enchères chantée.
KEYWORDS : Multimodal communication, prosody, auction chant.

1 Introduction

La vente aux enchères traditionnelle suppose une interaction entre un commissaire-priseur, chargé de la vente d'un produit, et un public d'acheteurs potentiels. Elle constitue un mode de communication multimodal par excellence dans la mesure où le commissaire-priseur, tout en annonçant le prix de l'enchère verbalement doit aussi désigner l'un des acheteurs potentiels dans le public, double action répétée jusqu'à la vente du produit. Dans le sud des Etats-Unis, est apparue une variante de l'enchère anglaise, dite « enchère ascendante », appelée « auction chant » et apparentée aux Negro spirituals puisque son origine remonte à la vente de tabac dans les plantations (Kuiper, K. and Tillis F., 1985). Une partie de l'enchère est chantée ou psalmodiée. L'enchère chantée a fait l'objet de deux études prosodiques dans (Kuiper, K. and Haggo D., 1984; Kuiper, K. and Tillis F., 1985). Kuiper propose par ailleurs (Kuiper, K., 1992, 2000) une analyse discursive des ventes aux enchères anglaises chantées ou parlées. Les travaux de Kuiper et ses collègues sont à notre connaissance les seuls travaux existants sur l'enchère chantée.

Par ailleurs, les gestes ont été analysés dans la vente aux enchères parlée dans Heath, C. and Luff P. (2007, 2011). Ils montrent que l'apogée du geste coïncide avec la syllabe nucléaire des incréments, sans pour autant proposer une analyse prosodique. Nous nous sommes donc interrogée sur l'alignement geste-voix dans le cas de l'enchère chantée : l'une des caractéristiques prosodiques de ce type d'enchère, nous allons le voir, est un débit de parole très rapide. Or, la différence de granularité du geste et de la parole rend l'alignement des deux modes difficile dans un tel contexte. Le locuteur (ici le commissaire-priseur) devra donc choisir une stratégie pour que ses gestes ne soient pas en complet décalage avec sa parole.

A partir d'un corpus d'enregistrements vidéo décrit dans la section 2, nous proposerons une analyse discursive et prosodique de la vente aux enchères chantée en nous appuyant sur et en complétant les travaux de Kuiper et ses collègues. Puis, nous analyserons la manière dont le geste s'aligne avec la parole.

2 Données et méthode

2.1 Enregistrements vidéos

Afin de pouvoir réaliser une analyse prosodique et multimodale de qualité, il nous a semblé impossible de travailler sur des fichiers vidéo de vente aux enchères chantées réalisés en contexte naturel beaucoup trop bruyants pour l'analyse acoustique de la parole. En revanche, ce type de vente fait aussi l'objet de concours enregistrés avec une qualité à la fois de l'image vidéo et du son qui permet une analyse multimodale. Les concours présentent également un avantage supplémentaire : le type de vente et la durée de chaque vente y sont réglementés ce qui permet une réelle comparaison entre des ventes réalisées par différents locuteurs. L'interaction n'en est pas pour autant artificielle puisque des ventes sont effectivement réalisées auprès d'un public, la somme récoltée étant ensuite reversée à une association. Les lots vendus sont des objets de la vie courante de valeur différente (bottes, téléphone portable, etc). C'est sur ce type de fichiers que repose cette analyse. Enfin, les fichiers choisis sont des enregistrements de finalistes du concours, ce qui garantit la qualité de la prestation. Le corpus compte 6 locuteurs (3 hommes, 3 femmes ; 1 fichier audio-vidéo par locuteur). Chaque locuteur, après une brève présentation, réalise 3 ventes. Chaque vente comporte elle-même une partie parlée et une partie chantée qui ont été distinguées au niveau de l'annotation et dont nous présenterons la structure dans l'analyse discursive.

2.2 Traitement des données

L'intégralité des ventes dure environ 20 minutes (environ 2.30 minutes par vente). Chaque fichier a été transcrit sous Praat avec un alignement sur le fichier audio séparé de la vidéo au niveau des mots (transcription orthographique) et des syllabes (transcrites en SAMPA). La transcription a été ensuite vérifiée par un locuteur natif de l'anglais. Les gestes manuels et leur apogée (point d'extension maximale) ont été annotés sous Elan. Pour les unités gestuelles, nous avons compté le début du geste sur l'image qui précède immédiatement le début du mouvement jusqu'à la fin de la rétraction du geste. Dans le cas où deux gestes s'enchaînent, nous avons compté le début du deuxième geste à partir du changement de direction de la main. Nous avons distingué trois types de gestes : les pointages simples (index ou main sur la tranche tendu(e) vers un membre du public), les pointages complexes qui sont bi-dimensionnels (voir McNeill, 2005 ; par exemple, lorsque la main tendue vers un membre du public est en supination et comporte donc une part de geste métaphorique, ou lorsque le locuteur lève deux doigts vers un membre du public, où le pointage comporte une partie emblématique) et les autres types de gestes qui n'impliquent pas de pointage (dans distinguer entre les iconiques, les battements, les emblèmes et les métaphoriques). Dans les parties parlées, on dénombre 65 pointages simples et 79 autres types de gestes (nb total = 144). Dans les parties chantées, nous avons annoté 212 pointages simples, 243 pointages complexes et 59 autres types de gestes (nb total = 514).

Nous avons également noté sous Elan les différents actes dans la partie chantée de chaque vente après avoir importé les annotations Praat. Ils seront présentés dans l'analyse discursive.

2.3 Annotation discursive des ventes aux enchères chantées

Kuiper & Tillis (1985) ont proposé une analyse structurelle des ventes aux enchères anglaises. Celles-ci, selon les auteurs, suivent donc la structure suivante, structure qui se retrouve largement dans les ventes de notre corpus. Une vente aux enchères comprend 5 phases : la description du lot, la mise en vente (prix initial), l'enchère (phase qui comprend un certain nombre d'actes – les prix incrémentés, ainsi que d'éventuels énoncés annonçant la fin proche de la vente), la vente et l'épilogue (facultatif). Dans notre corpus, la vente est invariablement réalisée par l'énoncé « and I have sold it » qui correspond au *adjugé, vendu* du français. L'épilogue est toujours présent et consiste à redonner le prix de vente et à demander le numéro d'identification de l'acheteur.

Les deux auteurs ne précisent pas quelles parties de la vente aux enchères sont parlées et quelles parties sont chantées. Dans notre corpus, la partie chantée de chaque vente ne concerne que la mise en vente et l'enchère. Les autres phases sont parlées. Afin de conduire notre analyse multimodale, nous avons donc annoté les actes de langage produits dans ces parties chantées. Heath & Luff (2007), dans leur analyse du fonctionnement des ventes aux enchères, signalent que le commissaire-priseur trouve initialement deux (et uniquement deux) enchérisseurs dans le public. A chaque nouvel incrément, le commissaire-priseur annonce le prix et effectue un pointage vers l'un des deux enchérisseurs. Le but de ce pointage est de proposer à cet enchérisseur la nouvelle somme. Si cette somme est acceptée, il propose alors la somme incrémentée au deuxième enchérisseur etc. Ce qui est important dans notre corpus, c'est qu'en comparaison avec une vente aux enchères parlée, il n'y a pas de place pour les pauses et la réflexion, ainsi, la somme est répétée jusqu'à ce que la proposition soit acceptée par un enchérisseur. Ce n'est qu'une fois la proposition acceptée qu'il peut à nouveau incrémenter la somme et chercher un nouvel acquéreur. De plus, l'opposition entre deux enchérisseurs seulement est moins marquée que dans l'enchère traditionnelle et les gestes de pointage sont répétés également. Dans notre annotation, nous avons donc distingué différents actes dans l'enchère : la proposition (en distinguant entre l'énoncé de la somme et l'énoncé de l'incrément) et l'acceptation, puis la répétition de la proposition et la répétition de l'acceptation, et enfin les actes d'encouragement. Voici un extrait et son analyse :

(...) seven seventy five	ACCEPTATION	*sept (cent) soixante quinze*
no eight hundred for you (...)	PROPOSITION	*non huit cents pour vous*
now eight hundred dollar one time	RÉP. PROPOSITION	*et huit cents dollars une fois*
eight hundred dollar	RÉP. PROPOSITION	*huit cents dollars*
seven seventy five	RÉP. ACCEPTATION	*sept (cent) soixante quinze*
eight hundred	RÉP. PROPOSITION	*huit cents*
we got to go	ENCOURAGEMENT	*il faut y aller*
eight hundred dollar	RÉP. PROPOSITION	*huit cents dollars*

C'est sur la base de ces actes de langage qu'ont été réalisés les calculs prosodiques et les alignements gestuels présentés dans les sections suivantes.

3 Résultats

3.1 Analyse prosodique des ventes aux enchères chantées

Pour cette analyse, nous avons retenu la durée des pauses, la durée syllabique et phonémique, ainsi que F0. Nous avons préféré ne pas faire de calculs sur l'intensité car le type de micro utilisé par les locuteurs ne garantit pas une mesure stable de ce paramètre.

3.1.1 Durée

Afin d'analyser la prosodie de la partie chantée du corpus, nous avons comparé ses caractéristiques aux parties parlées. Dans leur article, Kuiper & Tillis (1985) signalent que la vente aux enchères chantée est plus rapide que la parole mais ils ne disent pas à quelle parole ils l'ont comparée ni avec quel outil d'analyse. Ils précisent également que cette perception d'un débit rapide est due à une plus grande fluidité (moins de pauses). Dans notre corpus, nous avons trouvé que les pauses sont légèrement moins nombreuses dans la partie chantée (1 pause toutes les 3.1 sec en moyenne) que dans la partie parlée (1 pause toutes les 2.8 sec en moyenne), mais l'écart entre les deux types de parole n'est pas significatif. Ce qui est significatif en revanche, d'après le test-t de Student que nous avons réalisé[1], est que la durée moyenne des pauses est significativement différente entre la parole et le chant (t = -4.5791, df = 181.363, p-value < 0.01) avec une durée moyenne de 0.216 sec pour le chant et 0.409 sec pour la parole. Cette différence s'explique par le fait que les pauses dans les parties chantées sont strictement respiratoires, contrairement aux parties parlées.

En ce qui concerne les syllabes, nous observons que la réduction syllabique est plus importante dans le chant que dans la parole (par exemple « seventy » *soixante-dix*, normalement prononcé /se.vən.ɾi/ en anglais américain, est régulièrement prononcé /sev.ni/ dans la partie chantée). Il en va de même pour la réduction phonétique (« five » *cinq*, normalement prononcé avec une diphtongue /faɪv/, est régulièrement prononcé avec une monophtongue /fav/ dans la partie chantée). Notre test statistique montre une différence de nombre de phonèmes prononcés par syllabe entre le chant et la parole (t = -7.649, df = 3669.762, p-value < 0.01) avec une moyenne de 2.4 pour

[1] Statistiques réalisées sous R.

le chant contre 2.6 pour la parole. Ceci explique que la durée moyenne des syllabes soit plus élevée dans la parole que dans le chant (t = -26.1736, df = 3173.639, p-value < 0.01) ainsi que la durée phonémique moyenne (t = -27.2333, df = 3004.949, p-value < 0.01). Il est possible cependant, que si nous avions pu comparer ces données à de la parole conversationnelle, l'écart de durée entre le chant et la parole n'ait pas été aussi élevé.

Enfin, pour chaque syllabe, nous avons attribué une valeur *longue* ou *brève* en divisant en deux la plage des durées. Ce critère assez grossier s'est révélé rendre parfaitement compte de la perception que l'on peut se faire de la durée de ces syllabes. Ces valeurs nous ont permis d'établir des schémas rythmiques pour tous les actes de langage rencontrés dans le chant. Comme nous le disions dans l'introduction, il s'agit plus d'une psalmodie que d'un chant car la variabilité rythmique est assez importante. Cependant, certains schémas sont plus fréquents que d'autres. Parmi les schémas les plus fréquents, on distingue deux groupes : dans le premier groupe, les actes de langage comprennent entre 2 et 7 syllabes, toutes brèves. Dans le deuxième groupe, les actes de langage comprennent entre 2 et 8 syllabes ; toutes sont brèves excepté la dernière qui est longue.

3.1.2 FO

En ce qui concerne la mélodie, Kuiper & Tillis (1985) distinguent deux modes dans la partie chantée : le mode « drone » dans lequel toutes les syllabes sont prononcées à la même hauteur mélodique, excepté la syllabe nucléaire de chaque groupe qui présente un mouvement mélodique descendant. Dans le mode « shout », c'est au contraire la première syllabe qui présente une mélodie plus élevée. Ceci correspond bien à ce que l'on observe sur notre corpus, même si nous n'avons pas refait ces calculs. En revanche, ils signalent également que les plages intonatives sont comprimées dans les deux modes. Notre corpus confirme ce résultat. Nous avons extrait la F0 dans Praat automatiquement toutes les 0.01 sec et avons comparé les résultats obtenus pour la parole et pour le chant en séparant les hommes et les femmes. Nous trouvons que la F0 est plus significativement plus élevée dans le chant que dans la parole pour les deux groupes de locuteurs (Hommes : t = 16.2568, df = 16088.60, p-value < 0.01 ; Femmes : t = 13.3736, df = 17252.41, p-value < 0.01). La moyenne de F0 est de 199.1 Hz pour les hommes et de 263.3 Hz pour les femmes dans le chant, contre 190.2 Hz pour les hommes et 252.3 Hz pour les femmes dans la parole. Nos résultats confirment aussi ceux de Kuiper & Tillis (1985) en ce qui concerne la compression de la plage intonative, avec cependant une légère différence entre les hommes et les femmes, ainsi que le montre la figure 1 qui représente l'histogramme des valeurs de F0 pour les deux groupes de locuteurs dans la parole et dans le chant.

Les histogrammes de la Figure 1 montrent que pour les hommes, la distribution des valeurs de F0 est normale dans la parole (1a), alors que l'on observe une distribution négativement asymétrique dans le chant (1b), avec un pic de valeurs comprises entre 175 et 200 Hz. Cette compression de la plage intonative est illustrée dans la Figure 2, qui affiche la courbe de F0 d'un locuteur masculin dans la partie chantée de l'enchère.

Pour les femmes, les histogrammes de la Figure 1 montrent que la distribution des valeurs de F0 est négativement asymétrique dans la parole (1c), mais qu'elles sont présentes dans une plage assez étendue allant de 175 à 350 Hz, alors que pour les parties chantées, l'on observe une distribution bimodale avec un pic autour de 200 Hz et un deuxième autour de 250 Hz.

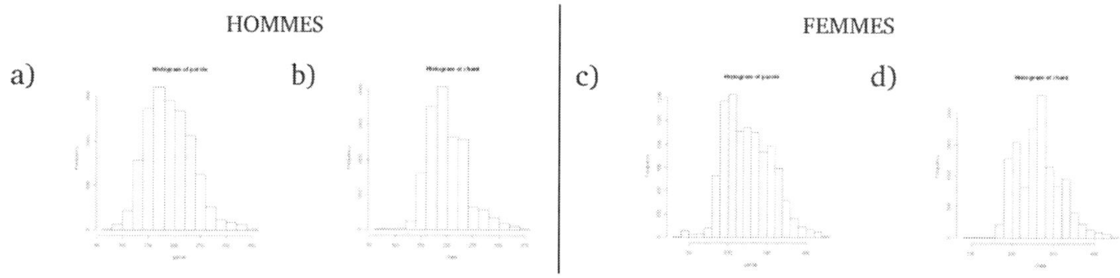

Figure 1 – Histogrammes des valeurs de F0 en Hz pour les hommes dans la parole (a), dans le chant (b), pour les femmes dans la parole (c), dans le chant (d).

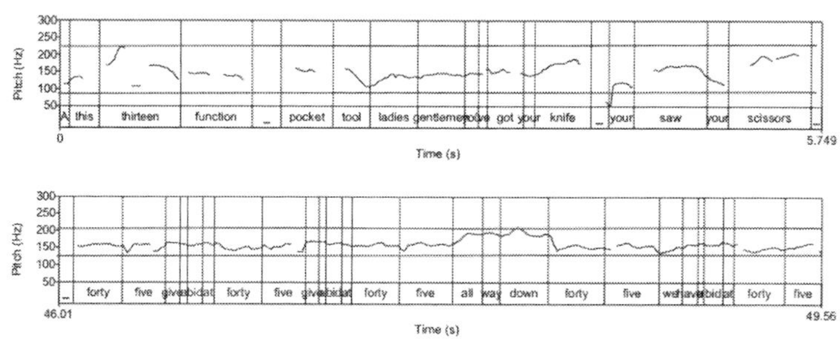

Figure 2 – Courbe de F0 en Hz d'un extrait de parole (en haut) et d'enchère chantée (en bas) pour le même locuteur masculin.

3.2 Analyse gestuelle des ventes aux enchères chantées

Comme le montrent Heath & Luff (2007), les différents actes émis dans la phase d'enchère d'une vente aux enchères traditionnelle sont accompagnés entre autres de pointages du commissaire-priseur vers un enchérisseur. Le rôle des pointages est de lui donner la possibilité d'accepter la somme incrémentée. Les auteurs montrent également que l'extension maximale (apogée) du pointage coïncide avec la syllabe nucléaire du groupe intonatif, même s'ils n'ont pas réalisé une étude prosodique de leur corpus. Or, dans notre corpus, l'on constate deux choses : le débit de parole extrêmement rapide de la partie chantée ne permet pas au locuteur de faire correspondre un geste à un acte de langage, car la granularité du geste est plus large que celle de la parole. Le locuteur va donc devoir trouver une stratégie pour aligner au mieux gestes et parole. L'une des stratégies possibles consiste à réduire la durée des gestes dans le chant par rapport à la parole en réduisant leur amplitude. Le test-t de Student montre cependant qu'il n'y a aucune différence significative de durée des gestes entre la parole et le chant ($t = -1.7264$, $df = 234.615$, p-value $= 0.0856$) avec une durée moyenne de 1.11 sec dans la parole et de 1 sec dans le chant.

En ce qui concerne l'alignement des gestes avec la parole, dans la mesure où les actes de langage comme la proposition, par exemple, sont souvent répétés, il est difficile de déterminer quel groupe verbal constitue l'affilié lexical du geste. Mais si l'on suit les travaux de Heath & Luff (2007), l'on peut supposer que l'apogée du geste qui, dans leur corpus, coïncide avec une syllabe nucléaire, coïncidera avec une syllabe longue dans notre annotation. C'est ce qui se produit pour 155 gestes sur 514. Dans ces cas, l'on peut considérer qu'il y a synchronie geste-parole, même si l'unité gestuelle est amorcée bien avant l'unité verbale qui contient la syllabe longue. Pour les autres gestes, il n'y a pas synchronie, mais anticipation ou retard du geste sur la parole. Afin d'en avoir une idée, nous avons assigné l'apogée de chaque geste à la syllabe longue la plus proche. Nous avons écarté les occurrences d'apogée situées à équidistance de deux syllabes longues (17 occ.), ainsi que celles situées à plus de 10 syllabes (53 occ.), ce qui correspond en moyenne au nombre de syllabes prononcés pendant la production d'un geste, mais ce chiffre pourrait être affiné. Les résultats montrent que pour 139 occurrences, le geste est produit en retard par rapport à la parole, alors qu'il est produit en anticipation dans 150 cas.

Le compte détaillé de chaque type de geste nous permet de dire qu'il n'y a aucun effet du type de geste sur le timing avec la syllabe longue la plus proche. Les pointages simples, les pointages complexes et les autres types de geste sont produits de manière proportionnelle en anticipation, en retard et en synchronie.

En ce qui concerne la répartition des types de geste par acte de langage, là encore, les types de geste sont également répartis entre les différents actes de langage et ne sont donc pas spécialisés. Par contre, le test de proportion montre qu'il y a 2 fois plus de gestes notés « autre » dans la répétition de la proposition que dans les autres actes de langage (X-squared = 7.5219, df = 1, p-value$<$0.01). De fait, une proposition répétée est souvent accompagnée d'un simple battement dans la même direction que le pointage précédent.

On note en revanche quelques seuils de significativité entre le type d'acte de langage correspondant temporellement à l'apogée du geste et le timing de l'apogée par rapport à la syllabe longue la plus proche. On note que le geste qui accompagne l'acceptation du prix est plus souvent produit en anticipation par rapport à la syllabe longue la plus proche que les gestes produits sur les autres actes de langage (X-squared = 5.9042, df = 1, p-value = 0.01). On note également que les gestes qui accompagnent les actes d'encouragement et la simple mention de l'incrément ont une apogée le plus souvent produite en synchronisation avec une syllabe longue (actes d'encouragement : X-squared = 3.8526, df = 1, p-value $<$ 0.05 ; mention de l'incrément : X-squared = 10.0446, df = 1, p-value $<$ 0.01). Les gestes dont l'apogée coïncide avec les autres actes de langage ne montrent aucune régularité dans leur timing avec la syllabe longue la plus proche.

4 Conclusion

Dans cet article qui traite de la vente aux enchères chantée pratiquée aux Etats-Unis, et qui s'appuie sur un corpus vidéo de ventes pratiquées lors de concours, nous avons vu que la partie chantée de l'enchère diffère de la partie parlée sur le plan de l'intonation. La F0 est globalement plus élevée que dans la parole et la plage intonative des locuteurs est compressée entre 175 et 200 Hz pour les hommes, alors que la F0 comprend deux pics, l'un autour de 200 Hz, l'autre autour de 250 Hz chez les femmes. Cette compression de la plage intonative est en grande partie due à la rapidité du débit des locuteurs, qui s'exprime dans la partie chantée de l'enchère, par une réduction phonémique (élision ou réduction de phonèmes, mais aussi réduction de la durée moyenne des phonèmes), ainsi que par une réduction de la durée moyenne des pauses, plus que par une réduction de leur nombre.

La gestualité nécessairement produite dans ce type d'interaction (gestes de pointage simple, de pointage complexe, ou autre type de geste) ne présente pas de différence par rapport à ceux de la parole en termes de durée ou d'amplitude. En revanche, la forte augmentation du débit de parole a un impact sur les gestes en termes d'alignement avec le verbal. Si l'apogée gestuelle concorde avec une syllabe longue pour un tiers des gestes produits dans le chant – ceci correspondant à ce que l'on rencontre dans les enchères traditionnelles – elle est produite en anticipation pour un autre tiers et en retard pour le dernier tiers. On observe cependant une certaine régularité selon le type d'acte linguistique : l'apogée gestuelle est majoritairement produite en anticipation d'une syllabe longue dans l'acte qui comporte l'acceptation du prix. Cette acceptation est le plus souvent le fruit d'une longue négociation du commissaire-priseur avec le public et l'anticipation de l'apogée montre que le commissaire-priseur a déjà connaissance de l'acceptation de l'offre au moment où il formule le prix verbalement une dernière fois, ce qui lui sert de tremplin pour passer à l'incrément suivant. L'apogée gestuelle est produite en synchronisation avec une syllabe longue dans les actes d'encouragement à accepter l'enchère, ainsi que dans la mention des incréments. Ces actes s'inscrivent en rupture par rapport au rythme de l'enchère – proposition, acceptation, nouvelle proposition, etc. – et il n'est donc pas étonnant que même si ces encouragements et ces mentions d'incrément sont chantés aussi, on observe une répartition différente des syllabes longues et brèves qui permet un meilleur alignement gestualité-parole.

Références

HEATH, C. et LUFF, P., (2007). Gesture and institutional interaction: Figuring bids in auctions of fine art and antiques. *Gesture* 7(2), pages 215-240.

HEATH, C. et LUFF, P. (2011). Gesture and Institutional Interaction. *In* (Streeck *et al.*, 2011), pages 276-288.

KUIPER, K. (1992). The Oral Tradition in Auction Speech. *American Speech* 67(3), pages 279-289.

KUIPER, K. (2000). On the Linguistic Properties of Formulaic Speech. *Oral Tradition* 15(2), pages 279-305.

KUIPER, K. et HAGGO, D. (1984). Livestock auctions, oral poetry, and ordinary language. *Language Society* 13, pages 205-234.

KUIPER, K. et TILLIS, F. (1985). The Chant of the Tobacco Auctioneer. *American Speech* 60(2), pages 141-149.

MCNEILL D. (2005). *Gesture and Thought.* Chicago and London : The University of Chicago Press.

Un cadre expérimental pour les Sciences de la Parole

Gilles ADDA
LIMSI/CNRS Rue John von Neumann Université Paris-Sud 91403 ORSAY
gilles.adda@limsi.fr

RÉSUMÉ

Cet article est une prise de position pour la mise en place d'un cadre théorique et pratique permettant de faire émerger une science empirique de la parole. Cette science doit se fonder sur l'apport de toutes les sciences, du traitement automatique ou de la linguistique, dont l'objet d'étude est la parole. Au cœur de ce rapprochement se trouve l'idée que les systèmes automatiques peuvent être utilisés comme des *instruments* afin d'explorer les très grandes quantités de données à notre disposition et d'en tirer des connaissances nouvelles qui, en retour, permettront d'améliorer les modélisations utilisées en traitement automatique. Quelques points cruciaux sont abordés ici, comme la définition de l'observable, l'étude du résiduel en tant que diagnostic de l'écart entre la modélisation et la réalité, et la mise en place de centres instrumentaux permettant la mutualisation du développement et de la maintenance de ces instruments complexes que sont les systèmes de traitement automatique de la parole.

ABSTRACT

An experimental framework for speech sciences

This article is a position paper in favor of the establishment of a theoretical and practical framework to bring out an empirical science of speech, based on the contribution of all the sciences whose object of study is the speech. Central to this re-convergence is the idea that automatic systems can be used as *instruments* to explore large amounts of data at our disposal and to derive new linguistic knowledge which, in turn, will allow to improve the models used in the automatic systems. Some crucial points are discussed, such as the definition of the observable, the study of the residual as a diagnostic of the gap between modeling and reality, and the development of instrumental centers for the sharing of development and maintenance of these complex instruments which are automatic speech processing systems.

MOTS-CLÉS : analyse d'erreurs ; structuration de la recherche en parole.

KEYWORDS: Epistemologic study ; error analysis ; structuration of speech sciences.

1 Introduction

Cet article est une prise de position pour la mise en place d'un cadre théorique et pratique permettant de faire émerger une science empirique de la parole. Le but de cette prise de position est d'apporter mon soutien à un mouvement que l'on voit apparaître dans les différentes communautés des sciences du langage, et en particulier dans un certain nombre de disciplines dont l'objet est l'étude de la parole. Ce mouvement tend à considérer que nous sommes arrivés à une maturité des systèmes de reconnaissance automatique (au sens large) qui peut nous permettre de passer un cap scientifique, et de rapprocher la communauté du traitement automatique et

les communautés des sciences humaines afin qu'elles s'enrichissent mutuellement, voire qu'elles collaborent véritablement autour des mêmes objets et des mêmes instruments, dans un cadre expérimental commun (Adda-Decker, 2006). Mais la constatation d'un rapprochement, ne doit pas nous faire sous-estimer tout le travail autant théorique que pratique à mettre en œuvre, si nous voulons que ce rapprochement devienne une réalité scientifique. Parmi les questions théoriques qu'il nous faut aborder, nous pouvons citer : Quel est le statut de la connaissance que nous produisons, comment la qualifier par rapport à d'autres sciences ? Est-il possible d'autonomiser les sciences de la parole en une véritable science, en essayant de trouver à la fois quel est son observable et le moyen d'améliorer la manière de l'observer, et d'en tirer des connaissances généralisables ? Et parmi les questions pratiques : La structure actuelle de la recherche est-elle adéquate pour accueillir et faire prospérer un science empirique réunissant les deux communautés ? Les modes d'évaluation et de production scientifiques sont-ils adaptés ?
Il serait illusoire ici de vouloir toutes les aborder. Le but de cet article étant finalement de susciter le débat voire l'intérêt autour de ce sujet, pas de l'épuiser [1], je ne survolerai, après une courte mise en perspective, que certaines d'entre elles, c'est-à-dire une définition de l'observable, et un mode opératoire afin d'en tirer des connaissances en particulier à travers l'étude des erreurs, et une proposition concrète de création de centres expérimentaux permettant de mettre pratiquement en œuvre ce cadre expérimental.

2 Historique

Au tournant des années 80, le traitement de la parole a été confronté à de profonds changements, où se sont mis conjointement en place 2 faits majeurs :
- le développement de l'approche statistique, fondée sur la modélisation statistique de la parole, issue de la théorie de l'information (Jelinek, 1976) ;
- l'introduction du principe de l'*évaluation comparative* des systèmes (Pallet, 1985).

L'introduction de ces deux principes structure la recherche en parole depuis 40 ans, au point où, plus qu'une approche dominante, ils constituent un couple de pratiques quasi-hégémonique dans la production scientifique actuelle en traitement automatique de la parole. Ils ont permis au traitement automatique de la parole de mettre en défaut les critiques fondamentales quant à son caractère scientifique qui sont apparues à la fin des années 60 (Pierce, 1969).

Même si l'application de ces principes semble aujourd'hui avoir été un long fleuve tranquille, de nombreuses critiques sont apparues. Même en désaccord avec elles, elles nous permettent de nous interroger sur la réalité de la mise en place du cadre actuel, et peut nous permettre d'entrevoir quelques pistes d'évolution. Parmi ces critiques, nous pouvons citer celle formulée par Stephen E. Levinson (Levinson, 1994), qui remet en cause le caractère réellement scientifique des avancées obtenues dans le cadre de l'évaluation comparative, car elles ne reposeraient pas sur une théorisation. Autre critique, celle de Roger K. Moore (Moore, 2007), qui par extrapolation des courbes des tailles des corpus en fonction des performances des systèmes, conclut à la nécessité d'augmenter de manière démesurée les corpus afin d'amener les systèmes à des performances comparables à celles de l'être humain et aboutit à la conclusion qu'il faut changer de paradigme ; il suggère l'introduction d'une approche complètement différente, la « Cognitive Informatics », qui est fondée sur une étude transdisciplinaire de la compétence humaine. Cette approche est très intéressante (voir section 3), mais elle n'est pas du tout incompatible avec une poursuite des

1. On pourra trouver un survol un peu moins rapide de ces questions dans (Adda, 2011)

recherches sur l'amélioration des systèmes, et en particulier l'amélioration de l'utilisation des données (voir section 4).

Ces critiques mettent en exergue plusieurs points que l'on peut penser perfectibles dans l'état actuel des sciences de la parole : mieux définir, en tant que science expérimentale, le cadre scientifique de nos travaux en traitement automatique ; mieux définir et mieux utiliser les corpus qui sont le cœur des modélisations statistiques et de l'évaluation comparative, par exemple en permettant une plus grande interaction avec les autres sciences de la parole.

3 Linguistique et traitement automatique de la parole

Un rapprochement des communautés des sciences humaines et sociales ayant pour objet la parole au sens large et la communauté du traitement automatique de la parole a déjà eu lieu sur plusieurs points ces dernières années. Parmi ces domaines intéressants, nous pouvons citer la collaboration entre modèles de perception humaine et modèles statistiques utilisés pour la reconnaissance automatique. M.A. Huckvale a très tôt introduit la position alors iconoclaste que les systèmes de reconnaissance pouvait offrir une vue nouvelle pour les sciences cognitives, et en particulier pour la reconnaissance de mots par les humains (Huckvale, 1997, 1998). Dans (Moore et Cutler, 2001), un parallèle très complet est fait entre les buts des études de la reconnaissance par des humains et des machines. Plus récemment, dans (Scharenborg *et al.*, 2005; Scharenborg, 2005) est fait le parallèle entre reconnaissance humaine (Human Speech recognition, HSR) et reconnaissance automatique (Automatic Speech Recognition, ASR) et le développement d'un modèle computationnel de la reconnaissance de mot par un humain.

Mais le point crucial que je veux mettre en avant ici est la **linguistique à l'instrument**. Il s'agit ici de l'une des évolutions récentes qui est fondamentale dans le développement d'un cadre expérimental : considérer les outils de traitement automatique comme des *instruments* permettant d'accéder aux très grandes quantités de données (de toutes sortes, et en particulier de parole), afin de pouvoir en extraire une connaissance phonétique, sociolinguistique, lexicale, syntaxique, ...Cette évolution fait écho au « Portrait de linguiste(s) à l'instrument », dans lequel Benoît Habert (Habert, 2005) fait état d'une évolution de la linguistique, qui jusqu'alors était dominée par l'approche générativiste, et déniait l'intérêt du concept d'instrument. B. Habert introduit deux idées clés : les instruments permettent de voir de nouveaux phénomènes, ce sont des outils de perception ; il est nécessaire d'adapter les données aux instruments : un instrument est un capteur imparfait, qui sert à prélever une information, et il est donc nécessaire de « voir » avec cet instrument des données qui peuvent être visibles, et pour lesquelles la précision de l'instrument permet d'extraire une information pertinente. Plus récemment Mark Liberman (Liberman, 2010) fait le parallèle entre la situation actuelle, et l'état de la science en 1610 « Hypothesis : 2010 is like 1610 (...) We've invented the linguistic telescope and microscope (...) We can observe linguistic patterns ». Il montre que les sciences du langage peuvent être un paradigme des « e-Sciences », fondée sur l'utilisation intensive des ordinateurs, utilisant des bases de données de très grande dimension, dans un environnement hautement distribué.

Les systèmes automatiques de traitement de la parole (reconnaissance du locuteur, segmentation audio, transcription orthographique et phonémique) peuvent être considérés comme des instruments capables d'explorer des quantités de données jusqu'alors inatteignables, et de faire émerger des problématiques ou de valider des hypothèses linguistiques. Cette utilisation nécessite cependant un rapprochement des différentes communautés, car les systèmes automatiques, comme l'a souligné B. Habert, sont des *instruments* et non des *outils*[2] : ils nécessitent une mise au point, des développement spécifiques, un « savoir-faire », qui n'est pas réductible à la mise à disposition des communautés linguistiques de « boîtes à outils ».

4 Définir un observable

Le rapprochement des différentes sciences de la parole peut se faire autour d'une famille d'instruments, les systèmes automatiques de traitement de la parole, sur (par exemple) les sujets scientifiques décrits dans la section précédente. Cependant, pour que les différentes approches puissent s'enrichir mutuellement, il convient qu'elles s'accordent sur un *style de raisonnement scientifique*, en reprenant la terminologie introduite par Ian Hacking (Hacking, 1992), style qui doit prendre en compte le style spécifique des sciences utilisant la statistique. Selon Hacking, chaque style définit ses critères de vérité, et l'objet de sa recherche. Quel peut être ici cet objet ? En prenant en compte les résultats obtenus par les deux principes fondateurs énoncés en section 2, et ce que l'on observe en « Linguistique de corpus », cet objet semble être le corpus. Mais ce concept de corpus est flou, voire contradictoire selon ses acceptions. Pratiquement, ce que l'on utilise comme propriété de cet objet, ce n'est pas d'être un recueil de faits isolés de langue (par exemple une phrase ou un phonème particulier énoncé par un locuteur particulier dans un contexte défini) mais qu'il permette des mesures statistiques significatives et *intéressantes*. Ces mesures sont pertinentes par rapport à un certain nombre de paramètres implicites ou explicites que l'on prête aux données langagières contenues dans le corpus, et que sont supposés traiter les systèmes automatiques (parole lue ou spontanée, spécifique à un tâche donnée, bande large ou étroite, ...). Je fais l'hypothèse ici que l'objet commun est un *espace langagier*, dont le corpus serait un échantillon supposé pertinent, délimité par des valeurs d'un jeu de paramètres, certains explicites (choisis explicitement lors de la constitution du corpus) ou implicites (présents implicitement par le choix spécifique du corpus), où les phénomènes ont des caractéristiques stables et intéressantes et où les mesures sur cet objet sont les sorties[3] de systèmes automatiques sur le corpus ; j'appellerai par la suite cet objet *espace langagier isoparamétrique* (ELI). L'intérêt de ces définitions de l'objet commun et de la manière dont on l'observe, est qu'elles permettent de dire comment on peut améliorer la qualité de l'observation : en expérimentant sur les contenu ou les frontières de cet objet. Citons comme exemple l'évolution des performances lors de l'accroissement du corpus d'apprentissage au sein d'un ELI : une stagnation ou même une augmentation du taux d'erreur doit nous orienter vers la recherche de nouveaux paramètres à expliciter. Autre moyen d'améliorer l'observation, l'étude des erreurs faites sur un ELI, qui est abordée dans la section 5 : celle-ci permet de mettre à jour de nouvelles dimensions intrinsèques du corpus, ou d'orienter les recherches afin d'améliorer les systèmes.

5 Analyse du résiduel

Dans le cas de la transcription de la parole, on mesure des taux d'erreurs qui vont représenter l'écart entre la modélisation obtenue sur le corpus d'apprentissage, et les performances sur

2. Je reprends dans la définition introduite par B. Habert, le fait que l'outil est générique, polyvalent, alors que l'instrument est spécifique à un type de données.

3. Les sorties (mots, phonèmes ou autres) seront utilisées comme *faits* par les différentes sciences de la parole.

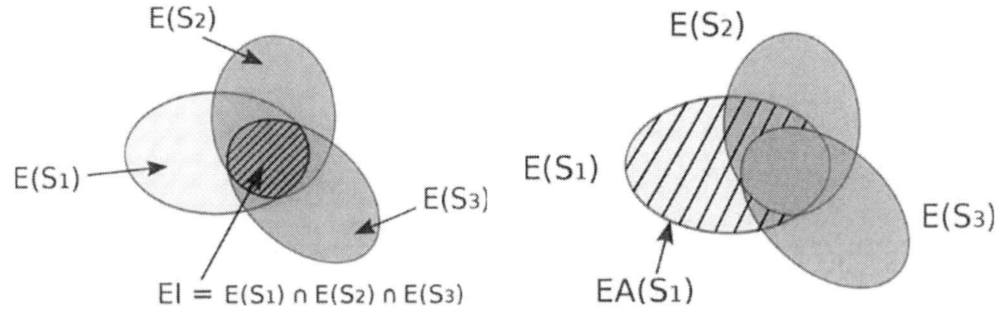

FIGURE 1 – (gauche) Visualisation de classe des erreurs irréductibles, égale à l'intersection stricte des erreurs des 3 systèmes S1, S2 et S3. (droite) Visualisation de la classe des erreurs atteignables du système S1, comme la classe des erreurs de S1 qui ne sont pas des erreurs pour les systèmes S2 et S3.

le corpus de développement et d'évaluation (Adda, 2011; Abney, 2011). Cet écart entre la modélisation et la réalité est communément nommé *résiduel*. Ce résiduel, ou « erreurs », a été assez peu étudié en parole. Or dans un cadre expérimental, l'étude des erreurs est un domaine crucial. Cette étude est multiforme ; elle couvre par exemple l'étude comparée des erreurs des systèmes et des humains (Vasilescu *et al.*, 2009), l'étude diagnostique des erreurs (Goldwater *et al.*, 2010). Il faut souligner ici que l'étude des erreurs est intéressante quand il y a des erreurs en nombre assez faible pour que l'on puisse les classifier aisément : pour des tâches où le taux d'erreur est trop important, les différents types d'erreurs interfèrent profondément, rendant toute tâche d'analyse très difficile. Aussi, l'étude des erreurs est intéressante en particulier sur des tâches/corpus que l'on a jugées « résolues », c'est-à-dire que les efforts en terme de développement simple (en particulier par augmentation de la taille du corpus d'apprentissage), n'apporteront qu'un gain faible, alors que les résultats sont assez « satisfaisants ». C'est en particulier pour ces tâches que les erreurs résiduelles, qui semblent rétives aux modélisations classiques, sont intéressantes à étudier. D'un autre côté, nous avons souligné que les systèmes de traitement de la parole pouvaient (devaient) être utilisés comme instruments pour explorer les corpus, afin de tester certaines hypothèses, de découvrir certains faits linguistiques, phonétiques etc ; dans ce paradigme, l'étude des erreurs nous permet de mesurer la précision des systèmes comme instruments, selon les corpus.

Examiner les erreurs est également utile pour découvrir les principales directions à explorer afin de déterminer de nouvelles techniques et à terme améliorer les performances des systèmes. Il est intéressant de se placer dans l'optique de la *résolution* des erreurs. Si nous voulons résoudre des problèmes, il s'agit de les identifier en séparant le problème global en sous-problèmes atteignables ; à ce titre une typologie des erreurs en fonction de leur solution est utile, car nous ne devons pas tenter de résoudre avec les outils méthodologiques existants, des problèmes qui ne peuvent pas être résolus, ou qui ne sont pas des problèmes, ou encore qui sont d'une importance mineure. Afin de pouvoir explorer les limites des modélisations actuelles sur une tâche, je préconise l'usage du *Rover Oracle* (RO), c'est-à-dire le choix oracle de la bonne solution si elle existe dans le graphe des différentes possibilités fournies par les différents systèmes suivant la méthode ROVER (Fiscus, 1997). Le Rover Oracle nous offre ainsi une approximation de la limite supérieure de ce que peut atteindre un système de l'état de l'art, qui utiliserait de manière optimale les différentes modélisations présentes dans les différents systèmes, et ayant également le réglage optimal de ses différents paramètres. En plus d'une indication sur la limite inférieure du taux d'erreurs sur un corpus donné, le Rover Oracle nous permet un accès à différentes classes d'erreurs intéressantes. La classe d'erreurs la plus intéressante pour le chercheur, et qui permet d'approximer la précision des systèmes de traitement en tant qu'instrument, est la classe des **erreurs irréductibles** (EI) (voir figure 1, gauche), définie par $EI = ERR(RO)$ où $ERR(RO)$ est l'ensemble des erreurs produites par le Rover Oracle. On obtient ainsi la classe des solutions correctes qu'aucun système n'avait envisagées. Autre classe d'erreurs intéressantes, la classe des **erreurs atteignables** d'un système S ($EA(S)$) (voir figure 1, droite). Sa définition est $EA(S) = ERR(S) - ERR(RO)$. De manière explicite, $EA(S)$ représente la classe des erreurs du système S qui ont pu être corrigées en utilisant le Rover Oracle. Pour un système S, elle représente l'ensemble des erreurs pour lesquelles au moins un autre système a pu trouver la bonne solution.

Dans la mesure où l'étude des erreurs est intéressante là où il y en a peu, cela oblige, si l'on veut pouvoir trouver des corrélations utiles, à avoir de grands corpus d'évaluation. 10 heures de parole, avec un taux d'erreurs de 5% produisent environ 5000 erreurs, ce qui est bien peu pour extraire des classes. On peut donc extrapoler que ces analyses seront réellement fructueuses sur des corpus de l'ordre de 100 heures, ce qui est parfaitement atteignable avec les corpus actuels.

6 Centres Instrumentaux pour les sciences de la parole

Dans le mode de fonctionnement actuel de l'évaluation comparative, certaines équipes/laboratoires obtiennent par leur participation aux évaluations majeures une *certification* qui leur accorde une crédibilité. Cette crédibilité leur apportera tout à la fois une plus grande facilité à faire publier leurs résultats et une plus grande confiance de la communauté dans la validité de ces résultats. Il y a dans ce mode de fonctionnement, une importante déperdition de temps et de travail, car il n'accorde pas assez de place pour les équipes qui n'ont pas les moyens humains ou matériels de participer à des évaluations importantes, mais impose également aux équipes certifiées de consacrer beaucoup de temps sur ces évaluations et donc potentiellement moins sur l'innovation. En caricaturant la situation actuelle, nous avons le choix entre une uniformité fiable ou une innovation peu fiable, puisque si une innovation est introduite par un équipe qui n'a pas été certifiée ou par un système qui n'a pas été calibré par une évaluation, il n'y aura pas de confiance dans le résultat, au moins tant que celui-ci n'aura pas été reproduit par un couple système/équipe certifié. Par ailleurs, par rapport au modèle américain qui peut se résumer à développer quelques centres d'excellence, financés par les projets gouvernementaux, autour de centres d'évaluation et de mises à disposition de corpus (NIST[4] et LDC[5]), eux-mêmes financés directement ou indirectement par des projets gouvernementaux, on ne peut que constater que, malgré l'existence de quelques centres d'excellence, il n'existe pas de modèle efficace européen.

Si les systèmes de traitement du langage peuvent être considérés comme des instruments, il doivent être considérés comme des instruments complexes, difficile à maîtriser et coûteux à développer et à maintenir, et donc pour lesquels il est intéressant de développer une structure de mutualisation, comme par exemple, toute proportion gardée par rapport aux investissements en jeu, pour les anneaux d'accélération utilisés en physique des particules, au CERN[6]. L'existence de plusieurs instruments différents est intéressante, pour maintenir une certaine compétitivité,

4. www.itl.nist.gov/
5. www.ldc.upenn.edu/
6. Organisation européenne pour la recherche nucléaire, public.web.cern.ch/public/

mais également par souci de complémentarité (voir section 5). On peut donc penser à la mise en place de cette mutualisation au sein de plusieurs laboratoires qui seraient alors des *centres instrumentaux* mutualisés. Le statut de centre instrumental amènerait des moyens (financiers et humains) supplémentaires ; les centres instrumentaux seraient impliqués dans les projets expérimentaux d'autres laboratoires qui n'auraient pas le statut de centre instrumental ; en échange, le centre accueillerait des équipes et des chercheurs choisis sur des projets nécessitant l'emploi d'un système état de l'art et/ou de corpus avec un financement spécifique, un partage des résultats (et des publications), et une pérennisation des acquis à un même endroit. L'ensemble des laboratoires utilisateurs et le centre instrumental formeraient un réseau, qui permettraient un développement des recherches et des instruments.

Dans le schéma de recherche que je propose, l'ensemble des expériences pourraient être menées avec des systèmes de l'état de l'art et sur des bases de données pertinentes. Les moyens de mise au point des instruments seraient concentrés sur quelques centres, et les autres moyens étant dévolus à des expériences précises. Ce schéma conserve la fiabilité directement issue de l'évaluation comparative, mais permet une plus grande innovation.

7 Conclusion

La mise en place de l'évaluation comparative et ses bénéfices visibles actuels n'est qu'une étape dans la mise en place d'une structure scientifique à même de permettre un développement à long terme de notre domaine. Ce développement passe en particulier selon moi par la pérennisation d'une vraie science empirique, qui elle-même nécessite en particulier :

- Une plus grande formalisation des buts, et des moyens à mettre en œuvre pour atteindre ces buts. Cela signifie définir clairement l'observable de cette science empirique, le moyen de l'atteindre, de l'observer, puis comment apprendre à partir de celui-ci. Je suggère d'utiliser comme observable une extension de la notion de corpus, l'espace langagier isoparamétrique, qui est défini par ses paramètres intrinsèques et extrinsèques.
- L'étude des erreurs des systèmes comme indicateur de l'écart entre la modélisation et la réalité telle qu'observée par l'évaluation sur un corpus.
- Une meilleure structuration de la production scientifique par une mutualisation des systèmes de traitement automatique comme instruments, systèmes complexes et coûteux à mettre en œuvre et à maintenir au meilleur niveau.

A l'heure actuelle le domaine du traitement de la parole bénéficie, relativement et avec de fortes disparités, de moyens qui font envie à bien d'autres domaines scientifiques. Mais les risques inhérents aux grands cycles technologiques et économiques sont grands. En formalisant plus notre discipline de manière à faire émerger une science empirique stable, et en utilisant mieux le potentiel actuel en terme de moyens humains et matériel, la connaissance que nous pourrions générer serait plus importante, et les sciences de la parole pourraient peser ainsi d'un poids plus important dans les choix scientifiques.

Remerciements

Ce travail a été réalisé en partie dans le cadre du projet ANR EDyLex (ANR-09-CORD-008).

Références

Abney, S. (2011). Data-intensive experimental linguistics. *Linguistic Issues in Language Technology*, 6(2).

Adda, G. (2011). Approches empiriques et modélisation statistique de la parole. Habilitation à Diriger les Recherches de l'Université Paris-Sud (spécialité : informatique).

Adda-Decker, M. (2006). De la reconnaissance automatique de la parole a l'analyse linguistique de corpus oraux. *In XXVIes Journées d'Étude sur la Parole, JEP*, Dinard.

Fiscus, J. G. (1997). A post-processing system to yield reduced word error rates : Recognizer output voting error reduction (ROVER). *In Automatic Speech Recognition and Understanding, 1997. Proceedings., 1997 IEEE Workshop on*, pages 347–354.

Goldwater, S., Jurafsky, D. et Manning, C. D. (2010). Which words are hard to recognize? prosodic, lexical, and disfluency factors that increase speech recognition error rates. *Speech Communication*, 52(3):181–200.

Habert, B. (2005). Portrait de linguiste(s) à l'instrument. *Texto !*, 10(4).

Hacking, I. (1992). Statistical language, statistical truth, and statistical reason : The self-authentification of a style of scientific reasoning. *Social Dimensions of Science*, pages 130–157.

Huckvale, M. (1997). 10 things engineers have discovered about speech recognition. *In NATO ASI Workshop on Speech Pattern Processing*.

Huckvale, M. (1998). Opportunities for re-convergence of engineering and cognitive science accounts of spoken word recognition. *In Proceedings of the Institute of Acoustics Conference on Speech and Hearing*, pages 9–20.

Jelinek, F. (1976). Continuous speech recognition by statistical methods. *Proceedings of the IEEE*, 64:532–556.

Levinson, S. E. (1994). *Speech recognition technology : a critique*, pages 159–164. National Academy Press, Washington, DC, USA.

Liberman, M. (2010). The future of computational linguistics : or, what would antonio zampolli do? *In Antonio Zampolli Prize speech, presented at LREC2010*, Valletta, Malta.

Moore, R. K. (2007). Spoken language processing : Piecing together the puzzle. *Speech Communication*, 49:418–435.

Moore, R. K. et Cutler, A. (2001). Constraints on theories of human vs. machine recognition of speech. *In Proceedings SPRAAC workshop on Human Speech Recognition as pattern Classification*. Max-Planck-Institute for Psycholinguistics.

Pallet, D. S. (1985). Performance assessment of automatic speech recognizers. *J. J. Res. Natl. Inst. Stand. Technol.*, 90:371–387.

Pierce, J. R. (1969). Whither Speech Recognition? *Acoustical Society of America Journal*, 46:1049.

Scharenborg, O. (2005). Parallels between HSR and ASR : how ASR can contribute to HSR. *In Proceeding of Interspeech*, pages 1237–1240.

Scharenborg, O., Norris, D., ten Bosch, L. et McQueen, J. M. (2005). How should a speech recognizer work? *Cognitive Science*, pages 867–918.

Vasilescu, I., Adda-Decker, M., Lamel, L. et Hallé, P. (September, 2009). A Perceptual Investigation of Speech Transcription Errors Involving Frequent Near-Homophones in French and American English . *In Interspeech'09*, pages 144–147, Brighton, UK.

Impact du degré de supervision sur l'adaptation à un domaine d'un modèle de langage à partir du Web

Gwénolé Lecorvé[1] John Dines[1,2] Thomas Hain[3] Petr Motlicek[1]
(1) Idiap Research Institute, Martigny, Suisse (2) Koemei, Martigny, Suisse
(3) University of Sheffield, Sheffield, Royaume-Uni
glecorve@idiap.ch, dines@idiap.ch, t.hain@dcs.shef.ac.uk, motlicek@idiap.ch

RÉSUMÉ

L'adaptation à un domaine d'un modèle de langage consiste à réestimer ses probabilités afin de mieux modéliser les spécificités linguistiques d'un thème considéré. Pour ce faire, une approche désormais classique est de récupérer des pages Web propres au domaine à partir d'un échantillon textuel représentatif de ce même domaine, texte appelé noyau. Cet article présente une étude originale sur l'importance qu'a le choix du noyau sur le processus d'adaptation et sur les performances des modèles de langage adaptés en reconnaissance automatique de la parole. Le but de cette étude est d'analyser les différences entre une adaptation supervisée, au sein de laquelle le noyau est généré manuellement, et une adaptation non supervisée, où le noyau est une transcription automatique. Nos expériences, menées sur un cas d'application réel, montrent que les différences varient selon les scénarios d'adaptation et que l'approche non supervisée est globalement convaincante, notamment au regard de son faible coût.

ABSTRACT

Impact of the level of supervision on Web-based language model domain adaptation

Domain adaptation of a language model aims at re-estimating word sequence probabilities in order to better match the peculiarities of a given broad topic of interest. To achieve this task, a common strategy consists in retrieving adaptation texts from the Internet based on a given domain-representative seed text. In this paper, we study the influence of the choice of this seed text on the adaptation process and on the performances of adapted language models in automatic speech recognition. More precisely, the goal of this original study is to analyze the differences between supervised adaptation, in which the seed text is manually generated, and unsupervised adaptation, where the seed text is an automatic transcript. Experiments carried out on videos from a real-world use case mainly show that differences vary according to adaptation scenarios and that the unsupervised approach is globally convincing, especially according to its low cost.

MOTS-CLÉS : Modèle de langage, adaptation à un domaine, supervision, données du Web.

KEYWORDS: Language model, domain adaptation, supervision, Web data.

1 Introduction

Le modèle de langage (ML) n-gramme de la plupart des systèmes de reconnaissance automatique de la parole (RAP) est habituellement appris sur une vaste collection de textes de domaines variés. Par conséquent, ce ML généraliste n'est plus optimal dès lors qu'il s'agit de transcrire des documents oraux traitant d'un domaine précis. Pour résoudre ce problème, l'adaptation à un domaine d'un ML cherche à réestimer les probabilités n-grammes du ML généraliste de manière à prendre en compte les spécificités linguistiques du domaine considéré, le but final étant d'améliorer les taux de reconnaissance du système de RAP.

Une approche d'adaptation désormais commune consiste à utiliser le Web comme un corpus ouvert afin de récupérer des données propres au domaine et d'extraire des statistiques pour la réestimation des probabilités n-grammes (Zhu et Rosenfeld, 2001; Wan et Hain, 2006; Bulyko *et al.*, 2007; Lecorvé *et al.*, 2008). Ce processus fondé sur le Web se scinde principalement en trois étapes : tout d'abord, des requêtes sont extraites à partir d'un texte supposé représentatif du domaine considéré – nous parlerons de *texte noyau* ou plus simplement de *noyau* ; ensuite, des pages Web sont récupérées en soumettant les requêtes à un moteur de recherche sur Internet ; et finalement, un ML adapté est construit grâce aux données d'adaptation récupérées.

Le texte noyau est un point-clé du processus car celui-ci doit permettre d'extraire des informations permettant de caractériser le domaine considéré. Dans la littérature, deux approches sont proposées : l'une supervisée où le domaine est connu *a priori* et le noyau est fait de textes collectés manuellement, typiquement des transcriptions manuelles (Sethy *et al.*, 2005; Wan et Hain, 2006) ; l'autre non supervisée où le noyau est construit automatiquement à partir de documents oraux à transcrire, généralement des transcriptions automatiques (Suzuki *et al.*, 2006; Lecorvé *et al.*, 2008). Alors que l'approche supervisée semble intuitivement la plus performante car celle-ci est exempte d'erreurs de transcription, peu de travaux ont toutefois cherché à déterminer clairement l'impact du niveau de supervision sur les performances des ML adaptés. Seul (Tür et Stolcke, 2007) semble s'y être intéressé de près. Cependant, la méthode étudiée dans ce dernier travail ne s'appuie pas sur Internet. Ainsi, notre article vise à comparer l'emploi de différents degrés de supervision sur une même technique d'adaptation fondée sur le Web. Nous cherchons à comprendre quels gains peuvent être attendus en RAP pour des scénarios d'adaptation donnés et, particulièrement, quels impacts peut avoir la présence d'erreurs de transcription dans le noyau.

Cet article s'organise comme suit : la section 2 présente notre technique d'adaptation d'un ML, la section 3 décrit notre cadre expérimental et introduit différents scénarios d'adaptation, puis la section 4 étudie l'impact de ces scénarios sur différents aspects de la technique d'adaptation.

2 Technique d'adaptation du modèle de langage

Notre technique d'adaptation d'un ML tient en trois temps. Étant donné un texte noyau représentatif d'un domaine visé, des requêtes sont tout d'abord extraites. Puis, en soumettant ces requêtes à un moteur de recherche en ligne, des pages Web sont récupérées et un corpus d'adaptation est construit. Finalement, un ML adapté est appris en ajoutant ces données d'adaptation à l'ensemble des autres données textuelles ayant initialement servi à apprendre le ML généraliste. Le nouveau ML est alors censé conduire à des transcriptions automatiques meilleures que celles que fournirait le ML généraliste pour des documents oraux traitant du domaine en question. Cette section décrit notre stratégie d'extraction de requêtes avant d'expliquer comment les pages Web sont récupérées et comment le ML adapté est estimé en pratique.

2.1 Extraction des requêtes à partir du texte noyau

Le principe de notre méthode d'extraction de requêtes, telle que présentée dans (Wan et Hain, 2006), est d'analyser quels sont les n-grammes les plus mal modélisés par le ML généraliste d'après le texte noyau et d'utiliser ces n-grammes comme des requêtes. Concrètement, étant donné le texte noyau T, tous les trigrammes de T qui n'ont pas été observés lors de l'apprentissage du ML généraliste sont considérés comme des requêtes potentielles, c.-à-d. tous les trigrammes de T dont la probabilité se calcule par le mécanisme de *back-off*. Comme ces n-grammes peuvent être nombreux selon la taille du noyau T, ce qui conduirait à une trop longue récupération des pages Web, et comme beaucoup d'entre eux sont simplement des séquences de mots sans importance pour le domaine, ces trigrammes sélectionnés sont filtrés en supprimant tous ceux qui contiennent au moins un mot vide. La liste des mots vides est faite d'environ 600 mots-outils anglais [1]. Dans nos expériences, cette stratégie conduit à l'extraction de quelques centaines de requêtes.

Cette méthode d'extraction se justifie sur un plan théorique. En effet, celle-ci garantit que, une fois que les statistiques des pages Web récupérées auront été intégrées dans le ML adapté, la probabilité conditionnelle de chaque trigramme-requête (w_1, w_2, w_3) sera supérieure pour le ML adapté que pour le ML généraliste. Mathématiquement, cela s'exprime ainsi :

$$P_A(w_3|w_1, w_2) > P_G(w_3|w_1, w_2) \qquad \forall (w_1, w_2, w_3) \in Q \,, \tag{1}$$

où Q est l'ensemble des requêtes alors que P_A et P_G désignent respectivement les distributions de probabilités du ML adapté recherché et du ML généraliste. Puisque les requêtes sont toutes extraites du noyau T, il en découle que la vraisemblance du noyau est plus grande pour le modèle adapté que pour le modèle généraliste :

$$P_A(T) > P_G(T) \,. \tag{2}$$

L'utilisation du ML adapté sur la base de ces requêtes doit donc profiter au système de RAP pour le domaine considéré, sous l'hypothèse que T est suffisamment caractéristique de ce domaine.

2.2 Récupération des pages Web et apprentissage du modèle adapté

Pour récupérer des données d'adaptation propres au domaine, les requêtes sont soumises à un moteur de recherche sur Internet (en l'occurrence, Bing) et les liens retournés sont téléchargés selon un algorithme en tourniquet, c.-à-d. que les i-èmes résultats de chaque requête sont téléchargés avant de télécharger les $(i+1)$-èmes résultats... Cette stratégie a l'avantage de donner une importance égale à chaque requête, ce qui semble une pratique raisonnable en l'absence d'information *a priori* sur le domaine et sur la pertinence des requêtes. Les pages Web sont nettoyées, normalisées puis rassemblées au sein d'un corpus d'adaptation [2]. Ce processus s'arrête dès qu'un certain nombre de mots est atteint. Dans nos expériences, ce seuil est arbitrairement fixé à 5 millions de mots, ce qui requiert de télécharger entre 20 et 40 pages par requête.

Le corpus d'adaptation est ensuite ajouté à l'ensemble des corpora initialement utilisés pour apprendre le ML généraliste. Un ML est appris indépendamment pour chacune de ces sources, puis ces ML individuels sont interpolés linéairement de manière à ce que leur combinaison minimise la perplexité sur le texte noyau. Notons que le vocabulaire de chacun de ces ML reste le même que celui d'origine car nous nous concentrons dans cet article sur la seule adaptation du ML. Pour finir, le ML résultant de l'interpolation est élagué afin d'obtenir un modèle de taille comparable à celle du ML généraliste.

3 Cadre expérimental et scénarios d'adaptation

Avant de présenter l'impact sur ce processus d'adaptation du choix supervisé ou non supervisé du noyau, cette section présente notre cadre expérimental, c.-à-d. le système de RAP et les données

1. En français, ce filtrage devrait sans doute être assoupli car l'articulation des mots est différente. Cependant, cette dépendance à la langue ne peut être tenu pour de la supervision car le filtrage reste indépendant du domaine traité.

2. Le processus de nettoyage des pages Web étant abouti, le corpus d'adaptation n'est que peu bruité.

utilisées, puis introduit les scénarios d'adaptation étudiés.

3.1 Cadre expérimental

Le système de RAP utilisé est un système multi-passes pour l'anglais, largement décrit dans (Hain *et al.*, 2012). Principalement, il s'appuie sur un vocabulaire de 50 000 mots et un ML quadrigramme interpolé à partir de ML appris indépendamment sur de nombreux corpora formant un total d'environ un milliard de mots.

Le domaine considéré est représenté par 57 vidéos provenant de la chaîne YouTube d'un établissement d'enseignement supérieur spécialisé. Alors que les thèmes abordés sont homogènes car centrés sur le contenu des cours, ces vidéos sont de types variés (cours magistraux, auto-promotion, conférences, interviews...), elles ont été enregistrées dans des conditions acoustiques différentes et certains intervenants ne sont pas d'origine anglophone. Les transcriptions manuelles des vidéos forment un total de 40 000 mots. Les vidéos sont séparées en deux ensembles : un ensemble de développement de 29 vidéos à partir duquel des informations peuvent être extraites pour l'adaptation et un ensemble d'évaluation de 28 vidéos uniquement dédié aux tests. Les références respectives de ces ensembles sont de longueurs équivalentes, soit environ 20 000 mots chacune.

L'impact de l'adaptation au domaine est principalement analysé en comparant les perplexités du ML généraliste avec celles des ML adaptés à partir de différents textes noyaux, tant sur l'ensemble de développement que sur celui d'évaluation. Pour les configurations les plus intéressantes, nous rapportons aussi des taux d'erreurs sur les mots (WER).

3.2 Scénarios d'adaptation

Le but de cet article est d'étudier l'importance qu'a le choix du noyau sur l'efficacité de l'adaptation du ML. Cette adaptation peut principalement s'inscrire au sein de deux scénarios. Soit l'adaptation vise à fournir une nouvelle transcription de documents ayant déjà été transcrits une première fois sur la base du ML généraliste – nous parlerons d'*auto-adaptation*. Soit l'adaptation est dédiée à l'usage à long terme du ML adapté pour transcrire de futures vidéos traitant d'un même domaine – nous parlerons d'*adaptation à long terme*. Sur la base de nos deux ensembles de vidéos traitant d'économie, nous définissons trois principales valeurs possibles que le texte noyau peut prendre afin de mettre en œuvre ces scénarios. Ces valeurs, listées ci-dessous, s'échelonnent du cas le plus supervisé à celui complètement non supervisé.

1. Le noyau est la *référence de l'ensemble de développement*. Il s'agit du cas le plus supervisé et, du fait de la génération de transcriptions manuelles, également du plus coûteux à mettre en place, en temps comme en argent.
2. Le noyau est constitué d'un *ensemble de pages Web aspirées sur le site de l'établissement produisant les vidéos* à partir d'un point d'entrée fourni manuellement. Ces pages représentent un total de 400 000 mots. Ce cas est moins supervisé car le contenu de ces pages Web ne coïncident pas complètement avec celui des vidéos, surtout au niveau du style.
3. Le noyau est la *transcription automatique de l'ensemble de développement*. Il s'agit du cas non supervisé. Mis à part le temps nécessaire à la génération des transcriptions automatiques, cette solution s'avère la moins coûteuse. Elle reste néanmoins peu fiable car le WER est de 29,6 %. Dans les tableaux de résultats, ce cas est désigné par « RAP ».

La prochaine section présente comment la méthode d'adaptation du ML se comporte pour chacun de ces trois cas au sein des deux étapes de la méthode qui font intervenir le texte noyau.

4 Expériences et résultats

Le texte noyau joue un rôle durant deux étapes du processus d'adaptation à un domaine : il est utilisé pour extraire des requêtes propres au domaine et il sert à déterminer l'importance des données d'adaptation au moment de combiner ces dernières avec celles utilisées initialement pour estimer le ML généraliste. Dans cette section, nous étudions ainsi tout d'abord l'impact du noyau sur l'extraction des requêtes avant d'analyser son rôle lors de l'interpolation linéaire.

4.1 Impact du noyau sur l'extraction de requêtes

L'extraction de requêtes est la première étape du processus d'adaptation. Aussi, la qualité du texte noyau est probablement cruciale. Pour tester cette hypothèse, la table 1 compare les perplexités obtenues en utilisant soit le ML généraliste soit les ML adaptés à partir de différents noyaux. Les résultats sur les ensembles de développement et d'évaluation illustrent respectivement les scénarios d'auto-adaptation et d'adaptation à long terme. Pour chaque ML, l'interpolation linéaire est effectuée en minimisant la perplexité de la référence afin de mettre en avant les meilleures perplexités possibles pour chaque noyau. Nous constatons que, sur l'ensemble de développement, les meilleures améliorations sont de loin obtenues quand le noyau est la référence. Ce résultat est logique car cette configuration (en italique) est un cas artificiel où le noyau et le texte à prédire par le ML adapté sont le même. Les résultats moindres de la référence sur l'ensemble d'évaluation sont donc logiques. Ensuite, les perplexités obtenues par les pages Web collectées manuellement sont les meilleures sur l'ensemble d'évaluation, probablement car ce noyau est plus grand que la référence tout en étant fiable, il permet donc une bonne caractérisation du domaine. De manière plus surprenante, l'emploi des transcriptions automatiques conduit à des améliorations proches de celles des cas supervisés.

Nous avons mené une seconde série d'expériences afin de déterminer d'où viennent les différences observées entre la référence et sa transcription automatique. Les résultats de ces expériences sont présentés par les trois dernières lignes de la table 1. Trois nouveaux ensembles de requêtes ont été dérivés des cas précédents. À partir des requêtes issues de la transcription automatique, un premier ensemble regroupe les requêtes sans aucune erreur de transcription (RAP sans erreur) alors qu'un second contient les autres requêtes où au moins une erreur est présente (RAP avec erreur(s)). Le dernier ensemble liste ce qu'aurait dû être ces requêtes erronées si le système de RAP ne faisait pas d'erreur (Référence des erreurs). Sur l'ensemble de développement, il apparait que les forts gains amenés par la référence étaient dus aux requêtes que le système a du mal à transcrire. Ceci se révèle logique car il s'agit aussi implicitement des trigrammes les plus mal modélisés par le ML généraliste. Sur l'ensemble d'évaluation, ce constat n'est plus vrai. Seule une différence entre les requêtes avec ou sans erreurs de transcription persiste. On remarque toutefois que les requêtes erronées conduisent malgré tout à des diminutions significatives de la perplexité. Après analyse, ce résultat surprenant s'explique, d'une part, par le fait que les moteurs de recherche actuels transforment automatiquement certaines requêtes peu vraisemblables vers d'autres plus communes[3] et, d'autre part, par l'absence de résultats lorsque les requêtes sont vraiment dénuées de sens, aucune page Web ne venant alors biaiser le corpus d'adaptation.

Pour résumer, nous pouvons conclure que, pour l'adaptation à long terme, il est préférable de s'appuyer sur des pages Web pour extraire des requêtes de manière supervisée. Cette solution est d'autant plus valable qu'elle est moins coûteuse que le recours à des transcriptions manuelles. Dans un contexte non supervisé, l'emploi de transcriptions automatiques est peu pénalisant

3. Ces transformations sont facilitées par le fait que certaines erreurs de transcription n'altèrent pas la racine des mots de la référence et correspondent donc malgré tout à des mots caractéristiques du domaine.

Extraction de requêtes	Interpolation linéaire	Développement	Évaluation
ML généraliste		165	170
Référence	Référence	*119 (-27,9 %)*	139 (-18,2 %)
Pages Web	Référence	129 (-21,8 %)	137 (-19,4 %)
RAP	Référence	133 (-19,4 %)	143 (-15,9 %)
RAP sans erreur	Référence	134 (-18,8 %)	143 (-15,9 %)
RAP avec erreur(s)	Référence	142 (-13,9 %)	150 (-11,8 %)
Référence des erreurs	Référence	120 (-27,3 %)	140 (-17,6 %)

TABLE 1 – Perplexités obtenues sur les ensembles de développement et de test avant et après adaptation à partir de différents textes noyaux pour l'extraction de requêtes. Pour chaque configuration, le corpus d'adaptation récupéré sur le Web contient 5 millions de mots. Entre parenthèses, les variations relatives par rapport à l'utilisation du ML généraliste.

car l'impact des erreurs de transcription se limite à brider l'information disponible sans biaiser l'adaptation.

4.2 Impact du noyau sur l'interpolation linéaire

Le second aspect concerné par le choix du texte noyau est l'estimation des poids de l'interpolation linéaire finale. La table 2 présente l'impact des différentes possibilités en terme de perplexité. Pour commencer, les lignes (a) montrent que l'adaptation n'a presque aucun effet lorsque l'interpolation est guidée par le texte hors domaine ayant servi à construire le ML généraliste. À l'inverse, les résultats (b) montrent que, sans récupérer de données d'adaptation sur Internet, la simple réinterpolation des corpora généralistes sur la base d'un texte propre au domaine conduit à de légères améliorations. Parmi ces résultats, l'utilisation des pages Web semblent néanmoins moins judicieuse.

Les lignes (c) correspondent aux configurations où le même noyau est utilisé pour l'extraction des requêtes et pour l'interpolation linéaire, comme cela serait vraisemblablement le cas dans une vraie application. On remarque que, pour les transcriptions automatiques, les écarts précédemment observés avec la référence se cumulent. Au contraire, l'emploi des pages Web collectées manuellement conduit à des résultats anormalement moins bons. Une analyse plus poussée nous montre que ce phénomène s'explique par le fait que certaines pages Web automatiquement récupérées sont les mêmes ou sont très proches de celles ayant servi à extraire les requêtes. Il en découle un poids très élevé associé au ML appris sur les données d'adaptation et, comme ces dernières ne représentent que 5 millions de mots, une perplexité moindre du ML interpolé. Bien que nous n'ayons conduit aucune expérience pour résoudre ce problème, il est probable que l'exclusion de ces pages gênantes du corpus d'adaptation aboutirait à un ML adapté de meilleure qualité. Enfin, la ligne (d) montre quels seraient les résultats si l'on était capable de supprimer les portions mal transcrites dans la transcription automatique, pour l'extraction de requêtes et pour l'interpolation linéaire [4]. Cette suppression ne conduit qu'à une très faible amélioration par rapport aux résultats obtenus *via* la transcription automatique complète.

Les WER obtenus par les configurations (c) et (d) sont présentés par la table 3. Des diminutions significatives sont observées par rapport au ML généraliste et les tendances sont les mêmes que celles notées pour la perplexité : l'emploi des pages Web collectées manuellement conduit aux

4. Pour l'interpolation linéaire, les erreurs de transcription ont été remplacées par des mots hors vocabulaire.

	Extraction de requêtes	Interpolation linéaire	Développement	Évaluation
	ML généraliste		165	170
(a)	Référence	Texte hors domaine	159 (-3,6 %)	168 (-1,2 %)
	Pages Web	Texte hors domaine	164 (-0,6 %)	169 (-0,6 %)
	RAP	Texte hors domaine	163 (-1,2 %)	169 (-0,6 %)
(b)	Aucune donnée	Référence	154 (-6,7 %)	159 (-6,5 %)
	Aucune donnée	Pages Web	158 (-4,2 %)	164 (-3,5 %)
	Aucune donnée	RAP	155 (-6,1 %)	161 (-5,3 %)
(c)	Référence		119 (-27,9 %)	139 (-18,2 %)
	pages Web		141 (-14,5 %)	151 (-11,2 %)
	RAP		136 (-17,6 %)	145 (-14,7 %)
(d)	RAP sans erreur		135 (-18,2 %)	143 (-15,9 %)

TABLE 2 – Perplexités obtenues avant et après adaptation à partir de différents noyaux pour l'estimation des poids de l'interpolation linéaire. Entre parenthèses, les variations relatives.

Extraction de requêtes	Interpolation linéaire	Développement	Évaluation
ML généraliste		29,6 %	25,8 %
Référence		26,8 % (-2,8)	24,1 % (-1,7)
Pages Web		27,7 % (-1,9)	24,9 % (-0,9)
RAP		27,3 % (-2,3)	24,6 % (-1,2)
RAP sans erreur		27,5 % (-2,1)	24,4 % (-1,4)

TABLE 3 – WER obtenus avec ou sans adaptation. Entre parenthèses, les variations absolues.

améliorations les plus faibles et la référence aux plus élevées. Les différences d'amélioration de la perplexité entre les ensembles de développement et d'évaluation sont néanmoins amplifiées, probablement en raison d'un WER de départ plus bas sur l'ensemble d'évaluation. Dans le détail, les écarts en terme de WER sont relativement faibles entre l'emploi de la référence et celui de la transcription automatique, y compris dans le cas d'une auto-adaptation (ensemble de développement). En outre, la suppression des passages mal transcrits ne produit toujours pas d'écart significatif par rapport à l'utilisation de la transcription complète. Nous pouvons en conclure que les erreurs de transcription n'empêchent pas la réussite de l'adaptation. Leur impact essentiel est de supprimer des informations qui permettraient de mieux caractériser le domaine.

5 Conclusion

Dans cet article, nous avons mené une étude originale sur l'impact du niveau de supervision lors d'une adaptation à un domaine d'un ML. Concrètement, plusieurs scénarios ont été testés sur notre méthode d'adaptation fondée sur le Web afin de mettre en évidence l'influence qu'a le choix du texte noyau utilisé pour extraire des requêtes et pour prendre en compte les probabilités n-grammes issues des données d'adaptation. Il apparait logiquement que l'emploi de transcriptions manuelles produit le ML adapté ayant les meilleures performances, en perplexité comme en matière de taux d'erreurs sur les mots. Cependant, d'autres conclusions intéressantes ont émergé. Tout d'abord, les erreurs de transcriptions n'affectent pas beaucoup notre méthode d'adaptation, que ce soit pour l'extraction de requêtes ou pour l'interpolation linéaire. Au lieu de faire échouer l'adaptation, ces erreurs semblent simplement brider son degré de réussite en limitant l'information disponible. Ce résultat est d'autant plus intéressant que l'estimation de mesures de confiance fiables et le repérage automatique de zones mal transcrites dans une transcription automatique sont des tâches difficiles. À l'inverse, l'étude sur l'estimation des poids de l'interpolation linéaire a montré que certains effets de bord pouvaient dégrader significativement les performances de l'adaptation. L'utilisation de pages Web collectées manuellement a en effet conduit à une adaptation trop forte du ML.

D'autres aspects ayant trait à la supervision du processus mériteraient d'être étudiés. Par exemple, il serait bon de savoir quel impact a le WER des transcriptions automatiques fournies initialement par le ML généraliste ou encore quel serait le comportement de la méthode si la taille du texte noyau était limitée. Par ailleurs, bien que nous ayons volontairement laissé de côté le problème de l'adaptation du vocabulaire, un travail complémentaire pourrait consister à analyser la propension des différents textes noyaux à conduire à des corpora d'adaptation permettant l'ajout de mots hors vocabulaire au système de RAP.

Remerciements

Ce travail est financé par le projet n° CTI 12189.2 PFES-ES de la Commission pour la Technologie et l'Innovation (CTI, Suisse) et a été effectué en collaboration avec Koemei.

Références

BULYKO, I., OSTENDORF, M., SIU, M., NG, T., STOLCKE, A. et ÇETIN, O. (2007). Web resources for language modeling in conversational speech recognition. *ACM Transactions on Speech and Language Processing*, 5(1):1–25.

HAIN, T., BURGET, L., DINES, J., GARAU, G., KARAFIAT, M., van LEEUWEN, D., LINCOLN, M. et WAN, V. (2012). Transcribing meetings with the AMIDA systems. *IEEE Transactions on Audio, Speech, and Language Processing*, 20:486–498.

LECORVÉ, G., GRAVIER, G. et SÉBILLOT, P. (2008). An unsupervised Web-based topic language model adaptation method. *In Proceedings of ICASSP*, pages 5081–5084.

SETHY, A., GEORGIOU, P. G. et NARAYANAN, S. (2005). Building topic specific language models from Webdata using competitive models. *In Proceedings of Eurospeech*, pages 1293–1296.

SUZUKI, M., KAJIURA, Y., ITO, A. et MAKINO, S. (2006). Unsupervised language model adaptation based on automatic text collection from WWW. *In Proceedings of Interspeech*, pages 2202–2205.

TÜR, G. et STOLCKE, A. (2007). Unsupervised language model adaptation for meeting recognition. *In Proceedings of ICASSP*, pages 173–176.

WAN, V. et HAIN, T. (2006). Strategies for language model Web-data collection. *In Proceedings of ICASSP*, volume 1, pages 1520–6149.

ZHU, X. et ROSENFELD, R. (2001). Improving trigram language modeling with the World Wide Web. *In Proceedings of ICASSP*, volume 1, pages 533–536.

Estimation du pitch et décision de voisement par compression spectrale de l'autocorrélation du produit multi-échelle

Mohamed Anouar Ben Messaoud, Aïcha Bouzid et Noureddine Ellouze
Laboratoire signal, image et Technologies de l'Information, ENIT Le Belvédère, B.P.37, 1002, Tunis
anouar.benmessaoud@yahoo.fr,
bouzidacha@yahoo.fr,n.ellouze@enit.rnu.tn

RESUME

Dans ce papier, nous proposons un algorithme d'estimation de la fréquence fondamentale et de décision de voisement à partir des signaux de parole. Notre approche est basée sur la décimation du spectrale numérique de la fonction d'autocorrélation du produit multi-échelle (APM) du signal de parole. Le produit multiéchelle est le produit des coefficients de la transformée en ondelettes du signal de parole calculées à différentes échelles successives. Le pitch est estimé par la multiplication des copies comprimées du spectre original de l'APM. Le signal obtenu permet d'opérer la décision de voisement et l'estimation de pitch. Nous présentons une méthodologie d'évaluation qui associe la décision de voisement dans la procédure d'estimation du pitch et présente une étude comparative de la performance des algorithmes d'estimation du pitch qui montre l'impact de la décision de voisement sur les résultats d'estimation de F_0.

ABSTRACT

Pitch estimation and voiced decision by spectral autocorrelation compression of multi-scale product

In this work, we propose an algorithm for pitch estimation and voicing detection in clean and noisy speech signal. Our approach is based on the spectral compression (CS) of the autocorrelation of the multi-scale product (APM). The APM consists of making the autocorrelation of the speech wavelet transform coefficients product at three successive dyadic scales. We estimate the pitch for each frame based on the product of compressed copies of the original spectrum of APM. To make the voiced/unvoiced decision, we use the estimated F0 value. In addition, we present a Gross Pitch Classification Error methodology which add Gross Pitch Error and Voicing Classification Error to measure the robustness of pitch determination algorithms and to show the impact of the voiced/unvoiced decision on the results obtained by any pitch determination algorithms.

MOTS-CLES : Autocorrélation du produit multi-échelle, compression spectrale, estimation du pitch, décision de voisement.

KEYWORDS : Autocorrelation multi-scale product, spectral compression, pitch estimation, voicing decision.

1 Introduction

Les caractéristiques du signal vocal englobent entre autres des paramètres de source liés aux vibrations des cordes vocales comme le voisement et la fréquence fondamentale. Le pitch est un paramètre fondamental dans la production, l'analyse et la perception de la parole. Ce paramètre est un révélateur principal de l'information phonétique, lexicale, syntaxique et émotionnelle. Il entre dans la mise au point de diverses techniques avancées d'analyse et d'interprétation du signal de parole et devient en ce sens un élément essentiel dans la mise en œuvre des applications en traitement automatique de la parole (Saito, 1992).

La problématique liée au pitch et sa complexité apparaît dans la multitude d'algorithmes de détermination du pitch (ADPs). Ces algorithmes ne présentent pas les mêmes performances pour tous les types de voix et dans toutes les conditions (Hermes, 1993). Certains algorithmes ont fait leurs preuves sur des signaux de parole. D'autres applications exigent plus de précision. En effet, nous discernons une multitude d'algorithmes pour l'estimation du pitch (Gerhard, 2003). Les algorithmes les plus récents proposent de nouvelles approches ou essaient d'améliorer des méthodes existantes. Dans ce papier, nous présentons une nouvelle approche de détermination du voisement et d'estimation du pitch basée sur la compression spectrale de l'autocorrélation du produit multi-échelle du signal de parole, la méthode est comparée à d'autres méthodes pour évaluer ses performances et sa robustesse.

Les ADPs ne sont performants que si l'évaluation de la fréquence fondamentale est liée à une décision de voisement fiable. Ainsi, l'évaluation d'erreur grossière (GPE) implique l'évaluation d'erreur de classification (CE). Les performances de ces divers algorithmes seront validées selon cette relation entre GPE et CE.

Le papier est présenté comme suit. Après l'introduction, nous présentons notre approche d'estimation de la fréquence fondamentale et la décision de voisement. Dans la Section 3, nous présentons la métrique employée pour l'évaluation des performances et proposons une méthodologie d'évaluation qui prend en compte les deux paramètres GPE et CE. Dans la section 4, nous présentons l'influence de la décision de voisement sur les résultats de l'évaluation du pitch par une comparaison avec d'autres ADPs.

2 Algorithme proposé

L'Algorithme proposé est basé sur l'analyse de la compression spectrale de la fonction d'autocorrélation du produit multi-échelle (CSAPM). Cette approche peut être répertoriée dans la classe de la détermination simultanée de voisement et du pitch. Notre approche vérifie la présence d'une condition suffisante pour décider qu'une trame est voisée, la fréquence F_0 estimée est employée ensuite pour classifier la trame en voisée ou non voisée. Des critères supplémentaires sont ajoutés pour conclure au non voisement.

2.1 Estimation du pitch

Dans cette section, nous présentons l'approche CSAPM pour l'estimation de la fréquence fondamentale. Cette estimation est précédée par le calcul de l'énergie de la trame de la parole, qui est considérée comme condition suffisante préalable pour décider que la trame est voisée ou non voisée. La méthode de compression spectrale de l'auto-corrélation du produit multi-échelle par (CSAPM) résumée en trois étapes est schématisée par la figure 1.

La première étape de l'algorithme consiste à calculer les transformées en ondelettes du signal de parole à trois échelles dyadiques successives, puis opérer la multiplication des coefficients pour obtenir le signal produit *p*. Le calcul du produit des coefficients de la transformée en ondelettes du signal de parole aux échelles ½, 1 et 2 avec l'ondelette spline quadratique comme ondelette mère de support $T = 0.8$ *ms*, permet d'obtenir un signal simplifié tout en gardant les propriétés de périodicité.

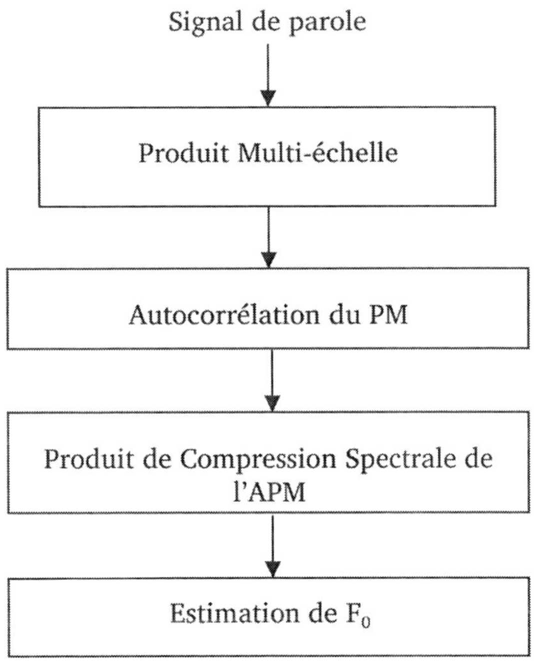

FIGURE 1 – Schéma block de l'algorithme d'estimation du pitch par la méthode CSAPM.

$$p_w[n,i] = p[n]\, w[n - i\Delta n] \tag{1}$$

Le PM $p(n, s_1, s_2, s_3)$ est pondéré par une fenêtre glissante $w[n]$:

i est l'indice de la fenêtre et Δn est l'intervalle de recouvrement.

La seconde étape consiste à opérer l'autocorrélation du produit multi-échelle (APM).

L'autocorrélation du signal *p* est calculée selon l'équation suivante :

$$A_i(k) = \sum_{n=0}^{N-1} p_{wi}(n)\, p_{wi}(n+k) \tag{2}$$

La troisième étape consiste à compresser le spectre de l'APM le long de l'axe fréquentiel selon différents facteurs de compression (R = 1, 2, 3, 4), puis de multiplier le spectre original à ses versions compressées. Ainsi les harmoniques s'alignent et renforcent la fréquence fondamentale.

Cette étape s'exprime par l'équation suivante :

$$C_i(k)=\prod_{r=1}^{R-1} FFT\left(A_i(r*k)\right) \qquad (3)$$

R représente le nombre total des spectres compressés dans le calcul. Le choix de ce paramètre joue un rôle principal sur la précision de l'estimateur. Le facteur de compression est choisi selon les résultats empiriques.

Pour montrer, la robustesse de notre approche, nous traitons le cas des extrémités des zones voisées et des zones voisées fortement bruitées.

La figure 2 montre le signal de parole au début d'une zone voisée prononcée par une femme suivi de son PM, son APM et enfin par son CSAPM. La compression spectrale d'APM fait ressortir la fréquence fondamentale.

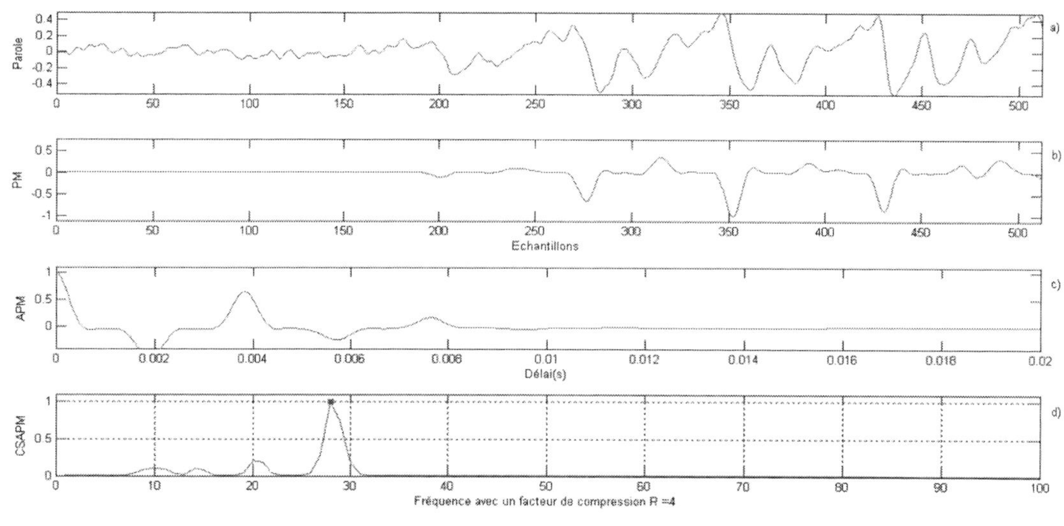

FIGURE 2 – CSAPM au début d'une zone voisée prononcé par une femme a) début d'une voyelle b) son PM c) son APM d) son CSAPM.

La figure 3 montre le signal de parole voisé corrompue par un bruit blanc gaussien à un RSB de -5 dB suivi de son PM, APM et CSAPM. La compression spectrale d'APM donne une raie claire sans bruit qui représente la fréquence fondamentale. On observe la capacité de CSAPM de produire des raies nettes.

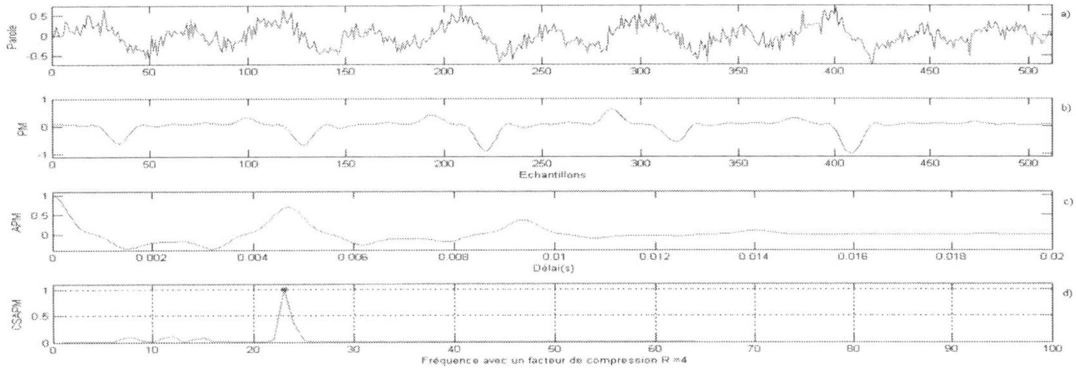

FIGURE 3 – CSAPM d'une voyelle prononcée par une femme corrompue par un bruit blanc gaussien à un RSB de - 5 dB. a) Signal de parole voisé bruité b) son PM c) son APM d) son CSAPM.

2.2 Décision de voisement

En utilisant la valeur de F_0 déjà estimée, on sélectionne deux périodes au milieu de la trame. Si la corrélation entre les deux segments dépasse un seuil S1 et le taux de passage par zéro dépasse un seuil S2 alors la trame est considérée comme voisée. Dans le cas contraire, la trame est considérée comme non voisée et la valeur de la fréquence F0 s'annule. Cette stratégie assure également la détection des signaux semi-voisés.

3 Méthodologies d'évaluation

3.1 Méthodologie classique

Afin d'évaluer les performances d'une approche de détection de voisement proposée, nous déterminons:

- Le taux d'erreurs voisé/non voisé (V/NV) qui constitue les zones voisées qui sont classées comme non voisées ; il s'agit de mesures manquées.
- Le taux d'erreurs non voisé/voisé (NV/V) qui constitue les zones non voisées qui sont classées comme voisées; il s'agit de fausses alarmes.

Pour l'estimation du pitch, nous comparons la mesure du pitch de référence opérée sur le signal électroglottographique (EGG) à celle donnée par l'approche proposée sur le signal de parole. La valeur absolue de la différence entre les valeurs des fréquences fondamentales de référence et les fréquences fondamentales estimées constitue l'erreur absolue. Lorsque l'erreur est inférieure ou égale à 20% de la valeur référence, elle est comptée comme une erreur fine. Les erreurs dépassant 20% sont comptées comme grossières.

3.2 Influence de la décision de voisement sur l'estimation du pitch

La décision de voisement marque si la trame analysée possède une fréquence fondamentale ou non ce qui montre que cette décision influe les résultats de l'évaluation de l'estimation du pitch. Ainsi, la mesure de voisement et de la fréquence fondamentale sont deux concepts fortement liés pour assurer une comparaison significative entre les ADPs. En effet, la décision de voisement dépend souvent de l'estimation du pitch et inversement (Ghio, 2007), (Signol, 2008).

L'influence de la décision de voisement sur l'estimation de F_0 se voit surtout au niveau des extrémités des zones voisées. Un ADP qui considère ces zones commet plus d'erreurs d'estimation de F_0 que s'il ne les considère pas.

3.3 Méthodologie proposée

L'influence de la décision de voisement sur les résultats d'estimation du pitch a donné lieu à une méthodologie d'évaluation associant la décision de voisement dans la procédure d'estimation proposée. Cette méthodologie additionne les paramètres d'erreur d'estimation de F_0 aux paramètres de voisement pour évaluer l'algorithme et faire une étude comparative de la performance des ADPs. Nous proposons alors de calculer le taux suivant :

$$GPCE = \frac{(Nbr\ de\ trames\ déclarées\ voisées\ par\ F_0\ référence\ \&\ par\ F_0 estimé)}{(Nbr\ total\ de\ trames)} * GPE + CE \tag{4}$$

Avec

$$GPE = \left| F0_{référence} - F0_{estimé} \right| / F0_{référence} > 0.2 \tag{5}$$

Et

$$CE = \frac{(Nbr\ Zone\ V/NV + Nbr\ Zone\ NV/V)}{(Nbr\ total\ de\ trames)} * 100\% \tag{6}$$

L'équation (4) est obtenue par la multiplication du GPE au nombre de trame considérée voisées par la F_0 référence et la F_0 estimée, en rajoutant le terme de l'erreur de classification. Nous pouvons alors comparer les différents ADPs de façon similaire.

4 Evaluation des Algorithmes de décision de voisement et de détermination de F0

4.1 Conditions d'évaluation

Pour évaluer et comparer des ADPs de manière équitable, il faut se mettre dans les mêmes conditions de travail à savoir la base de sons utilisée, considérer les zones de fin de voisement et l'intervalle de variation de F_0.

4.2 Etude comparative avec les méthodes existantes

L'évaluation est opérée sur la base de son de l'Université de Keele. Il s'agit de dix locuteurs ayant l'anglais comme langue maternelle et prononçant le texte « The North Wind Story ». Ces locuteurs sont 5 hommes âgés de 21 à 60 et 5 femmes âgées de 20 à

37 ans (Plante, 1995). La base de Keele a été développée dans l'objectif d'évaluer les performances des algorithmes de détection de voisement et de détermination du pitch. Pour satisfaire cet objectif, le signal de parole et le signal EGG pris comme signal de référence, ont été enregistrés simultanément dans une pièce insonorisée. Les deux signaux sont par la suite échantillonnés à une fréquence de 20 kHz et codés sur 16 bits. Pour tous les algorithmes évalués, nous utilisons une fenêtre de longueur 25.6 ms avec une estimation de F_0 pour chaque 10 ms.

En appliquant la méthodologie d'évaluation proposée, le tableau 1 récapitule les performances de différents algorithmes en utilisant la base de Keele dans un environnement non bruité. La méthode SWIPE' présente le plus faible taux d'erreurs grossières de 0.62% alors que notre approche CSAPM a un taux GPE légèrement supérieur de 0.67%. Par contre, lorsque nous prenons en considération l'influence de voisement sur le pitch notre méthode décroche la meilleure performance avec le plus faible pourcentage GPCE qui est de 2.59 %.

Méthodes	GPE (%)	CE (%)	GPCE (%)
CSAPM	***0.67***	2.27	***2.59***
SPM (Ben Messaoud, 2010)	0.75	3.02	3.31
SWIPE' (Camacho, 2007)	***0.62***	3.92	***4.19***
YIN (De Cheveigne, 2002)	2.28	6.28	7.23

TABLE 1 – GPE, CE et GPCE sans bruit pour toute la base de Keele

Le tableau 2, présente la robustesse de notre approche CSAPM comparée à celles des algorithmes suivants : SPM (Ben Messaoud, 2010), SWIPE' (Camacho, 2007) et YIN (De Cheveigne, 2002) en présence de différents types de bruits (bruit blanc gaussien, bruit babble) à un RSB de -5 dB. Ces bruits sont extraits de la base NOISEX92 (Noisex92, 1992).

En effet pour le taux GPE, la méthode SWIPE' donne le meilleur résultat car elle ne considère que les trames fortement voisées. Alors que le taux GPCE montre bien que notre approche surpasse les autres méthodes dans les zones de faible voisement en présence de bruit.

	White Noise (RSB= -5 dB)			Babble Noise (RSB= -5 dB)		
	GPE (%)	CE (%)	GPCE (%)	GPE (%)	CE (%)	GPCE (%)
CSAPM	***1.12***	4.59	**5.06**	***1.73***	6.27	***6.94***
SPM	1.40	8.41	8.92	7.62	7.26	9.85
SWIPE'	***0.48***	43.44	***43.62***	***0.22***	51.67	***51.76***
YIN	5.33	7.32	9.50	6.14	5.38	8.08

TABLE 2 – GPE, CE et GPCE en présence de bruit en utilisant la base de Keele

5 Conclusion

Dans ce papier, nous avons proposé une méthode robuste d'estimation du pitch et de décision de voisement. La compression spectrale de l'autocorrélation du produit multi-échelle (CSAPM) procède au calcul du produit des coefficients de la transformée en ondelettes pour différentes échelles successives du signal de parole, puis au calcul de son autocorrélation. Ensuite, le spectre de l'APM subit un ensemble de compressions de facteurs entiers. Le produit des spectres compressés permet le rehaussement des harmoniques pour une meilleure estimation du pitch et une meilleure décision de voisement. L'évaluation proposée tient compte non seulement de l'erreur d'estimation de la fréquence F_0 mais aussi de la décision de voisement ce qui permettrait d'opérer une comparaison significative avec d'autres algorithmes. Les perspectives de ce travail concernent l'extension de l'approche proposée à l'estimation multi-pitch dans un contexte multi-locuteurs.

Références

BEN MESSAOUD, M.A., BOUZID, A. et ELLOUZE, N. (2011). Using multi-scale product spectrum for single and multi-pitch estimation. *In* (*IET Signal Processing Journal, Vol.5, N.3*), pages 344–355.

CAMACHO, A. (2007). SWIPE: A sawtooth waveform inspired pitch estimator for speech and music. Thèse de Doctorat,University of Florida, USA.

DE CHEVEIGNE, A. et KAWAHARA, H. (2002). YIN, a fundamental frequency estimator for speech and music. *In* (*J. Acoust. Soc. Amer., Vol.111, N. 4*), pages 1917–1930.

SIGNOL. F.. Barras. C.. LIENARD. J-S. (2008). Evaluation of the pitch estimation algorithms in the monopitch and multipitch cases, *In* ACOUSTICS 2008, Paris, France.

GERHARD, D. (2003). Pitch extraction and fundamental frequency: History and current techniques, Tech. Rep, Department of Computer Science, University of Regina, Canada.

GHIO. A. (2007). Evaluation acoustique. *In* (Auzou P.; Rolland V., Pinto S., Ozsancak C. Les dysarthries. Marseille: Solal. 2007), pages 236–247.

HERMES, D.J. éditeur Wiley, J. (1993). Pitch analysis, In visual representation of speech signals. *In* (Wiley, J., 2003), pages 1–25.

PLANTE, F. MEYER, G.F. et AINSWORTH, W.A. (1995). A Pitch extraction reference database. *In* EUROSPEECH 1995 (*European conference on speech communication and technology*), Madrid, Espagne.

SAITO, S. (1992). Speech science and technology. *In* (IOS Press, 1992), pages 481–484.

NOISEX92. (1992). Signal Processing Information Base (SPIB). The signal processing society. `http://spib.rice.edu/spib/select_noise.html`. [consulté le 15/4/2012].

Clarté de la parole et effets coarticulatoires en arabe standard et dialectal

Mohamed Embarki[1], *Slim Ouni*[2], *Fathi Salam*[1]

[1]LLC-ELLIAD EA4661, université de Franche-Comté, Besançon
30 rue Mégevand 25030 BESANÇON Cedex
[2]Loria, UMR 7503 CNRS-Université de Lorraine,
Campus scientifique, BP 239, 54506 Vandœuvre-lès-Nancy cedex

mohamed.embarki@univ-fcomte.fr, slim.ouni@loria.fr,
fathi.salam@univ-fcomte.fr,

Résumé

Cette étude s'intéresse à la clarté de la parole et à ses patrons coarticulatoires. Deux expériences ont été conduites en vue d'explorer l'influence de deux paramètres, le style de parole (formel *vs* non formel) et la position prosodique (accentué *vs* inaccentué). Le corpus a été constitué de trois listes de mots opposant dans le contexte syllabique CV les consonnes pharyngalisées /tˤ dˤ sˤ ðˤ/ à leurs correspondantes non pharyngalisées /t d s ð/ en arabe standard et en arabe dialectal. Les données acoustiques indiquent des relations claires entre la clarté de la parole et la coarticulation : plus d'effets coarticulatoires en discours formel (arabe standard) et en position prosodique forte (syllabe accentuée).

Abstract

Speech clarity and coarticulatory effects in standard and dialectal Arabic

This study deals with the co-variation of speech clarity and coarticulatory patterns. Two experiments were conducted to investigate the influence of two parameters, the speech style (formal *vs.* non formal) and the prosodic position (stressed *vs.* unstressed syllable). The speech material was composed of three word lists varying CV syllable contexts with pharyngealized /tˤ dˤ sˤ ðˤ/ *vs.* non- pharyngealized consonants /t d s ð/ in Modern standard Arabic and dialectal Arabic. Acoustic materials revealed evident relationship between speech clarity and coarticulation: more coarticulation in formal speech and in strong prosodic position.

Mots-clés : Arabe, effets coarticulatoires, clarté de la parole, équation de locus, pharyngalisation.

Keywords: Arabic, coarticulatory effects, speech clarity, locus equation, pharyngealization.

1. Introduction

Les recherches dans le domaine de la coarticulation ont révélé des différences spatiotemporelles dans la production de la parole (Manuel, 1990) qui dépendent de l'inventaire phonologique (Gick et *al.*, 2006 ; Lindblom, 1990 ; Manuel, 1999) et des contrastes spécifiques du système linguistique, expliqués dans certains cas par les ajustements particuliers du corps de la langue spécifiques aux systèmes phonologiques (Öhman, 1966), dans d'autres par les contraintes linguales spécifiques imposées (Recasens, 1987 ; Recasens et *al.*, 1998).

Les propriétés prosodiques ont montré leur implication dans la magnitude des effets coarticulatoires (Beddor et *al.*, 2002), effets qui ont été décrits également comme spécifiques au système car influencés par les propriétés prosodiques, tel l'accent (Farnetani, 1990 ; Fowler, 1981). La littérature a montré également que les syllabes accentuées qui sont réalisées avec un minimum de chevauchement de gestes articulatoires sont caractérisées par des effets coarticulatoires forts sur les syllabes adjacentes (Manuel, 1990), alors que les syllabes non accentuées, produites quant à elles avec plus de chevauchement (Edwards et *al.*, 1991), offrent moins de résistance aux effets coarticulatoires (Fowler, 1981). Par ailleurs, moins la parole est claire, suite à l'accélération du débit par exemple, plus les gestes articulatoires successifs se chevauchent (Krakow, 1993). Cependant, des effets coarticulatoires plus limités ont été observés avec une parole plus claire (Matthies et *al.*, 2001), alors même que le chevauchement entre gestes articulatoires successifs est minimal.

2. Patrons de coarticulation en arabe

L'arabe standard (AS) et plusieurs variétés d'arabe dialectal (AD) possèdent le contraste de pharyngalisation (PHA) (opposition phonologique entre consonnes dentales ou dento-alvéolaires et correspondantes pharyngalisées). L'articulation principale des consonnes pharyngalisées (CPh) /$t^ʕ$ $d^ʕ$ $ð^ʕ$ $s^ʕ$/ est dentale ou dento-alvéolaire, et le lieu de constriction de l'articulation pharyngale (pha) se forme à mi-chemin entre la luette et l'épiglotte. Les données acoustiques focalisent davantage sur les effets des CPh sur leur environnement phonétique, à l'instar du travail d'Al-Ani (1970). Ces effets se manifestent par une modification importante des deux premiers formants de la voyelle (augmentation de *F1* et abaissement de *F2*). Embarki et *al.* (2011b) ont analysé l'influence de la PHA en comparant des séquences $V_1C^ʕV_2$ où $C^ʕ$ est /$t^ʕ$ $d^ʕ$ $ð^ʕ$ $s^ʕ$/, à des séquences similaires V_1CV_2 contenant la consonne non pharyngalisées (CnPh) /t d ð s/.

Les mesures de fréquence des deux premiers formants *F1* et *F2*, ainsi que la distance *F2-F1* (*Fv*) prises à trois trames différentes de la voyelle (*onset*, *midset* et *offset*) confirment les modifications fréquentielles relevées par la littérature, *i.e.* augmentation de *F1*, abaissement de *F2*, et rapprochement des deux formants plus forts à l'*onset* de V_2 qu'à l'*offest* de V_1 (Embarki et *al.*, 2011b). Les effets de la CPh en position initiale ou finale de mot affectent sensiblement les trois premiers formants de la voyelle adjacente et ces effets affectent la voyelle de manière constante de l'*onset* à l'*offset* (Jongman et *al.*, 2011).

La PHA et ses contraintes vont produire des patrons coarticulatoires spécifiques dans les variétés arabes. Ces patrons vont être explorés ici en AS et en DA en relation avec la clarté de la parole. Nous vérifierons deux hypothèses dans la présente étude dans deux expériences différentes, une expérience opposant style de parole formel *vs* non formel (expérience 1), et une expérience opposant syllabe accentuée *vs* non accentuée (expérience 2). La littérature a montré que le discours en AS est généralement de type formel, et le discours en AD est généralement de type non formel. Notre première hypothèse est que l'alternance AS *vs* AD va s'accompagner de patrons coarticulatoires différents. Notre seconde hypothèse est la variation de la position prosodique va produire des effets coarticulatoires différents.

3. Méthodologie

Pour les données acoustiques, une régression linéaire, *i.e.* l'équation de locus (cf. Lindblom, 1963) a été appliquée. L'équation de locus quantifie le degré de coarticulation entre la consonne et la voyelle entre deux extrema : 0 pour une coarticulation nulle et 1 pour une coarticulation maximale.

4. Expérience 1

Deux listes de 24 mots chacune ont été utilisées, la première en AS, la seconde en AD. Les deux listes ont été produites par 16 locuteurs. Les mots étaient de type $C_1V_1C_2V_2C_3V$ où C_2 était soit une CPh /tˤ dˤ ðˤ sˤ/, soit une CnPh /t d ð s/. Les CPh et leurs correspondantes étaient accompagnées dans des mots de la langue par /i a u/ en position de V_2. Les données ont été segmentées manuellement et des mesures manuelles de fréquence ont été effectuées sous Praat. Les mesures de fréquence, limitées au *F2*, ont été prises conformément à la littérature (*cf.* Sussman et *al.*, 1998b), à l'*onset* et au *midset* de V2 (4608 mesures formantiques).

Les équations de locus ont pu révéler avec finesse la coarticulation entre les deux segments de la syllabe, *i.e.* CV, et ce comme l'avaient montré d'autres études auparavant (Fowler, 1994 ; Krull, 1989 ; Modarresi et *al.*, 2005 ; Sussman et coll. 1993, 1998a). Les CPh se sont accompagnées par des pentes plutôt plates, comparées aux CnPh correspondantes. Ces résultats sont en accord avec la littérature (Embarki, 2007 ; Sussman et *al.*, 1993 ; Yeou, 1997). L'alternance de style formel *vs* non formel a été accompagnée de différences dans les équations de locus (*cf.* table n° 1). Cette variation de style a révélé des patrons coarticulatoires différents. Les pentes des mêmes consonnes varient de l'AS à l'AD. La nature de la CPh a montré des effets significatifs sur la valeur de la pente [$F(3, 63) = 4.86$, $p < .01$]. En revanche, la CnPh n'a pas montré d'effets significatifs sur la valeur de la pente [$F(3, 63) = 1.23$, $p=.304$]. La comparaison des effets de chaque paire de consonne, CPh/CnPh, montre quelques particularités. Si l'ANOVA à un seul facteur a montré des effets significatifs de la PHA pour trois paires de consonnes (/t-tˤ/ [$F(1, 15)=0.25$, $p=.006$], /s-sˤ/ [$F(1, 15) = 0.27$, $p = .008$], /ð-ðˤ/ [$F(1, 15) = 0.27$, $p = .008$]), les effets ne sont pas significatifs pour la paire /d-dˤ/ [$F(1, 15) = 0.86$, $p= .392$].

L'alternance de CPh/CnPh présente une influence manifeste également sur les équations de locus en AD. Toutefois, les effets ne sont pas similaires à ceux observés en AS. Toutes les CPh n'ont pas de pentes basses comparées aux CnPh correspondantes. Aussi, la nature de la consonne ne produit pas d'effets significatifs sur la nature de la pente, ni pour les CPh [$F(3, 63) = 1.45$, $p= .237$], ni pour les CnPh [$F(3, 63)= 2.73$, $p= .051$]. A l'exception de la paire /d-dˤ/ où l'ANOVA à un facteur s'accompagne d'effets significatifs [$F(1, 15) = 0.36$, $p= .029$], les effets de la PHA ne sont pas significatifs pour trois autres paires de consonnes (/t-tˤ/ [$F(1, 15)=0.53$, $p= .120$], /s-sˤ/ [$F(1, 15) = 0.42$, $p= .055$], /ð-ðˤ/ [$F(1, 15)=1.49$, $p= .223$]). Une ANOVA à deux facteurs (PHA x variation stylistique) a montré des effets significatifs [$F(3, 63) = 2.17$, $p < .001$]).

		Non-pharyngalisée				Pharyngalisée			
		t	d	s	ð	tˤ	dˤ	sˤ	ðˤ
AS	Int-y	423	515	335	385	473	434	262	420
	pente	**0.77**	**0.71**	**0.81**	**0.77**	**0.54**	**0.57**	**0.77**	**0.56**
	R^2	0.91	0.82	0.90	0.92	0.76	0.77	0.85	0.79
AD	Int-y	598	636	385	436	350	437	518	510
	pente	**0.67**	**0.65**	**0.79**	**0.66**	**0.67**	**0.60**	**0.69**	**0.537**
	R^2	0.83	0.85	0.70	0.74	0.80	0.86	0.72	0.70

Table n° 1: valeurs moyennes de l'intercept *y* (int-y), de la pente et du coefficient de régression (R^2) en arabe standard (AS) et en arabe dialectal (AD) (16 locuteurs).

5. Expérience 2

L'expérience n° 2 consiste à éprouver l'influence de la position prosodique de la syllabe, accentuée *vs* non accentuée, sur les effets de la coarticulation. Une liste de 18 mots en arabe libyen (AL) a été produite par 10 locuteurs, 5 hommes et 5 femmes. Les mots étaient de type $C_1V_1C_2V_2C_3V$ où C était soit /tˤ dˤ ðˤ sˤ/, soit /t d ð s/. Les consonnes étaient suivies de /i a u/ en S1, S2 et S3. L'accent en AL, comme dans plusieurs dialectes orientaux, affecte la première syllabe du mot (S1). Pour la position prosodique forte, (C_1V_1), 1080 mesures ont été effectuées, et le double pour les deux syllabes faibles (C_2V_2-C_3V_3), *i.e.* 2160 mesures. Les mesures ont été effectuées dans les mêmes conditions et selon les mêmes exigences que dans l'expérience n° 1 (*cf.* supra).

Sous l'accent, les équations de locus sont plus basses pour les CPh et plus élevées en-dehors de l'accent. Ce patron est maximalisé, *i.e.* les pentes sont moins pentues sous l'accent pour une CPh en S1 que dans les autres syllabes ; de leur côté, les CnPh ont des valeurs de pente plus élevées en S1 qu'en S2 ou S3. Le patron formaté sous la position prosodique forte (syllabe accentuée) semble s'affaiblir en S2 et S3 (*cf.* table n° 2). Il est fort probable, que la rétraction de la langue, nécessaire à l'articulation secondaire pharyngale, soit moins nette dans les deux syllabes inaccentuées (S2 et S3), comparées à la syllabe accentuée (S1). Cette hypothèse est corrélée aux effets coarticulatoires de la consonne pharyngalisée sur les voyelles adjacentes qui paraissent plus faibles. Les valeurs de pente ne baissent que parce que l'influence est moins nette sur l'*onset* de *F2*, comme sur le *midset*.

		Non-pharyngalisée			Pharyngalisée		
		t	d	s	tˤ	dˤ	sˤ
S1	Int-y	684	1089	965	436	762	731
	pente	**0.64**	**0.46**	**0.50**	**0.60**	**0.43**	**0.50**
	R^2	0.69	0.53	0.54	0.65	0.36	0.44
S2	Int-y	1142	1135	918	153	821	638
	pente	**0.44**	**0.42**	**0.53**	**0.86**	**0.37**	**0.58**
	R^2	0.44	0.49	0.59	0.63	0.44	0.58
S3	Int-y	1204	1352	1207	111	798	322
	pente	**0.43**	**0.32**	**0.40**	**0.90**	**0.35**	**0.79**
	R^2	0.58	0.27	0.49	0.59	0.41	0.80

Table n° 2 : valeurs moyennes de l'intercept *y* (int-y), de la pente et du coefficient de régression (R^2) en S1, S2 et S3 en arabe libyen (10 locuteurs).

6. Conclusion

Cette étude a pu montrer la co-variation de la clarté de la parole et des patrons coarticulatoires. Premièrement, la variation de style de parole, formel en AS *vs* non formel en AD, s'est accompagnée d'équations de locus différentes. Les valeurs de pentes occupaient les *extrema* d'un spectre en AS, en étant les plus basses pour les CPh et les plus élevées pour leurs CnPh correspondantes. En passant du style formel (AS) hyperarticulé au style moins formel, et donc moins clair (AD), les valeurs de pente pour les mêmes CPh étaient légèrement plus élevées. Parallèlement, les valeurs de pente des VnPh étaient légèrement moins élevées. Deuxièmement, la position prosodique a montré des effets sur les patrons coarticulatoires. En AL, les différences d'équation de locus sont maximalisées sous l'accent, et ces différences tendant à s'affaiblir en s'éloignant de l'accent, en S2 et S3.

Cette étude, pour l'instant exploratoire, a montré des effets de la parole claire (style formel en AS et position accentuée) sur l'articulation des CPh, produites avec une rétraction vélo-pharyngale dont les effets semblent se prolonger durant la production de la voyelle adjacente, ce qui est conforme à la littérature (Embarki et al., 2011a ; Magen, 1997). En revanche, quand la parole est moins claire (style non formel en AD et syllabe inaccentuée), la constriction pha opérée par la rétraction de la langue est moins forte. Ainsi, la variation dans le style de parole et la position prosodique a été productive de patrons coarticulatoires différents. Dans le contexte de PHA, les locuteurs semblent coarticuler davantage quand la clarté de la parole augmente, soit en passant au style plus formel, soit en position syllabique accentuée. Les mêmes locuteurs semblent coarticuler moins quand la clarté de la parole baisse, soit en passant à un style moins formel, soit en position syllabique inaccentuée. Ces données exploratoires sont pour l'instant en contradiction avec les données de la littérature (Matthies et *al.*, 2001 ; Bardlow, 1995 ; Sussman et *al.*, 1998b).

Références

AL-ANI, S.H. (1970). *Arabic phonology*. The Hague: Mouton.

BEDDOR, P.S., HARNSBERGER, J.D. & LINDEMANN, S. (2002). Language-specific patterns of vowel-to-vowel coarticulation: acoustic structures and their perceptual correlates. *J. of Phonet.* 30: 591-627.

BRADLOW, A.R. (1995). A comparative acoustic study of English and Spanish vowels, *JASA* 97, 1916-1924.

EDWARDS, J., BECKMAN, M.E. & FLETCHER, J. (1991). The articulatory kinematics of final lengthening, *JASA* 89, 369-382.

EMBARKI, M., YEOU, M., GUILLEMINOT, CH. & AL MAQTARI, S. (2007). An acoustic study of coarticulation in Modern Standard Arabic and Dialectal Arabic: pharyngealized *vs.* non-pharyngealized articulation. *16th ICPhS*, Saarbrücken, 141-146.

EMBARKI, M. OUNI, S., YEOU, M., GUILLEMINOT, CH. & AL MAQTARI, S. (2011a). Acoustic and EMA study of pharyngealization : Coarticulatory effects as index of stylistic and regional distinction. In (Z.M. HASSAN, & B. HESELWOOD éditeurs, *Instrumental Studies in Arabic Phonetics*, Amsterdam: J. Benjamins), pages 193-215.

EMBARKI, M., GUILLEMINOT, CH., YEOU, M., & AL MAQTARI, S. (2011b). AGRESSION COARTICULATOIRE DES CONSONNES PHARYNGALISEES DANS LES SEQUENCES VCV EN ARABE MODERNE ET DIALECTALE. IN (M. EMBARKI & CH. DODANE éditeurs, *LA COARTICULATION. DES INDICES A LA REPRESENTATION*, Paris : l'Harmattan), pages 173-195.

FARNETANI, E. (1990). V-C-V lingual coarticulation and its spatiotemporal domain. In (W.J. HARDCASTLE & A. MARCHAL, éditeurs, *Speech production and speech modeling*, Kluwer Academic: Dordrecht, The Netherlands), pages 93-130.

FOWLER, C.A. (1981). A relationship between coarticulation and compensatory shortening. *Phonetica* 38, pages 35-50.

FOWLER, CA. (1994). Invariants, specifiers, cues: An investigation of locus equations as information for place of articulation. *Perception and Psychophysics* 55, pages 597-610.

GICK, B., CAMPBELL, F., OH, S. & TAMBURRI-WATT, L. (2006). Toward universals in the gestural organization of syllables: A cross-linguistic study of liquids. *J. of Phonet.* 34, pages 49-72.

KRAKOW, R. (1993). Nonsegmental influences on velum movement patterns: syllables, sentences, stress, and speaking rate. In (M. HUFFMAN & R. KRAKOW, éditeurs, *Phonetics and phonology: Nasals, nasalization, and the velum*, Vol. 5, New York: Academic Press), pages 87-116.

JONGMAN, A., HERD, W., AL-MASRI, M., SERENO, J. & COMBEST, S. (2011). Acoustics and perception of emphasis in Urban Jordanian Arabic. Journ. of Phonetics 39, pages 85-95.

KRULL D. (1989). Second formant locus patterns and consonant-vowel coarticulation in spontaneous speech. *Perilus* 10, pages 87-108.

LINDBLOM B. (1963). On vowel reduction. Report 29, The Royal Institute of Technology, Speech Transmission Laboratory, Stockholm.

LINDBLOM, B. (1990). Explaining phonetic variation: a sketch of the H&H theory. In (W. HARDCASTLE, & A. MARCHAL, éditeurs, *Speech production and speech modelling*, Kluwer: The Netherlands), pages 403–439.

MAGEN, H.S. (1997). The extent of vowel-to-vowel coarticulation in English. *Journ. of Phonetics* 25, pages 187- 205.

MANUEL, S.Y. (1990). The role of contrast in limiting vowel-to-vowel coarticulation in different languages. *JASA* 88, pages 1286–1298.

MANUEL, S.Y. (1999). Cross-language studies: relating language-particular coarticulation patterns to other language-particular facts. In (W. HARDCASTLE, & N. HEWLETT, éditeurs, *Coarticulation: theory, data and techniques*, Cambridge: CUP), pages 179–198.

MATTHIES, M., PERRIER, P., PERKELL, J. S. & ZANDIPOUR, M. (2001). Variation in anticipatory coarticulation with changes in clarity and rate. *J. Sp. Lang. Hear. Res.* 44, pages 340-353.

MODARRESI, G., SUSSMAN, H.M., LINDBLOM, B. & BURLINGAME E. (2005). Locus equation encoding of stop place: revisiting the voicing/VOT issue. *Journ. of Phonetics* 33, pages 101-113.

ÖHMAN, S.E.G. (1966). Coarticulation in VCV utterances: spectrographic measurements, *JASA* 39, pages 151–168.

RECASENS, D. (1987). An acoustic analysis of V-to-C and V-to-V coarticulatory effects in Catalan and Spanish VCV sequences. *J. of Phonetics*, 15, pages 299–312.

RECASENS, D., PALLARÈS, M.D. & FONTDEVILA, J. (1998). An electropalatographic and acoustic study of temporal coarticulation for Catalan dark /l/ and German clear /l/. *Phonetica*, 55, pages 53–79.

SUSSMAN, H/M., HOEMEKE, K. & AHMED, F. (1993). A cross-linguistic investigation of locus equations as a relationally invariant descriptor of place of articulation. *JASA* 94, pages 1256-1268.

SUSSMAN, H. M., FRUCHTER, D., HILBERT, J. & SIROSH, J. (1998a). Linear correlates in the speech signal: The orderly output constraint. *Beh.& Brain Sci.* 21, pages 241-299.

SUSSMAN, H.M., DALSTON, E. & GUMBERT, S. (1998b). The effect of speaking style on a locus equation characterization of stop place of articulation. *Phonetica* 55, pages 204-225.

YEOU M. (1997). Locus equations and the degree of coarticulation of Arabic consonants. *Phonetica* 54, pages 187-202.

Distorsions de l'espace vocalique : quelles mesures? Application à la dysarthrie

Nicolas Audibert [1,2] & *Cécile Fougeron* [1]
(1) LPP, UMR 7018, 19 rue des Bernardins, 75005 Paris
(2) LIMSI, UPR 3251, 91403 Orsay Cedex
nicolas.audibert@gmail.com, cecile.fougeron@univ-paris3.fr

RÉSUMÉ

Cet article présente différentes métriques dérivées de mesures F1/F2 pour la description et la quantification de variations observées sur un espace vocalique. 8 métriques issues de la littérature ou adaptées à nos données sont évaluées sur des productions des voyelles /a, e, i, u, o/ extraites d'un texte lu par 78 patients dysarthriques (parkinsoniens, cérébelleux et atteints de SLA) et par 26 locuteurs témoins sains. La capacité des métriques à décrire les altérations de l'espace vocalique associées aux différentes dysarthries par rapport au groupe témoin est comparée. L'interrelation entre les métriques et leur rapport avec l'intelligibilité perçue des patients est également discutée. Les résultats montrent la nécessité de prendre en compte plusieurs métriques complémentaires afin de rendre compte de la multidimensionnalité des altérations possibles dans un espace vocalique.

ABSTRACT

Distortions of vocalic space: which measurements? An application to dysarthria.

This paper presents several metrics derived from F1/F2 measurements for the description and quantification of the possible variations to be observed in a vocalic space. 8 metrics from the literature or adapted to our data are evaluated on productions of the vowels /a, e, i, u, o/, extracted from a text read by 78 dysarthric patients suffering from Parkinson disease, cerebellar syndrome or ASL, and by 26 healthy control speakers. The ability of the metrics to describe vocalic space alterations associated with the different dysarthria as compared with the control group is studied. The relations between the metrics and with perceived intelligibility of the patients are also discussed. Results outline the necessity to consider several metrics to account for the multidimensionality of the alteration possible in a vocalic space.

MOTS-CLÉS : dysarthrie, espace vocalique acoustique, réduction, centralisation, Parkinson, Syndrome cérébelleux, Sclérose Latérale Amyotrophique
KEYWORDS : dysarthria, acoustic vowel space, reduction, centralization, Parkinson, Cerebelar Syndrom, Lateral Amyotrophic Sclerosis.

1 Introduction

Qu'il soit question de décrire la variation dans la production de voyelles pour une comparaison entre locuteurs, entre langues, entre styles de parole ou en pathologie, le chercheur est confronté au problème de trouver des métriques appropriées non seulement pour la description de la nature des variations observées, mais aussi pour la quantification de différences entre conditions testées. Les variations dans le timbre de voyelles spécifiques sont relativement bien capturées par une observation de la variabilité des formants F1, F2 (et F3).

Lorsqu'il s'agit d'étudier des variations dans la réalisation d'un système vocalique, le problème se complexifie. Il est nécessaire de quantifier des réalisations sur un espace vocalique (projeté en général sur un plan F1/F2) où la variation peut toucher diverses dimensions : (a) réductions de l'espace vocalique dues à un aplatissement sur l'axe F1, un rétrécissement sur l'axe F2, et/ou une centralisation des cibles vocaliques vers un conduit vocal neutre ; (b) dispersions des réalisations au sein d'une même catégorie de voyelles ; et (c) chevauchement dans les réalisations de voyelles de catégories différentes.

Dans cette étude, nous nous intéressons aux altérations dans la production des voyelles chez des patients souffrant de différents types de dysarthries. Ces troubles moteurs de la parole se traduisent par une altération du contrôle des mouvements articulatoires pouvant affecter leur magnitude, vitesse, stabilité ou force. Plusieurs études ont montré l'intérêt d'une analyse acoustique pour l'exploration de ces altérations articulatoires (Kent et al., 1999). Pour autant, les études concernant l'articulation vocalique se sont souvent limitées à une mesure de l'étendue de l'espace vocalique (aire du triangle ou quadrilatère) et/ou de centralisation pour capturer l''imprécision articulatoire' telle qu'elle est jugée dans des évaluations perceptives (ex. Turner et al., 2000). La question qui est posée est le plus souvent de savoir si la métrique, ou quelle métrique, utilisée distingue les patients des témoins ou si elle est corrélée avec une dimension perceptive comme l'intelligibilité (ex. Weismer et al., 2001).

Il nous semble que ces évaluations acoustiques ne donnent qu'une image partielle des altérations présentes dans la production des voyelles et n'exploitent que très minimalement la richesse des informations articulatoires qui peuvent être inférées à partir de simples mesures des formants F1/F2. En effet, si l'on peut relier une diminution de l'espace acoustique à une réduction de la mobilité des articulateurs, il semble intéressant de savoir si cette mobilité est restreinte dans l'axe antéro-postérieur de la langue et/ou dans l'axe d'ouverture-fermeture du complexe langue/mâchoire. De plus, une dispersion importante entre les réalisations d'une même catégorie vocalique peut être un indice d'instabilité articulatoire. Enfin, une forte centralisation des cibles vocaliques et/ou un chevauchement important entre les ellipses de dispersions des catégories vocaliques peut traduire une perte de contrastes vocaliques. Notre objectif dans ce papier est donc de montrer l'intérêt d'une description prenant en compte les multiples dimensions pouvant être sujettes à variations dans la production des voyelles chez des patients présentant 3 types de dysarthries différentes. Dans l'optique d'une automatisation des traitements, l'extension possible de cette description aux mesures moins robustes de F3 ne sera pas considérée. La pertinence et la complémentarité des métriques étudiées seront évaluées selon leur potentiel à distinguer différentes populations, leur inter-corrélation et leurs liens avec l'intelligibilité perçue.

2 Méthode

2.1 Populations

104 locuteurs ont été sélectionnés à partir d'enregistrement faits à Paris, Aix et Marseille (voir Fougeron et al., 2010). Ils se répartissent en 1 groupe de témoins sains et 3 groupes de dysarthries illustrant des atteintes sur les 3 grands systèmes neurologiques (extrapyramidal, cérébelleux , pyramidal). Pour chacun de ces groupes, la nature différente des troubles peut produire des altérations variables dans l'articulation des voyelles. Le groupe 'GrPark' inclut 30 patients (22 hommes, 8 femmes) souffrant de la maladie de Parkinson et présentant une

dysarthrie hypokinétique où rigidité, hypokinésie et hypertonie affectent l'amplitude des mouvements. Le groupe 'GrCereb' inclut 22 patients (14 hommes, 8 femmes) atteints d'un syndrome cérébelleux pur et présentant une dysarthrie ataxique caractérisée par une altération de la coordination temporo/spatiale lors de l'exécution des mouvements. Le groupe 'GrSLA' inclut 26 patients (11 hommes, 15 femmes) atteint de Sclérose Latérale Amyotrophique et présentant une dysarthrie mixte de type paralytique qui se traduit par des mouvements réduits, lents et instables. Enfin le groupe 'GrTem' comprend 26 locuteurs témoins (11 hommes, 15 femmes) couvrant la distribution d'âge des patients. Les productions de ces locuteurs ont été évaluées perceptivement par 10 juges sur différents aspects dont l'intelligibilité (sur une échelle à 4 points avec 3 = altération sévère).

2.2 Voyelles et métriques acoustiques

1) Aire de l'espace vocalique (pVSA) : Aire du pentagone délimité par les valeurs moyennes de F1 et F2 des 5 catégories de voyelles (en supposant les points ordonnés pour éviter les auto-intersections) : $pVSA = \frac{1}{2}\sum_{i=V}(F1_i F2_{i+1} - F1_{i+1}F2_i)$
2) Ratio de centralisation de formants (cFCR) : Rapport entre les valeurs formantiques supposées s'accroitre avec la centralisation et celles supposées décroître avec la centralisation (FCR adapté pour le français et nos 5 voyelles) : $cFCR = (F2_u + F1_i + F1_u + F2_o)/(F2_i + F1_a + F2_e)$
3) Carré moyen de la distance au centroïde du pentagone (CMinter) : Somme des carrés des écarts entre le centroïde de chaque catégorie vocalique et le centre de l'espace vocalique, pondérée par le nombre de voyelles dans les différentes catégories, et normalisée par le nombre de catégories – 1 (Huet et Harmegnies, 2000)
4) Ratio d'étendue de F2 (F2RR) : $F2RR = F2_i/F2_u$ (cf. Sapir et al., 2010)
5) Ratio d'étendue de F1 (F1RR) : $F1RR = 2\ F1_a/(F1_i + F1_u)$
6) Carré moyen de la dispersion intra catégories (CM intra) : Somme des carrés des écarts entre les exemplaires de voyelles et le centroïde de la catégorie vocalique correspondante, normalisée par le nombre de voyelles considérées – le nombre de catégories (Huet et Harmegnies, 2000)
7) Aire totale de recouvrement des ellipses (tOverlap) : Somme de l'aire de recouvrement estimée par échantillonnage des paires d'ellipses correspondant à la dispersion (évaluée par l'écart-type) des différentes voyelles : $tOverlap = \sum_{V1 \neq V2} A(intersection(ellipse(V1), ellipse(V2)))$
8) Indice Phi d'organisation du système (Huet et Harmegnies, 2000) : $Phi = CMinter/CMintra$

TABLEAU 1 – Description des métriques étudiées

Les voyelles étudiées ont été extraites d'enregistrements de parole lue (un texte d'environ 200 mots). 10 à 12 occurrences des voyelles /i, E, a, O, u/ (avec E = /e, ɛ/ et O = /o, ɔ/) ont été sélectionnées de façon à contrôler au mieux le contexte consonantique environnant. Un total de 5746 voyelles ont été segmentées manuellement pour extraire leur durée et une valeur moyenne de leur F1 et F2 prise en trois points (1/3, 1/2 et 2/3) qui a été transformée en bark. Les valeurs de F1 et F2 jugées irréalistes ont été vérifiées et remplacées si nécessaires par une valeur relevée manuellement pour l'ensemble de la voyelle.

Le tableau 1 présente les différentes métriques étudiées. Les métriques 1 à 5 caractérisent la distribution des voyelles dans l'espace défini par F1 et F2. L'aire de l'espace vocalique est calculé sur les 5 voyelles et non sur /i, a, u/ (voir Fougeron et Audibert, 2011 pour une comparaison entre ces deux aires). Deux métriques de centralisation sont testées : la mesure cFCR est une adaptation d'une métrique qui a été utilisée dans des études clinique sur les voyelles /i, a, u/ de l'anglais (Sapir et al., 2010). Elle repose sur des prédictions spécifiques sur le mouvement de F1 et F2 des différentes voyelles en cas de centralisation ; la mesure CMinter est plus standard (Huet et Harmegnies, 2000). Les ratios F1RR et F2RR cherchent à capturer des variations dans la mobilité du complexe langue/mâchoire sur un axe d'aperture et de la langue sur un axe antéro-postérieur[1], respectivement. La métrique 6 (CMintra) rend compte de la dispersion des réalisations au sein d'une même catégorie de voyelles et traduit donc la variabilité dans la production des cibles acoustiques. La métrique 7 est une mesure de chevauchement moyen calculé à partir du chevauchement entre les ellipses des voyelles i/e, e/a, a/o, i/u et e/o sur les plan F1 et F2. Cette mesure cherche à refléter une possible perte de contraste entre catégories vocaliques. La métrique Phi introduite par Huet et Harmegnies (2000) mesure le degré d'organisation du système inspirée de l'analyse de variance, prenant en compte le rapport entre la dispersion de toutes les catégories de voyelles par rapport au centre de l'espace vocalique et la dispersion au sein d'une catégorie de voyelle (une valeur basse de phi traduirait la désorganisation du système vocalique).

3 Résultats

3.1 Description des populations

Pour chaque métrique considérée comme variable dépendante, l'effet de la population a tout d'abord été évalué par une ANOVA avec la population comme facteur fixé à 4 niveaux, indiquant un effet significatif de la population sur toutes les métriques à l'exception de F1RR. Des comparaisons par paires ont ensuite été effectuées par des tests t avec correction de Bonferroni, afin de quantifier via la taille de l'effet la capacité de chaque métrique à discriminer le groupe témoin des différentes populations dysarthriques. Comme illustré sur le tableau 2 et la figure 1, les GrPark et GrSLA se distinguent du groupe témoins par une réduction de l'aire de l'espace vocalique (pVSA). Celle-ci est associée à une centralisation du système qui est capturée par la métrique CMinter pour le GrPark et par la métrique cFCR pour le GrSLA. Le GrSLA se distingue également du GrTem par une diminution de la plage de F2 traduisant une mobilité réduite de la langue sur le plan antéro-postérieur. Contrairement aux deux autres dysarthries, l'espace vocalique des cerebelleux apparaît comme préservé, sans réduction d'aire, de F1 ou F2, ni de centralisation. Pour autant, cette 'normalité' n'est qu'apparente. Si l'on considère les mesures de dispersion au sein d'une même catégorie vocalique (CMintra) et de chevauchement entre catégorie (tOverlap), une altération de l'articulation des voyelles dans ce groupe par rapport aux témoins apparait. En effet, le GrCereb tout comme le GrPark présentent une forte variabilité entre les exemplaires d'une même voyelle (dispersion mesurée par CMintra) qui pourrait refléter l'instabilité articulatoire

[1] Les variations de F2 peuvent aussi être liées à des variations d'articulation labiale qui seront négligées ici.

propre à ces dysarthries. Ceci contraste avec la dysarthrie dans la SLA qui par son aspect paralytique se traduit par une limitation stable et constante des mouvements. Enfin, comparé au groupe témoin, les 3 groupes dysarthriques présentent un chevauchement accru entre les ellipses de dispersion des différentes catégories vocaliques (tOverlap), qui suggère une perte possible de contrastes vocaliques.

D'autre part, seul le GrPark présente une désorganisation du système telle que définie par la métrique Phi, avec une dispersion plus importante des voyelles de chaque catégorie (CMintra plus grand que témoins), et une attirance vers le centre de l'espace vocalique des nuages correspondant aux différentes catégories (CMinter plus faible que témoins).

	pVSA	cFCR	CMinter	F1RR	F2RR	Phi	tOverlap	CMintra
GrCereb	ns	ns	ns	ns	ns	ns	>** η^2=.17	>* η^2=.14
GrPark	<** η^2=.16	ns	<* η^2=.07	ns	ns	<** η^2=.2	>* η^2=.19	>* η^2=.08
GrSLA	<* η^2=.11	>** η^2=.20	ns	ns	<** η^2=.16	ns	>* η^2=.14	ns

TABLEAU 2 – Distinction entre groupes dysarthriques et groupe témoin sur les 8 métriques par des tests t avec correction de Bonferroni (>, < = tendance par rapport aux témoins ; *=p<.05, ** p<.01 ; et η^2 = taille d'effet estimée)

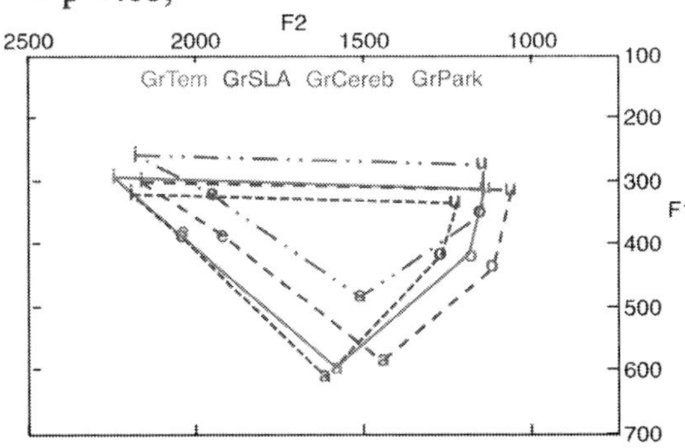

FIGURE 1 – Valeurs moyennes des voyelles /i, e, a, o, u/ sur le plan F1/F2 par population

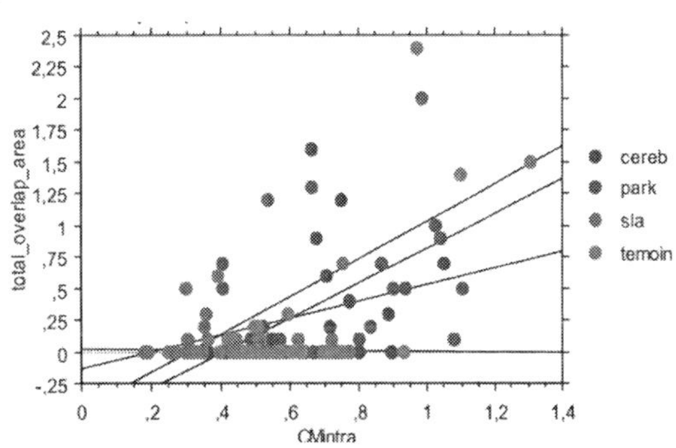

FIGURE 2 – Distribution des valeurs de tOverlap en fonction de CMintra par population

Aucune distinction entre les dysarthriques et les témoins ne s'observe sur le plan F1. Pourtant on peut observer sur la figure 1 une différence qui n'est pas capturée par nos métriques acoustiques. En effet, le GrPark se distingue des témoins et des autres groupes dysarthriques par un déplacement de l'espace vocalique vers le haut, avec des voyelles /i, e, a, o, u/ plus fermées (F1 réduit). La réduction de F1 pour /a/ apparaît plus importante que pour les autres voyelles sans toutefois que la mesure de F1RR soit significativement réduite (p=.08). Une autre différence non capturée par nos métriques est le déplacement de l'espace vocalique des cérébelleux sur le plan F2, avec des valeurs de F2 réduites pour les 5 voyelles /i, e, a, o, u/ réalisées plus postérieures et/ou arrondies.

Enfin, il est à noter que les variations spectrales observées dans le GrPark ne sont pas associées à des variations dans la durée des voyelles (durée moyenne ou écart-type) par rapport aux témoins. À contrario, pour les GrSLA et GrCereb, les variations spectrales observées s'accompagnent d'un allongement significatif de la durée des voyelles (particulièrement pour les SLA) et d'une variabilité accrue des durées.

3.2 Relations inter-métriques

Les corrélations entre métriques étudiées ne seront pas toutes présentées ni discutées ici par manque de place. Deux types de rapports inter-métriques nous intéresseront.

Premièrement, les métriques qui sont peu corrélées avec les autres sont a priori informatives pour la description des productions vocaliques puisqu'elles ne peuvent pas être prédites par une autre mesure. Dans cette catégorie, on trouve les métriques tOverlap, CMintra. Il est intéressant de comparer ces deux mesures qui pourraient être fortement dépendante l'une de l'autre puisqu'un espace vocalique avec de grandes ellipses de dispersion pour chaque catégorie vocalique (CMintra) pourrait présenter un plus fort chevauchement entre ces ellipses (tOverlap). Or il apparaît dans nos données, illustrées figure 2, que cette relation n'est présente que pour GrSLA (r=.7) pour lequel une augmentation de CMintra s'accompagne d'une augmentation du chevauchement. Pour les autres dysarthries, GrCereb et GrPark, qui se distinguent des témoins par une plus grande dispersion intra-catégorie et un plus fort chevauchement, cette relation est moins nette. Le groupe GrCereb (r=.4) présente un fort chevauchement même pour des valeurs de dispersion intra-catégories moyennes, alors que le groupe GrPark (r=.4) présente un chevauchement moyen avec des ellipses de dispersion très larges. Les relations entretenues entre la mesure tOverlap et les mesures de centralisation sont également intéressantes, en ce sens que chevauchement et centralisation peuvent être interprétés comme un indice de neutralisation des contrastes vocaliques. Pourtant, la mesure tOverlap et les mesures cFCR ou CMinter sont peu corrélées quelque soit la population (r=0 à .4).

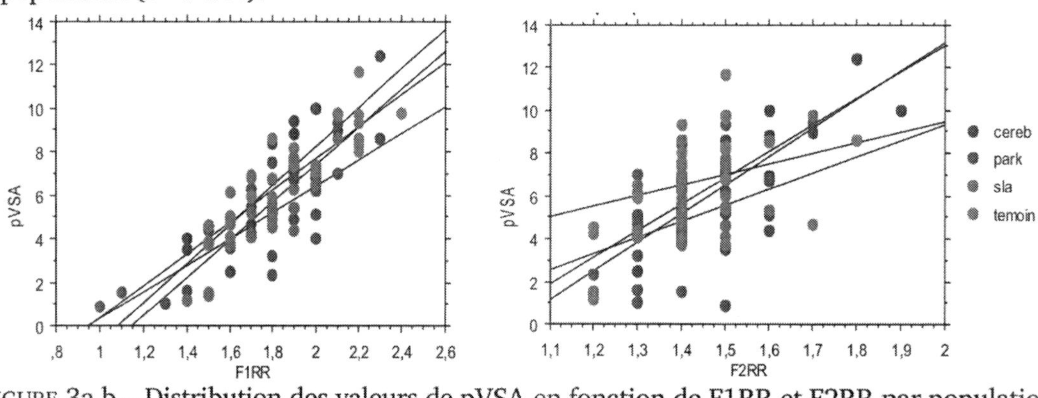

FIGURE 3a,b – Distribution des valeurs de pVSA en fonction de F1RR et F2RR par population

Le second type de rapport qui nous intéressera ici est celui entre des métriques présentant de fortes corrélations pour certaines populations mais pas pour d'autres. En effet, s'il n'est pas surprenant d'observer une forte corrélation entre une diminution de l'aire de l'espace acoustique et le degré de centralisation (cFCR ou CMinter) pour tous les groupes (r=.7 à .9), les relations entre la diminution de l'aire et les réductions sur les plans F1 et/ou F2 diffèrent entre populations. Comme illustré sur la figure 3(a), la diminution de l'aire du pentagone est relativement bien prédite par les variations de la plage de F1 (F1RR) pour tous les groupes (r=.8 à .9). En revanche, la contribution de la plage de F2 à l'aire du pentagone (figure 3 b) dépend des populations : faible pour les groupes GrTem (.2) et GrPark (r=.4), cette relation est forte pour les groupes GrSLA (r=.7) et GrCereb (r=.8). Ces deux groupes présentent respectivement la plus petite et la plus large plage de variation de F2. Il apparaît donc qu'une quantification des modifications de l'espace acoustique vocalique basée uniquement sur l'aire ne rende pas compte des réductions conjointes ou indépendantes des dimensions F1 et F2 (et donc de la mobilité linguale dans les deux dimensions).

Concernant les deux mesures de centralisation (cFCR et CMinter) nous avons vu en 3.1 qu'elles permettaient de différencier soit le GrSLA, soit le GrPark du GrTem. Ces deux mesures sont relativement bien corrélées pour le GrSLA (r=.7) mais moins pour les 3 autres groupes (r=.4 à .5). Encore une fois, l'examen du rapport avec les variations sur les axes F1 et F2 est informatif. Si cFCR et CMinter sont bien prédites par les variations sur l'axe F1 pour tous les groupes (r=.8 à .9), seule cFCR est sensible aux variations sur l'axe F2 pour tous les groupes (r=.7 à .9). La diminution de la distance au centroïde mesurée par CMinter est corrélée à la diminution de la plage de variation sur l'axe F2 pour le GrSLA (r=.6) mais pas pour les autres groupes (GrTem : .1, GrPark : .2, GrCereb : .4).

3.3 Rapport avec l'intelligibilité perçue

Les relations entre le score perceptif d'intelligibilité et les différentes métriques sont évaluées pour les différentes populations.

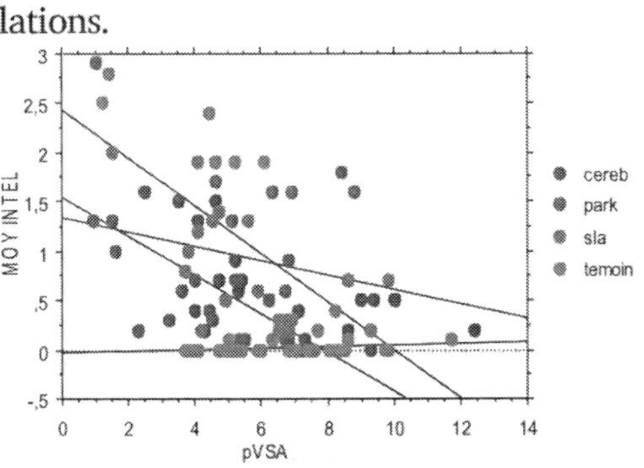

FIGURE 4 – Distribution des scores d'intelligibilité en fonction de pVSA par population

L'intelligibilité est significativement corrélée à l'aire de l'espace vocalique mesurée par pVSA pour GrPark (r=.6) et GrSLA (r=.7). La distribution des scores d'intelligibilité en fonction de pVSA est présentée sur la figure 4. L'intelligibilité perçue n'est significativement corrélée au recouvrement mesuré par tOverlap que pour GrPark (r=.7), tandis que cette corrélation est inférieure à .2 pour les autres groupes. La centralisation mesurée par cFCR est principalement liée à la sévérité perçue pour GrSLA (r=.7, contre .3 pour GrPark et .4 pour GrCereb). L'autre mesure de centralisation que constitue CMinter est plus faiblement corrélée à ce score perceptif de sévérité : r=.5 pour GrSLA, .4 pour GrPark et .1 pour GrCereb. Enfin, l'indice Phi d'organisation du système vocalique n'est faiblement corrélé avec l'intelligibilité que pour GrPark (r=.5).

4 Conclusion

Les résultats obtenus confirment les données de la littérature sur l'altération de l'espace vocalique chez les patients parkinsoniens et atteints de SLA, mais pas dans la population des patients cérébelleux pour lesquels les caractéristiques vocaliques sont réputées globalement préservées (ex. Kent et al., 1979).

Plusieurs des métriques évaluées permettent de discriminer les patients parkinsoniens des témoins sur nos données, en particulier la mesure adaptée aux données du français de l'aire de l'espace vocalique pVSA, l'aire totale de chevauchement des ellipses de dispersion tOverlap et l'indice Phi de niveau d'organisation du système vocalique. Les résultats équivoques décrits dans la littérature pour les parkinsoniens, pour lesquels une réduction vocalique est observée sans permettre une distinction significative du groupe témoin (ex. Weismer et al., 2001) pourraient s'expliquer par l'emploi de mesures trop globales pour capturer les altérations de l'espace vocalique pour cette population.

Comparativement aux métriques élémentaires fréquemment utilisées, les mesures de dispersion intra-catégorie comme CMintra et de chevauchement des ellipses de dispersion permettent une description plus fine des altérations associées aux différentes formes de dysarthrie étudiées. Ces métriques semblent notamment plus à même de refléter la perte de contraste entre catégories vocaliques. Toutefois la projection sur une unique dimension de l'ensemble d'un système vocalique dans toute sa complexité reste réductrice : les résultats obtenus soulignent ainsi l'intérêt de la combinaison de métriques complémentaires pour permettre une description plus riche des distorsions de l'espace vocalique.

Remerciements

Les auteurs remercient A. Colazo-Simon pour son aide pour la segmentation et L. Lhoussaine pour la mise à disposition des résultats de l'évaluation perceptive experte. Cette étude est financée par le projet ANR DespPhoAPaDy (*ANR-08-BLAN-0125*).

Références

FOUGERON, C., CREVIER-BUCHMAN, L., FREDOUILLE, C., GHIO, A., ET AL., (2010) Developing an acoustic-phonetic characterization of dysarthric speech in French, *In Actes de LREC'10.*

FOUGERON C., AUDIBERT N. (2011). Testing various metrics for the description of vowel distortion in dysarthria. *In Actes de ICPhS 2011*, 687-690.

HUET K. & HARMEGNIES B. (2000). Contribution à la quantification du degré d'organisation des systèmes vocaliques. *In Actes des JEP'2000*, 225-228.

KENT, R.D., NETSELL, R., & ABBS, J. (1979). Acoustic characteristics of dysarthria associated with cerebellar disease. *JSHR*, 22, 627–648.

KENT, R., WEISMER, G., KENT, J., VORPERIAN, H. DUFFY, J. (1999) Acoustic studies of dysarthric speech: Methods, progress, and potential. *J. Comm. Disorders*, 32:141-186.

SAPIR, S., RAMIG, L., SPIELMAN, J., & FOX, J. (2010) Formant Centralization Ratio (FCR): A proposal for a new acoustic measure of dysarthric speech. *JSLHR* 53(1): 114.

TURNER, G. & TJADEN, K. (2000) Acoustic differences between content and function words in Amyotrophic Lateral Sclerosis. *JSLHR* 43 (3), 796-815.

WEISMER, G., JENG, J. Y., LAURES, J. S., KENT, R. D., & KENT, J. F. (2001). Acoustic and intelligibility characteristics of sentence production in neurogenic speech disorders. *FOLIA PHONIATRICA & LOG.*, 53(1), 1-18.

Coordinations spatio-temporelles dans les suites ab(b)i en arabe marocain

Chakir Zeroual[1,2], *Phil Hoole*[3], *Diamantis Gafos*[4], *John Esling*[5]
(1) Faculté Polydisciplinaire de Taza, Maroc. (2) Laboratoire de Phonétique et Phonologie CNRS-UMR7018 et Sorbonne Nouvelle, Paris-France. (3) Institut fuer Phonetik ünd Sprachverarbeitung, University of Munich, Germany (4) University of Potsdam, Germany (5) University of Victoria, Canada.
chakirzeroual@yahoo.fr hoole@phonetik.uni-muenchen.de
gafos@uni-potsdam.de esling@uvic.ca

RESUME

Dans cette étude articulatoire utilisant EMA tridimensionnelle, nous avons essayé d'identifier les différences au niveau des relations temporelles entre la consonne et les voyelles adjacentes dans les séquences [abi] et [abbi]. Nos résultats montrent que, comparée à /b/, /bb/ a un geste consonantique (LLIPy) dont la durée totale et la phase plateau sont plus longues, et la cible verticale plus haute. Nous avons également relevé une anticipation du geste consonantique de (LLIPy) durant [abbi] qui semble être la cause de l'abrègement de [a] dans ce contexte. L'intervalle temporel entre la voyelle [a] et [i] est plus long dans [abbi] comparé à [abi]. Ce résultat, combiné à d'autres observations, semblent en faveur des modèles (exemple de la Phonologie Articulatoire) qui posent que le geste de la consonne est coordonné temporellement avec celui de la voyelle adjacente.

ABSTRACT

Spatio-temporal coordinations in Moroccan Arabic ab(bi) sequences

In this study using 3-dimensional EMA (AG500 Carstens Medizinelektronik) we tried to characterize the temporal relations between consonant and vowels in [ab(b)i] contexts. We found that, [bb] has a consonantal gesture (LowerLip_y) whose total duration and plateau phase are longer and the vertical target higher compared to [b]. We also found an anticipation of this consonantal gesture in [abbi] correlated with the shortening of the acoustic duration of [a] in this context. The time interval between the vowels [a] and [i] is longer in [abbi] compared to [abi]. This result, combined with other observations, seems to support the models (ex. Articulatory Phonology) suggesting a temporal coordination between the oral gesture of a consonant with that of the adjacent vowel.

MOTS-CLES : Gémination, coordinations temporelles, EMA, coarticulation, Arabe.
KEYWORDS : Geminate, EMA, temporal coordination, coarticulation, Arabic.

1 Introduction

L'objectif général de cette étude est d'identifier les mécanismes spatio-temporels responsables des différences articulatoires entre les consonnes simples et leurs correspondantes géminées. Ici, elle sera focalisée sur les différences entre les relations temporelles voyelle-voyelle et consonne-voyelle dans les suites [abbi] et [abi] : [ab(b)i].

Rappelons qu'au niveau acoustique, une occlusive géminée [C_jC_j] intervocalique se caractérise principalement par la durée plus longue de la tenue de son occlusion comparée à sa correspondante simple, et dont le rapport varie d'une langue à une autre (de 1,5 à 3 selon Ladefoged et Maddieson, 1996). Les études perceptives (exemple, Lahiri et Hankamer, 1988) montrent que, cet allongement constitue l'indice majeur de la perception d'une occlusive géminée en position intervocalique, où elle est généralement attestée dans les langues (Ladefoged et Maddieson, 1996). La production des occlusives géminées intervocaliques s'accompagne, mais pas toujours, d'une réduction de la durée de la voyelle précédente suggérant une coarticulation voyelle-consonne qui serait plus importante dans VC_jC_jV que dans VC_jV.

Au niveau articulatoire, les études physiologiques (généralement par électro-palatographie) montrent que les occlusives géminées, comparées à leurs correspondantes simples, développent un contact articulatoire qui a également une durée plus importante (Kraehenmann et Jaeger, 2003 ; Kraehenmann et Lahiri, 2008). Cette caractéristique articulatoire semble être une propriété intrinsèque d'une occlusive géminée, puisqu'elle a été rapportée même en position initiale de mot où la gémination homo-morphémique est généralement non-attestée. Les géminées se caractérisent également par une durée totale plus importante du geste de leur articulateur majeur ainsi que de ses différentes phases (fermeture, plateau et ouverture : Zeroual et al, 2008).

Cette étude articulatoire teste des hypothèses majeures de deux modèles principaux de la production de la parole, pour décrire les relations temporelles voyelle-voyelle et consonne-voyelle dans les suites ab(b)i. Le premier modèle, généralement attribué à Öhman (1967), pose que les voyelles et les consonnes sont programmées de manière séparée, les dernières ne sont que superposées aux premières. Ce modèle prédit que dans [abi] et [abbi], la durée de l'intervalle temporel [a_i] reste identique.

Dans le modèle de la Phonologie Articulatoire, à chaque consonne (ou voyelle) est associé un geste oral qui est coordonné temporellement avec celui de la voyelle (ou de la consonne) adjacente. Ce modèle prédit que l'intervalle temporel articulatoire [a_i] serait plus long dans [abbi] comparé à [abi] due à une coordination temporelle entre les voyelles [a] et [i] et les consonnes adjacentes /b/ et /bb/. Smith (1995) prédit que la coordination temporelle entre l'onset du geste labial avec [a] dans [ab(b)i] serait identique si aucun abrègement de cette voyelle n'est enregistré devant /bb/, et une anticipation de ce mouvement dans [abbi] si cet abrègement est constaté.

L'interprétation de nos données prendra en considération les prédictions de deux autres modèles de représentation des consonnes géminées : (i) une géminée est une suite de deux consonnes identiques produites par deux gestes coordonnés temporellement (Zmarich et al., 2011) ; (ii) une géminée est réalisée en ajustant les paramètres spatio-temporels du geste de sa correspondante simple (Löfqvist, 2005).

2 Méthode & matériel linguistique

Deux locuteurs adultes marocains (S1 et S2) ont participé à une expérience par EMA tridimensionnelle (AG500 Carstens Medizinelektronik). Durant cette expérience, S1 et S2 ont prononcé (8 répétitions) des mots et quelques non-mots de l'AM contenant les consonnes simples /b l t k/ et leurs correspondantes géminées dans les contextes $[a_1C_j(C_j)a_2]$, $[a_1C_j(C_j)u_2]$ et $[a_1C_j(C_j)i_2]$. Cette étude, qui est principalement consacrée à l'organisation des relations temporelles consonne-voyelle et voyelle-voyelle, sera limitée aux contextes $/a_1b(b)i_2/$, c'est-à-dire à [nsabi] vs. [tsabbi] ('mes gendres' vs. 'engueuler, à l'impératif, 2ème personne du féminin') prononcés dans la phrase cadre [ʒibi______hnaja] 'ramène __________ ici !'. Dans [ab(b)i], l'accent est porté par la voyelle [a].

Cette technique expérimentale nous a permis d'enregistrer (200Hz) les mouvements horizontaux et verticaux de la langue, de la lèvre inférieure et de la mâchoire inférieure avec des capteurs posés proche de la pointe (TTIP), du centre (TMID) et du dos de la langue (TDOR), ainsi que sur l'extrémité externe de la lèvre inférieure (LLIP) et en bas des incisives inférieures (JAW). Pour chaque geste consonantique et vocalique, et grâce au programme Mview développé sur Matlab par M. Tiede (Haskins Laboratories), les positions temporelles Onset (Ons : 3), Vélocité maximale (Vmax : 4), Cible (Cib : 5), Position Maximale (M : 7), Relâchement (R : 8), Vélocité maximale (Vmax : 9) et Offset (Off : 10) ont été identifiées automatiquement à partir de leur vélocité (Fig. 1 et 2). La position temporelle centrale du plateau de LLIPy a été également calculée.

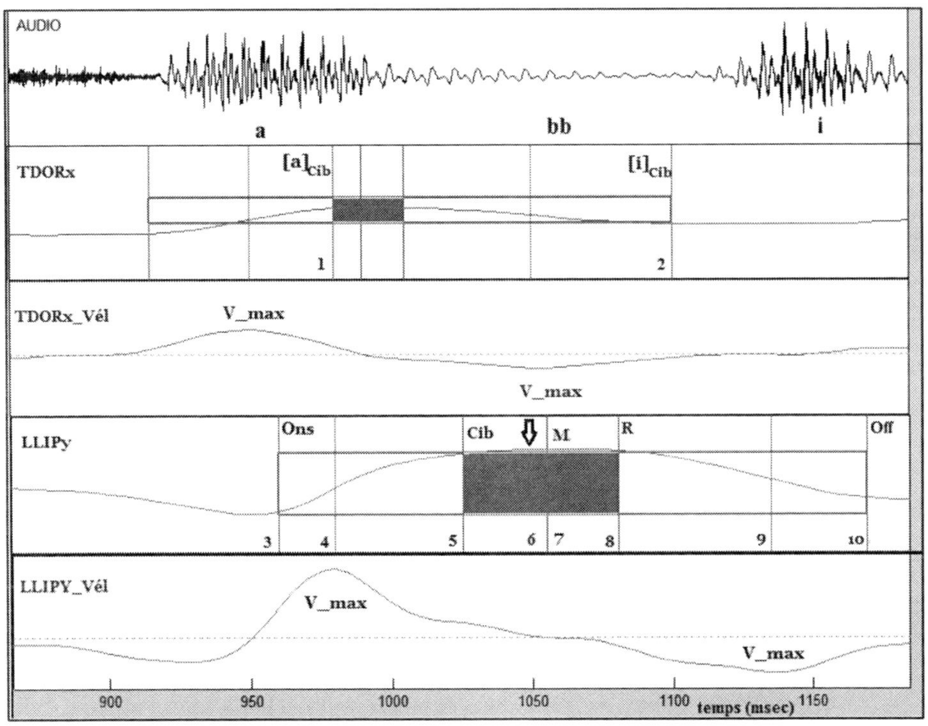

FIGURE 1. Tracés représentant l'évolution de la forme d'onde, des positions horizontales de TDORx, de sa vélocité, des positions verticales de LLIPy et de sa vélocité durant [tsabbi] produit par S1. Mesures de durées effectuées : (i)-Phases de fermeture (D_FR = 5-3), d'ouverture (D_Ov = 10-8) et plateau (D_PL = 8-5) durant LLIPy. (ii)-Intervalle temporel entre $[a]_{Cib}$ et $[i]_{Cib}$ (2-1). (iii)-Intervalles temporels entre $[bb]_{ons}$ et $[a]_{Cib}$ (3-1) ; $[bb]_{Cib}$ et $[a]_{Cib}$ (5-1); $[bb]_{Cent}$ et $[a]_{Cib}$ (6-1), entre $[bb]_{Cent}$ et $[i]_{Cib}$ (6-2) et $[bb]_{R}$ et $[i]_{Cib}$ (8-2) et enfin entre $[b]_{Off}$ et $[i]_{Cib}$ (10-2). La flèche = position centrale du plateau de LLIPy.

Pour le geste consonantique, les tracés de LLIPy ont été retenus (S1, Fig. 1 et S2, Fig. 2). Ses positions Ons et Cible correspondent aux moments où la vélocité instantanée atteint 20 % de la vélocité maximale de son mouvement de fermeture. Le même seuil minimal a été adopté pour définir les positions Relâchement et Offset de son mouvement d'ouverture. Les valeurs spatiales de LLIPy dans les positions (Ons, Vmax, Cib, M, R,

Vmax et Off) ont été relevées (Table 3, et Fig. 3 et 4). Les durées de ses phases de fermeture, d'ouverture et plateau ont été calculées (Table 2).

Pour le geste vocalique, les tracés de TDORx (voir également Smith, 1995) pour S1 (Fig. 1) et TMIDy pour S2 (Fig. 2) ont été retenus, où leurs mouvements sont clairement définis et leurs paramètres cinématiques varient minimalement. Leurs positions temporelles ont été identifiées également automatiquement, mais avec le seuil de 10% (voir également Smith, 1995 et Zmarich et al., 2011). Pour la quantification de l'intervalle temporel entre [a] et [i], nous avons mesuré, pour S1 (Fig. 1), la durée entre le début de la phase plateau du mouvement vers l'arrière de TDORx durant [a], considéré comme $[a]_{Cib}$, et le début de la phase plateau de son mouvement vers l'avant durant [i], considéré comme $[i]_{Cib}$. Pour S2 (Fig. 2), c'est l'intervalle temporel entre le début de la phase plateau du mouvement vers le bas de TMIDy durant [a] ($[a]_{Cib}$), et le début de la phase plateau de son mouvement vers le haut durant [i] ($[i]_{Cib}$) qui a été mesuré.

Nous avons également mesuré les durées acoustiques de [a] et [b(b)] dans [ab(b)i].

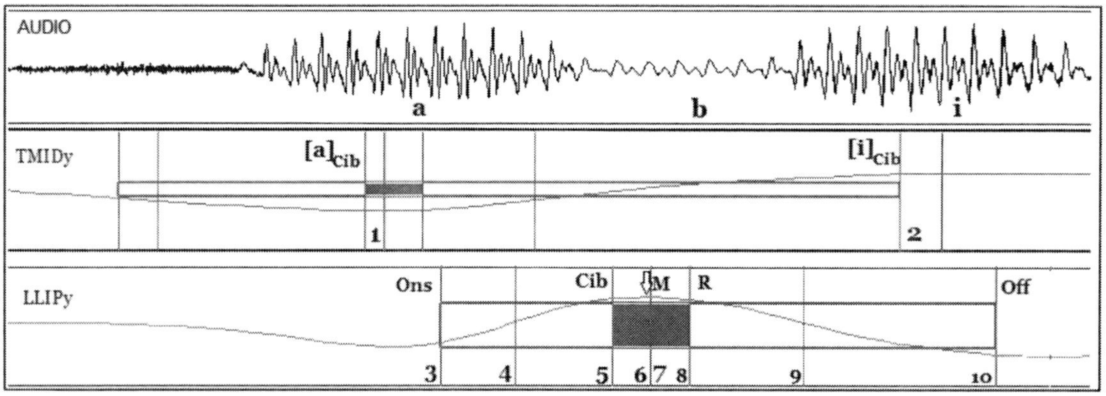

FIGURE 2 : Tracés représentant l'évolution de la forme d'onde, des positions verticales de TMIDy et des positions verticales de LLIPy durant [nsabi] produit par S2. Mesures de durées effectuées : (i)-Phases de fermeture (D_FR = 5-3), d'ouverture (D_Ov = 10-8) et plateau (D_PL = 8-5) durant LLIPy. (ii)-Intervalle temporel entre $[a]_{Cib}$ et $[i]_{Cib}$ (2-1) (iii)-Intervales temporels entre $[b]_{ons}$ et $[a]_{Cib}$ (3-1) ; $[b]_{Cib}$ et $[a]_{Cib}$ (5-1); $[b]_{Cent}$ et $[a]_{Cib}$ (6-1), entre $[b]_{Cent}$ et $[i]_{Cib}$ (6-2) et $[b]_{R}$ et $[i]_{Cib}$ (8-2) et enfin entre $[b]_{Off}$ et $[i]_{Cib}$ (10-2). La flêche indique la position centrale du plateau de LLIPy.

3 Résultats et discussion

3.1 Mesures des durées acoustiques

Pour limiter la variabilité généralement observée dans les mesures articulatoires, nos analyses statistiques (une série de t-tests) ont été faites de manière séparée pour S1 et S2. Afin de donner une représentation plus synthétique de nos données, nous avons élaboré les figures 3 et 4 où toutes les mesures temporelles sont alignées par rapport au début de la phase plateau du geste vocalique associé à [a] (c'est-à-dire par rapport à $[a]_{Cib}$).

Pour S1 et S2, /bb/ est substantiellement et significativement plus longue comparée à /b/

(Table 1). [a] est significativement plus réduite devant /bb/ que devant /b/ ; cette différence de durée n'est pas aussi importante qu'entre les consonnes. Puisque la fraction différentielle de durée est de 20% (Rossi, 1972), cet abrègement de [a] (-13% et -14%) ne pourrait constituer un indice secondaire pour la perception de/bb/ intervocalique en AM.

	[a]		[b(b)]	
	S1	S2	S1	S2
[abi]	90 (7)	79 (4)	73 (7)	64 (4)
[abbi]	78 (7)	68 (6)	126 (6)	119 (4)
% de différence	-13%	-14%	73%	86%
p	0,004	0,0012	< 0,0001	< 0,0001

Table. 1 - Durées moyennes acoustiques (en msec. 8 répétitions) de [a] et de [b(b)] dans les contextes [abi] et [abbi]. Les valeurs de *p* sont calculées à partir des valeurs absolues.

3.2 Mesures de durée des différentes phases de LLIPy et de ses positions spatiales

		D_FR	D_PL	D_OV	D_TL
S1	[abi]	49 (3,7)	33 (6,5)	81,8 (8,3)	164 (8,3)
	[abbi]	58 (7,1)	58 (5)	89,37 (8)	205 (8)
	% de différence	19,2%	73,6%	9,2%	25,19%
	p	0,0010	< 0,0001	= 0,021	< 0,0001
S2	[abi]	47,5 (2,7)	23,1 (2,6)	84,4 (5,6)	155 (8,9)
	[abbi]	56,3 (5,8)	37,5 (4,6)	102 (19,4)	196 (14,7)
	% de différence	18%	62%	21%	26%
	p	= 0,0017	< 0,0001	= 0,0283	< 0,0001

TABLE 2 – Durées moyennes (8 répétitions) des phases de fermeture (D_FR), plateau (D_P), d'ouverture (D_OV) et totale (D_LL) du geste de LLIPy dans [ab(b)i].

	S1			S2		
	$[C]_{Cib}$	$[C]_{M}$	$[C]_{R}$	$[C]_{Cib}$	$[C]_{M}$	$[C]_{R}$
[abi]	-12,0	-11,5	-11,7	-10,1	-9,7	-10,0
[abbi]	-10,7	-9,6	-9,9	-9,1	-8,4	-8,6
	0,0006	< 0,0001	< 0,0001	0,0055	0,0008	0,0008

TABLE 3 - Hauteurs moyennes (8 répétitions) de LLIPy dans les positions cible $[C]_{Cib}$, Maximale $[C]_{M}$ et Relâchement $[C]_{R}$ durant [ab(b)i] produits par S1 et S2.

La durée totale du geste de LLIPy est significativement plus longue dans [abbi] que dans [abi] produits par S1 et S2 (Table 2 et Fig 3 et 4). Cette différence est principalement attribuée à l'allongement de sa phase plateau (% de différence : 73,6% pour S1 et 62% pour S2). Durant cette phase plateau, LLIPy est plus élevé durant /bb/ que durant /b/ (Table 3, Fig. 3 et 4). Ce résultat semble en accord avec l'hypothèse de Löfqvist (2005) selon laquelle, les géminées seraient associées à une cible spatiale virtuelle plus élevée que leurs correspondantes simples. Notons qu'une telle différence spatiale n'a pas été observée entre /t d/ et leurs correspondantes /tt, dd/ (Zeroual et al., 2008) dû très probablement à la surface plus rigide des alvéoles qui empêche la montée plus marquée de la pointe de la langue durant les géminées coronales.

3.3 Intervalles temporels voyelle-voyelle et voyelle-consonne

	S1			S2		
	[abi]	[abbi]	*p*	[abi]	[abbi]	*p*
$[i]_{Cib}$ - $[a]_{Cib}$	87,5 (11)	111 (9,5)	0,0005	136,3 (12)	170,2 14)	0,0002
$[C]_{ons}$ - $[a]_{Cib}$	-8,8 (6,4)	-24,4 (7,8)	0,0006	12,5 (6)	-1,2 (4,4)	0,0001
$[C]_{Cib}$ - $[a]_{Cib}$	40 (7,6)	33,8 (9,5)	0,168	60 (5,9)	55 (5,3)	0,099
$[C]_{Cent}$ - $[a]_{Cib}$	56,6 (6)	62,5 (9,9)	0 ,165	71,6 (5,1)	73,8 (4)	0,36
$[C]_{Cent}$ - $[i]_{Cib}$	-31 (15)	-48,4 (13,3)	0,029	-64,8 (9)	-96,5 (14)	0,0001
$[C]_{R}$ - $[i]_{Cib}$	-14,4 (13)	-19,6 (14)	0,47	-53,1 (9)	-77,7 (14)	0,001
$[C]_{off}$ - $[i]_{Cib}$	68 (17,7)	70 (15)	0,47	31,2 (9)	24,16 (21)	0,41

Table 4- Mesures des intervalles temporels entre [a] et [i], [a] et [b(b)] et entre [b(b)] et [i] dans les contextes [ab(b)i] produits par S1 et S2 (voir aussi Fig. 1, 2).

Nos données montrent que l'intervalle temporel entre $[a]_{cib}$ et $[i]_{cib}$ est significativement plus long dans [abbi] comparé à [abi] (Table 4 : $[i]_{Cib}$ - $[a]_{Cib}$; Fig. 3-4). Ce résultat va à l'encontre du modèle d'Öhman qui prédit des durées équivalentes dans ces deux contextes. Un résultat similaire a été également enregistré par Zmarich et al. (2011) pour l'intervalle temporel entre [i] et [a] dans les séquences im(m)a) de l'italien, de même que par Smith (1995) dans les séquences [ip(p)a] du japonais.

Pour S1 et S2, et par rapport à $[a]_{Cib}$, l'onset du mouvement de fermeture de LLIPy commence significativement bien avant dans [abbi] comparé à [abi] (Table 4, $[C]_{ons}$-$[a]_{Cib}$; Fig. 3-4). Cette différence temporelle peut expliquer pourquoi S1 et S2 réalisent [a] de manière plus réduite dans [abbi] comparé à [abi]. Par contre, par rapport à $[i]_{cib}$, nos résultats montrent que le geste de LLIPy achève son mouvement (Table 4 : $[C]_{off}$ - $[i]_{Cib}$) pratiquement au même moment dans les contextes [ab(b)i] ; ce qui suppose un même degré de recouvrement de [i] par LLIPy dans ces deux contextes.

$[b]_{cib}$ est plus proche de $[a]_{Cib}$ dans [abbi] que dans [abi], cette différence est toutefois non significative pour S1 et S2 (Table 4). Cette invariance temporelle est attendue si la première partie de la géminée se comporte comme une consonne simple.

Pour S1 et S2, cependant, la durée entre $[a]_{Cib}$ et $[C]_{cent}$ reste similaire dans [abbi] et [abi] (Table 4 : $[C]_{Cent}$ - $[a]_{Cib}$; Fig. 3-4). Notons que Zmarich et al. (2011) ont également constaté que, chez trois sujets italiens, l'intervalle temporel entre [i] et $[C]_{Cent}$ reste constant dans les suites [im(m)a][1]. Ces résultat suggèrent que dans [ab(b)i], la consonne géminée /bb/ et sa correspondante /b/ semblent être cordonnées avec la voyelle précédente. Cette coordination, selon Zmarich et al. (2011) serait par rapport à la position centrale de leur geste consonantique. Cependant, une autre interprétation peut être proposée. En effet, si la première moitié de la consonne géminée est coordonnée temporellement à la fois avec la voyelle précédente et avec sa seconde moitié, une

[1] Chez, Zmarich et al. (2011), Cent = Mid = position central de la phase plateau de l'aperture labiale.

invariance temporelle peut être enregistrée entre le milieu de /bb/ et la voyelle précédente.

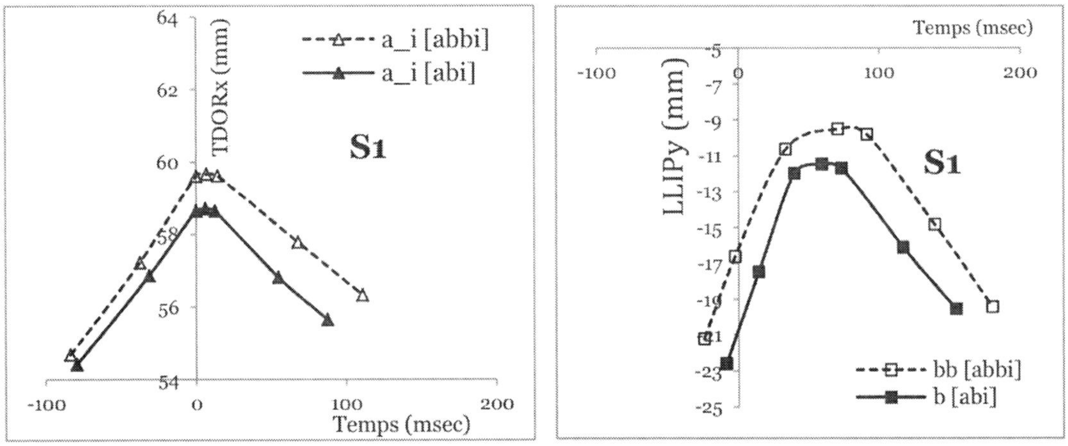

FIGURE 3 – Positions temporelles (en msec.) et spatiales (en mm) de TDORx (à gauche, valeur éléveé, TDOR plus reculé) et LLIPy (à droite, valeur élevée, LLIP plus haut) durant [abi] (ligne continue) et [abbi] (ligne discontinue) prononcés par S1. Sur chaque courbe les 6 positions Ons, Vamx, C, M, R, Vmax et Off sont indiquées (voir aussi Fig. 2).Tous ces tracés de TDORx et LLIPy sont alignés (0 : axe horizontal) par rapport à $[a]_{Cib}$.

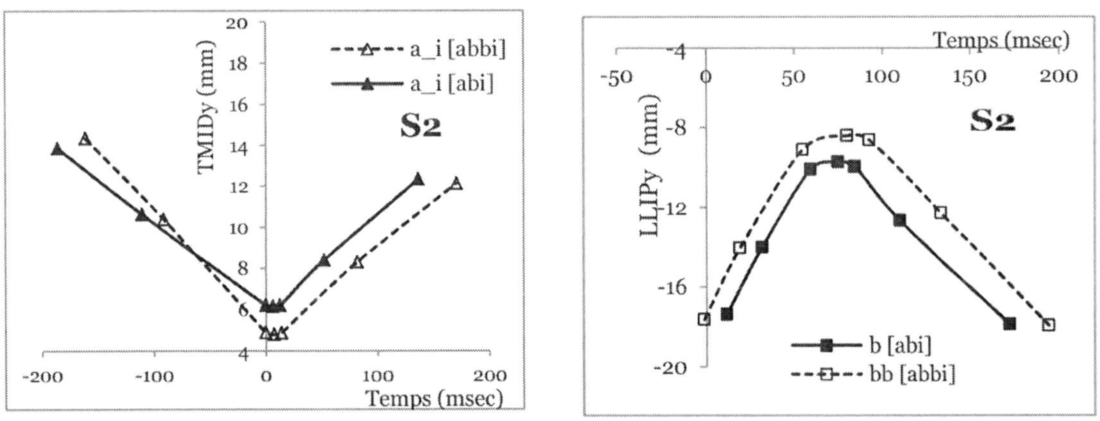

FIGURE 4 – Positions temporelles (en msec.) et spatiales (en mm) de TMIDy (à gauche, valeur élevée TMID plus haut) et LLIPy (à droite) dans [abi] (ligne continue) et [abbi] (ligne discontinue) prononcés par S2. Sur chaque courbe les 6 positions Ons, Vamx, C, M, R, Vmax et Off sont indiquées (voir aussi Fig. 3). Les tracés de TMIDy et LLIPy sont alignés par rapport à $[a]_{Cib}$.

Pour nos deux locuteurs, $[i]_{cib}$ semble plus éloigné de $[C]_{cent}$ dans [abbi] comparé à [abi] (Table 4 : $[C]_{Cent}$ - $[i]_{Cib}$). Ce résultat va également à l'encontre du modèle d'Öhman, mais est en accord avec l'analyse selon laquelle la consonne géminée est une suite de deux consonnes simples qui sont hétéro-syllabiques et où aucun effet de C-center n'est attendu. Notons que $[C]_{cent}$ ne correspond pas nécessairement à la position du C-center de la séquence sous-jacente /bb/ tel qu'il est défini par la Phonologie Articulatoire, puisque la durée de leurs plateaux et le degré de leur recouvrement sont difficiles à quantifier.

4 Conclusion

/bb/ est acoustiquement plus longue que /b/ ; une différence de durée parallèle est également observée au niveau de la phase plateau de leur geste oral suggérant un contact articulatoire plus long durant la première. Nos résultats semblent en accord avec l'hypothèse de Löfqvist (2005) qui associe la géminée à une cible virtuelle plus haute. Nos mesures montrent également un abrègement de [a] dans [abbi] lié très probablement à l'anticipation du geste de LLIPy dans ce contexte. L'intervalle temporel entre [a] et [i] est significativement plus long dans [abbi] comparé à [abi]. Ce résultat, combiné à d'autres observations, semble constituer un argument en faveur des modèles (exemple de la Phonologie Articulatoire) selon lesquels le geste oral de la consonne est coordonné temporellement avec celui de la voyelle adjacente. Nos données s'accordent avec l'hypothèse qui stipule qu'une géminée est une suite de deux consonnes identiques produites par deux gestes coordonnés temporellement. D'autres travaux sont nécessaires pour déterminer la nature exacte de l'organisation temporelle dans les suites [ab(b)i].

Références

KHATTAB, G. (2007). A phonetic study of germination in Lebanese Arabic. *Proc. 16th ICPHS, Sarrebrücken*, 153-158.

KRAEHENMANN, A. et JAEGER, M. (2003). Phrase-initial geminate stops: articulatory evidence for phonological representation. *Proc. 15th ICPHS*, Barcelone, pages 2725-2728.

KRAEHENMANN, A. et LAHIRI, A. (2008). Duration differences in the articulation and acoustics of Swiss German word-initial geminate and singleton stops. *J. Acoust. Soc. Am.* 123, pages 4446: 4454.

LADEFOGED, P. et MADDIESON, I. (1996). *The Sounds of the World's Languages*. Blackwell: Cambridge USA & Oxford UK.

LAHIRI, A., et HANKAMER, J. (1988). The timing of geminate consonants. *J. Phonetics* 16, pages 327–338.

LÖFQVIST, A. (2005). Lip kinematics in long and short stop and fricative consonants. *J. Acoust. Soc. Am.* 117, pages 858-878.

ÖHMAN S. E. G. (1967). Numerical Model of Coarticulation. *J. Acoust. Soc. Am.* 41, pages 310-320.

ROSSI, M. (1972). Le seuil différentiel de durée. In (A. Valdman, 1972), pages 435-450.

SMITH, C.L. (1995). Prosodic patterns in the coordination of vowel and consonant gestures. In: B. Connell & A. Arvaniti (eds) *Papers in Laboratory Phonology IV, Phonology and phonetic evidence*. CUP, 205-222.

ZEROUAL, C., HOOLE, P., GAFOS, A. (2008). Spatio-temporal and kinematic study of Moroccan Arabic coronal geminate plosives. *Proc. 8th ISSP*, Strasbourg, pages 135-138.

ZMARICH, C., GILI FIVELA, B., PERRIER, P., SAVARIAUX, C., TISATO, G. (2011). Speech Timing Organization for the Phonological Length Contrast in Italian Consonants. *Proc. INTERSPEECH*, Florence, pages 401-404.

Trouble du contrôle de la parole intérieure : cas des hallucinations auditives verbales

Lucile Rapin[1], *Marion Dohen*[2], *Hélène Lœvenbruck*[2], *Mircea Polosan*[3], *Pascal Perrier*[2]
(1) DEP, Université du Québec à Montréal
(2) DPC, GIPSA-lab, UMR 5216, CNRS, Université de Grenoble
(3) Pôle de Psychiatrie et de Neurologie du CHU de Grenoble
lucilerapin@gmail.com, marion.dohen@gipsa-lab.grenoble-inp.fr, helene.loevenbruck@gipsa-lab.grenoble-inp.fr, mpolosan@chu-grenoble.fr, pascal.perrier@gipsa-lab.grenoble-inp.fr

RESUME

Les hallucinations auditives verbales (HAVs) sont des perceptions de parole en l'absence de stimulus externe. Certaines théories proposent qu'un dysfonctionnement dans le contrôle de la parole intérieure entraîne l'attribution des propres pensées verbales du patient à un agent externe. Ces théories peuvent être interprétées dans le cadre d'un modèle du contrôle moteur de la parole mettant en jeu une simulation interne du processus de production de parole. Pour examiner cet éventuel dysfonctionnement, l'étude présentée a pour but de mesurer l'activité musculaire des muscles oro-faciaux, lors des HAVs, de la lecture à voix haute et du repos. L'électromyographie de surface a été utilisée sur 11 patients schizophrènes. Les résultats montrent une augmentation de l'activité musculaire de l'orbiculaire inférieur de la bouche lors des HAVs (sans subvocalisation) par rapport au repos. Ce résultat, qui suggère que les HAVs sont de la parole intérieure auto-générée, est discuté dans le cadre du modèle de contrôle moteur.

ABSTRACT

Inner speech monitoring deficit : a study of auditory verbal hallucinations

Auditory verbal hallucinations (AVHs) are speech perceptions in the absence of relevant external stimuli. Some accounts of AVHs claim that a deficit in inner speech monitoring causes the own verbal thoughts of the patient to be perceived as external voices. These theories have been developed using a classical speech motor control model, in which self-monitoring can be implemented. In order to examine the inner speech monitoring deficit account, the present study aimed at collecting speech muscle activity during AVHs, overt speech and rest. Surface electromyography (sEMG) was used on eleven schizophrenia patients. Our results show an increase in muscular activity in the orbicularis oris inferior muscle during non-subvocalized AVHs, as compared with rest. This evidence that AVHs are self-generated inner speech is discussed in the framework of a speech motor control model.

MOTS-CLES: orbiculaires de la bouche, contrôle moteur de la parole, hallucinations auditives verbales, parole intérieure, agentivité, sEMG, schizophrénie

KEYWORDS: Orbicularis oris, speech motor control, auditory verbal hallucinations, inner speech, agentivity, sEMG, schizophrenia

1. Introduction

Les hallucinations auditives verbales (HAVs) sont un des symptômes les plus invalidants de la schizophrénie, touchant entre 50% et 80% des patients. Elles ont été définies comme «*a sensory experience which occurs in the absence of corresponding external stimulation of the relevant sensory organ, has a sufficient sense of reality to resemble a veridical perception over which the subject does not feel s/he has direct and voluntary control, and which occurs in the awake state*»[1] (David, 2004). Certaines théories expliquent les HAVs comme résultant d'une perturbation dans la production de la parole intérieure (PI) de telle sorte que les pensées verbales du patient sont perçues comme des voix externes (Frith, 1992 ; Jones & Fernyhough, 2007). Ces théories peuvent être implémentées dans le contexte d'un modèle de contrôle moteur de la parole (Wolpert, 1997). Ce modèle, décrit sur la Figure 1, peut être appliqué à la parole intérieure (Blakemore, 2003). Il comprend deux modèles internes. Le premier, le modèle *inverse*, permet de générer les commandes motrices adaptées à la réalisation de l'état désiré. Parallèlement, ce modèle inverse envoie une copie des commandes motrices générées (copie d'efférence) à un deuxième modèle interne, le modèle *direct*, qui génère une prédiction des conséquences sensorielles des commandes motrices. La comparaison entre les conséquences prédites de l'action et celles qui sont effectivement réalisées (notée 3 sur la Figure 1) entraîne l'agentivité, qui permet de savoir qui est l'auteur d'une action (Blakemore, 2003). Selon ces théories, la production de PI ne serait pas déficiente en tant que telle, chez les patients schizophrènes, mais des anomalies surviendraient dans le système de prédiction-comparaison, ce qui perturberait l'agentivité. Les patients ne seraient plus conscients d'être à l'origine de la PI produite et la percevraient alors comme venant d'un agent externe, transformant cette pensée verbale en hallucination.

Si ces théories sont correctes, *i.e.* si les HAVs correspondent à de la PI non identifiée comme auto-produite à cause d'une déficience du modèle direct, alors les HAVs devraient correspondre à de la production de parole intérieure. Or il a été suggéré que la production de parole intérieure est associée à l'émission de commandes motrices. En effet de rares études d'électromyographie (EMG) invasive et d'EMG de surface (sEMG) ont permis de mesurer des activations musculaires minimes, chez le sujet sain, en parole silencieuse (avec articulation), en PI, en imagerie mentale verbale et en récitation mentale (Jacobson, 1931 ; Livesay *et al.*, 1996).

Par conséquent, si les HAVs correspondent bien à de la production de parole elles devraient être associées elles aussi à l'émission de commandes motrices. L'observation de la présence de ces commandes durant les HAVs pourraient alors confirmer que les HAVS sont bien de la PI auto-générée et mal attribuée. Si elles existent, ces commandes motrices résulteraient en une activité très faible et non détectable visuellement des muscles oro-faciaux de la parole.

---

[1] « Une expérience sensorielle qui apparaît en l'absence d'une stimulation externe correspondante de l'organe sensoriel impliqué, qui s'accompagne d'un sentiment de réalité suffisant pour s'apparenter à une véritable perception que le sujet n'a pas l'impression de contrôler directement et volontairement et qui survient en état d'éveil. »

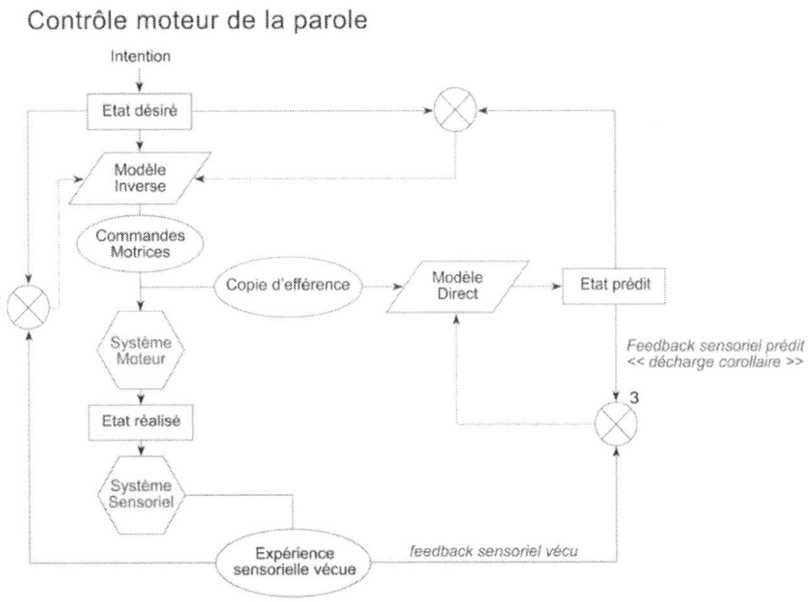

*F*IGURE 1 – Modèle de contrôle moteur exploitant des modèles internes applicable à la parole intérieure tiré de Blakemore (2003).

Un certain nombre d'études a mis en avant une activité musculaire lors des HAVs (Gould, 1948, 1949 ; Inouye & Shimizu, 1970). Ces résultats n'ont cependant pas été systématiquement répliqués (Junginger & Rauscher, 1987) et il est donc impossible de conclure avec certitude que les muscles de la parole sont activés pendant les HAVs. Un certain nombre de problèmes techniques et méthodologiques ont notamment probablement contribué à ce manque de consensus. De plus, la plupart des études qui concluent positivement à l'existence d'une activité musculaire associée aux hallucinations montraient aussi la présence d'une activité subvocale ou d'un murmure peu audible. Il semble donc qu'aucune étude n'ait montré une activité EMG pendant des HAV sans subvocalisation ni articulation. La question de savoir si l'HAV sans subvocalisation (cas le plus fréquent) peut donner lieu à des activités EMG reste donc entière. L'objectif de cette étude était de montrer une activité musculaire oro-faciale pendant l'occurrence d'HAVs chez des patients schizophrènes à l'aide de l'sEMG. Cette étude visait à apporter des éléments de réponse à l'hypothèse d'une auto-génération d'HAVs résultant d'un dysfonctionnement du réseau cérébral sous-tendant la production de la parole intérieure.

2. Méthodes

2.1. Participants

Onze patients schizophrènes (âge=37,17, écart-type (ET)=12,5) ont participé à l'étude. Le groupe se composait de 6 femmes et 5 hommes. Tous étaient de langue maternelle française. Selon les critères de la CIM-10, 10 patients étaient diagnostiqués schizophrènes paranoïdes et un schizophrène indifférencié. Tous souffraient d'hallucinations auditives verbales sévères. Toutefois leurs hallucinations étaient « intérieures » dans le sens où elles ne correspondaient pas à des articulations ou subvocalisations visibles. La plupart des patients était aussi traitée avec des anticonvulsants et des antidépresseurs. Les patients étaient recrutés au Centre Universitaire Hospitalier de Grenoble et ont fourni un consentement écrit à la participation à l'expérience. Celle-ci a été approuvée par le comité d'éthique de la recherche clinique de l'hôpital et de l'université (CPP-09-CHUG-17).

2.2. Matériel

Les enregistrements des activités musculaires par sEMG ont été réalisés grâce à un système d'acquisition MP150 de Biopac (www.biopac.com). Deux muscles de l'articulation de la parole (orbiculaire supérieur de la bouche (OS), orbiculaire inférieur de la bouche (OI) et un muscle contrôle (fléchisseur de l'avant bras (FAB)) ont été examinés. Les productions audio des sujets ont été enregistrées afin de contrôler ce qui avait été produit lors de la parole à voix haute mais aussi d'avoir des repères sur les instants de ces productions. Les sujets étaient de plus filmés pendant toute la durée de l'expérience afin de pouvoir effectuer un suivi détaillé des tests mais aussi de pouvoir détecter la présence de mouvements faciaux parasites (mimiques, bâillements, déglutition...). Un bouton poussoir (bip) a été utilisé pour le repérage temporel notamment des HAVs. L'acquisition des mesures (sEMG, audio, bip) a été réalisée de façon synchronisée via le système MP150. Les signaux étaient enregistrés aux fréquences d'échantillonnage suivantes : muscles : 3125Hz, audio : 25000Hz, bip : 3125Hz (Note : fréquence d'échantillonnage pour le patient P1 : muscles : 1562,5Hz, audio : 3125Hz, bip : 781,25Hz).

2.3. Conditions

Trois conditions ont été examinées. Dans la *condition de lecture à voix haute (VH)*, les participants devaient lire un corpus composé de syllabes, de mots isolés et de phrases tirées d'un corpus phonétiquement équilibré (Combescure, 1981). Dans la *condition de repos (SIL)*, les participants devaient rester silencieux et ne pas bouger. La troisième condition expérimentale était une condition hallucinatoire (*HAV*) pendant laquelle il était demandé aux patients de laisser libre cours à leurs HAVs et de signaler les début et fin de chaque hallucination par un appui sur le bip.

2.4. Procédure de l'expérience

Chaque participant était assis dans un fauteuil devant une table sur laquelle était disposés les appareils, l'ordinateur de présentation des stimuli et un microphone. La caméra vidéo était placée en face de lui, derrière la table. Les patients répondaient à un questionnaire pré-expérience sur la symptomatologie de leurs HAVs quotidiennes et à un questionnaire post-expérience sur les HAVs vécues durant la condition hallucinatoire. L'ordre des phases était ainsi le suivant : questionnaire pré-expérience, *SIL, VH, SIL, HAV, SIL*, questionnaire post-expérience.

2.5. Analyse des données

Les données sEMG ont été filtrées (filtre peigne 50Hz et filtre passe-bande [10-300Hz]) et centrées. Le maximum de la valeur absolue de chaque signal sEMG (un par muscle) a été calculé sur la fenêtre temporelle correspondant à chaque essai dans chaque condition et pour chaque participant. Une ANOVA à mesures répétées a ensuite été appliquée sur les mesures d'activation pour chaque groupe et pour chaque muscle avec comme facteur intra-sujets la condition. Une correction de Greenhouse-Geisser qui ajuste les degrés de liberté en cas de violation de l'hypothèse de sphéricité, a été utilisée. Par souci de lisibilité, les degrés de liberté reportés sont non corrigés. Les tests statistiques ont été réalisés grâce au logiciel SPSS 16.0.

3. Résultats

La table 1 présente les valeurs moyennes et les écarts-types des pics d'activation pour chaque muscle et pour chaque condition pour les 11 patients schizophrènes ayant suivi le test en entier. Notons que les activations musculaires durant la condition de repos ne sont pas nulles, ce qui est dû au bruit physiologique entre autres.

	OS	OI	FAB
Voix haute	5.07 (ET=0.7)	5.52 (ET=0.8)	2.87 (ET=0.4)
HAV	3.36 (ET=1)	3.53 (ET=1)	2.82 (ET=0.4)
SIL	3.24 (ET=0.9)	3.28 (ET=0.9)	2.83 (ET=0.5)

TABLE 1- Valeurs moyennes et écarts-types des activations musculaires pour chaque muscle et pour chaque condition.

A propos du muscle orbiculaire supérieur, l'analyse a révélé un effet principal de la condition ($F(2,21)=52.75$; $p<0.001$). Les valeurs d'activation musculaire en condition *VH* étaient supérieures à celles des deux autres conditions (*SIL* et *HAV* ; $p<.001$), qui, elles, ne différaient pas ($t(10)= -1.78$; $p=0.1$). Néanmoins, nous notons que des valeurs d'activation lors des HAVs supérieures ou égales au repos pour 8 patients sur 11 (P2, P3, P4, P6, P7, P10, P11, P13) ont été observées (figure 2A). Ainsi, une tendance à l'augmentation de l'activité de l'orbiculaire supérieur dans la condition *HAV* par rapport à celle de *SIL* a été observée.

L'orbiculaire inférieur est le muscle pour lequel les plus fortes valeurs ont été mesurées, pour l'ensemble des conditions (table 1). L'analyse a révélé un effet principal de la condition ($F(2,21)=105.34$; $p<0.001$). Les valeurs d'activation musculaire pour la condition *VH* étaient plus élevées par rapport à celles en conditions *HAV* et *SIL* ($p<0.001$). Le contraste entre la condition *HAV* et la condition *SIL* était significatif ($t(10)=-2.34$; $p=0.042$). Il existerait donc une augmentation de l'activité musculaire de l'orbiculaire inférieur chez les patients schizophrènes en phase hallucinatoire (figure 2B).

Enfin, l'analyse effectuée sur le fléchisseur du bras n'a révélé aucun effet de la condition d'activation ; $F(2,21)=0.19$; $p=0.8$ (figure 2C). Ceci est cohérent avec l'hypothèse d'une augmentation de l'activité musculaire en condition *HAV* pour les muscles oro-faciaux uniquement.

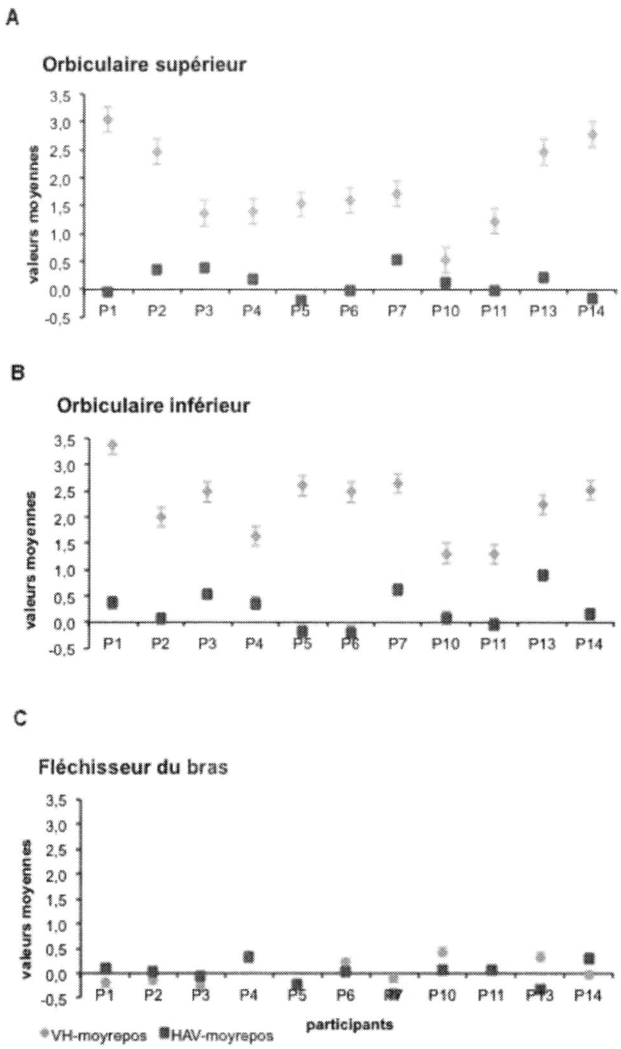

FIGURE 2 - Moyennes et erreurs standards des maxima d'activation de l'orbiculaire supérieur (A), de l'orbiculaire inférieur (B) et du fléchisseur du bras (C) pour les conditions de parole à voix haute et de HAV relativement à la moyenne de la condition silence pour les 11 patients. Le 0 représente la condition silence de chaque participant. Les valeurs positives représentent des activités supérieures au repos.

4. Discussion

Cette étude a examiné les muscles de la parole durant les HAVs non vocalisées de 11 patients schizophrènes, par sEMG. Trois conditions ont été comparées : voix haute, HAV et silence. Deux muscles ont été examinés : les orbiculaires supérieur et inférieur. Les résultats ont montré que la parole à voix haute comparée au silence et aux HAV produisait les plus fortes activations des orbiculaires. L'OI était le muscle montrant le plus d'activation. Cette supériorité pourrait s'expliquer par l'anatomie :

la mesure inclurait l'activation des fibres musculaires d'autres muscles enchevêtrées avec celles de l'OI, telles que celles du dépresseur de l'angle de la bouche (Blair & Smith, 1986). Ainsi, de par sa proximité avec d'autres muscles, ce point de mesure permettrait une bonne estimation de l'activité myoélectrique liée à la parole.

Les résultats ont montré que la crise hallucinatoire semble être liée à une augmentation de l'activité électromyographique de surface pour le muscle orbiculaire inférieur. Une tendance vers le même résultat a été reportée pour le muscle orbiculaire supérieur. La non-activité du muscle fléchisseur du bras a validé le fait que l'activité recueillie était bien propre à la parole et non à une contraction globale des muscles pendant l'HAV. Ces résultats suggèrent qu'il y aurait une activité de production de parole pendant l'HAV et corroboreraient les théories selon lesquelles les HAVs résultent d'une production de parole intérieure, mal attribuée. En effet, selon ces théories (Frith, 1992 ; Seal *et al.*, 2004) la production de PI n'est pas déficiente en tant que telle chez les patients schizophrènes, mais des anomalies surviendraient dans le modèle direct (au niveau du système de prédiction). Ainsi, l'activité de la lèvre inférieure observée durant les HAVs pourrait refléter l'émission de commandes motrices associées à la génération de parole intérieure. Ces commandes seraient correctement envoyées aux muscles mais le système d'efférence serait défaillant résultant en une parole intérieure attribuée à un agent externe.

De par son statut exploratoire, cette expérience présentait des limites qui pourraient être prises en compte par la suite. La première concerne l'isolement d'un muscle. Les activations enregistrées par chaque paire d'électrodes (même très fines) pourraient ne pas forcément correspondre à un seul muscle (Blair & Smith, 1986). Notre étude s'intéressait aux différences d'activités entre conditions. L'enregistrement éventuel de plusieurs fibres ne portait donc pas à conséquence mais le fait de moyenner sur plusieurs muscles pourrait diminuer la mesure. Une deuxième limite porte sur le dialogue entre le patient et les voix qu'il entend. Dans notre expérience, la consigne était de simplement écouter les voix et de ne pas leur répondre. Les patients ont tous bien compris la consigne, qui leur était rappelée au cours de la phase hallucinatoire. Une troisième limite portait sur le fait que les patients n'ont pas passé de condition de lecture en parole intérieure. Cette condition aurait pu être comparée avec la condition *HAV* et l'éventuelle différence aurait alors d'autant plus validé l'hypothèse d'un trouble de la parole intérieure. Cependant, une expérience pilote a montré qu'il était difficile de faire chuchoter certains patients. Or en parole intérieure, aucun moyen de contrôler les productions des patients n'est possible. Enfin une quatrième limite concernait la condition *silence*. Il pouvait subsister dans cette condition des pensées verbales vagabondes, elles-mêmes associées à des activités sEMG des lèvres. Certains auteurs proposent les bienfaits de la relaxation pour induire un signal myoélectrique minime lors des phases de repos (Jacobson, 1931 ; Vanderwolf, 1998). Nous envisageons d'utiliser cette stratégie pour améliorer notre condition de repos.

Nos résultats ont montré que les HAVs semblent être associées à des augmentations de l'activité musculaire oro-faciale observée et corroborent l'hypothèse d'un déficit du contrôle de la parole intérieure à l'origine des HAVs. Des travaux supplémentaires sont nécessaires pour examiner quelle partie exacte du modèle de contrôle moteur est défaillante.

Remerciements

Nous remercions Lionel Granjon, Christophe Savariaux et Coriandre Vilain pour leur aide technique ainsi que tous les participants à l'étude.

Références

BLAKEMORE, S-J. (2003). Deluding the motor system. *Conscious Cognition, 12,* 647-655.

COMBESCURE, P. (1981). 20 listes de 10 phrases phonétiquement équilibrées. *Revue d'Acoustique, 56,* 34-38.

DAVID, A.S. (2004). The cognitive neuropsychiatry of auditory verbal hallucinations : an overview. *Cognitive Neuropsychiatry, 9*(1-2), 107-123.

FRITH, C.D. (1992). The cognitive neuropsychology of schizophrenia. Erlbaum, Hillsdale.

JONES, S.R. et FERNYHOUGH, C. (2007b). Thought as action : inner speech, self-monitoring, and auditory verbal hallucinations. *Conscious Cog.,* 16(2), 391-399.

GOULD, L.N. (1948). Verbal hallucinations and activity of vocal musculature : an electromyographic study. *American Journal of Psychiatry, 105,* 367-372.

GOULD, L.N. (1949). Auditory hallucinations in subvocal speech : objective study in a case of schizophrenia. *Journal of Nervous and Mental Diseases, 109,* 418-427.

INOUYE, T. et SHIMIZU, A. (1970). The electromyographic study of verbal hallucinations. *Journal of Nervous and Mental Diseases, 151,* 415-422.

JACOBSON, E. (1931). Electrical measurements of neuromuscular states during mental activities. VII. Imagination, recollection, and abstract thinking involving the speech musculature. *American Journal of Physiology, 97,* 200-209.

JUNJINGER, J. et RAUSCHER, F.P. (1987). Vocal activity in verbal hallucinations. *Journal of Psychiatry Research, 21*(2), 101-109.

LIVESAY, J., LIEBKE, A., SAMARAS, M. et STANLEY, A. (1996). Covert speech behavior during a silent language recitation task. *Perception in Motor Skills, 83* (3 pt 2), 1355-1362.

SEAL, M.L., ALEMAN, A. et McGUIRE, P.K. (2004). Compelling imagery, unanticipated speech and deceptive memory: neurocognitive models of auditory verbal hallucinations in schizophrenia. *Cognitive Neuropsychiatry, 9*(1-2), 43-72.

VANDERWOLF, C.H. (1998). Brain, behavior, and mind: what do we know and what can we know? Neurosci Biobehav Rev, 22, 125-142.

WOLPERT, D.M. (1997). Computational approaches to motor control. *Trends in Cognitive Science, 1*(6), 209-216.

Optimisation d'un tuteur intelligent à partir d'un jeu de données fixé

Lucie Daubigney[1, 3] Matthieu Geist[1] Olivier Pietquin[1,2]
(1) Equipe de recherche IMS, Supélec (Metz, France)
(2) UMI 2958, GeorgiaTech - CNRS (Metz, France)
(3) Equipe-projet Maia, Loria (Nancy, France)
prénom.nom@supelec.fr

RÉSUMÉ

Dans cet article, nous présentons une méthode générale pour optimiser un tuteur intelligent dans le domaine de l'acquisition d'une seconde langue. Plus particulièrement, le processus d'optimisation a pour but de trouver une stratégie qui propose la meilleure séquence de phases d'évaluation et d'enseignement afin de maximiser l'augmentation des connaissances de l'apprenant. La principale caractéristique de la méthode proposée est qu'elle est capable d'apprendre la meilleure stratégie à partir d'un jeu fixe de données, collectées à partir d'une stratégie définie à la main. Ainsi, aucun modèle, ni cognitif ni probabiliste de l'apprenant, n'est nécessaire. Seules sont requises des observations du comportement de l'apprenant alors qu'il interagit avec un système non-optimal. Pour ce faire, un algorithme de programmation dynamique approchée en mode hors-ligne est utilisé : l'algorithme LSPI (*Least Square Policy Iteration*). Des résultats obtenus avec des données simulées semblent prometteurs.

ABSTRACT

Optimization of a tutoring system from a fixed set of data

In this paper, we present a general method for optimizing a tutoring system with a target application in the domain of second language acquisition. More specifically, the optimisation process aims at learning the best sequencing strategy for switching between teaching and evaluation sessions so as to maximise the increase of knowledge of the learner in an adapted manner. The most important feature of the proposed method is that it is able to learn an optimal strategy from a fixed set of data, collected with a hand-crafted strategy. This way, no model (neither cognitive nor probabilistic) of learners is required but only observations of their behavior when interacting with a simple (non-optimal) system. To do so, a particular batch-mode approximate dynamic programming algorithm is used, namely the Least Square Policy Iteration algorithm. Experiments on simulated data provide promising results.

MOTS-CLÉS : Tuteurs intelligents, apprentissage par renforcement.

KEYWORDS: Tutoring systems, reinforcement learning.

1 Introduction

Le travail décrit dans cet article se place dans le cadre plus général d'un projet européen [1] qui vise à développer un tuteur intelligent pour l'aquisition d'une deuxième langue (particulièrement pour le français et l'allemand). Dans le cadre de ce projet, un jeu sérieux, intégré dans Second Life, et qui exploite un environnement de réalité virtuelle en 3 dimensions a été conçu (I-FLEG) (Amoia *et al.*, 2011). De la situation privilégiée dans laquelle se trouve l'apprenant lorsqu'un ordinateur l'assiste à acquérir de nouvelles connaissances, il est possible de tirer avantage de plusieurs caractéristiques. Parmi celles-ci, la personnalisation de la séquence d'apprentissage est à souligner et fera l'objet de cette contribution. De plus, le technologie basée sur le web facilite la collecte d'une grande quantité de données qui peuvent être utilisées pour optimiser le fonctionnement du tuteur intelligent.

Il a été montré assez tôt que la personnalisation de l'enseignement est très importante dans la relation entre enseignants et apprenants (Bloom, 1968). Idéalement, chaque apprenant devrait recevoir des cours adaptés qui lui permettaient d'obtenir le meilleur en fonction de ses capacités. C'est tout naturel de penser que cette situation pourrait être rencontrée avec des tuteurs intelligents, installés sur des ordinateurs personnels ou accessibles depuis l'Internet. Pourtant, la situation actuelle est loin d'être satisfaisante car les systèmes présentement commercialisés sont conçus pour un large public et non pour chaque apprenant. Pire encore, ils s'addressent à un étudiant moyen qui généralement n'existe même pas. C'est particulièrement vrai dans le contexte de l'aquisition d'une seconde langue où les erreurs sont très dépendantes de l'apprenant, à cause notamment de confusions lexicales et d'erreurs de prononciation liées à des causes culturelles et d'éducation. Il est donc important de concevoir des systèmes qui sont capables d'adapter leur comportement au profil particulier de chaque apprenant.

Nous allons supposer ici que le degré de liberté de l'interface est dans la séquence constituée d'une suite de choix entre phase d'enseignement et phase d'évaluation. Une phase d'enseignement aura pour but d'améliorer les connaissances d'un apprenant tandis qu'une phase d'évaluation aura pour objectif de quantifier ce savoir. Ainsi, étant donnée une situation (définie par rapport à l'historique des interactions avec l'apprenant), le système devra choisir quelle phase proposer ensuite. L'adaptation à l'apprenant intervient dans la séquence de décisions. Celle-ci diffère d'un apprenant à l'autre. Le problème d'adaptation du comportement du système à l'utilisateur peut ainsi être vu comme un problème de décisions séquentielles.

Dans cet article, nous proposons de résoudre ce problème en utilisant une méthode d'apprentissage automatique, l'apprentissage par renforcement (AR) (Sutton et Barto, 1998). Particulièrement, nous avons utilisé un algorithme d'AR en mode hors-ligne (appelé *Least Square Policy Iteration* (LSPI) (Lagoudakis et Parr, 2003)). Ces méthodes ont été récemment et avec succès utilisées dans le domaine des systèmes de dialogues parlés (Pietquin *et al.*, 2011b). Ce travail se démarque de précédentes tentatives d'utiliser l'AR dans le contexte des tuteurs intelligents (Beck *et al.*, 2000; Iglesias *et al.*, 2009) car l'apprentissage se fait en mode hors-ligne avec un jeu de données fixé. Seules les données collectées avec un système dont le comportement et les prises de décisions sont codées à la main ou bien provenant des traces d'utilisation de systèmes déjà déployés sont nécessaires. En conséquence, contrairement aux précédents travaux, la méthode proposée ici ne requière ni une modélisation de l'apprenant, ce qui évite donc les erreurs liées à l'imperfection du modèle, ni une interaction avec ce dernier durant l'apprentissage. Le fait de ne

1. ALLEGRO : www.allegro-project.eu, financé par le programme INTERREG-IVa et la Région Lorraine.

pas laisser interagir l'apprenant avec le tuteur pendant que celui-ci apprend le bon comportement permet de ne pas mettre l'apprenant face à des situations non maîtrisées (qui pourraient le lasser). En effet, durant l'apprentissage de la meilleurs séquence de décisions, la cohérence du comportement du tuteur n'est pas garantie.

Le reste de l'article est organisé comme suit : la section 2 présente l'apprentissage par renforcement de façon théorique. Ensuite, la section 3 montre comment le problème d'optimisation dans le cadre du tutorat remplit le paradigme de l'AR. Des résultats expérimentaux sont présentés dans la section 4 et montrent l'efficacité de la méthode. Enfin, la section 5 conclut le travail.

2 Apprentissage par renforcement

L'apprentissage par renforcement (AR) (Sutton et Barto, 1998) est un paradigme général d'apprentissage automatique qui a pour but de résoudre des problèmes de prise de décisions séquentielles. Dans ce cadre, un agent interagit avec un système qu'il essaie de contrôler. Le système est composé d'états et le contrôle consiste à exercer des actions sur le système. Après que chaque action a été effectuée par l'agent, le système passe d'un état à un autre et génère une récompense immédiate qui est visible par l'agent. Le but de l'agent est d'apprendre une correspondance entre les états et les actions qui vont lui permettre de maximiser un cumul de récompenses (récompenses à long terme). Pour cela, l'agent recherche la meilleure séquence d'actions et non les actions qui sont les meilleures localement.

2.1 Processus décisionnels de Markov

Pour résoudre le problème d'apprentissage par renforcement décrit ci-dessus, le paradigme des Processus décisionnels de Markov (PDM) est traditionnellement utilisé. Un PDM est défini par un n-uplet $\{S, A, R, P, \gamma\}$, où S est l'ensemble constitué de tous les états possibles, A l'ensemble d'actions, R la fonction de récompense, P l'ensemble des probabilités de transisitions markoviennes et γ est le facteur d'actualisation (pondérant les récompenses futures). Une stratégie ou une politique π est une application de S dans A. Etant donnée une politique π, chaque état de S peut être associé à une valeur ($V^\pi : S \to \mathbb{R}$) définie comme étant l'espérance de la somme des récompenses pondérées obtenues par l'agent sur un horizon infini en partant de l'état s et en suivant la politique π :

$$V^\pi(s) = E[\sum_{k=0}^{\infty} \gamma^k r_k | s_0 = s, \pi]. \tag{1}$$

Une fonction sur une paire état-action peut être définie : $Q^\pi : S \times A \to \mathbb{R}$. Cela ajoute un degré de liberté dans le choix de la première action choisie :

$$Q^\pi(s,a) = E[\sum_{i=0}^{\infty} \gamma^i r_i | s_0 = s, a_0 = a, \pi]. \tag{2}$$

La fonction $Q^*(s,a)$ est la fonction Q optimale associée à la politique optimale π^*. Cette dernière est celle qui maximise le valeur de chaque état (ou de chaque paire état-action) : $\pi^* = \text{argmax}_\pi V^\pi = \text{argmax}_\pi Q^\pi$. La politique optimale est *gloutonne* par rapport à la fonction Q

optimale : $\pi^*(s) = \text{argmax}_{a \in A} Q^*(s,a)$. La programmation dynamique (Bellman, 1957) a pour but de calculer la politique optimale, en utilisant la fonction Q comme intermédiaire, dans le cas où les probabilités de transition ainsi que la fonction de récompense sont connues. Particulièrement, l'algorithme d'itération de la politique calcule la politique optimale de façon itérative. Une politique initiale est arbitrairement choisie : π_0. A l'itération k, la politique π_{k-1} est évaluée, c'est-à-dire que la fonction Q qui lui est associée, $Q^{\pi_{k-1}}(s,a)$, est calculée. Pour cela, la propriété de Markov sur les probabilités de transition est utilisée pour réécrire l'équation 2 :

$$\begin{aligned} Q^\pi(s,a) &= E_{s'|s,a}[R(s,a,s') + \gamma Q^\pi(s', \pi(s'))] \\ &= T^\pi Q^\pi(s,a) \end{aligned} \quad (3)$$

Cette équation est appelée l'équation d'évaluation de Bellman et T^π est l'opérateur associé. L'opérateur T^π est linéaire et l'équation 3 définit ainsi un système linéaire qui peut être résolu de manière exacte. La politique est ensuite améliorée en utilisant le fait que π_k est gloutonne par rapport à $Q^{\pi_{k-1}}$:

$$\pi_k(s) = \underset{a \in A}{\text{argmax}}\, Q^{\pi_{k-1}}(s,a) \quad (4)$$

Les étapes d'évaluation et d'amélioration sont répétées jusqu'à ce que π_k converge vers π^* (qui peut être démontré comme se produisant après un nombre fini d'itérations, quand $\pi_k = \pi_{k-1}$).

2.2 Programmation dynamique approchée

Bien qu'elle paraisse très intéressante, la méthode proposée ci-dessous est difficilement applicable à des situations réelles pour deux raisons. Tout d'abord, il est supposé que les probabilités de transition ainsi que la fonction de récompense sont connues. Cela est rarement le cas, surtout avec des systèmes qui interagissent avec des humains car cela reviendrait à modéliser leur comportement. Le plus souvent, seulement des exemples d'interations sont disponibles, au travers de collectes de données et de traces d'utilisation qui constituent des trajectoires dans l'espace état-action. Mais il devient alors nécessaire d'apprendre à partir d'un jeu de données fixé. Deuxièmement, l'itération de la politique suppose que la fonction Q puisse être exactement représentée et que sa valeur puisse être stockée dans un tableau pour chaque paire état-action, pour qu'ainsi l'expression 3 représente un système d'équations.

Cependant, pour des problèmes réels, les espaces d'état et/ou d'action sont souvent trop grands (et même parfois continus) pour que cette hypothèse tienne. La programmation dynamique approchée (PDA) a pour but d'estimer la politique optimale à partir de trajectoires lorsque l'espace d'état est trop grand pour une représentation tabulaire. La fonction Q est alors approchée par une représentation paramétrique $\hat{Q}_\theta(s,a)$ tandis que la connaissance du modèle est remplacée par une base d'exemples de transitions. Dans cet article, une approximation linéaire de la fonction Q est choisie : $\hat{Q}_\theta(s,a) = \theta^T \phi(s,a)$ où $\theta \in \mathbb{R}^p$ est un vecteur de paramètres et $\phi(s,a)$ un jeu de *fonctions de base* (ou *attributs*). Toutes les fonctions qui peuvent se mettre sous cette forme définissent un *espace d'hypothèses* $\mathcal{H} = \{\hat{Q}_\theta | \theta \in \mathbb{R}^p\}$. Chaque fonction Q peut se projeter sur cet espace à l'aide d'un opérateur de projection Π défini tel que :

$$\Pi Q = \underset{\hat{Q}_\theta \in \mathcal{H}}{\text{argmin}} \|Q - \hat{Q}_\theta\|^2. \quad (5)$$

Le but des algorithmes de PDA est de cacluler le meilleur jeu de paramètres θ étant donné les fonctions de base.

2.2.1 *Least-Squares Policy Iteration*

Least-Squares Policy Iteration (LSPI) est un algorithme de PDA (Lagoudakis et Parr, 2003). LSPI est inspiré de méthodes d'itération sur la politique et alterne phase d'évaluation avec phase d'amélioration de la politique. La phase d'amélioration est la même que celle décrite précédemment (la politique est gloutonne par rapport à la fonction Q évaluée) mais la phase d'évaluation doit apprendre une représentation approximative de la fonction Q en utilisant des échantillons. Dans LSPI, cela est fait en utilisant une version *off-policy* de l'algorithme *Least-Squares Temporal Differences* (LSTD) (Bradtke et Barto, 1996), c'est-à-dire une version dans laquelle la politique évaluée n'est pas celle qui a généré les données.

L'objectif est de trouver une approximation Q_θ de Q. Seulement, les valeurs de la fonction ne sont pas directement observables. Le problème est donc plus difficile à réoudre qu'un problème de régression. La fonction Q étant le point fixe de l'opérateur de Bellman, il pourrait paraître raisonnable de chercher Q_θ tel que $Q_\theta \approx TQ_\theta$. Toutefois, il n'y a aucune raison que l'espace d'hypothèse soit stable par application de l'opérateur de Bellman. LSTD consiste donc à calculer le point fixe de $Q_\theta = \Pi T Q_\theta$, qui existe bien.

En pratique, T^π n'est pas connu (les probabilités de transition de sont pas connues) mais un jeu de N transitions $\{(s_j, a_j, r_j, s'_j)_{1\le j\le N}\}$ est disponible. Le problème de point fixe précédent s'exprime alors ainsi :

$$\theta_\pi = \operatorname*{argmin}_\theta \sum_{j=1}^{N} C_j^N(\theta, \theta_\pi), \tag{6}$$
$$C_j^N(\theta, \theta_\pi) = (r_j + \gamma \hat{Q}_{\theta_\pi}(s'_j, \pi(s'_j)) - \gamma \hat{Q}_\theta(s_j, a_j))^2.$$

Grâce à la paramétrisation linéaire, une solution analytique peut être calculée :

$$\theta_\pi = (\sum_{j=1}^{N} \phi_j \Delta\phi_j^\pi)^{-1} \sum_{j=1}^{N} \phi_j r_j \tag{7}$$
$$\text{avec } \phi_j = \phi(s_j, a_j)$$
$$\text{et } \Delta\phi_j^\pi = \phi(s_j, a_j) - \gamma\phi(s'_j, \pi(s'_j)).$$

L'algorithme LSPI fonctionne ainsi comme suit. Une politique initiale π_0 est choisie. Ensuite, à l'itération k (avec $k > 1$), la fonction Q de la politique π_{k-1} est estimée en utilisant LSTD et π_k est gloutonne par rapport à cette fonction Q estimée. L'algorithme se termine quand un critère d'arrêt est atteint, par exemple quand la différence entre deux politiques consécutives est inférieure à une certaine valeur.

3 Le comportement du tuteur vu comme un PDM

Ainsi que présentée dans l'introduction, la personnalistion d'un tuteur intelligent peut se voir comme équivalente à un problème de décisions séquentielles dans lequel l'agent doit alterner entre phases d'enseignement et phases d'évaluation. Par exemple, dans le cadre de l'acquisition d'une seconde langue, le tuteur peut choisir de proposer un exercice de grammaire, suivi d'un exercice de conjugaison et seulement ensuite proposer une évaluation à l'apprenant sur les deux notions précedemment enseignées. L'utilisation de l'apprentissage par renforcement pour résoudre ce problème d'optimisation a déjà été proposé dans (Beck *et al.*, 2000) et (Iglesias *et al.*, 2009). Le travail présenté dans cette publication diffère des précédents car il se propose d'utiliser une méthode qui apprend une stratégie optimale à partir de données fixées. Ainsi, aucune interaction avec l'apprenant n'est requise durant l'apprentissage et n'importe quel système peut être amélioré en utilisant simplement des traces d'utilisation. Pour trouver la séquence optimale de décisions à l'aide de l'apprentissage par renforcement, il faut traduire le problème de tutorat dans le cadre du paradigme des processus décisionnels de Markov et ainsi définir un espace d'état, un espace d'action et une fonction de récompense (les probabilités de transition ne sont pas connues mais l'information qu'elles apportent est remplacée par un jeu de données provenant de traces d'utilisation du système).

En ce qui concerne les actions, elles sont au nombre de deux : commencer une phase d'évaluation ou commencer une phase d'enseignement. La représentation de l'état doit contenir des informations sur le contexte de l'interaction, c'est-à-dire l'information suffisante mais nécessaire pour prendre une décision. Ici l'espace d'état est défini comme un vecteur à deux dimensions : la première dimension est le taux de bonnes réponses que l'apprenant a déjà fournies (valeur continue entre 0 et 1) et la deuxième dimension est le nombre de phases d'enseignement que le système a déjà proposées (valeur entière). Il est à noter que cette représentation hybride (continue/discrète) de l'espace d'état est totalement différente de ce qui a été proposé dans différents travaux et qu'elle nécessite une approximation de la fonction de valeur. Le but pour le système est ici de tirer le meilleur de chaque apprenant et non de lui faire atteindre un taux de réussite fixé, en-dessous duquel on considère que l'apprenant a échoué (par exemple, dans (Iglesias *et al.*, 2009) ce taux est fixé à 90% ; la progression de l'apprenant n'est pas prise en compte s'il ne l'atteint jamais au cours de l'apprentissage). Enfin, la récompense est fournie par le taux de bonnes réponses de l'apprenant après une phase d'évaluation (une récompense est obtenue après chaque phase d'évaluation, aucune après celle d'enseignement). A nouveau, le but est de maximiser le cumul de ces taux en fonction des capacités de l'apprenant. Pour cela, le système doit proposer la séquence qui fait augmenter le plus rapidement les connaissances de l'élève puisque son but est de maximiser la séquence de récompenses.

4 Expériences

Nous n'avions pas de données disponibles au moment de la rédaction de cet article ; nous avons donc simulé des interactions entre le système et l'apprenant. Le modèle de l'apprenant est inspiré de (Corbett et Anderson, 1994). Le modèle est basé sur un jeu de probabilités qui simulent le fait que les connaissances d'un apprenant augmentent ou non après avoir suivi une phase d'enseignement et qui simulent des réponses à des questions. Il est important de garder à l'esprit que le modèle a seulement été utilisé pour générer des données concordantes avec notre représentation d'état mais qu'il n'est pas explicitement pris en compte pour élaborer la stratégie d'apprentissage. Du point de vue de l'apprentissage par renforcement, tout se passe comme si les données étaient générées par des utilisateurs réels. Générer des données avec un modèle a aussi l'avantage de tester les stratégies de façon statistiquement cohérente. Les données prennent la forme de traces d'interactions (une interaction étant simplement une décision du sytème suivie de la réaction de l'apprenant). Pour obtenir les données, l'utilisateur simulé doit interagir avec un système initial dont le comportement est défini par une politique codée à la main (ici le choix des actions est totalement aléatoire : des phases d'évaluation et d'enseignement alternent avec une probabilité de 50%). L'algorithme LSPI présenté section 2.2.1 est appliqué ensuite sur des jeux de données de tailles différentes. Les résultats sont présentés figure 1.

Sur cette figure, la récompense cumulée obtenue par l'apprenant en utilisant la politique apprise par le système est tracée en fonction du nombre d'interactions contenues dans le jeu de données d'entraînement utilisé par l'algorithme LSPI. Le but de cette expérience est d'identifier le nombre d'interactions requis pour apprendre une politique dont les performances sont supérieures à une simple politique définie à la main. Les performances des politiques apprises sont comparées à celles des politiques aléatoires utilisées pour la collecte de données et à celles issues d'une politique codée à la main qui alterne des phases d'enseignement et d'évaluation.

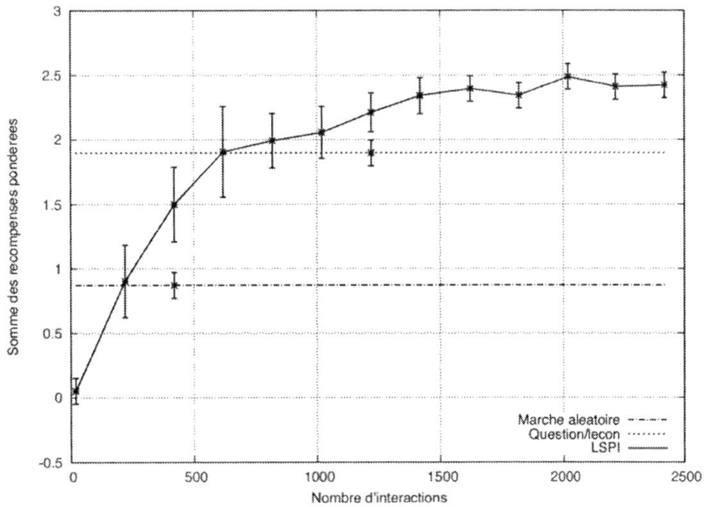

FIGURE 1 – Résultats

Il apparaît clairement sur la figure qu'en utilisant 500 interactions (une interaction n'étant pas une session entière de tutorat mais simplement une décision suivie par la réaction de l'apprenant, ce qui fait de 500 un nombre plutôt bas), la politique apprise est meilleure qu'une politique aléatoire. Ensuite, après 1000 intéractions, la politique apprise devient meilleure que la politique codée à la main. Il est donc possible d'utiliser les traces d'un système existant pour apprendre des politiques optimales.

De façon à mesurer la reproductibilité de l'apprentissage (c'est-à-dire la sensibilité à la composition du jeu de données), LSPI a été appliqué 100 fois et les politiques apprises ont été testées 1000 fois sur les apprenants simulés. L'intervalle de confiance à 95% a aussi été caclulé. Il montre que les résultats ne sont que peu sensibles à l'aléat dans les données. C'est assez important car dans des applications réelles, il n'est pas possible de contrôler la qualité des données puisque seules des traces d'utilisation sont disponibles. Après 1500 interactions, l'intervalle de confiance ne varie plus beaucoup.

5 Conclusion

Dans cette contribution, une méthode pour optimiser un tuteur intelligent qui aide à l'acquisition d'une seconde langue a été proposée. Le problème d'optimisation est d'abord exprimé comme un problème de décisions séquentielles qui peut être résolu grâce à un algorithme d'apprentissage par renforcement. Puisque le comportement des apprenants est difficile à prédire, une méthode sans modèle est préférable. La méthode choisie n'utilise donc que des traces d'interactions entre l'apprenant et le système à optimiser. Les performances de la stratégie d'interactions apprise dépassent celles des stratégies basiques utilisées pour collecter les données.

Dans le futur, les collectes de données avec des étudiants réels commenceront en utilisant l'environnement virtuel I-FLEG. Ainsi, une perspective immédiate est de collecter des traces d'utilisation de ce système pour apprendre des stratégies optimales d'enseignement. Nous souhaiterions aussi utiliser d'autres algorithmes d'AR (Geist et Pietquin, 2010) capables d'utiliser l'incertitude sur l'estimation des paramètres de la fonction Q (Geist et Pietquin, 2011) de façon à améliorer la stratégie en ligne (pendant que le système est utilisé), grâce à des stratégies d'exploration qui évitent de perturber l'apprenant. Cette méthode a déjà été appliquée avec succès à des gestionnaires de dialogues parlés (Pietquin *et al.*, 2011a; Daubigney *et al.*, 2011).

Références

AMOIA, M., GARDENT, C. et PEREZ-BELTRACHINI, L. (2011). A serious game for second language acquisition. *In Proceedings of the Third International Conference on Computer Aided Education (CSEDU 2011)*, Noordwijkerout (The Netherlands).

BECK, J. E., WOOLF, B. P. et BEAL, C. R. (2000). ADVISOR : A machine learning architecture for intelligent tutor construction. *In Proceedings of the National Conference on Articial Intelligence*, pages 552–557, Menlo Park, CA. MIT Press.

BELLMAN, R. (1957). *Dynamic Programming*. Dover Publications, sixth édition.

BLOOM, B. S. (1968). Learning for mastery. *Evaluation comment*, 1(2):1–5.

BRADTKE, S. J. et BARTO, A. G. (1996). Linear Least-Squares algorithms for temporal difference learning. *Machine Learning*, 22(1-3):33–57.

CORBETT, A. T. et ANDERSON, J. R. (1994). Knowledge tracing : Modeling the acquisition of procedural knowledge. *User modeling and user-adapted interaction*, 4(4):253–278.

DAUBIGNEY, L., GASIC, M., CHANDRAMOHAN, S., GEIST, M., PIETQUIN, O. et YOUNG, S. (2011). Uncertainty management for on-line optimisation of a POMDP-based large-scale spoken dialogue system. *In Proceedings of the Twelfth Annual Conference of the International Speech Communication Association (Interspeech 2011)*.

GEIST, M. et PIETQUIN, O. (2010). Kalman Temporal Differences. *Journal of Artificial Intelligence Research (JAIR)*, 39:483–532.

GEIST, M. et PIETQUIN, O. (2011). Managing Uncertainty within the KTD Framework. *In Proceedings of the Workshop on Active Learning and Experimental Design (AL&E collocated with AISTAT 2010)*, Journal of Machine Learning Research Conference and Workshop Proceedings, Sardinia (Italy). 12 pages - to appear.

IGLESIAS, A., MARTINEZ, P., ALER, R. et FERNANDEZ, F. (2009). Learning teaching strategies in an adaptive and intelligent educational system through reinforcement learning. *Applied Intelligence*, 31(1):89–106.

LAGOUDAKIS, M. G. et PARR, R. (2003). Least-squares policy iteration. *Journal of Machine Learning Research*, 4:1107–1149.

PIETQUIN, O., GEIST, M. et CHANDRAMOHAN, S. (2011a). Sample Efficient On-line Learning of Optimal Dialogue Policies with Kalman Temporal Differences. *In International Joint Conference on Artificial Intelligence (IJCAI 2011)*, Barcelona, Spain. to appear.

PIETQUIN, O., GEIST, M., CHANDRAMOHAN, S. et FREZZA-BUET, H. (2011b). Sample-Efficient Batch Reinforcement Learning for Dialogue Management Optimization. *ACM Transactions on Speech and Language Processing*. accepted for publication - 24 pages.

SUTTON, R. S. et BARTO, A. G. (1998). *Reinforcement Learning : An Introduction*. MIT Press.

LES AJUSTEMENTS LARYNGAUX EN FRANCAIS

Rachid Ridouane[1], *Nicolas Audibert*[1,2], *Van minh Nguyen*[1]
(1) LPP (UMR 7018, CNRS-Sorbonne-Nouvelle)
(2) LIMSI, UPR3251, 91403 Orsay Cedex

rachid.ridouane@univ-paris3.fr, nicolas.audibert@gmail.com, nguyen94800@gmail.com

RESUME

Les ajustements laryngaux en français sont examinés à partir de données acquises par photoglottographie externe (ePGG) non invasive sur deux locuteurs. L'objectif est de déterminer comment l'amplitude d'ouverture glottale et le timing entre les gestes glottaux et supraglottaux varient selon la nature des obstruantes sourdes. Il s'agit plus spécifiquement de montrer comment le mode et le lieu d'articulation des obstruantes affectent le geste d'abduction-adduction des plis vocaux et comment deux gestes successifs d'ouverture-fermeture glottale sont organisés au sein d'une séquence de deux obstruantes. Les résultats obtenus sont explorés dans une perspective typologique.

ABSTRACT

Laryngeal adjustments in French

Laryngeal adjustments in French are examined based on non-invasive external photoglottographic (ePGG) data from two subjects. The aim is to determine how glottal opening amplitude and the timing between laryngeal and supralaryngeal gestures vary depending on the phonetic make-up of the voiceless obstruents. Specifically, we want to show how place and manner of articulation of the obstruents affect the abduction-adduction gesture and how a combination of two successive laryngeal opening-closing gestures is organized within a consonantal cluster. The results obtained are discussed from a typological perspective.

MOTS-CLES : Ajustements laryngaux, français, obstruantes sourdes, séquences sourdes.
KEYWORDS : Laryngeal adjustments, French, voiceless obstruents, voiceless clusters.

1 Introduction

Ce travail traite des ajustements laryngaux en français en examinant comment l'amplitude et le timing du geste d'abduction-adduction des plis vocaux varient selon la nature des obstruantes et des séquences d'obstruantes sourdes. Les caractéristiques laryngales des consonnes sourdes ont été examinées dans plusieurs langues, mais très peu d'études ont été consacrées au français (Fischer-Jørgensen 1972, Benguerrel al. 1978). Notre travail, qui vise donc à combler cette lacune, est organisé autour d'une série de comparaisons liées notamment au mode d'articulation et au lieu d'articulation des obstruantes, et au phénomène de coarticulation laryngale pendant la production des séquences de deux obstruantes sourdes. Les résultats obtenus sont examinés à la lumière de nos connaissances sur les mécanismes du contrôle laryngé observés dans différentes langues du monde, notamment dans les langues germaniques, le japonais, le berbère et l'arabe marocain. L'objectif est de déterminer si certaines caractéristiques laryngales sont communes à toutes ces langues et peuvent être considérées comme universelles.

1.1 Méthode

La photoglottographie externe (ePGG) est une méthode non-invasive permettant d'observer les ajustements de la glotte pendant la parole. Ce dispositif, fabriqué et breveté par le Laboratoire de Phonétique et Phonologie (CNRS/Sorbonne-Nouvelle), consiste en une source de lumière infrarouge puissante (LED) appliquée autour du cou et un capteur qui enregistre la quantité de photons qui passe à travers la glotte ; plus la glotte est ouverte, plus l'intensité de cette lumière est importante, et inversement. Deux locuteurs natifs (M1 et M2) ont participé à l'expérience, chacun produisant de 4 à 5 fois les formes présentées dans la table 1. Les segments analysés, tous en position intervocalique, varient selon (i) le mode d'articulation (occlusive *vs.* fricative), (ii) le lieu d'articulation (/p/ *vs.* /t/ *vs.* /k/ pour les occlusives ; /f/ *vs.* /s/ *vs.* /ʃ/ pour les fricatives) (iii) la gémination hétéromorphémique (ex. /k/ *vs.* /k#k/), et (iv) la disposition des obstruantes au sein de la séquence C_1C_2 (ex. /sk/ *vs.* /s#k/ *vs.* /k#s/). Chaque forme a été incluse dans une phrase cadre : « prononce ceci ... six fois ».

Type	Segment	Item
Occlusive	p	réparer
	t	s'étaler
	k	mécano
Fricative	f	céphalée
	s	messager
	ʃ	réchapper
Occlusive # Occlusive	p#p	une guêpe parlante
	t#t	une fête tardive
	k#k	un mec cabossé
Fricative # Fricative	f#f	une nef fabuleuse
	s#s	une messe savoureuse
	ʃ#ʃ	une mèche chatoyante
Fricative - Occlusive	st	estimer
	sk	esquiver
Fricative # Occlusive	s#k	un fils kinésiste
	s#t	un fils timoré
Occlusive # Fricative	t#s	un mythe sidérant
	k#s	une tique sidérante

TABLE 1 – Liste des items utilisés

Les données ePGG, enregistrées à l'aide d'une carte d'acquisition DT9803, ont été converties en .wav puis traitées par un filtrage passe-bas à 300Hz. Elles ont par la suite été segmentées manuellement à l'aide de Praat, avec visualisation simultanée du signal acoustique et du spectrogramme. Les valeurs d'ouverture glottique et du timing entre les gestes glottaux et supraglottaux ont été extraites automatiquement à partir de cette segmentation. L'ouverture maximale de la glotte (OMG) sur la tenue des segments cibles (ex. /k/) est exprimée comme le pourcentage de l'OMG mesurée sur la séquence /s#s/ de la phrase cadre « prononce ceci », supposée présenter une ouverture glottique importante et peu variable. Afin de tenir compte des fluctuations de l'amplitude absolue de l'ouverture glottale, dues notamment aux mouvements verticaux du larynx, les ouvertures maximales du segment cible et de la séquence /s#s/ de référence sont mesurées relativement à l'amplitude mesurée de la voyelle qui les précède, réalisée avec la glotte fermée. Les autres variables examinées incluent les intervalles temporels entre l'OMG et l'onset et l'offest de l'obstruante ainsi que le rapport entre l'OMG et la durée totale des obstruantes. Ces variables seront détaillées plus bas.

2 Propriétés des obstruantes simples

Cette section examine comment les ajustements glottaux varient selon le mode d'articulation et le lieu d'articulation des obstruantes sourdes simples.

2.1 Mode d'articulation

Il a été largement observé que l'amplitude de l'ouverture glottale est plus importante pour les fricatives que pour les occlusives (voir Ridouane 2003 et Hoole 2006 pour une revue). Selon Yoshioka et al. (1980 : 306) : « ... *the difference in the peak value between a voiceless fricative and a voiceless stop is universal.* » Mais s'agit-il réellement d'un aspect universel ? Hutters (1985), par exemple, a rapporté pour le danois des ouvertures maximales de la glotte légèrement mais significativement plus larges pour les occlusives comparées aux fricatives. En coréen, Kagaya (1974) a observé que les fricatives non tendues ont un degré d'ouverture glottale semblable à celui des occlusives aspirées et, plus récemment, Kim (2010) a montré à partir de données IRM que l'ouverture glottale des fricatives est moins importante que celle des occlusives aspirées. Aussi, sur les trois locuteurs allemands analysés par Hoole (2006), seul un locuteur a produit un pic d'ouverture glottale plus large pour les fricatives. Ces divergences s'expliquent probablement par le degré particulièrement important de la phase d'aspiration dans ces trois langues. Cela peut être observé dans l'étude de Lisker et Abramson (1974) qui a rapporté que le VOT des aspirées en coréen (104 ms en moyenne) est beaucoup plus long qu'en anglais (78 ms en moyenne). Les occlusives aspirées analysées en allemand sont en position initiale du mot, en syllabe accentuée, là où précisément l'aspiration est la plus forte (voir aussi Hutters (1985 : 17) qui rapporte des durées importantes pour les aspirées en danois).

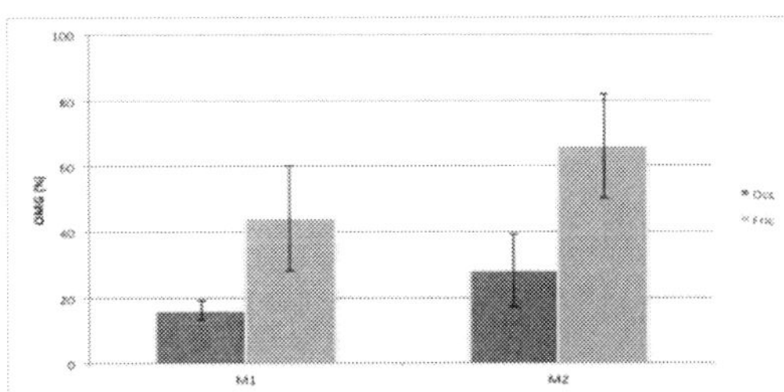

FIGURE 1 – Différences d'OMG entre occlusives et fricatives sourdes pour les deux locuteurs.

Les occlusives sourdes du français ne sont pas aspirées. On s'attendrait dès lors à ce que l'amplitude glottale pour les fricatives soit plus large pour satisfaire les contraintes aérodynamiques nécessaires pour la production de ces consonnes. Comme le montre la figure 1, les fricatives sourdes sont effectivement produites avec une OMG plus large comparée aux occlusives, et ce pour les deux locuteurs.

Des travaux antérieurs ont également montré que le rapport temporel entre les gestes glottaux et supraglottaux varie selon le mode d'articulation des obstruantes. En anglais, Löfqvsit et Yoshioka (1984) ont observé que l'amplitude maximale de l'ouverture glottale a lieu plus près de l'implosion pour les fricatives. Ainsi, l'intervalle entre l'onset acoustique de l'obstruante et l'ouverture maximale de la glotte est plus long pour les occlusives (voir aussi Hutters 1985). Nous avons mesuré cet intervalle et nos résultats, illustrés par la figure 2, indiquent que l'OMG est atteinte en moyenne plus rapidement pour les fricatives (33 ms, DS : 7 ms) comparées aux occlusives (42 ms, DS : 9 ms).

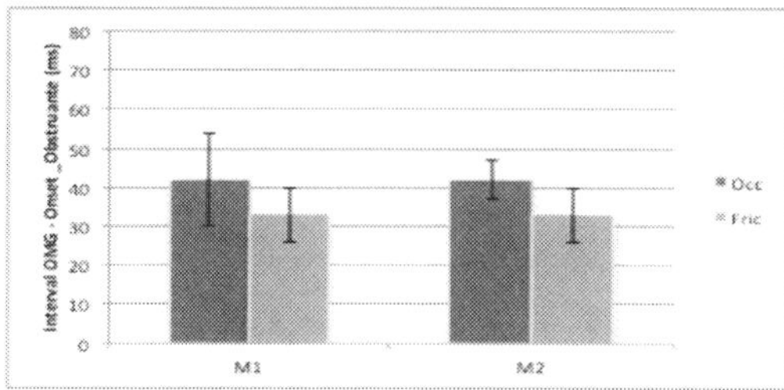

FIGURE 2 – Intervalle temporel entre l'OMG et l'onset de l'obstruante.

Cette rapidité de l'abduction glottale explique pourquoi au début d'une fricative post-vocalique les plis vocaux continuent encore de vibrer alors que la glotte présente une ouverture plus importante comparée à une occlusive (Yoshioka et al. 1981, Hoole 2006). La glotte, s'ouvrant plus rapidement, atteint une amplitude importante avant que la différence de pression transglottique diminue à un niveau propice à la cessation des vibrations des plis vocaux. Selon Yoshioka et al. (1981 : 1621) : « *[...] a fast separation of the vocal folds is preferable for the turbulent noise source during fricative segments; for stop production, however, such a rapid increase in glottal area seems unnecessary during initial stop closure to terminate vocal fold vibration.* » Cette vélocité du geste d'ouverture glottale peut expliquer un autre aspect commun à beaucoup de langues : pendant la production d'une séquence d'obstruantes sourdes qui contient une fricative, la glotte atteint généralement son niveau d'ouverture maximale pendant la tenue de cette fricative. Nous reviendrons sur ce point plus bas.

2.2 Lieu d'articulation

La revue de littérature (ex. Hoole 2006) montre que le changement de lieu d'articulation des fricatives entre labial, dental et alvéopalatal n'affecte pas significativement la nature des ajustements glottaux[1]. Nos données du français confirment cette absence d'effet, que ce soit sur l'amplitude glottale que sur le timing de cette ouverture. Le reste de cette section sera donc limité au cas des occlusives. Le VOT des occlusives varie en fonction du lieu d'articulation : il augmente à mesure que l'on recule dans la cavité buccale (Cho et Ladefoged, 1999). C'est le cas aussi en français, où le VOT de la vélaire est plus long que celui des autres occlusives (Serniclaes 1987). Plusieurs explications ont été fournies pour rendre compte de cet aspect (Stevens 1999). Outre des facteurs aérodynamiques liés à la taille de la cavité orale, plus réduite pour les vélaires, aux mouvements des articulateurs, et au degré du contact supralaryngal, le VOT varie aussi en fonction de la nature du mécanisme laryngal. Sawashima et Niimi (1974), à partir des données du japonais, ont ainsi montré que l'amplitude glottale pour /k/ est plus importante que pour /t/ et /p/. La même tendance a été observée par Hutters (1985) pour le danois, Cooper (1991) pour l'anglais, Hoole (2006) pour l'allemand et Ridouane (2003) pour le berbère.
En français, l'analyse des données acoustiques montre que pour les deux locuteurs, le VOT de /k/ est plus long (28 ms, DS : 3.2) que celui de la dentale /t/ (17 ms, DS : 3.5) et de la labiale /p/ (12 ms, DS : 1.7). Au niveau glottal, nos résultats montrent là aussi que l'OMG pour /k/ est plus large que pour /p/ et /t/ (voir figure 3).

[1] Il est à noter que dans les langues qui ont des fricatives dorsales des variations d'amplitude glottale importantes ont été observées ; les uvulaires par exemple étant produites avec une amplitude plus large que les coronales ou labiales. C'est le cas notamment en arabe marocain (Zeroual 2000) et en berbère (Ridouane 2003).

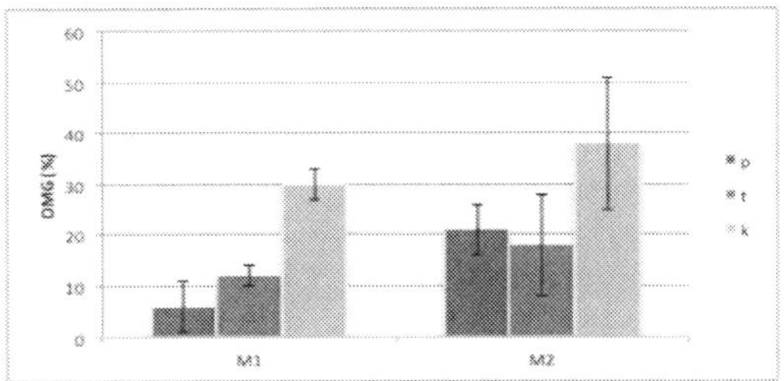

FIGURE 3 – Différences d'OMG selon le lieu d'articulation des occlusives pour les deux sujets.

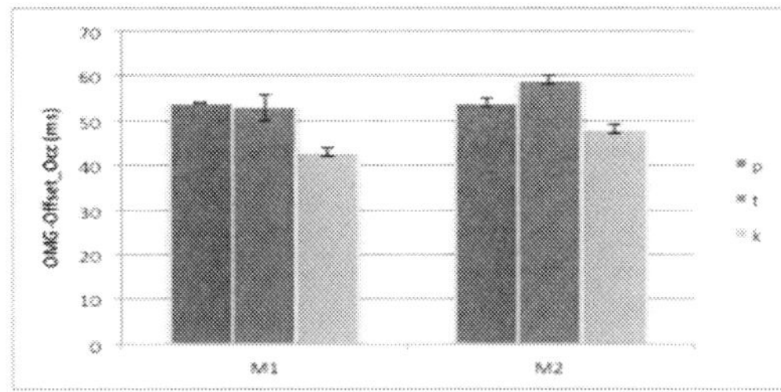

FIGURE 4 – Intervalle temporel entre l'OMG et l'offset de l'occlusive selon le lieu d'articulation des occlusives.

La nature de l'ajustement interarticulatoire a aussi une influence majeure sur la durée du VOT, en ce sens que l'ouverture maximale de la glotte a lieu plus tôt pour /p/ que pour /k/. Pour mesurer ce paramètre nous avons calculé l'intervalle entre l'OMG et l'offset acoustique de l'occlusive. Les résultats, présentés dans la figure 4, indiquent que l'OMG a lieu plus près de l'offset pour /k/ comparé à /p/ et /t/, et ce pour les deux locuteurs. De telles différences n'ont pas été observées entre /p/ d'un côté et /t/ de l'autre.

3 Propriétés des séquences sourdes

La coarticulation laryngale pendant la production des séquences d'obstruantes sourdes a fait l'objet de plusieurs études, plus particulièrement sur les langues germaniques (Pétursson 1977, Hoole 2006, Löfqvist et Yoshioka 1980, Munhall et Löfqvist 1992), le japonais (Fukui et Hirose 1983, Yoshioka et al. 1980), le berbère (Ridouane 2003, Ridouane et al. 2006) et l'arabe marocain (Yeou et al. 2008). L'objectif de ces travaux a été de déterminer comment les gestes successifs d'ouverture-fermeture glottale sont organisés selon la nature et la disposition des obstruantes au sein d'une séquence consonantique. Les résultats obtenus montrent qu'une suite de deux obstruantes sourdes peut être produite avec un ou deux gestes séparés d'ouverture-fermeture glottale. La séquence monomorphémique fricative – occlusive requiert généralement un seul geste glottal, avec le pic d'ouverture atteint pendant la fricative. De même, une suite de deux obstruantes identiques est produite avec un seul geste glottal, le pic de cette ouverture varie selon la nature aspirée ou non aspirée de l'occlusive. Par ailleurs, une suite fricative#occlusive séparée par une frontière de mot (par exemple /s#t/ dans les langues germaniques) requiert souvent deux gestes séparés d'ouverture-fermeture glottale. Le pic de ces ouvertures est atteint pendant la tenue de la fricative et au moment du relâchement de l'occlusive. Une question soulevée par ces résultats a été de savoir si l'aspect monomodal ou bimodal du mouvement glottal est une conséquence de la frontière de mot ou s'il s'agissait plutôt d'une conséquence de l'aspiration qui caractérise l'occlusive dans certaines positions. Pour Löfqvist et Yoshioka (1980), ces ajustements ne sont pas liés à la frontière de mot mais plutôt à la nature des consonnes contenues dans la séquence, en ce sens que chaque obstruante sourde produite avec aspiration ou bruit de friction a tendance à requérir une ouverture glottale maximale séparée. Nous examinons ici la coarticulation laryngale pendant la tenue des géminées hétéromorphémiques (C_i#C_i) et des suites C_1C_2 où C_1 ou C_2 est soit une occlusive soit une fricative, séparée ou pas par une frontière de mot.

3.1 Les géminées hétéromorphémiques $C_i\#C_i$

A l'instar des obstruantes simples, les géminées hétéromorphémiques en français sont toujours produites avec un seul geste d'ouverture-fermeture glottale. Aussi, aucune différence notable n'a été relevée concernant le moment où ce geste glottal atteint son ouverture maximale (36% et 35% relatif à la durée totale des occlusives simples et géminée, respectivement ; et 41% et 42% pour les fricatives simples et géminées, respectivement). Des différences notables ont par ailleurs été observées concernant l'OMG. Les géminées, qu'elles soient fricatives (91%, DS : 21) ou occlusives (44%, DS : 13), ont un degré d'amplitude glottale plus large, comparées aux simples (54%, DS : 16 pour les fricatives, et 21%, DS : 7 pour les occlusives). Ce résultat, qui rejoint les observations de Benguerrel et al. (1978), soulève la question du facteur responsable de ces différences. Une réponse possible est que le degré de l'amplitude glottale est une fonction de la durée de cette ouverture : plus la durée entre l'initiation du geste d'abduction et la fin du geste d'adduction est longue, plus l'amplitude maximale atteinte sera grande. Nous avons analysé la corrélation entre la durée et l'amplitude du geste glottale. Les résultats, illustrés par la figure 5 pour les occlusives, montrent que cette corrélation est plus importante pour les fricatives (r=.7) que pour les occlusives (r=.6).

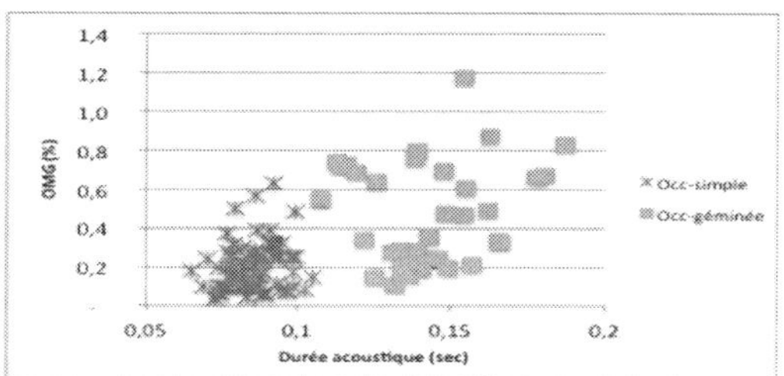

FIGURE 5 – Rapport entre l'OMG et la durée des occlusives simples et géminées.

3.2 Les séquences $C_1(\#)C_2$

Contrairement aux langues où l'aspiration est distinctive, en français les séquences de deux obstruantes sourdes sont systématiquement produites avec un seul geste d'abduction-adduction glottale. Aussi, la présence ou l'absence d'une frontière de mot dans la séquence fricative-occlusive n'a aucun effet sur l'amplitude de cette ouverture (fricative-occlusive = 91%, DS : 21 ; fricative # occlusive 89%, DS : 17). Par ailleurs, nos données montrent que l'ouverture maximale de la glotte est quasi systématiquement atteinte pendant la tenue de la fricative. Ceci est en accord avec les résultats de Löfqvist et Yoshioka (1980) pour le suédois, Ridouane et al. (2006) pour le berbère ou Yeou et al. (2008) pour l'arabe marocain (voir aussi Hoole (2006) qui rapporte le même résultat pour d'autres langues). Deux stratégies sous-jacentes peuvent expliquer cette asymétrie : (i) elle peut être due à des considérations aérodynamiques, la fricative nécessitant un flux d'air intraoral plus important que l'occlusive, (ii) elle est causée par deux gestes d'ouverture glottale sous-jacents qui se chevauchent : une ouverture large pour la fricative et une plus petite pour l'occlusive (Munhall et Löfqvist 1992). Browman et Goldstein (1986) attribuent le pattern monomodal de l'ouverture glottale pour les séquences fricative-occlusive à la régularité phonologique qui caractérise la position attaque de syllabe. Ils posent la règle suivante pour rendre compte de ce pattern : « *if a fricative gesture is present, coordinate the PGO* [OMG] *with the mid-point of the fricative... » (ibid : 446)*. Les données du français contredisent cette règle : quelle que soit la structure syllabique et morphologique de la séquence, l'OMG est localisée pendant la fricative, mais ce pic n'est pas nécessairement localisé au milieu de cette fricative. En effet, comme pour l'allemand et le berbère, l'OMG tend à se décaler vers la première moitié de la fricative quand elle suit une occlusive (11% de la fricative) et vers la fin de la fricative quand elle est suivie d'une occlusive (73% de la fricative). La figure 6 illustre ces différences de timing pour les suites Fricative # Occlusive et Occlusive # Fricative.

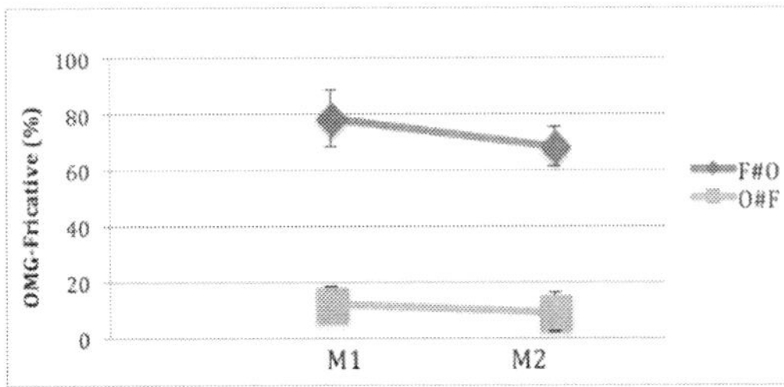

FIGURE 6 – Localisation du pic d'ouverture glottale en % relatif à la durée de la fricative pour les suites Fricative # Occlusive et Occlusive # Fricative pour M1 et M2.

4 Conclusion

Cette étude a permis de dégager certaines caractéristiques laryngales que le français partage avec d'autres langues non apparentées. A l'instar des langues germaniques, du japonais ou du berbère, les ajustements glottaux en français varient selon le mode d'articulation des obstruantes simples. Cet effet est visible aussi bien sur le degré d'amplitude glottale que sur le timing de cette ouverture. Ainsi, les fricatives sourdes sont produites avec une OMG plus large atteinte plus rapidement comparées aux occlusives. Ces résultats reflètent un aspect (quasi) universel lié à des contraintes aérodynamiques. L'OMG et son timing diffèrent aussi selon le lieu d'articulation des occlusives. La vélaire /k/, produite avec un VOT plus long, présente un degré d'ouverture glottale plus important et un retard dans le timing de cette ouverture par rapport à l'offset de l'occlusive. De telles différences n'ont pas été observées entre /p/ et /t/. Concernant les séquences consonantiques, la présence d'une frontière de mot n'a pas d'effet ni sur l'amplitude et le nombre d'ouvertures glottales ni sur le timing entre les gestes glottaux et supraglottaux. La gémination hétéromorphémique affecte par contre l'amplitude glottale, en ce sens que plus la durée de l'obstruante est longue plus l'amplitude de l'ouverture glottale est large. Un dernier résultat qui reflète une autre tendance universelle est que dans une séquence d'obstruantes C1C2 (où C1 ≠ C2 en terme de mode d'articulation), le pic d'ouverture glottale est toujours atteint durant la fricative, que cette fricative suive ou précède l'occlusive. Cette différence de localisation de l'OMG est probablement liée à la différence de vélocité d'ouverture glottale entre les deux obstruantes.

Références

BENGUERREL, A.P., HIROSE, H., SAWASHIMA, M. AND USHIJIMA, T. (1978). Laryngeal control in French stop production: a fiberscopic, acoustic and electromyographic study. *Folia phoniatrica* 30, pages 175-198.

BROWMAN, C. P., ET GOLDSTEIN, L. (1986). Towards an articulatory phonology. *Phonology Yearbook* 3, pages 219–252.

CHO, T. AND LADEFOGED, P. (1999). Variations and universals in VOT: evidence from 18 languages. *Journal of Phonetics* 27, pages 207-229.

COOPER, A.M. (1991). Laryngeal and oral gestures in English /p, t, k/. *Proceedings of the 12th ICPHS*, pages 50-53.

FISCHER-JORGENSEN, E. (1972). PTK et BDG français en position intervocalique accentuée. In *Papers in Linguistics and Phonetics to the Memory of Pierre Delattre*, P.Valdman (ed.), Mouton, Den Haag, pages 143-200.

FUKUI, N. ET HIROSE, H. (1983). Laryngeal adjustments in Danish voiceless obstruent production. *Annual Report of the Institute of Phonetics, University of Copenhagen* 17, pages 61-71.

HOOLE, P. (2006). *Experimental studies of laryngeal articulation*. Habilitation Thesis, Ludwig-Maximilians-Universität.

HUTTERS, B. (1985). Vocal fold adjustments in aspirated and unaspirated stops in Danish. *Phonetica 42*, pages 1-24.

KAGAYA, R. (1974). A fiberscopic and acoustic study of Korean stops, affricates and fricatives. Journal of Phonetics 2, pages 161-180.

KIM, H., MAEDA, S. AND HONDA, K. (2011). The laryngeal characterization of Korean fricatives: Stroboscopic cine-MRI data. *Journal of Phonetics* 39, pages 626–641.

LISKER, L. ET ABRAMSON, A.S. (1964). A cross-language study of voicing in initial stops: acoustic measurements. *Word* 20, pages 384-422.

LÖFQVIST, A. ET YOSHIOKA, H. (1980). Laryngeal activity in Swedish obstruent clusters. *JASA* 68(3), pages 792-799.

LÖFQVIST, A. ET YOSHIOKA, H. (1984). Intrasegmental timing: Laryngeal-oral coordination in voiceless consonant production. *Speech Communication* 3, pages 279-289.

MUNHALL, K. ET LÖFQVIST, A. (1992). Gestural aggregation in speech: laryngeal gestures. *Journal of Phonetics* 20, pages 111-126.

PETURSSON, M. (1977). Timing of glottal events in the production of aspiration after [s]. *Journal of Phonetics* 5, pages 205-212.

RIDOUANE, R. (2003). *Suites de consonnes en berbère: phonétique et phonologie.* Thèse de Doctorat, Université Paris 3.

RIDOUANE, R., FUCHS, S. ET HOOLE, P. (2006). Laryngeal adjustments in the production of voiceless obstruent clusters in Berber. In Jonathan Harrington et Maria Tabain (eds.) *Speech production: models, phonetic processes, and techniques*. New York: Psychology Press, pages 275–301.

SAWASHIMA, M. ET NIIMI, S. (1974). Laryngeal conditions in articulations of Japanese voiceless consonants. *Annual Bulletin, Research Institute of Logopedics and Phoniatrics* 8, pages 13-18.

SERNICLAES, W. (1987). *Etude expérimentale de la perception du trait de voisement des occlusives du français.* Unpublished Ph. D. thesis, Université Libre de Bruxelles.

STEVENS, K. N. (1999). *Acoustic phonetics*. Cambridge: MIT Press.

YEOU, M., HONDA, K., MAEDA, S. (2008). Laryngeal adjustments in the production of consonant clusters and geminates in Moroccan Arabic. *Proceedings of the 8th International Seminar on Speech Production*, pages 249-252.

Yoshioka, H., Löfqvist, A. et Hirose H. (1980). Laryngeal adjustments in Japanese voiceless sound production. Haskins Laboratories: Status Report on Speech Research SR63/64, pages 293-308.

YOSHIOKA, H., LÖFQVIST, A. ET HIROSE H. (1981). Laryngeal adjustments in the production of consonant clusters and geminates in American English. *JASA* 70(6), pages 1615-1623.

ZEROUAL, C. (2000). *Propos controversés sur la phonétique et la phonologie de l'arabe marocain.* Thèse de Doctorat Unifié, Université Paris 8.

Etude de la coarticulation CV chez des adultes bègues italiens

Marine Verdurand[1] *Lionel Granjon*[1] *Daria Balbo*[3] *Solange Rossato*[2] *Claudio Zmarich*[4]

(1) GIPSA-Lab, UMR 5216, domaine universitaire, 38420 St Martin d'Hères
(2) LIG, UMR5217, domaine univeritaire, 38420 St Martin d'Hères
(3) Università di Padova, 38137 Padova, Italia
(4) CNR-ISTC, 2 Via Martiri della Libertà, 35137 Padova, Italia

marine.verdurand@gipsa-lab.inpg.fr, lionel.granjon@gipsa-lab.inpg.fr, db17@hotmail.it, solange.rossato@gipsa-lab.inpg.fr, claudio.zmarich@pd.istc.cnr.it

RESUME

La coarticulation de la parole bègue présente des particularités dans ses aspects disfluents et fluents. Cette étude s'intéresse à la coarticulation des séquences fluentes d'adultes bègues italiens. Les sujets doivent répéter des syllabes CV dans deux conditions de retour auditif : normales, puis avec feedback auditif modifié. Les résultats montrent une tendance à une coarticulation moins importante chez les adultes bègues par rapport à leurs homologues fluents. Cette différence est d'autant plus marquée que la consonne, de la séquence CV, est postérieure. La condition de feedback modifié, permet chez les bègues, une réduction de la variabilité. Egalement, le degré de coarticulation a tendance à se rapprocher de celui des fluents pour les séquences avec consonne postérieure. Une discussion est faite autour du contrôle moteur de la parole bègue.

ABSTRACT

Study of the coarticulation CV within Italian adult stutterers

The coarticulation of the stuttered speech shows distinctive characteristics in its dysfluent aspects as well as in its fluent ones. The present survey is about the coarticulation of fluent sequences tested in Italian adult stutterers. The tested subjects had to repeat CV syllables under two different feedbacks : normal, then with an altered auditory feedback. The results show that the coarticulation tends to be less important in adult stutterers compared to that of fluent adults. This difference is all the more perceptible as the consonnant, in sequence CV, is a back one. The condition of the altered feedback enables the stutterers to have decrease in variability. And, the degree of coarticulation tends to be closer to that of the fluents one, for the sequences with the back consonant. Discussion is open about the motor control of the stuttered speech.

MOTS-CLES : bégaiement, disfluences, coarticulation, retour auditif modifié.
KEYWORDS : stuttering, disfluencies, coarticulation, altered auditory feedback.

1 Introduction

Dans le bégaiement, la fluence est perturbée en raison des disfluences qui sont des difficultés motrices de l'écoulement de la parole empêchant la personne de dire ce qu'elle souhaite. Wingate (1988), dans son hypothèse de la ligne de faille, stipule que les disfluences puissent être considérées comme une perturbation du phénomène de coarticulation. Plusieurs études confirment cette hypothèse non seulement dans la parole disfluente (Howell et Vause, 1986) des sujets bègues, mais aussi dans leur parole fluente (Zmarich et al., 2006 ; Hirsch, 2007). Par ailleurs, les modifications du feedback auditif sont reconnues pour améliorer la fluence des personnes bègues. Il paraît donc judicieux d'étudier la parole bègue dans ses aspects fluents, dans des conditions perceptives normales et perturbées.

2 Caractéristiques de la parole fluente des adultes bègues

Les données de la littérature ne permettent pas encore de tirer des conclusions précises sur le contrôle moteur de la parole perceptivement fluente des personnes bègues. Néanmoins, nous pouvons parler de particularités phonétiques la caractérisant. Notamment, il existe une centralisation des voyelles par rapport aux homologues fluents (Blomgren et al., 1998 ; Hirsch, 2007). D'un point de vue du contrôle moteur de la parole, cette centralisation signifie que les personnes bègues font des mouvements articulatoires moins amples, donc plus faciles à contrôler. Cette amplitude réduite des mouvements articulatoires pourrait être une stratégie pour compenser le bégaiement (Zmarich et al., 2006).

Par ailleurs, la parole bègue est marquée par des transitions formantiques qualifiées d' « anormales ». Selon les études, les conclusions divergent. Les transitions chez les bègues sont parfois notées comme étant absentes (Howell et Vause, 1986), parfois comme étant plus larges et plus rapides que celles des fluents (Robb et Blomgren, 1997). Subramanian et al. (2003), dans une étude longitudinale, analysent la transition du F2 dans une parole perceptivement « fluente » d'enfants bègues. Ils constatent, chez les enfants dont le bégaiement s'est chronicisé, des changements fréquentiels moins importants que ceux trouvés chez les enfants dont le bégaiement a disparu ou ceux trouvés chez les fluents. La mesure du F2 pourrait éventuellement servir à pronostiquer la chronicisation du bégaiement.

Au niveau de la coarticulation anticipatoire, les résultats sont également contradictoires. Certaines études montrent une coarticulation plus importante chez les bègues. Notamment, les sujets bègues italiens ont une coarticulation anticipatoire plus marquée que leurs homologues fluents sur les syllabes accentuées (Zmarich et al., 2006). Toutefois, Sussman et al., (2010) ne confirment pas ces données. Ils montrent que la programmation motrice de la coarticulation anticipatoire tombe dans les limites normales chez les adultes bègues, en situation de lecture de textes riches en mots commençant par /bV/ /dV/ et /gV/. Cependant pour la séquence /dV/, les bègues les plus sévères tendent à avoir une coarticulation plus faible que celle des fluents. De même qu'une centralisation des voyelles, une coarticulation plus importante pourrait révéler une stratégie de compensation du bégaiement (Zmarich et al., 2006). Les études cinématiques montrent que dans la parole fluente des bègues, les stratégies de contrôle moteur sont différentes de celles des témoins (Namasivayam et Van Lieshout, 2009).

L'étude du bégaiement à travers ses aspects fluents peut révéler une quantité considérable d'informations sur les mécanismes du trouble. Notamment, la coarticulation présente des particularités qu'il est intéressant d'approfondir puisque actuellement, les résultats des études montrent une certaine disparité. Un autre point qui mérite attention est l'amélioration de la fluence sous retour auditif modifié.

3 Rôle du retour auditif chez les personnes bègues

Certaines modifications du feedback auditif (bruit blanc, décalage temporel ou fréquentiel de la parole) entraînent une réduction des disfluences (Stuart et al. 2008). Les modifications de la parole chez les personnes qui bégaient ne concernent donc pas seulement l'aspect moteur mais impliquent la boucle perceptivo-motrice.

Max et al.(2004) proposent que la personne bègue ait une dépendance trop importante au système de contrôle des informations afférentes. Deux types de retours sont présents pour contrôler la planification des commandes motrices puis l'exécution motrice elle-même. Ce sont les modèles internes et les retours externes. Les premiers contrôlent les commandes motrices avant qu'elles ne soient exécutées. Les seconds, plus lents, font un contrôle à partir des informations tactiles, proprioceptives et auditives. Les personnes bègues se serviraient préférentiellement des contrôles externes, plus lents. Le fait de trop investir ce système de contrôle favoriserait un décalage entre la commande motrice et les conséquences auditives et sensorielles. Ce décalage provoquerait des instabilités qui conduiraient aux disfluences. Actuellement, les recherches sont tournées vers les AAF (Altered Auditory Feedback). La plupart s'intéressent à leur effet sur le taux de disfluences. Une étude, Balbo (2011), montre des effets variables du AAF sur les mesures de coarticulation et des structures formantiques des voyelles. Ces effets pourraient être fonction du degré de sévérité du bégaiement.

Nous avons souhaité approfondir ces aspects. Nous supposons que la coarticulation des bègues diffère de celle des fluents, au moins en partie. Cependant, vu la disparité des résultats observés en littérature, il est difficile de pronostiquer l'orientation de la différence. Nous étudions cette coarticulation pour les lieux bilabial, coronal et vélaire. Enfin, nous présumons que la condition AAF, reconnue pour être très améliorante, permette de rapprocher la coarticulation des bègues de celle des fluents.

4 Méthodologie

4.1 Les sujets

L'étude présentée ici s'inscrit dans une recherche plus large sur des bègues italiens et français. Cette étude concerne uniquement les sujets italiens. 11 adultes bègues (29 ans et 4mois) italiens et 10 adultes fluents italiens (35 ans et 4 mois) ont été enregistrés. La sévérité du bégaiement a été évaluée par le *Stuttering Severity Instrument for Children and Adults-3rd edition* (SSI-3, Riley, 1994). Deux sujets ont un bégaiement modéré ; quatre autres ont un bégaiement modéré à sévère ; un, un bégaiement sévère ; et deux, un bégaiement très sévère. Ont été inclus dans l'étude, les sujets n'ayant aucun trouble auditif ou langagier.

4.2 L'expérimentation

4.2.1 Les conditions d'enregistrement

Au cours d'enregistrements audio et vidéo, des corpus de parole spontanée et lue ont été recueillis, sous SR (Sans Retour modifié), afin d'établir la sévérité du bégaiement ; puis sous AAF. Ensuite, une tâche de répétition a été réalisée sous SR, puis sous AAF.

4.2.2 Matériel et programmation

Les enregistrements sont faits grâce à un microphone professionnel AKG C1000S, relié à un enregistreur *PMD Marantz.* L'expérimentation est conçue grâce au logicel E-Prime pour délivrer les phrases stimuli, et par le logiciel Max/msp pour la modification du retour auditif. Sous AAF, le sujet, par l'intermédiaire d'écouteurs perçoit son retour auditif de manière modifiée. L'altération du feedback auditif est à la fois temporelle et fréquentielle. Le décalage temporel est de 60 ms. Le shift fréquentiel correspond à une aggravation de 40% de la F0 du sujet.

4.2.3 Corpus

Ce sont des syllabes cibles CV incluses dans une phrase à répéter: « dico CV poi CV poi CV » (« je dis CV puis CV puis CV »). C est une plosive voisée /b, d, g/ et V une voyelle cardinale /a, i, u/. Chaque phrase est répétée aléatoirement 3 fois.

4.3 Analyses

Nous avons d'abord annoté les enregistrements sous Praat en notant les plosions, le début, et la fin des voyelles. Ensuite, nous avons utilisé la méthode de l'équation du locus pour mesurer la coarticulation anticipatoire. Cette équation correspond à des régressions linéaires des valeurs en fréquence du F2 mesurées au début du F2 (F2début, premiers cycles reconnaissables de la voyelle) et au centre de la voyelle (F2voyelle). Cette ligne de régression linéaire est représentée par la formule :

$$F2début = k*F2voyelle + c \text{ (Lindblom, 1963)}$$

où k est la pente de régression qui donne le degré de coarticulation anticipatoire, et c, le point d'intersection avec l'axe des ordonnées. Nous avons calculé une pente par sujet en effectuant une régression linéaire robuste sur l'ensemble des 18 répétitions de syllabes C/a, i, u/, pour chaque lieu d'articulation. Les valeurs de k sont usuellement comprises entre 0 et 1, 0 signifiant qu'il n'y a aucune coarticulation anticipatoire donc peu d'influence du contexte vocalique, 1 une coarticulation très importante.

5 Résultats

Pour chaque consonne et chaque sujet, la pente k est estimée à partir des 18 mesures de couple (F2début, F2voyelle) sur /i, a, u/. La figure 1 présente les moyennes de k obtenues pour les 11 sujets bègues, et les 10 contrôles, dans les deux conditions SR et AAF.

Nous avons fait des ANOVA à mesures répétées sur la variable dépendante *k* avec comme facteurs intra-sujets le lieu d'articulation et la condition (SR ou AAF) et comme facteur externe le Groupe (sujets bègues ou contrôle).

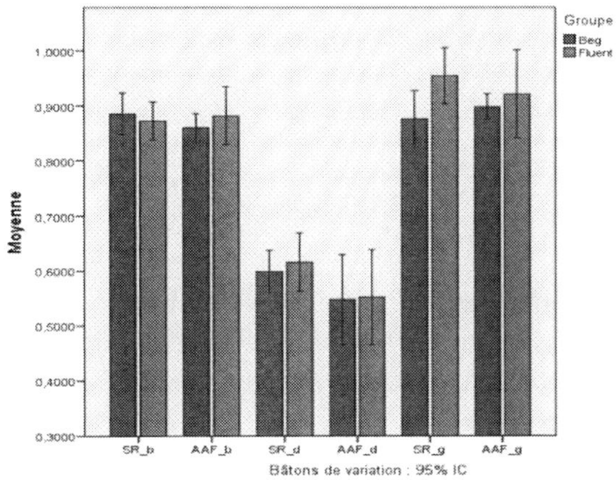

FIGURE 1– degré de coarticulation chez les bègues et les fluents en fonction de la consonne et de la condition perceptive (AAF ou SR)

5.1 Locus en fonction des lieux d'articulation des consonnes.

Les valeurs des pentes k varient en fonction du lieu d'articulation de la consonne : $k_{bilabiale} = 0{,}88$; $k_{coronale} = 0{,}60$ et $k_{vélaire} = 0{,}92$. Comme nous l'attendions, nous trouvons un effet de la consonne significatif (F (2,24) = 115,18 ; p = 0,000). Pour chaque consonne, nous retrouvons des valeurs moyennes de k qui sont similaires à celles données par Agwuele et al. (2008).

5.2 Comparaison entre les bègues et les fluents sans retour modifié

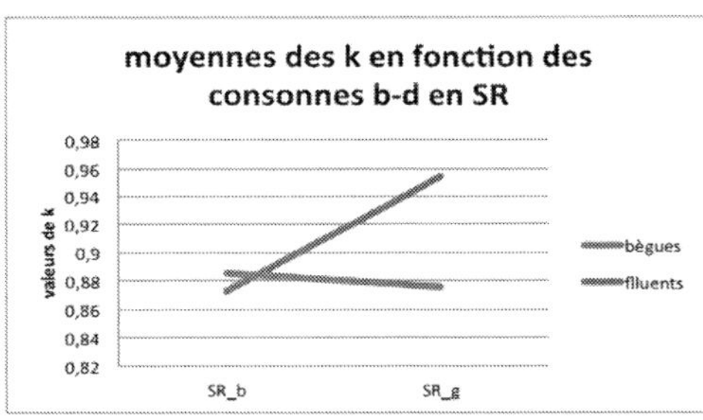

FIGURE 2– Moyennes de k des bègues et des fluents pour la paire de consonnes /b-g/

Il semble que la consonne ait un effet en fonction du groupe et que ce soit la séquence /gV/ qui provoque le plus de différence entre les deux groupes. Sur cette dernière séquence, la coarticulation des bègues paraît plus faible que celle des fluents. Globalement, l'interaction entre le groupe (bègues/fluents) et la consonne (b, d, g) a tendance à être significatif (F (2, 38) = 2,660 ; p = 0,083). Plus finement, lorsqu'on regarde les interactions entre les paires de consonnes et le groupe (contrastes), comme le montre la figure 2, l'effet de la consonne est significatif pour la paire de consonnes /b-g/ (F (1, 19) = 6,074; p = 0,023). Pour les autres paires de consonnes, l'interaction n'est pas significative.

De plus, nous remarquons, sur la séquence avec la vélaire, que la variabilité est la plus grande chez les bègues, alors qu'elle est la plus réduite chez les fluents.

5.3 Effet du retour auditif modifié au sein de chaque groupe

Pour les deux groupes, la condition de retour auditif modifié en fonction de la consonne, n'a pas d'effet significatif ($F_{bègues}(2, 20)=2{,}026$; $p_{bègues}=0{,}158$; $F_{fuents}(2, 18)=3{,}275$; $p_{fluents}=0{,}061$). En revanche, il est intéressant de remarquer que la situation de retour auditif modifié induit moins de variabilité chez les bègues pour les séquences /bV/ et /gV/. Pour cette dernière séquence, la réduction de variabilité est la plus importante. Pour les fluents, le comportement est inverse. Et la différence entre la coarticulation des fluents en situation SR et en situation AAF tend à être significative. En situation AAF, la variabilité entre les sujets fluents est plus élevée, pour être maximale sur la séquence /gV/. Par ailleurs, nous notons un lien avec la sévérité du bégaiement. Le pourcentage de disfluences est réduit sous AAF pour tous les sujets dont le bégaiement est sévère à très sévère, ainsi que pour 2 des sujets dont le bégaiement est modéré à sévère.

5.4 Comparaison de la coarticulation des bègues avec retour modifié aux fluents sans retour modifié

Globalement, la consonne n'a plus aucun effet en fonction du groupe ($F\ (2, 38)=\ 0{,}915$; $p=0{,}409$). Plus spécifiquement, parmi les interactions entre le groupe et la consonne, recherchées par paires de consonnes, aucune n'est significative. Notamment, la paire /b-g/ ne donne plus de différence entre les groupes ($F\ (1, 19)=0{,}188$; $p=0{,}186$).

6 Discussion conclusion

Les résultats de cette étude portent sur un petit nombre de sujets et restent à confirmer, Ils ouvrent cependant des pistes intéressantes.

En SR, les bègues et les fluents ne connaissent pas le même effet des consonnes /b/ et /g/ sur leur coarticulation. La séquence avec la vélaire induit le plus de différence. Pour cette séquence la coarticulation des bègues est plus faible. Nous rejoignons donc en partie les résultats de Sussmann et al. 2010. Aussi, selon l'indice de Jakielski (1998), les consonnes vélaires sont plus difficiles à articuler que les bilabiales ou les alvéolaires. Les bilabiales sont les consonnes pour lesquelles le retour sensoriel est très fiable grâce aux mécanorécepteurs localisés dans les lèvres (Guenther, 2006). Selon le Gestural Linguistic Model (Browman et Goldstein, 1992), cette information sensorielle est importante pour maintenir la relation entre les gestes articulateurs. Ainsi, d'un point de vue purement hypothétique pour de futures recherches, nous supposons que les consonnes vélaires aient un retour sensoriel moins aisé. Il se pourrait que la dépendance aux feedbacks externes, comme l'avancent Max et al. (2004), soit d'autant plus importante que le retour sensoriel est faible. Ainsi, les consonnes pour lesquelles les retours sensoriels sont moins fiables (ici, nous supposons /gV/), ne favorisent pas la relation inter-articulateurs, et donnent lieu chez les bègues, à une coarticulation plus faible. De plus, il est possible que l'intensité du degré de coarticulation chez les bègues (observé dans certaines études comme étant plus forts, dans d'autres plus faible que celui des fluents), soit, comme le suggèrent Zmarich et al., (2006) ou Hirsch, (2007), fonction de stratégies visant à compenser le bégaiement. Dans cette optique, nous pouvons alors supposer que les bègues de notre corpus n'ont pas adopté de telles stratégies.

Il semble que les conditions auditives perturbées permettent un rapprochement de la coarticulation des bègues vers celles des fluents puisque les différences constatées précédemment en SR, disparaissent. Ce résultat manque de force puisqu'il n'est pas confirmé, contrairement à ce que nous attendions, par une différence entre la coarticulation des bègues en AAF et celle en SR. Cette discordance peut être due au faible échantillon de population. Néanmoins, ce résultat tend à montrer la présence d'un impact du AAF sur la coarticulation des bègues. Cet impact paraît fonction de la consonne. En effet, la séquence avec la vélaire semble être la seule sensible aux conditions perceptives. Les bègues ont nettement moins de variabilité sur cette séquence en situation AAF comparé à la situation SR. Suite à ces conclusions, deux pistes de réflexion se dégagent. La première est que l'importante variabilité observée sur la séquence /gV/ en SR puisse être le reflet d'une certaine instabilité du système de coordination motrice de la parole. Cette instabilité n'est ni audible, ni gênante en parole fluente. Elle pourrait contribuer à rendre le système de coordination motrice fragile, et participer alors à certains moments à créer les disfluences. La seconde concerne la diminution de cette variabilité sous AAF. Si nous nous plaçons dans le point de vue de Max et al. (2004), il est possible que l'altération du feedback auditif permette au système de contrôle moteur des bègues de se baser un peu plus sur les modèles internes et permette de réduire les déséquilibres créés par une sur-utilisation des feedbacks externes. L'utilisation du AAF permettrait de réduire la dépendance aux feedbacks. Cette réduction serait d'autant plus marquée que la dépendance est forte en SR. Cela expliquerait que l'on trouve le rapprochement de coarticulation le plus important (de la moyenne des bègues vers celle des fluents) au niveau des séquences avec la consonne vélaire.

Enfin, comme les études précédentes (Stuart et al., 2008), nous trouvons une amélioration de la fluence sous AAF, mais celle-ci semble dépendante du degré de sévérité du bégaiement, ce qui confirme les résultats de Balbo (2011).

Remerciements

Nous remercions tous les sujets, le CMF, le CNR-ISTC de Padoue pour la collaboration et Mr Alain Latour et Mme Catherine d'Aubigny pour les conseils statistiques.

Références

AGWUELE, A., SUSSMAN,H.M. et LINDBLOM, B. (2008). The effect of speaking rate on consonant vowel coarticulation. *Phonetica*, 65, 194–209

BALBO (2011). La produzione delle sillabe nella balbuzie : difficoltà articolatoria vs. Frequenza d'occurrenza. Tesi di Laurea. Università di Padova.

BLOMGREN M., ROBB M., et CHEN Y. (1998). A note on Vowel Centralization in Stuttering and Nonstuttering Individuals. *Journal of Speech, Language, and Hearing Research*, 41, pages 1042-1051.

BROWMAN, C. P., et GOLDSTEIN, L. (1992). Articulatory phonology: An overview. *Phonetics,* 49, pages 155–180.

COULTER, C. E., ANDERSON, J. D., et CONTURE, E. G. (2009). Childhood stuttering and dissociations across linguistic domains: a replication and extension. *Journal of fluency disorders,* 34(4), pages 257-78.

GUENTHER, F. H. (2006). Cortical interactions underlying the production of speech sounds. *Journal of communication disorders,* 39(5), pages 350-65.

HIRSCH, F. (2007). Le bégaiement Perturbation de l' organisation temporelle de la parole et conséquences spectrales. Cognition. Thèse de l'Université Marc Bloch. Strasbourg 2.

HOWELL, P., et VAUSE, L. (1986). Acoustic analysis and perception of vowels in stuttered speech. *The Journal of the Acoustical Society of America,* 79(5), pages 1571-9.

JAKIELSKI, K. J. (1998). Motor organization in the acquisition of consonant clusters. PhD thesis, University of Texas at Austin. Ann Arbor, MI: UMI Dissertation services.

LINDBLOM, B. (1963). On vowel reduction. Report #29, The Royal Institute of Technology, Speech Transmission Laboratory, Stockholm, Sweden.

MAX, L., GUENTHER, F. H., GRACCO, V. L., GHOSH, S. S., et WALLACE, M. E. (2004). Unstable or Insufficiently Activated Internal Models and Feedback-Biased Motor Control as Sources of Dysfluency : a theorical model of stuttering. *Contemporary issues in communication science and disorders,* 31, pages 105-122.

NAMASIVAYAM, A. K., VAN LIESHOUT, P., MCILROY, W. E., et DE NIL, L. (2009). Sensory feedback dependence hypothesis in persons who stutter. *Human movement science,* 28(6), pages 688-707.

RILEY G. D. (1994). Stuttering Severity Instrument for Children and Adults-3 (SSI-3), Austin Tx.

ROBB, M. et BLOMGREN, M. (1997). Analysis of F2 transitions in the speech of stutterers and nonstutterers. *Journal of Fluency Disorders,* 22(1), pages 1-16.

STUART, A., FRAZIER, C. L., KALINOWSKI, J., et VOS, P. W. (2008). The Effect of Frequency Altered Feedback on Stuttering Duration and Type. Journal of Speech, Language, and Hearing Research, 51(4), pages 889-897.

SUBRAMANIAN, A., YAIRI, E., et AMIR, O. (2003). Second formant transitions in fluent speech of persistent and recovered preschool children who stutter. Journal of communication disorders, 36(1), pages 59-75.

SUSSMAN, H. M., BYRD, C. T., et GUITAR, B. (2010). The integrity of anticipatory coarticulation in fluent and non-fluent tokens of adults who stutter. *Clinical Linguistics,* pages 1-18.

WINGATE, M.E. (1988). The structure of Stuttering, a psycholinguistic study. New York: Springer Verlag.

ZMARICH C., AVESANI C., MARCHIORI M. (2006). Coarticolazione e Accento, in V. Giordani, V. Bruseghini, P. Cosi (en cours). In Actes *III Convegno Nazionale dell'Associazione Italiana di Scienze della Voce (AISV),* Trento, EDK Editore srl, Torriana (RN).

La prosodie des énoncés interrogatifs en français L2

Fabian Santiago[1] *Élisabeth Delais-Roussarie*[2]
(1) LLF, 161, Paris 7, 5, rue Thomas Mann 75205 Paris Cedex 13
(2) CNRS-UMR 7110, LLF, 161, Paris 7, 5, rue Thomas Mann 75205 Paris Cedex 13

rotinet@hotmail.com, elisabeth.roussarie@wanadoo.fr

RESUME

Cet article est consacré à l'acquisition de l'intonation des énoncés interrogatifs en français L2. L'étude repose sur une analyse contrastive d'énoncés français et espagnols produits par quinze étudiants Mexicains apprenant le français, dix locuteurs Français natifs et dix locuteurs Mexicains. Les patrons intonatifs observés dans les questions totales produites par les apprenants présentent plusieurs caractéristiques qui, sous certains points, les rapprochent de l'espagnol du Mexique, et pourraient les faire analyser comme résultat d'un transfert: emploi des contours montants terminaux et absence de marquage de la structure prosodique interne. En revanche, les formes prosodiques observées dans les questions partielles ne relèvent pas d'un transfert de la L1: les apprenants emploient majoritairement des contours montants, alors qu'en espagnol les contours montants et descendants sont utilisés dans des proportions comparables. Aussi, nous pensons que l'hypothèse du transfert n'est pas la plus adéquate pour rendre compte des patrons prosodiques observés en L2.

ABSTRACT

The prosody of questions in French as L2

This paper focuses on the acquisition of the tonal and prosodic structure of questions in French as a L2. Our study consists in a cross-comparison of utterances recorded in French and Spanish in various settings, and produced by 15 Mexican Spanish learners of French (L2), 10 French speakers and 10 Mexican speakers. In the yes-no questions as produced by the learners, some characteristics of their L1 are observed, which can be seen as a consequence of a transfer: (i) the nuclear contour consists in an extra-high F0 rise, and (ii) the internal prosodic structure at the level of the AP is not clearly marked. However, the tonal patterns observed in partial questions, where learners do use rising contours, cannot be attributed to a transfer. These findings prove that the acquisition of prosody in a L2 cannot be analyzed as a mere transfer from the learner's first language.

MOTS-CLÉS : Acquisition d'une L2, intonation, phrasé prosodique.
KEYWORDS: L2 acquisition, intonation, prosodic phrasing.

1 Introduction

La question du transfert de la L1 vers la L2 a été abordée dans de nombreux travaux consacrés à l'acquisition. Le phénomène de transfert a d'ailleurs souvent été considéré comme important lors de l'analyse de productions orales d'apprenants. Ainsi, dans de nombreuses études, les formes prosodiques erronées produites par les apprenants d'une L2 sont attribuées à un transfert (cf. Gut, 2009 pour une synthèse sur ce point).

Cependant, d'autres travaux (cf. Trouvain & Gut, 2007) montrent que le transfert ne peut pas expliquer toutes les formes prosodiques erronées observées dans les productions des apprenants: d'une part, certaines formes observées en L2 ne sont attestées ni dans la L1 des apprenants ni dans la langue cible ; d'autre part, des formes comparables en L1 et en langue cible ne sont pas observées chez les apprenants. Certains traits prosodiques en L2 ne peuvent donc pas être imputables à la seule L1 des apprenants, mais pourraient relever d'autres facteurs: le processus d'acquisition lui-même, les compétences des apprenants dans d'autres domaines de la L2 comme la syntaxe, la sémantique, etc.

Au vu de ces différentes hypothèses, nous sommes en droit de nous demander dans quelle mesure le transfert de la L1 vers la L2 peut (i) rendre compte de certains aspects des réalisations produites par des apprenants du français, et (ii) affecter certains phénomènes prosodiques comme l'accentuation ou la forme des patrons intonatifs. Pour essayer de répondre à ces questions, nous nous proposons dans cet article d'étudier la prosodie des énoncés interrogatifs en français L2 à partir de l'analyse de productions d'apprenants hispanophones du Mexique. L'objectif de notre étude est double :

1. analyser la prosodie, et plus particulièrement les contours terminaux et la structure prosodique interne, dans les questions totales (*Yes/No Questions*) et partielles (*Wh-questions*) en français L2;
2. évaluer quel est le rôle de la L1 des apprenants dans les formes prosodiques observées en français dans les questions totales et partielles. .

Dans un premier temps, la méthodologie utilisée pour collecter le corpus, classer les données et les annoter sera décrite. Les caractéristiques prosodiques des productions orales obtenues seront présentées dans un second temps. Enfin, nous discuterons les résultats de nos observations, ce qui nous amènera à formuler quelques hypothèses concernant la prosodie des questions en français et son acquisition en L2.

2 Méthodologie

2.1 Corpus et locuteurs

Les questions analysées pour ce travail ont été extraites d'un large corpus enregistré à partir d'une adaptation du protocole COREIL (Delais-Roussarie & Yoo, 2011). Ce protocole a été conçu pour collecter des données d'apprenants qui puissent être utilisées pour (i) décrire les caractéristiques prosodiques des productions en L2, (ii) évaluer le rôle de la L1 dans le processus d'acquisition d'une L2, et (iii) faire une analyse contrastive des productions orales en L1 et en L2 avec des données comparables. Dans notre cas, 35 participants répartis en trois groupes ont été enregistrés: un groupe était composé de quinze mexicains hispanophones apprenant le français L2 (groupe FL2); et deux autres groupes, servant de contrôle, étaient respectivement composés de dix francophones natifs (FL1) et de dix Mexicains hispanophones natifs (EL1). La composition de chacun des groupes était assez homogène pour la répartition homme/femme.

Les locuteurs FL2 étaient inscrits en licence à l'Université Nationale Autonome du Mexique et y poursuivaient des cours de français. Pour ce qui est de leur niveau, six d'entre eux sont positionnés dans le niveau A2, et neuf dans le niveau B1, selon le Cadre Européen Commun de Référence. Pour ce qui est de l'âge, ils avaient entre 18 et 34 ans (avec un âge moyen de 23 ans (SD = 6)). Ils étaient monolingues de naissance et originaires de la ville de Mexico. Les locuteurs FL1 étaient tous monolingues de naissance et étaient originaires de Paris et sa région. Ils étaient âgés de 18 à 55 ans, avec un âge moyen de 35 ans (SD = 14). Les locuteurs EL1 étaient originaires de la ville de Mexico ou de ses environs, et avaient entre 23 et 38 ans, avec un âge moyen de 30 ans (SD = 4).

L'ensemble de locuteurs a été enregistrés lors de trois types de tâches: (i) la tâche LT ou lecture oralisée de textes (histoires courtes ou mini-dialogues où étaient insérés plusieurs énoncés interrogatifs); (ii) la tâche POM ou production orale monologuée (avec deux activités distinctes) et (iii) la tâche POI ou production orale interactive. Dans cette dernière tâche, les locuteurs ont participé à un jeu de rôle dans lequel ils s'identifiaient à un(e) employé(e) de l'administration de l'université et avaient à poser des questions à leur interlocuteur afin de compléter un formulaire d'inscription. Les locuteurs FL1 et FL2 ont réalisés les différentes tâches en français et les locuteurs du groupe EL1 l'ont fait en espagnol. Les enregistrements ont eu lieu dans une pièce calme et ont été faits avec un enregistreur Edirol (échantillonnage 22 Hz, 16 bits, mono).

2.2 Classification des questions

Ont été extraits des tâches de lecture et du jeu de rôle (dans la tâche POI) tous les énoncés interrogatifs produits. Après avoir éliminé les questions elliptiques, nous avons opéré une classification sur bases syntaxiques pour les énoncés restants. Les questions totales ont ensuite été classées en trois sous-groupes : (i) les questions totales déclaratives (sans marquage structurel ou lexical particulier), (ii) les questions totales avec inversion du sujet, et (iii) les questions totales commençant par la locution « *est-ce que* ». Pour les questions partielles, nous avons défini deux sous-groupes: (iv) les questions partielles à morphème interrogatif antéposé et (v) les questions partielles à morphème interrogatif *in-situ*. Nous avons extrait en tout 573 énoncés interrogatifs ; et l'analyse prosodique s'est faite en tenant compte des classes « syntaxiques » et des groupes de locuteurs (natifs *vs* apprenants). Cela nous a permis d'effectuer des comparaisons croisées. Le tableau 1 résume le nombre d'énoncés interrogatifs obtenus dans chaque classe et pour chaque groupe de locuteurs:

Catégorie		Totales							Partielles				
		Déclaratives			Inversion		"Est-ce que"		QU Antéposé			QU In-situ	
Exemple		*Tu lis?*		*¿Lees?*	*Lis-tu?*		*Est-ce que tu lis?*		*Que lis-tu?*		*¿Qué lees?*	*Tu lis quoi?*	
Groupe		FL1	FL2	EL1	FL1	FL2	FL1	FL2	FL1	FL2	EL1	FL1	FL2
Tâche	LT	20	25	60	19	24	20	23	10	14	30	10	13
	POI	21	20	43	4	0	11	11	50	59	63	20	3
Total		41	45	103	23	24	31	34	60	73	93	30	16

TABLE 1 – Typologie des questions et nombre d'énoncés par catégorie

2.3 Étude prosodique des énoncés interrogatifs

L'étude prosodique des données portait essentiellement sur la forme tonale des contours terminaux (forme et ampleur du mouvement mélodique terminal) et sur le marquage de la structure prosodique interne (par des mouvements de F0 et/ou des allongements de la durée syllabique). Pour mener à bien cette étude, les données ont été annotées prosodiquement relativement à ces deux éléments. Pour encoder la forme des contours terminaux, nous avons utilisé une stylisation automatique de la courbe de F_0 obtenue pour l'ensemble des données à l'aide du Prosogramme (Mertens, 2004). Pour les découpages prosodiques, nous nous sommes appuyés sur les règles phonologiques de formation des mots prosodiques (PWD) et des groupes accentuels (GA) en français (Di Cristo, 1998 et Jun & Fougeron, 2002, entre autres) et en espagnol (Sosa, 1999).

2.3.1 Forme des contours terminaux

Quatre formes de contour nucléaire ont été distinguées. Elles sont transcrites par les symboles suivants :

- L% pour un mouvement consistant en une baisse de deux demi-tons et étant perçu comme descendant ;
- 0% pour un mouvement stable entre la syllabe nucléaire accentuée et la syllabe prétonique. Il est perçu comme plateau ;
- H% pour un mouvement montant ayant une ampleur maximale de dix demi-tons et étant perçu comme montant ;
- HH% pour un mouvement ayant une montée extrême dépassant les dix demi-tons et étant perçu comme très montant (extra-montant).

2.3.2 Structure interne ou découpages prosodiques

Pour le français, l'étude des découpages en groupes accentuels (GA) s'est faite à partir d'une confrontation entre une segmentation sur bases morpho-syntaxiques et la segmentation effectivement produite dans les productions des locuteurs. La construction par règle des GA s'est faite à partir d'une distinction entre mots pleins (ou lexicaux) et mots grammaticaux. Sont regroupés dans un même GA un mot plein et les mots grammaticaux qui en dépendent à sa gauche (cf., entre autres, Jun & Fougeron, 2002). D'après cette définition, un énoncé comme *Vous prenez les réservations par téléphone ?* se découpe en trois GA potentiellement porteurs d'un accent final, à savoir : [vous pre**nez**], [les réserva**tions**] et [par télé**phone**]. Sur le plan prosodique, on considère que la syllabe finale du GA est accentuée si elle est porteuse d'un mouvement mélodique qui se caractérise par une modification de la hauteur de F_0 d'au moins deux demi-tons. Dans ce cas, on le note à l'aide du symbole H*.

Pour les énoncés interrogatifs de l'espagnol, les événements prosodiques marquant la structure interne ont été analysés au niveau du mot prosodique (PWD). Cette unité se définit uniquement par la présence d'un accent lexical réalisé par une montée mélodique (cf. Sosa, 1999). Pour le découpage, nous avons noté la position des syllabes portant l'accent lexical dans les mots pleins des énoncés et nous avons observé si ces syllabes étaient effectivement accentuées. Pour un énoncé comme *¿Se pueden hacer reservaciones por teléfono?* un découpage en quatre PWD est proposé sur la base de la présence des accents lexicaux : *PUEden, haCER, reserVAciones,* et *teLEfono.* Pour décrire la forme des accents, nous avons utilisé la notation proposée par De la Mota et al. (2010) en employant les symboles H*, L*, L* + H, etc., qui sont associés aux syllabes accentuées.

3 Résultats

3.1 Les questions totales

3.1.1 Le contour final

Sur l'ensemble de nos données, les contours terminaux prennent une des formes suivantes : plateau (0%), descendant (L%), montant (H%) et extra-montant (HH%). La façon dont se répartissent les formes en fonction des groupes de locuteurs et de la classe syntaxique des énoncés est résumée dans la figure 1.

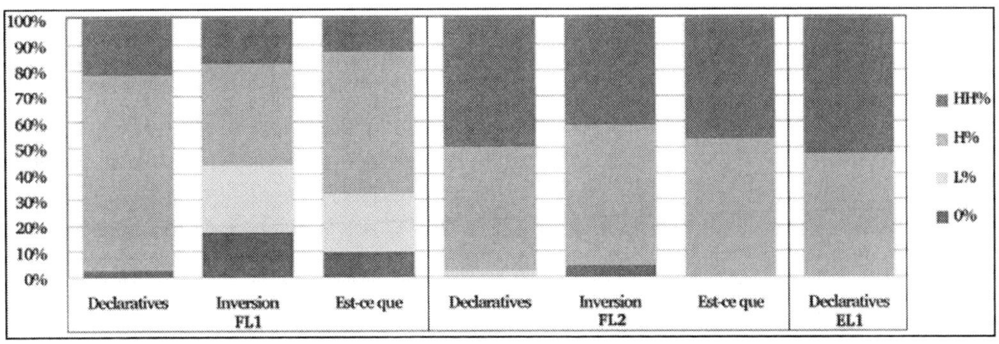

FIGURE 1 – Distribution des contours finaux dans les questions totales

Une étude attentive de cette distribution montre que les contours ne se répartissent pas de la même façon dans les trois groupes. Les contours 0% et L% n'apparaissent que dans les énoncés en français, et essentiellement chez les natifs. En outre, ils sont surtout utilisés dans les énoncés où un marquage lexical (avec *est-ce que*) ou syntaxique (avec l'inversion) existe (30 % et 45 % des cas respectivement). Le contour montant H% est beaucoup plus utilisé que le contour extra-montant HH% dans les productions des locuteurs FL1, alors que la répartition entre ces deux formes est plus équilibrée en espagnol L1 et dans les productions des apprenants. Nous pouvons en déduire que les contours montants H% et HH% sont clairement associés à l'intonation des questions totales en espagnol, et, par contraste, que les contours associés à ce type de questions sont plus variés en français, notamment lorsqu'un élément lexical ou syntaxique indique la modalité de l'énoncé (inversion du sujet ou expression interrogative).

Quant aux locuteurs FL2, ils ont essentiellement utilisé les contours H% et HH%, qui se retrouvent aussi dans les productions des natifs, et sont donc acceptables. Cependant, la répartition entre les formes des contours rappelle davantage ce qu'on observe chez les hispanophones: moins grande variété de formes et utilisation assez équilibrée des contours montants et extra-montants. Notons d'ailleurs que l'usage du contour extra-montant correspond à ce qui est observé en espagnol du Mexique, où l'utilisation d'une montée très ample et très haute est fréquente dans les questions totales (Sosa, 1999). Une ANOVA a montré des interactions statistiquement significatives entre l'emploi des contours prosodiques et les groupes de locuteurs. Tous les effets présentés ici sont donc significatifs à un niveau inférieur à $p < 0.05$.

3.1.2 Découpage en GA et structure prosodique de l'énoncé

D'après plusieurs auteurs (Di Cristo, 1998; Vion, 2002), le découpage en GA est clairement marqué dans les questions totales en français, notamment par la présence d'un accent final qui se caractérise phonétiquement par un allongement de la durée et un changement de hauteur mélodique. L'observation des données confirme cette analyse. Dans la plupart des énoncés produits par les locuteurs FL1, les découpages en GA sont clairement marqués: une variation de hauteur de 5 st. en moyenne est réalisée entre la syllabe accentuée de la fin de chaque GA et celle qui précède.

Selon plusieurs auteurs (Face, 2007, entre autres), en espagnol, la prosodie des questions totales a deux caractéristiques essentielles: Un premier pic de F_0 est réalisé sur la première syllabe ayant un accent lexical ; ce pic est suivi par une descente graduelle de la courbe de F_0 atteignant un niveau bas sur la dernière syllabe accentuée du dernier mot de l'énoncé. Ces caractéristiques ont pour conséquence une absence de marquage prosodique des syllabes intermédiaires accentuées, les découpages en mots prosodiques au milieu de l'énoncé étant alors difficiles à percevoir. Dans les productions des locuteurs EL1, ces caractéristiques sont toujours présentes, mais elles le sont souvent aussi dans les productions des apprenants. De fait, ces dernières diffèrent des réalisations des locuteurs FL1 par une absence de marquage des découpages en GA (que ce soit par la réalisation d'un mouvement mélodique sur les syllabes finales et/ou par un allongement de la durée). Les différences dans la réalisation des découpages en GA entre les groupes FL1 et FL2 sont représentées dans la figure 2 (calcul effectué pour les questions totales de la tâche de lecture). Comme on le voit, les apprenants indiquent nettement moins les découpages en GA que les natifs (36,9% des cas *vs.* 82%).

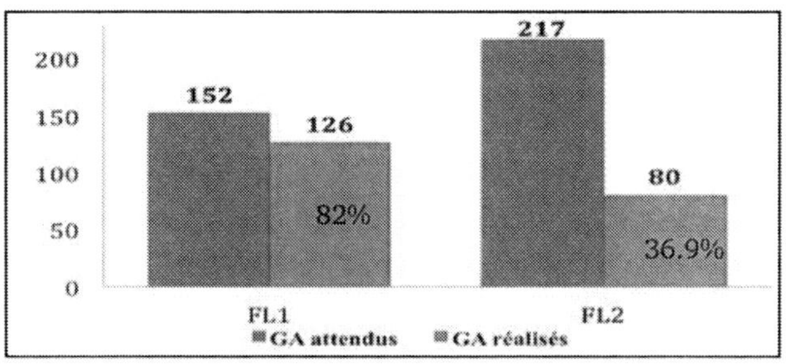

FIGURE 2 – Pourcentage et nombre des GA réalisés dans les questions totales

3.2 Les questions partielles

L'étude des questions partielles a porté sur la seule forme des contours terminaux. Comme le nombre de questions partielles de plus de deux GA était très limité dans notre corpus, il ne nous a pas été possible d'étudier en détails le phrasé prosodique. La répartition des différents contours observés dans les questions partielles en fonction de leur forme, des groupes de locuteurs et de la position linéaire du mot QU est donnée dans la figure 3 :

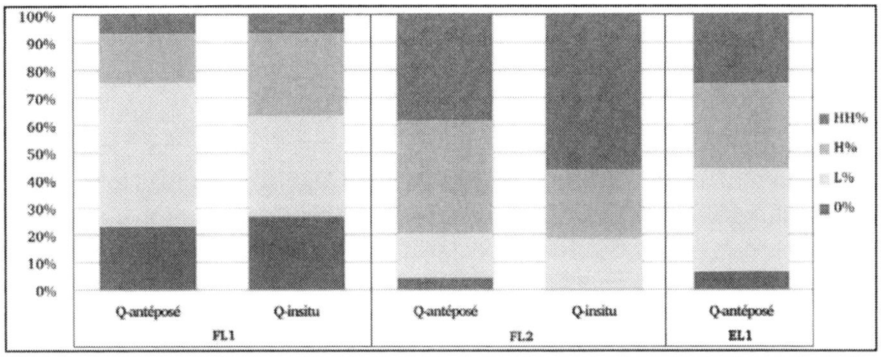

FIGURE 3 – Distribution des contours finaux dans les questions partielles.

L'étude de cette répartition montre que les formes ne se distribuent pas de façon identique en français (FL1) et en espagnol (EL1), même si, dans ces deux langues, la forme des contours terminaux est beaucoup plus variée que dans les questions totales (cf. fig. 1). En français, les contours non montants 0% et L% sont les plus utilisés (75% des cas) et ce, indépendamment de la position du mot interrogatif dans l'énoncé (antéposé ou in situ). En revanche, en espagnol, la répartition entre contours non montants (0% et L%) et montants (H% et HH%) est assez équilibrée (47 % et 53 %). Ces réalisations confirment ce qui est dit dans la littérature (Di Cristo, 1998 ; Sosa, 2003). Les réalisations des apprenants diffèrent de celles des natifs, aussi bien en français qu'en espagnol. Les contours montants et extra-montants y sont beaucoup plus représentés puisqu'ils sont utilisés dans plus de 80% des cas. Ces résultats sont statistiquement confirmés par une ANOVA (tous les Ps avec $p<0.05$). Un exemple de contour intonatif HH% observé dans une question partielle d'apprenant est illustré dans la fig. 4

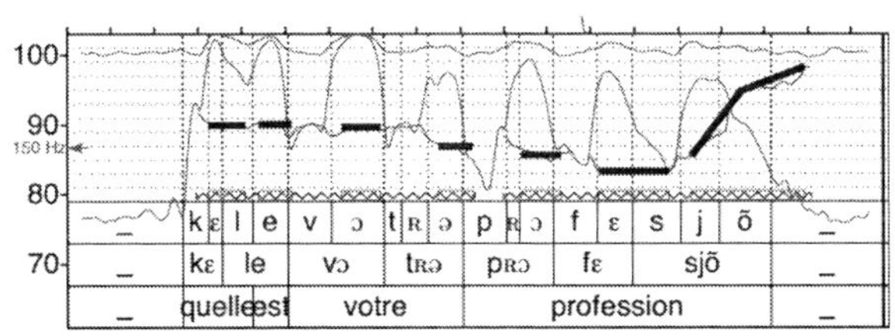

FIGURE 4 –Question partielle marquée avec un contour HH%

4 Conclusion et perspectives

Les formes prosodiques observées dans les questions totales produites par les apprenants de L2 se rapprochent sous bien des aspects de ce qui se fait en espagnol. D'une part, les contours terminaux utilisés sont massivement ou montants ou extra-montants. D'autre part, les découpages prosodiques en groupes accentuels ne sont généralement pas clairement marqués sur le plan prosodique. Dès lors, on pourrait être tenté d'expliquer les réalisations obtenues par un transfert prosodique de la L1 vers la L2. L'analyse des questions partielles ne permet cependant pas de valider cette hypothèse. À la différence de ce qui se passe dans les questions totales, l'emploi recurrent des contours montants et extra-montants à la fin des questions partielles ne peut en effet pas s'expliquer par un simple phénomène de transfert. De fait, les contours montants ou extra-montants ne sont pas plus représentés que les contours non-montants dans les productions en espagnol.

D'autres facteurs doivent dès lors être invoqués pour rendre compte du choix des contours terminaux dans les productions des apprenants. Plusieurs pistes sont à explorer. D'une part, on peut se demander si certaines formes ne constituent pas des formes non-marquées ou des primitives utilisées en début d'acquisition, et cela quelles que soient les langues en contact. Dans cette perspective, l'emploi d'un seul et même contour montant dans les questions (déclaratives ou partielles) serait caractéristique d'une étape précoce dans l'acquisition de la prosodie en L2. D'autre part, le choix des contours terminaux et la réalisation des découpages prosodiques en L2 pourraient nécessiter l'acquisition préalable de certains traits syntaxiques et sémantiques en jeu dans la construction des phrases interrogatives et la composition interne des unités syntaxiques. Explorer certaines de ces pistes pour tenter de mieux comprendre les réalisations prosodiques observées sera l'objet de travaux ultérieurs. Cela se fera en utilisant des données comparables dans des situations de contact de langues différentes, et en étudiant les productions d'apprenants ayant un niveau plus avancé (B2 ou C1).

Références

DE LA MOTA, C. et al. (2010). Mexican Spanish intonation. In Prieto, P. & P. Roseano (eds), *Transcription of intonation of the Spanish Language.* Munchen: Lincom Europa. pp. 319-350.

DELAIS-ROUSSARIE, E. et YOO, H. (2011). Learner Corpora and Prosody: from de COREIL Corpus to principles on data collection and corpus design. *PSiCL* 47 (1): 26-29.

DI CRISTO, A. (1998). Intonation in French. In Hirst, D. & A. Di Cristo (eds), *Intonation systems: A survey of twenty languages,* Cambridge: Cambridge University Press.

FACE, T. (2007). The role of intonational cues in the perception of declaratives and absolute interrogatives in Castilian Spanish. *EFE XVI*: 185-225.

GUT, U. (2009). *Non-native Speech. A Corpus-based Analysis of Phonological and Phonetic Properties of L2 English and German.* Frankfurt: Peter Lang.

JUN, S.A. et FOUGERON, C. (2002). Realizations of accentual phrase in French intonation. *Probus* 14: 147-172.

MERTENS, P. (2004). Le prosogramme: une transcription semi-automatique de la prosodie. Cahiers de l'Institut de Linguistique de Louvain 30, 1-3, 7-25

SOSA, J.M. (1999). *La entonación del español.* Madrid, Cátedra.

SOSA, J.M. (2003). Wh-questions in Spanish: Meanings and Configurations Variability. *Catalan Journal of Linguistics* 2: 229-247.

TROUVAIN, J. et GUT, U. (eds) (2007). *Non-Native Prosody. Phonetic Description and Teaching Pactice.* Berlin: Mouton de Gruyter.

VION, M. et COLAS, A. (2002). La reconnaissance du pattern prosodique de la question : questions de méthode. *Travaux Interdisciplinaires Parole et Langage* (*TIPA*) 21: 153-177

Extraction de mots-clefs dans des vidéos Web par Analyse Latente de Dirichlet

Mohamed Morchid[1] Georges Linarès[1]
(1) LIA-CERI, Université d'Avignon et des Pays de Vaucluse
mohamed.morchid@univ-avignon.fr, georges.linares@univ-avignon.fr

RÉSUMÉ

Cet article présente une méthode d'étiquetage de vidéos collectées sur une plate-forme de partage de vidéos. Cette méthode combine un système de reconnaissance de la parole, qui extrait les contenus parlés des vidéos, et un module d'extraction de mots-clefs opérant sur les transcriptions automatiques. La difficulté majeure, dans cette caractérisation de vidéos par un ensemble de mots-clefs, est liée aux performances du SRAP qui sont souvent très faibles sur des vidéos générées par les utilisateurs.Dans cet article, une méthode d'extraction de mots-clefs robuste aux erreurs de reconnaissance est proposée. Cette méthode repose sur la projection des contenus parlés dans un espace thématique obtenue par Analyse Latente de Dirichlet. Nos expériences sont réalisées sur un ensemble de vidéos collectées sur une plate-forme de partage communautaire. Elles montrent l'intérêt du modèle proposé, en particulier dans les situations d'échec du système de transcription automatique.

ABSTRACT

LDA-based tagging of Web videos

This article presents a method for the automatic tagging of youtube videos. The proposed method combines an automatic speech recognition system, that extracts the spoken contents, and a keyword extraction system that aims at finding a small set of tags representing the video. In order to improve the robustness of the tagging system to the recognition errors, a video transcription is represented in a semantic space obtained by Latent Dirichlet Allocation (LDA), in which each dimension is automatically characterized by a list of weighted terms and chuncks. Our experiments demonstrate the interest of such a model to improve the robustness of the tagging system, especially when speech recognition (ASR) system produce highly errorneous transcript of spoken contents.

MOTS-CLÉS : Reconnaissance de la parole, analyse des contenus, catégorisation audio, multimédia.

KEYWORDS: Speech recognition, content analysis, audio categorization, multimedia.

1 Introduction

Les plates-formes de partage de vidéos sur Internet se sont fortement développées ces dernières années. En 2011, YouTube augmentait d'une heure d'enregistrement déposée toutes les secondes. Malheureusement, l'utilisation de ces collections de vidéos, souffre de l'absence d'informations structurées et fiables. L'indexation réalisée par l'hébergeur repose essentiellement sur les mots-clefs fournis par les utilisateurs, éventuellement sur les résumés ou le titre des documents. Malheureusement, ces méta-données sont souvent incomplètes ou erronées, parfois volontairement : certains utilisateurs choisissent des mots-clefs qui favorisent le référencement jusqu'à s'éloigner significativement du contenu réel de la vidéo déposée. Ceci implique donc des tags non représentatifs du contenu même de la vidéo..

Cet article propose une méthode pour l'extraction automatique de mots-clefs des contenus parlés d'une vidéo. Cette méthode repose sur un processus en 2 étapes qui réalisent respectivement la transcription automatique de la parole puis l'extraction de mots-clefs.

Un des problèmes majeurs de cet enchaînement extraction/analyse des contenus est lié au composant de reconnaissance de la parole, qui est souvent peu performant sur des données Web, dont la diversité de forme et de fond est extrême et qui sont généralement éloignées des conditions d'entraînement des systèmes.

Deux pistes sont typiquement suivies pour exploiter des transcriptions bruitées par les erreurs de reconnaissance. La première consiste à améliorer la robustesse du reconnaisseur de parole, de façon à éviter les situations d'échec massif du système, qui rendraient la transcription inutilisable. Cette voie requière le plus souvent des données caractéristiques de la tâche, données qui sont difficiles à collecter et coûteuses à annoter. L'autre possibilité est d'améliorer la tolérance du système d'analyse aux erreurs de reconnaissance. Cet article présente une stratégie robuste pour l'extraction de mots-clefs issus d'une transcription automatique des segments parlés d'une vidéo.

Cette méthode repose sur l'idée que le niveau lexical est particulièrement sensible aux erreurs de reconnaissance et qu'une représentation de plus haut niveau pourrait permettre de limiter l'impact négatif de ces erreurs sur les modules d'analyse. Le document source est projeté dans un espace thématique dans lequel le document peut être vu comme une association de thèmes. Cette représentation intermédiaire est obtenue par une analyse Latente de Dirichlet appliquée à grand corpus de textes. Une méthode originale utilisant cette décomposition pour déterminer les mots-clefs caractéristiques du document source est ensuite proposée.

L'extraction de mots-clefs est un thème classique du traitement automatique du langage naturel. La section suivante dresse un panorama rapide des approches les plus courantes et discute de leur capacité à traiter des textes bruités par les erreurs de reconnaissance. Notre proposition est ensuite détaillée : la section 3 décrit l'architecture globale du système, la section 4 présente le processus de construction de l'espace thématique et les métriques utilisées. La méthode d'extraction des mots-clefs dans cet espace est présentée dans la section 5, puis évaluée dans la section 6. L'article se termine par une conclusion et quelques perspectives.

2 État de l'art

La recherche de mots-clefs dans des documents textuels est un problème classique du traitement automatique du langage naturel. L'approche la plus populaire consiste à extraire les mots de plus fort TFxIDF (*Term Frequency.Inverse Document Frequency*), qui mesure la fréquence du mot dans le document, normalisée par la fréquence du mot dans un grand corpus. Cette mesure a été déclinée en différentes variantes utilisant des ressources externes, la position du mot candidat dans le document (Frank *et al.*, 1999; Deegan *et al.*, 2004; HaCohen-Kerner *et al.*, 2005) ou des connaissances linguistiques (Hulth, 2003).

La recherche de mots-clefs dans des documents parlés présente des difficultés particulières, dues aux spécificités de l'oral et à l'usage de systèmes de reconnaissance automatique de la parole pour l'extraction des contenus linguistiques. Quelques travaux utilisent des approches haut niveau, basées sur des ontologies ou des connaissances linguistiques explicites. (van der Plas *et al.*, 2004) utilise Wordnet et EDR, un dictionnaire électronique de noms propres, pour extraire les concepts dominants d'un texte annoté automatiquement.

D'autre approches reposent sur des modèles statistiques, utilisées initialement sur des bases purement textuelles ; par exemple, (Suzuki *et al.*, 1998) utilise LSA pour l'extraction de mots-clefs dans une base de données encyclopédique. Ce type de techniques a ensuite été appliqué avec succès à de très nombreux problèmes de traitement de la parole. Par exemple, (Bellegarda, 2000) utilise LSA (Latent Semantic Analysis) pour extraire les phrases les plus significatives d'un document parlé.

L'extraction de mots-clefs peut être vue comme une forme extrême de résumé. Dans (?), les auteurs utilisent le modèle CBC (Comitee Based CLustering) et l'analyse latente de Dirichlet (LDA) pour extraire un ensemble de mots supposés résumer le document. Les résultats obtenus démontrent l'efficacité de LDA et semble robuste aux erreurs de reconnaissance, qui est un des points critiques des systèmes d'analyse des contenus parlés.

Notre proposition est d'utiliser la décomposition en thèmes latents obtenus par LDA pour trouver les thèmes latents composants la retranscription issu de la vidéo. Ainsi, est extrait les mots-clefs caractéristiques de vidéos disponibles sur Internet, qui représentent des conditions peu contrôlées, particulièrement difficiles à traiter par un système de reconnaissance de la parole.

3 Méthode proposée - Architecture générale

La méthode d'étiquetage proposée repose d'abord sur la transcription automatique des contenus parlés du document. Les sorties du module de reconnaissance sont ensuite projetées dans un espace thématique obtenu par LDA.
Nous considérons que le concept principal du document, qui doit être caractérisé par les mots-clefs, est une combinaison de thèmes latents représentés par les thèmes LDA. Les mots-clefs sont donc extraits par un processus de sélection et de combinaison des thèmes les plus représentatifs du document à étiqueter (cf.*Figure 1*). Diverses règles de combinaisons, telles que l'union et l'intersection sont proposées et évaluées. Ces méthodes sont comparées à l'approche classique à base de TFxIDF.
Ce système d'extraction de tags se décompose en trois phases : (1) Création d'un espace de

thèmes, (2) projection de la retranscription dans cet espace pour (3) déterminer un ensemble de thèmes proche puis (4) en extraire un ensemble de tags représentatif de la vidéo (cf.*Figure 1*) :

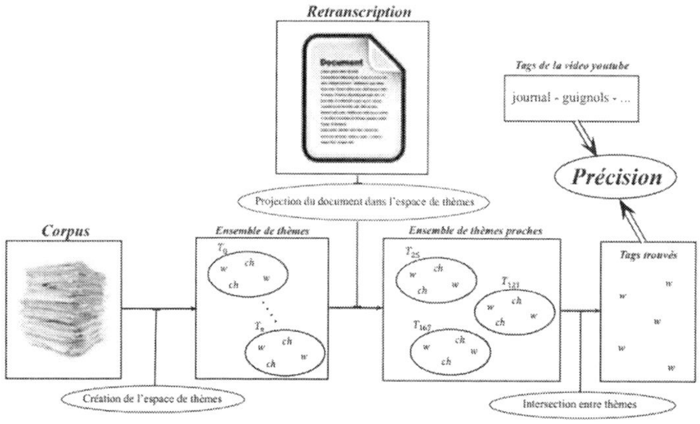

FIGURE 1 – **Extraction des mots-clefs par union ou intersection de thèmes.**

4 Espace thématique

LDA est un modèle génératif qui considère un document comme un *sac de mots* résultant d'une combinaison de thèmes latents. L'étude statistique des cooccurrences des mots dans une base permet d'extraire des classes de mots cooccurrents, qu'on assimile souvent à des thèmes, bien que rien ne permette d'établir explicitement un lien entre le modèle statistique et l'interprétation en thèmes qui pourrait en être faite. (Rigouste *et al.*, 2006) a clairement établi les avantages de LDA comparé à d'autres modèles génératifs du même type, largement utilisés en traitement automatique du langage naturel, par exemple LSI (Latent Semantic Indexing), équivalent à LSA (Kubota Ando et Lee, 2001)) ou sa variante probabiliste (Probabilistic Latent Semantic Indexing, PLSI, (Hofmann, 1999)).

Toutes ces méthodes requièrent des ensembles de données suffisants pour être une estimation correcte de leurs paramètres. Nous avons choisi d'utiliser Wikipédia et la collection des dépêches de l'agence France presse (AFP) de 2000 à 2006, qui représentent respectivement 1G et 4.5 Go pour un total d'environ 1 milliard de mots et 3 millions d'articles. Ces deux bases sont lemmatisées avec TreeTagger (Stein et Schmid, 1995) pour retirer l'ensemble de mots vides (articles, propositions, ...) avant d'estimer un modèle à 5000 thèmes de 30 mots, nombre choisi empiriquement. Nous obtenons un ensemble de mots en minuscule sans termes *vide*. Ceci permet de traiter des mots pouvant être trouver par le système de reconnaissance de la parole.

4.1 Représentation des thèmes LDA

Les thèmes LDA sont représentées par un vecteur composé du poids des mots du lexique dans le thème ($P(w_i|t)$). Le vecteur de poids d'un thème V_t est composé des probabilités des mots w_i

sachant le thème t, pondérées par l'IDF (*Définition dans la section 4.2*) du mot :

$$V_t[i] = P(w_i|t).idf(w_i)$$

4.2 Représentation vectorielle des documents

Un document peut être considéré comme un point dans un espace vectoriel R^k, chaque coordonnée i du vecteur W_d représentant un indicateur du poids du mot dans le document. Ce poids ($W_d[i] = tf(w_i) \times idf(w_i) \times rp(w_i)$) combine la mesure ($tf.idf$) et la position ($rp$) du mot w_i dans le document (Salton, 1989) :

$$tf(w) = \frac{n(w)(d)}{\sum_{i=0}^{k} n(w_i)(d)}, \quad idf(w) = log\frac{|D|}{|\{d : w \in d\}|}, \quad rp(w) = \frac{|d|}{fp_w}$$

où $n(w)(d)$ est le nombre d'occurrences du mot w dans d, et D est la collection complète de documents. Cette valeur est identique pour tous les mots d'un même document, la pondération liée à la première occurrence du mot dans le document est notée rp. Elle peut donc être simplifié par $rp(w) = \frac{1}{fp_w}$ car tout les mots sont issus d'un même document. fp étant la position de la première occurrence du mot dans le document.

4.3 Similarité document/thème

Nous avons vu que les documents étaient caractérisés par des vecteurs de TFxIDFxRP, et que les thèmes étaient représentés par des vecteurs de probabilités de mots conditionnées aux thèmes et normalisées par l'IDF. La mesure du cosinus est utilisée pour évaluer la similarité entre ces deux vecteurs :

$$Sim(d,t) = \frac{\sum_{w_i \in d} V_t[i].W_d[i]}{\sqrt{\sum_{w_i \in d} V_t[i]^2}.\sqrt{\sum_{w_i \in t} W_d[i]^2}}.$$

5 Extraction des mots-clefs

Il s'agit ici d'extraire les n mots-clefs de la projection du document dans l'espace thématique. La stratégie proposée est d'isoler les m thèmes principaux et de combiner leurs vecteurs caractéristiques. Dans nos expériences, m est fixé empiriquement à 100 thèmes. Deux approches peuvent être suivies ; la première consiste à chercher les éléments communs aux thèmes principaux du document ; l'autre consiste à extraire les mots de plus forts poids de l'ensemble des thèmes caractéristiques. La première approche va nous amener à chercher les mots-clefs dans l'intersection des thèmes, la seconde dans l'union. Pour les deux méthodes, les n mots de score $sc(w)$ les plus élevé de chacun des thèmes sont sélectionnés pour commencer, avec n égal au nombre de tags associés à la vidéo :

$$sc(w) = \sum_{k=0}^{m} Sim(d, t_k).P(w|t_k) \quad (1)$$

où $P(w|t_k)$ représente la probabilité du mot w sachant la thème t_k et $Sim(d, t_k)$ la similarité t_k et d le document.

6 Expériences

Le corpus de tests est composé d'environ 100 vidéos françaises comportant 14 tags en moyenne hébergées sur la plate-forme YouTube. Le premier traitement consiste à appliquer le système de reconnaissance à la bande son de ces vidéos. Le système, dérivé de celui que le LIA a engagé dans la campagne d'évaluation ESTER 2008 (Linarès *et al.*, 2007), est utilisé. La segmentation est produite avec l'outil GPL du LIUM (Meignier et Merlin, 2010). Le moteur de reconnaissance utilise des modèles classiques à base de modèles de Markov et de statistiques 4-grammes, avec un algorithme de recherche A* appliqué à un treillis de phonèmes.

Les modèles acoustiques sont des modèles contextuels avec un partage d'états par arbres de décisions. Ces modèles sont appris sur les données produites par les 2 campagnes ESTER successives et par le projet EPAC, pour un total d'environ 250 heures de données annotées. Le jeu de modèles est composé de 20000 HMMs pour un peu plus de 5000 états partagés. Les modèles à mélange de gaussiennes associés à ces états sont des mixtures à 32 composantes. La dépendance au genre est introduite à la fin du processus d'estimation, par adaptation MAP de ce modèle. Les modèles de langage sont des 4-grammes classiques estimés, pour l'essentiel, sur environ 200M de mots du journal français Le Monde, le corpus ESTER (environ 2M de mots) et le corpus GIGAWORD, composé des dépêches d'informations sur la période de 2000 à 2006, pour environ 1 milliard de mots.

Le décodeur exécute deux passes. La première est un décodage rapide (3xRT) en 4-grammes, qui permet l'adaptation au locuteur des modèles acoustiques ; la seconde est effectuée avec une exploration plus complète de l'espace de recherche (les coupures sont moins strictes) et utilise ces modèles adaptés. Elle est exécutée en environ 5 fois le temps réel sur une machine de bureau standard. La transcription manuelle de la parole est une tâche lourde. De façon à estimer le niveau de performance du système sur des vidéos issues du Web, 10 des 100 vidéos de test, choisies aléatoirement, ont été transcrites manuellement, ce qui représente environ 35 minutes de parole. Sur cet échantillon assez réduit, le système obtient un taux d'erreur mot de 63.7%, évidemment très élevé mais conforme à ce qu'on pouvait attendre du décodage de documents Web, très divers sur le fond et enregistrés dans des conditions variables - mais le plus souvent difficiles et peu contrôlées. Ces vidéos sont le résultats de la requête "journal actualité" soumise à la plate-forme YouTube. Ainsi, l'ensemble des vidéos contient 6166 tags dont 903 absents du vocabulaire du modèle LDA. Ceci représente environ 14% de mots hors-vocabulaire (cf.*Table 1*).

L'extraction de mots-clefs est vue comme une tâche de détection des tag utilisateurs, qui sont considérés ici comme référence unique. Les performances sont mesurées de façon classique, en

Méthode	Tags trouvés	Précision
Tags utilisateurs	iranien atomique netanyahou livni intel arabe	1
TFxIDFxRP	vrai ehoud **iranien** jérusalem sécuritaire iran	0.16
Intersection	**iranien** étranger vrai iran **atomique** jérusalem	0.33
Union	chancelier gouvernement **iranien** ancien virtuel laisser	0.16

TABLE 1 – Exemple de tags trouvés par les méthodes d'extraction de mots-clefs par intersection, union des thèmes et TFxIDFxRP comparées au tags de l'utilisateur pour une vidéo.

terme de Précision.

Les résultats montrent que l'intersection est très clairement supérieure à l'union des thèmes, ce qui peut sembler assez contre-intuitif. Par ailleurs, cette méthode est très nettement supérieure à la classique TFxIDFxRP, ce qui valide l'idée, qui a motivé ce travail, que l'abstraction réalisée par la projection dans l'espace thématique limite l'effet négatif des erreurs de reconnaissance. Dans la (cf.*Table 2*) est présentée la précision pour chacune des méthodes.

	Intersection	Union	TFxIDFxRP
Précision	**4.8%**	0.9%	2.8%

TABLE 2 – Précision comparées de la méthode d'extraction de mots-clefs par intersection, union des thèmes thématiques, par TFxIDFxRP

La faiblesse de ces résultats est due au taux de tags n'apparaissant pas dans la retranscription (14%), et aux erreurs du système RAP.

7 Conclusions et perspectives

Dans cet article, une méthode d'étiquetage automatique de vidéos est proposée. Celle-ci repose sur la localisation du document dans un espace thématique issu d'une analyse latente de Dirichlet. Différentes méthodes d'extraction des mots clefs dans cet espace sont proposées. Nos expériences montrent que cette représentation thématique du document permet de réduire l'effet négatif des erreurs de reconnaissance : les méthodes proposées dépassent très significativement l'approche classique à base de TFxIDFxRP, qui opère dans une représentation de niveau lexical.

Dans l'absolu, les performances obtenues peuvent sembler relativement faibles (moins de 5% de Précision). Néanmoins, cette évaluation repose sur la comparaison des résultats du système et des tags qui sont effectivement donnés par les utilisateurs ; on peut considérer qu'il s'agit la d'une référence elle-même assez bruitée et des expériences complémentaires permettraient probablement de consolider les résultats obtenus ici (par exemple en proposant des annotations produites par différents utilisateurs plutôt que par l'uploader seul).

De façon plus générale, nos résultats confirment la robustesse supérieure apportée par la projection du document dans des représentations de relativement haut niveau. Valider ce principe sur d'autres tâches classiques liées à l'indexation ou à l'interprétation de la parole est une des pistes que nous développerons dans l'avenir.

Références

BELLEGARDA, J. (2000). Exploiting latent semantic information in statistical language modeling. *Proceedings of the IEEE*, 88(8):1279–1296.

DEEGAN, M., SHORT, H., ARCHER, D., BAKER, P., MCENERY, T. et RAYSON, P. (2004). Computational linguistics meets metadata, or the automatic extraction of key words from full text content. *RLG Diginews*, 8(2).

FRANK, E., PAYNTER, G., WITTEN, I., GUTWIN, C. et NEVILL-MANNING, C. (1999). Domain-specific keyphrase extraction. *In International joint conference on artificial intelligence*, volume 16, pages 668–673. Citeseer.

HACOHEN-KERNER, Y., GROSS, Z. et MASA, A. (2005). Automatic extraction and learning of keyphrases from scientific articles. *Computational Linguistics and Intelligent Text Processing*, pages 657–669.

HOFMANN, T. (1999). Probabilistic latent semantic indexing. *In Proceedings of the 22nd annual international ACM SIGIR conference on Research and development in information retrieval*, pages 50–57. ACM.

HULTH, A. (2003). Improved automatic keyword extraction given more linguistic knowledge. *In Proceedings of the 2003 conference on Empirical methods in natural language processing-Volume 10*, pages 216–223. Association for Computational Linguistics.

KUBOTA ANDO, R. et LEE, L. (2001). Iterative residual rescaling : An analysis and generalization of lsi.

LINARÈS, G., NOCÉRA, P., MASSONIE, D. et MATROUF, D. (2007). The lia speech recognition system : from 10xrt to 1xrt. *In Proceedings of the 10th international conference on Text, speech and dialogue*, pages 302–308. Springer-Verlag.

MEIGNIER, S. et MERLIN, T. (2010). Lium spkdiarization : an open source toolkit for diarization. *In CMU SPUD Workshop*, volume 2010.

RIGOUSTE, L., CAPPÉ, O. et YVON, F. (2006). Quelques observations sur le modele lda. *Actes des IXe JADT*, pages 819–830.

SALTON, G. (1989). Automatic text processing : the transformation. *Analysis and Retrieval of Information by Computer*.

STEIN, A. et SCHMID, H. (1995). Etiquetage morphologique de textes français avec un arbre de décisions. *Traitement automatique des langues*, 36(1-2):23–35.

SUZUKI, Y., FUKUMOTO, F. et SEKIGUCHI, Y. (1998). Keyword extraction using term-domain interdependence for dictation of radio news. *In Proceedings of the 17th international conference on Computational linguistics-Volume 2*, pages 1272–1276. Association for Computational Linguistics.

van der PLAS, L., PALLOTTA, V., RAJMAN, M. et GHORBEL, H. (2004). Automatic keyword extraction from spoken text. a comparison of two lexical resources : the edr and wordnet. *Arxiv preprint cs/0410062*.

Impact du Comportement Social d'un Robot sur les Émotions de l'Utilisateur : une Expérience Perceptive

Agnes Delaborde[1,2] *Laurence Devillers*[1,3]
(1) Département Communication Homme-Machine, LIMSI-CNRS, 91403 Orsay
(2) Département Informatique, Université Paris-Sud 11, 91403 Orsay
(3) ISHA, Université Paris-Sorbonne, GEMASS-CNRS, Paris
agnes.delaborde@limsi.fr, laurence.devillers@limsi.fr

RESUME

Notre étude se déroule dans le cadre du projet robotique français ROMEO, qui vise à mettre au point un robot social humanoïde assistant à domicile. De façon à interagir le plus naturellement possible avec l'utilisateur, le système robotique effectue un traitement des indices paralinguistiques (non sémantiques) extraits du signal de parole. Ces indices permettent de construire une représentation émotionnelle et interactionnelle de l'utilisateur dynamique, base pour la sélection des comportements du robot. Quels comportements sont les plus pertinents et les mieux acceptés par l'utilisateur ? Nous présentons la collecte IDV-HR mettant en scène des personnes âgées souffrant d'une perte d'autonomie, et la codification des comportements du robot. Outre le questionnaire d'auto-évaluation renseigné par les participants, nous analysons également leur état émotionnel au fil des scénarios, en fonction des comportements du robot.

ABSTRACT

Impact of the Social Behaviour of a Robot on the User's Emotions: a Perceptive Experiment

This study is carried out in the context of the French robotic project ROMEO. This project aims at designing a humanoid social robot which will assist disabled persons at home. So as to interact as naturally as possible with the user, the robotic system processes the paralinguistic cues (no semantics) extracted from speech. These cues allow building a dynamic interactional and emotional profile of the user, which is used to select the behaviour of the robot. Which behaviours are the most accepted by the user? We present the IDV-HR data collection featuring elderly people suffering from a loss of autonomy, and the coding of the robotic behaviours. In addition to the self-report questionnaire, we analyse the emotional state of the speaker in the course of the scenarios, according to the behaviour of the robot.

MOTS-CLES : Traitement des signaux sociaux – Interaction humain-robot – Emotions
KEYWORDS: Social signal processing – Human-robot interaction – Emotions

1 Introduction

L'interaction sociale est caractérisée par un échange continu et dynamique de signaux, porteurs d'un contenu informatif et communicatif. La capacité de produire ces signaux, et de les comprendre, permet à l'humain d'interagir avec ses semblables. La transmission des signaux de communication emprunte différents canaux, parmi lesquels le contenu sémantique d'un énoncé oral, la posture du locuteur, ou encore la direction du regard.

Les informations non-verbales transmises en interaction constituent donc une part du message communiqué qu'il est essentiel de ne pas négliger. L'interprétation de ces signaux et leur production (ton de la voix, expressions faciales, mouvements, posture...) sont des enjeux actuels dans le développement de systèmes robotiques doués d'intelligence sociale et affective.

Notre étude se déroule dans le cadre du projet français ROMEO (http://www.projetromeo.com), qui vise à mettre au point un robot social humanoïde capable d'assister des personnes en perte d'autonomie. De façon à interagir le plus naturellement possible avec l'utilisateur, le système robotique effectuera un traitement multi-niveau des indices non-verbaux issus de la parole (Delaborde et al., 2010). Des indices bas-niveau peuvent être extraits du signal de parole (Devillers et al., 2005) : durée des tours de parole, F0 et d'autres coefficients acoustiques tels que MFCC, etc. Ces indices permettent de fournir des informations paralinguistiques de type « émotion positive ou négative », « actif ou non », ou des étiquettes émotion telles que « Joie, Tristesse, Colère, Peur ». A un plus haut niveau d'analyse, ces informations permettent de renseigner un profil émotionnel et interactionnel de l'utilisateur. Ce profil fournit, entre autres, des informations de type : « Le locuteur est-il globalement à l'aise ou pas ? », « Est-il très loquace ? ». Ces informations sont renforcées par des données personnelles (âge, sexe, identité). La sélection du comportement du robot se base sur ce profil. Il est donc important de déterminer, pour le public cible du projet ROMEO, leur perception du comportement du robot, et d'évaluer leur satisfaction.

Nous proposons dans cet article, tout d'abord, une vue d'ensemble des études traitant de l'impact des comportements sociaux d'agents virtuels ou de robots sur l'utilisateur. La section 2 traite de notre collecte : des personnes adultes et âgées (moyenne d'âge 58 ans) en interaction avec le robot. Ces personnes souffrent de déficience visuelle (de partielle à totale). Les participants expriment plusieurs types d'états affectifs, et le robot peut adopter différents comportements. La section 3 présente les résultats de cette étude : outre le questionnaire d'auto-évaluation, nous analyserons également l'évolution de leur état émotionnel au fil des scénarios, en fonction des comportements du robot.

1.1 Évaluation de l'impact de l'interface sur l'utilisateur

Les comportements que l'interface (robot, agent conversationnel...) doit adopter sont étroitement liés à la tâche, ainsi qu'aux caractéristiques propres à l'utilisateur. Il est toutefois nécessaire, en premier lieu, de s'assurer que les comportements sont crédibles et correctement reconnus, en étudiant le retour de la part des utilisateurs (El-Nasr et al., 2000).

Dans le cas de personnes souffrant d'une perte d'autonomie, il importe de laisser au système un degré d'autonomie dans la réalisation des tâches (Dautenhahn et Werry, 2002 ; Tapus et Mataric, 2006). Afin que l'interaction ne soit pas rédhibitoire (comme cela pourrait être le cas dans le cadre de l'utilisation de nouvelles technologies par des personnes âgées), il convient également d'analyser les préférences en termes de modalités de communication entre l'interface et l'utilisateur (Granata et al., 2010).

Un robot doté d'une personnalité, tel que décrit dans l'étude de (Kiesler et Goetz, 2002), affecte la représentation mentale de l'utilisateur vis-à-vis du robot, ainsi que son implication dans l'interaction. La façon d'exprimer les désirs et les intentions du robot, via l'expression d'émotions (Breazeal, 1999), peut amener l'utilisateur à répondre aux besoins du robot (tels qu'apporter de la distraction ou du confort) et ainsi augmenter l'efficacité de l'interaction. Un comportement conciliant ou désobéissant aux injonctions de l'utilisateur aura également un impact sur les expressions émotionnelles de ce dernier (Batliner et al., 2004).

En termes de communication Humain-Robot, au-delà des attentes fonctionnelles de l'utilisateur, c'est-à-dire que le robot réalise la tâche qui lui est dévolue (assistance quotidienne, jeu, enseignement...) et que son utilisation puisse se faire de façon instinctive et réponde aux critères d'ergonomie, un robot social se doit de partager certains des codes de communication interpersonnelle (Feil-Seifer et al., 2007 ; Duhaut et al., 2011) afin de répondre efficacement aux messages de l'utilisateur. Ainsi, le robot pourra être plus à-même d'instaurer et d'entretenir une relation naturelle et socialement acceptable.

Il semble essentiel dans notre présente étude de sélectionner soigneusement la stratégie de comportement du robot, et d'évaluer la bonne reconnaissance des comportements choisis. Nous étudierons également l'impact de ces comportements sur la production d'émotions de la part de l'utilisateur.

2 Collecte de données émotionnelles

2.1 Public et conditions d'enregistrement

Le public test de cette étude est constitué de quatorze participants (sept hommes et sept femmes) déficients visuels. La conception et le test de certains modules du futur robot ROMEO sont réalisés à l'aide du robot NAO (Aldebaran Robotics). L'enregistrement se déroule dans l'appartement témoin de l'Institut de la Vision à Paris (*Home Lab.* http://www.institut-vision.org). Un expérimentateur gère l'enregistrement audio et la complétion du questionnaire. Un second expérimentateur contrôle le robot par un système de magicien d'Oz.

2.2 Description des scénarios

Chaque session dure approximativement quarante-cinq minutes. Il est demandé au participant de jouer trois sessions de cinq scénarios. Chacun de ces scénarios est consacré à un état affectif (au sens large) du participant : *en grande forme, malade, déprimé, en état d'urgence médicale,* et *content* par anticipation d'un évènement à venir. Les énonciations du robot sont générées en synthèse à partir du texte, basées sur un script déterminé à l'avance. Le comportement du robot est différent lors de chaque série de cinq scénarios. Les comportements joués sont sélectionnés de façon à répartir uniformément le nombre de comportements pour la totalité des séances d'enregistrement.

2.3 Attitudes interactionnelles du robot

Quelles stratégies de comportement sont attendues du robot ?

Lors d'une première prise de contact avec un interlocuteur, (Isbister, 2006) souligne l'importance de deux questions qui permettent de se situer socialement par rapport à son interlocuteur : est-il ami ou ennemi ? Est-il socialement plus puissant que moi ou pas ? (Isbister, 2006) propose une version modifiée de l'*interpersonal circumplex* basée sur les traits *Friendliness* et *Dominance*. Dans le contexte d'interaction avec une entité virtuelle ou robotique, celle-ci doit permettre à l'humain de se situer socialement avec elle, et donc d'adopter un comportement relatif et cohérent avec ces axes. Dans un contexte d'assistance, l'utilisateur doit sentir que le robot est sensible à sa demande d'aide. La figure 1 présente le positionnement des attitudes de notre robot sur l'espace de l'interpersonal circumplex. Nous localisons les différents comportements souhaitables du robot : *encouragement, empathie et amabilité.*

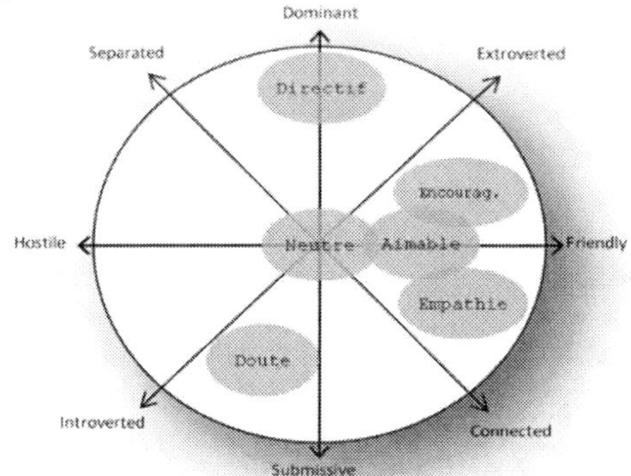

FIGURE 1 – Comportements du robot sur l'axe Dominance et Friendliness
(figure adaptée de (Isbister, 2006))

Nous avons également sélectionné des comportements potentiellement non-désirables à fin de contre-test. Nous nous basons notamment sur l'étude menée par (Ray, 2008) sur les attentes des utilisateurs en matière de robotique. Les comportements *directif*, *neutre* et *hésitant* semblent non souhaitables.

Quel degré d'implication dans l'interaction est attendu de la part du robot pour ce comportement ?

Le public de participants étant constitué de personnes déficientes visuelles et le robot ne générant que de la parole non-expressive à l'époque de l'expérimentation, nous optons pour un lexique fortement marqué. (Charaudeau, 1992) distingue trois types d'actes locutifs (« un certain nombre d'actes énonciatifs de base qui correspondent à une position particulière [...] du locuteur dans son acte de locution ») : l'acte allocutif, qui implique le locuteur et l'interlocuteur, l'acte élocutif, qui se limite au rapport du locuteur à son propre propos, et l'acte délocutif, qui précise la manière dont le propos existe en tant que tel et s'impose aux interlocuteurs. (Charaudeau, 1992) propose des modalités allocutives (« sous-catégories ») spécifiant chacun de ces actes : e.g. l'injonction, l'interrogation, l'interdiction sont considérés comme des actes allocutifs ; l'opinion, l'appréciation, etc. sont élocutifs ; l'assertion, le discours rapporté tiennent de l'acte délocutif.

Nous distinguons donc dans les stratégies de comportement si celles-ci impliquent que l'on se réfère : uniquement au locuteur, à ses pensées et opinions (élocutif), ou bien également à l'interlocuteur, afin de l'amener à réaliser un but commun par exemple, ou qu'on le juge (allocutif), ou bien si les qualités (i.e. caractéristiques) du locuteur et de l'interlocuteur n'ont aucune importance dans l'acte de communication (délocutif).

Par exemple, l'encouragement suppose que le locuteur implique lui-même et l'interlocuteur dans son discours, en cela qu'il tente de convaincre l'interlocuteur que son avis est celui à suivre pour atteindre un but considéré comme positif. Dans ce contexte, le robot dira des phrases du type : « Ça va aller mieux quand tu auras déjeuné. Est-ce que tu voudrais que je te mette en relation avec ton médecin ? ».

2.4 Questionnaire

Après chaque session de cinq scénarios, l'expérimentateur interroge le participant sur l'attitude du robot. Les questions reflètent les différents comportements préparés pour le robot, sans se limiter à ceux qui ont été réellement joués pour ce participant. Pour chaque question, le participant a le choix entre « très », « moyennement », ou « peu » : « Est-ce que le robot est compatissant ? », « Est-il encourageant ? », « Est-il sûr de lui ? », « Est-il aimable ? », « Est-il directif ? ». A la fin de la séance d'enregistrement, l'expérimentateur demande au participant d'évaluer la crédibilité du robot : « Durant l'expérience, est-ce que Nao vous a bien compris ? », « Estimiez-vous que le robot répondait d'une façon adaptée aux situations ? ».

3 Attitudes émotionnelles face aux comportements du robot

3.1 Annotation des données et résultats d'annotation

Sur la piste audio de chaque participant, deux annotateurs professionnels ont déterminé des segments. Un segment présente une homogénéité émotionnelle, c'est-à-dire que l'émotion est considérée comme étant la même, et d'intensité constante, tout au long du segment (Devillers et al., 2006 ; Devillers et Martin, 2008). Sur les 3933 segments obtenus, une annotation émotionnelle a été réalisée perceptivement par ces deux annotateurs : a) Une étiquette Emotion, parmi « *Joie* », « *Colère* », « *Peur* », « *Tristesse* » et « *Neutre* ». b) Une étiquette Activation, de -2 (très faible) à 2 (très forte), représentant la force de l'émotion exprimée. Les étiquettes Émotion ont été regroupées en termes de Valence : « *Positive* » (Joie), « *Négative* » (Colère, Peur, Tristesse), et « Neutre ». Nous obtenons un score Kappa de $\kappa = 0{,}82$ entre valence « Positive » et « Négative », et de $\kappa = 0{,}57$ pour l'activation (distinction entre fort et faible).

3.2 Évaluation du protocole

Crédibilité du robot. Nous désirions savoir si, globalement, l'attitude et les énonciations du robot semblaient cohérentes pour le participant, et si le robot leur semblait comprendre les situations jouées. En d'autres termes, si le participant se doutait qu'il s'agissait d'un système Magicien d'Oz ou non. Si le participant se doute que le robot n'est qu'une boîte vide lors de l'expérience, il est alors peu probable qu'il s'implique dans le dialogue avec le robot, et soit sensible à ses différences de comportement.

A la question « Durant l'expérience, pensez-vous que Nao vous a bien compris ? », 86% des participants trouvaient que le robot comprenait correctement, voire très bien, et 14% ont déclaré ne pas savoir. A la question « Estimiez-vous que le robot répondait d'une façon adaptée aux situations ? », 43% ont estimé que les réponses du robot étaient bien adaptées, et 21,4% que les réponses étaient assez bien adaptées. Seuls 14, 2% ont estimé que les réponses n'étaient pas du tout adaptées, et 21,4% n'avaient pas d'avis. Nous estimons donc que globalement, les participants ont cru à la compréhension du robot, et à son adaptation lors des scénarios joués.

Reconnaissance des comportements robotiques. Nous avons expérimenté différents comportements possibles pour le robot, basés sur la littérature. Il est important de déterminer si le participant a remarqué une différence de comportements, et s'il a été capable de les identifier. 64,3% des participants ont correctement identifié les comportements positifs du robot et 72% pour les comportements négatifs. La distinction plus fine (à savoir, identifier précisément ce qui était « directif », « machine », etc.) semble plus délicate.

3.3 Attitudes émotionnelles

Impact du comportement du robot sur l'expressivité du locuteur. Nos participants n'étaient pas des acteurs professionnels. Nous imaginions donc que, même si nous leur fournissions des consignes de jeu quant au type d'émotions à exprimer, le comportement du robot et ses types de réponses auraient un impact sur leur expressivité.

Les scénarios peuvent être catégorisés en deux types : positifs, et négatifs. Au cours des scénarios positifs (« content » et « en grande forme »), nous attendons du locuteur qu'il exprime majoritairement des émotions positives, et inversement lors des scénarios négatifs. A titre d'étalonnage, nous avons également enregistré le participant lorsqu'il répondait de façon libre aux questionnaires (sans dialogue avec le robot).

Comportement robot		Positif	Négatif	Positif	Négatif	Positif	Négatif
		Global		**Hommes**		**Femmes**	
Scenario	Positif	0,73	0,64	0,67	0,60	0,79	0,69
	Négatif	0,12	0,07	0,11	0,08	0,13	0,06
	Libre	0,45		0,49		0,41	

TABLEAU 1 – Moyenne des valences (0 nég., 0.5 neutre, 1 pos.) exprimées par les participants en fonction du comportement du robot, et du type de scénario joué

Nous retrouvons dans le tableau 1 un récapitulatif des moyennes des valences exprimées par les participants au fil des enregistrements. L'étude porte sur les 3756 segments présentant un accord sur la valence de la part de nos deux annotateurs. Nous pouvons constater une différence selon l'attitude du robot : lorsque le robot adopte une attitude non souhaitable, les participants tendent à exprimer des émotions plus neutres, ou plus négatives. Dans le cas des scénarios positifs, la valence moyenne chute de 9%, et de 5% lors des scénarios négatifs.

Comportement robot		Positif	Négatif	Positif	Négatif	Positif	Négatif
		Global		**Hommes**		**Femmes**	
Scenario	Positif	0,5	0,47	0,54	0,47	0,46	0,47
	Négatif	0,58	0,64	0,56	0,66	0,6	0,6
	Libre	0,15		0,15		0,14	

TABLEAU 2 – Moyenne des activations (0 nég., 0.5 neutre, 1 pos.) exprimées par les participants en fonction du comportement du robot, et du type de scénario joué

Nous analysons maintenant les différences d'activation exprimées par les participants en fonction des comportements du robot. Nous nous basons sur les 2313 segments présentant un accord « faible », « fort », « neutre ». Nous constatons (cf. tableau 2) que les comportements négatifs du robot entraînent une hausse de l'activation moyenne exprimée par les locuteurs, indépendamment du sexe (de l'ordre de 3% et 6%).

Nous remarquons que les comportements non souhaitables joués par le robot ont un impact sur l'expression d'émotions de la part des participants : les locuteurs tendent à exprimer des émotions plus négatives, et l'activation croît. Les écarts, toutefois, sont mineurs (en moyenne, de 6%). Cette expérimentation ayant pour but d'évaluer la satisfaction de l'utilisateur dans la réalisation d'une tâche, nous nous attendions bien à ce que le participant exprime une modification de son comportement émotionnel. Cette modification s'exprime par un mécontentement ou une augmentation de l'activité lorsque le robot n'adoptait pas un comportement conciliant. Toutefois, il semble évident que le contexte *in vitro* (pas de réelle tâche, conditions expérimentales) a un impact modérateur sur les résultats.

4 Discussion et conclusion

Il est essentiel, lors de la conception d'un robot social d'assistance, de s'assurer que les comportements du robot sont correctement perçus par l'utilisateur, et qu'ils sont en adéquation avec la tâche à effectuer. Nous avons étudié l'impact sur des utilisateurs en perte d'autonomie de différents comportements jugés socialement souhaitables et non souhaitables, en faisant jouer des scénarios à quatorze participants déficients visuels.

Le questionnaire rempli par les participants nous indique qu'il existe une bonne corrélation entre le contenu lexical choisi et le type de comportements reconnu par le participant, ce qui valide notre choix de modalité (contenu lexical fortement marqué) dans l'élaboration de comportements robotiques pour un public déficient visuel.

A l'analyse des émotions exprimées oralement par les locuteurs, nous constatons que les comportements non souhaitables de la part du robot ont un impact sur l'expression des émotions de la part de l'utilisateur : la valence tend vers le négatif, et l'activation croît. Cette constatation valide notre sélection de comportements sociaux souhaitables dans l'espace des comportements sociaux de *l'Interpersonal circumplex*. L'impact visible dans notre expérimentation est toutefois très modéré, mais assurément révélateur des tendances de comportements d'un utilisateur *in vivo*.

Ces résultats motivent la prise en compte, dans l'élaboration du profil émotionnel et interactionnel de l'utilisateur décrit en section 1, de l'impact du comportement du robot sur l'expression d'émotion de l'utilisateur.

Remerciements

Cette étude a été financée grâce au projet français ROMEO (FUI6, pôle de compétitivité Cap Digital, Île-de-France).

Références

BATLINER, A., HACKER, C., STEIDL, S., NÖTH, E., D'ARCY, S., RUSSEL, M., AND WONG, M. (2004).

"You stupid tin box" - Children interacting with the AIBO robot: a cross-linguistic emotional speech corpus. *4th Int. Conf. of Language Resources and Evaluation.* pp. 171-174.

BREAZEAL, C. (1999). Robot in Society: Friend or Appliance? *In Agents 99: Workshop on Emotion-based Agent Architectures (1999),* pp. 18-26.

CHARAUDEAU, P. (1992). Grammaire du sens et de l'expression. Hachette. Pages 576-629.

DAUTENHAHN, K., AND WERRY, I. (2002). A quantitative technique for analysing robot–human interactions. *In proc. of the IEEE/RSJ, International Conference on Intelligent Robots and Systems (pp. 1132–1138).* Lausanne, Switzerland.

DELABORDE, A., DEVILLERS, L. (2010). Use of Nonverbal Speech Cues in Social Interaction between Human and Robot: Emotional and Interactional markers. *3rd Int. Workshop on Affective Interaction in Natural Environments, ACM Multimedia.* Firenze, Italy, 2010.

DEVILLERS, L., VIDRASCU, L. AND LAMEL, L. (2005). Challenges in real-life emotion annotation and machine learning based detection. *Journ. of Neural Networks,* 18:407–422.

DEVILLERS, L., COWIE, R., MARTIN, J.-C., DOUGLAS-COWIE, E., ABRILIAN, S. AND MCRORIE, M. (2006). Real life emotions in French and English tv video clips: an integrated annotation protocol combining continuous and discrete approaches. *In proc. 5th Int. Conf. on Language Resources and Evaluation (LREC06)*, Genoa, Italy.

DEVILLERS, L. AND MARTIN, J.-C. (2008). Coding Emotional Events in Audiovisual Corpora. *In proc. 6th Int. Conf. on Language Resources and Evaluation*, Marrakech, Morocco.

DUHAUT, D., PESTY, S. (2011). Acceptability in Interaction: From Robots to Embodied Conversational Agents. *In Computer graphics theory and applications*, Algarve, Portugal.

EL-NASR, M., YEN, J. AND IOERGER,T.R. (2000). FLAME. Fuzzy Logic Adaptive Model of Emotions*, Autonomous Agents and Multi-Agent Systems, 3,* 219.257, 2000.

FEIL-SEIFER, D., SKINNER, K. AND MATARIĆ, M. J. (2007). Benchmarks for evaluating socially assistive robotics. *In Interaction Studies: Psychological Benchmarks of Human-Robot Interaction,* 8(3), 423-429 Oct.

GRANATA, C., CHETOUANI, M., TAPUS, A., BIDAUD, P. AND DUPOURQUE, V. (2010). Voice and Graphical based Interfaces for Interaction with a Robot Dedicated to Elderly and People with Cognitive Disorders. *19th Int. Symp. in Robot and Human Interactive Communication.*

ISBISTER, K. (2006). Better Game Characters by Design: A Psychological Approach. *The Morgan Kaufmann Series in Interactive 3D Technology.* San Francisco, CA, USA: Morgan Kaufmann Publishers Inc., 2006. p. 26.

KIESLER, S., AND GOETZ, J. (2002). Mental models and cooperation with robotic assistants. *In proc. Conference on Human Factors in Computing Systems* (pp. 576–577). Minneapolis, MI. New York: ACM Press.

RAY, C., MONDADA, F. AND SIEGWART, R.. (2008). What do people expect from robots? *IEEE/RSJ Conf. on Intelligent Robots and Systems.* Nice, France. IROS 2008. pp.3816–3821.

TAPUS, A. AND MATARIĆ, M. (2006). User personality matching with hands-off robot for post-stroke rehabilitation therapy. *In proc. Int. Symp. on Experimental Robotics.* Brazil.

Contrôle prédictif et codage du but des actions orofaciales

Krystyna Grabski[1], Laurent Lamalle[2,3], Marc Sato[1]
(1) Département Parole & Cognition, GIPSA-Lab, CNRS & Grenoble Université, France. (2) SFR1 RMN Biomédicale et Neurosciences, CHU de Grenoble. (3) INSERM
Correspondance : Krystyna.grabski@gipsa-lab.grenoble-inp.fr

RESUME

Des études récentes démontrent l'existence de processus liés au codage du but des actions manuelles dans les cortex prémoteur et pariétal postérieur. De manière à étendre ces résultats à des actions orofaciales, nous avons utilisé un paradigme de répétition suppression lors d'une étude par imagerie par résonance magnétique fonctionnelle impliquant la réalisation répétée de mouvements supralaryngés (protrusion des lèvres, abaissement de la mâchoire, rétraction de la langue). Ce paradigme d'adaptation s'appuie sur une diminution d'activité de populations neuronales spécifiques lors de la répétition d'actes moteurs et reflète des mécanismes d'apprentissage sensorimoteur et une réduction d'erreurs de prédiction entre les conséquences sensorielles réelles et prédites des actions réalisées. Dans la présente étude, les mouvements orofaciaux impliquent un ensemble de régions cérébrales communes constituant un réseau neural minimal classiquement impliqué dans le contrôle moteur orofacial. De manière cruciale, une diminution d'activité lors de la répétition des mouvements orofaciaux a été spécifiquement observée dans l'hémisphère gauche, au sein du sulcus intrapariétal et le lobule pariétal inférieur adjacent, le lobule pariétal supérieur et le cortex prémoteur ventral. Ces résultats démontrent l'existence de mécanismes de contrôle prédictif et de codage du but des actions orofaciales intransitives et silencieuses au sein de ce circuit fronto-pariétal.

ABSTRACT

Predictice control and coding of orofacial actions

Recent studies provide evidence for action goal coding of manual actions in premotor and posterior parietal cortices. To further extend these results, we used a repetition suppression paradigm while measuring neural activity with functional magnetic resonance imaging during repeated orofocial movements (lip protrusion, jaw lowering and tongue retraction movements). In the motor domain, this adaptation paradigm refers to decreased activity in specific neural populations due to repeated motor acts and has been proposed to reflect sensorimotor learning and reduced prediction errors by means of forward motor-to-sensory predictive processes. In the present study, orofacial movements activated a set of largely overlapping, common brain areas forming a core neural network classically involved in orofacial motor control. Crucially, suppressed neural responses during repeated orofacial actions were specifically observed in the left hemisphere, within the intraparietal sulcus and adjacent inferior parietal lobule, the superior parietal lobule and the ventral premotor cortex. These results provide evidence for action goal coding and forward motor-to-somatosensory predictive control of intransitive and silent orofacial actions in this fronto-parietal circuit.

MOTS-CLES : contrôle moteur orofacial, codage du but de l'action, modèle prédictif forward, IRMf, répétition suppression.

KEYWORDS : orofacial motor control, action goal coding, forward predictive model, fMRI, repetition suppression.

1 Introduction

La réalisation d'une action est généralement considérée comme dépendante d'une organisation hiérarchique au sein du système nerveux central impliquant plusieurs niveaux de représentations motrices, depuis les représentations musculaires et cinématiques jusqu'à celles impliquées dans le codage du but des actions (pour une revue récente, Grafton & Hamilton, 2007).

En appui de cette décomposition hiérarchique des représentations d'action, des enregistrements unicellulaires dans les aires prémotrices et motrices chez les primates non humains ont démontré la sélectivité de réponse de populations neuronales pour différentes variables motrices lors de mouvements manuels (par exemple, force musculaire, vitesse, direction). A un plus haut niveau d'abstraction dans la hiérarchie motrice, une sélectivité neuronale pour le codage du but d'action des actes moteurs manuels transitifs (dirigés vers des objets) a été identifiée au niveau des aires postérieures pariétales et prémotrices ventrales (Rizzolatti et al., 1988; Fogassi et al., 2005; Bonnini et al., 2011). Chez l'homme, la méthode d'imagerie par résonance magnétique fonctionnelle (IRMf) a été récemment utilisée conjointement à un paradigme d'adaptation afin de dissocier les substrats neuronaux liés aux différents niveaux de représentation des actions manuelles. Ce paradigme IRMf d'adaptation s'appuie sur un effet de répétition suppression (RS) consistant en une réduction du signal BOLD (pour blood oxygen level-dependent) de régions cérébrales spécifiquement reliées à différents niveaux de traitements d'une action perçue ou produite, lors de la présentation de stimuli ou de l'exécution d'un acte moteur répété (Grill-Spector & Malach, 2001; Grill-Spector et al., 2006). En accord avec les études sur les primates non-humains, cette approche a révélé que les actions manuelles répétées avec un but similaire induisent un effet RS dans le sulcus intrapariétal et la partie adjacente dorsale du lobule pariétal inférieur ainsi que dans le gyrus frontal inférieur et le cortex prémoteur ventral adjacent (Dinstein et al., 2007; Hamilton & Grafton, 2009; Kilner et al., 2009).

Bien que discuté en termes de codage du but des actions, une interprétation convergente de l'effet RS dans ces aires pariétales et prémotrices est basée sur l'existence de processus prédictifs sensorimoteurs. Ces processus permettraient en effet de comparer les conséquences sensorielles d'une action réalisée avec les informations exogènes effectivement perçues et, de là, d'estimer de possibles erreurs en vue de corriger en ligne l'acte moteur (Wolpert, Ghahramani & Jordan, 1995; Kawato, 1999 ; Friston, 2011). Dans ce cadre et relativement aux études IRMf précédemment citées, il est possible que la répétition d'actes moteurs manuels impliquant un même but ait entrainé un apprentissage sensorimoteur graduel et des mises à jour des représentations motrices liées au codage du but de l'action dans les aires pariétales et frontales inférieures, avec des erreurs de prédiction réduites reflétées par une diminution du signal BOLD.

Ces processus prédictifs sont également à la base de modèles forward génératifs liés à la production de la parole dans lesquels les conséquences somatosensorielles et auditives des unités de parole produites seraient évaluées avec les retours sensorielles réels, afin de permettre un contrôle en ligne de l'action (Guenther, 2006; Tian & Poeppel, 2010; Guenther & Vladusich, sous presse; Hickok, Houde & Rong, 2011; Price, Crinion & MacSweeney, 2011).

Face à ces résultats et hypothèses, la présente étude IRMf a pour objectif de déterminer si des actions supralyngées intransitives et silencieuses induisent également, lorsque répétées, une suppression d'activité neurale dans les aires pariétales et prémotrices. Bien que des études précédentes concernant des mouvements simples des lèvres, de la langue ou de la mandibule ont apporté des éléments en faveur d'un réseau neural minimal impliqué dans le contrôle moteur orofacial et d'une somatotopie générale (Takai, Brown & Liotti, 2010; Grabski et al., sous presse), l'existence de boucles prédictives liées aux conséquences somatosensorielles lors de l'exécution de mouvements orofaciaux reste en effet posée.

2 Méthode

2.1 Participants

11 volontaires droitiers de langue maternelle française ont participé à l'étude (11 hommes ; âge : 21-44 ans). Les participants ne présentaient aucun antécédent de troubles moteurs, du langage, d'audition, de déficit neurologique ou de pathologie psychiatrique, ni aucune contre-indication à l'IRM. Cette étude a reçu un avis favorable du Centre Hospitalier Universitaire de Grenoble, du Comité de Protection des Personnes pour la Recherche Biomédicale de Grenoble et de l'Agence Française de Sécurité Sanitaire des Produits de Santé.

2.2 Procédure

L'expérience consistait en la réalisation distincte des tâches suivantes : une protrusion des lèvres (condition "lèvres"), une rétraction arrière de la langue (condition "langue") et une ouverture mandibulaire (condition "mâchoire"). Une condition de repos (sans mouvement ni production sonore) servait de tâche de référence. Pour caractériser un possible effet de RS, chaque condition était réalisée par trains consécutifs de 6 essais. Une consigne visuelle indiquait pour chaque essai durant 1s le stimulus à produire ou la condition de repos. Chaque tâche était produite à partir d'une position initiale de repos, bouche fermée, mandibule et langue relâchées, vers laquelle le sujet retournait après la tâche. Un item était produit toutes les 10 secondes selon un ordre pseudo-aléatoire. Les participants avaient connaissance qu'ils ne devaient pas bouger afin d'éviter les artéfacts de mouvement. Ils ont été entraînés quelques jours avant la date de l'expérience et un nouvel entraînement a eu lieu le jour de l'expérience. Aucun participant n'a fait part de difficulté à réaliser les tâches.

2.3 Matériel et acquisition des données IRM

A l'aide du logiciel Presentation (Neurobehavioral Systems, Albany, EU), les consignes visuelles ont été projetées au moyen d'un vidéo projecteur sur un écran situé derrière le participant et, par réflexion, sur un miroir placé au dessus de ses yeux. Lors de l'expérience, les participants portaient des bouchons d'oreille et un casque antibruit.

Les acquisitions des images anatomiques et fonctionnelles ont été réalisées sur un imageur corps entier 3T (Bruker Medspec S300) muni d'une antenne tête émission/réception à champ de vue large. Pour les scans fonctionnels, une séquence d'acquisition en écho de gradient pondérée en T2* a été utilisée. Pour chaque volume fonctionnel, quarante coupes axiales adjacentes ont été acquises en mode entrelacé (temps de répétition: 10s, temps d'acquisition : 2600ms, résolution: 3 mm^3). Entre les conditions de perception et de production, un volume anatomique de haute résolution (1 mm^3) pondérée en T1 a également été acquis. Afin de minimiser de possibles artefacts de mouvement sur les images fonctionnelles, un paradigme d'acquisition de type 'sparse sampling' a été utilisé. Cette technique d'acquisition est basée sur le délai existant entre l'activé neuronale liée à une tâche motrice ou à l'écoute d'un stimulus auditif et le délai de la réponse hémodynamique associée. Face au délai optimal estimé à 5s dans de précédentes études du pic de la réponse hémodynamique lors de la production de mouvements orofaciaux ou de séquences de parole (Gracco, Temblay & Pike, 2005 ; Grabski et al., sous presse), l'intervalle de temps séparant la perception ou la production d'une voyelle et l'acquisition du volume fonctionnel correspondant variait aléatoirement pour chaque essai entre 4s, 5s et 6s. Les trois tâches motrices et la condition de repos ont été répétées chacune 18 fois dans un ordre pseudo-aléatoire. De manière à caractériser un possible effet de RS, chaque condition était réalisée par train consécutifs de 6 essais. En tout, 72 scans fonctionnels ont ainsi été acquis (4 tâches x 3 trains x 6 répétitions) pour une durée totale d'environ 13 minutes. 3 scans ont été ajoutés au début de la session pour équilibrer le signal IRM et ont ensuite été supprimés des analyses.

2.4 Prétraitements et analyses statistiques

Les données ont été analysées à l'aide du logiciel SPM5 (Statistical Parametric Mapping; Wellcome Department of Cognitive Neurology, Londres, RU) sous environnement Matlab (Mathworks, Natick, MA). En plus d'une analyse visant à déterminer un possible effet de RS global aux trois articulateurs supralaryngés, une analyse supplémentaire des corrélats neuronaux des différents articulateurs a également été réalisée afin de comparer et vérifier la robustesse des résultats présents avec ceux obtenus lors d'une précédente étude, identique en tous points mais sans paradigme d'adaptation (Grabski et al., sous presse).

<u>Prétraitements :</u> Pour chacun des participants, les images fonctionnelles ont été réalignées, normalisées dans l'espace commun du Montreal Neurological Institute (repère MNI) et lissées via un filtre gaussien passe-bas de 6 mm^3.

<u>Analyses individuelles :</u> Pour chaque participant, les corrélats neuronaux reliés aux 3 tâches motrices ou aux 6 répétitions ont été analysés selon un modèle linéaire général (GLM ; Friston et al., 1995). Les modèles incluaient des régresseurs d'intérêt reliés soit aux 3 tâches (chacune représentée par 18 images fonctionnelles) soit indépendamment des trois tâches aux 6 répétitions (chacune représentée par 9 images fonctionnelles) et des régresseurs de non-intérêt liés aux paramètres de réalignement ; les tâches de repos formant une ligne de base. Pour les deux modèles, la réponse de type hémodynamique associée à chaque évènement a été modélisée par une réponse impulsionnelle finie de type impulsion unique (FIR) pour chaque scan fonctionnel. Avant l'estimation du modèle, un filtrage des basses fréquences *a priori* non-reliées aux conditions expérimentales (variations lentes d'origine physiologique) a été appliqué (passe-haut de fréquence de coupure de 1/128 Hz). Des cartes d'analyse statistique individuelles ont été calculées pour chaque participant, pour chacune des trois tâches motrices dans le premier modèle et pour chacune des 6 répétitions dans le second modèle.

Analyses de groupe :

Une première ANOVA à mesures répétées a été effectuée afin de déterminer les corrélats neuronaux de chaque tâche motrice, indépendamment des répétitions. Trois contrastes t ont été calculés pour déterminer les régions cérébrales spécifiquement activées pour chacune des conditions (versus la condition de repos). Les activations communes à ces tâches ont été mises en évidence via une analyse de conjonction. Un contraste 'F' a été calculé pour mettre en évidence l'effet principal des tâches et les régions cérébrales présentant une variation d'activité significative entre les tâches. Les activations correspondantes aux tâches motrices ainsi qu'à l'analyse de conjonction sont reportées à un seuil corrigé de $p < 0.05$ et une taille de cluster minimale de 30 voxels. L'analyse de l'effet principal du geste est reporté à un seuil non corrigé de $p < .001$ et une taille de cluster minimale de 30 voxels.

Une seconde ANOVA à mesures répétées a été effectuée afin de déterminer de possibles effets de RS en fonction des six mouvements consécutifs de toutes les tâches orofaciales. Six contrastes t ont été calculés pour déterminer les régions cérébrales activées de manière spécifiques pour chacune des six occurrences en comparaison avec la condition contrôle de repos (seuil corrigé de $p < .05$, taille de cluster minimale de 30 voxels). Afin d'identifier les régions cérébrales montrant une baisse linéaire du signal BOLD au fur à mesure des 6 occurrences répétées, un contraste t supplémentaire a été calculé (seuil non corrigé de $p < .001$, taille de cluster minimale de 30 voxels.

Pour chaque analyse, les pics d'activation ont été d'abord déterminés pour chaque cluster et ont été ensuite labélisés selon les cartes probabilistes cytoarchitectoniques (Eickhoff et al., 2005), telles qu'implémentées dans la toolbox SPM Anatomy (Eickhoff et al., 2005). Si une région cérébrale était assignée avec une probabilité inférieure à 50% ou si elle n'était pas spécifiée, les coordonnées des pics d'activation ont été converties de l'espace MNI à l'espace stéréotaxique standard de Talairach & Tournoux (1988) et les régions cérébrales déterminées avec le logiciel Talairach Daemon (Lancaster et al., 2000). Pour la visualisation, les cartes d'activation ont été superposées sur un template standard d'un cerveau en utilisant le logiciel MRICRON (http://www.sph.sc.edu/comd/ rorden/mricron/).

3 Résultats et discussion

3.1 Tâches motrices

Les projections des activations cérébrales observées pour les trois tâches motrices, pour les analyses de conjonction et de différences entre tâches sont présentées dans la Figure 1.

Les résultats de l'analyse de groupe montrent des régions largement communes aux trois tâches motrices. L'analyse de conjonction révèle en effet un réseau neuroanatomique fonctionnel commun incluant un ensemble de régions bilatérales typiquement impliquées dans le contrôle moteur orofacial. Ce réseau orofacial 'minimal' implique: des activations bilatérales de l'aire motrice supplémentaire, qui s'étend latéralement aux cortex prémoteur et sensorimoteur (incluant l'opercule pariétal). Des activations sont également observées dans l'hémisphère gauche, au niveau de l'insula et du claustrum, du striatum dorsal des ganglions de la base (putamen), du gyrus temporal transverse et du cortex pariétal inférieur, et dans la partie supérieure du cervelet (région déclive du néocervelet).

De plus, des différences d'activations entre les trois tâches motrices sont observées au niveau des cortex prémoteur ventral et sensorimoteur primaire. Ces différences proviennent d'une activation plus importante pour les mouvements de la langue et moindre pour les mouvements de lèvres. De manière générale, cette analyse confirme les résultats de notre précédente étude (Grabski et al., sous presse).

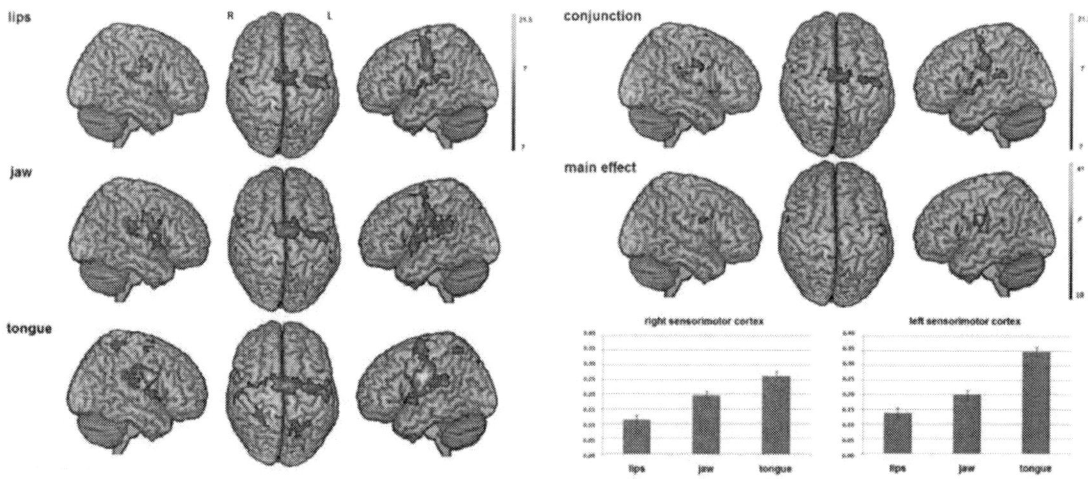

Figure 1. Gauche : Vue surfacique des régions cérébrales activées lors des mouvements labiaux, mandibulaire et linguaux. Droit – haut : Réseau minimal des mouvements orofaciaux tel que révélé par l'analyse de conjonction. Droit-bas : Estimations des contrastes β, reflétant les différences d'activations observées entre les trois tâches.

3.2 Effets de RS

Les projections des activations cérébrales observées pour les six répétitions ainsi que l'effet de RS sont présentés dans la Figure 2. Les principales régions montrant un effet de RS (diminution du signal BOLD en fonction des répétitions) sont observées dans l'hémisphère gauche au niveau du lobule pariétal inférieur (le gyrus supramarginal, BA 40) et du sulcus intrapariétal ainsi que dans le lobule pariétal supérieur (précuneus, BA 7) et la partie la plus dorsale du cortex prémoteur ventral (BA 6). Ces résultats sont cohérents avec les précédentes études montrant l'encodage dans ces régions des buts d'actions manuelles, actions avec retours sensoriels somatosensoriels et visuels. En effet, le lobule pariétal supérieur est impliqué dans le traitement visuo-spatial et l'imagerie visuelle (Lamm et al., 2007) et dans le codage proprioceptif de l'action (Lestou, Pollick & Kourtzi, 2008). Comme les gestes orofaciaux n'impliquent pas de retours visuels, nos résultats suggèrent un encodage des buts d'actions multimodal au sein de ces régions, en l'absence de modalité visuelle pouvant impliquer des représentations motrices et somatosensorielles. D'autres régions supplémentaires montrent une sensibilité à la répétition de mouvements (le sulcus intrapariétal et le précuneus droit, le gyrus cingulaire antérieure, le gyrus frontal moyen gauche et des régions visuelles gauches, comme le gyrus fusiforme et le cortex extra strié), sans avoir cependant survécues à un seuil corrigé au niveau du cluster.

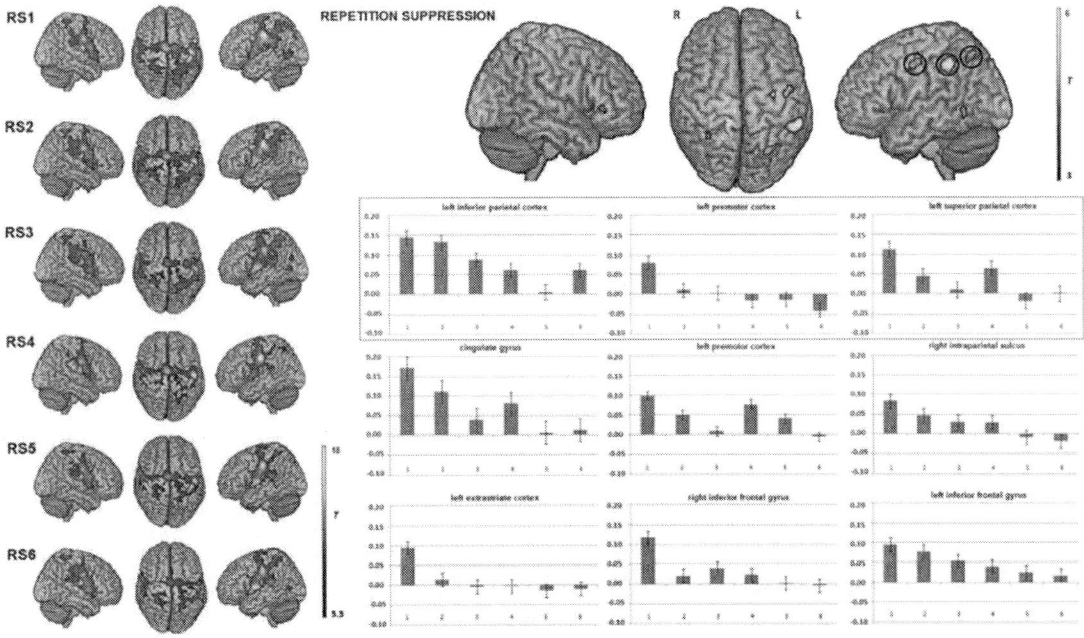

Figure 2. Gauche : Vues surfaciques des régions cérébrales activées lors de chacune des six répétitions d'un même geste orofacial (tous gestes labial, mandibulaire et lingual confondus). Droite : Régions cérébrales sensibles à un effet RS et estimations des contrastes β, reflétant les différences d'activations observées entre les six répétitions.

4 Conclusions

Dans la présente étude, les mouvements orofaciaux impliquent un ensemble de régions cérébrales communes constituant un réseau neural minimal classiquement impliqué dans le contrôle moteur orofacial. De manière cruciale, une diminution d'activité lors de la répétition des mouvements orofaciaux a été spécifiquement observée dans l'hémisphère gauche, au sein du sulcus intrapariétal et le lobule pariétal inférieur adjacent, le lobule pariétal supérieur et le cortex prémoteur ventral. Ces résultats appuient l'existence de mécanismes de contrôle prédictif et de codage du but des actions orofaciales intransitives et silencieuses au sein de ce circuit fronto-pariétal.

Références

BONNINI, L., SERVENTI, F.U., SIMONE, L., ROZZI, S., FERRARI, P.F. & FOGASSI, L. (2011). Grasping neurons of monkey parietal and premotor cortices encode action goals at distinct levels of abstraction during complex action sequences. *Journal of Neuroscience*, 31(15): 5876 –5887.

DINSTEIN, I., HASSON, U., RUBIN, N. & HEEGER, D.J. (2007). Brain areas selective for both observed and executed movements. *J Neurophysiol.*, 98(3): 1415-27.

EICKHOFF, S.B., STEPHAN, K.E., MOHLBERG, H., GREFKES, C., FINK, G.R., AMUNTS, K. & ZILLES, K. (2005). A new SPM toolbox for combining probabilistic cytoarchitectonic maps and functional imaging data. *NeuroImage*, 25, 1325-1335.

FOGASSI, L., FERRARI, P.F., GESIERICH, B., ROZZI, S., CHERSI, F. & RIZZOLATTI, G. (2005). Parietal lobe: from action organization to intention understanding. *Science*, 308: 662-667.

FRISTON, K. (2011). What Is Optimal about Motor Control? *Neuron*, 72: 488-498.

FRISTON, K.J., HOLMES, A.P., POLINE, J.B., GRASBY, P.J., WILLIAMS, S.C., FRACKOWIAK, R.S. & TURNER, R. (1995). Analysis of fMRI time-series revisited. *NeuroImage*, 2, 45-53.

GRABSKI, K., LAMALLE, L., VILAIN, C., SCHWARTZ, J.-L., VALLÉE, N., TROPRES, I., BACIU, M., LE BAS, J.-F. & SATO, M. (IN PRESS). Functional MRI assessment of orofacial articulators: neural correlates of lip, jaw, larynx and tongue movements. *Human Brain Mapping*.

GRACCO, V.L., TREMBLAY, P. & PIKE, G.B. (2005). Imaging speech production. *NeuroImage*, 26: 294-301.

GRAFTON, S.T. & HAMILTON, A.F. (2007). Evidence for a distributed hierarchy of action representation in the brain. *Hum Mov Sci.*, 26(4): 590-616.

GRILL-SPECTOR, K. & MALACH, R. (2001). fMRI-adaptation: a tool for studying the functional properties of human cortical neurons. *Acta Psychol (Amst)*, 107(1-3): 293-321.

GRILL-SPECTOR, K., HENSON, R. & MARTIN, A. (2006). Repetition and the brain: neural models of stimulus-specific effects. *Trends Cogn Sci.*, 10(1): 14-23.

GUENTHER, F.H. & VLADUSICH, T. (IN PRESS). A neural theory of speech acquisition and production. *Journal of Neurolinguistics*.

GUENTHER, F.H. (2006). Cortical interactions underlying the production of speech sounds. *Journal of Communication Disorders*, 39:350-365.

HAMILTON, A.F. & GRAFTON, S.T. (2009). Repetition suppression for performed hand gestures revealed by fMRI. *Human Brain Mapping*, 30(9): 2898-906.

HICKOK, G., HOUDE, J. & RONG, F. (2011). Sensorimotor integration in speech processing: computational basis and neural organization. *Neuron*, 69(3): 407-22.

KAWATO, M. (1999). Internal models for motor control and trajectory planning. *Curr Opin Neurobiol.*, 9(6): 718-27.

KILNER, J.M., NEAL, A., WEISKOPF, N., FRISTON, K.J. & FRITH, C.D. (2009). Evidence of mirror neurons in human inferior frontal gyrus. *J Neurosci.*, 29(32): 10153-9.

LAMM, C., FISCHER, M.H., DECETY, J. (2007). Predicting the actions of others taps into one's own somatosensory representations - An fMRI study. *Neuropsychologia*, 45: 2480-2491

LANCASTER, J.L., WOLDORFF, M.G., PARSONS, L.M., LIOTTI, M., FREITAS, C.S., RAINEY, L., KOCHUNOV, P.V., NICKERSON, D., MIKITEN, S.A. & FOX, P.T. (2000). Automated Talairach atlas labels for functional brain mapping. *Human Brain Mapping*, 10, 120-131.

LESTOU V., POLLICK F.E. & KOURTZI Z. (2008) Neural Substrates for Action Understanding at Different Description Levels in the Human Brain, *Journal of Cognitive Neuroscience*, 20: 324-341

PRICE, C.J., CRINION, J.T. & MACSWENNEY, M. (2011). A generative model of speech production in Broca's and Wernicke's areas. *Frontiers in Psychology*, 2: 237.

RIZZOLATTI, G., CAMARDA, R., FOGASSI, L., GENTILUCCI, M., LUPPINO, G. & MATELLI, M. (1988). Functional organization of inferior area 6 inthe macaque monkey. II. Area F5 and the control of distal movements. *Exp Brain Res*, 71: 491–507.

TAKAI, O., BROWN, S. & LIOTTI, M. (2010). Representation of the speech effectors in the human motor cortex: somatotopy or overlap? *Brain and Language*, 113: 39-44.

TALAIRACH, J. & TOURNOUX, P. (1988). Co-planar stereotaxic atlas of the human brain. Thieme, New York.

TIAN, X., POEPPEL, D. (2010). Mental imagery of speech and movement implicates the dynamics of internal forward models. *Front.Psychol.*, 1: 166.

WOLPERT, D.M., GHAHRAMANI, Z. & JORDAN, M.I. (1995). An internal model for sensorimotor integration. *Science*, 269:1880-1882.

Analyse en Composante Principale pour l'extraction des i-vecteurs en vérification du locuteur

Anthony Larcher[1] Pierre-Michel Bousquet[2] Driss matrouf[2] Jean-Francois Bonastre[2]
(1) Institute for Infocomm Research, A*Star, Singapour
(2) Université d'Avignon - -CERI - LIA
alarcher@i2r.a-star.edu.sg

RÉSUMÉ

Nous proposons une alternative aux méthodes état-de-l'art développées récemment pour la vérification du locuteur dans le cadre du paradigme de Variabilité Totale. Les expériences présentées montrent que l'utilisation de l'Analyse en Composante Principale (ACP) en remplacement du Factor Analysis (FA), pour la réduction de dimension des super-vecteurs, peut amener a des performances équivalentes. Ainsi l'extraction des *i*-vecteurs selon le critère du Maximum de Vraisemblance en utilisant la matrice des vecteurs propres obtenus par une ACP permet de surpasser un système état-de-l'art combinant Factor Analysis et Analyse Discriminante Linéaire Probabiliste dans 3 des 8 conditions de NIST-SRE08. Nous montrons également que des *i*-vecteurs obtenus par simple projection orthogonale sur la matrice produite par ACP peuvent surpasser l'approche état-de-l'art dans deux des conditions évaluées. Les résultats présentés dans cet article illustrent le potentiel d'une approche déterministe pour la vérification du locuteur.

ABSTRACT

Principal Component Analysis for i-vector extraction in speaker verification.

In this work, we propose alternative algorithmic combinations for speaker verification based on the Total Variability paradigm. Experiments presented in this paper show that replacing Factor Analysis (FA) by a Principal Component Analysis (PCA) for super-vector dimensionality reduction can lead to state-of-the-art performance. Extracting the *i*-vectors according to the Maximum Likelihood criteria when using an Eigen Vector matrix resulting from a PCA outperforms a state-of-the-art system based on Factor Analysis and Probabilistic Linear Discriminant Analysis in 3 conditions of the NIST-SRE08 evaluation over 8. Computation of *i*-vectors by an orthognonal projection on the PCA matrix is also shown to outperform the state-of-the-art configuration in 2 of the 8 conditions. The results presented in this paper illustrate the potential of a Deterministic approach for speaker verification.

MOTS-CLÉS : Vérification du locuteur, I-vecteurs, Réduction de dimension.

KEYWORDS: Speaker verification, I-vectors, Dimension reduction.

1 Introduction

La vérification automatique du locuteur est le procédé biométrique qui consiste à authentifier une personne en utilisant l'information portée par sa voix. Durant une phase appelée enrôlement, un utilisateur fournit au système un échantillon de sa voix qui sera utilisé pour des comparaisons ultérieures. Durant une seconde phase, appelée test, les systèmes état-de-l'art, qui reposent sur

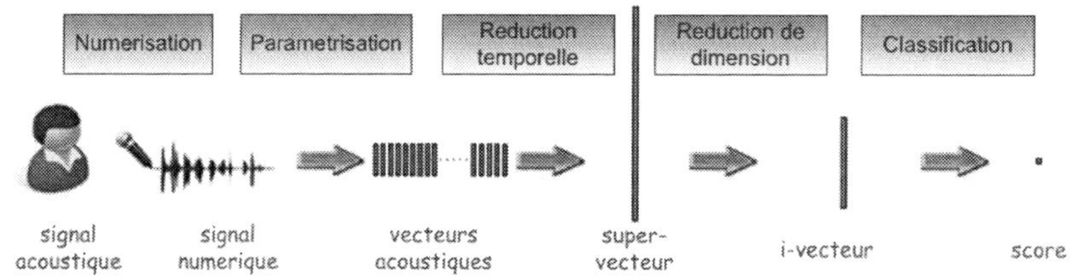

FIGURE 1 – Structure d'un système de vérification du locuteur suivant le paradigme de l'espace de Variabilité Totale.

le paradigme de l'espace de Totale Variabilité introduit par (Dehak *et al.*, 2011), suivent une structure en cinq étapes décrite par la Figure 1.

1. Numérisation du signal acoustique ;
2. Paramétrisation : les informations utiles sont extraites du flux de données sous la forme d'une série de vecteurs de durée variable appelés paramètres acoustiques ;
3. Réduction temporelle : la série de paramètres acoustiques est transformée en un super-vecteur dont la dimension élevée est indépendante de la longueur de la série de paramètres acoustiques ;
4. Réduction de dimension : la dimension du super-vecteur est réduite, le vecteur résultant de cette étape est appelé *i*-vecteur.
5. Classification : l'*i*-vecteur correspondant au segment de parole à évaluer est comparé à l'*i*-vecteur obtenu selon le même procédé à partir des données d'enrôlement de l'utilisateur. La comparaison de ces vecteurs produit un score qui permet de décider si oui ou non l'utilisateur du système correspond a l'identité qu'il clame.

Dans cet article, nous traiterons principalement des étapes de réduction de dimension et de classification.

Une grande majorité des systèmes proposés récemment dans la littérature réduisent la dimension des super-vecteurs grâce au Factor Analysis (FA) dont une description est donnée dans (Dehak *et al.*, 2011). Des travaux récents (Garcia-Romero et Espy-Wilson, 2011) ont montré que l'Analyse Discriminante Linéaire Probabiliste (ADLP) (Prince et Elder, 2007) obtenait d'excellentes performance lorsqu'elle était appliquée aux *i*-vecteurs obtenus par FA. Le but de nos travaux est de montrer qu'il est possible d'obtenir des performances équivalentes aux systèmes état-de-l'art en remplaçant le FA et l'ADLP par d'autres méthodes, notamment déterministes.

Dans la suite de cet article nous proposons d'utiliser l'Analyse en Composantes Principales (ACP) comme alternative au Factor Analysis pour l'extraction des *i*-vecteurs. L'Analyse Discriminante Linéaire Probabiliste est elle remplacée par un Radial-NAP suivi d'une distance de Mahalanobis proposées par (Bousquet *et al.*, 2011). Dans une quatrième partie, nous proposons quatre systèmes reposant sur l'ACP et la distance de Mahalanobis. Les performances de ces systèmes sont discutées dans une cinquième partie. Enfin nous présentons les conclusions et les perspectives issues de ce travail.

2 Réduction de dimension

La vérification du locuteur peut être réalisée directement dans l'espace des super-vecteurs (Wan et Campbell, 2000). Cependant, de meilleurs performances peuvent être obtenues en effectuant la classification dans un espace de dimension réduite (Kenny *et al.*, 2005; Dehak *et al.*, 2011). Parmi les méthodes usuelles de réduction de dimension, certaines comme le Factor Analysis sont non-discriminantes : l'Analyse en Composantes Principales (ACP) (Yaman *et al.*, 2011), l'Analyse en Composantes Indépendantes (ACI) (Hyvarinen et Oja, 2000), l'Analyse en Composantes Principales Probabiliste (ACPP) (Scheffer *et al.*, 2011) et d'autres au contraire cherchent des sous-espaces adaptés a la tâche considérée comme l'Analyse Discriminante Linéaire (ADL)(Dehak *et al.*, 2011), l'Analyse Discriminante Linéaire Probabiliste (ADLP) (Prince et Elder, 2007) ou la Régression PLS (Srinivasan *et al.*, 2011). Certaines de ces méthodes ne peuvent être utilisées en grande dimension pour des raisons calculatoires ou par manque de données comme dans le cas des méthodes discriminantes qui nécessitent pour la plupart un nombre de locuteurs trop important. Mais ces méthodes peuvent également être combinées afin d'optimiser la réduction de dimension comme dans (Dehak *et al.*, 2011; Senoussaoui *et al.*, 2011).
La comparaison de toutes ces méthodes dépasse le cadre de cet article et nous choisissons ici de remplacer le FA par une ACP. Dans (Tipping et Bishop, 1999), les auteurs montrent qu'il existe un lien entre Factor Analysis et Analyse en Composante Principale (Tipping et Bishop, 1999) puisque le maximum de vraisemblance du FA est obtenu lorsque les vecteurs propres de la matrice T sont les axes principaux obtenus par l'ACP.

2.1 Factor Analysis

Le développement des voix propres (Kuhn *et al.*, 1998) puis du Joint Factor Analysis (Kenny *et al.*, 2005) ont fait du Factor Analysis la méthode de réduction de dimension de référence en vérification du locuteur(Dehak *et al.*, 2011). Une représentation compacte $\mathbf{w}$, appelée *i*-vecteur, du segment de parole est obtenue en suivant un modèle linéaire Gaussien d'après lequel le super-vecteur $\mathscr{S}$ peut être décomposé selon l'équation 1

$$\mathscr{S} = \mathbf{m} + \mathbf{T} \cdot \mathbf{w} \tag{1}$$

où $\mathbf{m}$ est le super-vecteur du modèle UBM, $\mathbf{T}$ est une matrice rectangulaire et $\mathbf{w}$ est définit comme suivant une loi normale standard. La projection $\mathbf{w}$ d'un super-vecteur $\mathscr{S}$ est obtenue par :

$$\mathbf{w} = (\mathbf{I} + \mathbf{T}^t \mathbf{\Sigma}^{-1} \mathbf{N} \mathbf{T})^{-1} \mathbf{T}^t \mathbf{\Sigma}^{-1} \mathbf{F} \tag{2}$$

où N et F sont respectivement les statistiques d'ordre 0 et 1 du segment de parole calculés sur le modèle du monde, $\mathbf{\Sigma}$ est la matrice de covariance du modèle du monde et $\mathbf{I}$ est la matrice identitée.

2.2 Analyse en Composante Principale

L'ACP est un procédé déterministe largement utilisé pour la représentation de données et la réduction de dimension (Jolliffe, 2002). Pour la réduction de dimension, l'ACP consiste a trouver une base orthonormale d'un sous-espace, appelé espace propre, qui maximise la variance des données après projection. Cette projection minimise également l'erreur quadratique moyenne. Étant donne un ensemble de super-vecteurs de dimension M, et de matrice de covariance C, la matrice C peut s'écrire :

$$C = \mathbf{QDQ}^t \tag{3}$$

où $\mathbf{D}$ est une matrice diagonale dont les termes, appelés valeurs propres, sont rangés par ordre décroissant et $\mathbf{Q}$ est la matrice des vecteurs propres de C rangés en colonnes.

La matrice de projection dans l'espace propre de rang k est la matrice rectangulaire $\mathbf{P}$ de dimension $k \times M$ dont les lignes sont les k vecteurs propres de C correspondant aux k plus grandes valeurs propres de $\mathbf{Q}$. La projection $\mathbf{w}$ d'un super-vecteur $\mathscr{S}$ est obtenue par :

$$\mathbf{w} = \mathbf{P} \cdot \mathscr{S} \tag{4}$$

3 Classification

Nous décrivons dans cet article deux méthodes de classification ayant montré de bonnes performances dans la littérature (Larcher *et al.*, 2012; Kenny, 2010). Ce choix ne présage cependant pas des possibilités d'utiliser d'autres approches (Dehak *et al.*, 2011).

3.1 Analyse Linéaire Discriminante Probabiliste

L'ALDP (Prince, 2012) considère qu'un *i*-vecteur $\mathbf{w}$ est généré par un modèle discriminant de la forme :

$$\mathbf{w} = \mathbf{Vy} + \mathbf{Ux} + \mathbf{z} \tag{5}$$

où $\mathbf{y}$ représente la composante locuteur, $\mathbf{x}$ la composante canal et $\mathbf{z}$ le résidu suivant une loi normale. Les matrices $\mathbf{U}$ et $\mathbf{V}$ imposent aux sous-espaces locuteur et canal une dimension inférieure a celle des **i**-vecteurs. Le score utilise pour la classification est un rapport de vraisemblance calculé entre l'hypothèse : H_1 : les deux *i*-vecteurs sont générés par un même locuteur et son hypothèse complémentaire. Dans cet article, la dimension des sous-espaces locuteur et canal est identique à celle des *i*-vecteurs.

3.2 Radial-NAP et distance de Mahalanobis

Le Radial-NAP est une méthode de compensation de la variabilité inter-sessions proposée par (Bousquet *et al.*, 2011). La matrice de covariance intra-classe $\mathbf{W}_i$ est estimée sur les données de développement comme suit :

$$\mathbf{W}_i = \frac{1}{n} \sum_{s=1}^{S} \sum_{i=1}^{n_s} (\mathbf{w}_i^s - \overline{\mathbf{w}_s})(\mathbf{w}_i^s - \overline{\mathbf{w}_s})^t \tag{6}$$

où s est le nombre de locuteurs dans les données de développement, n_s est le nombre de sessions appartenant a chaque locuteur et $\overline{\mathbf{w}_s}$ est leur moyenne.

$\mathbf{w}'$ est le projeté orthogonal de l'i-vecteur sur la matrice des k premiers vecteurs propres de la matrice $\mathbf{W}_i$. Un i-vecteur $\mathbf{w}''$ est alors modifie selon l'équation :

$$\mathbf{w}'' = \frac{w - w'}{||w - w'||} \tag{7}$$

Durant la phase de test, après application du Radial-NAP, la distance entre deux i-vecteurs $\mathbf{w}_1$ et $\mathbf{w}_2$ est calculée d'après l'équation 8.

$$score(\mathbf{w}_1, \mathbf{w}_2) = (\mathbf{w}_1 - \mathbf{w}_2)^t \mathbf{W}^{-1} (\mathbf{w}_1 - \mathbf{w}_2) \tag{8}$$

où $\mathbf{W}$ est la matrice de covariance intra-classe estimée sur les données de développement.

Remarque

Avant de procéder a la classification par ADLP ou avec la distance de Mahalanobis, les i-vecteurs sont centrés réduits et normés. En effet, (Bousquet *et al.*, 2011) et (Garcia-Romero et Espy-Wilson, 2011) ont montré que ce traitement permettait d'améliorer les performances des classifieurs. Les paramètres utilisés pour centrer réduire sont estimés sur les données de développement.

4 Systèmes de vérification du locuteur

Le nombre important de méthodes existant dans la littérature ne nous permet pas de comparer toutes les combinaisons possibles. Nous présentons ici cinq systèmes retenus car ils présentent des variations progressives du système état-de-l'art.

Système état-de-l'art : IV-ADLP dans cette configuration, les i-vecteurs sont extraits par Factor Analysis. La classification est effectuée au moyen d'une Analyse Discriminante Linéaire Probabiliste. Ce système correspond à l'état-de-l'art actuel (Garcia-Romero et Espy-Wilson, 2011; Senoussaoui *et al.*, 2011).

Système alternatif 1 : IV-RN-M dans cette configuration, les i-vecteurs sont extraits par Factor Analysis. Lors de la classification, un Radial-NAP de co-rang 350 est appliqué aux i-vecteurs et les scores de vérification sont obtenus par une distance de Mahalanobis.

Système alternatif 2 : ACP-MV-RN-M cette configuration est inspirée par les travaux de (Tipping et Bishop, 1999). Les i-vecteurs sont obtenus selon la méthode du Factor Analysis décrite par l'équation 2 mais dans laquelle la matrice **T** est remplacée par la matrice résultant d'une Analyse en Composante Principale. Cette configuration présente l'avantage de remplacer l'apprentissage itératif de la matrice **T** du Factor Analysis par un procédé plus rapide.

Système alternatif 3 : ACP-RN-M dans cette configuration, les i-vecteurs sont extraits par une Analyse en Composante Principale. Ils résultent de la projection orthogonale des super-vecteurs dans le sous-espace propre obtenu. Lors de la classification, un Radial-NAP de co-rang 350 est appliqué aux i-vecteurs et les scores de vérification sont obtenus par une distance de Mahalanobis.

Système alternatif 4 : ACP-EC-RN-M et remarque sur la compensation canal : La réduction de la variabilité due au canal en vérification du locuteur a fait l'objet de nombreuses recherches qui ont permis de développer des méthodes intervenant à différentes étapes de la chaîne de vérification du locuteur représentée par la Figure 1 (Pelecanos et Sridharan, 2001; Solomonoff *et al.*, 2005; Dehak *et al.*, 2011). Si la plupart des travaux récents compensent la variabilité canal dans l'espace des *i*-vecteurs (Bousquet *et al.*, 2011; Dehak *et al.*, 2011), la plupart des méthodes existantes peuvent être appliquées. A titre d'exemple, nous proposons un cinquième système utilisant la technique des EigenChannel. Dans cette configuration, les super-vecteurs sont obtenus selon méthode décrite dans (Matrouf *et al.*, 2007) en utilisant un sous-espace canal de dimension 50. Par la suite, les *i*-vecteurs sont extraits par une Analyse en Composante Principale. Il résultent de la projection orthogonale des super-vecteurs dans le sous-espace propre obtenu. Lors de la classification, un Radial-NAP de co-rang 350 est appliqué aux *i*-vecteurs et les scores de vérification sont obtenus par une distance de Mahalanobis.

4.1 Protocole expérimental

Les différents systèmes considérés dans cette étude ont été évalués sur la partie homme de la tâche principale de NIST-SRE08 [1]. Les paramètres acoustiques sont composés de 13 coefficients PLP ainsi que de leurs dérivées premières et secondes. Un unique modèle du monde à 512 distributions a été appris sur de données téléphone et microphone provenant de NIST04 et NIST05. Ces mêmes bases de données augmentées de NIST06 et SwitchBoard ont été utilisées pour l'apprentissage des différents paramètres des systèmes (matrice de Total Variabilitée, ACP, EigenChannel,Radial-NAP).

5 Performances des différents systèmes

Les performances des cinq systèmes considérés sont présentées dans le Tableau 1 en terme de taux d'égales erreurs (EER) pour les 8 conditions de l'évaluation homme NIST-SRE08.
Conformément a l'état-de-l'art, l'approche IV-ADLP obtient les meilleures performances dans 4 des 8 conditions. Il est cependant intéressant de noter que dans les deux conditions 1 et 3, ce même système est moins bon que tous les autres systèmes présentés.
Le système IV-RN-M surpasse le système IV-ADLP dans 3 des 8 conditions. Cependant, les taux d'égales erreurs obtenues dans les conditions incluant des données téléphoniques (conditions 4 à 8) laissent penser que la classification par Radial-NAP et distance de Mahalanobis est moins robuste a la variabilité du canal de transmission que l'Analyse Lineaire Discriminante Probabiliste.
Le système ACP-MV-RN-M utilisant la matrice calculée par ACP obtient les meilleures performances dans 4 des 8 conditions tout en étant relativement proche du système IV-ADLP dans les 4 autres conditions. D'après ces résultats il semble que l'utilisation de la matrice obtenue par Analyse en Composantes Principales sur les super-vecteurs peut être utilisée directement afin d'extraire les *i*-vecteurs.
Le système ACP-RN-M utilisant directement la projection orthogonale des super-vecteurs sur la matrice obtenue par PCA ne se distingue dans aucune des conditions. En revanche, il obtient des taux d'erreurs plus faibles que le système IV-ADLP dans 2 des 8 conditions. Ces résultats sont

1. `http://www.itl.nist.gov/iad/mig/tests/spk/2008/index.html`

d'autant plus intéressant que ce système est totalement déterministe.
De plus les résultats obtenus par le système ACP-EC-RN-M utilisant la technique des EigenChannels montrent qu'il est possible d'améliorer les performances de ce système en ajoutant une compensation de l'effet canal au sein de la chaîne de vérification.

	Systèmes				
Condition	IV-ADLP	IV-RN-M	ACP-MV-RN-M	ACP-RN-M	ACP-EC-RN-M
det 1	5.15	4.95	**3.77**	4.90	4.16
det 2	0.81	**0.62**	1.21	1.04	0.83
det 3	5.37	5.13	**3.91**	5.11	4.30
det 4	**3.73**	4.10	3.87	3.95	4.10
det 5	**3.14**	3.61	4.06	3.64	3.29
det 6	**4.12**	5.03	4.35	5.56	5.15
det 7	**1.37**	1.96	**1.37**	2.49	2.36
det 8	0.56	1.32	**0.44**	1.19	1.75

TABLE 1 – Performances lors de l'évaluation NIST-SRE08 (tests homme) en terme de taux d'égales erreurs (% EER)

6 Conclusions et perspectives

Nous avons montré qu'il est possible d'obtenir des performances proche de l'état-de-l'art en utilisant différentes combinaisons algorithmiques au sein d'un système de vérification du locuteur. La combinaison d'*i*-vecteurs extraits par Factor Analysis et d'une Analyse Linéaire Discriminante Probabiliste obtient les meilleures performances dans la plupart des conditions de test. Cependant, nous avons montré que d'autres systèmes obtenaient des performances comparables. L'Analyse en Composante Principale permet notamment d'approcher ces performances tout en offrant un cadre déterministe plus propice à l'analyse des différentes composantes de la chaîne de vérification du locuteur.
De plus, l'amélioration due à l'utilisation d'une compensation de l'effet canal avant ACP laisse penser qu'il est possible d'ajouter une telle compensation au système état-de-l'art. Cette possibilité sera explorée dans la suite de nos travaux. L'utilisation d'approches discriminantes pour la réduction des vecteurs de grande dimension devra elle aussi être investiguée.

Références

BOUSQUET, P.-M., MATROUF, D. et BONASTRE, J.-F. (2011). Intersession compensation and scoring methods in the i-vectors space for speaker recognition. *In International Conference on Speech Communication and Technology.*

DEHAK, N., KENNY, P., DEHAK, R., DUMOUCHEL, P. et OUELLET, P. (2011). Front-End Factor Analysis for Speaker Verification. *IEEE Transactions on Audio, Speech, and Language Processing*, 19(4):788–798.

GARCIA-ROMERO, D. et ESPY-WILSON, C. Y. (2011). Analysis of i-vector length normalization in speaker recognition systems. *In International Conference on Speech Communication and Technology*, pages 249–252.

HYVARINEN, A. et OJA, E. (2000). Independent component analysis : algorithms and applications. *Neural networks*, 13(4-5):411–430.

JOLLIFFE, I. (2002). Principal component analysis. *Encyclopedia of Statistics in Behavioral Science*.

KENNY, P. (2010). Bayesian speaker verification with heavy-tailed priors. *In Speaker and Language Recognition Workshop (IEEE Odyssey)*.

KENNY, P., BOULIANNE, G., OUELLET, P. et DUMOUCHEL, P. (2005). Factor analysis simplified. *In IEEE International Conference on Acoustics, Speech, and Signal Processing, ICASSP*, volume 1.

KUHN, R., NGUYEN, P., JUNQUA, J.-C., GOLDWASSER, L., NIEDZIELSKI, N., FINCKE, S., FIELD, K. et CONTOLINI, M. (1998). Eigenvoices for speaker adaptation. *In Proceedings International Conference on Spoken Language Processing, ICSLP*, pages 1771–1774, Sydney (Australia).

LARCHER, A., BOUSQUET, P.-M., LEE, K.-A., MATROUF, D., LI, H. et BONASTRE, J.-F. (2012). I-Vectors in the context of phonetically-constrained short-utterances for speaker verification. *In IEEE International Conference on Acoustics, Speech, and Signal Processing, ICASSP*.

MATROUF, D., SCHEFFER, N., FAUVE, B. et BONASTRE, J.-F. (2007). A straightforward and efficient implementation of the factor analysis model for speaker verification. *In International Conference on Speech Communication and Technology*.

PELECANOS, J. et SRIDHARAN, S. (2001). Feature warping for robust speaker verification. *In Speaker and Language Recognition Workshop (IEEE Odyssey)*.

PRINCE, S. J. (2012). *Computer Vision : Models Learning and Inference*. Cambridge University Press. In press.

PRINCE, S. J. et ELDER, J. H. (2007). Probabilistic linear discriminant analysis for inferences about identity. *In International Conference on Computer Vision*, pages 1–8. IEEE.

SCHEFFER, N., LEI, Y. et FERRER, L. (2011). Factor analysis back ends for MLLR transforms in speaker recognition. *In International Conference on Speech Communication and Technology*, pages 257–260.

SENOUSSAOUI, M., KENNY, P., BRUMMER, N., de VILLIERS, E. et DUMOUCHEL, P. (2011). Mixture of PLDA models in I-vector space for gender independent speaker recognition. *In International Conference on Speech Communication and Technology*.

SOLOMONOFF, A., CAMPBELL, W. et BOARDMAN, I. (2005). Advances in channel compensation for svm speaker recognition. *In IEEE International Conference on Acoustics, Speech, and Signal Processing, ICASSP*, volume 1, pages 629–632.

SRINIVASAN, B. V., ZOTKIN, D. N. et DURAISWAMI, R. (2011). A partial least squares framework for speaker recognition. *In IEEE International Conference on Acoustics, Speech, and Signal Processing, ICASSP*, pages 5276–5279. IEEE.

TIPPING, M. E. et BISHOP, C. M. (1999). Probabilistic principal component analysis. *Journal of the Royal Statistical Society : Series B (Statistical Methodology)*, 61(3):611–622.

WAN, V. et CAMPBELL, W. M. (2000). Support Vector Machines for Speaker Verification and Identification. *In IEEE Signal Processing Society Workshop Neural Networks for Signal Processing*, volume 2, pages 775–784, Sydney (Australia).

YAMAN, S., PELECANOS, J. et OMAR, M. K. (2011). Boosting Speaker Recognition Performance with Compact Representations. *In International Conference on Speech Communication and Technology*, pages 381–384.

COSMO, un modèle bayésien de la communication parlée : application à la perception des syllabes

Raphaël Laurent[1, 2] Jean-Luc Schwartz[2] Pierre Bessière[1, 3] Julien Diard[4]
(1) LIG, UMR 5217 CNRS - Université de Grenoble
(2) GIPSA-Lab, Département Parole et Cognition (ICP), UMR 5216 CNRS - Université de Grenoble
(3) LPPA, UMR 7152 CNRS - Collège de France, Paris
(4) LPNC, UMR 5105 CNRS - Université de Grenoble
Raphael.Laurent@Gipsa-lab.Grenoble-inp.fr

RÉSUMÉ

Le travail présenté ici s'inscrit dans le cadre de la modélisation computationnelle pour comparer les théories motrice, auditive, et sensorimotrice de la communication parlée. Plus précisément, nous définissons un modèle bayésien d'agent communicant et le simulons pour réaliser des tâches de perception de syllabes suivant ces différentes théories. Les résultats de nos simulations s'intègrent dans un cadre général selon lequel les théories motrices de la perception sont plus robustes au bruit, et les théories auditives favorisées par les non-linéarités.

ABSTRACT

COSMO, a Bayesian model of speech communication, applied to syllable perception

This works uses the computational modeling framework to compare motor, auditory, and sensorimotor theories of speech communication. More precisely, we define a Bayesian model of a communicating agent which we simulate to carry out syllable perception tasks according to these theories. Our simulation results are consistent with the idea that motor theories of speech perception are more robust to noise, and that auditory ones are favored by non-linearities.

MOTS-CLÉS : Perception de la parole, programmation bayésienne, modélisation cognitive.

KEYWORDS: Speech perception, Bayesian programming, cognitive modeling.

Introduction

Une question centrale dans le domaine de la parole concerne la nature des représentations et des processus cognitifs qui interviennent dans la communication. Trois grands groupes de théories sont au coeur de ce débat classique : les théories motrices, auditives, et sensorimotrices. Parmi les principaux arguments, qui reposent sur des données expérimentales sur la variabilité et l'invariance, on peut citer le phénomène de coarticulation en faveur des théories motrices (Galantucci *et al.*, 2006) ou le principe d'équivalence motrice, en faveur des théories auditives (Guenther *et al.*, 1998; Diehl *et al.*, 2004). Par ailleurs, des théories sensorimotrices marient ces approches (Guenther, 1995) ; par exemple la théorie de la perception pour le contrôle de l'action, *PACT* (Schwartz *et al.*, 2010), défend la co-structuration du système auditif et du système moteur.

Pourtant, l'observation isolée de ces propriétés ne rend pas les arguments associés suffisamment décisifs pour trancher, et le débat théorique stagne. Nous pensons que la modélisation computationelle peut apporter un éclairage supplémentaire car elle permet la comparaison efficace et systématique de ces théories et de leurs propriétés.

La Programmation bayésienne procure un cadre mathématique permettant de telles comparaisons, dans lequel le même outil, à savoir les probabilités, est utilisé à la fois pour définir les modèles et pour les comparer. Forts de cet outil, nous adoptons une approche intégrative, permettant de regrouper les théories motrice, auditive, et sensorimotrice au sein d'un unique modèle bayésien unificateur. Cela rend possible des études systématiques de ces théories, ce que nous faisons avec des tests quantitatifs.

Suivant cette approche, nous avons, dans des travaux précédents, conçu et implémenté un modèle bayésien d'agent communiquant, basé sur l'internalisation de la situation de communication. Nous présentons ici une extension de ce modèle permettant d'étudier les syllabes.

Dans ce qui suit nous commençons par rappeler le modèle bayésien d'agent communicant que nous proposons, et les premiers résultats qu'il a permis d'obtenir. Ensuite, nous montrons comment ce modèle général peut être étendu, pour traiter le cas des syllabes. Enfin, nos simulations montrent que les théories motrices disposent d'une meilleure capacité de généralisation des apprentissages, et confirment également la supériorité du modèle moteur dans les cas linéaires.

1 *COSMO* : un modèle bayésien d'agent communiquant

1.1 Définition du modèle *COSMO*

Dans des travaux précédents (Moulin-Frier *et al.*, 2012), nous avons conçu un modèle bayésien d'agent communiquant, que nous baptisons *COSMO*, pour *Communicating about Objects using SensoriMotor Operations*.

Ce modèle provient de la modélisation de la situation de communication (Fig. 1) : deux agents veulent communiquer à propos d'un objet de l'environnement. L'agent Speaker (locuteur), pour désigner l'objet O^S, réalise un geste moteur M qui produit un son S permettant au Listener (auditeur) de reconnaître l'objet O^L. Un mécanisme d'attention partagée (par exemple la deixis) permet de valider le succès de la communication (variable C_{Env}). Le modèle *COSMO*, dont l'acronyme reprend les variables qui viennent d'être présentées, est basé sur l'hypothèse fondamentale que cette situation de communication peut être internalisée et émulée dans le cerveau de chaque agent (Fig. 1), qui est alors en mesure d'agir aussi bien en tant que locuteur qu'auditeur.

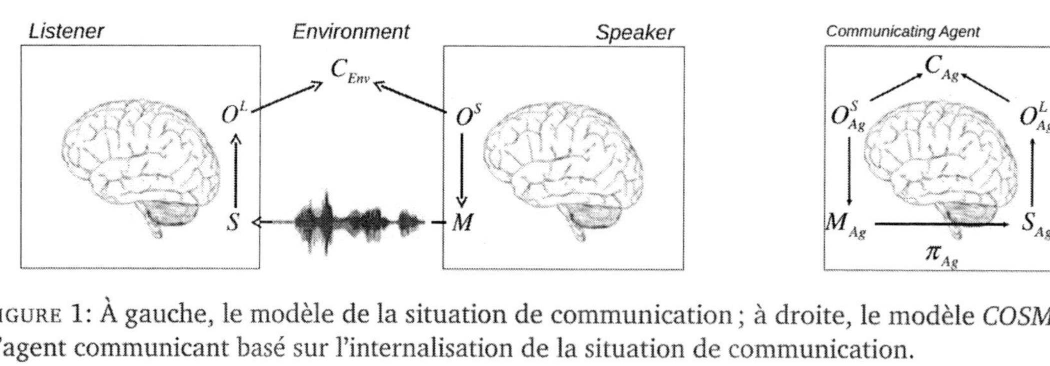

FIGURE 1: À gauche, le modèle de la situation de communication ; à droite, le modèle *COSMO* d'agent communicant basé sur l'internalisation de la situation de communication.

Bien que notre modèle soit compatible avec des définitions au sens très large du terme "objet", dans le cadre du travail présenté ici, ce terme désignera simplement des unités phonologiques partagées par le locuteur et l'auditeur.

Notre modèle d'agent, noté π_{Ag}, est entièrement décrit par la distribution de probabilité conjointe sur l'ensemble de nos variables. Nous choisissons de la décomposer de la manière suivante.

$$\begin{aligned} & P(O^S_{Ag}\ M_{Ag}\ S_{Ag}\ O^L_{Ag}\ C_{Ag} \mid \pi_{Ag}) \\ = \; & P(O^S_{Ag} \mid \pi_{Ag}) \times P(M_{Ag} \mid O^S_{Ag}\ \pi_{Ag}) \times P(S_{Ag} \mid M_{Ag}\ \pi_{Ag}) \times \\ & P(O^L_{Ag} \mid S_{Ag}\ \pi_{Ag}) \times P(C_{Ag} \mid O^S_{Ag}\ O^L_{Ag}\ \pi_{Ag}) \,. \end{aligned}$$

Le système moteur $P(M_{Ag} \mid O^S_{Ag}\ \pi_{Ag})$ décrit la connaissance qu'a l'agent sur les gestes moteurs associés aux objets.

Le système sensorimoteur $P(S_{Ag} \mid M_{Ag}\ \pi_{Ag})$ décrit la connaissance qu'à l'agent sur la relation entre le geste articulatoire et sa conséquence sensorielle.

Le système auditif $P(O^L_{Ag} \mid S_{Ag}\ \pi_{Ag})$ décrit la connaissance qu'a l'agent sur la relation entre les stimuli et les objets.

Le système de validation de la communication $P(C_{Ag} | O^S_{Ag}\ O^L_{Ag}\ \pi_{Ag})$ décrit la connaissance qu'a l'agent sur le succès de la communication. La communication est un succès lorsque les objets considérés du point de vue du locuteur et de l'auditeur sont les mêmes ($O^S_{Ag} = O^L_{Ag}$).

Le prior sur les objets $P(O^S_{Ag} \mid \pi_{Ag})$ décrit la connaissance a priori qu'a l'agent sur la répartition des objets dans l'environnement.

1.2 Résultats théoriques et expérimentaux

Ce travail de modélisation nous a conduit à trois résultats principaux (Moulin-Frier *et al.*, 2012).

Premièrement, notre modèle d'agent sensorimoteur, qui est capable de mener à bien les tâches de production ainsi que de perception dans le cadre de chacune de nos trois grandes théories motrice, auditive, et sensorimotrice, permet de les comparer de manière systématique.

Deuxièmement, nous avons démontré théoriquement que, sous deux hypothèses principales, les théories auditive et motrice de la perception sont indistingables. La première hypothèse est que le système auditif est appris sous la supervision d'un agent maître ayant les mêmes prototypes moteurs que l'agent apprenant. La seconde hypothèse est que l'agent apprenant a parfaitement identifié les propriétés de l'environnement. Sous ces hypothèses, nous avons montré que les réponses auditive et motrice aux tâches de perception sont rigoureusement identiques.

Troisièmement, en simulant des tâches de reconnaissance de voyelles, nous avons montré que les théories motrices sont plus robustes aux perturbations testées (bruit d'environnement, différences entre locuteurs) mais que les théories auditives sont favorisées par la présence de non-linéarités dans la relation articulatori-acoustique (Stevens, 1972).

2 Extension du modèle *COSMO* au cas des syllabes

2.1 Définition du modèle *COSMO-Syllabes*

Le modèle *COSMO* qui vient d'être présenté a été défini et utilisé pour manipuler des objets de type voyelle. Nous présentons maintenant *COSMO-Syllabes*, une extension de ce modèle dans laquelle les objets (O_S et O_L) correspondent aux syllabes /ba/, /bi/, /bu/, /ga/, /gi/, /gu/, /da/, /di/ et /du/, qui sont construites à partir des voyelles et des plosives les plus fréquentes.

Une syllabe se définit dans ce cadre simplifié comme une transition continue entre deux états : un état pour lequel le conduit vocal est presque clos, et un état dans lequel le conduit vocal s'est stabilisé dans une position plus ouverte. Dans ce qui suit, une syllabe est décrite par la donnée de ces deux états : un état consonne, et un état voyelle ; la trajectoire est négligée.

Dans le modèle *COSMO-Syllabes*, que nous notons π, la variable M du modèle *COSMO* se dédouble en M_V et M_C, les gestes moteurs respectivement de la voyelle et de la consonne. De même, la variable S se dédouble en S_V et S_C, les représentations sensorielles, respectivement de la voyelle et de la consonne. Les autres variables ne changent pas.

Certains termes de la distribution de probabilité conjointe (Fig. 2) sont également modifiés.

$$\begin{aligned}
&P(O_S\ M_V\ M_C\ S_V\ S_C\ O_L\ C \mid \pi) \\
&= P(O_S \mid \pi) \times \\
&\quad P(M_V \mid O_S\ \pi) \times P(M_C \mid M_V\ O_S\ \pi) \times \\
&\quad P(S_V \mid M_V\ \pi) \times P(S_C \mid M_C\ \pi) \times \\
&\quad P(O_L \mid S_V\ S_C\ \pi) \times \\
&\quad P(C \mid O_S\ O_L\ \pi)
\end{aligned}$$

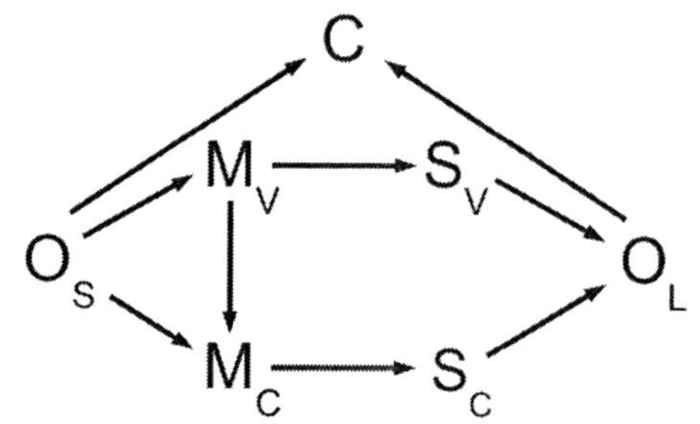

FIGURE 2: À gauche, la distribution de probabilité conjointe du modèle *COSMO-Syllabes* ; à droite, une représentation graphique de cette structure de dépendance probabiliste.

Le système moteur se décompose en deux termes : $P(M_V \mid O_S\ \pi)$ et $P(M_C \mid M_V\ O_S\ \pi)$, qui décrivent les connaissances sur les gestes moteurs permettant de produire la partie voyelle, respectivement consonne, de la syllabe.

Considérons le terme $P(M_C \mid M_V\ O_S\ \pi)$: le geste moteur de la partie consonne d'une syllabe est conditionné par le geste moteur de la partie voyelle de cette syllabe. Il s'agit d'un choix de modélisation : on raisonne suivant un scénario dans lequel la voyelle est anticipée au moment de produire la consonne, et influence ainsi cette production. Ce terme $P(M_C \mid M_V\ O_S\ \pi)$ traduit donc directement le phénomène de coarticulation en reprenant le classique modèle de "perturbation consonantique" (Öhman, 1966).

Le système sensorimoteur se décompose également en deux termes : $P(S_V \mid M_V\ \pi)$ et $P(S_C \mid M_C\ \pi)$, qui décrivent les connaissances de la relation entre gestes articulatoires et conséquences sensorielles pour la voyelle, et respectivement pour la consonne.

Le système auditif $P(O_L \mid S_V\ S_C\ \pi)$ décrit les connaissances sur la relation entre stimuli voyelle et consonne d'une part, et les objets d'autre part.

Le prior sur les objets et **le système de validation** de la communication sont inchangés.

2.2 Inférences probabilistes pour des tâches de perception

Dans le modèle *COSMO*, une tâche de perception s'exprime sous forme de question probabiliste posée au modèle Bayésien. Dans le modèle *COSMO-Syllabes*, une tâche de perception consiste à, étant donné un stimulus (S_V, S_C), calculer la distribution de probabilité sur les objets. Nous nous limitons à en comparer deux versions, selon que l'on choisit comme pivot les objets considérés du point du locuteur (O_S), ou de l'auditeur (O_L).

Perception dans le cadre d'une théorie auditive :
Dans le cadre d'une théorie auditive, la question de perception s'écrit $P(O_L \mid S_V\ S_C\ \pi)$. Étant donné un stimulus syllabe, quelle est la distribution de probabilité sur les objets syllabes, envisagés d'un point de vue auditif ? Ce terme est présent directement sous cette forme dans la distribution de probabilité conjointe, il s'agit juste de le consulter.

Perception dans le cadre d'une théorie motrice :
Dans le cadre d'une théorie motrice, la question de perception s'écrit $P(O_S \mid S_V\ S_C\ \pi)$. Étant donné un stimulus syllabe, quelle est la distribution de probabilité sur les objets syllabes envisagés d'un point de vue moteur ? L'inférence bayésienne donne :

$$P(O_S \mid S_V\ S_C\ \pi) = \frac{1}{Z}\sum_{M_V}\left[P(M_V \mid O_S\ \pi)P(S_v \mid M_V\ \pi)\sum_{M_C}P(M_C \mid M_V\ O_S\ \pi)P(S_C \mid M_C\ \pi)\right],$$

où Z est une constante de normalisation.

Notre implémentation d'une théorie motrice de perception de la parole revient donc à faire de l'analyse par la synthèse : on parcourt l'ensemble des gestes articulatoires et on considère leur probabilité de correspondre aux stimuli (facteurs $P(S_V \mid M_V\ \pi)$ et $P(S_C \mid M_C\ \pi)$) et aux objets considérés (facteurs $P(M_V \mid O_S\ \pi)$ et $P(M_C \mid M_V\ O_S\ \pi)$). En particulier, avec cette approche bayésienne, le problème de la redondance dans l'inversion motrice ne se pose pas puisque tous les cas possibles sont pris en compte, pondérés par leur probabilité.

2.3 Génération de syllabes avec un modèle articulatoire réaliste

Pour pouvoir apprendre les paramètres de notre modèle dans un premier temps, puis l'évaluer ensuite, nous avons besoin de données articulatoires et acoustiques de syllabes. Pour générer ces données, nous utilisons un modèle réaliste de conduit vocal : *VLAM*, the *Variable Linear Articulatory Model* (Maeda, 1990). Ce modèle prend en compte sept paramètres articulatoires, décrivant la position de la mâchoire et du larynx, la forme de la langue et des lèvres, qui sont interprétables en termes de commandes phonétiques, et qui sont très proches de commandes musculaires (Maeda et Honda, 1994). L'aire de chacune des 28 sections du conduit vocal est estimée comme une combinaison linéaire de ces sept paramètres, ce qui permet ensuite de calculer la fonction de transfert et les formants (Badin et Fant, 1984).

Pour rendre les calculs d'inférence abordables, nous limitons le nombre de paramètres utilisés. Dans l'espace acoustique, on décrit les voyelles par les formants F_1 et F_2, et les consonnes par F_2 et F_3. Dans l'espace articulatoire, on décrit les voyelles par les trois paramètres `TB` (corps de la langue) `TD` (dos de la langue) et `LH` (écart entre les lèvres), et pour les consonnes on ajoute `J` (mâchoire) et `APEX` (pointe de la langue).

Nous décrivons maintenant le processus de génération de dictionnaires de syllabes, qui sont produits à partir de tirages gaussiens avec différentes variances autour de prototypes moteurs. Le dictionnaire de petite variance sera utilisé pour apprendre les paramètres du modèle *COSMO-Syllabes*, et les dictionnaires de plus grande variance seront utilisés pour tester ses capacités de généralisation.

En prenant comme cibles acoustiques les valeurs moyennes de formants des voyelles /a/, /i/, /u/ (Meunier, 2007), nous obtenons des valeurs prototypiques de nos paramètres articulatoires pour ces voyelles. En tirant selon une loi gaussienne de variance prédéfinie autour de chacune de ces valeurs prototypiques, nous produisons trois ensembles de 25000 points dans l'espace vocalique. Nous faisons l'hypothèse d'une coarticulation maximale : la consonne est formée à partir de la voyelle en ne mobilisant que deux articulateurs. D'une part `LH`, `TD` ou `APEX`, permet de produire respectivement un /b/, un /g/ ou un /d/ ; et d'autre part `J` garantit de la variabilité sur la consonne.

Nous montrons (Fig. 3) les syllabes du corpus de petite variance obtenu en suivant ce processus. Sans surprise, les similitudes classiques entre /bu/ et /gu/, et entre /di/ et /gi/ y sont présentes. Par ailleurs, les /da/ y sont assez proches des /ba/, ce qui s'explique par notre choix de produire des /d/ plus proches des dentales que des alvéolaires, comme c'est le cas en français (Schwartz *et al.*, 2012).

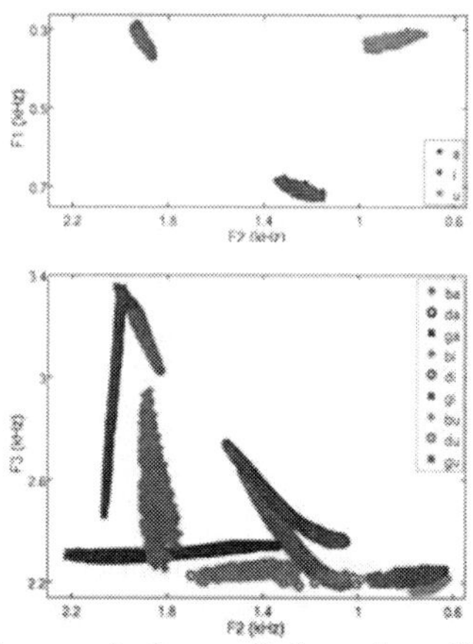

FIGURE 3: Les syllabes dans l'espace acoustique : projection de la voyelle dans (F_2, F_1) en haut, et de la consonne dans (F_2, F_3) en bas.

2.4 Apprentissage des paramètres du modèle bayésien

Les facteurs $P(M_V \mid O_S\ \pi)$ et $P(O_L \mid S_V\ S_C\ \pi)$ sont appris à partir des connaissances locales issues du corpus de syllabes de faible variance, le premier sous forme de lois de probabilité gaussiennes, et le second sous forme d'inversion de gaussiennes. En revanche, les facteurs $P(S_V \mid M_V\ \pi)$, $P(S_C \mid M_C\ \pi)$ et $P(M_C \mid M_V\ O_S\ \pi)$ font intervenir des connaissances globales, qui sont apprises sous forme de tables de probabilités discrètes. Plus précisément, nous faisons l'hypothèse que la transformation articulatori-acoustique est connue sur tout l'espace articulatoire (voyelle et consonne). Nous faisons de plus l'hypothèse que le lien entre la consonne (/b/ /d/ ou /g/) et l'articulateur à actionner (lèvres, pointe ou dos de la langue) est parfaitement identifié : le modèle sait produire ces consonnes à partir de toutes les configurations articulatoires de voyelle.

2.5 Simulations et résultats

Dans des travaux précédents, nous avons étudié l'effet de perturbations (bruit de l'environnement, différences entre locuteurs) sur les taux de reconnaissance prédits par les différentes théories. Ici, nous voulons tester la capacité de généralisation de nos modèles. Pour cela, nous utilisons des corpus de données syllabes avec des variances différentes : le corpus ayant la variance la plus petite sert à l'apprentissage, et les corpus de variances supérieures à l'évaluation.

Nous calculons les distributions de probabilité $P(O \mid S_V\ S_C\ \pi)$ à partir des stimuli des corpus de test, et comparons les syllabes reconnues avec les syllabes auxquelles ces stimuli correspondent. En calculant la moyenne de ces distributions sur l'ensemble des stimuli de chaque catégorie de syllabe, nous obtenons des matrices de confusion. Nous en montrons un exemple (Fig. 4) tiré de la simulation du modèle moteur sur les syllabes du corpus de faible variance.

	/ba/	/bi/	/bu/	/ga/	/gi/	/gu/	/da/	/di/	/du/
/ba/	0.817	0	0	0.005	0	0	0.178	0	0
/bi/	0	0.9995	0	0	0.0005	0	0	0	0
/bu/	0	0	0.654	0	0	0.346	0	0	0
/ga/	0.0053	0	0	0.9945	0	0	0.0002	0	0
/gi/	0	0.0027	0	0	0.9528	0	0	0.0445	0
/gu/	0	0	0.4469	0	0	0.5523	0	0	0.0008
/da/	0.1354	0	0	0.0002	0	0	0.8644	0	0
/di/	0	0.0009	0	0	0.1319	0	0	0.8672	0
/du/	0	0	0.0002	0	0	0.0055	0	0	0.9943

FIGURE 4: Confusions du modèle moteur de perception sur le corpus syllabes de faible variance. Chaque ligne, qui correspond à un type de stimuli, donne la probabilité des syllabes reconnues.

À partir de telles matrices de confusion, nous définissons trois scores globaux : les taux de reconnaissance de la voyelle de la syllabe (*RV*), de la consonne de la syllabe (*RC*), et de la syllabe en entier (*RS*). Nous montrons (Fig. 5) l'évolution de ces scores lorsque la variance du corpus d'évaluation (exprimée en pourcentage de la variance du corpus d'apprentissage) augmente.

variance	100%			175%			250%			325%			400%		
score	RV	RC	RS	RV	RC	RS	RV	RC	RS	RV	RC	RS	RV	RC	RS
modèle moteur	1	0.88	0.88	0.99	0.89	0.89	0.99	0.90	0.90	0.99	0.90	0.90	0.99	0.90	0.90
modèle auditif	0.99	0.90	0.90	0.98	0.89	0.89	0.95	0.87	0.85	0.91	0.84	0.82	0.88	0.81	0.78

FIGURE 5: Scores de reconnaissance des modèles issus des théories auditive et motrice.

Pour une faible variance des données du corpus d'évaluation, les deux modèles prédisent des scores de classification similaires, mais lorsque cette variance augmente, le modèle auditif voit ses performances baisser significativement, alors que le modèle moteur reste stable. Ces résultats confortent l'observation selon laquelle le modèle moteur est plus robuste en conditions dégradées.

2.6 Discussion

Nos résultats montrent un net avantage du modèle moteur qui, pensons-nous, doit être relativisé. En ce qui concerne les capacités de généralisation du modèle moteur, elles viennent sans doute du fait qu'il dispose de beaucoup de connaissances globales. Par exemple, notre modèle est capable de produire précisément les gestes articulatoires correspondant à n'importe quelle cible acoustique. Ce n'est pas le cas du locuteur naturel, dès que l'on s'éloigne des sons des langues qu'il maîtrise. Nous étudions dans des travaux en cours des scénarii d'apprentissage plus réalistes.

Par ailleurs, une partie des performances du modèle moteur s'explique par la linéarité. Les consonnes /b/ /d/ /g/ ne diffèrent que par le lieu d'articulation ; ajouter une distinction sur le mode d'articulation (entre plosives et fricatives) introduirait une non-linéarité qui ferait baisser les performances du modèle moteur, redonnant le dessus au modèle auditif.

Les résultats de simulations présentés dans cet article restent préliminaires, et la principale contribution est théorique : nous disposons maintenant d'un modèle unique qui rend abordable la simulation des tâches de production et de perception de syllabes, et qui permet d'étudier au même niveau les théories motrice, auditive, et sensorimotrice.

Pour le moment, nous nous intéressons surtout à la comparaison des théories auditive et motrice. Si, comme nous le pensons, les connaissances motrices et auditives apportent des informations complémentaires selon les contextes, une théorie sensorimotrice doit se donner les moyens d'extraire l'information utile et d'en tirer parti. Dans le cadre de notre modèle bayésien, cela prend la forme d'une fusion de capteurs, un problème à part entière à étudier en tant que tel.

Conclusion

Nous avons présenté le modèle *COSMO* d'agent bayésien communicant, et les premiers résultats qu'il a permis d'obtenir sur les conditions d'indistingabilité des théories motrice et auditive, sur la robustesse du modèle moteur aux bruits, et sur la supériorité du modèle auditif en présence de non-linéarités. Nous avons montré comment ce modèle général peut être étendu en un modèle *COSMO-S* permettant d'étudier les syllabes. Enfin, nos simulations suggèrent que les théories motrices pourraient disposer d'une meilleure capacité de généralisation des apprentissages. Dans une optique de complémentarité entre système moteur et système auditif, nous essayons de montrer dans des travaux en cours comment, dans un modèle disposant d'un classifieur audio, l'apprentissage de connaissances motrices par imitation peut faire *émerger* la notion de consonne.

Références

Badin, P. et Fant, G. (1984). Notes on Vocal Tract Computation. *In Quarterly Progress and Status Report, Dept for Speech, Music and Hearing, KTH, Stockholm*, pages 53–108.

Diehl, R. L., Lotto, A. J. et Holt, L. L. (2004). Speech perception. *Annual Review of Psychology*, 55(1):149–179.

Galantucci, B., Fowler, C. A. et Turvey, M. T. (2006). The motor theory of speech perception reviewed. *Psychonomic Bulletin & Review*, 13(3):361–377.

Guenther, F. H. (1995). A modeling framework for speech motor development and kinematic articulator control. *In Proceedings XIIIth International Congress of Phonetic Sciences*, volume 2, page 92–99. Citeseer.

Guenther, F. H., Hampson, M. et Johnson, D. (1998). A theoretical investigation of reference frames for the planning of speech movements. *Psychological Review*, 105:611–633.

Maeda, S. (1990). Compensatory articulation during speech : Evidence from the analysis and synthesis of vocal tract shapes using an articulatory model. *In* Hardcastle, W. et Marchal, A., éditeurs : *Speech production and speech modeling*, pages 131–149. Kluwer Academic.

Maeda, S. et Honda, K. (1994). From EMG to formant patterns : the implication of vowel spaces. *Phonetica*, 51:17–29.

Meunier, C. (2007). Phonétique acoustique. *In* Auzou, P., éditeur : *Les dysarthries*, pages 164–173. Solal.

Moulin-Frier, C., Laurent, R., Bessière, P., Schwartz, J.-L. et Diard, J. (2012). Adverse conditions improve distinguishability of auditory, motor and percep-tuo-motor theories of speech perception : an exploratory Bayesian modeling study. *Language and Cognitive Processes*, page In Press.

Öhman, S. E. G. (1966). Coarticulation in vcv utterances : Spectrographic measurements. *The Journal of the Acoustical Society of America*, 39(1):151–168.

Schwartz, J.-L., Basirat, A., Ménard, L. et Sato, M. (2010). The perception for action control theory (PACT) : a perceptuo-motor theory of speech perception. *Journal of Neurolinguistics*, pages 1–19.

Schwartz, J.-L., Boë, L.-J., Badin, P. et Sawallis, R., T. (2012). Grounding stop place systems in the perceptuo-motor substance of speech : On the universality of the labial-coronal-velar stop series. *Journal of Phonetics*, 40:20–36.

Stevens, K. (1972). The quantal nature of speech : Evidence from articulatory-acoustic data. *In* David, E. et Denes, P., éditeurs : *Human communication : A unified view*, pages 51–66. McGraw-Hill.

L'élision du schwa dans les interactions parents-enfant : étude de corpus

Loïc Liégeois[1], Inès Saddour[1] et Damien Chabanal[1]
(1) LRL, 4, rue Ledru 63057 Clermont-Ferrand Cedex1
loic.liegeois@univ-bpclermont.fr, ines.saddour@univ-bpclermont.fr, damien.chabanal@univ-bpclermont.fr

RESUME

Le présent article porte sur l'acquisition du schwa en français langue maternelle. À partir de quatre corpus denses d'interaction parents-enfant recueillis en situation naturelle d'interaction, nous analysons la (non) réalisation du schwa dans le discours de deux enfants à deux temps (3;0-3;6 ans et 2;4-3;0 ans) ainsi que dans celui qui leur est adressé. Nous nous sommes plus particulièrement intéressés à l'élision du schwa dans les monosyllabiques *ce, de, je, le, me, ne, que, se* et *te*. Les productions enfantines montrent une tendance au maintien du schwa, plus ou moins forte en fonction du monosyllabique produit. D'autre part, cette tendance se réduit au cours de l'acquisition. Par ailleurs, nos résultats apportent un certain éclairage sur les particularités du discours adressé à l'enfant : il apparaît que celui-ci contient beaucoup moins d'élision que le discours adressé à l'adulte. De plus, les parents semblent ajuster et moduler leur discours en fonction du développement linguistique de leur enfant.

ABSTRACT

Schwa elision in children-parental interactions: A corpus study

The present article investigates schwa elision in the acquisition of French L1. Using four dense corpora of natural children-parental interactions, we examine the variation between the occurrence and non-occurrence of the schwa in both the children's and adults' speech. In particular, we focus on schwa elision in the following monosyllabic words: *ce, de, je, le, me, ne, que, se* and *te*. The children's productions show a low frequency of schwa elision and a gradual increase throughout the acquisition period. Our findings offer insights into the specificities of child-directed speech. In fact, the latter is found to contain less instances of schwa elision than the adult-directed speech in our corpora. In addition, parents seem to adjust their discourse according to their child's linguistic development.

MOTS-CLES : élision du schwa, acquisition, discours adressé à l'enfant, corpus denses.
KEYWORDS : schwa elision, acquisition, child-directed speech, dense corpora.

1 Introduction

Depuis de nombreuses années, les études du schwa constituent un des axes de recherche privilégiés en sciences du langage et plus particulièrement en phonétique et en phonologie du français. Seule voyelle qui alterne avec zéro dans le même contexte lexical en fonction de différents critères (prosodiques ou stylistiques par exemple), son statut phonologique (épenthétique ou sous-jacent) fait débat en fonction du cadre théorique retenu. On distingue traditionnellement cinq contextes dans lesquels le schwa peut apparaître : dans un monosyllabe, en syllabe interne d'un polysyllabe, dans la première ou la dernière syllabe d'un polysyllabe et dans le cas d'une métathèse. Malgré la littérature importante sur le schwa, la question de son acquisition en français langue maternelle a peu été abordée. Notre présente étude se focalisera sur le comportement du schwa en discours adressé à l'enfant (DAE) dans le but d'en relever les caractéristiques. Elle analysera également son influence sur les productions enfantines.

2 Problématique

Le DAE présente plusieurs particularités syntaxiques, prosodiques ou phonologiques (Jisa et Richaud, 1994). Les énoncés adressés à l'enfant sont plus courts (Phillips, 1973) et syntaxiquement plus simples (Rondal, 1980) que dans le discours adressé à l'adulte (DAA) mais se complexifient au cours du développement (Snow, 1972). Au niveau prosodique, le DAE se caractérise par un débit de parole plus lent, "une hauteur tonale élevée et une intonation exagérée" (Jisa et Richaud, 1994, p.22). Les mots du discours portant les informations sémantiques (substantifs et verbes) sont davantage accentués en DAE, renforçant la fonction analytique du message (Garnica, 1977). En ce qui concerne la phonologie, les adultes ont tendance à moins employer de variantes vernaculaires lorsqu'ils s'adressent à un enfant (Foulkes *et al.*, 2005). De plus, le DAE comporte quelques spécificités au niveau des variables phonologiques. Les liaisons variables, par exemple, sont davantage réalisées en DAE qu'en DAA (Liégeois *et al.*, 2011). Quant à l'élision du schwa, elle s'avère moins fréquente en DAE, en particulier dans les substantifs, reflétant "la proéminence à la fois fonctionnelle et structurale qui leur serait assignée" (Andreassen, 2011, p.74).

L'objectif de cette présente étude est double. Premièrement, nous souhaitons vérifier si, au niveau du schwa, les particularités du DAE relevées par Andreassen (2011) peuvent être étendues à un autre contexte de schwa. En effet, alors que l'auteure a mené ses analyses sur le contexte V#Cə, notre étude se focalisera sur les monosyllabiques (contexte #Cə#). De plus, notre comparaison entre DAA et DAE permettra de comparer l'influence de l'adresse du discours chez un même locuteur[1]. Dans un deuxième temps, en nous appuyant sur nos deux temps de recueil de données, nous souhaitons vérifier si l'input joue un rôle dans l'acquisition de cette variabilité phonologique. Pour ce faire, nous mettrons en relation l'évolution des productions parentales et enfantines entre nos deux sessions (T1 et T2) de recueil des données.

[1] Andreassen (2011) a en effet comparé le DAE, recueilli dans des corpus d'interaction parents-enfant, avec des données de DAA extraite du corpus du projet PFC (Durand et Lyche, 2009).

3 Méthodologie

Les résultats proposés dans ce travail sont issus de l'analyse de corpus denses recueillis en situation naturelle d'interaction entre les parents et leur enfant : Baptiste (3;0 ans au T1 et 3;6 ans au T2) et Salomé (2;4 ans au T1 et 3;0 ans au T2)[2]. Nous avons mis à disposition des parents un enregistreur numérique équipé d'un microphone omnidirectionnel intégré. Pendant une semaine, ceux-ci ont été chargés d'enregistrer leur enfant une heure par jour au cours de moments propices aux interactions parents-enfant. Ainsi, la majeure partie des temps de récolte s'est déroulée lors du bain, pendant les repas ou au cours de moments de jeux ou de lecture. Pour chacun des sujets le même protocole de recueil a été répété lors d'un deuxième temps d'enregistrement (T2).

Au total, nous avons donc à notre disposition un corpus d'environ 24 heures d'enregistrement que nous avons transcrit et annoté. Nous différencions ici deux types d'annotation : les annotations sur le contexte et l'annotation sur le schwa. Les annotations sur le contexte rendent compte du locuteur qui produit l'énoncé, des pauses et des chevauchements de discours. De plus, pour chaque énoncé parental, nous avons renseigné l'adresse du discours. Ainsi, trois types d'énoncés parentaux ont été distingués : le DAE, le DAA et les énoncés adressés à un groupe composé d'un enfant et un ou plusieurs adultes (DAT). En ce qui concerne le schwa, tous les contextes de son maintien ou de son élision variable ont été annotés sur une base perceptive. Les cas ambigus ont fait l'objet d'une annotation particulière et ne seront pas pris en compte dans nos analyses. Pour cette présente étude, nous avons extrait de nos corpus l'ensemble des monosyllabiques dans lesquelles le schwa est maintenu ou élidé et précédant une forme à initiale consonantique. Ces monosyllabiques correspondent à la classe fermée des clitiques *ce, de, je, le, me, ne, se, te* et *que*. Nous avons à notre disposition pour cette étude 8877 contextes de schwas pour l'ensemble des locuteurs enregistrés.

4 Résultats

Dans nos corpus, les 8877 contextes de maintien ou d'élision du schwa sont répartis de la manière suivante entre les locuteurs :

	Salomé			Baptiste		
	Mère	Père	Enfant	Mère	Père	Enfant
T1	1900	651	765	541	565	186
T2	801	931	1030	733	473	301
Total	2701	1582	1795	1274	1038	487

TABLE 1: Contextes de schwas maintenus ou élidés relevés dans nos corpus

4.1 Évolution du taux d'élision entre T1 et T2

Nous nous focaliserons ici sur l'évolution du taux d'élision du schwa en contexte #Cə#

[2] Les données sont issues du projet ALIPE (Acquisition de la Liaison et Interactions Parents-Enfant) http://lrlweb.univ-bpclermont.fr/spip.php?article282

entre nos deux temps de récolte des données. Dans un premier temps, nous observerons les taux d'élision dans les productions enfantines afin de vérifier si, au cours de leur développement linguistique, les deux sujets vont élider le schwa plus fréquemment. Ensuite, nous nous concentrerons sur les productions de leurs parents respectifs afin de vérifier si les résultats obtenus par Andreassen (2011) sont également valables pour le contexte que nous étudions.

4.1.1 Productions enfantines

Chez Salomé tout comme chez Baptiste, nous pouvons noter une nette augmentation du taux d'élision du schwa dans les monosyllabiques entre nos deux temps de recueil des données. En effet, alors que l'élision du schwa semble être un phénomène marginal au T1, le taux d'élision est beaucoup plus important au T2 (FIGURE 1). La différence de taux d'élision entre T1 et T2 est statistiquement significative chez Salomé (Chi2 = 203.9731, $p<0.001$) tout comme chez Baptiste (Chi2 = 19.7645, $p<0.001$). Au T2, les enfants semblent accroitre la fréquence de l'alternance entre schwa et zéro, privilégiant de moins en moins une structure Cə-CV au profit de la structure CCV. Au regard de ces résultats, il nous a paru intéressant de nous pencher sur les taux d'élision que les enfants ont reçu en input au T1 et au T2.

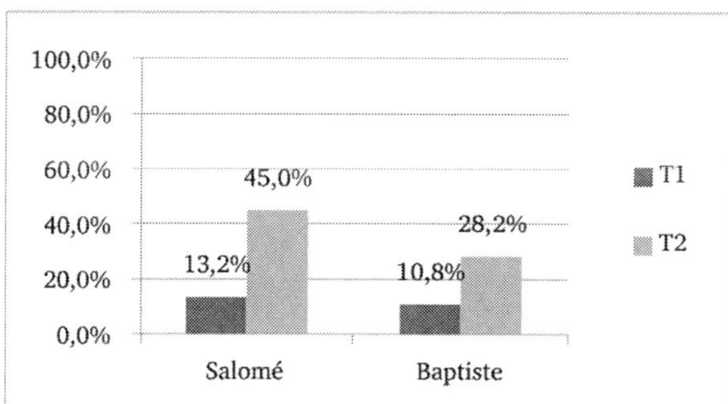

FIGURE 1 : Taux d'élision du schwa dans les productions enfantines

4.1.2 Input parental

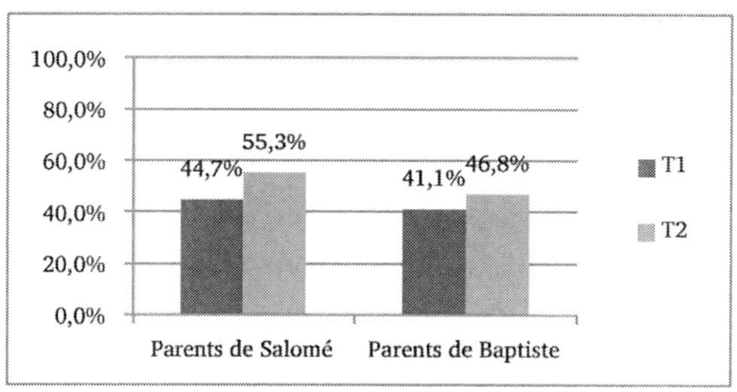

FIGURE 2 : Taux d'élision dans les productions parentales

Nous pouvons observer, chez les deux couples de parents, une nette augmentation du taux d'élision entre T1 et T2 (FIGURE 2). Au cours du développement de l'enfant, les parents semblent donc moduler et ajuster leur discours en fonction des capacités linguistiques de celui-ci. Cependant, cette augmentation est moins nette chez les parents de Baptiste (Chi2 = 7.1842, $p<0.01$) qu'elle l'est chez les parents de Salomé (Chi2 = 45.6625, $p<0.0001$). Les parents de nos deux sujets élident donc davantage au cours du développement de l'enfant, mais dans des proportions moindres pour ceux de Baptiste. Cependant, est-ce que cette augmentation se réalise dans les deux types de discours annotés dans nos corpus (DAA et DAE) ?

4.1.3 Description en fonction de l'adresse

En général, le taux d'élision dans le discours parental est plus élevé en DAA qu'en DAE (FIGURE 3). Cette variation entre les deux types de discours est observable chez les parents de nos deux sujets pour chaque temps de recueil des données. Les parents ont donc tendance à maintenir le schwa lorsqu'ils s'adressent à leur enfant et favorisent ainsi le schéma CV comme observé pour la liaison variable par Liégeois *et al.* (2011).

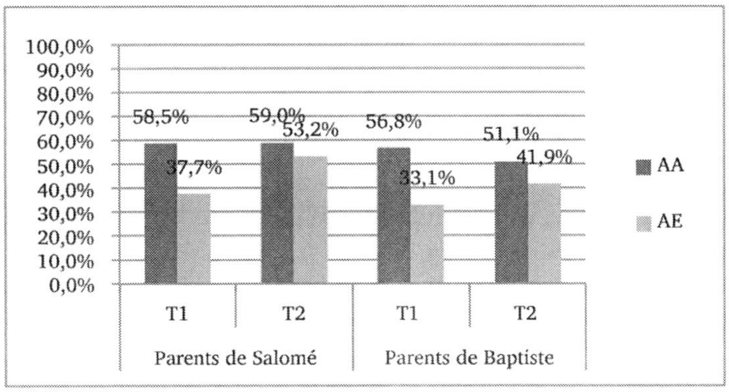

FIGURE 3. Taux d'élision chez les parents en fonction de l'adresse

Au T1, pour le discours des parents de Baptiste comme dans celui des parents de Salomé, la différence de taux d'élision entre DAA et DAE est significative (Chi2 = 56.6054, $p<0.0001$ et Chi2 = 93.5056, $p<0.0001$). Au T2, même si la différence de taux de réalisation entre DAA et DAE reste significative dans l'input de Salomé (Chi2 = 5.1788, $p<0.05$) et dans l'input de Baptiste (Chi2 = 9.9102, $p<0.01$), l'écart entre DAA et DAE semble se réduire au cours du développement des enfants. Au T2, les parents de nos deux sujets semblent donc moduler leur discours en fonction de l'adresse, mais dans des proportions beaucoup plus faibles qu'au T1. Le taux d'élision en DAE dans les productions des parents de Salomé se rapproche fortement du taux d'élision du schwa en DAA au T2, alors que Salomé a atteint un taux d'élision nettement supérieur à celui observé au T1 (FIGURE 1).

Adresse du discours	Locuteurs	Taux d'élision du schwa		p
		T1	T2	
DAA	Parents de Salomé	58,5%	59,0%	p>0.05
	Parents de Baptiste	56,8%	51,1%	p>0.05
DAE	Parents de Salomé	37,7%	53,2%	p<0.0001
	Parents de Baptiste	33,1%	41,9%	p<0.01

TABLE 2 : Évolution des taux d'élision du schwa dans les productions parentales

Entre T1 et T2, nous avons observé que le taux d'élision était significativement différent dans l'input parental de Baptiste et Salomé (cf. 1.2). Cependant, lorsque nous observons cette évolution en fonction de l'adresse du discours, il apparaît que cette fluctuation n'était due qu'à l'augmentation du taux d'élision en DAE. En effet, les taux d'élision en DAA restent stables entre T1 et T2, les différences ne se révélant pas significatives (TABLE 2). Nos données révèlent la nécessité de la prise en compte de l'adresse du discours dans une étude sur l'input. En effet, si les parents semblent bien moduler leur discours en fonction du développement linguistique de leur enfant, cet ajustement est observable, dans nos corpus, uniquement dans le discours adressé à l'enfant.

4.2 Taux d'élision en fonction du monosyllabique produit

Dans cette section, nous détaillerons les taux d'élision du schwa en fonction du monosyllabique produit. Dans cet objectif, nous avons recensé tous les monosyllabiques employés par chacun des enfants tout en ne retenant que ceux produits au moins dix fois au T1 et au T2 (voir TABLE 3 pour plus de détails sur le nombre d'occurrences dans les productions enfantines). Nous ne relevons que trois monosyllabiques produits au moins dix fois par Baptiste au T1 et au T2 : *de, je* et *le*. Les autres monosyllabiques ne seront donc pas retenus, soit parce qu'ils n'apparaissent que marginalement dans nos corpus (*se* ou *te* par exemple), soit parce qu'ils ne sont pas du tout produits par Baptiste au T1 (*ce, me* et *ne*). En ce qui concerne Salomé, nous avons retenu, en suivant les mêmes critères, les monosyllabiques *de, je, le, me, que* et *te.*

Mono-syllabiques	Taux d'élision chez Salomé		Taux d'élision chez Baptiste	
	T1	T2	T1	T2
de	17,6% (12/68)	14,7% (22/150)	32,4% (11/34)	24,7% (20/81)
je	20,9% (72/345)	70,2% (322/459)	18,5% (5/27)	61,4% (27/44)
le	5,3% (8/152)	39,6% (55/139)	1,8% (2/109)	9,8% (9/92)
me	12,5% (2/16)	47,9% (34/71)	/	/
que	0,6% (1/160)	3,6% (4/110)	/	/
te	36,4% (4/11)	9,8% (4/41)	/	/

TABLE 3. Taux d'élision du schwa dans les productions enfantines en fonction du monosyllabique

En observant les taux d'élision en fonction du monosyllabique produit dans le discours de Baptiste en T1 et en T2, nous pouvons observer une nette progression du taux d'élision du schwa pour *je*. En effet, le taux d'élision passe de 18,5% en T1 à 61,4% en T2, alors que les taux pour *de* et *le* restent à peu près stables. En ce qui concerne Salomé, les taux d'élision augmentent nettement entre T1 et T2 pour les monosyllabiques *je, le* et *me* (TABLE 3).

En comparant l'évolution des taux d'élision de Salomé avec ceux de ses parents (FIGURE

4), nous pouvons observer que ces derniers semblent avoir ajusté leur discours en fonction des compétences de leur fillette. En effet, nous notons une différence significative en DAE entre les taux d'élision en T1 et en T2 pour les monosyllabiques *je* (Chi2 = 39.7224, $p<0.0001$) et *le* (Chi2 = 15.9508, $p<0.0001$), qui correspondent aux contextes dans lesquels les performances de Salomé se rapprochent le plus de celles de ses parents. Autrement dit, les parents de Salomé ne semblent plus moduler leur langage dans les contextes où leur fillette élide le schwa avec une fréquence sensiblement proche de celle des adultes.

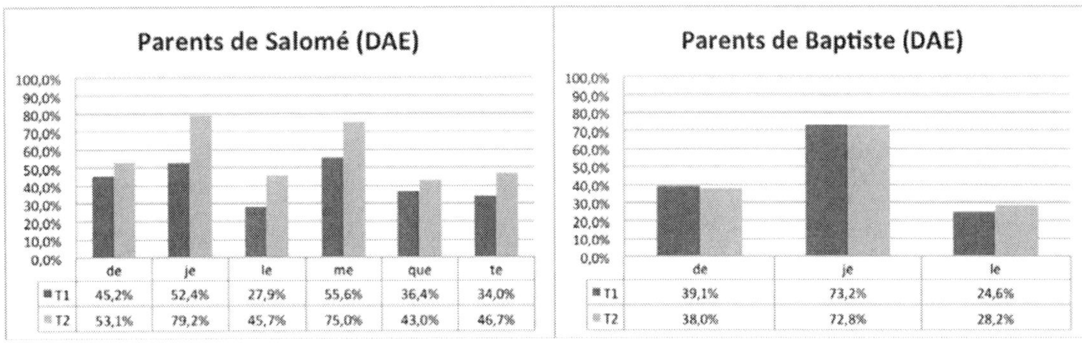

FIGURE 4. Taux d'élision du schwa en discours adressé à l'enfant en fonction du monosyllabique

En ce qui concerne les productions de Baptiste, nous notons une forte progression du taux d'élision pour le monosyllabique *je*. Contrairement aux parents de Salomé, les parents de Baptiste ne semblent pas ajuster leurs productions entre T1 et T2 pour ce monosyllabique. En effet, la fréquence d'élision reste stable dans des hautes proportions : avec un taux de 73,2% d'élision au T1, le monosyllabique *je* représente le contexte dans lequel les parents de Baptiste élident le plus le schwa en DAE. Nous pensons donc pouvoir observer ici un effet direct des fréquences dans l'input. Elles progressent fortement dans le contexte auquel Baptiste a été confronté à un fort taux d'élision dans le discours qui lui a été adressé.

5 Conclusions

Dans ce travail, nous avons tenté de tester deux hypothèses principales :

- Les enfants élident plus le schwa au cours de leur développement linguistique
- Cette évolution est influencée par l'input auquel ils sont exposés

Les résultats montrent que les taux d'élision du schwa dans les monosyllabiques augmentent chez les deux enfants entre les deux temps de recueil des données. Bien que marginale au T1, l'élision est plus fréquente au deuxième temps d'observation. Le faible taux d'élision au T1 indique une certaine stabilité du schwa et une perception de la variation phonologique qui évolue plus tard au cours de l'acquisition, ce qui rappelle les résultats de l'étude d'Andreassen (2007) sur l'acquisition du schwa en français suisse. Nous notons également une nette augmentation du taux d'élision entre T1 et T2 chez les couples de parents, ce taux étant plus élevé en DAA qu'en DAE pour chaque temps d'observation. En effet, les parents ont tendance à maintenir le schwa lorsqu'ils s'adressent à leur enfant. Nos résultats corroborent donc ceux obtenus par Andreassen (2011 : 73) qui avait noté, dans son étude sur le contexte V#Cə, un taux d'élision de schwa "inférieur à celui observé en contexte inter-adulte formel". Par ailleurs, les monosyllabiques les plus concernés par l'élision du schwa dans le langage de l'enfant sont des mots où le schwa est fréquemment élidé dans le discours des parents (ex. *je, me* et *de*). Malgré les différences observées entre les productions des deux enfants quant aux monosyllabiques présentant un schwa élidé, les deux enfants manifestent une évolution comparable. L'input influencerait donc l'évolution linguistique de l'enfant, les parents modulant et ajustant leur discours en fonction des capacités linguistiques de celui-ci. De plus, cet ajustement n'est observable que dans le discours adressé à l'enfant. Nos deux hypothèses sont donc vérifiées. Nos données démontrent l'influence de l'input dans l'acquisition de la variation phonologique et révèlent la nécessité de la prise en compte de l'adresse du discours dans une étude sur l'input.

Références

ANDREASSEN, H. N. (2007). La distinction /ø/ - /ə/ dans l'acquisition : input et output chez des enfants suisses. In Actes des JEL 2007 (Journées d'Etudes Linguistiques), pp.77-82.

ANDREASSEN, H. N. (2011). La recherche de régularités distributionnelles pour la catégorisation du schwa en français. *Langue française,* (169), pp.55-78. DOI : 10.3917/lf.169.0055

DURAND, J., LAKS, B. et LYCHE, C. (2009). Le projet PFC (Phonologie du Français Contemporain) : une source de données primaires structurées. In DURAND J., LAKS B. et LYCHE, C. (Eds.), *Phonologie, variation et accents du français*, pp.19-61. Hermès : Paris.

FOULKES, P., DOCHERTY, G. J., & WATT, D. (2005). Phonological Variation in Child-Directed Speech. *Language, 81*(1), pp.177-206. DOI : 10.1353/lan.2005.0018

GARNICA, O. K. (1977). Some prosodic and paralinguistic features of speech to young children. In SNOW C. & FERGUSON C. A. (Eds.), *Talking to Children Language Input and Acquisition,* pp.63-88. CUP.

JISA, H. et RICHAUD, F. (1994). Quelques sources de variation chez les enfants. *Acquisition et Interaction en Langue Etrangère,* (4), pp.367–376. Mis en ligne le 21 septembre 2005, consulté le 25 janvier 2012. URL : http://aile.revues.org/1251

LIEGEOIS, L., CHABANAL, D., & CHANIER, T. (2011). La liaison en discours adressé à l'enfant, spécificités et impacts sur l'acquisition. Communication au *Colloque du Réseau Français de Phonologie,* Tours (1-3 juillet 2011).

PHILLIPS, J. R. (1973). Syntax and vocabulary of mothers' speech to young children: Age and sex comparisons. *Child Development, 44*(1), pp.182-185.

RONDAL, J. A. (1980). Fathers' and mothers' speech in early language development. *Journal of Child Language, 7*(2), pp.353-369.

SNOW, C. E. (1972). Mothers' speech to children learning language. *Child Development, 43*(2), pp.549-565. University of Chicago Press. DOI : 10.2307/1127555

Vers une mesure automatique de l'adaptation prosodique en interaction conversationnelle

Céline De Looze[1] Stefan Scherer[2] Brian Vaughan[1] Nick Campbell[1]
(1) Speech Communication Lab, Trinity College Dublin, Dublin 2, Irlande
(2) ICT, University of Southern California, Playa Vista, CA, 90094, California
deloozec@tcd.ie, stefan.scherer@gmail.com, bvaughan@tcd.ie, nick@tcd.ie

RÉSUMÉ

Il a été observé dans de nombreuses études qu'un locuteur, au cours d'une conversation, adapte son comportement verbal et non-verbal (lexique, syntaxe, prosodie, postures, gestuelle) à celui de son interlocuteur. Cette adaptation inter-personnelle participe d'une part à faciliter l'échange d'information, la compréhension mutuelle entre interactants et l'atteinte d'un terrain commun. D'autre part, elle augmente chez les acteurs le sentiment d'une interaction sociale réussie en termes de rapport (i.e. relation harmonieuse et attention mutuelle) et d'appartenance sociale. Si l'adaptation inter-personnelle est un phénomène omniprésent de l'interaction conversationnelle, peu de systèmes automatiques et de métriques ont été développés pour la quantifier. Dans cet article, nous présentons un modèle qui permet de mesurer automatiquement l'adaptation prosodique et ses dynamiques en conversation. Sur la base de ce modèle, nous discutons les différentes formes et les dynamiques de l'adaptation prosodique mesurées à partir de conversations téléphoniques enregistrées sur une période de plusieurs mois.

ABSTRACT

Automatic measurement of prosodic accommodation in conversational interaction

It has been observed in many studies that speakers, over the course of a conversation, adapt their verbal and non-verbal behaviour (lexicon, syntax, prosody, postures, gesture) to their interlocutor. This accommodation facilitates, on the one hand, the exchange of information, mutual understanding between interactants and the reaching of common ground. Moreover, it increases the social success of the interaction in terms of rapport (i.e. harmonious relation and mutual attention) and affiliation. While accommodation is a ubiquitous component of social interaction, few automatic systems and metrics have been developed to quantify it. In this paper, we present a model which provides metrics for the automatic measurement of prosodic accommodation and its dynamic manifestation in conversation. Based on this model, we discuss the different forms and the dynamics of prosodic accommodation, measured from conversations recorded over a period of several months.

MOTS-CLÉS : Adaptation prosodique, dynamiques de la parole, interaction sociale.

KEYWORDS: Prosodic adaptation, speech dynamics, social interaction.

1 Introduction

De nombreux systèmes de dialogue ont été développés ces dernières années et sont aujourd'hui largement utilisés dans de nombreux domaines tels que la téléphonie mobile, les jeux vidéos ou encore les technologies d'assistance pour les personnes âgées ou handicapées. Si ces systèmes sont capables de traiter la composante linguistique de la communication humaine, ils ne peuvent en revanche toujours pas traiter les dynamiques complexes et les ajustements inter-locuteurs qu'implique l'interaction. Il a été observé dans de nombreuses études qu'un locuteur, au cours d'une conversation, adapte son comportement verbal et non-verbal (lexique, syntaxe, prosodie, postures, gestuelle) à celui de son interlocuteur (Giles *et al.*, 1991; Brennan, 1996; Coulston *et al.*, 2002; Richardson *et al.*, 2007). Cette adaptation inter-personnelle participe d'une part à faciliter l'échange d'information, la compréhension mutuelle entre interactants et l'atteinte d'un terrain commun (Pickering et Garrod, 2004). D'autre part, elle augmente chez les acteurs le sentiment d'une interaction sociale réussie en termes de rapport (i.e. relation harmonieuse et attention mutuelle) et d'appartenance sociale (Tickle-Degnen et Rosenthal, 1990; Duncan *et al.*, 2007). Parce qu'elle joue un rôle important dans l'élaboration du sens mais aussi dans l'expression et la reconnaissance des intentions et états sociaux, son implémentation dans des systèmes existants améliorerait leur efficacité et pourrait faire d'un robot ou d'un avatar un interactant socialement compétent.

Si l'adaptation inter-personnelle est un phénomène omniprésent de l'interaction conversationnelle et a été largement étudiée [1], peu de systèmes automatiques et de métriques ont cependant été développés pour la quantifier. Dans cet article, nous présentons un modèle qui permet de mesurer automatiquement l'adaptation prosodique et ses dynamiques en conversation. Sur la base de ce modèle, nous discutons les différentes formes et les dynamiques de l'adaptation prosodique mesurée à partir de conversations téléphoniques enregistrées sur une période de plusieurs mois.

2 Mesure automatique de l'adaptation prosodique

2.1 Définition d'états

Nous avons proposé dans De Looze et Rauzy (2011) que l'adaptation prosodique (figure 1) peut être décrite au travers d'un ensemble d'états, regroupés autour de trois catégories : l'adaptation, la différentiation et le maintien (cf. la *Communication Accommodation Theory* (Giles *et al.*, 1991)). Dans notre définition, ces catégories sont subdivisées en deux états distincts : la convergence et la synchronie. Lorsque les interactants adoptent un comportement commun, formé au travers des caractéristiques intrinsèques et personnelles de chacun, l'adaptation est convergente. Lorsque les locuteurs coordonnent temporellement les changements ou variations de leur comportement et que ces variations évoluent dans la même direction, l'adaptation est synchrone. En termes de prosodie, une adaptation convergente est par exemple observée lorsque deux locuteurs adoptent un débit de parole similaire; une adaptation synchrone lorsque deux locuteurs accélèrent et ralentissent leur débit de parole au "même moment" (sujet à décalage temporel du fait de l'organisation des tours de parole). Dans la même veine, la divergence et la synchronie symétrique sont les états de la différentiation. Une divergence peut-être par exemple observée lorsque deux locuteurs exagèrent leurs caractéristiques prosodiques intrinsèques de manière à accentuer leurs différences; une synchronie symétrique lorsque les variations prosodiques évoluent vers des

1. cf. dans la littérature anglophone les termes *alignement* (Pickering et Garrod, 2004), *convergence* (Giles *et al.*, 1991), *entrainment* (Brennan, 1996), *cameleon effect* (Chartrand et Bargh, 1999), ou encore *mimicry* (Meltzoff et Moore, 1977).

directions opposées (i.e. vers un débit plus rapide vs vers un débit plus lent). Nous émettons l'hypothèse que ces états peuvent être observés individuellement ou en combinaison, ce qui donne un ensemble de 7 états possibles.

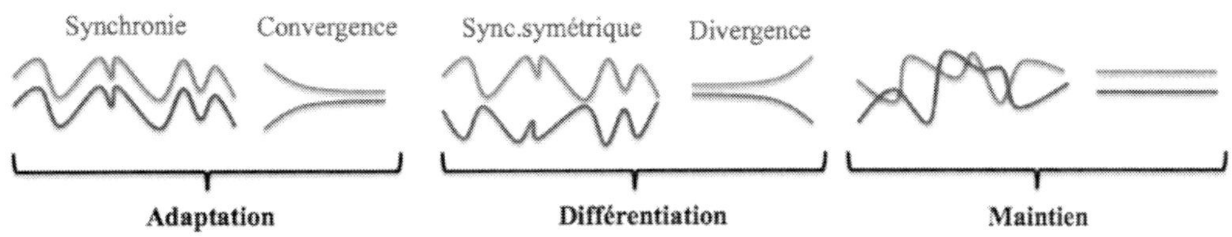

FIGURE 1 – Adaptation prosodique : états

2.2 Extraction des caractéristiques prosodiques

Mesurer automatiquement l'adaptation prosodique entre locuteurs nécessite de définir en premier lieu un domaine ou empan temporel à partir duquel les caractéristiques prosodiques de chaque locuteur seront extraites. Le choix doit se porter vers un empan qui permet une comparaison pertinente des caractéristiques prosodiques des interlocuteurs. La difficulté qui se pose est que leur parole n'est pas alignée temporellement, les locuteurs s'exprimant tour à tour.

Deux méthodes ont été proposées pour l'extraction des caractéristiques prosodiques : la méthode basée sur les tours de parole (*turn-based* ou *utterance-based* ; ex : Levitan et Hirschberg (2011)) et la méthode TAMA (*Time Aligned Moving Average* ; Kousidis *et al.* (2008)). La méthode basée sur les tours de parole consiste à comparer les caractéristiques prosodiques des interlocuteurs tour à tour. L'unité de construction de tour du locuteur A est ainsi comparée à l'unité de construction de tour suivante du locuteur B. Cette méthode présuppose que l'adaptation prosodique se fait très localement, où la production du locuteur A influence directement et uniquement la production consécutive du locuteur B. On peut cependant supposer que l'adaptation prosodique, du fait des dynamiques complexes qu'implique l'interaction, s'effectue sur un empan temporel plus large. Extraire les caractéristiques prosodiques sur chaque tour de parole et mener une comparaison à partir de tours consécutifs uniquement ne parait donc pas une unité pertinente pour mesurer l'adaptation prosodique entre deux locuteurs. Une solution possible est d'étendre cet empan temporel à plusieurs tours de parole comme cela a été suggéré par Nishimura *et al.* (2008). Une autre solution est de choisir une fenêtre temporelle fixe qui recouvre les paroles des deux locuteurs, comme dans la méthode TAMA. La méthode TAMA ne présuppose pas d'empan temporel pour lequel l'adaptation inter-personnelle s'établit. Les caractéristiques prosodiques sont extraites à partir de fenêtres fixes glissantes de durée constante qui se chevauchent en fonction d'un pas d'analyse pré-déterminé. Une telle méthode permet d'obtenir une mesure des indices prosodiques pour chaque locuteur à des intervalles réguliers qui correspondent à un même empan temporel pour les deux locuteurs. Si cette méthode est efficace car elle ne présuppose pas de domaine temporel pour l'adaptation prosodique, elle coupe en revanche de façon aléatoire les productions orales des locuteurs.

Dans notre modèle, nous proposons une méthode hybride inspirée de ces deux méthodes. Nous utilisons comme pour la méthode TAMA un ensemble de fenêtres glissantes qui se chevauchent pour l'extraction des indices prosodiques. A l'instar de la méthode TAMA, les fenêtres glissantes par défaut fixes sont étendues aux bornes de la première et de la dernière unité de construction de tour qu'elles chevauchent. La figure 2 fournit une représentation graphique de ces trois méthodes. Dans cette étude, la durée de la fenêtre a été fixée à 20 secondes et le pas d'analyse à 10 secondes ; une valeur prosodique pour chaque locuteur est donc extraite toutes les 10 secondes. Les valeurs obtenues sont fonction de la durée de l'énoncé considéré, elles correspondent donc à des moyennes pondérées.

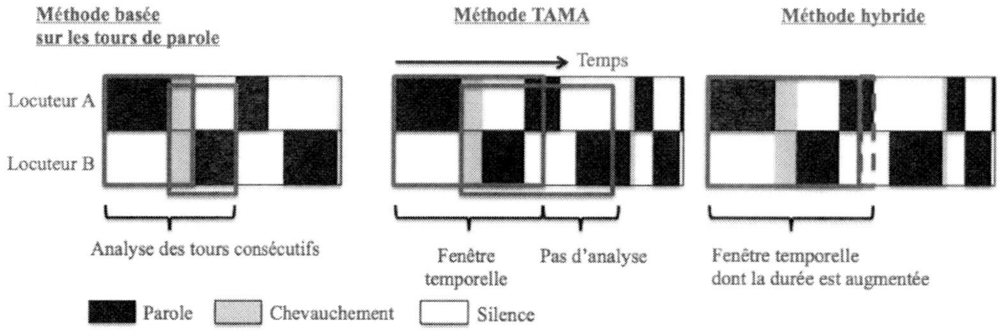

FIGURE 2 – Représentation graphique de la méthode basée sur les tours de parole, de la méthode TAMA et de la méthode hybride.

2.3 Mesures prosodiques

Le modèle extrait un ensemble de paramètres acoustiques à partir des logiciels Praat et MatLab. Ces paramètres rendent compte du registre, de l'intensité de voix et du débit d'élocution des locuteurs.

- registre : médiane (med-f0) et écart type (sd-f0) de la fréquence fondamentale
- intensité : médiane (med-Int) et écart type (sd-Int) de la courbe d'intensité
- débit d'élocution : nombre de syllabes par seconde (syllsec)

Nous avons utilisé une méthode basée sur les modulations à long terme de l'énergie et des caractéristiques spectrales (Maganti *et al.*, 2007) pour une segmentation automatique en intervalles sonores et silencieux. Les noyaux syllabiques ont été automatiquement annotés à partir de l'algorithme de De Jong et Wempe (2009).

2.4 Quantification de l'adaptation prosodique

Dans ce modèle, la *synchronie* est mesurée à partir du coefficient de corrélation linéaire de Bravais-Pearson $\rho_{xy} \in [-1, 1]$ qui mesure les dépendances linéaires entre deux ensembles d'observations x and y :

$$\rho_{xy} = \frac{\sum_{i=1}^{N}(x_i - \mu_x)\sum_{i=1}^{N}(y_i - \mu_y)}{(N-1)s_x s_y}, \quad (1)$$

où $|x| = |y| = N$, μ_x la valeur moyenne de x (respectivement μ_y) , s_x l'écart type de x (respectivement s_y), and $x_i \in x \quad \forall i = 1, ..., N$ (respectivement y_i). Lorsque $\rho_{xy} >> 0$ et proche de 1, la synchronie est très forte ; lorsque $\rho_{xy} << 0$ et proche de -1 la synchronie symétrique est très forte ; lorsque ρ_{xy} est proche de zéro, on n'observe aucune forme de synchronie.

La *convergence* est mesurée à partir de l'intersection de droites linéaires ajustées aux paramètres prosodiques extraits pour chaque locuteur. Pour chaque ensemble de paramètres, l'équation suivante est donnée, où i est l'identifiant du locuteur :

$$y = \alpha_i x + \beta_i, \quad \forall i \in \{1,2\}, \tag{2}$$

Pour trouver le point d'intersection, on suppose l'égalité des deux équations pour $i \in 1,2$ (équation 3), ce qui mène après conversion à l'équation 4 :

$$\alpha_1 x + \beta_1 = \alpha_2 x + \beta_2, \tag{3}$$

$$x = \frac{\beta_2 - \beta_1}{\alpha_1 - \alpha_2} \tag{4}$$

Si x, à savoir le point d'intersection, est positif, les deux locuteurs convergent ; si x est négatif, leurs caratéristiques prosodiques divergent. De plus, la valeur x indique la vitesse de convergence (ou de divergence) à partir de laquelle nous estimons la *direction* ou la *force de convergence* de chaque locuteur : si x est proche de zéro la vitesse de convergence est rapide : il y a donc une forte convergence de la part de l'interlocuteur. Si x est plutôt loin de zéro, la vitesse est très lente : le locuteur ne converge que très peu vers son interlocuteur.

2.5 Empan temporel de mesure

Dans de nombreuses études, le phénomène d'adaptation a été investigué en supposant qu'il augmente linéairement au cours du temps. Or, ce qui fait d'une conversation un dialogue interactif, ce sont les changements dynamiques impliqués dans l'interaction. On peut donc supposer que l'adaptation prosodique varie au cours du temps, fonction par exemple de l'engagement des interlocuteurs, comme cela a été observé pour l'anglais dans De Looze et Rauzy (2011) et Vaughan (2011). Afin de mesurer les dynamiques de l'adaptation inter-personnelle, les valeurs de convergence et de synchronie sont extraites dans notre modèle à partir de fenêtres glissantes, similaires à celles utilisées pour la méthode TAMA. Dans notre étude, pour chaque conversation, chaque fenêtre d'analyse correspond à 10 fenêtres d'extraction des caractéristiques prosodiques TAMA [2] ; le pas d'analyse est fixé à 5. La force d'adaptation est donc calculée sur une période de 100 sec. toutes les 50 sec. Pour mesurer l'évolution de l'adaptation au cours de plusieurs conversations, le modèle calule les ratios (ou pourcentages) des états de synchronie et de convergence pour chaque conversation.

3 Données et hypothèses

Pour cette étude, nous avons sélectionné les conversations téléphoniques de 6 locuteurs japonais (3 hommes et 3 femmes formant 4 paires) du corpus JST ESP (Campbell, 2004) ; un total de 40 conversations (10 pour chaque paire et chacune d'une durée de 30 minutes) enregistrées sur une période de plusieurs mois. Pour chaque conversation, les locuteurs étaient libres de parler de ce qu'ils voulaient. Par ailleurs, ils ne se connaissaient pas au début des enregistrements. Ce corpus nous permet de tester deux hypothèses : (1) l'adaptation inter-personnelle est un phénomène dynamique, qui augmente et diminue plusieurs fois au cours du temps ; (2) les 7 états théoriquement définis en 2.1 sont observables en interaction conversationnelle.

2. fenêtres d'extraction décrites en 2.2.

4 Résultats

4.1 Dynamiques intra-conversation

Nos analyses révèlent que pour toutes les conversations, plusieurs phases de synchronie, de synchronie symétrique, de convergence, de divergence et de maintien sont détectées (cf. figure 3). Par ailleurs, les analyses ANOVA (méthode Tukey-Kramer) montrent que le nombre de phases de synchronie pour les paramètres med-f0 et sd-f0 est plus élevé que pour le paramètre syllsec ($p<0.01$). Excepté pour une paire de locuteurs, le nombre de phases de synchronie pour les paramètres med-f0 et sd-f0 est aussi plus élevé que pour le paramètre sd-Int ($p<0.01$). De plus, le nombre de phases de convergence pour les paramètres med-f0 et sd-f0 est plus petit que pour les paramètres syllsec, sd-Int et med-Int ($p<0.01$).

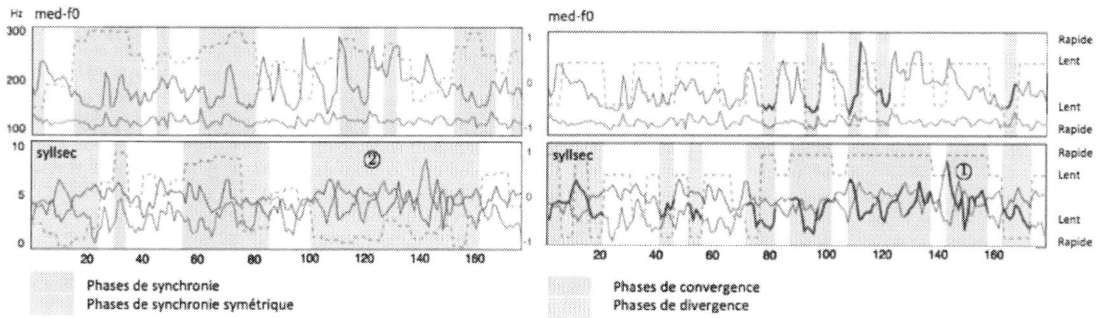

FIGURE 3 –
Données extraites pour chaque locuteur (locuteur 1 en bleu, locuteur 2 en vert) pour chaque fenêtre d'analyse (axe des abscisses) : les deux graphiques du haut représentent les valeurs obtenues pour le paramètre med-f0 (donné en Hz sur l'axe des ordonnées à gauche), les deux graphiques du bas les valeurs obtenues pour le paramètre syllsec (donné en nombre de syllabes par seconde sur l'axe des ordonnées à gauche). Les valeurs de synchronie et de synchronie symétrique sont représentées dans les graphiques de gauche par la ligne en pointillés rouge (valeurs comprises entre -1 et 1, axe des ordonnées à droite). Les phases de synchronie sont colorées en rose, les phases de synchronie symétrique en vert. Les valeurs de convergence et de divergence sont représentées dans les graphiques de droite par la ligne en pointillés rouge (au centre, la convergence/divergence est lente ; aux extrêmes de l'axe des ordonnées, elle est rapide). Les phases de convergence sont colorées en rose, les phases de divergence en vert. Les lignes en gras représentent le locuteur le plus convergeant/divergeant.

4.2 Dynamiques inter-conversations

L'étude de l'évolution des ratios de synchronie/asynchronie et convergence/divergence révèle que le degré d'adaptation inter-personnelle est spécifique à l'interaction. Pour les 4 paires de locuteurs, et pour tous les paramètres prosodiques, ces états varient d'une conversation à l'autre, et ce, de façon non-linéaire.

4.3 Co-occurence des états d'adaptation

L'étude de co-occurence temporelle des états d'adaptation (à partir des graphiques de couleurs en 4) montre que les sept états définis en 2.1 sont observés en interaction conversationnelle. Les états sont observés le plus fréquemment individuellement : l'état de convergence est très peu observé en simultané avec l'état de synchronie ; de même, l'état de divergence est très peu observé en combinaison avec l'état de synchronie symétrique. Aussi, nous observons que les états de convergence et de synchronie symétrique apparaissent simultanément assez fréquemment pour les paramètres sd-Int et syllsec.

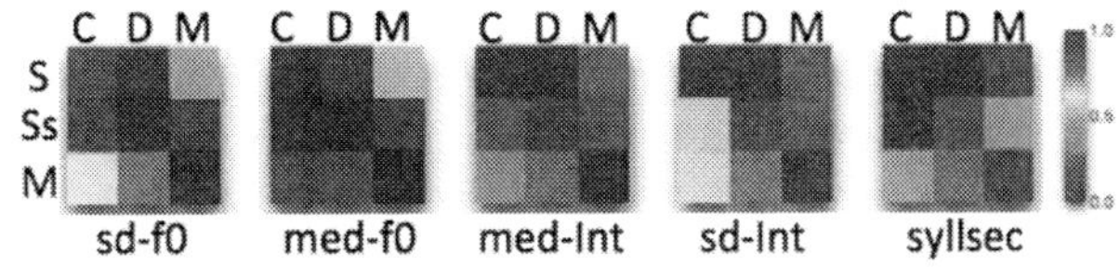

FIGURE 4 – Co-occurences des états de synchronie (S), de synchronie symétrique (Ss), de convergence (C), de divergence (D) et de maintien (M), pour toutes les paires et toutes les conversations ; de gauche à droite pour les paramètres sd-f0, med-f0, med-Int, sd-Int et syllsec. Une couleur chaude réfère à une combinaison très fréquente, une couleur froide à une combinaison peu fréquente.

5 Discussion et conclusion

Dans cet article, nous avons proposé un modèle pour la mesure automatique des dynamiques de l'adaptation prosodique en interaction conversationnelle. Nous avons proposé que l'adaptation prosodique peut être observée et mesurée à partir d'un ensemble de sept états et qu'elle varie au cours du temps (intra- et inter-conversations).

Notre étude montre tout d'abord que les états définis dans notre modèle sont observables à partir de conversations téléphoniques tenues en japonais et que les états les plus fréquents sont ceux observés individuellement. Elle corrobore aussi les observations d'études récentes menées sur l'anglais et confirment que l'adaptation prosodique est un phénomène dynamique : l'adaptation prosodique n'augmente pas linéairement mais varie plusieurs fois au cours d'une conversation. Elle varie aussi au cours du temps (inter-conversations) ce qui suggère qu'elle est plutôt spécifique à l'interaction. Ce travail doit être maintenant complété par plus d'investigations afin de déterminer quelles phases d'adaptation prosodique détectées sont fonctionnellement pertinentes en interaction conversationnelle et quelle(s) méthode(s) (i.e. tours, TAMA, hybride), fenêtre(s) et pas d'analyse (i.e. durée) permettent une description plus fine des dynamiques de l'adaptation prosodique. Notre étude (intra-conversations, section 4.1) révèle par ailleurs que les locuteurs ont tendance à synchroniser les variations temporelles de leur registre plutôt que converger vers des registres similaires ; ils ont au contraire tendance à converger vers un débit de parole similaire plutôt qu'à adapter temporellement leurs variations de débits. Si ces résultats nécessitent plus ample investigation, ils suggèrent que l'adaptation prosodique est contrainte par différents facteurs qui présagent des états à partir desquels elle est observée. On peut par exemple supposer que des contraintes physiques soient la cause d'une adaptation synchrone plutôt que convergente des registres des locuteurs. On peut aussi supposer qu'une perception plus difficile des changements de vitesse d'articulation que des changements de registre se traduise par une vitesse de parole convergente plutôt que synchrone. Cette étude mériterait aussi une investigation systématique du degré d'adaptation de chaque locuteur pour chaque paire, la littérature soulignant une adaptation plus importante chez les femmes et les dyades du même sexe.

Remerciements

Ce travail a été effectué dans le cadre du projet FASTNET - Focus on Action in Social Talk : Network Enabling Technology financé par Science Foundation Ireland (SFI) 09/IN.1/I2631.

Références

BRENNAN, S. (1996). Lexical entrainment in spontaneous dialog. *Proceedings of ISSD*, pages 41–44.

CAMPBELL, N. (2004). Speech and expression ; the value of a longitudinal corpus'. *In Proceedings 4th International Conference on Language Resources and Evaluation (LREC'04)*, pages 183–186.

CHARTRAND, T. et BARGH, J. (1999). The chameleon effect : The perception–behavior link and social interaction. *Journal of personality and social psychology*, 76(6):893.

COULSTON, R., OVIATT, S. et DARVES, C. (2002). Amplitude convergence in children's conversational speech with animated personas. *In Seventh International Conference on Spoken Language Processing*.

DE JONG, N. et WEMPE, T. (2009). Praat script to detect syllable nuclei and measure speech rate automatically. *Behavior research methods*, 41(2):385–390.

DE LOOZE, C. et RAUZY, S. (2011). Measuring speakers' similarity in speech by means of prosodic cues : methods and potential. *In Proceedings of Interspeech 2011*, pages 1393–1396. ISCA.

DUNCAN, S., FRANKLIN, A., PARRILL, F. et WELJI, H. (2007). Cognitive processing effects of social resonance in interaction. *Proceedings Gesture 2007-The Conference of the International Society of Gesture Studies, Evanston, IL*.

GILES, H., COUPLAND, N. et COUPLAND, J. (1991). Accommodation theory : Communication, context, and consequence. *Contexts of accommodation : Developments in applied sociolinguistics*, pages 1–68.

KOUSIDIS, S., DORRAN, D., McDONNELL, C. et COYLE, E. (2008). Times series analysis of acoustic feature convergence in human dialogues. Interspeech.

LEVITAN, R. et HIRSCHBERG, J. (2011). Measuring acoustic-prosodic entrainment with respect to multiple levels and dimensions.

MAGANTI, H., MOTLICEK, P. et GATICA-PEREZ, D. (2007). Unsupervised speech/non-speech detection for automatic speech recognition in meeting rooms. *In Acoustics, Speech and Signal Processing, 2007. ICASSP 2007. IEEE International Conference on*, volume 4, pages IV–1037. IEEE.

MELTZOFF, A. et MOORE, M. (1977). Imitation of facial and manual gestures by human neonates. *Science*, 198(4312):75.

NISHIMURA, R., KITAOKA, N. et NAKAGAWA, S. (2008). Analysis of relationship between impression of human-to-human conversations and prosodic change and its modeling. *In Ninth Annual Conference of the International Speech Communication Association*.

PICKERING, M. et GARROD, S. (2004). Toward a mechanistic psychology of dialogue. *Behavioral and Brain Sciences*, 27(02):169–190.

RICHARDSON, M., MARSH, K., ISENHOWER, R., GOODMAN, J. et SCHMIDT, R. (2007). Rocking together : Dynamics of intentional and unintentional interpersonal coordination. *Human Movement Science*, 26(6):867–891.

TICKLE-DEGNEN, L. et ROSENTHAL, R. (1990). The nature of rapport and its nonverbal correlates. *Psychological Inquiry*, 1(4):285–293.

VAUGHAN, B. (2011). Prosodic Synchrony in Co-operative Task-based Dialogues : A Measure of Agreement and Disagreement. *In Proceedings of Interspeech 2011*, pages 1865–1868. ISCA.

Une comparaison de la déclinaison de F0 entre le français et l'allemand journalistiques

Carolin Schmid[1] Cédric Gendrot[2] Martine Adda-Decker[3]
(1) Universität Trier, FBII-Phonetik, 65296 Trier, Deutschland
(2) Laboratoire de Phonétique et Phonologie, CNRS,UMR7018
ILPGA, 19, rue des bernardins, 75005 Paris
(3) LIMSI-CNRS bat. 508, BP 133, 91403 Orsay cedex
schm2801@uni-trier.de, cgendrot@univ-paris3.fr, madda@limsi.fr

RÉSUMÉ

L'objectif de cette étude est d'explorer la déclinaison de la F0 au cours de séquences comprises entre pauses en français et en allemand à l'aide de grands corpus journalistiques transcrits et segmentés automatiquement (au total environ 80.000 séquences de plus de 1000 locuteurs). Deux méthodes différentes ont été appliquées : (i) une analyse de régression simple pour calculer la déclinaison globale de la F0 et (ii) un algorithme de type convex hull afin de localiser les pics et les vallées de F0 et ainsi obtenir un contour des lignes inférieures et supérieures.

Les résultats montrent des aspects communs aux deux langues : La tendence globale de la F0 à baisser d'environ 2,5 st par seconde ainsi que des prédicteurs communs pour l'amplitude de la pente, tels que la durée de la séquence et la valeur du resetting, de l'intercept et du pic le plus haut. Néanmoins nous constatons une partie de la pente propre à chaque langue dans les mouvements des lignes supérieures et inférieures.

ABSTRACT

F0-declination : a comparison between French and German journalistic speech

The aim of the present study is to investigate F0-declination over the course of utterances in French and German journalistic speech by using large transcribed and automatically segmented corpora (a total of about 80,000 utterances of more than 1,000 speakers). Two different methods were applied : (i) regression-analysis in order to calculate the overall downtrend of F0 and (ii) convex-hull to detect local peaks and valleys in order to calculate the top- and bottom lines. The results show similar characteristics for both languages of the slope : there is an overall declining tendency for the F0 of about 2.5 st per second as well as the same predictors for the amplitude of the slope like utterance duration and the F0-value of the resetting, the intercept and the highest peak. Nevertheless we found language- specific parts of the slope in the mouvements of the top- and bottom lines.

MOTS-CLÉS : intonation, ligne de déclinaison, F0, régression, modelisation, inter-langue, resetting.

KEYWORDS: intonation, declination line, F0, regression, modelling, crosslinguistic, resetting.

1 Introduction

La déclinaison de la F0 est définie comme la tendance globale de la fréquence fondamentale à baisser au cours d'une séquence, entre une ligne supérieure reliant ses pics locaux et une ligne inférieure reliant ses vallées locales qui baissent également. Un *resetting* de la F0 a lieu au début de chaque nouvelle séquence (cf. (T'Hart *et al.*, 1990), à voir dans la figure 1). Nous employons

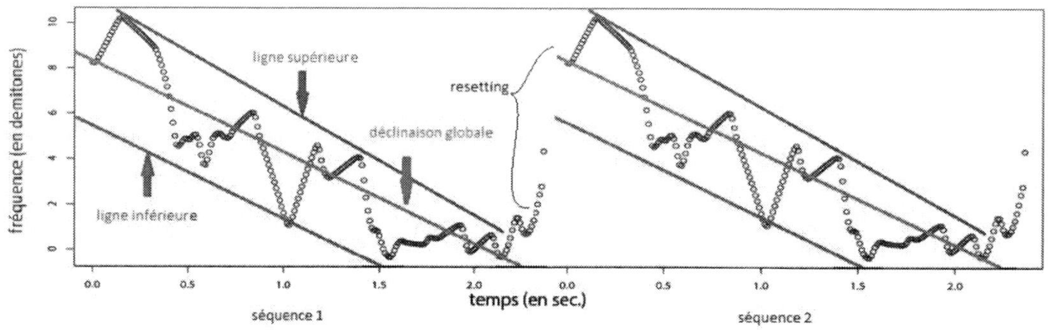

FIGURE 1 – caractéristiques de la ligne de déclinaison : baisse globale au cours d'une séquence, mouvements descendants et montants au niveau local entre deux lignes globalement descendantes(ligne supérieure et inférieure), resetting de la F0 entre deux séquences

le terme *séquence* par la suite en essayant de nous approcher de la notion de la phrase qui relie l'unité de sens et unité intonative et à laquelle la déclinaison donne une notion de cohérence (Cruttenden, 1987; Jun et Fougeron, 2000; Vaissière, 1983).
La tendance globale de la F0 à décliner est liée à la pression sousglottique (Lieberman, 1967), à la traction de la trachée (Maeda, 1976) et aux mouvements des muscles laryngés (Ohala et Ewan, 1973). Pourtant certaines incertitudes subsistent : l'aspect de la déclinaison est-il dépendant de la langue ou est-il controlé par le locuteur ?
Les difficultés à définir plus précisement la nature de la déclinaison sont liées au fait qu'il est délicat d'observer la déclinaison pure. La courbe globale de F0 est constituée de mouvements de différents niveaux prosodiques (Fujisaki, 1988), ce qui fait que la déclinaison est souvent masquée par d'autres facteurs comme des composants de l'accentuation ou d'autres séquences (montée de continuation, resetting, montée ou descente finale) ou des facteurs microprosodiques. Dans la présente étude nous observons également le degré de la pente dans la partie médiane de la séquence seulement, afin d'exclure les influences des changements locaux de F0 aux extrémités des séquences (500 ms de début et de fin).
Il n'existe à notre connaissance que peu d'études inter-langues sur la déclinaison et la plupart examinant de la parole acquise lors d'enregistrements dans des conditions de laboratoire, cf. (Cooper et Sorensen, 1981; Strik et Boves, 1995). La présente étude a pour but d'examiner l'aspect de la déclinaison et les conditions par lesquelles celle-ci est influencée, en mesurant à partir de grands corpus de parole journalistique les correlations entre le degré de la déclinaison et des facteurs qui l'influencent, tels que la durée des segments, la longueur des silences précédents et suivants, la valeur de l'intercept, de la plus haute valeur de la F0 de la séquence et du resetting. Une comparaison inter-langues permettra de montrer dans quelle mesure la ligne de déclinaison

est dépendante du système phono-prosodique de la langue. En effet (Jun et Fougeron, 2000) ont montré que le groupe accentuel, unité prosodique de base du français, est principalement réalisé par le schéma prosodique *LHLH%* alors qu'en allemand 84% des unités prosodiques de base sont réalisées par les schémas *H*L*, *L*H*, *HH*L* ou *L*HL* (Mixdorff, 2002).

2 Corpus et Méthode

Deux corpus audio constitués d'enregistrements d'émissions journalistiques ont été exploités pour réaliser la présente étude.
Le corpus français correspond à environ 30 heures de parole, extraites principalement d'émissions de *France Inter* et fut initié dans le cadre de la campagne *ESTER*(Galliano *et al.*, 2005). Le corpus allemand consiste en environ 20 heures de parole d'émissions d'*Arte*, collectées dans le cadre d'un *projet FP5* (décrit dans (Gendrot et Adda-Decker, 2005)). Les corpus audio ont d'abord été transcrits orthographiquement par des humains, qui ont également indiqué des ruptures prosodiques. Par la suite un alignement automatique des données audio et de leurs transcriptions à été effectué par le *speech-transcription system* du *LIMSI* afin de marquer les frontières des phonèmes et des mots ainsi que les silences(Gauvain *et al.*, 2002). Dans un premier temps les séquences individuelles des corpus ont été selectionnées et extraites avec leurs valeurs de F0. Les unités de parole définies comme des séquences correspondent à des extraits compris entre deux pauses (étant marquées soit par les transcripteurs, soit par l'alignement automatique) et dans lesquelles il n'y avait pas de silence plus long que 50 ms (sinon exclus).
Afin de retrouver dans les extraits la notion de *phrase* mentionnée plus haut nous sommes contraints de nous baser sur les silences, indicateur fiable de la présence des syntagmes de haut niveau (Cruttenden, 1987) (d'autres méthodes sont en cours pour tester l'impact de la demarche d'extraction des séquences).
Le logiciel PRAAT(Boersma et Weenink, 2012) a été utilisé pour extraire les valeurs de F0 (par defaut toutes les 10 ms et sur les positions centrales des segments voisés seulement). Les séquences étaient sauvegardées avec leurs informations sur le nom du locuteur, la langue, la durée (en ms), les silences (lieu et durée en ms), le resetting et les valeurs de la F0 afin de calculer non seulement la déclinaison mais aussi l'influence de certains facteurs sur son degré.
La valeur du resetting constitue la différence (en st) entre la première valeur de la F0 d'une séquence et la dernière valeur de la F0 de sa séquence précédente. Dans cette première approche, nous avons décidé de suivre le protocole de (Yuan et Liberman, 2010).
Les courbes de la F0 ont ainsi été optimisées selon le processus suivant : (i) en les interpolant afin d'obtenir un contour continu (interrompu précédemment par les segments non voisés), (ii)en les lissant par un filtre passe-bas, (iii) et en convertissant les valeurs en Herz en valeurs en demi-tones (st) par la formule suivante : $st = 12 * log_2(\frac{F_0}{F_0 - 5^{ième}quantile})$

Nous avons choisi comme fréquence de base pour chaque séquence le 5ième quantile de la fréquence moyenne de toutes les séquences d'un même locuteur. Pour mesurer la déclinaison nous avons d'abord calculé la ligne de régression globale par *ordinary least square modelling* pour la séquence entière (à voir dans la figure 2, à gauche) ainsi que pour sa partie médiane (après avoir retiré les premières et dernières 500 ms des séquences).

Ensuite les positions des pics et des vallées des contours de F0 ont été mesurées par l'algorithme *convex hull* (Mermelstein, 1975) afin d'obtenir la ligne supérieure et la ligne inférieure du contour unique de F0 d'une séquence (voir figure 2, à droite). Afin de retrouver une éventuelle tendance propre à chaque langue, les pics et les vallées d'une séquence ont été moyennés respectivement à 6 points relatifs : les valeurs de F0 figurant entre 0 et 10% de la durée de la séquence, celles figurant entre 10 et 30%, entre 30 et 50%, entre 50 et 70%, entre 70 et 90% et entre 90 et 100%.

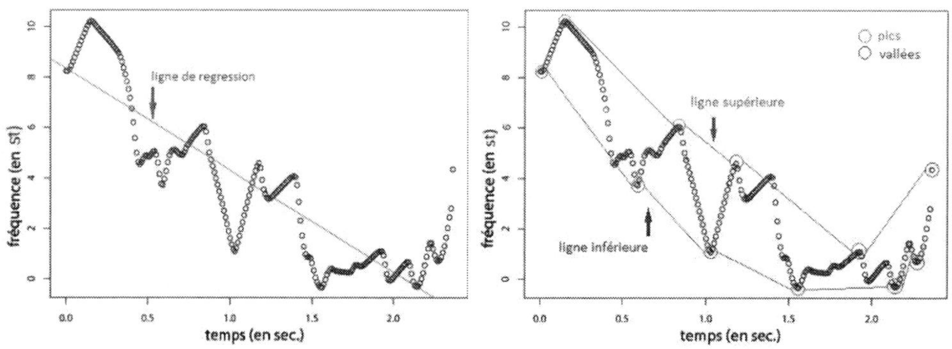

FIGURE 2 – à gauche : la ligne de régression calculée sur le contour de F0 d'une séquence. à droite : les ligne supérieures et inférieures reliant les pics et les vallées du contour de F0 d'une séquence, détectées par *convex hull*

3 Résultats

Le corpus français consistait initialement en 46.630 séquences d'une durée moyenne de 1,75 secondes et en allemand de 33.394 séquences avec une durée moyennne de 1,4 secondes. Dans le but de pouvoir comparer nos résultats aussi à ceux obtenus par (Yuan et Liberman, 2010) pour la ligne de déclinaison en Anglais et en Mandarin, nous avons décidé de baser nos analyses également sur les séquences d'une durée d'entre 1 et 4 secondes et avec une pente négative. Ce choix se justifie en outre par nos propres observations : les séquences d'une durée inférieure à 1 seconde montrent des valeurs de régression extrèmes et les séquences d'une durée supérieure peuvent éventuellement résulter d'une erreur de segmentation en séquences, tenant en compte la durée moyenne des séquences et le pourcentage relativement bas des séquences d'une durée supérieure à 4 secondes (2,8% en allemand et 6.5% en français).
Les séquences en allemand montrent un pourcentage plus élevé de pentes négatives que les séquences françaises (74,5% contre 60,8%). Nous supposons que le nombre important de séquences avec une pente globalement montante est lié à une intonation marquée à cause des montées de continuations (notamment pour le français) et des questions.
Toujours dans le but d'assurer une comparaison avec les travaux de (Yuan et Liberman, 2010), nous avons comparé exclusivement les séquences avec une ligne de régression négative. Cette restriction permet au final l'analyse de 16.987 séquences de plus de 700 locuteurs français et 13.413 séquences de plus de 400 locuteurs allemands au total.

3.1 Contour global

Nous avons pu constater des similitudes entre les 2 langues en ce qui concerne le degré des pentes negatives ainsi que des facteurs qui l'influencent. En allemand le degré moyen de la pente s'élève à -2,5 st/s et en français à -2,4 st/s pour le contour global de F0 sur la séquence complète. Le degré de la pente sur sa partie médiane seulement est de -2,3 st/s en allemand et de -2,4 st/s en français.
La correlation entre la durée de la séquence et le degré de la pente est de $r^2 = 0,4$ pour les deux langues (à voir dans la figure 3) : plus la séquence est courte, plus sa pente négative est raide. Entre la valeur de l'intercept et le degré de la pente, le coefficient de corrélation s'élève à

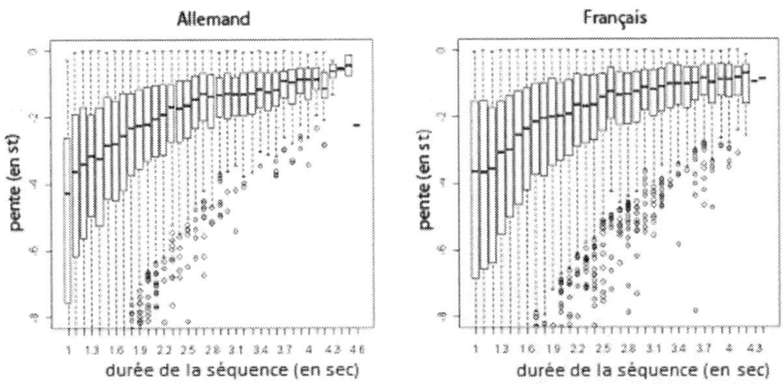

FIGURE 3 – comparaison de la correlation entre la valeur de la pente et la durée de la séquence en allemand et en français

$r^2 = 0,6$ pour les deux langues : plus la valeur de l'intercept est haute, plus la pente négative est raide. La plus haute valeur de la F0 de la séquence à également un effet sur le degré de la pente. Plus cette valeur est haute, plus la pente négative est raide (respectivement $r^2 = 0,2$).
Pour la durée des silences précédents et suivants les séquences nous n'avons pas pu observer de correlation avec le degré de la pente (r^2 toujours inférieur à +/- 0,1).
Une correlation entre la valeur du resetting au début de la séquence et le degré de la pente ne se montre que pour des valeurs positives du resetting à partir de 0 st/s ($r^2 = 0,2$ en allemand et $r^2 = 0,3$ en français) : plus le resetting est important, plus la pente négative est raide (voir figure 4). Les valeurs négatives du resetting suggèrent la présence de séquences entre lesquelles la F0 continue à baisser et pour lesquelles aucune correlation avec le degré de la pente peut être constatée dans les deux langues ($r^2 < 0,02$).
Si l'on considère le resetting de la F0 comme marqueur de frontière définissant la séquence (cf. section 1), ce résultat montre que notre approche de la notion de la phrase pourrait encore être améliorée dans des futures études en se basant non seulement sur les silences pour définir les séquences de la parole, mais également sur la présence d'un resetting positif.

3.2 Ligne supérieure et ligne inférieure

Nous avons pu observer des caractéristiques propres à chaque langue, et ce particulièrement pour les mouvements des lignes supérieures et inférieures en allemand et en français (figure 5).

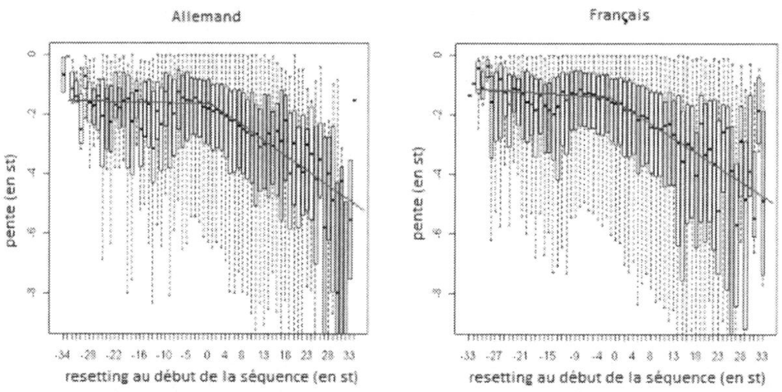

FIGURE 4 – comparaison de la correlation entre la valeur de la régression et la valeur du resetting au début de la séquence en allemand et en français

Dans les deux langues il existe des différences dans le degré des pentes de la ligne inférieure et supérieure. En allemand c'est la ligne supérieure (régression moyenne : -2,5 st/s) qui est plus raide que la ligne inférieure (régression moyenne : -2,1 st/s) : comme des tests-t montrent avec une différence moyenne de 0,4 st/s (p <0,0001). En français c'est au contraire la ligne inférieure (régression moyenne : -2,4 st/s) qui est plus raide que la ligne supérieure (régression moyenne : -2,1 st/s) : avec une différence moyenne de 0,3 st/s (p <0,0001). Les valeurs de F0 montrent

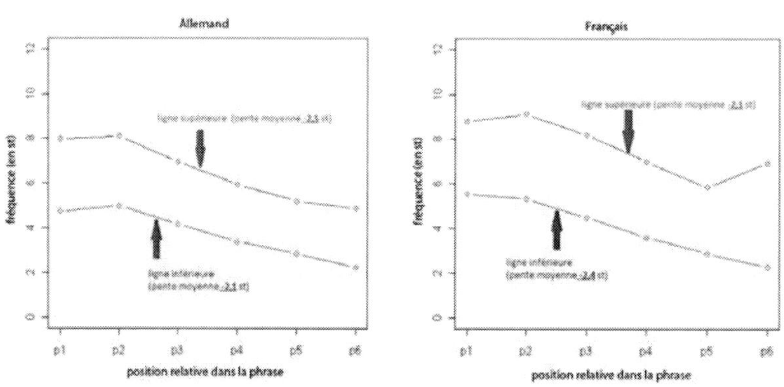

FIGURE 5 – comparaison des lignes inférieures et supérieures de F0 à l'aide des moyennes des pics et des vallées à des positions relatives dans les séquences en allemand et en français

un plus grand registre en français, avec une distance moyenne de 15 st/s entre la plus basse et la plus haute valeur (p <0,0001). En allemand le registre comprend en moyenne 13 st/s (p <0,0001). Ceci est lié au plus grand registre des valeurs de F0 sur la ligne supérieure en français qui s'étend sur 12 st/s avec une valeur maximale à 15 st/s (p <0,0001), en allemand elle s'étend sur 10 st/s avec un maximum à 13 st (p <0,0001).

A partir de la deuxième position relative et jusqu'à la partie finale de la séquence il y a dans les deux langues et sur les deux lignes une baisse de la F0 : en moyenne de -0,4 st/s en français et de -0,7 st/s en allemand (p <0,0001). Dans la partie finale de la séquence par contre peut être

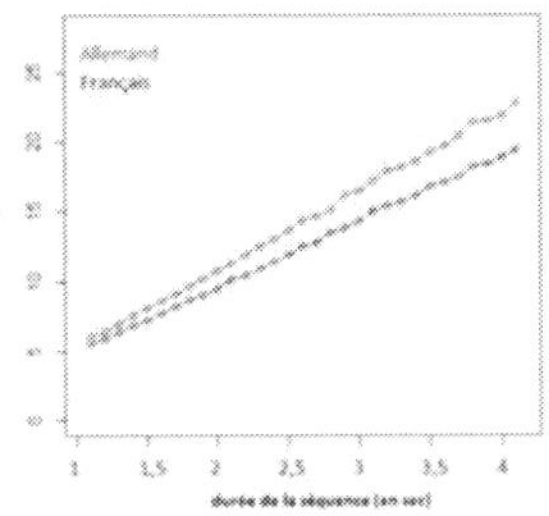

FIGURE 6 – fluctuations de la F0 : le nombre des pics par rapport à la durée de la séquence

observé un mouvement différent en comparant les deux langues. Si les lignes inférieures ont tendence à baisser dans chacune des langues, la ligne supérieure en français montre une montée finale avec une valeur moyenne de 1,6 st/s (p <0,0001) tandis qu'en allemand cette ligne montre une descente finale avec une valeur moyenne de -0,5 st/s. Cette différence (p <0,0001) fait référence aux systèmes prosodiques des deux langues, le français étant une langue à frontières (et utilisant des montées finales pour marquer ses frontières), l'allemand étant une langue à accent lexical et les montées de F0 étant situées à l'intérieur des sequences. Cette différence dans l'accentuation est également visible dans la figure 5, qui illustre la correlation entre la durée de la séquence et le nombre des pics du contour de F0. Dans les séquences de même durée se trouvent toujours plus de pics en allemand qu'en français.

4 Conclusion et Discussion

Cette étude a pu montrer une tendance à la déclinaison de F0 pour de la parole journalistique en allemand et en français. Le fait que cette tendance soit comparable autant pour toute la séquence que sur sa partie médiane seulement, montre que la déclinaison est indépendante des mouvements initiaux et finaux de la F0. Pour les pentes de ces deux langues nous avons pu constater un aspect semblable en ce qui concerne les lignes de régression du contour global (une pente moyenne d'environ -2,5 st/s). Ce résultat est comparable à celui trouvé par (Yuan et Liberman, 2010) pour l'Anglais. La correlation du degré de la pente avec d'autres facteurs tels que la durée de la séquence, l'intercept, le resetting et le pic le plus haut semble également similaires entre les 2 langues.

Pourtant les mouvements des lignes inférieures et supérieures du contour F0 semblent plus spécifiques à la langue. La ligne supérieure apparaît influencée par des mouvements locaux de F0 et correspond aux système phono-prosodique de la langue.

La pente de déclinaison pourrait ainsi être jugée en partie contrôlée par le locuteur. Celui-ci semble surtout avoir un contrôle sur la ligne supérieure qui relie les mouvements locaux de la F0, mais qui peut néanmoins avoir des effets sur l'aspect général de la déclinaison globale. La relative similarité inter-langues de la ligne inférieure nous mène pourtant à supposer que la déclinaison globale de la F0 est conditionnée partiellement physiologiquement.

Références

Boersma, P. et Weenink, D. (2012). Praat : doing phonetics by computer[computer program]. version 5.3.04. `http://www.praat.org/`. [consulté le 12/01/2012].

Cooper, W. et Sorensen, J. (1981). *Fundamental frequency in sentence production*. Springer-Verlag, New York.

Cruttenden, A. (1987). *Intonation*. Cambridge University Press, Cambridge.

Fujisaki, H. (1988). A note on the physiological and physical basis for the phrase and accent components in the voice fundamental frequency contour. *In* Fujimura, O., éditeur : *Vocal Physiology : Voice Production, Mechanisms and Functions*, pages 347–355. Raven, New York.

Galliano, S., Geoffrois, E., Mostefa, D., Choukri, K. et Bonastre, J.-F. (2005). The ESTER Phase II Evaluation Campaign for the Rich Transcription of French Broadcast News. *In Eurospeech-Interspeech*, pages 1149–1152.

Gauvain, J., Lamel, L. et Adda, G. (2002). The Limsi Broadcast News Transcription System. *Speech Communication*, 37(1-2):89–108.

Gendrot, C. et Adda-Decker, M. (2005). Impact of duration on f1/f2 formant values of oral vowels : an automatic analysis of large broadcast news corpora in french and german. *In INTERSPEECH*, pages 2453–2456.

Jun, S.-A. et Fougeron, C. (2000). A phonological model of french intonation. *In* Botinis, A., éditeur : *Intonation : Analysis, Modeling and Technology*, pages 209–242. Kluwer Academic Publishers, Dordrecht.

Lieberman, P. (1967). *Intonation, perception, and language*. MIT Press, Cambridge.

Maeda, S. (1976). *A characterization of American English intonation*. Thèse de doctorat, MIT, Cambridge.

Mermelstein, P. (1975). Automatic segmentation of speech intosyllabic units. *"J. Acoust. Soc. Am.*, 58(4):880–883.

Mixdorff, H. (2002). Speech technology, tobi and making sense of prosody. *In Invited talk at Speech Prosody 2002, Aix, France*, pages 31–38.

Ohala, J. et Ewan, W. (1973). Speed of pitch change. *"J. Acoust. Soc. Am.*, 53(1):354.

Strik, H. et Boves, L. (1995). Downtrend in F0 and Psb. *J. Phonetics*, 23:203–220.

T'Hart, Cohen et Collier (1990). *A perceptual study of intonation : An experimental-phonetic approach to speech melody*. Cambridge University Press, Cambridge.

Vaissière, J. (1983). Language-independent prosodic features. *In* Cutler, A. et Ladd, D., éditeurs : *Prosody :models and measurements*, pages 53–65. Springer, Berlin.

Yuan, J. et Liberman, M. (2010). F0 declination in English and Mandarin broadcast news speech. *In Proceedings of Interspeech 2010*, pages 134–137.

Hauteurs mélodiques en français : variations continues ou catégorielles ?

David Le Gac[1] *Hiyon Yoo*[2] *Katarina Bartkova*[3]
(1) Université de Rouen, DySoLa, Rue Thomas Becket, Mont Saint Aignan
(2) Université Paris Diderot, Laboratoire de Linguistique Formelle, Case 7003, 75205 Paris cedex
(3) Université de Lorraine, ATILF, 44 avenue de la libération, B.P. 30687, 54063 Nancy cedex7
david.le.gac@gmail.com, yoo@linguist.jussieu.fr,
katarina.bartkova@atilf.fr

RESUME

Dans cet article, nous présentons les résultats d'une expérience visant à déterminer si les variations de f0 à la fin du groupe intonatif terminal du français sont catégorielles ou continues. Nous avons demandé à sept locuteurs natifs d'imiter des stimuli où la f0 a été resynthétisée en un continuum de 26 stimuli séparés d'un demi-ton. Les résultats sont mitigés : si certains locuteurs sont capables de reproduire presque parfaitement le continuum de stimuli, les performances d'autres locuteurs sont catégorielles, suggérant l'existence de trois voire quatre catégories de hauteurs en français.

ABSTRACT

Pitch height in French: Gradual or categorical variations?

This paper reports the results of an experiment on the question of whether the realizations of f0 variations at the end of the final IP are categorical or gradient. We conducted an imitation task with resynthesized stimuli where the final pitch height was varied in steps of one semi-tone. Results are ambivalent, since both strategies are possible. However, we argue that there is enough evidence for establishing at least three pitch categories.

MOTS-CLES : intonation, tâche d'imitation, français, variations catégorielles ou continues, hauteurs mélodiques.
KEYWORDS: intonation, imitation task, French, continuous, categorical, pitch level, range.

1 Introduction

Une des questions centrales des études sur l'intonation est de déterminer le nombre de catégories phonologiques qui sous-tendent les variations de hauteurs mélodiques. Ainsi, la théorie métrique et autosegmentale (MA) « standard », qui domine à l'heure actuelle le champ des études sur l'intonation, postule-t-elle deux catégories tonales – « ton bas » ~ « ton haut ». C'est en général l'analyse retenue pour décrire l'intonation de l'anglais et de bien d'autres langues. Cependant, l'hypothèse des deux catégories tonales n'est pas définitive. Même pour l'anglais, des auteurs avaient proposé plus de deux niveaux (cf. Ladd, 2008 pour une revue) ; plus récemment, (Ladd & Morton, 1997) ont élaboré une expérience en perception pour savoir s'il existait un ton extra haut dans cette langue.

En français, le nombre de niveaux mélodiques phonologiquement distincts est encore loin d'être clair ; cela se reflète dans les nombreuses théories existantes. S'il existe un consensus sur une opposition minimale entre un contour descendant et un contour montant, les approches diffèrent sur le nombre de contours montants distinctifs, et particulier sur la hauteur atteinte par le contour terminal.

Les travaux d'inspiration MA (Di Cristo, 1998 ; Jun & Fougeron, 2000) n'utilisent effectivement que deux tons ; la grammaire tonale de (Post, 2000), cependant, génère trois hauteurs distinctives en fin d'IP, L% ~ Ø% ~ H%. Au *Conclusif Majeur* atteignant le registre *infra-grave*, les approches de (Delattre, 1966) ou de (Rossi, 1999) opposent le *Continuatif Majeur*, réalisé dans *l'aigu*, et le *Contour Interrogatif*, avec un glissando vers le *suraigu*. Notons que Delattre (*ibid.*) propose également le trait « + », lequel est interprétable comme un niveau supplémentaire. Quant à (Mertens, 1990), il suppose quatre niveaux tonals en fin de groupe intonatif (B-, B, H, H+).

Un des moyens pour déterminer le nombre de catégories intonatives est d'aborder le problème du point de vue expérimental et plus précisément sous l'angle de la perception, associée ou non à la production : il s'agit alors de savoir si les variations de hauteurs sont perçues (et réalisées) de façon catégorielle ou continue.

Dans le cadre MA, on suppose que les variations de hauteurs des deux catégories H et B sont des variations continues du « pitch range » (empan mélodique), paralinguistiques et implémentées au niveau phonétique. Cela a été notamment étayé par (Liberman & Pierrehumbert, 1984), lors d'une expérience dans laquelle 10 sujets ont pu produire 10 registres globaux de f0 distincts sans les regrouper en catégories plus petites.

Afin de savoir si des sujets percevaient de façon catégorielle la différence entre un ton haut et un ton extra-haut marquant l'emphase, (Ladd & Morton, 1997) ont mis en œuvre une série de tests d'identification et de discrimination. Face à des résultats ambivalents, les auteurs concluent que la distinction entre les pics accentuels « normal » et « emphatique » en anglais peut être considérée comme catégorielle en *production* mais pas en *perception*. (Vanrell Bosch, 2006) applique des tests similaires et montre toutefois qu'en catalan, les variations de hauteur accentuelles sont perçues de façon catégorielle et permettent notamment de distinguer les questions polaires et les questions partielles.

Pour étudier le caractère catégoriel ou continu de l'alignement des tons du contour « rise-fall-rise » en anglais, (Pierrehumbert & Steele, 1989) ont construit une expérience où des sujets devaient imiter des stimuli de resynthèse (tâche d'imitation). Leurs résultats montrent clairement une distinction binaire entre deux catégories d'alignement tonal. Dans deux autres travaux utilisant aussi la tâche d'imitation, (Dilley & Brown, 2007) et (Redi, 2003) ont mis en évidence une répartition catégorielle des variations continues de pitch range et d'alignement tonal des stimuli présentés aux sujets.

Cependant, dans une autre étude utilisant également une tâche d'imitation, (Dilley, 2007) a obtenu des résultats inverses, lesquels montrent que les locuteurs étaient capables de reproduire les variations continues de pitch range des stimuli plutôt que de réaliser les catégories prévues par la théorie MA. Néanmoins, pour cette auteure, ce n'est pas parce que les locuteurs arrivent à imiter le continuum que cela remet en cause l'existence de catégories ; elle suggère que les stimuli correspondent à des variations graduelles *à l'intérieur* d'une unique catégorie linguistique.

En ce qui concerne le français, une contribution importante a été faite par (Post, 2000), laquelle a employé des tests d'identification et de discrimination pour étudier la perception de différents contours terminaux en français. Les résultats de l'expérience concernant la distinction entre H*H% et H*Ø sont ambigus : si la courbe de la tâche d'identification a bien une forme en « S », typique d'une distinction catégorielle, le pic de discrimination est, quant à lui, clairement décalé par rapport au centre de la courbe ; aussi, les résultats globaux de (Post, 2000) ne livrent-ils pas de preuve solide de l'existence des deux catégories H% et Ø% prédites par sa grammaire tonale.

Dans cet article, nous étudions les variations de hauteur mélodique à la fin du groupe intonatif terminal en français en utilisant la démarche expérimentale de la tâche d'imitation. Notre but est double : il s'agit de tester tout d'abord si les imitations des variations de f0 sont continues ou catégorielles ; ensuite, si ces dernières s'avèrent catégorielles, l'objectif est de définir le nombre de niveaux mélodiques distinctifs.

2 Protocole expérimental

2.1 La tâche d'imitation

Les résultats de (Post, 2000) et de (Ladd & Morton, 1997) amènent ces auteurs à considérer que les tâches d'identification et de discrimination, ne sont peut-être pas les tâches les plus appropriées pour mettre en évidence le caractère catégoriel ou continu de la perception des catégories intonatives. (Pierrehumbert & Steele, 1989) discutent aussi ce problème et signalent que les tests d'identification forcent les sujets à répondre selon des catégories prédéfinies ; de telles tâches servent avant tout à déterminer où se situe la *frontière* entre deux catégories, mais pas de mettre au jour l'existence de catégories ; les tâches d'identification doivent donc être réalisées lorsque l'existence des catégories phonologiques étudiées est indiscutable. Aussi, pour la présente étude, nous avons choisi la méthode de la tâche d'imitation, utilisée par (Dilley, 2006; Dilley & Brown, 2007; Pierrehumbert & Steele, 1989; Redi, 2003), et qui semble être la tâche la plus appropriée pour tester l'existence de catégories intonatives présumées selon (Gussenhoven, 2006).

2.2 Stimuli et sujets

Nous avons enregistré un locuteur de 37 ans de la région parisienne qui a prononcé la phrase "Elle est là" plusieurs fois dans différents contextes afin d'obtenir des contours finaux avec les différents niveaux mélodiques possibles. Nous avons ensuite sélectionné la phrase dont les valeurs de durée et de f0 de la syllabe pénultième et finale étaient les plus proches des valeurs moyennes pour l'ensemble des phrases enregistrées. La f0 de cette phrase « naturelle » a ensuite été resynthétisée (algorithme PSOLA de PRAAT) en faisant varier systématiquement d'un demi-ton la hauteur mélodique finale, de l'infra-grave au suraigu. Une mélodie plate, proche des valeurs moyennes mesurées dans les énoncés naturels, a été appliquée sur les deux premières syllabes. Nous avons ainsi obtenu 26 stimuli, qui ont été ensuite mélangés aléatoirement par ensembles.

Sept locuteurs natifs du français (4 femmes et 3 hommes), étudiant ou travaillant dans une université française, ont passé l'expérience. L'un d'entre eux, MRG, est doctorant en phonétique et fait du théâtre ; les six autres locuteurs n'ont jamais passé d'expérience en linguistique ; aucun des participants n'a été informé du but de l'expérience.

2.3 Passations et mesures

Chaque sujet a passé l'expérience en deux sessions, constituées de sept ensembles (« blocs ») de stimuli chacune. Chaque session débutait par une session d'entraînement de neuf stimuli. Nous avons recueilli 2548 imitations en tout (26 stimuli *14 blocs = 364 stimuli/sujet) pour l'analyse. Nous avons utilisé le logiciel « CorpusRecorder » développé par le groupe « Parole » du LORIA à Nancy, qui a été modifié pour les besoins de l'expérience afin que les sujets n'aient aucune restriction de temps et qu'ils puissent réécouter les stimuli et réenregistrer leur production autant de fois qu'ils le souhaitaient ; la consigne donnée aux sujets était de répéter aussi fidèlement que possible le stimulus qu'ils entendaient (cf. Pierrehumbert & Steele, 1989).

Les valeurs de f0 en Hertz ont été calculées automatiquement toutes les 10 millisecondes et vérifiées manuellement. Dans cette étude, nous n'avons pris en compte que la valeur minimale ou maximale de la voyelle finale, qui sont considérées comme les valeurs pertinentes dans les théories actuelles de l'intonation. Ces valeurs ont été ensuite converties en demi-tons (« DT », sur la base de la valeur moyenne des valeurs minimales et maximales) afin de normaliser les voix masculines et féminines et les variations de hauteur chez un même locuteur. L'utilisation des demi-tons est également en adéquation avec les stimuli, obtenus en variant d'un demi-ton la hauteur finale.

3 Résultats de la tâche d'imitation

Les résultats de l'expérience sont présentés ci-dessous, des figures 1 à 3, sous la forme de graphiques représentant les valeurs médianes de f0 en demi-tons pour chaque stimulus, ainsi que le premier et troisième quartiles, et d'histogrammes de la distribution des hauteurs mélodiques. Les résultats montrent qu'on peut regrouper les locuteurs en trois groupes que nous détaillons ci-dessous.

1. Les réalisations du locuteur MRG sont remarquablement proches des stimuli initiaux, (cf. Figure 1). Les résultats montrent que la reproduction du continuum est possible. Certains facteurs peuvent cependant expliquer cette performance. Contrairement aux autres locuteurs, MRG est un doctorant en phonétique et a une expérience d'acteur ; il a accompli en outre l'expérience en un temps double par rapport aux autres locuteurs (8 min 17 par bloc pour MRG, contre 4 min 50 pour les autres).

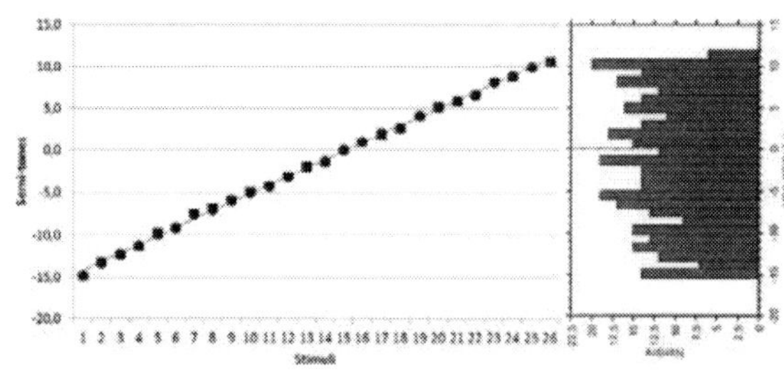

FIGURE 1 – Locuteur MRG : valeurs médianes de f0 (en demi-tons) avec premier et troisième quartiles et histogramme de la distribution des hauteurs mélodiques.

2. A l'opposé, des résultats des locutrices FZJ et FDA (Figure 2) suggèrent l'existence d'au moins trois catégories distinctes. L'histogramme de FZJ (Figure 2a) présente trois modes distincts autour de -8, 0 et 3 DT ; les valeurs médianes montrent trois voire quatre groupes de points, formant des « paliers » : le premier regroupe les stimuli 1 à 5, le second les stimuli 9 et 15, le troisième les stimuli 16 à 19 et un quatrième regrouperait les stimuli 22 à 26. Entre ces groupes, on constate des zones de réponses transitoires avec des quartiles indiquant notamment une variation plus importante. Les données de FDA (figure 2b) corroborent l'existence de catégories distinctives, sous la forme de trois paliers, regroupant les réponses aux stimuli 1 à 5, 7 à 16 et 23 à 26. L'histogramme de FDA présente trois modes autour de -15, -3 et 8 DT, le mode proéminent étant celui autour de -3 DT, ce qui correspond au large plateau du deuxième groupe de points. Pour ces deux locutrices, les stimuli 6 à 8, caractérisés par d'avantage de variation, peuvent être considérés comme transitoires, et marqueraient une frontière entre une catégorie de hauteur grave et les catégories plus aiguës.

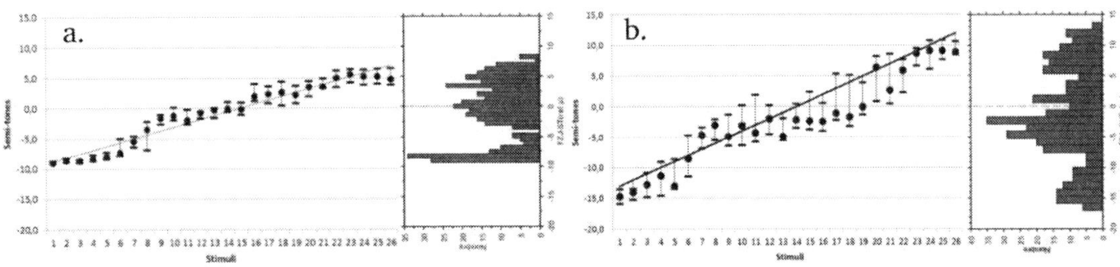

FIGURE 2 – Locutrices a. FZJ et b. FDA.

3. Les résultats pour les quatre autres locuteurs (FBG, FLM, MBB et MSJ, Figure 3) sont moins faciles à interpréter. Les valeurs médianes ressemblent à celles de MRG, sans formation claire de paliers comme pour FZJ et FDA ; elles suggèrent que ces locuteurs arrivent à imiter de près les stimuli, sans beaucoup de variation. Cependant, leurs histogrammes correspondent davantage à ceux de FZJ et FDA ; ils présentent des modes distincts, ce qui suggère au contraire l'existence de catégories de hauteurs mélodiques.

Par ailleurs, un examen plus fin des graphiques montre que des « décrochages » viennent perturber la progression linéaire des valeurs médianes. Ces décrochages consistent soit en des sauts entre deux valeurs médianes immédiates de 2 DT au minimum et sans chevauchement entre le troisième quartile de la première valeur et le premier quartile de la deuxième valeur, soit en une ou deux valeurs médianes transitoires marquées par d'avantage de variation. Ces décrochages plaideraient pour des catégories mélodiques, et ce, d'autant plus que là où ils apparaissent, on constate un « creux » dans les histogrammes. Nous proposons donc d'interpréter ces décrochages, associés aux « creux » des histogrammes, comme l'indice de frontières de catégorie mélodique. Ainsi, pour les quatre locuteurs, tout comme pour FZJ et FDA, on constate un premier mode autour de -10DT. Ce mode est suivi d'un creux aux alentours de -6/8 DT, correspondant à un décrochage dans les valeurs médianes. Ce décrochage est particulièrement clair chez MBB et FBG (Figure 3 a/c) et s'exprime par des valeurs de transitions chez MSJ et FLM (Figure 3 b/d). Ce mode et ces valeurs médianes permettent de rendre compte de la catégorie tonale « bas », associée à l'assertion. Pour les valeurs à partir de -6DT, le nombre de modes et décrochages dépendent des locuteurs. Ainsi, l'histogramme de FBG (Figure 3a) suggère une distribution bimodale dans ces valeurs plus aigues avec des pics autour de -10DT et 4DT. Pour MBB, l'histogramme suggère également deux pics, autour de -10DT et 7DT ; par contre, pour ce locuteur, l'association des décrochages (entre les réponses aux stimuli 7/8 et 13/14) et des creux des histogrammes (entre -8DT et 0DT) nous amène à proposer une troisième catégorie dont les frontières sont situées autour des stimuli 7/8 et 13/14. L'histogramme de FLM (Figure 3b) révèle quatre modes autour de - 11DT, -4DT, 2DT et 7DT associé à des décrochages de valeurs médianes (stimuli 6/7, 13 et 19). Enfin, pour le locuteur MSJ (Figure 3d), les graphiques sont difficiles à interpréter sauf pour les valeurs basses.

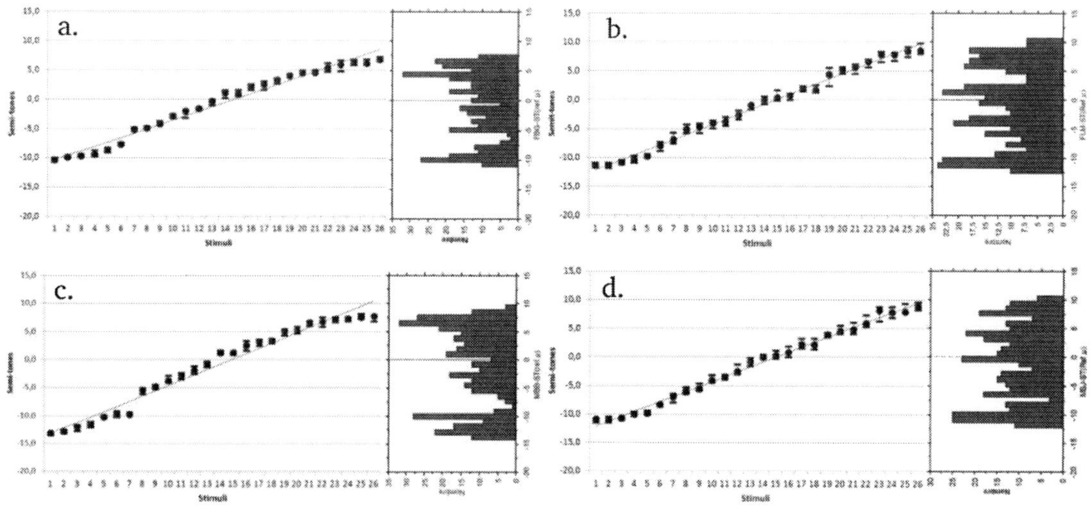

FIGURE 3 – Locuteurs a. FBG, b. FLM, c. MBB et d. MSJ

4 Discussion

L'expérience que nous avons menée auprès de sept locuteurs a produit des résultats ambivalents. D'un côté, les « paliers » formés par les valeurs médianes des imitations de FZJ et FDA, associés aux modes des histogrammes ne peuvent s'expliquer que si l'on postule l'existence de catégories de hauteur ; (Pierrehumbert & Steele, 1989), qui ont utilisé le même paradigme expérimental, arrivent à la conclusion que l'alignement tonal est catégoriel en anglais à partir de graphiques et d'histogrammes, dont les « formes » sont très proches des nôtres. D'un autre côté, cinq locuteurs sur sept ont pu reproduire un continuum relativement proche de celui des stimuli ; trois interprétations peuvent être avancées pour expliquer ce continuum.

1. les variations de hauteurs mélodiques sont graduelles ; il n'existe pas de catégories mélodiques distinctes, au moins pour certains locuteurs. Cela va dans le sens de la théorie MA « standard » et des résultats expérimentaux de (Liberman & Pierrehumbert, 1984) et (Dilley, 2007) entre autres, selon lesquels ces variations résultent d'une modification graduelle du « pitch range », implémentée au niveau phonétique. Cependant, puisque les stimuli s'étendent de l'infra-grave au suraigu, cette explication remettrait en cause l'existence même des deux catégories de base « ton bas » ~ « ton haut », catégories indépendamment bien établies. Cette explication ne nous semble donc pas satisfaisante : la reproduction d'un certain continuum ne prouve pas en soi l'absence de catégories. De plus, les histogrammes de trois de ces cinq locuteurs présentent clairement trois à quatre modes et nous avons remarqué que les « décrochages» des valeurs médianes, associés à des minima dans les histogrammes pouvaient raisonnablement être interprétés comme des indices de frontières catégorielles ; cela est d'autant plus plausible qu'on observe dans les graphiques et histogrammes des locuteurs FBG, MBB et FLM une distinction nette entre les hauteurs graves et les hauteurs plus aiguës, distinction qu'on retrouve chez les locutrices FZJ et FDA, dont les productions sont indéniablement catégorielles. L'observation d'autres décrochages dans les valeurs médianes ainsi que la présence de modes dans les histogrammes des locuteurs FBG, MBB et FLM plaident en faveur de l'existence de trois, voire quatre catégories de hauteurs mélodiques.

2. On peut dès lors proposer que des catégories tonales existent effectivement mais que celles-ci constituent chacune une dimension graduelle avec peut-être une valeur préférée ou prototypique ; une idée similaire a été avancée par (Gussenhoven 2006).

3. Enfin, une troisième interprétation plus plausible est que les productions graduelles s'expliquent par la tâche même d'imitation : les locuteurs qui reproduisent le continuum de stimuli ont une compétence dans l'imitation de détails phonétiques fins d'autres locuteurs[1]. Cependant, comme nous l'avons argumenté plus haut, être capable de reproduire un continuum ne veut pas dire que les catégories n'existent pas, d'autant plus que nos données montrent que la performance exceptionnelle réalisée par MRG est liée au temps dévoué à l'expérience : MRG a passé en moyenne 8 min 17 par bloc, la moyenne par bloc étant de 4 min 50 pour les autres.

Les données de FZJ et FDA corroborent de manière indirecte l'idée que les réalisations graduelles des autres locuteurs s'expliqueraient par la tâche d'imitation elle-même. Ce que nos résultats suggèrent c'est que FZJ et FDA ne sont pas des « imitatrices » aussi performantes que les autres locuteurs. Autrement dit, FZJ et FDA ramènent spontanément leurs productions à leur système de catégories tonales, et le fait qu'elles se caractérisent par plus de variation montre que l'imitation des hauteurs mélodiques d'une autre voix est une tâche difficile et que leurs propres catégories prévalent sur les hauteurs cibles à imiter.

5 Conclusion

Si les valeurs médianes de certains locuteurs laissent supposer que les hauteurs mélodiques varient de manière graduelle et non catégorielle, nous avons avancé des arguments en faveur de l'existence d'au moins trois catégories de hauteur mélodique. Notre expérience a suggéré que la tâche d'imitation elle-même était probablement à l'origine de la reproduction du continuum par certains locuteurs, certainement plus à mêmes que d'autres d'imiter d'autres voix. Au niveau de la théorie phonologique, si l'on admet l'existence d'au moins trois catégories de hauteur, alors le modèle MA « standard » avec ses deux tons « Haut » et « Bas » se révèle insuffisant, et il serait nécessaire de reconsidérer les modèles phonologiques à plusieurs niveaux.

---

[1] Dans une perspective des changements sonores (*sound change*) (Ohala 1981) avait avancé l'idée selon laquelle la perception est bimodale, et que l'auditeur a la capacité de se concentrer plus sur les caractéristiques du signal acoustique (comment le message est transmis) que le contenu linguistique du message même.

Références

DELATTRE, P. (1966). Les dix intonations de base du français. *The French Review* 40, pages 1-14.

DI CRISTO, A. (1998). Intonation in French. In DI CRISTO, A. & HIRST, D. (éditeurs), *Intonation Systems: a Survey of Twenty Languages*. CUP, pages 195-218.

DILLEY, L. et BROWN, M. (2007). Effects of pitch range variation on F0 extrema in an imitation task. In *Journal of Phonetics*, 35, pages 523-551.

DILLEY, L. (2007). Pitch range variation in English tonal contrasts: Continuous or categorical? *In Proceedings of the XVIth ICPhS*, Saarbrucken, Allemagne, pages 1153-1157.

GUSSENHOVEN, C. (2006). Experimental approaches to establishing discreteness of intonational contrasts. In S. SUDHOFF & al. (éditeurs), *Methods in Empirical Prosody Research*, Mouton de Gruyter, pages 321-334.

JUN, S.-A. et FOUGERON, C. (2000). A Phonological model of French intonation. In A. BOTINIS (ed.) *Intonation: Analysis, Modeling and Technology*. Kluwer, pages 209-242.

LADD, D.R. et MORTON, R. (1997). The perception of intonational emphasis: Continuous or categorical? *Journal of Phonetics 25*, pages 313-342.

LADD D. R. (2008) Intonational Phonology, second edition. Cambridge University Press.

LIBERMAN, M. et PIERREHUMBERT, J. (1984). Intonational invariance under changes in pitch range and length. In: M. Aronoffand R.T. Oehrle (eds.): *Language sound structure: Studies in phonology presented to Morris Halle.* Cambridge, MIT Press, pages 157–233.

MERTENS, P. (1990). L'intonation. In BLANCHE-BENVENISTE, C. et al (éditeurs), *Le français parlé*, Paris: Éditions du CNRS, pages 159-176.

OHALA, J. J. (1981). The listener as a source of sound change. dans C. S. Masek, R. A. Hendrick, & M. F. Miller (eds.), *Papers from the Parasession on Language and Behavior.* Chicago: Chicago Ling. Soc. pages 178-203.

PIERREHUMBERT, J. et BECKMAN, M. (1988). *Japanese Tone Structure*. Linguistic Inquiry Monograph 15, MIT Press, Cambridge.

PIERREHUMBERT, J. et STEELE S.A., (1989). Categories of tonal alignment in English. *Phonetica 46*, pages 181-196.

POST, B. (2000). *Tonal and phrasal structures in French intonation.* Holland Ac. Graphics.

REDI, L. (2003). Categorical effects in the production of pitch contours in English. *In Proceedings of the 15th ICPhS*, Barcelona, pages 2921-2924.

ROSSI, M. (1999). *L'intonation, le système du français : description et modélisation.* Ophrys, Paris.

VANRELL BOSCH, M.M. (2006). A scaling contrast in Majorcan Catalan interrogatives. *In Proceedings of Speech Prosody 2006*, Dresdes, Allemagne.

L'amorçage sémantique masqué en situation de *cocktail party*

Marie Dekerle[1] *Véronique Boulenger*[2] *Michel Hoen*[1] *Fanny Meunier*[1]
(1) CRNL, CNRS UMR5292, INSERM U1028, 69100 BRON
(2) DDL, CNRS UMR 5596, 69007 LYON
marie.dekerle@isc.cnrs.fr

RESUME

Cette étude vise à tester l'automaticité du traitement sémantique durant la perception de la parole grâce à la situation de *cocktail party*. Les participants devaient effectuer une tâche de décision lexicale sur un item cible inséré dans un cocktail de parole. Celui-ci était composé de voix prononçant des mots sémantiquement liés à la cible (voix amorces), et d'autres voix prononçant des mots sémantiquement indépendants les uns des autres (voix masquantes). L'analyse des résultats a montré qu'un effet d'amorçage n'apparaissait que lorsque le nombre de voix amorces était strictement supérieur au nombre de voix masquantes, mettant en évidence un besoin d'intelligibilité de l'amorce et la nature stratégique de l'effet d'amorçage observé.

ABSTRACT

Masked semantic priming in cocktail party situation

The present study aimed at testing automatic semantic processing in the auditory modality using the cocktail party situation. Participants had to perform a lexical decision task on a target item embedded in a multi-talker babble. This babble was made of voices pronouncing words sharing semantic features with each other and with the target (priming voices). Other voices pronounced words which were semantically independent (masking voices). Results showed that the observed priming effect was significant only when the number of priming voices was strictly higher than the number of masking voices. This need of intelligibility suggests that semantic processes underlying the observed priming effect were strategic.

MOTS-CLES : Amorçage sémantique masqué, situation de *cocktail party*, traitements sémantiques stratégiques
KEYWORDS : Masked semantic priming, cocktail party situation, strategic semantic processing

1 Introduction

Cette étude s'intéresse au traitement sémantique automatique dont l'existence reste de nos jours très controversée. Bien qu'une méthodologie satisfaisante ait été mise au point en modalité visuelle, les études s'intéressant au traitement sémantique automatique de la parole sont bien moins consensuelles. Nous proposons ici un nouveau paradigme : l'utilisation de la situation de *cocktail party* qui offre une approche plus écologique que celles habituellement utilisées et pourrait permettre de révéler des traitements utilisés quotidiennement.

1.1 Amorçage masqué en modalité en visuelle

Existe-t-il des traitements sémantiques inconscients ? Cette question divise la communauté scientifique depuis plus de 30 ans (Kouider et Dehaene, 2007). La plupart des études s'intéressant à ce sujet se sont déroulées en modalité visuelle. Elles utilisent un paradigme d'amorçage masqué dans lequel l'amorce est rendue imperceptible grâce à une présentation très brève (quelques dizaines de ms) et à l'ajout avant et après de masques (Forster et Davis, 1984). Les participants doivent ensuite effectuer une tâche sur la cible, présentée de façon supra-liminale. Cette technique a permis de mettre en évidence l'automaticité des traitements superficiels mais les résultats obtenus au niveau sémantique sont beaucoup moins tranchés et convaincants. En effet, certains auteurs ont recueilli des résultats mettant en évidence un traitement sémantique automatique des stimuli (Dehaene et al., 1998 ; Dell'Acqua et Grainger, 1999). Toutefois, des lacunes méthodologiques (i.e. utilisation du même set de stimuli pour les amorces et les cibles) ont rapidement remis en cause ces résultats (Abrams et Greenwald, 2000 ; Damian, 2001). A ce jour, il semble acquis que des effets d'amorçage puissent apparaître dans certaines conditions bien définies notamment l'utilisation d'une tâche de jugement sémantique (e.g. animal vs végétal ; Abrams et Grinspan, 2007). Toutefois, certaines faiblesses méthodologiques ont à nouveau été identifiées, et l'hypothèse a été émise que les effets obtenus étaient dus aux multiples présentations d'une même amorce. Les participants réussiraient, à force de répétitions, à reconstituer l'amorce de manière consciente (Kouider et Dupoux, 2004).

1.2 Amorçage masqué en modalité auditive

Comparativement à ce qui a été fait en modalité visuelle, très peu d'études sur le traitement sémantique automatique de la parole ont été effectuées alors que la communication quotidienne se fait essentiellement à l'oral. Le masquage de l'amorce en modalité auditive est plus complexe puisqu'il n'est pas possible de diminuer son temps de présentation. En effet, la parole nécessite un temps de prononciation qui la rend parfaitement perceptible et qu'il est délicat de diminuer au risque de déformer les caractéristiques physiques du stimulus (Kouider et Dupoux, 2005). De plus, le traitement sémantique débute dès les premières millisecondes de signal (Van Petten, Coulson, Rubin, Plante et Parks, 1999), les mots parlés peuvent ainsi être identifiés bien avant la fin de leur réalisation acoustique. Les quelques équipes s'étant penchées sur la question en modalité auditive ont utilisé deux techniques distinctes. Tout d'abord l'écoute dichotique, qui permet de détourner l'attention de l'amorce : deux signaux distincts sont présentés (i.e. un dans chaque oreille) et les participants doivent se focaliser sur l'un d'entre eux, alors que l'amorce est présentée par le signal concurrent (Cherry, 1953 ; Dupoux, Kouider et Mehler, 2003). Une autre technique consiste à compresser et masquer l'amorce dans du bruit afin de la rendre imperceptible (Kouider et Dupoux, 2005). Comme en modalité visuelle, les résultats obtenus ne permettent pas de conclure quant à l'existence d'un traitement sémantique automatique.

1.3 Approche de notre étude

Dans cette étude, nous proposons un nouveau paradigme utilisant deux types de masquage qui apparaissent naturellement dans la situation de *cocktail party* (Hoen et al., 2007). Tout d'abord le masquage énergétique, résultant du partage de caractéristiques spectro-temporelles de deux sons et modulé par le nombre de voix présentes dans le cocktail. Ensuite, le masquage informationnel qui correspond à des compétitions de plus haut niveau, notamment linguistiques. L'existence de compétitions au niveau lexical a déjà été mise en évidence dans les cocktails de parole (Boulenger, Hoen, Ferragne, Pellegrino et Meunier, 2010). Cette étude s'intéresse donc à l'existence éventuelle de compétitions à un niveau sémantique, qui pourraient permettre de mettre en évidence un traitement sémantique automatique de la parole.

Les participants devront effectuer une tâche de décision lexicale sur un item cible inséré dans un cocktail de parole. Ces cocktails seront composés de différents types de voix. Tout d'abord d'une ou deux voix amorces qui prononceront des mots partageant des caractéristiques sémantiques entre eux et avec le mot cible dans 25% des essais. Seront ensuite ajoutées dans les Expériences 2 et 3, respectivement, 1 et 2 voix masquantes prononçant des mots sémantiquement indépendants les uns des autres et du mot cible. L'augmentation du nombre de voix devrait augmenter le masquage énergétique, et la variation du rapport voix amorces/voix masquantes de 1/0 (i.e. une voix amorce/aucune voix masquante) à 2/2 permettra de moduler le masquage informationnel. L'utilisation du paradigme de *cocktail party* permettra ainsi de masquer l'amorce sans pour autant la rendre imperceptible. Afin d'étudier les effets des différents masqueurs, nous tenterons de limiter au maximum les difficultés de ségrégations de flux inhérentes à la situation de *cocktail party.* Si les participants sont capables de traiter sémantiquement la parole de manière automatique alors le rapport voix amorces/voix masquantes modulera l'effet d'amorçage mais celui-ci devrait rester significatif.

2 Méthode

2.1 Participants

Vingt-quatre participants différents ont été recrutés pour chacune des expériences (âge = 18-34). Ils étaient droitiers, de langue maternelle française et sans troubles du langage et/ou de l'audition connus et ont été dédommagés pour leur participation.

2.2 Stimuli

2.2.1 Amorces et cibles

Quarante-huit mots dissyllabiques (fréquence moyenne = 21,94 ; ET = 18,75 selon Lexique 3 ; New, Pallier et Ferrand, 2005) ont été générés pour constituer les mots cibles. Chacun de ces mots appartenait à un champ sémantique différent (e.g. CAROTTE, MAISON). Les participants devant exécuter une tâche de décision lexicale, 48 pseudo-mots dissyllabiques respectant les règles phonotactiques du français ont été créés (e.g. PLARO, HUMEL). Quatre-vingt-seize items cibles ont ainsi été obtenus. A chaque mot cible ont ensuite été associés 10 mots appartenant au même champ sémantique (e.g. à CAROTTE ont été associés les mots « légume, chou, céleri, salade, betterave...»). Dix mots partageant des caractéristiques sémantiques ont ensuite été arbitrairement associés à chaque pseudo-mot afin d'obtenir au total, 96 groupes de 10 mots représentant chacun un champ sémantique différent (fréquence moyenne = 21,86 ; ET = 18,20 d'après Lexique 3 ; New et al., 2005). Ces groupes de mots ont été utilisés pour amorcer les cibles. Chaque cocktail pouvant être composé d'une ou deux voix amorces, ces groupes ont été divisés en 2 sous-groupes de 5 mots. Un des sous-groupes a été prononcé par une première locutrice (L1) et l'autre par une seconde locutrice (L2) toutes deux de langue maternelle française (âge moyen = 22,5 ; ET = 0,4). Les mots ont été lus à un débit normal, et étaient donc présentés les uns après les autres.

2.2.2 Voix masquantes

Quatre-vingt-seize groupes de 5 mots ont été générés grâce à Lexique 3 (fréquence moyenne = 18,15 ; ET = 9,75 ; New et al., 2005) afin de créer la première voix masquante. A chaque amorce a été associé un de ces groupes de mots. Ces derniers ne partageaient pas de caractéristiques sémantiques ni entre eux ni avec l'amorce avec laquelle ils étaient présentés (e.g. à l'amorce « légume, chou, céleri, salade, betterave » ont été associés les mots « policier, intéressant, cour, affiche, étagère »). De la même façon, afin de créer une deuxième voix masquante, 96 nouveaux groupes de 5 mots sémantiquement indépendants ont été générés grâce à Lexique 3 (fréquence moyenne = 20,88 ; ET = 1,22). Ils ont également été associés à une amorce spécifique avec laquelle ils ne partageaient pas de lien sémantique (e.g. à l'amorce « légume, chou, céleri, salade, betterave » ont été associés les mots « étui, liberté, drôle, global, sympathie »). Les voix masquantes ont été enregistrées par deux locutrices différentes L3 et L4 (âge moyen = 21,5 ; ET = 2,2) de langue maternelle française.

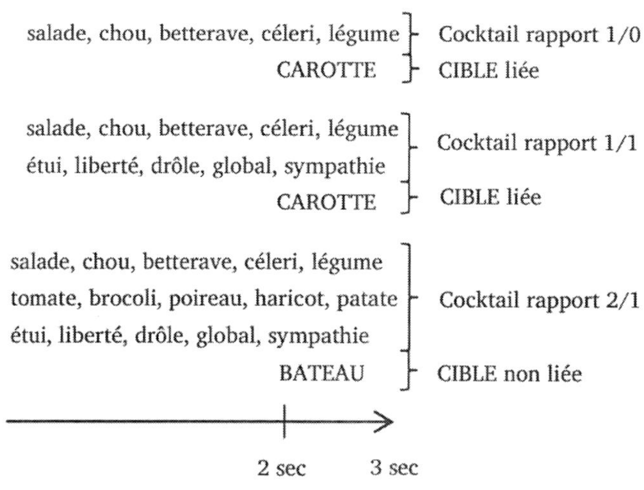

FIGURE 1- Exemples de stimuli avec différents rapports voix amorces/voix masquantes et la présence d'un lien sémantique entre l'amorce et la cible ou non.

Chaque expérience comportait 4 conditions de présentations : une ou deux voix amorces et l'existence d'un lien ou non entre cette amorce et la cible (cf. Figure 1). Pour chaque expérience, 4 listes expérimentales ont été créées afin que chaque mot cible soit présenté dans chaque condition (12 mots cibles par condition) mais une seule fois par liste. Les pseudo-mots n'étant utilisés que comme items de remplissage, ils ont été répartis de manière arbitraire dans chaque condition (12 pseudo-mots par condition). Les séquences de 5 mots constituant les amorces et les masqueurs ont été coupées à 3 secondes, puis normalisées à 60 dB et enfin mixées pour créer les cocktails. Les débuts des différents mots prononcés par les locuteurs n'ayant pas été synchronisés, les cocktails obtenus ne comportaient pas de période de silence. Les items cibles ont été enregistrés par une femme de langue maternelle française (âge = 22) dans la première expérience, puis par un homme (âge = 20) pour les Expériences 2 et 3. Ils ont également été normalisés à 60 dB puis insérés 2 secondes après le début de chaque cocktail en suivant les listes expérimentales préalablement établies, avec un RSB (Rapport Signal/Bruit) de 0 dB. Les items cibles ont été prononcés par un homme dans les Expériences 2 et 3 afin que les participants puissent les repérer plus facilement, et ainsi éviter les problèmes liés à la ségrégation de flux.

2.2.3 Post-test

Dans l'Expérience 3, le nombre de voix dans les cocktails devenant plus important (3 voix : rapport 1/2 – une voix amorce/deux voix masquantes – et 4 voix : rapport 2/2), nous avons demandé aux participants d'effectuer une tâche de reconnaissance des mots présentés au préalable dans les cocktails. Ainsi, si un effet d'amorçage apparait dans cette dernière expérience et que les participants ne sont pas capables de distinguer les mots préalablement présentés des distracteurs, cela pourrait mettre en évidence un traitement sémantique « en dehors de la conscience ». Trente mots issus des cocktails (voix amorces et masquantes) ainsi que 30 mots nouveaux ont été présentés sur une feuille de papier. Les fréquences d'occurrence moyennes des mots anciens (M = 18,47 ; ET = 48,29) et nouveaux (M = 23,15 ; ET = 20,61) ne différaient pas significativement entre elles ($F<1$).

2.2.4 Procédure

Les participants étaient installés devant un écran d'ordinateur et entendaient les stimuli de façon binaurale à un niveau d'écoute confortable (65 dB). Ils devaient écouter les stimuli afin de repérer l'item cible et ensuite, déterminer le plus rapidement possible si celui-ci était un mot ou un pseudo-mot. La moitié des sujets a répondu mot avec la main droite, l'instruction inverse a été donnée aux autres. Les participants de l'Expérience 3 ont effectué le post-test après avoir écouté tous les stimuli. Il leur a été demandé d'inscrire sur la feuille, sans réfléchir, s'ils avaient entendu les mots dans les cocktails ou non.

2.3 Résultats

2.3.1 Test

Une ANOVA à mesures répétées incluant le Nombre de Voix Amorces dans le cocktail ainsi que le Lien Sémantique entre l'amorce et la cible comme facteurs intra-sujets, le facteur Nombre de Voix Masquantes comme facteur inter-sujets et les Temps de Réponse (TR) comme facteur aléatoire a été réalisée. Les TR déviant de plus de 2,5 ET de la moyenne de chaque participant (2,6%) ainsi que les TR d'erreurs (15,83%) n'ont pas été analysés. Seules les réponses sur les mots ont été analysées.

Cette ANOVA a tout d'abord mis en évidence un effet principal significatif du Nombre de

Voix Amorces ($F(1,69) = 14.06$, $p<.01$). Les participants étaient plus lents à identifier les mots cibles (M = 991 ms ; ET = 169) lorsque les cocktails étaient composés de deux voix amorces que lorsqu'ils étaient composés d'une seule voix amorce (M = 963 ms ; ET = 159). L'effet du Lien Sémantique est également apparu significatif ($F(1,69) = 19.20$, $p<.001$). La présence d'un lien sémantique entre l'amorce et la cible diminuait les temps de réponse des participants ($M_{liée} = 958$ ms ; $ET_{liée} = 164$; $M_{non\ liée} = 996$ ms ; $ET_{non\ liée} = 164$). L'effet principal du Nombre de Voix Masquantes n'est pas apparu significatif. Le traitement sémantique n'était pas modulé par le nombre de voix présentes dans le cocktail et leur nature (amorce ou masquante) comme montré par l'absence d'interactions significatives. Nous avons effectué un test post-hoc (HSD Tukey) afin de comparer les effets d'amorçage en fonction des différents rapports voix amorces/voix masquantes. Cette analyse a révélé que l'effet du Lien Sémantique n'était significatif que lorsque le nombre de voix amorces était strictement supérieur au nombre de voix masquantes ($p<.05$ pour les rapports voix amorces/voix masquantes 1/0, 2/0 et 2/1 ; cf. Figure 2).

2.3.2 Post-test

Les taux d'erreurs des participants (M = 40,1% ; ET = 7) au post-test proposé après l'Expérience 3 sont significativement différents de la chance comme montré par une comparaison de moyenne à un standard ($p<.001$), ce qui suggère que les participants entendaient clairement les mots présentés dans les cocktails.

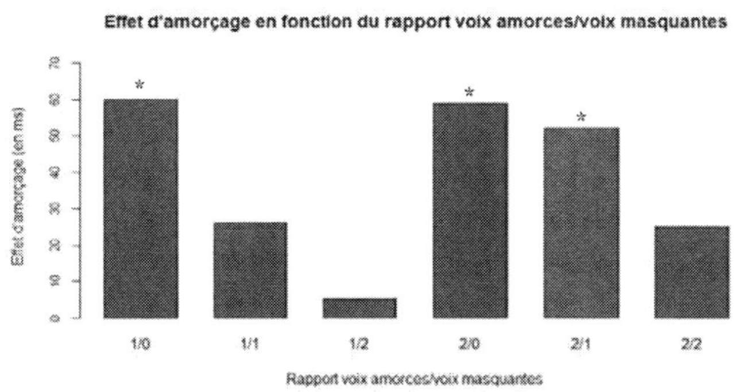

FIGURE 2 - Effet d'amorçage en fonction du rapport voix amorces/voix masquantes (e.g. 1/0 = une voix amorce/pas de voix masquante). * représente la significativité.

3 Discussion

Notre étude avait pour but de mettre en place un paradigme d'amorçage sémantique masqué en situation de *cocktail party*. Les participants devaient effectuer une tâche de décision lexicale sur un item cible inséré dans un cocktail de parole composé de 1 à 4 voix. Nous avons également fait varier le rapport voix amorces/voix masquantes de 1/0 à 2/2. Les résultats ont mis en évidence que l'amorce était traitée sémantiquement uniquement lorsque le nombre de voix amorces était strictement supérieur au nombre de voix masquantes. Toutefois, les résultats du post-test suggèrent que même lorsque l'intelligibilité était mauvaise, les participants étaient capables d'entendre et d'encoder au moins superficiellement et de manière implicite les mots du cocktail.

La disparité de nos résultats avec ceux observés dans la littérature repose en partie sur des aspects méthodologiques. Tout d'abord, les études effectuées en modalité visuelle dans lesquelles sont obtenus des effets d'amorçage sémantique, demandent aux participants d'effectuer une tâche de jugement sémantique. Celle-ci, non seulement oriente l'attention des sujets sur les caractéristiques sémantiques de l'amorce mais implique également l'utilisation d'un faible nombre de stimuli partageant des caractéristiques sémantiques (e.g. naturel vs fabriqué). Ces stimuli sont donc répétés de nombreuses fois au cours de l'expérience favorisant également l'apparition d'un effet d'amorçage (Kouider et Dupoux, 2004). Il n'était pas possible d'utiliser une tâche de jugement sémantique dans notre étude puisque l'amorce était simplement masquée et non réellement subliminale. Si la tâche avait orienté l'attention des participants sur les caractéristiques sémantiques des stimuli, ceci aurait renforcé les processus stratégiques. Les stimuli n'étaient présentés qu'une seule fois pour la même raison.

La disparition de l'effet d'amorçage sémantique alors que les mots sont reconnus par les participants en post-test questionne sérieusement la théorie de la propagation automatique de l'activation (Collins et Loftus, 1975). En effet, selon cette théorie, le simple fait d'entendre un mot devrait activer de manière automatique l'ensemble des mots/concepts lui étant reliés et provoquer un effet d'amorçage. D'autres études remettent en cause cette théorie, notamment en mettant en évidence que l'effet d'amorçage subliminal observé en modalité visuelle est dépendant de la tâche et donc des intentions des participants (Eckstein et Perrig, 2007). Ces expériences montrent, par exemple, que « bébé » amorce « insecte » lorsque les sujets doivent effectuer une tâche de jugement animé vs inanimé ; en revanche l'effet d'amorçage disparait si la tâche demandée est un jugement affectif (valence positive vs négative). Ces données, sans remettre en cause la nature automatique du traitement de l'amorce masquée, mettent en évidence une modulation de l'activation du réseau sémantique en fonction des caractéristiques pertinentes pour la tâche demandée. Il semble ainsi que contrairement à ce qu'avaient postulé Collins et Loftus (1975), il n'existerait pas un ensemble fixe de concepts activés lors de la présentation d'un mot, mais diverses combinaisons dépendantes du contexte.

4 Conclusion

Cette étude s'intéressait à la mise en place d'un amorçage sémantique masqué en modalité auditive en utilisant la situation de *cocktail party*. Les résultats de 3 expériences comportementales ont montré que le traitement sémantique requiert une certaine intelligibilité de l'amorce puisque l'effet d'amorçage disparait alors que les participants sont encore capables d'entendre les mots composant les cocktails. Ces résultats s'inscrivent dans la lignée d'autres études (Eckstein et Perrig, 2007 ; Kunde, Kiesel et Hoffmann, 2000) tendant à remettre en cause la théorie globalement acceptée de la propagation automatique de l'activation.

Références

ABRAMS, R. L, et GREENWALD, A. G. (2000). Parts outweigh the whole (word) in unconscious analysis of meaning. *Psychological Science, 11*(2), pages 118-124.

BOULENGER, V., HOEN, M., FERRAGNE, E., PELLEGRINO, F., et MEUNIER, F. (2010). Real-time lexical competitions during speech-in-speech comprehension. *Speech Communication, 52*(3), pages 246-253.

CHERRY, C. (1953). Some Experiments on the Recognition of Speech, with One and with Two Ears. *Journal of Acoustic Society of America, 25*(5), pages 975–979.

COLLINS, A. M., et LOFTUS, E. F. (1975). A spreading-activation theory of semantic processing. *Psychological Review, 82*(6), pages 407-428.

DAMIAN, M. F. (2001). Congruity effects evoked by subliminally presented primes: automaticity rather than semantic processing. *Journal of Experimental Psychology. Human Perception and Performance, 27*(1), pages 154-165.

DEHAENE, S., NACCACHE, L., LE CLEC'H, G., KOECHLIN, E., MUELLER, M., DEHAENE-LAMBERTZ, G., VAN DE MOORTELE, P. F., et LE BIHAN, D. (1998). Imaging unconscious semantic priming. *Nature, 395*(6702), pages 597-600.

DELL'ACQUA, R., et GRAINGER, J. (1999). Unconscious semantic priming from pictures. *Cognition, 73*(1), pages B1-B15.

DUPOUX, E., KOUIDER, S., et MEHLER, J. (2003). Lexical access without attention? Explorations using dichotic priming. *Journal of Experimental Psychology. Human Perception and Performance, 29*(1), pages 172-184.

ECKSTEIN, D., et PERRIG, W. J. (2007). The influence of intention on masked priming: A study with semantic classification of words. *Cognition, 104*(2), pages 345-376.

FORSTER, K. I., et DAVIS, C. (1984). Repetition priming and frequency attenuation in lexical access. *Journal of Experimental Psychology: Learning, Memory, and Cognition, 10*(4), pages 680-698.

HOEN, M., MEUNIER, F., GRATALOUP, C.-L., PELLEGRINO, F., GRIMAULT, N., PERRIN, F., PERROT, X., et COLLET, L. (2007). Phonetic and lexical interferences in informational masking during speech-in-speech comprehension. *Speech Communication, 49*(12), pages 905-916.

KOUIDER, S., et DEHAENE, S. (2007). Levels of processing during non-conscious perception: a critical review of visual masking. *Philosophical Transactions of the Royal Society of London. Series B, Biological Sciences, 362*(1481), pages 857-875.

KOUIDER, S., et DUPOUX, E. (2004). Partial awareness creates the « illusion » of subliminal semantic priming. *Psychological Science, 15*(2), pages 75-81.

KOUIDER, S., et DUPOUX, E. (2005). Subliminal speech priming. *Psychological Science, 16*(8), pages 617-625.

KUNDE, W., KIESEL, A., et HOFFMANN, J. (2003). Conscious control over the content of unconscious cognition. *Cognition, 88,* pages 223-242.

VAN PETTEN, C., COULSON, S., RUBIN, S., PLANTE, E., et PARKS, M. (1999). Time course of word identification and semantic integration in spoken language. *Journal of Experimental Psychology. Learning, Memory, and Cognition, 25*(2), pages 394-417.

Perception des frontières et des proéminences en français

Corine Astésano[1,2], Roxane Bertrand[1], Robert Espesser[1], Noël Nguyen[1]
(1) Laboratoire Parole & Langage, UMR 7309, Aix-en-Provence, France.
(2) Octogone-Lordat, E.A. 4156, Toulouse, France.
corine.astesano@univ-tlse2.fr, roxane.bertrand@lpl-aix.fr,
robert.espesser@lpl-aix.fr, noel.nguyen@lpl-aix.fr

RESUME

Dans ce papier, nous explorons les phénomènes de frontière et de proéminence en français à travers une étude de perception, afin de montrer que ces deux types d'événements prosodiques ne relèvent pas forcément d'un même phénomène sous-jacent en français. Nos analyses concernent l'Accent Final (FA) et l'Accent Initial (IA) en tant que marqueurs droit et gauche de structure, et leurs relations à la hiérarchie prosodique. Nos résultats indiquent que : 1) les auditeurs français naïfs perçoivent bien les proéminences, même lorsqu'elles ne sont pas situées à des frontières prosodiques majeures, et même indépendamment des frontières prosodiques ; 2) leur perception des frontières et des proéminences indique qu'il existe un traitement distinct des phénomènes de proéminence et de frontière en français, étant entendu que les proéminences au voisinage des frontières, qu'elles soient de *pitch* ou *rythmiques*, se combinent différemment en fonction du niveau de frontière prosodique.

ABSTRACT

Perception of boundaries and prominences in French

This paper investigates boundary and prominence phenomena in French through a perception study, in order to go beyond the view that these phenomena are similar underlying phenomena in French. Our analyses focus on Final Accents (FA) and Initial Accents (IA) as right and left structure markers, and their relationship to the prosodic hierarchy. Our results indicate that: 1) French naïve listeners can perceive prominence, even when not at major prosodic boundaries and independently from them; 2) their perception of boundaries and prominence are indicative of a distinct processing of boundary and prominence phenomena in French, provided that pitch and rhythmic prominences surrounding a boundary combine differently according to boundary strength.

MOTS-CLES : Prosodie, Perception, Proéminences, Frontières, Dissociation.
KEYWORDS : Prosody, Perception, Prominence, Boundary, Dissociation.

1 Introduction

Le français est traditionnellement présenté comme une langue à rythmicité syllabique, où l'accent principal (accent final primaire, désormais *FA)* est congruent aux frontières prosodiques. Ce syncrétisme, associé au fait que *FA* n'est pas un accent lexical distinctif, a conduit certains auteurs à considérer le français comme une 'langue sans accent' (Rossi, 1980) ou une 'langue de frontière' (Vaissière, 1990 ; Beckman, 1992). Si les modèles prosodiques actuels du français (Di Cristo, 2000 ; Jun & Fougeron, 2000 ; Post, 2000) s'accordent à attribuer un statut phonologique à *FA*, le syncrétisme entre accentuation et intonation constitue une spécificité phonologique impliquant que *proéminences* et *frontières* relèvent d'un même phénomène sous-jacent. Cela rend délicate l'étude de la prosodie du français, et a eu pour conséquence de marginaliser cette langue dans les débats internationaux en phonologie prosodique et en psycholinguistique (utilisation des indices prosodiques dans la segmentation de la parole et l'accès au sens). Pourtant, le syncrétisme fréquent entre accentuation et intonation en français est une question intéressante pour la phonologie accentuelle et intonative, dans la perspective d'une formalisation dissociée des *proéminences* et des *frontières*. Mais cela suppose que l'on considère conjointement les aspects métriques et les aspects tonals du marquage accentuel. Outre *FA*, plusieurs études ont également mis en évidence un autre type d'accentuation très courante en français: l'accentuation initiale (ci-après *IA*). Au même titre que *FA*, *IA* est marqueur de la structure prosodique au niveau du syntagme accentuel (ci-après *ap*; Jun & Fougeron, 2000) et utilisé pour distinguer des structures syntaxiques ambigües en marquant préférentiellement le niveau du syntagme mineur (déterminant + Nom (+Adjectif) ; Astésano *et al.*, 2007). Il faut en outre noter que les locuteurs utilisent *IA* comme marqueur gauche de structure de manière plus systématique que *FA*. Par ailleurs, la fonction de *IA* ne doit pas être confondue avec l'accentuation emphatique initiale (ou accent d'insistance), qui est essentiellement extra-métrique et dépendante de facteurs sémantico-pragmatiques tels que la focalisation (*cf.* Astésano, 2001 pour une revue). Le système prosodique du français s'avère donc plus riche et plus complexe que traditionnellement envisagé.

Pour rendre compte de cette complexité, nous proposons de conjuguer deux approches phonologiques : l'approche Métrique Autosegmentale (ci-après *AM* ; Pierrehumbert & Beckman, 1988) et l'approche Métrique Fonctionnaliste (ci-après *MF* ; Di Cristo, 2000). Si *AM* fonde ses descriptions exclusivement sur la base des indices tonals et permet la distinction entre les accents de *pitch* et les tons de frontière, *MF* ancre à l'inverse sa description sur les propriétés rythmiques de la parole (événements métriques, indices de durée et phénomènes temporels). L'alliance des deux approches permet de mieux distinguer entre les phénomènes de *frontières* et de *proéminences*, puisque ces dernières peuvent également être envisagées, dans le cadre de *MF*, comme purement *rythmiques* (Dilley *et al.*, 2006). Cette approche est nécessaire pour permettre de démêler les proéminences de *pitch* qui se situent à des frontières droites en français (typiquement *FA*), des proéminences de *pitch* qui ne sont pas associées à des frontières droites (typiquement *IA*), mais également de rendre compte de ces frontières prosodiques associées à des proéminences *rythmiques* sans *pitch* (typiquement *FA* aux frontières prosodiques conclusives, mais également certains cas de *FA* à des frontières prosodiques non conclusives, internes au syntagme intonatif).

Cette étude s'inscrit dans ce cadre descriptif mixte et vise à rendre compte de la perception des proéminences et des frontières en français. Peu d'études sont en effet consacrées à la perception des phénomènes prosodiques, et plus particulièrement en français, pour lequel les postulats de base ne recouvrent que partiellement sa complexité prosodique. Ainsi, certains auteurs, invoquant notamment le syncrétisme entre accentuation et intonation (Dupoux *et al*, 1997, et suivantes), vont jusqu'à défendre l'idée que l'auditeur français serait 'sourd' aux phénomènes de proéminences. Smith (2011) montre néanmoins, dans une étude de perception 'on-line' de parole contrôlée et semi-spontanée, que les auditeurs francophones sont capables de repérer plus facilement les proéminences aux frontières prosodiques majeures, confortant ainsi les prédictions des modèles traditionnels de la prosodie du français. Le présent travail vise plus spécifiquement à tester la capacité qu'ont les auditeurs français à *percevoir* et *distinguer* proéminences et frontières, à travers une étude de perception 'off-line' sur de la parole contrôlée de laboratoire manipulant la structure syntaxique sous-jacente.

Nous émettons les hypothèses suivantes : 1) les auditeurs français *perçoivent* des proéminences, même non associées à des frontières prosodiques, fussent-elles majeures ; 2) les auditeurs français sont capables de percevoir différents niveaux de frontières et de proéminences, et sont capables de *dissocier* ces deux phénomènes phonologiques, même dans les cas de syncrétisme entre accentuation et intonation.

2 Matériel linguistique et procédure expérimentale

Le matériel linguistique utilisé est un sous-ensemble de celui utilisé dans Astésano *et al* (2007). Le corpus est constitué de phrases syntaxiquement ambigües que les indices prosodiques (frontières, *FA* et *IA*) aident à désambigüiser. L'ambigüité syntaxique est créée en manipulant l'empan d'application de l'adjectif sur un syntagme nominal, comme dans '*les gants et les bas lisses*', où l'adjectif (*A*) '*lisses*' qualifie soit :

1. le deuxième nom (*N2*) 'bas' seulement: [les gants][et les bas lisses], avec une frontière de syntagme intermédiaire (*ip*) entre *N1* et *N2*, et une frontière de mot entre *N2* et *A* (ci-après *Cas 1* ou *C1*) ;
2. les deux noms 'gants et bas' : [les gants et les bas][lisses], avec une frontière d'*ip* entre *N2* et *A*, et une frontière d'*ap* entre *N1* et *N2* (ci-après *Cas 2* ou *C2*).

La structure prosodique est également manipulée eu égard à la taille des constituants, puisque les noms et les adjectifs varient de une à quatre syllabe - ex. '*les bonimenteurs et les baratineurs fabulateurs*' – dans toutes les combinaisons possibles. Le corpus, lu par une locutrice, contient donc 32 phrases : (4 longueurs de *N*) * (4 longueurs de *A*) * (2 conditions syntaxiques *Cas 1* et *Cas 2*). Les deux conditions syntaxiques ont été validées par un test de jugement sémantique sur un panel de 10 auditeurs (*cf* Astésano *et al.* 2007 pour une explication détaillée sur la constitution de ce corpus).

18 auditeurs naïfs ont effectué deux tâches de perception sur ces 32 phrases :

- une tâche d'évaluation du niveau de frontière entre chaque mot (5 sites potentiels), sur une échelle de 0 à 4;
- une tâche d'évaluation du niveau de proéminence sur chaque syllabe de la phrase (de 6 à 15 sites suivant la combinaison de taille des constituants), sur une échelle de 0 à 4.

L'ordre de présentation des tâches était contre-balancé entre les sujets. Les auditeurs pouvaient réécouter jusqu'à 5 fois la même phrase.

Les sites d'intérêt pour évaluer l'interaction entre proéminences (*FA* et *IA*) et frontières (*mot, ap, ip*) sont entre *N1* et *N2* (frontière 2, ci-après B2), et entre *N2* et *A* (frontière 5, ci-après B5), dans les deux conditions syntaxiques (*C1* et *C2*), soit 4 sites prosodiques: C1-B5 (frontière de *mot*) ; C2-B2 (frontière d'*ap*); C2-B5 et C1-B2 (frontières d'*ip*). Les scores moyens de perception des proéminences et des frontières sur et autour des 4 sites prosodiques ont été relevés, et des modèles linéaires mixtes (ci après, *LMM* ; Bates *et al*, 2011) ont été estimés pour chaque type d'investigation.

3 Résultats et discussion

3.1 Perception des proéminences

Une première étape consiste à examiner si les auditeurs naïfs perçoivent effectivement les proéminences en français. Afin d'augmenter la puissance statistique des analyses, nous avons regroupé les mesures par condition syntaxique et nombre de syllabes des mots *N1* et *N2* : les analyses sont donc bornées à la dernière syllabe du mot *N2*. A titre d'illustration, les analyses des scores de proéminence sont données pour les phrases en condition syntaxique *C2* avec les mots de 1 syllabe et de 4 syllabes (Figure 1).

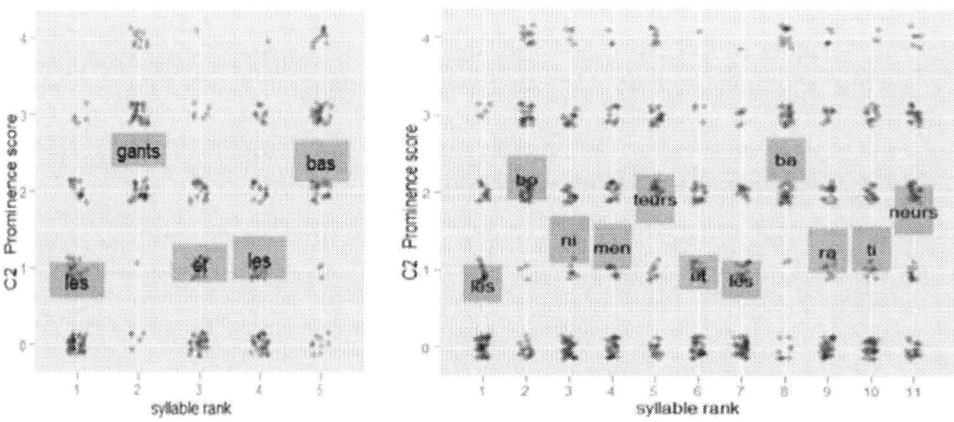

FIGURE 1 – Score de perception des syllabes en condition syntaxique C2 (mots monosyllabiques à gauche, quadrisyllabiques à droite). Les boites indiquent l'intervalle de confiance du score moyen. Les points indiquent les réponses individuelles.

Pour les mots de 4 syllabes (soit un ensemble de 234 syllabes), on a estimé un *LMM* avec le rang des syllabes comme prédicteur et un intercept aléatoire pour prendre en compte la variabilité entre les 18 auditeurs. La Table 1 montre que les syllabes 2, 5 et 8 ont un score significativement supérieur à celui de leurs 2 syllabes adjacentes. La syllabe 11 a un score significativement supérieur à celui de la précédente. Tous les autres écarts de score ne sont pas significatifs ($p > 0.5$).

Rang Syllabe	Ecart aux syl. adjacentes	β	t	*p*
2	2-1	1.375	8.8	< 0.0001
	2-3	0.777	5	< 0.0001
5	5-4	0.61	3.9	< 0.0001
	5-6	0.95	6.1	< 0.0001
8	8-7	1.57	10	< 0.0001
	8-9	1.19	7.69	< 0.0001
11	11-10	0.49	3.1	< 0.005

TABLE 1 – Ecarts de scores estimés, t et *p*-value entre les syllabes perçues proéminentes et les syllabes adjacentes (Mots quadrisyllabiques)

Les mêmes tendances sont observées pour les mots monosyllabiques, où seules les syllabes de rang 2 et 5 ont un score significativement supérieur à celui de leurs 2 syllabes adjacentes

(p < 0.0001). Les 6 autres combinaisons de (conditions syntaxiques x longueurs de mots) montrent des résultats de même nature.

Ces résultats démontrent que les syllabes proéminentes (telles que prédites dans les modèles de production : Jun & Fougeron, 2000 ; Astésano *et al*, 2007) sont effectivement perçues comme proéminentes à l'initiale et à la finale des mots ou groupes de mots (*IA* et *FA* ; pour les mots monosyllabiques, on ne peut pas dire si la proéminence perçue relève d'un *IA* ou d'un *FA*). A l'inverse, les autres syllabes (mots outils et syllabes internes aux mots) sont perçues comme non proéminentes. Ceci confirme l'hypothèse selon laquelle les auditeurs ne sont pas sourds à l'accentuation en français. En outre, ils perçoivent les proéminences même lorsqu'elles sont associées à des frontières mineures (ex : *FA* sur 'bonimenTEURS' frontière de *ap*), ou à aucune frontière droite (ex : *IA* sur 'BAratineurs').

3.2 Perception des frontières et liens frontières-proéminences

Dans une seconde étape, nous étudions les liens entre *proéminences* et *frontières* à l'aide d'un modèle mixte de covariance, qui nous permet de tester 1.) la perception des frontières et l'absence de stricte association entre proéminences et frontières, et 2.) le poids relatif de *IA* et *FA* sur le type de frontière. La variable dépendante est le score de frontière, les prédicteurs sont le score de *IA*, le score de *FA* et un facteur *SITE* codant les 4 sites prosodiques d'intérêt présentés en *§ 2* (C1-B5 ; C2-B2 ; C2-B5; C1-B2). Un intercept aléatoire rend compte de la variabilité entre les 18 auditeurs, et un second rend compte de la variabilité entre les 32 phrases. Le modèle[1] porte sur 1152 mesures de score de frontière. Les 4 niveaux du facteur *SITE* correspondent à 4 plans dans un espace défini par le score de frontière sur l'axe vertical, les scores *IA* et *FA* comme axes horizontaux. Le seuil de significativité est 0.025 (les deux contrastes mis en œuvre ci-dessous correspondant à deux hypothèses simultanées).

1. Un premier contraste permet d'obtenir les écarts successifs de score de frontière entre les 4 niveaux du facteur *SITE*, écart estimé au point central du plan IA-FA. C1-B5 et C2-B2 ne se distinguent pas significativement (p=0.17). C2-B5 est significativement plus élevé que C2-B2 (β=0.84, t=13, p<0.0001). C1-B2 est significativement plus élevé que C2-B5 (β=1.27, t=15, p<0.0001). Les scores des deux frontières les plus faibles dans la hiérarchie prosodique (C1-B5 et C2-B2) sont assez voisins, avec les scores les plus faibles (intercepts estimés=1.45 ; 1.33). Les frontières les plus fortes dans la hiérarchie prosodique correspondent aux scores les plus forts (intercepts estimés: 3.45; 2.17), C1-B2 étant très supérieur à C2-B5.

Ces résultats démontrent que les auditeurs perçoivent différentes forces de frontières, relativement conformes à la hiérarchie prosodique. Les frontières faibles sont perçues comme relativement similaires, bien qu'il soit étonnant que la frontière de *mot* soit perçue au même niveau que la frontière d'*ap*. Ceci pourrait être dû au fait que la taille des constituants prosodiques n'est pas prise en compte ici; or, nous savons que l'augmentation du nombre de syllabes sur *A* induit l'introduction d'une frontière d'*ap* (Astésano *et al*, 2007), d'où la similarité possible dans la perception de ces deux niveaux de frontières. Les frontières fortes, quant à elles, sont perçues comme distinctes alors qu'elles relèvent du

[1] L'interaction double (*IA*:*FA*:*SITE*) et l'interaction simple (*IA*:*FA*) ont été ôtées du modèle final car non significatives (un Likelihood Ratio Test donne des p >0.07).

même niveau dans la hiérarchie prosodique (*ip*). Cependant, cette différence de perception a pu être influencée par d'autres critères tels que la catégorie grammaticale des constituants (*N vs. A*), la complexité du constituant prosodique (une seule *ap* en C1-B2 *vs.* deux *ap* en C2-B5), ou encore la présence d'une pause en C1-B2.

En outre, les distributions de proéminences (dont la Figure 2 est un schéma) sont assez voisines (sauf pour C1-B2). Le recouvrement partiel des gammes de scores montre que la séparation en 3 groupes de scores de frontière n'est pas essentiellement due à un regroupement des scores de proéminence selon l'ordre croissant de la force de frontière attendue. Les proéminences les plus élevées ne sont pas systématiquement associées aux frontières les plus fortes (par exemple C2-B2 *vs.* C2-B5 sur la Figure 2). On peut donc parler de dissociation (partielle) proéminence/frontière puisqu'à la perception des trois scores différents de frontières peuvent être associés des scores de proéminence voisins.

2. Un second contraste, prenant C1-B5 comme référence, permet d'obtenir pour chaque niveau du facteur *SITE*, les pentes de régression décrivant la relation entre le score de *frontière* et les 2 scores de *proéminence* IA-FA :

- C1-B5 : les pentes *FA* et *IA* sont significatives (β=0.157, t=4.1, p<0.0001; β=0.173, t=4.7, p<0.0001). *FA* et *IA* influent donc tous deux sur le score de frontière.
- C2-B2 : la pente *FA* est significativement plus faible que celle de C1-B5 (β=-0.14, t=-2.8, p<0.005), et elle a une valeur faible (0.0145). La pente *IA* a une valeur (0.0988) inferieure à celle de C1-B5, mais n'en diffère pas significativement (p=0.16). Seul *IA* a donc une influence réelle sur le score de frontière.
- C2-B5 : les pentes *FA* (0.137) et IA (0.12) sont proches de celles de C1-B5 et n'en diffèrent pas significativement (p=0.68 ; p=0.3). *FA* et *IA* influent donc tous deux sur le score de frontière.
- C1-B2: la pente *FA* est plus faible (0.088) que celle de C1-B5 mais n'en diffère pas significativement (p=0.16). La pente *IA* est significativement plus faible que celle de C1-B5 (β =-0.26, t=-5.1, p<0.0001), et a une valeur négative (-0.09) marginalement significative (t=2.44, p<0.05). *FA* influe donc sur le score de frontière, le rôle de *IA* étant moins clair et probablement mineur.

Il apparaît donc que les scores de *IA* et *FA* modulent l'inclinaison des 4 plans décrits en 1).

Ces résultats démontrent ainsi qu'il existe un jeu subtil entre *IA* et *FA* dans le marquage des différents niveaux de frontières. C1-B2 correspond à une frontière d'*ip* et est perçue comme étant la frontière la plus forte (voir 1.). Elle est corrélée davantage à la perception de *FA*, la présence d'une pause silencieuse renforçant la perception d'une frontière forte. Ce cas correspond à la vision traditionnelle du français, où *FA* et 'pause' relèvent d'un même phénomène sous-jacent de frontière. La présence de la pause pourrait ici prendre le pas sur *IA* dans le marquage de cette frontière. C2-B2 correspond à une frontière d'*ap* et est perçue comme une frontière faible. Elle est davantage corrélée à la perception de *IA*, la perception du score de *FA* ne jouant qu'un rôle marginal dans le marquage de la frontière. Ce résultat fait écho aux tendances révélées dans l'étude de production d'Astésano *et al* (2007), sur le même corpus, où *IA* (proéminence purement de *pitch*) se révélait être davantage marqueur de ce niveau de constituance que *FA*. Les niveaux de frontière C1-B5 et C2-B5, respectivement frontière de *mot* et frontière d'*ip*, voient une participation équivalente de *IA* et *FA* dans le marquage de la frontière, résultats inattendus particulièrement en C1-B5. Une analyse détaillée de l'incidence de la taille des constituants devrait aider à démêler l'implication de *IA* en C1-B5 lorsqu'une frontière d'*ap* est introduite (voir 1.). Il est en revanche envisageable de trouver dans ce cas une trace de la perception de *FA*, même en frontière de mot (cas de désaccentuation lorsque *N* et *A* sont reliés par un 'arc accentuel' (Fónagy, 1980): trace rythmique de *FA* sans *pitch*). Enfin, l'absence de pause en C2-B5 pourrait expliquer l'incidence conjointe de *IA* dans la perception de la frontière d'*ip*.

Pour quantifier la perception de *IA* et *FA* indépendamment du score de frontière, un *LMM* supplémentaire a été construit avec le score des proéminences syllabiques comme variable dépendante, et le facteur combiné à 8 niveaux {*SITE* x IA-FA} comme prédicteur. Un intercept aléatoire rend compte de la variabilité entre les 18 auditeurs, et un second rend compte de la variabilité entre les 32 phrases. L'analyse porte sur 2304 scores. Les résultats indiquent que *IA* a un score supérieur à FA dans toutes les conditions, sauf C1-B2 (β=0.27, t=3.05, p<0.005 ; β=0.4, t=4.47, p<0.0001 ; β=0.45, t=5.05, p<0.0001 ; β=-0.16, t=-1.8, p=0.07). On sait que *IA* est une proéminence de *pitch*, généralement mieux perçue que les proéminences *rythmiques* (Allen, 1975). Une étude de production permettra de mieux estimer le poids des indices *rythmiques* et de *pitch* dans l'actualisation des frontières.

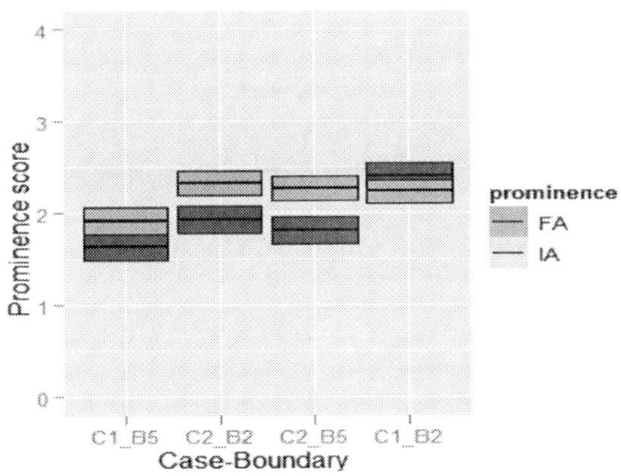

FIGURE 2 – Score moyen de proéminence pour *FA* et *IA* autour des frontières, selon les 4 conditions. La hauteur des boites indique l'intervalle de confiance du score.

4 Conclusion

Les phénomènes de proéminence et de frontière, souvent considérés comme un même phénomène sous-jacent en français, ont rarement été étudiés en perception. Nos résultats montrent que les auditeurs français ne sont pas 'sourds' aux proéminences, qu'il s'agisse de *IA* ou de *FA*. De plus, ils montrent une dissociation partielle entre *proéminence* et *frontière*, un même score de proéminence correspondant à différents niveaux de frontière. Enfin, nos résultats illustrent les poids relatifs de *IA* et *FA* dans le marquage de différents niveaux de frontière, indiquant un rôle différent des deux types de proéminences dans la réalisation de surface de la hiérarchie prosodique.

Ceci remet en cause la vision traditionnelle du français selon laquelle *FA* relève d'un même phénomène sous-jacent que la frontière et révèle une interaction plus complexe entre phénomènes accentuels et frontières.

Ces résultats ouvrent la voie à des études en production relatives au poids des indices purement *tonals* (*pitch*) *vs.* purement *rythmiques* (*FA* marqué par la durée) *vs.* combinés

(*FA* marqué par le *pitch* et la *durée*), en vue d'une analyse fine du *phrasé prosodique* tenant compte de la taille des constituants prosodiques.

Enfin, ces résultats montrent que les phénomènes de frontière et de proéminence en français doivent être distingués afin, notamment, d'améliorer les systèmes automatiques d'identification d'événements prosodiques sur de larges corpus.

Références

ALLEN, G.D. (1975). Speech rhythm: its relation to performance universals and articulatory timing", *Journal of Phonetics (3)*, 75-86.

ASTESANO, C. (2001). *Rythme et accentuation en français. Invariance et variabilité stylistique.* Paris: Editions L'Harmattan.

ASTÉSANO, C.; BARD, E.; TURK, A. (2007). Structural influences on Initial Accent placement in French. *Language and Speech, 50 (3)*, 423-446.

BATES, D.; MAECHLER, M.; BOLKER, B. (2011). LME4: Linear mixed-effects models using S4 classes. *R package version 0.999375-39.* http://CRAN.R-project.org/package=lme4.

BECKMAN, M.E. 1992. Evidence for Speech Rhythms across Languages. In *Speech Perception, Production and Linguistic Structure.* Tohkura *et al.* (eds.), Tokyo, 457-463.

DI CRISTO, A. (2000). 'Vers une modélisation de l'accentuation en français. Deuxième partie : le modèle'. *Journal of French Language Studies, 10*: 27-44.

DILLEY, L., BREEN, M., GIBSON, E., BOLIVAR, M., KRAEMER, J. (2006). A comparison of inter-coder reliability for two systems of prosodic transcriptions: RaP (Rhythm and Pitch) and ToBI (Tones and Break Indices). *Proceedings of the International Conference on Spoken Language Processing*, Pittsburgh.

DUPOUX, E., PALLIER, C., SEBASTIAN, N. & MEHLER, J. (1997). A destressing "deafness" in French? *Journal of Memory and Language, 36(3)*, 406-421.

FÓNAGY, I. (1980). L'accent en français: accent probabilitaire. In *L'accent en français contemporain (Studia Phonetica), Vol. 15*, I. Fónagy & P. Léon (eds.), 123- 233.

JUN, S. A., & FOUGERON, C. (2000). A phonological model of French intonation. In A. Botinis (Ed.), *Intonation: Analysis, modelling and technology.* Dordrecht, 209-242.

PIERREHUMBERT, J.B. & BECKMAN, M.E. (1988). *Japanese Tone Structure.* MIT Press, Cambridge.

POST, B. (2000). *Tonal and Phrasal Structures in French Intonation.* Thesus, The Hague.

ROSSI, M. (1980). Le français, langue sans accent ? In *L'accent en français contemporain (Studia Phonetica), 15.* I. Fónagy & P. Léon (Eds.), 13-51.

SMITH, C.L. (2011). Naïve listeners' perceptions of French prosody compared to the predictions of theoretical models. In Yoo, H-Y & Delais-Roussarie, E. (eds), *Proceedings from IDP 2009*, Paris, Septembre 2009, ISSN 2114-7612, 335-349.

VAISSIÈRE, J. (1990). Rhythm, accentuation and final lengthening in French. In J. Sundberg, L. Nord & R. Carlson (Eds.). *Music, language, speech and brain.* MacMillan Press, 108-120.

Contraste de voisement en parole chuchotée

Yohann Meynadier & Yulia Gaydina
Laboratoire Parole et Langage, CNRS URM7309 & Université d'Aix-Marseille

yohann.meynadier@lpl-aix.fr, yulia.gaydina@lpl-aix.fr

RÉSUMÉ

Ce travail porte sur le contraste phonologique de voisement en parole chuchotée qui se caractérise par une configuration semi-ouverte des cordes vocales empêchant leur vibration. En parole modale, outre la vibration des cordes vocales, le contraste entre consonnes voisées et sourdes est supporté par d'autres corrélats phonétiques : durées des consonnes et des voyelles, pression intraorale, entre autres. Les analyses acoustiques et aérodynamiques des consonnes voisées *vs* sourdes montrent que ces corrélats secondaires du voisement sont préservés en parole chuchotée, pouvant donner une assise à la persistance de la perception de ce contraste malgré l'absence de vibration des cordes.

ABSTRACT

Voicing contrast in whispered speech

This paper presents analyses on the phonological voicing contrast in whispered speech, which is characterized by a semi-open configuration of the vocal folds preventing them from vibrating. In modal speech, in addition to vocal fold vibration, the contrast between voiced and unvoiced consonants is realized by other phonetic correlates: e.g. consonant and pre-consonantal vowel durations, intraoral pressure differences. Acoustic and aerodynamic analyzes show that these voicing correlates are preserved in whispered speech. These findings seem consistent with those showing that voiced contrast is maintained in perception despite the absence of vocal fold vibration.

MOTS-CLÉS : phonétique, voisement, voix chuchotée, aérodynamique, durée segmentale
KEYWORDS: phonetics, voicing, whisper, aerodynamics, segmental duration

1 Introduction

Le chuchotement est un mode de phonation naturellement utilisé dans le but de réduire la perceptibilité de la parole. En phonation modale (voix normale), l'adduction complète des cordes vocales permet leur mise en vibration pour les segments voisés. En voix chuchotée, les cordes vocales sont accolées uniquement dans leur partie antérieure, laissant une ouverture étroite inter-aryténoïdienne pour l'échappement de l'air. Cette configuration glottique permet l'établissement de turbulences aérodynamiques à l'origine de la source acoustique bruitée. Outre l'absence de voisement, la voix chuchotée induit des modifications spectrales importantes comme la perte d'énergie, notamment dans les basses fréquences (Ito et al. 2004, Jovicic & Saric 2008), l'aplatissement du spectre, particulièrement des voyelles et des consonnes voisées, l'élévation des formants vocaliques (Sharifzadeh et al. 2009)... Concernant plus spécifiquement l'absence de voisement en parole chuchotée, un certain nombre d'études rapporte que tant les informations tonales et intonatives même en absence de la f0 (Faraco 1984, Nicholson &

Teig 2003, Vercherand 2010), indexiales (sexe du locuteur), segmentales (timbre vocalique) (Eklund & Traunmüller 1996) que de voisement (Mills 2003, 2009, Vercherand 2010) sont en bonne partie préservées, même si leur perception est plus réduite qu'en parole modale. Notre étude s'intéresse aux traits phonétiques susceptibles de participer au maintien de la perception du trait phonologique de voisement en parole chuchotée, à savoir sans voisement physiologique et acoustique.

En parole modale, outre la vibration périodique des cordes vocales, d'autres indices phonétiques du voisement sont communément observés (Catford 1977, Eklund & Traunmüller 1997, Silbert & de Jong 2008). Par exemple, les voyelles sont plus longues avant une consonne sourde qu'une voisée (Lehiste 1970). La durée des consonnes obstruantes est plus importante pour les sourdes que les sonores. Cet écart de durée consonantique relèverait d'une contrainte aérodynamique liée au différentiel transglottique de pression ($\Delta P = Ps - Po$, où Po = pression intraorale et Ps = pression sous-glottique) nécessaire au maintien de la vibration des cordes vocales durant la production des consonnes voisées (Ohala 1997). En effet, en-deçà de 1 à 2 hPa la vibration s'arrête faute de flux d'air assez puissant. Cette contrainte joue en défaveur d'une durée longue des obstruantes voisées, au contraire des sourdes pour lesquelles le voisement est absent, empêché par une abduction des cordes. D'autre part, cette contrainte aérodynamique se traduit aussi par une Po plus importante pour les obstruantes sourdes par rapport aux voisées. En effet, l'adduction glottique réalisée pour les obstruantes voisées impose une résistance au flux d'air transglottique, réduisant d'autant la quantité d'air s'accumulant dans la cavité supraglottique en amont de la constriction (Malécot 1955). Lors du chuchotement, cette contrainte aérodynamique ne devrait plus jouer du fait de la fuite glottique constante caractéristique de la configuration phonatoire chuchotée. On s'attendrait donc à ce que les écarts de durée et de Po (Wiesmer & Longstreth 1980) soient absents.

Les travaux, rapportés par Weismer & Longstreth (1980), sur les gestes laryngés et leurs conséquences aérodynamiques sont contradictoires s'agissant du contraste voisé-non voisé en parole chuchotée. Par ailleurs, Weismer & Longstreth (1980) ne mettent pas en évidence une différence homogène de Po entre /p/ et /b/ chuchotés. Or, les études de Mills (2003, 2009) sur l'anglais et Vercherand (2010) sur le français montrent qu'en parole chuchotée la différence de durée entre consonnes voisées et non voisées est maintenue. De plus dans une étude récente, Mills (2009) mesure précisément par fibroscopie que l'ouverture glottique est dynamiquement ajustée en fonction de la propriété de voisement des consonnes en parole chuchotée : les obstruantes sourdes montrent une ouverture plus importante que les voisées. Ces résultats posent la question de la raison de l'existence de ces marques corrélatives du voisement en l'absence de vibration glottique. Dans cette étude, nous avons reproduit et complété ces résultats et nous discutons de la production et de la perception du trait phonologique [voisé]. Nous avons menés deux expériences de production en parole chuchotée : l'une sur les indices temporels du voisement et l'autre sur son corrélat aérodynamique.

2 Expérience 1 : durées segmentales

Cette expérience porte sur l'analyse acoustique de la durée des consonnes voisées *vs* sourdes et des voyelles pré-consonantiques en parole modale *vs* chuchotée.

2.1 Corpus

Enregistrés acoustiquement en chambre sourde, 4 locuteurs français (2 hommes, 2 femmes), non linguistes ou étudiants en linguistique, ont lu à haute voix et à débit normal, après une brève session d'entraînement, deux listes de mots présentés isolément. La première liste était composée de 12 logatomes cibles noyés parmi 36 distracteurs. Chaque locuteur a produit cette liste randomisée 5 fois en 10 sessions de 48 items alternant la phonation modale et la phonation chuchotée. Les logatomes cibles étaient de forme VC_1VC_2V, où V est toujours /e/ et C_1 et C_2 une consonne obstruante cible toujours différente parmi les couples voisé-non voisée : /p b/, /t d/, /k g/, /f v/, /s z/, /ʃ ʒ/, par exemple /epeʒe/ (écrit « épéjé ») ou /edese/ (écrit « édécé »). Les distracteurs répondaient au même patron mais comportaient au moins une consonne non cible, par exemple /ekene/ (écrit « équéné ») ou /eleme/ (écrit « élémé »). La liste était équilibrée en fréquence d'occurrence des consonnes. La seconde liste était composée de 24 verbes cibles conjugués et mélangés au hasard avec 72 distracteurs de même gabarit phonologique. Chaque locuteur a répété cette liste en phonation chuchotée et modale de la même manière que la première. Les mêmes consonnes cibles étaient initiales de syllabe médiane ou finale de mot. La voyelle pré-consonantique était /e/ dans tous les cas sauf 4 (/a/). Pour contrôler un minimum la voyelle suivante, les paires de consonnes voisée-non voisée correspondaient à une paire minimale, par exemple « (il) **é**coutait » *vs* « (il) **é**gouttait » ou « il **é**coute » *vs* « il **é**goutte ». Le sujet ne devait lire que les mots hors parenthèses, afin de produire des séquences toujours trisyllabiques. Les distracteurs variaient de la même façon et ont été équilibrés en fonction du nombre de syllabe du verbe. Le corpus comporte donc 8640 items enregistrés, dont la durée acoustique des voyelles et des consonnes des 1440 items cibles ont été manuellement mesurées.

2.2 Analyses

L'étiquetage du signal acoustique a été réalisé sous Praat (www.fon.hum.uva.nl/praat). Afin de garantir une segmentation identique dans les deux modes de phonation, elle a essentiellement été effectuée à partir du spectrogramme. Le début et la fin des voyelles sont respectivement localisés au début et à la fin de l'énergie des F2-F3. Deux phases consonantiques ont été mesurées : tenue et relâchement (Figure 1). Pour les plosives, la tenue a été étiquetée de la fin de la voyelle précédente jusqu'au début de l'explosion, le relâchement du début de l'explosion au début de la voyelle suivante, incluant le bruit de friction et les traces formantiques de la transition CV. Pour les fricatives, la tenue, présentant un bruit de friction intense de 2000 à 8000 Hz (selon la consonne), a été séparée de la phase de transition CV (ou relâchement) identifiée par l'apparition de traces formantiques de la voyelle suivante et une diminution marquée de l'énergie du bruit de friction. La tenue va de la fin de la voyelle précédente au début des traces formantiques de la voyelle suivante. Son relâchement court de la fin du bruit intense au début de F2-F3 de la voyelle qui suit.

Seules les consonnes en syllabe inaccentuée (position non finale de mot) et les voyelles précédant celles-ci ont été analysées ici. Les analyses statistiques effectuées sont des ANOVA à mesures répétées : les locuteurs et la lexicalité (mot *vs* logatome) sont en facteurs aléatoires ; le mode de phonation (modale *vs* chuchotée), le voisement (voisé *vs* sourd) et le mode d'articulation (plosive *vs* fricative) en facteurs indépendants.

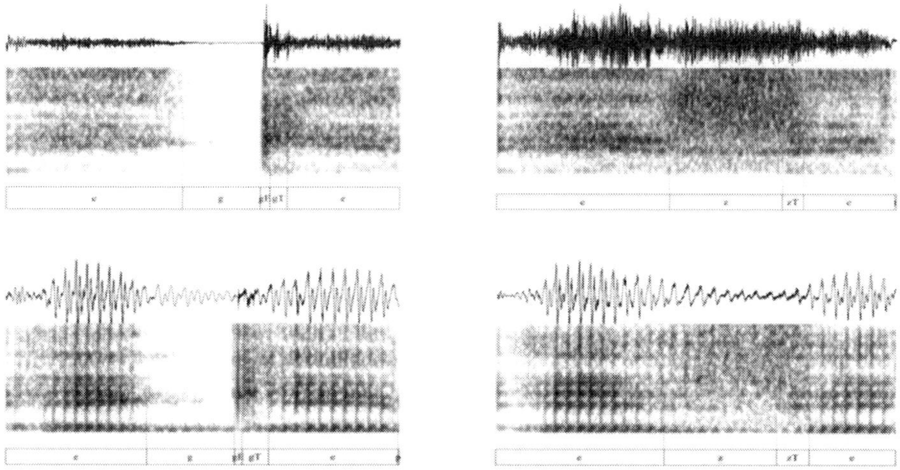

Figure 1 – Étiquetage acoustique des voyelles et des consonnes des mots [**ege**pe] (à gauche) et [**eze**te] (à droite) en voix modale (en bas) et chuchotée (en haut)

2.3 Résultats et discussion

Nous présentons ici les résultats relatifs à l'effet du voisement sur les durées consonantiques et vocaliques en phonation modale et chuchotée pour les fricatives et les occlusives, les données relatives aux mots et aux logatomes sont confondues. La phonation modale constitue la situation de référence à laquelle sont comparées les observations en parole chuchotée. Comme attendu, en phonation modale les consonnes sourdes (118 ms) sont en moyenne plus longues que les voisées (78 ms) [$F(1,3)=161,79$; $p=0,00105$]. Les fricatives et occlusives sourdes sont plus longues que les voisées : respectivement 133 *vs* 81 ms et 102 *vs* 74 ms en moyenne. De même, en phonation chuchotée, les consonnes sourdes sont en moyenne plus longues de 31 ms que les voisées [$F(1,3)=56,014$; $p=0,00494$] : respectivement, 136 ms *vs* 99 ms pour les fricatives et 108 ms *vs* 82 ms pour les occlusives.

Ainsi, on peut observer le maintien d'une différence importante des durées consonantiques associée au contraste de voisement en voix chuchotée, malgré une réduction notable de cet écart pour les fricatives chuchotées (37 *vs* 52 ms en modal). Pour les occlusives, cet écart est constant entre les deux modes phonatoires : 28 ms en modal et 26 ms en chuchoté. On constate par ailleurs que la durée des consonnes augmente significativement en mode de phonation chuchotée (107 ms) par rapport à modale (98 ms) [$F(1,3)=13,881$; $p=0,03368$], ce qui rejoint les autres études et l'observation générale d'une parole chuchotée souvent plus lente qu'en modale (Schwartz 1967, Jovicic & Saric 2008, Mills 2003, 2009, Vercherand 2010).

L'analyse plus détaillée de la durée des phases de tenue et de relâchement des consonnes révèle une différence remarquable. En parole modale, ces deux phases consonantiques participent significativement à la distinction temporelle entre consonnes sourdes et voisées. En parole chuchotée, la tenue des occlusives est significativement plus longue pour les sourdes (84 ms) que les voisées (59 ms) [$F(1,3)=55,134$; $p=0,00505$]. Cette différence de 25 ms est renforcée par rapport à la voix modale (18 ms, soit 72 ms pour les sourdes et 54 ms pour les voisées). La phase de relâchement ne participe pas significativement au contraste de voisement en chuchoté (24 ms pour les sourdes *vs* 23 ms pour les sonores), au contraire des occlusives produites en phonation modale [F(1,3)=13,670 ; p=0,03434]. S'agissant des fricatives, la durée de la tenue est significativement différente en fonction du voisement en voix chuchotée [F(1,3)=49,841 ; p=0,00584]. La différence observée est de 36 ms en faveur des fricatives sourdes (126 *vs* 90 ms pour les voisées). On remarque cependant une légère réduction par rapport à la phonation modale, où cet écart compte 41 ms. Comme pour les occlusives, la phase de relâchement des fricatives ne montrent pas en phonation chuchotée de différence temporelle significative selon le voisement (10 ms pour les sourdes *vs* 9 ms pour les sonores), au contraire de leur réalisation en phonation modale. Ainsi, on peut supposer que seule la phase de tenue porte des informations temporelles liées au caractère voisé des consonnes obstruantes en parole chuchotée (Figure 2).

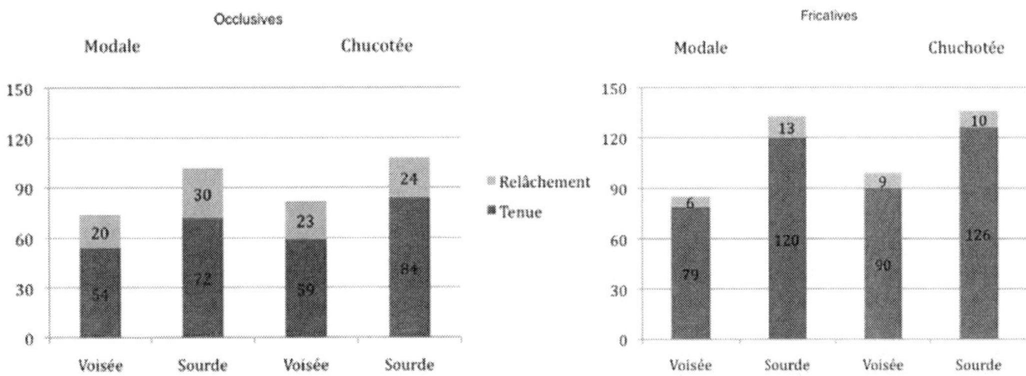

Figure 2 – Durée moyenne (en ms) de la tenue (en bleu) et du relâchement (en rouge) des consonnes selon le voisement et la phonation

Ces résultats sur la durée des consonnes voisées *vs* sourdes, d'une part, sont en accord avec ceux obtenus dans les études précédentes (Mills 2003, 2009, Jovicic & Saric 2008, Vercherand 2010), et d'autre part, complètent ces connaissances par une observation plus détaillée des patrons temporels en jeu dans la production du contraste de voisement en parole chuchotée.

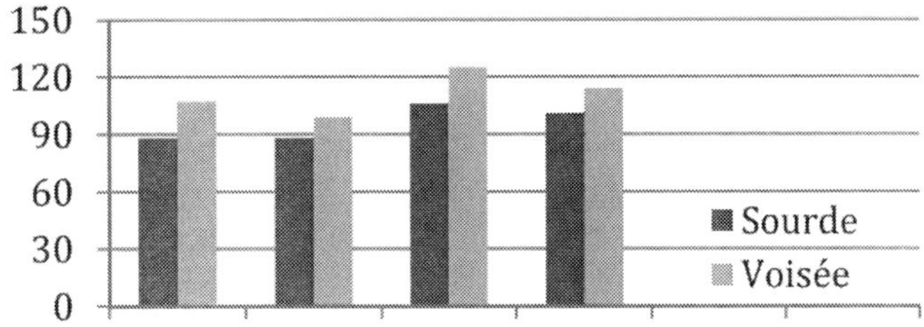

Figure 3 – Durée moyenne (en ms) des voyelles pré-consonantiques en fonction de la nature de la consonne suivante en phonation modale et chuchotée

Outre la durée consonantique, en parole modale le voisement est également marqué par une durée plus importante des voyelles pré-consonantiques devant consonne voisée. Nos données confirment ce résultat attendu : une voyelle avant une consonne sourde est en moyenne plus courte (88 ms) que celle précédant une consonne voisée (103 ms)

[F(1,3) = 93,103 ; p = 0,00236]. Cet écart de 15 ms est similaire à celui observé en parole chuchotée dans notre corpus [F(1,3) = 245,76 ; p = 0,00056], soit 16 ms entre les voyelles avant une consonne sourde et une consonne voisée. Quel que soit le mode phonatoire ou d'articulation, cet écart reste assez faible (Figure 3), tenant potentiellement au fait que la voyelle pré-consonantique observée ici n'est pas tautosyllabique avec la consonne qui suit. L'observation de voyelles suivies d'une consonne codaïque devrait montrer des différences plus nettes selon le voisement, comme dans Mills (2003). Reste que ces différences de durée vocaliques pré-consonantiques sont préservées en parole chuchotée et pourraient ainsi comme en parole modale participer au marquage phonétique du contraste de voisement.

3 Expérience 2 : pression intraorale

Cette expérience porte sur l'analyse du pic de pression intraorale (Po) atteint lors la constriction des obstruantes sourdes et voisées en fonction du mode de phonation.

3.1 Corpus et analyses

8 locuteurs français (6 femmes, 2 hommes) ont lu à haute voix et à débit normal en chambre sourde une liste randomisée et équilibrée de 72 mots présentés isolément, une fois en voix modale puis une fois en voix chuchotée. Les mots comportaient les obstruantes labiales cibles /p b/ ou /f v/ en initiale ou finale de mots monosyllabiques, composés des voyelles /a ɛ ɔ/ (par exemple, « **v**ache, **b**eige, **p**omme » ou « che**f**, ra**p**, ro**be** » ou en médiane de mots bisyllabiques, en contexte vocalique /a_a ɛ ɔ / (par exemple, « sa**v**ate, a**ff**aire, ra**pp**ort »). Chaque contexte a été itéré dans 2 mots différents, représentant au total 18 occurrences différentes par consonne cible, soit 1152 items cibles analysés. Le signal acoustique, le débit d'air oral et la Po ont été enregistrés synchroniquement avec l'aérophonomètre d'EVA (Ghio & Teston 2004). La Po a été acquise par voie orale via un cathéter dont l'extrémité dépassait juste l'arrière des incisives. Lors de l'articulation de l'obstruante, ce cathéter pointait dans la cavité orale fermée par l'occlusion ou la constriction labiale ou labiodentale. La prise de mesure manuelle de la Po a été réalisée sous Phonédit (www.lpl-aix.fr/~lpldev/phonedit). Mesuré en hecto Pascal (hPa), le pic de Po a été localisé sur le maximum de la courbe de Po (son point d'inflexion) atteint lors de la constriction consonantique.

Des ANOVA à mesures répétées portent sur le voisement au regard des modes de phonation et d'articulation (facteurs indépendants). Les locuteurs, la position syllabique de la consonne et la nature des voyelles sont en facteur aléatoire.

3.2 Résultats et discussion

Le contraste de voisement est significativement marqué par une Po maximale plus haute en parole modale. Mais surtout, cela est vrai également en parole chuchotée. Les tests montrent que seuls le voisement [F(1, 7) = 138,162 ; p = 0,00007] et l'interaction voisement*phonation [F(1,7) = 16,631 ; p = 0,0047] sont significatifs. Dans les deux modes, les obstruantes sourdes (5,42 hPa en modal et 4,91 hPa en chuchoté) montrent une pression plus importante que les voisées (3,56 en modal et 4,02 en chuchoté).

La différence de Po entre sourdes et voisées réduite de moitié en phonation chuchotée (0,89 hPa) par rapport à la phonation modale (1,86 hPa) peut s'expliquer. D'une part, l'intensité sonore, largement soutenue par la pression sous-glottique, est plus faible d'environ 20 dB en parole chuchotée, ce qui peut entraîner une Po plus basse et/ou écraser sa dynamique par un effet plafond et/ou planché. D'autre part, la configuration glottique spécifique au chuchotement propose, par rapport à la configuration modale, une résistance au flux d'air égressif moindre pour les consonnes voisées chuchotées (plus ouvertes du fait de la fuite glottique) et peut-être plus grande pour les sourdes (plus fermées du fait de l'accolement partiel des cordes). Cela aurait pour effet d'abaisser la Po des obstruantes sourdes et d'augmenter celle des voisées en mode chuchoté. En outre, l'absence quasi totale de significativité du facteur phonation sur les valeurs de Po (seules les occlusives voisées montrent un écart de Po significatif [$p = 0,029$] selon la phonation : 4,28 hPa en chuchoté *vs* 3,38 en modal) pourrait aller dans le sens d'une Po relativement variable dans les deux modes, mais malgré tout fortement sous-tendue par une nécessité de préserver une différence de configuration glottique et/ou de pression entre consonnes voisées et sourdes, assez robuste dans les deux modes de phonation.

Ainsi, +1 hPa environ distingue les obstruantes sourdes des voisées en parole chuchotée. Ce résultat est contradictoire avec ceux de Weismer & Longstreth (1980) portant sur le contraste /p b/ en anglais. Il supporte l'idée que la configuration glottique adoptée lors du chuchotement n'est pas une position statique et constante, mais que l'ouverture glottique peut être spécifiquement contrôlée pour véhiculer une information relative au voisement de la consonne. Ainsi, nos résultats aérodynamiques sur le français confirment indépendamment ceux obtenus en fibroscopie par Mills (2009) sur l'anglais, qui constitue l'une des rares mesures (et pas seulement une observation) empiriques directes de ce phénomène physiologique.

4 Conclusion

Notre étude soutient que la production du contraste de voisement en parole chuchotée est supportée par des traits phonétiques secondaires produits en parole modale.

La durée intrinsèque des consonnes et la différence de pression intraorale sont en bonne partie la conséquence phonétique de la contrainte aérodynamique liée au différentiel de pression transglottique nécessaire à la vibration des cordes vocales (Malécot 1955). Or, en l'absence de cette contrainte en voix chuchotée, ces différences phonétiques semblent se maintenir, bien qu'affaiblies. Concernant la constriction glottique distincte entre obstruantes voisées et sourdes en voix chuchotée, une analyse acoustique de la qualité du bruit émis à la source glottique et de sa résonance supraglottique est encore à mener pour déterminer si des informations spectrales du voisement existent en voix chuchotée. Dès lors, la question de l'implication et de la hiérarchie de ces indices phonétiques dans la perception du trait [voisé] en phonation chuchotée se pose également. Au regard des études antérieures effectuées en perception, on peut raisonnablement le supposer. Par contre à notre connaissance, aucune étude complète n'a encore tenté de déterminer à quel niveau du traitement perceptif ces indices interviennent.

Enfin, il est à noter que notre étude constitue la première analyse physiologique indirecte sur le français qui confirme empiriquement l'existence de gestes glottiques contrastifs associés à l'opposition de voisement des consonnes en parole chuchotée.

Références

CATFORD, J.C. (1964). Phonation types: the classification of some laryngeal components of speech production. IN D. Abercrombie, D.B. Fry, P.A.D. MacCarthy, N.C. Scott & J.L.M. Trim (eds.), *In honour of Daniel Jones*, p. 26-37. London: Longmans.

CATFORD, J.C. (1977). *Fundamental problems in phonetics*. Edinburgh University Press.

EKLUND, I. & TRAUNMÜLLER, H. (1997). Comparative study of male and female whispered and phonated versions of long vowels of Swedish. *Phonetica* 54(1): 1-21.

FARACO, M. (1984). *Comparaison des intonations affirmative et interrogative en voix normale et chuchotée.* Thèse de doctorat, Université de Provence, Aix-en-Provence.

GHIO, A. & TESTON, B. (2004). Evaluation of the acoustic and aerodynamic constraints of a pneumotachograph for speech and voice studies. *Proceedings of International Conference on Voice Physiology and Biomechanics*, p. 55-58. Marseille.

ITO, T., TAKEDA, K. & ITAKURA, F. (2005). Analysis and recognition of whispered speech. *Speech Comunication* 45(2): 139-152.

JOVICIC, S.T. & SARIC, Z. (2008). Acoustic analysis of consonants in whispered speech. *Journal of Voice* 22(3): 263-74.

LEHISTE, I. (1970). *Suprasegmentals*. Cambridge: MIT Press.

MALÉCOT, A. (1955). An experimental study of force of articulation. *Studia Ling.* 9: 35-44.

MILLS, T.I.P. (2003). *Cues to voicing contrasts in whispered Scottish obstruents*. Master of Science, University of Edinburgh.

MILLS, T.I.P. (2009). *Speech motor control variables in the production of voicing contrasts and emphatic accent.* Phd dissertation, University of Edinburgh.

NICHOLSON, H. & TEIG, A.H. (2003). How to tell beans from farmers: cues to the perception of pitch accent in whispered Norwegian. *Nordlyd* 31(2): 315-325.

OHALA, J. J. (1997). Aerodynamics of phonology. *Proceedings of the 4th Seoul International Conference on Linguistics*, p. 92-97.

SHARIFZADEH, H.R., MCLOUGHLIN, I.V. & AHAMDI, F. (2009). Voiced speech from whispers for post-laryngectomised patients. *IAENG International Journal of Computer Science* 36.

SCHWARTZ, M.F. (1967). Syllabe duration in oral and whispered reading. *JASA* 41:1367-9.

SILBERT, N. & DE JONG, K. (2008). Focus, prosodic context, and phonological feature specification: Pattern of variation in fricative production. *JASA* 123: 2769-79.

VERCHERAND, G. (2010). *Production et perception de la parole chuchotée en français: analyse segmentale et prosodique*. Thèse de doctorat. Université de Paris 7.

WEISMER, G. & LONGSTRETH, D. (1980). Segmental gestures at laryngeal level in whispered speech: evidence from an aerodynamic study. *Journal of Speech Hear. Res.* 23: 383-92.

Effet du voisinage phonologique sur l'accès lexical dans le discours spontané de patients Alzheimer

Frédérique GAYRAUD[1] ; Melissa BARKAT-DEFRADAS[2]

[1] Laboratoire Dynamique du Langage UMR5596 CNRS / Université de Lyon
[2] Laboratoire Praxiling UMR5267 CNRS / Université de Montpellier
frederique.gayraud@univ-lyon2.fr ; melissa.barkat@univ-montp3.fr

RESUME

Le manque du mot, trouble survenant précocement dans la maladie d'Alzheimer souvent interprété comme la perte des représentations dans la mémoire sémantique, complique l'accès lexical. Les aspects phonologiques sont réputés être plus résistants. La densité de voisinage phonologique (nombre de mots qui ne diffèrent d'un mot cible que par un phonème) a fait l'objet de nombreuses études lesquelles observent l'effet facilitateur d'un voisinage phonologique dense. Si le système de représentation phonologique est préservé chez les patients, on devrait observer un effet facilitateur pour la production des mots ayant un voisinage phonologique dense. 20 patients Alzheimer et 20 sujets contrôles ont produit un discours spontané duquel ont été extraits des mots difficiles vs faciles à récupérer. La fréquence et le nombre de voisins phonologiques ont été calculés pour chacune des deux listes de mots. Chez les patients, les mots faciles à récupérer sont significativement plus fréquents et ont un voisinage phonologique plus dense, ce qui suggère que l'accès lexical est particulièrement sensible à ces effets chez les patients Alzheimer.

ABSTRACT

Effect of phonological neighborhood density on lexical retrieval in the spontaneous speech of patients with Alzheimer's disease

Lexical access failure is an early marker of Alzheimer's disease, which is often accounted for by the loss of semantic representations while phonological aspects are considered more resistant. Phonological neighborhood density, which is the number of words phonologically similar to the target word, has been shown to play an important role. Most previous studies observe a facilitator effect of a dense phonological neighborhood. If phonological representations are indeed functional in AD patients, we should observe fewer lexical retrieval problems for the production of words with a dense phonological neighborhood. 20 AD patients and 20 matched elderly healthy controls produced a spontaneous discourse from which we extracted words difficult vs. easy to retrieve. The frequency and the phonological neighborhood density were computed for each type of words. Words that are easy to retrieve are significantly more frequent and have a larger phonological neighborhood, but the latter difference is significant in the patients' group only, suggesting lexical access is especially sensitive to these effects in Alzheimer's patients.

MOTS-CLES : Maladie d'Alzheimer, accès lexical, parole spontanée, voisinage phonologique.
KEYWORDS: Alzheimer's disease, Lexical access, spontaneous speech, phonological

neighborhood.

1 Introduction

La maladie d'Alzheimer est une pathologie dégénérative caractérisée par le déclin progressif des fonctions cognitives. Le langage est affecté dès les premiers stades de la maladie spécialement dans ses aspects lexico-sémantiques tandis que généralement, les autres aspects, en particulier morphosyntaxiques et phonologiques sont réputés relativement épargnés, même si un nombre grandissant d'études questionnent cette vision initiale des troubles du langage associés à la maladie d'Alzheimer (Croot et al., 2000; Glosser et al. 1998 ; Gayraud et al., 2011).

La densité de voisinage phonologique se définit comme le nombre de mots qui sont similaires à un mot donné par la substitution, l'addition ou la suppression d'un seul phonème (Luce & Pisoni, 1998).

Parmi les variables affectant l'accès lexical, le rôle de la densité du voisinage phonologique a été observé d'abord en reconnaissance des mots, puis en production. En reconnaissance des mots, une forte densité de voisinage phonologique a pour effet d'augmenter le nombre de réponses potentielles, rendant cette reconnaissance plus difficile : les mots à faible densité de voisinage phonologique sont reconnus plus rapidement que les mots à forte densité par de jeunes adultes (Cluff & Luce, 1990; Luce & Pisoni, 1998), de même que par les adultes âgés (Sommers & Danielson, 1999). Concernant la production, la plupart des études observent l'effet inverse : les mots à forte densité de voisinage phonologique sont moins susceptibles d'induire des erreurs ou des difficultés de récupération (Vitevitch, 1997; Vitevitch & Sommers, 2003). Ils sont dénommés plus rapidement que les mots à faible densité de voisinage (Grainger, 1990, Vitevitch, 2002). Chez les patients aphasiques, les mots à forte densité sont moins susceptibles d'erreurs que les mots à faible densité (Gordon, 2002). Harley and Bown (1998) ont montré qu'à longueur et fréquence égales, le nombre de voisins phonologiques d'un mot déterminait la probabilité du phénomène de mot sur le bout de la langue : les mots avec une faible densité de voisinage phonologique sont plus susceptibles de provoquer un mot sur le bout de la langue que les mots à forte densité. Autrement dit, un vaste ensemble de réponses potentielles augmentent les chances de succès de récupération pour un mot cible. Les auteurs font l'hypothèse que des items structurellement similaires s'activent les uns les autres. A notre connaissance, l'effet de voisinage phonologique n'a pas été examiné chez les patients Alzheimer mais au vu des travaux antérieurs sur le vieillissement normal et si le système phonologique est plus épargné que le système lexico-sémantique, nous faisons l'hypothèse qu'un effet de densité de voisinage phonologique devrait être observé chez les patients Alzheimer.

2 Matériel et méthode

2.1 Participants

20 patients diagnostiqués comme présentant une probable maladie d'Alzheimer (Reisberg et al., 1984) sur la base du NINCDS-ADRDA criteria (McKhann et al., 1984) et 20 sujets contrôles appariés en âge, sexe et statut socio-économique ont participé à l'étude. Les patients Alzheimer sont à des stades de démence modérée à moyenne selon l'évaluation du

MMSE (Folstein et al., 1975). Les informations concernant les participants sont présentées dans la Table 1.

	Patients n=20			Contrôles n=20			p
	Moyenne	SD	Rang	Moyenne	SD	Rang	
Age	76,6	9,1	69-89	76,8	5,2	67-85	n.s
NSC	2,18	1,1	1-4	2,20	1,2	1-4	n.s
MMSE	22,6	2,5	17-25	30,00	0,0	30-30	<0,0001

TABLE 1. Caractéristiques des participants

Les patients et les contrôles ne diffèrent ni en âge ni en statut socio-économique mesuré à l'aide de l'échelle de Poitrenaud (1995), mais les patients obtiennent des scores significativement moindres que les contrôles au test du MMSE (p<0.0001).

2.2 Procédure

Un échantillon de parole spontanée a été recueilli auprès des participants[1] en leur demandant de narrer ce qui constitue pour eux le meilleur, puis le pire, jour de leur vie. Les données ont été transcrites manuellement au moyen du logiciel de transcription semi-automatique Transcriber® (Barras et al., 2001).

2.3 Codage

Les silences d'une durée supérieure à 200 ms ont été codés comme des pauses silencieuses. Les allongements vocaliques, pauses pleines et hésitations ont également été transcrites. Ces dysfluences ont été utilisées comme des indices de difficultés de récupération lexicale à l'intérieur d'un syntagme. Les exemples (1) à (6) illustrent différents contextes dysfluents, les mots en gras correspondent aux mots difficiles à récupérer.

(1) Allongement
Amandine67 : « *depuis que t'es partie on arrête pas d'appeler le-le:* <Allongement: 0,44s> *les* ***urgences*** *c'était bien sûr un samedi ou un dimanche* »

(2) Allongement + autre
Ariane 68-24: « *je me suis cassé la:* <allongement: 0,32s> <Pause Silencieuse: 0,49s> *la* ***cheville*** »

(3) Pause Silencieuse
Ariane 68-25: « *sept fois j'ai passé en en* < Pause Silencieuse: 0,57s> *en* ***gynécologie*** »

(4) Pause Silencieuse + autre
Anne83-22: « *des choses* < Pause Silencieuse: 0,83s> <Pause Pleine: 0,56s> ***lisibles*** »

(5) Pause Pleine
Aurélien: « *je suis comme / comme* < Pause Pleine: 1.17s> *un* ***bourgeon*** »

(6) Pause Pleine + autre
Ariane68-25 : « *j'étais vraiment-* < Pause Pleine: 0.37s> < Pause Silencieuse: 1.04s> ***enchantée*** »

[1] Les noms des participants à l'étude ont tous été anonymés.

Pour chaque corpus, un nombre de mots difficiles à récupérer a été extrait. En outre, un nombre identique de mots faciles à récupérer (i.e. non précédés d'une dysfluence) a été extrait aléatoirement de chaque corpus. Pour chacun des mots de ces deux listes, la fréquence des mots extraits du corpus et le nombre de leurs voisins phonologiques ont été calculées au moyen de la base Lexique (New et al., 2004).

3 Résultats

Au total, 376 mots ont été identifiés comme problématiques (i.e. difficiles à récupérer) mais les mots très rares (<5) et très fréquents (<500) ont été exclus de l'analyse.

Pour chaque variable dépendante, la fréquence, puis le nombre de voisins phonologiques, une ANOVA à deux facteurs (A = facteur interparticipants : Alzheimers, Contrôles ; B= facteur intraparticipants : mots faciles, mots difficiles) sera réalisée selon un plan à mesures partiellement répétées $S_{20}<A_2>*B_2$).

Le tableau 2 présente la fréquence des mots difficiles ou faciles à récupérer dans les deux populations.

	Mots difficiles	Mots faciles
Contrôles	101 (22,5)	290 (71)
Patients	142 (23)	237 (31)

TABLE 2. Fréquence moyenne (par millions de mots) des mots faciles vs difficiles à récupérer en fonction de la population.

La différence entre les deux groupes n'est pas significative ($F_{(1,224)}$ = 0,02, n.s.). En revanche, le facteur « mot » exerce un effet significatif ($F_{(1,224)}$ = 15,58 ; p = 0,0001) : les mots précédés de dysfluences sont significativement moins fréquents que les mots non précédés de telles dysfluences.

Le tableau 3 présente le nombre de voisins phonologiques pour les mots problématiques et non problématiques dans chaque population.

	Mots difficiles	Mots faciles	p
Contrôles	6,67 (6,09)	7,78 (8,29)	n.s.
Patients	5,58 (7,17)	8,24 (8,32)	0,003

TABLE 3. Nombre moyen de voisins phonologiques pour les mots difficiles vs faciles à récupérer en fonction de la population.

L'analyse statistique ne révèle aucun effet de groupe ($F_{(1,224)}$ = 0,178, n.s.) mais un effet de type de mots ($F_{(1,224)}$ = 6,89, p=.009) : les mots difficiles à récupérer ont un nombre significativement plus faible de voisins phonologiques que les mots dont la récupération ne pose pas de difficulté. Bien que l'interaction ne soit pas significative, un test *post-hoc* PLSD de

Fisher a été réalisé au vu des hypothèses de l'étude : par population, la différence entre les deux listes de mots est significative chez les patients Alzheimer (p=0,003), chez qui les mots difficiles à récupérer ont une densité de voisinage phonologique significativement moindre que les mots faciles, mais cette différence n'est pas significative dans le groupe contrôle.

Le nombre de voisins phonologiques est connu pour être corrélé avec la longueur du mot (Storkel, 2004) : plus un mot est court, plus il est susceptible d'avoir un voisinage phonologique dense. C'est le cas dans nos données, à la fois pour les mots problématiques (z=-0,628 ; p<0.0001) que pour les mots non problématiques à récupérer (z=-0,658 ; p<0.0001). Dans ces circonstances, il est difficile de déterminer si les difficultés de récupération lexicale sont imputables au paramètre de longueur du mot ou à celui de la densité du voisinage phonologique des mots. Afin de neutraliser l'effet de longueur, nous avons, dans un deuxième temps, considéré uniquement le cas des mots bisyllabiques.

Le tableau 4 présente la fréquence des mots de deux syllabes.

	Mots difficiles	Mots faciles
Contrôles	126 (41)	277 (69)
Patients	139 (29)	243 (36)

TABLE 3. Fréquence moyenne (par millions de mots) des mots bisyllabiques faciles vs difficiles à récupérer en fonction du groupe.

A longueur égale, nous observons un effet significatif du type de mots ($F_{(1,214)}$ = 8,29 ; p=0,004) tandis que l'effet du groupe et l'interaction ne sont pas significatifs.

Le tableau 5 présente le nombre de voisins phonologiques des mots de deux syllabes précédés ou non de dysfluences dans les deux populations.

	Mots difficiles	Mots faciles	p
Contrôles	7,82 (5,08)	6,95 (7,49)	n.s.
Patients	5,01 (5,51)	7,29 (6,98)	0,03

TABLE 5. Nombre moyen de voisins phonologiques des bisyllabiques difficiles ou faciles à récupérer en fonction du groupe.

L'analyse statistique ne révèle pas d'effet de groupe ($F_{(1,213)}$ = 1,88 ; n.s.), ni d'effet de type de mots $F_{(1,213)}$) = 0,608, n.s.) tandis que l'on peut observer une tendance au niveau de l'interaction entre les deux variables ($F_{(1,213)}$ = 3,073, p=0,08). Le test *post-hoc* PLSD de Fisher réalisé au vu des hypothèses de l'étude révèle que les mots difficiles à récupérer produits par les patients Alzheimer ont significativement moins de voisins phonologiques que les mots faciles à récupérer (p = 0,03) alors que la différence n'est pas significative dans le groupe contrôle (n.s.).

4 Conclusion

Dans cette étude, nous avons examiné l'effet de la densité de voisinage phonologique dans les mots d'accès difficile vs facile chez des patients souffrant de la maladie d'Alzheimer et des sujets âgés sains. Globalement, notre étude réplique les résultats d'études antérieures concluant à l'effet facilitateur de la récupération des mots fréquents et de ceux ayant un voisinage phonologique dense, mais cette différence n'est significative que chez les patients Alzheimer. Lorsque la longueur est contrôlée, l'effet s'inverse sans devenir significatif chez les contrôles tandis qu'il se maintient chez les patients Alzheimer, chez qui une densité phonologique faible semble affecter le succès de récupération des mots en parole spontanée. Ce résultat révèle qu'en production spontanée, un voisinage phonologique dense provoque également un effet facilitateur, ce qui avait été précédemment observé en laboratoire dans des tâches de dénomination lexicale (Vitevitch, 2002 ; Mirman et al. 2010) et à travers l'étude de situations de mots sur le bout de la langue induites (Vitevitch & Sommers, 2003). Comme dans les études précédentes, nos résultats confirment la validité des modèles interactifs de la production de la parole (Dell, 1986 par exemple) selon lesquels l'activation de la forme d'un mot active partiellement les nœuds phonologiques qui le constituent. Les nœuds phonologiques activés répercutent l'activation au niveau de la forme du mot à tous les mots qui contiennent ces phonèmes. Ces voisins partiellement activés renvoient l'activation au niveau des nœuds phonologiques, augmentant ainsi l'activation des nœuds phonologiques partagés. La quantité d'activation que les nœuds phonologiques reçoivent dépend - entre autres - du nombre de voisins (Vitevitch & Sommers, 2003). Un mot ayant beaucoup de voisins phonologiques recevra une plus grande quantité d'activation via les nœuds phonologiques partagés qu'un mot ayant peu de voisins phonologiques, et sera donc produit plus facilement (Gordon, 2002 ; Gordon & Dell, 2001, Vitevitch, 2002, Vitevitch & Sommers, 2003, Dell & Gordon, 2003). L'absence d'effet facilitateur de la densité de voisinage phonologique dans le groupe contrôle requiert l'examen plus exhaustif des caractéristiques des mots étudiés. Outre l'effet de densité phonologique et de fréquence que nous avons examinés ici, des études ultérieures devront considérer d'autres variables telles que la longueur que nous avons neutralisée dans cette étude ou encore la fréquence des voisins phonologiques (Vitevitch & Sommers, 2003).

5 Références

BARRAS, C., GEOFFROIS, E. WU Z. & LIBERMAN, M. (2001). Transcriber: development and use of a tool for assisting speech corpora production. *Speech Communication, 33 (1-2)*, pages 5-22.

CLUFF, M.S., & LUCE, P.A. (1990). Similarity neighborhoods of spoken two-syllable words: Retroactive effects on multiple activation. *Journal of Experimental Psychology: Human Perception and Performance, 16*, pages 551–563.

CROOT, K., HODGES, J.R., XUEREB, J., PATTERSON, K. (2000). Phonological and articulatory impairment in Alzheimer's disease: A case series. *Brain and Language 75*, pages 277–309.

DELL, G.S. (1986). A spreading-activation theory of retrieval in sentence production. *Psychological Review. 93*, pages 283–321.

DELL, G.S. & GORDON, J.K. (2003). Neighbors in the lexicon: Friends or Foes? In Schiller, N.O. & Meyer, A.S. : *Phonetics and phonology in language comprehension and production: Differences and similarities.* New York: Mouton de Gruyter.

FOLSTEIN, M.F., FOLSTEIN, S.E., & MCHUGH, P.R. (1975). "Mini-mental state". A practical method for grading the cognitive state of patients for the clinician. *Journal of psychiatric research, 12*(3), 189.

GAYRAUD, F., LEE, H.-R., HIRSCH, F. & BARKAT-DEFRADAS, M., (2011), Perturbations phonologiques et maladie d'Alzheimer : la fin d'un mythe *? 4èmes Journées de Phonétique Clinique*, Strasbourg, 19-21 mai 2011.

GLOSSER, G., FRIEDMAN, RB., KOHN, SE., SANDS, L. ,GRUGAN, P. (1998). Cognitive mechanisms for processing nonwords: Evidence from Alzheimer's disease. *Brain and Language 63*, pages 32–49.

GLUSHKO, R.J. (1979). The organization and activation of orthographic knowledge in reading aloud. *Journal of Experimental Psychology: Human Perception and Performance, 5*, pages 674-691.

GORDON, J.K. (2002). Phonological neighborhood effects in aphasic speech errors: Spontaneous and structured contexts. *Brain and Language, 82*, pages 113–145.

GORDON, J.K., DELL, G.S. (2001) Phonological neighborhood effects: Evidence from aphasia and connectionist modeling. *Brain & Language, 79*, pages 21–23.

GRAINGER, J. (1990). Word frequency and neighborhood frequency effects in lexical decision and naming. *Journal of Memory and Language, 29*, pages 228-244.

HARLEY, T.A., & BOWN, H.E. (1998). What causes a tip-of the- tongue state? Evidence for lexical neighborhood effects in speech production. *British Journal of Psychology, 89*, pages 151-174.

LUCE, P.A. & PISONI, D.B. (1998). Recognizing spoken words: The neighborhood activation model. *Ear & Hearing, 19*, pages 1–36.

MCKHANN G., DRACHMAN D., FOLSTEIN M., KATZMAN R., PRICE D., STADLAN E.M. (1984). Clinical diagnosis of Alzheimer's disease: report of the NINCDS-ADRDA Work Group under the auspices of Department of Health and Human Services Task Force on Alzheimer's Disease. *Neurology, 34*, pages 939–44.

MIRMAN, D., KITTREDGE, A.K., DELL, G.S. (2010). Effects of Near and Distant Phonological Neighbors on Picture Naming. *Proceedings of the 32nd Palm Mind Modelling*, pages 1447-1452.

NEW, B., PALLIER, C. BRYBAERT, M. a FERRAND, L. (2004). Lexique 2: A new French Lexical database. *Behavior Research Methods, Instruments, & Computers 36* (3), pages 516-552.

POITRENAUD, J. (1995). Les évaluations psychométriques. In: F. Eustache F. & A. Agniel A. (Eds), *Neuropsychologie Clinique des démences : Evaluations et prise en charge.* Marseille :Solal.

REISBERG, B., FERRIS, S.H., ANAND, R., LEON, M.J., SCHNECK, M.K., BUTTINGER, C., et al. (1984).

Functional staging of dementia of the Alzheimer type. *Annals of the New York Academy of Sciences, 435*(1), pages 481-483.

SOMMERS, M.S., & DANIELSON, S.M. (1999). Inhibitory processes and spoken word recognition in young and older adults: The interaction of lexical competition and semantic context. *Psychology and Aging, 14*, pages 458–472.

STORKEL, H.L. (2004). Methods for Minimizing the Confounding Effects of Word Length in the Analysis of Phonotactic Probability and Neighborhood Density. *Journal of Speech and Hearing Research, 47*, pages 1454-1468.

VITEVITCH, M.S. (1997). The neighborhood characteristics of malapropisms. *Language and Speech, 40*, pages 211–228.

VITEVITCH, M.S. (2002). The influence of phonological similarity neighborhoods on speech production. *Journal of Experimental Psychology: Learning, Memory, and Cognition, 28*, pages 735–747.

VITEVITCH, M.S., & SOMMERS, M.S. (2003). The facilitative influence of phonological similarity and neighborhood frequency in speech production in younger and older adults. *Memory & Cognition, 31*, pages 491–504.

Détection automatique de zones de déviance dans la parole dysarthrique : étude des bandes de fréquences

Corinne Fredouille[1], Gilles Pouchoulin[2]
(1) LIA, CERI, Université d'Avignon et des Pays de Vaucluse, Avignon, France
(2) LPL, CNRS, Université d'Aix-Marseille, Aix-en-Provence, France
corinne.fredouille@univ-avignon.fr, gilles.pouchoulin@lpl-aix.fr

RÉSUMÉ

Cet article propose d'associer à un système de détection automatique de zones anormales/déviantes sur des productions de parole altérée, une analyse en sous-bandes de fréquences. Ce travail vise à montrer que les portions anormales de parole peuvent être détectées différemment selon les bandes de fréquences. La complémentarité des sous-bandes fréquentielles pourraient ensuite être utilisées afin d'améliorer la robustesse de la détection automatique.
Les résultats expérimentaux, établis sur un groupe de patients de parité homme-femme souffrant de dysarthrie, mettent en évidence un comportement très intéressant des sous-bandes de fréquences moyennes et élevées, comportement différent selon le sexe des patients et maintenu à travers une analyse phonétique par classe (voyelles, consonnes, ...). Les observations relevées permettent d'entrevoir de larges perspectives d'investigation concernant l'analyse des gains apportés par les sous-bandes individuelles par rapport à la bande de fréquence totale, ainsi que le potentiel de la stratégie de combinaison par sous-bande.

ABSTRACT

Abnormal Zone Detection in Dysarthric Speech Utterances according to Frequency Bands

This paper proposes to join a speech processing-based system devoted to the automatic detection of abnormal zones in impaired speech utterances with an analysis in frequency subbands. This work aims to demonstrate that abnormal zones could be detected differently according to the frequency bands. The complementarity of the frequency subbands could be used afterwards to improve the robustness of the automatic detection.
Experimental results, reported for a set of gender-balanced patients suffering from dysarthria, highlight a very interesting behavior of medium and high frequency subbands, different from male and female patients and supported by a comparison between vowel and consonant classes. The related observations open a large set of investigation perspectives, regarding the analysis of gains brought by individual subbands compared with the full frequency band, but also regarding potential subband combination strategy.

MOTS-CLÉS : Troubles de la parole, dysarthrie, détection automatique, zones de déviance.

KEYWORDS: Speech disorders, dysarthria, automatic detection, deviant speech zones.

1 Introduction

Depuis de nombreuses années, cliniciens, orthophonistes, phonéticiens et chercheurs en sciences du langage et en traitement de l'information et de la communication, démontrent un réel intérêt à mieux comprendre les troubles de la parole dans le contexte de dysarthrie. Pourtant, la classification des différents types de dysarthrie proposée par (Darley *et al.*, 1969b,a, 1975), basée sur des dimensions perceptives, est par exemple toujours d'actualité aujourd'hui. Dans la pratique clinique, les troubles de la parole sont évalués de manière perceptive suivant différentes échelles ou grilles d'évaluation telles que "the Frenchay dysarthria assessment" proposée par (Enderby, 1983) et adaptée au français par (Auzou *et al.*, 2000a) ou l'item 18 de l'échelle UPDRS ("Unified Parkinson's Disease Rating Scale") (Weismer, 1984) dédiée à la maladie de Parkinson. Néanmoins, plusieurs études ont démontré les limites de ces évaluations perceptives, au regard notamment de la variabilité intra- et inter-jugement qui peut être observée et du manque de reproductibilité, même dans le cas de protocoles standardisés ou de passations réalisées par des experts du domaine (Auzou *et al.*, 2000b). De ce constat, il en ressort que la mise en place d'approches ou de méthodologies plus objectives est nécessaire pour mieux cibler et caractériser les effets de la dysarthrie sur la production de parole, permettant ainsi de venir compléter les évaluations perceptives.

Différentes études portant sur la caractérisation de la dysarthrie à partir d'analyses acoustiques du signal de parole ont été proposées dans la littérature (Weismer, 1984; Kent *et al.*, 1999; Kent et Kim, 2003). Elles ont permis de mettre en évidence des ensembles de paramètres majeurs dans la distinction de patients prototypiques atteints de différents types de dysarthrie. Néanmoins, la très grande diversité pouvant être observée dans les échantillons de parole de patients dysarthriques, démontre que ces études doivent être encore approfondies et que l'axe phonétique doit venir complémenter l'axe purement acoustique.

Le travail présenté ici vise à aider les phonéticiens dans leur analyse manuelle d'échantillons de parole dégradeée que l'on sait coûteuse en temps et en ressource. L'objectif de l'approche proposée est de guider les chercheurs vers des zones du signal potentiellement attractives en terme de "déviance" (d'un point de vue de la phonétique clinique) de manière à permettre une analyse plus fine des zones concernées. Cette approche repose sur une détection préalable des zones de parole considérées comme "déviantes" ou anormales. Cette détection reprend une méthodologie déjà présentée dans (Fredouille et Pouchoulin, 2011) à laquelle se greffe une analyse en bandes fréquentielles. Cette dernière repose sur l'hypothèse que certaines altérations du signal de parole dues à la dysarthrie pourront être mieux détectées en ciblant des bandes de fréquences bien spécifiques.

L'article est organisé de la manière suivante : la section 2 rappellera les principales étapes de l'approche de détection automatique des zones de déviance dans un signal de parole tandis que la section 3 montrera son application dans l'analyse des bandes de fréquences. La section 4 sera dédiée au protocole expérimental mis en oeuvre dans ce travail, ainsi qu'à la description du corpus de parole dysarthrique et des mesures d'évaluation sur lesquels les expériences seront réalisées. Cette section reportera également les résultats obtenus. Ces derniers seront discutés en section 5, apportant différentes perspectives à ce travail.

2 Détection automatique des zones de déviance

La détection automatique de zones de déviance, décrite dans (Fredouille et Pouchoulin, 2011) repose sur 3 étapes principales : (1) un alignement automatique en phonèmes ; (2) le calcul de score de normalité pour chaque phonème et (3) la production d'une cartographie mettant en évidence les zones de déviance.

2.1 Alignement automatique en phonèmes

Comme énoncé précédemment, la première étape de la détection automatique consiste à segmenter le signal de parole en unités minimales qui seront par la suite analysées en vue de les étiqueter comme zones normales ou anormales. Dans les travaux conduits jusqu'à présent, le phonème a été choisi comme unité de segmentation pour deux raisons principales : (1) la durée des phonèmes est considérée comme suffisante pour fournir un score de normalité (voir section suivante), comparé notamment à des unités telles que les trames de signal de 20ms utilisées généralement par les outils de traitement de la parole ; (2) les phonèmes peuvent subir des distorsions du point de vue acoustique en présence de troubles de la voix et/ou de la parole. Cette segmentation en phonèmes est fournie par un outil automatique d'alignement contraint par le texte développé par le Laboratoire Informatique d'Avignon (LIA). Cet outil prend en entrée le signal de parole accompagné d'une transcription orthographique du contenu linguistique et un lexique phonétisé, et fournit en sortie une liste de frontières (début et fin) pour chaque phonème rencontré dans la transcription.

2.2 Mesure des scores acoustiques

A partir de la séquence de phonèmes et de leurs frontières fournies par l'étape précédente, cette seconde étape consiste à calculer un score acoustique normalisé pour chacun des phonèmes. Ce score sera ensuite utilisé pour déterminer le degré de normalité de chaque phonème. Dans ce travail, le score acoustique normalisé est défini comme suit :

$$L_p^{norm}(y_p) = log(\frac{L_p^{Contraint}(y_p)}{L_{p'}^{Noncontraint}(y_p)}) \quad (1)$$

où $L_p^{norm}(y_p)$ est le score acoustique normalisé obtenu pour chaque phonème p et calculé sur le segment de parole y_p. $L_p^{Contraint}(y_p)$ est le score acoustique assigné au phonème p pendant le processus d'alignement automatique contraint par le texte. $L_{p'}^{Noncontraint}(y_p)$ est le score acoustique obtenu sur le segment y_p à partir d'un alignement en phonèmes non contraint par le texte. Le phonème p' (ou la séquence de phonèmes) pouvant être potentiellement différent du phonème attendu p, le score normalisé obtenu permettra ainsi d'avoir une première mesure du degré de distorsion du phonème p.

2.3 Cartographie

La dernière étape de la détection automatique consiste à exploiter les scores normalisés assignés à chaque phonème individuellement, en déterminant de manière automatique si le phonème doit être considéré comme normal ou anormal du point de vue acoustique. Cette décision est établie grâce à un indice de normalité attribué à chaque phonème par projection de leur score acoustique normalisé sur une échelle de référence.
Cette échelle est construite à partir d'une population de sujets sains produisant de la parole considérée comme normale. Des scores acoustiques normalisés sont calculés sur les signaux de parole produits par cette population en suivant les deux étapes décrites précédemment. A partir de ces scores, des valeurs de scores minimums, maximums et médians sont estimées et utilisées pour définir l'échelle de référence. La projection des scores acoustiques normalisés issus des productions de parole d'un patient dysarthrique sur l'échelle de référence permet finalement de définir, la position d'un phonème sur l'échelle de référence - à l'intérieur, il est considéré comme normal, à l'extérieur, considéré comme anormal. Sa position permet en outre de déterminer l'indice de normalité associé.
En vue de faciliter la lecture des résultats issus de cette projection, une cartographie est produite, permettant de représenter graphiquement grâce à une échelle de couleurs associée à l'échelle de référence, l'ensemble des phonèmes et leur indice de normalité. Cette représentation permet ainsi de visualiser très rapidement les zones de déviance (accumulation de plusieurs phonèmes d'indice de normalité faible) et de comparer des cartographies établies sur des productions de parole différentes issues d'un même patient par exemple.

3 Détection et domaine fréquentiel

Comme mentionné en introduction, l'objectif de ce travail est de déterminer si la méthodologie proposée pour la détection automatique de zones de déviance peut être plus pertinente dès lors qu'elle est appliquée sur des bandes de fréquences limitées comparé à la bande fréquentielle totale [0-8kHz]. Il est attendu que certaines bandes de fréquences soient plus pertinentes que d'autres pour cibler des anomalies sur des phonèmes bien précis. Dans ce sens, il a été choisi de manière ad-hoc d'analyser le signal de parole suivant 6 bandes de fréquences de 1kHz, chacune répartie égalitairement sur la bande [0-6kHz], à comparer à l'utilisation de la bande fréquentielle totale [0-8kHz]. La méthodologie décrite dans la section précédente est par conséquent appliquée en considérant chacune des 6 sous-bandes individuellement et la bande totale.

4 Protocole expérimental et résultats

Les expériences présentées dans cette section sont conduites sur un corpus de parole dysarthrique enregistré à l'hôpital La Pitié-Salpétrière de Paris. Ce corpus comprend des enregistrements de 7 locuteurs contrôles et de 8 patients dysarthriques. Ces patients souffrent de maladies génétiques rares (maladies lysosomales) et présentent des degrés de sévérité de la dysarthrie très variables dus notamment à une progression différente de leur maladie. Tous les locuteurs ont été enregistrés à plusieurs reprises avec des périodes, entre deux enregistrements, d'une semaine pour les sujets contrôles et pouvant aller jusqu'à six mois pour les sujets dysarthriques. De 3 à 5 enregistrements sont ainsi disponibles par locuteur. Tous les locuteurs ont été enregistrés dans les mêmes conditions sur une tâche de lecture de texte ("Le cordonnier"). La durée des productions de parole varie de 48s à 196s, avec une moyenne de 60s environ pour les locuteurs contrôles et 85s pour les patients.

Pour finir, les productions de parole des patients ont été analysées par un expert humain en vue d'annoter les zones de parole considérées comme anormales/déviantes. Pour chaque enregistrement, cette analyse a été réalisée à partir d'une écoute du signal de parole, des analyses/indicateurs fournis par le logiciel Praat et de la segmentation automatique en phonèmes fournie par l'outil du LIA. Le résultat attendu de la part de l'expert et de son analyse était, pour chaque phonème, une étiquette "normal" ou "anormal" et dans ce dernier cas, des indications sur la nature observée de la déviance (information non utilisée dans ce travail) comme par exemple bruit, dévoisement, distorsion spectrale, etc.

4.1 Protocole d'évaluation

En vue d'évaluer la détection automatique des zones de déviance, les sorties de cette dernière sont comparées aux annotations fournies par l'expert humain sur le corpus dysarthrique, considérées ici comme référence. Cette comparaison est quantifiée selon deux mesures issues du domaine de la recherche d'information :

- mesure de **Rappel** de la classe "phonème déviant" donnée par le rapport entre le nombre de phonèmes déviants correctement détectés par le système automatique (vis-à-vis de la référence) et le nombre de phonèmes étiquetés comme déviants par l'expert humain. Ce rapport mesure les performances du système automatique dans sa tâche de détection des phonèmes déviants : plus le rapport est proche de 1, plus le système est performant ;
- mesure de **Précision** de la classe "phonème déviant" donnée par le rapport entre le nombre de phonèmes déviants correctement détectés par le système automatique et le nombre de phonèmes détectés comme déviants par le système automatique. Ce rapport mesure le taux inverse de faux positifs produits par le système automatique dans sa tâche de détection : plus le rapport est proche de 1, plus le système est précis.

4.2 Résultats

Les résultats de la détection automatique des zones de déviance couplée à une analyse en bandes de fréquences de 1kHz ou appliquée sur la bande de fréquences totale [0-8kHz] sont reportés en figure 2. Exprimés en termes de rappel et de précision, ces résultats sont fournis par patient et représentent la moyenne des valeurs de rappel et de précision obtenues individuellement sur chacun de leurs enregistrements.

La comparaison des résultats entre les différentes bandes de fréquences montre que les mesures de précision sont similaires ou légèrement supérieures sur la bande totale que sur les bandes de 1kHz dans la grande majorité des cas. Une plus grande variabilité est observable sur les mesures de rappel entre la bande totale et les bandes de 1kHz, mais également entre les bandes elles-mêmes. En considérant le sujet "Homme1" qui présente les plus grandes différences dans les valeurs de rappel, la bande totale est associée à une valeur de rappel de 0.3 contre 0.52, 0.61, 0.76 et 0.62 pour les bandes [0-1], [2-3], [3-4] et [4-5]kHz respectivement alors que les mesures de précision restent plutôt stables. Même si les différences entre valeurs ne sont pas si notables chez les autres sujets masculins, il est à noter que les bandes [2-3], [3-4] et [4-5]kHz affichent

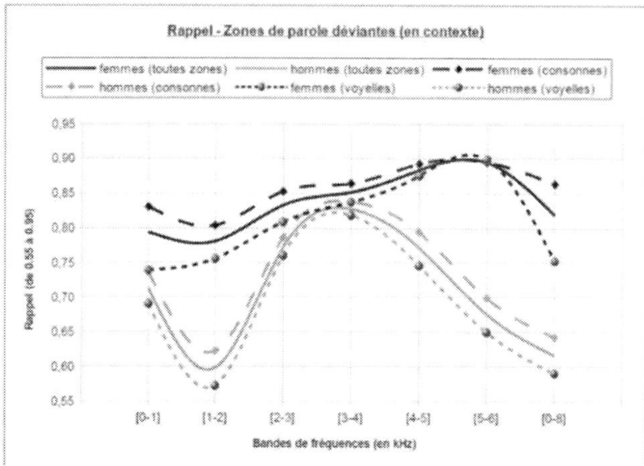

FIGURE 1: Mesures de rappel obtenues par bande de fréquence de 1kHz et sur la bande totale. Résultats donnés en fonction du genre des patients et de la classe de phonèmes observée.

systématiquement des mesures de rappel meilleures que la bande totale et que ces différences sont statistiquement significatives (excepté pour le patient “Homme3”). Cette observation est intéressante étant donné que les patients présentent des degrés de sévérité de la dysarthrie très différents.
Les patients féminins montrent un comportement différent. En premier lieu, les différences entre bandes de 1kHz sont moins marquées en termes de mesures de rappel. Néanmoins, on peut remarquer que les bandes [3-4], [4-5] et [5-6]kHz se détachent des autres, obtenant des mesures de rappel supérieures à celles de la bande totale (et des différences statistiquement significatives entre la bande [5-6]kHz et la bande totale, excepté pour la patiente “Femme2”). Les mesures de précision sont quant à elles plus faibles sur les bandes de 1kHz comparées à la bande totale mais les différences ne sont pas significatives dans ces derniers cas.

5 Discussion

Comme première analyse des résultats présentés en section 4.2, les mesures de rappel par bande de fréquences et par genre des patients sont reportées sur la figure 1 en distinguant 3 classes de phonèmes : l’ensemble des phonèmes présents dans les productions de parole des patients (“all zones”), l’ensemble des voyelles et celui des consonnes. On peut ainsi observer que la courbe de variation des mesures de rappel obtenues sur les différentes bandes de fréquences est tout à fait similaire si l’on compare les trois classes de phonèmes considérées. La classe des consonnes est associée aux meilleures mesures de rappel quelle que soit la bande de fréquences observée. En outre, considérant les classes des voyelles et des consonnes, les bandes [2-3], [3-4] et [4-5]kHz restent celles pour lesquelles les valeurs de mesures de rappel sont les plus élevées pour les patients masculins et les bandes [3-4], [4-5] et [5-6]kHz pour les patients féminins, similairement à ce qui a pu être observé sur l’ensemble des phonèmes. Si le comportement des consonnes sur ces bandes et notamment les bandes de hautes fréquences, peut être expliqué par une analyse plus ciblée des altérations liées aux consonnes fricatives ou occlusives (meilleure prise en compte de l'amplification du bruit de friction), les résultats observés sur les voyelles sont plus surprenants, demandant une étude plus approfondie. Ces différents résultats et observations ouvrent différentes voix d'investigation :

- les gains en termes de mesures de rappel observés sur certaines bandes de fréquences doivent faire l'objet d'une étude basée sur l'analyse des zones de déviances détectées par chacune des bandes et sur le taux de recouvrement de ces zones entre bandes. En d'autres termes, "est-ce que l'analyse par bande de fréquences permet simplement d'augmenter le nombre des zones de déviance correctement détectées ou est-ce qu'elle révèle de nouvelles zones de déviance non détectées par l'analyse en bande totale ?"
- l'analyse phonétique doit être approfondie sur des classes plus fines (fricatives, occlusives, ...) afin de mieux cibler les zones de déviance et mieux comprendre le comportement de la détection sur certaines classes (cas des voyelles par exemple) ;
- le caractère complémentaire des bandes doit être étudié en vue de proposer le cas échéant un paradigme de fusion des informations ciblées par chacune d'elles permettant d'en tirer bénéfice pour améliorer la détection des zones de déviance ;
- finalement, cette étude doit être élargie à un corpus de parole dysarthrique plus conséquent, présentant davantage de patients et des types de dysarthrie différents.

Remerciements

Ce travail est financé par l'Agence Nationale de la Recherche (ANR-08-BLAN-0125). Nous remercions Nathalie Lévèque et Frédéric Sedel de nous avoir fourni leur corpus de parole dysarthrique, Olavo Panseri pour ses annotations manuelles et Cécile Fougeron pour son aide.

Références

AUZOU, P., OZSANCAK, C., JAN, M., LEONARDON, S., MENARD, J. F., GAILLARD, M. J., EUSTACHE, F. et HANNEQUIN, D. (2000a). Evaluation clinique de la dysarthrie : Présentation et validation d'une méthode. *Revue de neurologie*, 154 (6-7).

AUZOU, P., OZSANCAK, C., MORRIS, J. R., JAN, M., EUSTACHE, F. et HANNEQUIN, D. (2000b). Voice Onset Time in aphasia, apraxia of speech and dysarthria : a review. *Clinical Linguistics and Phonetics*, 14 (2).

DARLEY, F. L., ARONSON, A. E. et BROWN, J. R. (1969a). Clusters of deviant speech dimensions in the dysarthrias. *Journal of Speech and Hearing Research*, 12:462–496.

DARLEY, F. L., ARONSON, A. E. et BROWN, J. R. (1969b). Differential diagnostic patterns of dysarthria. *Journal of Speech and Hearing Research*, 12:246–269.

DARLEY, F. L., ARONSON, A. E. et BROWN, J. R. (1975). *Motor speech disorders*. Philadelphia.

ENDERBY, P. (1983). Frenchay dysarthric assessment. *Pro-Ed, Texas*.

FREDOUILLE, C. et POUCHOULIN, G. (2011). Automatic detection of abnormal zones in pathological speech. *In Intl Congress of Phonetic Sciences (ICPHs'11)*, Hong Kong.

KENT, R. D. et KIM, Y. J. (2003). Toward an acoustic typology of motor speech disorders. *Clinical Linguistics and Phonetics*, 17 :6:427–445.

KENT, R. D., WEISMER, G., KENT, J. F., VORPERIAN, H. K. et DUFFY, J. R. (1999). Acoustic studies of dysarthric speech : Methods, progress, and potential. *The Journal of Communication Disorders*, 32 :3:141–186.

WEISMER, G. (1984). Acoustic description of dysarthric speech : Perception correlates and physiological inferences. *Rosenbeck, C. J. (ed), Seminar in speech and language, Thieme Stratton, New York*.

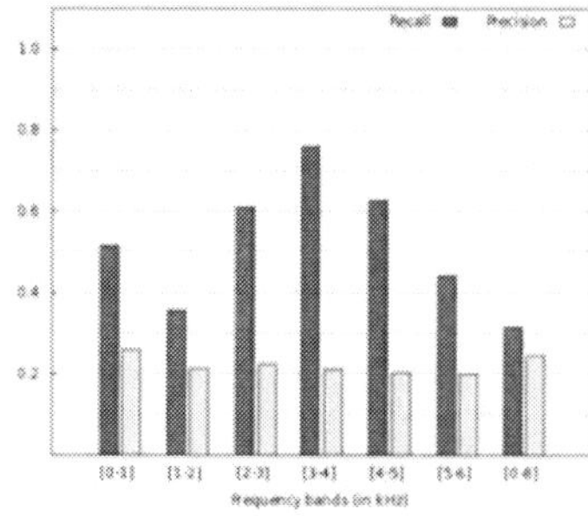

(a) Homme1

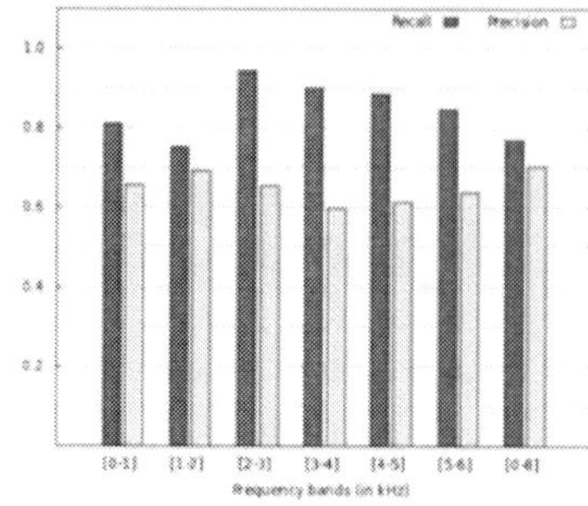

(b) Homme2

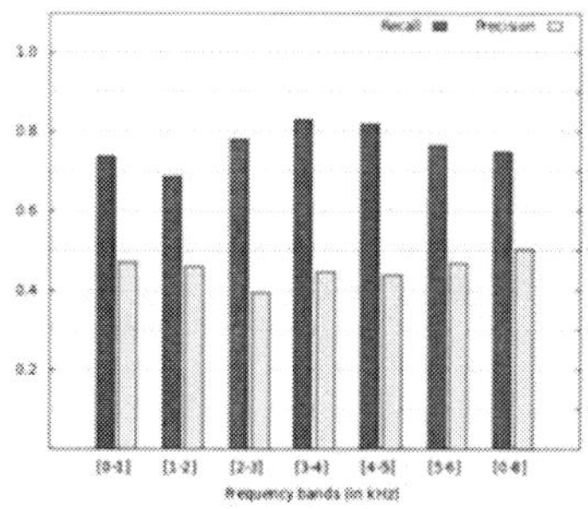

(c) Homme3

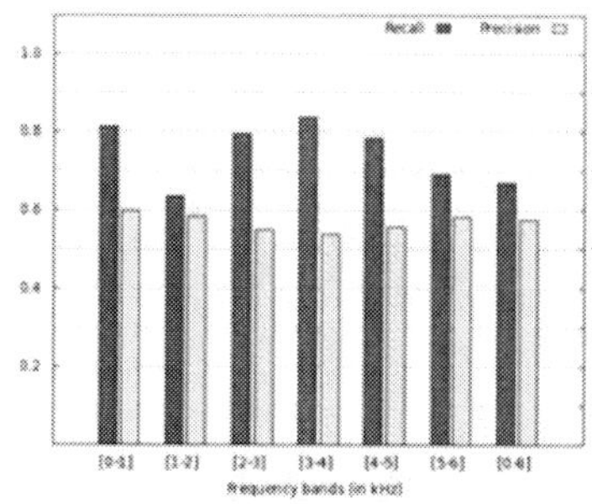

(d) Homme4

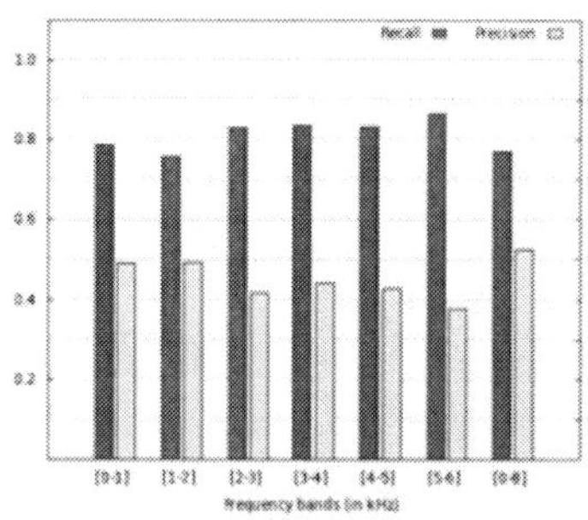

(e) Femme1

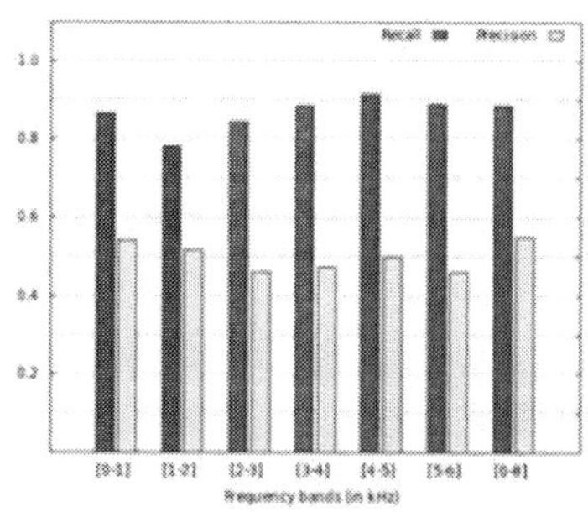

(f) Femme2

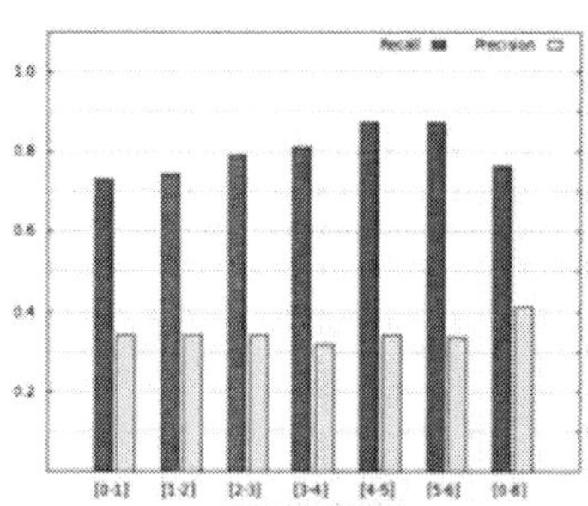

(g) Femme3

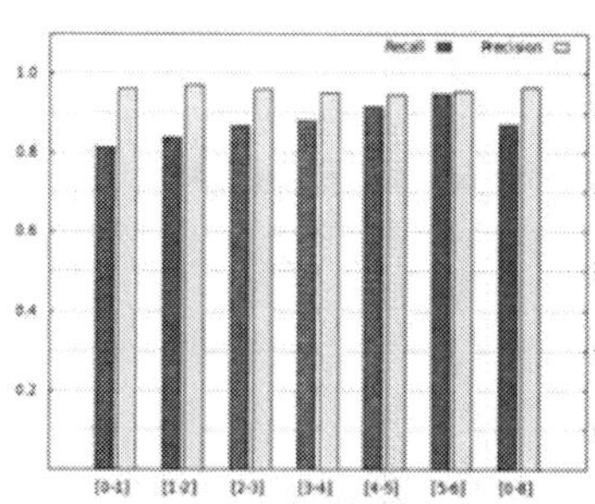

(h) Femme4

FIGURE 2: Performance de la détection automatique des zones de déviance sur les 8 patients dysarthriques. Les performances sont données en termes de rappel et précision suivant les bandes de fréquences de 1kHz et la bande totale [0-8]kHz.

Les voyelles /y-u/ dans IPFC : évaluation perceptive de productions natives, hispanophones et japonophones

Isabelle Racine[1], *Sylvain Detey*[2], *Yuji Kawaguchi*[3]
(1) ELCF, Université de Genève
(2) SILS, Waseda University et Dysola, Université de Rouen
(3) Tokyo University of Foreign Studies
isabelle.racine@unige.ch, detey@waseda.jp, ykawa@tufs.ac.jp

RESUME

Nous présentons une évaluation perceptive des voyelles françaises /y/ et /u/ produites par des apprenants hispanophones et japonophones dans le cadre du projet *InterPhonologie du Français Contemporain* (IPFC). Afin d'évaluer la qualité de réalisation de leurs productions, nous avons effectué deux expériences dans lesquelles 58 natifs ont dû identifier la voyelle (/y-u/) de monosyllabes produits par un groupe de natifs et deux groupes d'hispanophones (Expérience 1) et un groupe de natifs et deux groupes de japonophones (Expérience 2) en répétition et en lecture. Les résultats montrent globalement un effet de population – meilleure identification pour les natifs, – de tâche – meilleure identification en répétition – et, pour les hispanophones, de voyelle – meilleure identification pour /u/ que pour /y/. Ils révèlent également des différences entre hispanophones et japonophones, ainsi que, pour chaque population, entre les deux sous-groupes d'apprenants, qui se distinguent par le degré d'exposition au français.

ABSTRACT

The /y-u/ vowels in the IPFC project: a perceptual assessment of native, Spanish and Japanese learners' productions.

We present a perceptual study of the French vowels /y/ and /u/ produced by Spanish and Japanese learners, in the framework of the *InterPhonology of Contemporary French* (IPFC) project. To evaluate the quality of realization of their productions, we carried out two experiments in which 58 native listeners had to identify the vowel (/y-u/) of monosyllables produced by one group of native speakers, two categories of Spanish learners, and two categories of Japanese learners in a repetition and a reading task. The results globally show a population effect – a better identification for the natives – a task effect – a better identification in the repetition task – and, for the Spanish learners, a vowel effect – a higher identification rate for /u/ than for /y/. They also reveal differences between Spanish and Japanese learners, and between the two categories of learners within each group, which differ in terms of degree of L2 exposure.

MOTS-CLES : français langue étrangère, apprenants espagnols, apprenants japonophones, évaluation perceptive, voyelles arrondies, phonologie L2.

KEYWORDS : L2 French, Spanish learners, Japanese learners, perceptual assessment, rounded vowels, L2 phonology.

1 Introduction

Sur le plan phonético-phonologique, l'une des difficultés majeures de l'apprentissage du français langue étrangère (FLE) réside dans la maîtrise du système vocalique, constitué généralement au minimum de treize voyelles. Pour les hispanophones et les japonophones, cette difficulté constitue un enjeu important, étant donné que les systèmes vocaliques de l'espagnol et du japonais 'standard' ne comprennent que cinq phonèmes, /i/, /e/, /a/, /o/, /u/. Si l'on se concentre sur les voyelles françaises /y/ et /u/, on constate que, si /y/ constitue une « nouvelle » voyelle (Flege, 1987), tant sur le plan phonétique que phonologique, en espagnol et en japonais, le statut de /u/ est moins clair. En effet, si /u/ existe, du point de vue phonologique, dans les trois langues, sa réalisation phonétique, en espagnol et en japonais, diffère de celle du français (Meunier *et al.*, 2003, pour l'espagnol ; Akamatsu, 1997, pour le japonais).

L'objectif de l'étude présentée ici est d'examiner la qualité de réalisation de ces deux voyelles par des apprenants hispanophones et japonophones. Pour cela, nous avons effectué deux expériences dans lesquelles des natifs ont dû identifier la voyelle (/y-u/) de mots produits par un groupe de natifs ainsi que deux groupes d'hispanophones (exp. 1) et deux groupes de japonophones (exp. 2) en répétition et en lecture. L'approche adoptée constitue une étape nécessaire à l'interprétation des analyses acoustiques, celles-ci pouvant précisément être guidées par les résultats de l'évaluation perceptive. Cette étude a été menée dans le cadre du projet *InterPhonologie du Français Contemporain* (IPFC) (Detey & Kawaguchi, 2008 ; Durand *et al.*, 2009 ; Racine *et al.*, 2012)[1]. Les productions utilisées ici sont issues de deux des six tâches du protocole IPFC (répétition et lecture d'une même liste de mots spécifique à la L1). Parmi les paramètres pouvant influencer les résultats de notre étude figurent : 1) le statut de la voyelle dans la L1 des apprenants (voyelle phonologiquement et phonétiquement « nouvelle » *vs* voyelle phonétiquement « nouvelle »), 2) la tâche de production (lecture *vs* répétition), 3) le degré d'exposition des apprenants à la langue-cible (degré plus ou moins élevé d'exposition au français[2]).

2 Méthode

2.1 Participants

Dans l'expérience 1, 5 francophones natifs ainsi que 10 apprenants hispanophones, dont 5 de chaque corpus (Genève et Madrid), ont produit les mots utilisés. Dans l'expérience 2, les 10 apprenants étaient japonophones, dont 5 spécialistes et 5 non spécialistes. En outre, 58 natifs (30 pour l'exp. 1 et 28 pour l'exp. 2), tous étudiants de l'Université de Neuchâtel (Suisse), ont pris part à l'expérience perceptive.

[1] Voir le site du projet : http://cblle.tufs.ac.jp/ipfc/, ainsi que celui du projet PFC : http://www.projet-pfc.net.
[2] Le corpus IPFC-espagnol est constitué de deux groupes d'hispanophones – tous originaires du centre de l'Espagne et de niveau avancés (B2-C1 du CECRL) – qui apprennent le français dans des contextes différents : à l'Université de Genève et à Madrid. Le corpus japonais comprend également deux groupes d'apprenants – tous étudiants de TUFS (Tokyo University of Foreign Studies) et provenant de différentes régions du Japon – dont le cursus en français diffère : des « spécialistes » (6 cours par semaine) et des « non spécialistes » (2 cours par semaine).

2.2 Matériel

Quatre monosyllabes comprenant un /y/ ou un /u/ ont été extraits des enregistrements IPFC : *bulle, boule, bu* et *bout*. Chaque mot a été produit deux fois par chaque locuteur, la première fois en répétition de mots et la seconde en lecture de mots. Au total, chaque expérience comprenait 120 stimuli.

2.3 Procédure

Les participants devaient écouter attentivement chaque mot et choisir la voyelle perçue (/y/ ou /u/) en cochant la case appropriée[3]. Les expériences ont été effectuées par le biais d'une plateforme internet conçue pour ce type d'expériences (www.labguistic.com).

2.4 Analyses des données

Le pourcentage d'identification correcte de la voyelle a été calculé en fonction du groupe de locuteurs (N = natifs et pour l'exp. 1 : HispGE = hispanophones de Genève et HispMA = hispanophones de Madrid ; pour l'exp. 2 : JapS = japonophones spécialistes et JapNS = japonophones non spécialistes), de la voyelle (/y/ et /u/) et de la tâche (rép. = répétition et lect. = lecture). Les données ont été analysées à l'aide de modèles mixtes (Baayen *et al.*, 2008) dans lesquels les sujets et les stimuli ont été entrés comme termes aléatoires. Les analyses ont été effectuées avec le logiciel R et le package lme4[4].

3 Résultats

Pour chaque expérience, un modèle mixte a été calculé avec la réponse (correcte *vs* incorrecte) comme variable dépendante et avec la voyelle (/y/ *vs* /u/), la tâche (rép. *vs* lect.) et le groupe (exp 1 : N, HispGE et HispMA ; exp. 2 : N, JapS et JapNS) comme facteurs fixes. La Table 1 présente les résultats globaux par voyelle et par expérience.

	Taux d'identification pour /y/	Taux d'identification pour /u/
Exp. 1	66.81%	96.79%
Exp. 2	88.82%	84.14%

TABLE 1 – Pourcentage global d'identification correcte.

Outre un effet global de tâche et de groupe dans chaque expérience, on observe également un effet de voyelle ($F(1, 3548) = 37.27$, $p < 0.001$) dans l'exp. 1, alors qu'il n'y a pas de différence significative entre les deux voyelles dans l'exp. 2 ($F(1, 3189) = 0.10$, ns). Dans les deux expériences, étant donné que la voyelle interagit avec le groupe (exp. 1 : $F(2, 3548) = 16.21$, $p < 0.001$; exp. 2 : $F(2, 3189) = 7.33$, $p < 0.001$) et la tâche ($F(1, 3548) = 75.52$, $p < 0.001$; exp. 2 : $F(1, 3189) = 10.61$, $p < 0.001$), nous avons effectué des modèles séparés par voyelle (/y/ et /u/), avec la réponse comme variable dépendante et le groupe et la tâche comme facteurs fixes.

[3] Après avoir choisi la voyelle perçue, les participants devaient également indiquer le degré de représentativité de la voyelle perçue sur une échelle allant de 1 (= très bon représentant) à 5 (= autre voyelle). Nous ne présentons toutefois ici que les résultats de la première mesure, à savoir le degré d'identification correcte de la voyelle.

[4] Pour des raisons de clarté, les résultats et les graphes sont présentés en pourcentage, bien que toutes les analyses aient été effectuées à partir des données brutes.

3.1 Expérience 1

3.1.1 Résultats pour /y/

Comme le montre la Figure 1 (à gauche), nous observons un important effet de tâche (F (1, 1772) = 314.32, p < 0.001), avec une meilleure identification pour les mots produits en répétition (86.28%) qu'en lecture (47.34%). Les résultats montrent aussi un effet de groupe (F (2, 1772) = 52.85, p < 0.01), avec une meilleure identification pour le groupe de natifs (99.17%) par rapport aux deux groupes d'hispanophones (HispGE = 42.05%, β = 5.17, z = 11.27, p < 0.001; HispMA = 59.23, β = 4.44, z = 9.70, p < 0.001). Ces derniers, à leur tour, se différencient entre eux (β = -0.72, z = -6.03, p < 0.01) avec, de manière surprenante, de moins bons résultats pour le groupe d'apprenants en immersion que pour le groupe de Madrid. Le modèle montre également une interaction entre le groupe et la tâche (F (2, 1772) = 6.90, p < 0.01), qui indique que l'impact de la tâche n'est pas identique pour les trois groupes. Sans surprise, la tâche n'a pas d'impact au niveau des natifs (rép. = 99.00%, lect. = 99.33%, β = -0.41, z = -0.45, ns). En revanche, on observe un schéma identique pour les deux groupes d'hispanophones avec des résultats meilleurs en répétition qu'en lecture (HispGE : rép. = 70.59%, lect. = 13.51%, β = 2.91, z = 13.06, p < 0.001 ; HispMA : rép. = 89.27%, lect. = 29.19%, β = 3.17, z = 13.48, p < 0.001).

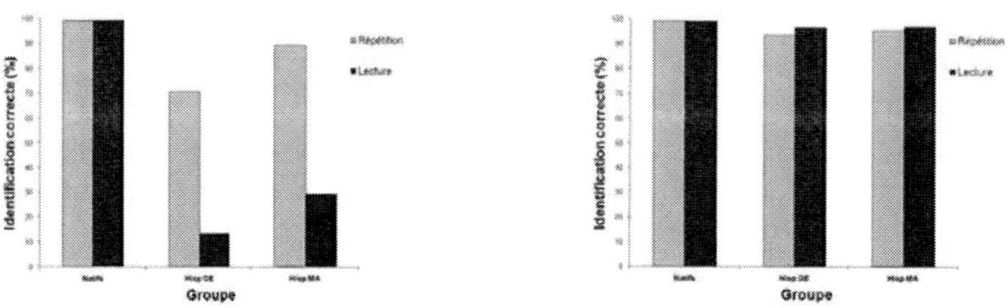

FIGURE 1 – Pourcentage de réponse correcte pour /y/ (à gauche) et pour /u/ (à droite) en fonction du groupe (N, HispGE et HispMA) et de la tâche (rép. *vs* lect.) dans l'exp. 1.

3.1.2 Résultats pour /u/

Comme le montre la Figure 1 (à droite), les résultats montrent deux effets principaux : premièrement, un effet de tâche (F (1, 1774) = 5.65, p < 0.05), avec, cette fois-ci, une identification légèrement meilleure pour les mots produits en lecture (97.53%) qu'en répétition (96.05%) ; deuxièmement, le modèle montre un effet de groupe (F (2, 1774) = 13.62, p < 0.001), avec une meilleure identification pour les natifs (99.16%) que pour les deux groupes d'apprenants (HispGE = 95.09%, β = 1.97, z = 3.82, p < 0.001; HispMA = 96.12%, β = 1.71, z = 3.25, p < 0.001), qui ne se différencient pas entre eux (β = -0.27, z = -0.86, ns). Finalement, le modèle ne montre pas d'interaction entre le groupe et la tâche (F (2, 1774) = 1.19, ns), ce qui indique que pour les trois groupes, l'impact de la tâche n'est pas différent.

3.2 Expérience 2

3.2.1 Résultats pour /y/

Comme le montre la Figure 2 (à gauche), nous observons, premièrement, un effet de tâche ($F\ (1, 1604) = 52.03$, $p < 0.001$), avec une meilleure identification pour les mots produits en répétition (95.65%) qu'en lecture (91.99%). Deuxièmement, les résultats montrent un effet de groupe ($F\ (2, 1604) = 21.09$, $p < 0.001$), avec de meilleurs résultats pour les natifs (99.64%), comparés aux apprenants (JapS = 89.55%, $\beta = 3.47$, $z = 4.81$, $p < 0.001$; JapNS = 76.36%, $\beta = 4.50$, $z = 6.28$, $p < 0.001$), qui, à leur tour, se différencient entre eux ($\beta = -1.02$, $z = -5.73$, $p < 0.001$). Finalement, le modèle ne montre pas d'interaction entre le groupe et la tâche ($F\ (2, 1604) = 0.64$, ns), ce qui signifie que l'impact de la tâche est le même pour les trois groupes.

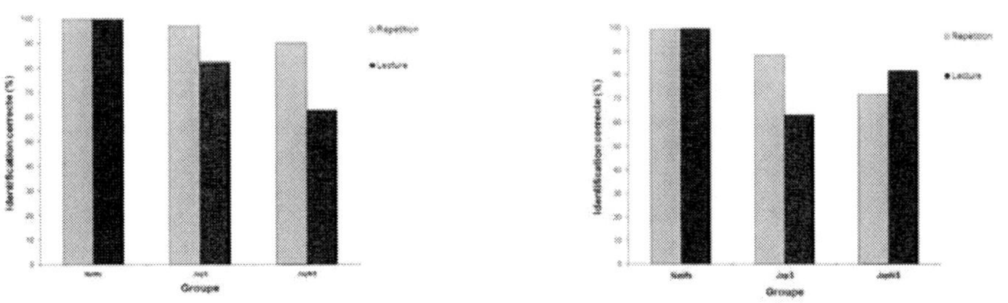

FIGURE 2 – Pourcentage de réponse correcte pour /y/ (à gauche) et pour /u/ (à droite) en fonction du groupe (N, JapS et JapNS) et de la tâche (rép. *vs* lect.) dans l'exp. 2.

3.2.2 Résultats pour /u/

Comme le montre la Figure 2 (à droite), les résultats montrent deux effets principaux : premièrement un effet de tâche ($F\ (1, 1583) = 6.18$, $p < 0.05$), avec une identification légèrement meilleure pour les mots produits en répétition (86.74%) qu'en lecture (81.56%). Deuxièmement, on observe un effet de groupe ($F\ (2, 1583) = 29.17$, $p < 0.001$), avec de meilleurs résultats pour les natifs (99.46%) que pour les deux autres groupes (JapS = 75.48%, $\beta = 4.24$, $z = 6.99$, $p < 0.001$; JapNS = 76.42%, $\beta = 4.18$, $z = 6.87$, $p < 0.001$), qui ne se différencient pas entre eux ($\beta = -0.07$, $z = -0.46$, ns). Finalement, le modèle montre une interaction entre le groupe et la tâche ($F\ (2, 1583) = 26.63$, $p < 0.001$), ce qui indique que l'impact de la tâche n'est pas le même pour les trois groupes. Si, de manière non surprenante, la tâche n'a pas d'impact sur les résultats des natifs (rép. = 99.28%, lect. = 99.64%, $\beta = -0.64$, $z = -0.52$, ns), pour le groupe de spécialistes, l'identification est meilleure pour la répétition (88.63%) que pour la lecture (63.10%, $\beta = 1.65$, $z = 6.79$, $p < 0.001$), alors qu'on observe l'inverse pour les non spécialistes (lect. = 81.53%, rép. = 71.54%, $\beta = 0.63$, $z = 2.86$, $p < 0.01$).

4 Discussion

Afin d'examiner la qualité de réalisation des voyelles /y/ et /u/ produites par des apprenants hispanophones et japonophones, nous avons effectué deux expériences dans lesquelles des auditeurs francophones natifs devaient identifier la voyelle de 4 monosyllabes (*boule, bulle, bout* et *bu*) produits par 5 locuteurs natifs et 10 apprenants hispanophones, dont 5 apprennent le français à Genève et 5 à Madrid (exp. 1), et 10 apprenants japonophones, 5 d'entre eux étant des spécialistes de français et 5 des non spécialistes (exp. 2). Les mots étaient produits dans deux tâches : répétition et lecture.

Concernant les voyelles, les résultats indiquent qu'un élément « nouveau » pour les apprenants, le /y/, semble difficile puisque les taux globaux d'identification pour cette voyelle sont inférieurs – et ce plus nettement pour les hispanophones, avec 66.81%, que pour les japonophones, avec 88.82% – à celui des natifs. Ce résultat concorde avec la classique Hypothèse de l'Analyse Contrastive, qui suggère que les aspects du système de la L2 qui diffèrent de ceux de la L1 peuvent se révéler difficiles pour les apprenants. Pour /u/, nos résultats montrent que, si cette voyelle ne semble pas poser de réels problèmes aux hispanophones (taux d'identification élevé, de 96.79%), elle semble aussi problématique que le /y/ pour les japonophones (/u/ = 84.14%, /y/ = 88.82%). Ainsi, alors que le système phonologique des deux langues est structurellement identique (système à cinq voyelles), notre étude révèle des comportements différenciés entre les deux populations. La distinction inter-population pour le /u/ pourrait, au moins en partie, s'expliquer en termes de distance phonétique : en termes articulatoires de distinction d'arrondissement par exemple, le [u], français et espagnol, est classiquement réalisé avec protrusion labiale, alors que le [ɯ] japonais standard est considéré non-arrondi (ou avec compression labiale) (Ladefoged, 1971, Dohlus, 2010). Le /u/ japonais (Akamatsu, 1997) étant aussi plus centralisé que ses réalisations en français et en espagnol, on peut poser une plus grande distance phonétique avec le japonais, conduisant à une meilleure évaluation des productions des hispanophones pour cette voyelle.

Concernant la tâche, on observe que, pour /y/, pour les deux populations, les productions issues de la lecture sont moins bien identifiées que celles issues de la répétition. Dans les deux langues, le graphème <u> correspond à /u/ et non, comme en français à /y/. L'orthographe interfère donc négativement en occasionnant une activation graphème-phonème automatique non pertinente pour la L2. En répétition, en revanche, l'absence d'interférences grapho-phonétiques semble conduire à de meilleures reproductions. Pour /u/, chez les hispanophones, le léger avantage observé pour la lecture (1.48%) par rapport à la répétition pourrait refléter l'effet de la fonction de désambiguïsation de l'orthographe. Pour les japonophones, en revanche, la situation est plus complexe : si globalement la répétition est meilleure que la lecture, on observe des résultats inverses entre les spécialistes – meilleurs en répétition – et les non spécialistes – meilleurs en lecture. Cette tendance pourrait s'expliquer par le type d'instruction (volume et tâches) : davantage de cours focalisés sur l'oral (en perception et production) pour les spécialistes ; davantage de lecture et de production écrite pour les non spécialistes.

Concernant les groupes, on observe sans surprise, dans les deux expériences, de meilleurs résultats pour les natifs. En revanche, deux résultats contre-intuitifs méritent d'être soulignés. Chez les hispanophones, pour le /y/, le groupe en immersion en milieu francophone (HispGE) obtient, pour les deux tâches, de moins bons résultats (rép. = 70.59%, lect. = 13.51%) que le groupe de Madrid (rép. = 89.27%, lect. = 29.19%). Toutefois, lorsque nous examinons les résultats individuels, un schéma global – avec une chute importante du taux d'identification en lecture par rapport à la répétition – se dégage pour 7 des 10 apprenants, indépendamment du groupe auquel ils appartiennent. Seules trois apprenantes échappent à ce profil. La première (groupe de Madrid) présente un comportement proche de celui des natifs (taux d'identification de 100% pour les deux tâches). Il s'avère que cette femme de 24 ans est celle, parmi les 10 apprenants, qui a commencé l'étude du français le plus tôt (10 ans). A l'opposé, dans le groupe de Genève, l'une des deux qui se distinguent du profil général, une femme de 41 ans, est celle qui a commencé l'étude du français le plus tard (36 ans). Ses taux d'identification sont très bas pour les deux tâches (rép. = 22.41%, lect. = 0%). Enfin, pour la dernière qui se différencie du profil général, avec des résultats similaires pour les deux tâches (rép. = 53.33%, lect. = 50.00%), nous n'avons trouvé aucune information susceptible d'expliquer ce résultat. Il s'agit d'une femme de 23 ans, qui a commencé l'étude du français à 20 ans et qui étudiait à Genève depuis 8 mois lorsqu'elle a été enregistrée. Chez les japonophones, le résultat inattendu concerne la voyelle /u/ en lecture, avec un taux d'identification correcte plus élevé pour les non spécialistes (81.53%) que pour les spécialistes (63.10%). Un examen des résultats de chaque apprenant montre que 4 non spécialistes sur 5 se conforment à ce profil. Or, outre la différence de type d'instruction déjà mentionnée, un facteur supplémentaire doit être évoqué : la variation dialectale en L1. Les détails biographiques de ces apprenants révèlent en effet que la majorité des non spécialistes de notre étude s'avère – de manière totalement aléatoire – être originaire de l'Ouest du Japon, contrairement aux spécialistes, majoritairement originaires de l'Est. Or, on sait (Shibatani, 1990) que dans les dialectes de l'Ouest, le /u/ japonais est réalisé de manière plus labialisée, et subit moins de réduction ou de dévoisement vocalique que dans le japonais « standard » qui correspond davantage aux variétés dites de l'Est. Si l'on se concentre sur la lecture (le différentiel entre répétition et lecture étant lié au mode d'instruction), on peut avancer que les productions des non-spécialistes pourraient être plus proches de celles des natifs en raison des qualités phonétiques dialectales du /u/ en japonais (voir également Kamiyama, à paraître).

Ainsi, la quantité d'input – qui a servi de base pour distinguer les deux groupes d'apprenants dans les deux expériences – ne semble pas être un critère suffisant pour expliquer les résultats obtenus. D'autres paramètres individuels entrent en jeu, tels que l'âge du début d'apprentissage pour les hispanophones et, dans le cas des japonophones, le type d'instruction et la variété dialectale en L1.

5 Conclusion

Le travail présenté ici constitue une étape préliminaire qui devra être complétée avec les résultats de l'évaluation du degré de représentativité de la voyelle produite (*cf.* note 3) ainsi qu'avec les analyses acoustiques des productions utilisées. Toutefois, cette étude a déjà mis au jour, non seulement le caractère forcément multifactoriel de l'apprentissage (impact possible de la tâche, de l'âge et de la variété en L1), mais aussi la nécessité d'intégrer les dimensions phonétique, phonologique et psycholinguistique dans l'analyse : à systèmes vocaliques phonologiquement globalement similaires, les hispanophones et les japonophones n'ont pourtant pas présenté les mêmes profils de production pour les deux voyelles à l'étude. Si ces résultats doivent être mis en regard des études existantes (pour les japonophones, voir en particulier Kamiyama et Vaissière, 2009), nos résultats permettent de souligner, méthodologiquement (constitution de corpus à usage psycholinguistique) et pédagogiquement, l'impact de la tâche sur les productions en L2 (Detey, 2005), et ainsi sur leur analyse.

Remerciements

Cette recherche a pu être réalisée grâce au soutien du Fonds national suisse de la recherche scientifique (n°100012_132144/1) ainsi qu'à celui du ministère japonais de l'éducation, de la science et de l'industrie (Grant-in-Aid for Scientific Research B n°23320121). Nous remercions également Mariko Kondo, Mario Carranza et Takeki Kamiyama.

Références

AKAMATSU, T. (1997). *Japanese phonetics: theory and practice*. Munich, Lincom Europa.

BAAYEN, R.H., DAVIDSON, D. J. et BATES, D. M. (2008). Mixed effects modeling with crossed random effects for subjects and items. *Journal of Memory and Language* 59, pages 390–412.

DETEY, S. (2005). *Interphonologie et représentations orthographiques. Du rôle de l'écrit dans l'enseignement/apprentissage du français oral chez des étudiants japonais*. Thèse de doctorat non publiée. Université de Toulouse Le Mirail.

DETEY, S. et KAWAGUCHI, Y. (2008). Interphonologie du Français Contemporain (IPFC) : récolte automatisée des données et apprenants japonais. *Journées PFC2008*. Paris.

DOHLUS, C. (2010). *The role of phonology and phonetics in loanword adaptation: German and French front rounded vowels in Japanese*. Frankfurt am Main, Peter Lang.

DURAND, J., LAKS, B. et LYCHE, C. (2009). Le projet PFC: une source de données primaires structurées. *In* Durand, J., Laks, B. et Lyche, C. (éds). *Phonologie, variation et accents du français*. Paris, Hermès, pages 19-61.

FLEGE, J. E. (1987). The *production* of *"new"* and *"similar" phones* in a *foreign language: Evidence* for the *effect* of *equivalence classification. Journal* of *Phonetics 15,* pages *47-65.*

KAMIYAMA, T. (à paraître). Production des voyelles du français par des apprenants japonophones : effet du dialecte d'origine. *Actes des JEP 2012*.

KAMIYAMA, T. et VAISSIERE, J. (2009). Perception and production of French close and close-mid rounded vowels by Japanese-speaking learners. *AILE – LIA* 2, pages 9-41.

LADEFOGED, P. (1971). *Preliminaries to linguistic phonetics*. Chicago, UCP.

MEUNIER, C., FRENCK-MESTRE, C., LELEKOV-BOISSARD, T et LE BESNERAIS, M. (2003). Production and perception of foreign vowels: Does density of the system play a role ? *Proceeding of th 15th ICPhS*, Barcelona.

RACINE, I., DETEY, ZAY, F. et KAWAGUCHI, Y. (2012). Des atouts d'un corpus multitâches pour l'étude de la phonologie en L2 : l'exemple du projet « Interphonologie du français contemporain » (IPFC). *In* Kamber, A. et Skupiens, C. (éds). *Recherches récentes en FLE*. Berne, Peter Lang, pages 1-19.

SHIBATANI, M. (1990). *The languages of Japan*. Cambridge, Cambridge University Press.

Contrôle lingual en production de parole chez l'enfant de 4 ans : une méthodologie associant étude articulatoire et modélisation biomécanique

Guillaume Barbier[1] *Pascal Perrier*[1] *Lucie Ménard*[2] *Louis-Jean Boë*[1]

(1) GIPSA-lab, Département Parole et Cognition, UMR 5216 CNRS, Grenoble, France
(2) Laboratoire de Phonétique, Université du Québec à Montréal, Montréal, Canada
prenom.nom@gipsa-lab.grenoble-inp.fr, menard.lucie@uqam.ca

RESUME

Une méthodologie originale est proposée pour l'étude de l'émergence du contrôle moteur de la parole chez l'enfant de 4 ans. Nous associons les résultats d'une analyse articulatoire et acoustique d'un corpus de parole contenant voyelles isolées et séquences voyelle-consonne-voyelle à des simulations obtenues avec un modèle biomécanique bi-dimensionnel du conduit vocal. L'analyse de la variabilité des réalisations vocaliques d'une répétition à une autre dans un même contexte renseigne sur la précision du contrôle. L'analyse de la variabilité contextuelle renseigne sur les processus de planification mis en œuvre dans la production de la coarticulation anticipatoire. Enfin, la mise en relation des données et des résultats obtenus avec le modèle biomécanique permet d'inférer des patrons de commandes motrices pour les principaux sons et les séquences associant ces sons. Des résultats préliminaires sont présentés.

ABSTRACT

Tongue control in 4-years-old children's speech production: A methodology combining articulatory study and biomechanical modeling

An original methodology is proposed for the study of the emergence of speech motor control in 4-years-old children. We combine the results of an analysis of an articulatory and acoustic speech corpus containing isolated vowels and vowel-consonant-vowel sequences with simulations obtained using a two-dimensional biomechanical model of the vocal tract. The analysis of the variability of vowels across repetitions in a single context provides information on the accuracy of the control. The analysis of the contextual variability gives insights into the planning process used in the production of anticipatory coarticulation. Finally, the linking of data and results obtained with the biomechanical model enables to infer patterns of motor commands for the main sounds and sequences of sounds. Preliminary results are presented.

MOTS-CLES : Production de parole, développement, contrôle moteur, échographie linguale, modèle biomécanique de langue.
KEYWORDS: Speech production, development, speech motor control, ultrasound tongue imaging, biomechanical tongue model.

1 Introduction

Ce travail s'inscrit dans un projet visant à comprendre comment l'enfant de 4 ans, dans un conduit vocal différent de celui de l'adulte, contrôle sa langue (mais aussi sa mandibule et ses lèvres) pour produire les sons de sa langue maternelle. Nous présentons notre méthodologie fondée sur l'association de l'analyse de données articulatoires et acoustiques et d'interprétation de simulations réalisées avec un modèle biomécanique bi-dimensionnel du conduit vocal. Après un rapide résumé des connaissances sur l'évolution du contrôle lingual en parole au cours de la croissance, nous exposons notre protocole expérimental de recueil de données articulatoires chez l'enfant, et nous décrivons le modèle de langue développé. Nous exploitons ensuite ce modèle pour estimer les commandes motrices correspondant à la production des voyelles [i], [a] et [u] chez un enfant de 4 ans. Nous terminons par les perspectives de ce travail et les premières conclusions que nous en tirons.

2 Le développement du contrôle lingual

De nombreuses études se sont intéressées au développement de la production de la parole, en étudiant les productions des nouveau-nés et des jeunes enfants. Ces études ont permis de dégager les grandes étapes du développement phonétique et ont montré que c'est au cours de la première année de vie que se mettent en place les bases fondamentales de la communication parlée. Aux alentours de 7-8 mois, l'enfant produit des proto-syllabes, l'unité rythmique de base de la communication parlée, au sein de laquelle sont coordonnés gestes glottiques et supra-glottiques. À ce stade appelé babillage canonique, l'enfant ne disposerait pas du contrôle volontaire de la langue. Puis vers 8-10 mois, les lieux d'articulation deviennent plus diversifiés (babillage varié), on assiste alors à l'émergence du contrôle volontaire de la langue. Vers 12-13 mois, les premières lexies sont produites (pseudo-mots), les lieux d'articulation sont alors variés. Cette variété témoigne de l'existence d'un contrôle indépendant de la langue dans le plan antéro-postérieur et de la mandibule dans le plan vertical (Canault, 2007).

Si le contrôle de la langue semble émerger vers 10 mois, celui-ci n'est pas semblable à celui de l'adulte et il continue de s'affiner jusqu'à la fin de l'adolescence (Smith, 2010). Dans le cas de la production de voyelles, les données sur cette évolution ne sont cependant pas unanimes. Ce contrôle s'affinerait jusqu'à 3 ans pour certains auteurs (Vihman, 1998), et jusqu'à 10 ans pour d'autres (Kent, 1976). Ces conclusions non concordantes soulèvent quelques questions fondamentales : comment définir et mesurer la maturité du contrôle ? Est-ce lorsque l'enfant est capable de contraster suffisamment différentes voyelles, ou lorsque ces voyelles sont acoustiquement stables ?

Les données acoustiques ne reflètent qu'indirectement des mouvements des articulateurs, et ne suffisent pas, à elles seules, à comprendre les mécanismes sous-jacents à la production de parole, à savoir le contrôle moteur des articulateurs. Or l'immense majorité des études développementales se fonde sur des données acoustiques, étant donnée la grande difficulté d'accès à des données articulatoires chez l'enfant, pour des raisons éthiques et techniques. En effet, parmi les outils de mesure articulatoire, peu semblent adaptés à l'étude des enfants : la cinéradiographie est irradiante ; l'IRM dynamique ou l'EMA sont des dispositifs relativement lourds pour de jeunes enfants.

Mais parmi les dispositifs permettant le recueil de données articulatoires, un outil nous semble très prometteur pour l'étude des productions enfantines : l'échographie, non invasive, non dangereuse et ne nécessitant qu'un dispositif expérimental léger.

3 Une étude articulatoire des productions enfantines

Devant la nécessité de comprendre comment s'affine le contrôle moteur pour la production de la parole après la fin de la première année de vie, nous avons décidé de mener une étude articulatoire chez des enfants de 4 ans. Nous faisons l'hypothèse qu'à cet âge, l'enfant est capable de produire la totalité des phonèmes de sa langue maternelle : il nous sera donc possible d'étudier comment l'enfant produit ces phonèmes. Cet âge nous semble également l'âge minimum auquel une interaction prolongée avec l'enfant est possible (environ 20 minutes), ce qui permet de recueillir un corpus suffisant.

3.1 Présentation du dispositif expérimental

Afin de recueillir des données articulatoires des productions enfantines, nous avons utilisé l'échographie (en deux dimensions) dans le plan sagittal médian, en disposant la sonde échographique sous le menton du sujet. Ce dispositif permet d'observer les mouvements de la langue en temps réel et à 30 images par seconde. Les données correspondent à la distance séparant le contour lingual de la sonde émettrice de l'onde ultrasonore. Afin de placer ces données dans un référentiel tête-sonde constant, il faut soit s'assurer que la sonde reste fixe par rapport à la tête, soit repérer, puis corriger, les déplacements de la sonde par rapport à la tête et de les replacer dans un référentiel unique par un jeu de rotations/translations. La plupart des chercheurs ont opté pour la première solution, grâce à un dispositif composé d'un casque maintenant fixes la tête du sujet et la sonde échographique. Mais un tel dispositif est trop contraignant pour de jeunes enfants et nous avons préféré adopter un dispositif plus léger. Le système HOCUS (*Haskins Optically Corrected Ultrasound System*, Whalen *et al.*, 2005) permet de corriger les mouvements de tête grâce à la mesure de la position de capteurs optiques (dispositif Optotrak®) placés à la fois sur la tête du sujet et sur la sonde échographique. Ce système est bien adapté aux études développementales, puisqu'il n'impose pas de contrainte de mouvement à l'enfant, mais corrige les données une fois recueillies. Comme nous utilisons un tel dispositif pour corriger les données échographiques, nous avons choisi d'ajouter des capteurs afin d'exploiter pleinement l'Optotrak®. Nous avons ainsi ajouté un capteur sur la mandibule, qui permet de découpler l'action de la langue de celle de la mandibule, et 4 capteurs autour des lèvres, qui permettent de donner une idée de l'étirement (horizontal), de l'ouverture (verticale), et de la protrusion (avancement) des lèvres. L'expérience s'est déroulée au Laboratoire de Phonétique de l'UQÀM, et 4 sujets ont participé à cette expérience : 2 filles (4 ans et 5 mois ; 4 ans et 10 mois) et 2 garçons (4 ans et 6 mois ; 4 ans et 10 mois) dont la langue maternelle est le français québécois. Les données acoustiques ont également été enregistrées via un microphone et ont été échantillonnées à 44.1kHz. Le corpus que nous avons recueilli est composé de voyelles isolées [i], [a], et [u] et de séquences Voyelle-Consonne-Voyelle (VCV), réparties en 3 blocs. Pour obtenir, de la part des enfants, qu'ils produisent ces séquences, répétées chacune 8 fois, sans trop les ennuyer, nous avons présenté cette expérience sous la forme d'un jeu de marionnettes, dans lequel on demande à l'enfant d'énoncer le nom de la marionnette à chaque fois que celle-ci apparaît (présentation par paires). Le premier bloc est composé des voyelles isolées [i] [a] [u] et des séquences [iku] [iki] [aka] [uku]. Le second bloc est composé des séquences [isu] [isi] [asa] [usu] [iʃu] [iʃi] [aʃa] [uʃu]. Le dernier bloc est composé des séquences [itu] [iti] [ata] [utu] [ipu] [ipi] [apa] [upu].

3.2 Analyse des données

La première étape vers l'analyse des données (ou prétraitement) est d'effectuer la synchronisation entre l'image échographique et la position des capteurs, qui permettra la correction des mouvements de tête. Concernant l'analyse acoustique, le signal a d'abord été sous-échantillonné à 12 kHz pour permettre une analyse plus fine dans la bande fréquentielle des formants des voyelles (300Hz-5kHz). L'analyse acoustique a été effectuée grâce à un programme de traitement du signal écrit en MATLAB®. Ce programme utilise en parallèle les méthodes de détection de formants à partir d'une analyse spectrale par prédiction linéaire (*LPC*, i.e. *Linear Predictive Coding*) : une première méthode recherche les maxima locaux du spectre LPC dans des bandes de fréquences prédéfinies pour les formants des voix d'enfants, et mémorise leurs fréquences dans un ordre croissant ; la deuxième fait de même mais avec les fréquences des pôles du filtre LPC. Cette dernière mesure permet de s'assurer qu'aucun pôle n'est manqué dans le cas où deux pôles proches se confondent dans un seul maximum spectral. Concernant l'analyse articulatoire, les formes linguales correspondant aux voyelles isolées et aux séquences VCV ont été extraites sous la forme de séquences d'images. Ces séquences ont ensuite été traitées à l'aide du logiciel *EdgeTrak* qui permet l'extraction semi-automatique du contour supérieur de la langue pour chaque image. Les contours ainsi extraits ont été ensuite replacés dans un référentiel unique grâce au système HOCUS. En plus des tâches de parole, il a été demandé aux sujets d'avaler un liquide, ce qui permet de détecter le contour du palais.

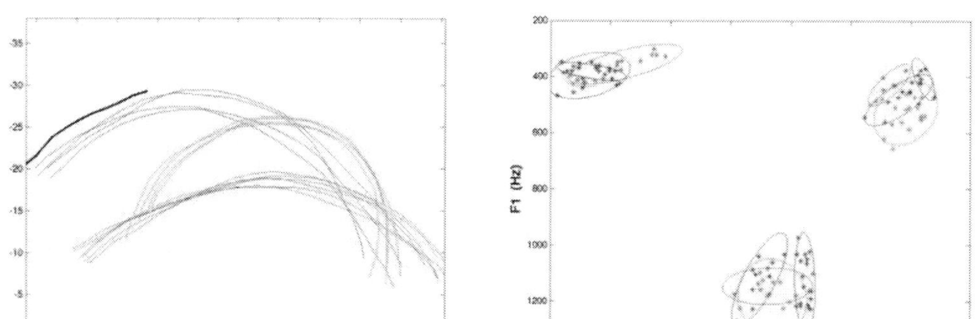

FIGURE 1 – Résultats articulatoires (à gauche) et acoustiques (à droite). À gauche, pour un même sujet : la partie antérieure du palais dur (en noir), quelques exemples de réalisation des voyelles [i] en bleu, [a] en rouge, et de la voyelle [u] en vert. À droite, dans le plan F1-F2, les ellipses de dispersion de chaque sujet (une couleur par sujet) lors de la production de voyelles isolées.

Ces données (dont l'analyse exhaustive est en cours) serviront premièrement à tester la stabilité du contrôle, en mesurant la variabilité articulatoire et acoustique des répétitions de chaque voyelle dans un même contexte. Dans le cadre de nos hypothèses sur l'immaturité du système de contrôle moteur chez l'enfant de 4 ans, nous nous attendons à observer une grande variabilité. Cette variabilité serait la conséquence attendue de l'immaturité des représentations internes, liant commandes motrices et buts acoustiques (cf. Ménard *et al.*, 2008). Ces données considérées pour chaque voyelle dans des contextes différents serviront, dans un second temps, à mesurer la coarticulation anticipatoire intra et inter syllabique. Des représentations internes incomplètes, couvrant mal le domaine de variabilité de la production de la parole, devraient être associées à une moindre influence du contexte dans une séquence de phonèmes.

4 Un modèle biomécanique de la langue de l'enfant

Afin d'accéder à un niveau d'analyse supplémentaire, et de comprendre comment l'enfant contrôle sa langue afin de produire ces différents phonèmes, nous avons élaboré un modèle biomécanique de langue de l'enfant, permettant, pour une configuration articulatoire donnée, d'estimer les commandes motrices sous-jacentes, c'est-à-dire l'information que le Système Nerveux Central doit envoyer au système périphérique - les muscles - pour atteindre une configuration articulatoire et donc un produit acoustique.

4.1 Le modèle de langue adulte existant

Le modèle de langue pour l'enfant de 4 ans que nous avons élaboré repose sur un modèle de la langue de l'adulte déjà existant (Payan & Perrier, 1997). Ce modèle biomécanique bi-dimensionnel de langue de l'adulte exploite la Méthode des Éléments Finis (MEF) pour modéliser les tissus mous de la langue. Cette méthode permet de résoudre numériquement les équations traduisant la déformation d'un corps déformable (la langue) sous l'action de forces extérieures. La structuration de la langue en un ensemble d'éléments permet aussi de définir des propriétés biomécaniques locales, et donc, en particulier, d'effectuer un partage entre tissus passifs et tissus musculaires actifs. Dans ce modèle, les éléments sont de forme quadrilatérale, les équations d'élasticité continue sont discrétisés en chacun des nœuds, et les propriétés physiques de la langue sont prises en compte par deux constantes d'élasticité. Ce maillage MEF est ensuite inséré dans l'architecture du conduit vocal d'un locuteur.

Ce modèle prend en compte les muscles *génioglosse* (découpé en *génioglosse antérieur* et *postérieur,* pour répondre au fait que l'ensemble du muscle génioglosse n'a pas la même influence sur les déplacements de la langue), *hyoglosse, styloglosse, longitudinalis supérieur* et *inférieur,* et *verticalis,* et possède donc 7 degrés de liberté, qui rendent compte des déformations linguales dans le plan sagittal. Ce modèle est contrôlé selon l'Hypothèse du Point d'Équilibre (Feldman, 1986). Selon cette hypothèse, la force générée par un muscle dépend à la fois de la longueur de ce muscle (paramètre externe au SNC, et donc non contrôlable) et du niveau d'activation neuronale (paramètre contrôlé par le SNC) qui intervient sur la longueur du muscle. Plus un muscle est court par rapport à sa longueur au repos, plus il génère de la force (selon une relation non linéaire). Dans ce modèle, les muscles sont directement contrôlés en termes de longueur, et non en termes de force. Le passage d'un équilibre mécanique du système - dans notre cas une cible phonémique - en un autre s'effectue par un changement à vitesse constante des valeurs de longueur des 7 muscles, et correspond à une déformation non linéaire de tout le système.

4.2 Adaptation du modèle à l'anatomie de l'enfant

Afin de transformer la géométrie du modèle biomécanique et de rendre compte des différences morphologiques entre le conduit vocal d'adulte et celui de l'enfant, nous avons adapté la méthode proposée par Winkler *et al.*, 2011 de transformation du modèle entre deux adultes. Il nous faut pour cela disposer de données anatomiques sur l'enfant. Nous avons donc utilisé des données radiographiques de la tête et du cou effectuées dans le plan sagittal (fournies par l'American Association of Orthodontists et Daniel Lieberman, Harvard University). Nous avons sélectionné 7 radiographies d'enfants de 4 ans à 4 ans et 10 mois, sans pathologie ni malocclusion. Le sujet F02794, de sexe féminin et âgé de 4 ans et 6 mois nous servira de locuteur de référence. Sur ces radiographies, les contours qui déterminent la géométrie du conduit vocal ainsi que les insertions extrinsèques des muscles linguaux ont été repérés. Le pointage de ces insertions est très important, puisqu'il définit l'orientation des fibres musculaires (donc l'orientation de la force exercée) et leur longueur (donc la force générée). Le repérage des insertions extrinsèques des muscles linguaux a été validé par le Dr. Captier (spécialiste d'anatomie pédiatrique au Laboratoire d'Anatomie de Montpellier).

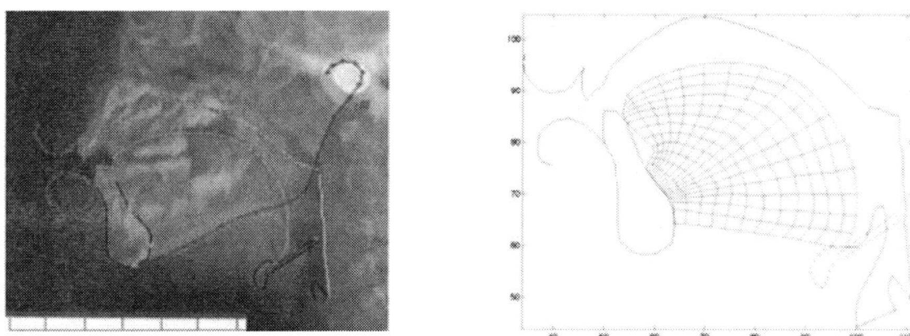

FIGURE 2 – Repérage des contours définissant la géométrie du conduit vocal et des insertions musculaires (à gauche). Le maillage MEF inséré dans le conduit vocal d'un enfant (à droite).

L'orientation des muscles linguaux chez l'enfant est différente de celle présente chez l'adulte. De plus, la longueur des muscles est différente. Nous nous attendons donc à observer des patrons musculaires différents entre les enfants et les adultes pour la production des mêmes voyelles. À ce modèle de langue nous avons ajouté un modèle de mandibule selon les principes proposés par Zandipour (2006), afin de permettre la simulation de la configuration linguale y compris en cas d'ouverture mandibulaire.

4.3 Exploitation du modèle

Nous avons ensuite généré un grand nombre de configurations articulatoires correspondant à la production de voyelles. À partir de la position neutre des articulateurs, 10000 configurations articulatoires ont été générées en échantillonnant l'espace des variables de commandes selon la méthode de Monte-Carlo intégrant l'hypothèse d'une distribution uniforme des paramètres de commande autour d'une position neutre des articulateurs. De cette étape résulte 8800 simulations, soit 8800 configurations articulatoires correspondant à des voyelles, qui couvrent l'espace articulatoire (environ 1200 simulations ont été écartées pour des raisons de contact avec les dents ou avec le palais). Le modèle est également doté d'un modèle acoustique (Badin et Fant, 1984), qui nous permet d'obtenir le spectre associé à une configuration, dont nous ne conserverons que les valeurs des trois premiers formants (F1, F2, et F3) pour chacune des 8800 configurations articulatoires.

5 Confrontation du modèle aux données expérimentales

Afin de valider le modèle biomécanique de langue de l'enfant, mais aussi d'estimer les commandes motrices sous-jacentes à la production de voyelles chez l'enfant, nous avons comparé les simulations produites par le modèle aux configurations linguales observées en échographie. Une mise à l'échelle a été nécessaire, notre modèle de langue étant légèrement plus grand que la langue de l'enfant étudié. Pour procéder à une comparaison qualitative, nous avons approximativement replacé le contour de palais extrait de l'échographie sur le contour de palais du modèle (la morphologie des deux enfants étant différente, le contour de palais ne colle évidemment pas parfaitement). Le palais est donc utilisé comme référentiel fixe pour comparer les données.

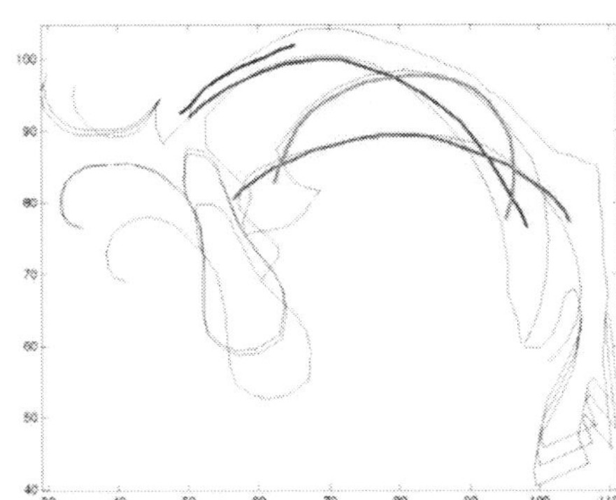

FIGURE 3 – Comparaison qualitative de 3 simulations du modèle (en noir) et de 3 configurations articulatoires observées en échographie chez un sujet, correspondant aux voyelles [i] en bleu, [a] en rouge, et [u] en vert.

On constate que, même si les contours ne sont pas exactement semblables, ils restent assez proches. Les déformations produites par le modèle à partir d'une position neutre des articulateurs sont donc relativement réalistes. De plus, il devient alors possible d'estimer les commandes motrices sous-jacentes à la réalisation de ces voyelles chez ce sujet. Ainsi, pour réaliser la voyelle [i], on constate que c'est le muscle *génioglosse postérieur* qui est fortement recruté. Pour réaliser la voyelle [u], qui nécessite également un arrondissement des lèvres, ce sont le *styloglosse* et le *longitudinalis inférieur* qui sont les principaux acteurs. Enfin, concernant la voyelle [a], réalisée mâchoire ouverte, le *hyoglosse* est fortement recruté.

6 Conclusion

L'originalité de ce travail réside en l'utilisation de nouveaux outils - échographie linguale et modélisation biomécanique - à l'étude des productions enfantines. Ce travail a déjà permis d'estimer des commandes motrices sous-jacentes à la production des voyelles [i] [a] et [u] chez un sujet, ce qui constitue un premier pas vers la compréhension du processus sous-jacent à la production de la parole chez l'enfant : le contrôle moteur. Une fois que les données expérimentales seront analysées dans leur totalité, elles seront comparées aux données de la littérature concernant le développement de la production de la parole - et plus spécifiquement à celles concernant la coarticulation anticipatoire chez l'enfant - et permettront de participer à dresser un état des lieux de la maturité du contrôle lingual à l'âge de 4 ans. Dans une perspective plus large, d'autres études développementales utiliseront le même paradigme afin d'étudier, à différents stades ontogéniques, le contrôle de la langue pour la production de la parole dans le but d'en comprendre l'évolution.

Remerciements

Nous tenons à remercier le Dr. Captier pour la partie anatomie, Pierre Badin concernant le modèle acoustique, Marilène C. Rousseau, Amélie Prémont et Annie Brasseur concernant la partie expérimentale, l'*American Association of Orthodontists* et Daniel E. Lieberman pour l'accès aux archives radiographiques, ainsi que le projet ANR *SkullSpeech* dans lequel cette recherche s'inscrit. Nous tenons également à remercier nos sujets.

Références

BADIN, P. & FANT, G. (1984). Notes on vocal tract computations, *STL QPSR*, 2-3, KHT, 53-108.

CANAULT, M. (2007). *L'émergence du contrôle articulatoire au stade du babillage. Une étude acoustique et cinématique.* Doctorat de l'Université Marc Bloch-Strasbourg II.

FELDMAN, A. G. (1986). Once more on the Equilibrium-Point Hypothesis (λ model) for motor control. *Journal of Motor Behavior*, 18 (1), 17-54.

KENT, R. D. (1976). Anatomical and Neuromuscular Maturation of the Speech Mechanism. Evidence from Acoustic Studies. *Journal of Speech and Hearing Research*, 19, 421-447.

MENARD, L., PERRIER, P., SAVARIAUX, C., AUBIN, J. & THIBEAULT, M. (2008). Compensation strategies for a lip-tube perturbation of French [u] : an acoustic and perceptual study of 4-year-old children. *Journal of the Acoustical Society of America*, 124, 1192-1206.

PAYAN, Y. & PERRIER, P. (1997). Synthesis of V-V Sequences with a 2D biomechanical tongue model controlled by the Equilibrium Point Hypothesis. *Speech Communication*, 22, 185-205.

SMITH, A. (2010). Development of neural control of orofacial movements for speech. In Hardcastle, W. J., Laver, J. & Gibbon, F. E. (Eds.), *The Handbook of Phonetic Sciences* (2nd Ed., pp. 251–296).

VIHMAN, M. M. (1998). Later phonological development. In J.E. Bernthal & N.W. Bankson (Eds.) *Articulation and phonological disorders*, (4th Ed., pp. 113-147).

WHALEN, D. H., ISKAROUS, K., TIEDE, M., OSTRY, D. J., LEHNERT-LEHOUILLIER, H., VATIKIOTIS-BATESON, E. & HAILEY, D. (2005). The Haskins optically corrected ultrasound system (HOCUS). *Journal of Speech Language and Hearing Research*, 48 (3), 543-553.

WINKLER, R., FUCHS, S., PERRIER, P. & TIEDE, M. (2011). Biomechanical tongue models: An approach to studying inter-speaker variability, *Proceedings of Interspeech 2011*, 273-276.

ZANDIPOUR, M. A. (2006). *Modeling Investigation of Vowel to Vowel Movement Planning in Acoustic and Muscle Spaces.* Unpublished Doctoral dissertation, Boston University.

Pour une évaluation de la compliance phonique

Kathy Huet, Myriam Piccaluga, Véronique Delvaux, Bernard Harmegnies
Institut des sciences du langage, Laboratoire de phonétique
18 place du parc, Université de Mons, B-7000 Mons, Belgique
Bernard.Harmegnies@umons.ac.be

RESUME

L'article se centre sur la « compliance phonique », considérée comme l'aptitude du sujet à reproduire avec précision des sons de parole qui lui sont présentés en tant que modèles de réalisation. Trois techniques mathématiques sont proposées en vue d'en effectuer une évaluation objective. Une étude pilote a été réalisée pour laquelle chaque locuteur a reproduit à 6 reprises 94 voyelles synthétiques régulièrement espacées dans un espace tri-formantique aux fréquences mesurées en mels. L'objectif est d'éprouver la faisabilité des techniques de mesure en développement. Les résultats suggèrent que chacun des trois outils est sensible à la compliance ; ils soulignent la nécessité de la poursuite de recherches sur les propriétés respectives des indices, et, en conséquence, appellent au raffinement du concept.

ABSTRACT

Towards assessing phonic compliance

The paper is focused on "phonic compliance", the ability of the subject to accurately reproduce speech sounds presented to him/her as production models. Three mathematical techniques are proposed to perform objective assessment. A pilot study is carried out on previously collected and original data. Each speaker reproduces 6 times 94 synthetic vowels regularly spaced in a mel-scale F1*F2*F3 space. The aim is to check the feasibility of the assessment tools under development. Results suggest that each mathematical tool is sensitive to compliance; they emphasize the interest of further research on the specific properties of the tools and call for the refinement of the concept.

MOTS-CLES : compliance phonique, talent, aptitude, capacité, adaptabilité
KEYWORDS : phonic compliance, talent, aptitude, ability, adaptability

1 Introduction

Dans le cadre des recherches mises en œuvre par notre Laboratoire sur le développement de nouveaux régimes de contrôle phonétique, nous nous interrogeons sur les actions à développer en vue de faciliter l'appropriation par le sujet de schèmes perceptuels et productifs différents des siens propres. Ces travaux reproduisent artificiellement des conditions proches des situations écologiques d'enseignement/apprentissage des langues étrangères, où le locuteur d'une L1 appréhende le système phonologique d'une L2 qu'il a le projet d'apprendre. La différence essentielle entre ces situations écologiques et nos situations de laboratoire est bien entendu le contrôle des variables, en particulier des variables indépendantes. Parmi celles-ci, ce sont les variables *actionnelles* (celles dont la variation est due à l'application, par nous, d'un traitement spécifique) qui constituent l'objet principal de nos études. Leur utilisation est destinée à produire un *shaping* du traitement de la matière phonique par les sujets. Par exemple, plusieurs expériences impliquant des sujets francophones natifs ayant à percevoir et/ou à produire des plosives à VOT longs (inexistants en français) ont investigué l'effet d'actions tant sur le signal acoustique proposé comme modèle (variations de l'intensité du burst et de la durée du VOT du stimulus, etc. : Piccaluga et al., 2012) que sur le sujet lui-même (guidage de l'attention, manipulation du feedback, etc. : Brohé et al., 2012). Même si bon nombre d'autres variables potentiellement actives (langue maternelle des sujets, autres langues maîtrisées, statut socio-culturel, etc.) sont par ailleurs étroitement contrôlées, les résultats obtenus à la faveur de ces études révèlent une très considérable variabilité interindividuelle. L'une des sources de celle-ci pourrait résider dans une disposition intrinsèque du sujet lui permettant plus ou moins d'adaptabilité aux modèles proposés, et expliquant dès lors la plus ou moins grande sensibilité des locuteurs aux actions de *shaping* mises en œuvre.

L'idée que certains locuteurs sont intrinsèquement plus (ou mieux) capables que d'autres d'exécuter une tâche phonique donnée est très banale: elle renvoie autant à l'expérience de l'apprenant en classe de langues qu'à l'expertise du formateur en langue étrangère, et est très tôt investie par les concepts développés par la littérature classique en matière d'enseignement-apprentissage des langues étrangères (*auditory ability* : Pimsleur, 1966 ; voire *phonetic coding ability* , l'une des quatre composantes de la *language aptitude* : Caroll, 1959). Plus récemment, est apparue la notion de *talent phonétique* (Jilka et al., 2007 ; Dogil & Reiterer, 2009). Elle renverrait à une disposition innée caractérisant des sujets témoignant de hautes capacités linguistiques, mais susceptible d'être différenciée d'autres composantes comme, par exemple, le talent grammatical. Si a priori, le concept paraît séduisant, il convient cependant de noter que l'étude objective du talent ainsi considéré se heurte à la difficulté d'identifier, dans les productions ici et maintenant d'un sujet donné, la part propre à ce « talent » initial et celle relevant des diverses variables en interaction qui ont assuré le développement langagier du sujet et influent aujourd'hui encore sur lui. De l'aveu de Jilka (2009, p. 41), « there is no experimental method that directly assesses exclusively phonetic talent but (...) it must be approximated via the combination of many different tests ». Le concept est par ailleurs problématique, dans la mesure où dans le domaine de la psychologie différentielle, on tend à dénommer « don » ce bagage fonctionnel initial supposé et « talent » une maîtrise acquise à la faveur d'un entraînement systématique au départ de la « douance » (ensemble d'habiletés naturelles se manifestant spontanément) (Gagné, 2003). Cette conception du talent s'assortit souvent, par ailleurs, de considérations relatives au caractère exceptionnel des capacités avérées. Pour Schneiderman et Desmarais (1988), le talent de l'apprenant de langue étrangère se distingue ainsi de l'aptitude langagière et se définit comme une capacité rare (5% de la population adulte) d'atteindre une maîtrise similaire à celle du natif. Enfin, la littérature ne fait guère état de modes d'évaluation convaincants de ces dispositions intrinsèques, tout au plus approchées par le biais d'évaluations subjectives réalisées par des natifs d'une langue très éloignée de celle du sujet (Reiterer et al., 2011).

Ces instabilités conceptuelles, ainsi que ces faiblesses méthodologiques nous ont amenés à opter pour une conception pragmatique, dépourvue d'hypothèses fortes telles que celles relatives à l'innéité, appuyée sur les connaissances actuelles en matière de psycholinguistique et surtout susceptible de permettre des évaluations non subjectives.

Nous nous centrons ainsi sur la capacité spontanée du sujet adulte à réussir avec plus ou moins de succès des productions vocales ressemblant objectivement à des modèles auxquels il est exposé. Nous posons que cette capacité varie d'un individu à l'autre et qu'elle peut être appréhendée en termes de gradient. Dans la mesure où cette caractéristique du sujet exprime sa capacité à se départir de ses structures fonctionnelles propres et à manifester des comportements vocaux en étroite adéquation avec d'autres spécificités systémiques, nous y référons par le terme de *compliance phonique*. Cet article a pour but d'affiner le concept et d'en éprouver la validité par la confrontation aux nécessités de la quantification en contexte expérimental. Dans le cadre de cette étude exploratoire, nous nous limitons aux vocoïdes traités par des sujets francophones.

2 Procédure expérimentale

2.1 Recueil des observations acoustiques

Le dispositif expérimental utilisé s'inspire de celui d'une expérience précédente (Delvaux et al., 2011). Quatre personnes (2 hommes, 2 femmes) ont été soumises à une tâche de répétition de 94 vocoïdes synthétiques, générés au moyen d'un synthétiseur de Klatt (1980) et régulièrement espacés dans un espace F1*F2*F3 aux fréquences mesurées en mels (F1 : de 344 à 821 mels par pas de 95,4 mels ; F2 : de 859 à 1640 mels par pas de 111,5 mels ; F3 de 1602 à 1876 mels par pas de 92,3 mels). Chaque locuteur a réalisé six productions de chacun des 94 stimuli et, par ailleurs, produit 10 réalisations de chacune des 10 voyelles orales du français. Nous disposons donc, dans le cadre de la présente étude, de 2656 sons de parole. Chacun des sons ainsi recueillis a fait l'objet d'une évaluation de ses trois premiers formants au départ d'une procédure automatisée recourant à l'algorithme de traçage formantique de Praat, avec supervision et corrections éventuelles par deux experts.

2.2 Approches métrologiques

Dans cette section, nous développons plusieurs pistes de quantification du concept de compliance. Chacun des trois indices qui seront développés participe d'un regard spécifique sur la notion et en opère une quantification particulière. Dans la section ultérieure, chacune des formules élaborées sera appliquée sur les données recueillies à titre exploratoire.

Fondamentalement, la notion de compliance nous amène à scruter la capacité du sujet à produire des sons similaires à ceux qui lui ont été présentés. Si le sujet est compliant, ses productions ne doivent être influencées que par les caractéristiques acoustiques des stimuli qui lui sont présentés. Afin de mathématiser cette conception, nous pouvons considérer que le stimulus et la production résultant de la tentative d'imitation de ce dernier correspondent à des lieux dans un espace acoustique : nous nous interrogeons alors sur la proximité des lieux stimulus et réponse. La performance est d'autant meilleure que ces lieux sont, globalement, proches les uns des autres. Concrètement, les dimensions de cet espace sont les formants vocaliques (la dimensionnalité de l'espace étant dictée par le nombre de formants pris en considération), et les coordonnées des stimuli et des réponses sont les fréquences de leurs formants respectifs. La dissimilarité entre stimulus et réponse peut alors être appréciée par la distance euclidienne entre le point stimulus et le point réponse. Plus cette distance tend vers zéro, plus la réponse est proche du stimulus. Soit **Fi**, la valeur du i^{ème} formant exprimée en mels, dans un espace acoustique à **I** formants, cette distance **D** est donnée par :

$$D = \left[\sum_{i=1}^{I} (Fi_{ps} - Fi_{s})^2 \right]^{1/2}$$

Globalement, la qualité de la performance peut donc être évaluée par la somme de ces distances, pour tous les **S** stimuli du dispositif expérimental et toutes les **P** tentatives de reproduction de chaque stimulus. Ceci nous donne le premier de nos trois indices, dont la valeur est d'autant plus petite que la performance est globalement de qualité.

$$I1 = \sum_{s=1}^{S} \sum_{p=1}^{P} \left[\sum_{i=1}^{I} (Fi_{ps} - Fi_{s})^2 \right]^{1/2}$$

Dans cette approche, on mesure, au fond, à quel point la réponse est « attirée » par le modèle. On sait cependant que l'espace psycholinguistique des voyelles n'est pas homogène, certaines de ses zones étant caractérisées par la présence d'attracteurs qui, mutatis mutandis, exercent une sorte d'effet gravitationnel connu sous le nom d'*effet d'aimantation perceptuelle* (Kuhl, 1991). En d'autres termes, lorsque notre locuteur produit un son, c'est certes sous l'effet de l'attraction qu'exerce sur ce dernier le modèle à reproduire, mais c'est également sous l'effet des forces d'attraction qui, dans cette zone de l'espace, résultent de la structure de son système phonologique personnel. De ce point de vue, un sujet compliant à la tâche de reproduction est un sujet dont les réalisations sont attirées beaucoup plus par les cibles stimuli que par les divers phénomènes d'aimantation perceptuelle liés à son système phonologique propre. Si tel est le cas, la dispersion de ses productions autour d'un point stimulus dans l'espace vocalique doit être constante. Si au contraire, la dispersion est plus ou moins grande dans une zone donnée, c'est que des zones d'aimantation perceptuelle liées au système phonologique y exercent des influences locales et mettent en place un système de contraintes différent du treillis des stimuli qui eux, balaient de manière régulière, et avec une granularité plus fine que celle des espaces phonologiques, l'espace acoustique de référence. L'indice I2 est ainsi bâti sur l'évaluation de la variabilité des variances des distances euclidiennes entre modèle et réponse à l'intérieur de chacun des clusters formés par l'ensemble des réalisations découlant de la tentative d'imitation d'un stimulus donné (avec $\mathbf{var_p}$ la variance des **P** distances euclidiennes au sein d'un cluster centré sur un stimulus s donné et $\mathbf{var_s}$ la variance des **S** variances ainsi calculées).

$$I2 = var_S \left(var_P \left(\left[\sum_{i=1}^{I} (Fi_{ps} - Fi_{s})^2 \right]^{1/2} \right) \right)$$

Dans le cadre de cette approche, l'existence d'un système phonologique dans les représentations du sujet est au fond considérée comme un élément perturbateur de son comportement. Ce n'est, à la limite, que si aucune influence de système phonologique ne se fait jour, que le sujet sera considéré comme parfaitement compliant. Ce ne sont donc pas ici les caractéristiques du système phonologique qui sont prises en compte, mais bien son existence. Dans notre troisième approche, nous articulons, au contraire, le raisonnement, autour des caractéristiques intrinsèques du sujet. Ici, la disponibilité des informations sur les voyelles-phonèmes est capitale, puisqu'elle constitue la base du raisonnement. Partant de la connaissance du système du sujet, on va en effet pondérer ses performances de reproduction de stimuli en fonction de l'originalité des productions par rapport à ses habitudes phoniques. Ici, **V** point de l'espace acoustique sont pris en considération : chacun est le centroïde du cluster formé par les réalisations des phonèmes voyelles et a pour coordonnées les moyennes des valeurs formantiques observées sur ces réalisations $\overline{Fi_v}$. La distance entre stimulus et réalisation va alors être pondérée par un facteur exprimant l'éloignement de la réalisation par rapport aux clusters vocaliques du système du sujet. Celui-ci n'est autre que le produit des distances réalisation-centroïdes ; ce terme est d'autant plus grand que la réalisation est éloignée des clusters en général : la coïncidence topologique entre une réalisation donnée et un seul centroïde de cluster suffit à l'annuler. Puisque la pondération par ce terme fonctionne comme une récompense, il faut bien sûr que la quantité pondérée soit grande quand le résultat est bon et vice-versa : c'est cette considération qui nous a amenés à affecter d'un exposant négatif la distance euclidienne ; c'est donc l'inverse de cette dernière qui est magnifié par le facteur d'éloignement, ce qui donne un indice I3 grand quand la compliance est bonne et vice-versa.

$$I3=\sum_{s=1}^{S}\sum_{p=1}^{P}\left\{\left[\sum_{i=1}^{F}(Fi_{ps}-Fi_{s})^2\right]^{-1/2}\prod_{v=1}^{V}\log\left[\sum_{i=1}^{F}(Fi_{ps}-\overline{Fi_{v}})^2\right]^{1/2}\right\}$$

Ces trois indices de compliance ont été calculés sur l'ensemble de nos données, ce qui implique, pour l'implémentation de nos formules que P = 6 et S = 94 : les sujets ont répété 6 fois la tâche de reproduction des 94 stimuli synthétisés. L'espace acoustique tridimensionnel dans lequel nous avons travaillé impose que l'indice i varie de 1 à 3 (I = 3). Le calcul de l'indice I3 demande d'évaluer la distance entre chaque réalisation et la moyenne de chaque cluster vocalique du système du sujet (10 voyelles du français), cela pose donc que V = 10.

3 Résultats

La table 1 donne les résultats obtenus pour les quatre sujets aux trois indices de compliance phonique I1, I2 et I3 ainsi que le rang obtenu par chaque locuteur en termes de compliance phonique ('1' = le plus compliant).

	I1		**I2**		**I3**	
Locuteur	Valeur	Rang	Valeur	Rang	Valeur	Rang
S1	112709,29	3	3871,90	3	34912,39	4
S2	122050,21	4	7475,00	4	42285,54	3
S3	83569,88	2	2457,50	2	45083,21	2
S4	77422,46	1	1551,86	1	49293,68	1

TABLE 1 - Valeur des indices I1, I2, I3 pour les 4 locuteurs.

Malgré la diversité des approches métrologiques proposées et des conceptions de la compliance qui les sous-tendent, les résultats en termes de rang sont notablement convergents. On observe en effet que dans les trois cas, S4 fait figure de sujet le plus compliant, et S3 vient régulièrement en deuxième position, quel que soit l'indice. Les sujets 3 et 4 sont systématiquement les deux derniers pour tous les indices, et la seule différence est due au fait que I3 place en dernière position S1, alors qu'il apparaît avant-dernier tant pour I1 que pour I2. Il convient également de noter que les deux sujets masculins S3 et S4 sont classés devant les deux sujets féminins S1 et S2. La séparation en deux groupes est particulièrement nette pour I1.

L'indice I2 aboutit au même rangement des quatre locuteurs que I1. Dans le cas de I2 cependant, S2 a une performance nettement inférieure à celle des trois autres sujets. Les résultats obtenus sont illustrés sur la figure 1. La variabilité des variances intra-cluster (variance des distances entre le modèle et les 6 reproductions) est beaucoup plus importante pour S2 que pour les trois autres locuteurs : pour certains stimuli, cette variance est grande, marquant une production instable, alors que la variance est petite pour d'autres stimuli ; ceci aboutit à une grande variabilité des variances et donc à une valeur élevée pour I2. A l'opposé, S4 fait montre d'une grande stabilité pour l'ensemble de ses productions, d'où son rang 1 pour cette indice.

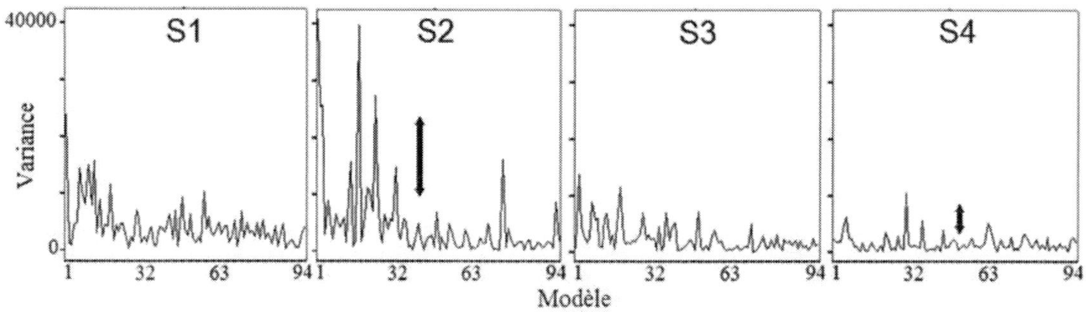

FIGURE 1 - Variance des distances intra-cluster en fonction du modèle, pour les 4 locuteurs.

La comparaison entre les productions des locuteurs masculins S3 et S4 (Fig.2) permet d'illustrer les différences de performances capturées par l'indice I3. On constate que les voyelles produites par S3 en tentant de reproduire les modèles présentés s'agglutinent en grappes dans certaines zones de l'espace vocalique. Ces zones peuvent être mises en rapport avec les réalisations des voyelles du français produites par S3 (Fig.2), avec une prépondérance des deux voyelles centrales. En comparaison, les voyelles réalisées par S4 sont mieux réparties dans l'ensemble de son triangle vocalique, et cette aptitude à quitter son territoire familier est récompensée par la pondération utilisée dans l'indice I3. L'indice I3 est également le seul qui relègue S1 au dernier rang de la hiérarchie des quatre locuteurs évalués en termes de compliance phonique (Table 1).

Si l'on compare les valeurs obtenues pour S1 et S2 aux trois indices I1, I2, I3, une interprétation possible est que S2 est une locutrice qui prend « plus de risques » au cours de la tâche de reproduction des modèles phoniques qui lui sont présentés. Ce faisant, elle quitte plus volontiers son territoire familier (et en est récompensée via l'indice I3), mais ses succès ne sont que relatifs et la somme totale des distance entre cibles et reproductions reste supérieure à celle calculée pour S1 (indice I1). Par ailleurs, ces « excursions » en territoire non familier augmentent la variabilité des variances telle que mesurée par l'indice I2. Inversement, S1 présenterait le profil d'un sujet féminin globalement plus en contrôle de ses productions (indice I2), plus efficace (indice I1), mais adoptant pour cela des productions moins éloignées de ses habitudes phoniques en L1 (indice I3).

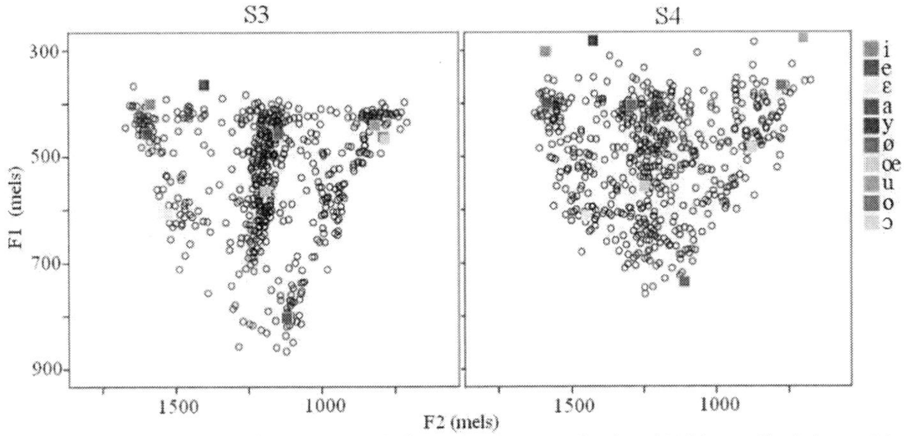

FIGURE 2 - Valeurs de F1 et F2 (mels) au cours de la tâche de reproduction (6*94 voyelles) (en noir) ; centroïdes des 10 phonèmes-voyelles orales du français (en couleur) ; pour les deux locuteurs masculins S3 et S4.

Discussion

Dans cet article, nous étudions la compliance phonique, que nous définissons comme l'aptitude, variable d'un individu à l'autre, à réaliser des productions vocales ressemblant objectivement à des modèles auxquels il est exposé. Nous renonçons à dessein à investiguer les causes - multiples, agissant en interaction, et sur un décours temporel inévitablement long - de la variabilité inter-individuelle, ou encore à en retracer l'origine jusqu'à un hypothétique don initial inégalement réparti, afin de nous consacrer avec pragmatisme sur l'évaluation objective de ladite variabilité. A travers l'approche métrologique adoptée, trois visions de la compliance phonique sont proposées, à la fois différentes et complémentaires.

Le point de départ (I1) est l'évaluation globale de la distance entre modèles et reproductions. L'avantage de I1 est de rester très proche de la tâche. On peut néanmoins qualifier I1 de vision « phonétique », quelque peu restrictive de la compliance phonique, dans la mesure où l'on ne tient pas compte de l'existence du système phonologique du locuteur. Le système phonologique fournit des lieux de l'espace (ici vocalique) qui sont à la fois aimants perceptuels (Kuhl, 1991) et réalisations phonétiques privilégiées, deux dimensions prises en compte par les indices I2 et I3. I2 permet d'aborder la compliance phonique sous l'angle du contrôle phonétique. Les locuteurs compliants sont ceux qui parviendront à maintenir à distance les phénomènes perturbateurs (p.ex. d'aimantation perceptuelle) liés à la structuration spécifique de leur système phonologique en L1 ; en conséquence, ils parviendront à maintenir relativement constante la dispersion de leurs productions autour d'un stimulus dans l'espace vocalique, et ce, quel que soit le lieu de ce stimulus par rapport aux phonèmes de leur L1. Ici, nous considérons la variabilité phonétique non comme du simple bruit mais comme source potentielle d'information ; la faible variance des variabilités est indicatrice de comportement phonétique contrôlé. Pour les premières données testées ici, on peut constater dans la Fig.1 à quel point l'indice I2 complète l'évaluation, en l'occurrence modérée, de la compliance phonique de S2 par rapport à l'indice I1 : non seulement la distance acoustique globale entre reproductions et cibles est importante (I1), mais en plus le sujet témoigne d'une certaine inconstance (variabilité des variances ; I2). S4 présente un profil inverse.

I3 a été élaboré de façon à récompenser les comportements qui s'éloignent des habitudes phoniques des locuteurs au cours de la tâche de reproduction. On considère ici que le locuteur compliant est celui qui est capable de s'approcher au plus près de la cible surtout lorsque celle-ci est éloignée des réalisations phonétiques les plus fréquentes en L1. Bien que les premiers résultats soient prometteurs (voir le comportement contrasté S3-S4, récompensé en conséquence par I3), la mathématisation pourrait sans doute ici être raffinée. Le poids relatif à attribuer au facteur récompensant l'originalité de la reproduction, par rapport à la distance acoustique cible-reproduction, mériterait d'être examiné, de même que la variance des productions autour du centroïde en L1.

De façon plus générale, le fondement de notre quantification demeure la distance acoustique entre les modèles et les reproductions. Or, force est de constater que les sujets ne sont pas égaux devant la tâche. Puisque les stimuli avaient des valeurs typiques d'une voix masculine (F0 = 110Hz), on peut considérer que les sujets féminins étaient a priori 'désavantagées' par rapport à leurs collègues masculins. A titre d'exemple, le F3 du centroïde des 10 répétitions de /i/ est à 2089 mels (S1) et 2230 mels (S2), contre 1897 mels (S3) et 1802 mels (S4) alors que la valeur maximale du F3 des stimuli est de 1876 mels. En sus des traitements numériques d'aval visant à minimiser le poids des particularités individuelles (p.ex. la minimisation, par I3, des succès lorsqu'ils correspondent à des habitudes phoniques du locuteur), nous envisageons d'adapter la tâche en amont, afin d'établir une équité maximale pour tous les locuteurs-auditeurs.

En conclusion, nous avons ici entamé une recherche où la réflexion conceptuelle est nourrie par une démarche métrologique, et vice-versa. Les pistes de quantification du concept proposé de compliance phonique ont été testées sur un nombre restreint de locuteurs, amené à être élargi dans un avenir proche. Par ailleurs, la dynamique du raisonnement devrait pouvoir être étendue à tout type de son de parole/à toute langue.

Références

BROHÉ, S., PICCALUGA, M., DELVAUX, V., HUET, K., HARMEGNIES, B. *Accepté.* Orientation sélective de l'attention et apprentissage perceptual. In *Actes des 29e JEP 2012.*

DELVAUX, V., HUET, K., PICCALUGA, M., HARMEGNIES, B. (2011) Assessing phonetic talent through speech production measurements. In *Proceedings ISSP Montreal.*

DOGIL, G. ET REITERER, S. (2009). Language Talent and Brain Activity. Trends in Applied Linguistics 1, New York, Mouton de Gruyter.

GAGNÉ, F. (2003). Transforming gifts into talents : The DMGT as a developmental theory. In N. Colangelo et G. A. Davis (Éds.), *Handbook of Gifted Education*, Boston, p. 60-74.

JILKA, M., ANUFRYK, V., BAUMOTTE, H., LEWANDOWSKA, N., ROTA, G., REITERER, S. (2007). Assessing Individual Talent in Second Language Production and Perception. *In 5th ISALSS. Florianópolis, Brazil*, p. 243-258.

KUHL, P. (1991). Human adults and human infants show a "perceptual magnet effect" for the prototypes of speech categories, monkeys do not. *Percept Psychophys*, 50, 93-107.

PICCALUGA, M., CLAIRET, S., DELVAUX, V., HUET, K., HARMEGNIES, B. (2011). Guidage perceptuel de la production en L2: Tendances générales et variabilité individuelle. *RANAM Hors série.*

REITERER SM, HU X, ERB M, ROTA G, NARDO D, GRODD W, WINKLER S. ET ACKERMANN H (2011). Individual differences in audio-vocal speech imitation aptitude in late bilinguals: functional neuro-imaging and brain morphology. *Front. Psychology* 2:271.

SCHNEIDERMAN, E.I. ET DESMARAIS, C. (1988). The talented language learner: some preliminary findings. *Second Language Research*, 4/2, 91-109.

Détection de transcriptions incorrectes de parole non-native dans le cadre de l'apprentissage de langues étrangères

Luiza Orosanu Denis Jouvet Dominique Fohr Irina Illina Anne Bonneau
INRIA - LORIA, 615 rue de Jardin Botanique 54600 Villers-les-Nancy
{luiza.orosanu, denis.jouvet, dominique.fohr, irina.illina, anne.bonneau}@loria.fr

RÉSUMÉ

Cet article analyse la détection de transcriptions incorrectes de parole non-native dans le contexte de l'apprentissage de langues étrangères. L'objectif est de détecter et rejeter les transcriptions incorrectes (i.e. celles pour lesquelles le texte ne correspond pas au signal de parole associé) tout en étant tolérant aux défauts de prononciation inhérents à la parole non-native. L'approche proposée exploite la comparaison d'un alignement contraint par la transcription à vérifier avec un alignement non contraint correspondant à un décodage phonétique. Plusieurs critères de comparaison sont décrits et combinés par l'intermédiaire d'une fonction de régression logistique. L'article analyse l'influence de divers paramétrages comme l'impact des variantes de prononciation non-natives, l'utilisation de fonctions de décision spécifiques à la longueur des transcriptions, et l'impact d'un apprentissage de la fonction de décision avec la parole native ou non-native. Les évaluations de performances sont menées à la fois sur des corpus de parole natives et non-natives.

ABSTRACT

Detection of incorrect transcriptions of non-native speech in the context of foreign language learning

This article analyses the detection of incorrect transcriptions of non-native speech in the context of foreign language learning. The purpose is to detect and reject incorrect transcriptions (i.e. those for which the text does not correspond to the associated speech signal) while being tolerant to the pronunciation defects of non-native speech. The proposed approach exploits the comparison between two alignements : one constrained by the transcript which is being checked, with an other one unconstrained, corresponding to a phonetic decoding. Several criteria are described and combined via a logistic regression function. The article analyzes the influence of different settings, such as the impact of non-native pronunciation variants, the use of decision functions dependent on the length of the transcriptions, and the impact of learning decision functions on native or non-native speech. The performance evaluations are conducted both on native speech and non-native speech.

MOTS-CLÉS : Apprentissage d'une langue étrangère, entrées incorrectes, parole non-native, variantes de prononciation, alignements contraint et non-contraint.

KEYWORDS: Foreign language learning, incorrect transcriptions, non-native speech, pronunciation variants, constrained and unconstrained alignements.

1 Introduction

L'aide à l'apprentissage des langues étrangères est un domaine d'application de la reconnaissance automatique de la parole qui s'est développé ces dernières années. L'objectif est de détecter et signaler à l'apprenant ses erreurs ou défauts de prononciation, afin qu'il puisse les corriger, et peu à peu améliorer sa maîtrise de la langue étrangère. L'une des principales difficultés pour ces systèmes est la détection et la localisation automatique des défauts de prononciation (Herron *et al.*, 1999) tout en restant robuste à la parole non-native. Des méthodes ont été proposées pour déterminer un score de qualité de prononciation (Witt et Young, 2000) en exploitant des rapports de vraisemblance. De tels systèmes tirent profit de l'introduction de modèles acoustiques de phonèmes de la langue maternelle (en complément des modèles des phonèmes de la langue cible) ainsi que de la connaissance des défauts (variantes) possibles de prononciation non-natives.

Un autre élément important de l'apprentissage des langues concerne la prosodie. Certains projets ont porté sur le retour d'information sur les erreurs de durée (Eskenazi *et al.*, 2000) mais le retour d'information prosodique se résume fréquemment à jouer ou rejouer une prononciation du mot ou de la phrase par un locuteur natif. Une méthode originale a été proposée dans (Henry *et al.*, 2007) qui vise à améliorer simultanément la production et la perception en combinant un retour prosodique précis et détaillé et un retour sonore basé sur une modification prosodique de la prononciation de l'apprenant. Cette approche nécessitant une segmentation phonétique de la prononciation de l'apprenant, une étude de la pertinence de la segmentation phonétique a été entreprise (Mesbahi *et al.*, 2011). Ces méthodes automatiques de diagnostic des prononciations reposent sur une segmentation phonétique du signal de parole qui est obtenue par alignement forcé du signal de parole avec les modèles correspondant à la phrase prononcée. La prise en compte de variantes de prononciation non natives améliore la qualité des alignements (Jouvet *et al.*, 2011).

Cependant, il arrive que le signal acoustique ne corresponde pas à la phrase attendue (erreur de prononciation, parole parasites, problème de capture du son, . . .). Le système doit donc être capable de déterminer si le signal audio correspond ou pas à la phrase attendue. Ce type de décision correspond typiquement au rejet des entrées incorrectes ou des mots hors vocabulaire en reconnaissance de la parole (Bazzi et Glass, 2000; Boite, 2000). Contrairement à ces approches, qui visent essentiellement la parole native, ici nous voulons offrir un soutien à l'apprentissage des langues étrangères, et donc nous avons besoin de détecter les incohérences (i.e. un signal audio ne correspondant pas à la phrase attendue), mais en même temps tolérer les défauts de prononciations non-natives.

Donc, l'objectif de cet article est d'étudier en détail le rejet de transcriptions incorrectes dans le contexte de l'apprentissage des langues étrangères. La première partie présente une description de la méthodologie mise en œuvre, et en particulier les critères utilisés et la fonction de décision choisie. La deuxième partie du papier est consacrée à la description des expériences menées et à la discussion des résultats.

2 Méthodologie

Afin de rejeter les transcriptions incorrectes, tout en acceptant celles qui sont correctes, il faut déterminer si le signal audio et la transcription correspondent. Pour cela, nous avons choisi de décoder les signaux audio de deux façons différentes. Tout d'abord, nous effectuons un décodage contraint, où l'on force le système à suivre la séquence des mots présents dans la transcription de référence. Ensuite, nous effectuons un décodage non-contraint, où l'on donne au système la liberté de choisir n'importe quel phonème pour n'importe quelle position dans la phrase. Finalement, nous comparons les deux alignements (contraint et non-contraint) afin de décider si la transcription est correcte ou non (i.e. si elle correspond ou pas au signal audio).

2.1 Critères pour la décision

Cette partie décrit les critères choisis pour différencier les transcriptions correctes de celles qui sont incorrectes. Ces critères sont basés sur des informations provenant des alignements contraints et non-contraints, en considérant les phonèmes, les trames ou les zones annotées silence/bruit.

1. Critère associé aux phonèmes : pourcentage de segments phonétiques qui ont le même label dans les deux alignements et dont au moins une limite temporelle diffère de moins de 20 ms. Les segments de silence/bruit sont ignorés. Sa valeur est bien plus grande pour les transcriptions correctes que pour celles incorrectes.

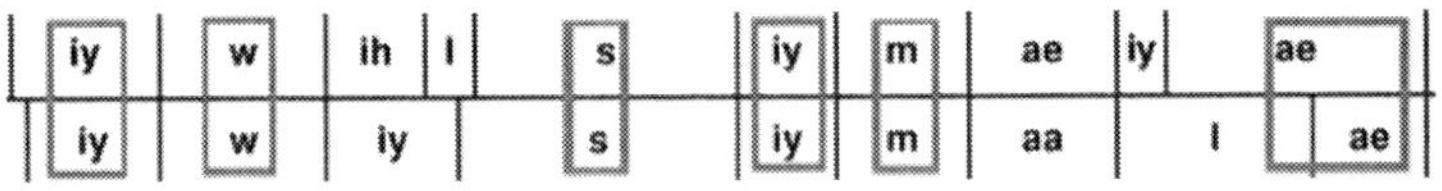

FIGURE 1 – Exemple de transcription correcte avec ses deux décodages : contraint (en haut) et non-contraint (en bas). Les rectangles verts indiquent les phonèmes pris en compte pour calculer le «critère associé aux phonèmes »

2. Critère associé aux trames : basé sur l'étiquetage des trames. Même si le décodage phonétique ne trouve pas le bon phonème, il est susceptible de le remplacer avec un phonème de la même classe. Une classe phonétique est représentée par des sons qui partagent au moins une caractéristique phonétique, et en particulier le «mode d'articulation". Nous calculons alors le pourcentage de trames ayant leurs étiquettes appartenant à la même classe phonétique. Ce pourcentage est donc généralement plus grand pour les transcriptions correctes que pour celles incorrectes. Dans l'exemple suivant nous avons considéré les classes phonétiques : voyelles (V), semi-voyelles (SV), fricatives (F), nasales (N) et plosives (P).

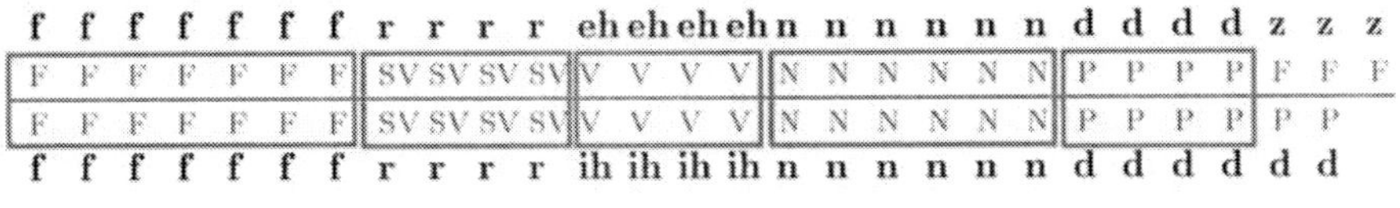

FIGURE 2 – Exemple de transcription correcte avec ses deux décodages : contraint (en haut) et non-contraint (en bas). Les rectangles verts indiquent les trames prises en compte pour calculer le «critère associé aux trames »

3. Critère associé aux zones de non-parole : basé uniquement sur les segments de non-parole (silence / bruit). Lorsque l'on force le système à aligner un signal audio sur un texte qui ne lui correspond pas (le cas d'une transcription incorrecte), il est fréquent que le système ajoute plusieurs segments de silence entre les mots et/ou qu'il augmente ou diminue la durée de ceux qui existent réellement. Nous calculons donc la différence de recouvrement des segments de non-parole entre les deux alignements (exprimée en pourcentage du nombre total de trames). La valeur de ce critère sera plus petite pour les transcriptions correctes que pour celles incorrectes.

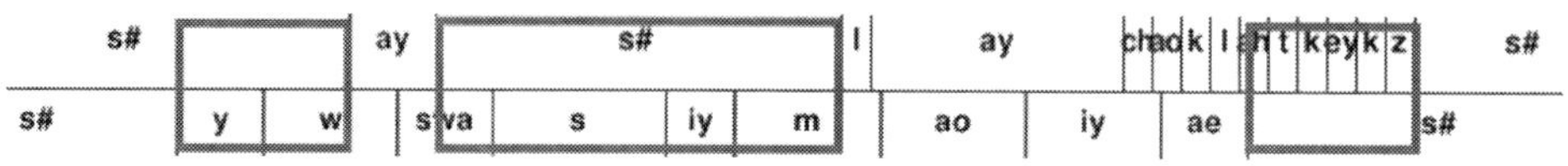

FIGURE 3 – Exemple de transcription incorrecte avec ses deux décodages : contraint (en haut) et non-contraint (en bas). Les rectangles rouges indiquent les trames prises en compte pour calculer le «critère associé aux zones de non-parole »

2.2 Classification de données

Compte tenu des critères choisis pour la décision (section 2.1) et de la tâche de classification limitée à deux classes (*correcte* ou *incorrecte*), le modèle prédictif de la régression logistique (Dreiseitl et Ohno-Machado, 2002) a été choisi comme classifieur binaire. En général, la régression logistique est utilisée pour calculer la probabilité d'appartenance à une classe parmi deux :

$$P\left(1|\overline{X},\alpha\right) = f(\overline{X}) = \frac{1}{1+exp(-(\alpha_0+\alpha_1 x_1+\alpha_2 x_2+\alpha_3 x_3))}$$

La première étape de l'approche consiste à apprendre les paramètres du classifieur sur les données d'apprentissage. Le corpus d'apprentissage est représenté par l'ensemble de données $D=\left\{\overline{X_i},\ y_i\right\},\ i=1,...,N$ où :

- $\overline{X}=< x_1,x_2,x_3 >$ est le vecteur comprenant les informations sur la transcription à classifier, c'est-à-dire les critères par phonèmes, par trames et par zones de non-parole
- y indique l'appartenance à la classe correcte ($y=1$) ou à la classe incorrecte ($y=0$)
- N est le nombre de transcriptions dans le corpus d'apprentissage.

Les paramètres $\overline{\alpha}=< \alpha_0,\alpha_1,\alpha_2,\alpha_3 >$ sont déterminés par l'estimation du maximum de vraisemblance, qui se calcule en minimisant la fonction d'erreur :

$$E=-\sum_{i=1}^{N}\left(y_i\cdot ln\left(f(\overline{X_i})\right)+(1-y_i)\cdot ln\left(1-f(\overline{X_i})\right)\right)$$

La minimisation est effectuée par la méthode de la descente du gradient. Cet algorithme d'optimisation numérique vise à obtenir un optimum (éventuellement local) par améliorations successives. A partir d'un point de départ α et une valeur initiale du pas de descente, les paramètres sont modifiés jusqu'à atteindre la condition d'arrêt (plus d'amélioration possible).

Apres, les courbes DET («detection error tradeoff ») sont utilisées pour présenter les résultats obtenus sur les données de test . Une courbe DET est un graphique des taux d'erreur pour les systèmes de classification binaire. Elle est utilisée ici comme un moyen de représenter les performances sur la tâche de classification des transcriptions, qui implique un compromis entre les taux de «*fausse acceptation* » (*FA*, le pourcentage de transcriptions incorrectes, mais classées comme étant correctes par le système) et de «*faux rejet* » (*FR*, le pourcentage de transcriptions correctes, mais classées comme étant incorrectes par le système). Une transcription est acceptée seulement si la valeur de la régression logistique $f(\overline{X})$ est supérieure à un seuil σ . Pour tracer la courbe DET, différentes valeurs du seuil $\sigma \epsilon [0, 1]$ sont utilisées. Les taux d'erreurs (FA, FR) pour chaque valeur du seuil sont indiqués sur le graphique. Finalement, le meilleur compromis entre les taux d'erreur (parmi tous les points disponibles sur les graphiques *DET*), est celui qui maximise la F-mesure :

$$\frac{1}{F} = \frac{1}{2}\left(\frac{1}{1-FA} + \frac{1}{1-FR}\right) \tag{1}$$

3 Expériences et résultats

3.1 Contexte expérimental

Afin d'évaluer les approches mentionnées dans la section 2, deux corpus anglais de parole native et non-native sont utilisés. Ils proviennent du projet INTONALE (Dargnat *et al.*, 2010) consacré à l'étude prosodique. Le corpus natif contient environ 1500 signaux audio qui ont été enregistrés par 22 locuteurs (15 femmes et 7 hommes) anglais (66 phrases par locuteur). Le corpus non-natif contient environ 800 signaux audio qui ont été enregistrés par 34 locuteurs (29 femmes et 5 hommes) français (23 phrases par locuteur). Ces enregistrements ont été faits dans une pièce calme. Le logiciel développé pour l'enregistrement des mots ou des phrases affiche sur l'écran la phrase à prononcer. Le locuteur peut ensuite choisir, après chaque prononciation d'une phrase, de la répéter (en cas de problème) ou de passer à la suivante.

Les corpus utilisés contiennent tous des transcriptions correctes (même si la parole non-native est sujette à beaucoup de défauts de prononciation). Pour simuler des transcriptions incorrectes, nous utilisons les mêmes signaux audio, mais nous attachons à chacun une transcription qui ne lui correspond pas (tirée de façon aléatoire parmi les autres). Nous avons donc la même quantité de données correctes et incorrectes.

Chaque corpus, natif ou non-natif, est découpé en deux parties égales : une partie pour faire l'apprentissage des paramètres $\overline{\alpha}$, et l'autre pour évaluer les performances. Afin d'étudier la dépendance des paramètres à la longueur des transcriptions (nombre des phonèmes), chaque corpus est de nouveau découpé en 3 sous-ensembles : transcriptions courtes (moins de 19 phonèmes), transcriptions moyennes et transcriptions longues (plus de 30 phonèmes).

Les outils HTK (Young *et al.*, 2002) sont utilisés pour le décodage des signaux audio. Les modèles acoustiques ont été appris en utilisant le corpus anglais TIMIT (Garofolo, 2000). Ses signaux audio ont été enregistrés par 630 locuteurs américains, avec une fréquence d'échantillonnage de 16 kHz. L'analyse acoustique MFCC (Mel Frequency Cepstral Coefficients) donne 12 paramètres MFCC et le logarithme de l'énergie par trame (fenêtre de 32 ms, décalage de 10ms). La segmentation phonétique d'une transcription (décodage contraint) est obtenue avec des modèles acoustiques HMM (Hidden Markov Models) et la prise en compte des variantes de prononciation de chaque mot. Chaque état d'un modèle HMM a été modélisé par un mélange de 16 gaussiennes.

Deux lexiques ont été utilisés : le premier inclut seulement les variantes natives pour chaque mot (lexique natif : *CMU dictionary* (Hunt, 1996)) et le second inclut en plus des variantes non-natives (lexique non-natif). Un grand nombre de variantes de prononciation non-natives observées dans le corpus de parole non-native ont été incluses dans le lexique de prononciation (Mesbahi *et al.*, 2011) (la génération automatique de variantes de prononciation non-natives sera étudiée dans les travaux futurs).

3.2 Évaluations

Cette partie étudie l'impact de différents paramètres de l'approche, en particulier pour le traitement de la parole non-native : l'impact du lexique de prononciation natif ou avec variantes non-natives, l'impact d'une fonction de décision globale, ou d'une fonction dépendante de la longueur de la transcription traitée et l'impact du type des données (natives ou non-natives) utilisées pour l'apprentissage des paramètres.

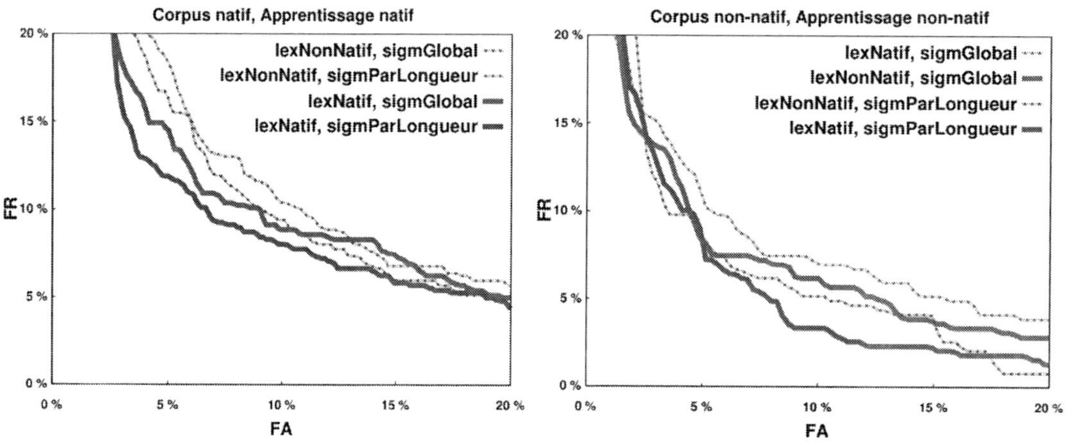

FIGURE 4 – Courbes DET pour les lexiques natif et non natif, et le paramétrage global (courbes rouges / bleues) ou dépendant de la longueur des transcriptions (courbes vertes / mauves)

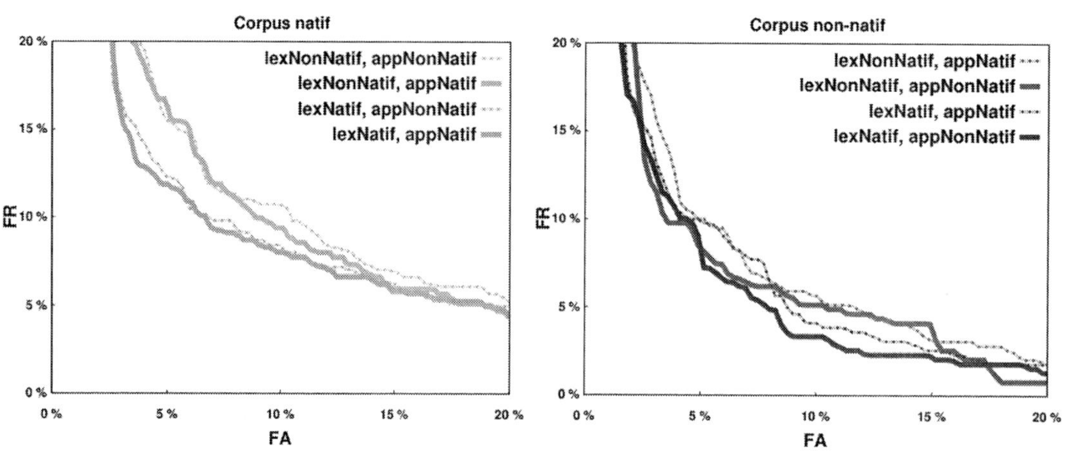

FIGURE 5 – Courbes DET pour l'apprentissage sur les corpus natif et non-natif, et le lexique natif (courbes en jaune-vert / bleu-nuit) ou non-natif (courbes en bleu-ciel / marron). Le paramétrage est dépendant de la longueur des transcriptions.

La Figure 4 montre que l'utilisation des fonctions sigmoïdes dépendantes de la longueur des transcriptions, donne de meilleures résultats que l'utilisation d'une fonction de décision unique (globale), quel que soit le corpus utilisé et quel que soit le lexique associé.

La Figure 5 montre que l'utilisation d'un lexique natif est nécessaire pour le corpus natif. Cependant, pour le corpus non-natif, les deux lexiques donnent des résultats similaires. Les résultats montrent également qu'il est important d'apprendre les fonctions de décision sur les données non-natives pour obtenir des résultats optimaux sur le corpus non-natif. En revanche, l'influence du corpus d'apprentissage semble négligeable pour le traitement de la parole native.

Les meilleurs résultats obtenus pour le corpus natif sont : un taux de *fausse acceptation* de 6.35% avec un taux de *faux rejet* de 9.53%, qui correspondent à une F mesure (eq. 1) de 92.031%.

Les meilleurs résultats obtenus pour le corpus non-natif sont : un taux de *fausse acceptation* de 4.88% avec un taux de *faux rejet* de 6.68% (qui correspondent à une F mesure de 94.207%). Par comparaison, lorsque la décision (acceptation/rejet) est effectuée en considérant un seul critère à la fois, nous obtenons pour le critère associé aux phonèmes, F=88.686%, pour celui associé aux trames, F=86.986% et, pour celui associé aux zones de non-parole, F=78.563%.

4 Conclusions

Cet article a étudié le rejet des transcriptions incorrectes de parole non-native dans le cadre de l'apprentissage d'une langue étrangère. Quelques questions se sont alors posées. Comment rejeter les entrées incorrectes tout en tolérant les défauts de prononciations non-natives ? Quels méthodes et critères choisir afin de pouvoir différencier les entrées correctes de celles incorrectes ? L'exploitation de variantes non-natives dans le lexique est-elle bénéfique ? Les fonctions de décision doivent-elles être spécifiques à la longueur des transcriptions ? Sur quel type de corpus (natif ou non-natif) doit-on faire l'apprentissage de paramètres ?

Pour répondre à toutes ces questions, nous avons utilisé deux corpus anglais, l'un prononcé par des locuteurs natifs et l'autre par des non-natifs. De plus, chaque corpus a été découpé en deux, une moitié pour l'apprentissage et l'autre moitié pour les évaluations de performance. Pour l'apprentissage des fonctions de décision dépendantes de la longueur des transcriptions, trois catégories ont été considérées : transcriptions courtes, moyennes et longues. Pour distinguer les transcriptions correctes de celles incorrectes, nous comparons l'alignement contraint par la transcription à vérifier avec l'alignement résultant d'un décodage phonétique non-contraint. Cette comparaison a été faite en exploitant trois critères calculés au niveau de phonèmes, de trames et de zones de non-parole. Ces trois descripteurs sont combinés par une fonction de régression logistique pour fournir la fonction de décision.

Les évaluations effectuées sur ces corpus montrent que :
- l'utilisation de plusieurs fonctions de décision (sigmoïdes) dépendantes de la longueur des transcriptions est plus performante que l'utilisation d'une seule indépendante de la longueur des transcriptions.
- il est important d'apprendre les fonctions de décision sur des données non-natives, en particulier pour le traitement de la parole non-native.
- l'utilisation de variantes de prononciation non-natives dans le lexique des prononciations n'est pas nécessaire pour la tâche de vérification des transcriptions, et même pénalisante si l'on

traite de la parole native.

Le paramétrage optimal amène à des taux de fausse acceptation et faux rejet raisonnables (4.88% et 6.68% pour le corpus de parole non-native).

Remerciements

Les travaux présentés dans cet article font partie du projet ALLEGRO (http ://www.allegro-project.eu/), financé par le programme européen INTERREG IV (http ://www.interreg-fwvl.eu/fr/index.php).

Références

BAZZI, I. et GLASS, J. R. (2000). Modeling out-of-vocabulary words for robust speech recognition. *In ICSLP*, volume 1, pages 401 – 404. 1

BOITE, R. (2000). *Traitement de la parole.* Presses polytechniques et universitaires romandes. 1

DARGNAT, M., BONNEAU, A. et COLOTTE, V. (2010). Intonale : Perception et apprentissage des contours prosodiques en l1 et en l2. `http://mathilde.dargnat.free.fr/INTONALE/intonale-web.html`. 3.1

DREISEITL, S. et OHNO-MACHADO, L. (2002). Logistic regression and artificial neural network classification models. *Journal of Biomedical Informatics*, 35:352 – 359. 2.2

ESKENAZI, M., KE, Y., ALBORNOZ, J. et PROBST, K. (2000). The fluency pronunciation trainer : Update and user issues. *In Proceedings INSTiL2000.* 1

GAROFOLO, J. (2000). An acoustic phonetic continuous speech database. *Speech communication*, 30:95 – 198. 3.1

HENRY, G., BONNEAU, A. et COLOTTE, V. (2007). Tools devoted to the acquisition of the prosody of a foreign language. *In International Congress of Phonetic Sciences - ICPhS 2007*, pages 1593 – 1596. 1

HERRON, D., MENZEL, W., ATWELL, E., BISIANI, R., DANELUZZI, F., MORTON, R. et SCHMIDT, J. A. (1999). Automatic localization and diagnosis of pronunciation errors for second-language learners of english. *In EUROSPEECH.* ISCA. 1

HUNT, A. (1996). `http://www.speech.cs.cmu.edu/cgi-bin/cmudict`. 3.1

JOUVET, D., MESBAHI, L., BONNEAU, A., FOHR, D., ILLINA, I. et LAPRIE, Y. (2011). Impact of pronunciation variant frequency on automatic non-native speech segmentation. *In Language and Technology Conference - LTC'11*, pages 145 – 148. 1

MESBAHI, L., JOUVET, D., BONNEAU, A., FOHR, D., ILLINA, I. et LAPRIE, Y. (2011). Reliability of non-native speech automatic segmentation for prosodic feedback. *In Workshop on Speech and Language Technology in Education - SLaTE 2011.* ISCA. 1, 3.1

WITT, S. et YOUNG, S. (2000). Phone-level pronunciation scoring and assessment for interactive language learning. *Speech Communication*, 30:95 – 108. 1

YOUNG, S., EVERMANN, G., KERSHAW, D., MOORE, G., ODELL, J., OLLASON, D., POVEY, D., VALTCHEV, V. et WOODLAND, P. (2002). *The HTK Book (for HTK version 3.2).* Cambridge University Engineering Department. 3.1

L'identification du locuteur : 20 ans de témoignage dans les cours de Justice
Le cas du LIPSADON « laboratoire indépendant de police scientifique »

Louis-Jean Boë[1], *Jean-François Bonastre*

(1) GIPSA-lab, Grenoble, CNRS, INP, UJF, Univ. Stendhal (2) Université d'Avignon, LIA, Avignon
louis-jean.boe@gipsa-lab.grenoble-inp.fr,
jean-francois.bonastre@univ-avignon.fr>

RESUME

L'Association Francophone de la Communication Parlée (AFCP) et de la Société Française d'Acoustique (SFA) considèrent que : « par souci déontologique, il conviendrait que tout spécialiste démontre sa compétence en identification du locuteur avant d'accepter de procéder à une quelconque expertise ». Depuis 20 ans, leurs représentants rappellent cette position de principe au cours des procès dans lesquels un « expert » a identifié un prévenu à partir d'enregistrements téléphoniques. Depuis sa création en 2008, le LIPSADON, « laboratoire indépendant de police scientifique », a réalisé de très nombreuses expertises. Son directeur, signataire de celles-ci, n'a toujours pas apporté la preuve de sa compétence scientifique : les conclusions avancées dans ses rapports peuvent être sérieusement mises en doute.

ABSTRACT

Forensic speaker identification: 20 years of scientific testimonies in courts of Justice. The case of LIPSADON "forensics independent laboratory"

The *Association Francophone de la Communication Parlée* (AFCP) and the *Société Française d'Acoustique* (SFA) consider that "because of ethical concerns, it is incumbent upon any specialist to demonstrate his or her competence in speaker identification before assuming the authority of or operating as an expert." For 20 years, the groups' representatives have reiterated this principled position during legal proceedings in which an "expert" has identified a suspect using telephone recordings. Since its creation in 2008, LIPSADON, « laboratoire indépendant de police scientifique » [an "independent forensics laboratory"], has produced numerous reports of expert opinion. The signing director of these reports has never furnished proof of his scientific competence: the conclusions rendered in his reports are thus open to serious doubt.

MOTS-CLES : identification juridique du locuteur, LIPSADON
KEYWORDS : forensic speaker identification, LIPSADON laboratory.

1 Les Interceptions de Télécommunication Électroniques

Les écoutes téléphoniques autorisées, dénommées *Interceptions de Télécommunication Électroniques* (ITE), sont encadrées par la loi du 10 juillet 1991. Dans le cadre d'une instruction, il s'agit d'écoutes judiciaires, dans le cadre d'une lutte contre le terrorisme international ou d'atteintes à la sureté de l'État il s'agit d'écoutes dites de sécurité ou administratives.

Les ITE peuvent permettre d'étayer une accusation, de retrouver des otages, de prévenir des délits, d'anticiper un danger, des actes criminels, des actes de terrorisme... Dans une logique de la preuve, les interceptions visent à connaître ce qu'un locuteur L, bien identifié, échange avec une série de d'interlocuteurs, $I_1...I_n$, tout aussi bien identifiés. La traçabilité des personnes est alors possible ainsi que les connexions de leurs réseaux et leurs périodes d'activité. Mais, souvent, le locuteur L est un locuteur anonyme, X, tout comme certains de ses interlocuteurs, Y ou Z. Il faut donc tenter de retrouver les identités de X, Y et Z ainsi que, parfois, les limites des interventions des locuteurs impliqués. La Justice fait alors appel aux expertises vocales.

2 Une mutation technologique : de nouvelles possibilités et une faille de taille

Plusieurs dizaines de milliers d'ITE sont autorisées chaque année, leur nombre a été multiplié par cinq depuis 2002. Ce sont les opérateurs des réseaux mobiles qui assurent la transmission et la gestion des communications. Ceux-ci doivent conserver pendant une durée minimale les informations liées à une conversation téléphonique, ce qui permet une exploitation a posteriori. En plus de l'enregistrement proprement dit, chaque conversation est associée à un jeu d'informations dénommé *Informations Relatives à l'Interception* (IRI), en termes courants, les *fadettes*. Si l'ITE a été demandée par une autorité compétente, les enquêteurs peuvent avec les IRI disposer du numéro IMEI qui identifie l'appareil téléphonique, du numéro IMSI qui est celui de la carte SIM qui permet d'identifier le possesseur d'un téléphone par son identité internationale de souscripteur, du numéro téléphonique de l'appelant et celui de l'appelé, de l'identifiant de l'appel qui permet de le retrouver parmi toutes les autres communications, de la géolocalisation du mobile par rapport à l'antenne relais la plus proche... Tout le système de transmission étant informatisé, les ITE bénéficient donc de toute la puissance des technologies mises en œuvre et de leurs capacités et potentialités en termes de stockage, constitution et traitement de bases de données. Cependant, il reste aisé d'acheter un mobile sans donner sa véritable identité, de posséder plusieurs cartes SIM ou de voler un téléphone. Cela constitue une faille de taille, largement exploitée par les délinquants pour anonymiser les portables et les communications. Cette faille pose de manière cruciale le problème de l'identification du locuteur et de celle de ses interlocuteurs.

2.1 Un problème non résolu

La terminologie métaphorique erronée *d'empreintes vocales* donne à croire (et pas uniquement au grand public) que celles-ci existent et qu'elles sont tout aussi fiables que les *empreintes digitales et génétiques*. Et pourtant, il n'en est rien : un enregistrement de parole n'est pas une trace laissée sur une surface au contact d'une partie du corps d'un individu, comme celle des crêtes papillaires des pulpes des doigts, ni des corporelles dont les gènes des cellules peuvent être analysées. Comme tous les gestes de l'homme, ceux de parole ne sont pas reproductibles au cours du temps. La parole n'est qu'une **externalisation des gestes du conduit vocal.** Les paramètres utilisés pour décrire la parole montrent bien leur dépendance avec la vitesse d'articulation, l'intensité de la hauteur de la voix, l'état psychologique du locuteur et les conditions de stress. De plus il faut évidemment tenir compte des paramètres de transmission et d'enregistrement, la possibilité d'une superposition de plusieurs voix ou de bruit. Vont également intervenir les caractéristiques du microphone, celles de la ligne ou du réseau cellulaire et, enfin, celles de l'enregistreur. Dans l'état actuel des connaissances, il n'est pas possible d'établir un modèle absolu et robuste du locuteur qui le caractériserait de manière univoque et peu contestable par rapport à tous les autres locuteurs, quelles que soient les conditions dans lesquelles il a communiqué. Il est simplement possible d'extraire des caractéristiques plus ou moins discriminantes d'un échantillon de la voix d'un locuteur, par rapport à un ensemble donné de locuteurs, à un instant donné et dans un ensemble de conditions précisées. Ces caractéristiques peuvent ne pas être les mêmes suivant l'échantillon de voix en question, si du bruit est superposé aux enregistrements, si les conditions d'émission et de communication ne sont plus les mêmes, etc.

2.2 Des prises de positions internationales

La prise de position des chercheurs français en parole est à mettre en regard avec l'élaboration de la position américaine dans son approche concernant la recevabilité de la preuve par expertise dans le cadre des affaires de Justice. L'arrêt *Daubert v. Merrell Dow Pharmaceuticals, Inc.*, rendu par la Cour suprême des États-Unis fait actuellement office de référence sur cette question. L'arrêt illustre aussi bien l'apport inestimable de l'expertise scientifique dans le procès que ses limites. Il précise notamment les conditions requises pour qu'une expertise scientifique puisse être prise en compte par les Cours de Justice : la méthode ou la technique doit avoir été testée ou doit pouvoir être testée ; elle a été publiée et soumise à la critique des pairs ; Il existe des standards mis à jour qui définissent et contrôlent les conditions d'usage de la technique ; La technique doit être communément acceptée par les experts du domaine ; Le taux potentiel d'erreurs doit être connu et être acceptable. À l'heure actuelle, les États-Unis considèrent que ces critères ne sont pas atteints pour l'identification vocale et ces expertises ne peuvent pas être présentées comme élément de preuve. Nous relevons également plusieurs éléments de précaution dans le code de pratique de l'*International Association for Forensic Phonetics and Acoustics* (*IAFPA*), reconnu et cité par la majorité des experts. En particulier l'article 2 reconnait la diversité des tâches pouvant être demandées et impose que les compétences et les connaissances des experts correspondent à la nature spécifique d'une analyse particulière. L'article 6 précise aussi les précautions particulières qui doivent être prises lors d'une analyse criminalistique dans laquelle les enregistrements relèvent d'une langue étrangère. Le niveau de compétence demandé équivaut à un master en phonétique et/ou en traitement du signal. D'autre part l'IAFPA a adopté le 24 juillet 2007 une résolution qui stipule que la comparaison de sonagrammes telle qu'elle a été proposée par O. Tosi (1972) n'a pas de fondement scientifique et qu'elle ne doit plus être employée pour identifier des locuteurs dans le champ de la criminalistique.

2.3 Actuellement qui expertise en France ?

À une exception près, il semble bien que plus aucun scientifique spécialiste de parole n'ait réalisé d'expertises juridiques depuis la prise de position de la SFA et de l'AFCP. Deux centres publics ont pris en charge la problématique et se sont d'abord partagés les expertises : le Laboratoire de la Police Scientifique d'Écully (LATS) et un l'Institut de Recherche Criminelle de la Gendarmerie Nationale (IRCGN). À la suite des interventions de l'AFCP et de la SFA auprès des tribunaux et des nombreux contacts engagés, notamment avec l'IRCGN, la situation a progressivement évolué, vers une convergence des points de vue. La police scientifique et l'IRCGN ont en effet adopté une attitude prudente, les conduisant à accepter moins d'interventions, tout en engageant un travail de fond sur la question. Depuis le 30 septembre 1996, les avocats ont le droit de communiquer les rapports d'expertise à des fins de défense, ce qui a permis aux scientifiques, contactés par les avocats, de les analyser et de dresser le profil des experts. Comme il n'existe pas de spécialité « Identification vocale », ces

« experts » peuvent être inscrits en « Acoustique (du bâtiment) » ou en « Enregistrements sonores ». Il apparait ainsi que les experts intervenant auprès des tribunaux français dans le domaine de l'identification vocale sont licenciés en sciences économiques, spécialistes de gestion d'entreprises, ingénieurs du son, preneurs de sons ou spécialistes en gestion de projets audiovisuels. Mais l'évolution la plus importante a été l'apparition d'un « laboratoire indépendant de police scientifique » dont le responsable a procédé, selon ses dires, à plusieurs centaines d'expertises dans le domaine concerné par cet article.

2.3.1 Le cas du LIPSADON

Le LIPSADON se fixe pour but d'analyser les *traces technologiques* dans le cadre des enquêtes de Police et de Justice. Le sous-titre *Laboratoire indépendant de police scientifique* induit une certaine proximité avec le « LIPS », acronyme du laboratoire inter régional de la police scientifique (qui regroupe, au sein de la police nationale, les services de police scientifique de Lille, Lyon, Marseille, Paris et Toulouse). Cet élément peut être relevé, par exemple, dans un reportage de France 3, qui présente à tord le LIPSADON comme s'il s'agissait d'un laboratoire de la police nationale. Le LIPSADON se présente comme établi de plain pied dans les *sciences forensiques*, une dénomination importée de la terminologie anglophone et définissant un domaine scientifique regroupant les questions relevant de la police et de la justice et dont le meilleur équivalent en Français est le terme *criminalistique*. Le directeur (fondateur) du LIPSADON précise bien qu'il « a développé un pôle de compétences reconnu depuis près de 20 ans dans le domaine de la Criminalistique ». Selon les informations qu'il communique lui-même, il a réalisé plus de 350 expertises.

Le LIPSADON se présente comme un laboratoire de « *Recherche et Développement* ». Son directeur précise que toute la méthodologie d'expertise s'appuie sur la *Thèse de Criminalistique* présentée par Didier Meuwly en 2001 à l'Université de Lausanne, Institut de police scientifique et de criminologie, une référence pour les spécialistes. Dans le cadre R&D les échanges avec le professeur Pascal Belin (pour ses travaux concernant la neurophysiologie sur la reconnaissance des voix dans le cortex auditif) seraient « à la base des travaux mis en place par le LIPSADON ». Ces deux chercheurs ne font cependant pas état de collaboration avec le LIPSADON et ne cautionnent ni l'un ni l'autre les travaux du LIPSADON (éléments recueillis par les auteurs auprès des intéressés). L'un et l'autre ont apparu très étonnés de se voir cités dans le contexte du LIPSADON

Le directeur du LIPSADON est inscrit depuis 1997 comme expert en **enregistrements sonores** à la section G2-12 près de la Cour d'Appel de Dijon. À la suite de la fusion de deux « identités expertales », *Phonème* et le *LATESAC,* il a fondé le LIPSADON en 2008, « pour répondre de façon exhaustive aux sollicitations en la matière des magistrats et des services d'enquête ». Très médiatisé (en particulier pour les procès AZF et celui de l'évasion d'Antonio Ferrara du centre de Fresnes), plusieurs éléments de son curriculum vitæ sont connus. Après des études à l'École Normale de Musique de Paris et deux années de droit à la Faculté Jean Monnet, il a suivi pendant trois ans les cours de l'EFET (École Française d'Enseignement Technique). Celle-ci délivre, après le bac, un enseignement pratique pour former des gens de terrain, opérationnels dès leur sortie, dans le domaine du son, du montage et de la production télévisée et décerne une « attestation de compétence professionnelle. Le directeur du LIPSADON ne fait pas état de diplôme scientifique d'État (études en acoustique, traitement de la parole ou en phonétique, de niveau doctorat ou master) ou d'article scientifique qu'il aurait publié dans les domaines de la phonétique, de l'acoustique de la parole et de l'identification des locuteurs.

2.3.2 La procédure d'identification du LIPSADON

Nous présentons ici des éléments extraits de rapports d'expertise du LIPSADON, transmis par les avocats pour avis scientifique dans le cadre de quatre affaires. Ces rapports présentent la même procédure. La « méthode d'identification » est essentiellement basée sur : un apprentissage réalisé par des écoutes systématiques pendant 6 semaines à l'issue desquelles l'expert peut **« revendiquer la position privilégiée d'auditeur familier »** et donc prétendre à une meilleure identification auditive ; une ***qualification*** des critères vocaux de ces voix et une ***typisation***, par la mise en évidence d'habitudes langagières que le locuteur serait le seul à posséder ; une ***comparaison*** entre pièces de question (les enregistrements de la voix anonyme) et pièce de comparaison (les enregistrement du prévenu dans le bureau du juge d'instruction) à partir de critères vocaux, de la comparaison visuelle de sonagrammes en deux et trois dimensions pour des séquences de parole identiques et d'une analyse des harmoniques.

2.3.3 Un vocabulaire non scientifique

D'entrée, à la lecture de ces rapports d'expertise, le vocabulaire utilisé, très inhabituel, frappe le lecteur scientifique. En voici un exemple :

> « une écoute assistée pléthorique, exhaustive et scrupuleuse ; des traitements bonifiants localisés ; dépolluer, éclaircir la voix des locuteurs ; supprimer les polluants les plus délétères ; des fréquences précisément localisées et serrées ; des mises en conformité temporelles ; des traitements qui permettent d'arrondir la voix ; des transcriptions irréfragables ; une synergie des retraitements ; l'exégèse de la typicité ; une convergence unanime des résultats ; aucune discordance ou spatialisation rédhibitoires ; verrouiller des valeurs ; une incrémentation exponentielle de la probabilité ; un élargissement de la probabilité ; un voisinage robuste entre les mesures ; l'émission d'un avis conclusif péremptoire ».

D'évidence, ce n'est pas celui que les spécialistes de parole ou, de manière plus générale, celui les scientifiques utilisent. La description des traitements effectués ne renvoie pas à des protocoles scientifiques mais à une série d'opérations décrites vaguement et dont l'utilité n'apparait pas clairement. Les qualificatifs emphatiques largement employés dans ces rapports semblent chercher à masquer, maladroitement, l'absence d'éléments scientifiques relevant par exemple des connaissances générales des mesures acoustiques ou des statistiques associées à des seuils de validité et de confiance. L'expert utilise tout à la fois des termes littéraires renvoyant à des images attractives et suggestives censées améliorer la compréhension des juge, qui ne sont pas supposés posséder une formation scientifique, et un jargon pseudo-technique qui donne une coloration scientifique au discours, tout en le rendant à nos yeux complètement incompréhensible.

2.3.4 La familiarité de l'expert avec la voix d'un prévenu parlant arabe

Dans une des expertises, le directeur du LIPSADON indique qu'il ne parle pas l'arabe, mais il avance qu'il s'est familiarisé avec la voix d'un locuteur ne parlant que l'arabe. Comment peut-il laisser entendre qu'une telle voix lui serait devenue familière au point de ne pas la confondre avec une autre voix parlant cette même langue ? Ce point est extrêmement important. En effet, bien que la familiarité d'une voix ne soit pas toujours facile à quantifier, les études ont montré, depuis longtemps, que la reconnaissance auditive des voix non familières présente une fiabilité très relative alors que quelques travaux indiquent, dans des situations délimitées, qu'une familiarité avec la voix étudiée améliore cette fiabilité. On comprend bien l'intérêt de la familiarisation pour justifier l'usage des approches auditives. Cependant, indépendamment des questions majeures du degré possible de familiarisation dans une langue que l'expert ne parle pas et de la portée des études citées, la question générale de la familiarisation doit être posée. En effet, dans ces études, la notion de « voix familière » correspond très majoritairement à une situation dans laquelle l'auditeur a été exposé *dans la vie courante et sur une très longue période* à la voix en question. Une « familiarisation » obtenue par quelques écoutes d'un enregistrement dans le contexte précis d'une expertise judiciaire semble être très éloignée de ce concept.

2.3.5 Un expert qui délègue l'expertise à un de ses collaborateurs

Le Code de Procédure Pénale précise bien que l'expert doit lui-même faire l'expertise. Dans un reportage télévisé consacré au LIPSADON, une autre personne se présente comme celle qui effectue les expertises. Est-elle inscrite sur une liste d'experts ? Quelle est sa formation et quels sont les diplômes qui lui permettent de procéder à de telles expertises ?

2.3.6 La qualification des critères des voix

Le LIPSADON fournit une liste des critères et de leurs valeurs possibles qui vont permettre à l'expert de caractériser de manière unique la voix des pièces de question et de comparaison. Certains sont surprenants : dans le type de voix figure *eunuque ;* dans le volume de la voix apparaît celui d'un locuteur *aphone*, atteint de *tuberculose* ou affecté d'un *bec-de-lièvre.* Les phrases peuvent être *rugueuses*, le style *barbare, ténébreux, fataliste* ou *guilleret.* D'autres qualifications sont redondantes : *diction* et *articulation, cadence* et *rythme,* ou *inflexion, intonation et modulation.*

Ces critères sont pour la plupart purement subjectifs : aucune mesure ne vient les étayer, il n'est pas possible d'en vérifier la validité, ni la reproductibilité et, enfin, les différences d'appréciation entre les experts ne sont pas évoquées. Certains de ces critères sont soit très circonstanciels, soit très dépendants de la situation de communication et des conditions de l'enregistrement : le *volume de la voix*, le *rythme*, le *débit,* le *style* de conversation, ou, par exemple, l'*enthousiasme*, l'*excitation* et la *gaité.* D'évidence, les éléments qui viennent d'être cités peuvent n'être que passagers.

Les autres qualifications sont tellement vagues, tellement générales qu'elles peuvent s'appliquer à la voix d'un très grand nombre de locuteurs. Rien ne prouve qu'elles soient discriminantes et qu'elles permettent d'avancer que deux enregistrements ont été prononcés, ou non, par un même locuteur et d'affirmer qu'aucun autre locuteur ne les possède. Avec de tels critères, il n'est pas étonnant que l'expert puisse avancer la conclusion suivante : « les résultats des analyses comparatives confirment qu'aucune discordance ayant pu porter sur les paramètres principaux (type de voix, accent, hauteur, etc.) n'est émergente ».

2.3.7 La typicité

D'après les différents rapports examinés, la typicité permettrait de mettre en évidence des caractéristiques **distinctives** de la voix, par exemple une hauteur de voix anormalement écartée de la moyenne, une voix pathologique, des caractéristiques langagières particulières. Nous présentons ici quatre extraits des rapports, correspondant chacun à un prévenu donné : « voix significativement au dessus de la moyenne (voix haute), accent pointu, tempérament vocal relativement stable : enthousiaste » ; « variabilité d'amplitude importante, accent spécifique et complexe, souffle dans la voix, marmonnement, tempérament vocal instable (nerveux, excité) » ; « régularité significative dans le débit, accent spécifique et caractéristique, puissance dans les graves, grain de voix caractéristique (éraillement), tempérament plutôt calme, posé et souriant » ; « accent spécifique, voix souffrant de manque (de type asthmatique) ». Même en oubliant qu'aucune étude scientifique référencée ne vient étayer ces éléments, il semble difficile de considérer que ces éléments permettent d'avancer la preuve scientifique de l'unicité de la voix des locuteurs considérés...

2.3.8 La comparaison visuelle des sonagrammes

L'expert compare visuellement des sonagrammes correspondant aux mêmes mots extraits de la pièce de question et de la pièce de comparaison (notons qu'aucune précaution n'est prise pour séparer les ressemblances dues au contenu lexical identique de celles provenant des locuteurs potentiels eux-mêmes...) La comparaison visuelle de sonagrammes est unanimement rejetée par les scientifiques et les experts en criminalistique. L'expert du LIPSADON annonce qu'il respecte les recommandations de l'IAFPA *(International Association for Forensic Phonetics and Acoustics)*. Son usage de la comparaison visuelle de sonagramme nous apparait pourtant en complète contradiction avec la résolution du 24 juillet 2007 de l'IAFPA. En effet, dans cette résolution, l'IAFPA a définitivement et formellement rejeté la comparaison visuelle des représentations spectrales : « L'Association considère que cette approche n'a pas de fondement scientifique et qu'elle ne devrait pas être utilisée pour des analyses de cas forensiques ».

2.3.9 L'analyse des harmoniques

C'est **la seule évaluation quantitative** présentée dans les rapports d'expertises du LIPSADON. Elle consiste à montrer **l'équirépartition des harmoniques** mesurée à un instant donné. Cette évaluation est présentée dans plusieurs rapports de l'expert du LIPSADON comme une preuve « robuste » d'identification. Or, par définition, les harmoniques de toutes les voix présentent des écarts identiques puisque ce sont les multiples entiers de la fréquence qui correspond à la hauteur de la voix. Il suffit donc à l'expert de choisir dans les phrases de la pièce de question et de la pièce de comparaison un échantillon où les voix sont à la même hauteur (méthodologie que revendique l'expert) pour avoir des harmoniques exactement identiques et répartis à égal intervalle. **Avec un tel procédé, il est très facile d'avancer que la plupart des pièces de question et de comparaison correspondent à des enregistrements de la même voix.** Devant nos critiques, l'expert semble considérer qu'il s'agit d'une propriété théorique mais que son analyse des voix peut révéler des écarts par rapport à ces valeurs théoriques, ce qui constitue une contradiction formelle des principes de l'analyse spectrale en séries de Fourier. Pour illustrer l'aberration que constitue l'usage de cette approche « des harmoniques » en identification de voix, nous avons procédé à une expérience révélatrice. Nous avons extrait deux enregistrements de la voix du directeur du LIPSADON à partir d'une émission de la télévision (France 3, lang.Roussillon, 2/12/2009) et d'une vidéo distribuée par le Conseil Général du Gard, datée du 20 janvier 2010. Nous avons analysé, sur deux phrases, l'évolution de la hauteur de sa voix en choisissant des points de mesure autour de sa hauteur moyenne selon la pratique du LIPSADON. Les valeurs de la fréquence des harmoniques correspondent exactement à celle de l'un des prévenus dans une des affaires considérées...

3 Un bilan et des questions

Avec le recul on peut considérer que les chercheurs français ont adopté une position logique par rapport à l'identification du locuteur : si le problème scientifique de l'identification vocale n'est pas résolu, pourquoi un spécialiste de parole demanderait à être inscrit sur une liste d'expert et attendrait d'être désigné (peut-être plusieurs années) pour produire un rapport mentionnant l'impossibilité de procéder à une telle expertise ? Par contre des représentants de la SFA et de l'AFCP ont pu, comme « sachant », souligner auprès du tribunal les limites de telles expertises ; dans certains cas, ils ont pu montrer l'absence totale de caractère scientifique des expertises qui leur ont été communiquées. Le parcours d'un expert, qualifié en **enregistrement sonore**, qui ne se contente pas d'enregistrer et de transcrire les voix, mais qui en vient d'abord à pratiquer, puis à confier à un tiers des **expertises vocales**, sans que n'ait été faite la preuve de compétence dans ce nouveau champ, ne sort-il pas du domaine de ses compétences ? (rappelons ici que le « code de pratique » de l'IAFPA demande aux experts de faire la preuve de leur compétence pour chaque expertise, considérant en effet que la variété des situations ne permet pas d'auto-qualifier par défaut un expert donné, même si il est reconnu par ailleurs).

L'absence de contenu scientifique des rapports d'expertise du LIPSADON (et de référence à des publications scientifiques), le vocabulaire utilisé, l'absence, pour le moins, de citation des éléments élémentaires de traitement du signal, la pseudo analyse des harmoniques, posent clairement la question de la compétence de l'expert. Mais, légitimement, nous pouvons également nous poser la question de l'intentionnalité de l'expert. La forme des rapports étudiés pourrait en effet faire penser à une tentative de supercherie envers les juges du Tribunal qui ne sont pas au fait de l'identification vocale ni des bases de l'acoustique des signaux de parole...

Il s'agit ici, définitivement, d'**une dérive inquiétante** que nous avons déjà signalée (Boë et al. 2001 ; Boë, 2005) et qui a alarmé d'autres chercheurs en parole, comme le montre la mise en garde alarmante publiée en 2007 par Anders Eriksson et Francisco Lacerda (ERIKSSON, 2007).

Références

BOË, L.J. (2004) La voix : une donnée biométrique peu fiable pour l'identification des locuteurs. *Biométrie Humaine et Anthropologie*, 22, 1-2, 41-46.

Boë, L.J. (2005) Les expertises vocales : abus scientifique, pression sécuritaire... tentation judiciaire. *Justice*, 182, 8-12.

BOË, L.J., BIMBOT, F., BONASTRE, J.F., (2001) Les expertises vocales en France : une dérive inquiétante. *Justice*, 169, 9-11.

BONASTRE, J.F., BIMBOT, F., BOË, L.J., CAMPBELL, J.P., REYNOLDS, D.A., MAGRIN-CHAGNOLLEAU, I. (2001) Authentification des personnes par leur voix : un nécessaire devoir de précaution. *XXVe JEP, Fès, Maroc.*

ERIKSSON, A., LACERDA, F., (2007) Charlatanry in forensic speech science : A problem to be taken seriously ? *The Int. Journal of Speech, Language and the Law*, 14, 2, 169-193.

MEUWLY, D. (2001) Reconnaissance de locuteurs en sciences forensiques : l'apport d'une approche automatique. Thèse de Doctorat, Univ. de Lausanne, Suisse.

TOSI, O. (1979) *Voice Identification: Theory and Legal Applications*. Baltimore: University Park Press.

Vérification du locuteur : variations de performance

Juliette Kahn[1, 2, 4] Nicolas Scheffer[3] Solange Rossato[1] Jean-François Bonastre[2]

(1) LIG, (2) LIA, (3) SRI, (4) LNE

juliette.kahn@lne.fr, nicolas.scheffer@speech.sri.org, solange.rossato@imag.fr, jean-francois.bonastre@univ-avignon.fr

RÉSUMÉ

Les progrès de performance en vérification du locuteur ces quinze dernières années sont incontestables. Les systèmes sont de plus en plus sûrs dans le sens où les taux EER ou DCF diminuent d'année en année. Pourtant, il est nécessaire de déterminer dans quelles circonstances les systèmes d'identification du locuteur sont fiables. Des études ont été menées pour analyser les performances en fonction du locuteur. Dans cet article, nous nous intérrogeons sur la variation des performances observée en fonction du signal de parole utilisé pour représenter le locuteur. Des variations très importantes des valeurs d'EER sont obtenues pour deux systèmes état de l'art. Nous proposons également une méthode pour mesurer la variation de performance propre au système. Les valeurs d'EER varient alors d'un point.

ABSTRACT

Speaker verification : results variation

Speaker verification systems have shown significant progress and have reached a level of performance that make their use in practical applications possible. Nevertheless, large differences in terms of performance are observed, depending on the speaker or the speech sample used. This context emphasizes the importance of a deeper analysis of the system's performance over average error rate. In this paper, the effect of the training excerpt on performance is investigated. The results show that the performance are highly dependent on the voice samples used to train the speaker model for two state-of-art systems. A methods to observe the variation explained by the system him-self is investigated too.

MOTS-CLÉS : Verification du locuteur, Variation de la performance.

KEYWORDS: Speaker Verification, performance.

1 Introduction

Les progrès des systèmes de vérification du locuteur obtenus ces quinze dernières années sont incontestables (Greenberg *et al.*, 2011).Les systèmes sont de plus en plus sûrs dans le sens où les taux EER ou DCF diminuent d'année en année pour atteindre sur des segments longs moins de 1% d'EER. La performance des systèmes est estimée à partir de deux types d'erreurs potentielles. Dans le cas d'un Faux Rejet (FR), le fichier test a bien été produit par le locuteur modélisé (test cible) mais le système considère l'hypothèse inverse. Dans le cas d'une Fausse Acceptation (FA), alors que l'auteur du fichier test est différent du locuteur cible (test imposteur), le système les considère comme identiques. Ces deux types d'erreurs sont liés par le seuil choisi pour prendre la décision. Pour comparer les performances de différents systèmes, la courbe DET, le taux d'Egal Erreur (EER) et la fonction de coût de décision (DCF) sont le plus couramment utilisés (Martin *et al.*, 1997). La courbe DET représente l'évolution des deux types d'erreur en fonction du seuil. L'EER correspond au point où le taux de FA est égal au taux de FR, le DCF introduisant une fonction de coût. Toutes ces mesures sont calculées globalement sur une grand nombre de tests.

Pourtant, pour envisager d'utiliser ses systèmes, il est nécessaire d'aller "d'un taux d'erreurs faible sur un grand nombre de test" vers la notion de fiabilité en déterminant dans quelles circonstances il est possible de faire confiance aux systèmes. Dans cet article, nous nous interrogeons sur la variation des performances observées pour deux systèmes états de l'art en fonction du signal de parole utilisé en apprentissage pour représenter chaque locuteur. Nous proposons également une méthode pour mesurer la variation de performance propre au système.

2 Variation de performance en fonction du fichier d'apprentissage

2.1 Bases de données

Pour déterminer la variation de performance due au choix du fichier d'apprentissage, nous avons utilisé le corpus NIST-08. Il est constitué d'enregistrements de parole téléphonique (conditions short 2-short 3) d'une durée de 2,5 min de la campagne NIST 2008. A l'origine, 648 fichiers d'apprentissage étaient utilisés et provenaient de 221 locuteurs hommes. Pour augmenter le nombre de modèles par locuteur, nous avons construit la base M-08 à partir des données NIST-08 par une procédure de leave-one-out. Chaque fichier d'apprentissage de NIST-08 ainsi que les fichiers test ayant servi en tests cible dans NIST-08 ont été utilisés pour créer un modèle de locuteur différent. Afin d'analyser les variations inter-modèles pour un locuteur donné, nous avons exclu les 50 locuteurs représentés par moins de 3 modèles. M-08 comprend alors 171 locuteurs représentés au total par 816 modèles. Chaque modèle est testé avec l'ensemble des fichiers sélectionnés précédemment, excepté celui ayant servi à la construction du modèle considéré, ce qui conduit à 661 416 tests imposteur et 3 624 tests cible.

2.2 Systèmes utilisés

Nous avons testé 2 systèmes différents, état-de-l'art entre 2008 et 2011, ALIZE/SpkDet et Idento.

ALIZE/SpkDet (Bonastre *et al.*, 2008) est un système de RAL basé sur le paradigme UBM/GMM (Reynolds *et al.*, 2000) développé notamment au LIA. Le modèle du monde est constitué de 1024 gaussiennes. Il inclut les techniques de Factor Analysis (Kenny *et al.*, 2005). La configuration que nous avons utilisée correspond à la soumission effectuée par le LIA lors de l'évaluation NIST 2008 (Matrouf *et al.*, 2008). Nous n'avons cependant pas effectué de normalisation des scores.

Idento (Scheffer *et al.*, 2011) est un système de RAL développé au SRI basé sur la technique des i-vector (Dehak *et al.*, 2009). Le vecteur de paramètres,de dimension 60, est composé de 20 Mel Filter Cepstral Coefficients (MFCC) ainsi que des 20 Delta et des 20 Delta-Delta.
Nous comparons les résultats obtenus en No-Norm avec ceux obtenus en ZT-Norm afin de mesurer l'influence de la normalisation sur la variation de performance.

2.3 Comparaisons de performance

Mesurer la sensibilité des systèmes automatiques aux fichiers d'apprentissage revient à quantifier les différences en terme de performance qu'amène le changement de l'enregistrement utilisé en apprentissage. La méthode que nous avons adoptée s'appuie sur les Fausses Acceptations (FA) et Faux Rejets (FR).

2.3.1 Définir FA_{ij} et FR_{ij} sur la totalité des données pour la sélection du meilleur et du pire modèle

Nous pouvons obtenir le FA_{ij} et le FR_{ij}, avec un seuil fixé à l'avance pour chaque locuteur i et chaque modèle j. Il est possible alors de déterminer pour chaque locuteur le meilleur et le pire modèle en fonction de ces taux. Le meilleur modèle est celui qui minimise la somme $FA + FR$ tandis que le pire maximise cette somme. La sélection du meilleur et du pire modèle est réalisée sur tous les fichiers de M-08.

2.3.2 Établir différentes séries de tests où seul change le fichier d'apprentissage

Une fois le meilleur et le pire modèle sélectionné pour chaque locuteur, il s'agit de mesurer l'écart de performance entre les deux modèles du même locuteur. Pour effectuer la comparaison, une cohorte de fichiers test est définie. Au lieu de comparer chaque fichier test à un fichier d'apprentissage comme cela est fait habituellement, nous comparons chaque fichier test à un ***locuteur*** dont le modèle généré par le système peut différer en fonction du fichier d'apprentissage considéré mais dont l'identité biométrique ne change pas. Une comparaison est donc ici composée d'un ***locuteur*** et d'un fichier de test. En partant des comparaisons proposées par NIST 08, nous les adaptons afin d'être certains que les 171 locuteurs interviennent dans la cohorte et qu'il sont tous testés en comparaisons cible et imposteur. Cette cohorte est le canevas qui répertorie l'ensemble des comparaisons locuteur/fichier test. Pour chaque locuteur nous pouvons choisir un fichier d'apprentissage dont nous connaissons *a priori* la performance local $FA_{ij} + FR_{ij}$ (Meilleur, Pire ou aléatoire). Une série de tests correspond au canevas tel que nous l'avons défini où le locuteur est modélisé à l'aide du fichier d'apprentissage de notre choix. Ainsi, chaque série de tests se compose exactement des mêmes locuteurs et des mêmes fichiers de test, seul change le fichier d'apprentissage utilisé. Une fois le fichier d'apprentissage sélectionné, un locuteur est représenté par le modèle élaboré à partir d'un seul fichier d'apprentissage dans toute la série.

Afin de mesurer l'influence du choix de ce fichier sur les performances du système, nous avons réalisé plusieurs séries de tests. Pour la première série, nous avons utilisé en apprentissage pour chaque locuteur son meilleur modèle (série *Min*), puis nous avons réalisé la série de tests en utilisant en apprentissage le pire modèle du locuteur (série *Max*). Cette démarche nous permet de mesurer l'écart maximum de performance que nous pouvons observer pour les mêmes tests et les mêmes locuteurs lorsque seuls les fichiers d'apprentissage changent. Pour établir la performance du système lorsque le fichier d'apprentissage n'est ni le meilleur ni le pire, nous avons conservé les fichiers qui étaient la référence lors de l'évaluation NIST 08.

2.3.3 Comparer les performances globales

La performance globale est mesurée à l'aide d'une courbe DET et d'un taux d'EER pour chacune des séries. Nous pouvons ainsi comparer les performances obtenues et rendre compte de la variation de performance due au fichier d'apprentissage puisque c'est l'unique élément qui change entre nos séries.
La cohorte de tests choisie est celle proposée par NIST où les 171 locuteurs de M-08 sont testés en apprentissage. Comme certains fichiers que nous avons sélectionnés comme meilleurs ou comme pires étaient à l'origine utilisés comme fichiers test, nous avons du supprimer certaines comparaisons. Cette cohorte se compose de 511 comparaisons cible et 2 856 comparaisons imposteur.

La variation relative, Vr, entre les séries pour chaque système et chaque base de donnée testée est définie par l'équation 1. Cette mesure nous permet de rendre compte de la variation due aux données d'apprentissage autour de la valeur moyenne habituellement mesurée.

$$Vr = \frac{EER_{Max} - EER_{Min}}{EER_{NIST}} \quad (1)$$

2.4 Résultats

La Figure 1 présente les résultats obtenus par ALIZE/SpkDet. Si la série *Min* obtient un EER à 4.1%, la série *Max* a un EER de 21.9%. La sélection correspondant à celle de NIST conduit à un EER de 12.1%. Dans ce cas, $Vr = 1.47$. Les Figures 2 et 3 présentent les résultats obtenus en utilisant Idento respectivement sans normalisation des scores et avec une ZTNorm. Sans normalisation, l'EER varie de 3.8% pour la série *Min* à 16.8% pour la série *Max*. La série où les modèles correspondent à ceux choisi par NIST a un EER de 9.2%. Dans ce cas, $Vr = 1.41$. Des écarts de performance s'observent donc également pour un système basé sur les i-vectors, dans des proportions semblables à celles obtenues pour ALIZE/SpkDet. Pour les deux systèmes utilisés, l'EER peut varier de 1.4 fois l'EER autour de la valeur moyenne mesurée, et ce pour les mêmes locuteurs et les mêmes fichiers de test. En étudiant les fichiers de chaque série *Min* et *Max* sélectionnés pour ALIZE/SpkDet et Idento, il est apparu que seul 30% des fichiers qui sont considérés comme les pires pour le système ALIZE/SpkDet le sont aussi pour Idento. De même, 30% des fichiers qui sont considérés comme les meilleurs pour le système ALIZE/SpkDet le sont pour Idento. Il semble donc qu'il existe une certaine variabilité entre les systèmes pour

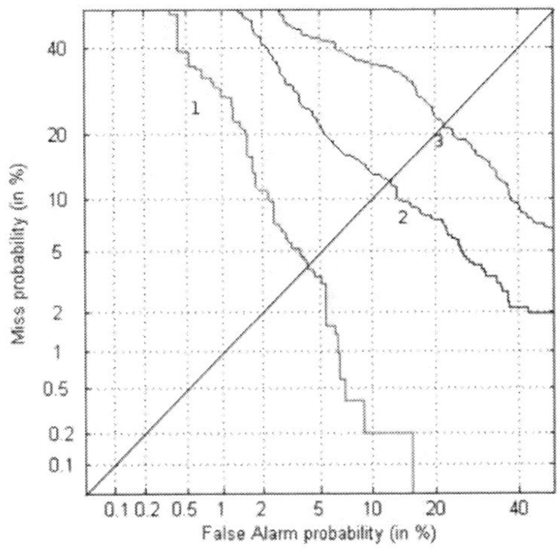

FIGURE 1 – Résultats pour ALIZE/SpkDet (*Min* (4.1%) : Rouge ; *Max* (21.9%) : Bleu ; *NIST* (12.1%) : Noir)

déterminer le meilleur et le pire enregistrement. Ceci peut être dû à la mesure de FR_{ij} qui est calculée sur peu de comparaisons cible et où une erreur a donc un impact important sur la mesure de la performance locale $FA_{ij} + FR_{ij}$. Une autre hypothèse serait qu'une partie de cette variation provienne d'une variation inhérente au système de vérification du locuteur et non au contenu des fichiers d'apprentissage. Il s'agit également de mesurer la variation propre au système afin d'en déterminer la fiabilité.

3 Variation propre au système

3.1 Base de données

Pour vérifier le comportement du système, nous avons construit, à partir des fichiers de BREF 120 (Lamel *et al.*, 1991), des fichiers de 2 minutes et 30 secondes de trames sélectionnées. Pour chaque locuteur, nous avons déterminé comme précédemment le meilleur et le pire modèle (pour plus de précision sur le protocole, lire (Kahn *et al.*, 2010)) que nous pouvions obtenir pour chacun des 111 locuteurs francophones qui composent la base de données. A partir de chacun des fichiers, nous avons construit deux modèles différents. Le premier modèle comporte toutes les trames impaires du fichier tandis que le second modèle comporte toutes les trames paires. Nous pouvons considérer que les informations utilisées pour construire les deux modèles sont équivalentes.

3.2 Mesure des écarts de performance

Comme précédemment, nous cherchons à déterminer quels sont les écarts maximum de performances que nous pouvons observer en fonction du modèle utilisé. Pour chaque locuteur, nous avons déterminé quel est le meilleur modèle entre celui construit avec les trames paires et

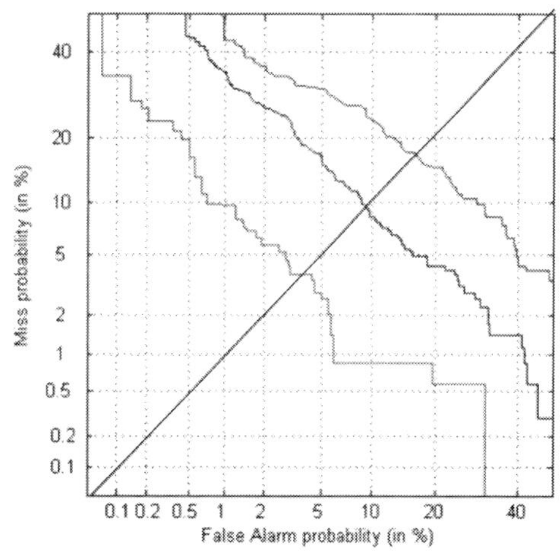

FIGURE 2 – Résultats pour Idento en NoNorm (*Min* (3.8%) : Rouge ; *Max* (16.8%) : Bleu ; *NIST* (9.2%) : Noir)

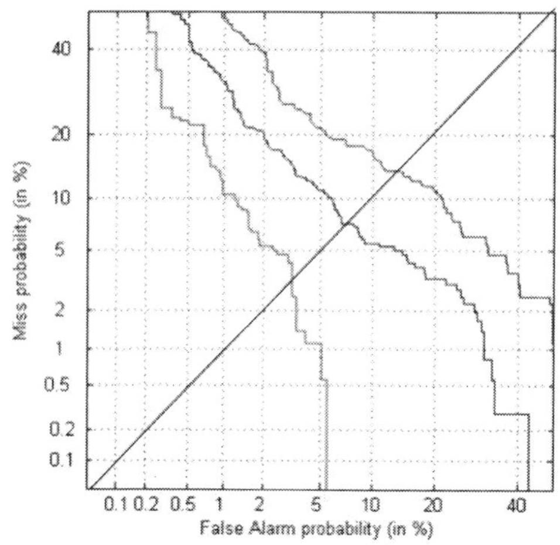

FIGURE 3 – Résultats pour Idento en ZTNorm (*Min* (3.1%) : Rouge ; *Max* (13.8%) : Bleu ; *NIST* (7.3%) : Noir)

celui construit avec les trames impaires. Nous avons effectué la même série de comparaisons en prenant les meilleurs fichiers puis les pires fichiers. Les fichiers tests des comparaisons sont ceux utilisés dans (Kahn *et al.*, 2010). ILs sont exactemlent les mêmes pour tous les locuteurs. Cette expérience a été menée uniquement avec le système ALIZE/SPkDet précédemment décrit.

3.3 Résultats

Le Tableau 1 présente les EER dans chacune des conditions.Pour les hommes, nous obtenons un $EER = 1.0\%$ pour les fichiers d'apprentissage de 2min30 de la série *Min*. En séparant en trames paires et impaires de ces fichiers d'apprentissage, les meilleurs modèles obtiennent un EER de 2.1% tandis que les pires modèles obtiennent un EER de 3.2%. Lorsque les modèles sont construits en prenant une trame sur deux des fichiers de la série *Max* ($EER = 5.8$ lorsque l'intégralité des fichiers est utilisée), les meilleurs modèles obtiennent un EER de 2.7% tandis que les pires obtiennent un EER de 3.2%.

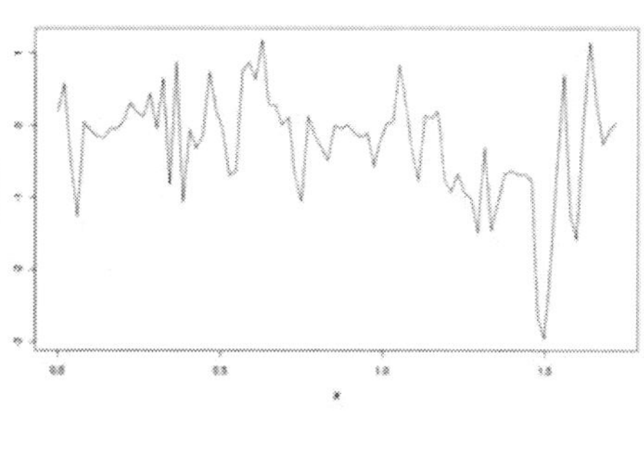

FIGURE 4 – Valeurs du LLR pour une comparaison cible

Etant donné qu'en prenant une trame sur deux, la quantité d'information est divisée par deux, il n'est pas surprenant que l'EER de 1% sur la série *Min* soit compris entre 2.1% et 3.2% lorsqu'une trame sur deux seulement est sélectionnée : Nous avons moins de trames donc moins de précision dans l'évaluation du score. Les résultats concernant la série *Max* sont plus difficiles à interpréter. En prenant une trame sur deux, nous avons un EER qui se situe entre 1.7% et 3.2% et lorsque nous prenons comme fichier d'apprentissage l'intégralité des trames, l'EER vaut 5.8%. Il apparaît que la quantité d'information utile au système n'est pas corrélée, dans ce cas, aux nombre de trames disponibles. Le même type de résultats s'observe pour les femmes.

Nous observons un écart de performance de près d'un point d'EER alors que les modèles ont été construits à partir de jeux de données statistiquement équivalents. La part de variation attribuée au système reste limitée. Afin de comprendre comment, dans le cas de la série *Max*, une quantité d'information divisée par deux peut donner lieu à de meilleurs résultats en terme d'EER, nous avons observé les scores trame à trame obtenus pour un fichier test cible (figure 4). Les scores LLR montrent des variations très brutales d'une trame à l'autre et cette instabilité peut être une piste à explorer. Elle met en évidence l'importance d'étudier le lien entre fichier d'apprentissage et fichier de test.

Genre	Catégorie d'origine des fichiers	Catégorie pour une trame sur deux	EER
Hommes	*Min* (*EER* = 1.0%)	*Min*	2.1%
		Max	3.2%
	Max (*EER* = 5.8%)	*Min*	2.7%
		Max	3.2%
Femmes	*Min* (*EER* = 0.9%)	*Min*	1.2%
		Max	2.7%
	Max (*EER* = 6.0%)	*Min*	1.2%
		Max	2.3%

TABLE 1 – EER obtenus en prenant une trame sur deux des fichiers *Min* et *Max* de BREF 2min30svs30s

4 Conclusions et perspectives

Nous avons montré que le choix du modèle d'apprentissage a des conséquences très importantes sur les performances d'un système de vérification du locuteur. Ceci est indépendant du type de locuteur puisque ce sont exactement les mêmes locuteurs qui sont comparés dans les deux séries. La série correspondant à NIST montre que si les fichiers d'apprentissage sont tirés aléatoirement, la performance du système se situe entre les deux série *Min* et *Max* et rend compte d'une performance moyenne en lissant les écarts importants dus au choix du fichiers d'apprentissage.

Par ailleurs, nous avons également étudié les écarts de performance due au système. Ces écarts sont largement plus faibles que les écart de performance observés lorsque l'on modifie le signal d'apprentissage de chaque locuteur mais montrent que l'approche UBM-GMM présentent une certaine instabilité.

Il est par ailleurs étonnant qu'en sélectionnant une trame sur deux, les performances de la série *Max* soient si proches de celles de la série *Min*. Une analyse de la composition trame à trame des jeux de données utilisés pour l'apprentissage et le test reste nécessaire pour mieux comprendre le comportement du système, qui pourrait être du à la présence de quelques données très spécifiques comme l'illustre la Figure 4 en présentant les valeurs de LLR par trames pour une comparaison cible.

Ces séries d'expériences montrent bien la nécessité de prendre en compte la variation de performance due aux données et au système lui-même dans l'évaluation des performance de systèmes de RAL afin de les rendre fiables.

Références

BONASTRE, J.-F., SCHEFFER, N., MATROUF, D., FREDOUILLE, C., LARCHER, A., PRETI, A., POUCHOULIN, G. et EVANS, N. (2008). ALIZE/SpkDet : a state-of-the-art open source software for speaker recognition. *In ISCA-IEEE Speaker Odyssey*, Stellenbosch.

DEHAK, N., DEHAK, R., KENNY, P., BRÜMMER, N., OUELLET, P. et DUMOUCHEL, P. (2009). Support vector machines versus fast scoring in the low-dimensional total variability space for speaker verification. *In International Conference on Speech Communication and Technology (Interspeech)*, pages 1559–1562, Brighton.

GREENBERG, C., MARTIN, A., BARR, B. et DODDINGTON, G. (2011). Report on performance results in the nist 2010 speaker recognition evaluation. *In International Conference of the International Speech Communication Association (Interspeech)*, pages 261–264, Florence.

KAHN, J., AUDIBERT, N., ROSSATO, S. et BONASTRE, J.-F. (2010). Intra-speaker variability effects on speaker verification system performance. *In ISCA-IEEE Speaker Odyssey*, Brno.

KENNY, P., BOULIANNE, G., OUELLET, P. et DUMOUCHEL, P. (2005). Factor analysis simplified. *In International Conference on Acoustics, Speech, and Signal Processing, 2005. Proceedings. (ICASSP)*, pages 637–640, Philadelphie.

LAMEL, L., GAUVAIN, J. et M., E. (1991). BREF, a large vocabulary spoken corpus for French. *In European Conference on Speech Communication and Technology (Eurospeech)*, pages 505–508, Gènes.

MARTIN, A., DODDINGTON, G., KAMM, T., ORDOWSKI, M. et PRZYBOCKI, M. A. (1997). The det curve in assessment of detection task performance. *In European Conference on Speech Communication and Technology (Eurospeech)*, pages 1895–1898, Rhodes.

MATROUF, D., BONASTRE, J., FREDOUILLE, C., LARCHER, A., MEZAACHE, S., MCLARREN, M. et HUENUPAN, F. (2008). GMM-SVM system description : NIST SRE. Montréal.

REYNOLDS, D., QUATIERI, T. F. et B, D. R. (2000). Speaker verification using adapted gaussian mixture models. *Digital Signal Processing*, 10:p19–41.

SCHEFFER, N., FERRER, L., GRACIARENA, M., KAJAREKAR, S., SHRIBERG, E. et STOLCKE, A. (2011). The SRI NIST 2010 speaker recognition evaluation system. *In International Conference on Acoustics Speech and Signal Processing (ICASSP)*, pages 5292–5295, Brno.

Segmentation et Regroupement en Locuteurs d'une collection de documents audio

Grégor Dupuy Mickael Rouvier Sylvain Meignier Yannick Estève
LUNAM Université, LIUM, Le Mans
prenom.nom@lium.univ-lemans.fr

RÉSUMÉ

Nous proposons d'étudier la segmentation et le regroupement en locuteurs dans le cadre du traitement d'une collection de documents audio. L'objectif est de détecter les locuteurs qui apparaissent dans plusieurs émissions. Dans notre approche, les émissions sont traitées indépendamment les unes des autres avant d'être traitées globalement, afin de regrouper les locuteurs intervenant dans plusieurs émissions. Deux méthodes de regroupement sont étudiées pour le traitement global de la collection : l'une utilise la métrique NCLR et l'autre s'inspire des techniques à base de i-vecteurs, employées en vérification du locuteur, et est exprimé sous la forme d'un problème de PLNE. Ces deux méthodes ont été évaluées sur deux corpus de 15 émissions issues d'ESTER 2. La méthode basée sur l'utilisation des i-vecteurs réalise des performances légèrement inférieures à celles obtenues par la méthode NCLR, cependant le temps de calcul est en moyenne 17 fois plus rapide. Cette méthode est, par conséquent, adaptée au traitement de grandes quantités de données.

ABSTRACT

Cross-show speaker diarization

We propose to study speaker diarization from a collection of audio documents. The goal is to detect speakers appearing in several shows. In our approach, shows are processed independently of each other before being processed collectively, to group speakers involved in several shows. Two clustering methods are studied for the overall treatment of the collection: one uses the NCLR metric and the other is inspired by techniques based on i-vectors, used in the speaker verification field, and is expressed as an ILP problem. Both methods were evaluated on two sets of 15 shows from ESTER 2. The method based on i-vectors achieves performance slightly lower than those obtained by the NCLR method, however, the computation time is on average 17 times faster. Therefore, this method is suitable for processing large volumes of data.

MOTS-CLÉS : SRL, traitement de collection, i-vecteurs, regroupement PLNE.

KEYWORDS: speaker diarization, cross-show diarization, i-vectors, ILP clustering.

1 Introduction

La tâche de segmentation et de regroupement en locuteurs (SRL) a été définie par le NIST lors des campagnes d'évaluation *Rich Transcription* comme le découpage d'un flux audio en tours de parole et le regroupement des plages associées à un même locuteur. Le procédé de SRL s'applique individuellement sur chacun des enregistrements audio du corpus sans utiliser de connaissances *a priori* sur les locuteurs.

La plupart des systèmes de SRL proposés jusqu'à très récemment ont suivi cette définition de la tâche, où les émissions sont traitées et évaluées individuellement (SRL d'émissions). Dans ce cadre, les locuteurs détectés par les systèmes sont identifiés par des étiquettes anonymes propres à chaque enregistrement. Un même locuteur intervenant dans deux émissions est donc identifié par deux étiquettes différentes.

La segmentation et le regroupement en locuteurs joue un rôle prépondérant dans de nombreuses applications de traitement automatique de la parole, telles que la transcription automatique, la détection des entités nommées, la détection du rôle des locuteurs. En considérant la quantité toujours croissante de ressources multimédia disponibles, il devient intéressant et nécessaire de considérer la SRL dans un contexte plus global. L'inconvénient majeur de l'approche traditionnelle en SRL est la non prise en compte des interventions récurrentes de certains locuteurs dans plusieurs émissions. Cette situation est très fréquente dans les émissions journalistiques où, généralement, les présentateurs, journalistes et autres invités qui les animent apparaissent régulièrement. (Tran *et al.*, 2011) et (Yang *et al.*, 2011) introduisent la notion de SRL sur une collection d'émissions provenant d'une même source. Les auteurs présentent différentes approches pour détecter et regrouper globalement les locuteurs sur l'ensemble des émissions de la collection (SRL de collection). Ainsi, un locuteur intervenant dans plusieurs émissions est identifié par la même étiquette dans chacune de ces émissions.

Nous présentons et comparons dans cet article deux méthodes de regroupement en locuteurs adaptées au traitement de collections d'émissions journalistiques françaises. Nous utilisons une architecture à deux niveaux qui combine à la fois une SRL d'émissions, dans laquelle les émissions sont traitées individuellement, et une SRL de collection, où les émissions de la collection sont regroupées pour être traitées de manière globale.

Dans les paragraphes suivants, nous décrivons le système de SRL d'émissions du LIUM [1] ainsi que l'architecture et les méthodes proposées pour la SRL de collection. Nous présentons ensuite les corpus de données utilisés, la configuration des systèmes de SRL de collection et nos résultats expérimentaux.

2 Système de SRL d'émissions

Le système utilisé lors de nos expériences, le *LIUM_SpkDiarization* [2] (Meignier et Merlin, 2009), a été développé pour la campagne d'évaluation française ESTER 2 (Galliano *et al.*, 2009), où il a obtenu les meilleurs résultats dans la tâche de SRL sur des émissions journalistiques.

Le *LIUM_SpkDiarization* est composé d'une segmentation acoustique et d'une classification hiérarchique utilisant BIC (Bayesian Information Criterion) comme mesure de similarité entre les locuteurs et comme critère d'arrêt. Chaque locuteur est modélisé par une gaussienne à matrice de covariance pleine. Les limites des segments sont ensuite ajustées au moyen d'un décodage de Viterbi utilisant des GMM (Gaussian Mixture Model) à 8 composantes apprises sur les données de chaque locuteur via l'algorithme EM (Expectation-Maximization). Une segmentation en

1. Laboratoire d'Informatique de l'Université du Maine
2. `http://www-lium.univ-lemans.fr/fr/content/liumspkdiarization`

zones de parole/non-parole est également réalisée afin de retirer les zones de non-parole des segments. Segmentation, classification et décodage sont réalisés à partir de 12 paramètres MFCC (Mel-Frequency Cepstral Coefficients), complétés de l'énergie

À ce stade, chaque locuteur n'est pas forcément représenté par une seule classe. Le système réalise alors une classification hiérarchique utilisant un rapport de vraisemblance croisé normalisé (NCLR) (Le *et al.*, 2007) comme mesure de similarité entre les classes ainsi que comme critère d'arrêt. Contrairement aux étapes précédentes, les paramètres acoustiques sont normalisés (centrés/réduits + *feature warping* calculé sur chaque segment). L'objectif de la normalisation des paramètres est de minimiser la contribution du canal. Les modèles de locuteur sont obtenus par une adaptation MAP (Maximum *A Posteriori*) des moyennes d'un modèle du monde (UBM - Universal Background Model) sur les données de chaque classe. Cet UBM à 512 composantes correspond à la concaténation de quatre GMM à 128 composantes, dépendantes du genre (homme ou femme) et du canal (studio ou téléphone).

3 Architectures pour la SRL de collection

Un système de SRL d'émissions permet de détecter les interventions des locuteurs au sein d'une émission. Un système de SRL de collection doit être, en plus, capable de détecter les locuteurs qui apparaissent dans plusieurs émissions. (Tran *et al.*, 2011) et (Yang *et al.*, 2011) ont expérimenté trois architectures différentes (figure 1) :

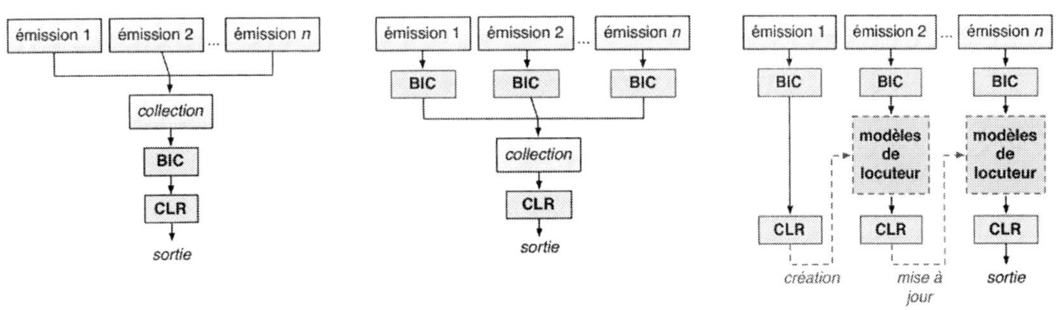

FIGURE 1 – Les trois architectures de SRL de collection proposées par (Tran *et al.*, 2011) : la *concaténation* des émissions à gauche, le système *hybride* au centre, le système *incrémental* à droite.

1. une *concaténation* de toutes les émissions de la collection, sur laquelle est utilisé un système classique de SRL d'émissions (proche du système présenté dans la section 2),
2. un système *hybride*, dans lequel une classification BIC est réalisée individuellement sur chaque émission, et dont la concaténation des sorties est utilisée pour une classification BIC globale (Yang *et al.*, 2011) ou CLR globale (Tran *et al.*, 2011),
3. un système *incrémental*, qui traite les émissions individuellement les unes après les autres. Seules les informations provenant des émissions déjà traitées peuvent aider la SRL de l'émission en cours. Les modèles de locuteurs appris sur chaque émission sont utilisés et mis à jour au fil du traitement de la collection.

Les performances des systèmes par *concaténation* et *hybride*, présentés par (Tran *et al.*, 2011), sont comparables. Le système *incrémental* se démarque par la rapidité avec laquelle le traitement de la collection est réalisé. Cette architecture est la plus adaptée à l'insertion de nouvelles émissions dans la collection, mais elle présente deux inconvénients : les résultats en termes de taux d'erreur en reconnaissance de locuteur sur l'ensemble de la collection sont supérieurs à ceux obtenus par les deux autres systèmes, et l'ordre dans lequel les émissions sont traitées influence les résultats. Ces expériences ont montré que les meilleurs résultats sont obtenus au détriment du temps de traitement, et *vice-versa*.

Nous avons considéré une approche différente en choisissant de mettre en œuvre un système approprié au traitement de grandes quantités de données. Un tel système se doit d'être à la fois performant en termes de taux d'erreur et raisonnable en temps de calcul, ainsi qu'en consommation mémoire. Nous nous sommes inspirés de l'architecture du système *hybride* en testant deux méthodes de classification différentes pour le traitement global de la collection. Les schémas de la figure 2 présentent les deux méthodes de regroupement testées : la première met en oeuvre une classification NCLR (schéma de gauche) et la seconde est formulée par un problème de Programmation Linéaire en Nombre Entier (PLNE), basé sur l'utilisation de i-vecteurs (schéma de droite). Dans les deux cas, chaque émission est traitée individuellement, en utilisant le système de SRL décrit dans la section 2, avant de chercher à détecter les locuteurs communs à la collection. La collection est obtenue par concaténation des sorties des traitements locaux aux émissions. L'utilisation de la méthode de classification globale par PLNE présente un double avantage par rapport à sa variante NCLR : le temps de calcul est plus rapide et la quantité de mémoire utilisée est réduite, alors que les résultats en termes de taux d'erreur restent similaires.

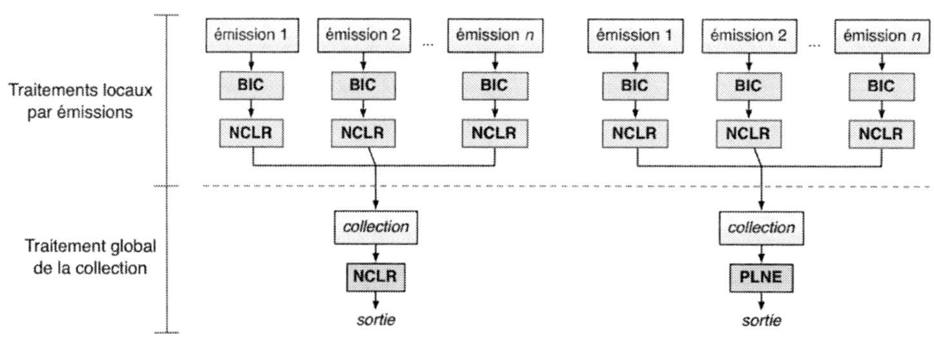

FIGURE 2 – Architecture de SRL pour une collection avec deux variantes : classification globale NCLR sur le schéma de gauche et classification globale par PLNE sur le schéma de droite.

SRL de collection par NCLR

Avec cette variante, le traitement global de la collection est réalisé par une classification NCLR. Cette architecture est proche du système *hybride* proposée par (Tran *et al.*, 2011), la seule différence notable étant la présence d'une classification NCLR au niveau du traitement individuel des émissions.

SRL de collection par PLNE

Les i-vecteurs, utilisés principalement dans le domaine de la vérification du locuteur (Dehak *et al.*, 2011), permettent de réduire de grandes quantités de données acoustiques en vecteurs de dimensions réduites, en ne conservant que les informations pertinentes des locuteurs. Cette approche a été adaptée à la SLR en utilisant l'algorithme k-means, appliqué à la distance entre les i-vecteurs, pour détecter les interventions des locuteurs au sein de corpus où le nombre de locuteurs est *a priori* connu (Shum *et al.*, 2011).

Ici, le nombre de locuteurs est inconnu. Un i-vecteur j est extrait à partir de chacune des classes j issues de la classification BIC en utilisant un UBM-GMM à 1024 composantes et 19 paramètres MFCC complétés de l'énergie, avec leurs dérivées première et seconde. Les N i-vecteurs résultants sont ensuite normalisés dans un processus itératif (Bousquet *et al.*, 2011). Le problème de classification consiste, d'une part, à minimiser le nombre K de classes centrales choisies parmi les N i-vecteurs et, d'autre part, à minimiser la dispersion des i-vecteurs au sein de ces classes (la valeur $K \in \{1, \ldots, N\}$ devant être déterminée automatiquement).

Nous proposons d'exprimer ce problème de classification à l'aide d'un Programme Linéaire en Nombre Entier, où la fonction objective de résolution (eq. 1) est minimisée en vérifiant les contraintes :

Minimize

$$\sum_{k=1}^{N} x_{k,k} + \frac{1}{D}\sum_{k=1}^{N}\sum_{j=1}^{N} d(k,j)x_{k,j} \qquad (1)$$

Subject to

$$x_{k,j} \in \{0,1\} \qquad \forall k, \forall j \qquad (1.2)$$

$$\sum_{k=1}^{N} x_{k,j} = 1 \qquad \forall j \qquad (1.3)$$

$$d(k,j)x_{k,j} \leq \delta \qquad \forall k, \forall j \qquad (1.4)$$

Où $x_{k,k}$ (eq. 1) est une variable binaire égale à 1 lorsque le i-vecteur k est un centre. Le nombre de centres K est implicitement inclus dans l'équation 1 ($K = \sum_{k=1}^{N} x_{k,k}$). La distance $d(k,j)$ est calculée en utilisant la distance de *Mahanalobis* entre les i-vecteurs k et j (Bousquet *et al.*, 2011). D est un facteur de normalisation égal à la plus grande distance $d(k,j)$ pour chaque k et j. La variable binaire $x_{k,j}$ est égale à 1 quand le i-vecteur j est assigné au centre k. Chaque i-vecteur j doit être associé à un seul et unique centre k (eq. 1.3). Le i-vecteur j associé au centre k (*i.e.* $x_{k,j} = 1$) doit avoir une distance $d(k,j)$ inférieure à un seuil δ déterminé expérimentalement (eq. 1.4).

Des expériences préliminaires ont montré que la résolution d'un problème PLNE offre une meilleure classification qu'un regroupement agglomératif hiérarchique, quelque soit le critère de liaison utilisé. Cette méthode de classification par PLNE a d'abord été adaptée à la SLR d'émissions dans un travail parallèle (Rouvier et Meignier, 2012).

4 Expériences

4.1 Données

Les données choisies pour réaliser nos expériences constituent un sous-ensemble du corpus d'apprentissage de la campagne d'évaluation ESTER 2. Les données sélectionnées correspondent aux enregistrements de deux émissions de *Radio France International* (RFI) sur trois semaines du mois d'octobre 2000. Il y a deux enregistrements différents pour chaque jour ouvré, l'un sur la plage horaire 9h30 - 10h30, l'autre sur la plage horaire 11h30 - 12h30. Nous avons choisi de constituer deux corpus indépendants en fonction de l'heure à laquelle les émissions ont été enregistrées :

1. Le corpus n° 1 est constitué des 15 émissions correspondant à la plage horaire 9h30 - 10h30. Il totalise 358 locuteurs parmi lesquels 203 sont formellement identifiés par leur nom et prénom. Parmi ces 203 locuteurs, 47 apparaissent dans au moins deux émissions.
2. Le corpus n° 2 est constitué des 15 enregistrements de la plage horaire 11h30 - 12h30. Il totalise 298 locuteurs parmi lesquels 142 sont formellement identifiés par leur nom et prénom. Parmi ces 142 locuteurs, 41 apparaissent dans au moins deux émissions.

Pour évaluer la tâche de SRL de collection, les locuteurs apparaissant dans plusieurs émissions doivent nécessairement être identifiés par la même étiquette dans toutes les émissions. Nous évaluerons uniquement les locuteurs formellement identifiés par leur nom et prénom. Les autres étiquettes (Christelle, speaker#151, ...) ne fournissent aucune garantie sur l'identité du locuteur : un même locuteur peut être identifié par des étiquettes différentes dans plusieurs émissions.

4.2 Métriques d'évaluation

La métrique d'évaluation choisie pour mesurer les performances est le DER (Diarization Error Rate), introduit par le NIST comme la fraction de temps de parole qui n'est pas attribuée au bon locuteur, en utilisant une correspondance optimale entre l'étiquetage des locuteurs des références et des hypothèses. L'outil d'évaluation que nous avons utilisé est celui développé par le LNE[3] dans le cadre de la campagne REPERE[4]. Cet outil permet de distinguer deux différents taux d'erreur : d'une part, le DER d'émissions *(DER-emi)*, lorsque l'évaluation est réalisée en considérant les émissions indépendamment les unes des autres, et d'autre part, le DER de collection *(DER-col)*, lorsque l'évaluation est réalisée simultanément sur toutes les émissions de la collection. Le *DER-emi* correspond à la moyenne des DER mesurés sur chaque émission, pondérés par leurs durées. Le *DER-col* tient compte de la réapparition des locuteurs dans plusieurs émissions.

4.3 Configuration des systèmes de SRL de collection

Le modèle du monde (UBM) a été appris sur le corpus de test distribué lors de la campagne d'évaluation ESTER 1 (Galliano *et al.*, 2009). Les modèles de locuteur sont obtenus en effectuant une itération de l'algorithme MAP. Le corpus d'apprentissage utilisé durant l'étape de normalisation des i-vecteurs est également celui de ESTER 1. Le programme d'optimisation linéaire utilisé pour résoudre le problème p-centre est le GNU Linear Programming Toolkit[5].

Le seuil optimal de classification NCLR pour le traitement individuel des émissions, réalisé par le système de SRL d'émissions décrit dans la section 2, est de 0,97. Ce seuil a été fixé à partir d'une évaluation individuelle des émissions du corpus n° 1 *(DER-emi)*. Le seuil optimal de classification NCLR et la distance optimale δ de regroupement des i-vecteurs (eq. 4), pour le traitement de la collection, sont respectivement de 0,82 et 120. Ces deux valeurs ont été déterminées à partir

3. Laboratoire National de métrologie et d'Essais
4. `http://www.defi-repere.fr/`
5. `http://www.gnu.org/software/glpk/`

d'une évaluation sur l'ensemble des émissions du corpus n° 1 *(DER-col)*. Ces trois seuils ont été appliqués tels quels sur le corpus n° 2.

4.4 Résultats et discussion

Nous présentons dans le tableau 1 les résultats obtenus en termes de *DER-emi* et *DER-col*, avec le système de SRL d'émissions, décrit dans la section 2, et les deux systèmes de SRL de collection, sur les corpus n° 1 et n° 2.

Nous avons évalué les références et les sorties du système de SRL d'émissions avec la mesure DER de collection *(DER-col)*. L'évaluation des références permet de mesurer la difficulté de la tâche. Dans ce cas, l'hypothèse évaluée correspond à la référence, dans laquelle les étiquettes des locuteurs ont été préalablement préfixées par le nom des émissions. Comme nous pouvions nous y attendre, les taux d'erreur *DER-col* sont très élevés : 53,14% pour l'évaluation des références sur le corpus n° 1 et 52,26% pour l'évaluation des sorties du SRL d'émission. Le corpus n° 2 donne des taux d'erreur similaires. Nous constatons que les taux d'erreur *DER-col* des références et des sorties du systèmes de SRL d'émissions sont relativement proches : sur le corpus n° 1, le taux d'erreur n'augmente que de 2,94% en absolu avec le système automatique.

Systèmes	Corpus n° 1		Corpus n° 2	
	DER-emi	*DER-col*	*DER-emi*	*DER-col*
Référence	0,00%	53,14%	0,00%	52,26%
SRL d'émissions	9,65%	56,08%	13,37%	54,30%
SRL de collection - NCLR	8,91%	14,91%	12,29%	19,97%
SRL de collection - PLNE	8,50%	15,06%	12,58%	21,52%

TABLE 1 – Résultats d'évaluation en termes de *DER-emi* et *DER-col* sur les corpus n° 1 et n° 2, avec l'évaluation des références, le système de SRL d'émissions et les deux systèmes de SRL de collection.

Les deux variantes du système de collection proposé obtiennent des taux d'erreur au niveau de la collection *(DER-col)* d'environ 15% pour le corpus n° 1 et environ 21% pour le corpus n° 2.

- Le système de SRL de collection par NCLR obtient des *DER-col* de 14,91% sur le corpus n° 1 et 19,97% sur le corpus n° 2. De plus, l'influence du traitement global de la collection sur les *DER-emi* est positive, avec un gain absolu de 0,74% sur le corpus n° 1 et 1,08% sur le corpus n° 2.

- Le système de SRL de collection par PLNE donne des résultats légèrement inférieurs à ceux obtenus par NCLR, mais très proches (15,06% pour le corpus n° 1 et 21,52% pour le corpus n° 2). La différence de 0,15% entre les deux systèmes représente environ une minute de signal sur les 10h évaluées du corpus n° 1. De la même manière qu'avec la méthode NCLR, on observe un faible gain au niveau de l'évaluation par émissions *(DER-emi)* : 1,15% en absolu pour le corpus n° 1 et 0,79% en absolu pour le corpus n° 2.

On peut supposer que les faibles gains observés au niveau de l'évaluation par émissions *(DER-emi)* sont dus au fait que les systèmes de collection disposent de plus de données pour apprendre les modèles de locuteur, les rendant plus discriminants.

Si les performances des systèmes de SRL de collection sont similaires en termes de *DER*, ce n'est pas le cas en termes de temps de calcul. Les deux méthodes peuvent être décomposées en plusieurs étapes, réalisées soit au niveau des émissions, soit au niveau de la collection. Les traitements réalisés pour chaque émission peuvent être mémorisés pour une utilisation ultérieure. Les traitements réalisés sur l'ensemble de la collection sont à réitérer si de nouveaux documents sont ajoutés à la collection.

Nous avons mesuré le temps de calcul nécessaire à l'étape de classification des deux méthodes testées, sur les deux corpus. La durée du calcul des modèles de locuteurs n'a pas été prise en compte, cette étape étant facilement parallélisable. La classification par PLNE a été réalisée en 03:16 heures sur les données du corpus n° 1, contre 39:28 heures pour la variante NCLR. Sur le corpus n° 2, les durées mesurées sont respectivement de 04:35 pour la classification par PLNE et 81:21 heures pour la variante NCLR. En moyenne sur ces deux corpus de 15 heures, la classification par PLNE est 17,67 fois plus rapide que la classification par NCLR.

5 Conclusions

Nous avons proposé une nouvelle approche adaptée à la tâche segmentation et de regroupement en locuteurs pour une collection de documents. Dans cette approche, les locuteurs sont modélisés par des i-vecteurs et la classification en elle-même est exprimée sous la forme d'un problème PLNE sur la distance entre les i-vecteurs. Les performances du système implémentant cette approche sont comparables, en termes de *DER*, à celles du système implémentant la classification globale par NCLR. Néanmoins, le regroupement par PLNE est plus efficace que le regroupement par NCLR en termes de rapidité, tout en restant raisonnable au niveau de la quantité de mémoire consommée. Cette méthode est particulièrement appropriée pour le traitement de collections volumineuses.

Références

Bousquet, P.-M., Matrouf, D. et Bonastre, J.-F. (2011). Intersession compensation and scoring methods in the i-vectors space for speaker recognition. *In Proceedings of Interspeech'11*, Florence, Italie.

Dehak, N., Kenny, P., Dehak, R., Dumouchel, P. et Ouellet, P. (2011). Front-end factor analysis for speaker verification. *In Proceedings of IEEE TASLP*, volume 19, pages 788–798.

Galliano, S., Gravier, G. et Chaubard, L. (2009). The ESTER 2 evaluation campaign for the rich transcription of French radio broadcasts. *In Proceedings of Interspeech*, Brighton, UK.

Le, V. B., Mella, O. et Fohr, D. (2007). Speaker diarization using normalized cross-likelihood ratio. *In Proceedings of Interspeech*, Antwerp, Belgique.

Meignier, S. et Merlin, T. (2009). LIUM SpkDiarization: an open-source toolkit for diarization. *In CMU SPUD Workshop*, Dallas, Texas (USA).

Rouvier, M. et Meignier, S. (2012). Nouvelle approche pour le regroupement des locuteurs dans des émissions radiophoniques et télévisuelles. *In 29e Journées d'Études sur la Parole*, Grenoble, France.

Shum, S., Dehak, N., Chuangsuwanich, E., Reynolds, D. et Glass, J. (2011). Exploiting intra-conversation variability for speaker diarization. *In Proceedings of Interspeech*, Florence, Italie.

Tran, V.-A., Le, V. B., Barras, C. et Lamel, L. (2011). Comparing multi-stage approaches for cross-show speaker diarization. *In Proceedings of Interspeech*, Florence, Italie.

Yang, Q., Jin, Q. et Schultz, T. (2011). Investigation of cross-show speaker diarization. *In Proceedings of Interspeech*, Florence, Italie.

L'assimilation de voisement en français : elle vaut pour les non-mots autant que les mots

Pierre Hallé,[1,2] *Kaja Androjna*[3] *et Juan Seguí* [2]
(1) LPP (CNRS-Paris 3), 19 rue des Bernardins, 75005 Paris
(2) LMC, 71 Avenue Édouard Vaillant, 92774 Boulogne Billancourt
(3) DEC (ENS), 45 rue d'Ulm, 75005 Paris
pierre.halle@univ-paris3.fr, kaja.androjna@ens.fr,
juan.segui@parisdescartes.fr

RESUME

Des études récentes sur l'assimilation de voisement en français ont tenté de répondre à plusieurs questions essentielles. Tout d'abord, s'agit-il d'un processus graduel ou catégoriel ? Des analyses récentes basées sur les changements distributionnels de taux de voisement (v-ratio) lors de l'assimilation suggèrent que l'assimilation est optionnelle mais est complète lorsqu'elle a lieu. Elle serait donc catégorielle. Dans cette étude, nous raffinons ces observations par l'analyse d'indices secondaires de voisement (e.g., durée d'occlusion). De plus, nous abordons la question de savoir si la réalisation de l'assimilation est motivée par des règles phonologiques généralisables plutôt que par une connaissance réductible à la compilation statistique des énoncés produits ou entendus. Nous utilisons pour cela une situation extrême : celle de non-mots en situation ou non d'assimilation. En parole lue, ils sont assimilés autant que les mots, ce qui est en faveur des règles plutôt que des statistiques.

ABSTRACT

Voice assimilation in French: It applies to nonwords just like to words

Recent studies on voice assimilation in French have addressed several important issues. Firstly, is this assimilation process gradient or categorical? Recent analyses of how distributions of voicing ratio change with assimilating to non-assimilating contexts suggest that assimilation is optional but is complete when it occurs. It would therefore be categorical. In this study, we refine these observations with the analysis of some secondary cues to voicing (e.g., closure duration). We also address the issue of whether the occurrence of assimilation is motivated by phonological rules that can be generalized to any item or, rather, is determined by internalized statistics on heard or produced utterances. We use the extreme situation of nonwords in assimilating vs. non-assimilating context. In read speech, voice assimilation affects nonwords as much as words, supporting rule-based rather than statistical accounts.

MOTS-CLES : assimilation de voisement, français, parole lue, non-mots.
KEYWORDS : voice assimilation, French, read speech, nonwords.

1 Introduction

Beaucoup d'aspects de l'assimilation de voisement en français sont assez consensuels : elle est régressive et restreinte aux contacts entre obstruantes. Elle est plus systématique (ou plus complète) à l'intérieur des mots qu'entre les mots. Enfin, l'idée que les obstruantes assimilées conservent leur caractère lenis ou fortis originel a fait place à la notion d'assimilation partielle au niveau phonétique, suggérée par l'observation de taux de voisement intermédiaires (Gow et Im, 2004 ; Snoeren, Hallé et Segui, 2006). Mais cette notion même a été remise en question récemment par des analyses distributionnelles du taux de voisement, ou *v-ratio* (Hallé et Adda-Decker, 2007, 2011), suggérant, du moins pour le français, un processus optionnel mais catégoriel : lorsque l'assimilation a lieu, il s'agit d'un échange catégoriel en termes de v-ratio. Cependant, il semble que d'autres indices liés au voisement laissent des traces du voisement sous-jacent, même en cas d'assimilation complète en termes de v-ratio (Snoeren et al. 2008). Dans cette étude, nous analyserons systématiquement ces autres indices dits "secondaires" ainsi que les taux de voisement (v-ratio) et d'harmonicité (HNR).

Cette étude pose aussi une question plus générale sur les variations des formes parlées. Deux points de vue s'opposent. Selon un point de vue générativiste, il existe un niveau de représentation abstraite (par exemple en termes de traits distinctifs) sur lequel opèrent des processus phonologiques imperméables aux fréquences d'occurrence, qui produisent des formes de surface. Ces processus —par exemple l'assimilation— sont supposés généralisables à toute forme nouvelle, en particulier à des non-mots lus. Selon un point de vue constructiviste, les variantes sont apprises dans leur contexte, formant avec ce contexte des constructions d'autant plus stables et non analysables qu'elles sont fréquentes (Bybee, 2001). Dans cette optique, les non-mots, dont la fréquence est nulle, ne peuvent être appris dans des constructions où ils seraient modifiés par rapport à leur forme "libre". Pour tenter de contribuer à ce débat, nous comparerons mots et non-mots en parole lue dans des contextes motivant ou non une assimilation de voisement.

2 Étude de production (parole lue)

2.1 Méthode

2.1.1 Locuteurs

Huit locuteurs (4 hommes et 4 femmes), étudiants à l'Université Paris 3 (âge moyen 27 ans), ont participé aux enregistrements. Tous étaient originaires de la région parisienne ou du nord de la France et vivaient à Paris au moins depuis 3 ans. Nous avons pris soin d'éviter des locuteurs originaires du sud de la France pour éviter l'insertion de schwas ou ceux originaires du nord-est de la France pour éviter le dévoisement des consonnes finales de mot. Aucun des locuteurs n'avait jamais souffert de troubles du langage.

2.1.2 Matériel

Nous avons utilisé 48 séquences test nom-adjectif (e.g., *vide partiel*) avec un contact occlusive-occlusive entre les deux mots (dans l'exemple ci-dessus, /d/#/p/). Pour la moitié de ces séquences, le contact C1#C2 était non-assimilant (e.g., *mythe païen, guide bavard*) et pour l'autre moitié, le contact était assimilant (e.g., *mythe barbare, guide patient*). La comparaison de ces deux conditions, contrôle et assimilation, est en effet nécessaire pour quantifier les effets possibles de l'assimilation.

Les contacts C1#C2 respectaient plusieurs contraintes. (1) Les lieux d'articulation de C1 et C2 étaient différents pour éviter les géminées ; nous nous sommes d'autre part limités aux dentales et labiales ; les contacts utilisés étaient donc /b#d, b#t, d#b, d#p, p#t, p#d, t#p, t#b/ avec 6 séquences nom-adjectif pour chaque contact. (2) La voyelle précédent C1 était soit /a/ soit /i/, ceci pour tester l'influence possible du contexte vocalique sur le degré de voisement (Ohala, 1983) ; la voyelle suivant C2 était dans la mesure du possible /a/ (80%) et parfois /o/ (20% : e.g., *crabe dodu*). (3) Pour toutes les séquence nom-adjectif, le nom était monosyllabique et l'adjectif dissyllabique, pour maintenir constante la structure prosodique de la séquence qui peut influencer le voisement (Slis, 1986). Étant donné le nombre des contraintes segmentales et prosodiques à satisfaire, nous n'avons pas contrôlé la fréquence lexicale des mots cibles. Aux séquences de mots étaient appariées 48 séquences de deux non-mots se rapprochant autant que possible des séquences nom-adjectif du point de vue de leur structure phonétique (e.g., *zite pajotte, chide bafique, zite bagonne, chide palcotte*). En plus des 96 séquences test, nous avons utilisé 48 séquences distracteur, 24 séquences nom-adjectif et 24 séquences de deux non-mots, avec une variété de contacts C1#C2 autres que occlusive-occlusive (e.g., *rire naïf, rêve cruel* ; *zile facarde, siffe lovette*).

Les séquences nom-adjectif ou de non-mots étaient produites dans le cadre de la phrase porteuse *On parle jamais de* ___ ___. L'omission de la particule de négation *ne* était délibérée pour inciter les locuteurs à produire les phrases avec spontanéité. De plus, cette phrase permettait d'introduire les séquences de non-mots. La structure syntaxique des énoncés à lire était donc maintenue constante, ce qui permettait d'éviter des variations indésirables liées à la structure syntaxique (Kuzla, Cho et Ernestus, 2007).

2.1.3 Procédure d'enregistrement

Les locuteurs ont été enregistrés individuellement dans une chambre sourde. Ils ont été enregistrés directement sur ordinateur (16 bits, 44.1 kHz) avec le logiciel Sound Studio, via un microphone-casque (MicroMic C520L) relié à une carte son externe (EDIROL).

Les locuteurs avaient pour consigne de lire les phrases de la manière la plus fluide possible et d'éviter toute pause à l'intérieur d'une même phrase, notamment entre les derniers mots de la phrase. Pour leur donner une idée de la vitesse d'élocution attendue (5-6 syllabes/seconde), nous leur avons présenté cinq phrases à un débit de 6 syllabes/s prononcées à l'aide d'un métronome (http://www.metronomeonline.com/).

La moitié des sujets ont lu d'abord les phrases avec séquences nom-adjectif mots et ensuite celles avec séquences de non-mots ; l'autre moitié ont fait l'inverse. L'ordre semi-aléatoire était le même pour tous les locuteurs.

2.1.4 Segmentation des séquences nom-adjectif et non-mots

Pour effectuer les analyses acoustiques décrites en 2.1.5, il était nécessaire de procéder à un étiquetage phonétique des séquences cibles de mots ou de non-mots. Nous nous sommes limités à étiqueter les événements suivants : début de la voyelle V précédant C1 dans les contacts C1#C2 ; fin de V ou début de l'occlusion de C1 ; fin de l'occlusion de C1 ou début du relâchement ; fin du relâchement de C1. La segmentation du signal de parole a été faite manuellement par inspection visuelle de spectrogramme (logiciel Praat : Boersma, 2001) et, dans les cas difficiles, à l'aide de courbes de dérivée spectrale, d'énergie, et/ou de suivi de formants. L'apparition/disparition du deuxième formant a été retenue comme critère principal pour localiser le début et la fin de V. Le début de V était parfois difficile à localiser dans le contexte d'un /r/ précédent (e.g., *rite banni*), mais jamais pour les autres consonnes. La fin du formant 2 de V permettait de localiser sans difficulté particulière à la fois la fin de V et le début de l'occlusion de C1. Par contre, la fin de l'occlusion c'est à dire le début du relâchement de l'occlusive C1 était parfois difficile à repérer. Dans 10 % des cas, le relâchement n'était pas visible sur le spectrogramme, mais il était parfois possible, lorsque l'occlusion était voisée, de détecter des indices de changement de lieu soit dans le signal de parole (discontinuité d'amplitude ou de phase) soit dans la courbe de dérivée spectrale (pic local). Dans les cas où même ces indices n'étaient d'aucune aide (environ 6% des cas), nous avons pris comme frontière entre C1 et C2 le milieu de l'occlusion entre V et la voyelle suivante. Nous avons placé la fin du relâchement de C1 à la fin du bruit de relâchement lorsqu'il était visible. Nous avons sinon considéré que la durée de relâchement était nulle et placé une marque de fin, par convention, 1 ms après celle du début de relâchement.

2.1.5 Analyses acoustiques

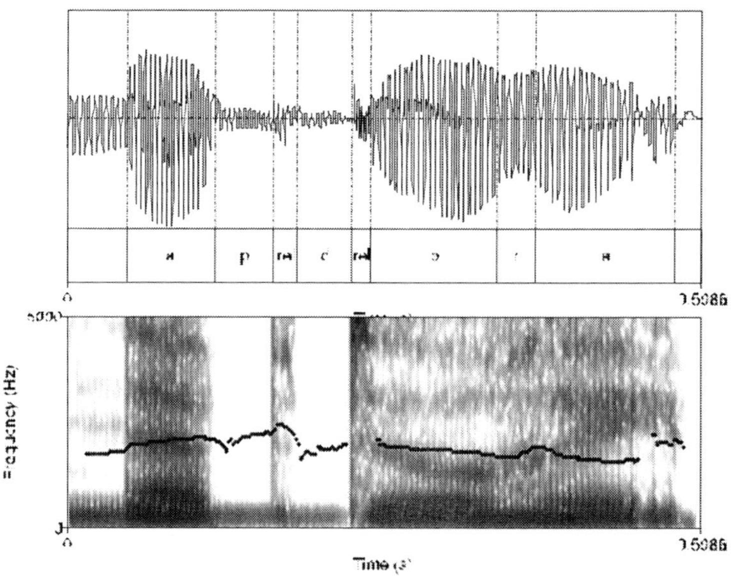

FIGURE 1 – Exemple de mesures pour la séquence *nappe dorée* : v-ratio = 1 ; HNR = 7.78 dB ; durées : 82, 55, 25 ms (V, occlusion, relâchement) ; intensités : 71.7 et 72.7 dB (occlusion et relâchement) ; F0 en début et fin de V : 196 et 204 Hz.

Les mesures acoustiques ont porté sur la *consonne C1*, potentiellement assimilée ou non selon le voisement de C2, et sur la *voyelle précédente V*. Nous distinguons entre indices primaires et secondaires de voisement, et pour les indices secondaires, entre indices locaux et non-locaux (Goldrick et Blumstein, 2006). Nous avons retenu comme indice primaire le taux de voisement, ou *v-ratio* : la proportion de signal voisé dans l'occlusion qui reflète directement la présence/absence de vibration laryngale (Barry et Teifour, 1999 ; Hallé et Decker, 2007 ; Snoeren et al., 2006) basée sur la présence/absence de périodicité dans le signal telle qu'indiqué par un algorithme de détection de F0 (méthode de cross-corrélation de Praat, avec réglages par défaut sauf la plage F0 ([60, 400] Hz) et le pas d'analyse (2 ms)). Nous avons également utilisé une mesure HNR ('harmonic to noise ratio') sur l'occlusion de C1, permettant de quantifier la périodicité du signal de façon non binaire (réglages dans Praat : pas d'analyse 2 ms, fenêtres d'analyse de 50 ms, 4.5 périodes par fenêtre d'analyse, seuil de silence 0.003).

Pour ce qui est des indices secondaires, nous avons mesuré la durée et l'énergie de l'occlusion et du relâchement de C1 (indices locaux) ainsi que la durée et le contour F0 de la voyelle V précédent C1 (indices non-locaux). La Figure 1 illustre le calcul des différents indices pour la séquence *nappe dorée*.

2.2 Résultats

Nous avons effectué des analyses de variance par sujets sur chacun des indices décrits plus haut. Les facteurs (tous intra-sujet) étaient : *lexicalité* de la séquence cible (mots vs. non-mots), voisement de C1 et voisement de C2 (*vc1* et *vc2*, respectivement).

v-ratio. La Table 1 résume les données de v-ratio pour l'occlusion de C1, pour les séquences de mots et de non-mots, selon le contact de voisement.

	NV-NV	NV-V	variation	V-V	V-NV	variation
mots	0.19	0.65	+0.46	0.99	0.50	- 0.49
non-mots	0.19	0.51	+0.32	0.92	0.48	- 0.44

TABLE 1 – v-ratios (occlusion de C1) dans les conditions contrôle (en grisé) et assimilation. V (voisé) et NV (non-voisé) indiquent le voisement des consonnes en contact ; "variation" (en bleuté) : changement de v-ratio entre contrôle et assimilation.

Entre les conditions contrôle et assimilation, le v-ratio change en moyenne de 0.44, il augmente ou diminue selon que C2 est voisé ou non. Ce changement mesure l'effet du facteur *vc2*, qui est très significatif globalement, $F(1,7)=169.90$, $p<.00001$, et aussi en détail, tant pour les non-mots que les mots, que C1 soit voisé ou non, $ps<.0005$. L'assimilation n'est pas plus forte dans un sens que dans l'autre, comme le montre l'interaction non-significative entre *vc2* et *vc1*, $F(1,7)=2.88$, $p=.13$, avec cependant une tendance marginale vers davantage de dévoisement que de voisement pour les séquences de non-mots, $F(1,7)=3.68$, $p=.097$. Enfin, l'assimilation tend à être plus forte pour les mots que les non-mots, une tendance marginalement significative seulement pour C1 non-voisée, $F(1,7)=4.53$, $p=0.07$.

Les valeurs moyennes de v-ratio pour NV-V ou V-NV (assimilation) sont intermédiaires entre celles pour NV-NV et V-V (contrôle). Cependant, avant de conclure au caractère graduel de l'assimilation, il faut examiner les distributions de v-ratio. Les distributions pour NV-NV et V-V montrent que les v-ratios sont concentrés dans le dernier intervalle ([.875, 1]) pour les C1 sonores et dans les trois premiers ([0, .375]) pour les C1 sourdes, définissant les catégories voisée et non-voisée en contexte non-assimilant. Les distributions pour NV-V suggèrent un passage d'une catégorie à l'autre pour les C1 sourdes, tant pour les mots que les non-mots. L'assimilation semble donc catégorielle bien qu'optionnelle dans le sens du voisement. Tel n'est pas le cas dans le sens du dévoisement : la catégorie voisée (intervalle [.875, 1]) ne se redistribue pas dans la non-voisée (intervalle [0, .375]) mais plutôt dans la région intermédiaire [.375, 0.725].

L'assimilation dans ce sens semble donc incomplète ou graduelle, ce qui est contraire aux résultats de Hallé et Adda-Decker (2007, 2011).

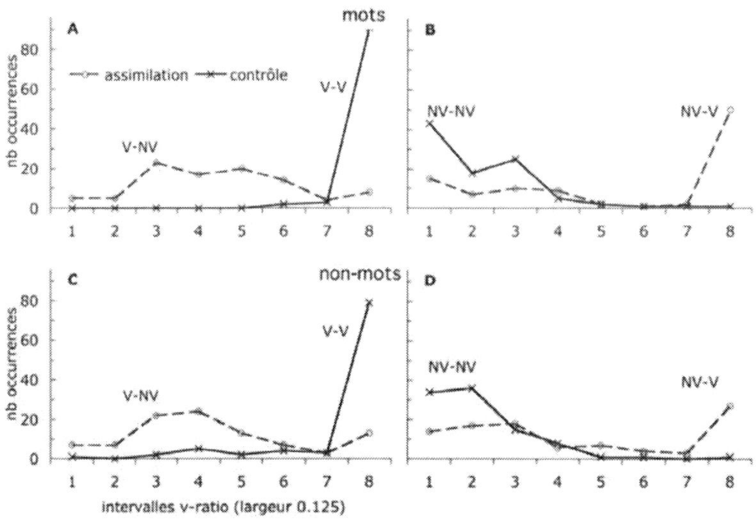

FIGURE 2 – Distributions du v-ratio pour les C1 sonores (A et C) vs. sourdes (B et D) en fin de mot (A et B) ou de non-mot (C et D) dans les conditions contrôle et assimilation.

HNR. La Table 2 résume les données de HNR selon le modèle de la Table 1.

	NV-NV	NV-V	variation	V-V	V-NV	variation
mots	- 95 dB	- 26 dB	+69 dB	11 dB	- 58 dB	- 69 dB
non-mots	- 92 dB	- 49 dB	+43 dB	2 dB	- 58 dB	- 60 dB

TABLE 2 – HNR moyen (occlusion de C1) dans les conditions contrôle (en grisé) et assimilation. V et NV indiquent le voisement des consonnes en contact ; "variation" (en bleuté) : changement de HNR moyen entre contrôle et assimilation.

Les HNR moyens sur C1 et leurs distributions sont en bon accord avec les v-ratios moyens et leurs distributions. Entre les conditions contrôle et assimilation, le HNR change en moyenne de 60 dB, augmentant si C2 est voisé et diminuant sinon. Comme pour le v-ratio, l'effet du facteur *vc2* est très significatif, reflétant une forte assimilation tant pour les non-mots que les mots, que C1 soit voisé ou non, $ps < .005$. L'assimilation n'est pas plus forte dans un sens que dans l'autre (interactions *vc2* x *vc1* non-significatives), avec une tendance non significative vers davantage de dévoisement que de voisement pour les non-mots, $F(1,7) = 2.64$, $p = .15$. L'assimilation tend à être plus forte pour les mots que les non-mots. Cette tendance est significative uniquement pour C1 non-voisée, $F(1,7) = 8.75$, $p < .05$.

durées. Les patterns de durée pour la voyelle V précédent C1 et l'occlusion de C1 sont typiques du voisement de C1 (voyelle plus longue, $p < .005$, occlusion plus courte, $p < .05$, pour C1 voisée). Ces patterns ne changent pas globalement en condition d'assimilation. Autrement dit, les durées de V et de l'occlusion de C1 résistent à l'assimilation. Ce n'est pas le cas de la durée de relâchement de C1. Le relâchement est globalement plus long pour C1 non-voisée que voisée, $p < .05$. Le contexte assimilant neutralise cette tendance, sans l'inverser, comme le montre la significativité du facteur *vc2*, $p<.0005$. Tout ceci vaut aussi bien pour les non-mots que les mots. Notons que les durées sont plus longues pour les non-mots que les mots (V : 75>67 ms, $p<.005$; occlusion : 70>64 ms, $p<.05$; relâchement : 19>14 ms, $p<.05$), reflétant un débit plus lent pour les non-mots. La Table 3 montre les durées de V et de C1 (occlusion et relâchement).

		NV-NV	NV-V	variation	V-V	V-NV	variation
voyelle V	mots	64	63	- 1	71	69	- 2
	non-mots	74	74	0	78	75	- 3
occlusion de C1	mots	69	67	- 2	60	60	0
	non-mots	70	73	+3	66	69	+3
relâchement de C1	mots	20	16	- 4	10	13	+3
	non-mots	25	20	- 5	12	20	+8

TABLE 3 – durée (ms) de la voyelle V, de l'occlusion de C1 et du relâchement de C1.

intensités. Globalement, l'intensité de l'occlusion est plus forte pour C1 voisée que non-voisée, $p<.0005$. Ceci vaut aussi pour le relâchement, $p<.01$. Le contexte assimilant neutralise cette tendance sans toutefois l'inverser, comme le montre la significativité du facteur *vc2*, $ps<.005$ (sauf pour le relâchement de C1 dans les non-mots). La Table 4 montre les intensités moyennes pour V et l'occlusion de C1.

		NV-NV	NV-V	variation	V-V	V-NV	variation
occlusion de C1	mots	61	67	+6	74	65	- 9
	non-mots	60	65	+5	72	65	- 7
relâchement de C1	mots	63	68	+5	73	60	- 13
	non-mots	66	66	0	72	63	- 9

TABLE 4 – intensité moyenne (dB) de l'occlusion de C1 et du relâchement de C1.

3 Discussion

Nos résultats suggèrent d'abord que l'assimilation de voisement inter-mot en français, pour des contacts entre occlusives, est catégorielle dans le sens du voisement mais graduelle dans celui du dévoisement pour ce qui est du v-ratio ou du HNR. (Nos données montrent d'autre part l'équivalence de ces deux mesures.) En termes de v-ratio ou HNR *moyens*, l'assimilation est d'ampleur équivalente dans les deux sens. Pour les indices secondaires de voisement, nous trouvons que les durées d'occlusion de la consonne C1 et de la voyelle précédente ne sont pas affectées par l'assimilation. Les mêmes "traces" du voisement sous-jacent ont été trouvées dans d'autres études (Goldrick et Blumstein, 2006 ; Snoeren et al., 2008). Par contre, les autres indices secondaires "locaux", durée de relâchement, intensité moyenne de l'occlusion et du relâchement sont affectés par l'assimilation dans le sens du voisement opposé.

Nos résultats suggèrent ensuite que l'assimilation a des caractéristiques quantitatives et qualitatives quasi-identiques pour les mots et les non-mots. Nous trouvons une légère différence de force d'assimilation (v-ratio ou HNR) à l'avantage des mots. Mais cette différence est sans doute due au débit légèrement plus lent trouvé pour les non-mots (cf. Barry et Teifour, 1999). Ernestus et Baayen (2006) rapportent des résultats similaires pour la neutralisation de voisement en fin de mot (hollandais) : elle est identique pour des mots et des non-mots lus. Ces données et les nôtres renforcent donc une vision selon laquelle la production des énoncés de parole passe par l'application de règles phonologiques à des représentations phonémiques abstraites plutôt que par le rappel direct de formes de surface stockées en mémoire qui serait sensible à des statistiques de cooccurrence (Bybee, 2001).

Références

BARRY, M. et TEIFOUR, R. (1999). Temporal patterns in Syrian Arabic voicing assimilation. In *Proceedings of the 14th ICPhS*, 2429-2432. San Francisco.

BOERSMA, P. (2001). Praat, a system for doing phonetics by computer. *Glot International*, **5** (9/10), 341-345.

BYBEE, J. (2001). *Phonology and Language Use*. Cambridge: Cambridge University Press.

ERNESTUS, M. et BAAYEN, H. (2006). The functionality of incomplete neutralisation in Dutch: The case of past-tense formation. In L. Goldstein, D. Whalen, C. Best (eds.), *Papers in Laboratory phonology VIII* (pp. 27–49). Berlin: Mouton de Gruyter.

GOLDRICK, M., & BLUMSTEIN, S. (2006). Cascading activation from phonological planning to articulatory processes: Evidence from tongue twisters. *Language and Cognitive Processes*, **21**, 649-683.

GOW, D. et IM, A. (2004). A cross-linguistic examination of assimilation context effects. *Journal of Memory and Language*, **51**, 279-296.

HALLÉ, P. et ADDA-DECKER, M. (2007). Voicing assimilation in journalistic speech. *Proceedings of 16th ICPhS*, 493-496. Saarbrücken.

HALLÉ, P. et ADDA-DECKER, M. (2011). Voice assimilation in French obstruents: A gradient or a categorical process? In J. Goldsmith, E. Hume & L. Wetzels (eds.), *Tones and features: A festschrift for Nick Clements* (pp. 149-175). Berlin : De Gruyter.

KUZLA, C., CHO, T. et ERNESTUS, M. (2007). Prosodic strengthening of German fricatives in duration and assimilatory devoicing. *Journal of Phonetics*, **35**, 301-320.

OHALA, J. (1983). The origin of sound patterns in vocal tract constraints. In P. MacNeilage (ed.), *The production of speech* (pp. 189-216). New York : Springer Verlag.

SLIS, I. (1986). Assimilation of voice in Dutch as function of stress, word boundaries, and sex of speaker and listener. *Journal of Phonetics*, **14**, 311-326.

SNOEREN, N., SEGUI, J. et HALLÉ, P. (2006). A voice for the voiceless : Production and perception of assimilated speech in French. *Journal of Phonetics*, **34**, 241-268.

SNOEREN, N., SEGUI, J. et HALLÉ, P. (2008). On the role of regular phonological variation in lexical acces: Evidence from voice assimilation in French. *Cognition*, **108**, 512-521.

Influence de la transcription sur la phonétisation automatique de corpus oraux

Brigitte Bigi Pauline Péri Roxane Bertrand
Laboratoire Parole et Langage, CNRS & Aix-Marseille Université,
5 avenue Pasteur, BP80975, 13604 Aix-en-Provence France
brigitte.bigi@lpl-aix.fr, peripauline@gmail.com, roxane.bertrand@lpl-aix.fr

RÉSUMÉ

Notre objectif vise à estimer l'influence de différents niveaux d'enrichissement de la transcription sur l'étape de phonétisation de l'oral. Cette étude a été réalisée sur un corpus test de 7 minutes, réparties entre trois types de données différentes (parole conversationnelle spontanée, lecture et discours politique). Les résultats montrent que plus la transcription bénéficie d'enrichissements, meilleure est la phonétisation obtenue, quel que soit le type de corpus.

ABSTRACT

what is the impact of the transcription on the phonetization

This paper aims at quantifying the impact of the transcription enrichments on the automatic phonetization of speech. Experiments were carried out on a 7 minutes French corpus including conversational speech, readed speech and a political discourse. Results showed the better the transcription the better the phonetization and that independently on the corpus.

MOTS-CLÉS : transcription, oral, enrichissement, phonétisation.

KEYWORDS: transription, phonetization, enrichment, speech.

1 Introduction

Pendant de nombreuses années, les transcriptions de corpus oraux étaient établies selon des conventions pouvant varier d'un auteur à l'autre, ou d'un projet à l'autre. Depuis une dizaine d'années, on constate de nombreux efforts de mutualisation et de partage des corpus. Ceci implique d'une part le recensement des différentes conventions existantes, d'autre part une tentative d'homogénéisation de ces conventions, quels que soient les objectifs et projets. Disposer de conventions communes permet de fournir aux transcripteurs des consignes précises qui contribuent surtout à rendre leurs transcriptions non seulement plus homogènes mais comparables et exploitables par une plus grande communauté d'utilisateurs. Le choix de certaines conventions mais plus encore celui des phénomènes à transcrire peut faciliter les traitements automatiques des corpus parmi lesquels les étapes de phonétisation, d'analyse morpho-syntaxique ou encore la reconnaissance automatique de la parole.

Dans cet article, nous abordons la question de la phonétisation des corpus oraux qui dépend de la transcription effectuée en amont. La phonétisation est l'étape consistant à convertir la suite de mots orthographiques en chaîne phonétique (ou en symboles phonétiques). Notre objectif est de mesurer l'influence des choix effectués lors de la transcription sur la phonétisation automatique.

Cet article se décline en 5 sections. La section 2 concerne la transcription du français oral et synthétise quelques conventions. La section 3 porte sur l'outil de phonétisation automatique utilisé. La section 4 présente le corpus de test. Enfin la section 5 expose la méthode et le résultat de l'évaluation.

2 Transcription

Il existe de nombreuses conventions de transcription en fonction des projets et objectifs de recherche. Nous ne visons pas l'exhaustivité mais nous avons sélectionné certaines conventions établies dans des projets relativements différents. Celles établies dans le cadre de la campagne ESTER visent à évaluer les systèmes de reconnaissance automatique de la parole (ESTER, 2008), tandis que celles du groupe ICOR (Groupe ICOR, 2007) portent essentiellement sur les interactions conversationnelles. Nous avons également examiné celles établies à l'ATILF (André *et al.*, 2009) et au centre de recherche Valibel (Bachy *et al.*, 2007). S'ajoute à cette liste les conventions établies au LPL dans le cadre du projet ANR OTIM (Blache *et al.*, 2010), inspirées des conventions du GARS (Blanche-Benveniste et Jean-Jean, 1987).

Le tableau 3 synthétise les notations des différentes conventions pour les phénomènes propres à l'oral. Les cases vides signifient que le phénomène n'est pas mentionné dans la convention de transcription. On remarque que certaines conventions, comme celle d'ICOR, sont plus proches de ce qui a été prononcé (en particulier pour les élisions) alors que d'autres conventions (en particulier Valibel) s'orientent vers une orthographe standard. La convention du LPL propose une double orientation : en mentionnant les élisions entre parenthèses par exemple, un traitement automatique peut retrouver soit l'orthographe standard (en supprimant seulement les '()') soit la prononciation (en supprimant les '()' et leur contenu).

Notre étude porte exclusivement sur les aspects des transcriptions qui sont susceptibles d'affecter la phonétisation. Le but de cet article est d'estimer l'influence des enrichissements de la transcription orthographique sur la phonétisation automatique de l'oral, quels que soient les symboles utilisés pour les transcrire.

L'examen des similitudes et des différences de ces conventions, a servi de support pour définir 3 niveaux d'enrichissements sur lesquels portera l'évaluation (cf tableau 3).

3 Phonétisation

En dehors de l'étape de transcription graphème-phonème, généralement traitée par une approche à base de règles, de nombreux traitements linguistiques sont nécessaires afin de lever les ambiguïtés de prononciations. Parmi celles-ci, citons les problèmes liés au formatage du texte, aux homographes hétérophones, aux liaisons, à la phonétisation des noms propres, des sigles ou des emprunts à des langues étrangères. L'outil LIA_Phon (Bechet, 2001), qui a été utilisé dans la présente étude, considère l'ensemble de ces cas. Le choix de cet outil est, en outre, lié à ses conditions d'accessibilité, sa bonne documentation et surtout ses performances.

Les outils inclus dans le LIA_Phon peuvent se décomposer en trois modules : les outils de formatage et d'étiquetage (LIA_Tagg), les outils de phonétisation et les outils d'exploitation des textes phonétisés. Dans la présente étude, nous faisons appel aux deux premiers modules. Les outils de formatage et d'étiquetage permettent de traiter le texte brut à phonétiser. Cet ensemble d'outils regroupe des modules de découpage (en mots et en phrases), de correction (traitement des capitalisations, des formes désaccentuées et des abréviations) et d'étiquetage (morphologique et syntaxique). À la suite de ces traitements, la plupart des ambiguïtés de prononciation sont levées. Le module de phonétisation regroupe d'une part un ensemble de bases de règles de phonétisation relatives aux étiquettes préalablement posées et d'autre part un module de traitement des liaisons gérant les liaisons interdites, facultatives et obligatoires.

Un module a été spécifiquement développé pour transformer la transcription enrichie en une chaîne de caractères prête à être utilisée par le LIA_Phon.

4 Corpus de test

À notre connaissance, il n'existe pas de corpus phonétisé manuellement qui soit disponible publiquement afin d'évaluer les phonétisations automatiques. Nous avons donc construit un tel corpus que nous avons déposé sur la forge Speech Language Data Repository (SLDR) [1]. Ce corpus [2] dure environ 7 minutes. Les durées et autres détails sont décrits dans le tableau 1. Il contient des extraits des corpus suivants :
- CID [3], corpus conversationnel décrit dans (Bertrand *et al.*, 2008),
- AixOx [4], corpus de lecture décrit dans (Herment *et al.*, 2012),
- Grenelle [5], intervention d'Yves Cochet lors d'un débat à l'Assemblée nationale portant sur le « Grenelle II de l'environnement » décrit dans (Bigi *et al.*, 2011).

Le corpus MARC-Fr a été entièrement phonétisé et aligné manuellement par un expert phonéticien. Pour illustrer les phénomènes reportés dans le tableau 1, quelques exemples sont reportés ci-après en respectant les conventions d'écriture des transcriptions du LPL, à savoir :
- les amorces sont notées avec un tiret collé à la fin,
- les pauses perçues et inférieures à 200 ms sont notées "+",
- les élisions non standards mentionnent entre parenthèse ce qui n'est pas prononcé,
- les prononciations non standards sont spécifiées entre crochets, avec en partie gauche l'orthographe standard et en partie droite la réalisation effective.

Deux exemples du CID sont présentés ci-après. Comme on le voit dans le tableau 1, en tant que corpus conversationnel, celui-ci comporte de nombreux phénomènes tels que les amorces, ou les pauses pleines. De plus il contient de nombreux phénomènes de réduction, notamment des déformations, des assimilations, des élisions de phonèmes, qui s'avèrent extrêmement fréquents en parole naturelle non contrôlée.

1. http ://www.sldr.fr/
2. MARC-Fr : dépôt SLDR numéro 000786
3. CID : dépôt SLDR numéro 000027
4. AixOx : dépôt SLDR numéro 000784
5. Grenelle : dépôt SLDR numéro 000729

	CID	AixOx	GrenelleII
Durée	143s	137s	134s
Nombre de locuteurs	12	4	1
Nombre de phonèmes	1876	1744	1781
Nombre de mots	1269	1059	550
Pauses perçues	10	23	28
Pauses pleines	21	0	5
Bruits (souffles,...)	0	8	0
Rires	4	0	0
Amorces	6	2	1
Élisions non standards	60	21	34
Prononciations particulières	58	37	23

TABLE 1 – Description du corpus de test MARC-Fr

```
1/ donc + i- i(l) prend la è- recette et tout bon i(l) vé- i(l) dit bon
[okay, k]
2/ ouais tu comprends na na na na na na la solidarité les étudiants
et [quelle, qué] solidarité ah c'est bon j(e) [lui,i] dis [tu, ty] es
solidaire toi t'es [solidaire,solidaireu] [de,deu] [de,deu] [de,deu] tes
[fesses,fèsseu] t'es solidaire
```

Voici ensuite des exemples du corpus AixOx. Ce corpus lu comprend un très petit nombre d'amorces, d'hésitations et quelques élisions non standard. Néanmoins, il contient un nombre assez important de prononciations particulières, qui proviennent de l'accent très marqué de l'un des locuteurs (exemple 3).

```
1/ j'ai ouvert la porte d'entrée pour laisser chort- sortir le chat
2/ l'un [des,nèn] deux l'un des deux individus en état d' ébriété a été
appréhendé
3/ envoyer d' urgence une [ambulance,ambulanceu] devant [le,leu] numéro
[seize,seizeu] de l' [impasse,impasseu] [Claire Voie,claireuvoi]
```

Enfin, deux exemples du corpus Grenelle sont reportés. Il est intéressant de noter qu'au début du second exemple, Yves Cochet est interrompu par des remarques des députés, ce qui explique les pauses et hésitations.

```
1/ à [reconstituer,reuconstituer] + leur cheptel d'abeilles tous les ans
2/ euh les apiculteurs + et notamment b- on n(e) sait pas très bien +
quelle est la cause de mortalité des abeilles m(ais) enfin y a quand
même euh peut-êt(r)e des attaques systémiques
```

La transcription du corpus de test a été effectuée avec le logiciel Praat (Boersma et Weenink, 2009), selon les conventions du LPL. Bien que le temps de transcription soit variable d'un corpus à l'autre, d'un annotateur à l'autre, ou encore d'un outil à l'autre, tenter d'estimer le temps/coût d'une transcription s'avère particulièrement utile. La transcription s'est déroulée en 3 étapes. La première étape a consisté à transcrire orthographiquement, en ajoutant les pauses silencieuses, pauses perçues, rires et amorces. Le temps de cette transcription a varié entre 12 et 20 minutes par minute de parole selon le corpus considéré (plus de temps pour le CID, moins pour le Grenelle). La deuxième étape consistait à ré-écouter et ajouter les élisions et prononciations particulières. Pour cette étape, le temps a varié entre 10 et 20 minutes par minute de parole et ce davantage en raison du locuteur que du corpus lui-même : les locuteurs ayant un accent régional fortement marqué ont nécessité plus de temps que les autres. Enfin, la troisième écoute a consisté simplement à vérifier la version produite, et a nécessité en moyenne 10 minutes par minute de parole (temps relativement constant sur le corpus). Dans tous les cas, au moins deux personnes sont intervenues sur la transcription (en réalisant l'une des trois étapes). Il est important en effet que la transcription fasse l'objet d'au moins une vérification systématique par une autre personne que le transcripteur initial.

5 Évaluations

Les évaluations ont été effectuées avec l'outil Sclite (Speech Recognition Scoring Toolkit, 2009). Habituellement utilisé en reconnaissance automatique de la parole où il estime un Taux d'Erreurs Mots, il calcule ici un Taux d'Erreurs Phonèmes (Err) qui somme les erreurs de :

- substitution (Sub), exemple : UN / AI
- suppression (Del), exemple : pp EU tt ii / pp tt ii
- insertion (Ins), exemple : jj / jj EU

Pour les évaluations, nous avons utilisé un jeu de phonèmes réduit, en combinant les paires suivantes : oo/au, ei/ai, yy/ii. Ces 3 fusions concernent environ 2,7% (absolu) des erreurs par substitution, quels que soient le corpus et la transcription. Les liaisons ne sont pas "traitées" ici : dans tous les cas, on utilise les liaisons obligatoires proposées par le LIA_Phon.

Nous avons comparé trois types de transcription :

1. la transcription orthographique (TO) standard ;
2. la TO enrichie - 1 qui contient un dénominateur commun aux enrichissements proposés par les différentes conventions, à savoir les pauses perçues, les pauses pleines, les répétitions disfluentes, les rires, les bruits, les amorces (équivaut aux enrichissements de la convention ESTER) ;
3. la TO enrichie - 2 qui ajoute à la précédente les élisions non standards (présentes dans les conventions ICOR et LPL) et les prononciations dites particulières (présentes dans les conventions TCOF, VALIBEL et LPL).

Les résultats sont présentés dans le tableau 2. On observe que la phonétisation obtenue à partir de l'orthographe standard est très éloignée de celle attendue, quel que soit le corpus, mais de façon significative pour les données du CID. L'enrichissement (phonétique) 1, apporté par l'ensemble des conventions, permet un gain important : 3,2 % pour les corpus CID et AixOx mais seulement 1,7 % pour le corpus Grenelle où Yves Cochet intervient à l'Assemblée nationale. L'enrichissement 2, qui mentionne les élisions non standards et les prononciations dites particulières, permet de produire une phonétisation significativement meilleure pour chacun des 3 corpus. Il divise même par deux le nombre d'erreurs pour le CID.

L'analyse de détail des erreurs révèle un grand nombre d'insertions pour la transcription orthographique standard, en particulier pour le CID qui contient un grand nombre de phénomènes liés à la réductions de la parole. On observe aussi beaucoup de suppressions (Del) car il manque

	Sub %	Del %	Ins %	Err %
CID				
TO standard	2,8	4,5	10,0	17,3
TO enrichie - 1	2,7	1,4	10,3	14,4
TO enrichie - 2	1,8	1,3	3,4	6,5
AixOx				
TO standard	1,4	5,0	3,0	9,5
TO enrichie - 1	1,4	2,3	2,9	6,5
TO enrichie - 2	1,3	1,8	2,5	5,6
Grenelle				
TO standard	1,1	2,8	4,1	8.0
TO enrichie - 1	1,0	1,2	4,1	6,3
TO enrichie - 2	1,3	1,0	1,7	4,0

TABLE 2 – Pourcentages d'erreurs de la phonétisation

à cette transcription tous les phénomènes propres à l'oral qui n'ont donc pas été phonétisés. La transcription enrichie 1 permet ainsi de diminuer significativement le nombre de suppressions. Il reste toutefois beaucoup de suppressions dans le corpus AixOx ; elles sont dues à l'accent d'un des locuteurs qui prononce les schwas finaux et ne produit pas les élisions standards. Cet enrichissement n'a cependant pas d'impact sur les erreurs d'insertions ou les substitutions par rapport à une TO standard. L'enrichissement 2 permet de réduire significativement le taux d'erreurs d'insertions, en particulier pour le CID où il est divisé par 3 et pour le Grenelle où il est divisé par 2,5. La transcription enrichie 2 permet aussi de réduire le taux de suppressions dans le cas du corpus AixOx.

6 Conclusion

Cet article a évalué l'influence que le niveau d'enrichissement des transcriptions peut avoir sur la qualité de la phonétisation automatique de corpus oraux. Les résultats confirment que les enrichissements contribuent à améliorer la phonétisation et ce quel que soit le type de corpus : lecture, discours, conversationnel. L'amélioration est bien entendu particulièrement significative pour ce dernier qui présente davantage de phénomènes non standards (parole non préparée). Bien que plus coûteux en temps, l'enrichissement manuel permettant d'obtenir une phonétisation de qualité quasiment égale à celle obtenue pour les autres corpus, constitue donc une alternative efficace pour phonétiser ce type de corpus. Une telle transcription (très riche) s'est avérée nécessaire en raison du fait que les données conversationnelles étaient encore largement méconnues. Mais avec le partage des corpus, la volonté d'établir des conventions communes et des études comparatives telles que celles présentées ici, on peut envisager à terme de mieux recenser et décrire les phénomènes propres aux différents corpus en vue de les intégrer directement via des étapes plus automatiques.

Références

André, V., Benzitoun, C., Canut, E., Debaisieux, J.-M., Gaiffe, B. et Jacquey, E. (2009). Conventions de transcription en vue d'un alignement texte-son avec transcriber. TCOF : Traitement de corpus oraux en français, ATILF, Nancy, http ://www.cnrtl.fr/corpus/tcof/.

Bachy, S., Dister, A., Francard, M., Geron, G., Giroul, V., Hambye, P., Simon, A.-C. et Wilmet, R. (Version revue en juin 2004 ; mise à jour : 18/04/2007). Conventions de transcription régissant les corpus de la banque de données valibel. Université catholique de Louvain, http ://www.uclouvain.be/81836.html.

Bechet, F. (2001). Lia_phon - un systeme complet de phonetisation de textes. *Traitement Automatique des Langues*, 42(1/2001).

Bertrand, R., Blache, P., Espesser, R., Ferré, G., Meunier, C., Priego-Valverde, B. et Rauzy, S. (2008). Le CID - Corpus of Interactional Data. *Traitement Automatique des Langues*, 49(3):105–134.

Bigi, B., Portes, C., Steuckardt, A. et Tellier, M. (2011). Catégoriser les réponses aux interruptions dans les débats politiques. *In 18èmes conférence annuelle Traitement Automatique des Langues Naturelles*, pages 167–172, Montpellier (France).

Blache, P., Bertrand, R., Bigi, B., Bruno, E., Cela, E., Espesser, R., Ferré, G., Guardiola, M., Hirst, D., Magro, E.-P., Martin, J.-C., Meunier, C., Morel, M.-A., Murisasco, E., Nesterenko, I., Nocera, P., Pallaud, B., Prévot, L., Priego-Valverde, B., Seinturier, J., Tan, N., Tellier, M. et Rauzy, S. (2010). Multimodal annotation of conversational data. *In The Fourth Linguistic Annotation Workshop*, pages 186–191, Uppsala, Sueden.

Blanche-Benveniste, C. et Jean-Jean, C. (1987). *Le français parlé. Transcription et édition*. Paris : Didier érudition.

Boersma, P. et Weenink, D. (2009). Praat : doing phonetics by computer, http ://www.praat.org.

ESTER (version 0.1 - 08/01/2008). Ester2 : Transcription détaillée et enrichie. convention d'annotation. http ://www.afcp-parole.org/camp_eval_systemes_transcription/.

Groupe ICOR, I. C. L. . E.-L. (Mise à jour : novembre 2007). Convention icor. http ://clapi.univ-lyon2.fr/.

Herment, S., Loukina, A., Tortel, A., Hirst, D. et Bigi, B. (2012). A multi-layered learners corpus : automatic annotation. *In 4th INTERNATIONAL CONFERENCE ON CORPUS LINGUISTICS Language, corpora and applications : diversity and change*, Jaén (Espagne).

Speech Recognition Scoring Toolkit (2009). http ://www.itl.nist.gov/iad/mig/tools/, version 2.4.0.

	ESTER	ICOR	TCOF	VALIBEL
Incompréhen- -sible	[pron=pi]	autant de 'x' que de syllabes	autant de '*' que de syllabes	
Inaudible	[pron=pi]	(inaud.)	'*'	
Élisions	orthographe *il y a déjà*	graphie substituée par ' *i' y a d'jà*	orthographe *il y a déjà*	orthographe *il y a déjà*
Troncations, Amorces	insertion de () *car()*	insertion d'un '-' *car-*	insertion d'un '-' *car-*	insertion d'un '/' *car/*
Amorces avec continuation	orthographe std *c'est incroyable*	*c'est in- croyable*		*c'est in/ croyable*
Prononciations particulières	orthographe std commence par '*' *qu'il *soit là*		entre [] après la graphie *qu'il soit [pron=swaj] là*	entre [] après la graphie *qu'il soit [swaj] là*
Liaisons particulières			graphie entre '=' *le =n= ours*	phonème entre '[]' *donne moi [z] en*
Pauses	()	(.) si < à 0,2 s (durée) sinon	'+' très longues '///'	brève '/' longue '//'
Rires	[b]		[rire]	(rire)
Toux	[b]			(toux)
Soupir	[b]			(soupir)
Bâillement				(baillement)
Inspiration	[r]	.h :		(inspiration)
Expirations	[r]	h : :		(expiration)
Bruit	[b]		[bruit]	(bruit)

TABLE 3 – Conventions de transcription de phénomènes de l'oral

La variation prosodique dialectale en français. Données et hypothèses

Mathieu Avanzi[1] *Nicolas Obin*[2] *Guri Bordal*[3,4] *Alice Bardiaux*[5]
(1) Chaire de linguistique française, Université de Neuchâtel, Suisse
(2) IRCAM-CNRS UMR 9912-STMS, Paris, France
(3) Université d'Oslo, Norvège
(4) MoDyCo, UMR 7114, Université Paris Ouest Nanterre, France
(5) FNRS, Université catholique de Louvain, Belgique
mathieu.avanzi@unine.ch, nobin@ircam.fr, guri.bordal@ilos.uio.no, alice.bardiaux@uclouvain.be

RÉSUMÉ

Dans cet article, nous comparons la prosodie de 6 variétés de français parlées en France (Paris et Lyon), en Belgique (Tournai et Liège) et en Suisse (Genève et Neuchâtel). L'objectif est de voir si les 6 variétés considérées peuvent être discriminées sur la base de critères exclusivement prosodiques. Les enregistrements du même texte lu par 4 locuteurs pour chacune des variétés sont transcrits, alignés et codés pour l'étude de l'accentuation, du phrasé et du rythme. Les résultats d'une méthode de classification non-supervisée guidée par les hypothèses (*top-down*) aboutissent à des résultats cohérents avec une classification *a priori* des variétés sur une échelle d'éloignement dialectal, alors qu'une méthode de classification non-supervisée émergente (*bottom-up*) donne lieu à des résultats plus contrastés.

ABSTRACT

Speech Prosody of Dialectal French: Data and Hypotheses

This paper contrasts the prosody of 6 varieties of French spoken in three different areas: France (Paris and Lyon), Belgium (Tournai and Liège), and Switzerland (Geneva and Neuchâtel). The objective is to address whether some prosodic criteria can help to classify distinct dialectal varieties from each other. The recordings of the same text read by 4 speakers representing each variety were semi-automatically processed in order to study accentuation, speech rate and rhythm. 8 prosodic measures that can possibly discriminate the 6 varieties were compared. A top-down clustering supports evidence for the expected classification, while a bottom-up clustering points out a more contrasted configuration.

MOTS-CLÉS : Prosodie, français dialectal, accentuation, rythme, débit.
KEYWORDS : Prosody, dialectal French, accentuation, rhythm, speech rate.

1 Introduction

Dans cet article, nous proposons une méthodologie en vue d'évaluer la distance qui sépare plusieurs variétés dialectales de français au regard de leurs propriétés prosodiques uniquement. En pratique, nous comparons 6 variétés de français parlées en France, Belgique et Suisse, sélectionnées parce qu'elles représentent les points cardinaux d'une échelle d'éloignement dialectal (*cf.* figure 1) : le français parlé à Paris (FR-76) et le français parlé à Lyon (FR-69), qui constituent dans la littérature les variétés dites de référence ou « standard » (désormais [FR-ST]) ; les variétés de français parlées à Genève (FR-GE) et Tournai (FR-TO), désormais [FR+], considérées comme des variétés peu marquées par rapport aux variétés françaises susmentionnées ; et les variétés de français parlées à Neuchâtel (FR-NE) et à Liège (FR-LI), désormais [FR-], qui peuvent être décrites comme des variétés suisses et belges fortement marquées par rapport à celles de Paris et de Lyon :

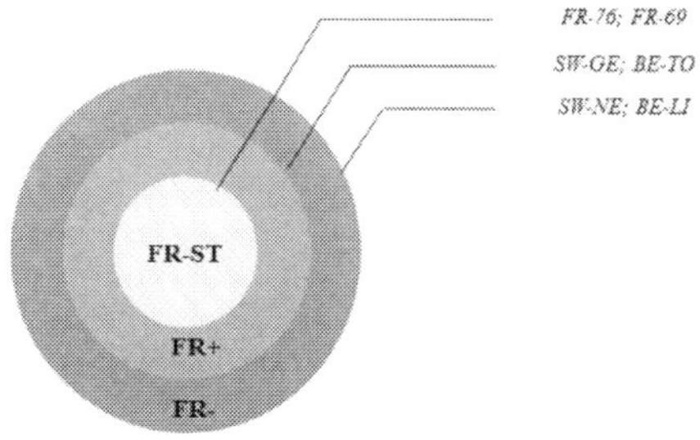

FIGURE 1 – Echelle d'éloignement dialectal de quelques variétés de français parlées en France, en Belgique et en Suisse.

Un grand nombre de mesures prosodiques pourraient être calculées en vue de rendre compte de la similarité ou de l'éloignement prosodique existant entre différentes variétés dialectales du français. En ce qui concerne l'accentuation, le rythme et le débit, un examen de la littérature portant sur la variation prosodique du français européen (*cf.* références bibliographiques *infra*) nous conduit à formuler les hypothèses suivantes :

- (H1) Les locuteurs francophones de Suisse et de Belgique parlent plus lentement que les sujets pratiquant une variété hexagonale de la zone d'oïl;
- (H2) Les locuteurs francophones de Suisse et de Belgique auraient tendance à marquer la syllabe pénultième de leurs groupes accentuels par une proéminence, alors que les sujets parlant une variété hexagonale de la zone d'oïl se contentent de marquer prosodiquement la dernière syllabe de leurs groupes accentuels uniquement.

À notre connaissance, peu d'auteurs ont cherché à tester empiriquement la validité scientifique de telles hypothèses. Concernant H1, les seules études existantes comparent le débit de locuteurs parisiens (Schwab & Racine, à par. et Sterling Miller, 2007) et de locuteurs originaires de divers sites de la zone d'oïl avec celui de locuteurs vivant à Neuchâtel ou dans la région de Nyon (Woerhling, 2008). Les conclusions de ces études livrent des résultats pour le moins contradictoires : alors que Woerhling (2008) souligne l'existence de différences significatives entre les variétés d'oïl et les variétés suisses, Schwab & Racine (à par.) et Sterling Miller (2007) concluent à l'absence de différence. Concernant H2, Woerhling (2008) compare des locuteurs français de la zone d'oïl avec des locuteurs belges (de Gembloux, de Tournai et de Liège) et suisses (de Nyon). En se concentrant sur les syllabes pénultièmes et finales des groupes inter-pausaux identifiés dans les enregistrements examinés, l'auteur montre que de telles syllabes ont tendance à être plus longues dans les variétés belges et suisses que dans les variétés françaises. Du travail reste donc à faire pour mieux comprendre ce qui distingue différentes variétés dialectales de français parlé en Europe. La recherche décrite dans cet article se propose d'enrichir notre connaissance de la prosodie des variétés dialectales de français. Les hypothèses mentionnées ci-dessus seront spécifiquement abordées à travers l'étude comparée de productions de locuteurs francophones originaires de 6 villes françaises, belges et suisses.

2 Données

Les données sur lesquelles nous avons travaillé ont été collectées dans le cadre du projet Phonologie du Français Contemporain (PFC, *cf.* Durand, Laks & Lyche, 2009), qui constitue une base de données contenant des enregistrements de centaines de locuteurs originaires de toute la francophonie. Pour chacune des variétés considérées dans cet article, nous avons sélectionné le même texte lu par 4 locuteurs (deux hommes, deux femmes, deux locuteurs jeunes entre 20 et 30 ans, et deux locuteurs plus âgés, entre 40 et 50 ans). Le texte contient 398 mots regroupés en 22 phrases, et dure en moyenne 130 secondes. Au total, notre corpus d'étude est d'une durée de 52 minutes. Dans un premier temps, chacun des 24 enregistrements a été segmenté en phrases graphiques et transcrit en orthographe standard dans Praat (Boersma & Weenink, 2012), puis aligné en phonèmes, syllabes et mots graphiques à l'aide du script EasyAlign (Goldman, 2011). Les alignements ont été corrigés manuellement. Les proéminences accentuelles et les disfluences (segments associés à une hésitation ou un piétinement sur l'axe syntagmatique) ont été codées par deux experts (deux des auteurs) parallèlement, suivant pour cela une procédure proposée par Avanzi, Simon, Goldman & Auchlin (2010). Une tire de comparaison a ensuite été générée et l'accord mesuré. Cet accord ayant été jugé substantiel ($\kappa = 0{,}65$), un troisième expert (un des auteurs) a tranché dans les cas de discordance pour aboutir à un codage de référence. Enfin, un des auteurs a identifié dans une tire dédiée les groupes clitiques dont le bord droit étaient associé à une proéminence, segmentant ainsi le texte en syntagmes accentuels (désormais SA, Jun & Fougeron, 2002).

En vue de tester H1, hypothèse selon laquelle plus on s'éloigne du centre de l'échelle d'éloignement dialectal, plus on parle lentement, nous avons calculé et comparé les 5 mesures suivantes :

- Taux d'articulation : nombre de syllabes/secondes pour chacun des SA sans inclure les pauses ;
- Débit : nombre de syllabes/secondes pour chacun des énoncés, incluant les pauses ;
- Densité accentuelle : proportion des syllabes proéminentes pour chacun des SA contenu par énoncé ;
- Poids métrique du SA : nombre de syllabes par SA ;
- (%V ; ΔC) : proportion de segments vocaliques et écart-type de la durée des segments intervocaliques à l'intérieur d'un même énoncé.

En vue de tester H2, hypothèse selon laquelle plus on s'éloigne du centre de l'échelle d'éloignement dialectal, plus on a tendance à rendre saillante la syllabe pénultième des groupes prosodiques, deux mesures ont été prises et comparées :

- Allongement pénultième : différence de durée entre la syllabe finale et la syllabe pénultième du SA ;
- Pente de F0 : différence en demi-tons entre la valeur du pic de F0 de la partie

voisée de syllabe finale du SA et à la valeur moyenne de F0 en demi-tons de la syllabe précédente. La valeur du pic de F0 est la valeur la plus éloignée de la F0 moyenne de la partie voisée de la syllabe – elle est soit positive (montée) soit négative (descente).

Finalement, chaque mesure a été déterminée et relativisée, quand cela était nécessaire, par rapport à l'empan contextuel que constitue l'énoncé. Ainsi, chaque locuteur du corpus est représenté par la distribution de ces caractéristiques par rapport à l'ensemble des 22 énoncés de notre base de données. Afin de donner une description des caractéristiques prosodiques de chacune des variétés de notre corpus en fonction des mesures acoustiques décrites ci-dessus, tout en tenant compte des valeurs aberrantes ou singulières par rapport aux moyennes calculées pour chacune des variétés, les caractéristiques moyennes conventionnelles (moyenne μ et écart-type σ) ont été déterminées sur les bases d'une estimation statistique robuste supposant une distribution normale des caractéristiques considérées, selon la formule suivante :

$$\begin{aligned} \overline{\mu}_X &= \text{median}(\mathbf{x}) \\ \overline{\sigma}_X &= 0.7413 \times \text{iqr}(\mathbf{x}) \end{aligned}$$

Où median(.) et iqr(.) désignent respectivement la médiane et l'écart interquartile ; x étant le vecteur des caractéristiques observées. De plus, les caractéristiques moyennes d'une variété ont été déterminées par les caractéristiques mises en commun de tous les locuteurs de la variété, et non sur la base des moyennes des locuteurs. Cette stratégie a été adoptée afin d'assurer la robustesse des analyses post-hoc (ANOVAs à un facteur) utilisées par la suite en vue d'évaluer les différences significatives entre les variétés. En effet, le nombre d'observations par locuteur est généralement nettement supérieur au nombre de locuteurs d'une variété. En procédant de cette manière, les statistiques d'observations sont plus robustes que celles couramment utilisées dans la littérature – le nombre d'observations pour chaque locuteur étant à peu près égal.

3 Résultats

Afin de tester les deux hypothèses présentées ci-dessus, deux stratégies distinctes ont été adoptées. Dans un premier temps, nous avons opté pour une approche guidée par les hypothèses, ou *top-down* (§ 3.1.) : dans cette approche, les 6 variétés ont été regroupées a priori en trois groupes selon la classification prévue par l'échelle de d'éloignement dialectal (*cf.* figure 1 *supra*). Dans un second temps, nous avons opté pour une approche émergente, ou *bottom-up* (§ 3.2.), ne préjugeant en rien de la nature des regroupements possibles entre variétés. Alors que la première approche a été choisie en vue d'évaluer si le classement attendu dépeint par la figure 1 est conforme aux mesures acoustiques calculées (variation inter-variétés), la méthode émergente a été utilisée pour évaluer si des mesures acoustiques *stricto sensu* permettaient de retomber sur la classification attendue (variation intra-variété). Pour les deux stratégies, le regroupement de chaque variété a été déterminé en utilisant une méthode classification hiérarchique agglomérative (Trévor *et al.*, 2009) : les variétés/groupes sont confrontés par paires itérativement en fonction de la distance de leurs caractéristiques moyennes. En outre, des analyses post-hoc (simples ANOVAs) ont été utilisées pour évaluer l'existence de différences significatives au sein et entre les groupes. Dans les pages qui suivent, les figures présentent les regroupements obtenus pour des exemples précis qui seront utilisés pour la discussion. Les différences significatives sont indiquées grâce à un code de couleurs : si le regroupement est de couleur uniforme, cela veut dire qu'il n'y a pas de différence significative au sein du groupe, tandis qu'un changement de couleur indique des différences significatives pour chaque paire de variétés dans le groupe. Le seuil de significativité a été fixé à un niveau de confiance portée à 99% (p <0,01).

3.1 Approche guidée par les hypothèses

Dans la configuration guidée par les hypothèses, les 6 variétés ont été regroupées en trois catégories *a priori*, selon leur position sur l'échelle d'éloignement dialectal (*cf.* figure 1 *supra*). Le tableau 1 ci-dessous donne les valeurs moyennes et l'écart-type des 8 caractéristiques prosodiques calculées pour chacune des trois classes :

	FR-ST (FR-69, FR-75)		FR+ (SW-GE, BE-TO)		FR- (SW-NE,BE-LI)	
Hyp. I: mesures de rythme et de débit						
Vitesse d'articulation	6.1	(0.5)	5.6	(0.6)	5.3	(0.5)
Débit	5.3	(0.5)	4.7	(0.6)	4.4	(0.5)
Densité accentuelle	36.2	(4.9)	39.5	(5.7)	40.0	(5.4)
Poids métrique du SA	3.4	(0.6)	3.4	(0.6)	3.2	(0.6)
ΔC (x100)	4.0	(0.7)	4.8	(0.8)	5.2	(0.9)
%V	46.1	(5.7)	45.3	(4.5)	48.1	(5.0)
Hyp. II: mesures d'accentuation						
Allongement	1.59	(0.24)	1.62	(0.26)	1.64	(0.21)
Pente de F0	-1.0	(1.7)	-0.2	(1.2)	0.3	(1.0)

TABLE 1 – Moyenne et variation standard pour les 3 classes de variétés.

Globalement, nos résultats révèlent des classifications conformes à nos hypothèses. Sur les 8 mesures calculées, 7 permettent de conclure que les variétés [FR+] sont plus proches de la variété [FR-ST] que de la variété [FR-]. En outre, une différence significative a été observée entre [FR+] et [FR-] en ce qui concerne la vitesse d'articulation, le débit de parole, le taux d'accentuation, le ΔC et la pente de F0, alors qu'aucune différence significative n'a été observée pour les autres mesures (poids métrique du SA et allongement pénultième). La 8e mesure, la mesure de %V, aboutit à une classification pour laquelle les variétés [FR+] sont plus proches de la variété [FR-] que de la variété [FR-ST]. Aucune différence significative n'a été observée entre [FR+] et [FR-] avec un seuil de significativité de 99%.

3.2 Approche émergente

Dans la configuration émergente, les variétés ne sont pas regroupées en fonction de leur position sur l'échelle d'éloignement dialectal (voir figure 1 ci-dessus). Le tableau 2 ci-après donne les valeurs moyennes et l'écart-type des 8 caractéristiques prosodiques calculées pour chacune des 6 variétés étudiées dans cet article.

Les résultats obtenus avec l'approche émergente ne convergent avec le classement attendu qu'avec 2 des 8 paramètres envisagés : la vitesse d'articulation et la mesure de ΔC, avec des différences significatives entre tous les groupes. La figure 2 ci-après donne une illustration de cette situation. Des paramètres tels que le débit, le taux d'accentuation, le poids métrique du SA, l'allongement pénultième et la pente de F0 aboutissent à un *classement cohérent*, mais ne correspond pas à la classification prévue. Les configurations de significativité sont variables, allant de « aucune différence » à « des différences plus ou moins prévisibles » (point non développé ici). Par exemple, la figure 3 (à gauche) présente le regroupement obtenu pour la mesure de débit, dans lequel une différence significative n'est observée qu'entre les variétés [FR-ST] et les autres variétés, tandis que les autres variétés forment un groupe homogène, à l'intérieur duquel il n'y a pas de distinctions significatives. Cela suggère que la vitesse d'articulation constitue un prédicteur plus précis que le débit pour la description des variations régionales. Fait intéressant, la mesure de la pente de F0 présente une configuration dans laquelle le regroupement est clairement plus motivé davantage par l'origine géographique que par la distance avec la variété standard (cf. figure 3, à droite).

	FR-69		FR-75		BE-LI		BE-TO		SW-NE		SW-GE	
Hyp. I: mesures de rythme et de débit												
Vitesse d'articulation	6.2	(0.4)	6.1	(0.5)	5.3	(0.5)	5.6	(0.6)	5.3	(0.5)	5.5	(0.5)
Débit	5.4	(0.4)	5.2	(0.5)	4.2	(0.6)	4.7	(0.7)	4.5	(0.4)	4.8	(0.5)
Densité accentuelle	36.8	(4.8)	35.0	(5.1)	39.4	(5.7)	40.3	(6.0)	41.8	(5.7)	38.8	(5.0)
Poids métrique du SA	3.4	(0.4)	3.5	(0.7)	3.2	(0.5)	3.4	(0.5)	3.1	(0.5)	3.2	(0.5)
ΔC (x100)	4.0	(0.6)	4.1	(0.7)	5.2	(0.8)	4.7	(0.7)	5.3	(0.9)	4.9	(0.8)
%V	44.7	(4.7)	48.4	(5.8)	46.9	(5.0)	45.2	(4.2)	48.8	(4.8)	46.2	(5.1)
Hyp. II: mesures d'accentuation												
Allongement	1.57	(0.21)	1.67	(0.25)	1.71	(0.24)	1.51	(0.22)	1.62	(0.20)	1.72	(0.28)
Pente de F0	-0.5	(1.0)	-1.4	(2.7)	-0.9	(1.1)	-0.6	(1.2)	0.7	(1.2)	0.9	(1.0)

TABLE 2 – Moyenne et écart-type pour les 6 variétés.

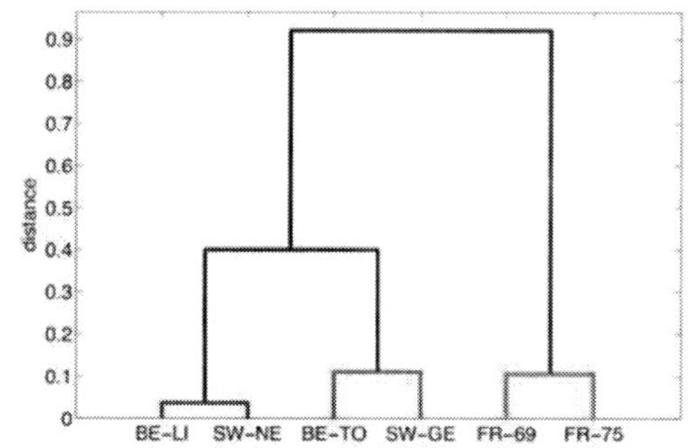

FIGURE 2 – Classification émergente pour le paramètre de la vitesse d'articulation.

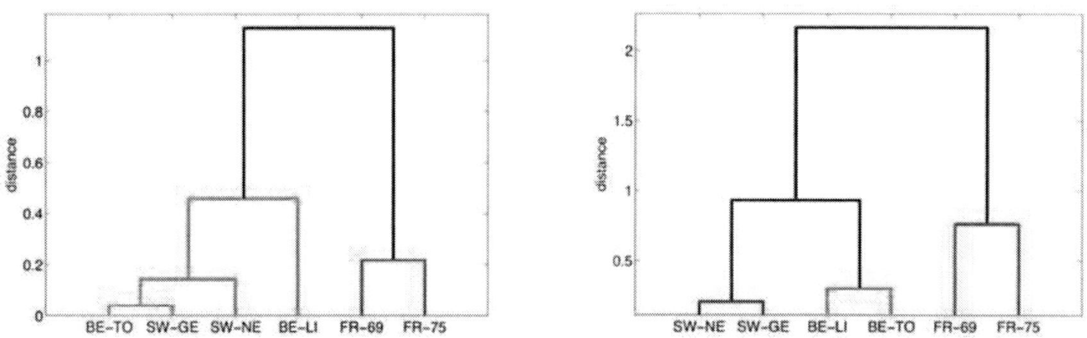

FIGURE 3 – Classifications émergentes pour le paramètre du débit (gauche) et de la pente de F0 (à droite).

3.3 Discussion

Selon que l'on choisisse une approche guidée par les hypothèses ou une approche émergente, les 8 paramètres prosodiques mesurés ne présentent pas tous la même efficacité discriminatoire. Le tableau 3 résume les mesures qui se révèlent discriminantes dans les deux approches (++), celles qui ne le sont que dans une seule approche (+) et celle qui ne l'est dans aucune (-) :

Hyp. I: mesures de rythme et de débit	
Vitesse d'articulation	++
Débit	+
Densité accentuelle	+
Poids métrique du SA	-
ΔC (x100)	++
%V	-
Hyp. II: mesures d'accentuation	
lengthening	-
F0 rise	+

TABLE 3 – Fiabilité des mesures prosodiques calculées pour la discrimination prosodique des variations régionales dans les deux approches (approche guidée par les hypothèses vs approche émergente).

Deux caractéristiques conduisent à la classification attendue avec des différences significatives en regard de H1 dans les deux conditions : la vitesse d'articulation et la mesure de ΔC. Le débit et la densité accentuelle correspondent à la classification prévue dans une approche guidée par les hypothèses uniquement, le poids métrique du SA permet d'aboutir à une classification cohérente mais n'est significative dans aucune des deux situations. Quant au paramètre %V, il n'est significatif dans aucune des deux conditions. Aucune des mesures accentuelles choisies ne confirme l'hypothèse H2, quelle que soit l'approche : la pente de F0 n'est pas significative dans une approche émergente, et l'allongement pénultième aboutit à des classifications cohérentes mais sans différence significative. Cette absence de pouvoir discriminant s'explique aisément quand on sait que seuls certains SA sont marquées d'une proéminence dans les variétés de français parlées en Belgique et en Suisse. Ainsi, la moyenne statistique des caractéristiques d'un locuteur peut masquer des différences importantes, puisqu'elles ne sont pas systématiques. Bien qu'il soit difficile de comparer nos résultats avec des études qui n'ont pas été menées avec le même matériel et la même méthodologie, nos résultats confirment que les locuteurs de Suisse et de Belgique ont tendance à parler plus lentement que les locuteurs de variétés de français parlées dans le domaine d'oïl, et notre étude montre qu'un tel état de fait est principalement dû à deux indices différents : la vitesse d'articulation et ΔC (ce dernier indiquant que les variétés d'oïl ont une structure syllabique plus régulière que les autres variétés de français).

4 Conclusion

Dans cet article, nous avons cherché à voir si l'on pouvait classer plusieurs variétés de français sur une échelle de d'éloignement dialectal par rapport à des critères uniquement prosodiques. Des mesures statistiques robustes ont été proposées en vue d'estimer les caractéristiques des variétés considérées, et les méthodes de classification non-supervisée ont été introduites pour regrouper les variétés par rapport à leurs caractéristiques moyennes. Une classification guidée par les hypothèses permet d'aboutir au classement prédit, alors qu'une approche émergente débouche sur une configuration plus contrastée. A l'avenir, de nouvelles études seront nécessaires afin d'évaluer la pertinence des différences prosodiques entre les variétés dialectales étudiées ici (alignement tonal, prise en compte d'autres contextes de relativisation pour juger du caractère +/- proéminent de la pénultième, traitement de données conversationnelles, etc.), et des tests de perception devront permettre de valider l'échelle d'éloignement dialectal sur laquelle nous avons classé les variétés examinées dans cet article.

Références

AVANZI, M., SIMON, A. C., GOLDMAN, J.-P., AUCHLIN, A. (2010). "C-PROM: An Annotated Corpus for French Prominence Study". *Proceedings of Prosodic Prominence, Speech Prosody 2010 Workshop*, Chicago.

BOULA DE MAREÜIL, P., BARDIAUX, A., (2011). "Perception of French, Belgian and Swiss accents by French and Belgian listeners". *Proceedings of the 4th ISCA Tutorial and Research Workshop on Experimental Linguistics*, 47–50.

BOERSMA, P., WEENINK, D. (2012). "Praat, version 5.5", www.praat.org.

CARTON, F., ESPESSER, R., VAISSIÈRE, J. (1991). "Etude sur la perception de l'accent régional du Nord et de l'Est de la France", *Proc. 12th ICPhS*, Aix-en-Provence, 422-425.

DURAND, J., LAKS, B., LYCHE, C. (2009). *Phonologie, variation et accents du français*. Paris : Hermès.

GOLDMAN, J.-P. (2011). "EasyAlign: an automatic phonetic alignment tool under Praat". *Proceedings Interspeech 2011*, 3233-3236.

JUN, S. A., FOUGERON, C. (2002). "Realizations of Accentual Phrase in French intonation". *Probus*, 14, 147-172.

MAHMOUDIAN, M., JOLIVET, R. (1984). "L'accent vaudois". *In Encyclopédie illustrée du Pays de Vaud,* Éditions 24Heures.

RAMUS, F., NESPOR, M., MEHLER, J. (1999). "Correlates of linguistic rhythm in the speech signal", *Cognition*, 73/3, 265-292

SCHWAB, S., RACINE, I. (à par.). "Le débit lent des Suisses romands : mythe ou réalité? "

SCHWAB, S., AVANZI, M., GOLDMAN, J.-P., MONTCHAUD, P., RACINE, I. (2012). "An Acoustic Study of Penultimate Accentuation in Three Varieties of French", *Proceedings of Speech Prosody 2012,* Shangaï.

STERLING-MILLER, J. (2007). *Swiss French Prosody: Intonation, Rate, and Speaking Style in the Vaud Canton*, PhD, Illinois University.

TREVOR, H., TIBSHIRANI, R., FRIEDMAN, J. (2009). *Hierarchical clustering. The Elements of Statistical Learning*, New York, Springer.

Variations de la configuration labiale des voyelles /i, y, a/ : effets de la position prosodique et du locuteur

Laurianne Georgeton[1] *Nicolas Audibert* [1,2]
(1) LPP, UMR 7018, 75005 Paris
(2) LIMSI, UPR3251, 91403 Orsay Cedex
laurianne.georgeton@univ-paris3.fr, nicolas.audibert@gmail.com

RESUME

L'objectif de cette étude est d'observer la configuration labiale des voyelles /i, y, a/ à partir de mesures prises sur les contours interne et externe des lèvres. Les variations de configuration labiale en fonction des voyelles, des locuteurs et de la position prosodique de la voyelle sont aussi bien capturées par les contours internes et externes pour les mesures d'aire et le facteur K2 (forme du contour), alors que les distances verticale et horizontale dépendent du contour étudié. Les variations entre locuteurs s'observent d'avantage sur le contour externe comme attendu et les variations induites par la position prosodique sont reflétées avec une plus grande précision sur le contour interne.

ABSTRACT

Variations of labial configuration of vowels /i, y, a/: effect of prosodic position and speaker.

Variations in the labial configuration of the French vowels /i, y, a/ are observed on measurements derived from the external and internal contour of the lips. Articulatory variations according to vowel type, speakers and prosodic position of the vowel are equally captured by the internal and external contours for area measures and K2 factor (shape), but not for vertical and horizontal distances. Inter-speakers differences are best captured by measurements on the external contour as expected, while prosodically induced variations are reflected with more precisions on the internal contour.

MOTS-CLES : voyelles, articulation labiale, variabilités
KEYWORDS : vowels, labial articulation, variability

1 Introduction

Les lèvres et leurs configurations ont été largement étudiées en français et dans d'autres langues, car elles constituent un des articulateurs de la parole les plus accessibles à la mesure (Fromkin, 1964, Abry et Boë, 1980, Reveret 1999). Les différentes études sur la labialité montrent que les paramètres les plus déterminants pour mesurer les variations d'articulation labiale correspondent aux trois degrés de liberté physiologique des lèvres : l'écartement horizontal, l'espace vertical et la protrusion (Fromkin, 64, Ladefoged 79, Abry et Boe, 1980). L'étude du contour des lèvres (interne ou externe) permet d'étudier les contrastes entre voyelles. Pour le contraste d'arrondissement en français des paires /i, y/ et /e, ø/, l'aire aux lèvres sépare à 100% les voyelles arrondies des non-arrondies (Graillot et al 1980). L'écartement horizontal (distance H) est également un bon discriminant alors que l'espace vertical (distance V) permet la distinction des voyelles /i/-/y/ et /e, ø/ mais son pouvoir discriminant dépend du locuteur (Abry et Boe, 1980).

Le facteur K2, rapport de l'écartement horizontal sur l'espace vertical, est également considéré comme pertinent et permet d'évaluer la forme du contour inter-labial (plus ou moins arrondi) indépendamment de sa taille globale. Quand la valeur du facteur de forme K2 est élevée, l'orifice labial est étiré (l'écartement horizontal est relativement important comparé à l'espace vertical), et quand il est faible, l'orifice labial est arrondi (Descout et al. 1980). En ce qui concerne la distinction entre voyelles non-arrondies d'aperture différente comme le couple /i, a/, les différences de configurations labiales n'impliquent pas uniquement une augmentation de l'espace vertical mais aussi un resserrement sur le plan horizontal. Ces études se sont avant tout intéressées aux paramètres inter-labiaux, d'autres se sont basées sur des mesures prises sur le contour externe des lèvres. C'est le cas de l'étude de Robert et al. (2005) sur les stratégies de coarticulation labiale. Les auteurs montrent que la distance entre les 2 commissures externes est directement liée aux mouvements d'étirement des lèvres permettant une distinction entre les voyelles /i, a/ sans distinction de la paire /a, y/.

A notre connaissance, aucune étude n'a directement comparé les informations recueillies sur le contour externe par rapport au contour interne des lèvres. C'est l'objectif de notre étude. Outre la distinction entre voyelles présentant des configurations différentes, les qualités des informations recueillies sur les deux contours interne et externe seront comparées quant à leur potentiel à rendre de compte de variations entre locuteurs et de variations d'articulation labiale liées à la prosodie (position prosodique).

Dans son étude sur les variations individuelles, Zerling (1990) conclut que les paramètres labiaux varient fortement en fonction du locuteur, du sexe, probablement de la langue parlée, du son émis et de son contexte. Sur la production d'un ensemble de phrases par 4 locuteurs, il montre qu' « une même suite phonémique peut être articulée par 3 ou 4 séquences articulatoires différentes ». Pour un locuteur, la coarticulation se manifeste surtout par l'enchaînement des sons avec une grande mobilité des articulateurs labiaux. Chez un autre, l'amplitude des variations peut s'avérer plus faible, voir parfois nulle pour certains paramètres (distances H et V). La diversité articulatoire individuelle peut concerner également la forme de l'espace inter-labial (représenté par l'aire inter-labial ou le facteur K2). La présence de stratégies individuelles dans le mouvement des lèvres pour la réalisation de voyelles dans des syllabes initiales de mot apparaît également dans l'étude de Gendrot (2005). Il a, de plus, observé une influence de la position prosodique sur les paramètres labiaux (contour interne), mais sans trouver de distinction hiérarchique des constituants prosodiques. Une distinction entre positions est par contre observée dans l'étude acoustique de Georgeton et al. 2011, où la position prosodique influence les caractéristiques acoustiques du contraste d'arrondissement (F2, F3, F3-F2) et du contraste d'ouverture (F1) des voyelles, avec un renforcement en position prosodique haute.

Compte tenu de ces observations, notre question ici est de savoir si les contours interne et externe permettent de rendre compte des mêmes variations de configuration labiale entre voyelles, locuteurs et positions prosodiques.

2 Matériel et méthode

2.1 Mesures articulatoires

Les données sur les contours interne et externe des lèvres ont été acquises avec deux types de matériels. Pour le contour externe, un système de capture de mouvements (Qualisys) a permis à l'aide de 4 caméras infrarouge de détecter et d'enregistrer (fréquence d'échantillonnage de 100Hz) la position de marqueurs réfléchissants. Quatre marqueurs de 4mm ont été placés sur le contour externe des lèvres comme illustré sur l'image 1 (en rouge) aux commissures droite et gauche et au milieu des lèvres supérieures et inférieures en projection de l'arc de cupidon. Le logiciel QTM, dédié à l'analyse des données Qualisys, permet de faciliter l'identification des différents marqueurs et d'exporter les données prétraitées pour leur analyse dans Matlab. Un enregistrement audio effectué avec un micro-casque Shure SM 10A a été couplé à l'acquisition de la position des marqueurs. Pour le contour interne, un enregistrement vidéo a été effectué simultanément à l'acquisition Qualisys à l'aide d'une caméra Sony DCR PC8 (fréquence d'échantillonnage de 25Hz), placée en face du locuteur à la hauteur de son visage. Les données Qualisys et vidéo ont été alignées a posteriori par l'appariement du signal audio issu du microphone interne de la caméra vidéo et du signal audio issu de Qualisys. Pour cela, un point de synchronisation a été repéré sur les enregistrements audio issus de la vidéo et de Qualisys. Les images extraites de la vidéo ont ensuite été sélectionnées et annotées manuellement à l'aide de Matlab. Quatre points ont été annotés manuellement sur chacune des trames vidéo sur la surface interne des lèvre : aux commissures des lèvres gauche et droite, au milieu des lèvres inférieure et supérieure. Comme illustré sur l'image 1, ces 2 derniers points, moins évidents à spécifier que les commissures, ont été repérés en suivant une ligne passant par les marqueurs du Qualisys. Un script Praat a ensuite permis d'extraire l'aire du polygone, la distance horizontale (distance H) et verticale (distance V) à partir des points mesurés sur la vidéo pour les mesures du contour interne des lèvres (exprimés en pixels) et à partir des coordonnées des marqueurs Qualisys pour le contour externe des lèvres (exprimés en millimètres). Ces mesures ont été prises au milieu acoustique de la voyelle.

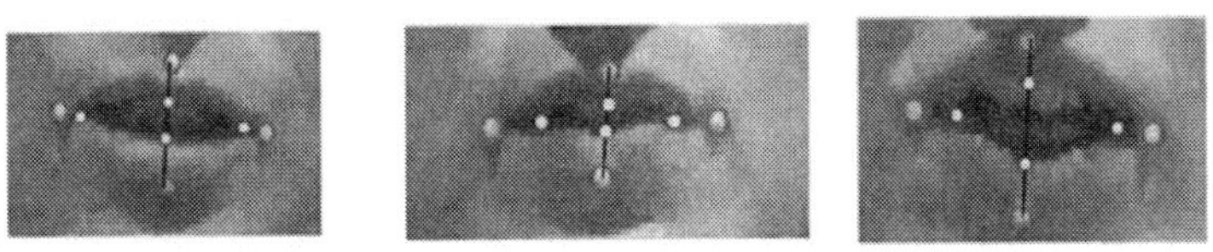

Image 1: Positions des marqueurs Qualisys en rouge et points annotés de la vidéo, pour l'ensemble des locuteurs (loca à gauche, loccf au milieu et loccv à droite).

2.2 Corpus

La réalisation de trois voyelles /i, y, a/ est étudiée dans trois positions prosodiques différentes et pour 3 locuteurs. Les voyelles cibles (V2) apparaissent dans des séquences V1C1#V2C2 où la voyelle V2 /i, a, y/ est insérée dans des phrases de façon à être en position initiale absolue dans trois types de constituants prosodiques différents : groupe intonatif, groupe accentuel et mot. La voyelle V1 est toujours une voyelle /i/ et les consonnes C1 et C2 sont des consonnes /p/. Chaque phrase a été prononcée 2 fois de façon consécutive dans un débit normal lors de huit répétitions. Trois locutrices âgées de 25 à 40 ans (sans accent régional identifiable) ont lu ces phrases dans un ordre aléatoire.

Nous avons exclu de l'analyse des répétitions pour lesquelles des problèmes d'enregistrement ont provoqués un alignement non fiable entre les 2 systèmes. Un total de 306 voyelles a été étudié (104 /a/, 100 /i/ et 102 /y/). 16 répétitions ambigües d'un point de vue prosodique ont été exclues. Des ANOVAs à un facteur ('voyelle', 'locuteur', et 'position prosodique') ont été effectué pour cette étude. Dans les sections 3 et 5, seuls les résultats des tests effectués tous locuteurs confondus seront présentés en détail, mais les distinctions notables entre locuteurs (issus des tests par locuteur) seront mentionnées.

3 Distinctions entre voyelles /i, y, a/ en fonction des contours labiaux

Le tableau 1 présente l'effet du facteur « voyelle » sur les 4 mesures effectuées (tous locuteurs et positions confondus) pour l'analyse du contour externe (données Qualisys, CE) et l'analyse du contour interne (données vidéo, CI) :

aire (CE)	distance H (CE)	distance V (CE)	K2 (CE)
F (2,287) = 78 **	F (2,287) = 151 **	F (2,287) = 53 **	F (2,287) = 48,5 **
/a/ > /i/ > /y/ **	/i/ > /a/ > /y/ **	/a/ > /y/ > /i/ **	/i/ > /y/ > /a/ **
aire (CI)	**distance H (CI)**	**distance V (CI)**	**K2 (CI)**
F (2,287) = 113 **	F (2,287) = 166 **	F (2,287) = 79 **	F (2,287) = 18 **
/a/ > /i/ > /y/ **			/i/ > /y/, /a/ **

Tableau 1 : Effet du facteur « voyelle » sur les valeurs de l'aire, les distances H, V et le facteur K pour les analyses du contour externe CE et contour interne CI. Test post-hoc de Fisher (** : $p < 0{,}001$, * : $p < 0{,}05$)

Nous observons un effet de la voyelle sur toutes les mesures du contour interne et externe et une même tendance hiérarchique entre voyelles pour les valeurs d'aire et K2. Pour les deux contours, le contraste entre les 3 voyelles est caractérisé par une valeur d'aire décroissante entre /a/, /i/ et /y/. Pour le facteur K2, les valeurs sont plus élevées pour la voyelle /i/ que pour les autres voyelles /y/ et /a/, mais la distinction entre /y/ et /a/ est perdue sur le contour interne (et un des locuteurs (loccf) ne différencie que /i/ > /y/). Cette valeur élevée du facteur de forme K2 reflète l'étirement de /i/ avec un écartement horizontal plus important que l'espace vertical. Le facteur K2 ne distingue pas les voyelles /a/ (K2=4.4) et /y/ (K2=4.5). Ce facteur demeure intéressant à observer, mais il doit être appréhendé avec précaution car il peut adopter en fonction de l'écartement horizontal des valeurs absolument identiques pour des arrondies telle que /y/ et des non-arrondies comme /a/. La distinction phonologique [+/- rond] s'observe par une plus grande distance horizontale pour les voyelles non-arrondies, mais surtout par le facteur K2.

L'observation des distances horizontales et verticales des deux contours montre une organisation différente des voyelles comme l'illustre la figure 1. Sur le contour interne, les distances H et V suivent les mêmes tendances que l'aire (/a/>/i/>/y/) alors que sur le contour externe, la voyelle /i/ montre une distance horizontale plus élevée et une distance verticale moins élevée que les autres voyelles.

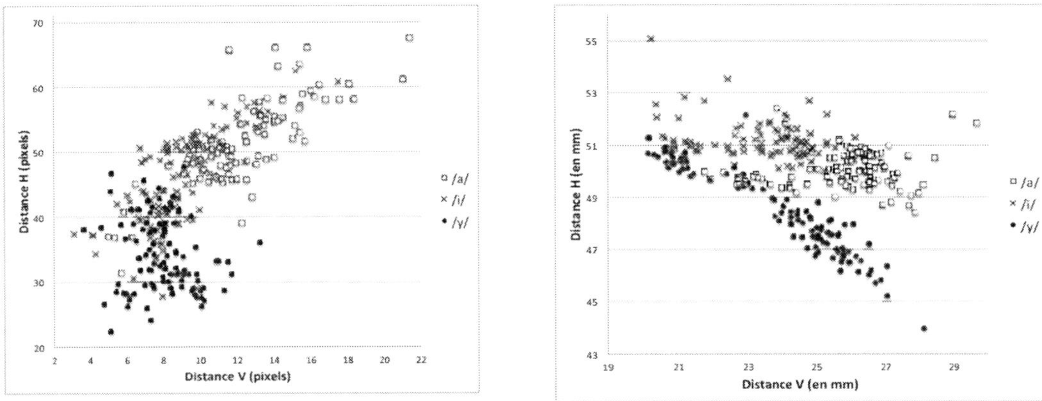

Figure 1 : Distribution des voyelles /a, i, y/ dans un plan distance H/distance V, pour les mesures du contour interne à gauche et du contour externe à droite (tous locuteurs et positions prosodiques confondus).

4 Variations entre locuteurs en fonction des contours labiaux

aire (CE)	distance H (CE)	distance V (CE)	K2 (CE)
F (2,287) = 94 **	F (2,287) = 7 **	F (2,287) = 102 **	F (2,287) = 87 **
loccf ≠ loca, loccv	loccf ≠ loca	loccf ≠ loca ≠ loccv	
aire (CI)	**distance H (CI)**	**distance V (CI)**	**K2 (CI)**
F (2,287) = 8 **	F (2,287) = 2 ns	F (2,287) = 17 **	F (2,303) = 20 **
loccv ≠ loccf, loca	ns	loccf ≠ loca, loccv	

Tableau 2 : Effet du facteur « locuteur » sur les valeurs de l'aire, les distances H, V et le facteur K2 du contour externe (CE) et du contour interne (CI). Test post-hoc de fisher. Niveau de significativité ** $p<0{,}001$, *$p < 0{,}05$, ns = non-significatif.

Nous observons un effet du « locuteur » sur l'ensemble des mesures des deux contours, excepté pour la distance horizontale du contour interne. Ces différences individuelles sont généralement portées par un locuteur qui se distingue de l'un ou des deux autres. Le locuteur loccf est celui qui semble le plus se distinguer des deux autres sur les deux contours. Mais le locuteur loccv se distingue également des autres locuteurs sur l'aire du contour interne. La distance horizontale ne semble pas être un bon discriminant pour distinguer les contours labiaux des locuteurs. L'aire et le facteur K2 étant également liés à la distance V, il est probable que ces effets soient portés par les variations de distance verticale entre locuteurs comme le montre la figure 2. Nous pouvons y voir que l'étendue de réalisation de la voyelle /a/ suivant les locuteurs est plus large pour le contour externe (à droite) qu'interne (à gauche), avec une variabilité inter-locuteurs importante sur la distance verticale.

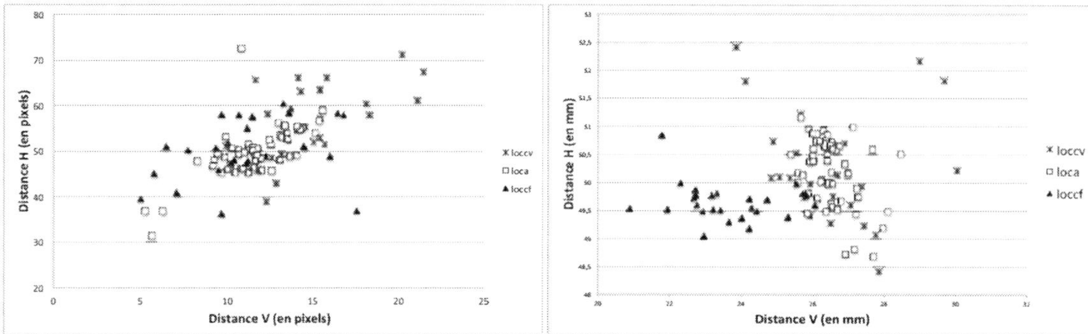

Figure 2 : Distribution des réalisations de la voyelle /a/ par les 3 locuteurs dans un plan distance H/ distance V, pour les mesures du contour interne à gauche et du contour externe à droite (toutes positions prosodiques confondues).

5 Variations prosodiques en fonction des contours labiaux

Le tableau 4 présente l'effet de la « position prosodique » sur l'articulation labiale des voyelles tous locuteurs et voyelles confondus. L'hypothèse est que la position prosodique influence l'articulation labiale des segments. Nous cherchons donc à vérifier si les contours internes et externes reflètent les mêmes variations en fonction de la position prosodique, et éventuellement si les variations suivent la hiérarchie prosodique (comme observé acoustiquement par Georgeton et al., 2011).

aire (CE)	distance H (CE)	distance V (CE)	K2 (CE)
F (2,287)=4 *	F (2,287)=0,4 ns	F (2,287)=4 **	F (2,287)=4 **
GI > W *	ns	GI > GA, W **	GI > GA, W **
aire (CI)	**distance H (CI)**	**distance V (CI)**	**K2 (CI)**
F (2,287)=25 **	F (2,287)=15 **	F (2,287)=23 **	F (2,287)=6 **
GI > GA, W **	GI > GA, W **	GI > GA > W **	GI, GA < W *

Tableau 3 : Effet du facteur « position prosodique » sur les valeurs de l'aire, les distances H, V et le facteur K du contour externe (CE) et du contour interne (CI). Test post-hoc de Fisher. Niveau de significativité ** p<0,001, *p < 0,05, ns = non-significatif.

Les mesures prises sur le contour interne et sur le contour externe des lèvres mettent en évidence un effet de la position prosodique sur l'articulation des voyelles, avec des variations articulatoires qui suivent la hiérarchie prosodique, et ceci pour tous les paramètres mesurés (aire, distances H et V, facteur K2). Pour autant, il apparaît que les mesures prises sur le contour interne des lèvres permettent plus de distinctions entre positions prosodiques. En effet, les trois positions GI, GA, W se distinguent entre elles (en 2 ou 3 catégories) sur les 4 mesures prises sur le contour interne, alors que sur le contour externe l'aire aux lèvres ne distingue que GI de W, et aucune distinction n'apparaît pour la distance H. Les variations articulatoires observées en position GA, qui sont proches des positions GI ou W en fonction des mesures, ne sont pas capturées pour les mesures de distance H et d'aire pour le contour externe.

6 Conclusion

Dans cette étude, nous nous sommes intéressés aux variations de la configuration labiale des voyelles /i, y, a/ telles qu'elles peuvent être capturées par des mesures effectuées sur le contour interne et le contour externe des lèvres. L'observation des résultats nous montre que la variation d'aire aux lèvres et de K2 liée à la nature de la voyelle (/a, i, y/) est aussi bien capturée sur le contour externe qu'interne. En revanche, les mesures extraites du contour externe ne rendent compte que partiellement de la variation entre locuteurs et entre positions prosodiques, comparativement à celles prises sur le contour interne.

Les observations du contour des lèvres ont été le plus souvent faites sur des comparaisons par paires de voyelle. Comme dans les études de Graillot et al. (1980) et Abry et Boë (1980), nous avons montré que l'aire et la distance H permettent de bien distinguer les voyelles /i-y/ et cette distinction a été montrée à la fois sur le contour interne et externe. Cependant, nous observons une incongruité entre les deux contours pour la distance verticale où /i/>/y/ pour CI et /i/</y/ pour CE. Cette différence entre les contours peut être le reflet des variations individuelles montrées dans l'étude de Descout et al. (1980), faisant de la distance V un mauvais discriminant pour la distinction des voyelles arrondies et non arrondies. Pour le couple /i, a/, nous retrouvons les mêmes conclusions que Descout et al. (1980) avec une augmentation de l'espace vertical (pour les deux contours) et une diminution sur le plan horizontal lors du passage de /i/ à /a/ (pour le contour externe). Mais sur le contour interne, nous observons des valeurs plus élevées de la distance H pour la voyelle /a/. Cette différence peut être expliquée par la relative stabilité de la distance H sur ces voyelles. En effet, l'étude de Zerling (1990) a montré que l'écartement horizontal du contour interne bien qu'en partie fonction de l'espace vertical, est trois fois plus stable pour tous les locuteurs, reflétant ainsi plus fidèlement la configuration réelle de l'orifice. Cette stabilité est également observable dans nos données, puisque nous ne trouvons pas de différences entre les locuteurs pour la distance H (sur le contour interne). Enfin, contrairement à Robert et al. (2005) nous observons une distinction entre les voyelles /a/ et /y/ ($p < 0{,}001$) sur la distance H. La voyelle /y/ montre toujours le plus petit étirement/resserrement, pour les deux types de contours.

Cette étude confirme également qu'il existe une variabilité entre locuteurs, particulièrement sur les mesures d'aire, de K2 et de distance V, sur les deux contours. Ces différences individuelles sont portées par un locuteur qui se distingue des 2 autres excepté sur la distance V et K2 du contour externe où chaque locuteur se distingue l'un de l'autre. Ces dernières mesures semblent donc mieux refléter les différences individuelles comme la forme des lèvres (sur la figure 1, les locuteurs loca et loccf montrent des lèvres plus fines que loccv), ou comme la position des marqueurs (sur la figure 1, le marqueur Qualisys placé sur l'arc de cupidon du locuteur loccf semble assez proche de l'annotation faite sur le contour interne, or ce n'est pas le cas pour les deux autres locuteurs). Ces éléments soulignent également l'importance d'effectuer une normalisation des paramètres labiaux sur des facteurs robustes comme K2 et l'aire inter-labial (Boë et Abry, 1980).

Enfin, nous observons un effet de la position prosodique sur les contours interne et externe. Le contour interne semble distinguer l'ensemble des positions prosodiques, ce qui n'est pas le cas du contour externe. Si le traitement de la vidéo est un traitement coûteux car manuel et effectué a posteriori (contrairement à l'utilisation des marqueurs Qualisys dont les coordonnées sont extraites de façon automatique), il permet donc d'obtenir des mesures labiales qui s'avèrent plus à même de rendre compte de phénomènes articulatoires fins comme la distinction entre positions prosodiques.

Remerciements

Merci à Cécile Fougeron pour ses relectures et conseils avisés. Merci également à nos gentils locuteurs qui ont permis de mener à bien cette étude.

Références

ABRY C., BOE L-J. (1980) : *Labialité et Phonétique. Données fondamentales et études expérimentales sur la géométrie et la motricité labiales,* Publications de l'Université des langues et lettre de Grenoble.

ABRY C., BOE L-J. (1980) : À la recherche de corrélats géométriques discriminants pour l'opposition d'arrondissement vocalique en français. In (Abry et Boe 1980), pages 217-238

BOE L-J., ABRY C. et CORSI P. (1980) : Les problèmes de normalisation interlocuteurs. Application à la géométrie des lèvres. In (Abry et Boe 1980), pages 161-180

DESCOUT R., BOË J-L, ABRY C. (1980) : Labialité vocalique et labialité consonantique. Un jeu des lèvres au féminin : l'idiolecte D.L. In (Abry et Boe 1980), pages 111-126

FROMKIN V. (1964). Lip positions in American English Vowels. *Language and Speech,* 7, 215-225.

GENDROT C. (2005) : *Aspects perceptifs, physiologiques et acoustiques de différentes catégories prosodiques en français.* Thèse d'état Université Paris 3/ Sorbonne Nouvelle.

GEORGETON L., AUDIBERT N., FOUGERON C. (2011). Rounding and height contrast at the beginning of different prosodic consituents in French. *In Actes ICPhS 2011,* Hong-Kong.

GRAILLOT P., BOE L-J., GENTIL M. (1980): Analyse des correspondances de paramètres descriptifs du jeu des lèvres en français. In (Abry et Boe 1980), pages 127-146.

LADEFOGED P. (1979). Articulatory parameters. Status Report. *In Actes 9th ICPhS,* Copenhague, Danmark, 41-47.

ZERLING J-P. (1990) : *Aspects articulatoires de la labialité vocalique en français. Contribution à la modélisation à partir de labio-photographies, labiofilms et films radiologiques. Étude statique, dynamique et contrastive.* Thèse d'état. Strasbourg.

REVERET L. (1999) : *Conception et évaluation d'un système de suivi automatique des gestes labiaux en parole.* Thèse de l'INPG, Grenoble, France.

ROBERT V., WROBEL-DAUTCOURT B., LAPRIE Y., BONNEAU A. (2005). Strategies of labial coarticulation. *In Actes Interspeech 2005,* Lisbonne, Portugal.

Etude pour l'amélioration de la parole codée par transformation en paquets de framelette serrée

Souhir Bousselmi Kais Ouni
Unité de Recherche Traitement du Signal, Traitement de l'Image et Reconnaissance de Formes
Ecole Nationale d'Ingénieurs de Tunis (ENIT), BP-37, Le Belvédère, 1002 Tunis, Tunisie
souhir.bousselmi@laposte.net, kais.ouni@enit.rnu.tn

RÉSUMÉ
Dans ce papier nous proposons d'étudier les performances d'une nouvelle représentation temps-frence dite la transformation en paquets de framelette serrée dans le codage de la parole. Nous avons effectué, pour cela, une étude comparative avec la transformation en paquets d'ondelette. L'évaluation des performances a été effectué en utilisant différents critères objectifs : le gain de codage, l'erreur quadratique moyenne à racine normalisée, le rapport signal sur bruit de crête, le rapport signal sur bruit segmental, le rapport signal sur bruit segmental à fréquence pondérée et le PESQ. Les résultats obtenus montrent que le codage de la parole basé sur la transformation en paquets de framelette fournit une qualité supérieure à celui basé sur la transformation en paquets d'ondelette.

ABSTRACT
Study for improving the coded speech by tight framelet packet transform

In this paper we propose to study the performance of a new time-frequency representation called the tight framelet packets transform in speech coding. For this, we performed a comparative study with the wavelet packets transform. Performance evaluation was done using various objective criteria : the coding gain, the normalized root mean square error, the peak signal to noise ratio, the segmental signal to noise ratio, the frequency weighted segmental signal to noise ratio and PESQ. The obtained results show that the speech coding by framelet packets transform provides a higher quality than that using wavelet packet transform.

MOTS-CLÉS : Codage de la parole, frame d'ondelette, transformation en paquets de framelette, transformation en paquets d'ondelette.

KEYWORDS: Speech coding, wavelet frame, framelet packets transform , wavelet packets transform.

1 Introduction

Le codage par transformée des signaux de la parole est une application du traitement de la parole en pleine expansion. La particularité essentielle de ce type de codage est la modification de la représentation temporelle du signal d'entrée par une représentation temps-fréquence. Ce changement d'espace de représentation réduit la redondance due à la corrélation du signal ce qui rend la quantification plus efficace que la quantification directe des échantillons du signal (Dia, 1993)(Mariani, 2002). La transformation en paquets d'ondelette est une représentation temps-fréquence qui a été utilisée dans l'élaboration des codeurs de la parole et audio (Kastantin, 1996)(Sinha et Tewfik, 1993). Toutefois, cette transformation présente des inconvénients qui limitent ses performances dans le codage de la parole. En effet, les ondelettes orthogonales à support compact ne sont pas symétriques et ne possèdent pas un déphasage linéaire, à l'exception de l'ondelette triviale de Haar. De plus, vu l'échantillonnage critique les ondelettes orthogonales ne sont pas invariantes par translation (Abdelnour et Selesnick, 2005)(Selesnick, 2001). De ce fait, il est intéressant d'intégrer les frames d'ondelettes possédant des propriétés souhaitables en codage de la parole. La symétrie des frames d'ondelettes permet d'améliorer le traitement aux bords des blocs du signal. La linéarité de phase permet d'éliminer les distorsions fréquentielles. La régularité "smoothness" conduit à une représentation plus compacte du signal. La redondance des frames d'ondelettes engendre un plan temps-fréquence dense ce qui entraîne une invariance par translation approximative. Autres ces propriétés, les frames d'ondelettes assurent une reconstruction parfaite et robuste des signaux et une forte résistance aux bruits de quantification (Goyal et Vetterli, 1998). La méthode la plus exploitée pour construire une frame d'ondelette consiste à utiliser un banc de filtres sur-échantillonné à trois bandes composé d'un filtre passe-bas et deux filtres passe-haut (Selesnick et Sendur, 2000)(Selesnick, 2004). La représentation temps-fréquence issu des frames d'ondelettes appelée la transformation en frame d'ondelette ou la transformation en framelette est obtenue par des itérations successives du banc de filtre sur-échantillonné sur les sorties du filtre passe-bas. La différence essentielle entre la transformation en ondelette et la transformation en framelette est que, dans le cas de la transformation en framelette, chaque étape de décomposition est constituée de deux filtres passe-haut. La transformation en framelette a permis d'obtenir une meilleur reconstruction des signaux de la parole comparé à la transformation en ondelette classique (Bousselmi et Ouni, 2010). Cependant, la transformation en framelette présente l'inconvénient de ne pas avoir un découpage en sous-bandes tenant compte du modèle de l'oreille humaine, ce qui limite ces performances en codage de la parole. Pour remédier à cet inconvénient, une généralisation qui consiste en plus à décomposer les bandes passe-hauts est construite. Elle est baptisée la transformation en paquets de framelette (Lu et Fan, 2011)(SUQI, 2009). L'objectif de ce papier est d'étudier les performances de cette nouvelle transformation dans le codage de la parole. Nous avons effectué, pour cela, une étude comparative avec la transformation en paquets d'ondelette. L'évaluation des performances a été faite en utilisant différents critères objectifs : le gain de codage, l'erreur quadratique moyenne à racine normalisée, le rapport signal sur bruit de crête, le rapport signal sur bruit segmental, le rapport signal sur bruit segmental à fréquence pondérée et le PESQ. Ce papier est organisé comme suit : dans la deuxième section nous introduisons les concepts de base des frames d'ondelettes. Dans la troisième section nous présentons la transformation en paquets de framelette et l'arbre de décomposition adopté dans notre étude. Dans la quatrième section nous étudions les performances de la transformation en paquets de framelette dans le codage des signaux de la parole.

2 Frame d'ondelette

La famille de fonctions ψ_{mn} (m,n $\in$ Z) est une frame, s'il existe deux nombres positives A et B tel que pour tout f $\in L^2(R)$ on a (Daubechies, 1992) :

$$A\|f\|^2 \leq \sum_{m,n} \left|\langle f, \psi_{mn} \rangle\right|^2 \leq B\,\|f\|^2 \quad (1)$$

Les nombres A et B sont appelés les bornes de frame. Le plus grand nombre $A \succ 0$ et le plus petit nombre $B \succ 0$ satisfaisant l'inégalité 1 sont appelés les bornes de frame optimale. Si $A = B$ ont dit que la frame est ajustée ou serrée. La frame $\left\{ \left(\psi^i_{mn} \right)_{m,n \in Z} \right\}_{i=1}^{N}$ où $\psi^i_{mn}(t) = 2^{m/2} \psi_i (2^m t - n)$ est appelée frame d'ondelette. Les fonctions ψ^i_{mn} sont appelées les " framelettes"(Petukhov, 2003). Dans le but de construire une frame d'ondelette dyadique, on se base sur l'analyse multirésolution et le principe d'extension unitaire, vu l'existence des algorithmes d'implémentation rapide (Daubechies et Shen, 2003)(Benedetto et Li, 1998). Le type de frame d'ondelette utilisé dans ce travail possède une seule fonction d'échelle $\phi(t)$ et deux framelettes $\psi_1(t)$ et $\psi_2(t)$. D'après la structure multirésolution, la fonction d'échelle et les framelettes sont définies par les relations suivantes (Selesnick, 2004) :

$$\phi(t) = \sqrt{2} \sum_n h_0(n) \phi(2^j t - n) \tag{2}$$

$$\psi_i(t) = \sqrt{2} \sum_n h_i(n) \phi(2t - n) \qquad i = 1, 2 \tag{3}$$

où $h_i(n)$, $n \in Z$ sont les filtres à réponse impulsionnelle finie et à support compact, associé au banc de filtres sur-échantillonnés à trois bandes, présenté dans la figure 1. Le filtre h_0 est un filtre passe bas et les deux filtres h_1 et h_2 sont des filtres passe-haut. Chaque bande du banc de filtre est décimée par 2. Du fait que la frame est serrée, les filtres de synthèse sont donnés par l'inverse des filtres d'analyse. La conception d'une frame d'ondelette symétrique serrée à deux générateurs

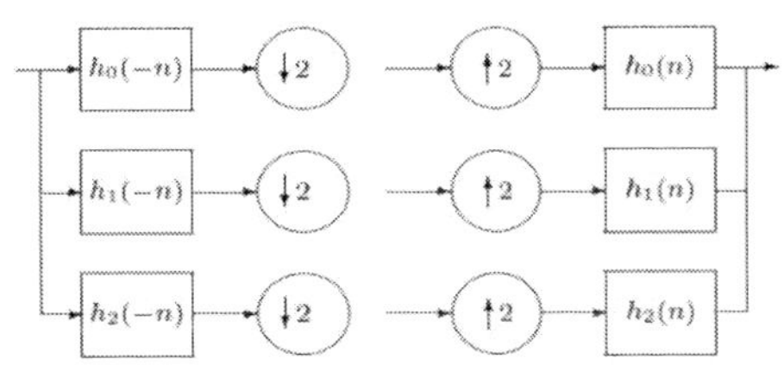

FIGURE 1 – Banc de filtres sur-échantillonné à trois sous-bandes

consiste à déterminer les filtres h_0, h_1 et h_2 vérifiant les conditions de reconstruction parfaite et de symétrie (Selesnick, 2004). Les conditions de reconstruction parfaite dans le cas du banc de filtre de la figure 1 sont données par les deux équations ci-dessous, où $H_i(z) = \sum_n h_i z^{-n}$ $i = 0, 1, 2$:

$$H_0(z)H_0(1/z) + H_1(z)H_1(1/z) + H_2(z)H_2(1/z) = 2 \tag{4}$$

$$H_0(-z)H_0(1/z) + H_1(-z)H1(1/z) + H_2(-z)H_2(1/z) = 0 \tag{5}$$

Généralement, dans le cas d'une fonction d'échelle symétrique et à support compact, il est impossible d'avoir une frame d'ondelette serrée uniquement à deux ondelettes symétriques ou antisymétriques. Cependant Petukhov fournit une condition sur $h_0(n)$ pour que ceci soit possible (Petukhov, 2003).

3 Transformation en paquets de framelette serrée

La transformation en paquets de framelette est une généralisation de la transformation en framelette. Elle est construite à partir d'un traitement répété dans la bande passe-bas ainsi que dans les deux bandes passe-haut du banc de filtre sur-échantillonné de la figure 1 (Lu et Fan, 2011). Ceci nous permet d'avoir une bonne localisation temps-fréquence et un découpage en fréquence en accord avec les bandes critiques de l'oreille humaine. Nous présentons dans la figure 2 l'arbre de décomposition correspondant à une analyse en paquets de framelette au niveau 3. Dans cette figure les indices 0, 1 et 2 associés à chaque feuille/noeud de l'arbre correspondent respectivement aux filtres d'analyses $\{h_0, h_1, h_2\}$ décimés par 2. Cet arbre est dite ternaire, vu qu'elle est basé sur deux fonctions d'ondelettes (framelettes). La représentation d'un signal de

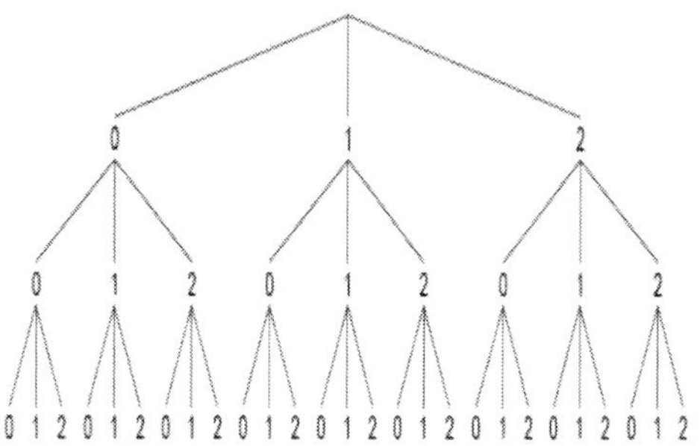

FIGURE 2 – Arbre de décomposition compléte correspondant à la transformation en paquets de framelette

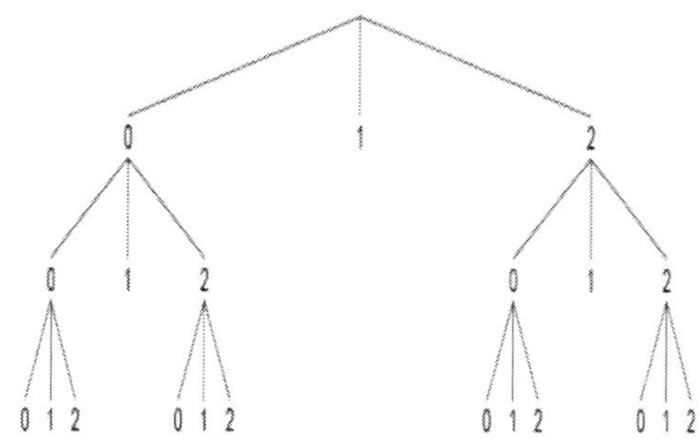

FIGURE 3 – Arbre de décomposition tronqué correspondant à la transformation en paquets de framelette

parole basé sur l'arbre complet ternaire de paquets de framelette présenté dans la figure 2 ne permet pas une amélioration de la parole codée. De ce fait, il est important de convertir cette décomposition en une décomposition binaire en réduisant le nombre de feuilles (l'arbre est donc tronqué). Ainsi les noeuds auxiliaire associés au filtre de bande passante étroite h_1 seront considérés comme des noeuds terminals qui ne seront pas considérés dans l'étape d'analyse. Les noeuds associés aux filtres h_0 et h_2 sont appelés les noeuds dyadiques. La condition principale pour qu'un arbre en paquets de framelette soit admissible est que chaque noeud dyadique possède 0 ou 3 enfants, et chaque noeud auxiliaire possède 0 enfants. Pour un niveau de décomposition donnée, chaque noeud dyadique représente une étape d'analyse qui divise chaque sous-signal en deux bandes de fréquence séparées, où la largeur de chaque bande de fréquence est égale à la moitié de la largeur de la bande du niveau précédant (Parker, 2005).

4 Evaluation et résultats

L'objectif principal de ce papier est d'étudier les performances d'une nouvelle représentation temps-fréquence, la transformation en paquets de framelette (TPF) dans le codage de la parole. Nous avons considéré pour cela le codeur dont le schéma de principe est présenté dans la figure 4. Nous sommes particuliment intéressés de l'étape de décomposition temps-fréquence où nous comparons cette nouvelle transformation avec la transformation en paquets d'ondelette (TPO). Pour obtenir le signal codé $\hat{x}$ nous segmentons le signal original en des trames de 256 échantillons avec un chevauchement de 16 échantillons. Après allocation fixe des bits les coefficients de la transformation en paquets de framelette sont quantifiés avec un quantificateur scalaire uniforme. Au décodeur, nous effectuons la quantification et la transformation inverse des coefficients. Finalement les trames adjacentes sont ajoutées. Dans cette analyse, les signaux de parole sont

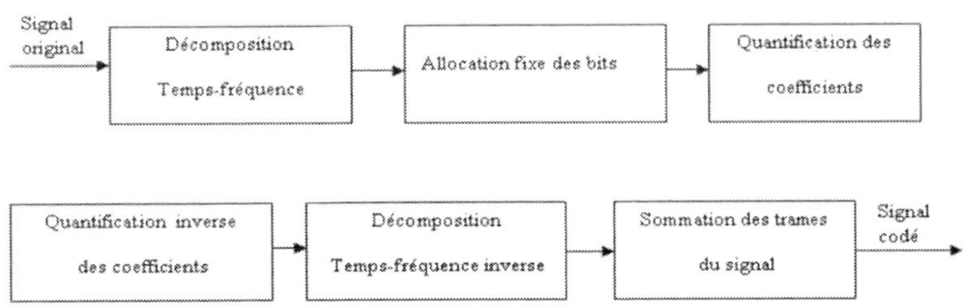

FIGURE 4 – Schéma synoptique du codeur/décodeur

synthétisés en considérant différents pourcentages de coefficients les plus énergétiques et la qualité de la parole codée est évaluée en utilisant différentes mesures de performance : le gain de codage, l'erreur quadratique moyenne à racine normalisée NRMSE, le rapport signal sur bruit de crête PSNR, le rapport signal sur bruit segmental SNRseg, le rapport signal sur bruit segmental à fréquence pondérée fwSNRseg et l'evaluation perceptive de la qualité de la parole PESQ. Le pourcentage des coefficients les plus énergétiques est un autre critère objectif qui vise à minimiser l'erreur de reconstruction. Pour valider notre approche, nous avons utilisé des signaux de parole issus de la base TIMIT et échantillonnés à 8 kHz. Le calcul des coefficients de la transformation en paquets de framelette est effectué en utilisant les filtres conçus par Selesnick (Selesnick, 2004) et en se basant sur l'arbre d'analyse à trois niveau de décomposition schématisé dans la figure 3. Les coefficients de la transformation en ondelettes sont obtenus en utilisant l'ondelette de Daubechies d'ordre 4 (4 moments nuls) et trois niveaux de décomposition. En vue d'évaluer avec précision les valeurs du SNRseg, du fwSNRseg et du PESQ nous proposons de calculer des valeurs moyennes sur 20 signaux codés issus du corpus TIMIT. Les valeurs du gain de codage, du PSNR et du NRMSE sont des valeurs moyennes sur 2182 trames obtenues par segmentation de 20 phrases issues du même corpus TIMIT. La figure 5 montre les valeurs du NRMSE dans le cas de la transformation en paquets de framelette TPF et de la transformation en paquets d'ondelette TPO en utilisant différents pourcentages de coefficients les plus énergétiques dans la synthèse. Nous remarquons que pour les différents pourcentages de coefficients une erreur minimale est obtenue en utilisant la transformation en paquets de framelette TPF. La figure 6 montre les valeurs du PSNR pour différentes pourcentages de coefficients dans le cas de la transformation en paquets de framelette TPF et de la transformation en paquets d'ondelette TPO. Il est à noter que la transformation en paquets de framelette fournit les meilleurs résultats. Nous remarquons la même chose pour le rapport signal sur bruit segmental et le rapport signal sur bruit segmental à fréquence pondérée dont les valeurs pour les différentes pourcentages sont présentées respectivement dans les figures 7 et 8. En effet pour 70% de coefficients retenus, les valeurs du PSNR, du SNRseg et du fwSNRseg dans le cas de la transformation en paquets de framelette sont respectivement 69.50 dB, 6.55 dB and 8.36 dB, tandis que dans le cas de la transformation en paquets d'ondelette, ils sont respectivement de 64.47 dB, 1.04 dB et 1 dB. Nous présentons dans la figure 9 les valeurs du

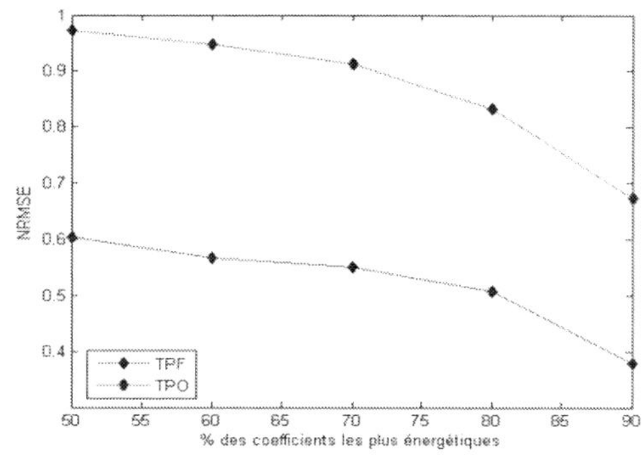

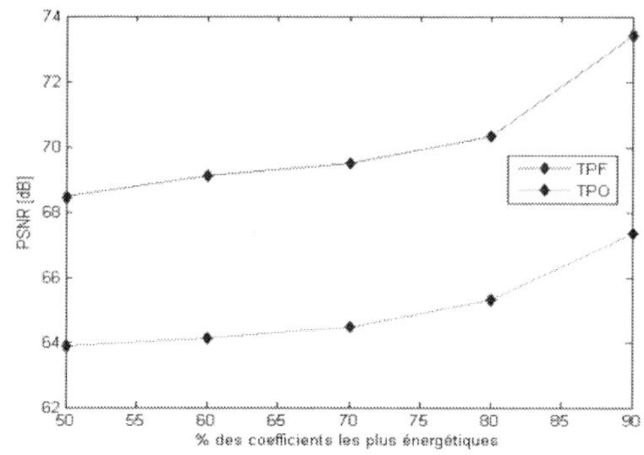

FIGURE 5 – variation du NRMSE avec le % de coeficients pour la TPF et la TPO

FIGURE 6 – variation du PSNR avec le % de coeficients pour la TPF et la TPO

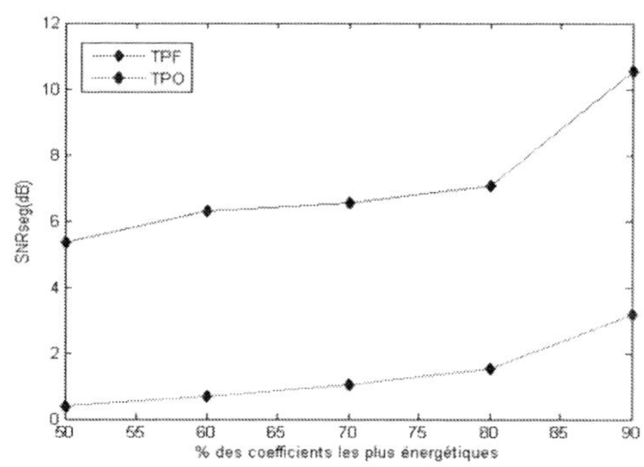

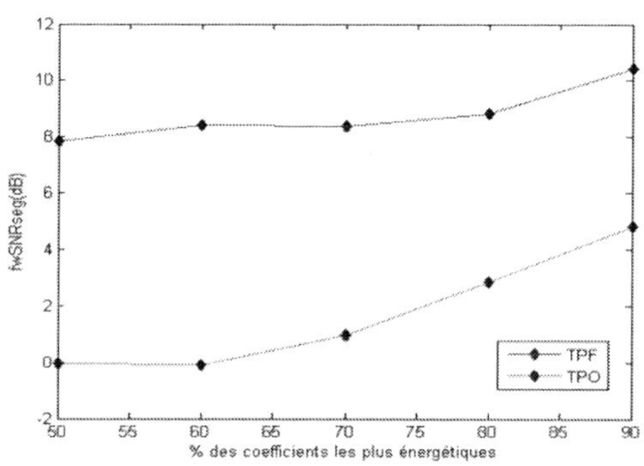

FIGURE 7 – variation du SNRseg avec le % de coefficients pour la TPF et la TPO

FIGURE 8 – variation du fwSNRseg avec le % de coefficients pour la TPF et la TPO

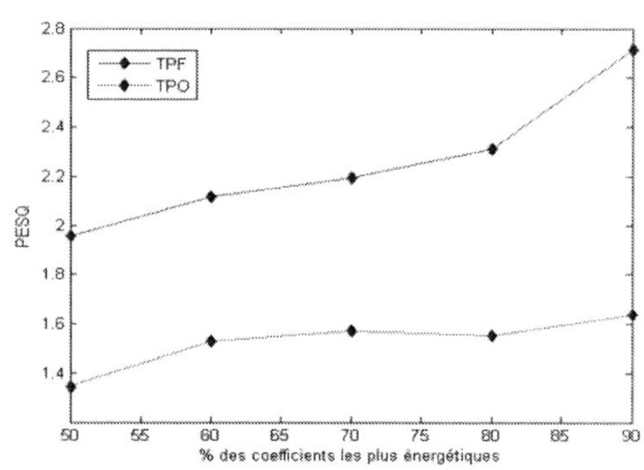

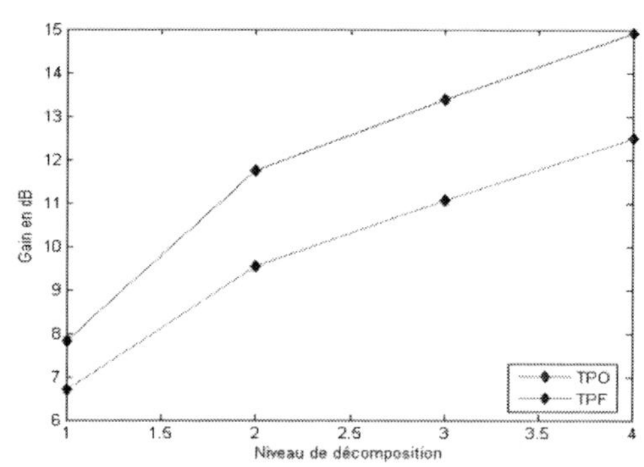

FIGURE 9 – variation du PESQ avec le % de coefficients pour la TPF et la TPO

FIGURE 10 – Variation du gain de codage en fonction du niveau de décomposition pour la TPF et la TPO

PESQ pour les deux transformations. Nous remarquons que les valeurs du PESQ obtenues à partir de la transformation en paquets de framelette sont supérieures à ceux obtenues par la transformation en paquets d'ondelette. En effet, dans le cas où 90% des coefficients sont retenus dans la synthèse le PESQ est de 2.71 dans le cas de la TPF et de 1.63 pour la TPO. Les résultats objectifs montrent que les performances de la transformation en paquets de framelette sont supérieures à ceux de la transformation en paquets d'ondelette. Par ailleurs, les tests informels montrent que les signaux de parole synthétisés sont non distinguables dans le cas de la TPF avec 50% des coefficients retenus. Cependant, pour le même pourcentage les signaux de parole synthétisés en utilisant la TPO sont plus perçus. Ceci est du aux propriétés captivantes des frames d'ondelettes : la reconstruction parfaite est stable, la meilleure localisation temps-fréquence, la régularité et la symétrie. Dans une deuxiéme expérience nous avons étudié l'effet du niveau de décomposition sur la qualité de la parole codée. Pour cela nous avons calculé le gain de codage pour les niveaux de 1 à 4 dans le cas de la transformation en paquets de framelette et de la transformation en paquets d'ondelelle. Le gain de codage ou compacité d'énergie est un critère objectif utilisé pour comparer les performances entre différentes transformations. Il est donné par le rapport entre la moyenne arithmétique et la moyenne géométrique des variances des coefficients dans les sous-bandes. La courbe du gain en fonction du niveau de décomposition est schématisée dans la figure 10. Nous constatons que pour les différents niveaux de décomposition, la transformation en paquets de framelette possède le gain le plus élevé. Ce résultat est confirmé par les tests informels. Une autre étude comparative des performances de la transformation en

Débit en kbits/s	PESQ		fwSNRseg		SNRseg	
	TPF	TPO	TPF	TPO	TPF	TPO
24	2.6569	2.1738	14.1172	9.8585	12.8564	7.1485
32	2.9636	2.6061	16.4927	11.9969	19.1417	10.7230

TABLE 1 – Valeurs du PESQ, du fwSNRseg et du SNRseg dans le cas de la TPF et la TPO pour les débits de 24 kbits/s et de 32 kbits/s

paquets de framelette et la transformation en paquets d'ondelette consiste à calculer le PESQ, le fwSNRseg et le SNRseg pour différents débits. Dans le tableau 1, nous présentons les valeurs de ces mesures pour les deux transformations et ceci pour les débits de 24 kbits/s et de 32 kbits/s. Nous remarquons que pour un même débit la transformation en paquets de framelette fournit les meilleurs résultats.

5 Conclusion

Dans ce papier, nous avons étudié les performances d'une nouvelle représentation temps-fréquence basée sur des frames de paquets d'ondelettes dans le codage des signaux de la parole. Nous avons mené une étude comparative avec la transformation usuelle en paquets d'ondelette. Plusieurs critères de mesure ont été utilisés : le gain de codage, l'erreur quadratique moyenne à racine normalisée, le rapport signal sur bruit de crête, le rapport signal sur bruit segmental, le rapport signal sur bruit segmental à fréquence pondérée et le PESQ. Les résultats obtenus montrent l'importance de la transformation en paquets de framelette serrée dans la suppression des distorsions et l'amélioration des signaux codés. Comme perspective à ce travail, nous proposons de concevoir un codeur de parole de haute qualité basé sur la transformation en paquets de framelette serrée, dans lequel nous envisageons une allocation adaptative des bits et une quantification vectorielle optimale.

Références

ABDELNOUR, A. F. et SELESNICK, I. W. (2005). Symmetric nearly shift-invariant tight frame. *In IEEE Transactions on Signal Processing*, volume 53, pages 231–239.

BENEDETTO, J. et LI, S. (1998). The theory of multiresolution analysis frames and applications to filter banks. *In Applied and Computational Harmonic Analysis*, volume 5, pages 389–427.

BOUSSELMI, S. et OUNI, K. (2010). Speech signal reconstruction based on the symmetric tight wavelet frame decomposition. *In International Congress on Image and Signal Processing (CISP)*, volume 17, pages 3453–3456.

DAUBECHIES, I. Han, B. R. A. et SHEN, Z. (2003). Framelets : Mra-based constructions of wavelet frames. *In Applied and Computational Harmonic Analysis*, volume 14, pages 1–46.

DAUBECHIES, I. (1992). Ten lectures on wavelets. *In CBMS Conference Series in Applied Mathematics*, volume 61.

DIA, H. (1993). Codage par transformée de la parole à bande élargie (0-7khz). *In Thèse de Doctorat, Institut National Polytechnique de Grenoble.*

GOYAL, V.K Thao, N. et VETTERLI, M. (1998). Quantized overcomplete expansions in r^n : analysis synthesis, and algorithms. *In IEEE Transaction on Information Theory*, volume 44, pages 16–31.

KASTANTIN, R. (1996). Codage de la parole basé sur la transformation en ondelettes. *In Thèse de Doctorat, Institut National Polytechnique de Grenoble.*

LU, D. et FAN, Q. (2011). A class of tight framelet packets. *In Czechoslovak Mathematical Journal*, volume 61, pages 623–639.

MARIANI, J. (2002). Analyse, synthèse et codage de la parole. *In Edition Hermes.*

PARKER, S. (2005). Cfs : Time-frequency representations of acoustic signals based on redundant wavelet methodologies. *In Thesis, University of Wisconsin Madison.*

PETUKHOV, A. (2003). Symmetric framelets. *In Constructive Approximation*, volume 19, pages 309–328.

SELESNICK, I. W. (2001). Smooth wavelet tight frames with zero moments. *In Applied and Computational Harmonic Analysis*, volume 10, pages 163–181.

SELESNICK, I. W. (2004). Symmetric wavelet tight frames with two generators. *In Applied and Computational Harmonic Analysis*, volume 17, pages 211–225.

SELESNICK, I. W. et SENDUR, L. (2000). Iterated oversampled filter banks and wavelet frames. *In Wavelet Applications in Signal and Image Processing.*

SINHA, D. et TEWFIK, A. H. (1993). Low bit rate transparent audio compression using adapted wavelets. *In IEEE Transactions on Signal Processing*, volume 41, pages 3464–3479.

SUQI, P. (2009). Tight wavelet frame packet. *In Thesis, Departement of Mathematics, National University of Singapore.*

Dynamique temporelle du liage dans la fusion de la parole audiovisuelle

Olha Nahorna, Frédéric Berthommier, Jean-Luc Schwartz
GIPSA-Lab - DPC
UMR 5216 –CNRS Uiversité de Grenoble
Olha.Nahorna, Jean-Luc.Schwartz, Frederic.Berthommier@gipsa-lab.grenoble-inp.fr
http://www.gipsa-lab.inpg.fr

RESUME

L'effet McGurk met en évidence le phénomène de fusion audiovisuelle : le montage d'un son « ba » avec une vidéo « ga » est souvent perçu comme « da ». Dans un travail précédent nous avons montré que la fusion audiovisuelle peut-être modulée par un processus de liage préalable (Nahorna et al., 2011, 2012). Dans ces expériences, un stimulus McGurk était précédé par un contexte audiovisuel cohérent ou incohérent (son correspondant ou non à la vidéo) et nous avons observé que dans le cas de contexte incohérent l'effet McGurk diminue. Cet effet se produit pour des contextes variant entre 3 et 10 secondes, sans effet significatif de la durée de contexte dans cette plage. Dans le travail actuel, nous étudions des durées de contexte plus courtes. Les résultats montrent qu'une seule syllabe est suffisante pour délier les flux auditif et visuel et produire une forte diminution de l'effet McGurk.

ABSTRACT

Temporal dynamics of binding in audiovisual speech fusion

The McGurk effect demonstrates the phenomenon of audiovisual fusion: a sound "ba" mounted on a video "ga" is often perceived as "da". In a previous work we showed that audiovisual fusion might be modulated by a precedent binding process (Nahorna et al., 2011, 2012). In these experiments a McGurk stimulus was preceded by an audiovisual coherent or incoherent context (sound corresponding or not to the video) and we observed a decrease of the McGurk effect in the incoherent context case. This effect occurs for contexts varying from 3 to 10 seconds, with no significant effect of the context duration in this range. In the present work we study shorter context durations. The results show that one syllable is sufficient to unbind the auditory and visual streams and to produce a strong decrease in the McGurk effect.

MOTS-CLES : Effet McGurk, liage, fusion multisensorielle, perception de la parole audiovisuelle, analyse de scène audiovisuelle.
KEYWORDS : McGurk effect, binding, multisensory fusion, audiovisual speech perception, audiovisual scene analysis.

1 Introduction

Le signal visuel joue un rôle important dans la perception de la parole. L'effet "cocktail party" (Cherry, 1953), les gains d'intelligibilité dans le bruit grâce à la lecture labiale (Sumby et Pollack, 1954), l'effet McGurk (McGurk et McDonald, 1976) montrent bien l'influence de l'information visuelle sur la parole perçue. Jusqu'à présent il n'y a pas de consensus dans la communauté scientifique sur la convergence audiovisuelle et la vision classique considère que l'information des modalités différentes est extraite et traitée indépendamment avant convergence. Plusieurs architectures de fusion audiovisuelle sont proposées dans la littérature. Schwartz et al. (1998) les résument en quatre catégories, selon l'existence et la nature d'une éventuelle représentation commune du son et de l'image. Campbell et al. (2008) assignent 2 rôles fonctionnels distincts au signal visuel dans la parole : un rôle de complémentarité où le signal visuel permet de préciser ou rajouter l'information manquante dans le flux de parole auditif, et un rôle de redondance / corrélation, où la vision duplique partiellement l'information de la dynamique articulatoire. Campbell et al. considèrent ces deux rôles comme indépendants et parallèles, mais nous pensons quant à nous que le traitement de la parole AV pourrait impliquer deux étapes, la corrélation des deux entrées étant évaluée au préalable et conditionnant un processus de liage avant la fusion (exploitant elle la complémentarité de Campbell et al.). Ainsi nous pensons que les résultats d'évaluation de corrélation peuvent moduler le niveau de fusion, en indiquant quelle partie du signal visuel peut être prise en compte. Par rapport à la vision classique, nous considérons donc qu'il n'y a pas d'indépendance totale avant convergence et fusion, mais au contraire une interaction à bas niveau permettant d'alimenter un processus de liage modulant la fusion.

L'hypothèse de l'existence de plusieurs niveaux de traitement n'est pas nouvelle (voir Schwartz et al., 2004). Pour rendre compte de ce type de phénomène, Berthommier (2004) a proposé un modèle dans lequel la fusion audio-visuelle est précédée d'un niveau primitif et pré-phonétique. Ainsi, ce modèle postule deux niveaux d'interaction audiovisuelle, un niveau précoce (détection) et un niveau tardif (fusion). Dans notre travail précédent (Nahorna et al., 2011, 2012) nous avons montré que le mécanisme de détection précoce fait partie d'un système plus large assurant un rôle de liage conditionnel. Ce système permet, au cas par cas, de lier les entrées auditives et visuelles, ou au contraire de les séparer. Cet effet apparaît par exemple dans le cas de films doublés, où les entrées auditive et visuelle ne sont pas intégrées dans la reconnaissance qui reste purement auditive.

Pour démontrer cela nous avons construit des situations expérimentales où on peut « débrancher » le niveau de fusion. Nous avons pris l'effet McGurk comme un indicateur de la fusion et cherché à modifier ou supprimer l'effet McGurk en faisant varier le contexte préalable, qui permet de lier/délier les flux auditif et visuel. Nos résultats montrent que par une manipulation du contexte contrastant contexte « cohérent » et « incohérent » (selon que le flux audio est cohérent ou non avec le flux vidéo dans le contexte), on peut produire un « décrochage » du lien audiovisuel, conduisant à une diminution de la fusion (Nahorna et al., 2011, 2012). Dans ces travaux nous avons testé notre hypothèse avec des durées de contexte variables entre 3 et 10 secondes. Nous avons observé une diminution d'effet McGurk en contexte incohérent quelle que soit sa durée, mais pas de différence d'effet McGurk selon la durée du contexte. Dans la présente étude, nous nous demandons si un décrochage de fusion peut se produire avec des durées de contexte incohérent plus courtes et nous évaluons la durée de contexte incohérent minimale nécessaire pour que le décrochage se produise.

2 Méthodologie

Notre paradigme expérimental consiste à présenter à des sujets un flux audiovisuel et de leur demander de détecter en ligne les syllabes cible « ba » ou « da ». Le sujet ne connaît pas a priori la position des cibles dans le flux audiovisuel. Nos stimuli consistent en une cible précédée par un contexte cohérent ou non. Nous avons deux types de cibles : une cible congruente « ba » (audio « ba » + vidéo « ba »), dont on attend qu'elle soit correctement identifiée « ba », et une cible incongruente « McGurk » (audio « ba » + vidéo « ga »), dont on attend qu'elle soit souvent perçue « da ».

Nous construisons trois types de contexte : cohérent (C), incohérent (I) et incohérent phonétique (P). Le contexte cohérent consiste en une séquence de syllabes audiovisuelles : le sujet voit donc le visage du locuteur qui prononce des syllabes synchronisées avec les syllabes audio. Dans le contexte incohérent, nous cherchons à produire une incohérence maximale, en associant le même matériel audio avec la vision du même locuteur, qui prononce de la parole quelconque et non pas des syllabes. Le contexte incohérent phonétique (ou « phonétique » par la suite) est destiné à produire un niveau d'incohérence intermédiaire, où les syllabes apparaissent au même moment, mais diffèrent phonétiquement. Pour ce faire, nous associons au contenu vidéo du contexte cohérent (séquences de syllabes), un contenu audio dans lequel les syllabes sont remplacées aléatoirement les unes par les autres (permutées) tout en gardant un timing adéquat (synchronisation du son et de l'image, mais incohérence de contenu phonétique) (on trouvera des exemples de stimuli dans http://www.gipsa-lab.inpg.fr/~jean-luc.schwartz/fichiers_public_JLS/AV_Binding_demo/AV_Binding_Demo.html). Pour disposer d'une condition de base pour nos analyses et réflexions nous avons aussi ajouté une condition « sans contexte », où nous ne présentons que la cible pure. La durée des contextes est variable entre 0 et 5 syllabes (soit entre 0 et 3 secondes) (Figure 1).

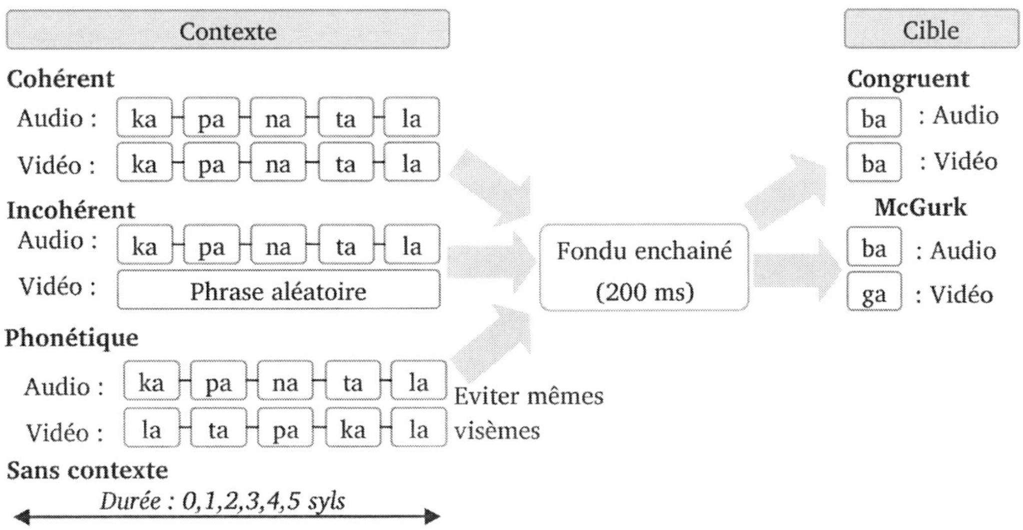

FIGURE 1 – Paradigme expérimental

2.1 Stimuli

Pour préparer l'expérience, nous avons enregistré des séquences avec des syllabes et de la parole quelconque de durée variée, se terminant toujours par la cible « ba » ou « ga ». Le contexte syllabique est constitué de séquences aléatoires de syllabes françaises (syllabes CV, C étant une plosive ou une fricative, à l'exclusion des syllabes «ba », « da » et » ga », soit 13 syllabes possibles : « pa », « ta », « va », « fa », « za », « sa », « ka », « ra », « la », « ja », « cha », « ma », « na » prononcées par un locuteur français, JLS, avec les lèvres maquillées en bleu), enregistré sur un rythme d'environ 1.5 Hz. Dans le contexte de la parole quelconque, le locuteur devait parler librement sur le sujet de son choix. Tous les fichiers acoustiques étaient globalement normalisés en intensité pour assurer qu'ils soient présentés au même niveau sonore global.

A partir de ces séquences nous avons construit 4 exemplaires de contextes audiovisuels pour chaque durée de contexte (1, 2, 3, 4, 5 syllabes), avec trois types de contexte et deux types de cible, soit 120 exemplaires de contextes. Pour préparer les cibles McGurk nous avons extrait la dernière syllabe « ga » enregistrée dans une groupe de séquences syllabiques et nous avons fait un montage audio en remplaçant la syllabe « ga » par une syllabe « ba », prise dans l'autre groupe de séquences se terminant par « ba ». Nous avons repéré et sélectionné l'instant de l'explosion de la consonne plosive comme le repère de montage. La cible montée a été ensuite normalisée en amplitude.

Un stimulus complet consiste en un exemplaire de contexte suivi d'une cible. Comme nous avons des contextes visuels différents avec de légères modifications de position de la tête, nous avons systématiquement introduit un fondu enchaîné progressif noir sur 5 images pour minimiser la perturbation perceptive entre contexte et cible. Chaque stimulus complet est séparé du suivant par une pause de 840 ms qui consiste à voir une image fixe du même locuteur avec du silence. Nous avons besoin de cette pause pour que le sujet puisse prendre sa décision avant que le prochain stimulus arrive.

Les cibles « ba » sont des contrôles et ne présentent pas d'intérêt direct dans cette expérience, puisque nous prédisons qu'elles devraient être identifiées correctement « ba » quel que soit le contexte. Seuls les stimuli McGurk nous intéressent, la prédiction étant qu'ils produisent moins de réponses de fusion « da » (donc plus de réponses « auditives » « ba ») dans le cas de contexte incohérent et phonétique. Les données empiriques montrent que l'effet McGurk apparaît en moyenne dans 35-50% des cas, tandis que les stimuli « ba » produisent des réponses « ba » dans presque 100% des cas. Pour équilibrer dans notre expérience la fréquence attendue des réponses « ba » et « da », et pour optimiser le nombre de cibles «McGurk » qui concentrent notre intérêt, nous avons décidé de présenter les stimuli dans les proportions : ¼ des stimuli « ba » et ¾ des stimuli « McGurk ». Au total nous avons donc présenté 256 stimuli répartis aléatoirement (64 cibles congruentes « ba » et 192 cibles incongruentes McGurk) dans un bloc de 14 minutes (les différentes conditions de stimuli et de contexte sont donc mélangées au sein du bloc).

2.2 Procédure expérimentale

Les instructions données aux sujets étaient de détecter en ligne les syllabes « ba » ou « da » (tâche de « monitoring » syllabique avec un choix forcé de réponse) et d'y répondre le plus rapidement possible en appuyant sur le bouton correspondant, sans savoir quand ils apparaissent dans la séquence. Ainsi, les réponses peuvent apparaître à tout moment. L'ordre des boutons était également distribué parmi tous les sujets.

L'expérience a été conduite dans une chambre sourde en utilisant le logiciel Presentation® (Version 0.70, www.neurobs.com). Le signal sonore était présenté sous casque avec un niveau de volume confortable et fixe pour tous les sujets (environ 60 dB SPL). Le signal visuel était présenté sur un moniteur avec un taux de 25 images/s. Le sujet était positionné à environ 50 cm de l'écran pour être dans une position confortable.

2.3 Analyse des réponses

Pendant l'expérience les stimuli sont fournis en ligne, et le sujet peut répondre à chaque instant, qu'il y ait une cible ou non. Il peut donc se produire deux types d'erreurs : fausses alarmes (la présence d'une réponse « ba » ou « da » en l'absence de cible) ou absence de réponse à une cible. Pour traiter correctement les réponses, nous avons mis en place la méthodologie suivante. Pour chaque stimulus, nous comptons les réponses qui sont apparues après sa présentation (repérée par l'instant d'explosion acoustique de la plosive dans la cible) et avant la cible suivante, puisque nous avons limité la validité temporelle de réponse dans une fenêtre de 1200 ms. Dans les expériences précédentes, nous avons vérifié que la plupart des réponses données par les sujets rentrent dans cette période. S'il n'y a pas de réponse dans cet intervalle, on compte une « absence de réponse » pour ce stimulus. S'il y a plusieurs réponses, on fait une vérification de l'identité des réponses, si elles sont identiques, nous prenons la première d'entre elles, sinon nous les éliminons toutes et considérons une « absence de réponse » pour ce stimulus. Le taux de non-réponses pour toute l'expérience est 5,8%. Ce score assez élevé n'est pas surprenant, vu que les sujets étaient limités dans le temps et que les cibles McGurk peuvent être perçues différentes de « ba » ou « da » en français (Cathiard et al., 2001).

3 Résultats

20 sujets français ont participé à cette étude (16h et 4f), avec parmi eux 19 droitiers et 1 gaucher. Nos hypothèses sont que l'effet McGurk, estimé par la proportion des réponses « da » sur les cibles incongruentes McGurk doit diminuer dans le cas des contextes incohérent et phonétique par rapport au contexte cohérent. L'effet McGurk peut aussi dépendre de la durée d'un contexte. La quantité des réponses « ba » et « da » est calculée pour chaque sujet et chaque condition (contexte, durée d'un contexte, cible congruente vs McGurk).

Des ANOVAs à mesures répétées ont été effectuées sur les proportions de réponses « ba » sur la totalité de réponses « ba » plus « da » en ignorant les cas d'absence de réponse. Ces taux de réponses ont été transformés en asin(sqrt) pour assurer une distribution quasi gaussienne des variables. Nous avons systématiquement vérifié que nos résultats ne diffèrent pas en faisant l'analyse sur les proportions de réponses « ba » rapportées au nombre total de stimuli (« ba » plus « da » plus « réponses absentes ») ou sur la proportion de réponses « da » rapportées à la totalité des réponses. Nous avons systématiquement exclu la condition « sans condition » ou « durée de contexte 0 syllabes » de l'analyse ANOVA, vu que le nombre de stimuli présentés aux sujets est différent par rapport aux autres conditions de contexte. Mais nous présentons systématiquement les scores associés à cette condition pour disposer d'un repère. Nous avons également effectué des ANOVAs à mesures répétées sur les temps de réponse, en appliquant un logarithme pour assurer la normalité.

3.1 Taux de réponses

Il apparaît que les cibles Ba ont été bien identifiées dans tous les contextes (Figure 2). Les cibles McGurk produisent des taux d'identification « ba » moindres. L'ANOVA à deux facteurs « cible », « contexte » confirme l'effet significatif du facteur « cible » ($F(1,19)=55.1$, $p<.001$). Dans le cas de contexte cohérent nous avons obtenu ~55% d'effet McGurk. Ce résultat est classique en français (Cathiard et al., 2001) et typiquement plus réduit qu'en anglais (Colin and Radeau, 2003).

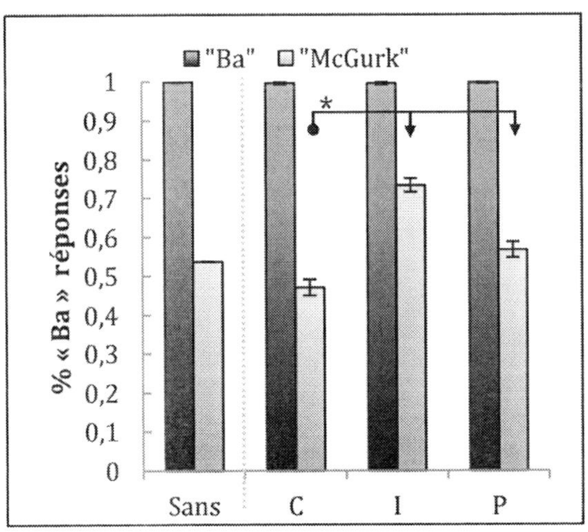

FIGURE 2 –Taux de réponses. Pourcentage de réponses « ba » rapportées a l'ensemble des réponses (« ba »/(« ba » + « da »)) ; On a indiqué les différences significatives (voir données précises dans le texte).

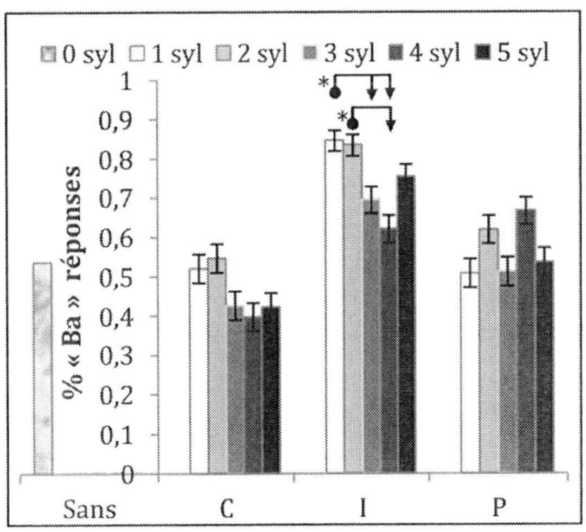

FIGURE 3 – Facteur durée pour les cibles McGurk - Pourcentage de réponses « ba » rapportées à l'ensemble des réponses (« ba »/(« ba » + « da »))

Le facteur « contexte » est aussi significatif (F(2.2,40.8)=10.3, p<.001), ce qui montre que le nombre des réponses « ba » augmente dans les contextes phonétique et incohérent, essentiellement grâce aux cibles McGurk comme indiqué par l'interaction significative entre « cible » et « contexte » (F(3,57)=14.7, p<.001). Une analyse post-hoc confirme l'augmentation des proportions de réponses « ba » pour les cibles McGurk dans les contextes phonétique (55%) et incohérent (75%) par rapport au contexte cohérent (45%) (p<.05). Donc nous observons un déliage dans les deux contextes incohérents, et moins fort pour le contexte phonétique, qui est moins incohérent.

L'autre question principale de cette étude est l'évaluation de l'effet McGurk selon la durée de contexte. Nous avons donc fait une seconde ANOVA à deux facteurs « durée », « contexte » centrée sur les cibles McGurk, avec un effet significatif de ces facteurs (« durée » F(4,76)=7.2, p<.001 ; « contexte » F(2,38)=46.7, p<.001, interaction F(8,152)=4.7, p<.001).

L'analyse post-hoc indique que la signification de l'effet « durée » est due plutôt au contexte incohérent, où l'effet McGurk est globalement plus faible pour les durées 1,2 syllabes que 4 syllabes (p<.005) (Figure 3). L'autre résultat important qui nous pouvons tirer de cette analyse est que la réduction de l'effet McGurk se produit dès les durées d'incohérence les plus courtes. Donc une syllabe est suffisante pour décrocher jusqu'à un certain point les flux auditif et visuel.

3.2 Temps de réponse

Nous avons effectué une ANOVA sur les temps de réponse avec les facteurs « cible » et « contexte », avec un effet significatif du seul facteur « cible » (F(1,19) =37.9, p<.001). Il y a ainsi une différence de durée de réponse entre les cibles Ba (600 ms) et cibles McGurk (675 ms) (Figure 4), probablement due à l'incongruence dans une cible McGurk, qui prendrait alors plus de temps de traitement et d'identification, ce qui est un résultat classique. Par contre, le temps de réponse ne varie pas en fonction du contexte. Ce résultat, très intéressant, avait déjà été obtenu dans nos études précédentes (Nahorna et al., 2011, 2012), mais sans obtenir alors d'effet suffisant de la cible pour être concluant. Nous obtenons donc une confirmation d'un fait très intéressant : le contexte module l'effet McGurk mais ne module pas les temps de réponse associés.

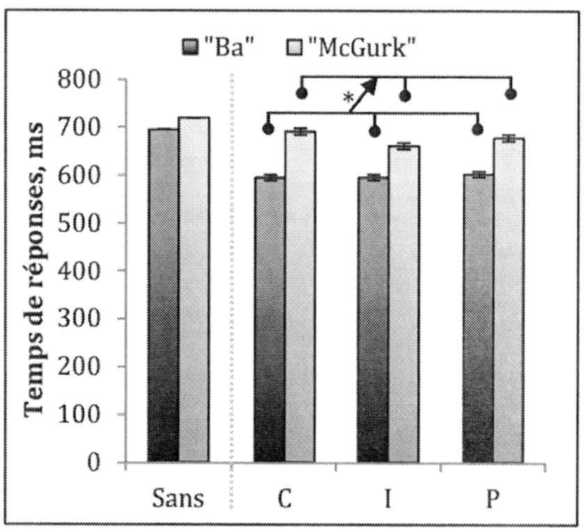

FIGURE 4 – Temps de reponse

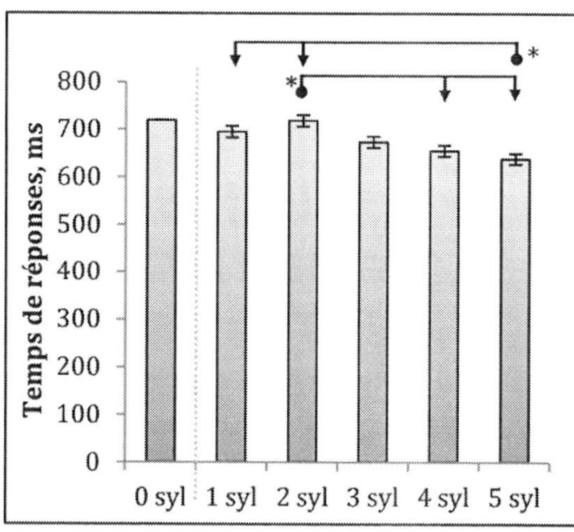

FIGURE 5 – Temps de réponse pour les cibles McGurk

L'ANOVA centrée sur les stimuli McGurk et sur le facteur « durée » (tous contextes confondus) donne un résultat significatif ($F(4,76) = 7.1$, $p < .001$). L'analyse post-hoc ($p < .05$) montre que globalement les durées de contexte courtes (1, 2 syllabes) produisent des temps de réponse significativement plus longs que des durées plus longues (4 et 5 syllabes) (figure 5).

4 Discussion et conclusion

Dans cette expérience, nous avons réussi une nouvelle fois à démontrer un effet de déliage du niveau de fusion par un contexte préalable. Ces résultats confirment les résultats obtenus précédemment (Nahorna et al., 2011, 2012). Les contextes incohérent et phonétique sont suffisants pour produire un déliage, mais l'effet est moins fort dans le contexte phonétique, qui est aussi moins incohérent. Ceci confirme notre hypothèse d'un schéma de fusion audiovisuelle de la parole à deux étapes, où une première étape est un étage de liage/déliage qui évalue la cohérence de deux signaux (Figure 6).

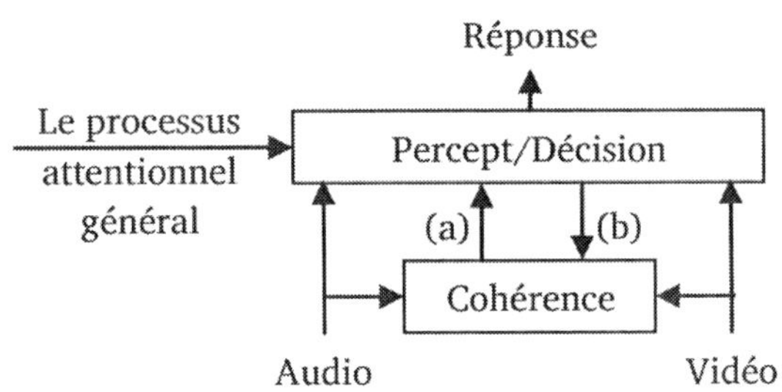

FIGURE 6 – Modèle à deux étages

Le nouveau résultat principal de ce travail est que la dynamique temporelle du processus de liage suggère un effet de déliage très rapide : une incohérence d'une syllabe est suffisante pour produire un décrochage des deux flux.

Sur la Figure 3, nous avons vu que dans le contexte incohérent les durées de contexte très courtes sont plus perturbantes que les durées longues. Nous n'avons pas d'interprétation claire de cet effet inattendu. On pourrait proposer une première piste qui serait l'existence d'un effet d'adaptation sur le déliage, avec amplification de l'effet à durées courtes, puis saturation et décroissance à durées plus longues. Evidemment, cette hypothèse, basée sur un effet faible et n'apparaissant pas dans le cas du contexte phonétique (ou tous les effets sont réduits) reste à tester et à confirmer.

Nous observons par ailleurs une tendance significative et claire de diminution de temps de réponse entre durées de contexte courtes (1,2 syllabes) et longues (4,5 syllabes) (figure 5) et on pourrait modéliser globalement l'effet durée du contexte par une régression linéaire. Une interprétation simple et logique est que cet effet est dû à la « surprise » du sujet qui voit apparaître très vite une cible après le début du stimulus, et répond ainsi plus lentement que si le contexte est plus long.

On peut alors se demander si l'existence d'un pic de déliage pendant les deux premières syllabes dans le contexte incohérent pourrait être une conséquence de cet effet « surprise », susceptible de produire une charge cognitive, dont on sait qu'elle peut diminuer l'effet McGurk (Alsius, 2005). Ceci pourrait fournir une seconde explication à la décroissance de l'effet McGurk dans le cas de contexte incohérent d'une durée de 1-2 syllabes à une durée de 4 syllabes. Néanmoins, si l'hypothèse de charge cognitive avait un rôle majeur, alors nous devrions l'observer également dans la condition « sans contexte », où la durée de contexte est la plus faible. Or évidemment ceci ne se produit pas puisque l'effet McGurk est quasiment maximal en l'absence de contexte. Donc, même si l'effet de charge cognitive pouvait jouer un rôle mineur dans nos résultats, ceci ne remet pas en cause le résultat principal de nos travaux : l'existence d'un processus de déliage, susceptible de moduler la fusion audiovisuelle en perception de parole.

C'est sur la caractérisation cognitive et neurophysiologique de ce processus et sur ses implications pour le traitement de la parole dans le cerveau humain que nous continuerons donc à porter nos efforts par la suite.

Remerciements

Cette étude est financée par le projet ANR-08-BLAN-0167 MULTISTAP

Références

ALSIUS, A., NAVARRA, J., CAMPBELL, R., & SOTO-FARACO, S.S. (2005). Audiovisual integration of speech falters under high attention demands. *Current Biology* **15**, 839-843.

BERTHOMMIER, F. (2004). A phonetically neutral model of the low-level audio-visual interaction. *Speech Communication* **44**, 31-41.

CAMPBELL, R. (2008). The processing of audio-visual speech : empirical and neural bases. *Philosophical Transactions of the Royal Society of London Biological Science* **363**, 1001-1010

CATHIARD, M.A., SCHWARTZ, J.L. & ABRY, C. (2001). Asking a naive question about the McGurk Effect: why does audio [b] give more [d] percepts with visual [g] than with visual [d]?. *Proceedings of 5th International Conference on Auditory-Visual Speech Processing (AVS 2001)*, 138-142.

CHERRY, E. C. (1953). Some experiments on the recognition of speech, with one and two ears. *Journal of the Acoustical Society of America* 25, pp. 975–979.

COLIN, C., & RADEAU, M. (2003). Les illusions McGurk dans la parole : 25 ans de recherche (The McGurk illusions in speech : 25 years of research). *L'Année Psychologique* **104**, 497-542.

MCGURK H., & MACDONALD J. (1976). Hearing lips and seeing voices. *Nature* **264** (5588): 746–8.

NAHORNA, O., BERTHOMMIER, F., & SCHWARTZ, J.L. (2012). Binding and unbinding the auditory and visual streams in the McGurk effect. *Journal of the Acoustical Society of America,* (en révision).

NAHORNA, O., BERTHOMMIER, F., & SCHWARTZ, J.L. (2011). Binding and unbinding the McGurk effect in audiovisual speech fusion: Follow-up experiments on a new paradigm. *Proceedings of 10th International Conference on Auditory-Visual Speech Processing (AVSP 2011)* IT 2011-08-31

SCHWARTZ, J.L., BERTHOMMIER, F., & SAVARIAUX, C. (2004). Seeing to hear better : Evidence for early audio-visual interactions in speech identification. *Cognition* **93**, B69-B78.

SCHWARTZ, J.-L., ROBERT-RIBES, J. & ESCUDIE, P. (1998). Ten years after Summerfield. a taxonomy of models of audiovisual fusion in speech perception. *Hearing by Eye,* R. Campbell and et al., Eds. Hove, UK: Psychology Press, pp. 85-108.

SUMBY WH, & POLLACK I (1954). Visual contribution to speech intelligibility in noise. *Journal of the Acoustical Society of America* **26**, 212-215.

Apprentissage de contrastes non-natifs : Limites des entraînements statistiques

Gregory Collet[1,2,3], *Jacqueline Leybaert*[3], *Willy Serniclaes*[2,4] *et Cécile Colin*[2]
(1) FRS-FNRS, 5, rue d'Egmont, B-1000 Bruxelles, Belgique
(2) ULB, UNESCOG, CP191 Bruxelles, Belgique
(3) ULB, LCLD, CP191 Bruxelles, Belgique
(4) CNRS, UMR 8158, Paris, France
gcollet@ulb.ac.be, leybaert@ulb.ac.be, wsernic@ulb.ac.be, ccolin@ulb.ac.be

RESUME

Récemment, des études ont montré que l'information statistique contenue dans le signal de parole permettait l'acquisition des catégories phonologiques. Ainsi, l'exposition à des distributions bimodales engendrait une augmentation de la discrimination des phonèmes alors que l'exposition à des distributions unimodales ne modifiait pas les capacités perceptives. Le but de cette étude était de déterminer dans quelle mesure différentes distributions (bimodale, unimodale, uniforme) pouvaient avoir un impact sur l'augmentation des capacités de discrimination de stimuli linguistiques allophoniques séparés par de fines différences acoustiques (i.e. 20 ou 30 ms de Délai d'Établissement du Voisement – DEV). Les résultats indiquent que malgré l'augmentation des performances de discrimination pour certains contrastes, l'extraction de régularités statistiques reste difficile pour de fines différences acoustiques.

ABSTRACT

Learning non-native contrasts: Limits of the statistical training

Recently, studies showed that distributional information contained in the speech signal can contribute to the acquisition of phoneme categories. Indeed, exposition to bimodal distributions leads to an improvement of phoneme discrimination compared to unimodal distributions which did not improve speech perception. The aim of the present study was to determine to what extent distributional information (bimodal, unimodal, uniform) can induce change in allophonic fine-grained speech perception (i.e. 20 or 30 ms of Voice Onset Time – VOT). Results showed that despite discrimination improvement across some voicing contrasts, extraction of statistical regularities remains difficult for small acoustic differences.

MOTS-CLES : Entraînements statistiques, Perception de la parole, Voisement.
KEYWORDS : Statistical training, Fine-grained speech perception, Voicing.

1 Introduction

De nombreuses études ont montré que l'extraction de l'information statistique contribue à la construction des capacités de perception de la parole dès le plus jeune âge (Guenther & Gjaja, 1996 ; Jusczyk, Luce, & Charles-Luce, 1994 ; Peperkamp, Pettinato, & Dupoux, 2003 ; Saffran, Aslin, & Newport, 1996).

Parmi ces travaux, Maye et Gerken (2000 ; 2001) se sont particulièrement intéressés à la capacité des adultes à extraire de l'information statistique dans leur environnement afin de former de nouvelles catégories phonologiques. Des adultes anglophones étaient exposés pendant quelques minutes à des syllabes issues d'un continuum de Délai d'Etablissement du voisement (DEV : délai entre la fin de l'occlusion de la consonne et le début de la vibration des cordes vocales ; ou VOT, Voice Onset Time). Les huit stimuli utilisés (dont les valeurs extrêmes étaient séparées par 120 ms de DEV) étaient caractérisés par différentes valeurs de DEV dont la fréquence d'occurrence variait. Deux groupes de participants étaient constitués sur la base des différents types de distributions proposées : 1) distribution bimodale : deux stimuli situés aux extrémités du continuum présentaient une plus haute fréquence d'occurrence que les autres (formation de deux groupes de stimuli de part et d'autre du continuum) ; et 2) distribution unimodale : deux stimuli centrés au milieu du continuum présentaient une plus haute fréquence d'occurrence (formation d'un groupe de stimuli au milieu du continuum). Les résultats ont montré que les participants parvenaient à créer de nouvelles catégories en se basant sur l'information contenue dans les blocs de stimulation, montrant ainsi une amélioration de la discrimination après exposition à des stimuli formant deux groupes (stimulation bimodale).

Le but de notre recherche était de tester les limites de l'extraction de l'information statistique, chez des adultes francophones, en utilisant des stimuli allophoniques séparés par de beaucoup plus fines différences acoustiques que chez Maye et Gerken (2000 ; 2001).

Pour ce faire, nous avons décidé de comparer des contrastes séparés par 20 et 30 ms de DEV. De plus, étant donné que la frontière perceptive de DEV en Français se situe aux alentours de 0 ms de DEV (Serniclaes, 2011), opposant la perception du DEV positif et négatif, nous avons décidé d'effectuer nos recherches sur les deux côtés de ce continuum de voisement. Un total de quatre contrastes a donc été utilisé au travers de cette étude (i.e. +15/+45, +20/+40 ; -15/-45 et -20/-40). Sur la base de la perception de locuteurs francophones, les deux contrastes provenant du côté positif (i.e. +15/+45, +20/+40) sont constitués d'allophones de la catégorie /te/ et les deux contrastes du côté négatif (-15/-45 et -20/-40) sont constitués d'allophones de la catégorie /de/.

Enfin, en plus des deux conditions d'exposition proposées par Maye et Gerken (2000 ; 2001), nous avons décidé d'en ajouter une troisième pour chacun de nos quatre contrastes. Il s'agit de la condition Uniforme dans laquelle la même fréquence d'occurrence était appliquée pour l'ensemble des stimuli. Cette condition permettait de contrôler que l'augmentation de la discrimination en post-test était bien due à l'extraction de régularités statistiques et non pas à la simple exposition aux stimuli. De plus, lors d'expériences pilotes, nous nous sommes assurés que le test-retest n'engendrait pas d'augmentation des performances en discrimination chez les participants.

2 Méthode

2.1 Participants

Pour chacun des quatre contrastes étudiés, trois groupes de 10 participants francophones ont été constitués. La moyenne d'âge générale de ces 12 groupes était de 20.3 ans (ET = 2.1) et ce facteur ne constituait pas une source de différence entre les groupes ($F(11,119)=1.6$; $p=.10$).

Pour chaque contraste, chacun des groupes a été soumis, lors de la phase de stimulation, à un des trois types de distribution des stimuli présentés à la Figure 1. Pour chaque distribution, la fréquence d'occurrence des stimuli présentés était différente : 1) distribution bimodale : deux stimuli situés aux extrémités du continuum présentaient une plus haute fréquence d'occurrence que les autres (formation de deux groupes) ; 2) distribution unimodale : deux stimuli centrés au milieu du continuum présentaient une plus haute fréquence d'occurrence (formation d'un groupe) ; et 3) distribution uniforme : la fréquence d'occurrence était identique pour tous les stimuli du continuum (pas de formation de groupe).

2.2 Stimuli

Les stimuli utilisés provenaient d'un continuum de voisement généré par un synthétiseur de parole (Carré, 2004). Les fréquences des transitions initiales de F1, F2 et F3 étaient respectivement de 200, 2200 et 3100 Hz et les parties stables des trois formants étaient respectivement de 500, 1500 et 2500 Hz. La valeur de F0 était quant à elle de 120 Hz. La durée des transitions était de 24 ms et la durée totale des stimuli était de 200 ms.

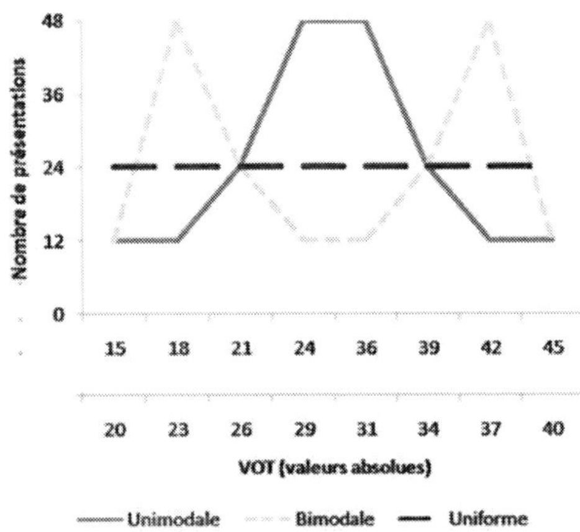

FIGURE 1 – Nombre de présentations pour les différents stimuli lors de la phase de stimulation. L'axe des abscisses présente les huit valeurs de VOT (en valeurs absolues) impliquées lors de la phase de stimulation pour les contrastes +15/+45 et -15/-45 (ligne supérieure) et pour les contrastes +20/+40 et -20/-40 (ligne inférieure). Les courbes représentent la stimulation Unimodale (gris foncé), la stimulation Bimodale (gris clair pointillé) et la stimulation Uniforme (noir pointillé).

Pour chacun des quatre contrastes, un ensemble spécifique de huit stimuli différents était utilisé (Figure 1). Dans le cas des deux contrastes séparés par 30 ms de DEV (i.e.

+15/+45 et -15/-45), les mêmes valeurs absolues de DEV positif ou négatif étaient utilisées (i.e. 15, 18, 21, 24, 36, 39, 42 et 45). De même, pour les deux contrastes séparés par 20 ms de DEV (i.e. +20/+40 et -20/-40), les mêmes valeurs absolues de DEV positif ou négatif étaient utilisées (i.e. 20, 23, 26, 29, 31, 34, 37 et 40).

2.3 Procédure

L'expérience était constituée d'un pré-test et d'un post-test séparés par deux blocs de stimulation.

Lors des phases de pré- et post-test, les participants réalisaient une tâche de discrimination. Un bloc de 20 paires de stimuli était présenté. Chaque bloc était constitué des cinq répétitions de chaque combinaison possible entre les deux stimuli du contraste. Par exemple, pour le contraste -15/-45 : les combinaisons étaient -15/-15, -45/-45, -45/-15 et -15/-45. Pour les paires -15/-15 et -45/-45, la réponse « *même* » était attendue alors que pour les paires -45/-15 et -15/-45, la réponse « *différente* » était attendue. L'intervalle inter-stimuli (IIS) à l'intérieur de la paire était de 500 ms et les participants disposaient de 2500 ms entre chaque paire afin de donner leur réponse. Les paires de stimuli étaient présentées dans un ordre aléatoire différent pour chaque phase et pour chaque sujet.

Lors des phases de stimulation, les participants réalisaient une tâche de détection de stimuli. Il leur était demandé d'appuyer le plus rapidement possible sur une touche cible du clavier de l'ordinateur dès qu'ils entendaient un stimulus. Cette tâche requérant une attention importante, une pause d'une minute était proposée au milieu de l'épreuve. De plus, afin d'éviter la mise en place de potentiels mécanismes d'anticipation, l'intervalle après chaque réponse du participant variait entre 1000 et 2500 ms. L'ordre de présentation des stimuli était aléatoire et différent pour chaque phase de stimulation et pour chaque participant.

Quel que soit le contraste ou le type de stimulation, l'expérience comportait un total de 192 stimuli réparti sur deux blocs (se référer à la Figure 1 pour le nombre de présentations associées à chaque stimulus lors de la stimulation).

2.4 Traitement des données

Chaque contraste a été analysé séparément au moyen d'une ANOVA à mesures répétées avec le facteur Session comme facteur intra-sujet (deux niveaux : pré- et post-test), le facteur Groupe comme facteur inter-sujet (trois niveaux : bimodale, unimodale et uniforme) et le score de discrimination comme variable dépendante.

3 Résultats

3.1 Contraste +15/+45 ms DEV

Le facteur Session était significatif ($F(1,27)=25.4$; $p<.0005$; $\eta^2=.48$), les participants obtenant en moyenne 13% de discriminations correctes de plus lors du post-test (voir Figure 2). Le facteur groupe n'était pas significatif ($F<1$) et n'interagissait pas avec le facteur Session ($F<1$).

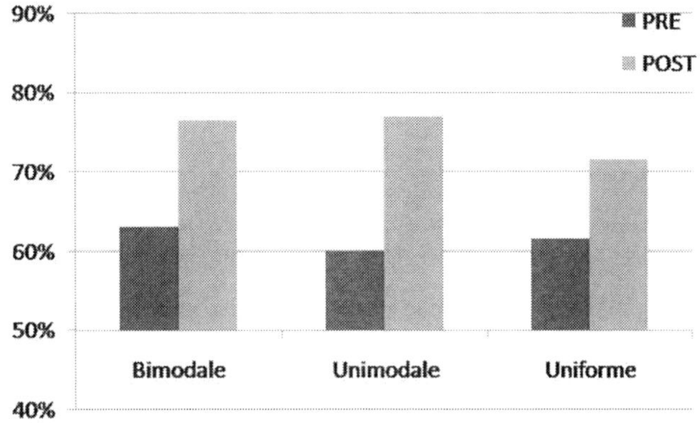

FIGURE 2 – Pourcentages de discriminations correctes pour le contraste +15/+45 lors du pré-test (gris foncé) et lors du post-test (gris clair) pour les trois groupes entraînés.

3.2 Contraste -15/-45 ms DEV

A nouveau, le facteur Session était significatif ($F(1,27)=7.5$; $p<.05$; $\eta^2=.22$), les participants obtenant en moyenne 9% de discriminations correctes de plus lors du post-test (voir Figure 3). Le facteur groupe n'était pas significatif ($F<1$) et n'interagissait pas avec le facteur Session ($F<1$).

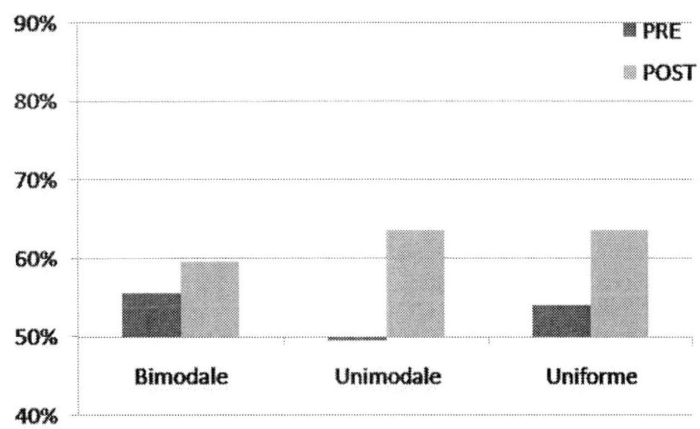

FIGURE 3 – Pourcentages de discriminations correctes pour le contraste -15/-45 lors du pré-test (gris foncé) et lors du post-test (gris clair) pour les trois groupes entraînés.

3.3 Contraste +20/+40 ms DEV

Le facteur Session était ici encore significatif ($F(1,27)=13.9$; $p<.005$; $\eta^2=.34$), les participants obtenant en moyenne 10% de discriminations correctes de plus lors du post-test (voir figure 4). Le facteur groupe n'était pas significatif ($F<1$) et n'interagissait pas avec le facteur Session ($F<1$).

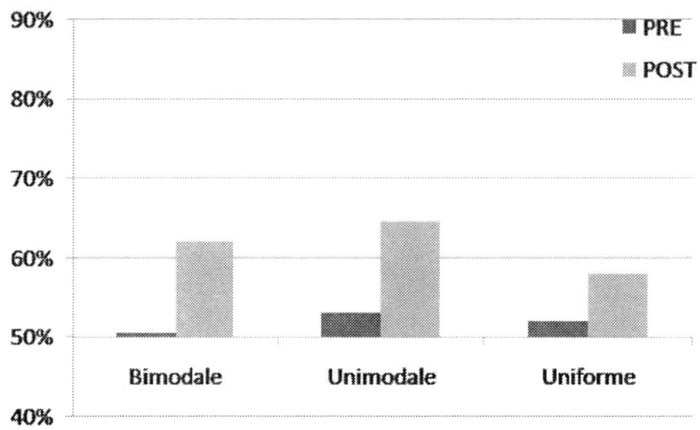

FIGURE 4 – Pourcentages de discriminations correctes pour le contraste +20/+40 lors du pré-test (gris foncé) et lors du post-test (gris clair) pour les trois groupes entraînés.

3.4 Contraste -20/-40 ms DEV

Comme l'illustre la Figure 5, aucun effet n'était ici significatif (facteur Session : $F(1,27)=2.6$; $p=.012$; $\eta^2=.09$; facteur Groupe : $F<1$). Il n'y avait pas non plus d'interaction entre les deux facteurs ($F<1$).

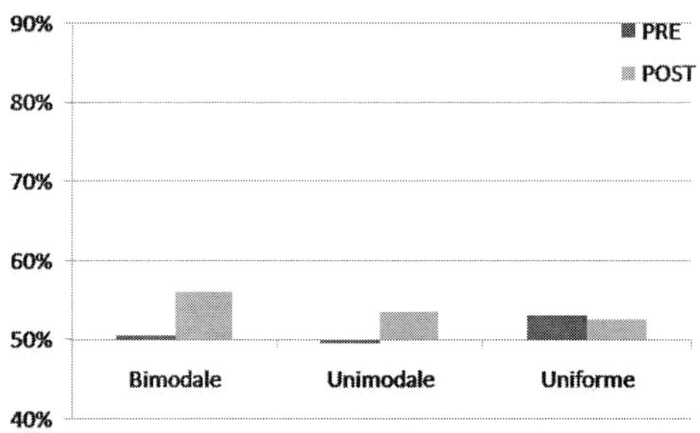

FIGURE 5 – Pourcentages de discriminations correctes pour le contraste -20/-40 lors du pré-test (gris foncé) et lors du post-test (gris clair) pour les trois groupes entraînés.

Au vu de ces résultats, nous avons voulu déterminer si certains contrastes étaient plus difficiles à percevoir en pré-test. Les résultats montrent une différence significative entre les quatre contrastes au pré-test ($F(3,116)=7.4$; $p<.0005$). Les contrastes a posteriori (correction de Bonferroni) indiquent que +15/+45 diffère significativement des trois autres (+20/+40 : $p<.0005$; -15/-45 : $p=.001$; -20/-40 : $p<.0005$). Aucune autre différence entre contrastes n'a été observée.

4 Discussion

Les résultats de cette étude montrent à la fois les limites des entraînements statistiques mais aussi les limites que peut avoir le système perceptif dans l'extraction de l'information en vue d'améliorer la discrimination des contrastes allophoniques séparés par de fines différences acoustiques malgré ses capacités à discriminer des différences aussi fines que 3 ms (Samuel, 1977).

L'analyse des trois premiers contrastes montre une augmentation systématique et significative des performances de discrimination après la phase de stimulation et ce quel que soit le type de stimulation proposé. Contrairement aux conclusions tirées par Maye et Gerken (2000 ; 2001), mettant en évidence l'amélioration des performances de discrimination et la construction des catégories phonologiques suite à l'exposition à une distribution bimodale, nos résultats indiquent que l'information statistique n'est pas strictement nécessaire afin d'améliorer la perception de stimuli allophoniques séparés par de fines différences acoustiques. En effet, dans le cadre de cette étude, les participants ne semblent pas tirer profit exclusivement de la distribution bimodale, les performances de discrimination étant également meilleures après exposition aux distributions unimodales et uniformes.

Par contre, pour le dernier contraste (i.e. -20/-40), les performances des participants ne s'améliorent dans aucune des conditions. Cette différence pourrait s'expliquer par la conjonction de deux arguments, l'un acoustique, l'autre psychoacoustique.

Selon l'argument acoustique, il se pourrait que l'amélioration de la perception de contrastes allophoniques soit plus difficile lorsque la différence acoustique entre les deux stimuli est réduite. Cette hypothèse permettrait d'expliquer l'augmentation des performances dans le cas du contraste -15/-45 (30 ms de différence acoustique) alors que le contraste -20/-40 (20 ms de différence acoustique) reste difficilement discriminable même après stimulation. Cependant, cet argument ne permet pas à lui seul d'expliquer l'absence d'augmentation des performances pour ce dernier contraste, son équivalent du côté positif du continuum (i.e. +20/+40) présentant quant à lui une augmentation des performances.

L'argument psychoacoustique contribue à mieux comprendre cette différence. En effet, il faut tenir compte de l'effet de masquage que peuvent exercer les hautes fréquences sur les basses fréquences (Aslin, Pisoni, & Hennessy, 1981 ; Burnham, Earnshaw, & Clark, 1991 ; Pisoni, 1977). Dans le cas du DEV négatif, une composante de basse fréquence (prévoisement) précède une composante de haute fréquence (le relâchement de l'occlusion). A l'inverse, lorsque les valeurs de DEV sont positives, le relâchement de l'occlusion (haute fréquence) précède le voisement (basse fréquence). Ces résultats comportementaux ainsi que d'autres données neurophysiologiques (Hoonhorst, Serniclaes, Collet, Colin, Markessis et al., 2009) soutiennent l'idée que cette asymétrie perceptive est basée sur des mécanismes auditifs généraux. Ceci permettrait d'expliquer pourquoi les performances de discrimination autour du contraste -20/-40 n'augmentent pas alors que celles liées au contraste +20/+40 ms DEV augmentent.

Notons que la conjonction de ces deux arguments pourrait également expliquer pourquoi, lors du pré-test, les participants sont meilleurs pour le contraste +15/+45 que pour les trois autres.

5 Conclusion

Les résultats de cette expérience permettent de mettre en évidence les limites de l'extraction de l'information statistique par notre système perceptif. En effet, chez des locuteurs francophones, dès 30 ms de DEV de différence acoustique, le système perceptif ne semble plus tirer avantage de cette information. La simple présentation répétée de stimuli semble suffisante pour améliorer les performances de discrimination. De plus, pour de faibles différences acoustiques (20 ms de DEV), l'extraction d'information peut s'avérer impossible (en particulier pour les valeurs de DEV négatives) et conduire à l'absence d'amélioration des performances comportementales.

Références

Aslin, R. N., Pisoni, D. B., Hennessy, B. L., & Perey, A. V. (1981). Discrimination of voice onset time by human infants: New findings and implications for the effect of early experience. *Child Development, 52,* 1135-1145.

Carré, R. (2004). Program SyntFormVoy. Laboratoire Dynamique du Language, CNRS, Lyon, France.

Burnham, D. K., Earnshaw, L. J., & Clark, J. E. (1991). Development of categorical identification of native and non-native bilabial stops: Infants, children and adults. *Journal of Child Language, 18,* 231–260.

Guenther, F. H., & Gjaja M. N. (1996). The perceptual magnet effect as an emergent property of neural map formation. *Journal of the Acoustical Society of America, 100(2),* 1111-1120.

Hoonhorst, I., Serniclaes, W., Collet, G., Colin, C., Markessis, E., Radeau-Loicq, M., & Deltenre, P. (2009). N1b and Na subcomponents of the N100 long latency auditory evoked-potential: neurophysiological correlates of voicing in French-speaking subjects. *Clinical Neurophysiology, 120,* 897-903.

Jusczyk, P. W., Luce,P., & Charles-Luce, J. (1994). Infants' sensitivity to phonotactic patterns in the native language. *Journal of Memory and Language, 33,* 630-645.

Maye, J., & Gerken, L. (2000). Learning phonemes without minimal pairs. In S. C. Howell, S. A. Fish & T. Keith-Lucas (Eds.), *Proceedings of the 24th Boston University Conference on Language Development* (pp. 522-533). Somerville, MA: Cascadilla Press.

Maye, J., & Gerken, L. (2001). Learning phonemes: how far can the input take us? In A.H-J. Do, L. Domínguez, & A. Johansen (Eds.), *Proceedings of the 25th Annual Boston University Conference on Language Development* (pp. 480-490). Somerville, MA: Cascadilla Press.

Peperkamp S., Pettinato, F. & Dupoux, E. (2003). Allophonic variation and the acquisition of phoneme categories. In B. Beachley, A. Brown, & F. Conlin (Eds.), Proceedings of the 27th Annual Boston University Conference on Language Development, vol. II (pp. 650-661). Somerville, MA: Cascadilla Press.

Pisoni, D. B. (1977). Identification and discrimination of the relative onset time of two component tones: Implications for voicing perception in stops. *Journal of the Acoustical Society of America, 61,* 1352-1361.

Saffran, J. R., Aslin, R. N., & Newport, E. L. (1996). Statistical learning by 8-month-old infants. *Science, 274,* 1926–1928.

Samuel, A. G. (1977). The effect of discrimination training on speech perception: noncategorical perception. *Perception & Psychophysics, 22,* 321–330.

Serniclaes, W. (2011). Features are phonological transforms of natural boundaries. In G. N. Clements and R. Ridouane (Eds.), *Cognitive, physical and developmental bases of distinctive speech categories* (pp. 237-257). London, UK: John Benjamins.

REPERE : premiers résultats d'un défi autour de la reconnaissance multimodale des personnes

Juliette Kahn[3] Aude Giraudel[1] Matthieu Carré[2] Olivier Galibert[3] Ludovic Quintard[3]
(1) DGA, 7 rue des Mathurins, 92 221 BAGNEUX Cedex
(2) ELDA, 57 Rue Brillat-Savarin 75013 Pariss
(3) LNE, 29, avenue Roger Hennequin 78197 TRAPPES Cedex
aude.giraudel@dga.defense.gouv.fr, nom@elda.org, prenom.nom@lne.fr

RÉSUMÉ

Le défi REPERE a pour objectif d'encourager les recherches et le développement de technologies dans le domaine de la reconnaissance des personnes par des indices multimodaux. Afin d'estimer la progression des solutions proposées, des campagnes annuelles d'évaluation autour de la reconnaissance multimodale des personnes sont organisées entre 2012 et 2014. Le corpus REPERE, un corpus [de 60h] de vidéos en français est développé à cette occasion. Quatre tâches correspondant aux quatre questions : Qui parle ? Qui voit-on ? De qui parle-t-on ? De qui le nom apparait à l'écran ? ont été définies et ce papier présente les premiers résultats obtenus lors du test à blanc de janvier 2012.

ABSTRACT

REPERE : preliminary results of a multimodal person recognition challenge

The REPERE Challenge aims at supporting researches on people recognition in multimodal conditions. To estimate the technology progress, annual evaluation campaigns on multimodal recognition of people in videos will be organized from 2012 to 2014. In this context, the REPERE corpus, a French videos corpus with multimodal annotation has been developed. The systems which participated to the dry run have to answer the following questions : Who is speaking ? Who is present in the video ? What names are cited ? What names are displayed ? This paper describes the corpus used during the january 2012 dry run and presents the first results.

MOTS-CLÉS : Corpus, Parole multimodale, Reconnaissance du locuteur, Campagne d'évaluation.

KEYWORDS: Corpora, Mutimodal conditions, Speaker recognition, Evaluation.

1 Introduction

Reconnaître une personne dans une vidéo est un défi qui connaît de nombreuses applications. Cette reconnaissance revient à extraire des informations pertinentes des deux flux visuel et acoustique et à les combiner afin de répondre à différentes questions comme qui parle à quel moment ou de qui parle-t-on.

Quelques campagnes comme TRECVid (Smeaton *et al.*, 2006) ou Biosecure Multimodal Evaluation Campaign (Ortega-Garcia *et al.*, 2010) ont déjà abordé en partie la reconnaissance multimodale des personnes en se fondant sur des corpus anglophones.

Le défi REPERE [1] a pour objectif d'encourager le développement de systèmes automatiques pour la reconnaissance de personnes en contexte multimoda en Français. Financé par l'Agence Nationale de la Recherche (ANR) et par la Direction Générale de l'Armement (DGA), ce projet a commencé en mars 2011 et se termine en mars 2014. Deux campagnes d'évaluation organisées par le LNE et ouvertes à toute la communauté, sont prévues aux débuts des années 2013 et 2014.

Ce papier présente les premiers résultats obtenus lors du test à blanc mené en janvier 2012. Dans une première partie, nous définissons précisément les tâches évaluées dans le cadre du défi REPERE. La seconde partie décrit la constitution du corpus produit par ELDA. La troisième partie revient sur les métriques utilisées. Après avoir présenté les premiers résultats en partie 4, nous proposons quelques perspectives.

2 Questions posées lors de l'évaluation

L'objectif du défi REPERE est d'encourager le développement de solutions automatiques pour la reconnaissance de personnes dans des vidéos. De chacune des vidéos, il est possible d'obtenir des images et un signal sonore d'où seront extraites les informations pertinentes. Le défi REPERE s'interesse donc à la reconnaissance de personnes dans un contexte multimodal. Les systèmes évalués lors du défi-REPERE doivent répondre à quatre questions élémentaires :

1. Qui est en train de parler ?
2. Qui apparaît à l'image ?
3. De qui le nom est cité oralement ?
4. De qui le nom apparaît à l'écran ?

Pratiquement, des images clé sont extraites toutes les 10 secondes. Pour chacune de ces images, le système fourni la liste des personnes qui parlent (Question 1), qui apparaissent à l'écran (Question 2), des noms de personnes qui sont cités oralement (Question 3) et des noms de personnes qui apparaissent à l'écran (Question 4). La tâches principale du défi est de lister, pour chaque image clé, qui apparaît à l'écran ou parle.

Cette tâche principale peut être réalisée en mode supervisée (les systèmes peuvent alors avoir des modèles de voix et/ou de visages des personnes *a priori*) et en mode non-supervisé (les systèmes ne peuvent utiliser que les informations présenes dans la vidéo)

1. Pour plus d'information consultez le site www.defi-repere.fr

Pour répondre à ces questions élémentaires, plusieurs briques techologiques peuvent être envisagées. Quelques unes d'entre elles sont également évaluées lors du défi REPERE (suivi de têtes et textes, Segmentation en locuteurs, Segmentation des textes, Segmentation des têtes, Transcription de la parole, Transcription des textes inscrustés). Afin de développer des solutions pour répondre à ces différentes questions, un corpus, décrit dans la prochaine section, est produit par ELDA.

3 Corpus REPERE

3.1 Sélection des données

La première partie du corpus REPERE, dédiée au test à blanc, regroupe six heures de vidéos extraites de différents programmes de chaînes de télévisions d'information françaises (BFM TV et LCP). En fin de projet, le corpus comportera soixante heures de vidéo. Les émissions, dont la répartition est accessible dans le Tableau 1, sont des journaux télévisés et des débats pour lesquelles ELDA a conclu des accords permettant leur utilisation légale. Les futures données collectées respecteront également les mêmes répartitions. Elles proviennent des six émissions suivantes :

Emissions	Chaîne	Durée (minutes)
BFM Story	BFM TV	60
Planète Showbiz	BFM TV	15
Ca vous regarde	LCP	15
Entre les lignes	LCP	15
Pile et Face	LCP	15
LCP Info	LCP	30
Top Questions	LCP	30

TABLE 1 – Emissions télévisuelles présentes dans le corpus REPERE (6H)

- *Top Questions* est une retransmission des questions au gouvernement de l'Assemblée Nationale. Les prises de parole dans cette émission correspondent dans leur grande majorité à de la parole préparée. Les vidéos sont composées de nombreux travelling sur l'ensemble de l'Assembléee Nationale.
- *Ça vous regarde, Pile et Face* et *Entre les lignes* sont des émissions de débats politiques qui incluent à la fois de la parole préparée et de la parole spontanée. Il s'agit pour la grande majorité de ces émissions de débats en plateau.
- *LCP Info* et *BFM Story* sont des journaux d'information avec un nombre réduit de présentateurs et de nombreux reporters spéciaux. Ces émissions donnent lieu à de multiples interviews qui sont agrémentées de reportages illustratifs.
- *Planète Showbiz* est un magazine people commenté principalement en voix-off. De nombreuses personnes inconnues sont filmées et il s'agit en grande majorité de parole spontanée.

Les vidéos sont sélectionnées afin d'obtenir une grande diversité de situations aussi bien au niveau du son que de l'image. Un premier critère de sélection est d'équilibrer la répartition entre parole spontanée et parole préparée afin de pouvoir mesurer, dans un second temps, leur impact sur les systèmes. Au niveau des images, nous avons cherché à obtenir des vidéos où les têtes sont filmées de manières différentes afin d'assurer la diversité des cas possibles (luminosité, taille des tête, angle de la caméra...). Par exemple, la taille des têtes de personnes annotées varie de 936 pixels^2 à 192 702 pixels^2. Des exemples d'images sont donnés en figure 1.

FIGURE 1 – Exemples d'images extraites des vidéos traitées

3.2 Annotations

Les annotations effectuées sur le corpus concernent à la fois le signal sonore et les images. Les annotations du signal de parole ont été effectuées à l'aide de Transcriber (Barras *et al.*, 2000) [2] et sont disponibles au format *trs*. Elles s'appuient sur le guide d'annotation élaboré pour la campagne ESTER2 [3] (Galliano *et al.*, 2005) et incluent les éléments suivants :

- La segmentation du signal en tours de parole.
- Le nommage des locuteurs.
- La transcription de la parole en indiquant les disfluences et les hésitations.
- Le balisage des citations de noms de personnes dans la transcription.

L'annotation des personnes dans les images a donné lieu à la création d'un guide d'annotation spécifique accessible sur le site du défi REPERE [4]. Plusieurs éléments ont été annotés à l'aide de VIPER-GT [5] après modification des sources afin d'assurer le cohérence des index audio et video (i.e. correspondance de chaque image avec un temps audio précis). L'annotation se concentre sur six types d'information :

- La segmentation des têtes consiste à détourer les têtes susceptibles d'être reconnues par les systèmes. Ainsi, les plus petites têtes ne sont pas détourées, mais simplement signalées comme étant présentes à l'image. Les têtes détourées sont celles dont la surface est supérieure à un seuil donné (dans notre cas, 2 500 pixels^2). Un exemple est donné en Figure 2. Il est à noter qu'il s'agit d'annotations de têtes et non d'annotations de visages. Ainsi, par exemple, les têtes de profil sont annotées.
- La description de tête consiste à décrire des caractéristiques physiques de la tête comme le fait de porter des lunettes ou d'avoir une moustache, mais aussi son orientation (face, profil, dos)

2. http ://trans.sourceforge.net/
3. http ://www.afcp-parole.org/camp_eval_systemes_transcription
4. http ://www.defi-repere.fr/
5. http ://viper-toolkit.sourceforge.net/

et si la tête n'est pas partiellement cachée par un autre objet. Cette description pourra être utilisée pour analyser les erreurs des systèmes.

- L'identification des personnes consiste à annoter le nom des personnes présentes à l'écran. L'annotation est faite à l'aide des renseignements présents dans la vidéo. Les personnes non-citées se voient attribuées un identifiant unique.
- Le détourage et la transcription du texte présent dans l'image consistent à repérer toutes les zones de texte présentes à l'écran et à les transcrire. Le détourage se fait à l'aide de rectangles. Le texte est segmenté en blocs cohérents et il est indiqué si il s'agit d'un texte complet, incomplet ou illisible. La transcription respecte la typographie des caractères présents à l'écran. Un exemple de détourage de texte est donné par la figure 2.
- Le balisage des noms de personnes présents dans le texte.
- Le repérage des moments d'apparition et de disparition qui indique l'intervalle temporel de présence des textes et têtes à l'image.

FIGURE 2 – Exemple de segmentation

3.3 Répartition des annotations et des données dans le corpus du test à blanc

Un test à blanc a été mené en janvier 2012. Le Tableau 2 résume les annotations effectuées sur les six premières heures de corpus ainsi que le nombre de personnes qu'il est possible de trouver à partir des indices sonores ou visuels. Les trois premières heures du corpus ont constituées le corpus de Dev tandis que les trois autres ont servi de corpus de test. Au niveau du corpus de développement, il est à noter que 45% des personnes à trouver ont leur nom qui apparaît à l'écran et que 55% des personnes à trouver ont leur nom cité dans le signal sonore. Par ailleurs, 33% des personnes à trouver ne sont citées ni oralement ni par écrit . Ainsi, en apprentissage non supervisé, il n'est possible de trouver que 67% des personnes. Enfin, 51% des personnes apparaissent à l'écran et parlent, 40% des personnes apparaissent à l'écran sans parler et 9% des personnes ne peuvent être repérées que par le signal sonore. La reconnaissance des têtes es donc un élément clé d'un sysème performant.

Ces tendances se retrouvent au niveau du corpus de test même si les proportions ne sont pas tout à fait les mêmes. 49% des personnes à trouver ont leur nom qui apparaît à l'écran et 69% des personnes à trouver ont leur nom cité dans le signal sonore. Par ailleurs, 22% des personnes à

		Dev	Test
Indices visuels	Nombre de têtes à l'écran	1 421	1 534
	Nombre de mots dans les textes	13 240	14 764
Indices sonores	Nombre de segments de parole	1 571	1 602
	Nombre de mots transcrits	33 205	33 247
Personnes	Nombre de personnes dont la tête apparaît	216	145
	Nombre de personnes dont le nom apparaît à l'écran	200	141
	Nombre d'anonymes vus à l'écran	177	138
	Nombre de personnes qui parlent	141	122
	Nombre de personnes citées oralement	242	191
	Nombre d'anonymes qui parlent	45	33
	Nombre de personnes à trouver	237	171

TABLE 2 – Données chiffrées sur CORPUS de test à blanc de défi-REPERE

trouver ne sont citées ni oralement ni par écrit. Ainsi, en apprentissage non supervisé, il n'est possible de trouver que 78% des personnes dans le corpus de test. Enfin 56% des personnes apparaissent à l'écran et parlent, 29% des personnes apparaissent à l'écran sans parler et 15% des personnes ne peuvent être repérées que par le signal sonore.

Il est à noter que cette répartition dépend en partie de l'émission traitée. Par exemple, si pour *Entre les lignes*, 66% des personnes ne font qu'apparaître à l'écran (et ne sont donc repérables qu'à travers un mode d'apprentissage supervisé), dans *BFM Story*, seulement 20% des personnes ne font qu'apparaître à l'écran. Dans le même ordre d'idée, pour *BFM Story*, 31% des personnes n'ont que leur nom qui apparaît à l'écran sans être en train de parler ou que leur visage n'apparaisse à l'écran. Dans *Entre les Lignes*, au contraire, aucune personne n'a que son nom qui apparaît à l'écran.

La répartition du temps de parole entre les personnes n'est pas équilibrée comme l'illustre la figure 3. Certaines interviennent longtemps (près de 10 minutes) tandis que d'autres interviennent moins de 20 secondes. Cette situation encourage le développement de solutions pour lesquelles très peu de données sont accessibles.

FIGURE 3 – Répartition des locuteurs en fonction de leur temps de parole

En ce qui concerne la vidéo, l'annotation, très coûteuse, n'est faite que sur les images clé et pas sur l'ensemble du corpus. Il est tout de même à noter que 26% des persones n'apparaissent que sur une image tandis que 4% des personnes apparaissent sur plus de 30 images. La Figure 4 illusre le nombre de personnes en fonction du nombre de fois où elles apparaissen à l'écran.

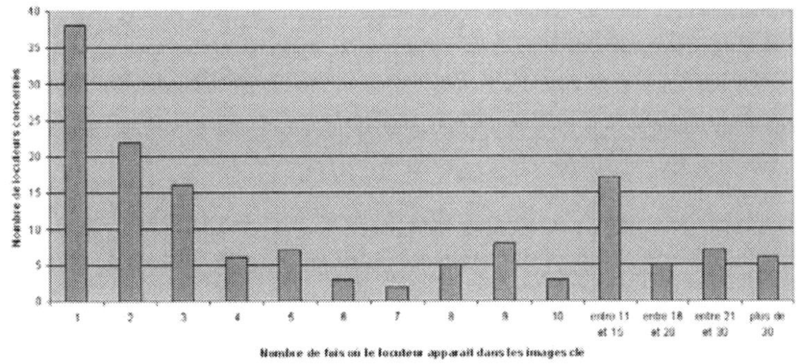

FIGURE 4 – Répartition des locuteurs en fonction de leur temps de parole

Au final, 351 personnes sont présentes entre le corpus de développement et le corpus de test. Seules 57 personnes sont présentes dans les deux.

4 Premiers résultats

4.1 Métrique

La métrique d'évaluation pour la tâche principale est le Estimated Global Error Rate (EGER). Elle se fonde sur la comparaison des noms de personnes présents dans les références et les sorties systèmes.

Pour chaque image annotée de la référence, i, la liste des personnes présentes et/ou parlant à l'instant t_i est constituée pour la référence d'une part et pour la soumission d'autre part. Ces deux listes sont comparées en associant les personnes une à une. Chaque personne ne peut être associée au plus qu'une fois. Ceci permet de caractériser les listes fournies selon les cas suivants :

- Sont considérées comme correctes une association entre deux personnes nommées ou une association entre deux personnes anonymes.
- Une confusion, C, est une association entre deux personnes avec des noms différents ou entre un nommé et un anonyme.
- Une fausse alarme, FA, est comptabilisée pour chaque personne de l'hypothèse non associée.
- Un oubli,M, est considéré pour chaque personne de la référence non associée à une personne de la soumission.

Un coût est associé à chaque type d'erreur selon la gravité de l'erreur. Ainsi, une confusion a un coût de 0,5 tandis qu'une fausse alarme ou un oubli ont un coût de 1. Ainsi pour les N images à analyser, EGER se définit de la manière suivante :

$$EGER = \frac{\sum_{i=0}^{i=N} 0.5 * C_i + FA_i + M_i}{\sum_{i=0}^{i=N} P_i} \qquad (1)$$

Où P_i est le nombre de personnes à trouver à l'image ou à l'instant i.

Les premiers résultats présentés s'appuient sur cette métrique. Dans le cadre du test à blanc d'autres métriques accompagnent cette mesure globale afin de définir où les systèmes se sont trompés : est-ce dans l'OCR, dans la transcription ou le répérage des entités nommées ? Nous ne pourrons pas développer l'ensemble des résultats obtenus lors de la campagne dans ce papier. Nous ous focalisons sur la comparaison des résultats obtenus pour la tâche principale.

4.2 Variation de performance sur la tâce principale

Trois consortiums ont participé au test à blanc. Ils ont proposé plusieurs systèmes pour répondre aux tâches. En apprentissage supervisé, l'EGER total varie de 43.4% à 64.7% selon le système. Il est à noter que l'EGER calculé sur les personnes repérées à partir du signal sonore présente des meilleurs résultats que l'EGER calculé sur les personnes repérées à l'aide des images ($EGER_{MeilleurAudio} = 20.9\%$ vs $EGER_{MeilleurVideo} = 51.8\%$). La même tendance est observée en apprentissage non-supervisé : les performaces

5 Conclusion et perspectives

Le Défi REPERE vise à encourager le développement de solutions pour la reconnaissance multimodale de personnes. Le corpus final comportera 60 heures de vidéo avec des annotations précises concernant les indices visuels et sonores permettant de savoir qui parle, qui apparait à l'écran, de qui l'on parle et quels noms s'affichent. Les premiers résultats obtenus lors du test à blanc montrent qu'il existe un potentiel réel de progression. Les personnes ne sont parfois présentes que quelques secondes à l'écran ou dans le signal sonore. Ce défi permet également de s'interroger sur les possibilités de fusions des indices idiosyncratiques et ouvrent de nombreuses perspectives. Comment améliorer la détection de têtes ? Comment fusionner les informations pertinentes ? Telles sont quelques questions auxquelles les prochaines campagnes de 2013 et 2014 tenteront de répondre.

Références

BARRAS, C., GEOFFROIS, E., WU, Z. et LIBERMAN, M. (2000). Transcriber : development and use of a tool for assisting speech corpora production. *In Speech Communication special issue on Speech Annotation and Corpus Tools*, volume 33.

GALLIANO, S., GEOFFROIS, E., MOSTEFA, D., CHOUKRI, K., BONASTRE, J.-F. et GRAVIER, G. (2005). The ester phase ii evaluation campaign for the rich transcription of french broadcast news. *In European Conference on Speech Communication and Technology*, pages 1149–1152.

ORTEGA-GARCIA, J., FIERREZ, J., ALONSO-FERNANDEZ, F., GALBALLY, J., FREIRE, M., GONZALEZ-RODRIGUEZ, J., GARCIA-MATEO, C., ALBA-CASTRO, J., GONZALEZ-AGULLA, E., OTERO-MURAS, E. *et al.* (2010). The multiscenario multienvironment biosecure multimodal database (bmdb). *IEEE Transactions on Pattern Analysis and Machine Intelligence*, pages 1097–1111.

SMEATON, A., OVER, P. et KRAAIJ, W. (2006). Evaluation campaigns and trecvid. pages 321–330.

Codage échelonnable à granularité fine de la parole: Application au codeur G.729

Djamah Mouloud O'Shaughessy Douglas
INRS-EMT : 800, de la Guichetière Ouest Bureau 6900,
Montréal (Québec) H5A 1K6 Canada
djamah@emt.inrs.ca

RESUME

Cet article propose un algorithme de conception d'un quantificateur vectoriel arborescent TSVQ (tree-structured vector quantization) incorporé. Nous modifions la norme G.729 en remplaçant le quantificateur original pour la quantification des fréquences de raies spectrales LSF's (line spectral frequencies) par un quantificateur basé sur une structure arborescente. Le codeur modifié est échelonnable en débit binaire à granularité fine avec un changement graduel de la qualité du signal de parole synthétisé.

ABSTRACT

Fine granularity scalable speech coding: Application to the G.729 coder

This paper proposes an efficient codebook design for tree-structured vector quantization (TSVQ) which is embedded in nature. We modify the speech coding standard G.729 by replacing its original quantizer for line spectral frequencies (LSF's) with TSVQ-based quantizer. The modified coder is fine-granular bit-rate scalable with gradual change in quality for the synthetic speech.

MOTS-CLES : Codage de la parole, quantification vectorielle arborescente, échelonnabilité.
KEYWORDS : Speech coding, tree-structured vector quantization, scalability.

1 Introduction

Dans certains codeurs de parole standards, l'encodeur ne génère qu'un seul type de flux-binaire à un débit binaire fixe (Chu, 2003). Toutefois, si le trafic dans le canal de transmission (réseau à paquets) est congestionné, les données codées pourraient être perdues. Ce problème peut être résolu en utilisant un flux-binaire incorporé composé d'une couche de base suivie d'une ou plusieurs couches d'amélioration qui sont utilisées pour améliorer la qualité de la parole synthétisée. Ces couches d'amélioration peuvent être écartées, une couche à la fois, lorsque le canal de transmission est congestionné. L'échelonnabilité à granularité fine (Chu, 2006; Chen et Lee, 2003) est une approche dans laquelle le flux-binaire peut être écarté avec une granularité plus fine, bit par bit dans le cas extrême, au lieu d'une couche entière. En général, les codeurs de parole qui utilisent la quantification incorporée sont échelonnables. Un quantificateur est incorporé lorsque le paramètre quantifié peut être successivement raffiné au fur et à mesure que l'indice associé est lu. Le reste du document est organisé comme suit : À la section 2, nous proposons un algorithme de conception d'un dictionnaire à structure arborescente. Les résultats expérimentaux (pour l'introduction de la caractéristique de l'échelonnabilité au codeur G.729) sont donnés à la Section 3 et la conclusion apparaît à la Section 4.

2 Conception d'un quantificateur vectoriel arborescent

La technique désignée par le terme *fusion de cellules* a été suggérée par (Riskin et al., 1994) pour la conception d'un quantificateur vectoriel arborescent TSVQ (tree-structured vector quantization). La procédure de conception procède du niveau le plus élevé (de l'arbre) vers les niveaux inférieurs. Récemment (Chu, 2006) a proposé un algorithme de conception d'un quantificateur arborescent multi-étage désigné par MTVQ (multistage TSVQ) pour le codage des fréquences de raies spectrales LSF's (line spectral frequencies). Nous proposons un algorithme de conception d'un quantificateur arborescent TSVQ basé sur la technique de fusion de cellule.

Considérons un quantificateur vectoriel à un seul étage avec un dictionnaire-étage de taille N (de résolution $r = \log_2 N$): $\boldsymbol{Y} = \{\boldsymbol{y}_0, \boldsymbol{y}_1, \ldots, \boldsymbol{y}_{N-1}\}$. Pour construire un arbre binaire équilibré, les vecteurs-code $\boldsymbol{y}_i, i = 0$ à $N-1$ sont placés aux positions des nœuds-feuille (le niveau le plus élevé) de l'arbre. Ceci est un procédé d'assignement d'indices (Chu, 2006) décrit par : $\boldsymbol{c}_i^{(r)} = \boldsymbol{y}_{a[i,k]}$ ($i = 0$ à N) où la notation $\boldsymbol{c}_i^{(r)}$ indique que les vecteurs-code $\boldsymbol{y}_{a[i,k]}$ sont placés au niveau r ($r = log_2 N$) de l'arbre binaire. $a[i,k] \in [0, N-1]$ est désigné comme la séquence d'assignement d'indices avec $k = 0$ to $N\,! - 1$, puisque avec N indices il y a $N\,!$ permutations (séquences). Pour une séquence d'assignement d'indices donnée, le processus de fusion de cellules consiste à fusionner les cellules de résolutions plus élevées pour former les cellules de résolutions inférieures, comme suit : $\mathbf{R}_i^{(m)} = \mathbf{R}_{2i}^{(m+1)} \cup \mathbf{R}_{2i+1}^{(m+1)}$ (pour $i = 0$ à $2^m - 1$ et pour $m = r - 1$ à 0). Les vecteurs-code $\boldsymbol{c}_i^{(m)}$ peuvent alors être calculés comme les centroïdes des cellules $\mathbf{R}_i^{(m)}$. Pour la mesure de performance, on peut se baser sur le critère proposé par (Chu, 2006) et qui peut être exprimé comme suit :

$$D = \sum_{m=0}^{r-1} \sum_{i=0}^{2^m-1} \left[P_{2i}^{(m+1)} d\left(\boldsymbol{c}_i^{(m)}, \boldsymbol{c}_{2i}^{(m+1)}\right) + P_{2i+1}^{(m+1)} d\left(\boldsymbol{c}_i^{(m)}, \boldsymbol{c}_{2i+1}^{(m+1)}\right) \right] \quad (1)$$

où $P_i^{(m)}$ est la probabilité du vecteur-code $\boldsymbol{c}_i^{(m)}$ (définie comme la probabilité qu'un vecteur aléatoire appartienne à la cellule $\mathbf{R}_i^{(m)}$ ayant comme centroïde le vecteur $\boldsymbol{c}_i^{(m)}$) avec $P_i^{(\mathrm{m})} = P_{2i}^{(m+1)} + P_{2i+1}^{(m+1)}$ et $d(\boldsymbol{x}, \boldsymbol{y})$ est la distance entre les vecteurs $\boldsymbol{x}$ et $\boldsymbol{y}$.

Une manière simple pour l'élaboration du dictionnaire consiste à évaluer exhaustivement toutes les séquences possibles d'assignement d'indices et de retenir la meilleure séquence qui correspond à celle qui minimise le critère (1). Cette stratégie est appelée *recherche exhaustive conjointe d'assignement d'indices* et le nombre de séquences qui doivent être évaluées est donné par (Chu, 2006) : $N1 = \prod_{i=0}^{\log_2(N/2)} [(N/2^i)!/2[(N/2^{i+1})!]^2]^{2^i}$, $N \geq 2$. Pour $N \leq 8$, la valeur de $N1$ est relativement faible. Cependant, dans la pratique, la taille N du dictionnaire-étage peut être relativement élevée et la procédure de recherche exhaustive conjointe devient impraticable. Le problème peut être résolu en divisant le dictionnaire-étage de taille N en N/n sous-dictionnaires de taille $n \leq 8$. Pour chaque sous-dictionnaire et utilisant la recherche exhaustive conjointe, le sous-arbre optimal (selon (1)) est trouvé. La figure 1 donne un exemple de construction d'un arbre où l'ensemble des nœuds-feuille correspond à un dictionnaire-étage de taille $N = 32$. L'objectif ici est de construire un arbre de six niveaux: du niveau $l = 0$ (un seul vecteur) au niveau $l = 5$ (32 vecteurs). À partir du dictionnaire-étage de taille $N = 32$, quatre sous-dictionnaires de taille $n = 8$ chacun sont trouvés; puis les quatre sous-arbres optimaux (utilisant la recherche exhaustive conjointe) correspondants aux quatre sous-dictionnaires sont construits: $sarbre_i^{(5,2)}$ ($i = 0$ à 3) où $sarbre_i^{(p,q)}$ est le sous-arbre construit du niveau p au niveau q de l'arbre. Ainsi le sous-arbre $sarbre_i^{(p,q)}$ a une hauteur de $h = p - q$ (du niveau 0 à h). Une fois que les sous-arbres $sarbre_i^{(5,2)}$ ($i = 0$ à 3) sont construits, les quatre vecteurs-code $\boldsymbol{c}_i^{(2)}$ ($i = 0$ à 3) correspondants aux nœuds du niveau $l = 2$ de l'arbre sont calculés et la procédure de recherche exhaustive conjointe peut être appliquée (puisque le nombre de vecteurs-code est faible) pour construire le sous-arbre optimal $sarbre_0^{(2,0)}$. La dernière étape de construction est l'opération d'assignement des indices, qui consiste à affecter les vecteurs-code aux nœuds de l'arbre binaire équilibré ainsi construit. Le procédé décrit ci-dessus peut être généralisé pour un arbre binaire de hauteur quelconque.

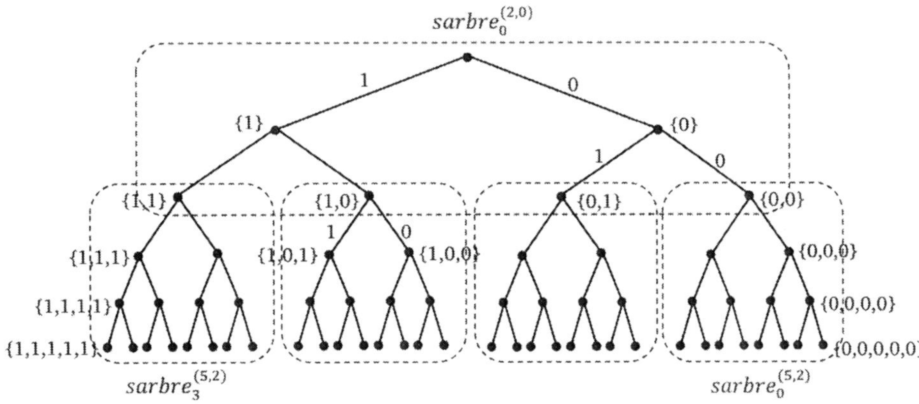

Figure 1: Exemple du principe de construction d'un arbre binaire de hauteur 5 (du niveau 0 à 5) en divisant l'arbre en sous-arbres avec une hauteur maximale de 3 (du niveau 0 à 3) chacun.

La performance de la procédure décrite ci-dessus dépend de la performance de l'algorithme qui consiste à diviser un ensemble de N vecteurs-code en N/n sous-ensembles de n vecteurs-code chacun. Nous proposons un algorithme efficace désigné sous le nom d'algorithme de regroupement. Soit $I_i^{(n)}$ un ensemble (d'indice i) de n indices de vecteurs-code sélectionnés parmi N vecteurs (indexés de 0 à N). Le nombre d'ensembles d'indices distincts (les n indices contenus dans l'ensemble $I_i^{(n)}$ doivent être différents et l'ordre des indices n'est pas pertinent) est donné par $N2 = N!/[n!\,(N-n)!]$. Nous définissons la distance associée à l'ensemble d'indices $I_i^{(n)}$ par :

$$D[i,n] = \sum_{j \in I_i^{(n)}} P_j \big(\boldsymbol{c}_i - \boldsymbol{y}_j\big)^T \mathbf{W}(\boldsymbol{y}_j)\big(\boldsymbol{c}_i - \boldsymbol{y}_j\big), \quad (2)$$

où P_j est la probabilité du vecteur-code $\boldsymbol{y}_j$ et $\mathbf{W}(\boldsymbol{x})$ est une matrice de pondération diagonale dépendant du vecteur $\boldsymbol{x}$. En minimisant le critère (2), le centroïde $\boldsymbol{c}_i$ est donné par : $\boldsymbol{c}_i = [\sum_{j \in I_i^{(n)}} P_j \mathbf{W}(\boldsymbol{y}_j)]^{-1} [\sum_{j \in I_i^{(n)}} P_j \mathbf{W}(\boldsymbol{y}_j) \boldsymbol{y}_j]$.

Une séquence de N/n ensembles (d'indices) disjoints est définie par $S_k^{(n)} = \{I_{b[i,k]}^{(n)},\ i = 0$ à $(N/n) - 1\}$ où $b[i,k] \in [0, N2 - 1]$ avec k est l'indice de la séquence et $N2$ est le nombre d'ensembles d'indices distincts. Nous avons $\bigcup_{i=0 \text{ à } (N/n)-1} I_{b[i,k]}^{(n)} = \{0,1,\dots,N-1\}$.

Par la suite, on désignera les paramètres N/n et n par la taille et la dimension de la séquence $S_k^{(n)}$. Pour trouver la meilleure séquence, nous minimisons la distorsion totale :

$$D_T[k,n] = \sum_{i=0}^{(N/n)-1} D[b[i,k],n]. \quad (3)$$

Selon notre critère d'optimalité (3), la meilleure séquence peut être trouvée en faisant une recherche exhaustive sur toutes les séquences possibles qui produisent différentes valeurs de la distorsion (3). Cependant, cette recherche exhaustive est impraticable parce que le nombre de possibilités est astronomique même pour des valeurs modérées de N et n. La complexité élevée, pour la recherche de la séquence optimale, est due à deux paramètres : Le nombre d'ensembles d'indices distincts $N2$ et le nombre de séquences distinctes. Par exemple $N2 \approx 10^{12}$ pour $N = 128$ et $n = 8$. Cependant pour $n = 2$, la valeur de $N2$ est réduite à 8128. Nous considérons une procédure sous-optimale qui consiste, dans une première étape, à évaluer un nombre limité de séquences (de dimension $n = 2$) pour en sélectionner les M_L séquences ayant les plus faibles distorsions. À partir de ces M_L séquences de dimension $n = 2$, un nombre limité de séquences de dimension $n = 4$ sont construites et évaluées pour ne retenir que les M_L séquences de plus faibles distorsions. Le procédé est répété jusqu'à ce que la dimension désirée $n1$ soit atteinte et que la meilleure séquence qui minimise la distorsion globale (3) soit trouvée. L'algorithme est donné à la table 1.

- Entrées: les vecteurs-code $\{\boldsymbol{y}_j,\ j = 0 \text{ à } N-1\}$, les probabilités $\{P_j,\ j = 0 \text{ à } N-1\}$ et les paramètres $n1$, N_L, M_L $(M_L < N_L)$

1- Initialisation: $S_0^{(1)} = \{\{0\},\{1\},\dots,\{N-1\}\}$, $n \leftarrow 2$

2- À partir de la séquence $S_0^{(1)}$, extraire un maximum de N_L séquences $\{S_k^{(2)},\ k = 0 \text{ à } N_L - 1\}$.

3- À partir des N_L séquences de l'étape 2, retenir les M_L séquences distinctes $\{S_{k(j)}^{(2)},\ j = 0 \text{ à } M_L - 1\}$ correspondantes aux M_L plus faibles valeurs de la distorsion (3).

4- Pour chaque séquence $S_{k(j)}^{(n)}$, extraire un maximum de N_L séquences de dimension $2n$. Donc nous avons $N_L M_L$ séquences $\{S_k^{(2n)},\ k = 0 \text{ à } N_L M_L - 1\}$.

5- À partir des $N_L M_L$ séquences de l'étape 4, retenir les M_L séquences distinctes $\{S_{k(j)}^{(2n)}, j = 0 \text{ à } M_L - 1\}$ correspondantes aux M_L plus faibles valeurs de la distorsion (3).

6- Test: $n \leftarrow 2n$, si $n = n1$, aller à l'étape suivante, autrement répéter les étapes 4 à 5.

7- Parmi les M_L séquences sélectionnées à l'étape 5, retenir la séquence $S_K^{(n1)}$ qui minimise la distorsion globale (3) à la dimension désirée $n1$.

- Sortie : la séquence $S_K^{(n1)} = \{I_{b[i,K]}^{(n1)},\ i = 0 \text{ à } (N/n1) - 1\}$ tel que $\bigcup_{i=0 \text{ à } (N/n1)-1} I_{b[i,K]}^{(n1)} = \{0,1,\dots,N-1\}$

Table 1: Algorithme de regroupement (divise un ensemble de N vecteurs-code en N/n sous-ensembles de n vecteurs-code chacun)

Pour un quantificateur MTVQ à K étages, la structure est conçue en deux étapes : en premier lieu les K dictionnaires-étage (correspondants aux niveaux les plus élevés des K arbres binaires) sont construits et optimisés conjointement; en seconde étape, la construction de la structure MTVQ est complétée de façon séquentielle en utilisant la méthode décrite plus haut pour compléter la construction de l'arbre binaire équilibré associé à chaque étage.

L'extraction des N_L séquences de dimension $2n$ $\{S_k^{(2n)}, k = 0\ to\ N_L - 1\}$ à partir d'une séquence de dimension n $\{S_k^{(n)}\}$ peut être faite en étendant et en généralisant la méthode présentée par (Chu, 2006). Soit la séquence $S_k^{(n)} = \{I_{b[i,k]}^{(n)},\ i = 0\ to\ (N/n) - 1\}$; un ensemble d'indices de dimension $2n$ est formé par l'opération d'union entre deux ensembles (de dimension n chacun) pris parmi les ensembles de la séquence $S_k^{(n)}$:

$$\left\{I_{b[i,k]}^{(n)} \cup I_{b[j,k]}^{(n)}\right\}\ i = 0 \text{ à } \frac{N}{n} - 2, j = i + 1 \text{ à } \frac{N}{n} - 1. \tag{4}$$

Les indices i et j sont choisis de telle manière que les indices contenus dans l'ensemble de dimension $2n$ (résultant de l'opération (4)) doivent être différents. Ainsi nous avons un total de $N3 = (N/n)!/(2!\,[(N/n) - 2]!)$ ensembles d'indices distincts de dimension $2n$ $\{I_i^{(2n)},\ i = 0 \text{ à } N3 - 1\}$. En utilisant l'équation (2), les distances $\{D[i, 2n], i = 0 \text{ à } N3 - 1\}$ associées aux ensembles $\{I_i^{(2n)},\ i = 0 \text{ à } N3 - 1\}$ sont calculées. Les distances sont ordonnées dans l'ordre croissant, avec les ensembles associés placés dans le même ordre. Pour les ensembles d'indices ainsi ordonnés et utilisant l'ensemble ayant la plus faible distance (le premier ensemble dans la liste ordonnée) comme référence, on élimine tous les autres ensembles de la liste qui ne sont pas disjoints avec la référence. On continue le processus avec le prochain ensemble dans la liste ordonnée jusqu'au point où tous les ensembles restants dans la liste soient disjoints. À la fin du processus une seule séquence de $N/2n$ ensembles reste et forme la première séquence de dimension $2n$; Nous pouvons appliquer la même méthode à plusieurs reprises pour extraire d'autres séquences; nous recommençons avec la liste ordonnée intacte, nous ignorons le premier ensemble et utilisons le deuxième ensemble dans la liste ordonnée comme référence puis nous appliquons le même procédé pour extraire une autre séquence.
La performance de l'algorithme de regroupement peut être améliorée. Considérons une séquence $S_k^{(n)}$ de N/n ensembles d'indices; nous pouvons permuter les indices (un indice à la fois) entre deux ensembles de la séquence $S_k^{(n)}$. Cette opération produit une nouvelle séquence dont la distorsion totale (3) est évaluée. L'opération de permutation est retenue si la distorsion totale est minimisée, autrement l'opération est annulée. L'opération de permutation peut être appliquée pour tous les indices d'un ensemble et pour toutes les combinaisons possibles de deux ensembles de la même séquence $S_k^{(n)}$. Pour réduire la complexité, la procédure est appliquée seulement à la dimension désirée $n1$ (l'étape 7 de l'algorithme de regroupement) pour les M_L séquences de plus faibles distorsions.

3 Évaluation des performances

Le codeur standard G.729 (ITU-T Recommend, 2007) opère sur des trames de parole de 10 ms (80 échantillons pour une fréquence d'échantillonnage de 8 kHz), où 80 bits sont utilisés pour chaque trame (un débit de 8 kbit/s). Pour la quantification des coefficients LSF, une prédiction MA commutée de 4ème ordre est utilisée pour prédire les coefficients LSF de la trame courante. La différence entre les coefficients calculés et les coefficients prédits est quantifiée en utilisant une structure MSVQ à deux étages. Le premier étage est un quantificateur de dimension 10 utilisant un dictionnaire de 128 entrées (7 bits). Le deuxième étage est un quantificateur structuré de 10-bits, qui est implémenté sous forme d'une structure SVQ utilisant deux dictionnaires de dimension 5 chacun (les cinq coefficients LSF inférieurs et les cinq coefficients LSF supérieurs) et contenant 32 entrées (5 bits) chacun. Ainsi, un total de 18 bits par trame est utilisé pour la quantification des coefficients LSF: 17 bits sont utilisés pour quantifier les vecteurs erreur-de-prédiction de dimension 10 et un bit est utilisé pour sélectionner un des deux prédicteurs possibles. Pour concevoir le quantificateur des coefficients LSF basé sur une structure MTVQ, les structures arborescentes associés au premier dictionnaire-étage, au deuxième dictionnaire-étage (partie inférieure), et au deuxième dictionnaire-étage (partie supérieur) sont séparément générés en utilisant le procédé de conception décrit dans la Section 2 (en utilisant la distance Euclidienne). Finalement, nous obtenons un quantificateur MTVQ correspondant à trois structures TSVQ de résolutions (hauteurs) 7, 5 et 5 bits avec trois nouveaux dictionnaires-étages (de dimensions 10, 5 et 5) ayant les mêmes vecteurs-code que ceux du quantificateur original mais arrangés dans différents ordres. L'encodeur G.729 modifié utilise les nouveaux dictionnaires (ayant les mêmes vecteurs-code que ceux des dictionnaires originaux mais disposés dans différents ordres) pour produire un flux binaire. Le décodeur modifié utilise un quantificateur prédictif basé sur une structure MTVQ pour le décodage incorporé (de 0 à 17 bits) des indices des vecteurs erreurs-de-prédiction des coefficients LSF. Dans le cas où aucun bit n'est perdu, le codeur G.729 modifié a la même performance que le codeur standard.

En utilisant le codeur G.729 modifié, 194 779 vecteurs LSF tests sont encodés utilisant 17 bits, utilisant la distance euclidienne pondérée (Paliwal et al., 1993), avec les indices résultants décodés d'une façon incorporée (de 0 à 17 bits). Pour le décodage incorporé, le schéma 2 d'allocation de bits de la table 2 est utilisé. La distorsion spectrale moyenne (SD) et le pourcentage des « outliers » pour l'ensemble des données test sont tracés à la figure 2. On observe une dégradation progressive de la distorsion spectrale moyenne quand le nombre de bits est décrémenté, confirmant que le quantificateur est échelonnable bit-par-bit. La table 2 donne deux schémas d'allocation de bit pour le décodage incorporé des indices des vecteurs-code où le schéma 1 correspond à celui utilisé par (Chu, 2006). Pour les deux schémas la priorité est accordée au premier étage. Pour le schéma 2 la priorité est accordée au deuxième étage partie-inférieure, en assignant les bits disponibles à ce dernier d'abord. La figure 3 donne la note PESQ (ITU-T Recommend, 2005) pour les deux schémas d'allocation de bit de la table 2 où un signal de parole non corrompu de duré 10.67 minutes est utilisé. Comparé au schéma 1, le schéma 2 améliore la performance (en termes de note PESQ). Il est bien connu que l'oreille humaine ne peut pas résoudre les différences aux hautes fréquences avec autant de précision qu'aux basses fréquences (les composantes basses fréquences sont plus importantes); c'est-à-dire, les coefficients LSF inférieurs sont plus importants que les coefficients LSF supérieurs. En outre, les sensibilités spectrales des coefficients LSF sont localisées. Donc, lorsque le choix se présente, il serait plus efficace (lors du décodage) de distordre les cinq coefficients LSF quantifiés supérieurs (tout en maintenant les cinq coefficients inférieurs intacts) que de distordre les dix coefficients LSF en même temps.

La figure 4 donne les notes PESQ obtenues pour le codeur G.729 modifié en utilisant de la parole propre et de la parole corrompue (par le bruit de voiture avec un SNR de 10, 15, 20 et 25 dB) comme signal d'entrée de durée 10.67 min. Une dégradation graduelle de la qualité est obtenue pour la parole synthétique (propre et corrompue) quand le nombre de bits disponible pour le décodage des coefficients LSF est décrémenté un-par-un. Pour la parole propre et corrompue le changement de la qualité est faible quand les cinq coefficients LSF supérieurs sont distordus (correspondant à $m = 12$ à 16).

Nombre de bits (m)	Scheme 1	Scheme 2
17	(7, 5, 5)	(7, 5, 5)
16	(7, 5, 4)	(7, 5, 4)
15	(7, 4, 4)	(7, 5, 3)
14	(7, 4, 3)	(7, 5, 2)
13	(7, 3, 3)	(7, 5, 1)
12	(7, 3, 2)	(7, 5, 0)
11	(7, 2, 2)	(7, 4, 0)
10	(7, 2, 1)	(7, 3, 0)
9	(7, 1, 1)	(7, 2, 0)
8	(7, 1, 0)	(7, 1, 0)
7	(7, 0, 0)	(7, 0, 0)
6	(6, 0, 0)	(6, 0, 0)
5	(5, 0, 0)	(5, 0, 0)
4	(4, 0, 0)	(4, 0, 0)
3	(3, 0, 0)	(3, 0, 0)
2	(2, 0, 0)	(2, 0, 0)
1	(1, 0, 0)	(1, 0, 0)
0	(0, 0, 0)	(0, 0, 0)

Table 2: Deux schémas d'allocation de bit utilisés pour le décodage des coefficients LSF pour le codeur G.729 modifié.

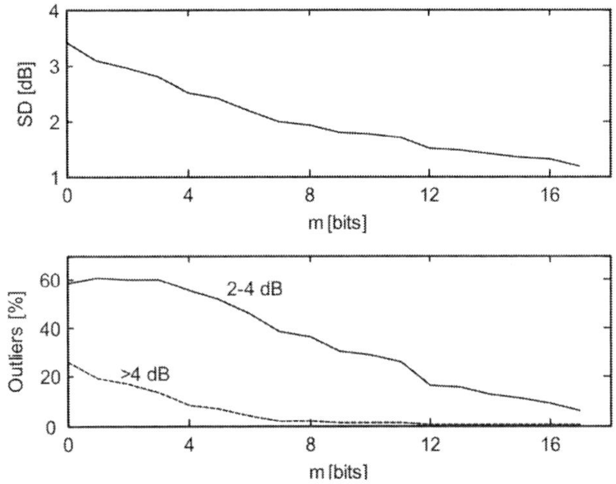

Figure 2: Résultats obtenus pour un quantificateur LSF prédictif basé sur une structure MTVQ (17 bits pour les indices). En Haut: Distorsion spectrale moyenne (SD) en fonction du nombre de bits utilisés pour le décodage utilisant le schéma 2 d'allocation de bit (Table 2). En bas: Pourcentage de «outliers» (SD dans l'intervalle [2-4] dB et SD >4 dB) en fonction du nombre de bits utilisés pour le décodage.

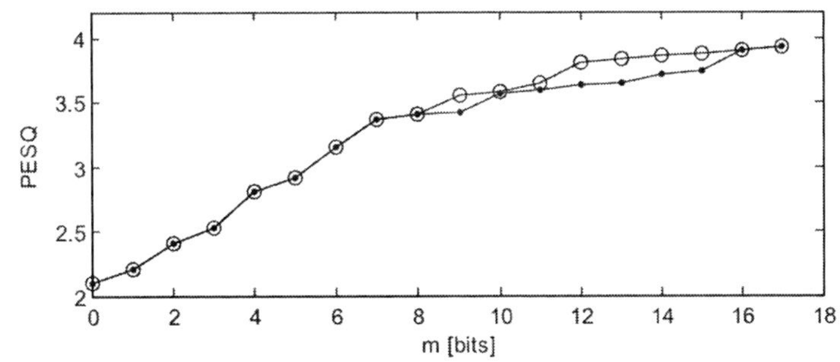

Figure 3 : La note PESQ (pour les deux schémas d'allocation de bits de la table 2) en fonction du nombre de bits utilisés pour le décodage des coefficients LSF pour le codeur G.729 modifié. De la parole non corrompue de durée 10.67 minutes est utilisée.

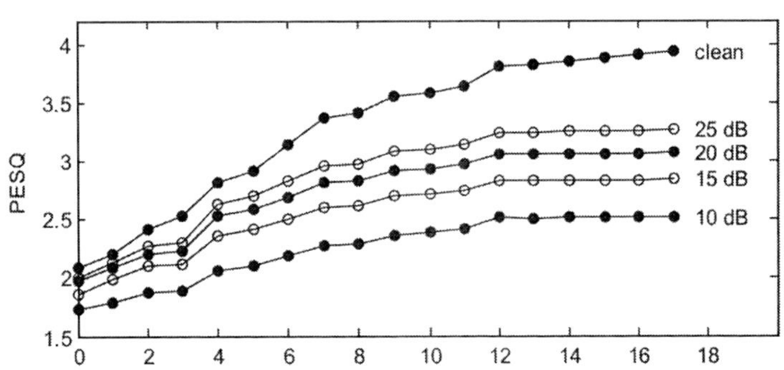

Figure 4: La note PESQ (utilisant le schéma 2 d'allocation de bit de la Table 2) en fonction du nombre de bits utilisés pour le décodage des coefficients LSF pour le codeur G.729 modifié. La parole test utilisée a une durée de 10.67 minutes. Du haut vers le bas: parole propre et parole corrompue par le bruit de voiture avec un SNR de 25, 20, 15 et 10 dB.

4 Conclusion

Un algorithme efficace de conception d'un quantificateur TSVQ binaire équilibré basé sur la technique de fusion de cellules est proposé. La structure arborescente est conçue depuis le niveau le plus élevé de l'arbre vers les niveaux les plus bas. L'idée principale de la méthode proposée est basée sur la construction d'un arbre binaire d'une certaine taille (certaine hauteur) comme une connexion de sous-arbres de petites tailles. Le codeur standard G.729 est modifié en remplaçant le quantificateur prédictif original basé sur une structure MSVQ (pour la quantification des coefficients LSF) par un quantificateur prédictif basé sur une structure MTVQ conçu à partir du quantificateur original. Le codeur modifié est échelonnable en débit binaire avec une granularité fine avec un changement graduel de la qualité quand le débit varie de 6300 bits/s à 8000 bits/s, avec un incrément de 100 bits/s. À 8000 bits/s le codeur modifié a la même performance (pour un canal non bruité) que le codeur standard puisque (dans ce cas) le décodeur modifié utilise les même vecteurs-code que ceux du décodeur standard. L'algorithme de regroupement proposé dans ce travail peut être aussi utilisé pour concevoir des algorithmes de recherche rapides (Djamah et al. 2012)

Références

Chu, W. C. (2003). *Speech Coding Algorithms: Foundation and Evolution of Standardized Coders.* John Wiley & Sons.

Chu W.C. (2006). Embedded quantization of line spectral frequencies using a multistage tree structured vector quantizer. *IEEE Trans. on Audio, Speech and Language Processing,* vol. 14, no. 4, pages 1205-1217.

Chen, F., Lee, I. (2003). CELP based speech coding with fine granularity scalability. *IEEE ICASSP,* pages II-145–II-148.

Djamah, M., O'Shaughnessy, D. (2012). Fine granularity scalable speech coding using embedded tree-structured vector quantization. *Speech Communication* 54(1) pages 23-39.

ITU-T Recommend. (2005). Perceptual Evaluation of Speech Quality (PESQ), an Objective Method for End-to-End Speech Quality Assessment of Narrow-Band Telephone Networks and Speech Codecs. *ITU.*

ITU-T Recommend. (2007). Coding of speech at 8 kbit/s using conjugate-structure algebraic-code-excited linear prediction (CS-ACELP). *ITU.*

Riskin, E., Ladner R., Wang R., Atlas L. (1994). Index Assignment for Progressive Transmission of Full-Search Vector Quantization. *IEEE Transactions on Image Processing,* vol.3, no.3, pages 307-312.

Paliwal, K., Atal, B. S. (1993). Efficient vector quantization of LPC parameters at 24 bits/frame. *IEEE Trans Speech Audio Process.,* vol. 1, no. 1, pages 3–14.

Étude comparée de la précision de mesure des systèmes d'articulographie électromagnétique 3D Wave et AG500

Christophe Savariaux[1], *Pierre Badin*[1], *Slim Ouni*[2] *et Brigitte Wrobel-Dautcourt*[2]
(1) GIPSA-Lab (DPC / ICP), UMR 5216, CNRS – Université de Grenoble, France
(2) LORIA, UMR 7503, BP 239, 54506 Vandoeuvre-lès-Nancy, France
{christophe.savariaux, pierre.badin}@gipsa-lab.fr, {slim,wrobel}@loria.fr

RESUME

Nous présentons dans ce papier une étude sur la précision de mesure des 2 appareils d'articulographie électromagnétique 3D les plus utilisés par la communauté parole, à savoir les systèmes WAVE de NDI et AG500 de Carstens. Pour cela, nous avons utilisé un protocole de mesure basé sur l'utilisation du dispositif *mkal* permettant de mettre en rotation un plateau portant les capteurs. Nous avons évalué la variation des distances entre 6 capteurs pour différentes positions et orientations et ceci pour différentes vitesses de déplacement. Les résultats montrent que les 2 systèmes sont très proches et que le WAVE obtient de meilleures précisions quelques soient la distance (0.0289 *vs.* 0.0347 cm) et la vitesse de déplacement des capteurs (0.0289 *vs.* 0.0401). Il apparaît aussi que la précision dépend très peu de la vitesse des capteurs, mais diminue en fonction de la distance par rapport au centre magnétique des dispositifs.

ABSTRACT

Comparative study of the measurement accuracy of the 3D electromagnetic articulographs WAVE and AG500

We present a comparative study of the accuracy of the two most used 3D electromagnetic articulographs: NDI's WAVE system and the Carstens AG500 system. To accurately judge their precision, we designed an experimental paradigm using the *mkal* setup, to allow the coils to rotate on a housing inside the magnetic field. We then evaluated the pairwise variation of the distances between the 6 coils in two ways: relative to the distance of the pairs from the magnetic center of the system and relative to rotational velocity. Results are similar for the 2 systems with somewhat better accuracy for the WAVE system, regardless of distance (0.0289 *vs.* 0.0347 cm) and regardless of coil velocity (0.0289 *vs.* 0.0401 cm). It also seems that the accuracy is relatively independent of the coil velocity, but decreases with the distance from magnetic center of the system.

MOTS-CLES : Articulographe électromagnétique 3D, précision, production de la parole.
KEYWORDS: 3D electromagnetic articulograph, accuracy, speech production.

1 Introduction

L'étude des mécanismes de production de la parole aux niveaux périphériques, c'est-à-dire aux niveaux articulatoire et acoustique, passe par la connaissance de la forme du conduit vocal. Pour cela, nous sommes donc amenés à enregistrer et étudier les mouvements des articulateurs tels que la mâchoire, la langue, les lèvres ou encore le velum. La majorité de ces articulateurs n'étant pas directement visible, nous devons donc avoir recours à différentes techniques d'acquisition allant de l'IRM anatomique à l'articulographie électromagnétique en passant par l'imagerie ultrasonique.

Depuis de nombreuses années, le laboratoire Gipsa-lab dispose d'un articulographe électromagnétique 2D développé par la société Carstens. Ce système permet la mesure de 12 capteurs en simultané à une fréquence de 200 Hz. Mais ce système comporte plusieurs inconvénients : d'une part, il est nécessaire de coller impérativement ces capteurs dans le plan médiosagittal du sujet ce qui n'est pas toujours facile à réaliser ; d'autre part il est composé d'un casque que l'on fixe, à l'aide d'une sangle, sur la tête du sujet, le tout devenant assez inconfortable lors de l'enregistrement de longs corpus.

Le laboratoire a donc choisi d'acquérir un articulographe électromagnétique 3D à la fois pour permettre au sujet d'avoir la tête libre durant les enregistrements mais aussi et surtout pour (1) pouvoir acquérir des données avec 5 degrés de liberté pour chaque capteur (3 coordonnées spatiales en x, y et z et 2 coordonnées angulaires autour des axes transversal et antérieur-postérieur donnant respectivement l'azimut et l'élévation du capteur) ; et (2) éviter l'augmentation des erreurs lorsque les capteurs sont collés hors du plan médiosagittal ou encore les mouvements de la langue ne sont pas symétriques par rapport au plan médiosagittal et induisent des orientations des capteurs dans différentes directions. Les deux modèles d'articulographes électromagnétiques les plus courants sont actuellement le système WAVE (NDI, Canada) et le système AG500 (Carstens Medizinelektronik GmbH, Allemagne). Le principe de fonctionnement de ces deux appareils reste sensiblement le même : un champ électromagnétique alternatif est généré par plusieurs bobines émettrices provoquant ainsi un courant induit d'intensité variable dans un capteur (une petite bobine) placé à l'intérieur de ce champ. L'intensité du courant varie en fonction de la distance et de l'orientation relative de ce capteur par rapport à chacune des bobines émettrices. Si la localisation du capteur dans le champ peut être obtenue directement en fonction de l'intensité du courant induit, l'orientation et l'inclinaison de celui-ci sont plus complexes à obtenir et nécessitent la résolution d'équations à multiples inconnues (*cf.* pour plus de précisions Perkell *et al.*, 1992 ; Kaburagi *et al.*, 2005 ; Hoole et Zierdt, 2010; Kröger *et al.*, 2008).

La différence majeure entre les deux systèmes réside dans leur taille et leur conception. Le système AG500 est composé de six bobines émettrices, réparties de manière sphérique, fixées sur une structure en plexiglas d'environ $1m^3$. Chacune de ces bobines émettant à des fréquences comprises entre 7,5 et 13,75 kHz induisent des courants dans un total de 12 capteurs. Le système AG500 fournit ainsi les coordonnées de 12 capteurs maximum à une fréquence de 200Hz.

Le système WAVE utilise un nombre inconnu de bobines émettrices encapsulées dans un boîtier d'émission (plaque d'émission) de dimension 20×20×7 cm, générant un champ électromagnétique dans un volume réglable par logiciel et de taille maximum 50×50×50 cm (celui retenu pour cette étude). Le système de base est composé de 8 canaux échantillonnés à 100Hz, mais il peut être augmenté jusqu'à 16 canaux à une fréquence maximum de 400Hz. A noter également que le système WAVE propose en option un capteur à 6 degrés de liberté qui permet d'obtenir, en plus des 5 degrés habituels, les coordonnées angulaires par rapport à l'axe inférieur-supérieur. Le système WAVE utilisé pour cette étude est celui de l'équipe MAGRIT du Loria. Il est intégré dans un système global d'acquisition de données multimodales incluant des images ultrasonores, vidéos, IRM et des données audio dans l'objectif de construire un modèle articulatoire dynamique (Aron *et al.*, 2009).

Pour pouvoir comparer la précision de ces deux systèmes, nous avons choisi de réaliser nos propres mesures, malgré les nombreuses publications disponibles dans la littérature (Zierdt, 2007 ; Kröger et *al.*, 2008 ; Kroos, 2008 ; Yunusova *et al.*, 2009; Berry, 2011). En effet, ces travaux ne sont pas toujours comparables entre eux à cause de l'utilisation de méthodologies différentes pour l'évaluation de la précision. De plus, aucun de ces travaux ne réalise une étude comparée des 2 systèmes. Berry (2011) a mesuré la précision de mesure du système WAVE dans un champ de 50 cm^3. Il trouve une médiane de l'erreur de mesure (pour des distances variant de 5 à 50 cm du boitier d'émission) de 0.071 cm pour des mesures statiques et de 0.116 cm pour des mesures dynamiques. Kröger *et al.* (2008) trouvent pour la version Aurora de NDI précédant la version actuelle WAVE un écart type, pour un capteur collé sur la mandibule, allant de 0.054 à 0.103 cm en fonction du corpus prononcé (allant de la syllabe /ba/ à un texte lu). Par ailleurs, Yunusova *et al.* (2009) montrent que les mesures de médiane effectuées avec l'AG500 pour deux capteurs collés sur la mandibule varient de 0.009 à 0.022 cm en fonction du corpus prononcé (respectivement la production de la voyelle /a/ et la lecture d'un paragraphe). Les auteurs présentent également une erreur de mesure calculée en fonction des axes X, Y et Z respectivement de 0.024, 0.022 et 0.038 cm.

Nous présentons dans ce papier la méthodologie utilisée pour mesurer la précision de ces deux systèmes en fonction de la position et de l'orientation du dispositif à l'intérieur des champs magnétiques ainsi que les résultats obtenus pour différentes vitesses de déplacements des capteurs.

2 Méthode et protocole de mesure

Le but de notre protocole de mesure est double : tout d'abord nous voulons comparer la précision de mesure des deux systèmes pour différents types de mouvement, mais nous voulons également avoir une idée aussi précise que possible de la fiabilité des mesures en fonction de la distance et de l'orientation des capteurs par rapport au système d'émission des ondes électromagnétiques.

2.1 Le dispositif *mkal*

Le dispositif *mkal* a été conçu par la société Carstens dans le but original de calibrer l'ancien système d'articulographie AG100. Il a été conçu pour se fixer sur le casque de l'AG100 ou de l'AG200 de manière à ce que le centre du dispositif *mkal* soit au centre du casque. Il est composé d'une partie fixe, sur laquelle se fixe le casque, et d'un plateau circulaire pouvant tourner à 360 degrés autour de son axe. La partie fixe comporte 24 marques servant de repère pour chacun des pas espacés de 15 degrés. Ce plateau est conçu pour intégrer jusqu'à 3 supports (racks) positionnés à des distances respectivement de 0, 4 et 8 cm par rapport au centre (figures 1A et 1B). Chacun des racks contient 5 fentes (encoches) pouvant recevoir les capteurs (figure 1C). On peut ainsi couvrir, en deux dimensions et en fonction de la position des capteurs installés sur les différents racks, un espace circulaire de 8 cm de rayon par rapport au centre par pas de 15 degrés (*cf.* pour plus de détails Hoole, 1996).

Pour notre étude nous n'avons utilisé que 2 capteurs par rack soit 6 capteurs au total, que nous avons disposés dans les fentes se trouvant aux extrémités de celui-ci, ce qui représente une distance de 4 cm entre chaque capteur. Pour nous assurer que les capteurs soient parfaitement solidaires du plateau pendant les mouvements de rotation manuelle du plateau, nous avons maintenu ceux-ci dans les fentes à l'aide de pâte à modeler puis nous avons recouvert le tout d'une bande adhésive. Les fentes ont été conçues de manière à ce que l'axe magnétique des bobines des capteurs soit toujours perpendiculaire au plan du plateau. Les 3 racks ont été positionnés respectivement à 0, 4 et 8 cm du centre. Nous avons positionné chaque rack de manière excentrée par rapport au centre du dispositif *mkal*, afin que les trajectoires des deux capteurs correspondant ne se trouvent pas sur le même cercle.

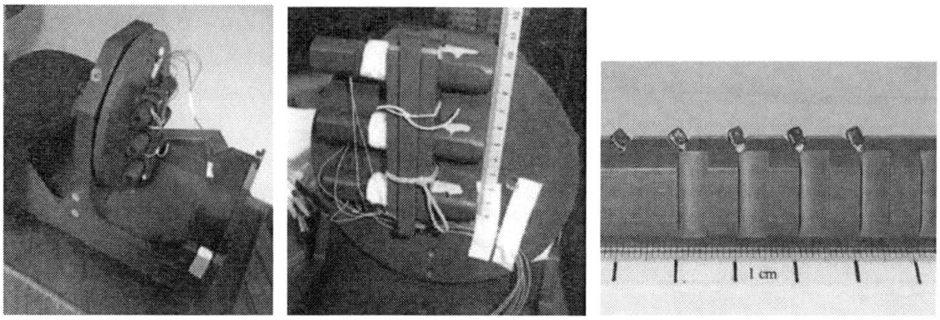

FIGURES 1A, 1B ET 1C – A gauche et au centre, photos du dispositif *mkal* avec les 3 racks positionnés. A droite, exemple d'un rack contenant 5 capteurs.

2.2 Protocole de mesure

Le protocole de mesure est identique pour chacun des deux systèmes. Après avoir positionné les 3 racks sur le plateau circulaire, on fait tourner celui-ci de manière à avoir les racks en position basse, ce qui définit la position de départ. Nous avons ensuite enregistré 4 sessions :

- ***condition statique*** : une session en tournant le plateau de manière lente avec arrêt à chaque marque de repère en faisant un tour complet, soit 24 positions,
- ***condition dynamique lent*** : une session en tournant le plateau de manière lente mais continue en faisant un tour complet puis le retour et ceci 3 fois,
- ***condition dynamique rapide*** : une session en tournant le plateau par quart de tour (90°) de manière plus rapide en faisant ainsi un tour complet en 4 étapes puis le retour et ceci 3 fois,
- ***condition dynamique très rapide*** : une session en tournant le plateau par quart de tour (90°) de manière très rapide et ceci 3 fois.

2.3 Positionnement du dispositif *mkal* par rapport aux systèmes

Le dispositif *mkal* n'ayant aucune référence commune avec les deux systèmes testés, nous avons décidé arbitrairement de l'orientation de celui-ci. Pour l'AG500, nous avons considéré – comme suggéré par Carstens – le plan médiosagittal de la structure cubique qui porte les bobines émettrices (plan X_{AG}-Z_{AG}) comme plan de référence. Ainsi, nous avons enregistré l'ensemble du protocole pour 2 positions du plateau circulaire : une première session avec le plateau placé approximativement dans le plan X_{AG}-Z_{AG}, puis une seconde avec le plateau formant un angle d'environ 45° par rapport au plan X_{AG}-Z_{AG}.

En ce qui concerne le système WAVE, nous avons également étudié l'effet de l'orientation des capteurs (et donc du plateau) par rapport à la plaque d'émission. Nous avons enregistré l'ensemble du protocole décrit ci-dessus pour 4 positions :

- le plateau placé parallèlement à la plaque d'émission (plan X_{WAV}-Y_{WAV}) avec le centre à une distance de 13,5 cm de celle-ci,
- le plateau formant approximativement un angle de 45° par rapport à la plaque d'émission avec son centre à une distance de 17 cm de celle-ci,
- le plateau formant approximativement un angle de 90° par rapport à la plaque d'émission (plan X_{WAV}-Z_{WAV}) avec son centre à une distance de 17 cm de celle-ci,
- le plateau formant approximativement un angle de 90° par rapport à la plaque d'émission (plan X_{WAV}-Z_{WAV}) avec son centre le plus proche possible de celle-ci, soit à une distance de 11 cm.

Notons que le capteur de référence du système WAVE (6 degrés de liberté) n'a pas été utilisé, et que les coordonnées obtenues pour les capteurs sont référencées par rapport à la plaque.

3 Résultats

Les évaluations sont basées sur l'analyse des coordonnées des 6 capteurs issues directement du logiciel d'acquisition fourni par la société NDI sans filtrage passe-bas pour le système WAVE. Pour le système AG500, nous avons appliqué les deux étapes de calcul de l'algorithme *Calcpos* (fourni par la société Carstens) : la première étape avec l'option forward/backward pour le calcul des trajectoires puis un deuxième passage à partir de la position initiale obtenue à la première étape. L'estimation des vitesses a été obtenue par différenciation des signaux filtrés passe-bas à 20 Hz pour chacun des systèmes. La précision des mesures sera évaluée par l'analyse des distances entre les 6 capteurs utilisés soit sur un total de 15 distances. Chaque distance a été mesurée en centimètres selon la formule suivante :

$$D = \sqrt{(x_1 - x_2)^2 + (y_1 - y_2)^2 + (z_1 - z_2)^2}$$

où $(x, y, z)_{(1,2)}$ représentent respectivement les coordonnées des couples de capteurs. L'écart-type a été calculé, pour chacune des 15 distances, sur l'ensemble des points de mesure retenus pour chaque analyse. La moyenne de ces écarts-types a été retenue comme estimation globale de l'erreur.

3.1 Comparaison des vitesses et du positionnement du *mkal*

L'espace total couvert par les capteurs pour ces deux systèmes est illustré par les figures 2A et 2B. On peut remarquer que l'espace couvert par l'ensemble des capteurs se trouve à l'intérieur d'un carré approximativement de 9×9 cm et quasiment au centre du système WAVE (figure 2A). Pour l'AG500, l'espace couvert par l'ensemble des capteurs se trouve toujours à l'intérieur d'un carré approximativement de 9×9 cm mais celui-ci se trouve décalé par rapport à l'origine du système Carstens approximativement de X_{AG} = -2cm Z_{AG} = +2cm (figure 2B). Pour affiner nos résultats, nous avons choisi de diviser l'espace d'étude en 3 zones spécifiques. Ces zones ont été obtenues en limitant le volume d'analyse suivant les 3 axes X, Y et Z à des valeurs maximum de 4 et 8 cm (*cf.* les carrés sur les figures 2A et 2B) puis sans restriction volumétrique pour la dernière zone.

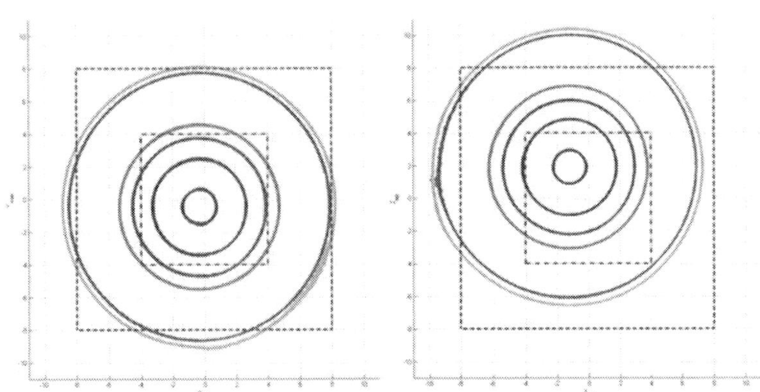

FIGURES 2A ET 2B – Trajectoire des 6 capteurs, dans les plans médiosagittaux X_{AG}-Z_{AG} et X_{WAV}-Y_{WAV} des systèmes AG500 et WAVE respectivement, pour la condition dynamique lent. Les carrés tracés en traits tiretés et pointillés représentent les espaces de mesures utilisés dans la section 3.3.

Les profils de vitesse estimés avec les deux systèmes montrent que :

- pour la condition dynamique lente, les valeurs obtenues pour le capteur le plus rapide (situé à l'extérieur du dispositif, couleur verte kaki sur les graphes) sont comprises entre 10 et 30 cm/s pour le WAVE et pour l'AG500,
- pour la condition dynamique rapide, les valeurs obtenues avec ce même capteur sont comprises entre 30 et 50 cm/s pour le WAVE et entre 40 et 70 cm/s pour l'AG500,
- pour la condition dynamique très rapide, les valeurs obtenues avec ce capteur sont supérieures à 50 cm/s et toujours inférieures à 100 cm/s, et supérieures à 60 cm/s et presque toujours inférieures à 100 cm/s pour l'AG500.

Ces profils montrent que les vitesses sont relativement homogènes pour une même condition. De plus, nous avons constaté que pour les conditions dynamiques rapide et très rapide, les vitesses étaient légèrement plus hautes lors de l'acquisition avec l'AG500 que lors de l'acquisition avec le WAVE. Le dispositif *mkal* étant manipulé manuellement, il était en effet difficile de reproduire exactement les mêmes mouvements à plusieurs minutes d'intervalle.

3.2 Résultats en fonction de l'orientation du dispositif *mkal*

La Table 1 représente les valeurs moyennes des écarts-types obtenues à partir des 15 distances entre les 6 capteurs pour le WAVE. Comme indiqué dans la section 2.3 nous avons observé la précision de la mesure en fonction de l'orientation du dispositif (et donc des capteurs) par rapport à la plaque d'émission. Nous constatons que la précision du système WAVE diminue lorsque l'orientation du plateau s'éloigne de la parallèle au plan principal de la plaque d'émission : 0.0683 *vs.* 0.0281 cm pour une orientation de 45° et 0.0366 *vs.* 0.0281 cm pour une orientation de 90° (Table 1). A noter également que si l'on se rapproche de la plaque avec le dispositif tourné à 90°, la précision s'en trouve améliorée : 0.0231 pour une mesure à 11 cm *vs.* 0.0366 pour une mesure à 17 cm de la plaque.

Orientation du dispositif *mkal*	Plan X_{WAV}-Z_{WAV} (13,5 cm)	Plan à 45° (17 cm)	Plan à 90° (17 cm)	Plan à 90° (11 cm)	Global
Ecarts types	**0.0281**	0.0683	0.0366	0.0231	0.0390

TABLE 1 – Ecarts-types (cm) obtenus avec le système WAVE sur les moyennes des 15 distances en fonction de l'orientation du *mkal*, toutes vitesses confondues (cf. § 2.3 pour détails).

Pour l'AG500, nous pouvons constater le même phénomène qu'avec le système WAVE, c'est à dire que la précision de mesure diminue si l'on oriente différemment les capteurs à l'intérieur du champ : 0.0592 cm pour un angle de 45° *vs.* 0.0444 cm dans le plan médiosagittal (Table 2).

Si l'on compare ensuite les mesures obtenues dans le plan médiosagittal pour les 2 systèmes (en gras dans les Tables 1 et 2) toutes vitesses confondues – cette condition devant correspondre à la précision optimale – nous observons que le système WAVE obtient une meilleure précision de mesure, mais avec un écart faible entre les 2 systèmes : 0.0281 *vs.* 0.0444 cm.

Orientation	Plan X_{AG}-Z_{AG}	Plan à 45°	Global
Ecarts types	**0.0444**	0.0592	0.0518

TABLE 2 – Ecarts-types (cm) obtenus avec le système AG500 sur les moyennes des 15 distances pour 2 orientations du *mkal*, toutes vitesses confondues.

3.3 Résultats en fonction de la taille de la zone d'analyse

L'analyse des résultats obtenus dans le plan médiosagittal, toutes vitesses confondues, montre que plus on s'éloigne du centre du système et plus on perd en précision de mesure (Table 3) et ce quelque soit le système utilisé : 0.0289 *vs.* 0.0120 cm pour le WAVE et 0.0347 *vs.* 0.0225 cm pour l'AG500 pour un agrandissement de la zone d'analyse de ±4 cm à ±8 cm. Cette tendance est renforcée si l'on compare les résultats obtenus toutes orientations du *mkal* confondues (cf. § 3.2) : 0.0474 *vs.* 0.0156 cm pour le WAVE et 0.0385 *vs.* 0.0179 cm pour l'AG500.

La comparaison des mesures obtenues par les 2 systèmes dans le plan médiosagittal pour une zone d'analyse de ±8 cm (en gras dans la Table 3) – qui correspond à la taille minimale pour l'étude des mouvements à l'intérieur du conduit vocal – montre que le système WAVE obtient une meilleure précision de mesure mais avec une différence très faible : 0.0289 *vs.* 0.0347 cm.

Taille de la zone d'analyse	±4 cm Plan médio	±8 cm Plan médio	non limité Plan médio	±4 cm Tous plans	±8 cm Tous plans	non limité Tous plans
WAVE	0.0120	**0.0289**	0.0281	0.0156	0.0474	0.0435
AG500	0.0225	**0.0347**	0.0444	0.0179	0.0385	0.0532

TABLE 3 – Ecarts-types (cm) obtenus pour les 2 systèmes sur les moyennes des 15 distances pour 3 zones d'analyse et pour différentes orientations du *mkal*, toutes vitesses confondues.

3.4 Résultats en fonction de la vitesse des capteurs

L'analyse des résultats obtenus dans le plan médiosagittal sans limite de la zone d'analyse montre que l'augmentation de la vitesse de déplacement des capteurs a peu d'impact sur la précision de mesure (Table 4). Si l'on reste dans la plage de vitesse correspondant à celle des articulateurs mis en jeu lors de la production de parole (de l'ordre de 20cm/s d'après Payan & Perrier (1997)) (*cf.* les 3 premières colonnes de la Table 4), la variation de la précision de mesure reste inférieure au dixième de millimètre pour les deux systèmes : autour de 0.03 cm pour le WAVE et autour de 0.04 cm pour l'AG500. On observe là encore de meilleurs résultats pour le système WAVE dans cette plage de vitesse référence (en gras dans la Table 4) même si cette différence reste très faible.

Vitesse des capteurs (cm/s)	< 2	< 3	entre 10 et 30	entre 30 et 50	> 50
WAVE	0.0253	0.0252	**0.0289**	0.0338	0.0297
AG500	0.0411	0.0423	**0.0401**	0.0434	0.0241

TABLE 4 – Ecarts-types (cm) obtenus pour les 2 systèmes sur les moyennes des 15 distances pour différentes vitesses de rotation du *mkal*, dans le plan médiosagittal et toutes zones confondues.

4 Conclusion

L'objectif de ce travail était d'évaluer la précision de mesure des deux systèmes d'articulographie électromagnétique 3D, WAVE et AG500. A l'aide du dispositif *mkal* nous avons pu mesurer cette précision dans différentes situations en faisant varier indépendamment la taille de la zone d'analyse, l'orientation des capteurs dans le champ magnétique ou bien encore la vitesse de déplacement de ces derniers. Les résultats obtenus montrent que (1) les performances des deux systèmes sont très proches, avec quelques dixièmes de millimètres de différence, même si d'une manière générale le système WAVE obtient tous les meilleurs résultats ; (2) les deux systèmes sont plus sensibles à la distance et à l'orientation des capteurs par rapport au centre qu'à la vitesse de déplacement de ceux-ci. Notons enfin que ces résultats sont confirmés par des mesures effectuées par chacun des constructeurs en utilisant un robot mobile sur un espace de mesure de ±8 cm et qu'ils nous ont gracieusement fournis pour vérification.

Remerciements

Nous tenons à remercier Yves Laprie et Marie-Odile Berger pour l'accueil dans leurs équipes PAROLE et MAGRIT du LORIA à Nancy ce qui nous a permis de réaliser ces travaux. Nous tenons également à remercier Alice Turk et Christian Geng pour leur accueil au CSTR à Edinburgh.

Références

ARON, M., TOUTIOS, A., BERGER, M.-A., KERRIEN, E., WROBEL-DAUTCOURT, B. ET LAPRIE, Y. (2009). Registration of Multimodal Data for Estimating the Parameters of an Articulatory Model. In *Actes de ICASSP 2009*, Taipei, Taiwan, pages 4489–4492.

BERRY, J. (2011). Accuracy of the NDI Wave Speech Research System. *JSLHR*, 54, pages 1295–1301

Hoole, P. (1996). Issues in the acquisition, processing, reduction and parameterization of articulographic data. *FIPKM*, 34, pages 158–173.

HOOLE, P. ET ZIERDT, A. (2010). Five-dimensional articulography. In *Speech Motor Control: New developments in basic and applied research*. Ben Maassen et Pascal Van Lieshout éditeurs, OUP, pages 331–349.

KABURAGI, T., WAKAMIYA, K. ET HONDA, M. (2005). Three dimensional electromagnetic articulography: A measurement principle. *JASA*, 118, pages 428–443.

KRÖGER, B. J., POUPLIER, M. ET TIEDE, M. K. (2008). An evaluation of the Aurora system as a flesh-point tracking tool for speech production research. *JSLHR*, 51, pages 914–921.

KROOS C. (2008). Measurement Accuracy in 3D Electromagnetic Articulography (Carstens AG500). In *Actes du 8e Séminaire International on Speech Production*, pages 61–64.

PERKELL, J. S., COHEN, M. H., SVIRSKY, M. A., MATTHIES, M. L., GARABIETA, I. ET JACKSON, M. T. (1992). Electromagnetic midsagittal articulometer systems for transducing speech articulatory movements. *JASA*, 92, pages 3078–3096.

YUNUSOVA, Y., GREEN, J. ET MEFFERD, A. (2009). Accuracy assessment for AG500, electromagnetic articulograph. *JSLHR*, 52, pages 547–555.

ZIERDT, A. (2007). EMA and the crux of calibration. In *Actes du XVIth International Congress of Phonetic Science*, 1, pages 593–596.

Payan, Y. ET Perrier, P. (1997). Synthesis of V-V sequences with a 2D biomechanical tongue model controlled by the Equilibrium Point Hypothesis. *Speech Communication*, 22, 185-205.

Etude de l'influence de la variété dialectale sur la vitesse d'articulation en français

Sandra Schwab[1] *Pauline Dubosson*[2], *Mahtieu Avanzi*[2],
(1) ELCF, Université de Genève, Suisse
(2) Centre de linguistique française, Université de Neuchâtel, Neuchâtel, Suisse
Sandra.Schwab@unige.ch, Pauline.Dubosson@unine.ch,
Mathieu.Avanzi@unine.ch

RESUME

Dans cet article, nous comparons la vitesse d'articulation de trois groupes de locuteurs ayant des variétés dialectales de français distinctes : des locuteurs français de Paris (PA), des locuteurs suisses de la région de Neuchâtel (NE) et des locuteurs suisses allemands établis dans la région de Neuchâtel depuis plus de 20 ans, pour qui le français est une L2 (CH). Le but de ce travail est de confirmer d'une part que les locuteurs natifs de la variété suisse (NE) présentent une vitesse d'articulation plus lente que les locuteurs natifs de la variété française (PA) ; de déterminer d'autre part si les locuteurs non natifs suisses (CH) se comportent différemment des locuteurs natifs de la variété correspondante (NE). Mis à part le facteur « dialectal », notre étude prend également en compte des facteurs tels que l'âge, le sexe, le style de parole (conversation vs parole lue) et le nombre de syllabe contenu dans le syntagme accentuel.

ABSTRACT

Dialectal Effect on Articulation Rate in French

This paper compares the articulation rate of 3 distinct varieties of French: Parisian French (hereafter PA); Swiss French spoken in Neuchâtel (hereafter NE) and French spoken by Swiss German speakers (hereafter CH) who have been living in a French speaking environment (in Neuchâtel) for 20 years at least. The objective is twofold: to assess the existence of differences in articulation rate between native French speakers of a standard variety (PA) and native French speakers of a regional variety (NE); and to address whether the non-native speakers (CH) exhibit a different behaviour regarding articulation rate compared with the native speakers of the correspondent variety (NE). Besides the "dialectal" factor, this study takes into account further factors that may have an influence on articulation rate: age, gender, speech style (reading or conversation) and number of syllables within the Accentual Phrase.

MOTS-CLES : français dialectal, français L2, vitesse d'articulation, syntagme accentuel.
KEYWORDS: dialectal French, L2 French, articulation rate, accentual phrase.

1 Introduction

La vitesse d'articulation est l'une des variables couramment utilisée pour examiner la dimension temporelle d'un énoncé produit par un locuteur. Contrairement au débit qui, lui, tient compte des pauses produites par le locuteur, la vitesse d'articulation dépend uniquement du temps d'articulation (exprimé en secondes) et reflète donc la vitesse à laquelle un locuteur articule un énoncé, sans tenir compte des éventuelles pauses produites. Elle peut s'exprimer en syll/sec (Grosjean et Deschamps, 1975) ou en ms/syll (Miller, Grosjean et Lomato, 1984), et se calcule donc à partir du temps d'articulation (temps total de phonation duquel est soustrait le temps de pause) et du nombre de syllabes.

Les facteurs susceptibles d'affecter la vitesse d'articulation en français sont pluriels (*cf.* (Schwab, 2007) pour une revue exhaustive). On sait ainsi que l'âge et le sexe des locuteurs ont une influence importante sur la vitesse d'articulation : les locuteurs jeunes articulent plus rapidement que les locuteurs âgés et les hommes articulent plus rapidement que les femmes (Schwab et Racine, à par.). On sait aussi que les locuteurs varient leur vitesse d'articulation en fonction du style de parole (Lucci, 1983) et selon la taille des constituants syntaxiques qu'ils produisent : plus un constituant est long, plus sa vitesse d'articulation tend à être rapide (Bartkova, 1991). Toutefois, peu d'auteurs se sont penchés sur le poids de paramètres tels que la variété dialectale du locuteur dans la modélisation de la vitesse d'articulation. De fait, la question de savoir si les locuteurs francophones originaires de régions distinctes présentent des vitesses d'articulation différentes fait encore débat ; et le problème de savoir si les locuteurs non natifs du français parlent plus lentement que les locuteurs natifs reste en suspens. Dans cet article, nous souhaitons apporter quelques éléments de réflexion à ces questions de fond en menant une étude comparative de la vitesse d'articulation chez trois groupes de locuteurs : des locuteurs français de Paris (PA), des locuteurs suisses de la région de Neuchâtel (NE) et des locuteurs suisses allemands établis dans la région de Neuchâtel depuis plus de 20 ans et pour qui le français est une L2 (CH).

2 Travaux antérieurs

Peu d'auteurs ont étudié la vitesse d'articulation de locuteurs provenant de régions différentes de la francophonie. Schoch, Jolivet et Mahmoudian (étude non publiée mais rapportée dans (Mahmoudian et Jolivet, 1984)) sont, à notre connaissance, les premiers à avoir examiné la question de la variation régionale en procédant à la comparaison de productions spontanées de 30 locuteurs parisiens et de 40 locuteurs vaudois. Et si les auteurs observent bien une vitesse d'articulation plus élevée pour les Suisses que pour les Français (respectivement 5.66 syll/sec *vs* 5.29 syll/sec), la différence ne se révèle pas statistiquement significative. Dans sa thèse de doctorat, Sterling Miller (2007) compare la vitesse d'articulation dans les productions d'un texte lu par 6 locuteurs français et de 6 locuteurs vaudois (trois hommes et trois femmes par groupe, âgés de 19 à 40 ans). Comme Schoch et collègues, elle constate une vitesse d'articulation plus élevée pour les Vaudois (5.70 syll/sec) que pour les Français (6.15 syll/sec), différence toutefois statistiquement non significative. Goldman et Simon (2007) ont également examiné la question et ont comparé la vitesse d'articulation dans les productions spontanées et lues de 47 locuteurs du corpus PFC (Durand, Laks, et Lyche, 2009), originaires France (Lyon et de Tournai), de Suisse (Nyon, canton de Vaud) de Belgique (Liège), et ils ne trouvent pas de différence significative entre les 4 variétés en regard de la vitesse d'articulation (5.48 syll/sec ; 5.38 syll/sec ; 5.02 syll/sec et 5.25 syll/sec, respectivement). Deux études récentes, menées avec des données lues récoltées dans le cadre du projet PFC, aboutissent à des résultats différents. Ainsi, dans l'étude d'Avanzi *et al.* (2012), il ressort que la vitesse d'articulation constitue un paramètre fortement discriminant en vue de distinguer 6 groupes de 4 locuteurs (2 hommes, 2 femmes entre 20 et 50 ans), représentants de variétés de français s'étalant sur un continuum de « régionalité » (Neuchâtel-Liège (5.3 syll/sec chacune) < Genève-Tournai (5.5 syll/sec et 5.6 syll/sec) < Lyon-Paris (6.2 syll/sec et 6.1 syll/sec). Schwab et Racine (à par.), qui étudient les productions de trois groupes de 8 locuteurs dont les âges ont été contrôlés, font également état de différences significatives entre des locuteurs parisiens (5.24 syll/sec) et des locuteurs suisses originaires de Nyon (4.99 syll/sec) et de Neuchâtel (4.85 syll/sec). Les auteurs constatent cependant que l'âge a un impact sur la vitesse d'articulation en Suisse mais pas en France : en Suisse, les locuteurs jeunes articulent plus rapidement que les locuteurs âgés, alors que ce n'est pas le cas chez les locuteurs parisiens.

Quant à la question du facteur « L2 », il n'a, à notre connaissance, pas fait l'objet de développements importants dans la littérature portant sur le français. Les seules études qui ont discuté de l'importance d'un tel facteur sur la vitesse d'articulation sont celles de Bordal *et al.* (2012) et de Barquero Armesto (2012), menées toutes deux avec les données lues récoltées dans le cadre du projet PFC. Bordal *et al.* (2012) comparent les productions de trois groupes de 4 locuteurs pour qui le français est une L2 (des locuteurs centrafricains, des locuteurs sénégalais et des locuteurs suisses allemands utilisant le français dans leur vie de tous les jours) avec celles de groupes de 4 locuteurs de français L1 originaires de Neuchâtel et de Paris (tous les groupes étudiés comportent des locuteurs dont l'âge oscille entre 20 et 50 ans, avec un nombre d'hommes et de femmes identiques). De leur étude, il ressort que la vitesse d'articulation est un bon discriminateur pour faire la part entre les locuteurs parisiens (6.1 syll/sec) et les autres, de même que pour distinguer des locuteurs neuchâtelois natifs (5.3 syll/sec) des non natifs (4.5 syll/sec), et des sénégalais (5.2 syll/sec) et des centrafricains (4.5 syll/sec). Barquero Armesto (2012) enfin compare les productions de 4 hommes hispanophones présentant un niveau de français avancé (B2-C1) et de 4 francophones natifs originaires de Genève, et observe que la vitesse d'articulation (en ms/syll) des locuteurs natifs est plus rapide (199.68 ms/syll) que celle des non-natifs (236.71 ms/syll).

Comme on le voit, il n'y a pas de consensus dans la littérature en ce qui concerne le rôle de la variété dialectale comme facteur de variation de la vitesse d'articulation, les uns (Schoch *et al.*. Sterling-Miller et Goldman et Simon) ne concluant pas à l'existence de différences significatives entre les variétés françaises et les variétés suisses et belges ; les autres (Avanzi *et al.*, 2012 ; Schwab et Racine, à par.) concluant, à l'inverse, que la vitesse d'articulation est un bon prédicteur pour distinguer les variétés françaises et les variétés suisses et belges. Les études se concentrant sur le statut +/- natif du locuteur ont en revanche montré, à l'instar d'autres travaux menés sur des langues différentes (Guion *et al.*, 2000 et Schwab, 2007 pour une revue), que les locuteurs d'une L2 articulent plus lentement que les locuteurs natifs.

3 Données

Le but de ce travail étant d'examiner le rôle de la variété dialectale sur la vitesse d'articulation en français, nous avons étudié les productions de trois groupes de 4 locuteurs : des locuteurs originaires de la ville de Paris (désormais PA), des locuteurs originaires de la région de Neuchâtel en Suisse (désormais NE), et des locuteurs suisses allemands établis dans la région de Neuchâtel depuis plus de 20 ans, pour qui le français est une L2 (désormais CH). Afin de limiter l'influence d'autres facteurs sur la vitesse d'articulation, nous avons contrôlé le sexe et l'âge de nos locuteurs (autant d'hommes que de femmes, tous âgés d'au moins 55 ans, puisque l'âge a un impact sur la vitesse d'articulation chez Schwab et Racine, à par.), et analysé pour chaque locuteur un enregistrement du texte lu PFC (22 phrases, 398 mots) ainsi qu'un extrait de conversation à dominante monologique (environ 180 sec). L'ensemble des fichiers, d'une durée totale de 62 minutes environ, a d'abord été transcrit orthographiquement dans Praat (Boersma et Weenink, 2012), puis aligné avec le script EasyAlign (Goldman, 2011). Les alignements ont été corrigés manuellement par un des auteurs. Deux des auteurs ont ensuite codé parallèlement, sur des bases perceptives, les syllabes associées à une proéminence et les syllabes associées à une disfluence (allongement dû à une hésitation, *euh*, interruption syntaxique, etc.), suivant une procédure d'annotation mise en place par Avanzi *et al.* (2010). L'accord entre les deux experts ayant été jugé substantiel (k=0.70), une tire de comparaison a été créée et un troisième expert a tranché pour les cas de désaccord entre les deux premiers codeurs en vue d'aboutir à une tire de référence. Par la suite, un des auteurs a identifié les groupes clitiques dont le bord droit était assorti d'une proéminence, marquant ainsi dans une tire dédiée les intervalles ayant le statut de syntagmes accentuels (ou *Accentual Phrase*, désormais AP, *cf.* Jun et Fougeron, 2002).

Enfin, nous avons obtenu le nombre de syllabes et la durée de chaque AP contenant plus d'une syllabe, en excluant les syllabes associées à une disfluence. A partir de ces données, la vitesse d'articulation a été calculée en ms/syll (comme dans Miller et al., 1984), ce qui équivaut à calculer la durée moyenne des syllabes (ms) dans le syntagme accentuel. En effet, il nous a semblé plus pertinent de considérer la vitesse d'articulation en ms/syll (autrement dit la durée syllabique) plutôt qu'en syll/sec, étant donné que nous avons pris en considération des syntagmes accentuel parfois courts, de 2 syllabes seulement. Ainsi, dans la suite de ce travail, nous examinons la durée syllabique moyenne (en ms) à l'intérieur du syntagme accentuel, tout en gardant à l'esprit que la durée syllabique et la vitesse d'articulation sont inversement corrélées: une durée syllabique courte traduit une vitesse d'articulation rapide, alors qu'une durée syllabique longue traduit, quant à elle, une vitesse d'articulation lente.

4 Résultats

Les données ont été analysées au moyen d'un modèle linéaire généralisé (à mesures répétées), avec la durée syllabique comme variable dépendante, et avec les prédicteurs suivants : la variété de français (CH, NE et PA), le sexe et l'âge du locuteur, le style de parole (lecture/conversation) et le nombre de syllabes dans l'AP.

La figure 1 présente la durée syllabique (en ms) en fonction de la variété (CH, NE et PA). On observe un effet de variété ($\chi2$ (2) = 42.30, $p < 0.001$) avec une durée syllabique plus courte (autrement dit, une vitesse d'articulation plus rapide) chez PA que chez NE et CH ($p < 0.05$). Il est intéressant de noter que la différence entre les locuteurs NE et CH n'est pas significative[1]. Ainsi, contrairement à nos attentes, les locuteurs de la variété non native présentent une durée syllabique similaire à celle des locuteurs natifs NE, plus longue que celle des locuteurs PA. En d'autres termes, les locuteurs suisses, natifs ou non natifs, présentent une vitesse d'articulation plus lente que les locuteurs parisiens.

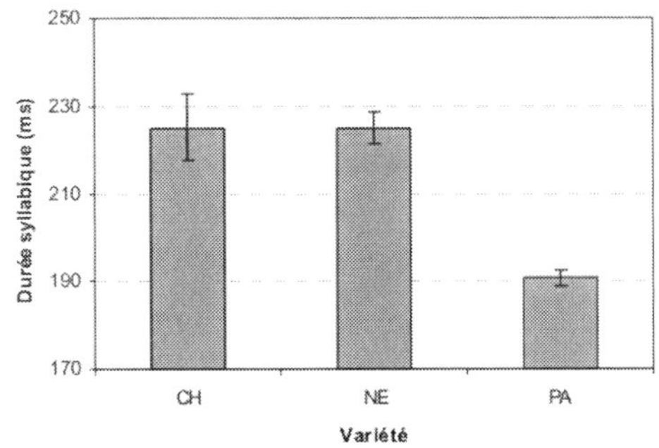

Figure 1 – Durée syllabique (estimée par le modèle) en fonction de la variété (CH, NE et PA). Les barres d'erreurs correspondent à l'erreur standard de la moyenne.

Les résultats montrent également une différence entre la durée syllabique des hommes et des femmes, toutes variétés confondues ($\chi2$ (1) = 9.20, $p < 0.01$), les hommes présentant globalement une durée syllabique plus courte que les femmes (autrement dit, une vitesse d'articulation plus rapide). Toutefois, comme le montre la figure 2, la différence de durée syllabique entre les hommes et les femmes n'est pas similaire dans les trois variétés ($\chi2$ (2) = 12.56, $p < 0.01$). Alors que les hommes présentent une durée syllabique significativement plus courte que les femmes (autrement dit, une vitesse d'articulation plus rapide) chez les locuteurs PA, la différence n'est pas significative chez les locuteurs NE et CH[2]. Relevons que ces résultats concordent avec ceux rapportés par Schwab et Racine (à par.) en ce qui concerne les locuteurs parisiens et neuchâtelois. Quant à CH, la différence non significative entre les hommes et les femmes, bien que l'on constate, sur la figure 2, une durée syllabique plus courte chez les hommes que chez les femmes, est due à l'importante variabilité observée dans les données des non natifs (*cf.* barres d'erreurs).

[1] La vitesse d'articulation exprimée en syll/sec est de 4.44 pour les locuteurs NE et CH et de 5.24 pour les locuteurs PA.

[2] Les hommes présentent une vitesse d'articulation (exprimée en syll/sec) de 4.88 et les femmes de 4.5. Si l'on considère les valeurs chez les hommes et des femmes dans chaque région, on trouve chez les locuteurs PA une vitesse d'articulation de 5.7 syll/sec pour les hommes et de 4.9 syll/sec pour les femmes, chez les locuteurs NE une vitesse d'articulation de 4.5 syll/sec pour les hommes et de 4.4 syll/sec pour les femmes, et enfin chez les locuteurs CH, une vitesse d'articulation de 4.6 syll/sec pour les hommes et de 4.3 syll/sec pour les femmes.

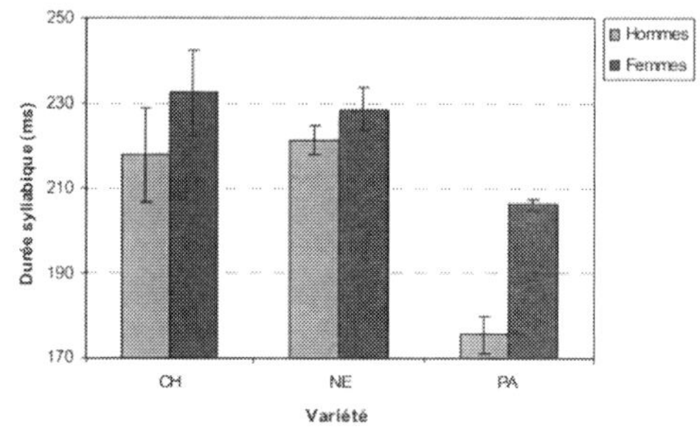

Figure 2 – Durée syllabique (estimée par le modèle) en fonction de la variété (CH, NE et PA) et du sexe des locuteurs. Les barres d'erreurs correspondent à l'erreur standard de la moyenne.

En ce qui concerne le style de parole (lecture et conversation) on observe, toutes variétés confondues, une durée syllabique supérieure en lecture (226 ms) qu'en conversation (202 ms) ($\chi 2$ (1) = 71.32, p < 0.001)[3]. En d'autres termes, les locuteurs, quelle que soit leur provenance, articulent plus rapidement en parole spontanée qu'en lecture.

La figure 3 présente la durée syllabique en fonction de la variété (CH, NE et PA) et du nombre de syllabes dans l'AP en lecture et en conversation, respectivement. Nous notons tout d'abord que, quels que soit la variété ou le style de parole, le nombre de syllabes dans l'AP influence de manière significative la durée syllabique ($\chi 2$ (1) = 336.57, p < 0.001) : la durée syllabique diminue avec l'augmentation du nombre de syllabes dans l'AP. En outre, on remarque que l'impact du nombre de syllabes sur la durée syllabique est plus important en lecture (*cf.* figure 3, à gauche) qu'en conversation (*cf.* figure 3, à droite), toutes variétés confondues ($\chi 2$ (1) = 33.36, p < 0.001).

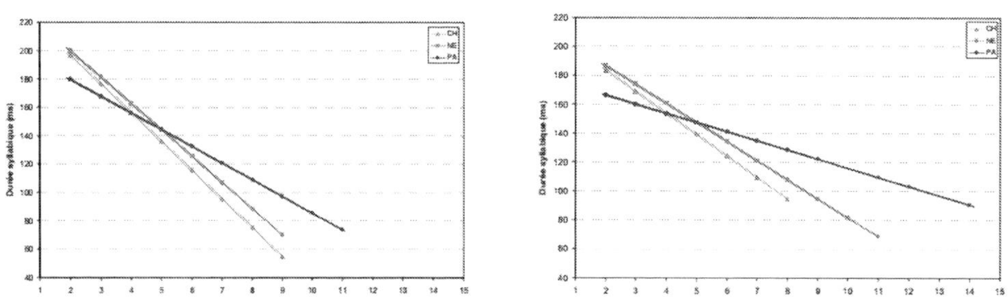

Figure 3 – Durée syllabique (estimée par le modèle) en fonction de la variété (CH, NE et PA) et du nombre de syllabes dans l'AP en lecture (à gauche) et en conversation (à droite).

De plus, on constate que, quel que soit le style de parole, le nombre de syllabes n'a pas le même effet sur la durée syllabique dans les trois variétés ($\chi 2$ (2) = 20.43, p < 0.001). Alors qu'il joue un rôle similaire dans les deux variétés suisses (native et non native), le nombre de syllabes joue un rôle moins important dans la durée syllabique chez les locuteurs PA.

---

[3] La vitesse d'articulation (exprimée en syll/sec) est de 4.4 pour la lecture et de 5 pour la conversation.

5 Discussion

Il est intéressant d'observer ces résultats à la lumière des études antérieures menées sur du matériel plus ou moins similaire. En ce qui concerne la distinction entre les locuteurs natifs du groupe PA et du NE, nos résultats sont congruents avec ceux d'Avanzi *et al.* (2012) et ceux de Schwab et Racine (à par.), qui constatent une vitesse d'articulation plus lente pour les locuteurs NE que pour les locuteurs PA. Nos résultats valident également ces études dans la mesure où ils montrent qu'il n'y a pas d'interaction avec la tâche : les PA articulent plus rapidement que les NE en lecture comme en conversation. En revanche, mises en regard à présent avec l'étude de Bordal *et al.* (2012), les conclusions obtenues dans cette étude ne vont pas dans le même sens, puisque l'on ne constate pas, contrairement à ces derniers, de différences significatives entre la vitesse d'articulation des locuteurs neuchâtelois natifs et la vitesse d'articulation des locuteurs neuchâtelois d'origine suisse allemande. Selon nous, cette absence de congruence pourrait s'expliquer par la différence d'âge des locuteurs dans les deux études : l'étude de Bordal *et al.* compare des locuteurs entre 20 et 50 ans, alors que notre étude porte uniquement sur des locuteurs âgés de plus de 55 ans.

6 Conclusion

Les résultats obtenus dans cette étude confirment que des facteurs comme le sexe des locuteurs, le style de parole et la taille des constituants ont une influence sur la vitesse d'articulation : les hommes articulent plus vite que les femmes, la vitesse d'articulation est différente selon le style de parole et plus les syntagmes accentuels sont longs, plus leur vitesse d'articulation est rapide. Nos résultats confirment également le fait que les locuteurs parisiens articulent plus vite que les locuteurs neuchâtelois, et que, par conséquent, la variété des locuteurs a une influence sur la vitesse d'articulation. Les interactions entre variétés géographiques, sexe et nombre de syllabes dans l'AP permettent également de mettre en avant des différences de comportement entre les locuteurs parisiens et les locuteurs suisses : la distinction entre les hommes et les femmes est plus tranchée pour la variété parisienne que pour les variétés suisses ; le nombre de syllabes joue un rôle moins important dans la durée syllabique chez les locuteurs français que chez les locuteurs suisses. Cela dit, et contrairement à ce que l'on aurait pu attendre, nos résultats ne permettent pas de conclure que les locuteurs neuchâtelois L2 articulent plus lentement que les locuteurs natifs originaires de la même région, et prouvent ainsi que l'exposition a joué, dans le cas de nos locuteurs, un rôle prédominant. Quoi qu'il en soit, les conclusions relatives à ce second point restent provisoires et doivent être complétées par d'autres recherches, qui examineraient d'autres variables temporelles, telles que le débit, le nombre et la durée des pauses, ainsi que l'influence du niveau de compétence des locuteurs non natifs en français en L2.

Références

AVANZI, M., OBIN, N., BARDIAUX, A. and BORDAL, G. (2012). Speech Prosody of French Regional Varieties. *Proceedings of Speech Prosody 2012*, Shangaï.

AVANZI, M., SIMON, A. C., GOLDMAN, J.-P. and AUCHLIN, A. (2010). C-PROM: An Annotated Corpus for French Prominence Study, *Proc. of Prosodic Prominence, Speech Prosody 2010 Workshop,* Chicago.

BARQUERO ARMESTO, M. A. (2012). A comparative study on accentual structure between Spanish learners of French interlanguage and French native speakers, *Proc. of Speech Prosody 2012*, Shangaï.

BARTKOVA, K. (1991). Speaking rate in French application to speech synthesis. *Proc. of 22nd ICPHS*, Aix-en-Provence, 482-485.

BOERSMA, P. and WEENINK, D. (2012). Praat, version 5.5, www.praat.org

BORDAL, G., AVANZI, M., OBIN, N. et BARDIAUX, A. (2012). Variations in the realization of the French Accentual Phrase in the light of language contact, *Proc. of Speech Prosody 2012*, Shangaï.

DURAND, J., LAKS, B. et LYCHE, C. (2009). *Phonologie, variation et accents du français.* Paris: Hermès.

GOLDMAN, J.-P. (2011). EasyAlign: an automatic phonetic alignment tool under Praat. *Proc. of Interspeech 2011*, Firenze, 3233-3236.

GOLDMAN, J.-P. et SIMON, A. C. (2007). La variation prosodique régionale en français (Liège, Vaud, Tournai, Lyon). Description outillée, communication aux Journées PFC, décembre 2007, Paris.

GROSJEAN, F. et DESCHAMPS, A. (1975). Analyse contrastive des variables temporelles de l'anglais et du français: vitesse de parole et variables composantes, phénomènes d'hésitation, *Phonetica*, 31/3-4, 144-184.

GUION, S. G., FLEGE, J. E., LIU, S. H. et YENI-KOMSHIAN, G. H. (2000). Age of learning effects on the duration of sentences produced in a second language. *Applied Psycholinguistics, 21/2*, 205-228.

JUN, S. A. and FOUGERON, C. (2002). Realizations of Accentual Phrase in French intonation. *Probus*, 14, 147-172.

LUCCI, V. (1983). *Etude phonétique du français contemporain à travers la variation situationnelle.* Grenoble: Publications de l'université de Grenoble.

MAHMOUDIAN, M. et JOLIVET, R. (1984). L'accent vaudois. *Encyclopédie illustrée du Pays de Vaud.* Éditions 24Heures.

MILLER, J. L., GROSJEAN, F. et LOMATO, C. (1984). Articulation rate and its variability in spontaneous speech: A reanalysis and some implications, *Phonetica,* 41/4, 215-225.

SCHWAB, S. (2007). *Les variables temporelles dans la production et la perception de la parole.* Thèse de doctorat, Université de Genève.

SCHWAB, S. et RACINE, I. (à par.). Le débit lent des Suisses romands: mythe ou réalité? *Journal of French Language Studies.*

STERLING MILLER, J. (2007). *Swiss French Prosody: Intonation, Rate, and Speaking Style in the Vaud Canton*, PhD thesis, Illinois University.

Normalisation articulatoire du locuteur par méthodes de décomposition tri-linéaire basées sur des données IRM

Julián Andrés Valdés Vargas[1], Pierre Badin[1], G. Ananthakrishnan[2], Laurent Lamalle[3]

(1) GIPSA-lab (Département Parole & Cognition), UMR 5216 CNRS – Grenoble University

(2) Centre for Speech Technology, KTH (Royal Institute of Technology), Stockholm, Sweden

(3) SFR1 RMN Biomédicale et Neurosciences (Unité IRM Recherche 3 Tesla), INSERM, CHU de Grenoble

{julian-andres.valdes-vargas,Pierre.Badin}@gipsa-lab.grenoble-inp.fr, agopal@kth.se,Llamalle@ujf-grenoble.fr

RESUME

Le but de cette étude était de caractériser, modéliser et comparer les différentes stratégies articulatoires linguales pour un groupe de locuteurs. Des modèles individuels par analyse en composantes principales (ACP) et des méthodes de décomposition multilinéaires ont été appliqués aux contours de langue extraits d'un corpus d'imagerie par résonance magnétique (IRM) de sept locuteurs prononçant 63 voyelles et consonnes du français. En moyenne sur les sept locuteurs, en utilisant quatre composantes, l'erreur quadratique moyenne de prédiction (RMSE) était de 0,13 cm pour les modèles individuels ACP et de 0.29 cm pour le modèle 'parallel factor' (PARAFAC), avec des pourcentages de variance expliquée de 91% et 62%, respectivement. Un modèle de régression multilinéaire permet également de prédire avec 10 composantes les contours de langue d'un sujet cible à partir de ceux d'un sujet source avec approximativement 65% de la variance expliquée et une RMSE de 0.38 cm. Tous les modèles ont été évalués par une procédure de validation croisée.

ABSTRACT

Articulatory speaker normalisation based on MRI-data using three-way linear decomposition methods

The aim of this study was to characterise, to model and to compare the different lingual articulatory strategies of a group of speakers. Individual principal component analysis (PCA) models and multi-linear decomposition methods have been applied to the tongue contours extracted from a magnetic resonance imaging (MRI) corpus of seven speakers articulating 63 French vowels and consonants. On the average over the seven speakers, using 4 components, the Root Mean Square prediction Error (RMSE) was 0.13 cm for the individual PCA models while the RMSE for the parallel factor model (PARAFAC) was 0.29 cm, accounting for a percentage of variance explanation of 91% and 62%, respectively. A multi-linear regression (MRL) model could predict, with 10 components, the tongue contour of a target subject from a given source subject, with about 65% of the variance explained and an RMSE of 0.38 cm. All the models have been assessed by a leave-one-out cross-validation procedure.

MOTS-CLES: Modélisation articulatoire, normalisation du locuteur, analyse factorielle, IRM.

KEYWORDS: Articulatory modelling, speaker normalisation, factor analysis, MRI.

1. Introduction

The Speech & Cognition Department at GIPSA-lab has developed acoustic-to-articulatory inversion methods to provide speakers with a visual articulatory feedback (Ben Youssef *et al.*, 2011), based on a fairly complete orofacial clone. This clone is made of a set of models of articulators (jaw, tongue, velum, lips, etc.) based on articulatory data acquired on a single speaker (Badin & Serrurier, 2006). Therefore, the clone represents faithfully the characteristics of a specific speaker, but not necessarily those of other speakers that may have different morphologies and different articulatory control strategies. Thus, one important issue is the normalisation problem: how can the speaker-specific models of the orofacial clone be adapted to other speakers? This problem is particularly challenging as it implies discovering how different speakers with different morphologies can produce articulated sounds that are considered equivalent for speech communication purposes.

Several studies based on measurements using Electromagnetic Articulography (EMA) and Magnetic Resonance Imaging (MRI) have been led in this field. Harshman *et al.* (1977) made a Parallel Factor analysis (PARAFAC) study on X-ray data of five American English speakers. The tongue postures were decomposed in two factors which explained 92.7% of the variance. In another study, Hoole (1998) provided a two factor PARAFAC solution for the German vowel system in three different consonant contexts /p t k/. Two-factor independent models were successfully extracted by Principal Component Analysis (PCA) for each consonant context. The explained variance amounted to about 92.3% and the Root Mean Square reconstruction Error (RMSE) to 1.24 mm for each model. On the other hand, the extracted two-factor PARAFAC solution for the complete dataset presented an increase of RMSE compared to the individual models, the explained variance now amounting to 80% and the RMSE to 1.9 mm. In another study, Hoole (1999) showed how the PARAFAC model error could be further analysed to extract an additional component. His approach consisted in examining the error of the two-factor PARAFAC model by subtracting the articulatory data predicted from the original data. Then, a PCA was employed to extract an extra-component. The final model explained over 90% of the variance. PARAFAC was performed by Hoole *et al.* (2000) on a set of MRI data of nine German speakers uttering seven German vowels in five different contexts. Two factors accounted for about 87 % of the variance with a RMSE of about 2.2 mm. Geng & Mooshammer (2000) provided a two factor PARAFAC solution. The speech material consisted of six German speakers uttering fifteen German vowels in /t/-context recorded by EMA. Two factors led to a variance explanation of about 96% and an RMSE of about 2 mm. A two-factor model resulted in a stable solution that explained about 70% of the variance in a study made by Zheng *et al.* (2003). The data consisted of MRI images of five American English speakers pronouncing nine English vowels. Hu (2006) presented a study on the Chinese dialect called Ningbo. Seven speakers pronouncing ten vowels were recorded by means of EMA. Two factors explained about 90% of the variance. More recently, Ananthakrishnan (2010) proposed a two factor PARAFAC model that accounted for 71% of the variance explanation for three French speakers articulating 13 vowels.

The present study attempts to extend this type of modelling from vowels to consonants. We first describe the set of data acquired to perform the different experiments; then we describe the performance of individual speaker models and compare them in terms of variance explained, RMSE and individual articulatory strategies. Next, we present an attempt to build a single model to drive the tongue contours of all the speakers based on multi-linear decomposition methods. We perform a PARAFAC solution up to 10 components and a more practical solution using Multiple Linear Regression (MLR) with a large number of components.

2. Data

In this study, midsagittal Magnetic Resonance Images (MRI) of seven French speakers (two males: *PB, YL*, and five females: *HL, AA, MG, AK, MGO*) have been collected. The subjects were asked to pronounce and sustain 63 different articulations for 16 seconds each. The corpus consisted of the 10 French oral vowels /i e ɛ a y ø œ u o ɔ/, the 3 nasal vowels /ã ɛ̃ ɔ̃/ and the 10 consonants /p t k f s ʃ m n ʁ l/ articulated in symmetric VCV context of five vowels /a e ɛ i u/. The contour of the tongue was manually traced. The present study is limited to the contour from the tongue tip to the base of the epiglottis, which is resampled with N = 150 equidistant points to model what we call *Tongue upper contour.*

3. Individual articulatory models (PCA)

PCA is a two-way factor analysis approach often used for dimensionality reduction and analysis of data sets to summarize their main characteristics. Consider articulatory measurements for the speaker *s:* $1 \leq s \leq S$, which consists of $X_s = [x_1, x_2, \dots, x_A]$, being x_a $(1 \leq n \leq N)$ a row vector of measurements for the articulation *a:* $1 \leq a \leq A$. Such that X_s is decomposed into a set of control parameters $\pi_s^{[A\ x\ Cmp]}$ (set of *Cmp* components that explain the variations in articulations) and the articulatory model $C_s^{[N\ x\ Cmp]}$ (coefficients that explain the contribution of each articulator point to the components) by the following equation: $X_s = \pi_s * C_s^T + \gamma_s$, where γ_s is the residual error.

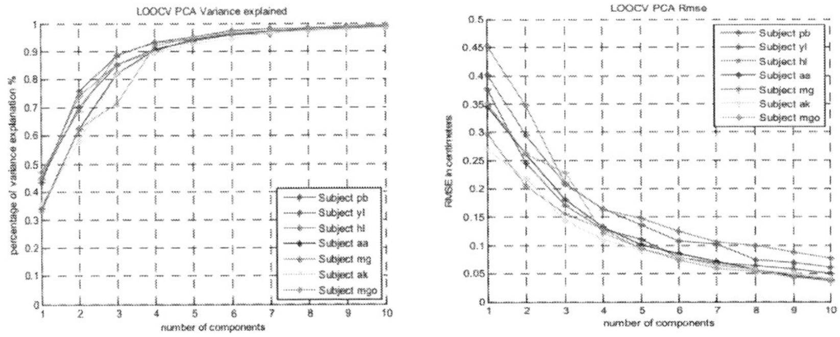

FIGURE 1 - Performance of the LOOCV PCA individual models as a function of number of components for the tongue upper contours of the seven speakers *PB, YL, HL, AA, MG, AK* and *MGO.* Left: variance explained (%). Right: RMSE (cm).

The models were made and assessed by means of a leave-one-out cross validation (LOOCV) procedure. One observation of the data was left out; the model was built from the remaining data and used to predict the left-out articulation, this process was repeated for each articulation on the set. LOOCV was useful to decide how many predictors to use. For instance, the cross-validated mean-square error will tend to decrease if valuable predictors are added, but increase if worthless predictors are added. Indeed, increasing the number of predictors might lead to an over-fitted or degenerated model (Riu & Bro, 2003). Figure 1 displays the variance explained and RMSE relative to the reconstruction of the tongue for the whole corpus of vowels and consonants. We have found that, on average over our seven speakers, the PCA model with the first four components explains an amount of 91% of the data variance, with an RMSE of 0.13 cm.

3.1. Differences between speaker control strategies

Using a procedure based on a guided PCA analysis of tongue contours, Badin and Serrurier (2006) have shown that the first four components account for the largest amount of tongue movement variance. In this section we describe the results of the Guided PCA analysis of our seven speakers. The *jaw height* parameter *JH* was defined as the normalized value of the measured lower incisor height; it was used as the first control parameter of the tongue model (the associated model coefficients were obtained by the MLR of all the vertex coordinates against *JH*). The next two parameters, *tongue body TB* and *tongue dorsum TD* were extracted by PCA from the coordinates of the midsagittal tongue contour, excluding the tongue tip region, from which the *JH* contribution had been removed (the associated model coefficients were obtained by MLR, as for *JH*). The next parameter called *tongue tip TT* was extracted by PCA from the midsagittal tongue tip contour coordinates, from which the *TB* and *TD* contributions had been removed (the associated coefficients were also obtained by MLR).

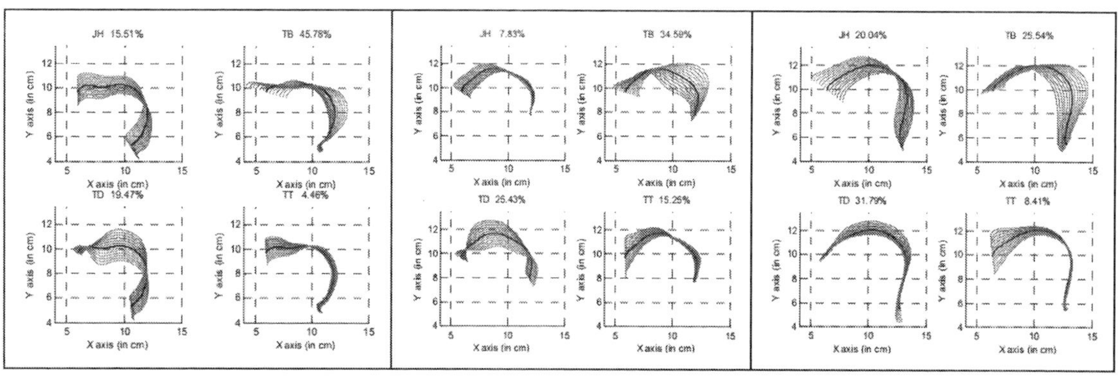

FIGURE 2 - Illustration of the first four components and their variance explained extracted by Guided PCA for the tongue contour of speakers *PB, AA* and *YL* (from left to right respectively). Each predictor is varied from -3 to +3 with a 0.5 step. X and Y axis are cms.

Hence, in order to understand the articulatory characteristics of each subject, we compared their four guided PCA components explained above. Figure 2 illustrates the associated nomograms for the subject PB, AA and YL. The main effect of *JH* is a rotation of the tongue around a point located in its back. In our case, the *JH* parameter of subjects *MGO, MG, AA* and *AK* is associated with a movement of the front of the tongue without movement in the back. Oppositely, subjects *HL, PB* and *YL* move the back of the tongue when *JH* moves. The tongue body parameter *TB* controls front-back displacements while the *TD* parameter is related to flattening-arching movements. It appears that the *TB* component of subjects *HL*, *AK* and *YL* is a horizontal movement of the tongue body while it is a diagonal movement for subjects *PB*, *MG*, *AA* and *MGO*. Besides, *TB* explains more variability than *TD* for most subjects, but that behaviour is swapped for subject *YL*. In other words, subject *YL* uses more his tongue dorsum component than his tongue body component compared to the other subjects. On the other hand, the *TT* parameter controls precisely the tongue tip motions. We have observed that subjects *AA*, *AK*, *MG*, *MGO* and *PB* are able to move their tongue tips more independently from the tongue back than the subjects *HL* and *YL* do.

4. Multi-linear decomposition methods

4.1. PARAFAC model

PARAFAC is a factor analysis approach often used to decompose multi-way data. In our specific case, the dimensions of the three-way data are related to the articulations, articulator points and subjects, respectively. The data of a given subject X_s is decomposed as:

$$X_s = \pi * \Phi_S * C^T + \gamma_S$$

where γ_S is the residual error. $\pi^{[A \, x \, Cmp]}$ is the set of universal components that models the variations in articulations over the S subjects, the articulatory model $C^{[N \, x \, Cmp]}$ is a matrix of coefficients that models the contribution of each component, over the S subjects, to the articulator points. The extra matrix Φ_S provides speaker-specific weights to the contribution of the components.

4.2. PARAFAC model with vowels

In order to make a fair comparison of our results with those given by the literature, we restricted our modelling to the 10 French oral vowels. Using a two factor PARAFAC model, the average reconstruction error, over our seven speakers, was 0.25 cm for the 150 articulator points while the RMSE for tongue contours under-sampled to 3 points was 0.21 cm, accounting for a variance of 75.1% and 85.8%, respectively.

Type	Study	No. Subjects	Corpus	No. Points	Variance Exp
EMA	Hoole(1998)[5]	7	15 vowels	4 sensors	80.0%
	Geng(2000) [6]	6	15 vowels	4 sensors	96.0%
	Hu(2006) [7]	7	10 vowels	3 sensors	90.0%
X ray	Harshman(1977)[8]	5	10 vowels	13 points	92.7%
MRI	Hoole(2000) [9]	9	7 vowels	13 points	87.0%
	Zheng(2003) [10]	5	9 vowels	13 points	76.2%
	Ananth(2010) [3]	3	13 vowels	150 points	71.0%
Our Results					
MRI	Valdes(2012)	7	10 vowels	3 points	85.8%
		7	10 vowels	150 points	75.1%

TABLE 1 – Comparison of our results with the literature using 2 PARAFAC components.

Table 1 shows that, on the overall, our results are comparable with those reported in the literature. The challenge is to extend this analysis to a corpus consonants (63 articulations), as explained in the following sections.

4.3. PARAFAC model extended to consonants

In section 3, it was shown that the individual speaker models (PCA) need four components to explain about 91% of the variance. Figure 3 displays the variance explanation and RMSE related to the reconstruction of the tongue upper contour of our seven subjects by a PARAFAC model assessed by means of LOOCV. It appears that 25 components are not enough to explain the variance that the individual PCA models reach with 4 components. We see that to drive all articulatory models from the same set of PARAFAC control parameters, we need at least the same number of components as the total number of components for each subject when using individual PCA models (7x4). We conclude that PARAFAC is not able to take into account the dimensionality reduction that could be expected from the fact that the speakers have produced the same set of phonemes, even though they used different articulatory strategies. This problem is very likely related to the fact that inter-speaker variability cannot be efficiently represented in linear terms.

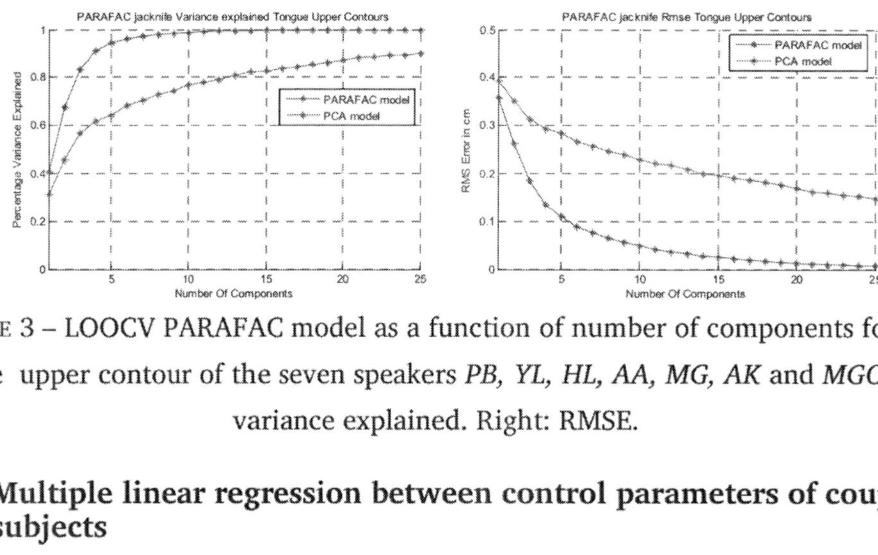

FIGURE 3 – LOOCV PARAFAC model as a function of number of components for the tongue upper contour of the seven speakers *PB, YL, HL, AA, MG, AK* and *MGO*. Left: variance explained. Right: RMSE.

4.3.1. Multiple linear regression between control parameters of couple of subjects

In the previous sections we attempted to model the tongue contour by using a reduced set of control parameters common to all speakers. This section presents an alternative approach, aiming at solving the problem of driving the contours of one target speaker from those of a source speaker, using a large number of PCA components. This solution does not allow interpreting the semantics of the components, but provides a practical solution to the normalisation problem. In this experiment, we attempted to predict the PCA control parameters of a target subject π_{TS} from the PCA control parameters of a source subject π_{SS}. Formally, a MLR model, given *Cmp* components, is expressed by: $\pi_{TS\ i} = \beta_1\pi_{SS1} + \beta_2\pi_{SS2} + \ldots \beta_i\pi_{SSi} + \Upsilon_I$, for $i = 1, 2 \ldots Cmp$, β being the coefficients of the linear regression.

We have built MLR models between each possible combination of couple of subjects.

Figure 4 shows the evaluation for subject *PB*. It appears that, the model gave strong signs of being over-fitted from the tenth component on. So, we discarded the meaningless components. Nevertheless, with the 10 first components, the MLR model is able to predict the tongue contour of subject TS from subject SS accounting for about 65% of the variance and with a RMSE of 0.38 cm.

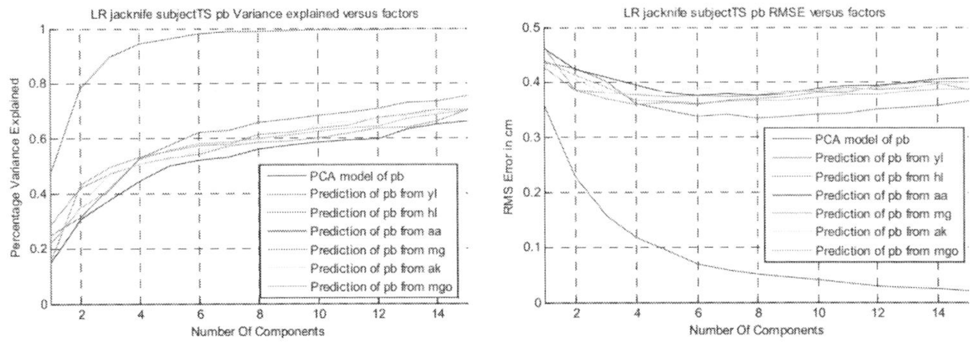

FIGURE 4 - RMSE of LOOCV MLR models between control parameters of *PB* and the other subjects as a function of number of components.

5. Conclusions and perspectives

We applied individual PCA models and multi-linear decomposition methods to model the tongue upper contours of 63 French phonemes extracted from an MRI database of 7 French speakers. As far as we know, this is one of the few studies that includes both vowels and consonants. The primary focus of this study was to establish a model that represents different speaker articulatory strategies. The experiments carried out showed that such a kind of model is possible, using 4 components, with an RMSE of 0.13 cm for the individual PCA models and 0.29 cm for the PARAFAC model, accounting for a variance of 91% and 62%, respectively. We also performed a more practical solution in which a large number of components were used to make a given target subject more likely predictable from a source subject. Using 10 components, the RMS error was 0.38 cm accounting for about 65% of the variance explanation.

The present study shows that linear methods may not offer a good solution to model tongue variations among different speakers, especially in the presence of consonants. There is indeed an inter-speaker variability due to speaker independent control strategies that might not be possible to model with linear methods. Thus, future work is to be directed at using non linear methods.

Acknowledgements

We sincerely thank all our kind and patient subjects. We thank also S. Masaki, S. Takano, I. Fujimoto, and Y. Shimada (ATR, Kyoto, Japan) for the MRI data on the first subject. This work has been partially supported by the French ANR-08-EMER-001-02 grant *ARTIS* (Articulatory inversion from audio-visual speech for augmented speech presentation).

Bibliography

ANANTHAKRISHNAN, G., BADIN, P., VALDÉS, J. A., & ENGWALL, O. (2010). Predicting unseen articulations from multi-speaker articulatory models., (pp. 1588-1591). Makuhari, Japan.

BADIN, P., & SERRURIER, A. (2006). Three-dimensional modeling of speech organs: Articulatory data and models. *In IEICE Technical Report , 106* (177), 29-34.

BEN YOUSSEF, A., HUEBER, T., BADIN, P., & BAILLY, G. (2011). Toward a multi-speaker visual articulatory feedback system. *In Interspeech 2011* , 589-592.

GENG, C., & MOOSHAMMER, C. (2000). Modeling the German stress distinction., (pp. 161-164). Kloster Seeon, Germany.

HARSHMAN, R., LADEFOGED, P., & GOLDSTEIN, L. (1977). Factor analysis of tongue shape. *Journal of the Acoustical Society of America , 62* (3), 693-707.

HOOLE, P. (1998). Modelling tongue configuration in German vowel production. Dans R. Mannell, & J. Robert-Ribes (Éd.), *Australian Speech Science and Technology Association Inc.*, (p. paper 1096). Sydney, Australia.

HOOLE, P. (1999). On the lingual organization of the German vowel system. *Journal of the Acoustical Society of America , 106* (2), 1020-1032.

HOOLE, P., WISMUELLER, A., LEINSINGER, G., KROOS, C., GEUMANN, A., & INOUE, M. (2000). Analysis of the tongue configuration in multi-speaker, multi-volume MRI data., (pp. 157-160). Kloster Seeon, Germany.

HU, F. (2006). On the lingual articulation in vowel production: case study from Ningbo Chinese. Dans H. C. Yehia, D. Demolin, & R. Laboissière (Éd.). Ubatuba, SP, Brazil: UFMG, Belo Horizonte, Brazil.

RIU, J., & BRO, R. (2003). Jack-knife technique for outlier detection and estimation of standard errors in PARAFAC models. *Chemometrics and Intelligent Laboratory Systems , 65* (1), 35-49.

ZHENG, Y., HASEGAWA-JOHNSON, M., & PIZZA, S. (2003). Analysis of the three-dimensional tongue shape using a three-index factor analysis model. *The Journal of the Acoustical Society of America , 113* (1), 478-486.

[mdr] :
Une analyse préliminaire du rire chez des enfants de 18 à 36 mois

Christelle Dodane[1] *Fabrice Hirsch*[2] *Jérémi Sauvage*[1] *Melissa Barkat-Defradas*[2]
(1) Laboratoire DIPRALANG EA739 Université Montpellier 3
(2) Laboratoire PRAXILING UMR5237 CNRS & Université Montpellier 3

christelle.dodane@univ-montp3.fr, fabrice.hirsch@univ-montp3.fr,
melissa.barkat@univ-montp3.fr, jeremi.sauvage@univ-montp3.fr

RESUME

Le rire est une vocalisation non-verbale qui est universelle. Beaucoup de travaux lui ont été consacrés, notamment en biologie et en philosophie mais peu de recherches ont été menées sur ce sujet en phonétique. Il nous semble intéressant de tenter de relier ce comportement phonatoire à la parole en étudiant ses caractéristiques acoustiques et phonétiques. Plus spécifiquement, la problématique de cette recherche est de déterminer s'il existe une corrélation entre le développement de la parole chez l'enfant et l'évolution de son rire. Pour répondre à cette problématique, des analyses acoustiques ont été réalisées sur 120 rires produits par 3 enfants enregistrés en situation d'interaction naturelle avec leur entourage à l'âge de 18, 24, 30 et 36 mois. Parmi les 11 indices acoustiques étudiés, les résultats montrent que seule l'intensité relative augmente de façon significative avec l'âge et qu'il existe une très grande variabilité inter-individuelle. Par ailleurs, les rires étudiés se caractérisent par une grande majorité de contours montant-descendant et leur proportion augmente en fonction de l'âge.

ABSTRACT

[lol] : a preliminary study of laughter in 18- to 36- month old children

Laughter is a non-verbal vocal behavior that has been extensively studied in philosophy and biology, but researches investigating the phonetics of laughter are pretty rare. The aim of this study is to see whether there is any kind of correlation between child language development and the acoustic characteristics of their mirth. To answer this question, we analyzed 120 laughter samples spontaneously produced by three 18- to 36-month old children in natural conditions. Results show that among the 11 investigated acoustic cues, only the relative intensity increases significantly with age and that there is a great inter-individual variability between children. Moreover, laughters are characterized by a large majority of Rise-Fall contours and their amount increases with age.

MOTS-CLES : Rire, développement, enfant, analyse acoustique, prosodie.
KEYWORDS: Laughter, development, child, acoustic analysis, prosody.

1 Introduction

Le rire est un acte de communication universel que l'on retrouve dans toutes les cultures. Bien qu'il soit produit avec le même système physique que la parole et que sa représentation acoustique soit proche de cette dernière, ces vocalisations non-verbales qui expriment généralement la gaité n'ont donné lieu qu'à peu d'études en phonétique.

1.1 Aspects articulatoires et acoustiques du rire

L'une des premières recherches qui s'est s'intéressée à la manière dont le rire est produit (Habermann, 1955) décrivait ce phénomène à partir de données pneumographiques. Pour Habermann (1955), il s'agissait d'un phénomène-réflexe constitué de mouvements expiratoires interrompus par des impulsions inspiratoires. Les travaux de Luchsinger et Arnold (1965) complétaient cette définition, à l'aide de techniques d'imagerie ultra-rapide, en indiquant que le rire se caractérisait par un larynx en position basse avec des cavités de résonnances élargies. Par la suite, les études menées sur le sujet ont davantage œuvré à décrire le rire sur le plan acoustique. Trouvain (2003) définit ce phénomène comme « une alternance de patterns non-voisés et voisés assimilables à une structure syllabique consonne-voyelle ». En d'autres termes, le rire est souvent décrit dans la littérature sur deux niveaux segmentaux : un niveau inférieur, constitué d'unités pouvant être assimilées à des consonnes et à des voyelles et un niveau supérieur qui serait l'équivalent de la syllabe. C'est en utilisant ce procédé qu'un certain nombre de recherches ont eu pour objet la description acoustique du rire. Ainsi, l'étude de Bickley & Hunnicutt (1992), qui mettait déjà en avant le fait que le rire était constitué alternativement de segments voisés et non-voisés, a montré que les éléments non-voisés étaient plus longs que les segments voisés. En ce qui concerne la partie consonantique du rire, celle-ci a été décrite soit comme une aspiration (Rothgänger et al., 1998), soit comme une occlusive glottale (Apte, 1983). En outre, Bickley & Hunnicutt (1992) ont également montré que le rire était généralement constitué de 4 « syllabes » et que sa durée moyenne était de 204 ms. Les travaux de Provine (1993), qui portaient sur près de 1500 rires, ont complété cette recherche en indiquant que les « syllabes » /ha/ et /he/, d'une durée moyenne de 75 ms, étaient les plus fréquentes. Les voyelles qui constituent le rire seraient relativement homogènes dans la mesure où Provine (2003) n'a constaté que peu d'occurrences composées de différentes voyelles. Des travaux ont également porté sur la structure formantique du rire. Ainsi, Bickley et Hunnicutt (1992) décrivait le rire à l'aide de 3 formants, le premier se situant à 650 Hz, le deuxième à 1700 Hz et F3 à 2200 Hz. En ce qui concerne la fréquence fondamentale (désormais fo), Bickley et Hunnicut (1992) ont montré qu'elle était comprise entre 100 Hz et 155 Hz pour les hommes et entre 161 Hz et 476 Hz pour les femmes. Les évaluations de fo proposées par Provine (2003) sont sensiblement plus élevées puisqu'il observe une fréquence de 276 Hz pour l'homme et de 502 Hz pour la femme lors de ces vocalisations non-verbales. Les valeurs de Savithri (2000) sont quant à elles plus basses avec une fo moyen de 199 Hz pour les hommes et de 219 Hz pour les femmes. Par ailleurs, la dernière étude mentionnée révèle que la fréquence est plus élevée pour le rire qu'en parole et que le contour intonatif du rire est généralement descendant. Ces observations avaient également été faites par Kori (1986) qui précisaient que l'intensité était également plus élevée lors du rire. Enfin, signalons une donnée non négligeable : un certain nombre d'études portant sur le rire ont montré qu'il s'agit d'un phénomène soumis à une grande variabilité, à la fois inter-individuelle (Rothgänger et al., 1998) mais aussi intra-individuelle (Hirson, 1995). Pour résumer, si le nombre d'études portant sur le rire est limité, un certain nombre d'entre elles ont tout de même été menées sur l'aspect acoustique du rire de l'adulte. En revanche, peu d'études (Nwokah et al., 1999 ; Tennis, 2009 par ex.) ont été réalisées sur celui de l'enfant alors que ce type de vocalisations apparait à l'âge de 4 mois environ, soit bien avant le babillage canonique (Sroufe & Waters, 1976).

1.2 Problématique et hypothèse

Dans le cadre de cette recherche, nous avons comme objectif de nous interroger sur les liens susceptibles d'exister entre le développement du langage oral de l'enfant et l'évolution acoustique du rire. La problématique de cette étude sera alors ainsi formulée : en quoi le niveau du développement du langage de l'enfant conditionne-t-il la structure acoustique du rire ? Pour répondre à ce questionnement, deux hypothèses seront éprouvées. Premièrement, nous pensons que la dynamique de l'évolution du langage conditionne la dynamique de l'évolution du rire. En considérant que la période entre 0 et 1 an correspond à une étape *pré-linguistique*, nous nous focaliserons sur l'évolution de l'étape *linguistique*, particulièrement entre 18 mois et 36 mois. C'est pourquoi nous avons choisi des âges d'observation traditionnellement reconnus comme déterminants dans le développement langagier : 18 mois, correspondant au début de l'explosion lexicale ; 24 mois, correspondant aux premières combinaisons de mots révélatrice de la phrase simple en français ; 30 et 36 mois, correspondant à la structuration syntaxique de plus en plus complexe de la parole des enfants. Deuxièmement, de même que la parole se développe et se structure au fil du temps jusqu'à se standardiser, nous pensons que les enfants standardisent leur rire. Cette structuration à la dynamique *normalisante* sera notamment caractérisée par plus de clarté, plus de structuration dans le rythme avec, par exemple, l'observation de patterns mélodiques typiques révélateurs d'une évolution se rapprochant de la structure intonative de la parole.

2 Méthodologie

2.1 Matériel, sujets, méthode

2.1.1 Corpus / Participants

Trois enfants francophones, Madeleine (MAD), Théophile (THE) et Antoine (ANT) ont été filmés à leur domicile tous les mois, en situation d'interaction naturelle avec leur entourage, entre l'âge de 12 et 36 mois. Ces enregistrements font partie du corpus de Paris[1], qui est disponible sur CHILDES[2]. Une extraction automatique de la totalité des rires annotés dans les transcriptions a été réalisée avec le logiciel CLAN avant que les 10 premiers rires de chaque transcription soit exporté afin d'être analysés avec le logiciel PRAAT. Ces rires étaient spontanés et produits en isolation. Dans cet article, nous n'avons sélectionné que les enregistrements réalisés à 18, 24, 30 et 36 mois, soit 12 enregistrements.

---

[1] ANR « *Acquisition du Langage et Grammaticalisation* », n°JC0547273 (http://anr-leonard.ens-lsh.fr) – Porteuse de projet : Aliyah Morgenstern, ENS-LSH Lyon et ANR COLAJE.

[2] CHILDES : http://childes.psy.cmu.edu/data/Romance/French/

2.1.2 Analyses acoustiques

Les productions ont été échantillonnées à 44kHz, 16 bits, en mono. Le contour de *fo* a été extrait (100-1000 Hz), puis post-traité (suppression des sauts d'octave, lissage, interpolation). Chaque rire a été annoté à l'aide d'un fichier de segmentation à 4 niveaux, avec de haut en bas : 1) La segmentation du rire dans sa totalité, 2) sa segmentation en syllabes, 3) sa segmentation en phonèmes et 4) l'étiquetage des valeurs de *fo* (initiale, maximum, minimum et finale). Dans la parole de l'enfant, une suite de vocalisation est considérée comme un seul énoncé si elle ne contient aucune pause supérieure à 400 ms et dans le cas contraire, comme deux ou plusieurs énoncés (Konopczynski, 1990 : 201). Ce même critère de durée a été appliqué pour les rires. Une fois l'annotation réalisée, les 11 indices acoustiques suivants ont été extraits : la durée totale du rire (en ms), la proportion de voisement (en %), la *fo* moyenne (en Hertz), les deux points où la fréquence étaient la plus haute et la plus basse, ainsi que la fréquence fondamentale initiale et finale (en Hertz), l'intervalle entre la fréquence la plus haute et la plus basse (*fo* max- *fo* min) converti en demi-tons – en utilisant la formule de conversion suivante : 40.Log10 (F2/F1) –, le nombre de syllabes, le nombre de phonèmes et l'intensité relative (rapport de l'énergie RMS en dB par rapport au pic d'amplitude, cf. Shi & al., 1998 : 180). Enfin, le type de mélodie était codé en fonction de ses différentes inflexions (cf. Table 1, Savithri, 2000 : 234).

Montant (M)	*fo* montant du début à la fin
Descendant (D)	*fo* descendant du début à la fin
Montant-Descendant (MD)	Montée de *fo*, suivie d'une descente de *fo*
Descendant-Montant (DM)	Descente de *fo*, suivie d'une montée de *fo*
Montant-Descendant-Montant (MDM)	Montée de *fo*, suivie d'une descente de *fo*, suivie d'une montée de *fo*
Descendant-Montant-Descendant (DMD)	Descente de *fo*, suivie d'une montée de *fo*, suivie d'une descente de *fo*
Plat (P)	Pas de changement de *fo* en fonction du temps
Complexe	Plus de 3 inflexions de la courbe de *fo*

TABLE 1 – Codage du contour de *fo* (d'après Savithri, 2000 : 234).

2.1.3 Statistiques

Des analyses de variance (ANOVA) ont été réalisées afin de déterminer l'effet de l'âge et du sujet sur chacun des 11 indices acoustiques étudiés. Des analyses de variance multivariée (MANOVA) ont été également menées afin d'étudier l'interaction entre les facteurs d'âge et de sujet. Dans un premier temps, nous présenterons les résultats qui varient significativement en fonction de l'âge et dans un second temps, les autres indices qui varient en fonction du sujet (regroupés par paramètres d'intensité de hauteur et de durée).

2.2 Résultats

2.2.1. Paramètres acoustiques variant avec l'âge

L'étude des contours mélodiques des rires des 3 enfants a révélé une majorité de contours MD quasiment à tous les âges (cf. Table n°2). En outre, le nombre de ces contours MD augmente avec l'âge, comme il est possible de le constater sur la figure 2. Les contours les plus fréquents après les contours MD sont les contours D (19 % de la totalité des contours produits), M (8 %), DM (4%), MDM (3%), DMD (1%) et complexes (5%) ; il n'y a pas d'occurrences de contours plats. On relève un effet significatif de l'âge sur les contours MD ($F(1,12)=5{,}87 < 0{,}05$) et M ($F(1,12)=0{,}00 = 0{,}05$), ce qui n'est pas le cas pour les autres contours.

		M	D	MD	DM	MDM	DMD	Plat	Complexe
MAD	18 mois	10	0	50	0	10	0	0	30
	24 mois	10	20	60	0	10	0	0	0
	30 mois	10	10	60	0	0	10	0	0
	36 mois	0	0	90	0	10	0	0	0
THE	18 mois	0	40	60	0	0	0	0	0
	24 mois	0	0	90	10	0	0	0	0
	30 mois	30	10	60	0	0	0	0	0
	36 mois	0	10	80	10	0	0	0	0
ANT	18 mois	10	10	50	20	10	0	0	0
	24 mois	0	60	40	0	0	0	0	0
	30 mois	0	50	30	10	0	0	0	10
	36 mois	20	20	40	0	0	0	0	20

TABLE 2 – Proportion de chaque type de contour (M, D, MD, DM, MDM, DMD, Plat, Complexe) chez chacun des trois enfants (en %).

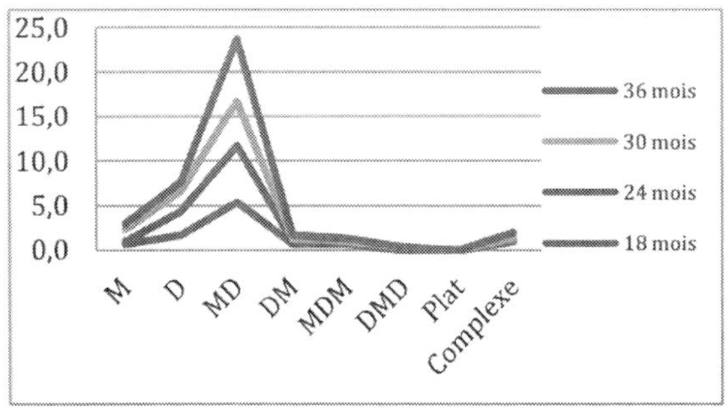

FIGURE 1 – Evolution de la proportion (en %) des types de contours de *fo* (M, D, MD, DM, MDM, DMD, Plat, Complexe) en fonction de l'âge chez tous les enfants.

Par ailleurs, les analyses statistiques menées ont montré un effet significatif de l'âge sur le paramètre de l'intensité relative ($F(1,118)=2{,}78$, $p<0{,}05$). Nous pouvons constater que l'intensité relative augmente en fonction de l'âge, chez les trois enfants. On relève une interaction significative entre les facteurs d'âge et de sujets ($F(1,118)=3{,}97$ $p<0{,}05$). Cet effet de l'âge est particulièrement marqué chez MAD ($F(1,40)=9{,}29$ $<0{,}05$). En effet, sur la figure n°3, nous pouvons observer une augmentation très forte de l'intensité relative de ses rires entre 18 et 30 mois, ce qui n'est pas le cas pour les deux garçons (THE : $F(1,40)=0{,}54$) ; ANT : $1(1,40)=1{,}21$), dont l'intensité des rires est déjà forte à 18 et 24 mois. On relève également une homogénéisation des valeurs de l'intensité relative à 30 et 36 mois pour les 3 enfants, ce qui traduit une réduction de la variabilité des rires en fonction de l'âge.

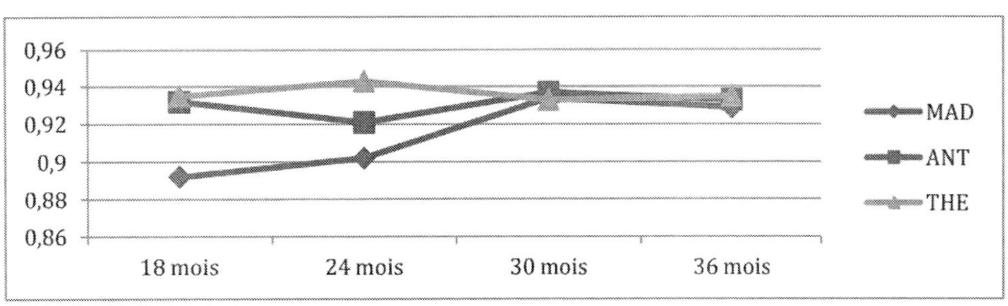

FIGURE 2 – Evolution de l'intensité relative en fonction de l'âge chez chacun des trois enfants.

2.2.2. Paramètres acoustiques variant en fonction des locuteurs

2.2.2.1. Indices relatifs à la fréquence fondamentale (*fo*) et au voisement

Bien que la *fo* moyenne générale ait tendance à baisser avec l'âge, en passant de 390 Hz à 18 mois à 364 Hz à 36 mois, cet abaissement n'est pas significatif. Il est à noter que la *fo* moyenne est plus élevée chez MAD (411 Hz) que chez THE (362 Hz) et ANT (395 Hz). En revanche, on relève une interaction significative entre l'âge et le sujet pour les indices suivants : *fo* bas ($F(1,118)=3{,}49$, $<0{,}05$) et *fo* initial ($F(1,118)=3{,}48$, $<0{,}05$). Il n'y a pas d'effet de l'âge sur les autres indices liés à la fréquence fondamentale (voisement, *fo* haut, intervalle *fo*max-*fo*min, *fo* final), mais on relève un effet significatif du sujet sur le *fo* moyen ($F(1,10)=2{,}11$ $<0{,}05$), le *fo* bas ($F(1,10)=6{,}18$ $<0{,}05$), le *fo* haut ($F(1,10)=6{,}77$ $<0{,}05$), l'intervalle *fo*max-*fo*min ($F(1,10)=4$ $<0{,}05$) et le *fo* final ($F(1,10)=5{,}32$ $<0{,}05$) ce qui indique une très grande variabilité inter-individuelle pour l'ensemble de ces indices. Ainsi, on peut noter que chez MAD et THE, l'intervalle *fo*max-*fo*min moyen est beaucoup plus grand que chez ANT (7,6 pour MAD, 7,4 pour THE et 4,1 pour ANT). Enfin, en ce qui concerne l'indice de voisement, le pourcentage moyen de segments non voisé est de 21 %, ce qui s'explique notamment par la présence de sons aspirés non voisés du type /h/ dans les rires (Provine et Yong, 1991).

2.2.2.2. Indices relatifs à la durée et aux segments (syllabes et phonèmes)

La durée moyenne des rires est de 844 ms et on ne relève pas d'effet significatif de l'âge et du sujet sur ses différentes valeurs. En revanche, on relève une interaction significative entre les facteurs d'âge et de sujet ($F(1,118)=2{,}35$ $<0{,}05$), MAD et ANT ayant tendance à produire des rires beaucoup plus long que THE (cf. Table 3). En ce qui concerne le nombre moyen de syllabes et de phonèmes, s'il a tendance à augmenter légèrement avec l'âge, cette différence n'est pas significative. Cependant, on relève un effet significatif du sujet pour chacun de ces deux indices (syllabes : $F(1,30)=5{,}38$ $<0{,}05$) ; phonèmes : $F(1,30)=4{,}3$ $<0{,}05$). Le nombre de syllabes est en moyenne beaucoup plus élevé chez MAD (5,6) que chez THE (2,7) et ANT (2,8) et le nombre de phonèmes, également beaucoup plus élevé chez MAD (8,3) que chez THE (4,5) et ANT (4,8).

	18 mois			24 mois			30 mois			36 mois		
	MAD	ANT	THE	MAD	ANT	THE	MAD	ANT	THE	MAD	ANT	THE
Intensité relative	0,892	0,932	0,935	0,902	0,921	0,943	0,934	0,937	0,933	0,929	0,933	0,935
Durée (ms)	1222	774	641	819	725	863	1228	1182	656	620	1267	656
fo moyen (Hz)	441	373	367	391	424	370	429	407	358	383	356	351
Voisement (%)	21,01	22,28	23,58	10,69	31,37	24,44	10,92	16,81	22,86	19,74	26,02	18,5
fo le plus bas (Hz)	343	334	283	303	356	299	370	341	272	309	274	289
fo le plus haut (Hz)	534	427	436	487	516	521	547	511	474	475	429	418
Intervalle (demi-tons)	7,6	4,19	7,44	8,43	6,31	8,67	6,86	7,04	8,62	7,27	7,95	6,13
fo initial (Hz)	383	388	370	378	459	339	409	429	329	377	400	369
fo final (Hz)	407	379	331	346	413	322	379	400	323	395	290	353
Nbre de syllabes	5,6	2,8	2,7	4,8	3,2	2,5	4,7	5,7	3,5	2,8	5,4	3,7
Nbre de phonèmes	8,3	4,8	4,5	7,4	5	5,2	6,4	7,8	6,4	3,6	7	7,2

TABLE 3 – Valeurs moyennes des 11 indices étudiés en fonction de l'âge (18, 24, 30 et 36 mois) chez chacun des trois enfants.

3. Discussion / Conclusions

Les résultats portant sur des rires spontanés, qui ont eu lieu dans un contexte d'interaction naturelle, révèlent plusieurs points intéressants. En premier lieu, on relève que l'intensité relative varie significativement en fonction de l'âge, résultat à mettre en parallèle avec l'étude de Kori (1986) qui montrait que l'intensité du rire adulte pouvait être très élevée. Il semblerait donc que ce paramètre s'élève à mesure que l'enfant grandisse. De même, les contours mélodiques des rires évoluent également avec l'âge de l'enfant, puisqu'on observe une majorité de contours MD, avec une augmentation de leur proportion en fonction de l'âge. Ces résultats sont intéressants car ils sont en contradiction avec les travaux de Savithri (2000), qui montrent que le contour mélodique le plus fréquent relevé dans le rire des adultes est le contour descendant. Notons encore qu'une baisse du *fo* moyen a été relevée en fonction de l'âge, mais cette différence n'est pas significative. Si l'on s'intéresse maintenant à la hauteur moyenne des rires, on relève une *fo* plus élevée chez MAD par rapport aux deux garçons de notre corpus, ce qui peut bien sûr s'expliquer par la différence de sexe. Ces résultats rejoignent ceux de Savithri (2000) qui avait également relevé une différence de *fo* entre le rire de l'homme et celui de la femme. Un autre point intéressant est qu'il existe une très grande variabilité inter-individuelle entre les trois enfants et que, si l'on se penche sur les analyses statistiques, on remarque que la plupart des indices acoustiques étudiés (8 indices sur 13) varient de façon significative en fonction du sujet. Cette variabilité inter-individuelle des rires a déjà été relevée chez l'adulte (Rothgänger, 1998). Hirson (1995), quant à lui, montrait que le rire se caractérisait par une tendance à l'individualisation et par une grande variabilité intra-individuelle. En raison de cette variabilité, il serait particulièrement judicieux d'augmenter le nombre de sujets étudiés, trop peu nombreux dans cette étude, ainsi que le nombre de rires analysés par enfant. Ce travail sera réalisé dans une prochaine étude, le présent article représentant une analyse préliminaire posant les bases d'une analyse à plus large échelle.

Références

APTE, M.L. (1985). *Humor and Laughter. An Anthropological Approach.* Ithaca & London: CornellUniversity Press.

BICKLEY, C. & HUNNICUTT, S. (1992). Acoustic analysis of laughter. Proc. *ICSLP* Banff (2), pages 927-930.

HABERMANN (1955), cit. in Luchsinger, R.L. & Arnold, G.E., *Voice, Speech and Language*, Constable and Co. Ltd.

HIRSON, A. (1995). Human laughter - A forensic phonetic perspective. In Braun, A. & Köster, J.P. (eds) *Studies in Forensic Phonetics*. Wissensch. Verlag Trier, pages 77-86.

KONOPCZYNSKI, G. (1990). *Le Langage E'mergent I: Caractéristiques Rythmiques.* Hambourg: Buske Verlag.

KORI, S. (1989). Perceptual dimensions of laughter and their acoustic correlates. Proc. *Intern. Confer.Phonetic Sciences* Tallinn (4), pages 255-258.

LUCHSINGER, R.L. et ARNOLD, G.E. (1965). *Voice, Speech and Language*. Constable and Co., Ltd.

NWOKAH, E.E., HSU, H.-C., DAVIES, P. & FOGEL, A. (1999). The integration of laughter and speech in vocal communication: a dynamic systems perspective. In *J of Speech, Lang & Hearing Res*, 42, pages 880-894.

PROVINE, R.R. (1993). Laughter punctuates speech: linguistic, social and gender contexts of laughter." In *Ethology*, 95, pages 291-298.

PROVINE, R.R. (2003). *Le rire, sa vie, son œuvre*, Paris, Ed. Robert Laffont, 257 pages.

PROVINE, R.R. & YONG, Y.L. (1991). Laughter: A stereotyped human vocalization. In *Ethology*, 89:115-124.

ROTHGÄNGER, H., HAUSER, G., CAPPELLINI, A.C. & GUIDOTTI, A. (1998). Analysis of laughter and speech sounds in Italian and German students. In *Naturwissenschaften*, 85, pages 394-402.

SROUFE, L.A. & WATERS, E. (1976). The ontogenesis of smiling and laughter : A perspective on the organization of development in infancy. *Psychological Review*, 83, pages 173-189.

SAVITHRI, S.R. (2000). Journal of Acoustics of Laughter. *Journal of Acoustical Society of India*, vol. 28, pages 233-238.

SHI, R., MORGAN, J. & ALLOPENNA, P. (1998). Phonological and acoustic bases for earliest grammatical category assignment: a cross-linguistic perspective. *Journal of Child Language*, 25, pages 169-201.

TENNIS K. (2009). *The Acoustic Features of Children's Laughter*. Thèse soutenue à l'Université Vanderbilt (USA), 348 pages.

TROUVAIN, J. (2003). Segmenting phonetic units in laughter. 15th ICPhS Barcelona.

La liaison dans la parole spontanée familière: explorations semi-automatiques de grands corpus

Martine Adda-Decker[1, 2], Elisabeth Delais-Roussarie[3], Cécile Fougeron[1]
Cédric Gendrot[1], Lori Lamel[2].

(1) LPP, UMR 7018, 19, rue des Bernardins 75005 Paris
(2) LIMSI, UPR 3251, bât. 508, rue John von Neumann, 91403, Orsay
(3) LLF, UMR 7110 : 175 rue du Chevaleret, 75013, Paris

{madda,cfougeron,cgendrot}@univ-paris3.fr, {madda,lamel}@limsi.fr,
elisabeth.delais@linguist.jussieu.fr

RÉSUMÉ

Ce travail explore la réalisation des liaisons dans un parler spontané familier. En partant du constat que dans la parole familière les prononciations s'écartent souvent de leur forme canonique complète, et que l'on peut observer un taux de réduction temporelle plus élevé qu'en parole lue ou préparée, nous faisons l'hypothèse que le nombre de liaisons réalisées se trouve diminué dans ce type de parole. Nous mesurons les taux de réalisation des liaisons à l'aide d'alignements automatiques où nous proposons qu'une consonne de liaison peut apparaître devant un mot commençant par (semi)-voyelle. Le corpus utilisé est le corpus NCCFr (Nijmegen Corpus of Casual French) qui comprend 46 locuteurs (jeunes) et plus de 30 heures de parole. Les taux de réalisation sont mesurés pour les consonnes de liaison les plus fréquentes (/z/, /n/ et /t/) et dans des sites de liaison potentielle classés selon que la liaison y est obligatoire, facultative ou interdite. Nous proposons également une étude originale des taux de réalisation des liaisons en fonction d'une mesure de débit de parole et en fonction du locuteur.

ABSTRACT

French Liaison in casual speech : automatic and manual investigations

The realisation of the French Liaison is investigated in a large corpus of casual speech. Considering that casual speech gives rise to a large range of pronunciation variants and that overall temporal reduction increases (word and phone duration measurements) as compared to read and prepared speech, one may hypothesize that French liaison tends to be less productive in this kind of speaking style. We made use of automatic speech alignments to evaluate optional liaison realisations in potential liaison sites (word ending in a liaison consonant followed by a word-initial (semi)-vowel). Speech comes from the NCCFr corpus including 46 mostly young speakers with a total of more than 30 hours of speech. Realized liaisons were examined and measured for the most frequent liaison consonants (/z/, /n/ and /t/) as a function of a classification of the sites as mandatory, optional or forbidden with respect to liaison realization. An original contribution investigates liaison realization as a function of a speaker-dependent speech rate measure.

MOTS-CLÉS : Variantes de prononciation, liaison, parole familière, réduction temporelle.

KEYWORDS: Pronunciation variants, liaison, French, casual speech, temporal reduction.

1 Introduction

La liaison consiste en la réalisation d'une consonne finale normalement muette (suite à des changements linguistiques entre les 12ème et 16ème siècles) appartenant orthographiquement au mot (M_1) devant un mot (M_2) commençant par une voyelle (ou, dans quelques cas, une semi-voyelle). La liaison a été largement étudiée dans des travaux à visée descriptive et normative (orthoépique). Pendant longtemps, le matériel étudié provenait du phonéticien lui-même et les descriptions visaient à déterminer dans quels contextes, définis essentiellement sur la base des appartenances grammaticales de M_1 et M_2, la liaison était obligatoire, facultative ou interdite ((Delattre, 1966)). Pour le cas des liaisons facultatives, il est apparu que de nombreux facteurs influencent la réalisation des consonnes de liaison : la catégorie grammaticale des mots, la nature de la consonne de liaison, la prosodie, le style de parole, la fréquence lexicale des mots, la fréquence de co-occurrence des bigrammes, etc. (pour une synthèse, voir (Côté, 2012)). En conséquence, la liaison peut être considérée comme un phénomène multi-factoriel et multi-niveaux largement influencé par des effets de fréquence (Mallet, 2008).

Depuis peu, le recours à de grands corpus oraux multilocuteurs (ex. Bref (Lamel *et al.*, 1991), PFC (Durand et Lyche, 2008)) contribue à la description et la quantification des phénomènes de liaison dans différents styles de parole (ex. (Adda-Decker *et al.*, 1999; Mallet, 2008). Ces études sur des productions plus naturelles peuvent servir aussi bien pour le traitement automatique de la parole que pour la didactique des langues et la mise au point de modélisations phonologiques plus fines tenant compte du poids des différents facteurs.

Notre intérêt ici est l'examen de la réalisation des liaisons dans un registre de parole familier intime. Notre motivation est que dans ce type de parole où les réductions phonétiques sont fréquentes, un phénomène de variation phonologique tel que la liaison est influencé par des contraintes de production particulières, et une interaction entre phénomènes de variations phonétique et phonologique est à attendre. La présente étude est une première étape dans le traitement d'un large corpus de français familier. Nous proposons ici un premier bilan de la réalisation des liaisons dans ce corpus, en fonction de la nature de la consonne de liaison (/n, t, z/), du type du site de liaison (obligatoire, facultatif, interdit) et du débit de parole.

2 Corpus et Méthode

Corpus Le corpus utilisé dans cette étude est le corpus NCCFr (Nijmegen Corpus of Casual Speech (Torreira *et al.*, 2010)). Il a été conçu pour étudier la variation dans un registre familier intime. Le corpus a été enregistré fin 2007 au LPP (Laboratoire de Phonétique et de Phonologie). Il comprend des dialogues entre amis, étudiants de la région parisienne, les variables socioprofessionnelles et régionales étant ainsi relativement contrôlées. Les dialogues se déroulent parfois en présence d'une troisième personne, également du cercle d'amis, ayant comme rôle d'alimenter si nécessaire les échanges oraux entre les deux sujets. Ses contributions restent limitées et n'ont pas été exploitées. Le corpus a été transcrit manuellement au LIMSI, les transcripteurs ayant comme consigne de transcrire tous les événements audibles, dont les disfluences. De même, ils pouvaient mettre des ponctuations fortes là où cela leur semblait nécessaire. Ces ponctuations ont été retirées pour le traitement décrit ci-dessous. La table 1 donne une description du corpus en termes de mots (types et tokens) inclus dans le corpus, de mots M_1 à liaison potentielle indépendamment du mot suivant et de contextes M_1M_2 de liaison potentielle.

Contextes de liaison L'ensemble de mots « M_1 à $\mathscr{L}$ potentielle » ont été extraits à partir de la liste de tous les mots du corpus finissant par une consonne orthographique "-s, -x, -z, -d, -t, -n, -r, -p". Cette méthode d'extraction produit une sur-génération des mots à liaisons potentielles, mais elle a l'avantage d'inclure tous les sites de liaison potentielle. Suite à un examen manuel (2 juges), cette liste a été réduite aux seuls mots contenant une consonne pouvant faire liaison (même si celle-ci est très rare). Les contextes M_1M_2 de $\mathscr{L}$ potentielle ont ensuite été définis à partir d'une extraction des bigrammes M_1M_2 où M_2 commence par une voyelle (ou semi-voyelle) sans aucun jugement linguistique. Ont été filtrés les M_2 commençant par une semi-voyelle disjonctive, un h-aspiré, une interjection ou une hésitation, ainsi que les séquences dans lesquelles les mots M_1 et M_2 étaient clairement séparés sémantiquement ou syntaxiquement.

	tokens (k)	types (k)	
#total mots	271,9	8,7	sans silence, avec respiration et hésitation
#total mots M_1 à $\mathscr{L}$ potentielle	105,0	4,1	sans tenir compte du contexte droit M_2
#tot. contextes M_1 M_2 $\mathscr{L}$ potentielle	26,9	2,3	M_2 commence par V ou semi-V

TABLE 1 – Description du corpus NCCFr en termes de mots lexicaux (occurrences dans le corpus=tokens, entrées lexicales=types) exprimés en milliers (k) ; nombre de mots M_1 à consonne de liaison potentielle, nombre de contextes de liaison potentielle.

Les séquences M_1M_2 de $\mathscr{L}$ potentielle ont ensuite été classées manuellement, essentiellement d'après l'appartenance grammaticale des mots, en contextes de liaison obligatoire (p.ex *on‿a faim*), facultative (p.ex *en‿?une heure*) ou interdite (p.ex *nous‖on*) (voir distribution Table 2). Comme cette classification s'est faite à partir d'informations limitées (transcription orthographique du trigramme M_1M_2 + mot précédent), nous avons exclu de notre étude préliminaire environ 14% des cas : les contextes où une écoute de la phrase aurait été nécessaire. Par exemple, nous avons éliminé certains M_1 "fait" où la consonne finale peut être muette (*il en fait*) ou non (*en fait*).

M_1	M_2	*CL*	*#Occ.*	*Type*	M_1	M_2	*CL*	*#Occ.*	*Type*
on	a	/n/	477	Obl	les	autres	/z/	81	Obl
ils	ont	/z/	402	Obl	les	enfants	/z/	38	Obl
on	est	/n/	375	Obl	les	hommes	/z/	34	Obl
en	a	/n/	375	Obl	les	élections	/z/	33	Obl
dans	un	/z/	148	Fac	les	a	/z/	25	Obl
pas	à	/z/	139	Fac	sais	ils	/z/	55	Int
fait	un	/t/	139	éliminé	quand	il	/t/	69	Fac
mais	il	/z/	138	Fac	gens	ils	/z/	68	Int
pas	un	/z/	112	Fac	fait	il	/t/	61	éliminé
mais	en	/z/	103	Fac	dit	oui	/t/	21	Int

TABLE 2 – Bigrammes M_1 M_2 à contexte de liaison avec comptes d'occurrence et type de liaison Obl/Fac/Int ou marqués "éliminé". **Gauche :** 10 bigrammes les plus fréquents. **Droite :** bigrammes *les*-NOM les plus fréquents ; quelques bigrammes de fréquence moyenne représentatifs.

Alignement automatique & prononciations Afin de pouvoir déterminer la réalisation ou non des liaisons sur un si grand nombre de contextes de liaisons potentielles nous avons exploré notre corpus par alignement automatique en utilisant le système de reconnaissance du LIMSI (Gauvain *et al.*, 2005). La consonne de liaison (CL) est modélisée comme consonne finale optionnelle de la prononciation du mot M_1 dans le dictionnaire de prononciation (comme illustré dans la table 3). Nous rappelons rapidement quelques limites de ce traitement automatique : l'alignement automatique ne permet de choisir que parmi les prononciations incluses dans le dictionnaire de prononciation ; pour la grande majorité de mots, celles-ci restent souvent relativement « standard », i.e. incluant tous les phonèmes théoriquement prévus. Le style de parole familier intime inclut cependant une proportion importante de prononciations temporellement réduites et ayant une structure phonétique changée. Une partie des CL pourraient ainsi ne pas être détectées à cause de réductions temporelles extrêmes (p.ex. le mot "les" prononcé de manière très réduite [z] au lieu de [lez] pourrait entraîner un alignement avec la variante la plus courte [le] sans liaison alors que la réalisation acoustique est en fait réduite à la consonne de liaison). D'autre part si ce traitement automatique nous permet d'appréhender une quantité de données importante, nous sommes bien conscients qu'il sera nécessaire dans nos travaux ultérieurs d'aller vérifier à l'oreille cet alignement automatique.

Mots	Pron. canon.	$\lvert\varphi_{canon}\rvert$	Variantes CL / réduites	Mots	Pron. canon.	$\lvert\varphi_{canon}\rvert$	Variantes CL / réduites
ils	il	2	ilz / i iz	on	˜ɔ	1	ɔ̃n
animaux	animo	5	animoz	est	ɛ	1	ɛt
premier	prœmje	6	prœmjer	trop	tʁo	3	tʁop
maintenant	mɛ̃tənɑ̃	6	mɛ̃tnɑ̃ mɛ̃nɑ̃	avec	avɛk	4	aɛk ɛk

TABLE 3 – Dictionnaire de prononciation avec liaisons potentielles et variantes réduites. $|\varphi_{canon}|$ indique la longueur de la prononciation canonique en nombre de phonèmes. La dernière ligne donne des variantes de réduction temporelle uniquement.

3 Résultats

Nous présentons les résultats pour les trois consonnes de liaison (CL) les plus productives : /z/, /t/ et /n/ (pour information, le /r/ générait un peu plus de 1000 sites de liaison potentielle, et le /p/ ne se trouvait que dans 130 sites de liaison potentielle). Nous donnons pour chaque condition, le nombre de sites de liaison potentielle, le nombre de CL réalisés et ensuite le pourcentage de réalisation pour cette condition. Dans un premier temps, nous allons présenter les résultats globaux pour ces trois CL, avant de donner des détails en fonction de différents paramètres : nature de la consonne de liaison, considérations lexicales et syntaxiques, débit du locuteur.

3.1 Résultats globaux

Les résultats globaux sont présentés dans la table 4. Sur les 26946 sites de liaison potentielle de notre corpus, plus de la moitié (53%) sont des contextes de liaison facultative, 28% des contextes de liaison obligatoire et 19% des contextes de liaison interdite. Ce dernier pourcentage, élevé, reflète une des caractéristiques de l'oral familier qui se compose de successions de propositions courtes du genre *tu sais*$_{||}$*alors les gens*$_{||}$*ils‿ont...*

Type	Sites	Réalisé	
	#	#	%
Obl ‿	7636	6358	**83**
Fac ‿?	14308	1560	**11**
Int ‖	5002	275	**6**
All	26946	8193	**30**
All–Int	21944	7918	**36**

TABLE 4 – Résultats en fonction du type de liaison **Obl**(igatoire)/**Fac**(ultatif)/**Int**(erdit). Les lignes **All** et **All–Int** regroupent les 3 types, respectivement les 2 types Obl. et Fac. **#Sites** indique le nombre de sites potentiels de CL, Les deux dernières colonnes indiquent le nombre et le pourcentage de liaisons **réalisés**.

Environ un mot sur 10 (respectivement sur 12,5 après élimination de liaisons interdites) du corpus contient un site de liaison potentielle (26,9k sites, respectivement 21,9k sites, sans compter les liaisons interdites, sur 271,9k de mots traités). Comme attendu, les liaisons obligatoires ont des taux de réalisation élevés (83,3%) sans atteindre les 100%. Des vérifications manuelles en cours, vont permettre de quantifier la proportion de CL effectivement non réalisés par rapport à des problèmes d'alignement potentiels liés à la réduction temporelle, comme évoqués dans la section 2.

Les liaisons facultatives, les plus fréquentes, sont très peu réalisées, avec un taux moyen d'environ 11%. Ce taux très faible peut être rapproché de l'observation que notre type de parole familière inclut une proportion élevée de mots réduits temporellement, articulés très vite ou avec moins de segments. Nous allons revenir sur ce point dans la sous-section examinant les liaisons en fonction du débit. On peut faire l'hypothèse que la liaison permet un jeu syllabique résultant éventuellement dans un nombre de syllabes plus faible si la liaison n'est pas réalisée. En effet, dans bon nombre de cas où il y a un contact V#V, les deux syllabes consécutives (où la deuxième syllabe manque d'attaque consonantique) peuvent être articulées comme une seule syllabe avec les deux voyelles qui fusionnent en un seul segment vocalique, éventuellement entouré d'une semi-voyelle. Il faut aussi noter que la définition des sites de liaison facultative adoptée dans notre étude est très permissive (elle inclut des liaisons potentielles très rares). Elle est d'ailleurs radicalement différente de celle utilisée dans le corpus PFC. Toute comparaison des taux de réalisation entre études doit donc être interprétée avec précautions.

3.2 Tendances par CL

Vont maintenant être discutées les similarités et spécificités des différentes CL (voir Table 5). Elles seront présentées par ordre de fréquence décroissante des sites de liaison potentielle.

Consonne de liaison /z/ La liaison en /z/ présente le plus grand nombre de sites de liaison potentielle (14589, i.e. 54% de l'ensemble considéré). Les liaisons facultatives sont deux fois plus fréquentes que les liaisons obligatoires. Les mots M_1 les plus fréquents en contextes de liaison potentielle sont *pas, mais, sais, as, puis, vois, dans, plus, suis, es, après, vas, gens, deux* et cumulent à eux seuls plus de 5000 des 14589 sites. À part quelques adverbes et prépositions très fréquents, on peut remarquer que les première et deuxième personnes des formes verbales contribuent ensuite à créer un grand nombre des situations de liaison potentielle, en général dans

Type	/z/ Sites #	/z/ Réalisé #	/z/ Réalisé %	/t/ Sites #	/t/ Réalisé #	/t/ Réalisé %	/n/ Sites #	/n/ Réalisé #	/n/ Réalisé %
Obl	3768	3197	85	194	149	77	3674	3012	82
Fac	7574	653	9	6482	779	12	252	128	51
Int	3247	108	3	854	60	7	901	107	12
All	14589	3958	27	7530	988	13	4827	3247	67
All–Int	11342	3850	**34**	6676	928	**14**	3926	3140	**80**

TABLE 5 – Résultats quantitatifs en fonction de la CL et le type de liaison **Obl**(igatoire)/**Fac**(ultatif)/**Int**(erdit). Les lignes **All** et **All–Int** regroupent les 3 types, respectivement les 2 types Obl. et Fac. **Sites** indique le nombre de sites potentiels de CL, Les deux dernières colonnes indiquent le nombre et le pourcentage de liaisons réalisés.

la catégorie des liaisons facultatives. Il est intéressant de noter que les déterminants (*les, des*) très fréquents en parole journalistique et en lecture de textes écrits, et pour lesquels la liaison est obligatoire avec les noms ou adjectifs suivants, n'apparaissent pas ici en premières positions. Par rapport aux résultats globaux présentés précédemment, on peut remarquer que le taux de liaison interdite n'est que de 3% et le taux de liaisons facultatives pour /z/ est le plus faible des CL avec seulement 9%.

Consonne de liaison /t/ La liaison en /t/ génère environ un tiers des sites de liaison potentielle (7530) correspondant en grande majorité à des liaisons facultatives. Les mots les plus fréquents générant des sites de liaison potentielle sont par ordre de fréquence décroissant *fait, est, tout, quand, avait, dit, sont, était, ont, vraiment* avec 3000 contextes de liaison potentielle. La distinction obligatoire/facultatif est souvent difficile : aucun de ces mots ne peut être mis dans la catégorie des liaisons obligatoires. En revanche, certains mots M_1 produisent obligatoirement une liaison, s'ils sont suivis par un ou plusieurs mots précis ou s'ils font partie d'une locution (p.ex. *tout* dans *tout à fait*) Pour le /t/, les taux de réalisation sont globalement les plus faibles (14%), ce qui s'explique d'abord par une proportion très faible de liaisons obligatoires. Ensuite, le taux de réalisation des liaisons obligatoires est le plus faible des 3 CL considérés. Il peut s'agir d'une réalité linguistique ou d'un biais méthodologique (le /t/ peut être omis lors de l'alignement automatique) : ceci doit être vérifié à la main.

Consonne de liaison /n/ Les sites de liaison potentielle sont de loin les moins fréquents pour la CL /n/ (moins de 20% de l'ensemble des sites). Cependant, la plupart des sites correspondent à des liaisons obligatoires (3674) réalisés à 82%. Ceci fait que le /n/ est presque aussi souvent réalisé dans notre parole spontanée que le /z/ (3140 /n/ vs 3850 /z/ réalisés en liaisons obligatoires et facultatives). Dans le corpus, parmi les mots générant le plus de sites de liaison potentielle en /n/, on trouve *on, en, un* responsables à eux seuls de 2000 contextes de liaison, très majoritairement de type obligatoire. D'autres mots fréquemment observés dans les sites de liaison potentielle sont *bien, bon, non, mon, rien, son, ton*. Une spécificité de la CL /n/ est de présenter un taux de liaison facultative de 52%, bien plus élevé que le /z/ et le /t/.

3.3 Influence du débit

Afin d'examiner la réalisation des CL en fonction du débit, il nous fallait introduire une mesure de débit de parole. Différentes mesures sont utilisées dans la littérature : le nombre moyen de mots par seconde, de syllabes par seconde, de segments phonétiques par seconde, incluant ou non les silences inter-mots.

Notre idée ici est de proposer une mesure de débit qui se calcule au niveau du mot (une mesure locale) et qui ne tient pas compte des silences ou autre temps écoulé hors production lexicale. De plus, nous voulons que la mesure permette de refléter les réductions temporelles des mots. Prenons l'exemple du mot *maintenant* pour lequel nous avions introduit plusieurs variantes plus courtes dans le dictionnaire. Une réalisation [mɛ̃nɑ̃] avec 4 segments et 2 syllabes est réduite par rapport à une réalisation canonique complète [mɛ̃tənɑ̃] avec 6 segments et 3 syllabes.

Notre mesure compte le nombre de segments de la forme canonique (théorique) et non pas le nombre de segments articulés de la forme de surface. Pour chaque mot du corpus , nous calculons un débit local grâce à l'équation 1. Un débit moyen peut ensuite être calculé par l'équationı2 soit pour l'ensemble du corpus, soit par locuteur, comme nous le proposons ici.

$$Debit(m_i) = \frac{|\varphi_{canonique}(m_i)|}{Duree(m_i)} \quad (1)$$

$$Debit = \frac{\Sigma_i |\varphi_{canonique}(m_i)|}{\Sigma_i Duree(m_i)}) \quad (2)$$

D'après cette mesure le débit moyen d'un corpus journalistique (ESTER) est de 15 phonèmes par seconde (ce qui revient à une durée moyenne de 7 cs par segment phonémique). En revanche, cette même mesure appliquée à notre corpus de parole familière et plutôt intime (NCCFr) donne un débit moyen de 26 phonèmes par seconde, ce qui montre l'importance du phénomène de réduction temporelle en parole spontanée et qui pose un défi en modélisation acoustique et lexicale au traitement automatique de la parole.

Afin d'examiner des différences de réalisation de liaison entre locuteurs, nous avons appliqué notre mesure 2 sur l'ensemble des mots produits par locuteur afin de calculer un débit moyen par locuteur. Nous effectuons ensuite une analyse de régression prenant comme facteurs débit moyen et locuteur avec le taux de liaisons réalisées comme variable expliquée.

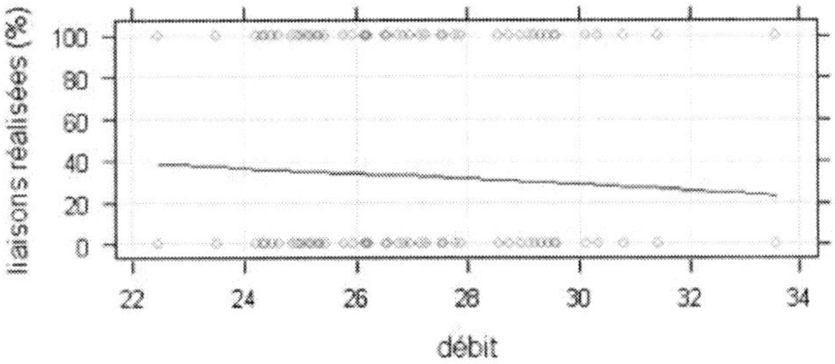

FIGURE 1 – Réalisation des consonnes de liaison en fonction du débit moyen du locuteur

4 Conclusions

Nous avons présenté des résultats de réalisation de la liaison dans un grand corpus de plus de 30 heures de parole spontanée dans un registre familier, intime incluant majoritairement des locuteurs jeunes de la région parisienne. Ce style de parole se caractérise par un taux de réalisation des liaisons en parole particulièrement faible (36% sans compter les liaisons interdites). Il se caractérise aussi par un débit très élevé (26 phonèmes par seconde par rapport à 15 phonèmes par seconde dans un corpus de parole journalistique ESTER) avec notre mesure (voir 2). Nous avons pu mesurer que le taux de liaison baisse si le débit moyen du locuteur augmente. Concernant la fréquence des sites potentiels de liaison, on a pu mesurer l'ordre suivant /z/ > /t/ > /n/, observé de manière général en français. En revanche, cette ordre change pour les réalisations de la manière suivante : /z/ >= /n/ » /t/.

Dans des travaux futurs, nous comptons examiner les découpages prosodiques et les intégrer dans l'analyse au même titre que le débit, le traitement du schwa et la nature des segments de liaison. Cela devrait permettre de voir s'il existe des relations entre ces différents éléments qui peuvent intervenir dans la réduction temporelle.

Remerciements

Le travail présenté a été en partie soutenu par le LabEx EFL (Empirical Foundations of Linguistics) et par le projet OSEO Quaero.

Références

ADDA-DECKER, M., Boula de MAREÜIL, P. et LAMEL, L. (1999). Pronunciation variants in French : schwa & liaisons. *In International Congress of Phonetic Sciences*, pages 2239–2242, San Francisco, USA.

CÔTÉ, M.-H. (2012). French liaison. *In* M. van OOSTENDORP, C. Ewen, E. H. et RICE, K., éditeurs : *Companion to phonology*, pages 2685–2710. Wiley-Blackwell, Malden, MA :.

DELATTRE, P. (1966). *Studies in French and comparative phonetics*. Mouton & Co, La Haye.

DURAND, J. et LYCHE, C. (2008). French Liaison in the light of corpus data. *Journal of French Language Studies*, 18:33–66.

GAUVAIN, J.-L., ADDA, G., ADDA-DECKER, M., ALLAUZEN, A., GENDNER, V., LAMEL, L. et SCHWENK, H. (2005). Where are we in transcribing French broadcast news ? *In Proc. Interspeech*, pages 1665–1668, Lisbon, Portugal.

LAMEL, L., GAUVAIN, J. et ESKENAZI, M. (1991). BREF, a Large Vocabulary Spoken Corpus for French. *In Proc. EUROSPEECH - European Conference on Speech Communication and Technology*, Genova, Italy.

MALLET, G. (2008). *La liaison en français : descriptions et analyses dans le corpus PFC*. PhD dissertation, Université Paris 10, Paris.

TORREIRA, F., ADDA-DECKER, M. et ERNESTUS, M. (2010). The Nijmegen corpus of casual French. *Speech Communication*, 52:201 - 212.

Percol0 - un système multimodal de détection de personnes dans des documents vidéo

Frederic Bechet[1] Remi Auguste[2] Stephane Ayache[1] Delphine Charlet[3]
Geraldine Damnati[3] Benoit Favre[1] Corinne Fredouille[4] Christophe Levy[4]
Georges Linares[4] Jean Martinet[2]
(1) Aix Marseille Université - LIF (2) Universite de Lille, LIFL
(3) France Telecom Orange Labs (4) Universite d'Avignon, LIA
{frederic.bechet,stephane.ayache,benoit.favre}@lif.univ-mrs.fr,
{remi.auguste,jean.martinet}@lifl.fr ,
{delphine.charlet,geraldine.damnati}@orange.com,
{corinne.fredouille,christophe.levy,georges.linares}@univ-avignon.fr

RÉSUMÉ

Identifier et nommer à chaque instant d'une vidéo l'ensemble des personnes présentes à l'image ou s'exprimant dans la bande son fait parti de ces nouveaux outils de fouille de données. D'un point de vue scientifique la reconnaissance de personnes dans des documents audiovisuels est un problème difficile à cause des différentes ambiguïtés que présentent l'audio, la vidéo et leur association. Nous présentons dans cette étude le système PERCOL0, développé dans le cadre du défi REPERE, permettant de détecter la présence de personnes (audible et/ou visuelle) dans des documents vidéo, sans utiliser de modèles de locuteurs a priori.

ABSTRACT

Percol0 - A multimodal person detection system in video documents

The goal of the PERCOL project is to participate to the REPERE multimodal evaluation program by building a consortium combining different scientific fields (audio, text and video) in order to perform person recognition in video documents. The two main scientific challenges we are addressing are firstly multimodal fusion algorithms for automatic person recognition in video broadcast ; and secondly the improvement of information extraction from speech and images thanks to a combine decoding using both modalities to reduce decoding ambiguities.

MOTS-CLÉS : Reconnaissance Automatique de la Parole, Segmentation en locuteurs, reconnaissance de l'écriture, détection de visages.

KEYWORDS: Automatic speech reconnaissance, speaker diarization, Optic Character Recognition, Face Detection.

1 Introduction

L'étude présentée dans ce papier s'incrit dans le cadre du projet PERCOL[1] visant à proposer des outils novateurs d'identification de personnes dans des vidéos intégrant les flux images et

1. Projet PERCOL ANR 2010-CORD-102-01

sons au sein d'une approche globale. L'analyse des différentes sources d'informations disponibles dans un contenu audiovisuel permet de reconnaître des personnes dont on dispose d'un modèle de voix et/ou visage préalable mais permet également d'identifier sans modèle préalable des personnalités dont l'information de l'identité se trouve dans la parole prononcée (la personne est nommée par son interlocuteur ou par le présentateur) ou dans le texte en incrustation (un bandeau contenant le nom de la personne apparaît en même temps que la personne). La difficulté manuelle (du point de vue applicatif et maintenance) de créer des dictionnaires, de les mettre à jour au fil du temps et d'y incorporer des nouvelles personnalités qui apparaissent dans l'actualité rendent l'approche de l'identification de la personne sans modèle proposée particulièrement attrayante. De plus, cette approche permet idéalement la création ou la mise à jour automatique de modèles de voix et de visage, pour permettre d'améliorer les taux de reconnaissance.

Nous présentons dans cette étude le système PERCOLO, développé dans le cadre du défi REPERE [2], permettant de détecter la présence de personnes (audible et/ou visuelle) dans des documents vidéo, sans utiliser de modèles de locuteurs a priori. Ce système est basé sur la coopération de plusieurs processus de traitement des signaux visuel et audio des documents vidéo :

- Audio : Segmentation et regroupement en locuteurs et Reconnaissance Automatique de la Parole ;
- Image : Détection et regroupement de visages et Reconnaissance Automatique de l'Ecriture (OCR Optic Character Recognition).

Comme on peut le voir dans la liste précédente, deux types de traitements comparables sont appliqués aux deux modalités : une phase de détection, segmentation et regroupement par similarité (au niveau de la voix pour la modalité audio, au niveau des visages pour la vidéo) ; une phase d'extraction de contenu (dans la parole pour l'audio et dans le texte incrusté pour l'image). La phase d'extraction de contenus permet de déterminer les noms des locuteurs et des visages potentiels intervenant dans la vidéo. Enfin, un processus de fusion multimodale est chargé de propager ces noms détectés vers les segmentations en visages et locuteurs afin de prendre les décisions finales sur la présence d'une personne dans le document.

2 Segmentation et regroupement d'hypothèses

2.1 Canal Audio : Segmentation et regroupement en locuteurs

Deux systèmes de segmentation et regroupement en locuteurs ont été utilisés dans le système Percol0, l'un suivant une stratégie ascendante, l'autre une stratégie descendante.

Stratégie ascendante Dans ce système la structuration en locuteurs est effectuée en 2 étapes : une étape de segmentation suivie d'un regroupement hierarchique ascendant basés tous deux sur le critère BIC, permet d'obtenir une structuration initiale dans laquelle les clusters sont assez purs et contiennent suffisamment de données pour permettre de modéliser le locuteur par un mélange de gaussiennes. Ensuite, avec une telle modélisation, un processus itératif de segmentation via un décodage de Viterbi, et de regroupement par le critère CLR (Barras *et al.*, 2006) est réalisé. Sur l'ensemble de développement de la phase0 du défi REPERE, en excluant les zones de double-parole de l'évaluation, le Diarization Error Rate obtenu est de 7.2%.

2. http ://www.defi-repere.fr

stratégie descendante Ce système est basé sur une stratégie de type "Top-down", incluant trois étapes distinctes. La première consiste en une détection parole/non parole basée sur un HMM à N états pour lequel les états représentent les événements acoustiques de type : "parole bande large", "parole bande étroite" (téléphone), "parole sur de la musique" et "musique". La seconde étape consiste, à partir des segments étiquetés "Parole", à appliquer une phase de segmentation basée sur l'approche e-hmm (Fredouille et Evans, 2008). Celle-ci permet l'obtention d'une segmentation en locuteurs pour laquelle les segments attribués à un même locuteur sont regroupés sous la même étiquette. Contrairement à la stratégie "Bottom-Up", il s'agit ici d'ajouter un à un les locuteurs détectés dans le signal audio à traiter suivant un processus itératif.

La dernière étape du système de segmentation et regroupement en locuteurs repose sur une étape de resegmentation permettant d'affiner la segmentation et de supprimer les locuteurs considérés comme peu pertinents (critère de durée minimale).

2.2 Canal video : Détection et suivi de visages

Les étapes de détection et de suivi de visages consistent à détecter les occurrences de visages dans les trames successives de la vidéo, et à les regrouper par similarité afin que les groupes constitués contiennent chacun les visages d'une unique personne. L'originalité du traitement des visages mis en place dans le système PERCOLO réside dans l'exploitation de la dimension temporelle des vidéos, dans le but d'améliorer l'efficacité et la robustesse de système. En effet, le fait que les visages se présentent avec beaucoup de variabilités dans la pose, les conditions d'éclairage et les expressions faciales rend difficile leur détection et reconnaissance par un système automatique (Zhao *et al.*, 2003). L'approche mise en œuvre dans PERCOLO a pour objectif de s'abstraire au maximum des variabilités, qui constituent une limitation des approches dites *statiques*. Les approches dites *dynamiques* intègrent et exploitent des informations temporelles de la vidéo. Bon nombre des techniques dynamiques existantes sont des généralisations directes des algorithmes de reconnaissance sur images fixes, appliquées indépendamment sur chaque trame, sans prendre en compte l'information temporelle.

L'approche proposée consiste à mettre en correspondance les visages détectés ainsi que la partie de l'image correspondant à leur buste (s'il est visible) à l'aide d'un nouveau descripteur : les histogrammes spatio-temporels (HST) (Auguste *et al.*, 2012). Les HST sont des histogrammes contenant, en plus des données de comptage des pixels dans une vidéo, des informations sur leur position dans l'espace et dans le temps. Il permettent d'obtenir une plus grande précision que les histogrammes de couleurs classiques lors de la mise en correspondance des séquences. Les personnes sont détectées en utilisant le détecteur standard de Viola et Jones. Les détections ainsi obtenues permettent d'initialiser l'algorithme GrabCut paramétré pour détourer les bustes des différentes personnes de la trame. Un algorithme dédié, principalement basé sur des critères géométriques, décide de la correspondance des bustes entre chaque trame, une courte sous-séquence est ainsi crée incrémentalement pour chaque personne détourée. Les HST construits pour ces sous-séquences sont utilisés comme des signatures discriminantes, mises en correspondance via une mesure de similarité *ad hoc* (Auguste *et al.*, 2012). Le résultat de ces processus est le regroupement par similarité de l'ensemble des occurrences des personnes dans la vidéo, chaque groupe contenant idéalement une unique personne.

3 Extraction d'information

3.1 Canal audio : Reconnaissance Automatique de la Parole

3.1.1 Transcription automatique et extraction d'entités nommées

Le système de transcription automatique utilisé est très proche de celui qui a été engagé dans la campagne d'évaluation ESTER 2008. Le decodage comporte 2 étapes principales. La première réalise une segmentation du signal, dans laquelle les parties parlées sont extraite, la largeur de bande identifiée, puis la segmentation et le regroupement en locuteur réalisé. La seconde phase est la transcription à proprement parlée. Elle même est réalisée en plusieurs passes : un décodage rapide (3xRT, (Linarès *et al.*, 2007)) en 4-grammes, qui permet l'adaptation au locuteur des modèles acoustiques ; un décodage qui utilise ces modèles adpatés et produit des treillis de mots et enfin un décodage après transformation des treillis en réseaux de confusion.

Le système d'extraction d'entités nommées LIA_NEutilisé dans cette étude est décrit dans Bechet et Charton (2010). Il est basé sur une approche mixte utilisant tout d'abord un processus génératif à base de HMM pour prédire une étiquette syntaxique (POS) et sémantique à chaque mot d'un texte ; ensuite un processus discriminant à base de CRF est utilisé pour trouver les bornes et le type complet de chaque entité en utilisant le modèle *Begin-Inside-Outside* (BIO) pour représenter la position de chaque mot à l'intérieur ou à l'extérieur des entités. Les modèles HMM et CRF du système ayant été utilisé dans Percol0 ont été appris sur le corpus ESTER2.

3.2 Canal Vidéo : Reconnaissance Automatique de l'Ecriture

3.2.1 Présentation générale de l'approche

La reconnaissance automatique des textes incrustés dans les vidéos (VOCR) est réalisée à l'aide d'un processus de type multi-trame qui se décompose en quatre étapes : Détection des zones de texte à chaque trame, Reconnaissance des caractères à chaque trame, Suivi des zones de texte, Post-traitement des zones de texte reconnues successives.

La détection des zones de textes repose sur une approche de type réseau de neurone convolutionnel (Delakis et Garcia, 2008), appliquée aux pixels bruts, sans pré-traitement chromatique. La reconnaissance des caractères à proprement parler dans les zones préalablement détectées est réalisée à l'aide du système GOCR[3]. Le suivi des zones de textes repose sur des critères de position et de dimension des boîtes de texte détectées dans des trames successives. Chaque boîte détectée a une forme rectangulaire et est représentée par 4 coordonnées (abscisse X et ordonnée Y du sommet en haut et à gauche, largeur et hauteur). Deux boîtes détectées à deux trames successives sont considérées comme correspondant au même texte si les 4 coordonnées sont similaires. Une tolérance de 10 points est accordée pour X, Y et pour la hauteur et une tolérance de 15 points est acceptée pour la largeur (les boîtes ont généralement des marges plus importantes en largeur). En pratique la recherche de texte n'est pas réalisée dans l'ensemble de l'image mais dans des zones prédéfinies pour chaque type d'émissions. En effet, dans la mesure où nous nous intéressons particulièrement à la reconnaissance des noms de personnes incrustés

3. http ://www.jocr.sourceforge.net

pour présenter les personnes présentes dans la vidéo, il est possible de définir manuellement une zone d'intérêt qui reflète les choix éditoriaux de chaque émission.

3.2.2 Post-traitement des hypothèses consécutives

Les performances de la reconnaissance de texte peuvent varier significativement d'une trame à l'autre. Les textes étant placés en surimpression, ils sont parfois incrustés en transparence et peuvent donc varier en fonction de l'image de fond. De façon générale, le contraste de la zone avec un fond dynamique peut également induire des performances variables. Dans (Prasad *et al.*, 2008), deux approches sont explorées pour compenser cette variabilité : un pré-traitement consistant à générer une unique image synthétisant les trames successives, un post-traitement consistant à combiner les différentes hypothèses produites à chaque trame à l'aide de l'algorithme NIST ROVER. (Liu *et al.*, 2009) propose également un post-traitement des hypothèses successives pour former un réseau de confusion, sur lequel est appliqué un modèle de langage de lettres pour rechercher un meilleur chemin. Le système proposé ici repose sur une construction particulière d'un réseau de confusions (CN pour *Confusion Network*.

Pour la construction du CN, le choix de l'hypothèse pivot est réalisé en sélectionnant la séquence de caractères la plus fréquemment reconnue. Ensuite, les hypothèses différentes sont triées par ordre de fréquence et le réseau est construit en alignant itérativement une nouvelle hypothèse sur la meilleure hypothèse à l'itération courante. Le processus d'alignement doit être particulièrement adapté pour optimiser la construction du réseau. Ici nous utilisons un algorithme d'alignement classique reposant sur une distance d'édition mais en ayant recours à une matrice de coût particulière prenant en compte les confusions fréquentes et pénalisant différemment les insertions et les ommissions.

4 Identification multimodale de personnes

L'identification multimodale a pour objectif de recouper les indices trouvés dans chaque modalité afin de déterminer l'identité des personnes présentes, même si chaque modalité prise séparemment n'en est pas capable. Une telle incapacité peut provenir du manque de modèles a priori comme c'est le cas dans ce travail, de l'absence de données ou d'occlusions dans une modalité, ou d'erreurs des systèmes de détection et regroupement. Le processus d'identification multimodal de personnes se base sur les descripteurs produits lors des deux phases précédentes de segmentation et d'extraction d'information. La première phase consiste à produire des hypothèses d'identités, extraites à partir des sorties des modules d'extraction d'information présentés dans la paragraphe précédent. La deuxième phase propage ces identités aux segments obtenus lors des phases de segmentation audio et vidéo.

4.1 Extraction multimodale d'hypothèses d'identités

Etant donné que dans cette étude nous n'utilisons aucun modèle *a priori* de personnes (ni modèle de voix de locuteurs, ni modèle de visages), les seules sources potentielles permettant d'identifier une personne à un temps donné sont les mentions de noms de personnes dans le signal audio et dans les incrustations de textes dans les vidéos. La mention d'un nom de personne par un locuteur n'est pas un indice suffisant pour prédire sa présence dans la vidéo au moment où il est mentionné, contrairement aux *cartouches* de texte incrusté nommant la personne apparaissant à l'écran. C'est pour cette raison que dans le système PERCOLO nous recherchons systématiquement ces *cartouches* car ce sont elles qui vont permettre d'attribuer de manière fiable une identité aux personnes présentes.

Cette recherche de cartouche est effectuée de la manière suivante :

1. Tout d'abord un lexique de noms de personnes susceptibles d'apparaître dans les vidéos a été extrait à la fois d'un corpus de dépêches de presse, ainsi que de listes de personalités (hommes politiques, journalistes) ; nous utilisons dans Percol0 un lexique de 160K expressions de noms de personnes.
2. Les noms de personnes de ce lexique sont tous cherchés systématiquement dans les réseaux de confusion de lettres provenant du module de VOCR présenté précedemment. Chaque fois qu'une forme peut être extraite du réseau, elle devient un candidat potentiel associé à un score de confiance provenant des scores des lettres du même réseau.
3. Les noms extraits par le détecteur d'entité nommée sont comparés à ceux obtenus sur les incrustations vidéos. Lorsque deux formes (l'une audio, l'autre vidéo) font référence au même nom [4], cette information est associée aux noms détectés.
4. Enfin chaque identité potentielle détectée dans les incrustations de texte est étiquetée ou pas comme *cartouche* à l'aide d'un classifieur Adaboost (Favre *et al.*, 2007) reposant sur des caractéristiques suivantes : position et taille du rectangle de texte, rapport entre la longueur du nom et la longueur du texte le contenant, mesure de confiance du système de VOCR , présence dans la canal audio.

4.2 Propagation de l'identité

Nous avons développé deux approches de propagation d'identité d'une modalité vers une autre dans PERCOLO. La première approche (propagation *locale*) consiste à propager localement l'identité reconnue : lorsqu'un nom de personne issu de l'incrustation vidéo est considéré comme une *cartouche* par le classifieur précédent, l'identité est associée au segment le plus long de la modalité cible recoupant le segment de l'incrustation. La seconde approche (propagation *globale*) exploite le regroupement préalable des segments (clustering de locuteurs ou clustering de visage) et affecte toutes les occurrences de l'identité dans la modalité cible. Si plusieurs identités se retrouvent candidates pour un même segment, un choix est fait en fonction de la fréquence des identités trouvées localement sur les différentes occurrences du cluster et du score de décision issu du module d'extraction multimodale d'hypothèses d'identités.

5 Expériences et premiers résultats

Les premiers résultats du système PERCOLO présentés dans cette étude ont été obtenu sur le corpus de développement de la phase préliminaire de la campagne REPERE. Ce corpus contient

4. Un processus de résolution semi-supervisé permet de projer une forme vers une identité normalisée (ex : *B. Obama* → *Barack Obama*)

environ 3 heures de signaux vidéos provenant des chaînes LCP et BFM (émissions *Ca vous regarde*, *Entre les lignes*, *Pile et Face*, *Top Questions*, *LCP INFO*, *Planète Showbiz*, *BFM Story*). Nous possédons la transcriptions ainsi que la segmentation en locuteur de référence sur l'ensemble du corpus, mais uniquement 1088 images ont été annotées au niveau de la présence vidéo d'une personne et du texte incrusté. Les évaluations présentées ici seront donc menées uniquement sur ces 1088 trames. Ne disposant pas pour l'instant de corpus d'apprentissage, les modèles de segmentation et d'extraction d'information n'ont pas été entraînés sur des données provenant des mêmes chaînes et des mêmes émissions que le corpus d'évaluation. Seuls le classifieur et le processus de fusion ont utilisé le corpus REPERE, selon la technique du *Leave-One-Out* sur chaque fichier d'émission, afin de dissocier données d'entraînement et de tests.

TABLE 1 – Résultats sur le corpus REPERE de l'identification multimodale de locuteurs sans modèles a priori

Identification non supervisée de locuteurs (audio)					
méthode	nb tests	nb hyp	nb hyp correct.	rappel	précision
propagation locale	1013	406	292	28.8	71.9
propagation globale	1013	756	486	48.8	64.2

Les performances du processus de propagation de l'identité sont présentées pour l'identification non supervisée des locuteurs dans le tableau 1. Pour l'instant les modalités utilisées pour produire ces résultats sont : pour la modalité audio, la segmentation et le regroupement de locuteurs ainsi que la reconnaissance automatique de la parole et l'extraction d'entités nommées ; pour la modalité vidéo la reconnaissance de texte incrusté. L'ajout de la détection et du regroupement de visage est en cours d'évaluation dans le cadre de REPERE. Pour cette première évaluation les performances sont bornées par deux facteurs : d'une part le nombre de locuteurs et de visages effectivement identifiés par une cartouche d'incrustation de texte dans la vidéo (car nous ne voulons pas utiliser de modèles de locuteurs ou de visage a priori) ; d'autre part les performances du module de VOCR sur ces mêmes cartouches. Sur le premier point, une étude sur le corpus REPERE nous a montré que seuls 492 sur les 981 (50,1%) locuteurs des trames annotées sont identifiés dans la vidéo. En obtenant un rappel de 48.8%, le système *propagation globale* est donc satisfaisant. Sur le deuxième point une étude du % de noms correctement reconnus dans les cartouches par le système de VOCR couplé au système d'identification multimodal donne un rappel de 63.7 pour une précision de 79.5%. Au vu de ces chiffres les résultats obtenus par les systèmes de propagation sur les locuteurs sont prometteurs.

La mise en oeuvre de la propagation sur la modalité *visage* couplée à un processus de fusion pouvant tirer partie de la propagation dans les deux modalités permettra d'améliorer ces performances.

6 Conclusion

L'analyse de la présence de personnes dans des émissions télévisés montre qu'il n'y a pas nécessairement de recouvrement exact entre le visage à l'écran et la voix audible. Cette nonsynchronie des flux audio et vidéo (du point de vue de la personne) oblige à mettre en œuvre des traitements de fusion particuliers. Le problème réside essentiellement dans l'obtention de segmentation en différentes classes propres à chaque modalité (voix et visage), dans l'obtention de labels sur ces segments (par analyse des entités nommées, par modèle de reconnaissance de voix et de visage), et dans la propagation de ces labels sur les différentes segmentations. Le système PERCOLO présenté dans cette étude est une première étape dans ce processus de fusion multimodal, évalué dans le cadre de la campagne REPERE.

Références

AUGUSTE, R., AISSAIOUI, A., MARTINET, J. et DJERABA, C. (2012). Ré-identification de personnes dans les journaux télévisés basée sur les histogrammes spatio-temporels. *In Extraction et gestion des connaissances (EGC'2012)*, pages 547–548.

BARRAS, C., ZHU, X., MEIGNIER, S. et GAUVAIN, J.-L. (2006). Multistage speaker diarization of broadcast news. *Trans. on Audio, Speech and Language Processing.*

BECHET, F. et CHARTON, E. (2010). Unsupervised knowledge acquisition for extracting named entities from speech. *In 2010 IEEE International Conference on Acoustics, Speech and Signal Processing.*

DELAKIS, M. et GARCIA, C. (2008). Text detection with convolutional neural networks. *In International Conference on Computer Vision Theory and Applications, 2008. VISAPP 2008.*

FAVRE, B., HAKKANI-TÜR, D. et CUENDET, S. (2007). Icsiboost. `http://code.google.come/p/icsiboost`.

FREDOUILLE, C. et EVANS, N. (2008). New implementations of the E-HMM-based system for speaker diarisation in meeting rooms. *In Proc. ICASSP'08*, Brisbane, Australia.

LINARÈS, G., NOCÉRA, P., MASSONIÉ, D. et MATROUF, D. (2007). The lia speech recognition system : from 10xrt to 1xrt. *In Lecture Notes in Computer Science, 4629 LNAI*, pages pp. 302–308.

LIU, A., FEI, J., TANG, S., FAN, J., ZHANG, Y., J., L. et Z., Y. (2009). Confusion network based video ocr post-processing approach. *In IEEE International Conference on Multimedia and Expo, 2009. ICME 2009.*

PRASAD, R., SALEEM, S., MACROSTIE, E., NATARAJAN, P. et DECERBO, M. (2008). Multi-frame combination for robust videotext recognition. *In IEEE International Conference on Acoustics, Speech and Signal Processing, 2008. ICASSP 2008. ICASSP 2008.*

ZHAO, W., CHELLAPPA, R., ROSENFELD, A. et PHILLIPS, P. J. (2003). Face recognition : A literature survey. *ACM Computing Surveys*, pages 399–458.

F2/F3 d'occlusives sonores chez des locuteurs porteurs de fente palatine

Marion Béchet[1], Fabrice Hirsch[2], et Rudolph Sock[1]
(1) Institut de Phonétique de Strasbourg (IPS) & U.R. 1339 (LiLPa), E.R. Parole et Cognition, Université de Strasbourg, 22, rue Descartes, 67084 Strasbourg, France
(2) Université Paul Valéry – Montpellier III Laboratoire Praxiling UMR 5267
17, rue de l'Abbé de l'Epée 34090 Montpellier
marionbechet@yahoo.fr, sock@unistra.fr

RESUME

Cette étude vise à observer le lieu d'articulation des occlusives voisées produites par des locuteurs opérés de fente palatine ou labio-palatine. Les données de ces locuteurs ont été comparées à celles de locuteurs sans trouble de la parole.
Les valeurs des formants F2 et F3 ont été mesurées au relâchement (explosion/frictions) de l'occlusive. Les analyses ont été menées sur 52 locuteurs âgés de 9 à 18 ans. Deux groupes ont été formés : le premier de 26 locuteurs sains et le second de 26 locuteurs pathologiques.
Les résultats ont révélé des différences de valeurs des formants F2/F3 entre les locuteurs sains et les locuteurs pathologiques. Nous avons pu ainsi inférer des stratégies articulatoires différentes chez les deux groupes de locuteurs, et observer de quelle façon les locuteurs opérés d'une fente palatine ou labio-palatine se comportent afin de pallier leurs perturbations anatomiques et chirurgicales.

ABSTRACT

F2/F3 of voiced plosives and F1/F2 of vowel in VCV Sequences in Children with a Cleft Palate-An acoustic Study

The aim of this acoustic study is to examine place of articulation during the production of voiced plosives by children with a cleft palate. The data are compared with those obtained from control children without speech pathological problems.

Formant values of F2 and F3 are measured at burst-release of the plosives. Analyses are carried out for fifty-two children, divided into two groups, ranging from 9 to 18 years old. Each group of twenty-six kids comprised children with a cleft palate or cleft lip and palate, and children without any speech disorder.

Results reveal differences in F2/F3 values between impaired children and unimpaired ones, and also between the different age groups, for impaired children. Differences in articulatory strategies are inferred from analyses of F2/F3 relations.

MOTS-CLES : fente palatine, formants, occlusives, transition, enfant, phonétique clinique
KEYWORDS : cleft palate, F2/F3 formants, plosives, transitions, children, clinical phonetics

1 Introduction

L'espace vocalique, témoin de l'organisation articulatoire des locuteurs, est particulièrement intéressant pour l'observation des réalisations de sujets pathologiques. En effet, nous avons pu observer, dans une étude précédente, que les locuteurs porteurs de fente palatine avaient tendance à présenter un triangle vocalique plus grand que les sujets sains, et davantage de variabilité. Ce fait est sans doute une conséquence des « ratages de cibles » liés aux diverses interventions chirurgicales subies par l'enfant.

Les valeurs de F2 ont été exploitées pour mesurer le mouvement de la langue au niveau de son déplacement horizontal (antérieur/postérieur) lors de la production des voyelles. F3 permet de représenter le degré de labialité. Il est également retenu pour évaluer la capacité d'un sujet à produire des articulations extrêmes dans la région palatale. Ainsi, une articulation très antérieure correspondrait à un F3 élevé. Il en résulte une concentration d'énergie, produite dans la zone des hautes fréquences, la plus aigüe qui soit pour une voyelle (Schwartz *et al.*, 1992).
Abry (1992) a revisité la question de « l'optimisation perceptuelle » de [b, d, g] dans le contexte de la « Frame then Content Theory » (Schwartz et Boë, 2008). Ainsi, il affirme que le processus de différenciation est comparable pour les deux courants ; F1-F2 permet de distinguer les voyelles [i, a, u], et F2-F3 les consonnes [b, d, g]. Les contrastes acoustiques maximaux seraient réalisés en contexte [a].
Ainsi, les valeurs de F3 permettraient de fournir des informations quant au lieu de contact lors de la réalisation de ces occlusives (Dorman *et al.*, 1977 ; Serniclaes *et al.*, 2003), constituant un indice décelable au niveau des transitions formantiques VC. Jackson (2001) a, lui aussi, mené une étude à partir des valeurs de F2-F3, et a constaté que les valeurs étaient plus fiables, par rapport au lieu d'articulation de la consonne, lorsqu'elles sont relevées au relâchement de la consonne, c'est-à-dire à la détente acoustique ou l'explosion.

Rappelons que les fentes labio-maxillaires et vélo-palatines sont des accidents morphologiques qui surviennent vers la cinquième semaine, au stade embryonnaire. De tailles et de natures diverses, elles sont la conséquence d'un défaut de fusion partielle ou totale des bourgeons constitutifs du massif facial supérieur. Les fentes palatines sont opérées à l'âge de 8 mois. La fente labiale, souvent associée à la fente palatine, est opérée dès l'âge de 2 mois.

La réalisation des trois occlusives sonores du français, [b, d, g], peut poser problème aux locuteurs porteurs de fente palatine. En effet, l'air doit être momentanément bloqué dans la cavité buccale, avant d'être relâché brusquement. Il est donc nécessaire de développer une pression intra-orale suffisante, ce qui est difficile pour les locuteurs ayant une fente. Ainsi, comme en rendent comptent certaines études (par ex. Gibbon *et al.*, 2004, Bechet *et al.*, 2008), l'explosion de l'occlusive n'est pas nette, voire inexistante, et la constrictive correspondant à l'occlusive voulue au niveau articulatoire est alors réalisée à la suite, ou à la place, de cette occlusive. Le locuteur semble favoriser l'articulation consonantique au détriment du voisement. Cela peut être dû à une stratégie articulatoire des locuteurs qui, ne parvenant pas à réaliser ce son, ont trouvé un *réajustement* possible face à la *perturbation* anatomique de la configuration du conduit vocal. De plus, la « cible »

relative au lieu d'articulation n'est pas non plus toujours atteinte, lors de la réalisation des occlusives par ces locuteurs. En effet, les déviations engendrées par les cicatrices marquées dans leur cavité buccale les amènent à des habitudes articulatoires auxquelles il est difficile d'obvier (Gibbon et Crampin, 2001). Ainsi, les locuteurs emploient de nombreuses manœuvres compensatoires pour pallier à leurs problèmes.
Nous pensons qu'il serait intéressant d'observer les caractéristiques des transitions formantiques, ainsi que les valeurs de F2 et de F3 au relâchement de l'occlusive, afin d'obtenir des informations quant aux processus articulatoires compensatoires mis en œuvre par les locuteurs pathologiques (LP).

Notre *hypothèse* de départ est la suivante : nous posons que les locuteurs porteurs de fente palatine seraient moins précis, au niveau de la réalisation du lieu d'articulation « canonique », lors de la production des occlusives sonores, par rapport aux locuteurs sains (LS). Nous savons en effet que ces sujets pathologiques adoptent diverses stratégies, notamment motrices, pour remédier à la perturbation induite, et par la fente, et par l'intervention chirurgicale. Ces stratégies devraient être visibles au niveau des valeurs de F2 et F3, ainsi que dans les transitions VC.

2 Méthode

Nous disposons d'une base de données qui compte 54 locuteurs porteurs de fente (labio)-palatine, d'âges différents. Pour cette étude, nous avons analysé les enregistrements de 26 d'entre eux (6 sont porteurs d'une fente palatine postérieure (type 1), 8 d'une fente labio-palatine unilatérale (type 3) 8 d'une fente labio-palatine bilatérale totale (type 4) et 4 d'une fente sous muqueuse (type 5)) et de 26 locuteurs sans trouble de la parole (10 de 9 ans, 10 âgés de 12 ans, 3 de 15 ans et 3 de 18 ans).

Les locuteurs pathologiques ont tous été opérés de leur fente labiale vers l'âge de 2-3 mois, puis de la fente palatine vers 2 ans environ.

Nous avons exploité, pour cette investigation, la partie du corpus qui comprend les occlusives sonores. Celles-ci étaient insérées dans des mots comportant une séquence V1CV2, où V1 était [i], C l'une des 3 occlusives sonores du français, soit [b, d ou g], et V2 [a]. Les analyses ont été réalisées sur 5 répétitions de chaque locuteur.

Les enregistrements des locuteurs pathologiques ont été effectués à l'Hôpital de Hautepierre, à Strasbourg, avec un appareil enregistreur numérique (Fostex FR2® sur carte Flash II) et un micro directif (Sennheiser e845 S®). Les sujets sains ont été enregistrés au sein d'un collège, avec le même matériel.

Pour les mesures, nous avons d'abord segmenté le signal à l'aide du logiciel Praat®, puis nous avons relevé les valeurs formantiques à l'aide de ce même logiciel. Ainsi, nous avons relevé les valeurs de F1, F2 et F3 à l'explosion (le relâchement de la consonne), d'abord automatiquement, puis vérifiées manuellement.

Nous avons ensuite établi des graphiques, corrélant les valeurs de F2 et F3, et ce pour chaque locuteur, afin de vérifier de façon plus visible si les 3 consonnes étaient bien distinctes, et si les locuteurs respectaient les réalisations attendues, soit [b] différent de [d] au niveau de F2, et [d] différent de [g] au niveau de F3. [d] et [g] devraient afficher des valeurs similaires au niveau de F2.

Le calcul de l'espace consonantique a été obtenu par la formule de Héron :

Aire $= \sqrt{p(p-a)(p-b)(p-c)}$ où $p=\frac{1}{2}(a+b+c)$ et a, b et c représentent les coordonnées entre 2 consonnes ($a=\sqrt{((xc-xb)^2+(yc-yb)^2)}$ $b=\sqrt{((xa-xc)^2+(ya-yc)^2)}$ $c=\sqrt{((xa-xb)^2+(ya-yb)^2)}$).

Ces valeurs, exprimées en kHz^2, offrent des informations relatives à la taille et à la forme de l'espace consonantique.

3 Résultats

Nous avons choisi ici de présenter les résultats de façon à comparer les deux groupes de locuteurs sujets sains/sujets pathologiques puisque les analyses ANOVA menées sur ces données ont permis de mettre en exergue certaines différences significatives permettant d'opposer ces deux groupes de locuteurs. Nous donnerons tout de même certaines précisions relatives aux types de fente des locuteurs pathologiques, car chacune d'elle entraîne des perturbations spécifiques ; chaque cas est par ailleurs bien particulier, et revêt ainsi un caractère individuel.

Les analyses de variance (ANOVAS à mesures répétées) ont été effectuées pour 3 variables (F2, F3 et aire du triangle consonantique), avec $p<0,05$. Il s'agissait de déterminer s'il existait des effets principaux des facteurs suivants : (1) Pathologie (2) Lieu d'articulation consonantique.

Ainsi, ces analyses ont révélé une différence significative au niveau des valeurs de F2 et F3 pour les deux groupes de locuteurs. En effet, l'interaction des deux facteurs (1) et (2) montre que les locuteurs sains ont des valeurs de F2 significativement plus élevées que les locuteurs pathologiques pour la production des vélaires et des dentales et des valeurs plus petites lors de la production des bilabiales [$F(2, 100) = 6.26$, $p<0,002$)]. Il semble donc que les locuteurs pathologiques éviteraient la zone antérieure de la cavité buccale lorsque la langue est sollicitée. Cela peut être expliqué par diverses raisons ; les locuteurs porteurs d'une fente palatine ou labio-palatine sont souvent sujets à des problèmes d'insuffisance vélaire, qu'ils tentent de pallier en utilisant la langue comme support de fermeture du port vélo-pharyngal, empêchant ainsi un déplacement de la langue vers l'avant. Il se peut également que les locuteurs évitent simplement la zone opérée puisque nous avons pu constater que les locuteurs porteurs d'une fente palatine postérieure et sous-muqueuse ont, par rapport aux locuteurs porteurs d'une fente de type 3 ou 4, des valeurs de F2 plus élevées.
L'interaction des deux facteurs révèle également des valeurs de F3 significativement plus élevées lors de la production du [d] et significativement plus petites lors de la production du [g] chez les sujets sains par rapport aux sujets pathologiques [$F(2, 100) = 3.33$, $p<0,003$)]. Cela va dans le sens de la neutralisation de l'opposition du lieu d'articulation des deux occlusives chez les locuteurs porteurs de fente palatine ; nous y reviendrons *infra*.

Les analyses de variance ont révélé également des différences significatives de F2 et F3 pour chaque contexte consonantique [$F(2, 100)=961,52$, $p<0.000$] pour F2 et [$F(2, 100)=481.14$, $p<0.000$] pour F3. Il semble donc que malgré la grande variabilité existante chez les locuteurs pathologiques d'une part, et chez les enfants sains d'autre part, l'opposition entre chaque consonne est conservée.

Aussi, la variable aire des triangles consonantiques permet d'opposer les deux groupes de locuteurs sains et pathologiques [F(1,50) =12,40, p<0,000927]. En effet, les locuteurs pathologiques ont des triangles consonantiques d'une aire significativement réduite par rapport aux locuteurs sains, ce qui peut révéler l'amplitude réduite des gestes chez les premiers, signifiant la difficulté de production des occlusives pour ces locuteurs.

Il convient de noter le degré de variabilité intra et inter individuelle, qui est très largement plus importante chez les locuteurs pathologiques, par rapport aux sujets sains dans cette étude. Cela est visible sur les figures 1 et 2 qui représentent respectivement les valeurs de F2/F3 pour les sujets sains et les sujets porteurs d'une fente labio-palatine de type 4. Les locuteurs sains présentent des valeurs de F2 et F3 pour les trois occlusives qui permettent de séparer distinctement trois zones de contact. Cela n'est pas le cas chez les locuteurs pathologiques de type 1 (fente palatine postérieure), 3 (fente labio-palatine unilatérale) et 4 (fente labio-palatine bilatérale totale). Les valeurs des locuteurs pathologiques de type 5 (fente palatine sous-muqueuse) nous ont permis de faire cette séparation, mais il est possible que ce résultat soit lié au nombre peu important de locuteurs.

La variabilité intra-individuelle témoigne de la fragilité des productions chez les locuteurs pathologiques et rappelle le rapport entre la variabilité articulatoire et la forme du palais (Perkell, 1997). En effet, chaque locuteur est contraint d'adapter ses gestes articulatoires en fonction de la configuration propre de sa cavité buccale. Rappelons que selon la forme du conduit vocal, un changement de la position de la langue entraînerait plus ou moins de variations acoustiques (Brunner *et al.*, 2006).

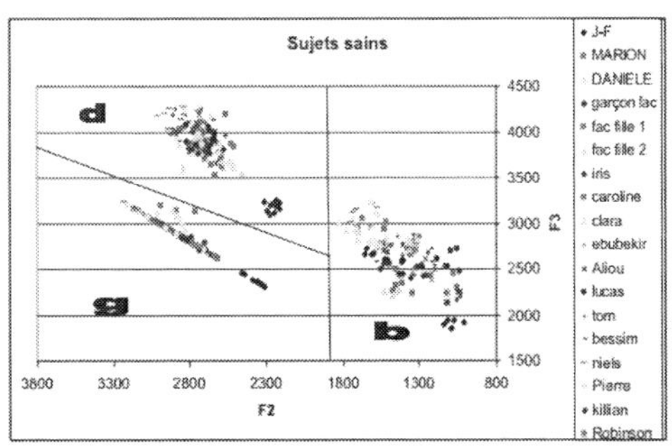

Figure 1 – Valeurs de F2 et F3 lors de la production des consonnes sonores [b], [d] et [g] par les locuteurs sains âgés de 9, 12, 15 et 18 ans.

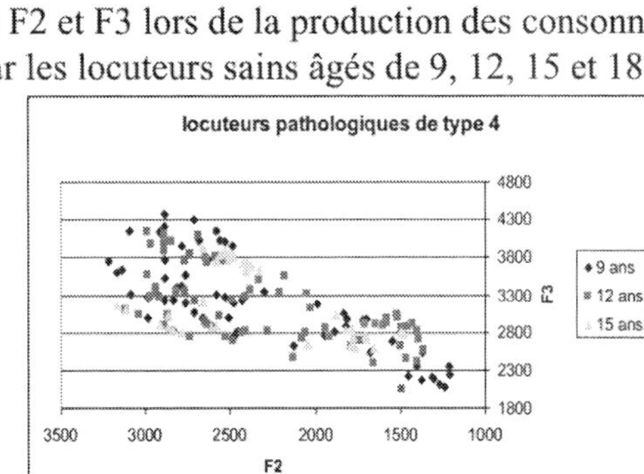

Figure 1 – Valeurs de F2 et F3 lors de la production des consonnes sonores [b], [d] et [g] par les locuteurs pathologiques de type 4 âgés de 9, 12 et 15 ans.

Nous avons pu constater, grâce à cette étude, que les valeurs ne sont bien distinctes que pour le [b], qui semble être bien réalisé par tous les locuteurs, la fente labiale n'ayant ainsi pas d'incidence sur la production des bilabiales. En revanche, les locuteurs porteurs de fente ont tendance à neutraliser l'opposition du lieu d'articulation entre le [d] et le [g]. En effet, les valeurs de F3 sont très proches pour la production des deux consonnes. Les Figures 3, 4 et 5 montrent le sens de la transition, qui est semblable pour [d] et [g] chez ELT, locuteur opéré d'une fente labio-palatine bilatérale totale (type 4) tandis que la transition du [g] est bien montante pour F3 et descendante pour F2 chez PIR, locuteur de contrôle (Figure 5).

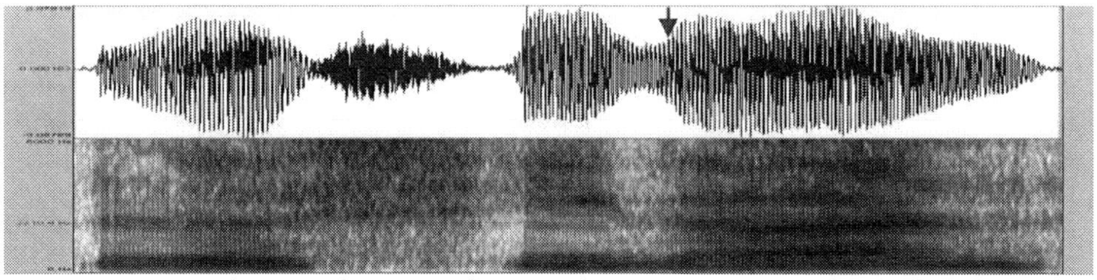

Figure 3 – Extrait du signal sonore de ELT (locuteur porteur d'une fente de type 4) lors de la production du mot « la cigale »

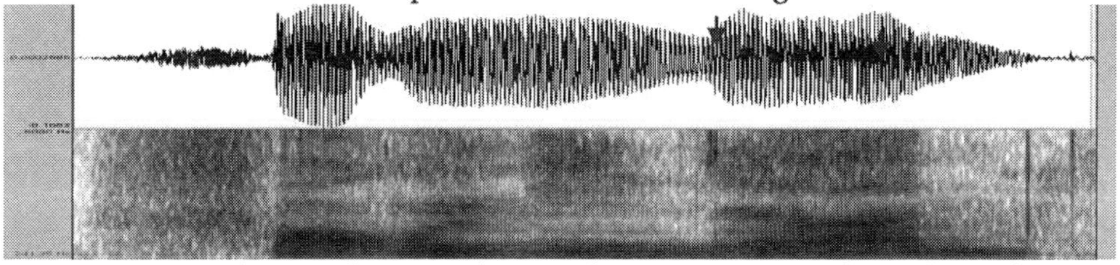

Figure 4 – Extrait du signal sonore de ELT (locuteur porteur d'une fente de type 4) lors de la production du mot « formidable »

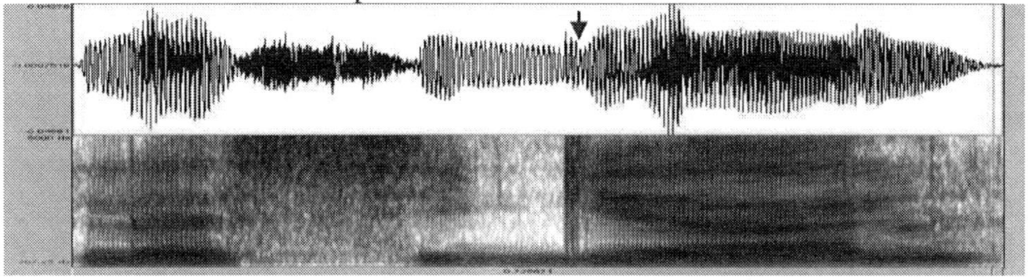

Figure 5 – Extrait du signal sonore de PIR (locuteur sain) lors de la production du mot « la cigale »

Cette neutralisation de l'opposition atteste de l'utilisation d'une occlusive middorso-palatale par les locuteurs pathologiques comme occlusive compensatoire aux occlusives vélaire et dentale (Trost, 1981 ; Gibbon et Crampin, 2001). L'existence même de cette occlusive révèle le caractère adaptable du système de production-perception de la parole, cette consonne pouvant être reconnue par l'auditeur. Cela nous amène à évoquer la Théorie de la Viabilité (Aubin, 1991) qui, adaptée au système de production-perception de la parole (Sock, 2001), souligne les variations possibles d'un son. Celle-ci nous permet d'illustrer la capacité des locuteurs pathologiques à rester intelligibles en adaptant leurs productions afin d'atteindre des cibles perceptives en ajustant les cibles articulatoires et acoustiques.

4 Conclusion

Nous pouvons retenir de cette étude les aires des triangles consonantiques, qui sont statistiquement plus élevées chez les locuteurs sains que chez les locuteurs pathologiques. Ce résultat suggère que les locuteurs sains utilisent davantage l'espace buccal pour l'articulation des occlusives, qui sont alors réalisées dans des régions bien distinctes les unes des autres. Nous avons pu observer par ailleurs que le F3 est toujours plus élevé chez ces locuteurs lors de la réalisation du [d], indiquant un contact plus antérieur.

Ce résultat peut expliquer le phénomène de sur-articulation observé lors de l'analyse des triangles vocaliques (Béchet *et al.*, 2008). En effet, il semble que les locuteurs pathologiques, ayant des difficultés à produire correctement les consonnes, insistent-ils sur l'articulation des voyelles, qui ne leur pose pas de problème particulier.

Il est possible de parler de ratage de cible articulatoire chez les locuteurs porteurs d'une fente palatine au vu de la grande variabilité, mais il faut surtout noter que leur cible n'est pas la même que celle des locuteurs de contrôle. En effet, il semble que chaque locuteur établisse sa cible en fonction de la nature de la reconstruction du palais, ce qui correspondrait donc à une stratégie individuelle.

Enfin, soulignons le fait que c'est la consonne vélaire qui apparaît comme étant la plus délicate à produire, pour la majorité des locuteurs porteurs de fente, tandis que la bilabiale ne pose aucun problème aux locuteurs opérés de la lèvre. Rappelons que les locuteurs porteurs d'une fente palatine sont le plus souvent sujets à des insuffisances vélaires. Ces insuffisances empêchent les locuteurs de réunir la pression intra-orale nécessaire à la production des occlusives. Pour remédier à ce problème, les locuteurs utilisent souvent la langue pour assister la fermeture du port vélo-pharyngale. Nous pensons que la langue ne serait ainsi plus forcément disponible pour la réalisation du son vélaire ; celui-ci serait alors produit non avec le dos de la langue mais avec une partie antérieure de la masse linguale, entraînant ainsi la production d'un son plus antérieur. Une autre hypothèse est que le locuteur serait simplement à la recherche d'un point d'articulation convenable hors de la zone opérée, pour réaliser le contact ; le lieu d'articulation serait alors déplacé en fonction de la morphologie de la voûte palatine de chaque locuteur.

Nous avons inféré des possibilités articulatoires à partir des valeurs formantiques des différents locuteurs. Nous sommes cependant conscients du fait que cette démarche reste une déduction des stratégies possibles mises en place par les locuteurs pathologiques puisque nous savons qu'une variété de solutions articulatoires peut exister pour une même cible acoustique.

Aussi, rappelons que ces résultats correspondent à des tendances et nous permettent d'émettre des hypothèses sans réellement les confirmer. En effet, nous avons constitué des groupes et calculé des moyennes, mais chaque locuteur présente des productions tellement *spécifiques* qu'il serait trop hâtif de vouloir tirer des conclusions sûres à partir de ces seuls résultats acoustiques. Il est important de prendre en compte le caractère idiosyncrasique de la production des locuteurs, qu'il s'agisse des locuteurs pathologiques ou des locuteurs sains.

Nous avons en revanche déjà un certain nombre de locuteurs, dont les productions ont permis de mettre en exergue l'opposition significative des stratégies articulatoires employées par les locuteurs sains et les locuteurs pathologiques. Aussi, nous avons observé des tendances fortes. Cette étude mériterait donc d'être poursuivie avec un nombre de locuteurs plus élevé, appariés en type de pathologie afin de pouvoir procéder à des analyses de variance plus fines, et davantage de répétitions.

Remerciements

Cette recherche a été financée par un contrat de la Maison Interuniversitaire des Sciences de l'Homme d'Alsace – MISHA, 2008 – 2012, ainsi que par une ANR, DOCVACIM, 2009 – 2011. Nous remercions également la Région Alsace (bourse) qui a permis la réalisation de ce travail, de même que le CHU de Hautepierre à Strasbourg.

Références

ABRY C. (2003), [B]-[D]-[G] as a universal triangle as acoustically optimal as [i]-[a]-[u], 15th ICPhS, 727-730

AUBIN, J.P. (1991), *Viability Theory*. Birhäuser, Berlin.

BÉCHET M., FERBACH-HECKER V., HIRSCH F., SOCK R., VAXELAIRE B. AND STIERLÉ J. (2008), The Production of Stops in VCV Sequences in Children with a Cleft Palate: An Acoustic Study, ISSP, 265-268

DORMAN M. F., STUDDERT-KENNEDY M. AND RAPHAEL L.J. (1977), Stop-consonant recognition: Release bursts and formant transitions as functionally equivalent, context-dependent cues, *Perception and Psychophysics*, 22, 109-122

GIBBON F. AND CRAMPIN L. (2001), An electropalatographic investigation of middorsum palatal stops in an adult with repaired cleft, *Cleft-palate craniofacial Journal*, 38 (.2), 96-105

GIBBON F., ELLIS L. AND CRAMPIN L. (2004), Articulatory placement for /t/, /d/, /k/ and /g/ targets in school age children with speech disorders associated with cleft palate. *Clinical Linguistics and Phonetics*, 18(6-8), 391-404

JACKSON P.J.B. (2001), Acoustic cues of voiced and voiceless plosives for determining place of articulation, *CRAC*, 19-22

SCHWARTZ J.-L., BEAUTEMPS D., ABRY C. AND ESCUDIER P. (1992), Inter-individual and cross-linguistic strategies for the production of the [i] *vs.* [y] contrast. *Journal of Phonetics*, 21, 441-445

SCHWARTZ J.-L AND BOË L.-J. (2008), Grounding Plosive Place Features in Perceptuo-motor Substance, Speech and Face to Face Communication Workshop in memory of Christian Benoît, 131-132

SERNICLAES W., BOGLIOTTI C. AND CARRÉ R. (2003), Perception of consonant place of articulation : phonological categories meet natural boundaries, 15th ICPhS, 391-394

SOCK R, (2001), La Théorie de la Viabilité en production-perception de la parole. In Keller D. Durafour J.-P. Bonnot J.-F. & Sock R. (Eds.), *Psychologie et Sciences Humaines*, Mardaga, Liège, 285-316.

TROST J.E. (1981), Articulatory additions to the classical description of the speech of persons with cleft palate. *Cleft Palate Journal*, 18, 193-203.

Évaluation segmentale du système de synthèse HTS pour le français

Sébastien Le Maguer   Nelly Barbot   Olivier Boeffard
Université de Rennes 1, Irisa, Lannion, France
{sebastien.le_maguer, nelly.barbot, olivier.boeffard}@irisa.fr

RÉSUMÉ

HTS est un système paramétrique de synthèse de la parole qui repose sur l'usage de modèles de Markov cachés (HMM). Ce système est de plus en plus diffusé dans le domaine de la synthèse de la parole. Très peu d'études ont cependant été effectuées pour analyser l'influence des paramètres de ce système sur la qualité de la voix de synthèse. L'objectif de cet article est de proposer une évaluation objective de la qualité de la synthèse réalisée par le système dans le but de vérifier l'impact des multiples descriptions sur la qualité de la synthèse. Nos travaux ne concernent que l'analyse du continuum spectral de la parole générée et s'appliquent au français. Nous proposons d'utiliser des GMM pour mesurer les dégradations par rapport à un système de synthèse de référence. Nous proposons enfin un test d'écoute de manière à calibrer notre mesure objective. Les expériences proposées montrent que l'apport des descripteurs autres que la séquence *phonème précédent-courant-suivant* ne semble pas significatif sur la modélisation du spectre.

ABSTRACT

Segmental evaluation of HTS

HTS is a parametric speech synthesis system based on the use of Hidden Markov Models (HMM). HTS is now widely used but very few studies have been conducted to analyze the influence of parameters on the quality of the synthetic speech. The aim of this paper is to provide an objective evaluation of the quality of the synthetic speech produced by HTS in order to assess the influence of multiple descriptions. Our study concerns only the speech spectrum analysis and is applied to French. We propose to use GMM to measure the degradations introduced by HTS compared to reference voice. Finally, we propose a listening test in order to calibrate our objective measure. This method indicates that using other descriptors than the *previous-current-next* phoneme sequence does not improve significantly the modelisation of the spectrum.

MOTS-CLÉS : HTS, qualité segmentale, évaluation, GMM.

KEYWORDS: HTS, evaluation, segmental quality, GMM, spectral features.

1 Introduction

Au cours des années 2000, le système HTS (Zen et Toda, 2005) est devenu populaire dans le domaine de la synthèse de la parole. Il s'agit d'un système paramétrique qui repose sur des modèles de Markov cachés. Le signal de parole est créé à l'aide d'un modèle acoustique dont les paramètres évoluent au cours du temps (le plus souvent sur une base centiseconde). Les modèles acoustiques les plus couramment utilisés sont des filtres MLSA (Fukada *et al.*, 1992) ou plus récemment le modèle STRAIGHT. Pour une phrase à synthétiser, l'évolution temporelle des paramètres de ces modèles acoustiques est déterminée par un HMM au niveau de la phrase dont les observations recouvrent des informations spectrales et prosodiques (f0 et durée). Le principe de HTS est d'utiliser ces HMM dans un mode génératif (et non pas comme classifieur) pour retrouver une séquence plausible de paramètres pour les modèles acoustiques.

Pour HTS, un segment acoustique correspond à un phone en contexte qualifié par un ensemble de descripteurs (Tokuda *et al.*, 2002). Ces descripteurs permettent de tenir compte du contexte phonétique, phonologique, prosodique et linguistique du segment observé. Ils sont utilisés par le système pour regrouper les segments proches et contribuent ainsi à l'apprentissage des modèles.

Les systèmes de synthèse de type HTS sont régulièrement évalués lors du Challenge Blizzard (King et Karaiskos, 2010). Il s'agit principalement de mesures d'intelligibilité et de qualité obtenues par des tests d'écoute. À notre connaissance, peu d'études ont cherché à mesurer l'impact du choix des descripteurs au niveau de la modélisation HMM sur la qualité de la voix de synthèse produite. On peut citer (Chen *et al.*, 2010) qui étudie l'influence des paramètres dits d'accélération en calculant un jeu de distances entre un énoncé généré à partir de modèles incluant des paramètres d'accélération et le même énoncé généré sans tenir compte de ces paramètres. (Silén *et al.*, 2010) étudie la prédiction de durée des segments acoustiques par le système HTS par la mesure d'une erreur de type RMS et d'un coefficient de corrélation entre un énoncé synthétique et l'énoncé original correspondant. La seule étude concernant l'influence des descripteurs sur la qualité de la synthèse a été proposée par (Yokomizo *et al.*, 2010) qui décrit une évaluation de descripteurs de nature prosodique. Cette évaluation est effectuée sur les langues anglaise et japonaise.

L'objectif de cet article est de proposer un protocole d'évaluation de la synthèse obtenue par le système HTS pour la langue française en effectuant un apprentissage dépendant du locuteur. L'évaluation porte exclusivement sur la qualité segmentale du signal de synthèse. Ainsi, les facteurs prosodiques ont été neutralisés dans cette évaluation. Le protocole repose sur une modélisation de l'espace acoustique à l'aide de mixtures de gaussiennes (GMM). Par analogie avec les travaux en transformation de voix, nous faisons l'hypothèse que l'espace acoustique d'un locuteur, qu'il soit naturel ou résultant d'une voix de synthèse, peut être capturé par un GMM. La comparaison d'espace acoustique a pour avantage, sur le calcul d'une distance entre phrase générée, d'être indépendant d'un algorithme d'alignement. Cela permet d'évaluer la qualité de la modélisation spectrale effectuée par HTS découplée de la modélisation de la durée. Ainsi, à chaque configuration particulière du système HTS correspond une voix de synthèse différente reliée à un modèle. En croisant les différents GMM sur les différents corpus, il devient possible d'obtenir une mesure de proximité entre voix. L'objectif est d'observer si des combinaisons de paramètres HTS éloignent ou rapprochent certaines voix entre elles.

L'architecture du système HTS sera brièvement présentée dans la section 2 puis le protocole d'évaluation sera détaillé section 3. Une évaluation subjective sera présentée section 4 afin de valider la pertinence du protocole de mesure objective sur la qualité perçue.

2 Le système HTS

Dans cet article, la version du système HTS utilisée correspond à l'architecture présentée au challenge blizzard de 2005 (Zen et Toda, 2005), plus précisément HTS 2.1.1. Cette architecture permet d'apprendre des modèles dépendants du locuteur.

HTS repose sur une modélisation statistique de type HMM. Un ensemble de HMM décrit les caractéristiques de variables aléatoires définies ici par des observations acoustiques (spectre, f0, la durée des segments). Par un apprentissage de type supervisé, les HMM mettent en relation des descripteurs de nature linguistique (syntaxe, grammaire, prosodie, phonologie) et une observation de vecteurs acoustiques.

Le vecteur des observations est directement lié au choix du modèle acoustique utilisé pour générer le signal de parole. Il est constitué des coefficients MGC (Mel Generalised-cepstral Coefficients) (Fukada *et al.*, 1992) représentant le spectre, des valeurs de la fréquence fondamentale F0 ainsi que l'apériodicité définis par le modèle acoustique STRAIGHT (Kawahara *et al.*, 1999). À ces coefficients statiques sont associés des coefficients dynamiques (dérivées première et seconde) (Tokuda *et al.*, 2000).

La supervision des HMM est mise en œuvre grâce à un ensemble de descripteurs obtenus par une analyse phonologique, prosodique et linguistique du segment en contexte. Les concepteurs du système HTS ont proposé un ensemble de descripteurs pour la langue anglaise (Tokuda *et al.*, 2002). Cette caractérisation est essentielle car, pour générer un signal, le système en situation de synthèse à partir du texte ne disposera que de ces informations.

Dans l'absolu, il serait nécessaire d'adapter l'ensemble des descripteurs au cas particulier d'une nouvelle langue. Pour une synthèse en français, nous avons repris les descripteurs utilisés pour l'anglais. Les valeurs de ces descripteurs, telles que les étiquettes grammaticales ou encore des informations d'accentuation sont obtenues par des outils d'analyse linguistique propres au français.

L'ensemble des combinaisons de descripteurs étant en pratique impossible à obtenir, une étape de classification des HMM est effectuée lors de la phase d'apprentissage par application d'un arbre de décision (Young *et al.*, 1994). Les nœuds de l'arbre correspondent à des questions permettant de séparer les valeurs d'un descripteur en deux sous-ensembles selon le retour booléen de la question appliquée sur le vecteur de description du HMM. L'objectif est d'aboutir à un partitionnement de l'espace des paramètres des HMM ; chacune des classes obtenues est étiquetée par une information issue du vecteur de description. Les feuilles de l'arbre contiennent les paramètres des modèles gaussiens estimés à partir des vecteurs acoustiques. Lors de la construction de l'arbre, l'application d'un critère MDL (Shinoda et Watanabe, 2000) évite un phénomène de sur-apprentissage.

La phase de génération des paramètres acoustiques s'occupe d'obtenir une séquence de coefficients statiques. Pour chaque segment à synthétiser, il est nécessaire d'extraire une séquence de descripteurs à partir du texte. À partir de la séquence des descripteurs, des feuilles dans l'arbre de décision sont sélectionnées et permettent de récupérer les paramètres des distributions gaussiennes qui seront utilisées pour la génération des paramètres acoustiques. Pour une phrase à synthétiser, un macro-HMM est construit par la mise bout-à-bout de modèles de phones en contexte.

(Tokuda *et al.*, 2000) propose différents algorithmes de génération de paramètres acoustiques à partir du macro-HMM du niveau phrase, nous avons fait le choix d'utiliser l'algorithme maximisant $P(O|Q,\lambda)$ où O correspond aux vecteurs d'observations, λ au vecteur de paramètres des modèles HMM et Q à la séquence d'états du macro-HMM.

3 Evaluation objective

Le protocole proposé a pour but d'étudier l'influence de différents descripteurs sur l'espace acoustique produit par un système HTS mono-locuteur et d'évaluer sa proximité avec l'espace acoustique associé au signal naturel. L'hypothèse centrale de cette méthodologie est d'affirmer que si une configuration du système HTS dégrade la qualité du signal de synthèse au niveau spectral, la vraisemblance des données acoustiques produites sur un modèle de référence de type GMM devrait aussi se dégrader. Comme la vraisemblance d'un GMM dépend à la fois du modèle et des données, nous proposons de conserver comme référentiel un même corpus de test.

Les jeux de descripteurs considérés dans cet article sont présentés Table 1 : les jeux p1, p3 et p5 correspondent à la prise en compte des étiquettes phonétiques du phone et de son contexte correspondant à son horizon proche (0, 1 ou 2 phones) ; les jeux $p3\_full$ et $p5\_full$ permettent d'étudier l'apport des informations prosodiques et linguistiques. L'espace acoustique du locuteur estimé à partir de signaux d'analyse/synthèse servira de référentiel. Ce cas particulier, noté a/s, correspond à une non utilisation de HTS (il s'agit du cas favorable pour les expérimentations). Par la suite, les notations $A_{a/s}$, $V_{a/s}$ et $T_{a/s}$ désigneront trois ensembles de vecteurs acoustiques issus de signaux d'analyse/synthèse, correspondants à des ensembles d'énoncés deux à deux disjoints.

Identifiant	**Description**
a/s	modèle analyse/synthèse de STRAIGHT sans utiliser HTS
p1	phonème courant seulement
p3	phonème en contexte d'horizon 1 (phonèmes précédent, courant et suivant)
p5	phonème en contexte d'horizon 2
p3_full	p3 + informations prosodiques et linguistiques
p5_full	p5 + informations prosodiques et linguistiques

TABLE 1 – Jeux de descripteurs

Pour chaque jeu de descripteurs k (mis à part $k = a/s$), l'apprentissage du système HTS est effectué sur le corpus $A_{a/s}$ en tenant uniquement compte du jeu k. Un corpus A_k, respectivement V_k et T_k, de vecteurs acoustiques est ensuite produit par HTS et correspond aux mêmes énoncés que $A_{a/s}$, respectivement $V_{a/s}$ et $T_{a/s}$.

Afin de modéliser et comparer les espaces acoustiques associés aux vecteurs issus de HTS et aux vecteurs issus directement de l'analyse/synthèse, l'apprentissage de GMM $\mathcal{M}_k$ sur A_k est effectué à l'aide d'un algorithme EM, pour tout $k \in \{a/s, \ldots, p5\_full\}$. Le nombre de composantes de $\mathcal{M}_k$ est réglé à l'aide du corpus de validation V_k. Enfin, on cherche à déterminer les log-vraisemblances croisées entre corpus et modèles : $LL(A_k|\mathcal{M}_k)$, $LL(T_k|\mathcal{M}_k)$ et $LL(T_{a/s}|\mathcal{M}_k)$.

3.1 Modélisation GMM

Pour tout $k \in \{a/s, \ldots, p5\_full\}$, chaque vecteur de A_k correspond à la partie spectrale d'une trame et est représenté par 40 coefficients MGC. Afin d'assurer une bonne stabilité numérique lors de l'apprentissage du GMM $\mathcal{M}_k$, une réduction de la dimensionnalité est d'abord effectuée à l'aide d'une analyse en composantes principales (PCA) appliquée sur les vecteurs du corpus A_k. Le nombre de vecteurs propres représentant la partie spectrale est choisi conformément à un seuil de variance expliquée d'au moins 95%. Afin de comparer des données homogènes, la transformation linéaire $\mathcal{T}_k$ issue de cette PCA est également appliquée aux vecteurs du corpus de validation V_k, ainsi qu'aux vecteurs des corpus de test T_k et $T_{a/s}$ lors du calcul de leur log-vraisemblance relativement à $\mathcal{M}_k$. Malgré l'application de la PCA, on conservera les notations A_k, V_k et T_k.

Le nombre de composantes n du GMM $\mathcal{M}_k(n)$ est déterminé à l'aide du corpus de validation : pour $i \in [1..9]$, le modèle $\mathcal{M}_k(2^i)$ est appris sur A_k et la log-vraisemblance des éléments du corpus d'apprentissage, $LL(\mathcal{M}_k(n)|A_k)$, et du corpus de validation, $LL(\mathcal{M}_k(n)|V_k)$, sont calculées. Les matrices de covariance des composantes gaussiennes sont diagonales. Une situation de sur-apprentissage est détectée si $LL(\mathcal{M}_k(n)|V_k) << LL(\mathcal{M}_k(n)|A_k)$. On choisit pour valeur optimale de n, $n^\star$, le nombre maximal 2^i tel que $LL(\mathcal{M}_k(n)|V_k) \simeq LL(\mathcal{M}_k(n)|A_k)$.

Une fois le nombre optimal de classes déterminé, les log-vraisemblances des données des corpus de test ($LL(\mathcal{M}_k(n^\star)|T_{a/s})$ et $LL(\mathcal{M}_k(n^\star)|T_k)$ sont calculées et permettent d'évaluer la proximité entre l'espace acoustique généré par HTS et le signal d'analyse/synthèse de référence.

3.2 Protocole expérimental et résultats

Le corpus de parole utilisé pour effectuer l'évaluation repose sur une lecture neutre. Les coefficients ont été extraits d'un signal monophonique échantillonné à 16kHz. Pour réaliser les stimuli, les données sont réparties aléatoirement sur les trois corpus : le corpus d'apprentissage est constitué de 1000 phrases (environ 1h), les corpus de validation et de test de 120 phrases (environ 6min) chacun. Les log-vraisemblances $LL(A_k|\mathcal{M}_k)$, $LL(T_k|\mathcal{M}_k)$, $LL(T_{a/s}|\mathcal{M}_k)$ sont calculées conformément à la méthodologie présentée dans le précédent paragraphe. Les résultats obtenus sont présentés figure 1.

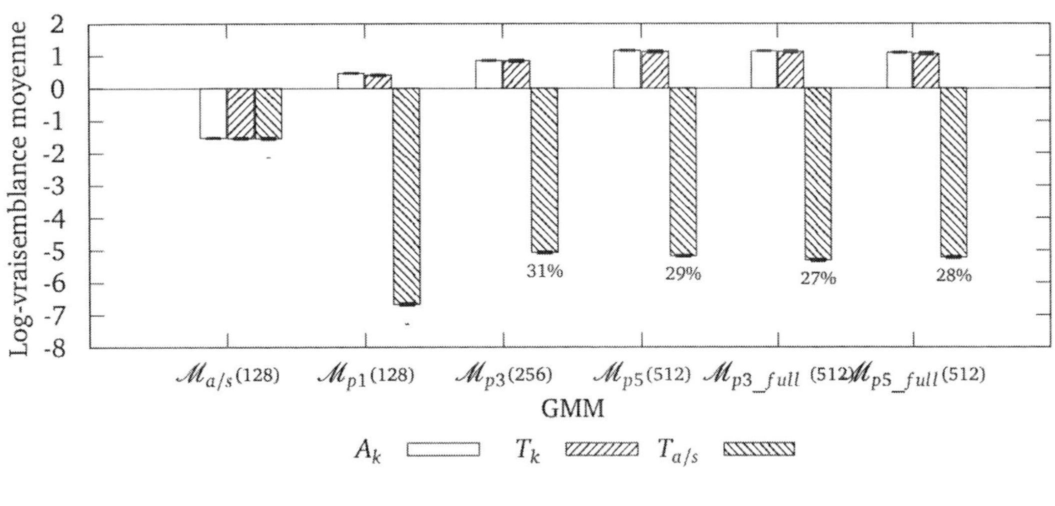

FIGURE 1 – Log-vraisemblances de A_k, T_k et $T_{a/s}$ pour le modèle $\mathcal{M}_k$, avec $k \in \{a/s, \ldots, p5\_full\}$ et leurs intervalles de confiance au niveau 95%. Le nombre de composantes de $\mathcal{M}_k$ est indiqué entre parenthèses. Les pourcentages indiquent les taux d'amélioration $(LL(T_{a/s}|\mathcal{M}_k) - LL(T_{a/s}|\mathcal{M}_{p1}))/(LL(T_{a/s}|\mathcal{M}_{a/s}) - LL(T_{a/s}|\mathcal{M}_{p1}))$ apportés par chaque jeu relativement à $p1$.

Tout d'abord, pour tout $k \in \{a/s, \ldots, p5\_full\}$, on remarque que les log-vraisemblances des corpus A_k et T_k relativement à $\mathscr{M}_k$ sont cohérentes. On observe également que les quantités $LL(A_{a/s}|\mathscr{M}_{a/s})$ et $LL(T_{a/s}|\mathscr{M}_{a/s})$ sont plus faibles que $LL(A_k|\mathscr{M}_k)$ et $LL(T_k|\mathscr{M}_k)$ pour $k \neq a/s$. En fixant le nombre n de composantes pour l'ensemble des modèles (on ignore ainsi l'étape de calibrage des modèles) le même phénomène est observé et cela pour n allant de 128 à 512. La génération des paramètres spectraux réalisée par HTS semble donc réduire la variabilité des paramètres, par rapport à ceux extraits du signal original. Afin d'étayer cette interprétation, la variance globale (Toda et Tokuda, 2007) a été calculée sur chaque corpus d'apprentissage A_k. La figure 2(a) montre ainsi que la variance globale des données extraites du signal est plus variable que celle obtenue pour chacun des corpus générés par HTS.

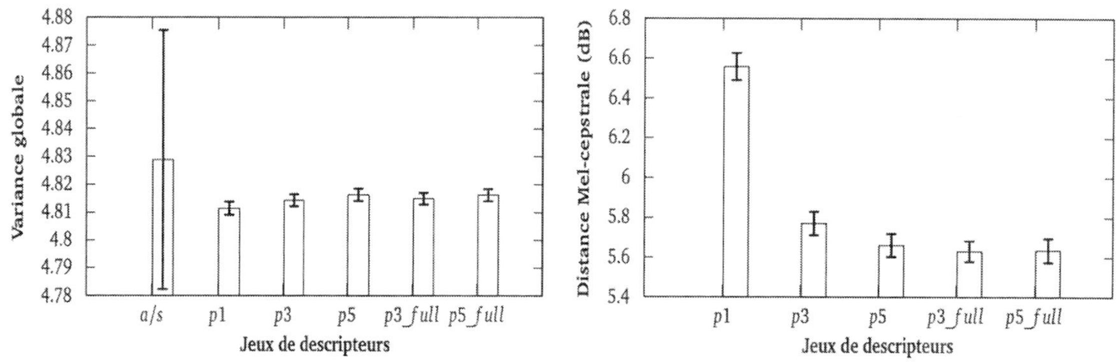

(a) Comparaison de la variabilité des corpus d'apprentissage (b) Comparaison des corpus via une distance mel-cepstrale

FIGURE 2 – Pour chaque jeu de descripteurs k, la figure (a) indique la variance globale moyenne des vecteurs par phrase dans A_k ainsi que la variance associée, la figure (b) illustre la distance mel-ceptrale moyenne (en dB) entre les vecteurs de T_k (issus de HTS) et ceux de $T_{a/s}$ (issus de l'analyse/synthèse) ainsi que l'intervalle de confiance à 95% correspondant.

D'autre part, si l'on considère le corpus de test $T_{a/s}$, ses données sont naturellement les plus vraisemblables pour $\mathscr{M}_{a/s}$ et les moins vraisemblables pour $\mathscr{M}_{p1}$: la caractérisation d'un segment par sa seule étiquette phonologique est insuffisante pour produire un espace acoustique pour lequel les données de test, issues du signal d'analyse/synthèse, seraient vraisemblables. Enfin, l'utilisation de descripteurs autres que des attributs de séquencement *phonème précédent, phonème courant et phonème suivant* semble peu pertinente pour modéliser le spectre. L'augmentation du nombre de descripteurs accroît mécaniquement le nombre de modèles ainsi que la complexité du partitionnement opéré par l'arbre de classification. L'utilisation de descripteurs peu corrélés de manière directe à une certaine variabilité de l'acoustique peut donc s'avérer contre-productive. Pour comparer nos résultats à ceux obtenus par (Yokomizo *et al.*, 2010), une distance mel-cepstrale a été calculée entre les phrases issues de chaque corpus de test généré par HTS et celles du corpus de test dont les coefficients sont issus de l'analyse/synthèse. Les résultats sont présentés dans la figure 2(b), La distorsion spectrale moyenne obtenue pour le jeux de descripteurs $p5\_full$ est comparable à celle identifiée par l'identifiant "fullcontext" dans (Yokomizo *et al.*, 2010). De plus, les résultats obtenus par calcul d'une distance cepstrale corroborent ceux décrits précédement pour la méthode basée sur les GMM.

4 Validation subjective

Afin de valider les résultats de l'évaluation objective décrite ci-dessus, une évaluation subjective a été réalisée. Par souci de cohérence, il est nécessaire de n'évaluer que la qualité des coefficients spectraux. Pour répondre à cet objectif, le signal synthétisé est obtenu en utilisant les coefficients spectraux générés par HTS couplés au F0 et à l'apériodicité extraits du signal naturel par STRAIGHT. Lors de la phase de génération des paramètres, la durée naturelle des phones a été imposée à HTS. La méthode d'évaluation subjective choisie est un test de type ACR(ITU-T, 1996) avec une mesure MOS. Cinq notes allant de *mauvais* (1) à *excellent* (5) permettent de qualifier un signal perçu par un auditeur. Le test porte sur la qualité globale du système. L'intitulé de la question proposée à l'auditeur était la suivante : "Comment jugez-vous la qualité de l'échantillon sonore que vous venez d'écouter ?"

Les 7 auditeurs sont des experts dans le domaine du traitement de la parole. Parmi les énoncés prononcés par le locuteur, 21 énoncés sont tirés au hasard dans le corpus de test. Des signaux correspondants sont donc construits à partir des coefficients spectraux associés dans T_k pour $k \in \{a/s, \ldots, p5\_full\}$. Ainsi, à chaque énoncé correspond 6 signaux, un par système testé. Un énoncé est choisi au hasard parmi les 21 initiaux et les 6 signaux associés constituent la phase d'introduction au test d'écoute, qui ne sera pas prise en compte dans les résultats. La durée globale du test est d'environ 40 minutes. Les résultats sont présentés figure 3 : l'axe des ordonnées présente le score MOS moyen obtenu selon le jeu de descripteurs indiqué en abscisse.

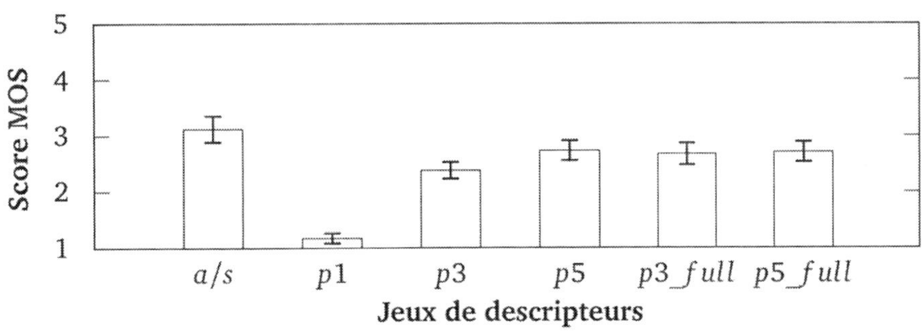

FIGURE 3 – Résultat de l'évaluation subjective, test ACR sur une échelle MOS.

On constate tout d'abord que les notes obtenues sur des échantillons d'analyse/synthèse sont relativement faibles. Cela semble indiquer que la paramétrisation du spectre introduit par le modèle STRAIGHT peut impliquer une dégradation de la qualité du signal de synthèse. L'intervalle de confiance associé à l'analyse/synthèse chevauche ceux de $p5$, $p3\_full$ et $p5\_full$. Au delà de ces observations, l'évaluation subjective confirme les résultats de l'évaluation objective : le jeu de descripteurs $p1$ obtient le plus mauvais score et les autres jeux ne sont pas significativement différents.

5 Conclusion

Dans cet article, nous avons présenté un protocole pour mesurer objectivement des dégradations pouvant être apportées par un système de synthèse de type HTS. L'usage de GMM permet de modéliser les espaces acoustiques des différentes voix de synthèse. Une validation utilisant un corpus de test de référence sur différents modèles permet de quantifier les dégradations expliquées par l'usage de tel ou tel descripteur dans la modélisation HTS. Le résultat surprenant au premier abord est qu'un simple modèle qui n'utilise que des étiquettes phonétiques sur un horizon de 5 phones fait aussi bien que l'ensemble des descripteurs communément admis (étiquettes grammaticales, syntaxe, syllabes, positions respectives des éléments sur leur niveau de description, etc.). Cette mesure objective est confirmée par un test subjectif. En terme de perspectives, nous comptons appliquer ce scénario pour mesurer automatiquement la qualité de diverses combinaisons de descripteurs sur des panels de voix différentes de manière à confirmer expérimentalement le choix pertinent d'un vecteur de description pour une synthèse de type HTS (notamment par la prise en compte conjointe de critères segmentaux et prosodiques).

Références

Chen, Y.-n., Yan, Z.-j. et Soong, F. K. (2010). A Perceptual Study of Acceleration Parameters in HMM-Based TTS. *In proceedings of Interspeech.*

Fukada, T., Tokuda, K., Kobayashi, T. et Imai, S. (1992). An adaptive algorithm for mel-cepstral analysis of speech. *In proceedings of ICASSP*, pages 137–140.

ITU-T (1996). P800 : Methods for objective and subjective assessment of quality. Rapport technique.

Kawahara, H., Masuda-katsuse, I. et De Cheveigné, A. (1999). Restructuring speech representations using a pitch-adaptive time-frequency smoothing and an instantaneous-frequency-based F0 extraction : Possible role of a repetitive structure in sounds. *Speech Communication*, 27:187–207.

King, S. et Karaiskos, V. (2010). The Blizzard Challenge 2010.

Shinoda, K. et Watanabe, T. (2000). MDL-based context-dependent subword modeling for speech recognition. *Journal of the Acoustical Society of japan*, 21(2):79–86.

Silén, H., Helander, E., Nurminen, J. et Gabbouj, M. (2010). Analysis of Duration Prediction Accuracy in HMM-Based Speech Synthesis. *In proceedings of Speech Prosody.*

Toda, T. et Tokuda, K. (2007). A speech parameter generation algorithm considering global variance for hmm-based speech synthesis. *IEICE Transactions*, pages 816–124.

Tokuda, K., Yoshimura, T., Masuko, T., Kobayashi, T. et Kitamura, T. (2000). Speech parameter generation algorithms for HMM-based speech synthesis. *In proceedings of ICASSP*, pages 1315–1318.

Tokuda, K., Zen, H. et Black, A. W. (2002). An hmm-based speech synthesis system applied to english. *In proceedings of ICASSP*, pages 227–230.

Yokomizo, S., Nose, T. et Kobayashi, T. (2010). Evaluation of Prosodic Contextual Factors for HMM-Based Speech Synthesis. *In proceedings of Interspeech*, pages 430–433.

Young, S. J., Odell, J. J. et Woodland, P. C. (1994). Tree-based state tying for high accuracy acoustic modelling. *In proceedings of HLT*, pages 307–3012.

Zen, H. et Toda, T. (2005). An overview of Nitech HMM-based speech synthesis system for blizzard challenge 2005. *In proceedings of Eurospeech*, pages 1957–1960.

Lire les tons sur les lèvres : perception(s) visuelle(s) des tons lexicaux en chinois mandarin

Grégory Roulet-Guiot[1] *Corine Astésano*[2,3]
(1) XJTU, Université Jiaotong, Xi'an, Chine
(2) LPL, UMR7309, Aix-en-Provence, France
(3) Octogone-Lordat, E.A. 4156, Toulouse, France
rouletguiotgregory@hotmail.fr, corine.astesano@univ-tlse2.fr

RESUME

La présente étude a pour but de vérifier si les informations visuelles situées au niveau du cou peuvent contribuer à la perception visuelle des tons en mandarin. Cependant, ce que montre principalement cette étude est que les tons peuvent être lus sur les lèvres, et ce contre toute attente, même lorsque la syllabe est prononcée en arrière de la cavité buccale. En effet, il semblerait d'une part que la lecture labiale soit possible pour les tons du mandarin, et d'autre part qu'il existe différents profils de perception : certaines personnes semblent plus sensibles à la lecture labiale, alors que d'autres auraient *a priori* recours aux informations visuelles au niveau du cou. En contrepartie, ces personnes montreraient une aptitude moindre à la lecture labiale.

ABSTRACT

Read the tones on the lips : visual perception(s) of lexical tones in Mandarin Chinese

The aim of the present study is to verify whether the visual cues located on the neck, can contribute in Mandarin tones visual perception. However, in an unexpected way, this study shows that tones can be read on the lips, even when the syllable is pronounced in the back of the oral cavity. It seems indeed on the one hand that the labial reading is possible for Mandarin tones, on the other hand, that there could be various profiles of perception : some people seem to be more sensitive to the labial reading, other people could *a priori* use the neck's cues, and they would be less suited to the labial reading.

MOTS-CLES : chinois mandarin, tons, perception audiovisuelle, lecture labiale, multimodalité.
KEYWORDS : Mandarin Chinese, tones, audiovisual perception, labial reading, multimodality.

1 Introduction

La perception de la parole est reconnue depuis l'effet McGurk (McGurk & MacDonald, 1976) comme étant bimodale. En effet, si, dans une communication *de visu*, le canal auditif est suffisant pour décoder la parole, il est pour autant complété et influencé par le canal visuel. Cette découverte a donné lieu à de nombreuses études, et ce dans et entre différentes langues. Certaines études mettaient en avant que la magnitude de l'effet McGurk était très variable d'une langue à l'autre. Cependant, nous retenons l'étude de Massaro & *al* (1993), qui tend à prouver que la magnitude de l'effet McGurk est équivalente entre les langues, mais que les différences constatées sont le fait des contraintes phonotactiques intrinsèques à chaque langue. Depuis, les linguistes s'intéressant à la perception de la parole mettent non plus en avant la bimodalité de la parole, mais la multimodalité due à la multisensorialité dont Schwartz (2004) parle comme étant « au cœur de la communication parlée ».

La présente étude porte sur le chinois mandarin, plus précisément le *putonghua* (littéralement : « langue commune », il s'agit aujourd'hui de la langue véhiculaire dont s'est dotée la Chine, celle-ci est basée sur le mandarin de Pékin. Ci-après mandarin). Le mandarin est une langue tonale, à savoir que les tons lexicaux ont une valeur suprasegmentale distinctive. L'origine des tons est une variation de la F0 créée au niveau du système laryngé. La question est de savoir si certains stimuli visuels sont corrélés aux tons lexicaux. Des études récentes sur les langues à tons démontrent qu'ils existent des rapports entre les tons et certains indices visuels. En cantonnais et en thaïlandais il a été mis en évidence une relation entre les tons et les mouvements de la tête (Burnham et *al*, 2006). En mandarin, Chen & Massaro (2008) montrent qu'il est possible d'entrainer des sinophones natifs à reconnaître les différents tons en focalisant leur attention sur les informations visuelles corrélées aux quatre tons du mandarin. Parmi ces informations, ils ont relevé des mouvements différents au niveau du cou lors de la production des différents tons. Ces mouvements sont dus à l'action en partie visible de différents muscles (sterno-hyoïdien, sterno-thyroïdien et thyro-hyoïdien) permettant au larynx la production des tons, car lorsque le larynx s'abaisse cela implique un mouvement descendant de la F0 et inversement. Il a en effet été prouvé que ces mouvements du larynx sont corrélés avec les valeurs de la F0 (Honda & *al*, 1999). De plus, il semblerait qu'une coordination entre le système laryngé et le système articulatoire fasse apparaître des indices visuels permettant de distinguer les tons entre eux (Burnham, 2000). Dans leur étude, Tong et Manwa (2011) montrent que les différents tons du cantonnais ont des réalisations articulatoires significativement différentes pour les plosives bilabiales /p^{h}a/ et /pa/, à savoir que la mâchoire est plus ou moins ouverte suivant les différents tons. Ces auteurs se réfèrent à une étude sur le mandarin montrant que la prononciation des différents tons du mandarin implique une différence au niveau du positionnement de la langue et de la mâchoire (Erickson et *al*, 2004). D'après les données de leur propre étude ainsi que celle d'Erickson et al., Tong et Manwa (2011) se positionnent alors contre la *source-filter theory* émise par Pickett (2001), que l'on peut résumer par une indépendance du système laryngée (source) par rapport au système supralaryngé (filtre). S'il était accepté jusqu'alors que la production des tons lexicaux était indépendante de l'articulation, les données susmentionnées montrent le contraire. Le système laryngé semble corrélé au système supralaryngé, et ce, au moins pour le cas des tons lexicaux.

Ces études tendent à montrer qu'il existe des corrélats visuels aux tons lexicaux. La F0 n'est donc pas la seule source d'information permettant le décodage des tons lexicaux. A ce propos, une étude de Liu & Samuel (2004) montre que même lorsque la F0 est neutralisée (la F0 est remplacée par du silence et est resynthétisée sous Praat), les locuteurs sont pourtant capables de discriminer les tons. D'une manière plus écologique, c'est aussi ce que montre l'étude de Chang & Yao (2007) sur la discrimination des tons en mandarin dans un contexte de parole chuchotée (donc sans l'indice de F0). Leur étude montre néanmoins que les locuteurs du mandarin peuvent se comprendre dans ce contexte. Les auteurs émettent le postulat que les locuteurs doivent s'appuyer sur la durée et l'intensité propres à chaque ton pour être capable de les reconnaître. Ce n'est *a priori* pas le cas. La multisensorialité de la parole aurait donc pour effet de démultiplier les indices lors du codage et du décodage.

Le but de la présente expérience est de vérifier si les informations visuelles situées au niveau du cou peuvent participer à la perception des tons dans une tâche de reconnaissance des tons sans le son. Nos hypothèses de départ sont : 1-que les informations visuelles situées au niveau du cou permettront une meilleure reconnaissance des tons ; 2-moins les participants ont accès aux informations visuelles plus leur taux de reconnaissance devrait diminuer ; 3-du fait de la lecture labiale, les participants devraient montrer un taux de reconnaissance bien plus élevé des stimuli de la syllabe /pʰi /, que des stimuli de la syllabe /gɤ/ car la consonne bilabiale est plus visible que la consonne vélaire.

2 Matériel et méthode

2.1 Matériel linguistique

L'enregistrement des stimuli a été effectué dans la chambre sourde du laboratoire de phonétique de l'UQÀM (Université du Québec À Montréal). Le matériel utilisé pour les enregistrements est une caméra mini-DV Panasonic DVX100A pour la vidéo, et un micro unidirectionnel Audio-Technica ATM31a pour l'audio. Le taux d'échantillonnage est de 29,97 images/s pour la vidéo et de 22 kHz pour l'audio. Ces enregistrements ont été effectués sur un PC via le logiciel Adobe® Premiere® Pro. Deux participants ont été recrutés pour l'enregistrement des stimuli : un homme de 39 ans et une femme de 26 ans, sinophones natifs de Chine continentale, ne parlant aucun dialecte et aucune autre langue à tons.

Deux syllabes du mandarin ont été sélectionnées pour notre étude : /pʰi / et /gɤ/. La syllabe /pʰi / est constituée d'une consonne bilabiale et d'une voyelle antérieure, fermée et non-arrondie, alors que la syllabe /gɤ/ est constituée d'une consonne vélaire et d'une voyelle postérieure, mi-fermée et non-arrondie. Ces deux syllabes ont la particularité d'occuper les extrémités du système phonologique du mandarin sur l'axe antérieur/postérieur de la cavité buccale, nous permettant ainsi de contrôler la lecture labiale. Notre étude a pour objectif de mettre en évidence l'apport des stimuli visuels situés au niveau du cou dans le décodage de la parole dans un échange face à face. Afin de contrôler les différents indices visuels, nous avons choisi de réaliser 3 cadrages (les différents cadrages ont été réalisés après les enregistrements sur un ordinateur MacBook® à l'aide du filtre *blacken borders* du logiciel Avidemux2®, ce filtre ayant la particularité de pouvoir intégrer des bordures noires sur des vidéos, mais surtout de ne pas altérer ni la taille ni la qualité de la vidéo). Le cadrage témoin est un cadrage au niveau des épaules dans lequel on voit l'ensemble du visage. Nos deux cadrages expérimentaux sont un cadrage dans lequel on voit la bouche et le cou, et un cadrage dans lequel on ne voit que la bouche (*cf.* figure 1 ci-après).

Les deux syllabes à l'étude sont présentées dans 4 blocs différents, soit un total de 8 blocs. Les 4 blocs associés aux 3 cadrages, sont constitués d'un bloc témoin et de 3 blocs expérimentaux, tels que :

- Un bloc témoin : cadrage épaule avec le son appelé Avec Son (AS)
- Un bloc expérimental 1 : cadrage épaule sans le son appelé Sans Son (SS)
- Un bloc expérimental 2 : cadrage cou + bouche sans le son appelé Cadrage Cou (CC)
- Un bloc expérimental 3 : cadrage bouche sans le son appelé Cadrage Lèvre (CL)

Chaque bloc ne peut contenir que les stimuli d'une seule des deux syllabes à l'étude. Les stimuli de chaque syllabe correspondent à la prononciation de celle-ci avec les quatre tons du mandarin, et ce par 2 locuteurs différents. Ces stimuli sont répétés 3 fois, soit 4 tons X 2 locuteurs X 3 répétitions = 24 stimuli dans chaque bloc, présentés en ordre pseudo-aléatoire.

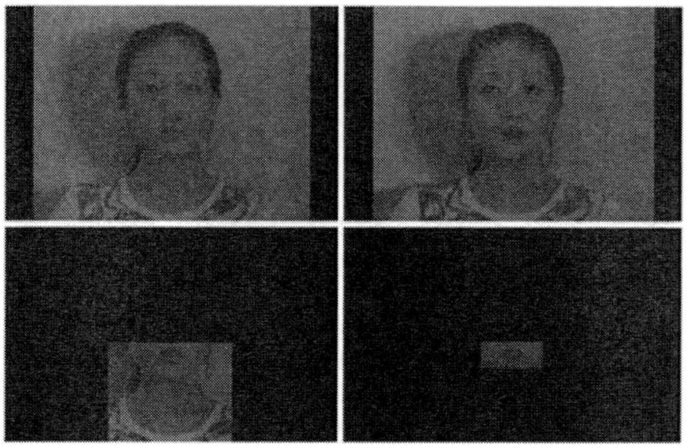

FIGURE 1 – Les quatre conditions expérimentales, soit trois types de cadrage : de gauche à droite et de haut en bas: AS, SS, CC, CL.

2.2 Participants

32 participants ont été recrutés pour cette expérience (âgés de 21 à 23 ans), sinophones natifs, en 3e et 4e année du département de français de l'université Jiaotong de Xi'an. Une partie de ces étudiants parle le dialecte de leur région d'origine. Aucun ne rapporte avoir de problème auditif. La majorité a une vision corrigée et portait des lunettes ou des lentilles de contact lors du test.

2.3 Procédure et déroulement de l'expérience

Nous reprenons pour notre expérience une partie de la méthodologie de Chen & Massaro (2008), à laquelle nous ajoutons un contexte expérimental : un cadrage dans lequel on voit la bouche et le cou. Notre but est de montrer que les informations visuelles situées au niveau du cou participent à la discrimination tonale dans un contexte uniquement visuel (sans le son). Notons que les participants ne sont pas entrainés à ce test, car il s'agit ici de connaître l'influence des informations visuelles dans un contexte proche du contexte écologique. Pour information, s'agissant d'une étude préliminaire, le temps de réaction n'est pas pris en compte dans cette expérience : seul le pourcentage de réponses correctes est calculé.

Les blocs sont présentés avec le logiciel PowerPoint® : chaque stimulus est précédé d'une diapositive portant le numéro du stimulus, permettant d'indiquer au participant à quelle ligne les stimuli correspondent sur la feuille-réponse. La feuille-réponse est constituée de 24 lignes numérotées sur lesquelles sont imprimés des caractères chinois correspondant aux quatre tons du mandarin. Les graphies retenues sont des graphies canoniques du mandarin.

Le déroulement du test est le suivant: 1. Les participants ne peuvent voir chaque stimulus qu'une seule fois ; 2. cependant, comme ils contrôlent eux-mêmes le passage d'un stimulus à l'autre (en appuyant sur la touche « → » du clavier), ils peuvent prendre le temps dont ils ont besoin pour entourer le caractère qui correspond à ce qu'ils ont vu ou entendu. Le test se déroule en 4 parties : 1. un pré-test avec la syllabe /ma/ servant d'entrainement à la tâche avec uniquement les stimuli de la locutrice, présentant une articulation plus nette ; 2. la présentation des blocs d'une des deux syllabes. Notons qu'un ordre de présentation des blocs est attribué à chaque participant dès le début en gardant toujours le bloc témoin avec le son (AS) en premier (par ex. : AS, CL, SS, CC) : un participant aura donc un ordre de présentation des blocs identique pour l'ensemble du test (pré-test ; 1ère syllabe ; 2ème syllabe). De plus, l'ordre de présentation des syllabes est aussi aléatoire ; 3. Une période de pause d'environ 10 minutes est prévue au milieu du test. De plus, les participants disposent d'une courte pause entre chaque bloc ; 4. La présentation des blocs de l'autre syllabe.

3 Résultats

Nous choisissons de ne présenter dans cette étude préliminaire que les résultats concernant la locutrice, car son articulation est plus claire que celle du locuteur, et les taux de réponses correctes associés aux différentes conditions expérimentales sont significativement plus élevés que pour le locuteur. Les participants ayant le choix entre 4 réponses différentes (4 tons), le pourcentage de réponse attribué au hasard pour ce test est de 25% : les résultats de se situant au-dessus de 25% peuvent donc donner lieu à des interprétations. Les résultats présentés ci-dessous concernent les scores significativement supérieurs à 25%. Les données sont analysées à l'aide du *t* de *student* (avec un seuil de significativité à p<.05).

3.1 Différence inter-syllabe

Les résultats dans la condition Avec Son (AS, condition témoin), sont très élevés. Pour la syllabe /gɤ/ la moyenne des participants est de 98% de reconnaissance des tons, les tons de la syllabe /pʰi / sont quant à eux reconnus à 96% dans la condition AS. Ces résultats témoignent de la qualité de nos stimuli et de la capacité des participants à les percevoir.

Nos résultats montrent une différence significative entre les deux syllabes dans chacune des conditions expérimentales (SS : p<.002 ; CC : p<.005 ; CL : p<.006). Globalement, la moyenne du taux de reconnaissance à travers les 4 conditions (AS, SS, CC, et CL), est de 50,4% pour la syllabe /gɤ/, et de 55,1% pour la syllabe /pʰi /. L'ensemble de nos données montre donc un taux de reconnaissance plus important pour la syllabe /pʰi / que pour la syllabe /gɤ/, cette différence étant significative dans les 3 conditions expérimentales. La moyenne du taux de reconnaissance à travers les trois conditions expérimentales (SS,CC et CL), pour la syllabe /gɤ/ est de 34,3%, alors qu'elle est de 41,7% pour la syllabe /pʰi /. Tout porte à croire que l'antériorité de la syllabe est en cause dans cette différence.

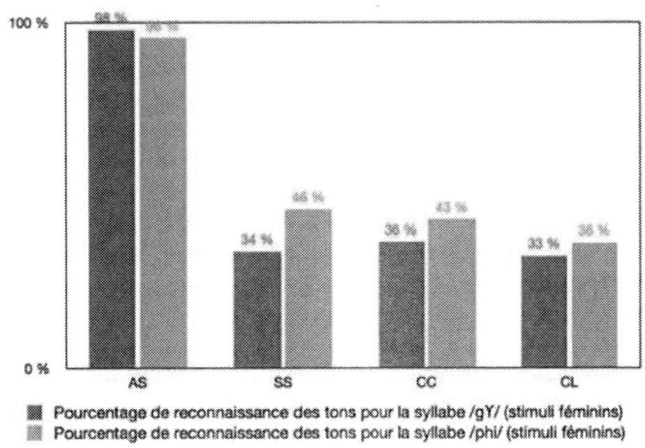

FIGURE 2 – Représentation graphique du taux de reconnaissance des tons pour les stimuli féminins dans les quatre contextes. En vert la syllabe /gɤ/, en orange la syllabe /pʰi /.

Pour la syllabe /gɤ/, nos résultats n'indiquent pas de différence significative (p>.05) entre les différentes conditions expérimentales (SS, CC et CL). Notons toutefois une tendance (non significative) de meilleure reconnaissance pour la condition CC (*cf.* figure 2, ci-dessus). Les taux de reconnaissance de la syllabe /pʰi / sont en revanche significativement plus élevés en CC qu'en CL (p<.02) et en SS qu'en CL (p<.004). Alors qu'on aurait pu s'attendre à une influence très supérieure des informations visuelles du cou dans le taux de reconnaissance des tons (action des muscles lors de l'abaissement/élévation du larynx en fonction du ton), nos données indiquent que la lecture labiale a également une incidence sur le décodage des mouvements tonals, notamment pour les syllabes antérieures.

3.2 Résultats interparticipants : une variabilité importante, des aptitudes exceptionnelles.

Nous nous intéresserons maintenant à la capacité que présentent certains participants à très bien reconnaître les tons sur la base de la lecture labiale, y compris dans le contexte peu visible de la syllabe /gɤ/. Nous affinons donc nos résultats en regroupant les participants dont le taux de reconnaissance était élevé en CL d'un côté, et ceux dont le taux de reconnaissance était faible en CL de l'autre. Nous retenons un seuil de 40% de reconnaissance, assez éloigné du seuil du hasard.

3.2.1 Syllabe /pʰi /

En regroupant les participants suivant leurs résultats (>40%) dans la condition Cadrage Lèvres (CL, information visuelle minimale), 12 participants (37,5% des effectifs) présentaient une moyenne élevée allant de 50,7% dans la condition CL, à 51,4% dans la condition CC (45,8% en SS). Il semblerait que les participants qui ont une capacité à la lecture labiale aient un taux de reconnaissance élevé dans tous les contextes expérimentaux.

En regroupant les participants suivant leurs résultats (>40%) dans la condition CC, 20 participants sur les 32 participants (soit 62,5% des effectifs) obtiennent 52,5% de reconnaissance dans la condition CC, et 50% dans la condition SS. Cependant, ces personnes montrent un taux de reconnaissance en deçà de 40% dans la condition CL (38,8%). Les personnes ayant un taux de reconnaissance important dans les conditions SS et CC présentent donc un taux de reconnaissance assez faible dans la condition CL. Ont-ils alors recours à d'autres informations visuelles que celles situées au niveau des lèvres ? S'agit-il des informations apportées par les mouvements du larynx au niveau du cou ?

3.2.2 Syllabe /gɤ/

Treize participants (soit 40% des effectifs) ont un taux de reconnaissance élevé dans la condition CL (46,2%). Leurs résultats dans les conditions SS (30,8%) et CC (34%) sont légèrement inférieurs à ceux de l'ensemble des participants. Il est étonnant de noter que pour cette syllabe vélaire postérieure, les participants ont de meilleurs taux de reconnaissance en lecture labiale qu'en lecture des indices du cou. On peut émettre l'hypothèse que ce type de participants qui utilisent davantage l'information labiale ne soit pas en mesure d'utiliser d'autres indices, pourtant plus visibles pour la syllabe vélaire postérieure.

En regroupant les participants qui ont un taux de reconnaissance élevé dans la condition CC, on constitue un groupe de 17 participants (53% des effectifs) pour un taux de reconnaissance moyen de 47,1% dans la condition CC. Les participants de ce groupe montrent la même disposition que ceux du groupe de la syllabe /pʰi /, à savoir qu'il obtiennent de meilleurs résultats dans la condition CC que dans la condition CL (32,4%), mais aussi que dans la condition SS (36,8%).

4 Discussion

La présente étude se veut préliminaire, vu la complexité de l'analyse des données. Le nombre de locuteurs doit idéalement être augmenté afin de mieux expliquer, en diminuant le « bruit » statistique, la variabilité observée entre les deux locuteurs enregistrés pour la présente étude. Afin de rendre compte également de la tendance que nos résultats mettent en évidence selon laquelle il existerait deux stratégies de décodage visuel des tons (prédominance de la lecture labiale *vs.* prédominance de l'utilisation d'indices venant de la position du larynx), il serait nécessaire d'augmenter le nombre de nos informateurs.

4.1 Lire les tons sur les lèvres

Les résultats de cette étude mettent en avant le fait que la lecture labiale est possible en chinois mandarin. C'est ce que tend à prouver une étude récente (Tong et Manwa, 2011) pour le cantonnais dans le cadre des bilabiales /pʰa / et /pa/. En 2004, une étude (Erickson et *al*) avait prouvé que les tons du mandarin donnaient lieu à des positions différentes de la langue et de l'ouverture de la bouche, corrélées avec les tons. Cette étude portait aussi sur des syllabes bilabiales (/ba/, /ma/, /pa/). Conformément à notre hypothèse, on a pu montrer une différence significative dans la reconnaissance des tons entre les deux syllabes à l'étude : /pʰi / bilabiale antérieure mieux identifiée que /gɤ/ vélaire postérieure, et ce dans l'ensemble des contextes expérimentaux. Pour autant, nos résultats semblent montrer que pour le mandarin, la lecture labiale des tons est aussi possible pour des syllabes postérieures telles que /gɤ/. Ce qui soutient et renforce l'hypothèse de la lecture labiale des tons lexicaux.

4.2 Différentes stratégies de décodage visuel des informations tonales ?

De manière générale, nos données montrent des taux de reconnaissance individuels des tons sans le son de près de 60% dans chacun des contextes expérimentaux des deux syllabes. De plus, si certains participants montrent un taux de reconnaissance plus élevé en condition Cadrage Lèvres (CL, informations visuelles minimales) que dans les conditions Cadrage épaule Sans Son (SS, informations visuelles maximales) et Cadrage Cou (CC, informations visuelles intermédiaires), où les cadrages sont pourtant plus larges, d'autres montrent en revanche une reconnaissance relativement faible des tons dans les conditions expérimentales SS et CL, alors que leur taux de reconnaissance dans la condition Cadrage Cou (CC) est élevé, et ce, quelle que soit la syllabe présentée (/pʰi/ antérieure et bilabiale *vs* /gɤ/ postérieure et vélaire). Nos résultats révèlent donc deux stratégies potentielles de décodage visuel des informations tonales. On pourrait émettre l'hypothèse que certaines personnes utiliseraient des informations plus « globales » que d'autres, qui utiliseraient davantage la lecture labiale. Dans un choix forcé où le cadrage est focalisé sur les lèvres, il serait intéressant de pouvoir mesurer le rôle de la focalisation sur les informations visuelles. Ainsi, des informations données par le suivi du regard (*eyetracking*) seraient fondamentales pour déterminer quels aspects sont davantage utilisés dans le décodage visuel de la parole, et nous permettraient de comprendre quelles stratégies sont mises en œuvre par les deux groupes de participants que nos résultats mettent en évidence, à savoir ceux qui ont de meilleurs taux de reconnaissance en cadrage large *vs* en cadrage restreint, et *vice versa*. Enfin, les résultats les plus inattendus de notre étude montrent une aptitude à la lecture labiale des tons lexicaux pour des syllabes prononcées à l'arrière de la cavité buccale. Aussi, il nous semble que cet aspect devrait être étudié via l'articulographie électromagnétique (*EMA* ; voir Erickson *et al*, 2004 ; Tong et Manwa, 2011 pour les bilabiales).

Remerciements

Nous remercions Lucie Ménard (directrice du laboratoire de phonétique de l'UQÀM), d'avoir mis à notre disposition le laboratoire de phonétique de l'UQÀM pour effectuer l'enregistrement de nos stimuli, ainsi que toute l'équipe du laboratoire, et plus particulièrement Marilène C. Rousseau, pour nous avoir assistés lors des enregistrements. Aussi, nous tenons à remercier Niu Fan et Yong Gang (les locuteurs qui ont prêté leur voix permettant la réalisation de cette étude), ainsi que l'ensemble des participants.

Références

BURNHAM, D., CIOCCA, V., LAUW, C., LAU, S., et STOKES, S. (2000). Perception of visual information for Cantonese tones. *Actes de SST (Speech Science and Technology)*, Canberra.

CHANG, C., et YAO, Y. (2007). Tone production in whispered Mandarin. *UC Berkeley Phonology Lab Annual Report*, pages 326-329.

CHEN, T. H., MASSARO, D. W. (2008). Seeing pitch : Visual information for lexical tones of Mandarin-Chinese. *Journal of Acoustical Society of America*, pages 2356-2366.

ERICKSON, D., IWATA, R., ENDO, M., et FUJINO, A. (2004). Effect of tone height on jaw and tongue articulation in Mandarin Chinese. *Proc. Tonal aspects of languages*, Beijing.

HONDA, K., HIRAI, H., MASAKI, S., et SHIMADA, Y. (1999). Role of vertical larynx movement and cervical lordosis in F0 control. *Language and Speech*, pages 401-411.

LIU, S. F.; SAMUEL, A. G. (2004). Perception of Mandarin lexical tones when F0 information is neutralized. *Language and Speech*, pages 109-138.

MASSARO, D. W., COHEN, M. M., GESI, A., HEREDIA, R., et TSUZAKI, M. (1993). Bimodal speech perception: An examination across languages. *Journal of Phonetics*, pages 445-478.

MCGURK, H., et MACDONALD, J. (1976). Hearing lips and seeing voices. *Nature*, pages 746-748.

PICKETT, J.M. (2001). The Acoustics of Speech Communication: Fundamentals, Speech Perception Theory, and Technology. MA: Allyn and Bacon.

SCWARTZ, J.-L. (2004). La parole multisensorielle: Plaidoyer, problèmes, perspective. *Actes des XXVes Journées d'Etude sur la Parole.*

TONG, E. et MANWA, L. N. (2011). Interaction between lexical tone and labial movement in cantonese bilabial plosive production. *Actes de ICPhs XVII*, pages 2014-2017.

Séparation de Sources par lissage cepstral des masques binaires

Ibrahim Missaoui[1] Zied Lachiri[1, 2]
(1) École nationale d'ingénieurs de Tunis, ENIT, BP. 37 Le Belvedere, 1002 Tunis, Tunisie
(2) Institut national des sciences appliquées et de technologie,INSAT, BP 676 centre urbain cedex,Tunis, Tunisie
brahim.missaoui@enit.rnu.tn, zied.lachiri@enit.rnu.tn

RÉSUMÉ

Dans cet article, nous proposons un système de séparation des signaux de parole à partir de deux mélanges convolutifs. Le système suggéré est basé sur la combinaison d'une technique de séparation aveugle de sources avec une procédure de masquage temps-fréquence, suivie d'un lissage cepstral. En effet, après la séparation des signaux sources, les masques binaires estimés subissent un lissage cepstral afin de réduire les fluctuations des artefacts introduites par l'opération de masquage temps-fréquence. Les résultats d'évaluation ont montrés l'efficacité du système proposé même dans les cas les plus défavorables.

ABSTRACT

Source separation by cepstral smoothing of binary masks

In this paper, we propose a separation system of speech signals from two convolutive mixtures. The suggested system is based on the combination of blind source separation technique with a time-frequency masking procedure, followed by a smoothing cepstral. Indeed, after separation of signal sources, the estimated binary masks undergo a cepstral smoothing to reduce the fluctuations artifacts which introduced by time-frequency masking operation. The evaluation results have shown the effectiveness of the proposed system even in the most unfavorable case.

MOTS-CLÉS : Masque binaire idéal, Lissage cepstral, Séparation aveugle de sources.

KEYWORDS: Ideal binary mask, Cepstral smoothing, Blind source separation .

1 Introduction

Le problème de séparation aveugle de sources (SAS) consiste à extraire des signaux inconnus provenant de différentes sources, à partir de leurs mélanges, sans tenir compte d'aucune information à priori, ni sur la nature du mélange ni sur les signaux sources elles-mêmes.
Les approches de SAS développées pour traiter ce problème dans le cas convolutif peuvent classées en deux grandes catégories (Pedersen *et al.*, 2007) : ceux qui tendent de le résoudre dans le domaine temporel (Gorokhov et Loubaton, 1997; Douglas *et al.*, 2007) et ceux qui transforment ce problème dans le domaine fréquentiel (Parra et Spence, 2000; Makino *et al.*, 2005; Yoshioka *et al.*, 2009). Toutefois, parmi les algorithmes proposés dans la littérature, il

n'existe pas encore un algorithme fiable qui peut être utilisé pour les différents signaux mélanges, surtout dans le cas de réverbération et dans le cas bruité. La performance de séparation, dans ces deux cas, reste encore limitée et exige d'autre amélioration.
Dans ce sens, plusieurs méthodes de SAS basées sur le masquage temps-fréquence ont été développées (Yilmaz et Rickard, 2004; Sawada *et al.*, 2006). Ces méthodes consistent à appliquer un masque temps-fréquence binaire aux signaux mélanges. Récemment, la notion de masque binaire idéal a été introduite comme étant l'objectif principal de l'analyse de scènes auditives computationnelle (Wang et Brown, 2006). Cette technique a montré qu'il est bien adapté à la séparation de signaux de paroles. En fait, il a montré des propriétés remarquables dans la suppression d'interférences ainsi que dans l'amélioration de l'intelligibilité du signal cible (Wang *et al.*, 2009). Le masque binaire idéal est déterminé en comparant chaque unité temps-fréquence de signal cible avec celle d'interférence tout en associant une valeur 1 si l'énergie de cible est supérieure à celle d'énergie de l'interférence et une valeur 0 en cas inverse (Wang, 2005; Wang et Brown, 2006). Cependant, sans la connaissance à priori de signal de parole cible et celui d'interférence, l'estimation exacte d'un masque binaire idéal à partir de signaux mélanges devient une tâche difficile (Jan *et al.*, 2009; Madhu *et al.*, 2008).
Dans ce travail, nous proposons d'estimer les masques binaires à partir des signaux résultants d'une étape de séparation en utilisant un algorithme de SAS. Ces masques subissent ensuite une opération de lissage cepstral. Cette dernière permet de réduire les fluctuations des artefacts, connue sous le nom de "bruit musical", provoquées généralement par la masquage temps-fréquence (Jan *et al.*, 2009; Madhu *et al.*, 2008).
Ce papier est organisé comme suit : Nous commençons dans la section 2 par présenter le principe de SAS dans le cas convolutif. L'étape de lissage cepstral des masques binaires est détaillé dans la section 3. la section 4 expose les expériences et les mesures d'évaluations obtenues. Enfin, la section 5 conclure notre travail.

2 Séparation aveugle des signaux de parole

Dans le cas convolutif, le SAS consiste à extraire N signaux inconnues s_i, à partir de leurs mélanges x_j enregistrés par M microphones sans aucune information à priori. Le modèle mathématique associé à ce type des mélanges est définie comme suit :

$$x_j(m) = \sum_{i=1}^{N}\sum_{p=1}^{P} h_{ji}(p) s_i(m-p+1) \tag{1}$$

Avce h_{ji} sont les réponses impulsionnelles des filtres de mélange.
Ce modèle peut être écrite sous la forme matricielle suivante :

$$X(m) = H(m) * S(m) \tag{2}$$

Avec $X(m) = [x_1(m),..,x_M(m)]^T$ et $S(m) = [s_1(m),..,s_N(m)]^T$ sont définies comme étant le vecteur des signaux mélanges $x_j(m)$ et celui des signaux sources $s_i(m)$, $*$ est l'opérateur de convolution et $H(m)$ est la matrice des filtres de mélange.
En appliquant la transformée de Fourier à court terme à l'équation (1), le problème de SAS convolutif est transformé en un ensemble des problèmes instantanés dans le domaine fréquentiel (Parra et Spence, 2000; Makino *et al.*, 2005; Yoshioka *et al.*, 2009). Ce qui donne l'équation

suivante :

$$X(k,m) = H(k)S(k,m) \quad (3)$$

l'objectif de SAS consiste à trouver une matrice des filtres $W(k)$ qui sera ensuite utilisé pour extraire les signaux sources à partir des mélanges comme suit :

$$\hat{S}(k,m) = W(k)X(k,m) \quad (4)$$

Les signaux séparés $\hat{S}(m) = [\hat{s}_1(m), .., \hat{s}_N(m)]^T$ sont obtenus en appliquant la transformée de Fourier à court terme inverse à la représentation temps-fréquence des ces signaux $\hat{S}(k,m) = [\hat{s}_1(k,m), .., \hat{s}_N(k,m)]^T$. Dans ce travail, nous traitons le cas de deux mélanges convolutifs où chaque mélange est formé par deux signaux de parole ($N = M = 2$).

Le système de séparation proposé, présenté par la figure 1, comporte deux modules. Dans le premier module, les signaux séparés sont extraits à l'aide de l'algorithme de SAS développé par Parra et Spence (Parra et Spence, 2000). Cet algorithme est basé sur l'exploitation de la non stationnarité de signal de parole. Il permet de déterminer la matrice de filtres $W(k)$ en effectuant une diagonalisation simultanée du spectre de puissance croisée. Cette matrice des filtres est ensuite utilisée pour obtenir les signaux séparés. Le deuxième module correspond à l'étape de lissage cepstral des masques binaires. Ce module comporte deux étapes. Dans la première étape, deux masques binaires sont estimés à partir des signaux séparés obtenus dans le module précédant. Ensuite, une étape de lissage temporel de ces deux masques est réalisée dans le domaine cepstral afin de réduire les fluctuations des artefacts introduites par l'opération de masquage temps-fréquence. Les deux masques lissés sont ensuite converti en domaine spectral et appliqués aux deux signaux dans le but d'obtenir une estimation finale de signaux sources. Nous décrivons dans le paragraphe suivant l'étape de lissage cepstral des masques binaires.

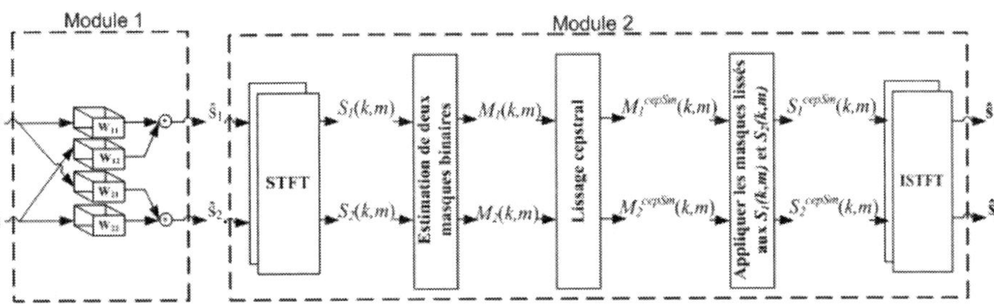

FIGURE 1 – Le système de séparation proposé

2.1 Les masques binaires

Les signaux séparés $\hat{s}_1$ et $\hat{s}_2$ obtenues dans le premier module sont transformés dans le domaine temps-fréquence en utilisant la transformée de Fourier à court terme. Les deux spectrogrammes correspondants sont notés par $S_1(k,m)$ et $S_2(k,m)$.

$$\begin{aligned} \hat{s}_1 &\rightarrow S_1(k,m) \\ \hat{s}_2 &\rightarrow S_2(k,m) \end{aligned} \quad (5)$$

Les deux masques binaires idéals M_1 et M_2 sont estimés en comparant l'énergie de chaque zone temps-fréquence de ces deux spectrogrammes comme suit :

$$M_1(k,m) = \begin{cases} 1 & \text{Si } |S_1(k,m)| \succ |S_2(k,m)| \\ 0 & \text{Sinon} \end{cases}$$
$$M_2(k,m) = \begin{cases} 1 & \text{Si } |S_2(k,m)| \succ |S_1(k,m)| \\ 0 & \text{Sinon} \end{cases} \tag{6}$$

2.2 Lissage cepstral des masques binaires

Afin de réduire les artéfacts musicaux produits généralement par la technique de masquage temps-fréquence, les deux masques binaires sont transformés en domaine cepstral dans lequel plusieurs niveaux de lissage temporel sont effectués (Oppenheim et Schafer, 2009). Cette procédure de lissage cepstral qui se base sur le mécanisme de production de parole, permet de réduire le bruit musical, tout en préservant la structure à large bande et l'information harmonique du signal de parole cible (Jan *et al.*, 2009; Madhu *et al.*, 2008; Oppenheim et Schafer, 2009). La représentation cepstral de chacun de deux masques spectraux M_1 et M_2 est donnée par l'équation suivante :

$$M_i^{cep}(l,m) = DFT^{-1}\{\ln(M_i(k,m))\,|_{k=1,..,K-1}\}, \quad i = 1,2 \tag{7}$$

Avec l est l'indice des bins fréquentiels et K est la longueur de la transformée de Fourier discrète (TFD) (Jan *et al.*, 2009; Madhu *et al.*, 2008). En appliquant un lissage temporel récursif du premier ordre aux masques résultants, Les deux masques lissés $\bar{M}_i^{cep}(l,m)$ sont donées par :

$$\bar{M}_i^{cep}(l,m) = \beta_l \bar{M}_i^{cep}(l,m-1) + (1-\beta_l)M_i^{cep}(l,m) \tag{8}$$

Avec la valeur de paramètre de niveau de lissage β_l est choisie en fonction des valeurs de l'indice des bins fréquentiels l comme suit :

$$\beta_l = \begin{cases} \beta_{env} & \text{if } l \in \{0,..,l_{env}\} \\ \beta_{pitch} & \text{if } l = l_{pitch} \\ \beta_{peak} & \text{if } l \in \{(l_{env}+1),...,K\} \setminus l_{pitch} \end{cases} \tag{9}$$

Où $0 < \beta_{env} < \beta_{pitch} < \beta_{peak} < 1$ et le symbole "\" désigne l'exclusion de l_{pitch} de l'intervalle $[l_{env}+1; K]$.
Pour de petites valeurs de l'indice des bins fréquentiels, les valeurs correspondants de $\bar{M}_i^{cep}(l,m)$ représentent l'enveloppe spectral du masque $M_i(k,m)$ (Madhu *et al.*, 2008; Oppenheim et Schafer, 2009). Pour cela, le paramètre β_{env} est fixé à une petite valeur afin d'éviter la distorsion de l'enveloppe spectrale. De même, la structure harmonique du signal est maintenue en appliquant un faible lissage β_{pitch} pour $l = l_{pitch}$. Le reste des valeurs de l'indice des bins fréquentiels contient les pics spectraux aléatoires indésirables (Oppenheim et Schafer, 2009). Ces pics engendrent généralement la distorsion harmonique. Par conséquent, un fort lissage (β_{peak})) dans cette région est exigé afin de réduire les artefacts (Madhu *et al.*, 2008; Oppenheim et Schafer, 2009).
La fréquence fondamentale l_{pitch} est calculée pour chaque fenêtre temporelle m à partir de signaux séparés $\hat{s}_1$ et $\hat{s}_2$ comme suit (Jan *et al.*, 2009) :

$$l_{pitch} = \arg\max_l \{sig^{cep}(l,m) | l_{low} \le l \le l_{high}\} \tag{10}$$

Avec $sig^{cep}(l,m)$ est la représentation cepstrale de signal séparé obtenue par le module 1. Les deux valeurs de l_{low} et l_{high} sont choisies de sorte que l'intervalle correspondant puisse accueillir les fréquences fondamentales de la voix humaine entre 50 to 500 Hz.
La version lissée du masque spectrale est calculée selon l'équation suivante :

$$M_i^{cepSm}(k,m) = \exp\left(DFT\left\{\bar{M}_i^{cep}(l,m)|_{l=0,\dots,K-1}\right\}\right) \tag{11}$$

Le masque lissés est ensuite appliqués à la représentation temps-fréquence $S_i(k,m)$ de signal séparé obtenue par le module 1.

$$S_i^{cepSm}(k,m) = M_i^{cepSm} S_i(k,m) \tag{12}$$

Enfin, les signaux estimés finales sont récupérés dans le domaine temporel en utilisant la transformée de Fourier à court terme inverse.

3 Résultats expérimentaux

Pour évaluer la performance du système proposé, nous avons utilisé plusieurs configurations de mélanges convolutifs artificiellement établis, où chaque mélange est formé par deux signaux de parole. Dans ce papier, nous présentons les résultats obtenues par deux expériences. Dans la première expérience, les deux signaux mélanges sont formés en utilisant des canaux convolutifs, alors que dans la deuxième expérience, nous mélangeons deux signaux de parole à l'aide d'une simulation d'une salle acoustique établie par Allen et Berklen (Gaubitch, 1979). Les valeurs des différents paramètres de notre système de séparation est présentés dans le tableau 1.

DFT length= 2048	$\beta_{env} = 0$	$l_{env} = 8$
overlap factor=0.75	$\beta_{pitch} = 0.9$	$l_{low} = 16$
	$\beta_{peak} = 0.4$	$l_{high} = 120$

TABLE 1 – Les valeurs des paramètres utilisées

L'évaluation de notre système de séparation porte sur la qualité de séparation à travers un critère de performance fournie par la boite à outils d'évaluation "BSS EVAL toolbox", en particulier le rapport le rapport signal à interférence (SIR) (Vincent *et al.*, 2006). En outre, la qualité de signaux séparés est évaluée en utilisant l'indice de qualité PESQ (Perceptual Evaluation of Speech Quality). Ce dernier représente l'équivalence de mesure subjective de Mean Opinion Score (MOS) (ITU-TP.862, 2001), . Les résultats des évaluations obtenues sont comparés à ceux obtenus par algorithme de Parra (Parra et Spence, 2000).

- **Expérience 1** :Dans la première expérience, les signaux mélanges sont obtenus en appliquant, aux deux signaux de parole, quatre canaux convolutifs définies par l'équation (13) . Les signaux utilisé sont issues de base TIMIT (Fisher *et al.*, 1986).

$$\begin{aligned} h_{11}(m) &= [1.0, 0.8, 0.7, 0.4, 0.3, 0.25, 0.2, 0.15] \\ h_{12}(m) &= [0.6, 0.5, 0.5, 0.4, 0.3, 0.2, 0.25, 0.1] \\ h_{21}(m) &= [0.5, 0.5, 0.4, 0.35, 0.3, 0.3, 0.2, 0.1] \\ h_{22}(m) &= [1.0, 0.9, 0.8, 0.6, 0.4, 0.35, 0.3, 0.15] \end{aligned} \tag{13}$$

Les canaux de mélange sont choisis les mêmes que celle utilisée dans (Rahbar et Reilly, 2001) et (Mei *et al.*, 2008).

	SIR		PESQ	
	Algorithme de Parra	SP	Algorithme de Parra	SP
signal 1	20.71 dB	25.74 dB	2.92	3.06
signal 2	14.92 dB	18.05 dB	3.13	3.33
Moyenne	17.81 dB	21.98 dB	3.02	3.19

TABLE 2 – Les valeurs de SIR et PESQ obtenues en utilisant le système proposé (SP) et l'algorithme de Parra

Le tableau 2 présente les résultats de rapport SIR et l'indice de qualité PESQ obtenus, dans la première expérience, en utilisant le système proposé et l'algorithme de Parra. Nous remarquons que notre système fournie un bon résultat par rapport à celui de l'algorithme de Parra pour les deux signaux. En effet, nous avons enregistré une valeur moyenne de SIR d'ordre de 21.98 dB en utilisant notre système de séparation et 17.81 dB en utilisant l'algorithme de Parra. Nos résultats sont confirmés par l'amélioration de l'indice de qualité PESQ. Nous avons obtenus une valeur moyenne de PESQ égale 3,19 pour notre système et 3,02 pour l'algorithme de Parra.

- **Expérience 2 :** Dans la deuxième expérience, notre système est testé sur des mélanges convolutifs fournis à l'aide d'une simulation d'une salle acoustique réverbérant établie par Allen et Berklen (Gaubitch, 1979). Chaque mélange est formé par deux signaux de parole mélangés pour différents valeurs de temps de réverbération RT (RT=30,50,100,150,200 ms). Les signaux de parole utilisés, ayant approximativement le même niveau d'intensité sonore et un longueur de 5 secondes, sont échantillonné à 10 KHz (Pedersen *et al.*, 2008).

		SIR(dB)		PESQ	
RT (ms)		Algorithme de Parra	SP	Algorithme de Parra	SP
30	signal 1	20.75	26.68	2.83	2.93
	signal 2	20.99	36.13	3.27	3.42
	Moyenne	20.87	31.04	3.05	3.67
50	signal 1	21.08	26.88	2.57	2.62
	signal 2	17.93	29.15	3.22	3.34
	Moyenne	19.50	28.01	2.89	2.98
100	signal 1	12.66	20.78	1.94	1.94
	signal 2	17.61	27.54	2.79	2.90
	Moyenne	15.13	24.16	2.36	2.42
150	signal 1	13.83	29.10	1.71	1.68
	signal 2	2.33	8.64	2.50	2.65
	Moyenne	8.02	18.87	2.10	2.16
200	signal 1	3.72	17.29	1.60	1.66
	signal 2	-0.72	7.51	2.36	2.42
	Moyenne	1.5	12.4	1.98	2.04

TABLE 3 – Les valeurs de SIR et PESQ obtenues en utilisant le système proposé (SP) et l'algorithme de Parra pour différents valeurs de RT.

Les résultats d'évaluation de cette série des tests obtenus en utilisant le système proposé et l'algorithme de Parra, sont récapitulé dans le tableau 3. Nous constatons que notre système fournie un bon résultat en terme de SIR, pour les différentes valeurs de RT, par rapport à ceux obtenus par l'algorithme Parra. Par exemple, la valeur moyenne de SIR pour RT=30 est de 20,87 dB en utilisant l'algorithme de Parra alors que notre système fournie un rapport SIR égale à 31,04 dB. Cette amélioration est confirmée par la mesure de l'indice de qualité PESQ qui permet d'évaluer la qualité des signaux séparés. Nous remarquons que notre système a fournie des résultats remarquables en termes de PESQ. Par exemple, pour RT=30 ms, nous avons obtenue une valeur de PESQ égale à 2.93 tandis que l'algorithme de Parra fournie une valeur de l'ordre de 2.83.

D'après le tableau 3, la meilleure performance de système suggéré est obtenue pour les petites valeurs de RT. Cette performance se dégrade progressivement en augmentant la valeur de RT de 30 à 200 ms. Ce résultat est dû à l'augmentation des réflexions sonores pour les hautes valeurs de RT.

4 Conclusion

Nous avons proposé un système de séparation basé sur la technique de séparation aveugle de sources et la procédure de masquage temps-fréquence, suivie d'une opération de lissage cepstral. Les signaux séparés obtenus en utilisant un algorithme de SAS, sont exploités pour estimer deux masques binaires. Ces masques ont subies ensuite un lissage cepstral afin de réduire les fluctuations des artefacts introduits par l'opération de masquage temps-fréquence. Les résultats de séparation obtenus sont très encourageants et montrent une considérable amélioration de la qualité des signaux séparés ainsi que la réduction des fluctuations des artefacts.

Références

DOUGLAS, S., GUPTA, M., SAWADA, H. et MAKINO, S. (2007). Spatio-temporal fastica algorithms for the blind separation of convolutive mixtures. *IEEE Transactions on Audio Speech Lang. Processing*, 15(5):1511–1520.

FISHER, W., DODINGTON, G. et GOUDIE-MARSHALL, K. (1986). The timit-darpa speech recognition research database : Specification and status. *In DARPA Workshop on Speech Recognition*.

GAUBITCH, N. (1979). Allen and berkeley image model for room impulse response. *In Imperial College London*.

GOROKHOV, A. et LOUBATON, P. (1997). Subspace based techniques for second order blind separation of convolutive mixtures with temporally correlated sources. *IEEE Transactions on Circuit Systems I : Fundamental Theory and Applications*, 44(9):813–820.

ITU-T.P.862 (2001). *Perceptual evaluation of speech quality (PESQ), an objective method for end-to-end speech quality assessment of narrow-band telephone networks and speech codecs*. International Telecommunication Union, Geneva.

JAN, T., WANG, W. et WANG, D. (2009). A multistage approach for blind separation of convolutive speech mixtures. *In IEEE International Conference on Acoustics, Speech and Signal Processing*, pages 1713–1716.

MADHU, N., BREITHAUPT, C. et MARTIN, R. (2008). Temporal smoothing of spectral masks in the cepstral domain for speech separation. *In IEEE International Conference on Acoustics, Speech and Signal Processing*, pages 45–48.

MAKINO, S., SAWADA, H., MUKAI, R. et ARAKI, S. (2005). Blind source separation of convolutive mixtures of speech in frequency domain. *IEICE Transactions on Fundamentals of Electronics, Communications and Computer Sciences E88-A*, 7:1640–1655.

MEI, T., MERTINS, A., YIN, F., XI, J. et CHICHARO, J. (2008). Blind source separation for convolutive mixtures based on the joint diagonalization of power spectral density matrices. *Signal Processing*, 88(8):1990–2007.

OPPENHEIM, A. et SCHAFER, R. (2009). *Discrete Time Signal Processing*. Prentice Hall, New Jersey, third édition.

PARRA, L. et SPENCE, C. (2000). Convolutive blind separation of non-stationary sources. *IEEE Transactions on Speech and Audio Processing*, 8(3):320–327.

PEDERSEN, M., LARSEN, J., KJEMS, U. et PARRA, L. C. (2007). A survey of convolutive blind source separation methods. *In Springer Handbook of Speech Processing*, pages 1–34. Springer Press.

PEDERSEN, M., WANG, D., LARSEN, J. et KJEMS, U. (2008). Two-microphone separation of speech mixtures. *IEEE Transactions on Neural Networks*, 19:475–492.

RAHBAR, K. et REILLY, J. (2001). Blind source separation of convolved sources by joint approximate diagonalization of crossspectral density matrices. *In IEEE International Conference on Acoustics Speech and Signal Processing*, pages 2745–2748.

SAWADA, H., ARAKI, S., MUKAI, R. et MAKINO, S. (2006). Blind extraction of dominant target sources using ica and time-frequency masking. *IEEE Trans. Audio, Speech, Lang. Process*, 14(6): 2165–2173.

VINCENT, E., GRIBONVAL, R. et FEVOTTE, C. (2006). Performance measurement in blind audio source separation. *IEEE Transactions on Audio, Speech, and Language Processing*, 14(4):1462–1469.

WANG, D. (2005). On ideal binary mask as the computational goal of auditory scene analysis. *In* DIVENYI, P., éditeur : *Speech Separation by Humans and Machines*, pages 181–197. Springer.

WANG, D. et BROWN, G. (2006). *Computational Auditory Scene Analysis : Principles, Algorithms, and Applications*. Wiley-IEEE Press, New Jersey.

WANG, D., KJEMS, U., PEDERSEN, M., BOLDT, J. et LUNNER, T. (2009). Speech intelligibility in background noise with ideal binary time-frequency masking. *Journal of the Acoustical Society of America*, 125:2336–2347.

YILMAZ, O. et RICKARD, S. (2004). Blind separation of speech mixtures via time-frequency masking. *IEEE Transactions on Signal Processing*, 52(7):1830–1847.

YOSHIOKA, T., NAKATANI, T. et MIYOSHI, M. (2009). Fast algorithm for conditional separation and dereverberation. *In Proc 17th European Signal Processing Conference*, pages 1432–1436.

Nouvelles pistes pour revisiter la production de la parole et son développement : données, modèles, représentation

Louis-Jean Boë[1], *Guillaume Captier*[2], *Pierre Badin*[1], *Pascal Perrier*[1]
Guillaume Barbier[1], *Antoine Serrurier*[3], *Frédéric Berthommier*[1], *Nicolas Kielwasser*[4]
(1) GIPSA-lab, Grenoble (2) Laboratoire d'Anatomie, Montpellier
(3) ENSAM, Paris, (4) OsteoGraph, Cluses
prénom.nom@gipsa-lab.grenoble-inp.fr, gcaptier@free.fr
antoine.serrurier@ensam.eu, nkielwa@free.fr

RÉSUMÉ

Depuis quelques années de nouvelles pistes sont explorées pour revisiter la production de la parole, son émergence et son développement. Les domaines pour lesquels il a semblé productif de croiser bases de données et modélisation concernent la génétique du développement de la tête (gênes HOX et non-HOX), du rachis cervical (C1-C7) et de l'os hyoïde, de la biométrie osseuse de la tête et du cou, de l'anatomie fonctionnelle des muscles impliqués dans production de la parole, de la phonétique du développement, de la modélisation du conduit vocal (géométrique et biomécanique) et de la physiologie de la déglutition. Pour pouvoir appréhender ces nouvelles pistes dans leur spécificité, un effort important de visualisation a été fait grâce à l'utilisation de la synthèse numérique dynamique appliquée à la croissance de l'architecture osseuse, du cerveau et du conduit vocal.

ABSTRACT

New tracks to revisit speech production and speech development: data, models and representation

Since several years new tracks are explored to revisit speech production, emergence and development. Data bases and modeling concerning genetics (HOX and noHOX genes), biometrical data of head, hyoid bone and cervical vertebrae (C1-C7), muscle anatomy, developmental phonetics, vocal tract modeling (geometrical and biomechanical), and swallowing physiology have been interwoven in order to provide new insights on speech production. This research integrates, along all the steps, the realization of computerized dynamic graphics and video illustrations. They will provide help for speech researchers, physicians and speech therapists.

MOTS-CLÉS : production et modélisation articulatoire, génétique, anatomie, biométrie, déglutition
KEYWORDS : speech production and articulatory modeling, genetics, anatomy, biometry, swallowing

1 Le cadre

Depuis une dizaine d'années de nouvelles pistes sont explorées pour revisiter la production de la parole, son émergence et son développement. Un groupe pluridisciplinaire couvrant les domaines de la génétique, de l'anatomie, de la phonétique, de la modélisation a pu se constituer grâce à plusieurs projets nationaux et européens (OHLL, OMLL, ANR SkullSpeech, The Hand to Mouth Research Network). Les domaines pour lesquels il semble productif de croiser données et modélisation concernent :

- la génétique du développement osseux (de l'embryon au fœtus, de la naissance à l'âge adulte), la biométrie physique du crâne de la face et du rachis tout au long de l'ontogenèse pour pouvoir disposer d'une vue d'ensemble dans la continuité ; une modélisation de cette croissance ;
- l'anatomie comparée des muscles impliqués dans la production de la parole et particulièrement celle de la langue permettant une modélisation biomécanique comparée de l'adulte et de l'enfant;
- la déglutition qui mobilise en commun avec la production de la parole des éléments du système nerveux central et périphérique et tout un ensemble de muscles.

2 Les nouvelles pistes

Dans les manuels de référence consacrés à la production de la parole, le conduit vocal est décrit comme un tube modelé par la disposition des articulateurs, pour l'essentiel, par celle de la langue et des lèvres. Il n'est que peu fait référence à la mandibule (pourtant cruciale notamment pour le babillage) et que très rarement à l'architecture osseuse cranio-cervico-faciale, dans laquelle et par rapport à laquelle, ce conduit est disposé. Il est important de suivre en détail la croissance de repères anatomiques osseux de la tête et du cou, tout au long de l'ontogenèse (de la gestation à l'âge adulte) pour en analyser les évolutions et en induire les conséquences pour la configuration conduit vocal, son contrôle et ses potentialités acoustiques ; et cela d'autant plus que le conduit vocal d'un nouveau-né n'est pas du tout l'homothétique de celui d'un enfant, d'un(e) adolescent ou d'un(e) adulte. La croissance du conduit vocal dépend essentiellement de celle du cerveau et du crâne, de la face et des vertèbres qui s'accompagne de la rotation basicranienne (du sphénoïde et du basi-occipital). Elle est orchestrée par la biologie du développement génétique.

2.1 Génétique

Les bases de données céphalométriques et orthodontiques (AAO) délivrent, tout au long de l'ontogenèse, les coordonnées 2D et 3D de points de repères anatomiques et géométriques, mais ces informations ne sont pas suffisantes pour interpréter, dans son ensemble, la morphogenèse de la tête et du cou et surtout pour en percevoir le fil directeur. Les avancées de la génétique, au cours de ces vingt dernières années, ont débouché sur une nouvelle approche permettant de rendre lisible ce qui n'était que visible de la croissance osseuse de la tête et du cou.

À partir des 15-20 premiers jours qui suivent la fécondation (Couly *et al.*, 1998), les gènes du développement, ou gènes homéotiques, sont responsables de la construction embryonnaire (figure 1a) et déterminent l'organisation antéropostérieure et dorso-ventrale de l'embryon, la mise en place de la base du crâne, de la tête et du corps. La synthèse de ce développement (Benoît, 2001) nous permet de disposer des grandes lignes de l'ossification de la tête, de l'os hyoïde, et du cou. Les gènes non HOX sont responsables de l'ossification membraneuse de la partie antérieure et supérieure de la tête et de la partie antérieure de la mâchoire ; les gènes HOX de l'ossification enchondrale de la partie postérieure du crâne (l'occipital), de la base du crâne, de l'os hyoïde, et du rachis cervical (les vertèbres C1 à C7). L'expression de ces gènes du développement architecture ainsi deux champs situés de part et d'autre d'une limite passant dans le plan sagittal médian par le point lambda (à la rencontre des sutures interpariétale et occipito-pariétales), la crête synostosique antérieure du sphénoïde, la projection de l'insertion inférieure (la lingula) du ligament sphéno-mandibulaire et le corps de l'os hyoïde (figure 1b). Pour une population d'enfants autour de 6 ans on retrouve bien, sur les structures osseuses de la tête et du cou, la partition entre l'influence des gènes HOX et non HOX ; avec, comme conséquence, la possibilité d'associer le déplacement ontogénétique vertical de repères du domaine HOX (par exemple celui de l'os hyoïde avec celui des vertèbres cervicales et de la partie postérieure de la mandibule).

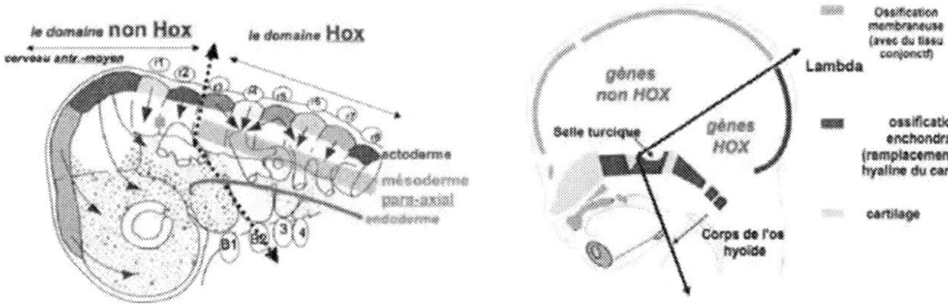

(a) (b)

FIGURE 1 – (a) : L'expression des zones des gènes HOX non HOX. Représentation schématique de la migration et de la destination des cellules des crêtes neurales (d'après Charrier, Creuzet, 2007) ; (b) : zones d'influence des gènes HOX et non HOX sur les structures osseuses de la tête et du cou (d'après R. Benoît, 2001).

2.2 Biométrie des parties osseuses de la tête et du rachis cervical

Les données de la génétique rendent ainsi nettement plus lisibles et compréhensibles l'évolution de la structure osseuse du crâne, de la face et du rachis et, par cela même, celle du conduit vocal ; d'autant plus que l'on dispose maintenant des données de biométrie crânienne tout au long de l'ontogenèse. Ainsi Fenart (2003) permet de suivre les coordonnées 3D de points de repère couramment utilisés en anthropologie physique. Il s'agit de 142 marques pour le crâne, dont 18 pour la mandibule, avec 6 incidences princeps (latérale, médiane, antérieure, postérieure, supérieure et inférieure) et pour 9 âges ontogéniques (fœtus de 5 et 7 mois, à la naissance, pour 8 mois et ½, 2 ans, 4 ans, 8 ans et ½, 14 ans et pour l'adulte (figure 2). Il faut noter que le crâne ne présente pas de dimorphisme sexuel marqué. On peut observer et quantifier (en composantes principales) un remodelage du crâne selon deux modes : (1) une expansion radiale, qui reflète le phénomène de croissance globale ; (2) une rotation de la partie occipitale et de la base du crâne (la rotation basicranienne) et qui est essentiellement due à la poussée du cerveau.

L'expansion radiale présente une forte hétérochronie : à quatre ans la taille de la boite crânienne et du cerveau de l'enfant a atteint 80% de celle d'un adulte, alors qu'il faudra plus de 16 ans pour que la face ait terminé sa projection en avant et en bas et pour que la mandibule ait achevé sa croissance. Or le larynx est suspendu à la mandibule dans le hamac digastrique : la dimension verticale du conduit vocal va donc mettre près d'une vingtaine d'années pour atteindre sa configuration d'adulte. L'espèce humaine a donc favorisé une maturation du cerveau, beaucoup plus qu'elle n'a fait porter les premiers efforts de la croissance sur l'appareil masticatoire.

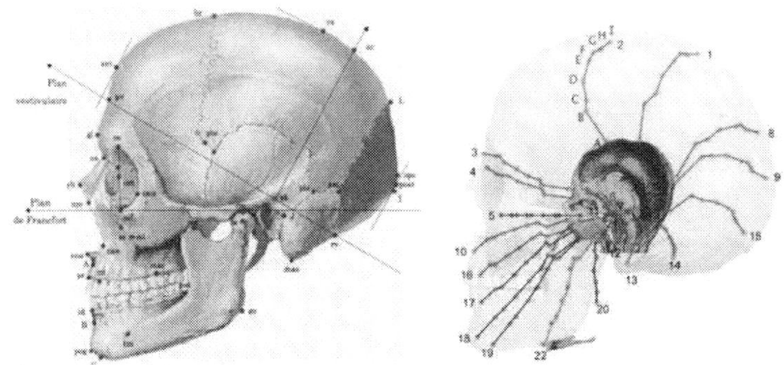

(a) *(b)*

FIGURE 2. (a) Des points de repère de la base de données de Fenart (vue sagittale). (b) Leur déplacement ontogénétique pour 9 stades (de A à I) : pour des fœtus de 5 et 7 mois, à la naissance, à 8 mois ½, 2 ans, 4 ans, 8 ans ½, 14 ans et pour l'adulte (film OsteoGraph).

L'anatomie des structures osseuses et des parties molles qui délimitent et constituent le conduit vocal est bien connue pour l'adulte, l'adolescent et l'enfant, mais nettement moins décrite pour le nouveau-né et le fœtus. Les principales différences entre un fœtus de 5 mois et un adulte (Barbier, 2010 ; Captier *et al.*, 2011) se caractérisent par (figure 3) :

- la rotation basicranienne, due à la poussée du cerveau, qui peut être spécifiée par une diminution de l'angle sphénoïdal qui passe de 135° à 110° (nasion – selle turcique – basion) ;
- l'abaissement du palais dur par rapport à la base du crâne (le basion), dû à l'augmentation de la dimension verticale du maxillaire ;
- le déplacement antéro-postérieur du corps de la langue qui est associé à un rapprochement de la paroi pharyngale vers le rachis cervical ;
- un remodelage très important de la mandibule avec une diminution de l'angle goniaque, l'apparition du menton, la verticalisation du ramus et son rapprochement vers le rachis cervical ;
- le déplacement vertical de l'os hyoïde et du larynx, dû pour l'essentiel à la morphogenèse de la mandibule : à 5 mois les cordes vocales sont au niveau de la troisième vertèbre cervicale C3, pour une femme au niveau de C5 et pour un homme entre C5 et C6.

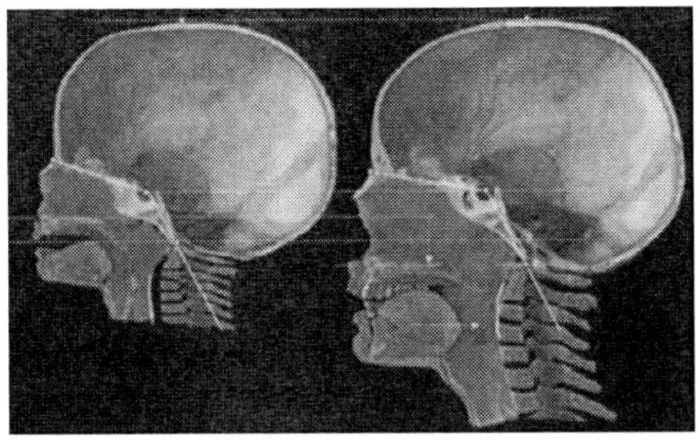

FIGURE 3. Les principales modifications du crâne qui déterminent celles du conduit vocal, du fœtus à l'âge adulte (homme) : diminution de l'angle sphénoïdal, déplacement du palais vers le bas, à hauteur du basion, rapprochement de la paroi pharyngale vers le rachis (tiré du film OsteoGraph croissance du fœtus de 5 mois à l'âge adulte).

2.3 Données anatomiques du conduit vocal

2.3.1 Suivi longitudinal de la croissance

Les bases de données de l'American Association of Orthondontist (AAO) ont constitué pour nous une source majeure. Ces archives radiographiques ont toutes été constituées par des orthodontistes américains dans le but d'effectuer une étude longitudinale concernant la dentition. Ces corpus radiographiques offrent les téléradiographies de profil de la tête et du cou de 68 individus leucodermes, 33 femmes et 35 hommes, suivis longitudinalement entre 1 mois et 25 ans avec en moyenne 15 radiographies par individu, pour un total de 966 radiographies triées par sexe, par âge et par classe dentaire. Ces archives permettent non seulement de mesurer des distances et des angles entre des points de repères anthropologiques et d'observer l'évolution moyenne de ces mesures au fil de la croissance, mais elles permettent également le suivi longitudinal de l'évolution de ces mesures chez un seul et même individu (figure 4). Ceci permet de comparer les profils de croissance des différentes parties constitutives du conduit vocal chez plusieurs individus, et de montrer ainsi l'importance de la variation interindividuelle. La taille conséquente de ces 4 archives regroupées permet également d'offrir des valeurs moyennes solides et d'observer la dispersion pour chacune des mesures effectuées.

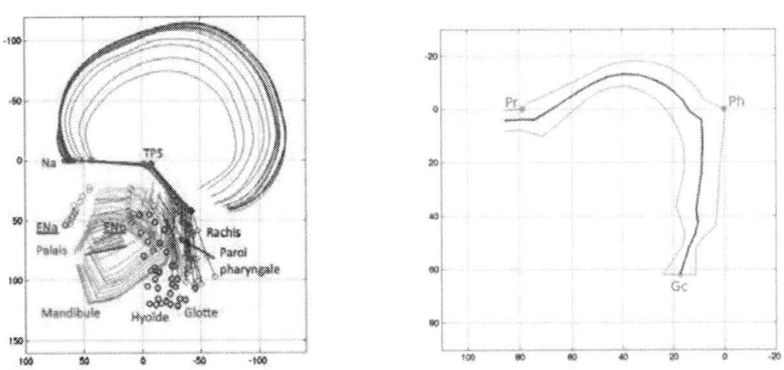

FIGURE 4. Croissance longitudinale mesurée sur un individu (à gauche) ; calage du conduit vocal sur le prosthion, le point pharyngal et la glotte (à droite).

Nous présentons ici les résultats de l'estimation de la longueur du conduit vocal. Les travaux sur la croissance (Pineau, 1965 ; Goldstein, 1980) montrent que certains paramètres sont optimisables par une double logistique (sigmoïde) correspondant à la croissance fœtale et à l'adolescence (figure 5). C'est le cas pour la longueur du conduit vocal. Nous pouvons ainsi modéliser la croissance du conduit vocal à partir de ces données (figure 6).

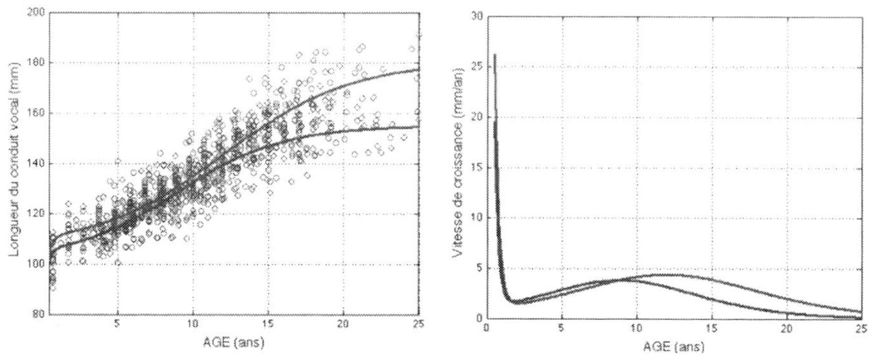

FIGURE 5. Pour 35 sujets masculins (en rouge) et 33 sujets féminins (en bleu), optimisation de la longueur du conduit vocal par une double logistique (à gauche) ; dérivées analytiques présentant la vitesse de croissance : maximale à la naissance puis après une très nette décroissance présentant l'effet de l'adolescence.

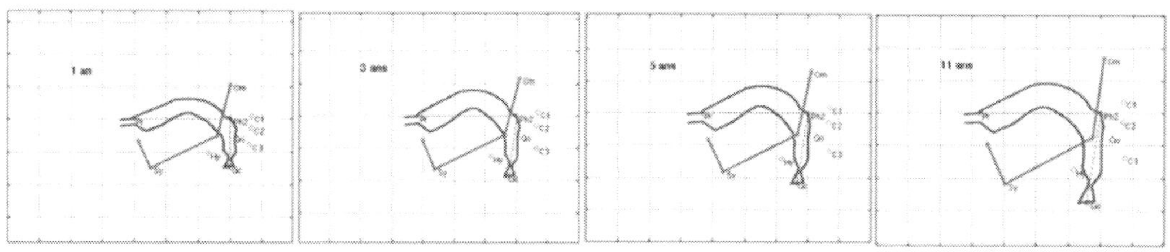

FIGURE 6. Modélisation de la croissance du conduit vocal à partir des radiographies de l'AAO (garçons de 1 an, 3 ans, 5 ans et 11 ans).

2.3.2 Croissance et fibres musculaires

Sur le plan musculaire, le remodelage de toute la structure osseuse du crâne de la face et du rachis provoque une relocalisation de l'ensemble des muscles de la langue avec des différences de volume importantes et des variations très nettes pour la longueur et l'angulation du styloglosse (figure 7), ce qui ne sera pas sans conséquences sur son recrutement (pour la voyelle [u] ou la consonne [k] par exemple).

L'organisation des fibres musculaires de la langue ne montre pratiquement aucune différence avec l'âge (figure 8). On dispose d'un modèle biomécanique du conduit vocal d'un adulte (Payan et Perrier, 1997), que nous avons adapté à la morphologie d'un enfant (figure 9).

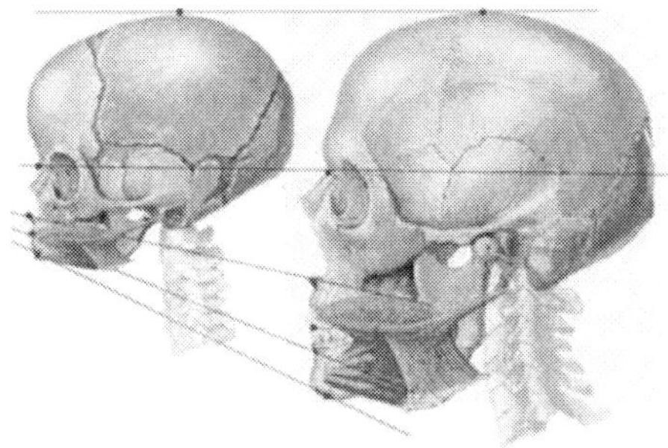

FIGURE 7. Modifications de la face et de la mandibule qui entraînent un remodelage de la morphologie des muscles de la langue et notamment de l'implantation et de la direction des fibres musculaires du styloglosse pour un nouveau-né et un adulte.

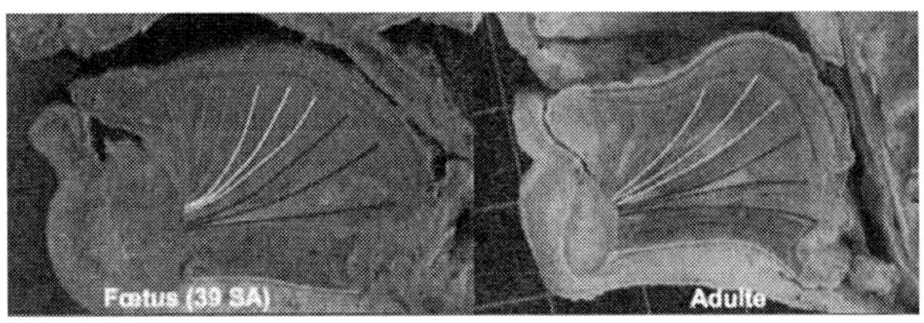

FIGURE 8. Fibres musculaires intrinsèques de la langue d'un fœtus de 39 semaines d'aménorrhée et d'un adulte.

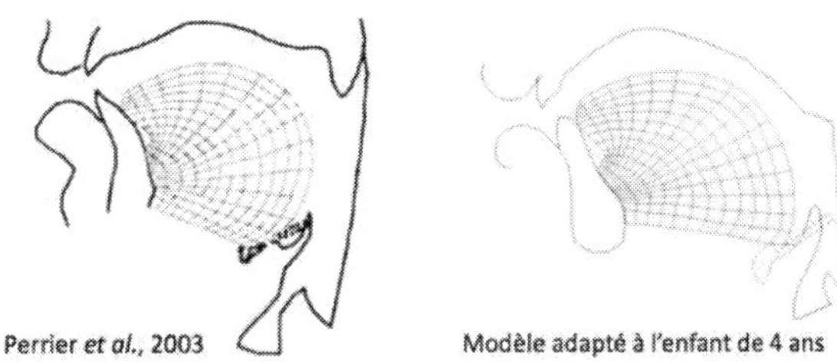

FIGURE 9. Adaptation du modèle biomécanique 2D de la langue de Perrier *et al.* à un enfant de 4 ans : l'orientation des fibres est respectée.

2.3.3 Les gestes linguaux de déglutition

Dès la naissance le nouveau-né déglutit du liquide (il avait déjà commencé durant la période fœtale). Pour accomplir cette fonction physiologique il déplace une ou deux zones de fermeture des lèvres jusqu'au pharynx. Il est donc capable de réaliser des gestes d'occlusion d'avant en arrière, tout au long du conduit vocal. Les premiers résultats qui mettent véritablement en évidence le recoupement de ces gestes avec ceux de la parole datent de 2002 (Hiiemae *et al.*, 2002). Dans une autre étude (Serrurier *et al.*, 2012) deux modèles articulatoires ont été élaborés pour chacune des activités. Celui de mastication-déglutition se révèle plus général que celui de production de parole : il permet de reproduire, avec une bonne précision (erreurs inférieures au mm), non seulement les gestes de mastication-déglutition mais aussi ceux de parole. On peut faire l'hypothèse qu'au cours de la phylogenèse et de l'ontogenèse la parole a été et est acquise à partir d'une spécialisation des gestes de mastication-déglutition, mais aussi une réorganisation de leur contrôle.

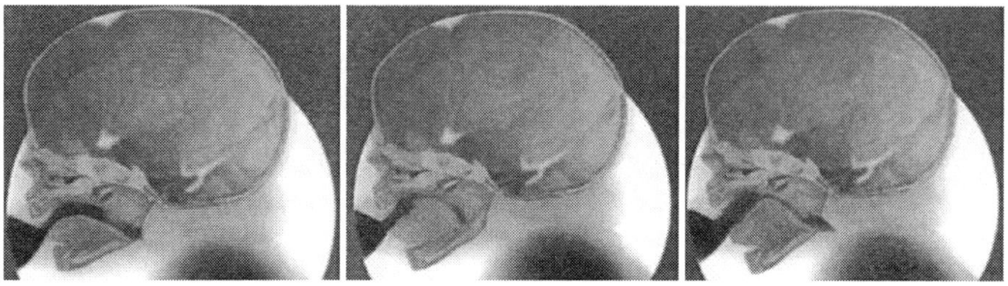

FIGURE 10. Cinéradiographie d'un nouveau-né déglutissant du lait baryté (d'après le service d'ORL pédiatrique du CHU de la Timone, Marseille, Dr. D. Robert). Le crâne, la mandibule et la langue ont été reconstruits par OsteoGraph. En tenant compte de la tétine du biberon on peut considérer que le nouveau-né déplace un lieu d'occlusion des lèvres au palais et au velum (et jusque dans le pharynx), les trois lieux universels des plosives (Schwartz *et al.*, 2012).

Remerciements

Ils s'adressent à Jean-Luc Schwartz, Roland Benoît, Jean Granat, Jean-Louis Heim, Alain Froment, Daniel Lieberman (AAO) et au Dr. Danièle Robert. Financements : OHLL *Origine de l'Homme du Langage et des Langues* ; OMLL *Origin of Man Language and Languages*, European Science Foundation, EUROCORES program ; *The Hand to Mouth Research Network, European commission, NEST initiative* ; *SkullSpeech*, projet ANR blanc.

Références

BARBIER, G. (2011) *Production de la parole chez l'enfant de 4 ans.* Master Sc. Cognitives, Univ. Grenoble.

BENOÎT, R. (2001) Development biology, craniofacial genetics. *Edgewise J., 44, 9-40.*

BOË, L.J. *et al.* (2011) L'émergence de la parole: aspects historiques et épistémologiques d'une nouvelle réarticulation. *Faits de Langue* 37, 15-67.

CAPTIER, G. *et al.* (2011) Anatomie et croissance du conduit vocal du fœtus à l'enfant de 5 ans. *Biométrie Humaine et Anthropologie* 28, 3-4, 65-73.

CHARRIER, J.B., CREUZET S. (2007) Embryologie de la face et dysplasies otomandibulaires. *Orthodontie Française* 78, 7-24.

GOLDSTEIN, G. (1980) *An articulatory model for the vocal tract of the growing children.* MIT PhD Thesis.

HIIEMAE, K. *et al.* (2002) Hyoid and tongue surface movements in speaking and eating. *Archives of Oral Biology* 47, 11-27.

PAYAN, Y., PERRIER (1997). Synthesis of V-V sequences with a 2D biomechanical tongue. *Speech Communication* 22, 2–3, 185-205.

SCHWARTZ, J.L. *et al.* (2012) Grounding stop place systems in the perceptuo-motor substance of speech: On the universality of the labial-coronal-velar stop series. *J. of Phonetics*, 40, 20-36.

SERRURIER, A. *et al.* (2012) Comparative articulatory modelling of the tongue in speech and feeding. *J. of Phonetics* (in revision).

PINEAU, H. (1991) La croissance et ses lois. *Cahiers d'Anthropologie et Biométrie Humaine*, 9, 1-307.

PROSOTRAN : un système d'annotation symbolique des faits prosodiques pour les données non-standards

Katarina Bartkova[1] *Elisabeth Delais-Roussarie*[2] *Fabian Santiago*[2]
(1) ATILF-UMR 7118, Nancy Université, France
(2) LLF-UMR 7110, CNRS & Université Paris-Diderot, France
katarina.bartkova@atilf.fr, elisabeth.roussarie@wanadoo.fr, rotinet@hotmail.com

RESUME

La majorité des systèmes de transcription de la prosodie ne sont pas totalement satisfaisants: (i) ils ont tendance à privilégier les variations mélodiques, en oubliant d'autres phénomènes prosodiques sans marquage tonal; (ii) ils supposent généralement que le système phonologique de la langue à transcrire est connu, ce qui pose de sérieux problèmes dans de nombreux cas (données dialectales ou d'apprenants, etc.). Pour remédier à ces limitations, nous essayons de développer un outil d'annotation automatique de la prosodie (PROSOTRAN), qui fournirait sur plusieurs tiers une transcription symbolique de la variation des paramètres prosodiques dans le temps. Dans ce papier, nous nous fixons un double objectif: (i) présenter PROSOTRAN, et (ii) comparer plusieurs annotations obtenues en utilisant différentes procédures de calcul.

ABSTRACT

PROSOTRAN : an tool that provides a symbolic representation of the prosodic events in non-standard data

Most of the existing prosodic transcription systems display some limitations: (i) they cannot account for the various prosodic phenomena (accentuation, phrasing and tonal patterns), as they focus on the variation of intonational patterns; and (ii) they usually rely on phonological knowledge concerning the language that has to be transcribed, which is problematic for unknown languages and dialects. To try to overcome these drawbacks, we are trying to develop a prosodic transcription tool (PROSTRAN), which automatically assigns to each utterance a multi-tiered transcription that symbolically represents how the three prosodic parameters (F0, duration & energy) vary over time. The goal of this paper is twofold: (i) providing a description of PROSOTRAN (ii) and evaluating different transcriptions obtained from distinct calculation procedures.

MOTS-CLES : Système de transcription de la prosodie, outils d'annotation, prosodie, interface phonétique/phonologie.

KEYWORDS : Prosodic annotation systems, automatic annotation tools, prosody, phonetic implementation and phonological analysis

1 Introduction et problématique

Tout système de transcription de la prosodie vise à représenter les événements prosodiques – en particuliers ceux qui sont linguistiquement pertinents. A ce titre, il constitue un outil précieux lors d'une analyse prosodique et peut même contribuer à l'élaboration de modélisation grammaticale. Mais, force est de constater que la plupart des systèmes de transcription actuellement utilisés connaissent des limitations. Premièrement, dans bien des cas, ils ne permettent pas de représenter la totalité des faits prosodiques (accentuation, intonation et phrasing). De fait, ils se centrent sur les faits intonatifs, en s'appuyant essentiellement au niveau phonétique sur les variations de F_0. Ainsi, des systèmes comme ToBi (*Tone and Break Indexes*) ou IVTS (inspiré du système IViE, un système développé pour représenter l'intonation dans différents dialectes de l'anglais britannique) proposent surtout d'annoter les faits intonatifs et les variations mélodiques dues par la présence d'accents mélodiques ou de tons de frontières (cf. Beckman et al, 2005; et pour un synthèse, Delais-Roussarie et Post, à par.). De même, parmi les systèmes automatiques, certains comme INTSINT (Hirst et al, 2000) proposent une représentation symbolique en ne s'appuyant que sur la courbe de F_0, laissant de côté les autres paramètres prosodiques (durée et intensité). Deuxièmement, et même si cela n'est pas toujours explicite, de nombreux systèmes présupposent clairement que le système phonologique de la langue à transcrire soit connu. Dans l'extension prosodique de l'API, par exemple, une distinction entre accent primaire et accent secondaire existe et appelle l'utilisation de symboles distincts. Une telle pratique est difficile si le fonctionnement accentuel de la langue n'est pas connu, ou si la distinction entre accent primaire et secondaire n'a pas vraiment cours dans la langue à transcrire (cf. sur ce point Delais-Roussarie et Post, à par.). Troisièmement, la majorité des systèmes de transcription s'inscrivent dans un cadre théorique particulier. Cela transparaît aussi bien dans la façon de segmenter la séquence sonore que dans la sélection des étiquettes. Ainsi, par exemple, de nombreux systèmes ont été développés de façon plus ou moins explicite dans le cadre métrique auto-segmental (IVTS, ToBi, INTSINT, etc.). Les étiquettes y sont en effet assignées aux syllabes accentuées et aux frontières de constituants prosodiques (en particulier aux syntagmes intonatifs IP). Pour finir, la majorité des systèmes, et surtout les systèmes manuels, ne permettent pas d'obtenir un fort taux d'accord entre transcripteurs. D'une part, la définition des unités auxquelles sont assignées les étiquettes manque parfois de rigueur, si bien que les critères utilisés varient d'un transcripteur à l'autre (cf. Delais-Roussarie et Post, à par.). D'autre part, le choix des étiquettes dépend essentiellement du niveau de représentation retenu. Pour la représentation des variations tonales, certains auteurs choisissent les étiquettes sur la base de la forme de la courbe de F_0, tandis que d'autres s'appuient sur la perception.

En développant PROSOTRAN, notre objectif premier était de dépasser certaines de ces limitations, qui sont très problématiques pour des données non-standards comme les productions d'apprenants, la parole pathologique, etc. Pour ce faire, nous avons choisi de générer pour tout énoncé une transcription qui prend la forme d'une représentation symbolique de l'évolution des paramètres prosodiques dans le temps. Dans ce papier, nous nous fixons deux objectifs: présenter PROSOTRAN, et plus particulièrement les transcriptions qu'il génère et la façon dont il le fait ; et évaluer les transcriptions obtenues en tenant compte des procédures de calcul et de la nature des données.

2 Méthodologie

Le développement et l'évaluation de PROSOTRAN se sont faits à partir de l'étude des transcriptions obtenues pour un ensemble restreint de données ayant subi un prétraitement. L'objet de cette section est de présenter ces données et le pré-traitement.

2.1 Corpus utilisé

Les données utilisées pour tester et évaluer les procédures de calcul et d'assignation des étiquettes viennent d'un corpus collecté dans le cadre d'un travail sur l'acquisition du français L2 (Santiago et Delais-Roussarie, 2012). Il s'agit de lectures oralisées enregistrées par de 9 locuteurs (3 Français, 3 Mexicains hispanophones et 3 Mexicains apprenant le français). Les locuteurs français et les apprenants ont lu deux textes en français, tandis que les hispanophones l'ont fait en espagnol. Les textes sont extraits du corpus EUROM 1 (Chan et al, 1995) et sont comparables sur le plan linguistique.

L'ensemble du corpus regroupe des données qui peuvent être classées en deux catégories : celles pour lesquelles le fonctionnement prosodique de la langue est connu (les lectures en français et en espagnol faites par les natifs), et celles des apprenants pour lesquelles on ne connaît pas les grammaires sous-jacentes.

2.2 Traitement préparatoire des données

Sur le plan acoustico-phonétique, les valeurs associées à deux paramètres physiques sont calculées toutes les 10 ms à partir du signal de parole en utilisant l'analyse acoustique Aurora (Etsi, 2005): la fréquence fondamentale en demi-tons et le log de l'énergie. Sur le plan phonético-linguistique, la phonétisation des textes français est obtenue automatiquement avec le lexique Bdlex (De Calmes et Perennou, 1998), une phonétisation automatique étant ajoutée pour les mots manquants (Illina et al., 2011). Pour les données en espagnol, la transcription graphème-phonème a été réalisée manuellement par un expert phonéticien.

Les durées des phonèmes et des unités lexicales sont obtenues par l'alignement forcé effectué entre le signal de parole et les phonèmes issus de la transcription graphème-phonème en utilisant les outils de reconnaissance de la parole Sphinx (CMU, cf. Mesbahi et al. 2011). La segmentation automatique a été vérifiée par des experts phonéticiens. Notons aussi que l'alignement forcé de la forme phonétique des mots avec le signal de parole peut permettre en français – où l'accent tonique frappe la dernière syllabe du groupe prosodique et donc du mot – de détecter les syllabes accentuables et de les exclure automatiquement du calcul de la durée étalon qui sert à l'annotation des durées vocaliques (voir section 3.2.1). En espagnol la position de la syllabe accentuée de l'unité lexicale est relativement complexe, aussi les syllabes accentuées ont-elles été notées manuellement lors de la conversion graphème-phonème.

Une synchronisation entre les phonèmes et leurs paramètres physiques (F_0, énergie) est effectuée par la suite, et des paramètres prosodiques comme le delta et la pente de F_0, l'énergie et la durée normalisée sont calculés pour chaque voyelle et servent de base à l'annotation (voir section 3). Notons que, lors de la synchronisation, un lissage simple des valeurs de F_0 est effectué : les valeurs nulles isolées sont remplacées par une valeur interpolée à partir des valeurs de la trame précédente et suivante, et les valeurs isolées (entourées de valeurs 0) sont exclues.

3 Description de PROSOTRAN et évaluation croisée

3.1 Caractéristiques fondamentales

A partir de l'alignement forcé et du calcul des valeurs associées aux paramètres physiques, PROSOTRAN génère pour tout énoncé une transcription plurilinéaire au format textgrid. Dans cette transcription, chaque tire contient des informations associées aux noyaux vocaliques (donc aux syllabes) et rend compte sous forme symbolique de l'évolution des paramètres physiques dans le temps : forme et ampleur des mouvements mélodiques, taux d'allongement des durées, taux de variation de l'intensité.

En choisissant les noyaux vocaliques comme unités de base pour l'assignation des étiquettes, PROSOTRAN retient une unité prosodique (la syllabe) dont l'existence est universellement reconnue (Segui, 1984). Cela évite de nombreuses difficultés qu'on rencontre pour définir des unités prosodiques plus larges comme le groupe accentuel ou le syntagme intonatif : la définition de tels constituants se fait soit d'après un modèle théorique, soit de façon spécifique à la langue (par exemple à partir de connaissances sémantiques et morpho-syntaxiques).

De même, la forme des étiquettes est déterminée pour chaque paramètre à partir de la représentation acoustico-phonétique et de connaissances psychoacoustiques (comme le seuil de glissando). Cela a un double avantage : (i) l'approche pluriparamètrique permet de « déceler » des événements prosodiques qui se réalisent sur le plan physique par des variations de plusieurs paramètres (comme l'accent en français, par exemple), et également de distinguer des différences (dialectales) dans l'implémentation phonétique; et (ii) la prise en compte conjointe des paramètres physiques et de connaissances psychoacoustiques permet d'annoter les données même lorsque le fonctionnement de la langue n'est pas connu. Cela peut être intéressant pour certaines données, mais nécessite d'être évalué (voir section 3.2).

D'une manière générale, le seul présupposé fait par PROSOTRAN est que tout événement prosodique ayant un statut phonologique se réalise sur le plan phonétique par des variations clairement identifiables des paramètres physiques. Dans les sections qui suivent, nous allons expliquer comment sont assignées les étiquettes symboliques permettant d'étudier les variations des paramètres prosodiques. Lorsque plusieurs procédures ont été utilisées, leurs avantages et inconvénients seront décrits et discutés.

3.2 Comparaison croisée : procédures de calcul et types de données

3.2.1 La durée

Le calcul des variations de durée se fait à partir de la durée de chaque voyelle, après avoir effectué une normalisation en fonction de leurs durées intrinsèques et en utilisant un coefficient de correction raccourcissant ($k<1$) pour les voyelles nasales et allongeant ($k>1$) pour les voyelles hautes et les semi-voyelles. La prise en compte de la durée vocalique permet d'éviter tout problème lié aux formes des syllabes (syllabe fermée vs. ouverte, syllabe avec attaque complexe, etc.). De fait, les durées vocaliques peuvent être considérées comme plus homogènes, car moins contraintes par la structure interne des syllabes. Elles sont par conséquent de meilleurs candidats pour représenter les variations de débit.

D'une manière générale, on assigne à chaque voyelle une étiquette qui rend compte de son taux d'allongement. Pour ce faire, on compare dans une unité inter-pausale la durée de chaque voyelle à la durée moyenne des durées vocaliques de l'unité, plus son écart-type. Lorsque l'unité inter-pausale ne contient pas suffisamment de segments (un seuil de 5 est actuellement fixé), la comparaison s'effectue sur la durée moyenne des voyelles, plus son écart-type, calculées sur l'ensemble du signal. La notation symbolique utilisée indique soit que la durée de la voyelle courante est plus longue que la durée moyenne plus n fois son écart-type ou qu'au contraire, elle est plus courte que la durée moyenne moins n fois son écart-type (au maximum 3 fois l'écart-type). Si la durée vocalique correspond à la durée moyenne plus deux fois son écart-type, la voyelle est considérée comme allongée (ou longue) et encodée [+lg], si elle correspond à la durée moyenne plus 3 fois son écart-type, elle est codée comme extra-longue [Xlg]. A l'inverse, si elle est inférieure à la durée moyenne moins une fois l'écart-type, elle est brève, et très brève pour moins 2 fois l'écart type etc. Chaque voyelle se voit donc attribuer une étiquette symbolique ([lg], [+lg], [Xlg], [bref], [+bref] et [Xbref]) en fonction de son taux d'allongement. L'absence d'étiquette signifie que la voyelle ne subit aucun allongement ni aucune compression de sa durée.

Pour calculer la durée moyenne des voyelles, deux approches ont été utilisées et comparées. Dans un cas, appelé «AllV » (AllVowels), toutes les voyelles ont été prises en compte pour calculer la valeur moyenne, y compris les voyelles finales de groupes et les voyelles de syllabes accentuées (les syllabes finales de mots lexicaux en français et les syllabes à accent tonique en espagnol). Dans un autre cas, nommé «UnstV» (UnstressedVowels), seules les syllabes non accentuées sont prises en compte. Cette seconde méthode, même si elle fournit des informations plus justes, a le désavantage de s'appuyer sur des connaissances linguistiques, et donc de s'avérer problématique dans des données comme les productions d'apprenants.

En français, dans les productions des natifs, la méthode « AllV » ne permet pas de différencier les différents niveaux de frontières prosodiques en fonction du taux d'allongement. Il n'existe en effet presque plus de syllabes encodées [+lg] ou [Xlg] De même, certaines syllabes distinguées ne le sont plus du tout. Dans l'énoncé (1), par exemple, la notation AllV ne permet plus de reconnaître certaines syllabes allongées ([ne]).

(1) *Mon père lui conseille d'emmener le chien avec elle* (locuteur Français EL-FR)

	mO~	pER	lHi	kO~	sEj	dA~	mne	lSjE~	a	vE	kEl
AllV	lg	+ lg	Xbref	bref	+ lg	Xlg		+lg	bref	bref	lg
UnstV	+lg	+Xlg	Xbref		+lg	Xlg	Xlg	+Xlg	bref	lg	+lg

Pour les hispanophones natifs, les mêmes différences apparaissent, mais elles sont moins graves dans la mesure où la durée ne constitue pas un indice important dans la réalisation de l'accent. Seules les syllabes accentuées en fin de groupe prosodique sont clairement distinguées dans les codages.

Le codage NA a des avantages évidents pour des données dans des langues dont on connaît le fonctionnement. Pour les apprenants, on peut à bon droit s'interroger car il pourrait biaiser les résultats, surtout si ceux-ci utilisent des marquages de leur L1. En fait, d'un certain point de vue, en éliminant les syllabes finales en français, le codage NA neutralise les allongements dus aux hésitations propres aux apprenants, et apparaît plus fidèle. Des études qualitatives et quantitatives sur d'autres productions d'apprenants et d'autres langues seraient nécessaires pour réellement évaluer si un codage qui élimine toutes les syllabes finales de mots lexicaux est plus robuste.

3.2.2 Les variations mélodiques (ou de F_0)

Trois types d'informations sont fournis pour rendre compte de l'évolution de la courbe de fréquence fondamentale dans le temps : le niveau de hauteur atteint, la direction du mouvement par rapport à la syllabe précédente et l'ampleur du mouvement (la pente).

Le codage de la hauteur se fait à partir d'une représentation en zones du registre du locuteur, ou plus précisément, de l'étendue de la variation de F_0 sur un enregistrement (pour un locuteur donné). Les valeurs extrêmes de F_0 (minimales et maximales) ont été utilisées pour définir le plateau et la base, et la plage des zones a été calculée en utilisant les 2 valeurs extrêmes et la valeur médiane de F_0. L'étendue de F_0 comprise entre une valeur extrême (Min ou Max) et la valeur médiane est divisée en deux zones. Les zones sont notées 1, 2, 3 et 4, en partant du plus grave (1) pour aller au plus aigu (4). Dans une version antérieure du système, nous avions écrêté toutes les hauteurs dont la valeur de F_0 se situait dans les 3% les plus élevés ou les plus bas. Les zones étaient alors calculées dans l'étendue correspondant aux valeurs minimales et maximales, moins les 3%. Cela permettait d'avoir 6 zones, les zones 1 et 6 correspondant aux points dont la hauteur était respectivement inférieure ou supérieure aux 3%. D'après l'observation des découpages, il serait sans doute judicieux d'étendre l'analyse à six zones, sans pour autant écrêter des valeurs. Le codage en 4 zones ne permet plus de voir les mouvements extra-montants qui caractérisent les énoncés interrogatifs en espagnol du Mexique et les productions des apprenants hispanophones en français L2 (cf. Santiago et Delais_Roussarie,, 2012).

Pour chaque voyelle, la hauteur est calculée en trois points correspondant au début, au milieu et à la fin de la voyelle. Dans une version antérieure du système, la hauteur était calculée seulement à la fin du noyau vocalique. Ceci étant, le codage en trois points offrent de nombreux avantages, en plus du fait qu'il facilite les corrections en cas d'erreurs de segmentation ou de détection de pitch (voir exemple (2) où un niveau 1, détecté sur la syllabe initiale de *sortir*, correspond vraisemblablement à ce type d'erreur). D'une part, il permet en effet de voir comment sont réalisés les mouvements mélodiques et où ils s'alignent temporellement.

(2) *Elle refuse absolument de sortir seule dès qu'il fait nuit* (Locuteur Français CA-FR)

El	R@	fyz	ab	so	ly	mA~	d@	sOr	tiR	s9l	dE	kil	fE	nHi
3,3,3	4,4,4	3,3,3	1,4,4	1,4,4	4,3,3	3,4,4	4,3,3	4,4,1	3,3,3	3,3,4	3,3,3	4,4,3	3,3,3	0

D'autre part, ce codage en trois points est essentiel dans le cas d'alignements tardifs ou de contours complexes avec un pic sur la syllabe accentuée (cf., par exemple, le ton L+H*+L en espagnol-*Porteño*, Gabriel et al, 2010). Notons que dans les données étudiées jusqu'à maintenant, de tels contours n'apparaissent pas.

A partir des hauteurs, il est tout à fait possible de transcrire la direction du mouvement mélodique, comme cela est fait sous (3). Les mouvements montants sont encodés par le symbole M, les descendants par D, l'absence de mouvement par un « blanc ».

(3) *¿Si es cierto (esto)*? (Locuteur Hispanophone Mexicain)

si	es	sjer	to	es	to
4,4,4	4,4,4	4,4,3	3,3,3	3,3,3	3,3,4
			D		M

En plus des informations concernant la hauteur et la direction du mouvement, l'ampleur du mouvement est encodée. La pente est calculée comme la différence entre la dernière valeur extrême de F_0 de la voyelle courante et la dernière valeur de F_0 de la voyelle précédente si la voyelle courante n'est pas séparée de la voyelle précédente par une pause. Si la voyelle est une première voyelle de l'enregistrement ou si elle est séparée de la voyelle précédente par une pause, alors sa pente est calculée à partir de son propre Δ. La valeur de la pente de chaque voyelle est comparée au seuil du glissando ($0.16/T^2$) et la notation symbolique utilisée indique (i) une pente n fois plus grande que le seuil du glissando (au maximum 4 fois plus grande, codé « + + + + »), (ii) une pente plus petite que la valeur du glissando (codé «-») (iii) ou une pente nulle (pas de variation, pas de codage). Le codage de la pente et des mouvements pour (3) est donné sous (4).

(4) *¿Si es cierto esto*? (Locuteur Hispanophone Mexicain)

si	es	sjer	to	es	to
4,4,4	4,4,4	4,4,3	3,3,3	3,3,3	3,3,4
+	-	-	+	-	+ + + +
			D		M

3.2.3 L'intensité

L'énergie de chaque voyelle a été calculée comme la valeur moyenne de l'énergie des trames acoustiques de la voyelle. Afin de pouvoir comparer l'énergie des voyelles, une normalisation de leurs valeurs est effectuée en fonction des caractéristiques intrinsèques de l'énergie vocalique: un coefficient de correction est utilisé dont la valeur est plus grande que 1 pour compenser la valeur de l'énergie des voyelles hautes. Ensuite la valeur de l'énergie des voyelles est comparée à une valeur étalon calculée comme la somme de la moyenne des valeurs de l'énergie des voyelles de l'enregistrement et n fois de son écart-type (au plus 1.5 fois son écart-type). Dans les données que nous avons étudiées, aucune différence significative n'a été observée entre les natifs et les non-natifs dans l'utilisation de l'énergie.

4 Conclusion et perspectives

PROSOTRAN fournit pour chaque noyau une annotation symbolique qui rend compte des variations de durée, d'intensité et de fréquence fondamentale. Comme le calcul conduisant au codage se fait à partir des valeurs associées aux paramètres physiques, le système peut être utilisé aussi bien pour annoter des données dans des langues dont le fonctionnement prosodique est connu que des données dont on ne connaît pas la grammaire sous-jacente. De plus, en prenant en compte les trois paramètres, il permet de rendre compte d'événements prosodiques se réalisant par des variations affectant plusieurs paramètres conjointement. En outre, comme l'annotation se fait de façon automatique à partir du signal acoustique, on peut obtenir des annotations en tous points comparables, en évitant les problèmes de désaccords entre transcripteurs.

Pour ce qui est des différentes modalités de calcul, il est sans doute judicieux de laisser à l'utilisateur la possibilité de choisir entre les unes et les autres selon le degré de finesse attendu. Reste cependant à utiliser plus largement cet outil, notamment sur des langues non romanes (langues à tons, langues germaniques, etc.) afin de bien évaluer ce qu'il peut apporter, et quelles en sont ses limites. C'est une des tâches que nous nous fixons.

Références

BECKMAN, M. E., HIRSCHBERG, J. et SHATTUCK-HUFNAGEL, S. (2005). The original ToBI system and the evolution of the ToBI Framework. *In* JUN, S.-A. (ed), *Prosodic Typology: The Phonology of Intonation and Phrasing*. Oxford University Press. Pages 9-54.

CHAN, D. et al. (1995). EUROM : A Spoken Language Ressource for the EU. *In Proceedings EUROSPEECH'95*, pages 867-870.

DE CALMES, M. et PERENNOU, G. (1998). BDLex: a lexicon for spoken and written French. *In LREC'1998*, pages 1129-1136.

DELAIS-ROUSSARIE, E. et POST, B. (a par). Corpus annotation: methodology, systems and reliability. *In* DURAND, J., GUT, U. et KRISTOFFERSEN, G. (eds), *Handbook of Corpus Phonology*, Oxford University Press.

ETSI ES 202 212 V1.1.1, STQ (2005). Distributed speech recognition; Extended advanced front-end feature extraction.

GABRIEL, C. et al (2010). Argentinian Spanish Intonation. *In* PRIETO, P. et ROSEANO, P. (eds), *Transcription of Intonation of the Spanish Language*, Lincom. Pages 285-317.

HIRST, D.J., DI CRISTO, A. et ESPESSER, R. (2000). Levels of representation and levels of analysis for intonation. *In* HORNE, M. (ed), *Prosody: Theory and Experiment*. Kluwer Academic Publishers.

ILLINA, I., FOHR, D. et JOUVET, D. (2011). Grapheme-to-phoneme conversion using Conditional Random Fields. *In Proceedings of INTERSPEECH'2011*, Florence, Italie.

MESBAHI, L. et al. (2011). Reliability of non-native speech automatic segmentation for prosodic feedback. *In Proceedings of SLaTE 2011*.

SANTIAGO, F. et DELAIS-ROUSSARIE, E. (2012). Acquiring Phrasing and Intonation in French as a Second Language: The case of Yes-No questions produced by Mexican Spanish Learners. *In Proceedings of Speech Prosody 2012*, Shangaï, Chine.

SEGUI, J. (1984). The syllable: A basic Perceptual Unit in Speech Processing ? *In* BOUMA, H. et BOUWHUIS, D.G. (eds), *Attention and Performance: Control of Language Processes*. Lawrence Erlbaum Associates. Pages 165-181.

Questions corses : peut-on mettre en évidence un transfert prosodique du corse vers le français ?

Philippe Boula de Mareüil,[1] *Albert Rilliard,*[1] *Paolo Mairano,*[2] *Jean-Pierre Lai*[2]
(1) LIMSI-CNRS, BP 133, 91403 Orsay CEDEX
(2) GIPSA-lab, 961 Rue de la Houille Blanche, Domaine Universitaire, 38400 Saint Martin d'Hères
philippe.boula.de.mareuil@limsi.fr, albert.rilliard@limsi.fr
paolomairano@gmail.com, Jean-Pierre.Lai@u-grenoble3.fr

RÉSUMÉ

Cet article aborde la question suivante : peut-on mettre en évidence un transfert prosodique du corse (une langue italo-romane) vers le français parlé en Corse, où le français est maintenant la langue dominante ? Un corpus de phrases transparentes en corse et en français telles que *a turista trova a caserna* (« la touriste trouve la caserne ») a été mis au point, et les productions de locuteurs bilingues enregistrés en Corse ont été comparées avec les contreparties françaises de locuteurs parisiens de référence. Il apparaît que la mélodie des questions totales différencie d'un côté le corse et le français de Corse (avec tous deux des tons hauts suivis de descentes mélodiques finales), de l'autre le français standard (avec des tons hauts en fin de question). Ce premier patron peut être interprété comme un transfert prosodique du corse vers le français.

ABSTRACT

Corsican questions: is there a prosodic transfer from Corsican to French?

This study investigates whether a prosodic transfer can be highlighted from Corsican (an Italo-Romance language) to French spoken in Corsica, where French is now the dominant language. A corpus of transparent sentences such as *la touriste trouve la caserne* (French) or *a turista trova a caserna* (Corsican) was designed and the productions of bilingual speakers, recorded in Corsica, were compared with the French counterparts of Parisian reference speakers. The melody of yes/no questions turns out to contrast Corsican and Corsican French (both with high tones followed by final pitch falls) and standard French (with utterance-final high tones). The former pattern can be interpreted as a prosodic transfer from Corsican to French.

MOTS-CLÉS : prosodie en contact, questions, accent corse en français, langues en danger.
KEYWORDS: prosody in contact, questions, Corsican accent in French, endangered languages.

1 Introduction

En Corse, dont la population est de près de 300 000 habitants, le français est devenu la première langue, devant le corse (une langue italo-romane du groupe toscan). Le corse a été retranché de l'aire d'influence italienne depuis le rattachement de la Corse à la France en 1768-1769. Cette langue *Ausbau* ou langue *par élaboration* dans la terminologie de Kloss (1967) — *i.e.* un dialecte qui a atteint la dignité de langue — est une langue polynomique. Ce concept a été développé par Marcellesi (1987) pour rendre compte de la diversité dialectale de langues qui restent tolérantes vis-à-vis de la variation. Il existe en Corse, schématiquement, un partage Nord/Sud, les variétés méridionales du corse étant les plus conservatrices sur le plan linguistique (Dalbera-Stefanaggi, 2002 ; Thiers,

2008) : elles sont proches du dialecte corse parlé dans la Gallura (nord-est de la Sardaigne).

En Corse (contrastant en cela avec la Sardaigne), la langue corse cohabite avec diverses formes de français :

- un français académique et officiel (parisien) qui renvoie à une conception idéalisée de la langue ;
- un français de Corse qui n'est autre que l'oralisation de cette forme standard (ou standardisée), prononcée avec un « accent corse » ;
- divers français d'importation que pratiquent les continentaux de passage, appréhendés par les Corses comme le français des Parisiens ou celui des gens du Midi, auquel il faut ajouter le français pied-noir ;
- un argot français diffusé par les médias ;
- un dialecte hybride construit sur un substrat corse.

Cette dernière variété, qui a reçu la dénomination de *francorse*, fonctionne comme un « substitut — immédiatement disponible — d'une langue corse en régression régulière dans la pratique mais tenue pour un marqueur identitaire nécessaire à l'intégration individuelle dans la communauté des Corses » (Thiers, 2010). Les éléments qui en sont le plus souvent cités relèvent du lexique, plus ou moins stable, avec des mots comme *stamper* (« copier » < *stampà* « imprimer ») ou *strapper* (« déchirer » < *strappà* « casser »). Les alternances codiques (*code-switching*) et des constructions grammaticales particulières reçoivent également une certaine attention ; mais peu d'études rendent compte des particularités locales de la prononciation du français en Corse, même si un accent corse est volontiers parodié par les chansonniers.

Trait caractéristique du corse, la lénition de certaines consonnes dites « mutantes » (*cambiarine*) peut s'observer en français de Corse, même si elle est bien plus rare qu'en corse. En corse, par exemple, le /k/ s'affaiblit en [g] et le /g/ est élidé dans nombre de contextes intervocaliques. En matière de prosodie, des descriptions traditionnelles (Carton *et al.*, 1983) indiquent que « l'influence du dialecte est surtout importante sur l'accentuation et l'intonation », sans plus de précision. Des clichés mélodiques montants-descendants dans des interjections ou vocatifs comme *o Francè* peuvent être communs au corse et au français de Corse (Filippi, 1992). Le débit lent auquel recourent souvent les humoristes, en revanche, semble relever de la caricature.

Cet article rapporte une première analyse de données collectées en Corse lors d'une enquête de terrain, également comparées avec celles de locuteurs parisiens de référence. Il est organisé de la façon suivante : la prochaine section (section 2) présente l'enquête et le corpus. Quatre bilingues corse-français ont été sélectionnés et quatre locuteurs du français standard ont été enregistrés, pour comparaison. La section 3 fournit une analyse descriptive de la prosodie de questions en corse et en français, dans lesquelles un « accent corse » peut être perçu quand des Corses parlent français. La section 4 conclut et propose une expérience perceptive pour mettre en évidence ce qui pourrait bien être un transfert prosodique du corse vers le français.

2 Enquête et corpus

Des enregistrements en corse et en français ont été effectués autour de Corte, dans le centre de la Corse. Ancienne capitale de la Corse indépendante (entre 1755 et 1769), Corte est le siège de l'université de Corse, fondée à cette époque et rouverte en 1981. Cette ville est à cet égard connue pour être un haut-lieu du militantisme corse. Notre quête de locuteurs performants en corse nous a conduits à poursuivre notre travail de terrain dans les villages voisins de Loreto di Casinca et Piedicorte di Gaggio, à l'orée de la Castagniccia.

2.1 Matériel

Au total, sept locuteurs corses ont été enregistrés (avec un micro de haute qualité, à 44,1 kHz) :

- prononçant une soixantaine de phrases aux structures très contrôlées, répétées selon les modalités énonciative et interrogative (conçues pour être relativement transparentes en corse et en français) ;
- lisant la version française de la fable « La bise et le soleil » avant de la traduire en corse ;
- au cours d'entretiens semi-directifs à la fois en français et en corse.

Pour la plupart des locuteurs, des interactions de type *maptask* ont également été enregistrées. Les données ont été collectées en alternant entre corse et français. Les phrases contrôlées étaient présentées dans un ordre aléatoire, sous forme de dessins avec des légendes. Les locuteurs devaient dire chaque série (en corse ou en français, avec au moins une répétition), en commençant pour chaque phrase par la forme interrogative, suivie immédiatement de la même phrase à la forme assertive. On élicitait ainsi, pour les phrases contrôlées, des suites de questions-réponses.

Ces phrases contrôlées se pliaient aux exigences du projet AMPER (Atlas Multimédia de la Prosodie de l'Espace Roman) (Romano *et al.*, 2002), un des buts de l'enquête étant d'enrichir cet atlas dialectologique et de permettre des comparaisons avec d'autres dialectes romans, notamment de Sardaigne. En accord avec le protocole AMPER, les phrases que nous avons élaborées, d'une douzaine de syllabes en moyenne, devaient avoir un verbe dissyllabique, des noms et expansions trisyllabiques avec différents patrons accentuels. Des exemples de telles phrases sont donnés dans la table 1.

Corse	Français
A turista trova a cavità prufonda.	La touriste trouve la cavité profonde.
U pudestà malatu trova a caserna.	Le podestat malade trouve la caserne.
A femina di l'avviò trova u limitu.	La gamine de l'avion trouve la limite.

TABLE 1 – Exemples de phrases transparentes en corse et en français.

En français, l'accent tombe toujours sur la dernière syllabe du groupe — ou sur la syllabe précédant un schwa final prononcé (Di Cristo, 1998, *inter alia*). En corse, en revanche, les mots peuvent être oxytons, paroxytons ou proparoxytons, c'est-à-dire accentués sur la dernière syllabe, sur l'avant-dernière syllabe ou sur l'antépénultième, respectivement. Les adjectifs trisyllabiques ne pouvant être oxytons en corse, nous avons eu recours à des syntagmes prépositionnels tels que *di l'avviò* (« de l'avion »), qui est un emprunt au français. De plus, nous avons fait en sorte que les contreparties françaises soient aussi proches que possible du corse. Nous avons ainsi inclus autant de groupes consonantiques que possible afin de maximiser les chances que les schwas finaux soient prononcés. Le schwa final, en effet, qui est souvent muet en français non-méridional, a plus de chance d'être maintenu quand il est entouré d'au moins trois consonnes (Durand et Laks, 2000), comme par exemple dans « la touriste trouve ».

Pour les mots oxytons, nous avons sélectionné des noms concrets tels que *cavità* (« cavité ») et *pudestà* (« podestat »). Ce dernier mot étant masculin, l'adjectif qui pouvait lui être accolé devait avoir la même forme au masculin et au féminin en français, pour garder un nombre de syllabes constant. Nous avons sélectionné des adjectifs comme *bulgaru/a* (« bulgare »).

Pour les mots paroxytons, nous avons sélectionné des noms tels que *caserna* (« caserne »). Pour les mots proparoxytons, nous avons sélectionné des noms comme *limitu* (« limite », féminin en français, masculin en corse).

2.2 Locuteurs et phrases sélectionnés

Quatre bilingues, très engagés sur le terrain culturel et linguistique, ont été sélectionnés pour cette étude : deux hommes (âgés de 35 et 57 ans) et deux femmes (âgées de 50 et 72 ans). Ils ont été comparés avec quatre locuteurs parisiens, appariés en âge et en sexe, à qui il a été demandé de prononcer la même liste de phrases — en français.

Comme on pouvait s'y attendre, aucun transfert de schème accentuel vers le français n'a été observé pour les mots proparoxytons en corse comme *pubblica* (« publique »). En revanche, certaines similarités sont notables entre les contours mélodiques de mots paroxytons en corse et leurs contreparties françaises. Un accent corse en français peut en particulier être perçu dans certaines questions. En vue d'expériences perceptives, nous avons sélectionné sept questions totales du type *a turista trova a caserna?* (« la touriste trouve la caserne ? »), questions sans mot interrogatif ni inversion du sujet, appelant une réponse en oui/non.

3 Prosodie de questions corses/françaises

Chez les bilingues, que ce soit en corse ou en français, on peut remarquer un ton haut en début de question (sans ancrage sur une syllabe précise), tandis que la syllabe accentuée de fin d'énoncé est réalisée avec une descente mélodique. Ceci est particulièrement frappant dans la courbe de fréquence fondamentale (F_0) du corse (*cf.* figure 1a), en

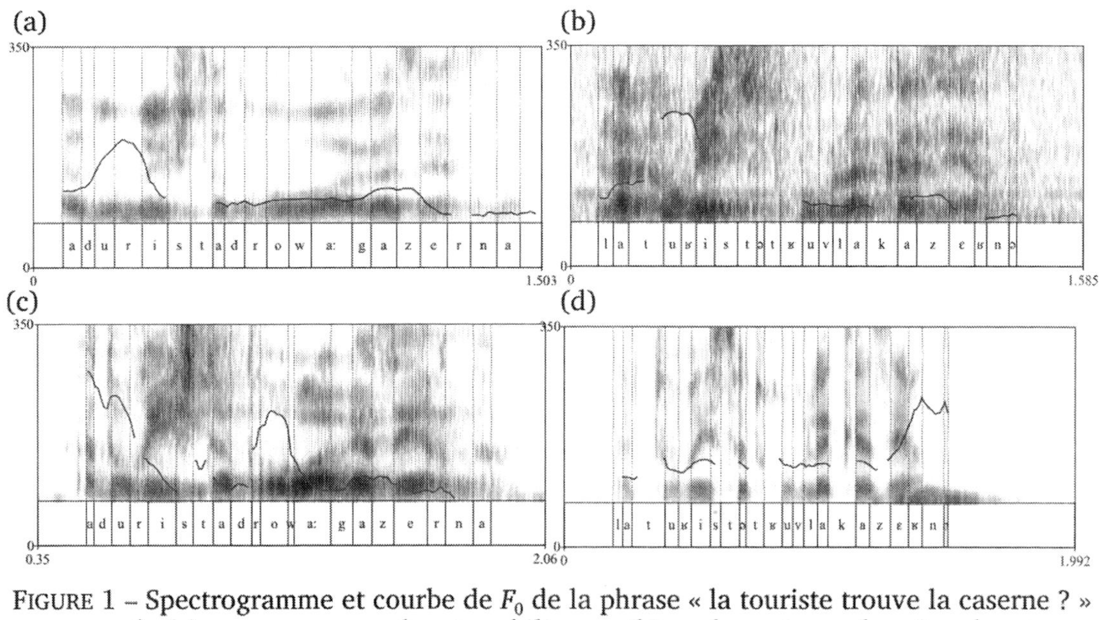

FIGURE 1 – Spectrogramme et courbe de F_0 de la phrase « la touriste trouve la caserne ? » prononcée (a) en corse par un locuteur bilingue, (b) en français par le même locuteur bilingue, (c) en corse par un autre locuteur bilingue, (d) en français par un locuteur parisien.

grande partie voisée en raison des phénomènes de lénition décrits ci-dessus. Les courbes de F_0 des phrases correspondantes produites par le même locuteur en français et par un autre locuteur en corse sont présentées dans les figures 1b et 1c respectivement. En comparaison, la courbe d'un locuteur parisien pour la même phrase française montre une montée mélodique abrupte à la fin de la question (*cf.* figure 1d). Les courbes de F_0 ont été extraites en utilisant le logiciel PRAAT (Boersma, 2001), avec corrections manuelles.

Pour quantifier ces tendances prosodiques, les questions des locuteurs ont été segmentées manuellement en noyaux vocaliques. Des mesures de F_0 ont alors été prises (en utilisant PRAAT) au début, au milieu et à la fin de chaque voyelle. Après corrections manuelles, les résultats ont été représentés graphiquement comme exemplifié dans la figure 2 pour la représentation schématique de la F_0 d'une phrase en corse, en français de Corse et en français parisien.

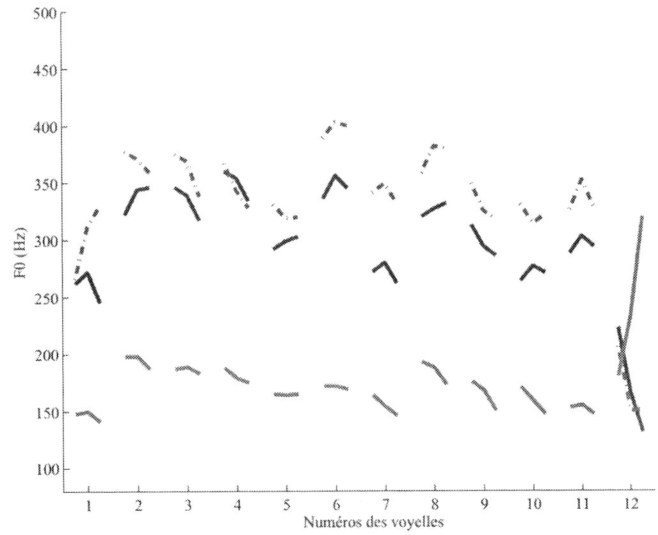

FIGURE 2 – Représentation de la F_0 fondée sur les voyelles (indépendamment de leurs durées) pour la phrase « le podestat malade trouve la cavité ? », prononcée par une locutrice bilingue en corse (bleu foncé), par la même locutrice en français de Corse (rouge pointillé) et par une autre locutrice en français parisien (vert clair). La différence de registre de hauteur est fortuite.

Dans presque tous les cas, le pic de F_0 est placé à la fin de la question (dans le syntagme verbal) en français parisien : sur la pénultième ou sur la dernière voyelle de l'énoncé. Dans cette variété de français, il arrive que des énoncés interrogatifs présentent un contour terminal descendant, mais cela se produit dans des contextes discursifs et pragmatiques particuliers (Gründstrom et Léon, 1973). Dans la majorité des cas en corse et en français de Corse, en revanche, la valeur maximum de F_0 est atteinte en début de question. La plupart des exceptions, à la fois en corse et en français de Corse, proviennent d'une des locutrices corses (formatrice pour enseignants en écoles bilingues, âgée de 50 ans), qui pour notre perception n'a qu'un léger accent corse en français. Ceci est en accord avec des études sociolinguistiques selon lesquelles un accent régional est souvent considéré comme un attribut de virilité (Bourdieu, 1982 ; Quenot, 2010). En corse également, cette locutrice de 50 ans montre des patrons mélodiques proches du français. Bien sûr, le transfert prosodique du corse vers le français n'est pas systématique. Cependant, des tendances intéressantes apparaissent dans la figure 3, en considérant comme initiaux les pics de F_0 portant sur l'une des quatre premières voyelles (*i.e.* sur le syntagme nominal sujet) et comme finaux les pics de F_0 portant sur la pénultième ou la dernière voyelle.

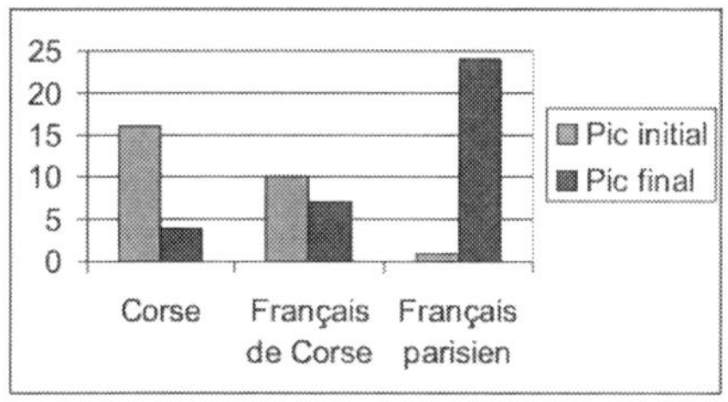

FIGURE 3 – Pics initiaux et finaux de F_0 dans des questions en corse, en français de Corse et en français parisien. La somme des valeurs indiquées par les bâtonnets n'est pas constante pour chaque variété car certains maxima de F_0 portent sur le milieu de la question (par exemple sur le verbe).

Une autre façon de quantifier les différences entre corse et variétés de français consiste à calculer la différence de F_0 entre le milieu de la dernière voyelle accentuée de chaque question (portant l'accent « nucléaire ») et le milieu de la voyelle qui précède. Les valeurs moyennes sont de -3 demi-tons pour le corse, -2 demi-tons pour le français de Corse (correspondant dans les deux cas à des pentes descendantes) et 4 demi-tons pour le français parisien (correspondant à une pente ascendante).

4 Conclusion

Cet article a présenté une enquête de terrain menée en Corse, comprenant des phrases assez transparentes en corse et en français, dont les structures prosodiques ont été comparées. Les questions totales, en particulier, ont étéanalysées : un ton haut en début de question et une descente mélodique à la fin ont été observés à la fois en corse et en français de Corse — à la différence de ce qu'on note de façon prototypique en français standard. La même forme prosodique (avec un pic mélodique permettant de distinguer entre questions et énonciations) a été relevée en sarde et en italien régional parlé dans le nord de la Sardaigne (Lai, 2005). Des questions totales avec des contours mélodiques terminaux descendants ont également été rapportées (et analysées dans le cadre de la Phonologie Intonative) dans des variétés méridionales d'italien (D'Imperio, 2001 ; Grice *et al.*, 2005). Un substrat commun permettrait d'expliquer ce phénomène. Cependant, une interprétation en termes de transferts prosodiques demande encore à être validée à travers des expériences perceptives et un examen de la parole spontanée.

La synthèse de la parole a été utilisée dans des travaux antérieurs pour démêler les niveaux prosodique et segmental, afin d'examiner le rôle de la prosodie dans la perception d'un accent étranger, régional ou social (Jilka, 2000 ; van Leyden et Van Heuven, 2006 ; Holm, 2008 ; Kaglik et Boula de Mareüil, 2010, Boula de Mareüil et Lehka-Lemarchand, 2011). La modification/resynthèse de la parole sera, dans un avenir proche, appliquée au français en contact avec le corse. Une comparaison avec les dialectes occitans parlés dans le sud de la France est également en cours. La même méthodologie peut être appliquée pour éclairer d'éventuels transferts prosodiques.

Remerciements

Ce travail a été financé par le projet ANR PADE. Nous sommes très reconnaissants envers Vanina Bernard-Leoni, Ghjacumina Tognotti, André Fazi, Lisandru Muzy et tous les locuteurs que nous avons enregistrés.

Références

BOERSMA, P. (2001). Praat, a system for doing phonetics by computer. *Glot International,* 5(9/10), pages 341–345.

BOULA DE MAREÜIL, P. et LEHKA-LEMARCHAND, I. (2011). Can a prosodic pattern induce/reduce the perception of a lower-class suburban accent in French? *In Proc. 17th International Congress of Phonetic Sciences,* Hong Kong, pages 348–351.

BOURDIEU, P. (1982). *Ce que parler veut dire. L'économie des échanges linguistiques.* Fayard, Paris.

CARTON, F., ROSSI, M., AUTESSERRE, D., LÉON, P. (1983), *Les accents des Français,* Hachette, Paris.

CONTINI, M., LAI, J.-P., ROMANO, A., ROULLET, S., DE CASTRO MOUTINHO, L., COIMBRA, R. L., PEREIRA BENDIHA, U., SECCA RUIVO, S. M. (2002). Un projet d'Atlas Multimédia Prosodique de l'Espace Roman. *In Proc. 1st International Conference on Speech Prosody,* Aix-en-Provence, pages 227–230.

D'IMPERIO, M. (2001). Tonal alignment, scaling and slope in Italian question and statement tunes. *In Proc. 2nd Interspeech Event,* Aalborg, pages 99–102.

DALBERA-STEFANAGGI, M. J. (2002). *La langue corse,* Presses Universitaires de France, Paris.

DI CRISTO, A. (1998). Intonation in French. *In* Hirst, D. J. & Di Cristo, A., éditeurs, *Intonation systems: A survey of twenty languages,* Cambridge University Press, Cambridge, pages 195–218.

DURAND, J. et LAKS, B. (2000). Relire les phonologues du français : Maurice Grammont et la loi des trois consonnes. *Langue française,* 126, pages 29–38.

FILIPPI, P. M. (1992). Le français régional de Corse. Étude linguistique et sociolinguistique, Thèse de doctorat, Université de Corse, Corte.

GRICE, M., D'IMPERIO, M., SAVINO, M., AVESANI, C. (2005). Strategies for intonation labelling across varieties of Italian. *In* Jun, S.-A., éditeur, *Prosodic typology: the phonology of intonation and phrasing,* Oxford University Press, Oxford, pages 55–83.

GRÜNDSTROM, A. et LÉON, P. (1973), *Interrogation et intonation,* Didier, Montréal.

HOLM, S. (2008). Intonational and durational contributions to the perception of foreign-accented Norwegian: An experimental phonetic investigation. Thèse de doctorat, Norwegian University of Science and Technology, Trondheim.

JILKA, M. (2000). The contribution of intonation to the perception of foreign accent. Thèse de doctorat, Universität Stuttgart, Stuttgart.

KAGLIK, A. et BOULA DE MAREÜIL, P. (2010). Polish-accented French prosody in perception and production: transfer or universal acquisition process? *In Proc. 5th International Conference on Speech Prosody*, Chicago, pages 1–4.

KLOSS, H. (1967). "Abstand" languages and "Ausbau" languages. *Anthropological Linguistics*, 9(7), pages 29–41.

LAI, J.-P. (2005). Aires dialectales et intonation. *Études Corses*, 59, pages 95–110.

MARCELLESI, J.-B. (1987). L'action thématique programmée : "individuation sociolinguistique corse" et le corse polynomique. *Études Corses*, 28, pages 5–20.

QUENOT, S. (2010). Structuration de l'École bilingue en Corse. Processus et stratégies scolaires d'intégration et de différenciation dans l'enseignement primaire. Thèse de doctorat, Université de Corse, Corte.

THIERS, J. (2008), *Papiers d'identité(s)*, Albiana, Ajaccio.

THIERS, J. (2010). Le français régional de Corse, une ressource ? *In* MAUPERTUIS, M.-A., éditeur, *La Corse et le développement durable*, Albiana, Ajaccio, pages 99–105.

VAN LEYDEN, K. et VAN HEUVEN, V. J. (2006). On the prosody of Orkney and Shetland dialects. *Phonetica*, 63, pages 149–174.

La typologie des systèmes vocaliques revisitée sous l'angle de la charge fonctionnelle

François Pellegrino, Egidio Marsico, Christophe Coupé
(1) DDL, 14 Avenue Berthelot, 69363 Lyon Cedex 07
francois.pellegrino@univ-lyon2.fr, egidio.marsico@ish-lyon.cnrs.fr, christophe.coupe@ish-lyon.cnrs.fr

RÉSUMÉ

La plupart des études typologiques en phonologie présument que tous les segments d'un inventaire sont d'importance équivalente. Nous nous proposons d'enrichir la représentation classique des systèmes phonologiques en y incluant la notion de charge fonctionnelle. Notre étude, basée sur des corpus, montre que les 12 langues de notre échantillon font un usage très inégal des oppositions disponibles dans leur système vocalique. De plus, aucune tendance à favoriser les contrastes perceptuels maximaux (tels que /a/~/i/ et /a/~/u/ par exemple) n'apparait dans les résultats. De fait, même des langues ayant des inventaires similaires présentent des oppositions privilégiées différentes, amenant à réévaluer certaines des tendances universelles bien établies dans le domaine.

ABSTRACT

Vocalic system's typology revisited from the functional load viewpoint

Most studies in phonological typology implicitly assume that all segments in an inventory are equally important. We suggest here that the notion of functional load enriches this usual representation of phonological systems. Focusing on the vowel systems of 12 languages, we developed a corpus-based approach that reveals a very uneven use of the vowel contrasts available from their inventory. Furthermore, the cross-linguistic comparison reveals no uniform tendency to favor maximal contrasts (such as /a/~/i/ and /a/~/u/). It actually highlights that several languages with similar inventories may exhibit different contrast patterns, questioning some well-established universal tendencies.

MOTS-CLÉS : système vocalique, typologie, opposition distinctive, charge fonctionnelle.
KEYWORDS : vocalic system, typology, phonemic contrast, functional load.

"The function of a phonemic system is to keep the utterances of a language apart. Some contrasts between the phonemes in a system apparently do more of this job than others."

Charles F. Hockett (1966)

1 Introduction

Cette citation datant de près d'un demi-siècle contraste avec une tendance marquée des recherches en typologie phonologique : alors que celles-ci visent à comprendre la structure et le fonctionnement des systèmes phonologiques, elles ont pendant longtemps délaissé la notion fondatrice d'opposition pour se concentrer sur l'étude des inventaires. Au début du 20ème siècle, les travaux du Cercle linguistique de Prague et de Trubetzkoï en particulier (Cercle Linguistique de Prague, 1929) soulignaient pourtant l'importance des oppositions comme éléments de description phonologique synchronique. Aucun rôle structurant ne leur était cependant confié, bien que les linguistes aient eu conscience de l'existence de différences dans le degré d'utilisation des unités phonologiques dans chaque langue. La notion de charge fonctionnelle (CF) est ainsi apparue pour qualifier ces différences. Elle sera popularisée par Martinet (1933) qui lui donnera une dimension diachronique, suivi par Hockett (1955) qui en proposera une formulation mathématique. L'idée de Martinet était que plus la charge fonctionnelle d'une opposition est grande, plus elle offre de résistance au changement phonétique. Cette hypothèse, bien que séduisante, a plutôt été infirmée par de premières études quantitatives (King, 1967, Wang, 1967), menant à une éclipse de la CF durant près de 40 ans. En effet, depuis la fin des années 1960, la typologie phonologique s'est concentrée sur la comparaison des inventaires phonologiques, avec pour objectif d'étudier les tendances universelles de structuration des systèmes phonologiques et de déterminer les contraintes à l'œuvre. Ces recherches ont largement fait progresser notre connaissance des phénomènes en jeu à l'interface phonétique/phonologie, en mettant en évidence un certain nombre de contraintes (« *size principle* », « *ease of articulation* », « *maximal or sufficient perceptual contrast* », « *focalization* » etc.) interagissant dans la structuration des systèmes phonologiques observés (Liljencrants & Lindblom, 1972, Crothers, 1978, Maddieson, 1984, Vallée, 1994).

Au début des années 2000, la notion de CF a fait une timide réapparition par le biais de quelques études mettant à profit de grands corpus. L'hypothèse diachronique de Martinet a de nouveau été infirmée (Surendran & Niyogi 2003), mais un rôle partiel de la CF dans la séquence d'acquisition des phonèmes par les enfants a été suggéré (Stokes & Surendran 2005). Surendran et Levow (2004) ont également mis en évidence à cette époque que la CF portée par les tons en chinois mandarin est du même ordre de grandeur que celle portée par les timbres vocaliques. Ce dernier résultat met l'accent sur le poids relatif des différents éléments constituant un système phonologique et nous amène à reconsidérer l'approche purement descriptive, qui suppose une équivalence entre le système phonologique et l'inventaire de ses segments. Or, si dans un système phonologique les relations entre segments n'ont pas la même importance pour la langue, comme suggéré dans la citation initiale de Hockett, il est possible que la recherche des tendances universelles et de leurs déterminants ait occulté un pan complet de la structuration des systèmes.

L'objectif de cette étude est donc d'enrichir cette approche classique en intégrant la notion de charge fonctionnelle prise dans son acception première. Ceci consiste à attribuer un poids relatif à chaque opposition – une charge fonctionnelle – déterminé à partir du rôle joué par cette opposition dans la langue. Il s'agit alors i) de tester l'universalité des distributions de charges fonctionnelles à partir d'un échantillon translinguistique et ii) de vérifier si les oppositions les plus fréquemment observées sont en accord avec les principes de structuration des systèmes issus des recherches sur les inventaires phonologiques.

Nous nous limiterons ici à l'étude des systèmes vocaliques pour lesquels les contraintes de production et de perception, ainsi que les tendances universelles, sont les mieux connues.

2 Méthodologie

Dans cette approche, notre calcul de la charge fonctionnelle se base sur la notion d'entropie (d'après Shannon, 1948). Les mesures sont établies à partir de grands corpus disponibles pour plusieurs langues.

2.1 Calcul de la charge fonctionnelle

On considère ici une langue *L* comme une source de séquences constituées de mots (*w*) pris dans un ensemble fini (N_L). Les unités dans les séquences sont considérées comme indépendantes les unes des autres. *h*(*w*) définit la quantité d'information qu'un mot *w* apporte en fonction de sa probabilité d'apparition dans une séquence, *p*(*w*). Cette quantité d'information est égale à l'opposé du logarithme de cette probabilité. Plus l'apparition est prévisible (*p*(*w*) proche de 1), plus *h*(*w*) est faible et donc moins le mot est informatif. L'entropie de la langue *H*(*L*) est définie comme suit :

$$H(L) = \sum_{i=1}^{N_L} p_{w_i} . h(w_i) = - \sum_{i=1}^{N_L} p_{w_i} . log_2(p_{w_i})$$

Nous reprenons la définition de la charge fonctionnelle utilisée dans Surendran (2003), qui s'appuyait sur la formulation de Carter (1987), dérivée de la proposition initiale de Hockett (1955, corrigée en 1966).

La charge fonctionnelle d'une opposition *x*/*y*, *CF*(*x*,*y*), se définit ainsi comme l'écart relatif d'entropie entre deux états de langue, l'état observé *H*(*L*) et l'état dans lequel l'opposition est neutralisée $H(L^*_{xy})$. La charge fonctionnelle mesure ainsi la perturbation, en termes d'augmentation de l'homophonie et de redistribution des fréquences de mots, engendrée par le fait de remplacer les deux membres de l'opposition *x*/*y* par un seul élément ; elle s'exprime en pourcentage.

$$CF(x,y) = \frac{H(L) - H(L^*_{xy})}{H(L)}$$

2.2 Exemple fictif

Considérons une langue fictive avec le système phonologique suivant : /a, i, u, p, b, l/. La Figure 1 (gauche) résume les fréquences d'apparition des mots dans cette « langue ».

Telle que définie en 2.1, l'entropie de cette langue est égale à $H(L) = 2{,}47$.

On peut calculer la charge fonctionnelle brute de chaque opposition vocalique comme la différence relative entre *H*(*L*) et l'entropie calculée après fusion des deux membres de l'opposition dans le lexique. Par exemple, après neutralisation de l'opposition a-i, on obtient $H(L^*) = 1{,}69$, et pour a-u $H(L^*) = 1{,}90$. Pour chaque contraste, la Figure 1 (droite) donne la valeur de **CFbrute** obtenue ainsi qu'une valeur normalisée par rapport à l'ensemble des contrastes vocaliques (**CFnorm**). Dans notre exemple fictif, l'opposition a-i est la plus employée. On peut également étudier la CF du système vocalique considéré dans son ensemble (**CFsysvoc**), en fusionnant les trois voyelles en un seul timbre noté V̲ (le lexique se résume alors à pV̲l et bV̲l). L'entropie $H(L^*) = 0{,}97$ permet ici d'obtenir **CFsysvoc** = 60,7%.

Mot	Fréquence
pal	300
pil	200
bal	150
bil	150
pul	100
bul	100
TOTAL	**1000**

Contraste	CF_{BRUTE}	CF_{NORM}
a-i	31,6%	42%
a-u	23,1%	30%
i-u	21,0%	28%
Total		**100%**

Figure 1 – Lexique et CF de la langue fictive

La Figure 2 donne deux représentations possibles des résultats, employées dans la suite de l'article. Celle de gauche représente la distribution de la $\mathbf{CF}_{\text{BRUTE}}$ des contrastes vocaliques ordonnés par ordre décroissant, tandis que celle de droite représente l'organisation du système vocalique sous la forme d'un graphe dont chaque arête porte la $\mathbf{CF}_{\text{NORM}}$ du contraste défini par ses sommets.

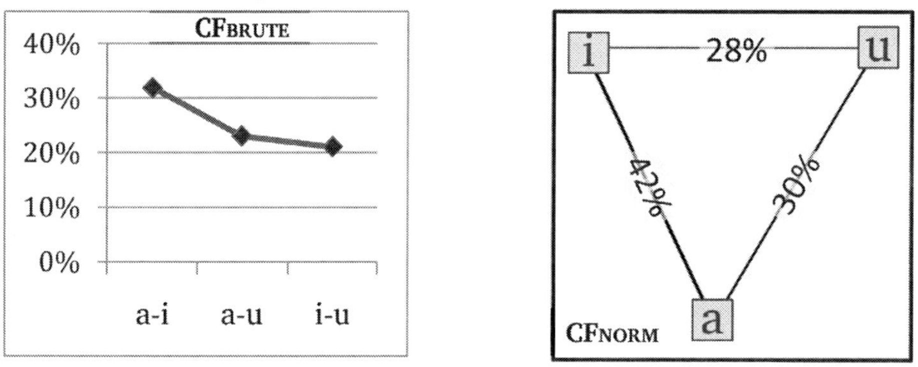

Figure 2 – Distribution des CF pour les voyelles de la langue fictive

Enfin, la charge fonctionnelle est calculée pour une opposition, mais il est possible de définir la charge d'une voyelle seule comme la somme des $\mathbf{CF}_{\text{NORM}}$ des oppositions auxquelles elle participe. Soit par exemple pour i : (42+28)/2=35% (le facteur ½ correspondant à une normalisation du fait qu'une opposition repose sur deux voyelles).

2.3 Données de l'étude

L'étude porte sur 12 langues pour lesquelles nous disposons d'un lexique - assorti des fréquences des mots estimées sur la base de grands corpus écrits - ainsi que d'un système permettant la conversion graphème-phonème. Les corpus proviennent d'Internet ou de livres : (Projet Celex (ENG, GER), Projet Lexique (FRE), Corpus Leipzig (EST, FIN, TGL, TUR), Projet Bulgarian Treebank (BUL), Projet LIFCACH (ChSP), Université de Bristol (ZUL), Université de Grenoble (AMH) et Dynamique Du Langage (SWA)). Afin de limiter l'impact des erreurs de saisie dans les corpus nous n'avons considéré que les 20 000 mots les plus fréquents. Le Tableau 1 donne la liste des langues, leur affiliation génétique, la taille des corpus en nombre de *token*, le pourcentage de couverture du corpus par les

20 000 mots les plus fréquents, la taille du système vocalique ainsi que la charge fonctionnelle du système vocalique **CF**$_{SYSVOC}$.

Langue	Phylum	Code	Nb *Token*	Couverture	Nb Voyelles	CF$_{SYSVOC}$
Allemand	Indo-Européen	GER	808k	96,4%	16	2,8%
Amharique	Afro-Asiatique	AMH	1,9M	83,7%	7	4,4%
Anglais britannique	Indo-Européen	ENG	18M	98,6%	16	2,9%
Bulgare	Indo-Européen	BUL	6,2M	90,4%	6	5,1%
Espagnol chilien	Indo-Européen	ChSP	440M	97,7%	5	2,3%
Estonien	Ouralique	EST	3,4M	84,6%	18	4,0%
Finnois	Ouralique	FIN	970k	72,2%	16	5,1%
Français	Indo-Européen	FRE	900k	98,6%	15	14,8%
Swahili	Niger-Congo	SWA	27,4M	93,6%	5	4,0%
Tagalog	Austronésien	TGL	180k	98,0%	5	1,7%
Turc	Altaïque	TUR	968k	82,8%	8	3,1%
Zoulou	Niger-Congo	ZUL	217k	75,2%	5	6,3%

TABLEAU 1 – Détails des données de l'étude (voir le texte pour une explication)

3 Résultats

Lorsque l'on considère le système vocalique dans son ensemble, la charge fonctionnelle **CF**$_{SYSVOC}$ varie de 1,7% à 6,3% pour 11 des 12 langues ; le français présente une valeur extrême à 14,8%. Ces valeurs ne sont pas corrélées à la taille du système vocalique (Tableau 1).

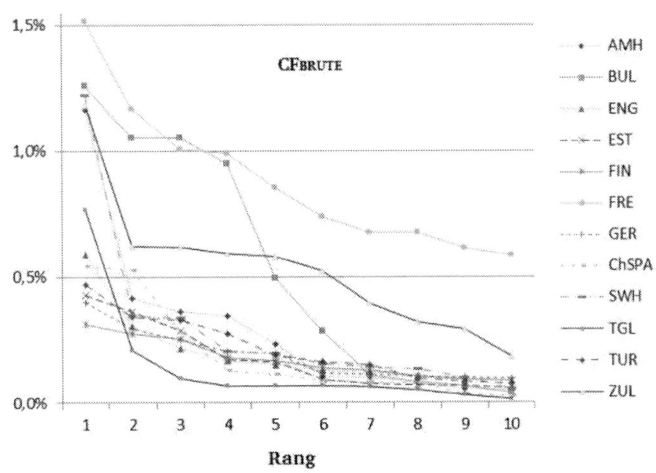

FIGURE 3 – Distribution des 10 **CF**$_{BRUTE}$ les plus importantes pour chaque langue

La Figure 3 illustre pour chaque langue la distribution des **CF**$_{BRUTE}$ pour les 10 oppositions vocaliques à plus forte CF (classées par ordre décroissant). Globalement, ces oppositions se répartissent de manière très inégale, avec très peu d'oppositions à forte CF et beaucoup à faible CF. Là encore le français se distingue par une répartition plus progressive des CF. Le fait que les distributions ne soient pas équilibrées ne s'explique pas facilement au niveau phonologique.

La Figure 4 représente les graphiques des **CF**$_{NORM}$ pour six langues du corpus.

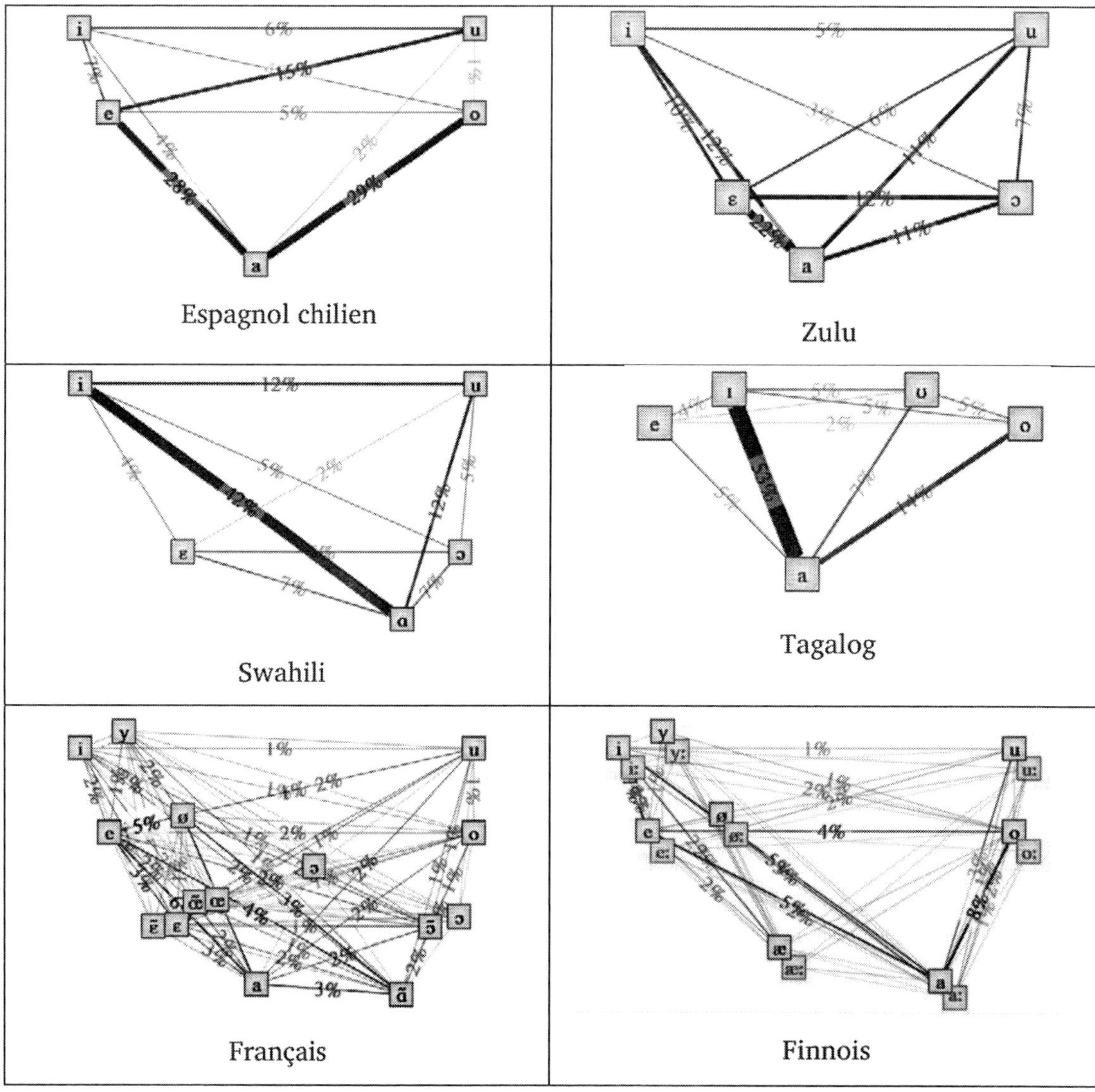

FIGURE 4 –Représentations des distributions de **CF**$_{NORM}$ pour 6 langues du corpus

On obtient pour certaines langues des **CF**$_{NORM}$ allant jusqu'à 53% (Tagalog), quand d'autres n'atteignent pas les 10% (8% en finnois et 6% en français). Un autre fait intéressant concerne la variation observée entre les contrastes privilégiés dans les langues de notre corpus. En effet, si ce n'est le fait que les voyelles de grande aperture semblent privilégiées, les oppositions favorites sont différentes d'une langue à l'autre. Par ailleurs ces oppositions ne respectent pas de manière évidente les contraintes perceptives mises au jour sur la base des seuls inventaires. Par exemple, ce ne sont pas toujours les oppositions portées par une distance perceptuelle maximale qui présentent les plus grandes CF. Il convient de noter également que les voyelles les plus employées ont tendance à être des voyelles antérieures. Ces résultats, observés sur les 12 langues, se confirment lorsque l'on considère uniquement les systèmes à 5 voyelles : espagnol chilien, swahili, tagalog et zulu, qui partagent une « structure » proche (cf. Figure 5).

ChSPA		SWH		TGL		ZUL	
Voyelle	Poids	Voyelle	Poids	Voyelle	Poids	Voyelle	Poids
a	31%	ɑ	34%	a	40%	a	28%
e	27%	i	31%	ɪ	33%	ɛ	25%
o	19%	u	15%	o	13%	ɔ	17%
u	12%	ɔ	11%	ʊ	9%	i	15%
i	11%	ɛ	9%	ɛ	6%	u	15%

FIGURE 5 – CF rapportée aux voyelles pour les systèmes à 5 voyelles

4 Conclusions et perspectives

Une première conclusion est que la prise en compte du poids relatif des oppositions vocaliques apporte des éléments nouveaux quant aux systèmes vocaliques. Là où les recherches basées sur les inventaires ont montré que les systèmes vocaliques étaient plutôt réguliers et répondaient à des contraintes claires, l'étude des charges fonctionnelles montre une grande diversité inter-linguistique dans l'utilisation des oppositions distinctives des voyelles. Ceci est vrai aussi bien dans le choix des « meilleures » oppositions que dans la répartition des CF au sein du système. Le lien avec des contraintes phonético-phonologiques bien connues semble difficile à établir.

Ce travail souligne l'importance des charges fonctionnelles (au niveau d'une opposition ou rapportées à chaque voyelle) dans la compréhension de l'organisation des systèmes phonologiques. S'il n'invalide pas que des contraintes propres au niveau phonologique puissent expliquer les motifs paradigmatiques observés, il suggère également que ces motifs peuvent être expliqués par des facteurs syntagmatiques (exprimés partiellement dans la structure des mots). Les contraintes phonotactiques au niveau des structures syllabiques peuvent ainsi se révéler pertinentes, tout comme celles observables aux niveaux morphologique et syntaxique. La forte CF d'une opposition entre 2 voyelles peut ainsi dans certains cas refléter une opposition entre 2 morphèmes grammaticaux. Plus globalement, l'éclairage apporté par l'étude de la CF permet de reconnecter le système vocalique aux principes à l'œuvre dans la composition des mots d'une langue.

Références

CERCLE LINGUISTIQUE DE PRAGUE. (1929). « Thèses présentées au Premier congrès de philologues slaves ». *Travaux du Cercle linguistique de Prague 1*, 5-29, consulté sur Internet le 01/05/2008 à l'adresse http://www2.unil.ch/slav/ling/textes/theses29.html

CROTHERS, J. (1978). Typology and universals of vowel systems in phonology. In J. H. Greenberg, Ed., *Universals of human language*, vol. 2. Stanford, CA: Stanford University Press, pages 95-152.

HOCKETT, C.F. (1955). *A manual of phonology*. Waverly Press: Baltimore.

HOCKETT, C.F. (1966). *The quantification of functional load: A linguistic problem*. Report Number RM-5168-PR, Rand Corp. Santa Monica.

KING, R.D. (1967). Functional Load and Sound Change. *Language*, 43(4), 831-852.

LILJENCRANTS, J. et LINDBLOM, B. (1972). Numerical simulation of vowel quality systems: the role of perceptual contrast. *Language*, 48, 839-862

MADDIESON, I. (1984). *Patterns of sounds*. Cambridge, MA: Cambridge University Press.

MARTINET, A. (1933). « Remarques sur le système phonologique du français », *Bulletin de la Société Linguistique de Paris*, 34, 192-202.

MARTINET, A. (1955). *Économie des changements phonétiques. Traité de phonologie diachronique.* Francke: Berne.

SHANNON, C. E. (1948). A mathematical theory of communication. Bell System Technical Journal, 27, 379-423 & 623-656, July and October, 1948.

STOKES, S. et SURENDRAN. D. (2005). Articulatory complexity, ambient frequency and functional load as predictors of consonant development in children. *Journal of Speech and Hearing Research*, 48(3), 577-591.

SURENDRAN, D. et LEVOW, G.-A. (2004). The Functional Load of Tone in Mandarin is as High as that of Vowels. In *Proc. of Speech Prosody 2004*, Japan.

SURENDRAN, D. et NIYOGI, P. (2003). *Measuring the Usefulness (Functional Load) of Phonological Contrasts*. Technical Report TR-2003-12. Department of Computer Science, University of Chicago.

TWADDELL, W.F. (1935). "On Defining the Phoneme", *Language*, 11(1), 5-62.

VALLÉE, N. (1994). *Systèmes vocaliques : de la typologie aux prédictions*. PhD dissertation, Université Stendhal, Grenoble, France.

Allongements vocaliques en français de Belgique : approche expérimentale et perceptive

Alice Bardiaux[1], *Philippe Boula de Mareüil*[2]
(1) Université catholique de Louvain – FNRS, Louvain-la-Neuve, Belgique
(2) LIMSI – CNRS, Orsay, France
alice.bardiaux@uclouvain.be, philippe.boula.de.mareuil@limsi.fr

RÉSUMÉ

Le présent article étudie l'allongement de certaines voyelles en français de Belgique ainsi que son influence sur la perception de l'accent belge. À partir d'enregistrements effectués en Belgique, deux expériences perceptives ont été menées, auprès d'auditeurs belges et français : l'une a permis d'identifier de façon robuste des voyelles allongées perçues comme régionalement marquées par des experts ; l'autre, utilisant la modification/ resynthèse de prosodie, a permis de tester l'impact de l'allongement vocalique dans la perception de l'accent belge chez des auditeurs naïfs. La première expérience a montré que la grande majorité des voyelles perçues comme allongées est en syllabe pénultième de mot ou appartient à des monosyllabes et que ces voyelles sont généralement nasales ou semi-fermées. La deuxième expérience suggère que, toutes choses égales par ailleurs, les échantillons de parole présentant des allongements vocaliques sont évalués avec un degré d'accent plus élevé que leurs contreparties sans allongement.

ABSTRACT

Vowel lengthening in Belgium French: an experimental and perceptual approach

This paper investigates the lengthening of certain vowels in Belgian French and its influence on the perception of a Belgian accent. Based on recordings made in Belgium, two perceptual experiments were conducted, involving Belgian and French listeners: the first one enabled us, in a robust way, to identify lengthened vowels perceived as regionally marked by experts; the second one, using prosody modification/resynthesis, tested the impact of vowel lengthening with respect to the perception of a Belgian accent among naïve listeners. The first experiment showed that the vast majority of vowels perceived as lengthened are in word-penultimate syllable or belong to monosyllabic words and that these vowels are generally nasal or mid-closed vowels. The second experiment suggests that, all other things being equal, speech samples including vowel lengthening phenomena are rated as having a higher degree of accentedness than their counterparts without vowel lengthening.

MOTS-CLÉS : variation régionale, accent belge, perception, (re)synthèse de prosodie.
KEYWORDS: regional variation, Belgian accent, perception, prosody (re)synthesis.

1 Introduction

Les accents régionaux sont une manifestation majeure de la variation dans la parole. Si des études antérieures ont mis en évidence la difficulté à discriminer finement différents accents en français (Woehrling, 2009 ; Armstrong et Pooley, 2010), les Belges francophones présentent généralement suffisamment de différences par rapport à des locuteurs d'autres variétés de français pour qu'on puisse parler d'un « accent belge ». Le présent article propose d'étudier un trait prosodique (suprasegmental) particulier de cet accent : l'allongement de certaines voyelles. Plusieurs études (Hambye et Simon, 2004, 2009 ; Armstrong et Pooley, 2010) mentionnent l'allongement vocalique comme caractéristique du français de Belgique, à côté de traits segmentaux comme par exemple la prononciation [wit] pour *huit*.

Plus facilement que la réalisation des voyelles et des consonnes, la prosodie permet certaines manipulations intéressantes à tester par des expériences de perception. L'étude expérimentale présentée ici vise d'une part à identifier et à caractériser l'allongement vocalique en français de Belgique, et d'autre part à valider son impact dans la perception de l'accent belge. L'hypothèse que nous cherchons à vérifier est que l'allongement vocalique, s'il est loin d'être le seul trait en jeu, est perçu et exploité dans la construction de la représentation d'un accent belge. Dans ce but, deux expériences perceptives ont été menées, incluant des locuteurs belges enregistrés dans quatre régions de Belgique et des auditeurs belges et français.

Une première expérience visait entre autres à sélectionner des échantillons de parole présentant des allongements vocaliques perçus comme régionalement marqués par des experts. Les résultats ont ensuite été utilisés dans une deuxième expérience, à base de modification/resynthèse de prosodie, pour étudier auprès d'auditeurs naïfs la contribution de l'allongement ou du raccourcissement de certaines voyelles, en termes notamment de degré d'accent. Le corpus étudié, le protocole et les résultats obtenus sont présentés et discutés dans les sections suivantes.

2 Corpus, points d'enquêtes et locuteurs sélectionnés

Le corpus global sur lequel se fonde ce travail est constitué d'enquêtes de terrain menées dans 4 villes de Belgique (Bruxelles, Gembloux, Liège, Tournai) et 6 villes de France (Brunoy, Brécey, Treize-Vents, Dijon, Roanne, Lyon-Villeurbanne) dans le cadre du projet « Phonologie du Français Contemporain » (PFC) (Durand *et al.*, 2009). Pour chaque point d'enquête, nous disposons d'une dizaine de locuteurs bien ancrés géographiquement, enregistrés en situation de parole spontanée et de lecture. Le matériel lu était un texte long d'une vingtaine de phrases. Les locuteurs français, en lecture, ont uniquement été utilisés pour certaines comparaisons dans l'étude rapportée ici.

À partir d'expériences perceptives antérieures exploitant également le corpus PFC (Woehrling, 2009 ; Boula de Mareüil et Bardiaux, 2011), nous avons identifié les locuteurs belges évalués avec le plus fort degré d'accent. Dix locuteurs ont ainsi été sélectionnés (6 hommes et 4 femmes) : 5 Liégeois, 3 Gembloutois, 1 Bruxellois et 1 Tournaisien. Ces locuteurs, aux profils sociolinguistiques variés, étaient âgés de 55 ans en moyenne (écart type : 18 ans).

3 Expérience 1 : identification et caractérisation de l'allongement vocalique

3.1 Protocole

Ce sous-corpus de 10 locuteurs belges a été soumis à 4 experts (2 Belges, 2 Français). Ces juges ont annoté, indépendamment les uns des autres, les allongements vocaliques qu'ils percevaient comme régionalement marqués dans les textes PFC lus par les 10 locuteurs belges sélectionnés. Chaque voyelle du texte a ainsi reçu une évaluation de 0 (aucun juge n'ayant souligné d'allongement) à 4 (les 4 juges ayant souligné un allongement).

3.2 Résultats

En moyenne, les juges ont souligné un allongement marqué régionalement tous les 23 mots (soit une voyelle par phrase). À noter que sur les 5 locuteurs qui ont reçu le plus de soulignements, 3 étaient de Liège, 1 de Gembloux et 1 de Tournai. L'accord inter-annotateur était assez faible (coefficient Kappa de 0,3), ce qui montre la difficulté à saisir le phénomène et la nécessité de recourir à plusieurs experts. Nous avons retenu, pour la suite de l'étude, les voyelles soulignées par au moins 3 juges sur 4. Au terme de cette sélection, nous obtenons, pour les 10 locuteurs, un total de 68 voyelles (dont 39 dans des syllabes différentes).

Les durées de ces 68 voyelles ont été comparées à celles des voyelles correspondantes dans les textes lus par les locuteurs des 6 points d'enquête de France, analysés comme représentant un français « standard » par Woehrling (2009). Les débits de parole étaient comparables entre les quelque 60 locuteurs du français standard et les 10 locuteurs belges : la durée moyenne des phonèmes était respectivement de 81 ms et de 85 ms.

L'analyse a révélé que sur les 68 voyelles perçues comme allongée, 5 avaient une durée plus courte que les voyelles correspondantes en français standard. Ce décalage entre allongements perçus et durées objectives peut s'expliquer par la combinaison d'autres paramètres prosodiques comme une montée mélodique ou une augmentation de l'intensité : l'auditeur reçoit en bloc ces informations et peut percevoir une proéminence prosodique sans identifier avec précision le paramètre principalement responsable. Il reste que, toujours sur les 68 voyelles perçues comme allongées, 59 présentent un allongement d'au moins +20 %, 46 un allongement d'au moins +50 % et 21 un allongement d'au moins +100 % par rapport à la durée moyenne des voyelles correspondantes en français standard.

À quatre exceptions près[1], les voyelles perçues comme allongées sont en syllabe pénultième de mot (2/3) ou appartiennent à des monosyllabes (1/3). Il s'agit dans la plupart des cas de voyelles nasales (ex. *centre*, une des rares occurrences d'allongement en syllabe fermée) ou de voyelles semi-fermées (ex. la pénultième de *protéger*). Les contextes consonantiques, eux, sont des plus variés. L'importance relative des allongements vocaliques dans la perception d'un accent belge est l'objet de l'expérience qui suit, fondée sur la modification par synthèse de la durée des voyelles.

4 Expérience 2 : allongement vocalique et perception de l'accent belge

4.1 Protocole

Une deuxième expérience perceptive a été mise au point, adaptant un protocole éprouvé dans une étude de l'accent de banlieue (Boula de Mareüil et Lehka-Lemarchand, 2011). Le principe consistait ici, par des techniques de traitement du signal, à raccourcir les voyelles perçues comme allongées par les experts et à rallonger les voyelles qui n'étaient pas perçues comme régionalement marquées par ces mêmes experts, pour les exposer (avec les stimuli originaux) à de nouveaux auditeurs. Des auditeurs naïfs belges et français ont été sollicités, avec pour tâche principale d'évaluer le degré d'accent des stimuli qui leur étaient présentés.

[1] Ces exceptions sont le [e] de *année* et de *découvrir*, le premier [ɑ̃] de *sentiment* (précisément plus court qu'en français standard) et le deuxième [ɑ̃] de *tendance* (où les deux syllabes ont été soulignées par au moins 3 experts).

4.1.1 Constitution de paires de locuteurs

Des paires de locuteurs ont été formées pour chaque phrase du texte. Un locuteur « marqué » (présentant un maximum de voyelles soulignées au moins 3 fois par les experts) a été associé à un locuteur « non-marqué » (ne présentant aucune voyelle soulignée plus d'une fois par les experts). Pour chaque paire potentielle, nous avons confronté la durée des voyelles soulignées au moins 3 fois chez le locuteur marqué à la durée de la voyelle correspondante chez le locuteur non-marqué. Le ratio entre ces durées a été calculé pour chaque voyelle cible. Afin d'affiner la sélection des paires de locuteurs (et partant des voyelles cibles étudiées), seules les paires de locuteurs pour lesquels les ratios étaient supérieurs à un ont été conservées.

Certaines phrases du texte présentaient plusieurs paires potentielles. À l'inverse, pour certaines phrases, aucune paire n'a pu être dégagée. Nous avons finalement conservé au plus une paire de locuteurs par phrase. Les critères de sélection, en cas de paires multiples pour une phrase donnée, étaient les suivants : contraste entre le locuteur marqué et le locuteur non-marqué (en termes de nombre de voyelles soulignées et de ratio de durée) et équilibre des locuteurs sur l'ensemble des paires (pour que tous les locuteurs soient représentés dans au moins une paire). Au terme de cette sélection, restaient 15 paires différentes couvrant 15 phrases parmi les 21 du texte PFC. Ces phrases, contenant 22 voyelles cibles, sont d'une durée moyenne de 6,8 secondes — la durée moyenne des phonèmes, elle, est de 78 ms pour les originaux marqués et de 76 ms pour les originaux non-marqués.

Par ailleurs, 4 phrases supplémentaires ont été retenues pour servir à une phase de familiarisation au test perceptif : 2 phrases marquées différentes et 2 phrases non-marquées différentes, reprises chez 4 locuteurs différents.

4.1.2 Définition d'un seuil d'allongement et manipulation des stimuli

Dans cette deuxième expérience perceptive, les auditeurs ont été soumis à 4 types de stimuli : des stimuli originaux présentant des allongements marqués (OM), des stimuli présentant des allongements produits par synthèse (SM), des stimuli originaux sans allongement marqué (ONM) et des stimuli dont les allongements marqués ont été réduits par synthèse (SNM). Pour chaque paire de locuteurs, la durée des voyelles cibles a été allongée chez le locuteur non-marqué et raccourcie chez le locuteur marqué à l'aide de l'algorithme PSOLA implémenté dans le logiciel Praat (Boersma, 2001).

Différents seuils d'allongement ont été proposés dans la littérature pour rendre compte de la saillance perceptive d'une voyelle dans son contexte. Un seuil de perception différentiel fixé à +20 % a été utilisé par plusieurs auteurs (Astésano, 2001). Un seuil d'allongement de +50 %, utilisé par Lehka-Lemarchand (2007) reflète mieux l'écart entre locuteurs marqués et non-marqués dans nos données, qui est en moyenne de +61 %. Cependant, nous avons opté pour un allongement plus important : +100 % pour les voyelles cibles non-marquées (conduisant à doubler leurs durées) et –50 % pour les voyelles cibles marquées (conduisant à diminuer de moitié leurs durées). Nous reviendrons sur ce choix en 4.2.

4.1.3 Tâches des sujets

Les stimuli résultants ont été utilisés dans un test perceptif réalisé via une interface web[2]. Les participants étaient avertis que l'expérience portait sur l'accent belge et qu'ils

[2] http://www.audiosurf.org/test_perceptif_belgique/ (les stimuli peuvent être écoutés à cette adresse)

écouteraient des extraits de parole originale ou modifiée acoustiquement. Quelques renseignements à caractère autobiographique leur étaient d'abord demandés (âge, niveau d'études, lieu de résidence, etc.) et des questions très générales leur étaient posées, avant une courte phase de familiarisation avec les types de stimuli à évaluer.

Lors du test à proprement parler, la principale tâche demandée aux sujets consistait à évaluer, pour chaque stimulus écouté, le degré d'accent du locuteur, sur une échelle continue de 0 (pas d'accent) à 5 (très fort accent). Un curseur était prévu à cet effet — par défaut placé au milieu de l'échelle. Parallèlement et facultativement, les sujets étaient invités à indiquer dans une fenêtre de texte les mots ou syllabes qui par la prononciation semblaient régionalement marqués. Les 60 stimuli du test (15 OM, 15 SNM, 15 ONM, 15 SM) étaient présentés dans un ordre aléatoire différent pour chaque sujet. Les participants pouvaient écouter chaque stimulus autant de fois qu'ils le souhaitaient, mais il n'était pas possible de corriger des réponses antérieures une fois présenté un nouveau stimulus.

À la fin du test, d'autres questions étaient posées aux auditeurs : (1) pour juger du caractère naturel ou artificiel des stimuli ; (2) pour identifier le plus précisément possible l'origine géographique des locuteurs ; (3) pour indiquer les indices linguistiques les plus saillants et caractéristiques des locuteurs écoutés.

4.1.4 Auditeurs

Cinquante auditeurs ont pris part au test : 25 Belges (9 hommes, 16 femmes, âgés de 46 ans en moyenne) et 25 Français (10 hommes, 15 femmes, âgés de 36 ans en moyenne). Les Belges étaient pour moitié de Bruxelles et pour moitié d'autres régions francophones. Les Français étaient tous résidents de la région parisienne, où pour la majorité d'entre eux ils avaient passé la plus grande partie de leur vie. La grande majorité des sujets étaient titulaires d'une licence mais n'étaient pas des spécialistes en parole.

Avant le test proprement dit, les sujets devaient préciser leur familiarité avec l'accent belge (les réponses proposées étant « pas du tout », « un peu », « plutôt » ou « très familier ») ; ils devaient d'autre part indiquer à quelle ville spontanément ils associaient un accent belge marqué (Bruxelles, Liège, Gembloux ou Tournai). La plupart des Belges (19) se disaient plutôt ou très familiers de l'accent belge ; la plupart des Français (22) ne s'en disaient pas du tout ou que peu familiers. Dans leur imaginaire, les Belges associent majoritairement un accent belge marqué à la ville de Liège (et éventuellement à Bruxelles), alors que les Français montrent (sans surprise) beaucoup plus d'hésitations.

4.2 Résultats

4.2.1 Évaluation du degré d'accent

Les résultats de la tâche d'évaluation du degré d'accent sont consignés dans la table 1.

Degré	OM	SNM	ONM	SM
Belges	3,0	2,8	1,8	2,0
Français	2,8	2,6	1,5	2,0
Moyenne	2,9	2,7	1,7	2,0

TABLE 1 – Degré d'accent (sur une échelle de 0 à 5) évalué par les auditeurs belges et français (et moyenné) pour les stimuli originellement marqués (OM), rendus non-marqués par synthèse (SNM), originellement non-marqués (ONM) et rendus marqués par synthèse (SM).

Une analyse de variance (ANOVA) a été menée, avec comme variable dépendante le Degré d'accent, avec le facteur aléatoire Sujet, le facteur intra-sujet Groupe (belge ou français) et le facteur intra-sujet Type de stimulus (OM, SNM, ONM ou SM). De façon intéressante, l'effet du facteur Groupe n'est pas significatif. L'effet du facteur Type, en revanche, est significatif [$F(3, 144) = 260{,}5$; $p < 0{,}001$], l'interaction entre Groupe et Type n'étant pas significative. Des *t*-tests deux à deux montrent que les différences par Type sont significatives pour chaque paire de types de stimuli, y compris entre les stimuli OM et SNM [$t(1498) = 7{,}65$; $p < 0{,}01$].

Le fait que les stimuli SNM aient reçu un degré d'accent nettement supérieur aux stimuli SM est la preuve que l'allongement vocalique étudié ici n'est pas la seule caractéristique (ni même la caractéristique principale) d'un accent belge marqué. Entre ces deux types de stimuli, les traits segmentaux ne sont pas les mêmes, d'où la différence d'évaluation plus marquée encore entre les stimuli OM et ONM. Cependant, les différences cohérentes et significatives d'appréciation entre les stimuli OM et SNM d'une part, ONM et SM d'autre part, suggèrent que ce trait prosodique participe de l'accent belge. Toutes choses égales par ailleurs, les stimuli présentant des allongements vocaliques sont jugés avec un degré d'accent plus élevé que leurs contreparties sans allongement vocalique.

4.2.2 Mots saillants

Il était également enjoint aux auditeurs de noter, pour chaque stimulus, les éléments (mots ou syllabes,) qui leur paraissaient particulièrement marqués par l'accent belge. Même si les Belges ont mentionné plus de mots que les Français (439 contre 339), les tendances affichées, rapportées dans la figure 1, sont analogues entre les deux groupes d'auditeurs. Les résultats montrent de nouveau que l'allongement vocalique est loin d'être le seul facteur en jeu dans la perception de l'accent belge : les auditeurs belges et français ont tous mentionné davantage de mots non-cibles (qui n'ont pas fait l'objet de manipulation de durée) que de mots cibles. La réduction du groupe consonantique final dans un mot comme *ministre*, notamment, a été relevée par de nombreux auditeurs : ce phénomène, très courant y compris hors de Belgique, peut relever d'un accent social plus que régional. Toutefois, les auditeurs ont mentionné plus de mots cibles dans les stimuli marqués par l'allongement vocalique (OM et SM) que dans les stimuli non-marqués (ONM et SNM), alors que les nombres de mots non-cibles pointés par les auditeurs restent stables entre les différents types de stimuli. Ce trait d'allongement, s'il n'est pas le seul à intervenir, semble donc être un paramètre pertinent dans la perception de l'accent belge, étayant en cela les résultats de la tâche d'évaluation du degré d'accent.

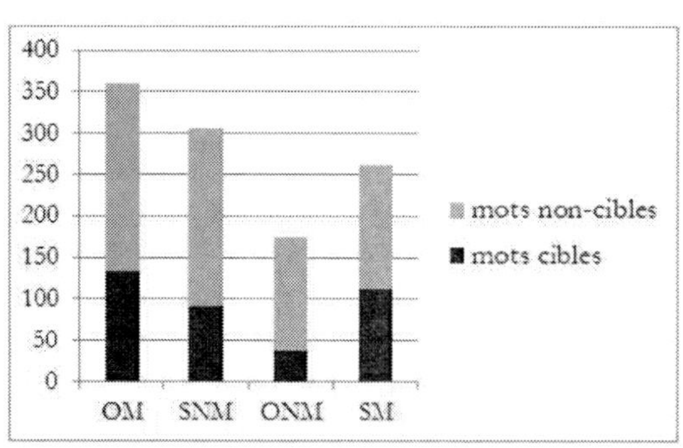

FIGURE 1 – Nombre de mots cibles et non-cibles mentionnés par les auditeurs belges et français, par type de stimulus (OM, SNM, ONM et SM).

4.2.3 Commentaires de fin

À la fin du test, une question était posée pour vérifier le caractère naturel des stimuli. À la question « est-ce que beaucoup de phrases (au moins 10) vous ont paru caricaturales ou stéréotypées ? », seuls 6 Français et 11 Belges ont répondu positivement. Pourtant, dans 15 stimuli, en réalité, la durée d'au moins une voyelle avait été doublée. Ce résultat est donc rassurant quant au facteur d'allongement utilisé dans cette expérience.

Une autre question, laissée délibérément ouverte, était posée : « selon vous, où habite la majorité des personnes que vous venez d'entendre ? ». Quinze auditeurs de Belgique ont évoqué la région de Liège, ce qui peut être considéré comme une « bonne » réponse dans la mesure où 38 stimuli sur 60 provenaient de locuteurs liégeois. Comme on pouvait s'y attendre, les réponses des Français sont nettement plus imprécises, mentionnant des similarités avec la campagne du nord(-est) de la France. S'il est particulièrement marqué à Liège (Hambye et Simon, 2004), l'allongement de certaines voyelles peut également être relevé ailleurs.

Enfin, les auditeurs étaient invités à indiquer quels indices leur avaient paru les plus saillants. Dans leurs commentaires, les Belges se sont principalement montrés sensibles à la prosodie, la mentionnant dans une quinzaine de cas (avec notamment l'allongement de certaines syllabes ou des voyelles « traînantes »), les autres commentaires étant plus disparates (citant par exemple des phénomènes d'élision). Les Français ont également mentionné la prosodie : une douzaine de commentaires y était relative (dans des termes proches de ceux des Belges), tandis qu'une autre douzaine de commentaires portait sur la prononciation du /R/ (trait rarement souligné par les Belges). La convergence relative des Belges et des Français, en matière de perception de la prosodie en français de Belgique, est un nouvel élément en faveur de l'importance de ce trait d'allongement — objet certes de l'expérience, mais généralement non perçu comme exagéré.

5 Conclusion

Dans cette étude expérimentale et perceptive de l'accent belge, nous nous sommes concentrés sur l'allongement vocalique et l'influence de ce dernier en perception. S'appuyant sur des enregistrements de locuteurs belges en lecture, deux expériences perceptives ont été conduites, chacune auprès d'auditeurs belges et français. La première a permis d'identifier de façon robuste des voyelles allongées perçues comme régionalement marquées, de déterminer un seuil d'allongement perceptivement pertinent et de caractériser les voyelles les plus susceptibles d'être allongées. La deuxième expérience perceptive, à base de manipulation de parole, a permis de tester l'impact de l'allongement vocalique dans la perception de l'accent belge.

Malgré la difficulté à saisir le phénomène de l'allongement vocalique, dont en moyenne une occurrence par phrase peut être perçue, la première expérience a mis en évidence le fait que la grande majorité des voyelles perçues comme allongées est en syllabe pénultième de mot ou appartient à des monosyllabes et qu'il s'agit généralement de voyelles nasales ou semi-fermées. Les résultats de cette expérience ont été utilisés pour sélectionner les stimuli d'une deuxième expérience, dans laquelle des échantillons de parole marqués prosodiquement ont été rendus non-marqués par synthèse et vice versa. Dans le test, les voyelles allongées ont été réduites de moitié et les voyelles non-allongées ont été doublées. Cette deuxième expérience, sans différences significatives entre auditeurs belges et français, suggère que les stimuli présentant des allongements vocaliques sont évalués avec un degré d'accent plus élevé que leurs contreparties sans allongement. Ce résultat a été confirmé en termes de mots saillants pointés par les auditeurs (plus souvent quand ces mots montraient que quand ils ne montraient pas d'allongements vocaliques). Certaines représentations linguistiques présentes dans l'imaginaire des auditeurs, autour de l'accent belge, ont également été discutées.

La dernière expérience mériterait d'être répliquée avec un allongement moins important que +100 %. Parmi les autres perspectives qui s'offrent à nous, prédire l'allongement à partir de la nature des voyelles, de la structure syllabique, de la position dans le mot/l'énoncé, etc. nous encourage à examiner la parole spontanée. Dans tous les cas, d'autres paramètres acoustiques comme la fréquence fondamentale méritent d'être analysés pour faire la part de la prosodie et du niveau segmental dans la perception d'un accent belge.

Remerciements

Nous remercions Jacques Durand, Bernard Laks, Chantal Lyche et Marie-Hélène Côté, responsables du projet PFC, Stéphanie Audrit et Albert Rilliard pour leur aide, ainsi que tous les auditeurs qui ont participé au test perceptif.

Références

ARMSTRONG, N. et POOLEY, T. (2010). *Social and linguistic changes in European French*, Basingstoke, Palgrave Macmillan.

ASTÉSANO, C. (2001). *Rythme et accentuation en français. Invariance et variabilité stylistique.* Paris, L'Harmattan.

BOERSMA, P. (2001). Praat, a system for doing phonetics by computer. *Glot International*, 5(9/10), pages 341–345.

BOULA DE MAREÜIL, P. et BARDIAUX, A. (2011). Perception of French, Belgian and Swiss accents by French and Belgian listeners. *In Proc. 4th ISCA Tutorial and Research Workshop on Experimental Linguistics*, Paris, pages 47–50.

BOULA DE MAREÜIL, P. et LEHKA-LEMARCHAND, I. (2011). Can a prosodic pattern induce/reduce the perception of a lower-class suburban accent in French? *In Proc. 17th International Congress of Phonetic Sciences*, Hong Kong, pages 348–351.

DURAND, J., LAKS, B., LYCHE, C., éditeurs (2009). *Phonologie, variation et accents du français*, Paris, Hermès.

HAMBYE, P. et SIMON, A.-C. (2004). The production of social meaning through the association between varieties and style: a small case study on vowel lengthening in Belgium. *In Canadian Journal of Linguistics*, 49(3–4), pages 1001–1025.

HAMBYE, P. et SIMON, A. C. (2009). La prononciation du français en Belgique. *In* (Durand *et al.*, éditeurs, 2009), pages 95–130.

LEHKA-LEMARCHAND, I. (2007). *Accent de banlieue. Approche phonétique et sociolinguistique de la prosodie des jeunes d'une banlieue rouennaise*, Thèse de doctorat, Université de Rouen.

WOEHRLING, C. (2009). *Accents régionaux en français : perception, analyse et modélisation à partir de grands corpus*, Thèse de doctorat, Université Paris-Sud.

Développement de ressources en swahili pour un système de reconnaissance automatique de la parole

Hadrien Gelas[1, 2] Laurent Besacier[2] François Pellegrino[1]
(1) Laboratoire Dynamique Du Langage, CNRS - Université de Lyon, France
(2) Laboratoire Informatique de Grenoble, CNRS - Université Joseph Fourier Grenoble 1, France
{hadrien.gelas, francois.pellegrino}@univ-lyon2.fr, laurent.besacier@imag.fr

RÉSUMÉ

Cette contribution décrit notre travail sur la production de ressources en swahili pour un système de reconnaissance automatique de la parole (RAP). Le swahili est une langue bantu parlée dans une vaste région d'Afrique de l'Est. Nous introduisons en premier lieu le statut de la langue. Ensuite, nous reportons les différentes stratégies choisies pour développer un corpus de texte, un dictionnaire de prononciation et un corpus de parole pour cette langue peu dotée. Nous explorons des méthodologies telles que le crowdsourcing ou un processus de transcription collaboratif. De plus, nous tirons avantage de certaines caractéristiques linguistiques comme la morphologie riche de la langue ou la part de vocabulaire partagée avec l'anglais, afin d'améliorer les performances de notre système de RAP de référence dans une tâche de transcription de parole radiodiffusée.

ABSTRACT

Developments of Swahili resources for an automatic speech recognition system

This article describes our efforts to provide ASR resources for Swahili, a Bantu language spoken in a wide area of East Africa. We start with an introduction on the language situation. Then, we report the selected strategies to develop a text corpus, a pronunciation dictionary and a speech corpus for this under-resourced language. We explore methodologies as crowdsourcing or collaborative transcription process. Besides, we take advantage of some linguistic characteristics of the language such as rich morphology or shared vocabulary with English to improve performance of our baseline Swahili ASR system in a broadcast speech transcription task.

MOTS-CLÉS : Swahili, langues peu dotées, reconnaissance automatique de la parole, ressources numériques.

KEYWORDS: Swahili, under-resourced languages, automatic speech recognition, resources.

1 Introduction

Durant ces dernières décennies, entrainées par l'évolution permanente de l'informatique et la constante informatisation de nos sociétés, les technologies du langage et de la parole ont connu des progrès majeurs. Le déploiement de ces technologies pour des langues peu-dotées représente un challenge important. En effet, l'utilité et les différentes applications de ces outils dans les pays en voie de développement se sont montrées nombreuses : autant pour l'accès à l'information en Afrique Sub-Saharienne (Barnard *et al.*, 2010), pour l'agriculture en Inde rurale (Patel *et al.*, 2010) ou la santé au Pakistan (Kumar *et al.*, 2011). Cependant, les technologies du langage sont toujours pleinement confrontées au manque de ressources numériques et représentent ainsi peu la diversité des langues (plus de 6000). Comme beaucoup d'autres, les langues d'Afrique sont fortement touchées par cette lacune.

Le swahili est une importante langue véhiculaire d'Afrique de l'Est couvrant un large territoire de plus de huit pays (langue nationale au Kenya et en Tanzanie)(Polomé, 1967). La majorité des estimations indique entre 40 et 100 millions de locuteurs (dont moins de 5 millions sont des locuteurs natifs). Le swahili fait parti de la grande famille des langues bantu qui recouvre une large étendue géographique de plus de deux tiers du territoire d'Afrique Sub-Saharienne. En ce qui concerne la structure de la langue, le swahili est considéré comme une langue agglutinante (Marten, 2006). Elle possède les caractéristiques typiques des langues bantu comme les classes nominales et leurs systèmes d'accord et une morphologie verbale complexe. Cependant, elle se distingue de la plupart des autres langues bantu par l'absence de tons ainsi que par une part importante de son vocabulaire d'origine arabe. L'impact important du swahili en Afrique de l'Est explique pourquoi de nombreux acteurs principaux des services numériques proposent déjà une localisation de cette langue (entre autres : Wikipédia (2003), Google (2004), Microsoft (2005) et Facebook (2009)). De nombreuses autres initiatives pour la promotion du swahili sur le web existent. Sont à noter : le `Kamusi project` ("the internet living Swahili dictionary") ou le portail `goswahili.org` qui regroupe de considérables ressources sur la langue. Il faut aussi retenir le projet Kiswahili Linux Localization (`klnX`) qui a consacré des efforts importants à localiser des logiciels libres et ouverts en swahili.

En ce qui concerne le traitement automatique du langage naturel, des travaux antérieurs ont porté sur différents analyseurs (analyseur morphologique, segmenteurs, marqueurs de position, lemmatiseurs...). Certains utilisent une approche à base de règles comme dans (Hurskainen, 2004b), alors que d'autres favorisent une approche guidée par les données (De Pauw *et al.*, 2006; De Pauw et De Schryver, 2009; Shah *et al.*, 2010). Il est important de mentionner aussi les travaux en technologies du langage suivants : ceux en synthèse vocale (Ngugi *et al.*, 2010), en traduction automatique dans (De Pauw *et al.*, 2011a) et (De Pauw *et al.*, 2011b). Enfin, un premier système de dictée vocale est présenté en (Miriti, 2010).

Dans cette contribution, nous rapportons nos récents travaux sur le développement d'un système de reconnaissance automatique de la parole (RAP) pour le swahili. Dans la section suivante, nous présentons un aperçu de la situation linguistique et numérique de la langue. La section 3 retrace la collecte de données alors que la section 4 expose les résultats du système de RAP. Enfin, la section 5 conclue et discute des travaux à venir.

2 Ressources

2.1 Collecte et conception d'un corpus de texte

Un corpus de texte est indispensable pour la modélisation du langage en RAP. Des études récentes ont porté sur la collecte de textes en swahili : le corpus d'Helsinki (Hurskainen, 2004a) contient 12M de mots, (De Pauw *et al.*, 2011a) développent un corpus parallèle anglais-swahili de 2M de mots et enfin, 5M de mots sont collectés dans (Getao et Miriti, 2006). Le swahili bénéficiant d'une bonne visibilité sur le web, il a été décidé de construire notre propre corpus basé sur 16 sites d'information présélectionnés pour être strictement monolingue (évitant ainsi une étape de filtrage multilingue). De manière similaire à (Le *et al.*, 2003), toutes les pages d'articles d'information ont été téléchargées sous différents formats, auxquelles ont été appliqués les processus d'extraction de texte, nettoyage et filtrage. À travers ce processus, plus de 28M de mots (tokens) ont été collectés.

Comme il a été décrit en section 1, le swahili est une langue agglutinante possédant une morphologie riche. Dans la structure verbale d'un verbe swahili, dix positions peuvent être identifiées (Marten, 2006). Si toutes ne peuvent être remplies en même temps, il est fréquent de trouver six ou sept positions remplies comme dans l'exemple suivant : `hawatakuambieni` est segmenté `ha-wa-ta-ku-ambi-e-ni` et glosé `NEG-SM2-FUT-OM2-tell-FIN-PL` [1]. De telles caractéristiques morphologiques impliquent une importante variété léxicale. Pour la RAP, cela entraine un manque de données et une couverture lexicale bien plus mauvaise que l'état de l'art actuel des système de RAP (comme on peut trouver pour l'anglais). Le considérable taux de mot hors vocabulaire (HV) qui en découle a des conséquences évidentes sur le taux d'erreur de mots (%Err) d'un système. Effectivement, chaque mot HV ne sera pas reconnu mais influera aussi la reconnaissance des mots voisins avec, comme impact immédiat, une montée du taux d'erreur. De nombreuses recherches se sont portées sur le traitement des langues à morphologie riche en TALN (Sarikaya *et al.*, 2009). En RAP, une solution est d'atteindre une couverture lexicale plus large en segmentant les mots en sous-unités, comme dans (Pellegrini et Lamel, 2009) pour l'amharique. Il est présenté dans (Hirsimaki *et al.*, 2009) un récent tour d'horizon de différentes études sur les modèles de langage basé sur le morphe [2] en RAP. Après avoir étudié différentes sous-unités pour le swahili (expérimentations non-reportées ici par manque de place), le morphe obtenu par une approche non-supervisée a été retenu. Pour ceci, nous avons utilisé l'outil publiquement disponible Morfessor (Creutz et Lagus, 2005). Il s'agit d'une approche guidée par les données qui apprend un lexique de sous-mots en utilisant un algorithme de minimisation de la taille de description (Minimum Description Length) à partir d'un corpus d'entrainement de mots. Si l'on considère le pourcentage de types HV selon le niveau de segmentation et différentes tailles de vocabulaire, la segmentation en morphes permet d'atteindre une couverture lexicale bien meilleure tout en gardant la même taille de vocabulaire : 19.17% de types HV avec un lexique de 65k mots et 11.36% avec 65k morphes. Dû aux limites du décodeur, cette étude se restreint à un vocabulaire de 65k. Néanmoins, pour un lexique de 200k mots, le taux de types HV est de 12.46% et toujours de 10.28% avec 400k mots (l'ensemble des mots disponibles). En parallèle, croître la taille du lexique à 200k morphes serait bien plus avantageux car il permettrait un taux de types HV de 1.61%.

2.2 Dictionnaire de prononciation

Le dictionnaire de prononciation est un élément primordial de la modélisation acoustique. Afin de le générer, nous avons extrait du corpus de texte les 65k mots les plus fréquents. L'étape suivante est de fournir une prononciation pour chacune des entrées lexicales en utilisant un nombre limité de phones, l'unité de base des modèles acoustiques. L'orthographe swahili est très proche de sa prononciation et très régulier : pour chaque phonème, l'unité de base linguistique, une seule même forme écrite est adoptée. Par conséquent, un script graphème vers phonème tire pleinement bénéfice de cette régularité et permet de générer la majeure partie des prononciations.

1. NEG= Negation, SM2= Marque sujet de la classe nominale 2 (il s'agit d'une des 16 différentes classes, il est fréquent en linguistique bantu de nommer ces classes nominales selon un système numérique), FUT= Temps futur, OM2= Marque objet de la classe nominale 2, *tell*= Racine verbale, FIN= Voyelle finale, PL= Pluriel post-finale

2. Le terme morphe est utilisé ici pour cette unité entre la syllabe et le mot. Selon le type de segmentation, elle peut correspondre au morphème, unité minimale porteuse de sens. Mais dans certain cas, avec une segmentation non-supervisée, elle peut ne correspondre à aucun type d'unité linguistique.

L'ensemble des phonèmes de la langue sont ici considérés comme phones, cependant, une analyse plus approfondie est nécessaire afin de décider si les sons les plus rares pourraient être évités et ainsi améliorer ou non le modèle acoustique. Notre système de RAP pour le swahili comptabilise 37 phones.

La génération de prononciation pour les mots anglais est un problème qui subsiste, ainsi que pour les noms propres et acronymes qui apparaissent tous fréquemment dans le corpus. La grande majorité des mots anglais et noms propres sont prononcés dans les émissions d'information tels qu'ils le sont en anglais. Si ces mots demeurent trop rares pour ajouter des phones spécifiques à l'anglais dans le modèle acoustique, ils sont aussi trop fréquents pour les laisser ainsi avec une prononciation erronée due à la règle graphème-phonème (de la même manière que (Chang *et al.*, 2011) avec le mandarin). Dans notre lexique de 65k mots swahili, 8,77% des mots se retrouvent dans le dictionnaire anglais de prononciation publiquement disponible du CMU (Carnegie Mellon University). Ces mots sont en grande majorité des mots anglais ou des noms propres. Ensuite, lorsqu'un mot est commun à la fois au dictionnaire CMU et à notre vocabulaire de 65k mots, la prononciation CMU est rajoutée en tant que variante de prononciation à notre dictionnaire. Les phones anglais sont transposés à ceux du swahili en procédant au préalable à un mapping théorique. Par exemple, le terme 'ukraine' est initialement phonétisé sous la forme '`u k r a i n e`' et nous rajoutons à partir du dictionnaire CMU, la variante : '`y u k r e y n`'. En ce qui concerne la prononciation des acronymes, ils sont le plus fréquemment prononcés de manière épellée. Ainsi, afin de générer des transcriptions plus proches qu'avec la règle graphème-phonème, un script détecte les entrées courtes contenant des clusters de lettres non-admis dans la phonotactique du swahili. Pour ces entrées, une variante avec la prononciation épellée est ajoutée (ex. TFF devient dans notre dictionnaire "`t i e f e f`").

2.3 Corpus audio

Afin d'effectuer l'apprentissage des modèles acoustiques, il est nécessaire d'avoir des données audio ainsi que les transcriptions correspondantes. Cependant, dans une situation de langues peu dotées, il est commun de ne pas avoir accès à ces ressources, ce qui représente donc une contrainte majeure au déploiement d'un système de RAP (Barnard *et al.*, 2009). Il s'agit d'une tâche à la fois longue, répétitive et coûteuse. De nombreuses études ont proposé des méthodologies dans le but d'accélérer la création de tels corpus comme dans (Davel *et al.*, 2011) et (Hughes *et al.*, 2010). Pour le swahili, nous avons d'abord commencé par collecter un corpus de parole lue. Les enregistrements ont été faits par 5 locuteurs natifs (2 femmes et 3 hommes), totalisant ainsi 3 heures et demie de parole lue transcrites. Afin d'obtenir un corpus plus conséquent, nous avons aussi collecté plus de 200h d'émissions d'information radiodiffusées sur le web.

Dans le but de fournir rapidement les transcriptions de ce corpus, nous avons exploré l'usabilité de l'outil de crowdsourcing Amazon's Mechanical Turk (MTurk). Mturk est un marché de travail en ligne où quiconque peut soumettre de simples tâches à des personnes volontaires. De nombreuses études récentes ont démontré la pertinence et la puissance de cet outil pour des tâches de TALN (Parent et Eskenazi, 2011). Spécifiquement pour les transcriptions, il possède un grand potentiel à réduire le coût et le temps tout en gardant une qualité suffisante (Novotney et Callison-Burch, 2010). Mais une certaine polémique entre chercheurs entoure Mturk pour certaines raisons légales et éthiques (mentionnées dans (Gelas *et al.*, 2011) et (Adda *et al.*, 2011)). Pour cette raison, nous avons d'abord seulement évalué sur le petit corpus de parole lue la possibilité de l'utiliser. Le modèle acoustique appris avec les transcriptions MTurk était très proche de celui utilisant les transcriptions de référence. Respectivement 38.5% et 38% de %Err sont obtenues sur un petit corpus de test de 82 phrases (détails dans (Gelas *et al.*, 2011) où le processus est aussi appliqué à l'amharique). La transcription de 3 heures et demie de parole lue s'est complétée en 12 jours par trois personnes sur MTurk. Il s'agit clairement d'un taux d'accomplissement plus faible que pour l'anglais. Ceci ajouté aux potentielles questions d'éthiques, nous avons décidé de travailler directement avec un institut kenyan [3] pour transcrire collaborativement 12 heures de notre corpus d'émissions d'information radiodiffusées.

L'optique principale est encore de faciliter et de réduire le temps pris par la transcription. Ainsi, nous avons considéré un processus de transcription collaboratif basé sur l'application itérative du protocole suivant : un premier modèle acoustique est appris en utilisant les données du corpus de parole lue. Ensuite, chaque émission est segmentée en utilisant une détection de silence automatique standard (seuls les fichiers dont la durée est entre 2 et 6 secondes sont gardés afin de pré-filtrer une partie des segments musicaux et trop bruités). Ensuite, un ensemble de deux heures d'audio présegmentées et pré-filtrées est transcrit par notre premier système de RAP. La sortie de ce décodage est envoyée à l'Institut Taji pour correction (post-edition). Enfin, après être corrigées par les transcripteurs, les données annotées sont ajoutées au corpus d'apprentissage et un nouveau modèle acoustique est entraîné dans le but de transcrire l'ensemble de deux heures suivant. Cette procédure est répétée jusqu'à ce que 12 heures de paroles transcrites soient obtenues, en gardant 10 heures pour l'apprentissage et 2 heures comme corpus de test. Il apparaît que le temps passé à post-éditer les transcriptions est corrélé avec la qualité des transcriptions pourvues. Les résultats du tableau 1 (du 1er au 6ième set) montrent que chaque ensemble correctement transcrit rajouté au corpus d'apprentissage améliore le modèle acoustique. Celui-ci fournit donc de meilleures transcriptions pour la tranche audio suivante et demande par conséquent moins de temps à corriger. À l'aide de ce protocole, la durée de la tâche de transcription est passé de 40 heures (1er set) à environ 26 heures (2ième au 5ième set) pour enfin atteindre 15 heures (6ième set).

3 Système de reconnaissance automatique de la parole

3.1 Configuration du système

Une fois toutes les ressources décrites auparavant collectées, nous avons utilisé la boîte à outils SphinxTrain [4] afin de développer les modèles acoustiques (MA) à base de modèles de Markov cachés à 3 états pour le swahili. L'étape initiale est d'extraire les paramètres acoustiques via une fenêtre glissante. Chaque trame a une taille de 25ms dont le début est incrémenté de 10ms. Le signal audio est ainsi paramétré selon 13 coefficients MFCC (Mel Frequency Cepstral Coefficients). Ensuite, ces paramètres acoustiques permettent l'apprentissage d'un modèle dépendant du contexte (CD) (3000 états). Pendant le travail de transcription collaboratif, seuls des modèles indépendants du contexte (CI) sont appris jusqu'à que 10 heures de données audio d'apprentissage soient atteintes. En ce qui concerne les modèles de langage, autant les trigrammes à base de mots que de morphes sont construits à l'aide de la boîte à outils du SRI [5].

3.2 Résultats

Différentes expérimentations de RAP ont été conduites sur un corpus de test de 2 heures (1991 phrases) et les résultats sont présentés tableau 1. Comme attendu lors du travail de

3. http ://www.taji-institute.com/
4. cmusphinx.sourceforge.net/
5. www.speech.sri.com/projects/srilm/

transcription collaboratif, chaque ensemble de 2 heures ajouté aux données d'apprentissage améliore significativement (exception faite entre le $4^{\text{ième}}$ et le $5^{\text{ième}}$) le taux d'erreur. Le passage visible d'un modèle acoustique CI vers CD était notre dernière étape pour notre modèle de référence, atteignant ainsi 35.8 %Err.

Dans ce même tableau, il est aussi possible de voir comment l'ajout des variantes de prononciation pour l'anglais et les acronymes augmente les performances dans un environnement acoustique propre (26.9 %Err sans et 26.5 %Err avec). Lorsque l'on considère les qualités audio plus dégradées, elles amènent une trop grande confusion dans le signal pour être véritablement bénéfiques (de 35.8 %Err à 35.7 %Err).

Finalement, dans notre expérience sur les sous-unités du mot au niveau du modèle de langage, les sorties du décodeur de RAP sont une séquence de morphes impliquant la nécessité de reconstruire le niveau mot. En conséquent, une balise de frontière de morphe est ajoutée de chaque côté de la segmentation. Pour reconstruire les sorties au niveau mot, nous reconnectons les unités chaque fois que deux frontières de morphes apparaissent consécutivement (exemple, `kiMB MBtabu` devient `kitabu`). L'utilisation de sous-unités au mot pour la modélisation du langage réduit significativement le taux d'erreur aussi bien dans un environnement acoustique bon que mauvais (34.8 %Err toutes qualités audio confondues et 25.9 %Err avec seulement la qualité studio). Ceci peut être expliqué par l'augmentation de la couverture lexicale. La couverture du vocabulaire de 65k morphes représente 30.83% de l'ensemble du lexique quand le vocabulaire de 65k mots représente lui seulement 13.95%. Comme présenté en 2.1, ceci a un impact direct sur les mots HV. Effectivement, une autre qualité d'un modèle de langage basé sur des sous-unités pour la RAP est la récupération des mots initialement HV. Parmi les mots HV qui peuvent être reconnus, 36,04% sont retrouvés.

TABLE 1 – Taux d'erreur (%Err) selon les différents modèles acoustique (CI ou CD), modèles de langage (Mots ou Morphes), dictionnaire de prononciation (avec ou sans variantes) et la qualité audio (tout, téléphonique, bruité ou studio)

Système de RAP	Qualité audio	Nombre de phrases	%Err
1er Set CI Mot(65k)	Tout	1991	72.8
$2^{\text{ième}}$ Set	Tout	1991	59.0
$3^{\text{ième}}$ Set	Tout	1991	57.4
$4^{\text{ième}}$ Set	Tout	1991	56.2
$5^{\text{ième}}$ Set	Tout	1991	56.1
Référence CD Mot(65k)	Tout	1991	35.8
	Téléphonique	424	60.0
	Bruitée	402	36.4
	Studio	1165	26.9
Référence + Variantes dict	Tout	1991	35.7
	Studio	1165	26.5
CD Morphe(65k + variantes)	Tout	1165	**34.8**
	Studio	1165	**25.9**

4 Conclusion

Dans la présente contribution, il est décrit un ensemble de nouvelles ressources développées pour la RAP du swahili. Différentes approches pour accélérer la création d'un corpus de parole transcrit ont été explorées. MTurk, l'outil puissant de crowdsourcing, a été envisagé dans le but de pourvoir les transcriptions de notre corpus principal. Et même si sur un petit corpus controllé, l'expérience s'est avérée concluante, un processus de transcription collaboratif avec un institut kenyan a été préféré. Afin d'aider les transcripteurs dans leur tâche, une pré-transcription d'un ensemble de deux heures de parole leur était soumis à corriger. Une fois finalement correctement transcrites, les données étaient rajoutées au corpus d'apprentissage et un nouveau modèle acoustique était réappris améliorant ainsi les transcriptions proposées suivantes. Ce protocole a permis de réduire la durée d'annotation pour deux heures de parole de 40h à 15h.

Une attention particulière a aussi été portée sur certaines singularités linguistiques du swahili, en gardant à l'esprit la possibilité de reproduire ces méthodologies sur d'autres langues linguistiquement similaires. En ce qui concerne la modélisation du langage d'une langue à morphologie riche, l'utilisation de sous-unités au mot a permis d'améliorer les performances de notre système en appliquant des méthodes non-suppervisées. À l'aide de la segmentation proposée par Morfessor, nous sommes passés de 35.7 %Err pour le modèle de mot à 34.8 %Err avec le modèle de morphes. Une expérimentation parallèle portée sur une tâche de parole lue sur l'amharique s'est aussi montrée profitable, les résultats étant présentés dans (Tachbelie *et al.*, 2012).

Pour ce qui est du développement du dictionnaire de prononciation, la présence importante de termes anglais a été prise en compte. Des variantes de prononciation on été automatiquement générées en tirant avantage de matériaux déjà disponible comme le dictionnaire de prononciation anglais de CMU. Ce procédé associé à la détection automatique et génération de variantes pour les acronymes a permis d'améliorer les performances, notamment dans un environnement audio clair (qualité studio) en passant de 26.9 %Err à 26.5 %Err.

Références

ADDA, G., SAGOT, B., FORT, K. et MARIANI, J. (2011). Crowdsourcing for language resource development : Critical analysis of amazon mechanical turk overpowering use. *In LTC, 5th Language and Technology Conference.*

BARNARD, E., DAVEL, M. et HEERDEN, C. (2009). Asr corpus design for resource-scarce languages. *In Interspeech.*

BARNARD, E., SCHALKWYK, J., van HEERDEN, C. et MORENO, P. (2010). Voice search for development. *In Interspeech.*

CHANG, H., SUNG, Y., STROPE, B. et BEAUFAYS, F. (2011). Recognizing english queries in mandarin voice search. *In ICASSP.* IEEE.

CREUTZ, M. et LAGUS, K. (2005). Unsupervised morpheme segmentation and morphology induction from text corpora using morfessor 1.0. Rapport technique, Computer and Information Science, Report A81, Helsinki University of Technology.

DAVEL, M., van HEERDEN, C., KLEYNHANS, N. et BARNARD, E. (2011). Efficient harvesting of internet audio for resource-scarce asr. *In Interspeech.*

DE PAUW, G. et DE SCHRYVER, G. (2009). African language technology : The data-driven perspective. *V. Lyding (eds.)*, pages 79–96.

DE PAUW, G., DE SCHRYVER, G. et WAGACHA, P. (2006). Data-driven part-of-speech tagging of kiswahili. *In Text, speech and dialogue*, pages 197–204. Springer.

De Pauw, G., Wagacha, P. et De Schryver, G. (2011a). Exploring the sawa corpus : collection and deployment of a parallel corpus english - swahili. *Language resources and evaluation*, pages 1–14.

De Pauw, G., Wagacha, P. et de Schryver, G. (2011b). Towards english-swahili machine translation. *In Research Workshop of the Israel Science Foundation*.

Gelas, H., Abate, S., Besacier, L. et Pellegrino, F. (2011). Evaluation of crowdsourcing transcriptions for african languages. *In HLTD*.

Getao, K. et Miriti, E. (2006). Automatic construction of a kiswahili corpus from the world wide web. *Measuring Computing Research Excellence and Vitality*, page 209.

Hirsimaki, T., Pylkkonen, J. et Kurimo, M. (2009). Importance of high-order n-gram models in morph-based speech recognition. *Audio, Speech, and Language Processing, IEEE Transactions on*, 17(4):724–732.

Hughes, T., Nakajima, K., Ha, L., Vasu, A., Moreno, P. et LeBeau, M. (2010). Building transcribed speech corpora quickly and cheaply for many languages. *In INTERSPEECH*.

Hurskainen, A. (2004a). Hcs 2004–helsinki corpus of swahili. *Compilers : Institute for Asian and African Studies (University of Helsinki) and CSC*.

Hurskainen, A. (2004b). Swahili language manager : a storehouse for developing multiple computational applications. *Nordic Journal of African Studies*, 13(3):363–397.

Kumar, A., Tewari, A., Horrigan, S., Kam, M., Metze, F. et Canny, J. (2011). Rethinking speech recognition on mobile devices. *In IUI4DR*. ACM.

Le, V., Bigi, B., Besacier, L. et Castelli, E. (2003). Using the web for fast language model construction in minority languages. *In Eighth European Conference on Speech Communication and Technology*.

Marten, L. (2006). Swahili. *In* Brown, K., éditeur : *The Encyclopedia of Languages and Linguistics, 2nd ed.*, volume 12, pages 304–308. Oxford : Elsevier.

Miriti, E. (2010). *A Kiswahili Dictation System : Implementation of a Prototype*. VDM Verlag Dr. Müller.

Ngugi, K., Okelo-Odongo, W. et Wagacha, P. (2010). Swahili text-to-speech system. *African Journal of Science and Technology*, 6(1).

Novotney, S. et Callison-Burch, C. (2010). Cheap, fast and good enough : Automatic speech recognition with non-expert transcription. *In NAACL HLT*, pages 207–215. Association for Computational Linguistics.

Parent, G. et Eskenazi, M. (2011). Speaking to the crowd : looking at past achievements in using crowdsourcing for speech and predicting future challenges. *In Interspeech*.

Patel, N., Chittamuru, D., Jain, A., Dave, P. et Parikh, T. (2010). Avaaj otalo : a field study of an interactive voice forum for small farmers in rural India. *In CHI*, pages 733–742. ACM.

Pellegrini, T. et Lamel, L. (2009). Automatic word decompounding for ASR in a morphologically rich language : Application to Amharic. *Audio, Speech, and Language Processing, IEEE Transactions on*, 17(5):863–873.

Polomé, E. (1967). *Swahili Language Handbook*. Center for Applied Linguistics, Washington, DC.

Sarikaya, R., Kirchhoff, K., Schultz, T. et Hakkani-Tur, D. (2009). Introduction to the special issue on processing morphologically rich languages. *Audio, Speech, and Language Processing, IEEE Transactions on*, 17(5).

Shah, R., Lin, B., Gershman, A. et Frederking, R. (2010). Synergy : a named entity recognition system for resource-scarce languages such as swahili using online machine translation. *In Proceedings of the Second Workshop on African Language Technology (AfLaT 2010)*, pages 21–26.

Tachbelie, M. Y., Abate, S. T., Besacier, L. et Rossato, S. (2012). Syllable-based and hybrid acoustic models for amharic speech recognition. *In SLTU*.

Génération des prononciations de noms propres à l'aide des Champs Aléatoires Conditionnels

Irina Illina, Dominique Fohr, Denis Jouvet
Équipe Parole, INRIA-LORIA, 615, rue du Jardin Botanique, 54602 Villers-les-Nancy, France
{illina, fohr, jouvet}@loria.fr

RÉSUMÉ

Dans cet article, nous proposons une approche de conversion graphème-phonème pour les noms propres. L'approche repose sur une méthode probabiliste : les Champs Aléatoires Conditionnels (*Conditional Random Fields, CRF*). Les CRFs donnent une prévision à long terme, n'exigent pas l'indépendance des observations et permettent l'intégration de tags. Dans nos travaux antérieurs, l'approche de conversion graphème-phonème utilisant les CRFs a été proposée pour les mots communs et différents paramétrages des CRFs ont été étudiés. Dans cet article, nous étendons ce travail aux noms propres. Par ailleurs, nous proposons un algorithme pour la détection de l'origine des noms propres. Le système proposé est validé sur deux dictionnaires de prononciations. Notre approche se compare favorablement aux JMM (Joint-Multigram Model, système de l'état de l'art), et tire profit de la connaissance de la langue d'origine du nom propre.

Abstract

Pronunciation generation for proper names using Conditional Random Fields

We propose an approach to grapheme-to-phoneme conversion for proper names based on a probabilistic method: Conditional Random Fields (CRFs). CRFs give a long term prediction, assume a relafex state independence condition and allow a tag integration. In previous work, grapheme-to-phoneme conversion using CRF has been proposed for non proper names and different CRF features are studied. In this paper, we extend this work to proper names. Moreover, we propose an algorithm for origine detection of proper names of foreign origins. The proposed system is validated on two pronunciation dictionaries. Our approach compares favorably with the performance of the state-of-the-art Joint-Multigram Models and takes advantage of the knowledge of the origin of the proper name.

MOTS-CLÉS : reconnaissance de la parole, noms propres, phonétisation du lexique, champs aléatoires conditionnels (CRF)

KEYWORDS: automatic speech recognition, proper names, lexique phonetisation, conditional random field (CRF).

1 Introduction

La phonétisation d'un mot à partir de sa forme écrite consiste à trouver les variantes de prononciations de ce mot. Les principales applications sont la reconnaissance automatique de la parole, la synthèse vocale et la génération de dictionnaires de prononciations. Dans ces applications, l'utilisation de dictionnaires conçus et vérifiés manuellement est la solution qui permet la meilleure précision. Mais le coût de cette solution est souvent prohibitif. Pour les noms communs, des dictionnaires phonétiques sont parfois disponibles (comme, par exemple, le dictionnaire CMU pour l'anglais ou le Bdlex pour le français). En revanche de tels dictionnaires sont rarement disponibles et même inexistants pour les noms propres. Dans ce cas, la génération automatique d'un dictionnaire est nécessaire.

Les problèmes de phonétisation des noms propres sont nombreux et proviennent en partie de leur diversité (Bechet, 2000) : leurs différentes prononciations, leurs différentes origines, l'imprévisibilité orthographique de noms propres et leurs homographes hétérophones (formes identiques ayant des prononciations différentes), l'orthographe non complètement normalisée, les noms propres d'origine étrangère.

La tâche de phonétisation est souvent considérée comme une tâche de conversion de la suite de graphèmes vers la suite de phonèmes correspondants (*Grapheme-to-Phoneme Conversion, G2P*). Ces dernières années, différentes approches plus ou moins automatiques ont été proposées pour essayer de résoudre le problème de la phonétisation des noms propres. A ce jour, ces approches produisent entre 50 et 12% d'erreur. Ces approches se décomposent souvent en deux étapes. La première étape est la détection de l'origine du nom propre et s'appuie fréquemment sur un modèle N-gramme de graphèmes. L'étape suivante est la phonétisation dépendante de l'origine trouvée. Le système à base de règles de (Bartkova, 2003) détecte l'origine d'un nom propre à phonétiser à partir de suites de lettres caractéristiques, puis génère les variantes de prononciation en s'appuyant sur des règles propres à chaque origine détectée. Le nombre de règles, et parfois les conflits entre elles rendent cette approche assez lourde à mettre en place. (Llitjos, 2001) proposent de détecter l'origine d'un nom propre en étudiant les trigrammes de lettres, puis des arbres de décision (un pour chaque lettre) sont utilisés pour prédire la prononciation à partir des lettres et de leurs contextes. Concernant le français, la combinaison de 4 systèmes a permis de passer de 20% d'erreurs de mots à 12% (de Mareuil, 2005). Pour la détection de l'origine, (Chen, 2006) utilise *N-gram Syllable-Based Letter Clusters :* pour elargir la fenetre d'analyse, pour chaque langue, les auteurs construisent un modèle N-gramme de classes de lettres les plus fréquentes (syllabes).

Dans notre article nous nous intéressons au problème de la phonétisation des noms propres et nous proposons une nouvelle approche pour la détection de l'origine d'un nom propre. Pour ces deux problèmes, nous proposons d'utiliser les *Champs Aléatoires Conditionnels* (*Conditional Random Fields, CRFs*) car à l'issu de l'apprentissage ils permettent de trouver les coefficients optimaux même si les paramètres sont corrélés et ils permettent d'intégrer différentes sortes d'indices (Lafferty, 2001). Pour comparer notre approche à l'état de l'art, le *Modèle de Multigrammes Joints* (*Joint-Multigram Model, JMM*) (Bizani, 2008) est utilisé.

La structure de notre article est la suivante : la section 2 est consacrée à la présentation de la méthodologie proposée, la section 3 décrit les expérimentations menées et leurs résultats, et la section 4 conclut notre article.

2 Méthodologie

Dans notre travail, nous proposons d'utiliser les *Champs Aléatoires Conditionnels* (*Conditional Random Fields, CRFs*). Les CRFs sont un outil probabiliste pour l'étiquetage et la segmentation des données structurées, telles que des séquences, des arbres ou des treillis. Les CRFs donnent une prévision à long terme, contrairement aux HMM n'exigent pas l'indépendance des observations, permettent un apprentissage discriminant et finalement convergent vers un optimum global. Notre choix de CRFs est motivé par le fait que le processus d'apprentissage permet de trouver les coefficients optimaux même si les paramètres sont corrélés.

Les CRFs trouvent des applications dans le domaine de l'étiquetage et de l'analyse de données séquentielles, dans le domaine de la segmentation d'images et peuvent être utilisés comme une approche générale de combinaison de caractéristiques de différentes sources. Récemment, les CRFs ont été appliqués dans le domaine de la reconnaissance vocale : pour insérer de façon automatique les *virgules* dans les résultats de la reconnaissance (Akita, 2011), pour une mesure de confiance performante (Seigel, 2011), pour la détection des entités nommées (Mc Callum, 2003). (Lehnen, 2011) a étendu le cadre théorique des CRFs en y introduisant l'idée de « *back-off* » (similaire à l'idée de « *back-off* » dans les modèles de langage).

2.1 Phonétisation de noms propres à l'aide de CRFs

Dans (Illina, 2011), nous avons présenté notre méthodologie d'utilisation des CRFs pour la conversion G2P. Ici nous rappellerons rapidement les étapes principales :

- Comme l'apprentissage des CRFs nécessite d'avoir les associations « *un graphème – un phonème* » du corpus d'apprentissage, l'étape de pré-traitement consiste à aligner tous les graphies de mots d'apprentissage avec les phonèmes correspondants. L'obtention de ces associations s'effectue en deux sous-étapes : (1) - Tout d'abord, nous générons les associations « *un graphème – plusieurs phonèmes* » en effectuant un alignement forcé. Pour cela, nous utilisons des HMMs discrets : chaque phonème est modélisé par un HMM à un état, chaque observation de ce HMM correspond à un graphème. (2)- La deuxième sous-étape consiste, à partir de ces associations « *un graphème – plusieurs phonèmes* », à générer les associations « *un graphème – un phonème* ». Dans les cas où un phonème est aligné avec plusieurs graphèmes, nous associons ce phonème avec le graphème dont la probabilité est la plus grande. Les graphèmes restants sont alors associés avec le phonème nul.
- Durant la deuxième étape d'apprentissage, en utilisant les associations « *un graphème – un phonème* » générées, les modèles CRFs sont appris. Les CRFs apprennent les poids w en maximisant la vraisemblance de $p(\bar{y}|\ \bar{x};w)$:

$$p(\bar{y} \mid \bar{x}; w) = 1/Z(\bar{x}, w) \exp \Sigma_j w_j F_j(\bar{x}, \bar{y}) \qquad (1)$$

$$F_j(\bar{x}, \bar{y}) = \Sigma_i f_j(\bar{y}_{i-1}, \bar{y}_i, \bar{x}, i) \qquad (2)$$

où $\bar{x}$ est la séquence de graphèmes, $\bar{y}$ est la séquence de phonèmes, w est le poids à apprendre. f_j est une fonction qui dépend de la séquence de graphèmes de mot, du phonème actuel, du phonème précédent et de sa position actuelle dans le mot. Notons, que l'équation (2) correspond aux bigrammes (le phonème courant et le phonème précédent sont pris en compte).

Lors de la phonétisation G2P, le décodage à l'aide des CRFs trouve les N-meilleures séquences de phonèmes correspondants à un mot du corpus de test.

2.2 Détection de l'origine d'un nom propre à l'aide de CRFs

Pour prédire l'origine d'un nom propre, nous avons utilisé des CRFs. Pour cette tâche, la séquence des observations (vecteur X des formules (1) et (2)) est constituée de la séquence des graphèmes du mot. A chaque graphème on associe l'étiquette $\bar{y}_i$ correspondant à l'origine du mot. Les vecteurs de caractéristiques des CRFs sont composés des graphèmes du mot dont on veut connaître l'origine. Afin d'obtenir plusieurs origines possibles pour un mot donné, un seuil de probabilité est utilisé: les réponses fournies par les CRFs dont les probabilités sont supérieures à ce seuil sont conservées.

3 Expériences

3.1 Critères d'évaluation

Dans le cas de la génération d'une seule prononciation par mot, le critère de performance est le pourcentage de mots avec une phonétisation correcte. Ce terme est défini comme le pourcentage de mots, où tous les phonèmes de la phonétisation correspondent exactement aux phonèmes de la référence. Dans le cas où plusieurs variantes de prononciations de référence existent pour un mot, toutes les variantes sont examinées et celle qui obtient la meilleure correspondance est choisie.

Dans le cas de la génération de plusieurs variantes de prononciation par mot, le rappel et la précision sont utilisés. Le rappel est le nombre de variantes de prononciations générées qui sont correctes divisé par le nombre de total de prononciations de référence. La précision représente le nombre de variantes de prononciations correctes divisé par le nombre total de variantes de prononciations générées.

3.2 Corpora

Corpus BDLex Le corpus BDLex est une base de données lexicale développé à l'IRIT (De Calmès, 1998). Il contient des informations lexicales, phonologiques et morphologiques. BDLex est composé d'environ 440000 formes fléchies avec les attributs suivants : graphie, prononciation, traits morphosyntaxiques, forme canonique (lemme) et un indicateur de fréquence.

Nous avons divisé ce corpus de façon aléatoire en trois parties disjointes : 75% pour l'apprentissage, 5% pour le développement, 20% pour le test. Cette partition est faite selon les lemmes : toutes les formes fléchies d'un mot sont mises ensemble dans la même partie. L'ensemble de développement du corpus BDLex est utilisé pour sélectionner le paramétrage optimal. Les paramètres obtenus sont ensuite appliqués sur la partie test.

Le corpus BDLex ne contient pas d'information sur l'origine de chaque mot et ne contient pas de noms propres. Pour un taux de reconnaissance en mot de 95%, l'intervalle de confiance est de ± 0,2 avec la tolérance de 5%.

Corpus du LORIA Ce corpus de noms propres est composé de 3500 noms de personnes (noms de familles) (*NP-Lor* dans nos expériences). Pour chaque nom propre, on dispose de sa graphie, d'une ou plusieurs transcriptions phonétiques et de l'information de l'origine de ce nom propre (appelé *tag d'origine* dans la suite de l'article). Un même nom propre peut avoir plusieurs tags, par exemple, le nom « Berger » peut être un nom propre français ou allemand, avec des prononciations différentes associées à chaque tag. En tout il y a une quinzaine de tags d'origine, le tag "français" couvre environ 50% du corpus. En moyenne, il y a 1,4 prononciations par mot.

Comme la taille du corpus est faible, nous avons utilisé l'approche « *leave-one-out* ». Pour cela le corpus est divisé de façon aléatoire en 10 parties égales : 9 parties sont utilisées pour l'apprentissage et la partie restante pour le test. Cette procédure est répétée 10 fois. Pour un taux de reconnaissance en mot de 60%, l'intervalle de confiance est de ± 1,6% avec la tolérance de 5%.

3.3 Logiciels utilisés

CRF++. CRF++ est un logiciel *open source* de CRFs destiné à segmenter et étiqueter des données séquentielles. Il est écrit en C++, utilise la méthode d'apprentissage rapide fondée sur la descente de gradient et génère les N-meilleures hypothèses.

Sequitur G2P (JMM). Pour comparer notre approche à l'état de l'art, nous avons choisi d'utiliser l'approche du Modèle de Multigrammes Joints (*Joint-Multigram Model, JMM*) (Bizani, 2008) et le logiciel Sequitur correspondant. Le principe consiste à déterminer l'ensemble optimal des séquences jointes, où chaque séquence est composée d'une séquence de graphèmes et de la séquence de phonèmes associés. Un modèle de langage est appliqué aux séquences jointes. L'algorithme procède de façon incrémentale : la première passe crée un modèle simple. Puis chaque passe utilise le modèle précédemment créé pour agrandir les séquences jointes (8 passes dans nos expériences).

4 Résultats expérimentaux

Dans (Illina, 2011) nous avons étudié l'influence du POS-tag, du contexte et de l'effet de l'unigramme et du bigramme sur la performance des CRFs. Les résultats expérimentaux ont suggéré que plus le contexte de graphèmes est large, meilleurs sont les résultats. Donc, nous avons fixé le contexte de graphèmes à neuf, c'est-à-dire les quatre lettres précédentes, la lettre courante et les quatre lettres suivantes. Il est préférable d'utiliser un ensemble d'indices assez large (des indices bigrammes et unigrammes). Dans le présent travail, nous utilisons donc des indices bigrammes et des indices unigrammes avec des contextes de 1, 3, 5, 7 et 9 graphèmes.

4.1 Génération d'une seule prononciation par mot

Dans ces expériences nous générons une seule prononciation par mot. Nous effectuons les tests sur : (1) - la partie test du corpus BDLex pour mettre en évidence la différence de résultats de la génération G2P pour le corpus BDLex par rapport aux noms propres ; (2) - la partie test du corpus BDLex, en excluant les verbes car la prédiction de leur phonétisation est plus simple que pour les autres mots ; (3)- les noms propres d'origine française du corpus NP-Lor ; (4) - les noms propres d'origine non française du corpus NP-Lor.

Apprentissage de modèles sur le corpus BDLex. L'apprentissage de nos modèles est effectué sur la partie apprentissage du corpus BDLex. La figure 1 (à gauche) présente le pourcentage de mots dont les phonétisations sont correctes en fonction du corpus de test utilisé. Cette figure montre que sur le corpus BDLex de test, 97% de mots sont bien transcrits. En excluant les verbes du corpus BDLex et donc complexifiant la tâche, le taux de transcription descend à 95%. La tâche de conversion G2P pour les noms propres d'origine étrangère est la tâche la plus difficile : autour de 43% de mots sont bien transcrits. Les CRFs donnent des résultats légèrement meilleurs que ceux obtenus par les JMM. Les modèles appris sur le corpus BDLex, qui ne contient pas les noms propres, ne semblent pas être performants sur la conversion G2P de noms propres : une perte d'environ 20% de mots correctement phonétisés est observée.

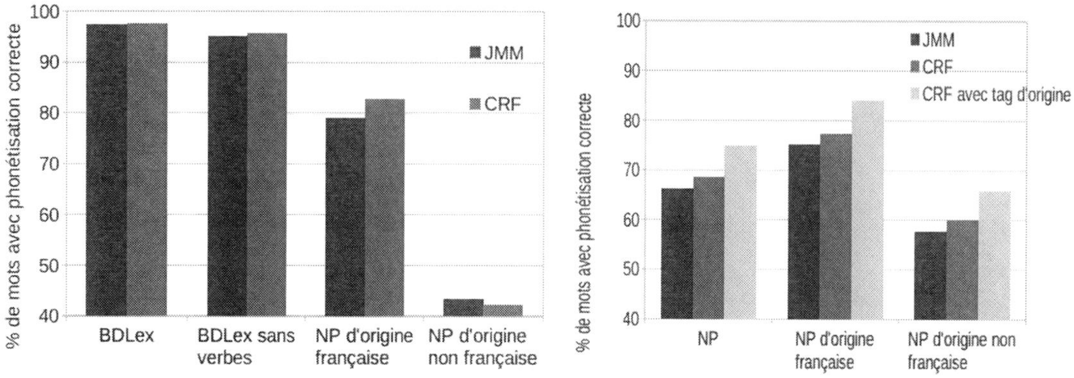

FIGURE 1 (à gauche) – Pourcentage de mots dont la phonétisation est correcte en fonction du corpus de test. Apprentissage de modèles sur le corpus BDLex. (à droite) – Pourcentage des mots dont la phonétisation est correcte en fonction du corpus de test. Apprentissage de modèles sur le corpus NP-Lor (noms propres).

En conclusion, pour la phonétisation de noms propres, il est difficile d'apprendre un modèle performant à partir du corpus d'apprentissage qui ne contient que les noms communs (comme BDLex). Dans la section suivante, nous présenterons quelques résultats en utilisant les modèles appris sur le corpus de noms propres.

Apprentissage de modèles sur le corpus NP-Lor. Nous avons exploré également l'influence de l'apprentissage des modèles sur le corpus NP-Lor de noms propres. Les tests sont effectués sur le corpus NP-Lor. Deux configurations de modèles CRFs sont utilisées. La première configuration prend en compte le tag d'origine de mot. Pendant le test, le mot et son origine sont fournis aux CRFs pour effectuer la conversion G2P. Ce genre de test n'était pas possible pour la configuration de la section précédente (apprentissage de modèles sur le corpus BDLex) car le corpus BDLex ne contient pas d'information sur l'origine de mots. Dans la deuxième configuration les modèles n'utilisent pas le tag d'origine de mots.

La figure 1 (à droite) permet de tirer les conclusions suivantes. Comme précédemment, les CRFs donnent de meilleurs résultats que les JMMs. Comme attendu, l'ajout du tag d'origine permet d'améliorer de façon significative les résultats.

En comparant les figures (à gauche) et (à droite) nous observons que les noms propres d'origine française sont transcrits presque aussi bien en utilisant les modèles appris sur le corpus BDLex que les modèles appris sur les noms propres (82% versus 84%). En revanche pour la phonétisation de noms propres d'origine étrangère, l'apprentissage sur le corpus de noms propres permet d'améliorer les résultats d'environ 22% absolu (43% versus 65%). Il est probable qu'en utilisant le corpus d'apprentissage de noms propres plus large, le résultat pourrait être sensiblement meilleur. Une autre possibilité est d'ajouter une partie du corpus BDLex dans le corpus d'apprentissage tout en maintenant un bon équilibre entre les données de différentes origines.

4.2 Génération de plusieurs prononciations par mots

Un système efficace « de conversion G2P devrait générer toutes les variantes de prononciation possibles pour un mot donné. Dans les expériences précédentes, une seule prononciation par mot a été générée. Dans cette section, nous générons plusieurs prononciations pour chaque mot et étudions leur qualité par rapport aux références multiples de prononciations dans le corpus. En variant un seuil de décision, nous générons une ou plusieurs prononciations par mot.

Nous avons utilisé le critère suivant : les variantes de prononciation générées ne sont conservées que si leur probabilité est supérieure à un seuil S. Dans nos expériences, nous avons

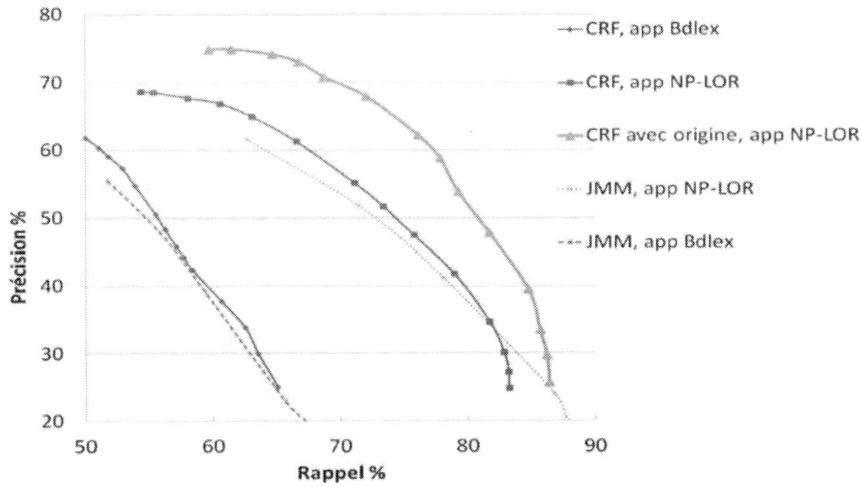

FIGURE 2 – Précision et rappel en fonction du corpus d'apprentissage et l'approche G2P utilisé (CRFs et JMM).

fait varier ce seuil S entre 0,0 et 0,4. Les résultats sont présentés sur la figure 2 en terme de précision et de rappel en faisant varier le seuil S. Les modèles sont appris sur le corpus BDLex et sur le corpus NP-Lor. Les tests sont effectués sur le corpus NP-Lor. Cette figure monte que dans le cas de la génération plusieurs variantes de prononciations de mots, comme dans le cas de génération d'une seule prononciation par mot, l'apprentissage sur le corpus BDLex donne les moins bons résultats quelle que soit l'approche G2P utilisée. Le meilleur résultat est obtenu en apprenant nos modèles sur le corpus de noms propres et en prenant en compte le tag d'origine du mot. Les CRFs surpassent légèrement les JMMs. Rappelons qu'il n'est pas possible de prendre en compte le tag d'origine pour les JMM.

4.3 La détection de l'origine d'un nom propre

Le but de cette étude préliminaire est de déterminer l'origine d'un nom propre à partir de sa graphie. Dans ces expériences la phonétisation de mots n'est pas effectuée. Cette information servira pour phonétiser les noms propres dont l'origine est inconnue. Nous avons effectué quelques expériences préliminaires en utilisant des CRFs : l'apprentissage et le test sont faits sur le corpus NP-Lor avec 7 origines (l Français, Anglais, Allemand, Italien, Slave, Espagnol, autre). Pendant le test, à partir de la graphie, les CRFs déterminent l'origine du mot de test. Le premier résultat (65.7% de détection correcte) est encourageant, néanmoins il nous montre le manque de données d'apprentissage. Nous collectons actuellement un corpus de noms propres et leurs origines à partir de pages Web (listes de sportifs, de joueurs d'échecs ou de Go, etc.).

5 Conclusion

Nous avons exploré dans cet article la problématique de la phonétisation de noms propres en vue d'améliorer la taille et la qualité d'un lexique. Les champs Aléatoires Conditionnels sont utilisés pour effectuer la conversion phonème-graphème et pour la détection de l'origine d'un nom propre. Les résultats montrent que les CRFs sont plus performants que le JMM dans le cas de la génération d'une seule ou de plusieurs variantes de prononciation. Nos futurs recherches porteront sur la détection de l'origine d'un mot et son intégration dans le processus de la phonétisation de noms propres.

6 Références

AKITA, Y., KAWAHARA, T. (2011). Automatic comma insertion of lecture transcripts based on multiple annotations. In INTERSPEECH.

ALLAUZEN, A. GAUVAIN, J.-L. (2004). Construction automatique du vocabulaire d'un système de transcription *IN JEP*.

BARTKOVA, K. (2003). Generating proper name pronunciation variants for automatic speech recognition. In *15th ICPhS*, pages 1321-1324.

BECHET, F., YVON, F. (2000). Les noms propres en traitement automatique de la parole. *In* Revue Traitement Automatique des Langues – TAL, pages 672-708, vol. 41/3.

BISANI, M. NEY, H., Joint-Sequence (2008). Models for grapheme-to-phoneme conversion, *In Speech Communication Journal*, 50: 434-451, *Elsevier.*

CHEN, Y., YOU, J., CHU, M., ZHAO, Y., WANG, J. (2006). Identifying language origin of person names with N-grams of different units. *In ICASSP*, pages 729-731.

DE CALMES, M., PERENNOU, G. (1998). BDLex: a lexicon for spoken and written French. *In LREC.*

ILLINA, I. FOHR, D., JOUVET, D. (2011). Grapheme-to-phoneme conversion using Conditional Random Fields. *In INTERSPEECH.*

LAFFERTY, J. MCCALLUM, A. PEREIRA, F. (2001). Conditional Random Fields: Modèles probabilistes pour la segmentation et l'étiquetage des données de séquence", *In Proc. Conférence internationale sur l'apprentissage automatique,* 282-289.

LEHNEN, P., NEY H. (2011). N-grams for CRF or a Failure-transitional posterior for acyclic FSTs. *In INTERSPEECH.*

LLITJOS, A.F., Black, A.W. (2001). Knowledge of Language Origin Improves Pronunciation Accuracy of Proper Names. *In INTERSPEECH*, pages 1919-1922.

DE MAREUIL, P., ALESSANDRO, C., BAILLY, G., BECHET, F., GARCIA, M.-N., MOREL, M., PRUDON, R., VERONIS, J. (2005). Evaluating the pronunciation of proper names by four French grapheme-to-phoneme converters. *In INTERSPEECH.*

MC CALLUM, A., LI, W. (2003). Early results for named entity recognition with conditional random fields, feature induction and web-enhanced lexicons *In CONLL '03 Proceedings of the seventh conference on Natural language learning at HLT-NAACL 2003 - Volume 4*

SEIGEL, M.S., WOODLAND, P.C. (2011). Combining Information sources for confidence estimation with CRF models. *In INTERSPEECH.*

Comparaison de parole journalistique et de parole spontanée : analyses de séquences entre pauses

Cedric Gendrot[1], *Martine Adda-decker* [1,2] *et Carolin Schmid* [1,3]
(1) Laboratoire de Phonétique et Phonologie, UMR 7018 CNRS/Université Sorbonne Nouvelle,
(2) LIMSI, UPR 3251, bât. 508, rue John von Neumann, 91403, Orsay
(3) Université de Trier, FBII-Phonetik, 65296 Trier, Deutschland
cgendrot@univ-paris3.fr, schm2801@uni-trier.de, madda@limsi.fr

RESUME

Nous comparons le corpus de parole journalistique ESTER (Galliano et al., 2005) au corpus de parole spontanée NCCF (Nijmegen Corpus of Casual French, Torreira et al, 2010) en termes de durée, de f0 et de caractéristiques spectrales au sein de séquences suitées entre 2 pauses. Les montées de continuation de f0 sont en moyenne absentes pour la parole spontanée avec une ligne de déclinaison moins marquée. Pour ces 2 corpus, nous observons un allongement qui commence à partir de 60% de la durée de la séquence, mais significativement moins net en parole spontané. L'allongement de début de séquence est observé en parole journalistique seulement. Comme attendu, nous observons un débit plus important en parole spontanée avec des durées de phonèmes plus courtes impliquant une réduction vocalique plus importante.

ABSTRACT

Comparison of journalistic and spontaneous speech: analysis of sequences between pauses.

In this study we compare the ESTER corpus of journalistic speech (Galliano et al., 2005) and the NCCF corpus of spontaneous speech (Torreira et al, 2010) in terms of duration, f0 and spectral reduction in productions automatically detected as sequences between, pauses. Continuation f0 rises are overall absent in spontaneous speech and sequences reveal a declination slope with less amplitude than in journalistic speech. For both corpora, lengthening starts around 60% of the sequence duration, but significantly less in spontaneous speech. Lengthening in the initial part of the sequence is observed in journalistic speech only. As expected we measure a faster speech rate in spontaneous speech with shorter vowel durations implying a more important vowel reduction.

MOTS-CLES : parole journalistique, spontané, déclinaison, f0, durée, réduction spectrale.
KEYWORDS : journalistic speech, spontaneous, declination line, f0, duration, spectral reduction.

1 Introduction

Depuis quelques années, avec l'amélioration des systèmes de transcription et d'alignement automatique de la parole, l'accès aux corpus de parole continue (préparée dans un premier temps, puis spontanée plus récemment) est devenu possible. Jusqu'alors, les analyses effectuées sur la parole spontanée ne concernaient que quelques dizaines de minutes ou quelques heures au maximum. Nous présenterons les résultats d'une étude préliminaire comparant un corpus de parole journalistique et un corpus de parole spontanée, d'environ 30 heures chacun. L'analyse de la parole spontanée trouve un intérêt particulier puisqu'étant la plus représentative possible d'une situation naturelle, elle permet de préciser les modèles de production et de perception de la parole, par exemple les modèles phonologiques (Ernestus et Baayen, 2011), les modèles prosodiques (Post, 1993) et les modèles de perception à exemplaires (Ernestus et Baayen, 2011).

A l'instar de Schmid et al. (accepté), nos analyses porteront principalement sur l'analyse de séquences situées entre pauses. Ces analyses permettront de modéliser les variations prosodiques de durée et de f0 des phonèmes en fonction de leur position dans ces séquences. Ces variations ayant un impact sur la réalisation des phonèmes (Lindblom, 1990 ; Gendrot et Adda-Decker, 2006), nous analyserons également les phénomènes de réduction sur ces données. Nous utiliserons pour le français journalistique le corpus ESTER dont le détail a été mentionné dans Galliano et al. (2005). Le corpus de parole journalistique est considéré comme de la parole préparée plutôt que lue, avec quelques séquences de parole libre. Le corpus NCCF (*Nijmegen Corpus of Casual French*), détaillé dans Torreira et al. (2010), a été utilisé pour représenter la parole spontanée et sera comparé au corpus ESTER. Dans les 2 cas, la segmentation et transcription orthographique a été dans un premier temps effectuée par des auditeurs humains et l'alignement en phonèmes et en mots a été réalisée automatiquement par le système d'alignement automatique du LIMSI (Gauvain et al. 2002).

En comparaison avec les corpus crées ad-hoc, l'utilisation de grands corpus (« phonétique de corpus ») présente l'avantage de la quantité mais présente malheureusement quelques inconvénients. En dehors du respect de la distribution des catégories, il peut également exister des problèmes de sélection des unités à analyser, comme c'est le cas par exemple pour les unités prosodiques mentionnées dans la littérature et qui sont fréquemment relevées d'après des approches phonologiques (*Top-Down)*. Notre travail porte ici sur des séquences de parole qui se rapprochent des groupes intonatifs (Jun et Fougeron, 2000). Une annotation manuelle étant difficilement envisageable sur des corpus dont la durée totale excède les 60 heures, il est nécessaire d'automatiser la procédure de détection de ces unités. Nous avons effectué cette détection en considérant comme séquences d'analyse les productions situées entre 2 pauses détectées comme silences de plus de 500ms par le système d'alignement automatique (cf. table 1). Toute séquence contenant une pause de plus de 50ms fut exclue des analyses ultérieures.

A l'intérieur de ces séquences, nous avons effectué des mesures de durée des phonèmes et mots tels que segmentés automatiquement par l'alignement automatique. Les mesures de f0 et les mesures spectrales sont quant à elles effectuées sur les parties centrales des voyelles au moyen de PRAAT, les précautions d'usage sont détaillées dans Gendrot et

Adda-Decker 2005, ainsi que Schmid et al. (accepté).

1.1 Hypothèses : questions de travail

L'analyse préliminaire que nous présentons a été effectuée depuis un découpage en séquences, dont le critère de sélection a été la présence de pauses telles que détectées par le système d'alignement son-texte. Il s'agit d'analyser à l'intérieur de ces séquences les mouvements de f0 (incluant les phénomènes de déclinaison) ainsi que les phénomènes d'allongements et de réduction.

	nombre	Durée moyenne en (s)	Ecart-type	Débit moyen (phon/s)
p. journalistique	562935	2.71	1.43	13.6
p. spontanée	516933	1.68	1.15	15.3

TABLE 1 – Caractéristiques principales des séquences dans les 2 corpus.

Nous ne comparons pas ici de la parole spontanée à de la parole lue, mais à un corpus de parole journalistique. La parole journalistique peut être qualifiée de style à part entière puisqu'elle implique une quantité plus importante d'accents lexicaux initiaux (Vaissière, 1997). En terme de débit, elle pourrait se situer à mi-chemin entre la parole lue et la parole spontanée. La parole journalistique peut être qualifiée de parole publique : l'articulation, sans être soutenue, y reste bonne, afin que la parole puisse être partagée par une large audience : on observe peu d'hésitations, peu de fragments de mots et les structures syntaxiques restent souvent proches du langage écrit. Les phénomènes de réduction y sont sans doute moindres que dans une vraie parole spontanée. Nous avons l'occasion de quantifier cette prédiction ici.

D'après des études réalisées précédemment sur de la parole journalistique, nous avions observé des phénomènes de réduction en fonction de la durée des voyelles et ce, bien que le français ne soit pas une langue à accent lexical. Dans un premier temps, nous chercherons à savoir si la réduction observée pour de la parole journalistique peut encore être accrue pour de la parole spontanée. Le cas échéant, serait-elle due uniquement à des différences de durée phonémique (et par extension de débit), ou bien à des durées comparables, pourrait-on observer des différences de réduction ?

Nous effectuerons également des mesures de f0 permettant de calculer la ligne de déclinaison. Celle-ci est définie comme la tendance de la fréquence fondamentale de baisser au cours de la phrase (T'Hart et al., 1990), entre une ligne supérieure qui relie ses sommets et une ligne inférieure qui relie ses vallées qui descendent toutes deux également. Certaines caractéristiques de la ligne de déclinaison restent malgré tout discutées comme par exemple ses variations inter-langues ou son aspect conscient chez le locuteur. Selon un protocole semblable à celui utilisé par Yuan et Liberman (2010) et par Schmid et al. (accepté) qui ont comparé la ligne de déclinaison de plusieurs langues, nous comparons ici la ligne de déclinaison pour la parole journalistique et la parole spontanée. Ces résultats pourraient permettre de comprendre si la ligne de déclinaison est programmée en partie, voire en totalité par le locuteur. En effet, en parole préparée, le locuteur a une idée plus précise de la longueur totale de la phrase dès le début de sa production, ce qui n'est pas nécessairement le cas en parole spontanée, notamment pour des séquences d'une durée assez longue (au-delà de 3 secondes).

Les variations de durée seront également analysées avec intérêt : en effet, les modèles prosodiques ne prennent que peu en compte les variations de durée, principalement à cause des variations importantes de durée intrinsèque des différents phonèmes. Or il pourrait apparaître que les phénomènes d'allongement caractérisant les fins d'unités prosodiques de haut niveau (comme le groupe accentuel ou le groupe intonatif de (Jun et Fougeron, 2000) sont prédominants par rapport aux phénomènes mélodiques, et ce particulièrement dans le cas de la parole spontanée. Pour ce faire, nous avons mesuré les durées des phonèmes en contexte suivant (et non suivant et précédent afin de préserver un nombre important d'occurrences) sur l'ensemble du corpus NCCF. Les durées ainsi calculées en termes de ratio par rapport à ces valeurs de référence qui sont disponibles ici : http://www.personnels.univ-paris3.fr/users/cgendrot/pub/download/durees_phonemes_en_contexte.txt

2 Comparaison des valeurs de durée

Comme mesuré par Nooteboom (1997) pour la longueur des phonèmes à l'intérieur des mots, parmi les séquences que nous avons analysées, plus la séquence mesurée est longue, plus le nombre de phonèmes contenus dans cette séquence est important, et plus la durée de ces phonèmes est faible (figure 1)

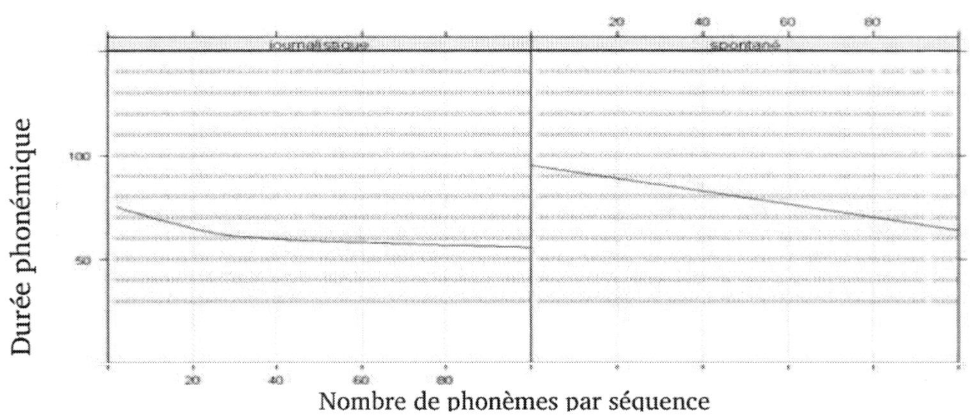

Figure 1 : mesure de durée phonémique en fonction du nombre de phonème dans la séquence. A gauche parole journalistique et à droite parole spontanée.

Pour la figure 2 ci-dessous, la durée de chaque phonème (normalisée par rapport aux valeurs de durée de référence) est affichée en fonction de sa position au sein de la séquence (en pourcentage de durée). Pour les 2 corpus, nous observons un allongement qui commence à partir de 60% de la durée de la séquence, mais significativement moins net en parole spontanée. L'allongement de début de séquence est observé en parole journalistique seulement. Ces résultats sont observés quelque soit la durée de la séquence.

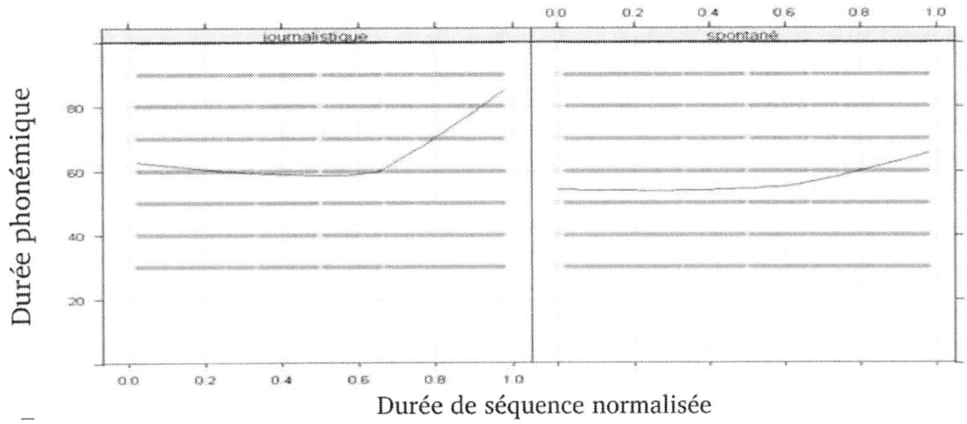

Figure 2 : mesure de durée phonémique normalisée en fonction de la position dans la séquence. A gauche parole journalistique et à droite parole spontanée.

3 Comparaison des valeurs de f0

D'après les procédures détaillées dans Schmid et al. (accepté) et Yuan et Liberman (2010), nous avons pu recueillir les contours de f0 lissés pour chacune des séquences et mesurer la pente de ce contour par une régression linéaire. Dans les 2 corpus, la pente moyenne est fortement dépendante de la longueur de la séquence comme le montre la figure 3 : plus la phrase est longue et plus la pente est mesurée comme faible, et ce particulièrement en parole spontanée. (corrélation de Pearson : $r^2=0.4$ en parole journalistique contre $r^2=0.31$ en parole spontanée). La valeur moyenne de la pente de la ligne de déclinaison est plus faible en parole spontanée (-2.48 demi-tons/seconde pour la parole journalistique contre 2.25 pour la parole spontanée, différence significative à $p<0.0001$ pour un test-t).

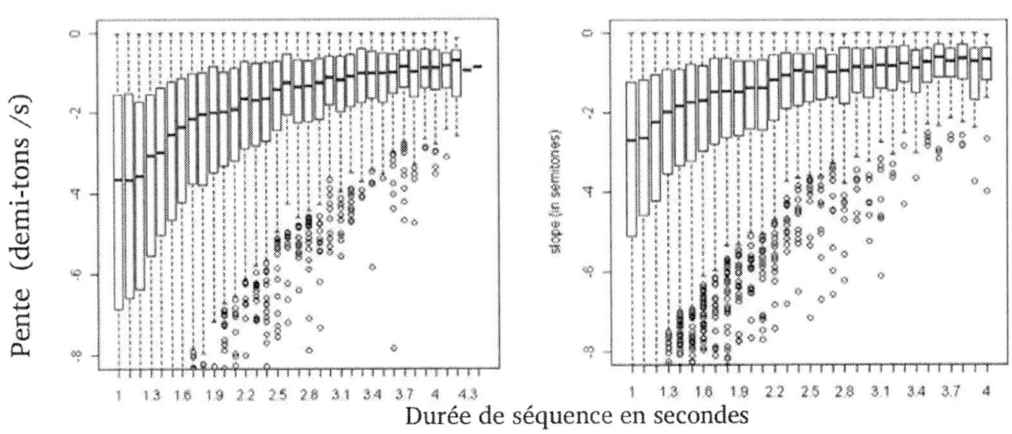

Figure 3 : pente moyenne (et écart-type) de la f0 en fonction de la durée de la séquence. A gauche parole journalistique et à droite parole spontanée.

Les figures présentées ci-dessous découpent le contour de f0 en une ligne supérieure (pics de f0) et une ligne de base (vallées). Quelque soit la durée des séquences, nous pouvons observer que les montées de continuation sont faibles voire absentes pour le corpus de parole spontanée (figures 4 et 5). Pour les phrases inférieures à 2 secondes, les montées de f0 initiales dont le maximum se situe à environ 15% du début de la séquence sont présentes bien que moins amples en parole spontanée. En analysant les séquences de durée croissante (de 1 à 2 secondes, puis 2 à 3 secondes, etc), nous pouvons remarquer que la f0 (ligne supérieure et ligne de base) voit sa ligne de déclinaison relevée (plus plate) à partir de la moitié de la séquence pour les séquences de plus de 3 à 4 secondes (figures 4 et 5)..

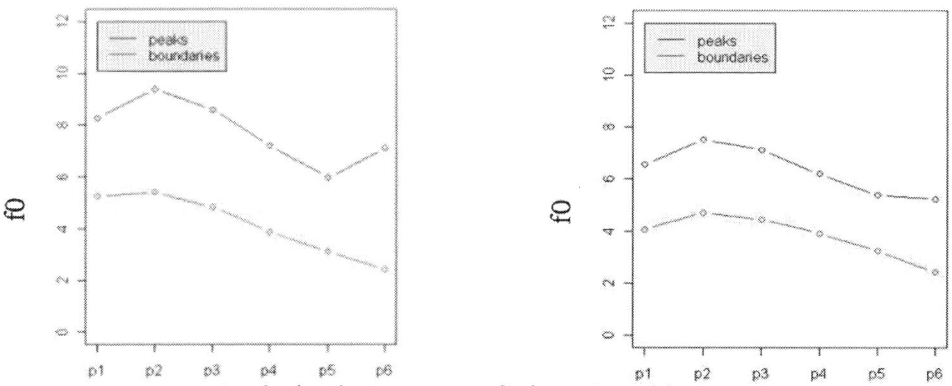

Figure 4 : contour de f0 normalisé en ligne supérieure et ligne de base. Temps normalisé. A gauche parole journalistique et à droite parole spontanée. Séquences de 2 secondes.

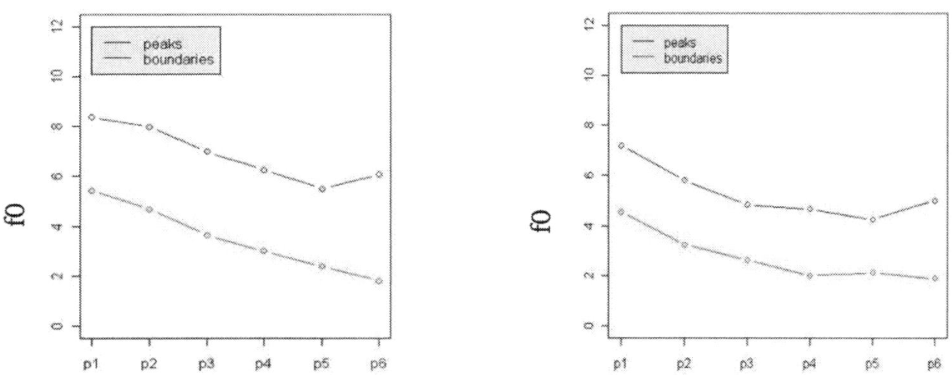

Figure 5 : contour de f0 normalisé en ligne supérieure et ligne de base. Temps normalisé. A gauche parole journalistique et à droite parole spontanée. Séquences de 5 secondes.

4 Résultats : réduction spectrale

Après avoir observé des valeurs de débit plus élevées, et des durées vocaliques plus courtes en parole spontanée, nous pouvons visualiser ci-dessous l'espace vocalique fournissant un indice de la réduction vocalique ci-dessous. Nous pouvons constater que la réduction vocalique est plus importante (l'espace vocalique étant plus petit) en parole spontanée (figure 6 gauche). Cependant, en considérant des catégories de durée comparable (de 30 à 60 ms, figure 6 droite), aucune différence d'espace vocalique n'apparaît alors entre les 2 corpus. Le décalage sur le 1er formant (F1) pourrait être expliqué par des différences de f0 entre les 2 corpus et sera détaillé dans la suite de nos travaux.

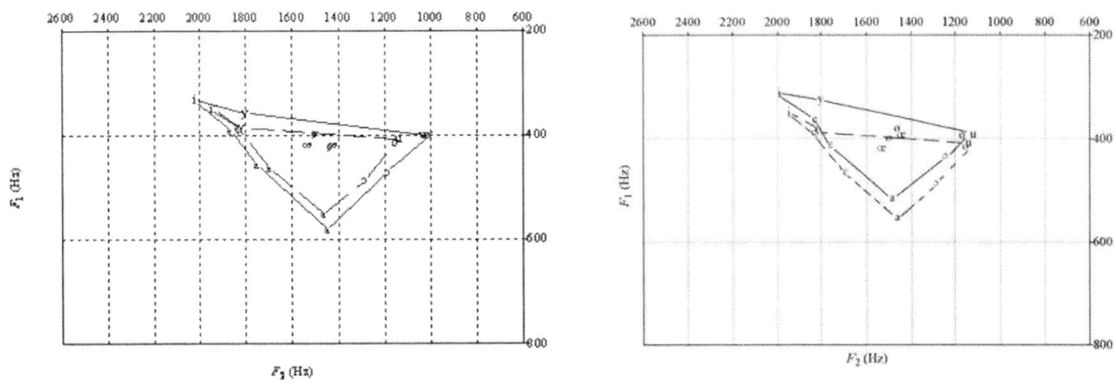

Figure 6 : Espace vocalique pour les locuteurs masculins en parole journalistique (traits pleins) vs. parole spontanée (pointillés). A gauche, toutes catégories de durée ; à droite, voyelles entre 30 et 60 ms.

5 Conclusion

Les études de corpus faites sur la parole spontanée permettent de mettre à jour des phénomènes décrits dans la littérature sur des données parfois peu importantes. Nous avons pu préciser ici certaines caractéristiques prosodiques dans le passage de la parole journalistique à la parole spontanée.

Les phénomènes de réduction, comme attendu, sont plus importants en parole spontanée et ils peuvent être prédits par le débit et/ou la durée des voyelles analysées. L'allongement final qui est conservé en parole spontanée, contrairement à la montée de continuation de f0, démarre à partir de 60% de la séquence.

Les analyses sur la ligne de déclinaison nous permettent de suggérer que les 2 lignes calculées permettent de distinguer une ligne de base liée à la physiologie, semblable entre les 2 styles de parole et une ligne supérieure plus dépendante du style. Nous émettons l'hypothèse que le planning des séquences étant moins prévisible en parole spontanée qu'en parole journalistique, pour les séquences plus longues (au-delà de 3 secondes) il est difficile pour le locuteur d'anticiper la ligne de déclinaison et nous observons un redressement de la ligne de déclinaison sur la 2ème moitié de la séquence.

Remerciements

Cette étude a été financée grâce au soutien de l'ANR ETAPE et Labex EFL.

Ernestus, M., & Baayen, R. H. (2011). Corpora and exemplars in phonology. In J. A. Goldsmith, J. Riggle, & A. C. Yu (Eds.), *The handbook of phonological theory (2nd ed.)* pages 374-400. Oxford: Wiley-Blackwell.

Galliano, S., Geoffrois, E., Mostefa, D., Choukri, K., Bonastre, J.-F. et Gravier, G., (2005). ESTER Phase II evaluation campaign for the rich transcription of French broadcast newshase II Evaluation campaignfor the rich transcription of French broadcast news. In: *Proceedings of Interspeech* 2005, pages 2453–2456.

GAUVAIN, J.L., LAMEL, L. et ADDA, G. (2002) The Limsi Broadcast News Transcription System, *Speech Communication*, 37(1-2): pages 89-108.

Gendrot, C. & Adda, M. (2005). Impact of duration on F1/F2 formant values of oral vowels: an automatic analysis of large broadcast news corpora in French and German. *Proceedings of Eurospeech* – Lisbon (Portugal), September 2005, pages 2453-2456.

Gendrot, C. et Adda-Decker, M. (2006) Analyses formantiques automatiques en français : périphéralité des voyelles orales en fonction de la position prosodique. *26èmes Journées d'Etude de la Parole*, 12-16 juin 2006. pages 205-208.

Jun S.-A. & Fougeron C. (2000), A Phonological model of French intonation. In A. Botinis (ed.) *Intonation: Analysis, Modeling and Technology.* Dordrecht : Kluwer Academic Publishers. pages 209-242.

Lindblom B., 1990, Explaining phonetic variation : a sketch of the H & H theory, in *Speech production and speech modelling*, W. Hardcastle et A. Marchal, Dordrecht, Kluwer, pages 403-440

Nooteboom, S. G. (1997). The prosody of speech: Melody and rhythm. In W. J. Hardcastle & J. Laver (Eds.), *The Handbook of Phonetic Sciences.* Oxford: Blackwell. pages 640-673.

Post B., (1993), A phonological analysis of French intonation, *MA Thesis*, University of Nijmegen.

Schmid, C., Gendrot, C. et Adda-Decker, M. (accepté). F0 déclinaison: une comparaison entre le français et l'allemand journalistique. *29èmes Journée d'Etude de la Parole*, juin 2012, Grenoble.

T'Hart, Cohen et Collier (1990). *A perceptual study of intonation : An experimental-phonetic approach to speech melody.* Cambridge University Press.

Torreira, F., Adda-Decker, M., & Ernestus, M. (2010). The Nijmegen corpus of casual French. *Speech Communication*, 52, pages 201-212.

Vaissière, J. (1997). Ivan Fonagy et la notation prosodique. *Polyphonie pour Ivan Fonagy.* J. Perrot. Paris, L'Harmattan: pages 479-488.

Reconnaissance automatique de la parole distante dans un habitat intelligent : méthodes multi-sources en conditions réalistes

Benjamin Lecouteux, Michel Vacher, François Portet
Laboratoire Informatique de Grenoble, équipe GETALP
prénom.nom@imag.fr

RÉSUMÉ

Le domaine des maisons intelligentes s'est développé dans le but d'améliorer l'assistance aux personnes en perte d'autonomie. La reconnaissance automatique de la parole (RAP) commence à être utilisée, mais reste en retrait par rapport à d'autres technologies. Nous présentons le projet Sweet-Home ayant pour objectif le contrôle de l'environnement domestique par la voix. Plusieurs approches, état de l'art et nouvelles, sont évaluées sur des données enregistrées en conditions réalistes. Le corpus de parole distante, enregistré auprès de 21 locuteurs simule des scénarios intégrant des activités journalières dans un appartement équipé de plusieurs microphones. Les techniques opérant au cours du décodage et utilisant des connaissances *a priori* permettent d'obtenir des résultats très intéressants par rapport à un système RAP classique.

ABSTRACT

Distant Speech Recognition in a Smart Home : Comparison of Several Multisource ASRs in Realistic Conditions

While the smart home domain has become a major field of application of ICT to improve support and wellness of people in loss of autonomy, speech technology in smart home has, comparatively to other ICTs, received limited attention. This paper presents the SWEET-HOME project whose aim is to make it possible for frail persons to control their domestic environment through voice interfaces. Several state-of-the-art and novel ASR techniques were evaluated on realistic data acquired in a multiroom smart home. This distant speech French corpus was recorded with 21 speakers playing scenarios including activities of daily living in a smart home equipped with several microphones. Techniques acting at the decoding stage and using a priori knowledge such as DDA give better results than the baseline and other approaches (Lecouteux *et al.*, 2011).

MOTS-CLÉS : domotique, parole distance, habitat intelligent, SRAP multisource.

KEYWORDS: home automation, smart home, distant speech, multisource ASRs.

1 Introduction

Les récentes avancées dans les systèmes ubiquitaires ont fait apparaître de nouveaux concepts d'environnement domotiques : les maisons intelligentes. Ce sont des habitations équipées de capteurs, d'actionneurs et dispositifs automatisés, régulés par des logiciels. Ainsi le contrôle automatisé de l'habitat permet d'y régler la luminosité, les volets électriques mais aussi la Hi-Fi, les PC, les alarmes etc. Ces maisons intelligentes représentent une solution pour l'aide aux personnes isolées, en perte d'autonomie afin qu'elles aient la possibilité de rester chez elles et de conserver une certaine indépendance. Parmi toutes les technologies d'interaction homme-machine, la reconnaissance automatique de la parole semble offrir le plus de potentiel : cette modalité est adaptée à des personnes âgées qui ont des difficultés de déplacement ou de vision. Par exemple, une interface tactile (télécommande) nécessitera à la fois des interactions visuelles et physiques (Vovos *et al.*, 2005; Hamill *et al.*, 2009). De plus les commandes vocales sont particulièrement adaptées dans les situations de détresse : une personne ne pouvant plus bouger après une chute aura toujours la possibilité d'appeler de l'aide. Malgré ces aspects la reconnaissance automatique de la parole (RAP) a rarement été utilisée dans ce cadre (Vovos *et al.*, 2005; Hamill *et al.*, 2009). Ceci est en partie dû à la difficulté de mettre en oeuvre un système de RAP dans un environnement réel (Vacher *et al.*, 2011).

Le projet Sweet-Home[1] a débuté courant 2010 et relève plusieurs défis. L'un d'eux est l'utilisation de technologies liées à la RAP dans des environments bruités (Vacher *et al.*, 2011) : les SRAP obtiennent des résultats corrects lorsque les locuteurs sont proches des micros, mais les performances se dégradent rapidement dès qu'ils s'en éloignent. En conditions réelles cette dégradation est accentuée par d'autres effets (Vacher *et al.*, 2008) tels que les réverbérations, les bruits de fond (TV, radio, travaux...) etc. Ces problèmes liés à la RAP distante doivent donc être abordés dans le contexte d'une habitation (Wölfel et McDonough, 2009). Tandis que les préférences linguistiques et les interactions vocales en fonction de l'âge ont été étudiées ces dernières décennies (Vovos *et al.*, 2005; Hamill *et al.*, 2009; Vipperla *et al.*, 2009), la parole distante dans les maisons intelligentes commence tout juste à être abordée dans la communauté (Barker *et al.*, 2011).

Cet article présente des résultats état de l'art et de nouvelles techniques utilisant la RAP sur des données enregistrées en conditions réalistes. La section 2 présente le projet et le corpus associé. La section 3 présente les différentes techniques exploitées. Ensuite, la section 5 expose le cadre expérimental et les expériences réalisées accompagnées de leurs résultats et finalement, nous concluons et proposons quelques perspectives.

2 Le projet Sweet-home et son corpus

Le projet Sweet-Home (sweet-home.imag.fr) propose de développer une maison intelligente basée sur un SRAP. Ce projet se focalise sur trois aspects : fournir une assistance utilisant une interaction homme-machine naturelle (commandes vocales et tactiles), la capacité d'être utilisé par tout à chacun et la détection de situations de détresse. L'objectif est donc que l'utilisateur puisse piloter son environnement à tout instant depuis n'importe quel lieu de sa maison, et ce le plus naturellement possible. L'environnement intelligent visé utilise un SRAP opérant à travers toutes les pièces via des micros placés dans les plafonds. Cette configuration soulève des problèmes liés à la parole distante où les micros sont éloignés du locuteur et enregistrent des sons extérieurs très variés. Les travaux effectués dans ce domaine se sont focalisés sur une seule

1. Cette étude a été financée par l'Agence Nationale de la Recherche dans le cadre du projet Sweet-Home (ANR-2009-VERS-011). Nous remercions particulièrement les différentes personnes qui ont accepté de participer aux enregistrements.

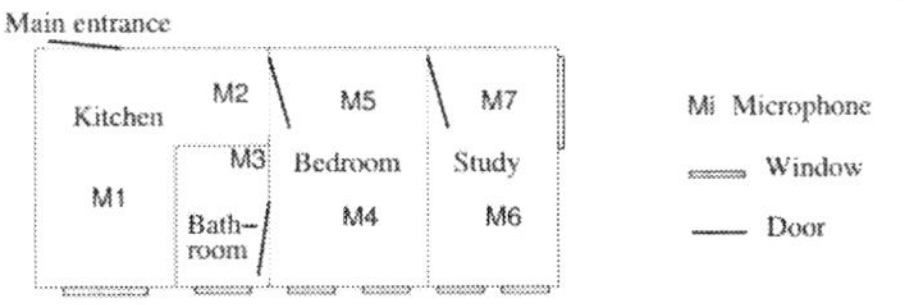

FIGURE 1 – Position des 7 micros dans l'appartement DOMUS

pièce (Vovos *et al.*, 2005) ou un nombre de micros non spécifié (Hamill *et al.*, 2009; Vipperla *et al.*, 2009).

Pour développer ce projet, un appartement témoin (projet DOMUS) a été équipé afin d'acquérir un corpus réaliste et d'expérimenter différentes techniques. Cet habitat intelligent a été mis en place par l'équipe Multicom du LIG, partenaire de ce projet. L'appartement fait environ 34 m^2 de plein pied. Il inclut une salle de bains, une cuisine, une chambre et un salon. Chaque pièce est équipée de détecteurs de présence, caméras (utilisées uniquement pour l'annotation) etc. De plus, 7 micros ont été placés dans les plafonds (Figure 1).

Une expérience a été menée afin d'acquérir un corpus parlé composé de phrases se divisant en plusieurs catégories : domotiques, appels de détresse et des phrases de la vie courante. 21 personnes dont 7 femmes ont participé aux enregistrements , en jouant des activités de la vie quotidienne. L'âge moyen des participants est de 38.5 (écart type : $\pm$ 13) ans. Afin d'assurer des enregistrements proches de la vie courante, il a été demandé aux participants d'avoir des activités dans l'appartement (se lever, s'habiller, faire la vaisselle...). Une visite préalable a été organisée afin de familiariser les participants avec leur environnement. Durant les enregistrements, aucune instruction n'a été donnée sur la manière de parler ou de s'orienter. Il en résulte que les participants n'ont pas parlé forcément en direction des micros et qu'ils pouvaient se déplacer lorsqu'ils parlaient. La distance la plus courte entre un micro et le locuteur est d'environ deux mètres. Les sons ont ainsi été enregistrés en temps réel sur 7 voies à l'aide d'une machine dédiée et disposant d'une carte son 8 voies (Vacher *et al.*, 2011).

La première phase (P1) a consisté à dérouler un scénario d'activités librement et sans contrainte de temps (prendre un déjeuner ou une douche, faire une sieste, passer l'aspirateur...). Au cours de cette phase, les participants ont prononcé 40 phrases prédéfinies de la vie courante (ex : *allô, j'ai eu du mal à dormir*), avec la liberté de les prononcer là où ils le souhaitaient. La seconde phase (P2) s'est articulée autour de la lecture de 44 phrases dont 9 issues de situations de détresse (ex : *appelez un docteur, j'ai mal, à l'aide*) et 3 des ordres domotiques (ex : *allumez la lumière, allumer ordinateur*). Dans cet article, les résultats sont restreints à la partie du corpus non bruitée (sans TV, radio ou aspirateur).

Au final, le corpus Sweet-home comporte 862 phrases (38mn46s par canal, le même enregistrement étant fait sur plusieurs canaux) pour P1 et 917 phrases (40mn27s par canal) pour P2. Chaque phrase a été enregistrée sur tous les canaux et annotée manuellement. Le meilleur Ratio Signal Bruit (RSB, en sélectionnant le meilleur canal) est en moyenne de 20.3 db, condition acceptable pour faire de la RAP. Cependant, dans nos expérimentations, nous avons exploité l'ensemble des 7 microphones.

3 Approches proposées

La détection des ordres domotiques dans le contexte de Sweet-Home s'articule autour d'une stratégie en trois étapes. La première consiste en la détection des activités audio et leur classification : parole ou bruit. La seconde extrait les phrases des sons de type parole en utilisant un SRAP. Enfin la dernière étape reconnaît les ordres domotiques ou des situations de détresse. Cet article se focalise sur les deux dernières étapes. La première est quant à elle décrite dans (Vacher *et al.*, 2008).

Pour aborder les problèmes liés au contexte (bruits, distance) tout en bénéficiant des conditions d'enregistrement (plusieurs micros enregistrant en continu), nous proposons de tester l'impact de techniques état de l'art qui permettent de fusionner des flux d'information à différents niveaux du traitement automatique de la parole : acoustique, décodage de la parole et à la sortie du SRAP. La prochaine section présente les différentes techniques envisagées pour obtenir un SRAP robuste.

3.1 Fusion des flux acoustiques

Au niveau acoustique, il peut être intéressant de fusionner les différents canaux afin d'améliorer le signal. Cependant une simple somme des signaux résulterait en un signal de qualité médiocre avec échos et bruits amplifiés. C'est la raison pour laquelle nous nous sommes intéressés à l'utilisation d'un algorithme dit de *beamforming* (Anguera *et al.*, 2007) conçu pour fusionner correctement différents canaux enregistrant une même source à différentes distances. Cette méthode demande des calculs raisonnables tout en permettant une combinaison efficace de plusieurs flux.

L'algorithme utilisé ici est basé sur la théorie de la pondération et sommation de canaux. Etant donnés M microphones, le signal de sortie $y[t]$ est calculé par l'équation suivante : $y[t] = \sum_{m=1}^{M} W_m[t]x_m[t - D^{(m,ref)}[t]$ Où $W_m[t]$ est le poids accordé au microphone m à un instant t t, sachant que $\sum_{m=1}^{M} W_m[t] = 1$; le signal du m^{th} canal est $x_m[t]$ et $D^{(m,ref)}[t]$ le délai entre le m^{th} canal et le canal choisi comme référence. Dans notre cas, le canal de référence est celui de meilleur RSB (il peut donc varier). Les 7 canaux ont ainsi été combinés pour chaque locuteur : une fois le signal y calculé, il peut être utilisé comme un signal monosource classique.

3.2 Décodage guidé

Au niveau du décodage, nous avons proposé une nouvelle version du décodage guidé (Driven Decoding Algorithm, DDA) qui permet d'aligner et de corriger à la volée des transcriptions auxiliaires en utilisant un SRAP (Lecouteux *et al.*, 2006). Cet algorithme améliore la qualité du système primaire en s'appuyant sur la disponibilité de transcriptions auxiliaires.

Le DDA agit sur chaque nouvelle hypothèse générée par le SRAP : elle est alignée à la volée avec la transcription auxiliaire (issue d'un décodage précédent). Dès lors, un score de similarité α est calculé pour pondérer le modèle de langage (Lecouteux *et al.*, 2006) : $\tilde{P}(w_i|w_{i-1}, w_{i-2}) = P^{1-\alpha}(w_i|w_{i-1}, w_{i-2})$ où $\tilde{P}(w_i|w_{i-1}, w_{i-2})$ est la probabilité pondérée du mot w_i sachant son historique w_{i-2}, w_{i-3}, et $P(w_i|w_{i-1}, w_{i-2})$ est la probabilité initiale du trigramme.

Nous proposons ensuite une variante du DDA où la sortie d'un premier microphone est utilisée pour guider la sortie d'un autre microphone (Figure 2). Cette approche présente deux avantages :

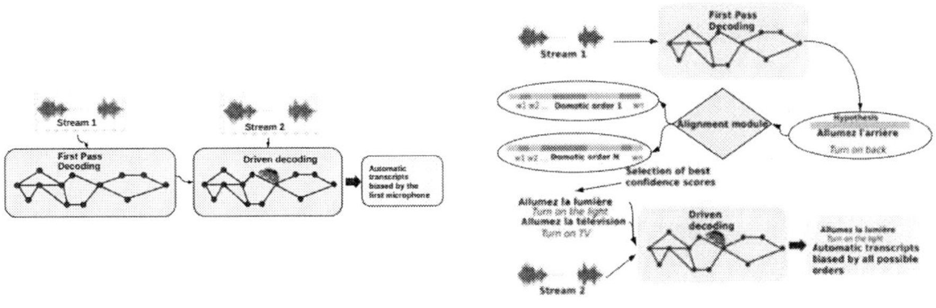

FIGURE 2 – Décodage guidé par un micro (à gauche) puis avec une information a priori (à droite)

- la vitesse du second SRAP est augmentée grâce à la présence de la transcription auxiliaire (seulement 0.1x le temps réel (TR)),
- le DDA permet de fusionner efficacement l'information issue de deux flux là où une stratégie de vote (telle que ROVER) ne peut fonctionner sans mesures de confiance.
  La stratégie basée sur DDA est dynamique et utilisée pour chaque phrase décodée. Le premier décodage est effectué sur le canal de meilleur RSB et le DDA est appliqué sur le second.

Cette approche a été étendue pour prendre en considération les connaissances *a priori* sur les phrases attendues. Le SRAP est alors guidé par des patrons identifiés sur le premier micro. Cette méthode nommée DDA à deux niveaux projette les segments reconnus lors de la première passe dans un réseau de confusion (RC) comprenant les trois meilleures hypothèses de phrases attendues. Ce RC est alors utilisé pour guider le SRAP (Figure 2).

3.3 Vote par consensus

Pour effectuer une combinaison post-SRAP, nous avons utilisé une méthode ROVER (Fiscus, 1997) qui permet d'améliorer la qualité de plusieurs sorties de SRAP en effectuant un vote par consensus au niveau mot. Le principe consiste à fusionner les sorties en RC où chaque mot est pondéré en fonction de sa présence dans les différents systèmes. Le mot de meilleur score est alors sélectionné. Cette approche demande une forte charge de calculs, étant donné que chaque canal doit être préalablement décodé avec un SRAP (dans notre cas, 7 SRAP).

Notre système de référence ROVER utilise tous les canaux disponibles sans connaissance *a priori*. Ensuite, nous avons introduit une mesure de confiance basée sur le RSB : pour chaque segment décodé s_i issu du i^{eme} SRAP, la mesure de confiance associée $\phi(s_i)$ a été calculée ainsi : $\phi(s_i) = 2^{R(s_i)} / \sum_{j=1}^{7} 2^{R(s_j)}$ où $R()$ est la fonction calculant le RSB d'un segment et s_i est le segment généré par le i^{eme} SRAP. Pour chaque phrase un silence de durée I_{sil} a été rajouté au début et à la fin du signal de parole I_{speech}. Le RSB est alors calculé comme suit : $R(S) = 10 * log(\frac{\sum_{n \in I_{parole}} S[n]^2}{|I_{parole}|} / \frac{\sum_{n \in I_{sil}} S[n]^2}{|I_{sil}|})$.

Finalement, un ROVER utilisant seulement les deux meilleurs canaux a été expérimenté afin d'évaluer le degré de redondance entre les différents canaux. Ce ROVER 2 canaux permet également d'obtenir des résultats corrects avec une quantité de calculs raisonnable.

4 Détection des ordres domotiques et des phrases de détresse

Nous proposons de phonétiser automatiquement chaque phrase cible. Ainsi toutes les phrases attendues sont représentées sous la forme d'un graphe de phonèmes (avec variantes de prononciation). Le nombre de phrases à détecter est de 12 (3 ordres domotiques et 9 phrases de détresse). Les transcriptions automatiques ont également été phonétisées sur le même principe.

Pour détecter des ordres domotiques au sein des trancriptions automatiques T de taille m, chaque phrase de taille n est alignée sur T en utilisant une distance d'édition phonétique. Les coûts de suppression, insertion, substitution sont calculés empiriquement. La distance cumulée $\gamma(i,j)$ entre H_j et T_i est alors calculée : $\gamma(i,j) = d(T_i, H_j) + min\{\gamma(i-1, j-1), \gamma(i-1, j), \gamma(i, j-1)\}$

Chaque ordre domotique est aligné puis associé à un score d'alignement correspondant au pourcentage de symboles correctement alignés. L'ordre domotique de meilleur score est alors sélectionné pour prendre une décision, avec un seuil de déclenchement. Cette approche prend en compte certaines erreurs de reconnaissance ou de prononciation en se basant sur une proximité phonétique.

5 Expériences et résultats

Dans toutes les expériences, P1 est utilisé pour le développement et l'apprentissage. P2 est utilisé pour l'évaluation des méthodes. Cette section présente le SRAP utilisé et les expériences s'appuyant sur les méthodes décrites.

5.1 Le SRAP Speeral

Le Laboratoire Informatique d'Avignon (LIA) a développé son propre SRAP : Speeral (Linarès *et al.*, 2007). Ce dernier a été utilisé tout au long des travaux présentés ici. Un des principaux avantage de Speeral, est qu'il implémente le DDA. Speeral repose sur un décodeur A^*, des modèles acoustiques MMC (Modèle de Markov Caché) dépendants du contexte et un modèle de langage trigramme. Les vecteurs acoustiques sont composés de 12 coefficients PLP (Perceptual Linear Predictive), de l'énergie ainsi que des dérivées premières et secondes de ces 13 paramètres.

Les modèles acoustiques ont été appris sur 80 heures de parole annotée. Dans le cadre du projet Sweet-Home nous avons utilisé une version 1x le temps réel, qui applique de nombreuses coupures lors du décodage. Les modèles acoustiques ont été adaptés aux 21 locuteurs en utilisant une régression linéaire par maximum de vraisemblance (MLLR) utilisant les données de P1. L'adaptation MLLR représente un bon compromis quant à la quantité de données annotées restreinte.

Un modèle de langage (ML) 3-grammes a été utilisé avec un lexique de 10K mots. Ce modèle de langage est interpolé entre un modèle générique (10%) et un modèle spécialisé (90%). Le ML générique a été estimé sur environ 100M mots extraits du Journal Le Monde et de Gigaword. Le modèle spécialisé a été estimé sur les ordres domotiques ou phrases de détresse attendus.

5.2 Résultats

Les résultats des différentes approches sont présentés dans le tableau 1. La RAP est évaluée via le Taux d'Erreur Mot (TEM), tandis que la détection (classification) des ordres domotiques est évaluée en terme de précision/rappel/F-mesure : le nombre d'ordre domotiques est d'environ

10 et ils sont manuellement annotés pour chaque phrase. Au cours de la détection, si un ordre marqué en tant que tel est détecté : il est considéré comme détecté. Dans tous les autres cas un ordre détecté est considéré comme une fausse alarme. Les résultats sont présentés pour l'ensemble des 21 locuteurs (avec l'écart type associé pour le TEM). Le système de référence est basé sur la sélection de la sortie proposant le meilleurs RSB (parmis les 7 canaux).

Méthode	TEM ± SD	Rappel	Précision	F-mesure
Référence	18.3 ± 12.1	88.0	90.5	89.2
beamforming	16.8 ± 8.3	89.0	92.6	90.8
DDA +RSB	11.4 ± 5.6	93.3	97.3	95.3
DDA 2 lev.+RSB	**8.8** ± 3.7	**95.6**	**98.1**	**96.8**
ROVER	20.6 ± 8.5	85.0	90.0	87.4
ROVER 2c+RSB	13.0 ± 6.6	91.3	95.3	93.3
ROVER +RSB	**12.2** ± 6.1	**92.7**	**97.4**	**95.0**
ROVER Oracle	7.8 ± 2.7	99.4	98.9	99.1

TABLE 1 – TEM et détection des ordres domotiques en fonction des approches

Le système de référence permet d'obtenir 18.3% de TEM (meilleur canal en se basant sur le RSB). Les approches basées sur le RSB présentent une nette amélioration. Le *beamforming* permet un gain relatif de 8.1%. Ce résultat montre que la combinaison des flux au niveau acoustique améliore la robustesse du SRAP. La méthode basée sur le DDA montre un gain relatif de 37.8% en utilisant le RSB. L'approche DDA à deux niveaux présente 52% de gain relatif avec une stabilité très intéressante (écart type de 3.7) : ce gain s'explique facilement par l'introduction de connaissances *a priori* retrouvées au cours du premier décodage. Finalement le ROVER basé sur le RSB permet une amélioration relative de 33.4%.

Dans toutes les configurations, la précision de la reconnaissance des ordres est bonne : le système de référence présente une F-mesure de 89.2%. Nous observons également une corrélation entre le TEM et la tâche de reconnaissance des ordres. Cependant le ROVER et les méthodes basées sur le DDA améliorerent significativement la F-mesure d'environ 7% absolus. Le gain apporté par le *beamforming* n'est pas significatif. Nous notons également que le ROVER permet d'obtenir des résultats similaires à ceux du DDA, mais nécessite un coût de calcul colossal (décodage de tous les canaux). Finalement, la meilleure configuration se base sur le DDA à deux niveaux, qui permet d'atteindre une F-mesure de 96.8%.

6 Conclusion

Nous avons présenté plusieurs approches détectant des ordres vocaux dans le cadre d'un appartement intelligent où les sons sont capturés par un ensemble de micros distants. Les approches se situent à trois niveaux différents du processus de décodage de la parole : l'acoustique, le décodage et la sélection *a posteriori* d'hypothèses. Nous avons également présenté une méthode introduisant directement dans le décodage des connaissances *a priori* telles que le RSB ou des patrons d'ordres prédéfinis.

Les résultats expérimentaux confirment que l'utilisation de tous les micros augmente la qualité du SRAP. Le *beamforming* améliore le WER (16.8%) mais reste comparativement aux autres méthodes proche du système de référence (18.3%). Ceci est sans doute causé par l'éloignement des micros entre eux, n'apportant pas sufisamment de redondance pour améliorer le signal. Le DDA permet d'obtenir les meilleures performances avec un TEM de 11.4% et une F-mesure de 95.3% pour la classification des ordres vocaux. Les résultats obtenus par le DDA sont très légèrement meilleurs à ceux du ROVER, mais leur coût calculatoire est bien inférieur (décodage de 7 canaux avec le ROVER). Par ailleurs, nous avons proposé un DDA à deux niveaux, introduisant au sein du décodage des connaissances *a priori*. Cette méthode améliore à la fois le TEM (8.8%) et la F-mesure qui devient plus stable que celle du système de référence. Cependant cette amélioration concerne essentiellement les ordres domotiques contenus dans les données de test ; dans le cadre de l'application, seuls ces ordres doivent être reconnus et cela représente un avantage du point de vue de l'acceptation du système par les utilisateurs. Cette étude a également montré que l'utilisation de plusieurs flux permet systématiquement d'améliorer la qualité du décodage, quelle que soit la stratégie. Nous envisageons d'adapter ces méthodes à des conditions plus difficiles (bruitées), en appliquant des techniques de séparation de source, afin de filtrer les bruits issus de la vie courante.

Références

Anguera, X., Wooters, C. et Hernando, J. (2007). Acoustic beamforming for speaker diarization of meetings. *IEEE Transactions on Audio, Speech, and Language Processing*, 15(7):2011–2022.

Barker, J., Christensen, H., Ma, N., Green, P. et Vincent, E. (2011). The PASCAL 'CHiME' Speech Separation and Recognition Challenge. *In InterSpeech 2011*. (to appear).

Fiscus, J. G. (1997). A post-processing system to yield reduced word error rates : Recognizer Output Voting Error Reduction (ROVER). *In Proc. IEEE Workshop ASRU*, pages 347–354.

Hamill, M., Young, V., Boger, J. et Mihailidis, A. (2009). Development of an automated speech recognition interface for personal emergency response systems. *Journal of NeuroEngineering and Rehabilitation*, 6.

Lecouteux, B., Linarès, G., Bonastre, J. et Nocéra, P. (2006). Imperfect transcript driven speech recognition. *In Proc. InterSpeech'06*, pages 1626–1629.

Lecouteux, B., Vacher, M. et Portet, F. (2011). Distant speech recognition in a smart home : Comparison of several multisource asrs in realistic conditions. *In Interspeech 2011*, pages 2273–2276.

Linarès, G., Nocéra, P., Massonié, D. et Matrouf, D. (2007). The LIA speech recognition system : from 10xRT to 1xRT. *In Proc. TSD'07*, pages 302–308.

Vacher, M., Fleury, A., Serignat, J.-F., Noury, N. et Glasson, H. (2008). Preliminary Evaluation of Speech/Sound Recognition for Telemedicine Application in a Real Environment. *In Proc. InterSpeech 2008*, pages 496–499.

Vacher, M., Portet, F., Fleury, A. et Noury, N. (2011). Development of Audio Sensing Technology for Ambient Assisted Living : Applications and Challenges. *International Journal of E-Health and Medical Communications*, 2(1):35–54.

Vipperla, R. C., Wolters, M., Georgila, K. et Renals, S. (2009). Speech input from older users in smart environments : Challenges and perspectives. *In HCI International : Universal Access in Human-Computer Interaction. Intelligent and Ubiquitous Interaction Environments*.

Vovos, A., Kladis, B. et Fakotakis, N. (2005). Speech operated smart-home control system for users with special needs. *In Proc. InterSpeech 2005*, pages 193–196.

Wölfel, M. et McDonough, J. (2009). *Distant Speech Recognition*. Published by Wiley.

Mise au point d'un paradigme de perturbation motrice pour l'étude de la perception de la parole

Ali Hadian Cefidekhanie, Christophe Savariaux, Marc Sato, Jean-Luc Schwartz
Gipsa-Lab, Département Parole Cognition, UMR 5216 CNRS, Grenoble INP,
Université Joseph Fourier, Université Stendhal, Grenoble, France
jean-luc.schwartz@gipsa-lab.grenoble-inp.fr

RESUME

Pour mettre en évidence le rôle des connaissances motrices dans la perception de la parole, il peut être nécessaire de tenter de moduler l'accès à ces connaissances lors d'une tâche de perception, ce qui peut passer par l'utilisation de paradigmes de double tâche. Mais il faut alors s'assurer que la tâche motrice supposée moduler la perception ne produit pas directement de son ou n'évoque pas d'image auditive par copie d'efférence. Nous proposons et testons des tâches de production de gestes orofaciaux de la mâchoire ou des lèvres, ne produisant pas d'image auditive, mais dont nous montrons qu'elles mobilisent bien le système de production de la parole en perturbant une tâche de production de parole intérieure (comptage mental). Des sujets devant à la fois compter mentalement et produire ces gestes orofaciaux, sont fortement ralentis comparativement à une tâche contrôle de production de gestes manuels.

ABSTRACT

Defining a motor perturbation paradigm for speech perception studies

To display the role of motor knowledge in speech perception it may be necessary to attempt to modulate access to such knowledge during perception, in double tasks paradigms. But the motor task supposed to modulate perception must not produce itself some auditory perturbation either directly or through auditory imagery due to efference copy mechanisms. We propose and test tasks involving cyclic jaw or lip gestures, which do not produce such auditory images, but however perturbate inner speech production. This is evidenced in a task in which subjects must mentally count while producing such orofacial gestures, leading to a strong slowing of mental counting in respect to manual perturbations used as controls.

MOTS-CLES: lien perceptuo-moteur, double tâche, parole intérieure, comptage mental, perturbation
KEYWORDS: perceptuo-motor link, double task, inner speech, mental counting, perturbation

1. Introduction

1.1. Les relations entre perception et action dans la communication parlée

Les découvertes des neurosciences cognitives ces 20 dernières années ont profondément transformé le débat sur les processus mis en œuvre dans la perception de la parole. La question de la nature des représentations, auditives (voir par exemple Diehl et al., 2004) ou motrices (voir par exemple Liberman & Whalen, 2000) a laissé place à un nouvel enjeu central, celui des interactions entre processus moteurs et perceptifs. Les données de neuroimagerie ont permis de mettre en évidence une architecture corticale reliant aires auditives (dans le cortex temporal) et aires motrices (dans le cortex frontal) au sein d'une « voie dorsale » passant par le lobe pariétal, et dont le rôle principal serait de relier représentations auditives et motrices dans les processus d'apprentissage et de répétition (Hickok & Poeppel, 2007).

La question récurrente est celle de l'implication de cette voie dorsale dans les processus de communication en ligne. En ce qui concerne la production de la parole, si l'on se réfère au modèle DIVA (Guenther, 2006), la voie dorsale est impliquée au cours du développement dans la mise en place des cartes sensori-motrices permettant de configurer dans le cortex prémoteur des commandes motrices associées à des cibles auditives. Par la suite, ces commandes feedforward permettent un contrôle en ligne de la production ne nécessitant que peu de recours à la voie dorsale, sauf en cas de perturbations (auditives ou somesthésiques) qui impliquent la mise en œuvre de mécanismes de correction.

En ce qui concerne la perception de la parole, les données de neuroimagerie montrent clairement que les zones motrices et prémotrices sont activées dans diverses tâches de traitement perceptif de l'information phonétique auditive ou visuelle (Fadiga et al., 2002; Watkins et al., 2003; Wilson et al., 2004; Skipper et al., 2007 ; Pulvermüller et al., 2006). Mais ces activations, qui découlent de l'implication de la voie dorsale, ne démontrent pas ipso facto l'existence d'un rôle fonctionnel des centres moteurs dans les traitements perceptifs. On trouvera ainsi des propositions minimisant ce rôle fonctionnel (voir Hickok & Poeppel, 2007 ; Scott et al., 2009) ; d'autres le considérant au contraire comme central (Pulvermüller & Fadiga, 2010) ; et finalement, notre position dans le cadre de la PACT (Perception for Action Control Theory, Schwartz et al., 2010) considérant que les non-linéarités articulatori-acoustiques jouent un rôle structurant, qui implique une nature auditive des représentations ; mais avec un rôle fonctionnel des processus moteurs, notamment dans les mécanismes de liage et de structuration des flux perceptifs (Basirat et al., 2011). Parallèlement, des arguments de modélisation computationnelle suggèrent que les connaissances motrices pourraient apporter un gain dans les mécanismes de décodage phonétique dans des conditions de communication dégradée, par le bruit ou le traitement d'un accent par exemple (voir Castellini et al., 2011, Moulin-Frier et al., 2012).

Pour progresser expérimentalement sur cette question du rôle fonctionnel des processus moteurs dans la perception de la parole, une solution consiste à essayer de trouver un moyen de moduler les possibilités d'accès aux capacités de production et d'examiner si cette modulation produit des effets sur les performances de compréhension. C'est dans ce cadre que se situe le présent travail.

1.2. Perturber les capacités perceptives par modulation des capacités motrices

Le premier type de modulation est fourni par les données neurologiques de patients aphasiques. Les méta-analyses qui en ont été faites notamment par Hickok & Poeppel (2004, 2007) concluent à une double dissociation entre tâches de « perception » sous-lexicales (n'impliquant pas le contact avec le lexique) et dépendant de l'intégrité des zones motrices et de la voie dorsale, et tâches de « compréhension » ou « reconnaissance » impliquant l'accès au lexique et ne présentant pas de dégradation significative dans le cas de lésion frontale des zones motrices ou prémotrices (d'Ausilio et al., 2009b, font cependant une lecture plus contrastée). Reste que ces données sont toujours fragmentaires et d'interprétation complexe, et ne fournissent que des tests partiels et limités de l'hypothèse d'un rôle fonctionnel des centres moteurs sur les mécanismes de compréhension.

C'est pourquoi les chercheurs ont tenté de provoquer eux-mêmes des micro-perturbations temporaires, localisées et bien sûr réversibles, sur des régions spécifiques du cortex frontal (principalement, cortex moteur, cortex prémoteur, aire de Broca). Ainsi, l'utilisation de la stimulation magnétique transcranienne répétitive (rTMS) sur le cortex prémoteur ventral a montré des effets perturbateurs sur l'identification phonémique de stimuli bruités (Meister et al., 2007) ou impliquant une segmentation préalable (Sato et al., 2009). L'application sélective de stimulation au niveau d'articulateurs spécifiques du cortex moteur (région des lèvres ou de la langue) permet de produire des modifications sélectives de catégorisation ou de discrimination phonétique en rapport avec la zone motrice impliquée (Möttönen & Watkins, 2009 ; d'Ausilio et al., 2009a). Sato et al. (2011) ont répliqué cet effet en remplaçant la technique de TMS par un effet de plasticité motrice consécutif à une période de production répétée d'actions de la langue ou des lèvres, et obtenu des effets similaires de modulation sélective, relative à l'articulateur mobilisé. Enfin, des études de Sato et al. (2009) et de d'Ausilio et al. (2011) montrent que ces effets de modulation de la performance perceptive disparaissent dans le cas de stimuli non bruités : les effets de modulation motrice seraient donc limités aux conditions de communication dégradée, conformément aux résultats de modélisation computationnelle.

Ainsi ces expériences de perturbations temporaires montrent des effets, faibles mais concordants, d'une perturbation prémotrice ou motrice dans le cas de stimuli perceptifs ambigus. Néanmoins, ces perturbations sont indirectes et difficiles à contrôler et évaluer précisément.

1.3. Le paradigme de la double tâche

Un troisième outil est alors disponible, celui de la double tâche. Ce paradigme consiste à proposer à des sujets de réaliser une tâche motrice en même temps que leur tâche perceptive, et à évaluer comment la première perturbe la seconde. Dans le raisonnement à la base de ce paradigme de double tâche, l'existence de perturbations démontre l'impact des processus moteurs, impliqués dans la tâche perturbatrice, sur les mécanismes perceptifs impliqués dans la tâche cible.

Ainsi, des mouvements manuels peuvent modifier la perception de la direction du mouvement dans des stimuli ambigus (Wohlschlaeger, 2000), ou l'identification de la direction d'un stimulus visuel concordant ou non avec la direction du mouvement manuel associé (Musseler & Hommel, 1997) ; soulever un objet plus ou moins lourd affecte le jugement perceptif sur la masse d'un objet observé (Hamilton et al., 2004) ; et les exemples abondent qui indiquent des effets, facilitant ou contrariant, d'une action motrice compatible ou incompatible avec une tâche perceptive simultanée.

Dans le domaine du traitement de stimuli langagiers, le paradigme de la double tâche a été utilisé abondamment par Baddeley et coll. dans l'étude de la mémoire de travail verbale (Baddeley, 2003). Dans ce paradigme, on montre que si des sujets doivent utiliser leur système orofacial en même temps qu'ils cherchent à maintenir une liste d'items en mémoire, leurs performances chutent considérablement (effet de « suppression articulatoire » : voir Murray, 1968). Ce processus est interprété dans le cadre du modèle de la « boucle phonologique » dans laquelle un processus de répétition mentale permet de maintenir en mémoire de travail les stimuli langagiers au-delà de la durée d'environ 2s accessible au stockage phonologique (Baddeley & Hitch, 1974). L'interprétation est que la tâche perturbatrice (répéter un mot en boucle, par exemple) empêche ou gène la répétition mentale et donc diminue significativement la capacité de mémorisation.

La boucle articulatoire étant probablement impliquée dans des mécanismes de resegmentation de stimuli répétés en boucle (effet de transformation verbale, Warren, 1961), l'effet de double tâche conduit à une diminution significative de l'effet de transformation verbale (Reisberg et al., 1989). De même, Rogalski et al. (2008) mettent en évidence le rôle de la mémoire de travail verbale dans le traitement syntaxique de séquences complexes en utilisant un paradigme de suppression articulatoire conjointe à une tâche de traitement syntaxique.

1.4. Contenu perceptuo-moteur de la suppression articulatoire

Le paradigme de la double tâche avec perception et production conjointe n'a été que très peu utilisé pour l'instant dans l'étude des mécanismes de décodage phonétique, qui sont pourtant au cœur des débats entre théories motrices et auditives. La raison en est probablement la difficulté de contrôler et caractériser précisément le contenu de la perturbation motrice. Dans la plupart des expériences sur les effets de suppression articulatoire sur la mémoire de travail verbale, la tâche perturbatrice implique la répétition à haute voix de stimuli langagiers, plus ou moins complexes, porteurs de sens ou non (typiquement, mono ou bisyllabiques). Cette tâche comporte donc à la fois une composante articulatoire et une composante auditive, susceptibles l'une et l'autre d'interférer avec la tâche perceptive cible. Une série d'expériences ingénieuses de Gupta & MacWhinney (1995) a permis à la fois de confirmer l'existence de composantes auditives (la suppression articulatoire étant moins perturbante pour la mémorisation lorsqu'elle est silencieuse que lorsqu'elle est sonore), mais aussi de confirmer le rôle de mécanismes articulatoires en tant que tels (la suppression articulatoire étant plus perturbante qu'une simple perturbation par stimuli sonores concomitants, perturbation dénommée « irrelevant speech effect »).

Une perturbation par production silencieuse ou interne (inner speech) semble évidemment plus adaptée. Néanmoins, on sait depuis longtemps que la production silencieuse génère également de l'imagerie auditive (ce que Gupta & MacWhinney considèrent sous le nom de « speech inside the head »), par un mécanisme de copie d'efférence. Ainsi, si une expérience de double tâche impliquant perception de parole et production silencieuse modifie le résultat de la tâche perceptive, on ne peut aisément séparer (1) l'appel du système perceptif aux compétences motrices pour la catégorisation (Fig. 1a), qui serait modulé par l'occupation du système moteur à sa tâche perturbatrice (Fig. 1b), (2) de l'interférence de l'image auditive générée par la perturbation, sur le stimulus cible à traiter perceptivement (Fig. 1c). C'est dans ce contexte que l'on peut interpréter l'une des rares expériences ayant impliqué le paradigme de double tâche dans l'étude des processus de décodage. Dans cette expérience, Sams et al. (2005) montrent que la production silencieuse d'une syllabe « pa » ou « ka » concomitante avec la présentation auditive d'une syllabe bruitée « pa » ou « ta » concordante ou discordante module la réponse du sujet, avec des effets très semblables aux effets de fusion audiovisuelle (renforcement de réponses correctes dans le cas de stimuli perçus et produits concordants, diminution de réponses correctes dans le cas de stimuli discordants, avec génération d'effets de type McGurk). Ces résultats peuvent s'interpréter aussi bien dans le cadre d'un processus feedforward-feedback (voir par exemple Skipper et al., 2007) avec appel feedforward aux connaissances motrices – sièges alors de la perturbation – puis retour feedback vers les zones perceptives pour le décodage (Fig. 1b), que dans le cadre d'un processus de génération d'une image auditive par copie d'efférence et fusion de l'input auditif avec l'image auditive perturbatrice directement dans les aires auditives (Fig. 1c). C'est plutôt dans le cadre de la seconde hypothèse que Sams et coll. interprètent leurs données (voir aussi Sato et al., 2008 ; Kauramäki et al., 2010).

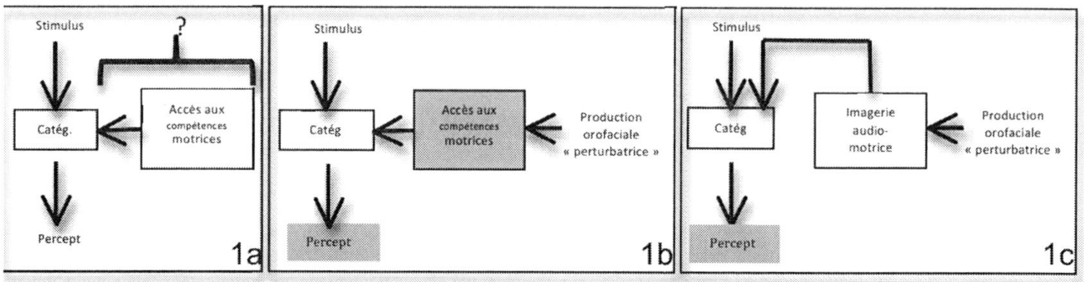

IGURE 1 - Pour tester le rôle fonctionnel des compétences motrices dans la perception (a), on peut utiliser une perturbation orofaciale modulant l'accès à ces compétences motrices (b), mais une interprétation à l'aide de génération d'imagerie audio-motrice par copie d'efférence ne peut être écartée (c)

C'est pourquoi il peut sembler préférable d'utiliser une tâche mobilisant le système orofacial sans impliquer de production, même mentale, de stimuli de parole. Ce type de perturbation a été parfois utilisé, par exemple dans l'étude de Reisberg et al. (1989) cherchant à diminuer l'effet de transformation verbale sur des stimuli produits en parole intérieure, par des tâches perturbatrices telles que blocage de la mâchoire, maintien des lèvres jointes et de la langue collée au palais, mâchement de chewing-gum. Des données convergentes de neuroimagerie confirment que, si les aires auditives font partie intrinsèque du réseau du contrôle moteur en production de la parole (Bohland & Guenther, 2006), elles ne sont pas activées (ou en tout état de cause le sont significativement moins) par la production de gestes orofaciaux élémentaires (ouvrir la mâchoire, protrure les lèvres, rétracter la langue) (Grabski et al., 2012). La production de tels gestes orofaciaux semble ainsi résoudre les deux objectifs que l'on peut attendre d'un paradigme de « suppression articulatoire » dans l'étude de la perception de la parole : mettre à contribution le système de production et donc possiblement en moduler l'efficacité dans la tâche perceptive (Fig. 1b) sans produire d'image auditive par copie d'efférence (Fig. 1c).

Reste à déterminer jusqu'à quel point ce type de perturbation est capable de mettre à contribution le système de production de la parole, et donc de jouer un possible rôle modulateur en perception. C'est la question de l'efficacité de ce type de perturbation, et du choix de perturbations optimales, qui est l'enjeu du présent travail. Pour y répondre, nous allons également avoir recours à un paradigme de double tâche, mais ici de double tâche motrice, dans laquelle nous explorons comment différentes tâches de production de gestes orofaciaux perturbent la génération de la parole intérieure. Nous faisons le raisonnement suivant. Il est connu qu'une tâche de production de parole intérieure fait appel à réseau cortical proche de celui de production ouverte de la parole (Yetkin et al., 1995), et donc implique le réseau de ce que nous avons appelé les « compétences motrices ». Si une perturbation orofaciale est capable de mobiliser efficacement l'ensemble du système de production de la parole, elle doit alors perturber significativement la parole intérieure.

Le résultat n'est pas certain. Il a fait l'objet de vifs débats dans le passé. Ainsi, dans son étude sur la parole intérieure durant la lecture silencieuse, Pintner (1913) rappelle les positions opposées de Stricker (1880) considérant qu'on ne peut pas avoir « l'idée du son 'b' sans avoir la sensation d'un mouvement musculaire ou d'une innervation des lèvres » et de Paulhan (1886) affirmant qu'il était capable d'avoir l'idée d'une voyelle tout en en prononçant une autre. Ce rappel historique est également abordé par Jeannerod (2003) dans une revue de question sur la reconnaissance de soi : « *Authors of the time (e.g. Binet, 1886) claimed that mental images in general resulted from excitation of the same cerebral centers as the corresponding actual sensation (...) for example, it was shown to be impossible for a subject to generate the image of pronouncing the letter /b/ if he kept the mouth wide open: this was because, supposedly, the motor system cannot be engaged in two contradictory actions at the same time* ».

Les paradigmes de double tâche impliquant motricité réelle et motricité imaginée et visant à montrer l'influence de la première sur la seconde ont déjà été utilisés avec succès dans des tâches de rotation mentale (Wexler et al., 1998 ; Wohlschläger & Wohlschläger, 1998) ou de locomotion (Kunz et al., 2009) par exemple. Mais ils n'ont jamais à notre connaissance été utilisés directement pour la parole. Dans le présent travail, nous explorons différents types de perturbation (geste de la mâchoire ou des lèvres ; statique ou dynamique, lent ou rapide ; geste manuel produisant une tâche contrôle) sur une tâche de parole intérieure de comptage mental. La mesure de la perturbation potentielle est basée sur le temps de comptage : nous faisons l'hypothèse que plus une perturbation est forte, plus le temps de comptage est ralenti.

2. Méthode et analyses

L'objectif de l'expérience est de déterminer comment une tâche motrice perturbatrice peut moduler le résultat d'une tâche cible de comptage. 10 sujets français natifs (5 femmes et 5 hommes), d'âge entre 22 et 36 ans (âge moyen 26 ans et demi, sans problème visuel ou auditif, ont participé à l'expérience (après avoir donné leur consentement informé).

La tâche cible consistait en une série de deux comptages consécutifs de 1 jusqu'à 30, le plus rapidement possible, et ce dans 11 conditions différentes. Le comptage s'effectuait à voix haute dans la première condition, mentalement dans les 10 autres. Parmi celles-ci, l'une était une condition de base sans perturbation, les 9 autres impliquaient une tâche motrice perturbatrice. La tâche motrice perturbatrice consistait à produire, en même temps que le comptage mental, une action spécifique avec l'un des 3 effecteurs : main, mâchoire ou lèvres. 3 types d'actions étaient proposées : statique (ouvrir la main, baisser la mâchoire, protrure les lèvres) ou dynamique cyclique (ouvrir et fermer la main, baisser et élever la mâchoire, protrure et étirer les lèvres) et ce à deux rythmes, lent ou rapide (0.5 cycle vs. 1 cycle par seconde). Pour chaque participant, les 11 conditions étaient présentées en ordre aléatoire dans 5 blocs complets consécutifs.

Pour chaque essai, le protocole comprenait la séquence d'étapes suivante : (1) lire sur l'écran le type de condition à produire parmi les 11 tâches possibles, (2) cliquer sur une touche avec leur main droite pour lancer le processus, (3) dans le cas de perturbation dynamique, à l'affichage d'une croix rouge flashant au rythme de 0.5 cycles par seconde (condition lente) ou 1 cycle par seconde (condition rapide), synchroniser leur geste de la main gauche, de la mâchoire ou des lèvres sur le rythme de la croix, puis, une fois la tâche perturbatrice lancée (statique ou dynamique), (4) fermer les yeux pour se concentrer et ne pas être perturbé par la croix, (5) appuyer sur une touche avec leur main droite en commençant le premier cycle de comptage de 1 à 30, (6) cliquer à nouveau avec leur main droite dès la fin de ce premier cycle pour lancer le second cycle, et (7) appuyer une dernière fois avec leur main droite pour signaler la fin du comptage et passer à l'essai suivant. Une courte phase d'entraînement (sur les 11 conditions présentées consécutivement) permettait au sujet de bien comprendre la tâche.

L'expérience a été réalisée en chambre sourde, avec le logiciel Presentation® (www.neurobs.com). Pour vérifier que la tâche perturbatrice était exécutée correctement, et aussi pour pouvoir disposer de données quantitatives sur l'exécution de cette tâche perturbatrice et sur d'éventuelles perturbations de la tâche perturbatrice elle-même par la tâche cible, nous avons maquillé les lèvres des sujets en bleu, et collé une petite pastille bleue sur leur menton, une sur le dos de leur main et une sur la dernière phalange de leur majeur. Ainsi, un système de Chroma-Key, éliminant les zones de couleur bleue, permet de détecter automatiquement les zones correspondantes, et donc d'analyser quantitativement les mouvements des lèvres (Lallouache, 1990) ou de la main (Heracleous et al., 2010).

La mesure de performance de la tâche cible de comptage était la durée de chacun des 2 comptages consécutifs, estimée par différence entre les temps d'appui sur la touche (premier comptage : délai entre les étapes (5) et (6) ci-dessus, second comptage : délai entre les étapes (6) et (7)). L'hypothèse était que ces temps de comptage seraient augmentés par la tâche perturbatrice par rapport au comptage mental sans tâche perturbatrice. La tâche de production à voix haute servait de repère pour vérifier que la tâche de comptage mental était bien effectuée, sous l'hypothèse que les temps de comptage devraient être similaires entre action réelle et action imaginée (Jeannerod, 1995). La perturbation manuelle servait de contrôle sous l'hypothèse qu'elle ne ralentirait que faiblement le comptage mental (par un simple effet possible de double tâche) tandis que les perturbations orofaciales (mâchoire ou lèvres) devraient, elles, perturber beaucoup plus par interférence sur le même système d'actions (système orofacial mis en œuvre à la fois dans le comptage mental et dans la perturbation). Nous n'avions pas d'hypothèse a priori sur le caractère plus perturbant d'une action statique, dynamique lente ou rapide. Enfin le fait de répéter deux fois consécutivement l'action de comptage permettait de déterminer si la perturbation était plus forte au début puis décroissait : dans ce cas, on devrait observer moins de perturbation des tâches orofaciales pour le second comptage que pour le premier.

3. Résultats

Une analyse informelle des films enregistrés a permis de vérifier que l'exécution des tâches pertubatrices a été bien effectuée, démontrant un rythme régulier des sujets conforme au rythme imposé (0.5 ou 1 cycle par seconde). Nous n'avons pas jusqu'à présent analysé systématiquement les données vidéo pour déterminer si l'exécution de la tâche a été régulière ou si des modulations apparaissent à certains moments clé de l'exécution de la tâche.

Nous avons obtenu pour chaque sujet des temps de comptage (T) pour chacune des 11 conditions (C), chacun des deux essais de comptage (E) et chacun des 5 blocs (B). Une analyse de la variance à mesures répétées à 3 facteurs (C, E, B) a été effectuée, avec correction de Greenhouse-Geisser dans les cas de violation de l'hypothèse de sphéricité. Cette analyse fait apparaître un effet de la condition C [$F(10, 90) = 20.56$, $p<0.001$] et de l'essai E [$F(1, 9) = 14.93$, $p<0.005$], sans aucun autre effet, ni de bloc ni d'aucune des interactions à 2 ou 3 facteurs.

L'effet de la condition est résumé par la Fig. 2. On y observe que c'est la condition de parole à voix haute qui produit le temps de comptage le plus court (6.25 s), le comptage en parole intérieure prenant une durée d'environ 1.5 s plus longue (7.77 s), différence non significative (notons qu'on considère en général la motricité intérieure comme conduisant à des durées plus courtes que la motricité réelle sur des tâches identiques, voir Oppenheim & Dell, 2010). Parmi les conditions en double tâche, les conditions de perturbation orofaciale (mâchoire ou lèvres) dynamique, lente ou rapide, produisent les temps les plus longs. Nous reviendrons sur l'analyse statistique de ces écarts.

En ce qui concerne l'effet du facteur essai (E), le temps moyen de comptage pour le premier essai est significativement plus court que pour le second essai (10 s contre 10.7 s). L'observation de cette différence pour les 11 conditions fait apparaître une tendance à voir la différence augmenter avec la durée du premier comptage. La corrélation entre le temps du premier essai et la différence entre les deux essais est significative [$r^2=0.56$, $t(9)=3.39$, $p<0.01$], avec un accroissement de 7% du temps de comptage du premier au second essai. Le point important est que ce ralentissement, proportionnel à la durée du comptage, ne montre pas de capacité des sujets à gérer de mieux en mieux la perturbation d'un essai à l'autre (ce qui se traduirait au contraire par une diminution du second essai par rapport au premier, surtout dans les cas de perturbation). L'effet de la perturbation est donc stable d'un essai à l'autre, et également à travers les 5 blocs, donc tout au long de l'expérience.

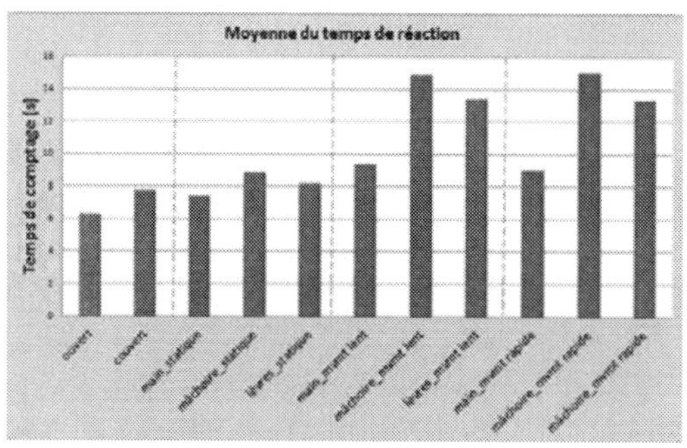

FIGURE 2 – Temps de comptage (en secondes) moyenné sur les 10 sujets, les 5 blocs et les 2 essais de comptage, pour les 11 conditions : voix haute, parole intérieure, puis parole intérieure avec les 9 perturbations (les erreurs standards sont indiquées par condition)

Pour analyser plus précisément l'effet des différentes perturbations, nous avons conduit une seconde analyse sur les effets des 3 types de perturbation (T, pour statique vs. dynamique lent vs. dynamique rapide) et des 3 gestes moteurs impliqués (G, soit la main, la mâchoire ou les lèvres), en réalisant une ANOVA à mesures répétées à deux facteurs intra-sujets (T et G) portant sur les 9 conditions en double tâche, le facteur dépendant étant ici, pour chaque sujet, le temps de comptage moyenné sur les deux essais et les 5 blocs. Il apparaît que les deux facteurs sont significatifs [facteur T : $F(2, 18) = 17.476$, $p=0.002$) ; facteur G : $F(2, 18) = 22.36$, $p<0 .001$], ainsi que leur interaction [$F(2, 18) = 11.24$, $p=0.001$]. Des tests post-hoc (à probabilité < à 0.05 avec correction de Scheffé) montrent que :

- la perturbation statique produit des durées de comptage significativement plus courtes que les perturbations dynamiques, lente ou rapide, qui ne diffèrent pas ;

- le geste de la main produit des durées de comptage significativement plus courtes que les deux gestes orofaciaux, mâchoire et lèvres, qui ne diffèrent pas ;
- si l'on prend comme référence la perturbation manuelle statique, les perturbations statiques pour les 3 gestes moteurs ainsi que les 2 perturbations dynamiques pour la main produisent des temps de comptage non significativement différents, tandis que les 2 perturbations dynamiques, lente et rapide, pour les 2 articulateurs orofaciaux, mâchoire ou lèvres, produisent des temps plus élevés, et non significativement différents les uns des autres. En résumé :
  main stat. = lèvres/mâchoire stat. = main dyn. lente/rapide < mâchoire/lèvres dyn. lente/rapide

4. Discussion et conclusion

Le premier résultat important est le fait qu'une perturbation statique semble inopérante, quel que soit l'articulateur : les temps de comptage sont non significativement différents quel que soit l'effecteur impliqué, manuel ou orofacial, et similaires au temps de comptage sans perturbation (voir Fig. 2). Ceci montre que les intuitions anciennes de Stricker ou Binet, rapportées précédemment, sont sans doute erronées : la parole intérieure n'est pas perturbée significativement par un positionnement orofacial stable, quel qu'il soit. Un résultat récent de Tuomainen et al. (2002), cité par Sams et al. (2005) semble confirmer ce point : « We recently studied the effect of silently articulating a Finnish vowel /Q/ or /ø/ on the perception of acoustic vowels on the /Q/–/ø/ continuum. Silent articulation of /Q/ shifted the phoneme boundary significantly toward /ø/. Importantly, a similar shift was not obtained when the same subjects were instructed to position their articulation system as if they would say /Q/ or /ø/, but not to silently articulate the vowel ». L'interprétation est sans doute qu'une perturbation stationnaire n'empêche pas réellement la production, moyennant les adaptations motrices nécessaires (voir les expériences de bite-block – Lindblom et al., 1977 – ou lip-tube – Savariaux et al., 1995).

Les perturbations dynamiques, elles, produisent l'effet recherché : si une perturbation manuelle ne modifie que peu le temps de comptage par rapport à la condition sans perturbation, les deux perturbations orofaciales produisent une perturbation significative. Si l'on prend la condition « main statique » comme référence pour une condition de double tâche, le temps de comptage passe de 7.5s à environ 14s pour les 4 conditions orofaciales dynamiques, soit presque 100% d'augmentation. Le fait que les deux rythmes de perturbation orofaciale dynamique produisent des effets semblables peut paraître surprenant. On aurait pu imaginer que la production mentale se synchroniserait avec la perturbation et donc serait d'autant plus ralentie que le débit est lent, ou au contraire qu'un rythme lent laisserait plus de place à un mécanisme de production parallèle, et donc produirait moins de perturbation. Il faudrait tester ce qui se passe à d'autres rythmes pour déterminer si toute perturbation orofaciale produit des effets semblables, ou si des effets d'accrochage sur certains rythmes peuvent modifier les performances dans la double tâche.

Le résultat majeur de cette étude est qu'on peut obtenir une perturbation de la parole intérieure par une action orofaciale (cycles d'ouverture-fermeture de la mâchoire, ou de protrusion-rétraction des lèvres) qui ne devrait pas générer en tant que telle d'image auditive par copie d'efférence, ce qui résout notre « cahier des charges » développé dans la section 1. Le fait que cette perturbation soit stable d'un essai de comptage au suivant montre que la perturbation ne faiblit pas pendant au moins 25 à 30 s. La stabilité à travers les 5 blocs confirme la stabilité de l'efficacité de la perturbation. Le fait que des effets similaires soient obtenus pour les lèvres et la mâchoire et pour les 2 rythmes utilisés permet d'imaginer un paradigme efficace de test du rôle de la motricité dans des tâches perceptives : si l'on prend la condition « perturbation manuelle » comme contrôle de la double tâche, on peut ainsi alterner au cours d'une expérience assez longue des conditions avec double tâche mais sans perturbation orofaciale (gestes manuels) ou avec perturbation orofaciale (mâchoire ou lèvres). Reste à déterminer si d'éventuelles tâches d'identification phonétique ou lexicale sont susceptibles de produire des modulations significatives de performance dans ce type de paradigme de double tâche perceptuo-motrice.

Références

BADDELEY, A. D. (2003). Working memory: looking back and looking forward. *Nat Rev Neurosci, 4*, 829-39.
BADDELEY, A.D., & HITCH, G. (1974). *Working memory*. In G.H. Bower (Ed.), *The psychology of learning and motivation: Advances in research and theory* (Vol. 8, pp. 47–89). New York: Academic Press.
BASIRAT, A. ET AL. (2011). Perceptuo-motor interactions in the perceptual organization of speech: Evidence from the verbal transformation effect. *Philos T Roy Soc B*, in press.
BINET, A. (1886). *La psychologie du raisonnement. Recherches expérimentales par l'hypnotisme*. Alcan: Paris.
BOHLAND, J.W., & GUENTHER, F.H. (2006). An fMRI investigation of syllable sequence production. *Neuroimage*, 32, 821–841.
CASTELLINI, C., ET AL. (2011). The use of phonetic motor invariants can improve automatic phoneme discrimination. *PLoS One*, 6(9):e24055.

D'AUSILIO, A., ET AL. (2011). The role of the motor system in discriminating normal and degraded speech sounds. *Cortex* doi:10.1016/j.cortex.2011.05.017.
D'AUSILIO, A., ET AL. (2009a). The motor somatotopy of speech perception. *Curr Biol*, 19, 381-5.
D'AUSILIO, A., ET AL.. (2009b). Speech perception may causally depend on the activity of motor centers. *Curr Biol*, http://www.cell.com/current-biology/comments_Dausilio.
DIEHL, R. L., ET AL. (2004). Speech perception. *Annu Rev Psychol*, 55, 149-179.
FADIGA, L., ET AL. (2002). Speech listening specifically modulates the excitability of tongue muscles: a TMS study. *Eur J Neurosci*, 15, 399-402.
GRABSKI, K., ET AL. (2012). Functional MRI assessment of orofacial articulators: neural correlates of lips, jaw, larynx and tongue movements. *HBM*, à paraître.
GUENTHER, F.H. (2006). Cortical interactions underlying the production of speech sounds. *Journal of Communication Disorders*, 39, 350-365.
GUPTA, P., & MACWHINNEY, B. (1995). Is the articulatory loop articulatory or auditory? Reexamining the effects of concurrent articulation on immédiate serial recall. *JML*, 34, 63-88.
HAMILTON, A., ET AL. (2004). Your own action influences how you perceive another person's action. *Curr Biol*, 14, 493– 498.
HERACLEOUS, P., ET AL. (2010). Cued Speech Automatic Recognition in Normal-hearing and Deaf Subjects. *Speech Comn*, 52, 504-512.
HICKOK, G., & POEPPEL, D. (2004). Dorsal and ventral streams: A framework for understanding aspects of the functional anatomy of language. *Cognition*, 92, 67–99
HICKOK, G., & POEPPEL, D. (2007). The cortical organization of speech processing. *Nat Rev Neurosci* 8, 393–402.
JEANNEROD M. (1995). Mental imagery in the motor context. *Neuropsychologia*, 33, 1419–1432.
JEANNEROD, M. (2003). The mechanism of self-recognition in humans. *Behav Brain Res*,142, 1–15.
KAURAMÄKI, J., ET AL. (2010). Lipreading and covert speech production similarly modulate human auditory-cortex responses to pure tones. *Journal of Neuroscience* 30, 1314–1321.
KUNZ, B.R., ET AL. (2009). Evidence for motor simulation in imagined locomotion. *J Exp Psychol Human*, 35, 1458-1471.
LALLOUACHE, M.T. (1990). Un poste « visage-parole » : acquisition et traitement de contours labiaux. In *Actes des XVIIIèmes Journées d'Études sur la Parole*, pp. 282-286.
LIBERMAN, A.M., & WHALEN, D. H. (2000). On the relation of speech to language. *TICS*, 4, 187-196.
LINDBLOM, B., LUBKER, J., & GAY, T. (1977). Formant frequencies of some fixed-mandible vowels and a model of speech motor programming by predictive simulation. *JASA*, 62, S15–S15.
MEISTER I.G. ET AL. (2007). The essential role of premotor cortex in speech perception. *Curr Biol* 17 1692-1696.
MÖTTÖNEN, R., & WATKINS, K.E. (2009). Motor representations of articulators contribute to categorical perception of speech sounds. *J Neurosci*, 29, 9819-9825.
MOULIN-FRIER, C., ET AL. (2012). Adverse conditions improve distinguishability of auditory, motor and percep-tuo-motor theories of speech perception. *Lang Cognitive Proc* (in press).
MUESSELER, J., & HOMMEL, B. (1997). Blindness to response-compatible stimuli. *J Exp Psychol Human Performance*, 23, 861–872.
MURRAY, D.J. (1968). Articulation and acoustic confusability in short term memory. *J Exp Psychol Human* 78, 679–684
OPPENHEIM, G.M., & DELL, G.S. (2010). Motor movement matters: The flexible abstractness of inner speech. *Mem Cognition*, 38, 1147-*1160*
PAULHAN, F. (1886). Le langage intérieur et la pensée. *Revue philosophique*, XXI, 21, 26- 58.
PINTNER, R. (1913). Inner speech during sillent reading. *Psychol Rev*, 20, 129-153.
PULVERMÜLLER, F, & FADIGA L. (2010). Active perception: sensorimotor circuits as a cortical basis for language. *Nat Rev Neurosci*, 11, 351-60.
PULVERMÜLLER, F., ET AL. (2006). Motor cortex maps articulatory features of speech sounds. *PNAS* 103 7865-70.
REISBERG, D., ET AL. (1989). "Enacted" auditory images are ambiguous; "pure" auditory images are not. *Q J Exp Psychol B*, 41, 619-641.
ROGALSKY, C., ET AL. (2008). Broca's area, sentence comprehension, and working memory: an fMRI study. *Frontiers in Human Neuroscience*, 2, 1-13.
SAMS, M., ET AL. (2005). Seeing and hearing others and oneself talk. *Brain Res*, 23, 429-35.
SATO, M., ET AL. (2011). Articulatory bias in speech categorization: evidence from use-induced motor plasticity. *Cortex*, 47, 1001-1003.
SATO, M. ET AL. (2009). A mediating role of the premotor cortex in phoneme segmentation. *Brain Lang* 111 1-7.
SATO, M., ET AL. (2008). Listening while speaking: new behavioral evidence for articulatory-to-auditory feedback projections. *Proc AVSP* 2008, 26-29.
SAVARIAUX, C. PERRIER, P., AND ORLIAGUET, J.-P. (1995). Compensation strategies for the perturbation of the rounded vowel [u] using a lip-tube. *JASA*. 98, 2428-2442.
SCHWARTZ, J.L., et al. (2010). The Perception for Action Control Theory (PACT): a perceptuo-motor theory of speech perception. *Journal of Neurolinguistics*, ***, 1-19
SCOTT, S.K., ET AL. (2009). A little more conversation, a little less action: candidate roles for motor cortex in speech perception. *Nat Rev Neurosci*, 10, 295-302.
SKIPPER, J.I., ET AL.. (2007). Hearing lips and seeing voices: how cortical areas supporting speech production mediate audiovisual speech perception. *Cereb Cortex*, 17, 2387-2399.
STRICKER, S. S. (1880). *Studien über die Sprachvorstellungen*. Wien: Braumüller.
TUOMAINEN, J., ET AL. (2002). Motor and auditory interactions: silent articulation affects vowel categorization. *First Dutch Neuro-Endo-Psycho Meeting*, 4–7 June 2002, Doorwerth, The Netherlands.
WARREN, R.M. (1961). Illusory changes of distinct speech upon repetition - the verbal transformation effect. *Brit J Psychol*, 52, 249-258.
WATKINS, K.E., ET AL. (2003). Seeing and hearing speech excites the motor system involved in speech production. *Neuropsychologia*, 41, 989-994.
WEXLER, M., ET AL.. (1998). Motor Processes in Mental Rotation. *Cognition*, 68, 77-94.
WILSON, S.M., ET AL. (2004). Listening to speech activates motor areas involved in speech production. *Nature Neuroscience*, 7, 701-702.
WOHLSCHLÄGER, A. (2000). Visual motion priming by invisible actions. *Vision Research*, 40, 925– 930.
WOHLSCHLÄGERA. & WOHLSCHLÄGER A. (1998). Mental and manual rotation. *J Exp Psychol Human* 24, 397-412.
YETKIN, F. Z., ET AL. (1995). A comparison of functional MR activation patterns during silent and audible language tasks. *Am J Neuroradiol*, 16, 1087-1092.

Oscillations corticales et intelligibilité de la parole dégradée

Léo Varnet[1], Fanny Meunier[1], Michel Hoen[1]
(1) Centre de Recherche en Neurosciences de Lyon,
Inserm U1028, CNRS UMR 5292, France
leo.varnet@isc.cnrs.fr

RESUME

La méthode des potentiels évoqués a permis de caractériser différentes composantes associées au traitement de la parole. Cependant il n'existe pas aujourd'hui de marqueur cortical témoignant du succès de l'accès lexical lors de la compréhension de la parole. Le but de cette étude est donc de développer un protocole expérimental et une analyse statistique des signaux électroencéphalographiques, afin d'identifier des clusters temps-fréquence dans l'activité oscillatoire corrélant avec l'intelligibilité de stimuli paroliers. Pour mettre en évidence cet effet, nous avons présenté aux sujets des mots dégradés par noise-vocoding avant et après une courte phase d'apprentissage perceptuel. Nous avons comparé les activités oscillatoires apparaissant en réponse à des stimuli évalués comme « intelligibles » et « inintelligibles » par les participants (N=12). Nous sommes ainsi parvenus à mettre à jour trois activités avec des topologies et des fréquences spécifiques liées au succès de l'accès lexical

ABSTRACT

Oscillatory cortical activity and intelligibility of degraded speech

Many neurocognitive aspects associated with the processing of speech were up to now studied by the analysis of event-related potentials. However, none of these cortical responses can be considered as a direct indicator of successful lexical access during speech comprehension. The aim of the present study is to develop an experimental paradigm and a statistical analysis on electrophysiological data, in order to identify time-frequency patterns in the oscillatory cortical activity that correlate with the intelligibility of degraded speech. For this purpose we used noise-vocoded speech that is very difficult to understand without prior exposure. Noise-vocoded words were presented before and after a short period of perceptual learning, and we compared the oscillatory activity following stimuli rated as "intelligible" or "unintelligible" by participants (N=12). Results show that we were able to identify three oscillatory activities with specific topology and latency resulting from a successful lexical access.

MOTS-CLES : Intelligibilité, Noise-vocoded speech, EEG, Oscillations corticales
KEYWORDS : Intelligibility, Noise-vocoded speech, EEG, Cortical oscillatory activity

1 Introduction

Le cerveau humain est capable d'extraire le sens d'un son de parole, même dans des conditions d'audition particulièrement adverses allant de la communication téléphonique bruitée jusqu'à la discussion avec un locuteur parlant avec un accent prononcé ou dans un environnement acoustique engendrant une déformation importante. Cette faculté, dont la robustesse et la fiabilité restent jusqu'à présent inégalées par les systèmes de reconnaissance vocale, suppose l'existence d'un processus sous-jacent, l'accès lexical, permettant l'appariement du son de parole entendu à une représentation mentale du mot reconnu. Cette représentation, stockée en mémoire au sein du lexique mental, donnerait accès à toutes les informations que le locuteur possède sur le mot en question: son orthographe, son sens et ses contraintes d'utilisation par exemple. On peut alors se demander s'il existe dans le cerveau un indicateur de la validité du mot désigné *in fine*, et s'il est possible d'identifier dans l'EEG un ou plusieurs marqueurs corticaux témoignant du succès ou non de cet accès lexical. L'analyse des réponses EEG à la présentation d'un son de parole par le biais des ERP (Event-Related Potentials) a permis de caractériser différents potentiels évoqués langagiers successifs, correspondant à des mécanismes de traitement d'informations de plus en plus haut niveau. Pourtant, aucun des potentiels tardifs mis en évidence ne reflète l'identification avec succès d'un mot entendu. Le but de cette recherche est donc de mettre en évidence un corrélat de l'intelligibilité de la parole dans les réponses EEG, en étudiant les activités cérébrales, non plus uniquement dans la dimension temporelle, comme c'est le cas pour les ERP, mais dans le domaine temps-fréquence. Cette analyse sera effectuée à l'aide des ERSP (Event-Related Spectral Perturbations), qui correspondent aux oscillations dans différentes bandes de fréquences du signal EEG. L'utilisation de cette méthode nous permettrait ainsi d'accéder aux activités non-calées en phase sur la stimulation, qui disparaissent lors du calcul des ERP.

Les précédentes études portant sur des phénomènes oscillatoires associés à une grande variété de tâches, essentiellement dans le domaine visuel, semblent indiquer que les processus de liage perceptuel s'accompagnent d'une synchronisation de réseaux de neurones dans la bande gamma (fréquences supérieures à 30 Hz), notamment pour la recherche visuelle d'un objet cohérent (Tallon-Baudry et al., 1997). Le nombre d'études se concentrant sur l'analyse des oscillations corticales pendant des tâches auditives est plus restreint, mais celles-ci ont néanmoins permis de mettre à jour des synchronisations dans la bande gamma associées à la compréhension de la parole ou à l'unification sémantique : perception d'objets auditifs cohérents (Knief et al., 2000), distinction entre mots et non-mots (Pulvermüller et al., 1996), ou accès à la mémoire pour reconstituer une parole dégradée (Hannemann et al., 2007). Par ailleurs, la synchronisation des oscillations corticales dans la bande gamma est le plus souvent envisagée comme un mécanisme servant à unifier des neurones spécialisés dans la détection d'une caractéristique particulière en un groupe de neurones représentant un certain objet perceptuel (Gray & Singer, 1989).

Parallèlement à cette augmentation de l'énergie dans la bande gamma lors de tâches sémantiques, certaines études ont mis en évidence une diminution de la puissance dans la bande alpha (8-13 Hz), dans les aires du cerveau requises pour le traitement de l'information à un instant donné. Il a été montré que l'intensité des oscillations alpha augmentait notamment avec la complexité d'une tâche de mémorisation (Jensen et al., 2002), ou avec la complexité d'une tâche de compréhension d'un son de parole dégradé (Obleser & Weisz, 2011), et ces deux équipes associent les rythmes alpha à une inhibition des oscillations gamma locales, pour permettre un accès à la mémoire à court terme ou au lexique.

Pour pouvoir identifier dans les réponses corticales du sujet à la présentation d'un son de parole une activité corrélant avec l'intelligibilité de ce son, il nous faut comparer les réponses du sujet lorsqu'il écoute un stimulus « intelligible » et lorsqu'il écoute un stimulus « non intelligible », toutes choses égales par ailleurs. La mise en œuvre d'une telle expérience est assez délicate car elle nécessite dans un premier temps d'obtenir des signaux de parole dont on puisse faire varier l'intelligibilité sans en changer le contenu. À cette fin, nous avons utilisé des stimuli dégradés par noise-vocoding, une dégradation analogique du signal de parole qui retire une part importante des informations spectrales, tout en conservant la forme générale des enveloppes temporelles correspondant à différentes bandes de fréquence (Shannon et al., 1995). Dans le cas de notre étude, l'intérêt de l'utilisation du noise-vocoded speech tient à ce que l'intelligibilité de la parole dégradée par noise-vocoding augmente nettement après une phase d'apprentissage perceptif. Notre protocole consiste donc à comparer l'activité cérébrale durant la compréhension d'un même stimulus en noise-vocoded speech, avant et après une phase d'apprentissage. De ce fait, un stimulus inintelligible pour le sujet lors de la première phase d'écoute voit son intelligibilité notablement améliorée à la troisième phase par la période intermédiaire d'apprentissage.

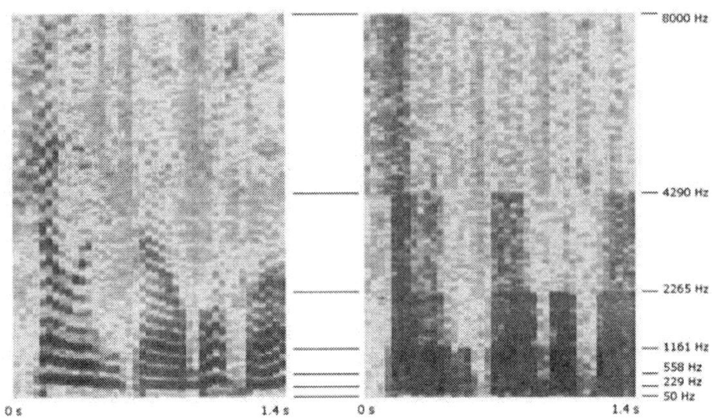

FIGURE 1 – Spectrogramme d'un son, avant (gauche) et après (droite) noise-vocoding.

2 Matériels et Méthodes

2.1 Participants

26 sujets ont pris part à cette étude. Tous étaient de langue maternelle française, droitiers, sans problèmes d'audition, ni problèmes neurologiques particuliers, et n'avaient jamais eu d'expérience préliminaire du noise-vocoded speech. Afin de ne garder que les enregistrements de très bonne qualité, nos analyses ne sont basées que sur les résultats de 12 d'entre eux (9 femmes ; âge moyen : 23,2 $\pm$ 2,4 ans), les autres étant rejetés en raison de bruits musculaires excessifs ou de problèmes techniques durant l'enregistrement.

2.2 Stimuli

Les stimuli noise-vocodés ont été générés à partir d'une liste de 400 noms français, tous dissyllabiques et débutant par une consonne. Ces stimuli ont été enregistrés par une locutrice de langue maternelle française, dans une salle insonorisée, à une fréquence d'échantillonnage de 44.1 kHz (durée moyenne des stimuli : 480 ± 9 ms). Les enregistrements obtenus ont ensuite été coupés aux plus proches passages au zéro, puis normalisés en moyenne quadratique de l'amplitude.

Pour chacun de ces mots, une version dégradée a été créée par noise-vocoding : dans un premier temps notre algorithme filtre les enregistrements dans six bandes de fréquences espacées logarithmiquement (fréquences de coupure : 50, 229, 558, 1161, 2265, 4290, et 8000 Hz). Les enveloppes temporelles des signaux obtenus sont ensuite extraites par convolution avec une fenêtre 20-Kaiser de 64 ms, puis appliquées à un bruit limité à la bande de fréquence correspondante. Enfin, ces six bruits modulés sont additionnés pour produire le son de parole noise-vocodé.

L'ensemble de ces 400 stimuli noise-vocodés a ensuite été divisé en deux listes : l'une de 250 mots, pour les deux séquences de test, l'autre de 150 mots pour la période d'apprentissage.

2.3 Paradigme expérimental

L'expérience est divisée en trois phases : (1) test, (2) apprentissage, et (3) re-test, séparées par de courtes pauses. La durée d'une session était de 1h30 environ.

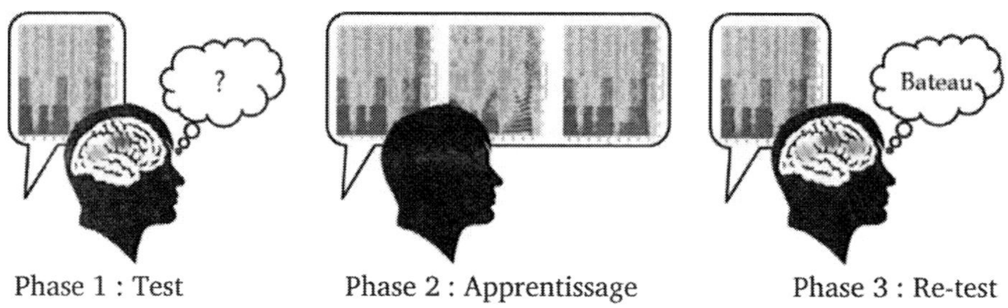

FIGURE 2 – Représentation schématique du protocole expérimental.

Les deux phases de test (phases 1 et 3) consistaient en l'écoute dans un ordre aléatoire d'une même liste de 250 mots. De cette manière, chaque stimulus était présenté deux fois au sujet, une fois avant et une fois après apprentissage. Une seconde après la présentation du mot, il était demandé au sujet par le biais d'une question affichée à l'écran d'évaluer l'intelligibilité du stimulus sur une échelle de 0 à 3 au moyen d'un système de quatre boutons (temps limité : 3 secondes), puis, si possible, de répéter le mot compris. L'essai suivant débutait après un intervalle de 0.5 seconde. Les sujets étaient encouragés à réduire leurs mouvements au minimum et si possible à ne cligner des yeux que lorsque cela leur était indiqué, afin de minimiser les artefacts oculaires. La phase d'apprentissage (phase 2) consistait en l'écoute de 150 mots noise-vocodés (différents de ceux présentés durant les phases de test et de re-test). Chacun des stimuli était suivi d'un double feedback, composé d'une version claire du mot puis à nouveau de la version dégradée (d'après les résultats obtenus par Hervais-Adelman et al., 2008). Les participants devaient écouter attentivement et appuyer sur un bouton après chaque mot. En outre, une courte séquence d'entraînement de 9 mots, semblable à la phase de test, était proposée aux participants avant le commencement de l'expérience proprement dite.

2.4 Acquisition et analyse des données

L'EEG était enregistré au moyen d'un casque à 32 électrodes actives Ag-AgCl (Biosemi, ActiveTwo) et de 8 électrodes externes placées sur le visage et les mastoïdes bilatérales pour faciliter la détection des artefacts. Les données recueillies étaient échantillonnées à 2 kHz après un filtrage passe-bas à 400 Hz.

Le traitement et l'analyse statistique des signaux ont été effectués sous FieldTrip (Oostenveld et al., 2011). Après re-référencement des électrodes à la référence moyenne, une analyse en composantes indépendantes (ACI) a été réalisée et la décomposition obtenue a été inspectée visuellement pour rejeter les composantes associées aux mouvements oculaires horizontaux et verticaux et aux artefacts cardiaques. Par ailleurs, trois électrodes trop bruitées n'ont pas été considérées pour l'analyse. L'enregistrement EEG continu a été découpé en 500 segments de 1200 ms, correspondant aux stimuli présentés durant les phases de test et de re-test uniquement, depuis 200 ms avant présentation du mot et jusqu'à 1000 ms après. Pour chaque segment, nous avons effectué une transformation en ondelettes de Morlet complexes, comme décrit dans Tallon-Baudry et al. (1997), entre 8 Hz et 140 Hz avec un pas de 1 Hz, sur toute la durée des segments, avec un pas de 50 ms. La famille d'ondelettes est définie par la formule:

$$\omega(t, f_0) = A\, e^{-i2\pi f_0 t} \exp(-t^2/2\pi\sigma_t)\ avec\ A = (\sigma_t \sqrt{\pi})^{-1/2}\ et\ f/\sigma_f\ = 7$$

Pour chaque signal s(t) on obtient donc une représentation temps-fréquence de l'énergie de ce signal $E(t,f) = |w(t,f) * s(t)|^2$. Pour chaque pixel temps-fréquence post-stimulus, la puissance a été ramenée à la ligne de base (entre -200 et 0 ms), puis les représentations temps-fréquence ainsi obtenues pour chaque essai ont été ensuite moyennées indépendamment pour chaque condition pour obtenir les ERSP, qui reflètent donc les variations moyennes dans le spectre de puissance de l'activité cérébrale par rapport à son activité basale.

L'analyse statistique a été effectuée par un test statistique en mesures répétées sur les mots considérés par les participants comme plus intelligibles dans la troisième phase que dans la première (c'est-à-dire dont la note d'intelligibilité attribuée par le sujet est plus importante après apprentissage qu'avant). Les représentations temps-fréquence correspondant à ces mots ont été intégrées à un test non paramétrique basé sur les clusters, comme décrit par Maris et Oostenveld (2007). Cette procédure effectue un test-t apparié sur l'ensemble des couples, comparant la puissance au niveau de chaque point temps-fréquence avant et après apprentissage. Le résultat est ensuite corrigé pour les comparaisons multiples par un test non-paramétrique basé sur les clusters. Il ne s'agit plus seulement de chercher si un point de l'espace temps-fréquence permet de rejeter l'hypothèse nulle mais de vérifier si l'on obtient un ensemble contigu de ces points, suffisamment grand pour ne pas être le fruit du hasard. La statistique permettant de décrire ces clusters est T_{sum}, la somme des t-values à l'intérieur du cluster. Comme nous ne connaissons pas la loi de probabilité suivie par T_{sum}, nous devons re-répartir aléatoirement nos données entre les deux conditions un nombre de fois suffisamment grand (500 itérations dans notre cas) pour obtenir une estimation de la distribution de T_{sum} correspondant au cas de l'hypothèse nulle. Il est alors possible de comparer la valeur de T_{sum} obtenue expérimentalement à cette distribution calculée pour décider s'il est pertinent de rejeter l'hypothèse nulle, avec un taux d'erreur donné.

3 Résultats

3.1 Résultats comportementaux

Une ANOVA à mesures répétées réalisée sur les taux de réponses correctes et sur les notes d'intelligibilité attribuées par les sujet à chaque stimulus entre les conditions Avant apprentissage puis Après apprentissage nous indique que l'évolution de l'intelligibilité a, comme attendu, un effet significatif sur les deux variables ($p < .001$). Ceci valide ainsi notre protocole expérimental, et nous autorise à chercher dans un second temps un corrélat électrophysiologique de cette augmentation de l'intelligibilité.

3.2 Résultats électrophysiologiques

L'analyse statistique de nos données EEG a abouti au résultat suivant, présenté sur la figure 3

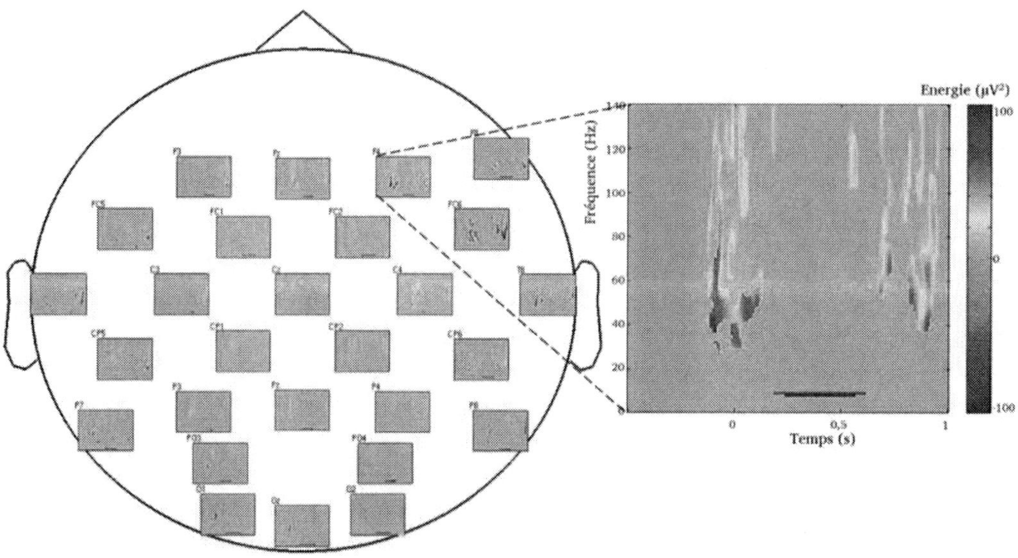

FIGURE 3 – Représentations des différences significatives d'énergie (ou « clusters ») entre les conditions Avant et Après apprentissage sur l'ensemble du scalp et au niveau de F4

Au niveau de chaque électrode est représentée la différence de puissance moyenne entre les conditions Avant et Après apprentissage. On ne conserve ensuite que les clusters significatifs obtenus par l'analyse statistique, le reste de la représentation étant mis arbitrairement à la valeur 0. On constate la présence de trois clusters significatifs ($p < .001$). Le plus important apparaît dans la bande gamma, pour des latences entre 500 ms et 1 s, et il est distribué sur l'ensemble du scalp mais essentiellement localisé dans les zones temporales bilatérales. L'autre cluster dans la bande gamma apparaît 120 ms avant l'apparition du stimulus et se termine 120 ms après. Il présente une distribution topologique similaire. Ce sont deux clusters positifs (en rouge sur la figure 3), c'est-à-dire qu'ils correspondent à une augmentation de la puissance dans la condition Après apprentissage par rapport à la condition Avant apprentissage. Enfin, on constate également la présence d'un troisième cluster, négatif celui-ci, situé dans la bande alpha pour des latences entre 200 ms et 700 ms (en bleu sur la figure 3). Il est majoritairement distribué sur les électrodes occipitales, mais aussi au niveau de l'aire frontale.

4 Discussion

Notre recherche nous a donc permis d'identifier trois clusters liés à l'intelligibilité des stimuli langagiers présentés : un premier cluster positif précoce dans la bande gamma, un deuxième, négatif dans la bande alpha et enfin un dernier cluster positif plus tardif dans la bande gamma.

La diminution de l'activité alpha suivie d'une augmentation de l'activité gamma est une observation classique des modulations de l'activité oscillatoire dans de nombreuses tâches (motrices, mémorielles, attentionnelles...) et notamment lors de tâches de compréhensions de la parole (Shahin et al., 2009 ; Obleser & Weisz, 2011). Les deux clusters les plus tardifs de notre étude semblent correspondre à ce couple désynchronisation/synchronisation. Le cluster gamma tardif serait une marque de l'accès lexical et/ou sémantique. En effet, plusieurs études antérieures montrent une association entre l'augmentation de la puissance dans la bande gamma et les processus de compréhension de la parole (Hannemann et al., 2007 ; Shahin et al., 2009). Par ailleurs, la diminution significative de l'amplitude des oscillations dans la bande alpha, observée lors de l'écoute d'un stimulus intelligible, semble elle aussi refléter une augmentation dans l'intensité des traitements de la parole (voir Obleser & Weisz, 2011). Plus précisément, les oscillations dans la bande alpha distribuées sur l'ensemble du scalp pourraient être envisagées comme un mécanisme d'inhibition des oscillations haute-fréquence plus locales mentionnées ci-dessus, ce qui, dans le cas de stimuli inintelligibles, permettrait au système de ne pas considérer les éventuelles activations dans les aires liées au langage. Cette interprétation est soutenue par certaines études effectuées sur les processus d'inhibition qui montrent une corrélation entre l'augmentation de la puissance dans la bande alpha et la rétention de la mémoire de travail (voir par exemple Jensen et al., 2002). Cette première conclusion doit être cependant relativisée par la présence d'un facteur confondu, l'apprentissage, qui sera étudié indépendamment lors d'une prochaine étude.

Le premier cluster apparaissant dans la bande gamma reste le plus surprenant et le plus délicat à interpréter. En effet, il apparaît dès 120 ms avant la présentation du stimulus, alors même que notre analyse ne prend en compte que des clusters liés à l'intelligibilité du stimulus présenté. Comment cette dernière peut-elle influer l'activité cérébrale du sujet alors que le mot n'a pas encore été présenté ? On doit alors envisager que c'est à l'inverse, la présence de cette activité qui permet une meilleure intelligibilité du stimulus. Il s'agirait dès lors d'un cluster d'anticipation et de préparation à la perception.

5 Conclusion

Cette étude nous a permis de mettre en évidence un marqueur de l'intelligibilité cérébrale, c'est-à-dire une activité corrélant avec une amélioration de la qualité de la compréhension du stimulus par le sujet. Notre résultat offre à cette impression subjective, inaccessible à tout autre que celui qui la perçoit, un substrat matériel et une objectivation phénoménologique observable par des tiers. Les recherches futures seront dédiées à la distinction plus précise des effets d'intelligibilité *per se* de ceux de l'apprentissage perceptif.

Remerciements

Ce projet de recherche est soutenu par un financement du Conseil Européen de la Recherche (ERC), starting-grant attribuée au second auteur (SpiN Project, ERC n°209234).

Références

GRAY, M. et SINGER, W. (1989). Stimulus-specific neuronal oscillations in orientation columns of cat visual cortex. *Neurobiology, 86,* pages 1698-1702.

HANNEMANN, R., OBLESER, J., EULITZ, C. (2007). Top-down knowledge supports the retrieval of lexical information from degraded speech. *Brain Research, 1153,* pages 134-143.

HERVAIS-ADELMAN, A., DAVIS, M., JOHNSRUDE, I., CARLYON, R. (2008). Perceptual Learning of Noise Vocoded Words: Effects of Feedback and Lexicality. *Journal of Experimental Psychology, 34,* pages 460–474.

JENSEN, O., GELFAND, J., KOUNIOS, J., LISMAN, J.E. (2002). Oscillations in the alpha band increase with memory load during retention in a short-term memory task. *Cerebral Cortex, 12,* pages 877-882.

KNIEF, A., SCHULTE, M., BERTRAND, O., PANTEV, C. (2000). The perception of coherent and non-coherent auditory objects: a signature in gamma frequency band. *Hearing research, 145,* pages 161-168.

MARIS, E. et OOSTENVELD, R. (2007). Nonparametric statistical testing of EEG- and MEG-data. *Journal of Neuroscience Methods, 164,* pages 177–190.

OBLESER, J., et WEISZ, N. (2011). Suppressed alpha oscillations predict intelligibility of speech and its acoustic Details. *Cerebral Cortex, In press.*

OOSTENVELD, R., FRIES, P., MARIS, E., SCHOFFELEN, JM. (2011). FieldTrip: Open Source Software for Advanced Analysis of MEG, EEG, and Invasive Electrophysiological Data. *Computational Intelligence and Neuroscience, Volume 2011*

PULVERMÜLLER, F., EULITZ, C., PANTEV, C., MOHR, B., FEIGE, B., LUTZENBERGER, W., ELBERT, T., BIRBAUMER, N. (1996). High-frequency cortical responses reflect lexical processing: an MEG study. *Electroencephalography and clinical Neurophysiology, 98,* pages 76-85.

SHAHIN, A.J., PICTON, T.W., MILLER, L.M. (2009). Brain oscillations during semantic evaluation of speech. *Brain Cognition, 70,* pages 259-266.

SHANNON, R.V., ZENG, F.-G., WYGONSKI, J., KAMATH, V., EKELID, M. (1995). Speech recognition with primarily temporal cues. *Science, 270,* pages 303-304.

TALLON-BAUDRY, C., BERTRAND, O., PERONNET, F., PERNIER, J. (1997) Oscillatory γ-Band Activity Induced by a Visual Search Task in Humans. Journal of Neuroscience, 18, pages 4244-4254.

Encodage de la distance et coopération parole/geste : étude développementale du pointage multimodal

Chloe Gonseth[1] Coriandre Vilain[1] Anne Vilain[1]
(1) Gipsa-Lab, 11, rue des Mathématiques, Grenoble Campus BP46 38402 St Martin D'Hères Cedex
chloe.gonseth@gipsa-lab.grenoble-inp.fr,
coriandre.vilain@gipsa-lab.grenoble-inp.fr,
anne.vilain@gipsa-lab.grenoble-inp.fr

RÉSUMÉ

Cette étude expérimentale s'intéresse, via l'utilisation du processus déictique, à l'interaction des systèmes parole/geste, et ce au cours du développement langagier. Les participants, adultes et enfants, avaient pour tâche de désigner, par un geste et/ou un mot de pointage, un objet cible, pouvant être proche ou lointain. L'utilisation conjointe ou indépendante des deux modalités déictiques, parole et geste, nous a permis de mettre en évidence une coopération entre ces deux systèmes, qui sont utilisés de manière complémentaire plutôt que redondante. Nos résultats sont également en faveur d'un encodage de la distance de l'objet pointé, non seulement par les indices articulatoires de la parole, mais aussi par les indices cinématiques du geste manuel.

ABSTRACT

Distance encoding and speech/gesture cooperation : a developmental study on multimodal pointing

The aim of this paper is to characterize, through the deictic process use, the speech/gesture interaction during language developement. Participants, both adults and children, had to designate with a deictic word and/or a deictic gesture a target, which could be either close or distant. The use of two vs one modality (speech and gesture) allowed us to attest a cooperation between the two systems, which take place in a complementary rather than redundant way. Furthermore, our results are attesting that distance can be encoded not only in articulatory cues of vocal pointing, but also in kinematic cues of manual pointing.

MOTS-CLÉS : Interaction parole/geste ; Pointage déictique ; Encodage de la distance ; Développement.

KEYWORDS: Speech/gesture interaction ; Deictic pointing ; Distance encoding ; Development.

1 Introduction

Cette étude, basée sur le processus particulier qu'est la deixis spatiale, s'intéresse au rôle du couple parole/geste au cours du développement de la communication langagière.
La deixis est une capacité qui nous permet, dès le plus jeune âge, d'attirer l'attention de notre interlocuteur vers un objet ou évènement particulier, et de partager ainsi diverses informations (localisation spatiale notamment). Sa particularité réside en sa multimodalité, puisqu'au-delà de la seule utilisation du système vocal ou du système gestuel, on trouve bien souvent une com-

binaison des deux. Ainsi, les gestes déictiques s'accompagnent souvent d'un terme déictique, tel que « *here* » ou « *that* » en anglais (Kendon, 2004). Le pointage déictique, universel et omniprésent dans les interactions quotidiennes, peut être considéré comme l'un des précurseurs de la communication référentielle, à la base du développement phylogénétique de la communication langagière humaine (Arbib, 2005).

La présente étude se propose tout d'abord de caractériser, d'un point de vue ontogénétique, l'interaction parole/geste, en montrant qu'il s'agit d'une coopération entre deux modalités dépendantes l'une de l'autre. D'autre part, nous souhaitons mettre en évidence un encodage spécifique de la distance des objets pointés dont la fonction, déictique et donc communicative, serait de permettre des interactions optimales.

La distance d'un objet pointé, par rapport à la position des interlocuteurs, est en effet une caractéristique spatiale que nous pensons être encodée à la fois par les caractéristiques cinématiques des gestes manuels et par les caractéristiques articulatoires et phonétiques des termes utilisés. Cette hypothèse se base notamment sur les travaux de Bonfiglioli (Bonfiglioli *et al.*, 2009) sur l'interaction entre l'encodage lexical de la distance et la production de gestes de grasping.
L'encodage lexical de la distance se fait notamment par l'utilisation de termes déictiques distaux et proximaux. Les premiers sont utilisés de préférence pour désigner des objets éloignés (comme par exemple « là »), tandis que les seconds s'adressent plutôt à des objets proches (« ici »). Certaines études typologiques ont mis en évidence une relation spécifique entre la distance encodée (i.e. proche ou lointaine) et les traits phonologiques des termes déictiques appropriés (i.e. proximaux ou distaux). Diessel (Diessel, 1999) a notamment montré une tendance intéressante dans les langues du monde : les versions distales contiennent généralement des voyelles ouvertes, contrairement aux versions proximales, qui contiennent davantage de voyelles fermées. Cette tendance au niveau lexical peut-elle être considérée comme un exemple de phonosymbolisme, i.e. un rapport non arbitraire et motivé entre phonétique et sémantique ? Notre hypothèse ici est que ce phénomène peut s'expliquer par un comportement purement moteur. Autrement dit, les locuteurs auraient tendance à ouvrir plus grand la bouche lorsqu'ils désignent un objet éloigné.

De précédents résultats (Gonseth *et al.*, 2010, 2012) ont montré que la distance de l'objet pointé, mais également les modalités utilisées pour désigner cet objet, influencent certains paramètres acoustiques et articulatoires de la parole. Le premier formant F1 ainsi que l'ouverture des lèvres sont en effet plus élevés lorsque le locuteur désigne un objet éloigné, et cette dernière l'est également lorsqu'une seule modalité est disponible pour le faire. Une telle interaction entre parole, geste et langage chez l'adulte pose la question de son développement chez l'enfant. Le pointage déictique, impliqué dans la phylogenèse de la communication référentielle apparaît également crucial du point de vue ontogénétique. Il est en effet le premier outil utilisé par les enfants pour désigner ce qui les entoure (Kita, 2003). Son utilisation est corrélée avec d'importantes étapes dans l'acquisition de productions verbales et de compétences perceptives (Ozcaliskan et Goldin-Meadow, 2005), et est ainsi bénéfique pour le développement du langage et des compétences communicatives (Butcher et Goldin-Meadow, 2000). Nous avons donc choisi de poursuivre nos travaux sur la communication multimodale de l'adulte par son étude chez l'enfant. Bien que les gestes soient extrêmement présents dans les deux populations, leur utilisation va dépendre du niveau d'expertise du locuteur. Ainsi, l'enfant utilise la modalité gestuelle comme entrée dans la communication linguistique alors que l'adulte attribue aux gestes des fonctions beaucoup plus complexes (e.g. mettre en valeur certains éléments du discours). Nous pouvons donc nous attendre à un traitement cognitif différent selon la population étudiée, et à une évolution de la coordination spatiale au cours des premières années du développement langagier. Ceci nous permettra d'établir un agenda développemental du pointage multimodal.

2 Méthode

L'objectif de l'étude présentée ici est d'optimiser et simplifier le protocole précédemment mené chez l'adulte (Gonseth *et al.*, 2010, 2012) afin d'obtenir de nouvelles données chez l'enfant.

2.1 Participants

Vingt-neuf adultes (âgés de 18 à 36 ans) et onze enfants (âgés de six à 12 ans, voir tableau 1 ci-dessous) naïfs ont participé volontairement à cette étude.

Participants	P1	P2	P3	P4	P5	P6	P7	P8	P9	P10	P11
Age (années)	11	11	6	6	12	9	9	6	7	6	7

TABLE 1 – Age des participants - Enfants

2.2 Procédure

L'expérience a lieu en chambre sourde, où les participants sont assis face à deux diodes lumineuses (LED) situées à 140cm (D1) et 425cm (D2). Ces deux LEDs se trouvent donc dans l'espace extra-personnel du participant, c'est-à-dire hors d'atteinte. Toutefois, D1 est placée dans l'espace extra-personnel proche, alors que D2 est placée dans l'espace extra-personnel lointain. Notons que les LEDs sont alignées par rapport au participant, afin que l'angle de son bras ne puisse à lui seul indiquer la diode pointée, un geste spécifique pouvant alors s'avérer nécessaire. En réponse à la question de l'expérimentateur « C'est où ? », le participant doit désigner la LED allumée, selon les trois conditions suivantes (chaque condition comporte 20 essais, l'ensemble étant présenté de manière aléatoire) :

- Parole seule : Nommer la diode allumée avec le déictique « là » inséré dans une phrase porteuse (i.e. précédé de « c'est »).
- Geste seul : Pointer la diode allumée avec l'index.
- Parole+Geste : Simultanément pointer et nommer la diode allumée.

Nous attendons des productions vocales et manuelles renforcées en condition unimodale (i.e. Parole seule ou Geste seul) par rapport à la condition bimodale (Parole+Geste), mais également lorsque les participants désignent la diode située en D2.

2.3 Enregistrements & mesures

2.3.1 Données articulatoires & manuelles

Les mouvements oro-faciaux et ceux de l'index sont enregistrés par le système de capture de mouvements Optotrak 3020. Trois émetteurs de référence sont placés sur le front du participant,

deux émetteurs sur les lèvres (supérieure et inférieure), et un émetteur sur l'index.
Concernant la modalité vocale, l'ouverture des lèvres est ainsi mesurée : OL = lèvre du bas - lèvre du haut, en mm. Concernant la modalité gestuelle, la durée du plateau (i.e. durée de maintien en position de pointage, en s), le pic de vitesse de l'aller du geste (en mm/s), ainsi que l'amplitude (en mm) sont mesurés.

2.3.2 Données acoustiques

Les productions orales des participants sont également enregistrées par microphone AKG C1000S. En complément des données articulatoires, nous avons choisi d'étudier un paramètre acoustique particulier, supposé corrélé à l'ouverture des lèvres. Ainsi, F1 (en Hz) est calculé au milieu de la voyelle [a] de chaque production du déictique /la/.

3 Résultats

Les items contenant des erreurs de production (anticipation, retard, oubli) sont exclus de l'analyse statistique. Pour cette raison, deux adultes et trois enfants ne seront pas inclus dans l'analyse finale. Une analyse de la variance à mesures répétées est effectuée pour chaque groupe (adultes et enfants). Elle porte sur les médianes de chaque type de mesure (articulatoire, acoustique et manuelle), avec un seuil de significativité fixé à $p<0.05$ et les deux facteurs d'intérêt suivants :
- Trois conditions C : Parole - Geste - Parole+Geste
- Deux distances D : 140cm - 425cm

A noter que les barres d'erreur standard sont représentées sur les graphiques, sections 3.1 3.2.

3.1 Données articulatoires & acoustiques

3.1.1 Ouverture des lèvres

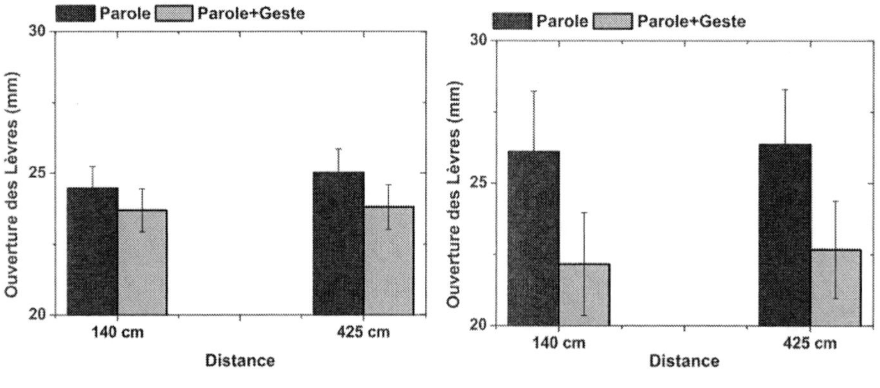

(a) Adultes (b) Enfants

FIGURE 1 – Ouverture des lèvres en fonction de la condition et de la distance

La figure 1(a) illustre les variations articulatoires présentées par les adultes, en fonction de nos deux facteurs d'intérêt. Les résultats montrent un effet significatif de la condition sur l'ouverture des lèvres ($F(1, 24)=17.06$, $p<0.05$), cette dernière étant plus élevée en condition unimodale (Parole seule) que bimodale (Parole+Geste). La distance influence également l'ouverture des lèvres, puisqu'indépendamment de la condition, celle-ci est significativement plus élevée pour la distance la plus grande($F(1, 24)=8.87$, $p<0.05$).

La figure 1(b) concerne quant à elle les variations articulatoires présentées par les enfants. Les résultats sur l'effet de la condition sont similaires à ceux des adultes ($F(1, 7)=19.89$, $p<0.05$) : l'ouverture des lèvres est plus grande en situation unimodale. En revanche, celle-ci ne dépend pas de la distance désignée ($F(1, 7)=1.46$, $p=0.27$, ns).

3.1.2 F1

La figure 2(a) illustre les variations acoustiques présentées par les adultes. Les valeurs de F1 sont significativement plus élevées en condition unimodale ($F(1, 26)=28.03$, $p<0.05$) mais ne dépendent pas de la distance de l'objet pointé ($F(1, 26)=0.84$, $p=0.36$, ns).

La figure 2(b) concerne les variations acoustiques présentées par les enfants. Les valeurs de F1 ne sont influencées ni par la condition ($F(1, 7)=0.14$, $p=0.72$, ns), ni par la distance ($F(1, 7)=1.54$, $p=0.25$, ns).

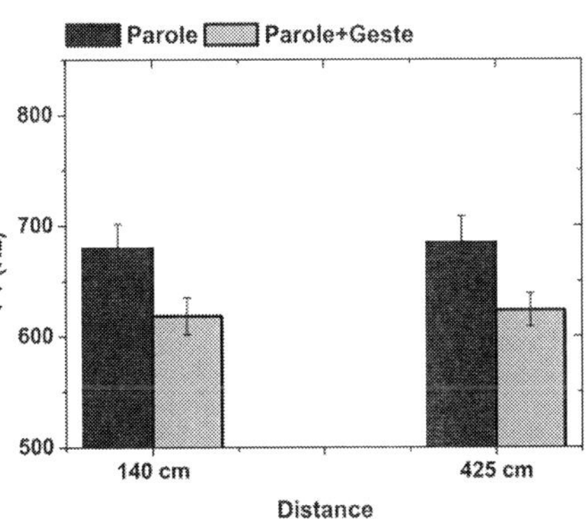

(a) Adultes

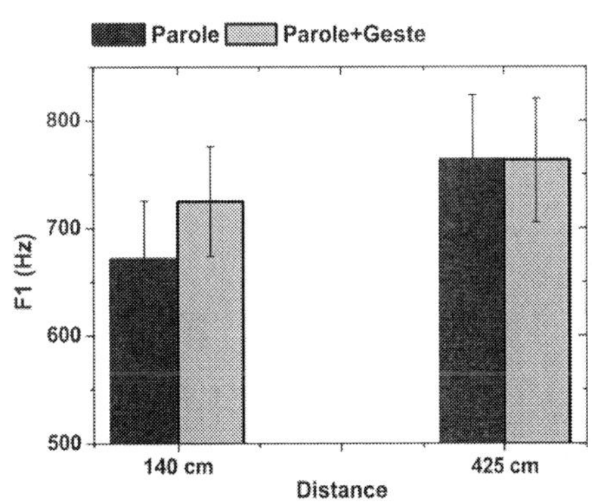

(b) Enfants

FIGURE 2 – F1 en fonction de la condition et de la distance

3.2 Données manuelles

Les figures 3(a), 3(b) et 3(c) illustrent les variations cinématiques du geste de pointage chez l'adulte. Nous observons que la durée du plateau est significativement plus élevée en condition unimodale ($F(1, 24)=32.60$, $p<0.05$), alors que la vitesse est significativement plus élevée en condition bimodale ($F(1, 24)=16.51$, $p<0.05$). L'amplitude en revanche ne varie pas en fonction de la condition ($F(1,24)=0.93$, $p=0.34$, ns). D'autre part, la distance de l'objet pointé a quant à elle un effet significatif sur chaque paramètre (Plateau $F(1, 24)=19.84$, $p<0.05$; Vitesse F(1,

24)=16.89, $p<0.05$; Amplitude $F(1, 24)=13.47$, $p<0.05$). Un geste de pointage vers un objet distant sera plus long, plus rapide et plus ample.

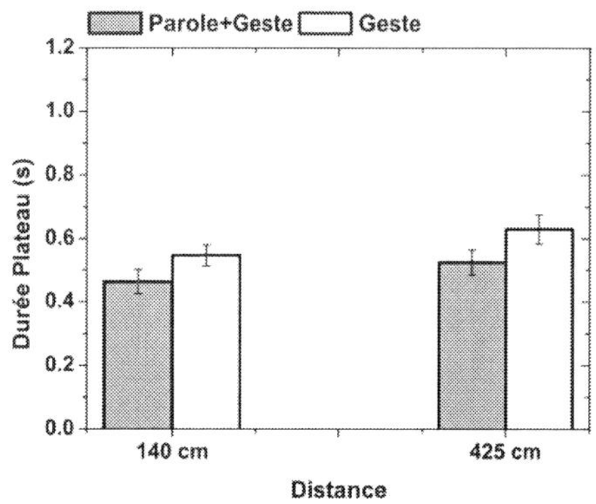

(a) Plateau

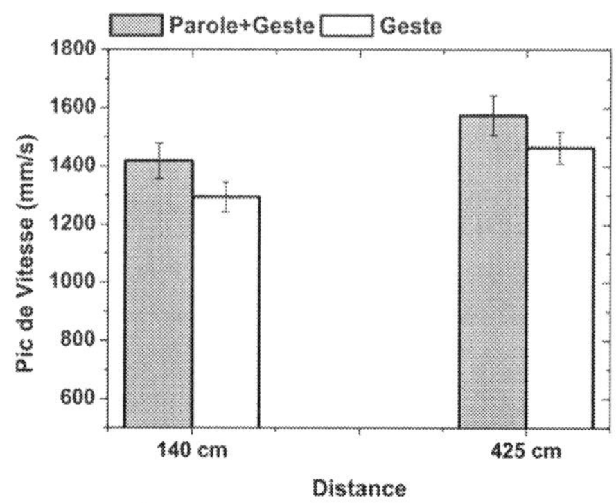

(b) Vitesse

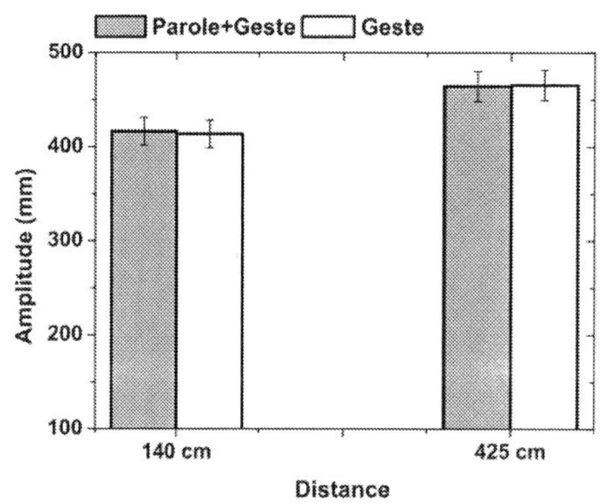

(c) Amplitude

FIGURE 3 – Cinématique du geste en fonction de la distance et de la condition - Adultes

Les figures 4(a),4(b) et 4(c) présentent les variations cinématiques du geste de pointage chez l'enfant. Tout comme chez l'adulte, la durée du plateau est plus élevée en condition unimodale ($F(1,7)=17.5$, $p<0.05$) et l'amplitude du geste est indépendante de la condition ($F1,7)=2.77$, $p=0.14$, ns). Contrairement aux adultes, les enfants n'augmentent pas la vitesse de leurs pointages en condition bimodale ($F(1,7)=1.26$, $p=0.3$, ns). Concernant l'effet de la distance, des résultats similaires à ceux des adultes sont observés : la distance influence chacun des trois paramètres, qui augmentent pour la distance la plus éloignée (Plateau $F(1,7)=5.35$, $p<0.05$; Vitesse $F(1,7)=27.28$, $p<0.05$; Amplitude $F(1,7)=18.82$, $p<0.05$).

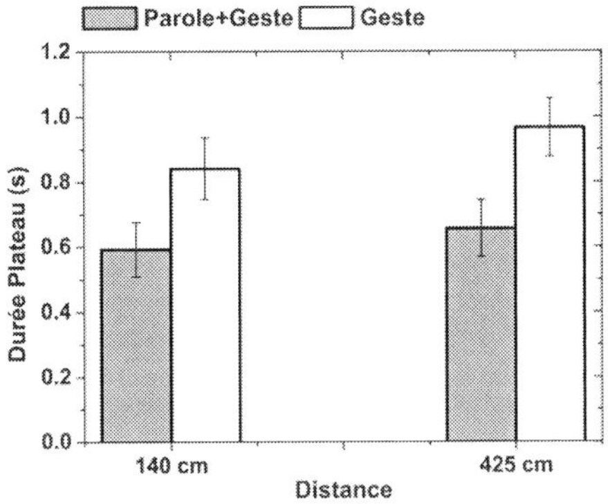

(a) Plateau

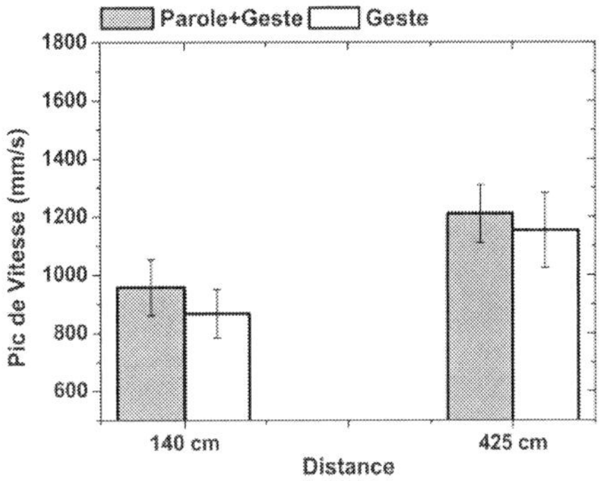

(b) Vitesse

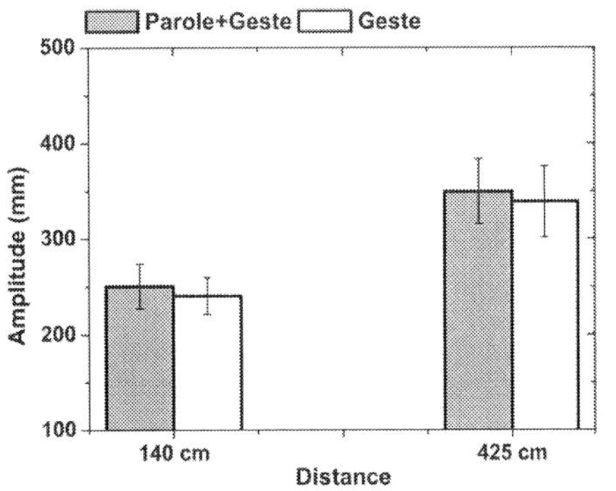

(c) Amplitude

FIGURE 4 – Cinématique du geste en fonction de la distance et de la condition - Enfants

4 Discussion & conclusion

Les résultats de cette étude sont en faveur d'une coopération entre les systèmes vocal et gestuel, qui sont utilisés de manière complémentaire plutôt que redondante, l'information étant distribuée en fonction des modalités disponibles pour la transmettre. Nous remarquons chez l'adulte un effet significatif de la condition (uni vs bimodale) sur les valeurs articulatoires, acoustiques (effet qui n'était pas observé dans nos précédents travaux, cités section 1) et cinématiques du pointage de l'index. Les enfants présentent des résultats similaires à ceux de l'adulte au niveau articulatoire et cinématique. Cela suppose que les participants compensent l'absence de pointage manuel par un pointage vocal renforcé, et inversement (le pointage manuel dépendant lui aussi de la présence du pointage vocal).

D'autre part, nos résultats sont en faveur d'un encodage de la distance dans les deux modalités de pointage. Chez l'adulte uniquement, cet encodage se traduit au niveau articulatoire par une ouverture des lèvres plus grande pour la distance la plus éloignée. Cet effet, observé à l'intérieur d'une même catégorie vocalique, suggère que la tendance des langues du monde à associer voyelles fermées et déictiques proximaux, voyelles ouvertes et déictiques distaux pourraient provenir d'un corrélat purement moteur plutôt que lexical. Notons toutefois que F1 tend à augmenter avec la distance, mais, contrairement à ce que nous avions observé dans nos précédents travaux, cités section 1, cette tendance n'est pas significative. Au niveau cinématique, l'encodage de la distance se traduit, chez les adultes et les enfants, par un geste plus long, plus rapide et plus ample, lorsque dirigé vers un objet distant. L'encodage de la distance semble donc effectif chez l'adulte dans les deux modalités de pointage, alors qu'il ne l'est chez l'enfant qu'à travers la modalité gestuelle. L'encodage vocal de la distance serait donc un outil pragmatique plus complexe, au contraire de la coopération parole/geste, qui serait un outil de base de la communication langagière.

La coopération parole/geste ainsi que l'encodage de la distance pourraient améliorer l'interaction, en rendant la communication plus économique et efficace. Mais ces deux outils sont-ils des caractéristiques fondamentales de la communication langagière, ou des fonctions cognitives plus élaborées ? Il est essentiel de poursuivre cette étude pour établir des profils développementaux précis et par groupe d'âge, afin de pouvoir répondre à ces questions.

Remerciements

Nous remercions chaleureusement les sujets adultes et enfants pour leur participation. Un grand merci à Benjamin Roustan, Marion Dohen, Hélène Loevenbruck, Marc Sato et Jean-Luc Schwartz, pour leurs précieux conseils et discussions enrichissantes.

Références

ARBIB, M. A. (2005). From monkey-like action recognition to human language : An evolutionary framework for neurolinguistics. *Behavioral and Brain Sciences*, 28:105–167.

BONFIGLIOLI, C., FINOCCHIARO, C., GESIERICH, B., ROSITANI, F. et MASSIMO, V. (2009). A kinematic approach to the conceptual representations of this and that. *Cognition*, 111:270–274.

BUTCHER, C. et GOLDIN-MEADOW, S. (2000). *Language and Gesture*, chapitre Gesture and the transition frome one- to two-word speech : When hand and mouth come together, pages 235–257. Cambridge University Press, New York.

DIESSEL, H. (1999). *Demonstratives : Form, Function, and Grammaticalization*. John Benjamins, Amsterdam.

GONSETH, C., VILAIN, A. et VILAIN, C. (2010). Speech/gesture relationship in deictic pointing. *In Proceedings of the 12th Conference on Laboratory Phonology (LabPhon12)*, Albuquerque, New-Mexico.

GONSETH, C., VILAIN, A. et VILAIN, C. (2012). Deictic pointing : How do speech and gesture cooperate to encode distance information. *Submitted*.

KENDON, A. (2004). *Gesture : Visible Action as Utterance*. Cambridge University Press, Cambridge.

KITA, S. (2003). *Pointing, Where Language, Culture, and Cognition Meet*. Psychology Press.

OZCALISKAN, S. et GOLDIN-MEADOW, S. (2005). Gesture is at the cutting edge of early language development. *Cognition*, 96(3):101–113.

Utilisation d'un accéléromètre piézoélectrique pour l'étude de la nasalité du Français Langue Etrangère

Altijana Brkan, Angélique Amelot, Claire Pillot-Loiseau
Laboratoire de Phonétique et Phonologie (LPP) UMR7018, CNRS-Paris 3/Sorbonne Nouvelle
19 rue des Bernardins, 75005 Paris
brkan.altijana@gmail.com

RESUME

Le but de cette étude est de comparer la production des 3 voyelles nasales du français prononcées par 5 locutrices françaises natives et 5 locutrices bosniaques apprenantes du Français Langue Etrangère (FLE). Le bosniaque ne possède pas de voyelles nasales. Les enregistrements ont été réalisés avec un accéléromètre piézoélectrique capturant les vibrations nasales au niveau de l'os latéral du nez. Nous voulons connaitre l'apport de cet instrument pour les analyses de nasalité en didactique du FLE.

Les résultats acoustiques montrent que [ɑ̃, ɛ̃, ɔ̃], sont plus longues que [a, ɛ, o] chez tous les locuteurs et plus particulièrement chez les locutrices bosniaques. Les données quantitatives à partir du signal RMS (Root Mean Square) de l'accéléromètre piezoélectrique ne montrent pas de différences notoires entre les deux populations en ce qui concerne : (1) la distinction oral/nasal et (2) les différences entre les 3 voyelles nasales. L'accéléromètre piézoélectrique pourrait apporter des indications intéressantes en classe de langue.

ABSTRACT

Utilization of the piezoelectric accelerometer for the study of nasality in French as a Foreign Language

The aim of this paper is to compare the production of French nasal vowels pronounced by 5 French native speakers and 5 Bosnian learners of French. In Bosnian, phonological nasal vowels do not occur. To record our data, we used a piezoelectric accelerometer which captured nasal vibrations from the lateral bone of the nose. We wanted to see the contribution of this instrument to the analysis of nasality for didactic purposes. The acoustic data show that the length difference between [a, ɛ, o] and [ɑ̃, ɛ̃, ɔ̃] is maintained in both languages by all speakers. Nasal vowels are longer then oral vowels. This difference is bigger in Bosnian than in French. Furthermore, our quantitative data from the mean percentage of RMS don't show significant difference between Bosnian and French speakers: (1) when it's about oral/nasal distinction and (2) difference between 3 nasal vowels. Piezoelectric accelerometer could provide interesting indications in a classroom.

MOTS-CLES : accéléromètre piézoélectrique, nasalité, RMS, vibration nasale, FLE (Français Langue Etrangère), voyelle nasale, pourcentage de nasalité
KEYWORDS : piezoelectric accelerometer, nasality, Root Mean Square (RMS), nasal vibration, French as a Foreign Language, nasal vowel, percentage of nasality

1 Introduction

La plupart des langues (97% sur les 317 répertoriées dans la base de données UPSID[1]) utilisent la nasalité comme un trait distinctif pour créer un contraste entre les consonnes mais peu de langues (environ une langue sur cinq dont le français) utilisent le trait nasal pour distinguer voyelles orales et voyelles nasales (Maddieson, 1984). Le bosniaque, avec cinq voyelles orales ([i, e, a, o, u]), possède un système vocalique moins riche que celui du français qui comporte 12 voyelles orales et 3 voire 4 voyelles nasales ([ɛ̃], [ɑ̃], et [ɔ̃]). La voyelle nasale [œ̃] disparaît progressivement en français standard au profit de la voyelle nasale [ɛ̃].

L'analyse acoustique en termes formantiques des voyelles nasales (et de toutes les voyelles nasalisées en général) est souvent difficile du fait de l'ajout de résonances et d'anti-résonances dues à l'ouverture du port vélo-pharyngé et l'amortissement de certains formants qui sont parfois difficilement détectables dans les analyses acoustiques classiques (Lonchamp, 1988).

Il existe un grand nombre d'instruments pour étudier la nasalité ; beaucoup sont invasifs et ne pourraient pas être utilisés en classe de langue. L'accéléromètre piézoélectrique est non invasif et doit pouvoir permettre d'étudier des aspects temporels et quantitatifs de la nasalité en Français Langue Etrangère (FLE), avec en plus une visualisation en temps réel qui pourrait permettre de travailler en interaction, comme cela peut être utilisé en pathologie avec un système comme Kaynasometer[2]. L'accéléromètre piézoélectrique a été utilisé pour étudier les phénomènes de nasalité (Stevens *et al.* 1975) mais il a été très peu employé pour l'étude de la production de la nasalité en FLE (Horii, 1980).

Notre objectif est de déterminer si l'accéléromètre piézoélectrique donne des informations intéressantes sur la production des voyelles nasales du français et de savoir comment celles-ci sont produites par des locutrices bosniaques apprenant le français.

2 Protocole expérimental

2.1 Corpus

Le corpus est composé de 2 parties :

- Lecture de logatomes dans 18 phrases du type : « Vous dites VCV plus que V_nCV_n six fois » où V= [a, ɛ, o], C=[p, b, m, t, d, n], V_n [ɑ̃, ɛ̃, ɔ̃], par exemple « Vous dites apa plus que anpan six fois », (lues 2 fois).
- Lecture de phrases du type : « Vous dites V de CVC plus que Vn de CVnC six fois » où V= [a, ɛ, o], C=[p, b, m, t, d, n], Vn=[ɑ̃, ɛ̃, ɔ̃], par exemple « Vous dites a de pap plus que an de pamp », (18 phrases lues 2 fois).

Les voyelles orales contenues dans le VCV ont été choisies comme étant les

[1] The *UCLA Phonological Segment Inventory Database*

[2] www.kayelemetrics.com

correspondantes orales d'après l'Alphabet Phonétique International bien que des études récentes ont montré qu'elles se distinguent de par l'ouverture labiale et la position de la langue (Zerling, 1984). Nous cherchions surtout à avoir une voyelle orale servant de seuil dans le cadre de mesures temporelles d'apparition de la nasalité. Les voyelles ciblées dans cette étude sont entourées dans la phrase cadre par des consonnes sourdes ([t], [k] et [s]) qui exigent une position haute du voile du palais (Ohala, 1975) et nous assurent, du fait de leur caractéristique non voisée, d'une absence de vibration visible sur les données de l'accéléromètre piézoélectrique avant la production de la voyelle.

2.2 Locuteurs

Nous avons enregistré 5 locutrices françaises natives parlant un français standard et n'ayant pas de pathologie de la voix ou de la parole (Moyenne d'âge : 31.8) et 5 locutrices bosniaques apprenantes du FLE (2ème ou 3ème année, université de lettres à Sarajevo, département de langues romanes (Moyenne d'âge : 21.4). Le niveau de français de deux étudiantes est C1[3] (locbos1, locbos5) et B2[3] pour les trois autres étudiantes (locbos2, locbos3 et locbos4) le français est la 1ème langue étrangère de deux étudiantes (locbos4 et locbos5) et 2ème langue étrangère de trois étudiantes (locbos1, locbos2 et locbos3). Tous les sujets affirment avoir des difficultés pour prononcer les voyelles du français. Les étudiantes ont eu en moyenne 15 heures d'enseignement de français par semaine pendant 2 ou 3 ans à l'université.

2.3 Recueil et analyse des données

Les données des locutrices françaises ont été enregistrées au LPP en chambre sourde et dans des conditions semblables à Sarajevo pour les locutrices bosniaques.

L'accéléromètre piézoélectrique (K&K Sound), pourvu de deux pastilles d'un diamètre de 0,5 cm, est fixé au moyen d'un adhésif double face de chaque côté de l'os latéral du nez (Lippman, 1981). Le principe de l'accéléromètre piézoélectrique est de capter les vibrations, la localisation devrait permet donc d'enregistrer les vibrations venant de la cavité nasale. Il est relié à un préamplificateur (40 dB), lui-même relié à une carte d'acquisition (MOTU UltraLite mk3 hybride) et à un ordinateur. Le signal acoustique nasal issu de l'accéléromètre piezoélectrique est enregistré en simultané avec le signal acoustique oral issu d'un microphone serre-tête (AKG C420L).

Avant l'enregistrement du corpus, nous avons calibré les signaux. Ainsi les gains des deux canaux sont réglés indépendamment afin que le niveau du signal acoustique oral durant une séquence orale [papapa] corresponde au niveau du signal acoustique nasal durant une séquence nasale [mɔ̃mɔ̃mɔ̃].

---

[3] Le niveau C1 est le niveau « Autonome » selon l'échelle des niveaux du CECR (Cadre européen commun de référence pour les langues). Les six niveaux de compétence vont de A1 (niveau « Introductif ») au C2 (niveau « Maîtrise »). Le niveau B2 est le niveau « Avancé ou Indépendant ».

2.4 Mesures

Les données ont été segmentées et étiquetées de façon semi-automatique à l'aide du logiciel PRAAT (Boersma et Weenink, 2011) et à l'aide du script EasyAlign[4]. Ensuite, une vérification manuelle a été effectuée.

La visualisation et les mesures à partir des valeurs de Root Mean Square (RMS) a été choisie pour le signal acoustique nasal et signal acoustique oral (Horii, 1980, Ramig *et al.* 1990, figure 1).

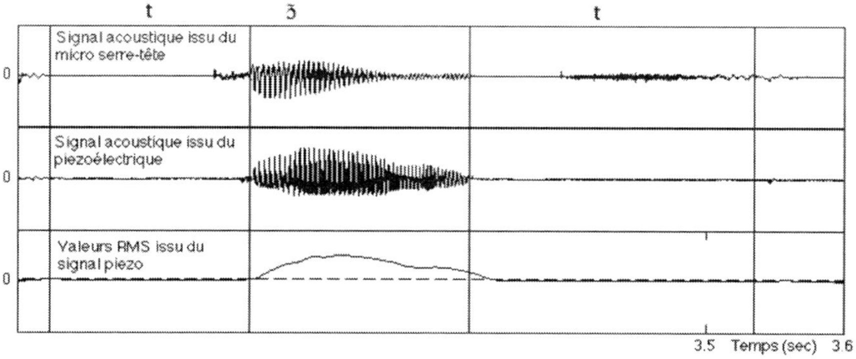

FIGURE 1 – de haut en bas : signal acoustique oral, signal acoustique nasal, valeur RMS issu du signal nasal

Nous avons mesuré la durée des voyelles orales et nasales.

La mesure classique faite avec l'accéléromètre piézolélectrique (RMS nasal/RMS oral, Horii et Lang, 1981) nécessite d'avoir exactement le même niveau d'enregistrement pour le signal acoustique oral par rapport au signal acoustique nasal, elle est privilégiée quand un accéléromètre piézoélectrique est utilisé également pour l'acoustique oral. Cette mesure fonctionne très bien pour les consonnes nasales car la sortie acoustique orale est moindre. Pour ces raisons, nous avons considéré les mesures de nasalité en terme de pourcentage. Il s'agit de récupérer dans les mots de calibration [mɔ̃mɔ̃mɔ̃], la valeur maximum obtenue sur le RMS durant la production des consonnes [m]. Cette valeur va nous servir de référence pour un 100% de nasalité.

Ensuite les pourcentages de nasalité ont été extraits au début (1/3), milieu (1/2) et fin (2/3) des voyelles cibles, ainsi que la moyenne en % du RMS durant sur la voyelle cible.

---

[4] http://latlntic.unige.ch/phonetique/easyalign.php

3 Résultats

3.1 Durée des voyelles: comparaison locuteurs bosniaques vs locuteurs français

Nous avons mesuré la durée des voyelles orales et des voyelles nasales en millisecondes pour les deux populations. Nous observons :

- L'effet des variables indépendantes « langue maternelle » et « voyelle nasale » augmentant significativement la durée : une durée plus importante des voyelles françaises produites par les bosniaques par rapport aux francophones est observée, et la différence est plus importante entre bosniaques et françaises pour les voyelles nasales (figure 2). En effet, une Anova à deux facteurs montre que la différence entre les deux groupes de locutrices est significative ($p<0{,}0001$) : *Fpho*(5,3153) = 45; *Flangue*(1,3153) = 791 ; *Fpho*langue*(5, 3153) = 20).

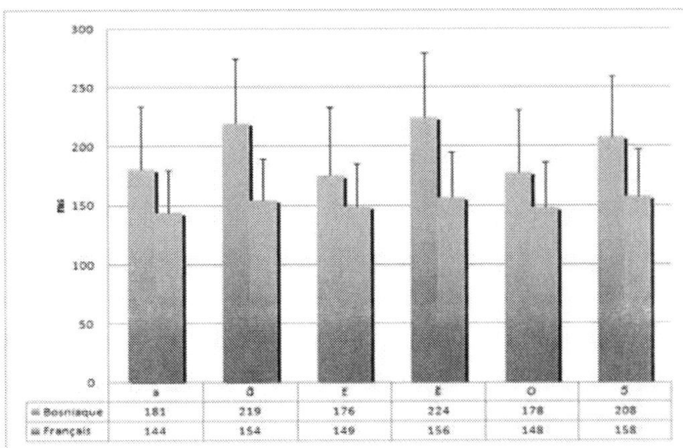

FIGURE 2 – Durée des voyelles (msec) : comparaison locuteurs bosniaques / français

3.2 Pourcentage de nasalité à partir de la moyenne en % du RMS durant la voyelle

Ce pourcentage est significativement plus élevé pour chaque voyelle nasale par rapport à son équivalente orale pour les deux populations. Chez les françaises, cette moyenne est de 20 (n = 873) pour les voyelles orales, et de 39 (n = 860) pour les voyelles nasales ; ($p<0{,}0001$; $F(1,1731)=388$). Pour les bosniaques, la moyenne en % du RMS est égale à 21 (n = 723) pour les voyelles orales, et 42 (n = 709) pour les voyelles nasales ($p<0{,}0001$; $F(1,1430) = 579$).

Pour les deux populations, la voyelle nasale [ɔ̃] a le pourcentage de nasalité le plus élevé (45% en français et 48% en bosniaque), ensuite [ɑ̃] (39% pour les françaises et 41% pour les bosniaques) et finalement [ɛ̃] (33% pour les françaises et 37% pour les bosniaques (figure 3).

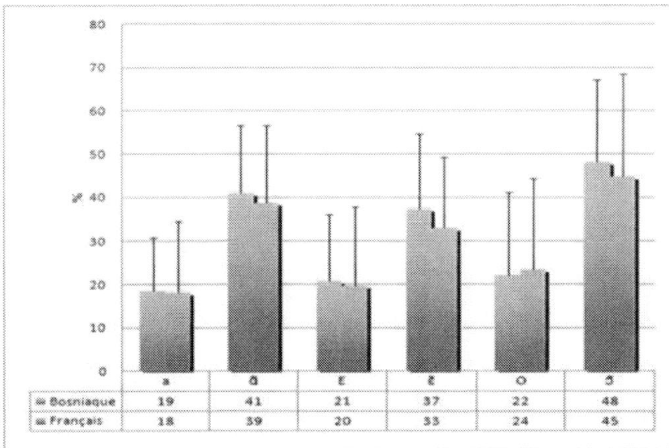

FIGURE 3 – Pourcentage de nasalité à partir de la moyenne en % du RMS durant la voyelle : comparaison entre les locutrices bosniaques et les locutrices françaises

3.3 Pourcentage de nasalité à partir de la moyenne en % du RMS durant la voyelle au début, milieu et fin

Pour les locutrices françaises, [ɑ̃] et [ɛ̃] ont le pourcentage de nasalité le plus élevé à la fin de la voyelle et le moins élevé au début, mais l'augmentation de la nasalité entre le début et le milieu de la voyelle est plus importante qu'entre le milieu et la fin de celle-ci où elle n'est significative que pour [ɑ̃] (tests t appariés comparant le pourcentage de nasalité au milieu et à la fin de chaque voyelle nasale : pour [ɑ̃] : t_{283}=-4,4 ; p<0,0001 ; pour [ɛ̃] : t_{284}=-1,4 ; p=0,15 ; pour [ɔ̃] : t_{290}=0,8 ; p=0,42). [ɔ̃] a le pourcentage de nasalité le plus élevé au milieu de la voyelle et le moins au début de la voyelle (figure 4).

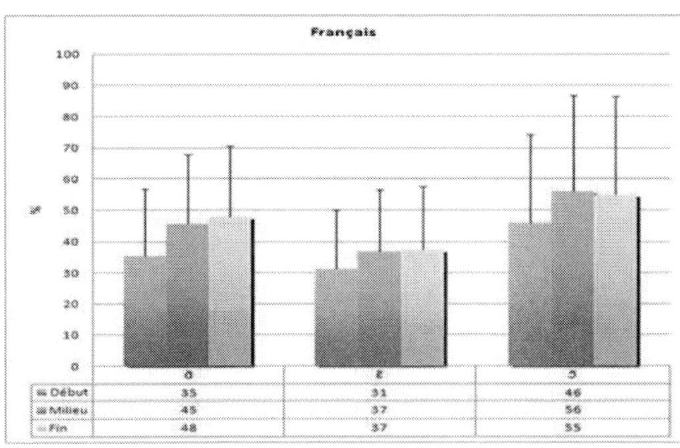

FIGURE 4 – Pourcentage de nasalité à partir de la moyenne en % du RMS durant la voyelle au début, milieu et fin pour les 5 locutrices françaises

Concernant les cinq locutrices bosniaques, toutes les voyelles nasales ont le pourcentage de nasalité le plus élevé à la fin de la voyelle et le moins élevé au début de celle-ci (figure 5). Contrairement aux françaises, l'augmentation de ce pourcentage est équivalente entre le début au milieu de chaque voyelle et entre le milieu et la fin de celle-ci où cette augmentation est toujours significative (tests t appariés comparant le pourcentage de nasalité au milieu et à la fin de chaque voyelle nasale : pour [ɑ̃] : $t_{234}=-6{,}1$; $p<0{,}0001$; pour [ɛ̃] : $t_{237}=-6{,}5$; $p<0{,}0001$; pour [ɔ̃] : $t_{235}=-3{,}5$; $p=0{,}0006$).

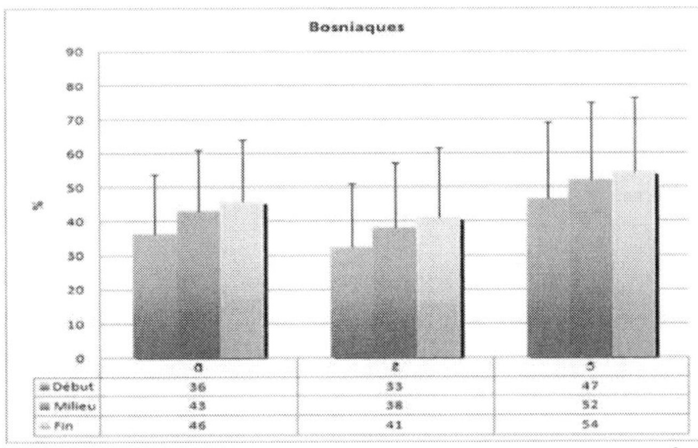

FIGURE 5 – Pourcentage de nasalité à partir de la moyenne en % du RMS durant la voyelle au début, milieu et fin pour les 5 locutrices bosniaques

Conclusion et perspectives

Les résultats de cette étude ont montré que la distinction de durée entre les voyelles nasales et les voyelles orales est maintenue pour les deux populations. Ces résultats sont en accord avec les résultats obtenus par Amelot (2004) à partir de données aérodynamiques. Les locutrices bosniaques semblent maitriser une distinction entre les 3 voyelles nasales et elles se rapprochent de la production des locutrices françaises, probablement du fait de leur niveau de français avancé (B2 et C1). Les seules différences se situent au niveau de la longueur des voyelles nasales (plus longues pour les locutrices bosniaques) et par le schéma de nasalisation : en français, les voyelles atteignent leur maximum de nasalité dès le milieu de la voyelle et y restent tandis qu'en bosniaque, la nasalité ne cesse d'augmenter au fur et à mesure que la voyelle continue. Ces résultats doivent nécessairement être complétés par des mesures similaires auprès d'apprenantes bosniaques débutantes. Notre prochain but est d'enrichir ces données avec d'autres analyses, notamment : 1) l'analyse du pourcentage de nasalité en fonction de la position de la voyelle pour étudier le comportement de coarticulation nasale, 2) celle de l'influence de la position prosodique de la nasale (ces autres facteurs peuvent en effet expliquer les grands écarts-types obtenus dans nos résultats), 3) l'analyse des mesures temporelles de l'apparition de la nasalité. Nous travaillerons également sur d'autres tâches enregistrées avec les mêmes locutrices : corpus contenant des voyelles isolées, des phrases répétées et lues, du texte lu et de la parole spontanée. Les locutrices bosniaques choisies ont été officiellement évaluées comme ayant un bon niveau de français : le fait que l'accéléromètre piézoélectrique nous montre ici que leur production des voyelles nasales soit proche de celle des locutrices françaises nous conforte dans l'idée que cet appareil non-invasif et transportable peut apporter des informations intéressantes sur l'évaluation de la production des voyelles nasales du français en didactique du FLE.

Références

AMELOT, A. (2004). Etude aérodynamique, fibroscopique,acoustique et perceptive des voyelles nasales du français, *thèse de doctorat de l'Université Paris 3.*

BOERSMA, P. ET WEENINK, D. (2011). Praat: doing phonetics by computer (Version 5.1.07), [en ligne] <www.praat.org> (consult. 1/10/2011).

HORII, Y. (1980). An accelerometric Approach to Nasality Measurement: a preliminary report. *Actes de CPJ 1980 (Cleft Palate Journal)*, volume 17 (3), pages 254-261.

HORII, Y., LANG, J.E. (1981). Distributional Analyses of an Index of Nasal Coupling (HONC) in simulated Hypernasal Speech. *Actes de CPJ 1981 (Cleft Palate Journal)*, volume 18 (4), pages 279-285.

LIPPMAN, R.P. (1981). Detecting nasalization using a low cost miniature accelerometer. *Actes de JSHR 1981 (Journal of Speech and Hearing Research)*, volume 24, pages 314-317.

LONCHAMP, F. (1988). Etude sur la production et la perception de la parole : les indices acoustiques de la nasalité vocalique : la modification du timbre par la fréquence fondamentale, *thèse d'Etat, Nancy II.*

MADDIESON, I. (1984). Patterns of sounds. *Cambrige University Press.*

OHALA, J.J. (1975). Phonetic explanations for nasal sound patterns, In Nasalfest : *(Papers from a symposium on nasal and nasalization)*, pages 289-316.

RAMIG, L.O., SCHERER, R.C., KLASNER, E.R. TITZE, I.R., HORII, Y. (1990). Acoustic analysis of voice in amytrophie lateral sclerosis. *Actes de JSHR 1990 (Journal of Speech and Hearing Research)*, volume 5, pages 2-14.

STEVENS, K.N., KALIKOW, D.N., WILLEMAIN, T.R. (1975). A miniature accelerometer for detecting glottal waveforms and nasalization. *Actes de JSHR 1990 (Journal of Speech and Hearing Research)*, volume 18, pages 594-599.

ZERLING, J.P. (1984). Phénomènes de nasalité et de nasalisation vocalique : Etude cinéradiographique pour deux locuteurs, *Travaux de l'Institut de phonétique de Strasbourg*, volume 16, pages 241-266.

Prédiction de l'indexabilité d'une transcription

Grégory Senay[1] Benjamin Lecouteux[2] Georges Linarès[1]
(1) LIA, AVIGNON (2) LIG, GRENOBLE
gregory.senay@univ-avignon.fr, benjamin.lecouteux@imag.fr,
georges.linares@univ-avignon.fr

RÉSUMÉ

Cet article présente une mesure de confiance sémantique permettant de prédire la qualité d'une transcription automatique dédiée à de la recherche d'information dans les documents audio (RIDA). La méthode proposée est basée sur une combinaison de la mesure de confiance issue du système automatique de reconnaissance de la parole (SRAP) et d'un index de compacité sémantique (ICS). Elle permet d'estimer la pertinence des mots en fonction du contexte sémantique dans lequel ils apparaissent. Les expériences sont menées sur le corpus de la campagne ESTER 2, en simulant un scénario classique d'utilisation d'un système de RIDA : les utilisateurs soumettent des requêtes textuelles à un moteur de recherche qui est supposé leur retourner les documents audio les plus pertinents. Les résultats démontrent l'intérêt d'utiliser un niveau d'information sémantique pour prédire l'*indexabilité* de la transcription.

ABSTRACT

Prediction of transcription indexability

This paper presents a semantic confidence measure that aims to predict the relevance of automatic transcripts for a task of Spoken Document Retrieval (SDR). The proposed predicting method relies on the combination of Automatic Speech Recognition confidence measure and a Semantic Compacity Index, that estimates the relevance of the words considering the semantic context in which they occurred. Experiments are conducted on the French Broadcast news corpus ESTER 2, by simulating a classical SDR usage scenario : users submit text-queries to a search engine that is expected to return the most relevant documents regarding the query. Results demonstrate the interest of using semantic level information to predict the transcription *indexability*.

MOTS-CLÉS : Reconnaissance de la parole, mesure de confiance, recherche d'information, document audio.

KEYWORDS: Speech recognition, confidence measures, spoken document retrieval.

1 Introduction

Les approches habituelles en recherche d'information dans les documents audio (RIDA) associent un système de reconnaissance automatique de la parole (SRAP) et des techniques de recherche d'information (RI). Un des enjeux majeurs de cette approche est l'impact des erreurs de reconnaissance sur les performances du système de RI : les SRAP ne sont pas assez robustes dans des conditions inattendues où le taux d'erreur mot (TEM) peut être supérieur à 30 % et perturber ainsi significativement la précision de la recherche (Oard *et al.*, 2004; Whittaker *et al.*, 2002;

Hansen *et al.*, 2005). Dans des conditions contrôlées, la campagne TREC-SDR conclut que ces erreurs ne corrompent pas les résultats du moteur de recherche (Garofolo *et al.*, 2000).

Considérant qu'un SRAP parfait n'existera pas à court terme, plusieurs études récentes en RIDA se focalisent sur des méthodes tolérantes aux erreurs des SRAP. Elles se basent sur les différentes représentations des transcriptions (treillis de mots, N-meilleures hypothèses...) (Saraclar, 2004; l. Chang *et al.*, 2008), les stratégies d'indexation (Chelba *et al.*, 2007; Kurimo et Turunen, 2005; Siegler, 1999) ou le traitement des mots hors vocabulaire.

Pour des applications industrielles, une méthode réaliste serait d'identifier les segments de la transcription où le SRAP échoue, pas seulement en terme de TEM mais aussi en considérant l'objectif final : la recherche d'information. Ensuite ce segment erroné pourrait être vérifié et corrigé par un humain. Dans un scénario semi-automatique, la disponibilité d'un outil d'auto-diagnostique (qui peut aider à identifier les segments erronés) est critique pour le coût global du processus d'indexation. Ce papier présente une telle méthode qui a pour but de prédire à quel point une erreur de transcription peut dégrader les performances globales du système de RIDA.

Cet article est la suite de notre article (Senay *et al.*, 2011), validant les résultats obtenus sur un corpus plus récent et plus important. La section 2 décrit la méthode et la métrique d'évaluation de la qualité d'indexation d'un segment. La section 3 introduit la méthode pour prédire l'indexabilité. Le protocole expérimental est présenté dans la section 4. Le dernier chapitre présente les conclusions et les perspectives.

2 Indexabilité d'un document

L'évaluation de l'impact du TEM dans la RIDA a été abordé et étudié dans de nombreux articles (Chelba *et al.*, 2008). Généralement dans les campagnes en RIDA, les résultats générés par le système de RIDA sont comparés à un classement de référence établi par des experts. Une autre méthode consiste à comparer les classements obtenus à partir des transcriptions issues du SRAP et celles qui ont été transcrites manuellement. Ces évaluations sont effectuées en utilisant un large jeu de requêtes, soumis au moteur de recherche opérant sur l'ensemble d'un corpus de test. Les performances du système de RIDA sont calculées avec les mesures MAP (Mean Average Precision) ou R-Precision (précision au rang N).

Dans cet article, notre but est de prédire, au niveau du segment de transcription, quel est l'impact des erreurs pour le processus global de RIDA. La section suivante présente comment cette mesure de l'indexabilité est estimée.

2.1 Estimation de l'indexabilité

Les segments de transcription sont découpés automatiquement par rapport aux silences avec une durée maximum de 30 secondes. Chacun d'eux est considéré comme un document par le système de RIDA. Considérant qu'une seule erreur dans le segment peut potentiellement modifier tous les résultats de recherche (pour l'ensemble des questions), l'estimation de l'indexabilité d'un segment nécessite une évaluation individuelle.

Pour cela, l'indexabilité $Idx(s)$ d'un segment s est calculée en 3 étapes :

1. le segment ciblé s est automatiquement transcrit par le SRAP,
2. pour chacune des requêtes, une recherche est effectuée sur le corpus de référence, excepté pour s qui a été automatiquement transcrit,
3. les classements obtenus sont comparés avec ceux obtenus sur le corpus de référence. Finalement, l'indexabilité $Idx(s)$ du segment s est obtenue en calculant la F-mesure sur les 20 meilleurs résultats des classements.

Cet algorithme estime l'impact individuel du segment de transcription ciblé dans le processus global de RIDA, en connaissant *a priori* le classement du segment. La prochaine section présente une méthode pour prédire cette mesure d'*indexabilité.*

3 Prédiction de l'indexabilité

La méthode proposée aide à prédire l'impact des erreurs de reconnaissance dans le processus d'indexation. Pour cela, nous combinons des mesures de confiance au niveau du mot et un index de compacité sémantique sur la meilleure hypothèse générée par le SRAP. La combinaison est effectuée en utilisant un perceptron multi-couches. Ces principaux éléments sont décrits dans les sections suivantes.

3.1 Mesure de confiance du SRAP

Le score de confiance permet d'estimer la probabilité qu'un mot soit juste ou faux. Ce score qui est issu du SRAP est calculé dans nos expériences en 2 étapes.

La première extrait des paramètres de bas niveau relatifs à l'acoustique et au graphe de recherche du décodeur, puis des paramètres de haut niveau relatifs à la linguistique. Chaque mot de l'hypothèse est ainsi représenté par un vecteur de 23 paramètres, qui sont regroupés en 3 classes :

- **Les paramètres acoustiques** se composent de la vraisemblance acoustique du mot, la vraisemblance par trame, la différence entre la vraisemblance du mot et le score de décodage du segment sans contraintes acoustiques.
- **Les paramètres linguistiques** sont basés sur des probabilités estimées par le modèle de langage utilisées dans le SRAP. Nous utilisons les probabilités avec un modèle 3-grammes, la perplexité du mot dans son contexte et la probabilité unigramme. Nous ajoutons une information renseignant sur le comportement de repli du modèle de langage.
- **Les paramètres issus du graphe de décodage** sont basés sur l'analyse du réseau de confusion : le nombre de chemins alternatifs pour un mot et les valeurs relatives à la distribution des probabilités *a posteriori*.

Dans la seconde étape, un classifieur basé sur un algorithme de *boosting* attribue une probabilité de rejet ou non du mot comme détaillé dans (Moreno *et al.*, 2001). L'algorithme consiste en une recherche exhaustive pour une combinaison linéaire en surpondérant les exemples mal classés. Le classifieur est entraîné sur un corpus d'entraiment spécifique qui n'a pas été inclus dans l'entraînement du SRAP. Chaque mot de ce corpus est étiqueté comme *correct* ou *erroné*, selon la référence du SRAP.

Cette méthode permet d'obtenir une mesure de confiance pour chacun des mots du segment. Le paramètre de prédiction de référence est calculé en faisant la moyenne des scores de confiance des mots du document porteurs de sens (filtrés à l'aide d'une stop-liste de 729 mots contenant principalement des articles, des adjectifs démonstratifs, des adjectifs possessifs...), permettant d'obtenir une mesure de confiance au niveau du segment. Cette méthode de référence est utilisée pour entrainer un perceptron à une seule entrée pour prédire l'indexabilité.

Cette mesure de confiance obtient une Entropie Croisée Normalisée (NCE) de 0,373 sur le corpus de développement et de 0,282 sur le test. Cette NCE a été calculée directement sur les transcriptions générées par le SRAP.

3.2 Index de Compacité Sémantique

L'utilisation d'une information de niveau sémantique pour la prédiction de l'indexabilité est motivée par le fait qu'une requête cible en général les documents selon leurs contenus sémantiques (sujets ou bien des concepts plus fins). Lors de sa requête, l'utilisateur veut cibler des documents selon leurs thèmes. Plusieurs articles proposent d'utiliser des paramètres de haut niveau pour estimer les mesures de confiance (Cox et Dasmahapatra, 2002; Hakkani-Tür *et al.*, 2005). La plupart des auteurs concluent que ces approches n'améliorent pas significativement ni systématiquement la précision des mesures de confiance pour les SRAP. Néanmoins, les mots pertinents sont critiques pour la recherche dans les documents audio et le TEM n'évalue pas la fidélité sémantique des transcriptions.

Notre proposition est d'estimer un score de compacité sémantique $ISC(s)$ pour chacun des segments s et d'utiliser celui-ci en tant que paramètre de prédiction. Le score du segment est obtenu en moyennant localement les corrélations sémantiques $sc(w_i, w_j)$ des paires de mots (w_i, w_j) estimées sur un large corpus.

Cette approche se base sur une corrélation à court terme entre les mots porteurs de sens, d'où un filtrage des mots outils (à l'aide de la même stop-liste précédemment utilisée). De plus, les termes sont lemmatisés que ce soit pour le corpus où s'effectue la recherche ou les segments issus du SRAP. Enfin, les scores sémantiques des paires de mots sont calculés en utilisant la fréquence des cooccurrences de lemmes pondérée par un index TF-IDF :

$$cs(w_i, w_j) = TF(l_i, c).IDF(l_i).\delta^c(w_j) + TF(l_i, c).IDF(l_j).\delta^c(w_i) \tag{1}$$

Où l_i est le lemme du mot w_i, $TF(l_i, c)$ la fréquence du lemme l_i dans le contexte c, $IDF(l_k)$ la fréquence inverse du lemme l_k sur l'ensemble du corpus et δ est une valeur booléenne définie par $\delta^c(w_i) = 1$ si $w_i \in c$, 0 sinon.

Les compacités sémantiques $ics(c)$ sont estimées avec une fenêtre glissante de k lemmes, chacun correspondant à un contexte c.

$$ics(c) = \sum_{c_k} \sum_{(w_i, w_j) \in c_k} \sqrt{cs(w_i, w_j) * \frac{IDF(w_i)IDF(w_j)}{\sum_{k=1}^{n} IDF(w_k)}} \tag{2}$$

Dans nos expériences, ces scores sont calculés sur le corpus français *Wikipédia* qui offre l'avantage de couvrir un large panel de sujets et thèmes.

3.3 Combinaison des scores

Les mesures de confiance du SRAP et l'index de compacité sémantique sont combinés pour prédire le score d'indexabilité du segment. La combinaison est effectuée avec un réseau de neurones de type perceptron multicouche (Rosenblatt, 1962) qui utilise un algorithme de rétropropagation des erreurs. Les couches d'entrée, du milieu et de sortie sont respectivement de deux, dix et une cellules.

4 Protocole expérimental

4.1 Corpus

Les expériences sont conduites sur la base de données de la campagne ESTER2. Elle est composée d'enregistrements (entre les années 2007 et 2008) de journaux d'information radiophoniques, manuellement transcrits. Le corpus de développement (6 heures - 1988 segments) est utilisé pour apprendre la prédiction de l'indexabilité. Le corpus de test est utilisé (6 heures - 2362 segments) pour valider la phase d'apprentissage.

4.2 Système de reconnaissance

Les expériences utilisent le moteur de reconnaissance de la parole du LIA *SPEERAL*. Le lexique contient environ 85000 mots. Le processus complet s'effectue en 3 passes incluant une adaptation en locuteur non supervisée et un post décodage des réseaux de confusion avec un modèle de langage en 4-grammes. Nous utilisons dans nos expériences, les résultats du système obtenus lors de la seconde passe. Le système obtient un taux d'erreur mot de 26,84% sur les 6 heures du test d'ESTER 2.

4.3 Moteur de recherche et jeu de requêtes

Notre but étant d'évaluer la qualité des données plutôt que la stratégie de recherche, nous utilisons un moteur de recherche (basé TF-IDF) fréquemment utilisé *Lucene* (Hatcher et Gospodnetic, 2004). Il nous permet de retourner la liste ordonnée des documents qui sera utilisée pour calculer l'indexabilité de ces derniers. Le jeu de requêtes est construit à partir des titres du journal *Le Monde* et de plusieurs almanachs disponibles sur internet des années 2007 et 2008 *(RFI : rétrospective 2007 et 2008; Le Figaro : ils ont marqué l'année 2007 et 2008; Wikipédia : les événements de 2007 et 2008)*. En tout, le jeu de requêtes est composé de 63000 requêtes uniques, chacune d'elle produisant au moins un résultat de recherche.

5 Expériences

La première expérience a pour but d'évaluer l'erreur de prédiction de l'indexabilité (PER). Au lieu d'estimer l'impact individuel de chacun des paramètres, nous entraînons le réseau de neurones basé sur les mesures de confiance (MC), l'index de compacité sémantique (ICS) et la combinaison des deux (MC et ICS), noté $MC + ICS$.

La distorsion PER entre l'indexabilité Idx et la prédiction de l'indexabilité $Pidx$ est évaluée selon deux mesures :

$$D = \frac{1}{\tau} \sum_{j=1}^{\tau} \frac{|PIdx(j) - Idx(j)|}{Idx(j)} \quad (3)$$

$$RMS = \sqrt{\frac{1}{\tau} \sum_{j=1}^{\tau} (PIdx(j) - Idx(j))^2} \quad (4)$$

D et RMS représentent respectivement la distorsion générale et la déviation standard (RMS - Root Mean Square).

Dans nos résultats, le score $MC + ICS$ est significativement plus performant que les deux métriques individuelles. Nous pouvons voir que l'écart absolu avec la prédiction sémantique est meilleur qu'avec la mesure de confiance (17% relatif).

	MC	ICS	$MC + ICS$
D	16,88	15,11	14,38
RMS	21,46	20,85	20,25

TABLE 1 – Ce tableau présente les résultats obtenus en erreur de prédiction de l'indexabilité en utilisant respectivement la mesure de confiance (MC), la mesure de compacité sémantique (ICS) et la combinaison des deux ($MC + ICS$).

Dans la seconde expérience, nous vérifions l'intérêt des méthodes proposées pour la prédiction de l'indexabilité d'un document dans un scénario particulier où la métrique est supposée indiquer, à un archiviste, les segments qui pourraient être manuellement corrigés (afin de les rendre correctement indexables). C'est une tâche de classification de documents où chaque document est étiqueté comme indexable ou non indexable par le système.

Nous estimons les performances de la classification en comparant les deux classes. Nous utilisons le score d'indexabilité de référence et celui qui est prédit selon un seuil T. Un document est étiqueté au final comme bien classifié, seulement si son indexabilité et la prédiction de son indexabilité sont tous les deux inférieurs ou tous les deux supérieurs au même seuil T. Ce seuil varie entre 10% et 90%. Le score de classification est estimé classiquement avec une $F - mesure$.

Les résultats, présentés dans la figure , aux limites de certains seuils correspondent dans un cas (au dessous de 40%) à la détection des plus mauvais documents indexables et dans l'autre cas (au dessus de 70%) à la détection des meilleurs documents. Le seuil pourra être ajusté selon les compromis choisis entre coût et qualité d'indexation qui pourront être faits par un archiviste.

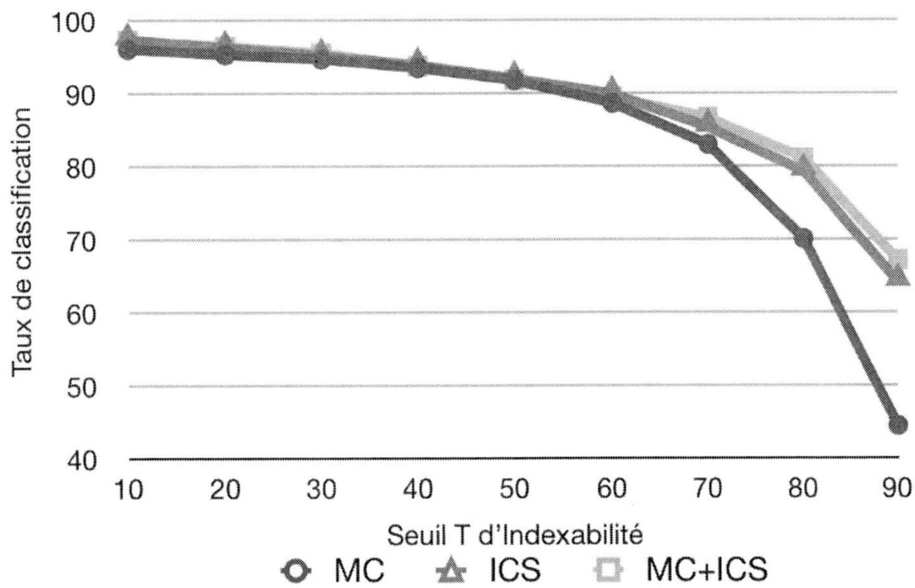

FIGURE 1 – Classification des documents en indexable ou non indexable selon un seuil de qualité qui varie de 10 à 90% d'indexabilité, en utilisant une prédiction de l'indexabilité des documents basée sur les mesures de confiance (MC), un index de compacité sémantique (ICS), une combinaison de MC et ICS ($MC + ICS$).

La mesure de confiance MC obtient de bonnes performances pour un seuil T d'indexabilité en dessous de 55. Effectivement, son taux de classification des documents nuisant à l'indexabilité est supérieur à 90%. Par contre, les performances chutent au-delà d'un seuil de 70 jusqu'à atteindre un taux de classification inférieur à 50%.

Par contre, la classification obtenue à l'aide d'une prédiction basée sur ICS est meilleure. Avec un seuil inférieur à 50, MC et ICS obtiennent sensiblement les mêmes taux de classification. Néanmoins, au delà du seuil de 70, la méthode basée sur la sémantique obtient de meilleurs résultats. Son taux de classification reste au dessus de 64% de classification (19,7% absolu)

La combinaison des deux méthodes améliore encore les résultats au dessus du seuil de 70 (gain moyen absolu supérieur à 2%). Ceci permet de valider que MC apporte une information non détenue par ICS.

Pour conclure, les résultats démontrent l'efficacité de la prédiction de l'indexabilité en utilisant plusieurs types de paramètres. Nos méthodes permettent de détecter avec fiabilité la qualité d'un segment de transcription en vue de son indexation. Cette prédiction permettra à un archiviste de valider les documents qui seront bien indexés et de détecter les documents qui seront mal indexés.

6 Conclusion et Perspectives

Dans cette étude, nous avons étudié l'intérêt de l'ajout d'information sémantique pour l'estimation de la qualité d'une transcription destinée à de la recherche d'information dans les documents audio. Nous avons introduit une méthode pour la prédiction de l'indexabilité qui combine une mesure de confiance issue du SRAP et un index de compacité sémantique. Les résultats montrent que l'information sémantique est un paramètre performant pour l'estimation des données destinées à la RIDA. Même si les résultats obtenus par la mesure de confiance issue du SRAP sont performants pour détecter les documents mal indexables, l'index de compacité sémantique permet d'obtenir une meilleure détection des documents correctement indexables, avec un gain moyen absolu supérieur à 10%. Ces résultats valident et améliorent les résultats obtenus dans l'étude précédente. Ceci s'expliquent principalement par un apprentissage des perceptrons sur un ensemble plus important de données. Nous envisageons maintenant d'étudier diverses stratégies de modélisation sémantique, en élargissant le contexte et le paradigme de modélisation (comme l'allocation latente de Dirichlet) qui pourrait améliorer l'extraction et la détection de concepts latents dans le flux de parole.

Références

CHELBA, C., HAZEN, T. et SARACLAR, M. (2008). Retrieval and browsing of spoken content. *Signal Processing Magazine, IEEE*, 25(3):39–49.

CHELBA, C., J. SILVA et ACERO, A. (2007). Soft indexing of speech content for search in spoken documents. *Computer Speech and Language*, 21:458–478.

COX, S. et DASMAHAPATRA, S. (2002). High-level approaches to confidence estimation in speech recognition. *Speech and Audio Processing, IEEE Transactions on*, 10(7):460–471.

GAROFOLO, J. S., AUZANNE, C. G. P. et VOORHEES, E. M. (2000). The TREC spoken document retrieval track : A success story. *In in TREC 8*, pages 16–19.

HAKKANI-TÜR, D., TUR, G., RICARDI, G. et KIM, H. K. (2005). Error prediction in spoken dialog : from signal-to-noise ratio to semantic confidence scores. volume I, pages 1041–1044.

HANSEN, J., HUANG, R., ZHOU, B., SEADLE, M., DELLER, J., GURIJALA, A., KURIMO, M. et ANGKITITRAKUL, P. (2005). Speechfind : Advances in spoken document retrieval for a national gallery of the spoken word. *Speech and Audio Processing, IEEE Transactions on*, 13(5):712–730.

HATCHER, E. et GOSPODNETIC, O. (2004). *Lucene in Action (In Action series)*. Manning Publications Co., Greenwich, CT, USA.

KURIMO, M. et TURUNEN, V. (2005). Retrieving speech correctly despite the recognition errors. *In 2nd Joint Workshop on Multimodal Interaction and Related Machine Learning Algorithms*.

l. CHANG, H., c. PAN, Y. et s. LEE, L. (2008). Latent semantic retrieval of spoken documents over position specific posterior lattices. *In SLT Workshop, 2008. SLT 2008. IEEE*, pages 285–288.

MORENO, P., LOGAN, B. et RAJ, B. (2001). A boosting approach for confidence scoring. *In Interspeech, Aalborg, Denmark*, pages 2109–2112.

OARD, D. W., SOERGEL, D., DOERMANN, D., HUANG, X., MURRAY, G. C., WANG, J., RAMABHADRAN, B., FRANZ, M., GUSTMAN, S., MAYFIELD, J., KHAREVYCH, L. et STRASSEL, S. (2004). Building an information retrieval test collection for spontaneous conversational speech. *In SIGIR '04*, pages 41–48, New York, USA. ACM.

ROSENBLATT, F. (1962). Principles of neurodynamics : Perceptrons and the theory of brain mechanisms. *In Spartan Books*.

SARACLAR, M. (2004). Lattice-based search for spoken utterance retrieval. *In In Proceedings of HLT-NAACL 2004*, pages 129–136.

SENAY, G., LINARÈS, G. et LECOUTEUX, B. (2011). A segment-level confidence measure for spoken document retrieval. *In ICASSP*, pages 5548–5551.

SIEGLER, M. A. (1999). *Integration of Continuous Speech Recognition and Information Retrieval for Mutually Optimal Performance*. Thèse de doctorat.

WHITTAKER, S., HIRSCHBERG, J., AMENTO, B., STARK, L., BACCHIANI, M., ISENHOUR, P. et GARY, S. (2002). Scanmail : a voicemail interface that makes speech browsable, readable and searchable. *In Proceedings of CHI2002*, pages 275–282. ACM Press.

Étude de la performance des modèles acoustiques pour des voix de personnes âgées en vue de l'adaptation des systèmes de RAP

Frédéric Aman, Michel Vacher, Solange Rossato, Remus Dugheanu,
François Portet, Juline le Grand, Yuko Sasa
Laboratoire d'Informatique de Grenoble (UMR 5217), équipe GETALP
41 avenue des Mathématiques,
BP 53 - 38041 Grenoble Cedex 9 - France
Frederic.Aman@imag.fr, Michel.Vacher@imag.fr, Solange.Rossato@imag.fr,
Francois.Portet@imag.fr

RÉSUMÉ

Notre étude s'inscrit dans le cadre de l'intégration d'un système de reconnaissance de la parole pour un produit de télélien social pour personnes âgées. Du fait de l'évolution des caractéristiques acoustiques de la voix en fonction de l'âge, les taux d'erreurs de mots des systèmes de reconnaissance automatique de la parole sont plus élevés lors du décodage de parole pour des personnes âgées que non-âgées. Notre étude consiste à caractériser les différences de comportement d'un système de reconnaissance pour les personnes âgées et non-âgées, définir les phonèmes les moins bien reconnus, et recueillir un corpus spécifique pour permettre l'adaptation des modèles acoustiques à la voix âgée. Les résultats montrent que certains phonèmes tels que les plosives sont plus spécifiquement affectés par l'âge, et que le recueil des données ciblées permet de procéder à une adaptation à la voix âgée qui diminue de 5% le taux d'erreurs de mots.

ABSTRACT

Assessment of the acoustic models performance in the ageing voice case for ASR system adaptation

Our study concerns the integration of an automatic speech recognition system in a social inclusion product designed for elderly people. Due to voice change with age, speech recognition systems present higher word error rate when speech is uttered by elderly speakers compared to when non-aged voice is considered. To characterise these differences in speech recognition performance, we studied which phonemes lead to the lowest recognition rate in the elderly speakers with respect to the younger ones and we collected a specific corpus to make the adaptation of the acoustic models possible. The results show that some phonemes (such as plosives) are more specifically affected by age than others. Finally, the corpus was used to adapt the ASR to the elderly population which resulted in a 5% decrease of the word error rate.

MOTS-CLÉS : reconnaissance automatique de parole, voix des personnes âgées, adaptation acoustique, régression linéaire du maximum de vraisemblance.

KEYWORDS: automatic speech recognition, ageing voice, acoustic adaptation, maximum likelihood linear regression.

1 Introduction

Grâce aux progrès de la médecine, l'espérance de vie s'est allongée. Cependant, ce phénomène couplé à une baisse de la natalité a conduit à un vieillissement de la population. Pour aider les personnes âgées à vivre le plus longtemps possible à domicile, des solutions ont été développées en s'appuyant sur la robotique, la domotique, les sciences cognitives et les réseaux informatiques. Ces solutions permettent de compenser leurs pertes physiques et mentales afin de conserver leur autonomie. Le but est aussi de leur fournir si nécessaire une aide grâce à une surveillance permettant la détection des situations de détresse et des chutes. Un tel système doit permettre l'indépendance de la personne âgée tout en facilitant le contact social, avec un impact majeur sur son bien-être et sa santé. De plus, il aide les soignants et permet de rassurer les proches. Cependant, les solutions technologiques doivent s'adapter aux besoins et capacités spécifiques de cette catégorie de la population. En effet, les personnes âgées sont souvent désarmées devant les interfaces complexes. C'est pourquoi, les interfaces habituelles (télécommandes, souris, claviers) doivent être complétées par des interfaces plus accessibles et naturelles, telles qu'un système de Reconnaissance Automatique de la Parole (RAP).

Dans ce contexte, le projet CIRDO [1] auquel participe le LIG vise à favoriser l'autonomie et la prise en charge des personnes âgées par les aidants à travers un produit de télélien social augmenté et automatisé. L'objectif de ce projet est d'y intégrer un système de RAP incluant une détection des signaux de détresse et des commandes vocales.

Du fait de certaines caractéristiques spécifiques de la voix âgée, un travail d'adaptation des systèmes de RAP a dû être réalisé. En effet, la parole âgée se caractérise notamment par des tremblements de la voix, une production imprécise des consonnes, et une articulation plus lente (Ryan et Burk, 1974). Du point de vue anatomique, des études ont montré des dégénérescences liées à l'âge avec une atrophie des cordes vocales, une calcification des cartilages du larynx, et des changements dans la musculature du larynx (Takeda *et al.*, 2000; Mueller *et al.*, 1984). Étant donné que les modèles acoustiques de systèmes de RAP sont appris majoritairement sur de la voix non-âgée, ils ne sont pas adaptés à la voix de la population âgée, ce qui se traduit par une baisse des performances des systèmes de RAP classiques (Baba *et al.*, 2004; Vipperla *et al.*, 2008).

Afin d'améliorer le module de décodage acoustico-phonétique dans un système de RAP et de l'adapter à la voix des personnes âgées, une première analyse a consisté à étudier les phonèmes qui étaient mal reconnus pour les personnes âgées. Cette analyse, présentée dans la section 2, a permis d'extraire les phonèmes qui semblent plus problématiques à reconnaître que d'autres lors du décodage acoustico-phonétique. Un protocole de recueil de corpus a été mis en place pour enregistrer des personnes âgées, décrit en section 3. Ces données ont été annotées et ont été utilisées pour adapter le modèle acoustique tel que détaillé en section 4. Nous concluons et présentons les perspectives de recherche en section 5.

1. `http://liris.cnrs.fr/cirdo/`

2 Détermination des phonèmes difficiles à reconnaître

2.1 Les corpus de test Anodin-Détresse et Voice-Age

Deux corpus ont été utilisés pour l'évaluation du système de RAP.

Le corpus *Anodin-Détresse* (*AD*) a été enregistré au laboratoire CLIPS de Grenoble. Il fut constitué en 2004 pour l'évaluation d'un système de RAP pour une application de télémédecine en environnement réel avec détection d'appels de détresse (Vacher *et al.*, 2008). Ce corpus a été enregistré auprès de 21 locuteurs (11 hommes et 10 femmes) âgés de 20 à 65 ans. Il est constitué de 126 phrases courtes de la vie quotidienne et de détresse qui ont été lues par chaque participant, soit un total de 2 646 phrases audio annotées pour une durée de 38 minutes.

Le corpus *Voice-Age* (*VA*) est un corpus de voix âgées enregistré en 2010 par le laboratoire LIG en vue d'une exploration préliminaire de la RAP adaptée à la voix des personnes âgées, en français. Du fait des difficultés rencontrées lors de la constitution d'un tel corpus, le nombre de locuteurs de *VA* est restreint, soit sept locuteurs (3 hommes/4 femmes) âgés de 70 à 89 ans (âge moyen de 77 ans). Deux locuteurs ont été enregistrés dans le service de gérontologie du CHU de Grenoble, et cinq locuteurs à leur domicile. Le corpus *VA* est constitué de phrases longues extraites de journaux ou magazines, et des mêmes phrases courtes que le corpus *AD*. Au total, 5 441 phrases ont été prononcées, soit une durée de 4 heures et 8 minutes d'enregistrement.

Nous avons constitué deux groupes d'étude à partir de ces corpus : le groupe *voix non-âgées* contient les lectures des 21 locuteurs de *AD*, et le groupe *voix âgées* contient les lectures des 7 locuteurs de *VA*. Seules les phrases communes aux deux corpus *AD* et *VA* portant sur la vie quotidienne et la détresse ont été utilisées dans ces groupes, soit 2646 phrases (38 minutes) pour le groupe *voix non-âgées*, et 591 phrases (14 minutes) pour groupe *voix âgées*.

2.2 Le système de RAP

Afin de comparer l'influence des groupes *voix âgées* et *voix non-âgées* sur les systèmes de RAP, nous avons procédé à un décodage sur chaque groupe. Le moteur de RAP employé pour le décodage est Sphinx3 (Seymore *et al.*, 1998).

Ce décodeur utilise un modèle acoustique dépendant du contexte avec chaînes de Markov cachées 3 états. Les vecteurs acoustiques sont composés de 13 coefficients MFCC, le delta et le double delta de chaque coefficient. Ce modèle acoustique a été entraîné sur le corpus *BREF120* (Lamel *et al.*, 1991) qui est composé de 100 heures de parole annotées enregistrées auprès de 120 locuteurs français. Nous avons appelé ce modèle le *modèle acoustique générique*.

Le modèle de langage et le lexique choisis sont de type spécialisé, pour répondre au contexte de commandes vocales domotiques. Le modèle de langage a été entraîné avec les transcriptions des phrases des groupes *voix non-âgées* et *voix âgées*. Le résultat est un modèle de langage très restreint, de type trigramme, sur un vocabulaire d'environ 160 mots. Ce modèle de langage très contraint et adapté à la tâche nous permet de réduire les erreurs de reconnaissance dues au modèle de langage et de nous concentrer sur l'analyse des erreurs de l'étape de décodage acoustico-phonétique.

De plus, nous avons réalisé des alignements forcés sur les groupes *voix non-âgées* et *voix âgées* afin de caractériser quels sont les phonèmes les plus mal reconnus par le *modèle acoustique générique*. L'alignement forcé consiste à convertir les transcriptions de référence en suites de phonèmes calés sur les données audio en utilisant un dictionnaire phonétique. Le modèle acoustique utilise l'algorithme de Viterbi pour calculer les intervalles temporels les plus probables pour tous les segments audio sur les phonèmes correspondants. L'alignement forcé a été réalisé avec Sphinx3 à partir du *modèle acoustique générique*.

2.3 Analyse des erreurs : WER et scores d'alignement forcé

Le décodage avec Sphinx3 génère une transcription orthographique à partir des paramètres MFCC du signal audio de parole. À partir des références orthographiques, Sphinx3 fournit des taux d'erreurs de mots (ou *Word Error Rate - WER*) permettant d'évaluer la qualité du décodage, qui ont été comparés entre les groupes *voix non-âgées* et *voix âgées*.

D'autre part, l'alignement forcé a permis d'obtenir les scores d'alignement forcé par phonème. Les scores d'alignement forcé sont des scores de vraisemblance d'appartenance au phonème normalement prononcé pour la portion de signal considérée. Ce score a été normalisé pour tenir compte du nombre de trames, et peut être interprété comme une proximité avec la prononciation "standard", modélisée par le *modèle acoustique générique*. Le score est inférieur ou égal à zéro, et plus il est faible, plus le phonème associé est éloigné du modèle acoustique. Les écarts de score les plus importants par catégories phonémiques entre les groupes *voix non-âgées* et *voix âgées* ont permis de caractériser quels sont les phonèmes posant le plus de problèmes pour la RAP des voix âgées.

Résultats : Avec le *modèle acoustique générique*, nous obtenons un WER de 7,33% pour le décodage sur le groupe *voix non-âgées*, et un WER de 12,28% pour le décodage sur le groupe *voix âgées*. Ainsi, nous observons une dégradation importante des performances de la RAP pour la voix âgée, avec une différence absolue de 4,95%, soit une différence relative de 67,53%.

Les scores d'alignement forcé calculés avec le *modèle acoustique générique* sont présentés Figure 1 par groupe phonémique. Ils permettent d'observer des comportements différents entre les groupes *voix non-âgées* et *voix âgées*.

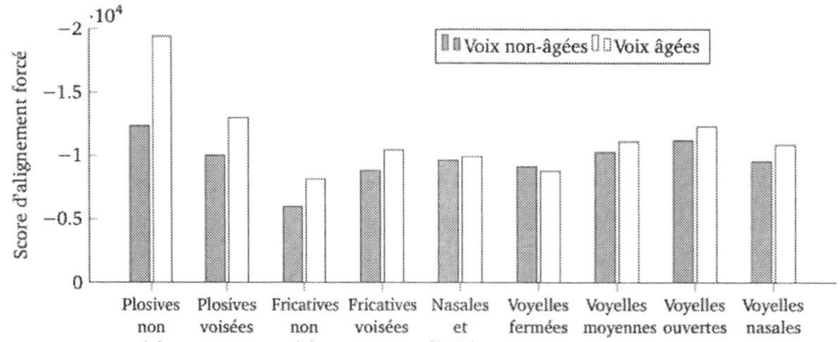

FIGURE 1 – Scores d'alignement forcé par catégorie phonémique avec le *modèle acoustique générique* pour les groupes *voix non-âgées* et *voix âgées*

Pour le groupe *voix non-âgées*, certains phonèmes montrent des valeurs plus faibles du score d'alignement, tels que les plosives ou les voyelles ouvertes. D'autres sons, à l'inverse, sont plus proches des représentations des modèles acoustiques : les fricatives.

Pour le groupe *voix âgées*, les scores d'alignement sont globalement plus faibles que ceux obtenus pour le groupe *voix non-âgées*, et cela de façon très marquée pour les plosives. Les différences relatives de scores observées entre les deux groupes ont été calculées. Les catégories phonémiques sont par ordre descendant de différence : consonnes plosives non voisées (-57,37%), consonnes fricatives non voisées (-36,16%), consonnes plosives voisées (-29,43%), consonnes fricatives voisées (-18,25%), voyelles nasales (-13,79%), voyelles ouvertes (-9,77%), voyelles moyennes (-8,15%), consonnes nasales et liquides (-3,03%), et voyelles fermées (3,85%). Ainsi, on peut remarquer que ce sont les consonnes qui sont globalement les plus touchées. De plus, l'absence de voisement est le principal facteur de dégradation, suivie par la modalité de réalisation plosive ou fricative. Ainsi, il serait possible que les consonnes non voisées des personnes âgées soient plus proches des consonnes voisées. Enfin, il semble que le groupe le plus proche du *modèle acoustique générique* est celui des voyelles fermées, qui sont caractérisées par une ouverture minimale de la bouche.

3 Recueil du nouveau corpus ERES38

Étant donnée la baisse de performance du système de RAP pour la voix âgées, nous avons enregistré un nouveau corpus de parole de personnes âgées en vue de l'amélioration du modèle acoustique grâce à une méthode d'adaptation acoustique.

Le corpus constitué est un ensemble d'entretiens. Chaque entrevue met en relation une personne âgée avec deux expérimentateurs dont l'un se fait l'interlocuteur privilégié. Une première partie introductive permet de récupérer les informations personnelles ainsi que les habitudes linguistiques du locuteur. Cette phase d'habituation avec le matériel d'enregistrement permet d'établir le passage vers une parole un peu plus informelle et spontanée pour recueillir le récit de vie de la personne, incluant une description des activités quotidiennes et de leur habitat, un récit d'accidents éventuels et des anecdotes. Une activité de lecture est également proposée lors de cet entretien. Le support choisi est un article de jardinage créé par les expérimentateurs dans le but de cibler les phonèmes problématiques. Les plosives et fricatives non voisées ont été introduites de façon à se retrouver en contexte /a/, /i/ et /u/.

Le corpus est constitué de 17 heures et 44 minutes d'enregistrements avec 24 locuteurs (16 femmes et 8 hommes) dont l'âge varie de 68 à 98 ans, incluant 48 minutes de lectures par 22 locuteurs. Ces locuteurs sont issus de structures spécifiques pour personnes âgées, foyers logements ou maisons de retraite. Les entretiens ont été effectués avec des personnes plus ou moins autonomes, sans déficience cognitive, parfois avec de sérieuses difficultés motrices, mais sans handicap lourd.

Les enregistrements des entretiens ont commencé à être transcrits, et toutes les lectures ont été transcrites et vérifiées. Ces données annotées et structurées constituent le corpus *Entretiens RESidences 38* (*ERES38*).

4 Adaptation acoustique MLLR

La méthode d'adaptation de régression linéaire du maximum de vraisemblance (*Maximum Likelihood Linear Regression - MLLR*) a été utilisée pour adapter le *modèle acoustique générique*, appris sur *BREF120*, à la voix des personnes âgées. Le but était de voir dans quelle mesure le décodage avec modèle acoustique à adaptation MLLR diminue le WER pour le groupe *voix âgées*, avec l'hypothèse qu'il se rapprocherait du WER de 7,33% du groupe *voix non-âgées* avec le *modèle acoustique générique*. Ainsi, nous avons réalisé des adaptations MLLR selon trois méthodes différentes. Outre le décodage de référence sur le groupe *voix âgées* en utilisant le *modèle acoustique générique* pour lequel nous avions trouvé un WER total de 12,28%, nous avons réalisé trois décodages différents avec trois modèles adaptés par MLLR.

Le premier décodage a été effectué sur le groupe *voix âgées* avec un modèle acoustique dont l'adaptation MLLR a été apprise de façon globale à partir des lectures *ERES38*. L'adaptation globale est donc réalisée à partir de locuteurs (corpus *ERES38*) différents de ceux du décodage (corpus *VA*). On considère ainsi que la parole des locuteurs du corpus *ERES38* représente les caractéristiques globales de la parole âgée.

Le second décodage a été effectué sur le groupe *voix âgées* avec un modèle acoustique dont l'adaptation MLLR a été faite avec une adaptation pour chaque locuteur. Pour l'adaptation au locuteur, nous avons utilisé, à partir du seul corpus *VA*, une partie de l'enregistrement (les phrases longues extraites de magazines et journaux) d'un locuteur donné pour l'adaptation, et l'autre partie (les phrases du groupe *voix non-âgées*, c'est-à-dire les phrases courtes de vie quotidienne et de détresse) pour le décodage.

Le dernier décodage a été effectué sur le groupe *voix âgées* avec un modèle acoustique combinant les deux précédentes adaptations MLLR, soit une adaptation apprise de façon globale à partir des lectures *ERES38* suivie d'une adaptation au locuteur.

Locuteur	Genre	Age	$WER_{generique}$	$WER_{MLLRglobale}$	$WER_{MLLRlocuteur}$	$WER_{MLLRcombinee}$
L01	H	89	19,05%	12,17%	10,05%	9,79%
L02	F	83	22,08%	18,61%	14,89%	15,38%
L03	F	74	6,84%	0,38%	1,52%	1,52%
L04	H	70	5,88%	1,18%	1,57%	1,96%
L05	F	70	5,81%	3,49%	3,88%	3,88%
L06	F	77	13,04%	4,89%	5,98%	6,52%
L07	H	77	7,75%	3,52%	6,34%	6,34%
WER_{total} :			12,28%	7,29%	7,11%	7,25%
Différence absolue WER :			-	-4,99%	-5,17%	-5,03%
Différence relative WER :			-	-40,64%	-42,10%	-40,96%

TABLE 1 – Comparaison des WER en fonction des modèles acoustiques adaptés pour le groupe *voix âgées*

Résultats : Les locuteurs L01 et L02, enregistrés à l'hôpital, présentent des WER plus élevés par rapport aux autres locuteurs (cf. Table 1). Cela est lié à leurs âges et à leurs degrés de dépendance plus élevés que les personnes enregistrées à domicile.

De plus, nous voyons à la Table 1 que l'utilisation de modèles acoustiques adaptés par MLLR diminue significativement le WER, avec respectivement dans le cas de l'adaptation MLLR globale sur *ERES38*, de l'adaptation MLLR au locuteur et de l'adaptation combinée une baisse relative de 40,64%, 42,10% et 40,96%, et un WER de 7,29%, 7,11% et 7,25% par rapport au WER de 12,28% sans adaptation. En revanche, les différences entre les WER_{total} issus des décodages avec les différents modèles acoustiques adaptés par MLLR sont très faibles. D'un point de vue applicatif, cela montre que l'on peut utiliser une base de parole âgée pour l'adaptation MLLR dont les locuteurs sont différents de ceux de la base de test, avec des résultats équivalents à un cas d'adaptation MLLR au locuteur. Cela démontre que les voix des personnes âgées ont des caractéristiques propres communes. De plus, nous voyons que l'utilisation d'un corpus de petite taille (48 minutes de lecture par 22 locuteurs du corpus *ERES38*) pour l'adaptation MLLR globale est suffisante pour donner un résultat satisfaisant avec un WER de 7,29%, similaire au WER de 7,33% trouvé dans le cas du décodage sur le groupe *voix non-âgées*.

5 Conclusion

L'article présente notre étude sur le comportement d'un système de RAP vis-à-vis de la voix âgée. Face à l'absence de corpus contenant de la voix de personnes âgées de langue française exploitable pour la création ou l'adaptation des modèles, nous avons procédé à l'enregistrement de nouveaux corpus. A partir du corpus *VA*, nous avons analysé quels étaient les phonèmes pour la voix âgée posant le plus problème au système de RAP. Nous avons pu déterminer que leur éloignement par rapport à la prononciation modélisée par les modèles acoustiques provoque une augmentation du taux d'erreurs de mots du système de RAP, avec une différence relative entre voix non-âgée et âgée de 67.53%. Ensuite, nous avons procédé à l'enregistrement du corpus *ERES38*, qui nous a permis d'adapter le *modèle acoustique générique* à la voix des personnes âgées grâce à la méthode d'adaptation MLLR. Le cas de l'adaptation MLLR globale est intéressante car avec moins d'une heure d'enregistrements, à partir de locuteurs différents des locuteurs de test, nous avons obtenu des taux d'erreurs de mots similaires au cas d'une reconnaissance avec modèle acoustique générique de parole non-âgée, avec un WER de 7,29%, contre 12,28% avant adaptation, soit une amélioration relative de 40,64%.

Par la suite, la continuation de l'enregistrement de notre corpus s'avérera nécessaire afin d'approfondir notre évaluation des modèles acoustiques de RAP pour la voix âgée, et notre travail se portera sur l'analyse des substitutions, délétions et insertions pour chaque phonème. L'élargissement du corpus nous permettra aussi d'adapter les modèles de langage des systèmes de RAP au vocabulaire du produit de télélien social du projet CIRDO.

Remerciements

Cette étude a été financée par l'Agence Nationale de la Recherche dans le cadre du projet CIRDO - Recherche Industrielle (ANR-2010-TECS-012). Nous remercions particulièrement Claude Aynaud et Quentin Lefol pour leur contribution, ainsi que les différentes personnes âgées qui ont accepté de participer aux enregistrements.

Références

Baba, A., Yoshizawa, S., Yamada, M., Lee, A. et Shikano, K. (2004). Acoustic models of the elderly for large-vocabulary continuous speech recognition. *Electronics and Communications in Japan, Part 2 (Electronics)*, 87:49–57.

Lamel, L., Gauvain, J. et EskEnazi, M. (1991). BREF, a large vocabulary spoken corpus for french. *In Proceedings of EUROSPEECH 91*, volume 2, pages 505–508, Geneva, Switzerland.

Mueller, P., Sweeney, R. et Baribeau, L. (1984). Acoustic and morphologic study of the senescent voice. *Ear, Nose, and Throat Journal*, 63:71–75.

Ryan, W. et Burk, K. (1974). Perceptual and acoustic correlates in the speech of males. *Journal of Communication Disorders*, 7:181–192.

Seymore, K., Stanley, C., Doh, S., Eskenazi, M., Gouvea, E., Raj, B., Ravishankar, M., Rosenfeld, R., Siegler, M., Stern, R. et Thayer, E. (1998). The 1997 CMU Sphinx-3 English broadcast news transcription system. *In DARPA Broadcast News Transcription and Understanding Workshop*, Lansdowne, VA, USA.

Takeda, N., Thomas, G. et Ludlow, C. (2000). Aging effects on motor units in the human thyroarytenoid muscle. *Laryngoscope*, 110:1018–1025.

Vacher, M., Fleury, A., Serignat, J., Noury, N. et Glasson, H. (2008). Preliminary evaluation of speech/sound recognition for telemedicine application in a real environment. *In 9th International Conference on Speech Science and Speech Technology (InterSpeech 2008)*, volume 1, pages 496–499, Brisbane, Australia.

Vipperla, R., Renals, S. et Frankel, J. (2008). Longitudinal study of ASR performance on ageing voices. *Interspeech*, page 2550–2553.

Acquisition de la phonologie en langue seconde : le cas de la perception des groupes de consonnes du français par des apprenants vietnamiens

Thi-Thuy-Hien Tran, Nathalie Vallée
Département Parole et Cognition de GIPSA-lab, 1180 avenue Centrale, 38040 Grenoble Cedex 9
thi-thuy-hien.tran@gipsa-lab.grenoble-inp.fr,
nathalie.vallee@gipsa-lab.grenoble-inp.fr

RESUME

Ce travail s'inscrit dans les recherches sur l'apprentissage des langues étrangères et traite plus particulièrement de l'acquisition des clusters et autres séquences de consonnes du français par des apprenants vietnamiens de deux niveaux, intermédiaire et avancé. Il s'agit d'une étude expérimentale sur la perception des consonnes en séquence en tenant compte des facteurs distributionnels que sont la position dans le mot, dans la syllabe, ainsi que la nature des segments consonantiques constituants ; l'objectif étant de situer et comprendre les difficultés rencontrées par les étudiants vietnamiens, même de niveau avancé, à réaliser les clusters du français. Les résultats sont analysés par rapport aux éléments du crible phonologique de la L1 et par rapport aux tendances universelles des langues.

ABSTRACT

Second Language Phonology Acquisition: the perception of French consonant groups by Vietnamese learners.

This work addresses foreign language learning and specifically with the acquisition of French consonant groups by Vietnamese learners intermediate and advanced levels. It is an experimental study on the perception of French consonant sequences, taking into account the distributional factors of word position and syllable position, as well as the nature of the component consonant segments. The goal is to locate and understand the difficulties encountered by Vietnamese learners, even advanced learners, in pronouncing French clusters. The results are compared to factors relating to L1 phonological background, determined by a study of the distributional differences in consonant sequences between the two languages. They are also analyzed relative to the universal properties of languages, and thus of language in general.

MOTS-CLES : acquisition, langue seconde, perception, groupes de consonnes, vietnamien.
KEYWORDS : acquisition, second language, perception, consonant groups, Vietnamese.

1 Introduction

Dès les premières études, dans les années 1930, portant sur l'acquisition des langues étrangères (LE), il a été montré que les difficultés rencontrées dans la maitrise de la prononciation d'une langue seconde (L2) étaient en partie liées au système de la langue maternelle (L1), lequel rend « sourd » aux systèmes des autres langues (Polivanov, 1931 ; Troubetzkoy, 1939). Depuis, il est reconnu que l'expérience linguistique que l'apprenant a acquise lors de l'apprentissage de sa L1 constitue un élément essentiel du processus d'acquisition de la phonétique et de la phonologie de la L2, que ce soit en production ou en perception. Ainsi, l'apprenant confronté au système phonético-phonologique d'une autre langue, éprouve souvent des difficultés avec les unités sonores de cette langue qui n'existent pas dans sa langue maternelle (Lado, 1957 ; Best, 1995 ; Flege 1995 entre autres). Depuis les dernières décennies, les recherches liées aux propriétés typologiques de la L1 et de la L2 révèlent que les différences de perception et production phonologiques entre des locuteurs natifs et non natifs ne peuvent pas toutes être attribuées au transfert de la L1 et que des principes universels qui structurent les systèmes sonores et l'utilisation de leurs unités dans la chaîne parlée influencent considérablement l'apprentissage d'une L2 (par ex. Eckman, 1977 ; Weinberger, 1987 ; Carlisle, 1998). L'*Hypothèse de la Différence de Marquage* (Eckman, 1977) prédit que les formes de la L2 qui sont différentes et plus marquées que celles de la L1 seront les plus difficiles à acquérir et que les formes moins marquées sont acquises avant les plus marquées. Le terme marquage réfère à l'idée que certaines structures linguistiques sont moins fréquentes et « plus complexes » que d'autres.

Les apprenants vietnamiens du français LE éprouvent des difficultés récurrentes à réaliser les groupes de consonnes. Les suites de deux ou plusieurs consonnes, non permises en vietnamien à l'intérieur d'une même syllabe, sont la plupart du temps réalisées déformées par rapport à la cible, entraînant chez l'auditeur incompréhension ou malentendu (ex. [ritm] *rythme* prononcé [rim] *rime* ; [taks] *taxe* prononcé [tas] *tasse* ; [filtʁ] *filtre* prononcé [fil] *fil*). Ces difficultés persistent quel que soit le nombre d'années d'apprentissage ou d'exposition à la langue (Nguyen, 2000). Quelles sont les véritables raisons de ces difficultés ? Quels sont les éléments du crible phonologique qui gênent ou empêchent l'acquisition des clusters ? Quels sont leurs implications dans l'acquisition des percepts phonétiques de la langue cible ? En quoi consistent les erreurs de réalisation ? Quelle est la part des caractéristiques de la L1 et quelle est la part d'autres facteurs tels ceux relevant des principes universels des systèmes phonologiques des langues ? L'objectif général de ce travail est de situer et de comprendre les difficultés de perception et production des groupes de consonnes du français rencontrées par des apprenants vietnamiens.

Les deux langues présentent de nombreuses dissemblances dont celles touchant les gabarits lexicaux et patrons syllabiques. Le vietnamien est monosyllabique sur le plan phonologique mais aussi polysyllabique sur le plan lexical (Doan, 1999). La différence entre mots simple et composé n'existe que par le nombre de syllabes. Les patrons syllabiques possibles du vietnamien sont de structures C_1(w)V(C_2) (Doan, 1999) (entre parenthèses les éléments facultatifs) où l'inventaire des consonnes en coda C_2 est très restreint (nasales /m n ŋ/, plosives /p t k/, glides /w j/). La diversité des patrons syllabiques est plus présente en français (C_1)(C_2)(C_3)V(C_4)(C_5)(C_6)(C_7) (Rousset, 2004), attaque et coda pouvant être occupées par des clusters . Compte tenu du caractère monosyllabique du vietnamien, aux plans synchronique et phonologique, cette langue ne connaît pas de groupes intra-syllabes, /w/ appartenant à la rime (Doan, 1999). De fait, les séquences de consonnes en vietnamien appartiennent à deux syllabes différentes (soit à la frontière des deux syllabes successives d'un mot composé, soit à la frontière de mots).

2 Étude comparative des groupes de consonnes

Peu de données étant disponibles, nous avons procédé à une étude descriptive et quantitative des séquences de consonnes présentes dans un lexique du vietnamien contenant les 5 000 lemmes les plus fréquents, que nous avons au préalable phonologiquement transcrits et syllabés. Le lexique a été intégré à G-ULSID (*Grenoble-UCLA Lexical and Syllabic Inventory Database*) développée au GIPSA-lab (Vallée *et al.*, 2009). Un lexique phonologisé et syllabé du français (Perennou et Calmes, 2002) était déjà intégré à G-ULSID (Rousset, 2004). Précisons ici qu'un groupe de consonnes sera appelé « *cluster* » s'il est intra-syllabe et « *séquence* » si inter-syllabe.

La structure syllabique CVC est la plus rencontrée en vietnamien (69,47 % des syllabes du lexique), alors que le français est une langue à CV dominante (54,17 %). L'analyse de la distribution des séquences de consonnes en vietnamien et en français montre de nombreuses dissemblances. Dans le lexique du vietnamien, les groupes consonantiques sont présents uniquement à la frontière syllabique d'un mot composé CV**C.C**VC (le point représente la frontière syllabique). En français, on note que les clusters sont plus fréquents (66 %) que les séquences consonantiques inter-syllabe (34 %). Les groupes de consonnes communs aux deux langues ne peuvent donc être que bi-consonantiques.

Les mode et lieu des consonnes dans les groupes CC ont été comparés entre les deux langues. En français, les clusters les plus fréquents sont de type Plosive + Fricative (22,91 % du nombre total des groupes) ou de type Coronal + Palatal (10,5 %). L'analyse des occurrences des groupes consonantiques inter-syllabe $C_1V\mathbf{C_2}.\mathbf{C_3}VC_4$ en vietnamien permet de relever que les séquences Nasale + Plosive (25,9 %) et Vélaire + Coronale (16,9 %) sont les plus favorisées dans des mots composés vietnamiens. Pour le français, les combinaisons Fricative + Plosive et Uvulaire + Coronale sont les plus fréquentes en inter-syllabe (respectivement 11,27 % et 7,96 % des groupes bi-consonantiques).

De cette étape ont été extraites les séquences de consonnes communes aux deux langues qui ont servi de base à l'établissement du corpus de la partie expérimentale. Bien que les séquences de consonnes peuvent être constituées de segments proches, voire identiques, dans les deux langues, elles sont différentes en ce que, en vietnamien, elles ne sont rencontrées que de part et d'autre d'une frontière syllabique (inter- ou intra-mot) et que les consonnes post-vocaliques, premier constituant des séquences consonantiques, présentent des particularités de réalisation phonétique : les consonnes /p t k m n ŋ/ comportent des caractéristiques acoustiques et perceptives différentes en fonction du type de frontière syllabique qu'elles précèdent (Tran et Vallée, 2009, 2010). L'objectif des expériences présentées ci-après est donc d'estimer l'impact de la syllabe et de ses frontières dans l'acquisition des groupes de consonnes, dont les clusters d'une L2.

3 Perception des groupes de consonnes du français

Un test perceptif sur des consonnes produites en séquences en fonction de leur position dans la syllabe et dans le mot a été effectué. L'étude porte sur la perception des séquences de consonnes communes aux deux langues et intégrées dans des pseudo-mots. Plusieurs groupes de sujets, apprenants du français LE à l'Université, ont été testés avec pour objectif d'estimer l'influence des structures syllabiques de la L1 sur la perception d'une langue seconde présentant des structures différentes de syllabe.

3.1 Hypothèses

À partir de résultats d'études antérieures sus-mentionnées, le test a été élaboré afin de répondre aux hypothèses suivantes : les clusters intra-syllabes sont plus difficiles à identifier que les séquences de consonnes inter-syllabes (Hypothèse 1, répondant au transfert de la L1) ; les clusters en attaque sont plus faciles à identifier que ceux en coda (Hypothèse 2, formulée selon les tendances universelles de la distribution des clusters) ; les combinaisons de consonnes plus marquées sont plus difficiles à récupérer (Hypothèse 3, relativement à l'*Hypothèse de la Différence de Marquage*).

3.2 Méthodologie

3.2.1 Constitution du corpus

À partir des lexiques syllabés du français et du vietnamien ont été relevées les séquences de consonnes inter-syllabes communes aux deux langues qui possèdent les plus fortes fréquences d'occurrences. Une fois ces séquences inter-syllabes repérées, leur fréquence respective a été calculée en initiale et finale dans le lexique du français.

C_1	#CC	C.C	CC#
p	pt, pk, pn, ps	p.t, p.k, p.n, p.s	pt, ps
t		t.b, t.m, t.n, t.s, t.l	tm, ts
k	kt, kn, kl, ks	k.t, k.m, k.n, k.f, k.s, k.l	kt, km, kl, ks
m		m.t, m.k, m.b, m.d, m.n, m.v, m.s, m.l	mn
n		n.t, n.k, n.d, n.m, n.f, n.v, n.s, n.l	nt, nd, ns
ŋ		ŋ.b, ŋ.s	ŋs

TABLE 1 – Séquences de consonnes choisies pour le test, classées selon leur distribution dans la syllabe (le point indique la frontière syllabique attendue en français).

Le corpus contient les 54 séquences consonantiques en contexte de la voyelle /a/. Le matériel expérimental se compose donc des séquences de consonnes de structure #CCa, aC.Ca et aCC#. Ces pseudo-mots ont été insérés dans la phrase porteuse : « *Tu prononces ... trois fois* ». Le corpus constitué de 4 répétitions des 54 phrases mises en ordre aléatoire a été lu à voix haute à un débit normal par un locuteur natif du français. Le locuteur avait pour consigne de lire les séquences C.C de sorte que les consonnes soient réparties de part et d'autres d'une frontière syllabique (ex. « [ak.la] ne doit pas être prononcé de même manière que [kla] »). Après l'entraînement du locuteur sur plusieurs items, vérifiés par l'expérimentateur, l'enregistrement s'est déroulé dans une chambre sourde avec enregistreur Marantz PMD 670, micro AKG C1000S à directivité cardioïde. De ces données enregistrées ont été segmentées et extraites toutes les séquences de pseudo-mots. Les 54 meilleures réalisations ont été choisies parmi ces séquences, en se basant à la fois sur l'écoute et l'observation du signal acoustique et du spectrogramme.

3.2.2 Participants

Trente-neuf sujets (7 hommes, 32 femmes) ont participé au test. Tous sont étudiants du Département du Français de l'Université Nationale de Hanoi. Ils sont locuteurs natifs du dialecte du Nord, âgés de 18 à 20 ans. Ces étudiants ont été classés en deux groupes selon leur nombre d'années d'apprentissage du FLE : le niveau avancé contient 20 étudiants qui apprennent le français depuis plus de 5 ans alors que le niveau intermédiaire contient 19 étudiants qui ont moins de 5 ans d'apprentissage.

3.2.3 Déroulement du test

Les sujets avaient pour consigne d'écouter un signal, pas nécessairement un mot, puis de choisir le plus rapidement possible, avec possibilité de réécoute des stimuli, la séquence ou la consonne entendue en cliquant avec la souris sur le bouton correspondant à leur choix. Il s'agit d'un test à choix fermé. Pour une séquence de pseudo-mot donnée, les choix possibles sont soit l'une des consonnes de la séquence, soit la séquence, soit la séquence biconsonantique inverse. L'ordre de présentation des boutons à l'écran (C_1, C_2, C_1C_2, C_2C_1) est fixé pour tous les stimuli. Les temps de réaction ont été mesurés à partir du début du signal sonore émis. Le test était constitué de 3 répétitions des 54 items présentés dans un ordre aléatoire pour chaque sujet.

3.3 Résultats

Des ANOVA à mesures répétées ont été effectuées sous SPSS® avec les facteurs suivants :

position dans le pseudo-mot, mode d'articulation, lieu d'articulation, combinaisons de consonnes, niveau des apprenants et temps de réponse.

3.3.1 Effet de la position

Les résultats montrent que les apprenants, quel que soit leur niveau, identifient significativement mieux les séquences de consonnes en position inter-syllabe (91 %) qu'en finale de pseudo-mots (72,5 %) [F(1,37) = 75,92 ; p = 0]. Si on considère les consonnes /p k/ car les séquences qu'elles initient sont trouvées dans les trois positions en français, et donc dans les pseudo-mots du corpus (cf. table 1), un effet significatif entre les positions est trouvé [F(2,74) = 27,89 ; p = 0], ceci quel que soit le niveau des apprenants. Les étudiants ont mieux reconnu les séquences /k/+C en position inter-syllabe (89 %) qu'en initiale (81 %) et finale (71 %). Les séquences /p/+C sont aussi mieux identifiées en inter-syllabe (95 %), alors que les apprenants montrent plus de difficultés à reconnaitre les séquences en initiale que celles en finale de pseudo-mots (respectivement 59 % *vs.* 87 %). Des analyses plus fines des contrastes intra-sujet montrent que les différences sont significatives dans tous les cas considérés (p < 0,05).

Les scores d'identification des groupes consonantiques initiés par des plosives ne sont pas différents significativement de ceux initiés par des nasales, quelle que soit la position du groupe dans le pseudo-mot : inter-syllabique (p = 0,89) ou finale (p = 0,907).

3.3.2 Temps de réaction

Le temps de réaction (TR) des bonnes réponses n'est pas différent significativement selon la position inter-syllabe ou finale des séquences testées [F(1,23) = 3,651 ; p = 0,069]. Aucune interaction entre ces deux positions et le niveau des apprenants en FLE n'a été détectée [F(1,23) = 0,068 ; p = 0,79]. Un effet significatif du TR entre les trois positions a été trouvé pour les séquences initiées par /p k/ [F(2,68) = 40,03 ; p = 0], ceci quel que soit le niveau des étudiants. Le TR est plus court quand il s'agit des séquences en initiale que celles en inter-syllabe (p = 0) et en finale (p = 0). Il n'y a pas de différence de TR entre position inter-syllabe et finale (p = 0,21).

Aucune différence significative du TR selon le mode des premières consonnes des séquences n'a pu être mise en évidence [F(1,37) = 0,075 ; p = 0,786]. Par contre, les étudiants, quel que soit leur niveau, ont répondu juste dans un délai plus court pour des séquences commençant par les vélaires /k ŋ/ [F(2,74) = 9,986 ; p = 0].

3.3.3 Types de consonnes dans les combinaisons

La performance d'identification des groupes de consonnes varie de manière significative selon la nature des phonèmes impliqués [F(3,111) = 39,5 ; p = 0]. Les résultats montrent qu'en initiale, quel que soit le niveau d'apprentissage en français des étudiants, la suite « *Muta Cum Liquida* » de type Plosive+Latérale présente un taux d'identification très élevé (96,6 %), suivie par la séquence Plosive+Plosive (77,2 %) et Plosive+Nasale (67,9 %). La combinaison Plosive+Fricative semble poser plus de problèmes pour les étudiants (48,7 %). La même tendance est observée en finale : les apprenants des deux niveaux identifient significativement mieux la combinaison impliquant une latérale en position C_2 des séquences initiées par une plosive (82 %) plutôt que si la plosive est suivie par une fricative (68 %) (p = 0,007). Les séquences impliquant deux nasales présentent un score d'identification plus faible (44 %). Concernant les séquences avec nasale, la combinaison Nasale+Fricative est la plus réussie par les étudiants en position finale (89 %). En inter-syllabe, quel que soit le niveau des étudiants, la combinaison la mieux identifiée est Plosive+Plosive (93 %) alors que Plosive+Fricative a le moins de score d'identification correcte parmi les combinaisons (86 %). Il n'y a pas une préférence significative entre des séquences de nasales en position inter-syllabe.

3.4 Discussion

Cette expérience teste la perception des séquences bi-consonantiques communes aux deux langues, par des apprenants vietnamiens du FLE de plusieurs niveaux ; plus particulièrement avec pour objectif de rechercher une éventuelle influence de la position des séquences dans la syllabe sur leur identification. Les résultats confirment la première hypothèse formulée plus haut, selon laquelle les clusters intra-syllabe (en initiale ou finale) sont plus difficiles à identifier par les apprenants vietnamiens que les séquences inter-syllabe. Ce résultat pourrait être expliqué par le *transfert* de la L1 à la L2 : les unités de la L2 qui sont semblables à celles de la L1 sont acquises plus vite et facilement (transfert positif) alors que la différence des unités entre les deux langues rend l'acquisition des unités de la L2 plus difficile (transfert négatif). En effet, nous avons constaté que les groupes de consonnes en finale et en initiale des pseudo-mots, correspondant à des schémas phonotactiques du français mais absentes en vietnamien, sont beaucoup moins bien identifiées que celles en position inter-syllabe (score moyen de /p t k m n ŋ/ en finale de 72,5 % *vs.* 91,2 % en position inter-syllabique ; score moyen de /p k/ en initiale de 70 %, en finale de 79 % *vs.* 91,9 % en position inter-syllabique), et ce quel que ce soit le niveau des apprenants.

Les apprenants d'une L2 devraient avoir une plus grande difficulté à acquérir les codas complexes que les attaques complexes, ces dernières étant moins marquées (cf. hypothèse 2). Si on considère les séquences /p/+C et /k/+C, les résultats pour /k/+C confirment cette hypothèse alors que celle-ci n'est pas validée pour /p/+C. Ceci pourrait être expliqué par le fait que /pn/ en attaque a été moins bien identifié et fait chuter le score de /p/+C. La combinaison /pn/ est d'ailleurs défavorisée dans cette position dans les langues du monde, les nasales étant peu rencontrées dans les lexiques au contact immédiat de consonnes plosives comme /p/ (Vallée *et al*, 2009). /pn/ en attaque est en effet la séquence la moins bien perçue parmi les séquences /p/+C totalisant à elle seule trois fois plus d'erreurs par rapport aux séquences /p/+C inter-syllabe et deux fois plus que les erreurs en coda. La raison semble résider dans l'input : le burst de [p] étant de durée très brève (8 ms) et d'intensité faible (53,5 dB) pour une plosive en initiale (/t/ et /k/ que l'on peut rencontrer en initiale en vietnamien présentent beaucoup plus d'énergie dans le bruit de détente (en moyenne 61,7 dB et 65,4 dB respectivement)). Dans 98,6 % des erreurs de [pna], ce stimulus est identifié comme [na]. Cette séquence /p/+C est pourtant la mieux identifiée parmi les séquences de plosives en inter-syllabe et en finale de pseudo-mots.

Un effet significatif entre les temps de réaction (pour les cas de bonnes réponses) et le lieu d'articulation des consonnes a été mis en évidence, quelle que soit la position des séquences et quel que soit le niveau des apprenants. Ceux-ci répondent plus vite quand il s'agit des séquences initiées par une vélaire. Le mode n'a pas d'impact sur le temps de réponse. À l'aide de la plateforme d'exploitation des lexiques syllabés de G-ULSID, l'interrogation du nombre d'occurrences des séquences Vélaire+C dans le lexique des deux langues, toutes positions confondues, a livré que les séquences commençant par les vélaires /k/ ou /ŋ/ sont les plus fréquentes des séquences testées, dans le lexique du vietnamien, de même que celles initiées par /k/ pour le français (respectivement 45 % et 56 % des séquences /p t k m n ŋ/+C). Ce fait pourrait expliquer une réaction plus rapide des participants. Ce résultat confirme les études antérieures de Vitevich *et al.* (1997, 2005) qui montrent que, à la répétition de pseudo-mots, les locuteurs répondent plus vite lorsque les items contiennent des séquences de phonèmes plus fréquents dans le lexique. Pourtant, le temps de réaction le plus rapide est observé pour /k/ + C alors que son taux d'identification est moins élevé que /p/ + C en inter-syllabe (88,9 % *vs.* 94,9 %) et en coda (71 % *vs.* 87 %). Ce résultat reste à comprendre.

L'analyse des combinaisons de consonnes les moins bien reconnues par les apprenants des deux niveaux montre que Plosive + Fricative (/ps/, /ks/, /ts/) pose plus de problème d'identification quelle que soit la position (initiale, inter-syllabe ou finale du groupe consonantique). Selon Greenberg (1978), toute langue qui possède en début de syllabe une suite Plosive + Plosive, possède aussi une suite Plosive + Fricative. L'*Hypothèse de la Différence de Marquage* prédit qu'une structure X est marquée par rapport à Y si la présence de X dans une langue implique la présence de Y. La séquence Plosive + Plosive est donc marquée par rapport à la suite Plosive + Fricative. Selon cette hypothèse Plosive + Plosive devrait être plus difficile à acquérir que Plosive + Fricative. Or le score d'identification des suites Plosive + Plosive est significativement meilleur que celui des combinaisons Plosive + Fricative (77,2 % *vs.* 48,7 %). L'aspect prédictif de cette hypothèse ne semble pas marcher ici.

En position finale, la combinaison Nasale + Nasale /mn/ possède le moins bon score d'identification correcte parmi les séquences initiées par une nasale. Cette suite de nasales, très peu fréquente en français, existe seulement dans 4 de quelques 135 000 mots français de la base *Lexique©*. Greenberg (1978) atteste que la présence de cette séquence Nasale + Nasale dans les langues implique la présence d'autres séquences Nasale + Obstruente. /mn/ est donc plus marquée et plus difficile à acquérir en conformité avec *l'Hypothèse de la Différence de Marquage*, par rapport à /nd/, /ns/, /nt/ ou /ŋs/ testées dans notre étude.

La combinaison que les étudiants ont la mieux réussie à identifier en initiale et finale est Plosive + Latérale, et ce quel que soit leur niveau. Kühnert et Hoole (2006), dans une étude sur la cohésion temporelle des groupes C + /l/ initiaux en français, expliquent que « *la production de la liquide [l] n'implique pas une constriction complète dans le conduit vocal et ne masque pas les informations perceptives éventuelles de la consonne précédente, de la façon dont une plosive le ferait. Ainsi, s'il y en a, les problèmes de récupérabilité perceptuelle sont plus faibles dans le cas d'une production Plosive + Liquide que dans une production Plosive + Plosive* ». Dans notre étude, en position inter-syllabe, cette séquence de consonnes Plosive + Latérale reste une des meilleures séquences identifiées par les apprenants des deux niveaux. À noter que la combinaison Plosive + Plosive, la plus fréquente des séquences inter-syllabe initiées par une plosive en vietnamien, récolte aussi un très bon score d'identification par les étudiants. L'influence de la L1 pourrait donc expliquer ce meilleur score de la séquence inter-syllabe Plosive + Plosive par rapport à Plosive + Fricative.

L'ensemble de nos résultats sur la perception des groupes de consonnes du français par les apprenants vietnamiens montre que l'influence du système phonologique et phonotactique de la L1 mais aussi les préférences typologiques universelles jouent un rôle important dans l'apprentissage d'une langue seconde.

Remerciements

Cette recherche a bénéficié d'un financement de l'Agence Universitaire de la Francophonie (PC – 411/2460). Un grand merci à René Carré et Lionel Granjon pour l'aide matérielle qu'ils ont chacun apportée à ce projet et pour les échanges constructifs et discussions très fructueuses.

Références

BEST, C. T. (1995). A direct realist view of cross-language speech perception. In *Speech perception and linguistic experience: Issues in cross-language research*, 171-204 (Ed W. Strange). Timonium: MD: York Press.

CARLISLE, R. (1998). The acquisition of onsets in a markedness relationship. A longitudinal study. *Studies in Second Language Acquisition* 20: 245-260.

DOAN, T. T. (1999). *Ngữ âm tiếng Việt (Tr. La phonétique du vietnamien)*. Hanoi: Nhà xuất bản Đại học Quốc gia Hà Nội (Maison d'édition de l'Université Nationale de Hanoi).

ECKMAN, F. R. (1977). Markedness and the contrastive analysis hypothesis. *Language Learning* 27: 315-330.

FLEGE, J. E. (1995). Second Language Speech Learning. Theory, Findings and Problems. In *Speech Perception and Linguistic Experience: Issues in Cross-language research.*, 233-277 (Ed W. Strange). Timonium: MD : Yord Press.

GREENBERG, J. (1978/1984). Some generalizations concerning initial and final consonant clusters. In *Universals of human language*, Vol. 2, 243-279 (Eds J. Greenberg, C. Ferguson and E. Moravcsik). Stanford, CA: Stanford University Press Hawkins.

KÜHNERT, B. & HOOLE, P. (2006). Cohésion temporelle dans les groupes C1/l/ initiaux en français. In *Actes des XXVIe Journées d'Etude sur la Parole*, 545-548 Dinard.

LADO, R. (1957). *Linguistics across cultures: Applied lunguistics for language teachers.* University of Michigan: Press: Ann Arbor.

NGUYEN, T. B. M. (2000). Regards sur l'enseignement de la phonétique dans la formation des étudiants en F.L.E. à l'Université Pédagogique de Ho Chi Minh ville. Université de Rouen.

PERENNOU G. & DE CALMES, M. (2002). Ressources lexicales BDLex-v2.1.2, *ELRA/ELDA*.

POLIVANOV, E. (1931). La perception des sons d'une langue étrangère. *Travaux du Cercle linguistique de Prague* 4.

ROUSSET, I. (2004). Structures syllabiques et lexicales des langues du monde. Données, typologiques, tendances universelles et contraintes substantielles. Grenoble: Université Stendhal.

TRAN, T. T. H. & VALLÉE, N. (2009). An acoustic study of interword consonant sequences in vietnamese. *Journal of Southeast Asian Linguistics* 1: 231–249.

TRAN, T. T. H. & VALLÉE, N. (2010). Corrélats acoustico-perceptifs des consonnes non relâchées du vietnamien. Actes des *XXVIIIème Journées d'Etudes sur la Parole (JEP)*, Université de Mons, Belgique.

TROUBETZKOY, N. S. (1939/2005). *Principes de phonologie (Grundzüge der Phonologie)*. Klincksieck.

VALLÉE, N., ROSSATO, S. & ROUSSET, I. (2009). Favoured syllabic patterns in the world's languages and sensorimotor constraints. In *Approaches to Phonological Complexity* (Eds F. Pellegrino, E. Marsico, I. Chitoran and C. Coupé). Berlin: Mouton de Gruyter.

VITEVITCH, M. S., LUCE, P. A., CHARLES-LUCE, J. & KEMMERER, D. (1997). Phonotactics and syllable stress: Implications for the processing of spoken nonsense words. *Language and Speech* 40: 47-62.

VITEVITCH, M. S. & LUCE, P. A. (2005). Increases in phonotactic probability facilitate spoken nonword repetition. *Journal of Memory and Language* 52: 193–204.

WEINBERGER, S. H. (1987). The influence of linguistic context on syllable structure simplification. In *Interlanguage phonology: The acquisition of a second language sound system*, 401–417 (Eds G. Ioup and S. H. Weinberger). Rowley, MA: Newbury House.

Méthodologie en IRM fonctionnelle pour l'étude des activations corticales associées au réapprentissage de la parole

Audrey Acher[1], *Marc Sato*[1], *Laurent Lamalle* [2], *Alexandre Krainik*[2], *Pascal Perrier*[1].
(1) GIPSA-Lab, UMR 5216 CNRS/Grenoble Universités, 38402 Saint Martin d'Hères Cedex
(2) SFR1 RMN Biomédicale et Neurosciences – Unité IRM Recherche 3T, CHU A. Michallon, 38043 Grenoble Cedex 9
audrey.acher@gipsa-lab.grenoble-inp.fr

RESUME

Nous présentons ici un protocole expérimental d'imagerie fonctionnelle et sa validation sur quatre sujets pilotes. Il est destiné à étudier les activations corticales associées au réapprentissage de la parole après exérèse carcinologique au niveau du conduit vocal. Trois tâches parole et non parole sont étudiées : mouvement oro-facial silencieux, production de voyelles et de syllabes. Les résultats observés apparaissent en accord avec la littérature - notamment l'activation commune aux trois tâches de régions dédiées au contrôle moteur oro-facial ainsi que l'implication des aires temporales auditives lors des tâches de parole - et valident le protocole expérimental d'acquisition IRMf utilisé.

ABSTRACT

fMRI methodology for cognitive process study of speech production recovery

In order to validate an fMRI experiment, four participants were examined using functional magnetic resonance imaging while executing oro-facial movements, vowel and syllable production. This protocol will be used with patients who underwent oral resection. The study's results should contribute to better understand cognitive processes associated with speech production. The three motor tasks activated a set of common brain areas classically involved in motor control and temporal areas involved in speech. These results support previous brain imaging studies and validate our protocol.

MOTS-CLES : contrôle moteur oro-facial, production de la parole, IRMf, sparse sampling.
KEYWORDS : oro-facial motor control, speech production, fMRI, sparse sampling.

1 Introduction

Après exérèse chirurgicale au niveau de la langue (glossectomie partielle ou totale), l'articulation des sons de la parole devient une tâche motrice nouvelle dont l'exécution avec la précision requise nécessite un réapprentissage passant par la réappropriation d'un système moteur profondément modifié et l'élaboration de nouvelles stratégies motrices. Le but de notre projet est d'étudier la mise en place de ces stratégies à travers l'étude des activations corticales et de leurs évolutions lors de tâches de parole à différentes étapes du processus de rééducation. Nous avons adopté une démarche longitudinale consistant à suivre une population de patients avant l'exérèse d'un carcinome de la langue et en trois occasions après la chirurgie (1 mois, 3 mois et 9 mois après). Le protocole est basé sur une étude par IRM fonctionnelle (IRMf). La modification structurelle importante du système périphérique de production de la parole est

susceptible de générer chez le patient : (1) l'émergence de stratégies de compensation visant à atteindre les mêmes buts articulatoires et acoustiques qu'avant l'opération, les articulateurs sains, mandibule et lèvres, suppléant les limites de mobilité de la langue ; (2) une redéfinition des buts articulatoires et acoustiques pour certaines unités phonologiques ; (3) l'acquisition de nouvelles représentations des relations entre commandes motrices et signal acoustique. En 1950, Penfield et Rasmussen ont observé une organisation séquentielle dorso-ventrale des activations liées au contrôle des lèvres, de la mandibule et de la langue au sein du cortex moteur primaire. Cette organisation dorso-ventrale bilatérale des lèvres, de la mandibule et de la langue dans le cortex moteur a été confirmée par Grabski et al. en 2011 en IRMf. La modification de la distribution des rôles entre articulateurs est susceptible d'être associée à des changements d'activation au niveau du cortex moteur primaire. La réalisation des objectifs des gestes de parole implique des interactions entre régions sensorielles et motrices (travaux de Grabski et al. 2011). Ces régions sont localisées au niveau temporo-pariétal. La modification des objectifs est donc susceptible de se refléter par une augmentation de l'activité de la zone pariétale dans la phase de réapprentissage post-opératoire. Cela traduirait une redéfinition des objectifs en termes de commandes motrices et de feedback oro-sensoriel et auditif. Le cervelet, qui séquence les actes moteurs dans des chaînes d'action et qui, selon certains auteurs, est le lieu où s'implémentent les modèles internes caractérisant les relations directes et inverses entres commandes motrices et variables physiques devrait lui aussi être activé. Il en va de même pour l'insula, qui joue un rôle primordial dans la coordination des muscles du conduit vocal et la précision de l'articulation de la parole. Dans la logique de ces prédictions, nous attacherons une importance particulière à l'étude des activations dans le cortex moteur primaire, les régions temporo-pariétales, l'insula et le cervelet.
Dans cet article, le protocole expérimental est décrit et une validation en est proposée à travers les résultats obtenus sur quatre sujets pilotes sains pour lesquels nous pensons retrouver l'implication d'un réseau neural commun aux trois tâches et lié au contrôle moteur oro-facial, l'un lié à la préparation motrice : cortex prémoteur, insula antérieure, cervelet, aire motrice supplémentaire ; l'autre lié aux processus d'exécution motrice : cortex sensori-moteur, ganglions de la base, thalamus, cervelet avec une implication des régions auditives et sensorimotrices lié au traitement acoustique et phonologique.

2 Méthode

2.1 Participants

Quatre volontaires sains droitiers de langue maternelle française ont donné leur consentement écrit pour leur participation à l'étude (dont 2 femmes ; moyenne d'âge : 23 ans). Tous les participants avaient une vision normale ou corrigée et aucun antécédent de troubles du langage, d'audition, de déficit neurologique ou de pathologie psychiatrique n'a été rapporté. Une visite médicale de pré-inclusion a été réalisée par un médecin afin de vérifier que les participants ne présentaient aucune contre-indication à l'IRM. Cette étude a reçu un avis favorable du Comité de Protection des Personnes Sud Est V et de l'Agence Française de Sécurité Sanitaire des Produits de Santé.

2.2 Corpus

L'expérience comportait trois tâches motrices réalisées dans deux sessions d'IRMf consécutives (durée 14 minutes chacune). Les participants devaient réaliser soit a) un mouvement oro-facial explicitement présenté comme « non parole » impliquant soit la langue (contact avec les incisives supérieures avec la langue ou recul) soit les lèvres (protrusion ou étirement) ; b) une production de voyelle (/a/, /ɔ/, /i/, /u/) ou c) une production de syllabe (/sa/, /ʃa/, /fa/, /pa/). Une tâche de repos (sans mouvement ni production sonore) servait de tâche de référence. Une consigne visuelle d'une durée de 1s indiquait pour chaque essai le stimulus à produire. Chaque tâche était produite à partir d'une position initiale de repos, bouche fermée et mandibule et langue relâchées, vers laquelle le sujet retournait après la tâche. Un item était produit toutes les 10 secondes selon un ordre pseudo-aléatoire. Les participants avaient connaissance qu'ils ne devaient pas bouger afin d'éviter les artéfacts de mouvement. Ils ont été entraînés à réaliser les différentes tâches quelques jours avant la date de l'expérience et un nouvel entraînement a eu lieu le jour de l'expérience. Aucun participant n'a fait part de difficulté à réaliser les tâches.

2.3 Matériel et acquisition des données IRM

Les acquisitions des images IRM fonctionnelles et anatomiques ont eu lieu sur un imageur corps entier de la Structure Fédérative de Recherche (SFR1) RMN Biomédicale et Neurosciences de l'Université Joseph Fourier, au CHU de Grenoble. L'imageur 3T utilisé (Philips 3T Achieva) était configuré avec une antenne tête en réception à 32 canaux. Lors de l'expérience, les sujets étaient en position allongée, portaient des bouchons d'oreille et un casque antibruit. Leur tête était maintenue dans l'antenne avec des mousses latérales. Les consignes visuelles ont été projetées à l'aide du logiciel Presentation (Neurobehavioral Systems, Albany, EU) sur un écran situé derrière le sujet allongé qui pouvait le voir par réflexion sur un miroir placé au dessus de ses yeux. Un système casque-microphone compatible IRM a été utilisé pour communiquer avec le participant et les enregistrer. Pour les scans fonctionnels une séquence d'acquisition EPI (imagerie échoplanaire) en écho de gradient FE-EPI (pondérée en T2*) a été utilisée. Le temps de répétition (TR) était de 10 s pour un temps d'acquisition (TA) de 2,7 s (temps d'écho TE = 30 ms, angle de rotation = 90°). Les paramètres d'encodage spatial de base étaient les suivants : 53 coupes d'épaisseur 3 mm, adjacentes, parallèles au plan bi-commissural CA-CP, acquises en mode non entrelacé avec une résolution dans le plan de 3 mm isotrope (champ de vue de 216 mm de côté, encodé par une matrice de 72 x 72). De plus, un jeu de données anatomiques tridimensionnelles à haute résolution spatiale (1 mm isotrope), pondérée en T1 a été acquis. Les enregistrements en IRMf étaient basés sur le paradigme de 'sparse sampling' (Gracco et al., 2005), afin de minimiser de possibles artefacts de mouvement sur les images fonctionnelles. Cette technique d'acquisition exploite le délai existant entre l'activé neuronale liée à une tâche motrice et la réponse hémodynamique associée. Lors de la production de mouvements orofaciaux ou de séquences de parole ce délai a été estimé entre 4 et 6 s (Gracco et al., 2005 ; Grabski et al., 2010, in press). C'est pourquoi dans notre protocole, l'intervalle de temps séparant la production de la tâche motrice demandée et le milieu du temps d'acquisition du volume fonctionnel variait aléatoirement pour chaque essai entre 4, 5 et 6 s. Chaque tâche fut répétée 48 fois et la tâche de repos 24 fois. 168 scans fonctionnels ont ainsi été acquis (3 tâches x 48 répétitions + 1 tâche de repos * 24 répétitions) pour une durée totale d'environ 50 minutes. 3 scans ont été ajoutés au début de chaque session pour équilibrer le signal IRM et ont ensuite été supprimés des analyses.

2.4 Prétraitements et analyses statistiques

Les données ont été analysées à l'aide du logiciel SPM8 (Statistical Parametric Mapping; Wellcome Department of Imaging Neuroscience, Institute of Neurology, London, UK) sous Matlab 7.9 (Mathworks, Natick, MA, USA).

2.4.1 Prétraitements

Pour chacun des participants, les images fonctionnelles ont d'abord été réalignées après estimation des 6 paramètres de mouvements. L'image anatomique a été recalée sur l'image fonctionnelle moyenne puis segmentée pour correspondre à un cerveau normalisé dans l'espace commun du Montreal Neurological Institute (MNI). Les images fonctionnelles ont ensuite été normalisées (repère MNI) et lissées via un filtre gaussien passe-bas de 6 mm^3.

2.4.2 Analyses individuelles

Pour chaque participant, les corrélats neuronaux reliés aux 3 tâches motrices ont été analysés selon un modèle linéaire général (GLM ; Friston et al., 1995). Le modèle linéaire général inclut des régresseurs d'intérêt reliés aux 3 tâches et des régresseurs de non-intérêt liés aux paramètres de réalignement ; les tâches de repos forment une ligne de base. Chaque tâche (régresseurs d'intérêt) était représentée par 48 images fonctionnelles. La réponse de type hémodynamique associée à chaque évènement a été modélisée par une réponse impulsionnelle finie de type impulsion unique (FIR) pour chaque scan fonctionnel. Avant l'estimation du modèle, un filtrage des basses fréquences *a priori* non-reliées aux conditions expérimentales (variations lentes d'origine physiologique) a été appliqué (passe-haut de fréquence de coupure de 1/128 Hz). Des cartes d'analyse statistique individuelles ont été calculées pour chaque participant, pour chaque tâche.

2.4.3 Analyses de groupe

Suite à l'estimation pour chaque participant des activations observées lors de la production des différentes tâches par rapport à la condition de repos, une analyse de groupe "à effets aléatoires" a été réalisée via une ANOVA à mesures répétées. Trois contrastes 't' ont été calculés pour déterminer les régions cérébrales spécifiquement activées pour chacune des conditions (versus ligne de base). Les activations communes à ces tâches ont été mises en évidence via une analyse de conjonction. Un contraste 'F' a été calculé pour mettre en évidence l'effet principal des tâches et les régions cérébrales présentant une variation d'activité significative entre tâches. L'ensemble de ces analyses a été calculé selon un seuil statistique défini à $p < 0.0005$ non corrigé (sauf pour l'effet principal où le seuil utilisé était défini à $p < 0.005$ non corrigé) et une taille minimale des clusters de 25 voxels. Pour tous les contrastes, les pics d'activation maximum ont été déterminés dans chaque cluster, leur localisation a ensuite été labellisée avec la boite à outils Anatomy de SPM (Eickhoff et al., 2005). Si une région n'avait pas pu être assignée avec Anatomy, elle a été déterminée avec le logiciel Talairach Daemon (Lancaster et al., 2000) grâce aux coordonnées du pic d'activation converties de l'espace MNI à l'espace stéréotaxique standard de Talairach & Tournoux (1988).

3 Résultats et interprétation

Les projections des activations cérébrales et les pics maximum d'activation observés dans les trois tâches motrices ainsi que les résultats de l'analyse de conjonction sont regroupés dans le Tableau 1 et la Figure 1. Les projections des activations cérébrales et les pics maximum d'activation liés à l'effet principal sont regroupés dans le Tableau 2 et la Figure 2.

Mouvement oro-facial : Par rapport à la condition de repos, les mouvements oro-faciaux impliquent des activations bilatérales du cortex moteur primaire (exécution des mouvements) et du cortex somatosensoriel (retours proprioceptifs). L'aire motrice supplémentaire (déclencheur de l'action), le cortex prémoteur (préparation motrice), le gyrus frontal supérieur, le gyrus supramarginal (intégration sensori-motrice), l'opercule pariétal et le lobule pariétal supérieur (traitement de l'information somesthésique), l'insula (coordination de gestes articulatoires), le putamen (sélection du mouvement), le lobule VI du cervelet (coordination musculaire), sont également activés. Nous retrouvons donc dans ce réseau neural les régions dévolues au contrôle moteur, dont l'activation a été observée dans de précédentes études lors de la réalisation de mouvements orofaciaux (Grabski et al., in press).

Production de voyelles et de syllabes : Lors de la production des voyelles et des syllabes, on retrouve des activations des régions corticales et sous-corticales dévolues au contrôle moteur, et déjà observées dans la production de gestes oro-faciaux : le cortex moteur primaire, le cortex somatosensoriel, le cortex prémoteur, l'aire motrice supplémentaire et le gyrus frontal supérieur, le lobule pariétal supérieur et l'opercule pariétal, le gyrus supramarginal, l'insula et le cervelet. De plus, comme attendu compte tenu du rôle de l'acoustique en parole, nous observons l'activation des régions auditives temporales (aire auditive primaire ou gyrus de Heschl et gyrus temporal supérieur)

Conjonction : Les régions activées lors des trois tâches correspondent aux aires cérébrales impliquées dans la production de gestes de parole telles le cortex prémoteur, le cortex somatosensoriel et l'aire motrice supplémentaire de façon bilatérale. Au niveau préfrontal, la pars opercularis du gyrus frontal inférieur droit (réalisation de mouvements complexes) semble activée pour les trois tâches. Enfin, le cortex cingulaire droit et gauche, l'opercule pariétal et le gyrus cingulaire bilatéraux sont également des zones d'activation communes aux trois tâches.

Main effect of task : La comparaison de différences d'activations montre que le cortex prémoteur droit, le gyrus cingulaire gauche et le gyrus supramarginal gauche sont plus activés pour la tâche de mouvement que pour les tâches de parole. En revanche, les zones temporales, les cortex moteur et somatosensoriel primaires, le cortex prémoteur gauche, le gyrus frontal inférieur droit et l'opercule pariétal droit, l'insula et le cervelet sont plus activés dans les tâches de parole.

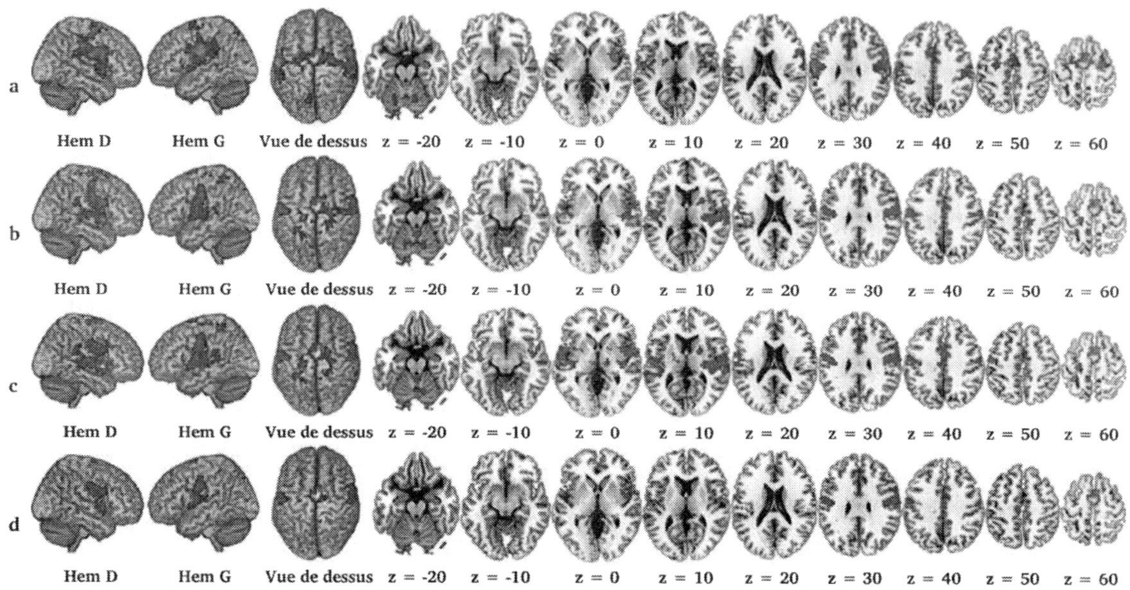

FIGURE 1 – Réseaux cérébraux des activations observées lors de la réalisation (a) des mouvements oro-faciaux, (b) des voyelles, (c) des syllabes et (d) les activations communes aux 3 tâches ($p < 0.0005$ non corrigé, taille minimale des clusters : 25 voxels).

		Movements					Vowels					Syllables					Conjonction				
Regions	H	BA	x	y	z	T	BA	x	y	z	T	BA	x	y	z	T	BA	x	y	z	T
Primary Motor Cortex	L	4	-51	-4	31	16.54	4	-9	-28	64	6.23										
	R	4					4	9	-31	52	12.08	4	21	-34	73	11.51					
Primary Somatosensory Cortex	L	1,2,3	-63	-10	25	22.16	1,2,3	-33	-40	61	13.92	1,2,3	-33	-40	61	15.70	1,2,3	-51	-7	28	12.66
	R	1,2,3	57	-10	25	21.31	1,2,3	27	-34	70	13.27	1,2,3	27	-34	70	15.69	1,2,3	54	-13	37	11.73
Frontal regions																					
Superior Frontal Gyrus	L											6	-24	-7	67	7.88					
	R	6	18	2	70	21.96	6	18	-16	67	14.25	6	18	2	70	17.78					
Supplementary Motor Area	L	6	-6	-4	61	35.01	6	0	-4	58	27.66	6	0	-4	58	27.52	6	0	-4	58	27.52
	R	6	6	-1	58	33.17	6	6	-1	58	27.41	6	6	-1	58	27.92	6	6	-1	58	27.41
Premotor Cortex	L						6	-21	-22	64	21.26	6	-21	-22	64	19.04	6	-54	-10	49	9.28
	R						6	45	-13	55	14.26	6	27	-19	70	14.55	6	60	2	31	10.32
Inferior Frontal Gyrus/ Prefrontal Gyrus	R																44	54	11	7	10.43
Temporal regions																					
Superior Temporal Gyrus (STG)	L						22	-51	-19	10	10.97	22	-48	5	1	12.00	22	-48	5	1	10.09
	R						22	42	-22	1	14.76	22	54	8	-2	27.10	22	54	8	-2	15.71
Heschls Gyrus	R						41/42	39	-25	13	14.00	41/42	39	-25	13	14.02					
Parietal regions																					
SupraMarginal Gyrus/IPC	L	40	-63	-25	19	33.41						40	-63	-25	19	18.97					
	R	40	63	-25	40	21.30						40	60	-40	22	12.16					
Superior Parietal Lobule/Precuneus	L	7	-9	-67	52	17.84	5	-24	-46	67	7.99	5	-24	-46	67	8.60					
	R											5	18	-40	67	6.99					
Parietal Operculum	L	43	-57	-4	13	12.90	43	-42	-31	19	16.69	43	-42	-31	19	14.40	43	-57	-4	13	12.90
	R						43	63	-1	10	13.83	43	57	-16	10	12.69	43	63	-1	10	11.53
Subcortical regions																					
Insula	L	13	-45	-4	7	14.35	13	-39	-13	-8	13.80	13	-39	-13	-8	15.55					
Putamen	L		-21	-4	4	10.57							-21	-4	4	12.67					
Lateral Globus Pallidus	R												21	-13	4	6.85					
Thalamus	L												-12	-13	7	21.78					
	R												12	-19	1	11.75					
Limbic system																					
Cingulate Gyrus	L																32	-6	14	37	10.23
	R																24	3	2	43	8.72
Cerebellum																					
Lobule VI	L		-21	-58	-23	11.06		-21	-58	-23	12.12		0	-49	-20	11.90					
	R		12	-64	-26	13.01		12	-67	-23	11.24		12	-67	-23	14.28					
Lobules I-IV	L							0	-46	-8	8.35										
	R							3	-46	-20	14.25										

TABLE 1 – Résumé des pics d'activation observés pour chaque tâche motrice et commune aux 3 tâches ($p < 0.0005$ non corrigé, taille minimale des clusters : 25 voxels).

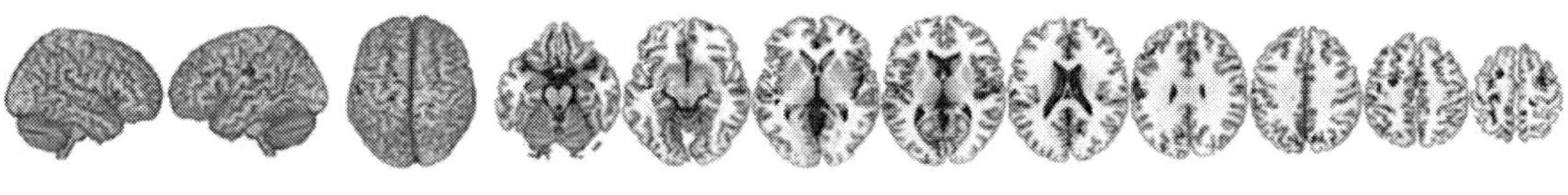

FIGURE 2 – Différences d'activations observées entre les tâches ($p < 0.005$ non corrigé, taille minimale des clusters : 25 voxels).

Regions	H	Main effect					Contrast estimates		
		BA	x	y	z	F	Movement	Vowel	Syllables
Primary Motor Cortex	L	4	-27	-34	61	23.62	-0.01	0.07	0.10
	R	4	21	-31	70	46.39	-0.03	0.14	0.10
Primary Somatosensory Cortex	R	1,2,3	21	-34	64	113.47	-0.05	0.08	0.06
Frontal regions									
Premotor Cortex	L	6	-24	-25	67	84.34	-0.03	0.13	0.16
	R	6	27	-7	64	54.29	0.16	0.06	0.04
Inferior Frontal Gyrus/ Prefrontal Gyrus	R	44	54	5	-2	37.50	0.09	0.16	0.20
Temporal regions									
Superior Temporal Gyrus (STG)	L	22	-54	-13	-2	89.82	-0.08	0.11	0.14
	R	22	42	-22	1	84.75	0.00	0.13	0.16
Heschls Gyrus	R	41/42	45	-19	7	55.34	0.03	0.28	0.28
Parietal regions									
SupraMarginal Gyrus/IPC	L	40	-57	-19	31	109.99	0.26	0.00	0.01
Parietal Operculum	R	43	60	-13	7	28.51	0.16	0.65	0.65
Limbic system									
Cingulate Gyrus	L	24	-15	5	49	23.80	0.01	-0.02	-0.04
Subcortical regions									
Insula	L	13	-45	-19	-5	66.14	-0.01	0.10	0.14
	R	13	39	-22	10	44.21	0.02	0.27	0.28
Cerebellum									
Lobules I-IV	L		0	-49	-20	60.47	-0.01	0.11	0.10

TABLE 2 – Résumé des pics d'activation observés relatifs aux différences d'activation entre les tâches ($p < 0.005$ non corrigé, taille minimale des clusters de 25 voxels).

4 Discussion et Perspectives

Ce protocole expérimental d'imagerie fonctionnelle nous a permis de valider une méthodologie qui va être utilisée dans le cadre d'un protocole de recherche portant sur l'étude des activations corticales associées au réapprentissage de la parole. L'utilisation du paradigme de 'sparse sampling' trouve tout son intérêt dans la limitation des artéfacts liés aux mouvements de tête mais également dans la possibilité pour des patients ayant un conduit vocal profondément perturbé par la chirurgie de s'exprimer dans le silence. Ce protocole a été conçu afin d'étudier l'impact d'une chirurgie des articulateurs de la parole sur les mouvements des lèvres et de la langue dans des tâches de parole et de non parole mais également en fonction de la complexité articulatoire que représente une syllabe par rapport à une voyelle isolée. Comme attendu, nous avons pu mettre en évidence grâce à l'étude de 4 locuteurs pilotes sains un réseau commun au niveau des tâches de parole et non parole lié au contrôle moteur oro-facial. Le cortex moteur primaire, l'insula et le cervelet sont des zones retrouvées en parole et en non parole. La comparaison de différences d'activations suggère que les aires motrices primaires sont plus activées dans les tâches de parole. Nous observons aussi une tendance en faveur d'une relation entre activation corticale et complexité de la tâche de parole (syllabe vs. voyelle) : l'activation des zones pariétales et sous-corticales est plus importante pour les syllabes. Des activations du cortex temporal auditif et des régions pariéto-temporales impliquées dans l'intégration sensori-motrice ont été observées lors de la production de parole uniquement. Ceci va dans le sens de la spécification des objectifs « parole » dans ces régions, qui sont traditionnellement considérées comme impliquées dans les traitements acoustiques (gyrus de Heschl) et de décodage acoustico-phonétique (gyrus temporal supérieur). L'analyse de conjonction révèle une activation commune au niveau du gyrus temporal supérieur alors que cette zone est classiquement dévolue à la perception de parole. Des analyses ultérieures avec un plus grand nombre de sujets permettront de clarifier si cette zone est commune. Notre protocole est désormais destiné à une population de locuteurs pathologiques recrutés au CHU de Grenoble et pris en charge chirurgicalement pour un carcinome du conduit vocal (langue, lèvres, plancher buccal antérieur). Les passations sont en cours et nous espérons pouvoir désormais confirmer nos prédictions concernant la modulation des régions motrices impliquées dans la coordination articulatoire, l'exécution des mouvements moteurs, l'intégration sensori-motrice et la régulation des commandes motrices articulatoires.

Remerciements

Cette étude s'inscrit dans le cadre du projet REPARLE financé par la Fondation des Gueules Cassées. Nous tenons à remercier Krystyna Grabski (et ses collaborateurs) pour son aide méthodologique et ses précieux conseils.

Références

EICKHOFF, S.B., STEPHAN, K.E., MOHLBERG, H., GREFKES, C., FINK, G.R., AMUNTS, K. & ZILLES, K. (2005). A new SPM toolbox for combining probabilistic cytoarchitectonic maps and functional imaging data. *NeuroImage*, 25, 1325-1335.

FRISTON, K.J., HOLMES, A.P., POLINE, J.B., GRASBY, P.J., WILLIAMS, S.C., FRACKOWIAK, R.S. & TURNER, R. (1995). Analysis of fMRI time-series revisited. *NeuroImage*, 2, 45-53.

GRABSKI, K., LAMALLE, L., VILAIN, C., SCHWARTZ, J.-L, VALLEE, N. TROPRES, I., BACIU, M. LE BAS, J.-F & SATO, M. (IN PRESS). Functional MRI assessment of orofacial articulators: neural correlates of lip, jaw, larynx and tongue movements. *Human Brain Mapping*.

GRABSKI, K., LAMALLE, L., VILAIN, C., SCHWARTZ, J.-L, VALLÉE, N. TROPRÈS, I., BACIU, M. LE BAS, J.-F & SATO, M. (2010). Corrélats neuroanatomiques des systèmes de perception et de production des voyelles du Français. *Proceedings of the XXVIIIèmes Journées d'Étude sur la Parole*.

GRACCO, V.L., TREMBLAY, P. & PIKE, G.B. (2005). Imaging speech production using fMRI. *Neuroimage*, 26, 294-301.

LANCASTER, J.L., WOLDORFF, M.G., PARSONS, L.M., LIOTTI, M., FREITAS, C.S., RAINEY, L., KOCHUNOV, P.V., NICKERSON, D., MIKITEN, S.A. & FOX, P.T. (2000). Automated Talairach atlas labels for functional brain mapping. *Human Brain Mapping*, 10, 120-131.

PENFIELD, W. AND RASMUSSEN, T. (1950). The Cerebral Cortex of Man. New York: Macmillan.

TALAIRACH, J., TOURNOUX, P. (1988). Co-planar stereotaxic atlas of the human brain. Thieme, New York.

Vers une annotation automatique de corpus audio pour la synthèse de parole

Olivier Boëffard   Laure Charonnat   Sébastien Le Maguer
Damien Lolive   Gaëlle Vidal
Université de Rennes 1, Enssat, Lannion, France
olivier.boeffard@irisa.fr, laure.charonnat@univ-rennes1.fr,
sebastien.le_maguer@irisa.fr, damien.lolive@irisa.fr,
gaelle.vidal@univ-rennes1.fr

RÉSUMÉ

La construction de corpus de parole est une étape cruciale pour tout système de synthèse de la parole à partir du texte. L'usage de modèles statistiques nécessite aujourd'hui l'utilisation de corpus de très grande taille qui doivent être enregistrés, transcrits, annotés et segmentés afin d'être exploitables. La variété des corpus nécessaire aux applications actuelles (contenu, style, etc.) rend l'utilisation de ressources audio disponibles, comme les livres audio, très attrayante. C'est dans ce cadre que s'inscrit notre proposition de chaîne d'acquisition, de segmentation, et d'annotation de livres audio. Cette proposition tend vers la mise en place d'un processus automatique. Le processus proposé s'appuie sur une structure de données, ROOTS, qui établit des relations entre différents niveaux d'annotation. Cette méthodologie a été appliquée avec succès sur 11 heures de parole extraites d'un livre audio. Une vérification manuelle sur une partie du corpus annoté a montré l'efficacité du procédé.

ABSTRACT

Towards Fully Automatic Annotation of Audio Books for Text-To-Speech (TTS) Synthesis

Building speech corpora is a crucial step for every text-to-speech synthesis system. Nowadays, statistical models require enormous corpora that need to be recorded, transcribed, annotated and segmented to be usable. The variety of corpora necessary for recent applications (content, style, etc.) makes the use of existing audio resources very attractive. Taking the above considerations into account, a complete acquisition, segmentation and annotation chain for audio books, which tends to be fully automatic, is proposed. This process relies on a data structure, ROOTS, which establishes the relations between the different annotation levels. This methodology has been applied successfully on 11 hours of speech extracted from an audio book. A manual check, on a part of the corpus, has shown the efficiency of the process.

MOTS-CLÉS : Livres audio, annotation, segmentation, synthèse de la parole.

KEYWORDS: Audio books, annotation, segmentation, text-to-speech synthesis.

1 Usage de grands corpus pour la synthèse

L'usage de modèles statistiques, issus du domaine de la reconnaissance de la parole, intervient dans toutes les disciplines du traitement automatique des langues et de la parole. L'apprentissage de tels modèles, sur des unités de parole, nécessite un grand nombre d'observations, ce qui implique la mise en place de corpus de parole de grande taille. Une conséquence directe de la taille de ces corpus est que les méthodes jusqu'alors utilisées pour les constituer, les segmenter et les annoter montrent leurs limites. En synthèse de la parole, l'unité est généralement un phonème pris dans un contexte linguistique et acoustique précis. La représentation dans une base de données de l'ensemble des unités générées par les combinaisons de toutes les caractéristiques linguistiques et acoustiques (une vingtaine de descripteurs est utilisée pour HTS (Tokuda *et al.*, 2002)) est impossible. Cependant, l'apprentissage des modèles des unités présentes dans la langue visée peut être envisagé par l'analyse de grands corpus de parole naturelle.

La généralisation des ressources numérisées favorise la disponibilité de données de grand corpus de parole naturelle. Leurs natures sont très variées, ils peuvent être accompagnés ou non du texte, monolocuteurs ou multilocuteurs, amateurs ou professionnels, représentant une parole spontanée ou lue, etc. Dans le cadre d'une utilisation en synthèse de la parole, nous considérons ici le cas du livre audio qui permet de disposer d'un enregistrement accompagné du texte lu par un locuteur professionnel et de bonne qualité acoustique. Complétant voire remplaçant des corpus ad hoc, ils présentent de nombreux avantages. On peut trouver des livres audio différents mais enregistrés par un même locuteur permettant de multiplier les registres littéraires, comme on peut trouver une même œuvre lue par des locuteurs différents permettant des travaux sur des corpus parallèles. En outre, une particularité des données textuelles associées à un livre audio est qu'elles ne varient pas. On notera toutefois la possibilité de variations pour les cas ayant fait l'objet d'éditions différentes (traductions, œuvres inachevées).

Une étape importante pour la création d'une voix est celle de l'annotation du texte associé au signal de parole. Cette opération peut paraître simple si on se limite à la synchronisation des mots sur le signal prononcé, mais fait appel à des relations temporelles complexes si on s'intéresse à différents niveaux d'analyse comme l'annotation sémantique, lexicale, grammaticale, syntaxique, phonétique, prosodique, etc. Pour chacun de ces niveaux, des travaux ont permis de mettre au point des systèmes d'annotation automatique définissant l'ensemble des étiquettes à apposer sur le texte en lien avec le signal. Ces systèmes sont le plus souvent indépendants les uns des autres, ne travaillent pas toujours à la même échelle et peuvent recourir à des formats de description différents. Leur mise en œuvre sur un corpus demande souvent beaucoup de manipulations et génère un ensemble de fichiers hétérogènes et dispersés. Afin de limiter la désynchronisation des informations de description, nous avons récemment proposé une solution fondée sur la mise en relation de séquences, Roots (Barbot *et al.*, 2011). Cette approche permet de définir un ensemble de relations minimales qui existent entre différents niveaux de description. Des relations primitives sont définies et un mécanisme de composition de relations permet par des règles algébriques de décliner toutes les relations souhaitées entre deux séquences d'annotation.

L'objet de notre étude consiste à décrire une chaîne d'acquisition de corpus de parole à partir de livres audio. Le processus d'annotation automatique a été mis en œuvre pour traiter plusieurs dizaines d'heures en continu. L'étude se limite à des enregistrements monolocuteurs. La seule contrainte est de disposer du contenu sonore et du texte associé à ce contenu. En sortie du système de traitement, et selon les niveaux d'annotation souhaités, un ensemble d'énoncés Roots stockés au format XML, structure les diverses relations allant du texte au signal.

Dans la partie 2, la chaîne d'annotation proposée est décrite. La structure permettant la représentation des informations liées à l'énoncé est ensuite présentée dans la partie 3. Cette structure est utilisée pour le processus de découpage et d'alignement du texte, détaillé en section 4, ainsi que pour conserver toutes les informations obtenues suite à la phase d'annotation, section 5. La partie 6 illustre tout ce processus en proposant une application de cette méthodologie.

2 Procédé d'annotation

La mise en place du procédé d'annotation doit respecter un certain nombre de contraintes dictées par l'usage du corpus annoté et la maîtrise des performances. La première contrainte concerne le texte qui devra être conservé sous sa forme originale, les écarts de lecture devront être signalés par des balises. La seconde concerne le découpage du corpus. Notre objectif étant d'annoter un corpus sur différents niveaux, nous sommes amenés à traiter des fragments de parole ou de texte de taille variable. En effet il est souhaitable pour une analyse syntaxique de disposer d'une phrase complète alors qu'une segmentation en phones est plus efficace sur des extraits courts. Le texte et les plages d'enregistrement seront donc découpés avec une granularité suffisamment fine pour pouvoir travailler sur des fragments courts qui pourront, le cas échéant, être réunis et former une phrase ou un fragment plus long à condition de toujours conserver la cohérence du texte. Enfin, pour garantir une annotation de qualité, nous veillerons à ce qu'une intervention manuelle soit possible, elle sera guidée par des indicateurs de confiance fournis par les différents outils intervenant dans le processus.

La chaîne d'annotation, présentée sur la figure 1, est constituée de deux étapes : la première consiste a fractionner l'enregistrement de plusieurs heures de parole et d'y associer le texte correspondant. Cette étape, d'autant plus coûteuse en temps que le découpage du signal est fin, nécessite le recours à un système de reconnaissance de la parole pour retrouver dans le texte complet l'ancrage de la transcription associée au signal. Les extraits sont ensuite regroupés pour reconstituer les phrases du texte original. La deuxième étape concerne l'annotation des phrases du texte et du signal mis en correspondance. La représentation des données par Roots est réalisée dès l'étape de découpage du livre-audio en phrases. Elle est enrichie au fur et à mesure de l'annotation des données par l'ajout de nouvelles séquences de description et de relations entre ces séquences.

3 Représentation du corpus

Roots est une librairie conçue pour manipuler un ensemble de structures de données comme un ensemble cohérent permettant la description et l'annotation de la parole. Chaque type d'annotation correspond à une séquence d'items. Un item correspond à des objets de nature très variée comme par exemple une transcription sous forme de texte, un label, un segment acoustique (i.e. défini par un début et une fin), etc. La seule contrainte imposée est qu'au sein d'une séquence les items doivent être homogènes. Cela assure la cohérence des séquences et une bonne séparation des types d'éléments. Des relations permettent de connecter les items des séquences entre eux, et de créer des relations de type n-vers-m. Roots produit des fichiers

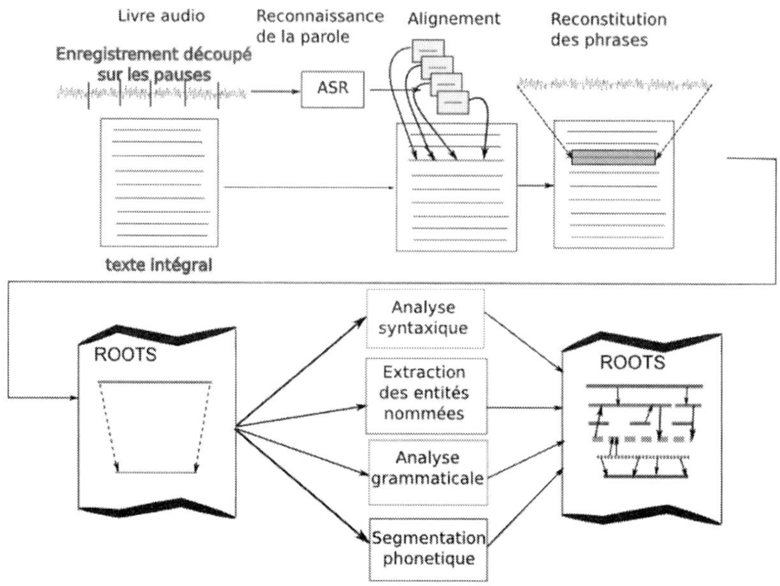

FIGURE 1 – Processus d'annotation d'un livre-audio

XML qui donnent la description complète des énoncés du corpus mais permet aussi d'exporter le contenu décrit vers des formats d'usage courant afin de garantir une interopérabilité avec les outils existants tels que Wavesurfer ou Transcriber (Barras *et al.*, 2001).

Un autre point positif apporté par ROOTS est que sa structure modulaire permet de conserver plusieurs séquences du même type en parallèle. Il est par exemple important de pouvoir conserver le texte d'origine, le texte prononcé (texte avec éventuellement des corrections prenant en compte des erreurs sur les mots ou bien des prononciations particulières), et également le texte en sortie de l'analyse syntaxique (par exemple, « j'avais » correspond réellement à deux mots). Ces trois types de texte correspondent à trois séquences d'items reliées les unes aux autres par des relations précisant la correspondance entre les éléments. Ce point de vue permet donc de ne perdre aucune information et de conserver dans une structure unique (pouvant correspondre physiquement à plusieurs fichiers) les différentes annotations d'un énoncé.

4 Découpage du signal de parole et alignement avec le texte

Plusieurs travaux portent sur l'alignement de longs textes et des plages audio correspondantes. (Braunschweiler *et al.*, 2010) propose un système automatique alignant des zones de textes d'un livre-audio pour des applications en synthèse de la parole à partir du texte. L'objectif pour d'autres était de faire face à des transcriptions approximatives (Tao *et al.*, 2010) ou d'effectuer un alignement sans découper le texte (Moreno et Alberti, 2009)(Prahallad *et al.*, 2007). Dans notre cas, le texte devra être découpé pour effectuer les différentes analyses et pour faciliter sa représentation, en particulier dans l'hypothèse d'une vérification manuelle.

Nous avons choisi d'effectuer l'alignement du texte et du son en 3 étapes : (1) découpage de l'enregistrement sur des pauses, (2) reconnaissance du texte associé à chaque fragment sonore par un système de reconnaissance automatique de la parole (ASR), (3) alignement entre le texte reconnu et le texte original.

Le découpage de l'enregistrement repose sur l'observation des niveaux d'énergie et sur la longueur des silences. Les seuils sont fixés selon le débit du locuteur et les niveaux d'enregistrement. L'idéal est d'obtenir un fragment sonore en dessous de la phrase, permettant ainsi de reconstituer les phrases tout en gardant des points d'ancrage à l'intérieur de chaque phrase dans le cas des phrases longues.

La reconnaissance du texte correspondant à chaque extrait sonore est réalisé par le système de reconnaissance de Nuance (Nuance, 2010). Les modèles sont indépendants du locuteur, le modèle de langage est appris sur le texte intégral du livre. En comparant le texte original et le texte issu de la reconnaissance, il est possible de mesurer le taux d'erreur de reconnaissance des mots. Ces erreurs peuvent être dues à une défaillance du système de reconnaissance ou à une lecture erronée du texte (mauvaise prononciation ou modification du texte). Les écarts entre texte reconnu et texte original pourront être signalés afin de permettre à un opérateur de contrôler les passages concernés.

Le texte obtenu par le système de reconnaissance est ensuite aligné sur le texte original par le calcul d'une distance de Levenshtein définie au niveau du mot. Les extraits reconnus sont traités dans l'ordre du texte, ce qui permet de traiter des occurrences d'un même fragment de texte situé en différents endroits de l'énoncé. Lorsque la position du premier extrait dans le texte original est déterminée, il est associé au fichier sonore puis supprimé du texte original. L'opération est reproduite pour les extraits suivants jusqu'à la fin du texte.

Enfin pour conserver au mieux la structure du texte, les extraits sont regroupés en phrases en respectant les ponctuations majeures. Lorsqu'un extrait n'est pas terminé par une ponctuation forte il est simplement regroupé avec l'extrait suivant. Cependant l'information sur la frontière entre les deux extraits est conservée. Le texte et le signal découpés sont mis dans un format compatible avec le logiciel Transcriber (Barras *et al.*, 2001). Un tour de parole est constitué d'une phrase ou d'un ensemble de phrases contiguës de manière à ne pas forcer une découpe trop tôt dans la chaîne des traitements. Des points de synchronisation matérialisent dans le texte la frontière entre deux fragments sonores consécutifs. L'usage de transcriber permet aussi de placer des balises signalant les désaccords entre le texte original et le texte reconnu en particulier lorsqu'ils surviennent à la frontière entre deux extraits ce qui peut mettre en cause la pertinence du découpage du texte par rapport au signal de parole. La mise en relation texte/signal est ensuite automatiquement convertie au format Roots.

5 Annotation des données

Au cours de la deuxième étape, les descriptions textuelles et sonores sont fournies par l'objet Roots aux différents systèmes d'annotation qui donneront en retour leur propre analyse. Actuellement, les niveaux d'annotations utilisés sont les suivants : une extraction d'entités nommées, une analyse syntaxique, une analyse en POS (Part-Of-Speech), une segmentation phonétique et une extraction des proéminences prosodiques. Les analyses syntaxiques et grammaticales sont réalisées par des logiciels fournis par Synapse Développement, les analyses acoustiques sont réalisées à l'aide de nos propres outils. Les informations obtenues à chaque analyse sont intégrées au fichier Roots affinant ainsi la description du corpus et permettant d'établir de nouvelles relations entre les éléments des différentes annotations. Par exemple, après une analyse complète, il est possible de retrouver aisément pour un phonème donné le mot auquel il appartient ainsi que son étiquette grammaticale.

6 Application

Le processus complet d'annotation a été expérimenté sur une œuvre de Marcel Proust "Albertine disparue". Ce livre contient environ 120 000 mots, son enregistrement dure 11 heures et 43 minutes. Proust ayant réécrit certains passages, le texte a tout d'abord été contrôlé pour en garantir la version.

Les plages audio ont été découpées sur les silences d'une durée supérieure à une seconde. Le découpage a produit 11693 fichiers qui correspondent à des phrases ou groupes de souffle d'une durée moyenne de 3 secondes. Les fichiers ont ensuite été transmis au système de reconnaissance automatique de la parole. Les écarts entre le texte en sortie du système de reconnaissance et le texte d'origine portent sur 5,2% des mots, ce qui inclut les différences sur l'orthographe des mots et sur leurs accords grammaticaux. Ce taux pourrait être réduit en effectuant une adaptation des modèles au locuteur à partir de quelques phrases du livre. Les textes issus du système de reconnaissance ont ensuite été utilisés pour découper le texte original conformément au découpage du signal. Lorsqu'un désaccord porte sur un mot en début ou en fin de segment, en particulier lorsqu'il s'agit d'une insertion ou d'une élision, l'alignement ne permet pas de garantir un bon découpage du texte autour de ce mot. Le cas est alors signalé pour permettre une intervention manuelle. Sur l'ensemble des 11693 fichiers, le cas s'est produit 969 fois (8,3% des segments). Une vérification manuelle a pu établir qu'une erreur de découpage avait réellement eu lieu dans 8% des alertes soit sur 78 fichiers. Le nombre élevé de fausses alertes provient du fait que tous les désaccords en frontière de segment ont été signalés (insertion, élision et substitution), or de nombreuses substitutions ne donnent pas lieu à un mauvais alignement.

Les fichiers ont ensuite été regroupés au sein de fichiers de type Transcriber (un fichier par plage de CD soit une quinzaine de minutes de parole en moyenne). Les textes ont été regroupés en tours selon leur ponctuation. Nous obtenons un total de 3340 tours dont les durées varient entre 660 ms et 1 min 22 s. Un tour regroupe en moyenne 3,5 segments définis lors de la précédente étape. Comme nous l'avons précisé les positions d'ancrage de ces segments sont conservées.

Lorsque les fichiers Transcriber sont créés toutes les informations concernant les désaccords entre le texte d'origine et les sorties du système de reconnaissance sont signalés par une balise afin de faire l'objet d'une vérification ciblée. L'opérateur peut alors ajouter de nouvelles balises signalant les erreurs de prononciation ou les erreurs de lecture. Dans notre cas, 86 balises lexicales (remplacement d'un mot ou d'une expression par une autre) et 213 balises de prononciation ont été ajoutées, et 78 corrections ont été effectuées sur le découpage du texte.

Le corpus ainsi découpé et aligné est alors mis dans une structure de type Roots que viennent interroger les différents systèmes d'annotation. À l'heure actuelle, les analyses linguistiques n'ont pas encore été validées mais la segmentation en phonèmes a été l'objet d'une vérification manuelle sur une partie du corpus d'une durée de 2 heures et 16 minutes.

La segmentation automatique est obtenue par l'application de modèles de Markov (un modèle

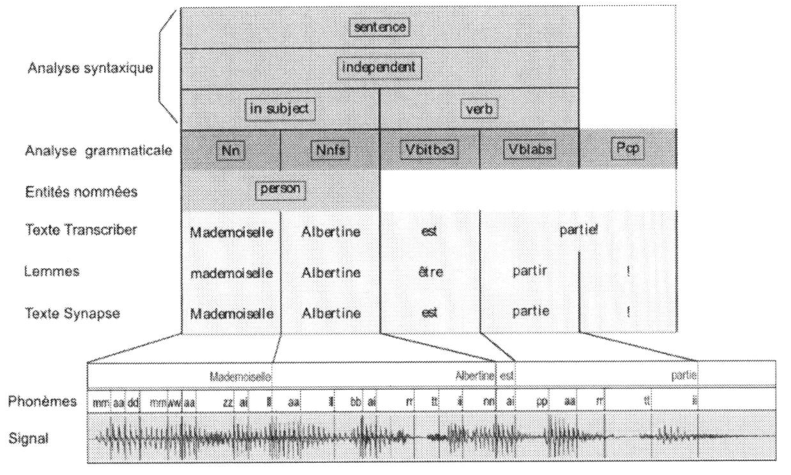

FIGURE 2 – Représentation d'une phrase annotée du corpus

par phonème, un modèle de pauses courte et longue, un modèle d'inspiration, un modèle de début et fin de phrase, soit un total de 40 modèles différents) sur un graphe de phonétisation. Les modèles sont indépendants du contexte, ils sont appris sur des vecteurs d'observation constitués de 39 coefficients (12 coefficients MFCC, leurs dérivées au premier et second ordre et l'energie) calculés sur des trames de 30 ms décalées de 10 ms. Le graphe de phonétisation est obtenu par la phonétisation du texte par Liaphon (Bechet, 2001) enrichie de variantes concernant certains phonèmes : les phonèmes /ø/ et /ə/ sont optionnels pour une majorité des mots, les liaisons sont optionnelles et peuvent être précédées ou suivies de courts silences, et enfin les pauses peuvent être remplacées par des inspirations. Les segments de paroles utilisés pour la segmentation sont les plus courts possibles afin de pouvoir augmenter la complexité des graphes par l'ajout de variantes sans remettre en cause l'efficacité des algorithmes d'alignement. Le texte fourni au système de segmentation ne tient pas compte des labels de lexique et de prononciation insérés dans les fichiers Transcriber mais tient compte des corrections concernant le découpage du texte.

Le résultat de la segmentation automatique a conduit à l'annotation de 419 742 segments (phones et silences). Sur 82 936 unités phonétiques validées manuellement, 94% ont été correctement étiquetées, 2,5% sont absentes et 3,3% ont été remplacées par une autre étiquette. À cela s'ajoute 2,8% d'insertion de phonèmes. Une grande partie des élisions (46%) concerne le phonème /ø/ qui est la plupart du temps optionnel et dont 24% des occurrences n'ont pas été détectées. Les substitutions sont dominées par le remplacement de /e/ par /ε/ du à une prononciation particulière du locuteur (41% des substitutions) suivi des confusions pause/inspiration (19%). Les insertions concernent les ajouts de pauses ou d'inspiration (72% des insertions). Ces résultats sont corrects mais ils peuvent être améliorés par l'ajout de variantes adaptées à la prononciation du locuteur et par un post-traitement sur les pauses et inspirations. L'alignement des phonèmes sur le signal est également correct, nous avons 86% des frontières de phonèmes qui sont placées à moins de 20 ms de la position définie par l'opérateur humain, l'écart moyen étant de 8,7ms ce qui est inférieur au décalage entre deux trames d'observation. Ces mesures ont également été effectuées avant l'intervention manuelle corrigeant les erreurs de découpage du texte, le nombre d'étiquettes correctes était de 91% et la proportion de frontière placées à moins de 20ms était de 86%.

La structure ROOTS est ensuite enrichie des informations fournies par les systèmes d'annotation. La mise en relation de ces informations permet de connaître pour chaque fragment de texte ou de son l'ensemble des étiquettes auquel il est rattaché. La figure 2 présente l'exemple d'une phrase où l'on constate que le texte est représenté dans plusieurs séquences : le texte Transcriber donne un découpage selon les espaces, alors que le texte Synapse sépare les éléments selon leurs natures.

7 Conclusion

L'automatisation de l'ensemble des traitements d'un livre-audio pour obtenir un corpus annoté sur différents niveaux permet de constituer rapidement de nouveaux corpus pour des études en laboratoire. Le gain de temps réalisé pour la création d'une nouvelle voix de synthèse est considérable si on ajoute le temps épargné par la suppression de l'étape d'enregistrement à celui gagné lors de l'annotation du corpus. La représentation du corpus sous forme de fichiers XML obtenus grâce à ROOTS supprime les difficultés liées à l'hétérogénéité des fichiers fournis par chaque système d'annotation et simplifie sa manipulation. Cependant, la chaîne d'annotation doit être renforcée par des indices de confiance sur chaque étape de l'annotation, permettant, soit d'éliminer les zones douteuses, soit de fonctionner en mode supervisé en fournissant à un opérateur les informations nécessaires à une intervention rapide ainsi que les données sous un format adapté aux outils de vérification.

Références

BARBOT, N., BARREAUD, V., BOËFFARD, O., CHARONNAT, L., DELHAY, A., LE MAGUER, S. et LOLIVE, D. (2011). Towards a versatile multi-layered description of speech corpora using algebraic relations. *In Proc. of Interspeech*, pages 1501–1504.

BARRAS, C., GEOFFROIS, E., WU, Z. et LIBERMAN, M. (2001). Transcriber : Development and use of a tool for assisting speech corpora production. *Speech Communication*, 33(1-2):5–22.

BECHET, F. (2001). Liaphon - un système complet de phonétisation de textes. *Traitement Automatique des Langues (T.A.L.), édition Hermes*, 42(1).

BRAUNSCHWEILER, N., GALES, M. et BUCHHOLZ, S. (2010). Lightly supervised recognition for automatic alignment of large coherent speech recordings. *In Proc. of Interspeech*, pages 2222–2225.

MORENO, P. et ALBERTI, C. (2009). A factor automaton approach for the forced alignment of long speech recordings. *In Proc. of IEEE ICASSP*, pages 4869–4872.

NUANCE (2010). Dragon Naturally Speaking - SDK Server Edition - version 10.

PRAHALLAD, K., TOTH, A. et BLACK, A. (2007). Automatic Building of Synthetic Voices from Large Multi-Paragraph Speech Databases. *In Proc. of Interspeech*, pages 2901–2904.

TAO, Y., XUEQING, L. et BIAN, W. (2010). A dynamic alignment algorithm for imperfect speech and transcript. *Computer Science and Information Systems*, 7(1):75–84.

TOKUDA, K., ZEN, H. et BLACK, A. W. (2002). An hmm-based speech synthesis system applied to english. *In Proceedings of the IEEE Workshop on Speech Synthesis*, pages 227–230.

L'effet Labial-Coronal en italien

Manon Carrissimo-Bertola[1] *Nathalie Vallée*[1] *Ioana Chitoran*[2]
(1) GIPSA-lab DPC, UMR 5216, CNRS-Université Stenhal, BP25 38040 Grenoble Cedex 9
(2) Darmouth College, Hanover, NH 03755 (USA)
manon.carrissimo-bertola@gipsa-lab.grenoble-inp.fr, nathalie.vallee@gipsa-lab.grenoble-inp.fr, ioana.chitoran@darmouth.edu

RESUME

Différentes études ont mis en avant l'existence d'un effet Labial-Coronal dans les productions d'enfants au stade des premiers mots ainsi que dans les unités lexicales de plusieurs langues du monde. Cet effet a été l'objet de recherches récentes en phonétique expérimentale afin de comprendre les origines de ce phénomène. Notre travail a consisté à observer si, dans une langue comme l'italien, les caractéristiques phonologiques de l'accent lexical contraignent et gênent la présence de cet effet de consonnes. Dans un premier temps la recherche de l'effet LC en italien a été menée dans un lexique contenant les 2 000 lemmes les plus fréquents que nous avons au préalable syllabés et transcrits phonologiquement. Nous avons ensuite testé, auprès de locuteurs natifs de l'italien, la stabilité de patrons accentués LC (Labial-Coronal) vs. CL (Coronal-Labial) à partir d'une tâche de production de répétitions accélérées.

ABSTRACT

The Labial-Coronal effect in Italian

Some studies have shown that there is a Labial-Coronal order preference both in children's productions at the first-word stage and in the lexicons of various world languages. This Labial-Coronal effect (LC effect) has recently been studied in experimental phonetics. The goal of our study is to observe whether in Italian lexical stress disrupts this consonantal effect. First, we looked for the LC effect in a corpus of the 2000 most common words in Italian, which had been phonologically transcribed and syllabified. Then we tested the stability of stressed LC (Labial-Coronal) vs. CL (Coronal-Labial) patterns in an Italian native speaker by means of a speech production task using an accelerated repetition procedure.

Mots-clés : Effet Labial-Coronal, universaux syllabiques, accent lexical, italien.
Keywords : Labial-Coronal effect, syllable universals, lexical stress, Italian.

1 Introduction

La recherche des tendances universelles dans l'organisation des unités syllabiques a mis en avant l'existence de combinaisons d'éléments consonantiques et vocaliques plus fréquentes dans les unités lexicales de plusieurs langues d'origines géographique et génétique différentes (MacNeilage et al., 2000; Rousset, 2004; Vallée et al., 2009). Une de ces tendances est l'ordre de préférence dans la succession des segments consonantiques, notamment consonne labiale (La) devant consonne coronale (Co). Si la première explication proposée à cette tendance repose sur des éléments de la théorie *Frame Then Content* (MacNeilage, 1998), des études plus récentes tentent de démontrer l'effet de contraintes des systèmes de production-perception de la parole (Nazzi et al., 2009; Rochet-Capellan et al., 2005; Sato et al., 2007).

Ainsi, on propose d'explorer cette tendance en italien, dont les caractéristiques prosodiques pourraient influencer les contraintes motrices et perceptuelles dans l'ordre de préférence consonne labiale devant consonne coronale.

1.1 L'effet Labial-Coronal

L'effet LC, dans les langues du monde, correspond à la tendance qui révèle qu'une séquence de deux consonnes séparées par une voyelle se trouve plus souvent initiée par une consonne labiale suivie d'une consonne coronale plutôt que l'inverse. MacNeilage et al. (2000) observent cette tendance dans les productions d'enfants au stade des premiers mots ainsi que dans les unités dissyllabiques d'une dizaine de langues. Les auteurs supposent que cet effet est un cas de réalisation plus général de la tendance observée chez de jeunes enfants par Ingram (1974) et Macken (1977) qui consiste à articuler en premier une consonne plus antérieure que celle qui suit : *the Fronting Effect*.

Les résultats de Rousset (2004), confirmés par Vallée et al. (2009), montrent la présence de l'effet LC dans les séquences intersyllabes d'unités lexicales plus longues, mais aussi dans les séquences intrasyllabes (CVC) dans des lexiques plus vastes de 13 langues. Carrissimo-Bertola (2010) observe le même effet LC à partir d'une étude similaire sur le même échantillon de langues encore enrichi (cf. table 1).

Études	Nb langues	CVC	CV.CV	Dissyllabes
MacNeilage et al. (2000)	10	*	*	2,23
Rousset (2004)	10 à 13	1,44	1,73	2,39
Vallée et al. (2009)	17	1,89	1,68	2,79
Carrissimo-Bertola (2010)	19	6,59	1,70	2,56

TABLE 1 - Valeurs moyennes des ratios LC/CL calculés dans les différentes études (* signifie l'absence de données).

Par ailleurs, aucun effet Labial-Vélaire ou Coronal-Vélaire n'est observé. L'absence de ces autres effets gêne quelque peu la proposition selon laquelle l'effet Labial-Coronal découlerait de l'effet de *fronting* (Carrissimo-Bertola, 2010).

1.2 Effet LC et contraintes articulatoires

Rochet-Capellan et al. (2007) ont tenté de déterminer si certaines contraintes motrices pouvaient intervenir dans la surreprésentation du patron LC par rapport au patron CL. Leurs résultats montrent que le patron LC est plus stable que le patron inverse pour des locuteurs français natifs qui, lors d'une phase d'accélération d'un exercice de production répétée d'un dissyllabe de type /tapa/, basculent du patron CL vers le patron LC. L'analyse du phasage des gestes (mandibule, lèvres, langue) leur permet de proposer une explication basée sur le phénomène d'anticipation possible de la production de la coronale (élévation de la pointe de la langue) durant la phase d'articulation de la labiale (fermeture des lèvres), alors que l'inverse n'est pas trouvé. Pour autant, si une telle contrainte motrice est l'explication potentielle de l'effet LC, ces résultats ne permettent pas vraiment de comprendre l'absence d'un effet Labial-Vélaire dans les unités lexicales des langues du monde (Carrissimo-Bertola, 2010).

1.3 Effet LC et accent : hypothèses

L'accent est un phénomène prosodique qui impacte la réalisation des segments dans les syllabes (Di Cristo, 2004). Si comme le souligne Vaissière « *l'accentuation crée une structure de dépendance entre les syllabes du mot et les phonèmes à l'intérieur des syllabes* » (2006, p. 101), l'accent pourrait contraindre l'organisation des gestes articulatoires de manière à empêcher la tendance LC en italien. De plus, chez des locuteurs italophones conscients de la valeur distinctive de l'accent (Garde, 1968), dans une tâche similaire à celle proposée par Rochet-Capellan et al. (2007), la présence de l'accent pourrait freiner le basculement des productions de type CL (Coronal-Labial) vers des patrons LC.

2 Quantification de l'effet LC dans un lexique de l'italien

2.1 Méthodologie

Le lexique retenu a été constitué à partir du *Lemmario luna piena* (De Mauro et al., 1998), comprenant les 1 997 lemmes les plus fréquents de l'italien. Ce lexique a été transcrit phonologiquement à l'aide de dictionnaires (De Agostini Scuola Spa., 2009 ; Parascandolo et al., 2008) et du *Précis de prononciation italienne* (Babini, 1997), puis syllabé à l'aide d'un locuteur italophone natif originaire de la région du Piémont. Deux versions transcrites du lexique ont été retenues : le premier ne présentant que la version phonologique est nommé « *Italien* » ; le second, « *Italien_N* », présente les différentes attestations de l'archiphonème /N/ devant obstruante. La quantification des effets de consonne dans les deux lexiques a été faite automatiquement sous Matlab® (Maupeu, 2006). Les occurrences des patrons LC et CL ont été calculées distinctivement pour des séquences CV.CV et CVC, à l'initiale de mot, ailleurs et partout dans le mot puis dans les seules unités lexicales dissyllabiques. L'effet LC est estimé à partir de la valeur du ratio (nombre de patrons LC) / (nombre de patrons CL) calculé pour chaque type de structure et de position dans l'unité lexicale. Un ratio supérieur à 1 permet ainsi de conclure que le patron LC est mieux représenté dans le lexique que le patron inverse.

2.2 Résultats

Dans le lexique « *Italien* », les séquences adoptant un patron LC sont plus nombreuses quelle que soit la position ou la structure observée (table 2).

Structure	**CVC** *(italien)*			**CVC** (*Italien_N*)			**CV.CV**			**Dissyllabe**
Position	initiale	ailleurs	Partout	initiale	ailleurs	partout	initiale	ailleurs	Partout	
BiC/CBi	7,17	28,50	11,05	4,44	16,43	6,91	1,26	3,07	2,06	3,43
LdeC/CL de	6,56	58,00	11,70	6,44	56,00	11,40	1,35	3,88	2,37	4,33
LC /CL	6,96	33,80	11,25	4,94	21,38	7,93	1,29	3,33	2,17	3,70

TABLE 2 - Ratios calculés pour l'effet LC dans le lexique *Italien et Italien_N*, pour les structures syllabiques CVC et CV.CV, pour toutes les positions dans l'unité lexicale. Les labiales regroupent les bilabiales (Bi) et labiodentales (Lde).

En italien, l'effet LC est nettement plus fort entre attaque et coda d'une même syllabe qu'entre attaques de deux syllabes consécutives. Cette observation se vérifie particulièrement pour les séquences observées situées ailleurs qu'à l'initiale, où le ratio LC/CL trouvé pour les séquences syllabiques fermées est 10 fois plus important que celui des syllabes ouvertes.

L'effet LC persiste même si les variantes de /N/, [m n ɲ ɱ], sont codées selon leur lieu d'articulation (« *Italien_N*). Comme attendu, les ratios trouvés dans le deuxième lexique sont inférieurs à ceux calculés dans le lexique « *Italien* ». Toutefois, l'effet LC reste plus important en CVC que dans les structures CV.CV ou que dans les unités lexicales dissyllabiques.

Globalement, la tendance est plus forte ailleurs qu'en position initiale avec des ratios très élevés dans le cas des syllabes fermées (33,80 pour ailleurs et 11,25 quelle que soit la place dans le mot) et supérieurs à 2 pour les syllabes ouvertes consécutives (2,17 quelle que soit la position (partout) et 3,33 pour les séquences placées ailleurs qu'à l'initiale du lemme).

Dans le lexique de l'italien, la valeur du ratio LC/CL (1,29) pour les structures CV.CV à l'initiale des unités lexicales est plus faible par rapport aux autres ratios calculés pour l'italien (en fonction de la position ou de la structure), lesquels sont largement supérieurs aux moyennes calculées pour l'ensemble des lexiques d'autres langues (Vallée et al., 2009). La recherche de l'effet LC dans les unités lexicales dissyllabiques de l'italien livre un ratio de 3,70 contre 1,29 en position initiale quelle que soit la longueur du lemme. Ainsi en italien, l'effet LC semble donc suivre la tendance décrite pour d'autres langues, avec un effet plus fort en dehors de l'initiale des lemmes de plus de 2 syllabes.

Parallèlement à la recherche de l'effet LC, aucun effet Labial-Vélaire ou Coronal-Vélaire n'a été observé dans les deux lexiques de l'italien, confirmant ainsi les tendances observées dans les lexiques des langues des études antérieures (Carrissimo-Bertola, 2010).

3 Mise à l'épreuve de l'effet LC chez un sujet italophone

3.1 Méthodologie

L'objectif de cette expérience est de comparer, dans une tâche de répétition accélérée, des séquences dissyllabiques organisées sur des patrons de type LC ou CL accentués soit sur la première syllabe (S1), soit sur la deuxième (S2). Cette étude repose sur l'analyse acoustique du signal sonore (Praat®) et se veut être une étape préliminaire à une étude articulatoire (EMA) plus générale.

3.1.1 Matériel

Quatre dissyllabes ont été retenus pour l'expérience : /'pata/, /pa'ta/, /'tapa/ et /ta'pa/ (de patron LC ou CL, accentué sur la première ou la deuxième syllabe). Le choix des phonèmes s'est porté sur 2 consonnes sourdes labiale et coronale facilitant l'analyse des paramètres acoustiques des segments constituants des syllabes et sur la voyelle /a/ motivé par la configuration ouverte du conduit vocal, sans geste labial et qui contraste avec la fermeture nécessaire à la réalisation des consonnes. La voyelle /a/ est aussi intrinsèquement plus longue que d'autres voyelles de l'italien car plus ouverte (Di Cristo, 2004), permettant d'observer la réduction de la voyelle lors de l'augmentation du débit de parole. Les dissyllabes retenus ne correspondent pas à une entrée lexicale en italien et l'orthographe proposée en *patà, pata, tapà* et *tapa* permet qu'ils soient lus sans ambiguïté par des italophones, en respectant l'accentuation. Ils ont été présentés en alternance avec 4 autres dissyllabes « distracteurs » : /'putu/, /pu'tu/, /'tupu/ et /tu'pu/, orthographiés *putù, putu, tupù* et *tupu*. Trois séquences de répétitions de ces 8 dissyllabes, organisés selon un ordre aléatoire différent, ont été générées pour l'expérience.

3.1.2 Locuteur

Un premier locuteur italophone natif (originaire du Piémont) a permis de tester le protocole et de contrôler la possibilité d'accélérer tout en suivant le métronome proposé. Cinq locuteurs ont été enregistrés. Le locuteur qui fait l'objet de cette étude est originaire de Sardaigne, de sexe masculin, ne souffre d'aucun trouble visuel, auditif ou épileptique et n'a jamais suivi de séances de rééducation orthophonique. Les productions des autres locuteurs font l'objet d'analyses en cours. Cependant, les locuteurs originaires de Sicile n'ont pu être retenus pour cette expérience, n'arrivant pas à suivre le rythme imposé par le métronome.

3.1.3 Protocole

Les enregistrements se sont déroulés dans une chambre anéchoïde, le locuteur assis face à un écran 17 pouces AG NEOVO X17-A. L'expérimentateur lançait les séquences proposées visuellement et contrôlait auditivement les productions du locuteur avec un retour casque du micro AKG C10005, lequel était relié à un enregistreur TASCAM DR100. L'instruction donnée était de répéter sans pause un pseudo-mot italien lisible à l'écran, en respectant autant que possible le rythme imposé par un métronome représenté à l'écran par un cercle clignotant, accélérant puis ralentissant, situé en-dessous du mot inscrit à l'écran. La phase d'accélération allait de 600 à 100 ms (puis 100 ms pendant 500 ms) suivie d'une phase de décélération de 100 à 600 ms (durée totale de la tâche pour un pseudo-mot : 18,5 s). Avant le départ du métronome, l'expérimentateur demandait au sujet de lire le mot trois fois distinctivement afin de s'assurer du patron accentuel attendu. Une phase d'entrainement avec un autre stimulus (4 dissyllabes avec /p/, /t/ et /o/) était proposée avant de lancer la tâche expérimentale.

3.1.4 Choix des paramètres acoustiques

L'allongement est la marque principale d'une voyelle accentuée en italien (Garde, 1968; D'Imperio et al., 1999; Alfano, 2006). L'évolution dans la production des dissyllabes a donc été estimée en mesurant la longueur des voyelles, mais aussi leur intensité maximale et la valeur de leurs trois premiers formants, mesurée au centre de la partie stable de la voyelle.

3.2 Résultats et analyse

3.2.1 /ˈpata /

L'accélération provoque la baisse des valeurs de F1 de la première voyelle (V1) et une diminution de sa durée alors que les caractéristiques de la deuxième voyelle (V2) se maintiennent. L'allongement vocalique permet de penser qu'au maximum de l'accélération, l'accent est sur V2. L'évolution de la cible suit deux profils : ['pata]➔[pa'ta]➔['pta] ou ['pata]➔[pa'ta]➔[ta'pa], tout en notant que le premier profil est très prédominant (table 3A). Une majorité de patrons LC, ainsi que la forme [pta] et peu de patrons CL, montrent une forte stabilité du patron LC.

3.2.2 /paˈta/

L'accélération provoque la réduction de la durée de la voyelle atone jusqu'à son amuïssement pour aboutir au monosyllabe [pta], et ce plus souvent que pour la cible /'pata/. L'accent résiste sur V2, toujours plus longue (table 3A).

3.2.3 /'tapa/

La voyelle de la syllabe accentuée est fragilisée par l'accélération. L'accent bascule alors sur S2. L'accélération provoque systématiquement un passage du patron CL à un patron LC avec amuïssement de la voyelle entre les deux consonnes du dissyllabe (table 3B). Les productions du locuteur ne résistent pas à l'attraction du patron LC malgré la présence de l'accent sur S1.

3.2.4 /ta'pa/

Comme pour /pa'ta/, la voyelle accentuée se maintient alors que la voyelle atone chute (table 3B). Les séquences présentent des productions de type LC de formes [pta] et [pata]. Dans la phase d'accélération, le patron LC, plus stable, attire les productions du locuteur.

3A	/ˈpata/						/paˈta/					
	V_1			V_2			V_1			V_2		
	d	p	f	d	p	F	D	p	f	d	p	f
Δt	132	0	74	80	78	30	63	55	82	96	73	95
	101	0	122	82	48	110	48	0	72	91	74	93
	117	49	116	80	54	82	51	0	60	98	55	99
I	76.4	0	69.4	64.8	72.3	54.7	77.6	72.9	68.4	74.9	71.2	66.8
	74.2	0	73.1	67.1	67.7	64.1	73.5	0	73.8	75.3	72.7	71.6
	77.3	72.3	73.9	65.3	68.9	61.3	72.1	0	70.1	71.5	74.4	70.6
F_1	700	0	679	600	621	613	613	618	637	702	650	668
	700	0	677	630	654	592	550	0	644	700	685	707
	715	547	735	640	664	577	500	0	615	610	667	677
F_2	1400	0	1328	1300	1407	1360	1352	1349	1407	1325	1382	1428
	1357	0	1281	1654	1403	1298	1430	0	1355	1349	1409	1384
	1282	1340	1348	1350	1333	1302	1420	0	1332	1419	1346	1222

3B	/ˈtapa/						/taˈpa/					
	V_1			V_2			V_1			V_2		
	d	p	f	D	p	f	D	p	f	D	p	f
Δt	92	69	94	47	66	60	62	0	52	97	112	84
	87	0	111	57	57	64	45	0	38	95	88	67
	91	0	99	64	65	45	37	66	49	121	78	85
I	77.6	68.1	713	65.6	72.2	66.3	72.9	0	69.2	71.3	70.4	69.6
	71.3	0	74.7	67.0	68.4	66.5	72.9	0	71.3	75.8	75	67.8
	80.9	0	73.5	66.5	72.3	62.9	81.9	70.9	71.8	80	76	66.8
F_1	711	549	736	623	719	534	630	0	615	660	710	1342
	680	0	678	530	651	510	595	0	590	692	684	1282
	722	0	747	450	624	628	620	677	657	699	658	1332
F_2	1396	1278	1343	1163	1414	1242	1326	0	687	1300	1386	1312
	1366	0	1327	1172	1392	1246	1307	0	634	1261	1411	1246
	1395	0	1246	1240	1336	1215	1329	1314	617	1285	1292	1264

TABLE 3-Évolution des cibles sur un patron LC (4A) et CL (4B) pendant la phase d'accélération et de décélération. d : valeurs avant accélération, p : valeurs au pic d'accélération, f : valeurs en fin d'accélération. Δt : durée de la voyelle (ms), I : intensité de la voyelle (dB), F1 et F2 : valeurs des formants des voyelles (Hz).

4 Discussion

Concernant la recherche de l'effet LC dans les lemmes les plus fréquents de l'italien, nos résultats montrent que les séquences de deux syllabes consécutives CV.CV sont deux fois plus souvent construites sur un patron LC plutôt que CL, et que si seules les unités lexicales dissyllabiques sont considérées, ce rapport est encore plus fort (ratio LC/CL = 3.70). L'effet

LC en italien va dans le même sens que les observations de Rousset (2004), Vallée et al. (2009), observant dans un échantillon de 15 langues un effet LC plus important dans les unités lexicales de deux syllabes que dans des lemmes plus longs. Comme ces études l'ont montré, l'effet LC est attesté aussi bien dans des unités syllabiques fermées de types CVC que dans les structures dissyllabiques. Cependant, les résultats de notre étude témoignent d'un effet LC très fort en italien avec un ratio LC/CL de 11.25 pour la structure CVC, que la syllabe soit accentuée ou non et quelle que soit sa position dans l'unité lexicale. Donc malgré l'accent lexical, le patron préférentiel des lemmes en italien est le patron LC plutôt que CL.

Dans notre partie expérimentale inspirée des travaux de Rochet-Capellan et al. (2007), le protocole a été adapté, visant à prendre en compte le phénomène prosodique accentuel de l'italien. La valeur de F_1 et la durée de la voyelle sont les paramètres les plus impactés lors de la tâche de répétition accélérée et renseignent sur la stabilité accentuelle du patron. Contrairement à Rochet-Capellan et al, la mesure de l'intensité n'a pas été un facteur pertinent pour repérer la position de l'accent et la forme du dissyllabe. Nos résultats montrent que, quelle que soit la position de l'accent dans le dissyllabe cible, les formes CL basculent sur une forme LC avec l'accélération, l'accent se déplaçant sur S2 et la durée de V1 diminuant jusqu'à ce que V1 disparaisse. Contrairement à l'hypothèse formulée en amont de cette étude, l'évolution des cibles chez des locuteurs italophones est sensiblement similaire à celles observées chez des locuteurs francophones en dépit de la contrainte accentuelle : les patrons LC sont plus stables que les patrons CL. Nos résultats montrent également que l'accent se déplace sur la deuxième syllabe dès que le rythme de production commence à s'accélérer fortement.

La priorité, dans la poursuite de ce travail, est d'analyser les productions des autres locuteurs italophones enregistrés afin de vérifier et pouvoir généraliser les observations. L'analyse proposée ici est avant tout descriptive et d'autres pistes d'analyse quantitative seront intéressantes à explorer, notamment l'étude des déplacements et des superpositions entre gestes labiaux et linguaux. La comparaison des productions de type LC et CL avec des productions impliquant la structures vélaire (type /paka/ ou/kapa/) est aussi envisagée afin d'observer si une corrélation existe entre l'absence de phénomène labial-vélaire et les phénomènes de coordination mis en place pendant la production de séquences labial-vélaire et vélaire-labial. Enfin, l'étude de l'effet LC en italien et dans d'autres langues permettra de mieux appréhender l'impact des phénomènes accentuels sur les cooccurrences et effets de consonnes.

Remerciements
Nous remercions particulièrement Lionel Granjon qui a permis l'automatisation des traitements et Paolo Mairano pour discussions et suggestions concernant la syllabation de l'italien.

Références

De Agostini Scuola Spa. (2009). Dizionario. *Garzanti Linguistica*. Dictionnaire en ligne, . Consulté de http://garzantilinguistica.sapere.it/it/dizionario/it

Alfano, I. (2006). La percepzione dell'accento lessicale : un test sull'italiano a confronte con lo spagnolo. Dans R. Savy & C. Crocco (Éd.), (p. 632–656). Présenté à Atti del II convegno dell'associazione Italiana Scienze della Voce (AISV), Salerno: Paris : EDK.

Babini, M. (1997). *Précis de prononciation italienne*. Lyon: Presses universitaires de Lyon.

Carrissimo-Bertola, M. (2010, juin 24). *Structures syllabiques des unités lexicales : « the fronting effect »* (Mémoire Master1). Université Stendhal (Grenoble), Grenoble.

Di Cristo, A. (2004). La prosodie au carrefour de la phonétique, de la phonologie et de l'articulation formes-fonctions. *Travaux Interdisciplinaires du Laboratoire Parole et Langage d'Aix en Provence (TIPA)*, (23), 67–211.

D'Imperio, M., & Rosenthall, S. (1999). Phonetics and Phonology of Main Stress in Italian. *Phonology*, *16*(01), 1–28.

Garde, P. (1968). *L'accent* (Vol. 1-1). Paris: Presses universitaires de France.

Ingram, D. (1974). Fronting in Child Phonology. *Journal of Child Language*, *1*(02), 233–241.

Macken, M. A. (1977). Permitted complexity in phonological development: One child's acquisition of spanish consonants. *Lingua*, *44*(2-3), 219–253.

MacNeilage, P. F. (1998). The Frame/Content Theory of Evolution of Speech Production. *Behavioral and Brain Sciences*, *21*(04), 499–511.

MacNeilage, P. F., & Davis, B. L. (2000). Deriving Speech from Nonspeech: A View from Ontogeny. *Phonetica*, *57*(2-4), 284–296.

Maupeu, M. (2006). *traitement de données lexicales pour l'analyse des structures syllabiques des langues du monde* (Rapport de stage Miass). Grenoble: Université Pierre Mendès-France.

De Mauro, T., Moroni, G. G., & Cattaneo, A. (1998). *DIB: dizionario di base della lingua italiana*. Torino: Paravia.

Nazzi, T., Bertoncini, J., & Bijeljac-Babic, R. (2009). A perceptual equivalent of the labial_coronal effect in the first year of life. *Journal of the Acoustical Society of America*, 1440–1446.

Parascandolo, R., Fiorelli, P., Borri, T. F., Migliorini, B., & Tagliavini, C. (2008). Dizionario italianio multimediale e multilingue d'ortografia e di pronunzia. *DOP*. Consulté janvier 6, 2011, de http://www.dizionario.rai.it/index.aspx?treeID=1

Rochet-Capellan, A., & Schwartz, J.-L. (2007). An articulatory basis for the labial-to-coronal effect: /pata/seems a more stable articulatory pattern than /tapa/. *Journal of the Acoustical Society of America*, *121*(6), 3740–3754.

Rousset, I. (2004). *Structures syllabiques et lexicales des langues du monde : données, typologies, tendances universelles et contraintes substancielles* (Thèse doctorat). Université Stendhal (Grenoble), [Grenoble].

Sato, M., Vallée, N., Schwartz, J.-L., & Rousset, I. (2007). A perceptual correlate of the labial-coronal effect. *Journal of Speech, Language, and Hearing Research*, *50*, 1466–1480.

Vaissière, J. (2006). *La phonétique*. Que sais-je ? (Vol. 1-1). Paris: Presses universitaires de France.

Vallée, N., Rossato, S., & Rousset, I. (2009). Favored syllabic patterns in the world's languages and sensori-motor constraints. Dans F. Pellegrino, E. Marsicoa, I. Chitoran, & C. Coupé (Éd.), *Approaches to Phonological Complexity* (p. 111–140). Berlin: Mouton de Gruyter.

Quand nasal est plus que nasal : L'articulation orale des voyelles nasales en français

Christopher Carignan[1,2]
(1) University of Illinois at Urbana-Champaign
(2) GIPSA-lab, Université Stendhal-Grenoble 3
ccarign2@illinois.edu

RESUME

Cet article rend compte des résultats préliminaires de l'étude des articulations linguales et labiales des voyelles orales et nasales de trois locuteurs de français métropolitain (FM) enregistrées avec un système EMA. La variation inter-locuteur des articulations orales des voyelles est interprétée en terme d'équivalence motrice dans la dispersion acoustique des systèmes vocaliques : les locuteurs témoignent des réalisations acoustiques similaires, mais ils utilisent des stratégies articulatoires différentes pour y parvenir.

ABSTRACT

When nasal is more than nasal: Oral articulation of French nasal vowels

Lingual and labial articulations of oral and nasal vowels of three Metropolitan French (FM) speakers were recorded using an EMA system. Inter-speaker variation in these oral articulations suggest that the role of motor equivalence is important in the acoustic dispersion of this vowel system: the speakers have a similar acoustic output, but use different articulatory strategies to achieve this output.

MOTS-CLES : Nasalisation vocalique, production vocalique, français, articulation, EMA
KEYWORDS : Vowel nasalization, vowel production, French, articulation, EMA

1 Introduction

L'étude des aspects phonétiques et phonologiques de la nasalisation vocalique remontre à un certain temps mais l'articulation orale des voyelles nasales a été souvent ignorée dans la littérature phonétique et phonologique internationale. Dans une grande partie de la recherche sur la nasalisation vocalique, on a tendance à analyser les paires des voyelles orales et nasales (e.g. [ɛ] et [ɛ̃]) comme si elles ne se différenciaient qu'en couplage entre les conduits naso-pharyngal et oral-pharyngal (Morais-Barbosa, 1962 ; Narangg & Becker, 1971 ; Paradis & Prunet, 2000). Une telle analyse suppose que les voyelles nasales se produisent avec la même configuration linguale et labiale que leurs équivalents oraux, et donc que les effets acoustiques de la nasalisation ne sont attribuables qu'au couplage vélo-pharyngal. Etant donné que les effets acoustiques de la nasalisation – tels que les transitions des formants, les largeurs de bande augmentées, et l'introduction des anti-formants – obscurcissent la configuration orale d'une voyelle nasale (Hawkins & Stevens, 1985 ; Fónagy, 1989 ; Maeda, 1993 ; Feng & Castelli, 1996), la déduction de la configuration orale d'une voyelle nasale en utilisant uniquement le signal acoustique peut être un problème intraitable.

Pour les sons oraux, les valeurs des formants peuvent être liées à la configuration du conduit vocal (Stevens, 1998 ; Iskarous, 2010), mais le couplage naso-pharyngal introduit des changements spectraux qui obscurcissent la configuration des articulateurs oraux. Ainsi, l'observation directe de la position et du mouvement des articulateurs du conduit oral est essentielle pour comprendre plus en profondeur la production des voyelles nasales. Un grand nombre de recherches articulatoires suggèrent désormais que l'articulation des paires de voyelles orales et nasales varient bien plus qu'à l'égard de la présence ou l'absence du couplage naso-pharyngal (Zerling, 1984 ; Bothorel et al., 1986 ; Arai, 2004 ; Engwall et al., 2006 ; Carignan et al., 2011 ; Shosted et al., 2012;). A l'aide des calques radiographiques et des profils des conduits vocaux de deux locuteurs du français métropolitain (FM), Zerling (1984) a observé que la masse de la langue a été légèrement plus rétractée pour la production des voyelles nasales [ɑ̃] et [ɔ̃] que pour celle de leurs contreparties orales [ɑ] et [ɔ]. Bothorel et al. (1986) ont utilisé les calques des images radiographiques et les labiogrammes pour examiner les articulations linguales et labiales de deux locuteurs et deux locuteurs de FM pendant la production des paires /ɔ/-/ɔ̃/, /œ/-/œ̃/, et /ɛ/-/ɛ̃/. Ces calques suggèrent que trois locuteurs sur quatre ont la masse linguale plus rétractée pour /ɔ/ que pour /ɔ̃/, ce qui contredit partiellement les résultats de Zerling (1984). Une étude MRI (Engwall et al., 2006) de deux locuteurs et deux locuteurs français belges suggère que quelques-uns de ces locuteurs utilisent l'articulation orale d'une façon compensatoire en raison des différences de configuration de leur conduit nasal. Des différences linguales et labiales entre les voyelles phonémiques orales et nasales du hindi ont été également observées (Shosted et al., 2012). En outre, la coarticulation orale de la nasalisation vocalique ne se limite pas aux langues avec des voyelles nasales phonémiques : les locuteurs de l'anglais américain ont tendance à élever la langue pour /i/ et la rabaisser pour /ɑ/ quand celles-ci subissent une nasalisation co-articulatoire avant une consonne nasale. Cet effet fut interprété comme une compensation possible pour les effets acoustiques, et donc aussi perceptuels, de la nasalisation (Arai, 2004 ; Carignan et al., 2011).

2 Méthodes

Cette étude traite de l'articulation linguale et labiale des voyelles nasales du français métropolitain (FM). La parole de trois locuteurs féminins (FM1-FM3) a été enregistrée. Ces locuteurs ont produit un nombre égal de voyelles nasales et orales /ɑ,ɑ̃,ɛ,ɛ̃,o,õ/ dans des syllabes CV de mots français monosyllabiques et dissyllabiques réels où C est une plosive non-voisée vélaire, alvéolaire, ou bilabiale (ex : *pain* /pɛ̃/ et *paix* /pɛ/). Les mots cibles ont été placés dans la phrase porteuse *Il retape* X *parfois*, et ils ont été présentés aux locuteurs sur un écran d'ordinateur. La position de la langue et des lèvres a été capturée à l'aide du système AG500 Electromagnetic Articulograph (EMA) de Carstens.

Trois bobines ont été placées le long de la ligne médiane de la langue : à l'apex (TT), au milieu (TM) et au dos (TB). Les mesures de la dimension *z* (le déplacement vertical) et la dimension *x* (le déplacement horizontal) ont été utilisées pour déduire la position de TT, TM, et TB. Afin d'observer l'articulation labiale, quatre bobines ont été placées autour de la bouche : à la ligne médiane de la lèvre supérieure (LS) et inférieure (LI), et aux deux coins de la bouche. L'aperture labiale (AL) a été estimée en calculant la superficie du polygone créé par les dimensions *z* et *y* de ces quatre bobines[1]. La dimension *x* des

[1] Pour le lecteur FM3, la bobine LS a manifesté trop d'erreurs pour être incluse dans l'analyse. Ainsi, nous

bobines LS et LI a donné une estimation de l'avancement des lèvres. Le signal acoustique a été enregistré en utilisant un microphone directionnel attaché près du coin de la bouche. La fréquence d'échantillonnage des signaux articulatoires était 200 Hz, et celle du signal acoustique était 16 kHz. Les signaux articulatoires et acoustique ont été synchronisés automatiquement.

Les voyelles cibles ont été segmentées manuellement selon le signal acoustique. La première limite a été placée au début de la voyelle, soit le commencement de la périodicité dans la forme d'onde, et la deuxième limite a été placée à la fin de la voyelle, soit la dernière période à dépasser un seuil établi empiriquement (i.e. 20% de l'amplitude maximum de la voyelle). Les signaux articulatoires ont étés divisés automatiquement en 10 parties contigües (chacune 1/10 la longueur de la voyelle) avec Matlab 7.11. La moyenne des données de chaque partie a été calculée; ainsi, chaque voyelle avait 10 échantillons après la normalisation. La moyenne des cinquième et sixième parties a été utilisée comme valeur médiane de la voyelle. Pour chaque mesure articulatoire, la moyenne de la voyelle entière est indiquée par *moy* et la valeur médiane est indiquée par *méd* dans les Tables 1, 2 et 4 ci-dessous. Pour les mesures acoustiques, LPC a été appliquée sur une FFT 512-point centrée au milieu de la voyelle. Pour la mesure LPC, il y avait 14 pôles pour les voyelles orales, et 28 pôles pour les voyelles nasales. Les valeurs de F1 et F2 générées par le LPC ont étés comparées aux spectres FFT et ont été corrigées s'il le fallait (cf. Gordon & Maddieson, 2004).

Les erreurs des signaux articulatoires ont été détectées en plaçant les trajectoires séparément selon chaque voyelle dans chaque condition de consonne d'attaque. Les trajectoires aberrantes ont été sélectionnées, notées, et supprimées de l'ensemble de données. Le taux d'erreur pour une bobine donnée était moins de 10% en moyenne. Les analyses statistiques ont été effectuées à l'aide d'ANOVAs « one-way » dans R 2.11.1. Les données linguales et labiales ont été séparées en fonction du locuteur et de la voyelle. Pour chaque ANOVA, la mesure articulatoire ou acoustique était la variable dépendante et la nasalité de la voyelle (orale/nasale) était la variable indépendante.

3 Résultats

Les Tables 1-4 présentent les résultats d'ANOVA pour les mesures linguales, pour les mesures acoustiques, et pour les mesures labiales. Ces résultats indiquent que tous les locuteurs maintiennent une dispersion acoustique similaire, bien qu'ils utilisent les configurations articulatoires différentes pour atteindre ces distinctions acoustiques. En règle générale, les configurations linguales (Tables 1-2) peuvent expliquer la plupart des différences acoustiques (Table 3). Pour /ɛ̃/ par rapport à /ɛ/, tous les trois lecteurs ont une valeur F1 statistiquement plus élevée et une position linguale plus abaissée, ainsi qu'une valeur F2 plus basse et une position linguale plus rétractée. Pour /õ/ par rapport à /o/, FM3 a une valeur F1 plus basse et une position linguale plus élevée, tandis que FM1 a une valeur F2 plus basse et une position linguale plus rétractée. Pour /ɑ̃/ par rapport à /ɑ/, FM1 et FM3 ont une valeur F2 plus basse et une position linguale plus rétractée ; FM3 a aussi une valeur F1 abaissée et une position linguale élevée.

---

n'avons pas pu calculer AL pour ce lecteur, et présentons ici seulement la dimension *x* de LI.

	Paire	TB méd	TB moy	TM méd	TM moy	TT méd	TT moy
FM1	/ɛ/-/ɛ̃/	**abaissée** $F(1,52)=529$ ***	**abaissée** $F(1,52)=452$ ***	**abaissée** $F(1,52)=224$ ***	**abaissée** $F(1,52)=219$ ***	**abaissée** $F(1,52)=41$ ***	**abaissée** $F(1,52)=28$ ***
	/o/-/õ/	**abaissée** $F(1,52)=154$ ***	**abaissée** $F(1,52)=173$ ***	**abaissée** $F(1,50)=85$ ***	**abaissée** $F(1,50)=80$ ***		
	/ɑ/-/ɑ̃/	**abaissée** $F(1,49)=17$ ***	**abaissée** $F(1,49)=11$ **	**abaissée** $F(1,47)=97$ ***	**abaissée** $F(1,47)=73$ ***	**abaissée** $F(1,48)=13$ ***	**abaissée** $F(1,48)=7$ *
FM2	/ɛ/-/ɛ̃/	**abaissée** $F(1,56)=17$ ***	**abaissée** $F(1,56)=18$ ***	**abaissée** $F(1,54)=31$ ***	**abaissée** $F(1,54)=37$ ***		
	/o/-/õ/						
	/ɑ/-/ɑ̃/	**élevée** $F(1,56)=8$ **	**élevée** $F(1,56)=6$ *				
FM3	/ɛ/-/ɛ̃/	**abaissée** $F(1,56)=28$ ***	**abaissée** $F(1,56)=22$ ***	**abaissée** $F(1,58)=12$ **	**abaissée** $F(1,58)=10$ **		
	/o/-/õ/			**élevée** $F(1,57)=35$ ***	**élevée** $F(1,58)=28$ ***	**élevée** $F(1,56)=67$ ***	**élevée** $F(1,57)=48$ ***
	/ɑ/-/ɑ̃/	**abaissée** $F(1,55)=14$ ***	**abaissée** $F(1,55)=10$ **	**abaissée** $F(1,58)=6$ *			

TABLE 1 – Résultats d'ANOVA de l'articulation linguale (dimension z). La position linguale est donnée pour la voyelle nasale en relation à sa contrepartie orale. Les niveaux de significativité sont indiqués ainsi : * ($p<0.05$), ** ($p<0.01$), *** ($p<0.001$).

	Paire	TB méd	TB moy	TM méd	TM moy	TT méd	TT moy
FM1	/ɛ/-/ɛ̃/	**rétractée** $F(1,52)=290$ ***	**rétractée** $F(1,52)=251$ ***	**rétractée** $F(1,52)=26$ ***	**rétractée** $F(1,52)=25$ ***	**rétractée** $F(1,52)=75$ ***	**rétractée** $F(1,52)=51$ ***
	/o/-/õ/	**rétractée** $F(1,52)=15$ ***	**rétractée** $F(1,52)=10$ **			**rétractée** $F(1,53)=6$ *	
	/ɑ/-/ɑ̃/	**rétractée** $F(1,49)=85$ ***	**rétractée** $F(1,49)=62$ ***	**rétractée** $F(1,47)=90$ ***	**rétractée** $F(1,47)=64$ ***	**rétractée** $F(1,48)=67$ ***	**rétractée** $F(1,48)=53$ ***
FM2	/ɛ/-/ɛ̃/			**rétractée** $F(1,54)=35$ ***	**rétractée** $F(1,54)=31$ ***	**rétractée** $F(1,56)=5$ *	**rétractée** $F(1,56)=5$ *
	/o/-/õ/	**avancée** $F(1,56)=5$ *					
	/ɑ/-/ɑ̃/						
FM3	/ɛ/-/ɛ̃/	**rétractée** $F(1,56)=103$ ***	**rétractée** $F(1,56)=75$ ***	**rétractée** $F(1,58)=180$ ***	**rétractée** $F(1,58)=141$ ***	**rétractée** $F(1,58)=148$ ***	**rétractée** $F(1,58)=106$ ***
	/o/-/õ/			**avancée** $F(1,57)=11$ **	**avancée** $F(1,58)=8$ **	**avancée** $F(1,56)=15$ ***	**avancée** $F(1,57)=12$ **
	/ɑ/-/ɑ̃/	**rétractée** $F(1,55)=85$ ***	**rétractée** $F(1,55)=74$ ***	**rétractée** $F(1,58)=131$ ***	**rétractée** $F(1,58)=105$ ***	**rétractée** $F(1,58)=48$ ***	**rétractée** $F(1,58)=37$ ***

TABLE 2 – Résultats d'ANOVA de l'articulation linguale (dimension x). La position linguale est donnée pour la voyelle nasale en relation à sa contrepartie orale. Les niveaux de significativité sont indiqués ainsi : * ($p<0.05$), ** ($p<0.01$), *** ($p<0.001$).

	/ɛ/-/ɛ̃/		/o/-/õ/		/ɑ/-/ɑ̃/	
	F1	F2	F1	F2	F1	F2
FM1	**élevé** 441 - 953 $F(1,58)=4301$ ***	**abaissé** 2604 - 1449 $F(1,58)=1181$ ***	**abaissé** 429 - 281 $F(1,58)=149$ ***	**abaissé** 916 - 662 $F(1,58)=174$ ***	**abaissé** 948 - 819 $F(1,58)=136$ ***	**abaissé** 1786 - 1005 $F(1,58)=697$ ***
FM2	**élevé** 648 - 861 $F(1,57)=133$ ***	**abaissé** 1983 - 1262 $F(1,57)=676$ ***	**abaissé** 561 - 351 $F(1,58)=101$ ***	**abaissé** 996 - 691 $F(1,58)=101$ ***	850 - 863	**abaissé** 1632 - 1202 $F(1,57)=152$ ***
FM3	**élevé** 669 - 870 $F(1,58)=68$ ***	**abaissé** 2131 - 1367 $F(1,58)=301$ ***	**abaissé** 469 - 326 $F(1,58)=106$ ***	**abaissé** 898 - 731 $F(1,58)=58$ ***	**abaissé** 830 - 783 $F(1,58)=30$ ***	**abaissé** 1630 - 1071 $F(1,58)=318$ ***

TABLE 3 – Résultats d'ANOVA des valeurs des formants fournies par LPC. La valeur est donnée pour la voyelle nasale en relation à sa contrepartie orale. La valeur pour la voyelle orale est à gauche et celle pour la voyelle nasale est à droite. Les niveaux de significativité sont indiqués ainsi : * ($p<0.05$), ** ($p<0.01$), *** ($p<0.001$).

En outre, les résultats ci-dessus confirment certaines conclusions linguales précédentes (Zerling, 1984 ; Bothorel et al., 1986 ; Engwall et al., 2006) et ils suggèrent l'existence d'un changement en chaîne (*chain shift*) des réalisations des trois voyelles nasales /ɛ̃/, /ɑ̃/ et /õ/ (Maddieson, 1984 ; Walker, 1984 ; Fónagy, 1989 ; Hansen, 2001). Pour la plupart, les positions de la langue peuvent expliquer cette rotation dans le sens inverse des aiguilles d'une montre des valeurs acoustiques : la voyelle nasale /ɛ̃/ se centralise dans l'espace articulatoire lingual par rapport à /ɑ̃/ qui se postériorise et se ferme proche d'une configuration de /õ/, qui, à son tour, se ferme.

Bien que la configuration linguale puisse expliquer la plupart de la dispersion acoustique de ces locuteurs, il y a quelques décalages entre les configurations linguales et les sorties acoustiques. Dans ce cas, la configuration labiale (Table 4) ainsi que l'effet acoustique de l'abaissement du vélum peuvent expliquer la distinction acoustique entre chaque paire de voyelles. Pour /ɑ̃/ par rapport à /ɑ/, FM1 a une valeur F1 significativement plus basse mais aussi une position linguale plus basse, une articulation qui aurait comme effet d'augmenter F1. Pourtant, FM1 a produit /ɑ̃/ avec une aperture labiale plus réduite par rapport à /ɑ/, soit plus arrondie, une configuration qui abaissera F1. Pour FM2, /ɑ̃/ a une position linguale plus élevée par rapport à /ɑ/, sans changement de valeur F1. Pourtant, ce locuteur a également produit /ɑ̃/ avec une aperture labiale plus ouverte par rapport à /ɑ/, soit moins arrondie, une configuration labiale qui peut compenser l'abaissement de F1 par la position linguale élevée. Étant donné qu'une constriction aux lèvres ou un avancement des lèvres abaissera tous les formants (Stevens, 1998), les configurations labiales de ces locuteurs peuvent ainsi expliquer les changements acoustiques entre /ɑ̃/ et /ɑ/ que les configurations linguales ne permettent pas d'interpréter. Pour /õ/ par rapport à /o/, FM1 a une valeur F1 plus basse mais aussi une position linguale plus basse ; il n'y a pas de changement par rapport à l'articulation labiale. FM2 a des valeurs F1 et F2 plus basses mais une position linguale plus avancée ; il n'y a pas de changement par rapport à l'articulation labiale. FM3 a une valeur F2 plus basse mais une position linguale plus avancée. En outre, la lèvre inférieure est plus avancée. Tous les trois lecteurs ont une valeur F2 plus basse pour /õ/ par rapport à /o/, bien qu'ils n'aient pas tous une configuration orale qui peut expliquer ce changement acoustique. Pourtant, étant donné que /õ/ est une voyelle postérieure, l'abaissement du vélum crée une constriction vélaire contre la langue postériorisée, une articulation qui aurait comme effet acoustique d'abaisser la valeur F2 (Stevens, 1998).

	Paire	AL méd	AL moy	LS méd	LS moy	LI méd	LI moy
FM1	/ɛ/-/ɛ̃/						
	/o/-/õ/						
	/ɑ/-/ɑ̃/	arrondie $F(1,42)=183$ ***	arrondie $F(1,42)=178$ ***				
FM2	/ɛ/-/ɛ̃/					avancée $F(1,57)=10$ **	avancée $F(1,57)=8$ **
	/o/-/õ/						
	/ɑ/-/ɑ̃/	ouverte $F(1,45)=6$ *					
FM3	/ɛ/-/ɛ̃/	N/A	N/A	N/A	N/A		
	/o/-/õ/	N/A	N/A	N/A	N/A	avancée $F(1,57)=30$ ***	avancée $F(1,58)=25$ ***
	/ɑ/-/ɑ̃/	N/A	N/A	N/A	N/A	avancée $F(1,58)=6$ *	

TABLE 4 – Résultats des ANOVA de l'articulation labiale pour l'aperture (AL) et dans la dimension x (LS, LI). Pour chaque mesure statiquement significative, la position linguale est donnée pour la voyelle nasale en relation à sa contrepartie orale. Les niveaux de significativité sont indiqués ainsi : * ($p<0.05$), ** ($p<0.01$), *** ($p<0.001$).

4 Discussion et Conclusion

Les résultats de cette étude corroborent certaines des résultats articulatoires précédemment observées en français métropolitain (Zerling, 1984 ; Bothorel et al., 1986; Engwall et al., 2006), et contribuent aux recherches actuelles sur la dispersion des systèmes vocaliques et sur la nasalité en général. Nous avons observé une variabilité entre les locuteurs en ce qui concerne les configurations linguales et labiales des voyelles orales et nasales. Néanmoins, la dispersion acoustique était similaire pour chaque locuteur. Ce décalage entre l'articulation et ses conséquences acoustiques suggère qu'un des mécanismes importants pour la dispersion acoustique de l'espace vocalique française peut être *l'équivalence motrice*, i.e., « la capacité d'un système moteur d'atteindre la même sortie en ayant toujours une variation considérable dans les parties individuelles qui contribuent à cette sortie » (Hughes & Abbs, 1976, *traduction par l'auteur*).

Les résultats de cette étude suggèrent aussi que l'équivalence motrice peut être importante pour la nasalité vocalique en tant que telle. Due à la centralisation linguale de la voyelle /ɛ̃/ en FM, l'élévation de F1 et l'abaissement de F2 peuvent augmenter la perception de nasalité (Wright, 1975, 1986 ; Delvaux et al., 2004 ; Delvaux et al., 2008 ; Delvaux, 2009). Engwall et al. (2006) ont trouvé qu'un des quatre locuteurs dans leur étude n'a produit guère de différence en aperture vélo-pharyngale entre les productions de /ɛ̃/ et /ɛ/. Les auteurs montrent que ce locuteur a modifié les configurations labiales de ses articulations de deux voyelles pour établir une distinction « inattendue » : au lieu de nasaliser /ɛ/ en /ɛ̃/, il a produit /ɛ̃/ avec plus de constriction labiale que /ɛ/. Dans une étude aérodynamique des voyelles nasales du français belge, Delvaux et al. (2008) n'ont observé aucune différence significative entre /ɛ̃/ par rapport à /ɛ/ en ce qui concerne la moyenne du débit nasal proportionnel parmi les environnements phonétiques NV, NṼ, et NVN. Les auteurs suggèrent que les différences en configuration linguale peuvent garder le contraste entre nasal /ɛ̃/ et oral /ɛ/, malgré la réduction du couplage naso-pharyngal pour ce premier, étant donné que les effets acoustiques de l'articulation linguale de /ɛ̃/ par rapport à celle de /ɛ/ (i.e. plus ouverte et moins avancée) peuvent augmenter la perception de la nasalité. Celle-ci est précisément la configuration linguale observée pour les trois locuteurs de FM dans cette étude.

En outre, les résultats de cette étude confirment certaines conclusions linguales précédentes (Zerling, 1984 ; Bothorel et al., 1986 ; Engwall et al., 2006) et ils suggèrent l'existence d'un changement en chaîne des réalisations des trois voyelles nasales /ɛ̃/, /ɑ̃/ et /õ/ (Maddieson, 1984 ; Walker, 1984 ; Fónagy, 1989 ; Hansen, 2001). En ce qui concerne la production de /õ/ et /o/, la variation inter locuteur observée peut aider à expliquer les résultats contradictoires de Zerling (1984) et Bothorel et al. (1986).

Remerciements

Une partie de cette recherche a été soutenue par National Science Foundation Doctoral Dissertation Research Grant #1121780.

Références

ARAI, T. (2004). Comparing Tongue Positions of Vowels in Oral and Nasal Contexts. *http://www.splab.net/papers/2004/2004_25.pdf*

BOTHEREL, A., SIMON, P., WIOLAND, F., & ZERLING, J.-P. (1986). Cinéradiographie des voyelles et consonnes du français. *Travaux de l'Institut de Phonétique de Strasbourg* 18.

CARIGNAN, C., SHOSTED, R., SHIH, C., & RONG, P. (2011). Compensatory articulation in American English nasalized vowels. *Journal of Phonetics* 39, 668–682.

DELVAUX, V. (2009). Perception du contraste de nasalité vocalique en français. *Journal of French Language Studies* 19, 25-59.

DELVAUX, V., DEMOLIN, D., SOQUET, A., & KINGSTON, J. (2004). La perception des voyelles nasales du français. *XXVèmes Journeés d'étude sur la parole, Fès*, 157-160.

DELVAUX, V., DEMOLIN, D., HARMEGNIES, B., & SOQUET, A. (2008). The aerodynamics of nasalization in French. *Journal of Phonetics* 36, 578-606.

ENGWALL, O., DELVAUX, V., & METENS, T. (2006). Interspeaker variation in the articulation of nasal vowels. *Proceedings of the 7th ISSP*, 3-10.

FENG, G., & CASTELLI, E. (1996). Some acoustic features of nasal and nasalized vowels: a target for vowel nasalization. *Journal of the Acoustical Society of America* 99(6), 3694-3706.

FONAGY, I. (1989). Le français change le visage. *Revue Romaine* 24(2), 225-254.

GORDON, M., & MADDIESON, I. (2004). The phonetics of Paicî vowels. *919 Oceanic Linguistics* 43, 296–310.

HANSEN, A. (2001). Lexical Diffusion as Factor of Phonetic Change: The Case of Modern French Nasal Vowels. *Language Variation and Change* 13(2), 209-252.

HAWKINS, S., & STEVENS, K. N. (1985). Acoustic and perceptual correlates of the non-nasal distinction for vowels. *Journal of the Acoustical Society of America* 77(4), 1560-1575.

HUGHES, O.M., & ABBS, J.H. (1976). Labial-mandibular coordination in the production of speech: Implications for the operation of motor equivalence. *Phonetica* 44, 199-221.

ISKAROUS, K. (2010). Vowel Constrictions are Recoverable from Formants. *Journal of Phonetics* 38, 375-387.

MADDIESON, I. (1984). *Patterns of Sounds.* Cambridge: Cambridge University Press.

MAEDA, S. (1993). Acoustics of vowel nasalization and articulatory shifts in French nasal vowels. In: M. K. Huffman, R. A. Krakow (eds), *Phonetics and phonology: Vol. 5: Nasals, nasalization and the velum.* New York: Academic Press, 147-167.

MORAIS-BARBOSA, J. (1962). Les voyelles nasales portugaises: interprétation phonologique. In *Proceedings of the Fourth International Congress of Phonetic Sciences. (Helsinki 1961).* The Hague: Mouton, 691-708.

NARANGG, C., & BECKER, D. (1971). Aspiration and nasalisation in the generative phonology of Hindi-Urdu. *Language* 47, 646-667.

PARADIS, C., & PRUNET, J.-F. (2000). Nasal vowels as two segments: evidence from borrowings. *Language,* 76(2), 324-357.

SHOSTED, R., CARIGNAN, C. & RONG, P. (2012). Managing the distinctiveness of phonemic nasal vowels: Articulatory evidence from Hindi. *Journal of the Acoustical Society of America* 131(1), 455–465.

STEVENS, K. N (1998). *Acoustic phonetics.* Cambridge, MA: MIT Press.

WALKER, D.C. (1984). The Pronunciation of Canadian French. Ottawa, University of Ottawa Press. *http://people.ucalgary.ca/~dcwalker/PronCF.pdf*

WRIGHT, J. T. (1975). Effects of vowel nasalization on the perception of vowel height. In: Ferguson, C.A., Hyman, L.M., Ohala, J.J. (eds), *Nasálfest. Papers from a symposium on nasals and nasalization.* Stanford University: Language Univerisals Project, 373-388.

WRIGHT, J. T. (1986). Nasalized vowels in the perceptual vowel space. In: Ohala, J.J., Jaeger, J.J. (eds.), *Experimental Phonology.* Orlando: Academic Press, 45-67.

ZERLING, J. P. (1984). Phénomènes de nasalité et de nasalization vocaliques: Étude cinéradiographique pour deux locuteurs. *Travaux de l'Institut de Phonétique de Strasbourg* 16, 241-266.

Masques acoustiques et masques linguistiques de différentes langues sur la reconnaissance de mots en français

Aurore Gautreau[1], *Michel Hoen*[1], *Fanny Meunier*[1]
(1) Centre de Recherche en Neurosciences de Lyon,
INSERM U1028 - CNRS UMR5292, France

aurore.gautreau@gmail.com

RESUME

Nos recherches visent à explorer les interférences linguistiques qui ont lieu dans la situation de compréhension de la parole dans la parole. Pour cela, l'intensité, la nature et la langue du bruit de fond concurrent ont été manipulées. Des participants français ont réalisé une tâche de décision lexicale sur des items cibles français insérés à 0 dB et à -5 dB dans des masqueurs de parole ou des masqueurs de bruit fluctuant générés en français, gaélique irlandais et italien. A -5 dB, les résultats ont montré que le français et l'italien ont davantage masqué la parole cible que l'irlandais. La comparaison des performances obtenues entre les deux types de masqueurs (paroliers versus bruit fluctuant) a révélé que pour le français, la dégradation produite sur la parole cible était à la fois de nature acoustique et linguistique alors qu'elle n'a été que de nature acoustique pour l'italien et l'irlandais.

ABSTRACT

Acoustical and linguistic masking effects of different languages on the comprehension of French words

The goal of our research is to explore linguistic interferences which occur during speech-in-speech comprehension. Intensity, nature and language of the background noise were manipulated. Native French participants had to realize a lexical decision task on French target items inserted at 0 dB or -5 dB in background speech or fluctuating noise produced in French, Irish and Italian. At -5 dB, results showed that French and Italian had a stronger masking effect on target speech than Irish. A comparison of performances obtained with background speech and fluctuating noise revealed that for French, target speech was masked by acoustic and linguistic information whereas the degradation from Italian and Irish was only acoustic.

MOTS-CLES : masqueur parolier, bruit fluctuant, compréhension de la parole, interlangue.
KEYWORDS : babble noise, fluctuating noise, speech comprehension, interlanguage.

1 Introduction

Comprendre la parole en présence d'un bruit de fond est une tâche complexe, d'autant plus lorsque le signal concurrent contient de la parole plutôt qu'un bruit dépourvu d'informations linguistiques. En effet, en plus d'appliquer un effet de masque énergétique sur la parole cible (superposition au moins partielle des informations spectro temporelles des deux sources sonores), la parole concurrente est également responsable d'un effet de masque informationnel (Bronkhorst, 2000 ; Brungart, 2001). Différents types d'informations sont en compétition, notamment des informations de nature linguistique (phonétiques, lexicales, sémantiques) ou psycholinguistique (genre de la voix, F0...). Notre étude a pour objectif d'explorer les interférences linguistiques qui ont lieu dans la situation particulière de compréhension de la parole dans la parole.

Afin de déterminer la nature des informations linguistiques qui entrent en compétition, des études récentes ont manipulé la langue de la parole concurrente. Elles ont montré que la langue de la parole du bruit de fond pouvait affecter la compréhension de la parole cible. Par exemple, Rhebergen et al. (2005) ont observé une moins bonne identification de phrases cibles allemandes lorsque les masqueurs étaient produits en allemand plutôt qu'en suédois. Van Engen et Bradlow (2007) ont obtenu des performances plus faibles pour identifier des phrases cibles anglaises avec des masqueurs produits en anglais plutôt qu'en mandarin. Ces études ont montré que l'effet de masque du bruit de fond était plus important lorsque son contenu linguistique était identique à celui de la parole cible, autrement dit lorsque les deux signaux de parole en compétition étaient produits dans la même langue. Cependant, ces expériences ne permettent pas de savoir si l'effet observé provient du fait qu'on utilise une langue différente de la parole cible ou si des caractéristiques linguistiques des langues manipulées vont dégrader différemment la parole cible. Afin d'étudier plus avant cette question, nos expériences ont comparé l'effet de masque de différentes langues du monde sur des mots cibles français.

1.1 La présente étude

Dans cette étude, les items cibles étaient toujours produits en français, alors que les masqueurs ont été générés en français, italien et gaélique irlandais. Il s'agissait d'explorer des différences d'effets de masque dont l'origine pourrait provenir de caractéristiques linguistiques différentes entre ces langues. Pour sélectionner ces langues, de nombreux critères étaient disponibles. Dans une première approche, nous nous sommes intéressés à l'inventaire phonologique qui correspond à la description des différents phonèmes d'une langue.

Le français compte 37 phonèmes soit 16 voyelles et 21 consonnes (Maddieson et al., 2011). Sur la base de cette description nous avons pu établir que l'italien possède 60% de ses phonèmes qui sont identiques à ceux du français. Pour cela, l'italien sera considéré comme proche du français (langue cible) contrairement au gaélique irlandais qui partage seulement 18% de ses phonèmes avec le français. Deux expériences ont été menées à des RSB (Rapport Signal sur Bruit) différents : 0 dB et -5 dB. Pour chaque expérience, l'effet de masque du français sur la compréhension des items cibles français a été comparé aux effets de masque d'une langue éloignée (irlandais) et d'une langue proche du français (italien). Tout d'abord, il s'agissait de déterminer si l'identification des items cibles français serait plus affectée par les masqueurs français (langue identique à celle de la parole cible) que par des masqueurs produits dans une langue non comprise par les participants. Un second objectif était d'observer si les masqueurs produits dans une langue proche du français dégraderaient davantage la parole cible que les masqueurs produits dans une langue éloignée du français. Les participants devaient réaliser une tâche de décision lexicale sur des items cibles français insérés dans les masqueurs.

2 Expériences 1 et 2

L'expérience 1, réalisée à 0 dB, et l'Expérience 2 à -5 dB, ont été construites selon le même protocole.

2.1 Matériel et méthodes

2.1.1 Les locuteurs

Pour chaque langue manipulée, plusieurs femmes et hommes ont été enregistrés dans leur langue native pour générer les masqueurs de parole. La production des items cibles a été réalisée par une femme de langue maternelle française différente de celles enregistrées pour les masqueurs français.

2.1.2 Les participants

Vingt huit volontaires ont participé à l'Expérience 1 et 30 à l'Expérience 2. Aucun sujet n'a participé aux deux expériences. Tous étaient des étudiants de langue maternelle française, âgés de 18 à 30 ans. Ils n'étaient pas familiers des langues étrangères manipulées et ne présentaient ni troubles auditifs ni troubles du langage. Ils ont été dédommagés pour leur participation.

2.1.3 Masqueurs paroliers

Afin de constituer les masqueurs de parole dans chaque langue manipulée, deux voix de femme et deux voix d'homme ont été sélectionnées parmi celles enregistrées. Chaque voix a d'abord été enregistrée individuellement dans une salle insonorisée. Tous les locuteurs ont lu dans leur langue native les mêmes textes traduits par des professionnels. De ces enregistrements ont été extraites des séquences de 4 sec selon le protocole suivant : (i) dans chacune des séquences les silences devaient être inférieurs à 500 ms, afin d'éviter que les mots cibles n'apparaissent dans un « silence » (notons cependant que cette hypothèse est peu probable puisqu'ensuite quatre séquences sont mixées), (ii) suppression des phrases avec une prononciation incorrecte, une prosodie exagérée. Les signaux ont été normalisés à 70 dB-A puis mixés par quatre afin d'obtenir les masqueurs de parole.

2.1.4 Masqueurs de bruit fluctuant

Contrairement aux masqueurs paroliers, constitués d'informations linguistiques et acoustiques, les masqueurs de bruit fluctuant ne possèdent que des informations acoustiques. Comparer les performances obtenues avec ces deux types de masqueurs permettra de mettre en évidence l'effet des informations linguistiques de chaque langue manipulée. A l'aide du logiciel MATLAB, les masqueurs de bruit fluctuant ont été construits à partir des masqueurs de parole dans chaque langue manipulée (pour le détail de la procédure, voir Hoen et al., 2007).

2.1.5 Items cibles

Quatre-vingt un mots français bisyllabiques ainsi que 81 pseudo-mots ont constitués les items cibles. Ces 162 items cibles étaient identiques dans les deux expériences. Les mots ont été sélectionnés dans la base de données Lexique2 (New et al., 2004) et ont été équilibrés en fréquence d'occurrence (de 0,29 à 175,65 par million de mots ; moyenne = 17,16 ; ET = 30,43). Les pseudo-mots ont été construits en respectant les règles phonotactiques de la langue française, comme par exemple *trouchet*.

2.1.6 Stimuli

Pour chaque expérience, les 162 stimuli correspondaient aux 81 mots et 81 pseudo-mots mixés à un masqueur (parolier ou bruit fluctuant). Les items cibles étaient toujours insérés à 2,5 sec du début d'un masqueur. Parmi les 81 mots cibles, 3 ont été utilisés pour la phase d'entraînement. Une moitié des 78 mots restants a été mixée avec des masqueurs de parole, l'autre moitié avec des masqueurs de bruit fluctuant. Le même protocole a été appliqué pour les 81 pseudo-mots, 3 ont été gardés comme items d'entraînement, 39 ont été insérés dans des masqueurs paroliers et les 39 restants avec des masqueurs de bruit fluctuant.

Au total, 6 listes expérimentales différentes ont été générées. Chacun des 156 items (78 mots et 78 pseudo-mots) n'était présent qu'une seule fois dans chacune des listes. Chaque participant ne voyait qu'une seule liste, soit chaque participant ne rencontrait les items cibles qu'une seule fois. Au final, les listes étaient composées de 13 mots et de 13 pseudo-mots présentés dans chacune des 6 conditions expérimentales (2 types de masqueurs (paroliers vs. bruit fluctuant), 3 langues (Expériences 1 et 2 : gaélique irlandais vs. italien vs. français)). A travers toutes les listes, l'ensemble des stimuli ont été présentés dans toutes les conditions. A l'intérieur de chaque liste, l'ordre de présentation des items était randomisé pour chaque passation.

Dans l'Expérience 1, les items cibles ont été insérés dans les masqueurs avec un RSB de 0 dB et dans l'Expérience 2 avec un RSB de -5 dB.

2.1.7 Procédure

Les participants étaient testés individuellement. Ils étaient assis dans une salle d'expérimentations insonorisée face à un écran d'ordinateur. Les stimuli étaient présentés avec Eprime (Psychology Software Tools, Inc., Pittsburg, PA) et délivrés de manière diotique à travers un casque audio (Beyerdynamic DT 48, 200 Ω) à 65 dB SPL (niveau d'écoute confortable). Les participants devaient réaliser une tâche de décision lexicale sur les items cibles insérés dans les masqueurs. Il leur était demandé de répondre le plus vite et le plus correctement possible si l'item cible était un mot ou pas en appuyant sur l'une des deux touches pré sélectionnées sur le clavier. Les participants ne pouvaient entendre les items cibles qu'une seule fois. Ils passaient eux-mêmes d'un essai à l'autre en appuyant sur la barre espace. Avant la phase test, une phase d'entraînement était proposée afin de s'habituer au mode de présentation des stimuli ainsi qu'à la voix cible. Il s'agissait de 12 essais, chacun des 3 mots et 3 pseudo-mots sélectionnés pour l'entraînement a été présenté dans un masqueur de parole et dans un masqueur de bruit fluctuant dans une des trois langues manipulées. La durée de l'expérience était de 30 min environ.

3 Résultats

Pour les deux expériences, les moyennes de Temps de Réaction (TR : intervalle de temps, en ms, entre la présentation de l'item cible et la pression du bouton) ainsi que les taux d'erreurs ont été mesurés. Pour l'analyse des TR, les essais pour lesquels les participants ont commis des erreurs (Expérience 1 : 22,1% ; Expérience 2 : 34,1%), ou n'ont pas répondu dans le temps imparti de 4500 ms (Expérience 1 : 0,8% ; Expérience 2 : 4,3%) n'ont pas été inclus. Les essais dont les TR étaient inférieurs à 300 ms (Expérience 2 : 0,2%) n'ont pas été pris en compte.

Deux analyses de variance à mesures répétées (ANOVA) ont été conduites sur l'Expérience 1 à 0 dB et sur l'Expérience 2 à -5 dB. La première ANOVA a considéré comme variable dépendante les TR et comme variables intra-sujets le facteur Nature des masqueurs (masqueurs paroliers vs. masqueurs de bruit fluctuant) et le facteur Langue des masqueurs (Expériences 1 et 2 : irlandais vs. italien vs. français). Dans la seconde ANOVA, les taux d'erreurs constituaient la variable dépendante, les variables intra-sujets étant les mêmes que dans la première ANOVA.

3.1 Expérience 1 : 0 dB

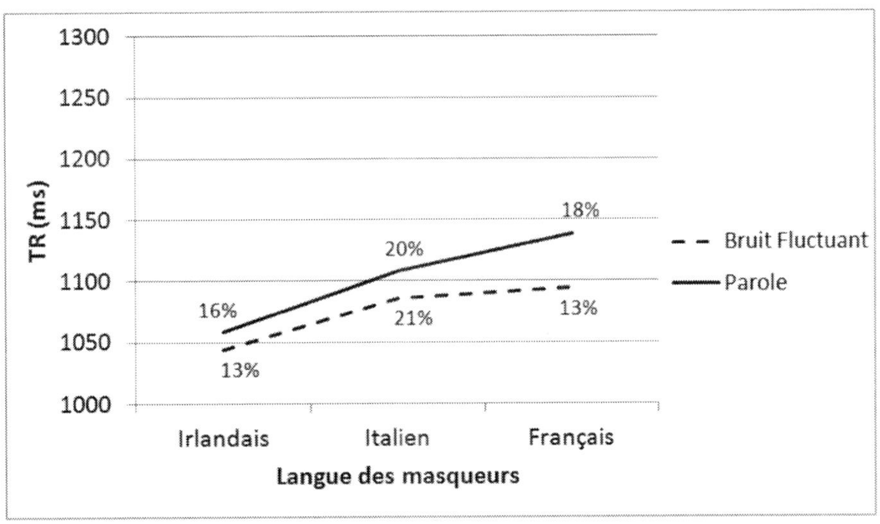

FIGURE 1 – Effet de la Nature des masqueurs (parolier vers bruit fluctuant) sur les TR en fonction de la Langue des masqueurs à 0 dB. Les valeurs indiquées sur les courbes représentent les taux d'erreurs pour chaque condition expérimentale.

Les résultats sont présentés dans la Figure 1. L'effet de la Nature des masqueurs n'est pas ressorti significatif à l'analyse de variance ($F(1,27)=3,13$; $p=.09$). En revanche, l'ANOVA a révélé un effet significatif de la Langue des masqueurs ($F(2,54)=7,12$; $p<.001$). Les participants ont été plus rapides lorsque les masqueurs étaient produits en irlandais (1051 ms), ils ont été plus lents avec les masqueurs italiens (1097 ms) et français (1117 ms). L'interaction entre ces deux facteurs n'a pas été significative

(F(2,54)=0,3 ; p=.73). Les comparaisons post-hoc réalisées avec le test HSD de Tukey ont montré qu'avec les masqueurs de bruit fluctuant, aucune différence entre les langues n'a été révélée. Avec les masqueurs paroliers, seule une différence existe entre l'irlandais et le français, c'est - à - dire entre les langues qui ont conduit aux performances extrêmes. Enfin, pour chacune des langues, l'effet de la Nature des masqueurs n'a pas été significatif, aucune différence dans les TR n'a été observée entre les deux types de masqueurs (paroliers versus bruit fluctuant).

L'ANOVA conduite sur les taux d'erreurs des participants n'a révélé aucun effet significatif.

Dans cette expérience, la situation d'écoute à 0 dB n'a pas permis de mettre en lumière l'effet des informations linguistiques des langues manipulées puisque les deux types de masqueurs ont entraîné des performances équivalentes. Ce résultat suggère que les effets observés (TR significativement différents entre les masqueurs paroliers irlandais et français) seraient essentiellement dus aux différences acoustiques entre les langues. Nous avons donc décidé de rendre la tâche plus difficile en modifiant le RSB à -5 dB, afin de déterminer si des interférences de nature linguistique pourraient être révélées.

3.2 Expérience 2 : -5 dB

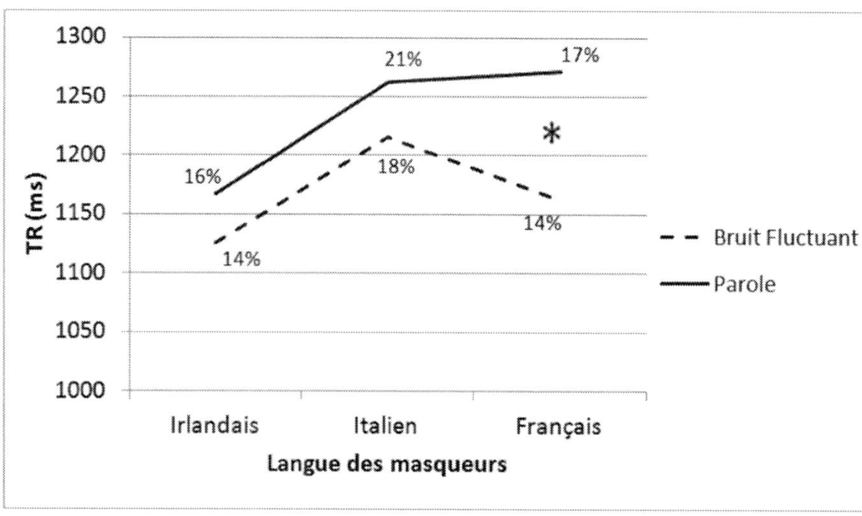

FIGURE 2 – Effet de la Nature des masqueurs (parolier vers bruit fluctuant) sur les TR en fonction de la Langue des masqueurs à -5 dB. Les valeurs indiquées sur les courbes représentent les taux d'erreurs pour chaque condition expérimentale.

Les résultats sont présentés dans la Figure 2. Contrairement à l'Expérience 1, nous avons observé un effet significatif de la Nature des masqueurs (F(1,29)=8,92 ; p=.005). Les TR étaient plus longs lorsque les masqueurs étaient composés de parole (1234 ms) plutôt que de bruit fluctuant (1167 ms). L'analyse a également révélé un effet significatif de la Langue des masqueurs (F(2,58)=5,83 ; p<.005). En moyenne, les participants ont été plus rapides avec les masqueurs en gaélique irlandais (1146 ms), ils ont été plus lents avec de l'italien (1217 ms) ou du français (1239 ms) en bruit de fond. L'interaction entre ces deux facteurs n'a pas été significative ($F(2,58)=1,25$; $p=.29$). Des comparaisons post-hoc effectuées avec le test HSD de Tukey ont montré qu'avec les masqueurs de bruit fluctuant, aucune différence significative entre les langues n'a été observée. En revanche, avec les masqueurs paroliers, des différences significatives ont été révélées entre l'irlandais et le français, ainsi qu'entre l'irlandais et l'italien. Enfin, l'effet de la Nature des masqueurs n'a été présent que pour le français, avec des TR significativement plus rapides pour les masqueurs de bruit fluctuant que pour les masqueurs paroliers.

Concernant les taux d'erreurs des participants, aucun effet significatif n'est ressorti de l'analyse de variance.

Pour l'irlandais et l'italien, l'absence de différence entre les TR obtenus avec les masqueurs paroliers et les masqueurs de bruit fluctuant suggère que l'effet de masque de ces langues est d'origine acoustique. Pour le français, cette différence est significative et met en lumière le rôle des informations linguistiques de cette langue lorsqu'elle est présentée en fond sonore.

4 Discussion

Dans cette étude, nous nous sommes intéressés à la compréhension de la parole dans la parole et plus précisément aux interférences impliquées dans cette situation. Le but était de comparer l'effet de masque de langues différentes (italien et irlandais) de la langue de la parole cible par rapport à l'effet de masque d'une langue identique (français).

Dans la situation de parole dans la parole, nous avons observé que la parole cible a été masquée différemment selon la langue des masqueurs. Ce résultat n'a été observé qu'à -5 dB. A 0 dB, la ségrégation des flux entre les masqueurs paroliers et la parole cible étant plus facile, les interférences entre ces deux sources sonores seraient réduites.

A -5 dB, l'identification des items cibles français a été significativement plus facile avec de l'irlandais qu'avec de l'italien ou du français dans les masqueurs paroliers. L'italien a conduit à un niveau de dégradation équivalent à celui du français (langue identique à la parole cible). Néanmoins, l'utilisation du bruit fluctuant nous a permis d'observer que l'effet de masque de ces deux langues ne serait pas de même nature. En effet, pour l'italien, les performances n'ont pas été significativement différentes entre les masqueurs de bruit fluctuant (composés uniquement d'informations acoustiques) et les masqueurs paroliers (composés d'informations acoustiques et linguistiques). Cette absence de différence montre que les informations linguistiques de l'italien n'ont pas ou peu participé à la dégradation de la parole cible contrairement aux informations acoustiques qui ont eu un rôle prépondérant. Avec du français, la dégradation de la parole cible a été significativement plus importante avec les masqueurs paroliers qu'avec le bruit fluctuant. Ainsi, le rôle des informations linguistiques du français a été mis en lumière. Ces résultats sont en accord avec ceux observés précédemment. A l'aide d'une tâche de retranscription de mots cibles français dégradés par des masqueurs paroliers en français à quatre, six ou huit locuteurs, Hoen et al. (2007) ont montré qu'avec quatre locuteurs en bruit de fond, des informations lexicales seraient encore identifiables. En effet, parmi les erreurs des participants se trouvaient des mots présents dans les masqueurs paroliers.

L'irlandais a eu comme l'italien un effet de masque de nature acoustique. Aucune différence de performances entre les deux types de masqueurs (paroliers versus bruit fluctuant) n'a été observée. Mais ces langues, toutes les deux différentes de la langue de la parole cible, n'ont pas affecté la parole cible avec autant d'efficacité. L'irlandais a eu un effet de masque plus faible que celui de l'italien. Des analyses acoustiques sur les masqueurs italiens et irlandais seraient nécessaires afin de déterminer quelles sont les informations acoustiques qui jouent un rôle prépondérant dans le masquage de la parole cible.

5 Conclusion

Nos résultats ont clairement montré que les interférences observées dans la situation de la parole dans la parole étaient purement acoustiques pour les langues différentes de la parole cible (italien et irlandais) et à la fois acoustiques et linguistiques lorsque la parole cible et la parole concurrente étaient produites dans la même langue. Il serait intéressant de répliquer ce travail en manipulant d'autres langues différentes de la langue de la parole cible afin d'observer la nature de leur effet de masque (purement acoustique ou linguistique et acoustique).

Remerciements

Cette recherche a été financée par l'European Research Council (projet SpiN N°209234) et par un financement de la Délégation Générale de l'Armement.

Références

BRONKHORST, A. (2000). The cocktail party phenomenon: a review of research on speech intelligibility in multiple-talker conditions. *Acustica*, 86: 117-128.

BRUNGART, D.S. (2001). Informational and energetic masking effects in the perception of two simultaneous talkers. *Journal of the Acoustical Society of America*, 109(3): 1101-1109.

HOEN, M., MEUNIER, F., GRATALOUP, C., PELLEGRINO, F., GRIMAULT, N., PERRIN, F., PERROT, X., and COLLET, L. (2007). Phonetic and lexical interferences in informational masking during speech-in-speech comprehension. *Speech communication*, 49: 905-916.

MADDISON, I., FLAVIER, S., MARSICO E. and PELLEGRINO, F. (2011). LAPSyD: Lyon-Albuquerque Phonological Systems Databases, Version 1.0. `http://www.lapsyd.ddl.ish-lyon.cnrs.fr/`. [consulté le 04/04/2012].

NEW, B., PALLIER, C., BRYSBAERT M. and FERRAND, L. (2004). A new French lexical database. *Behavior Research Methods, Instruments, & Computers*, 36(3): 516-524.

RHEBERGEN, K.S., VERSFELF, N.J. and DRESCHLER, W.A. (2005). Release from informational masking by time reversal of native and non naive interfering speech. *Journal of the Acoustical society of America*, 118(3): 1274-1277.

VAN ENGEN, K.J. and BRADLOW, A.R. (2007). Sentence recognition in native- and foreign language multi-talker background noise. *Journal of the Acoustical Society of America*, 121(1): 519-526.

Exploitation d'une marge de tolérance de classification pour améliorer l'apprentissage de modèles acoustiques de classes en reconnaissance de la parole

Denis Jouvet, Arseniy Gorin, Nicolas Vinuesa
Speech Group, INRIA – LORIA,
615 rue du Jardin Botanique, 54602 Villers les Nancy
{denis.jouvet,arseniy.gorin}@loria.fr

RESUME

Ce papier présente la prise en compte d'une marge de tolérance lors la classification des données d'apprentissage pour la fabrication de modèles acoustiques de classes pour la transcription automatique de la parole. En effet, bien que la classification automatique des données permette d'aller au-delà de la traditionnelle partition hommes/femmes, le nombre de classes utilisables est généralement limité par la fiabilité des modèles acoustiques associés aux classes, qui malheureusement va en diminuant avec le nombre de classes. Les expériences présentées montrent que la prise en compte d'une marge de tolérance lors de la classification des données d'apprentissage permet d'accroitre la quantité des données associées à chaque classe, et donc la fiabilité des modèles acoustiques associés aux classes. Les évaluations menées sur les données de la campagne ESTER2 ont montré la possibilité de fabriquer ainsi des modèles de classes aboutissant à de meilleures performances que l'utilisation des modèles habituels spécialisés hommes/femmes.

ABSTRACT

Exploitation of a classification tolerance margin for improving the estimation of class-based acoustic models for speech recognition

This paper presents the introduction of a classification tolerance margin in the classification of the training data for building class-based acoustic models for automatic speech transcription. Indeed, although automatic classification of speech data makes it possible to go beyond the traditional male / female partition, the number of usable classes is actually limited by the reliability of the associated acoustic models which, unfortunately, decreases when the number of classes increases. The reported experiments show that using a tolerance margin in the classification process increases the amount of training data associated to each class, and consequently increases the reliability of the acoustic models of the classes. The performance evaluation carried on the ESTER2 data have shown that it is possible with the proposed approach to build class-based acoustic models that lead to better speech recognition performance than with the usual gender-based acoustic models.

MOTS-CLES :Reconnaissance de la parole, classification automatique, modèles acoustiques de classes, marge de tolérance de classification,
KEYWORDS :Speech recognition, automatic classification, class-based acoustic models, classification tolerance margin

1 Introduction

Les modèles acoustiques sont l'un des constituants fondamentaux des systèmes de reconnaissance de la parole. Ils modélisent la réalisation acoustique des sons (phonèmes) de la langue, et doivent tenir compte des multiples sources de variabilité qui viennent affecter le signal de parole et qui impactent sur les performances de la reconnaissance automatique de la parole (Benzeghiba *et al.*, 2007). Comme les performances de reconnaissance sont d'autant meilleures que les modèles acoustiques utilisés sont en adéquation avec les conditions acoustiques du signal de parole à reconnaître, les systèmes de transcription automatique de la parole fonctionnent typiquement en plusieurs passes. La première est consacrée à la découpe du signal en segments homogènes, puis à l'identification des caractéristiques de chaque segment. La reconnaissance est ensuite effectuée en utilisant des modèles acoustiques correspondant à la classe du segment à reconnaître, en général des modèles acoustiques dépendant du sexe du locuteur.

L'augmentation du nombre de composantes gaussiennes des densités acoustiques améliore les performances de reconnaissance grâce à une meilleure modélisation des variantes des réalisations acoustiques qui résultent des multiples sources de variabilité affectant le signal de parole. Toutefois, la forte dispersion des réalisations dues aux variabilités du signal limite la précision des modèles acoustiques. L'emploi d'une modélisation multiple est une voie pour pallier ce problème. Ainsi, au lieu d'un seul jeu de modèles acoustiques, il est possible de fabriquer plusieurs jeux de modèles acoustiques, chaque jeu correspondant à un sous-ensemble de variabilités. Le décodage peut alors être effectué avec le modèle acoustique adéquat ou bien plusieurs décodages peuvent être faits en parallèle, et les résultats combinés par une approche de type ROVER (Fiscus, 1997).

La modélisation acoustique dépendante du locuteur est la modélisation acoustique la plus précise. Différentes techniques existent pour adapter un modèle générique aux données d'un locuteur comme les voix propres (Kuhn *et al.*, 1998), l'interpolation de modèles de classes (Gales, 1998) ou de locuteurs de référence (Teng *et al.*, 2007). Une autre orientation consiste à exploiter le principe des réseaux bayesiens dynamiques (Zweig, 1998) pour rendre la modélisation acoustique dépendante d'une variable auxiliaire représentant les variabilités considérées, comme le pitch (Stephenson *et al.*, 2004), des facteurs cachés (Korkmazsky *et al.*, 2004) ou encore la classe du locuteur (Cloarec & Jouvet, 2008).

L'estimation des modèles acoustiques correspondant à un ensemble réduit de variabilités (ex. classe restreinte de locuteurs) peut conduire à des modèles non fiables lorsqu'il n'y a pas assez de données correspondant à cette classe. Or c'est malheureusement fréquemment le cas lorsque le nombre de classes augmente. Ce papier présente une approche visant à accroître la quantité de données utilisée pour l'apprentissage des modèles acoustiques de chaque classe. L'approche repose sur la prise en compte de l'incertitude de classification pour les données qui se trouvent à la frontière entre plusieurs classes, et s'inspire du traitement de l'incertitude sur les frontières de segmentation pour l'estimation de modèles dépendant de la vitesse d'articulation (Jouvet *et al.*, 2011).

L'organisation du papier est la suivante. Après un rappel sur l'utilisation de modèles acoustiques de classes et la classification automatique des données d'apprentissage, la section 2 présente l'introduction d'une marge de tolérance dans la classification automatique. La section 3 présente les expériences menées en transcription automatique de la parole sur les données de la campagne d'évaluation ESTER2 (Galliano *et al.*, 2009) et commente les résultats obtenus. Finalement, une conclusion termine le papier.

2 Introduction d'une marge de tolérance dans la classification automatique

Avant d'introduire la prise en compte d'une marge de tolérance dans la classification automatique des données d'apprentissage, cette section rappelle l'utilisation de modèles de classes en reconnaissance de la parole, ainsi qu'une approche de classification automatique permettant la fabrication d'un nombre arbitraire de classes de données.

2.1 Utilisation de modèles de classes en reconnaissance de la parole

Au lieu de la découpe traditionnelle en 2 classes (hommes vs. femmes), la classification automatique permet de considérer un nombre arbitraire de classes C_k, $k = 1, \ldots, K$. L'ensemble des GMMs$\{\Phi_k, k = 1, \ldots, K\}$ correspondant aux différentes classes permet de classifier n'importe quelle donnée (segment de parole) X:

$$X \in C_k \Leftrightarrow P(X|\Phi_k) \geq P(X|\Phi_l) \qquad \forall l \tag{1}$$

La donnée est affectée à la classe C_k du GMM Φ_k qui conduit à la plus grande vraisemblance. Les modèles acoustiques Λ_k (modèles acoustiques des phonèmes) associés à cette classe C_k sont alors utilisés pour décoder ce signal de parole X:

$$\widehat{W} = \text{argmax}_W\, P(X|W, \Lambda_k). P(W) \tag{2}$$

Les modèles acoustiques Λ_k des phonèmes sont typiquement obtenus par adaptation d'un modèle générique sur les données d'apprentissage (données d'adaptation) de la classe C_k.

2.2 Classification automatique des données d'apprentissage

Le problème de la classification automatique est la détermination simultanée des classes de données et des GMMs associés. L'approche choisie ici repose sur une détermination incrémentale des classes et des GMMs associés. A chaque étape du processus le nombre de classes est multiplié par deux. On commence par 1 classe correspondant à l'ensemble des données, puis on fabrique 2 classes, puis 4, 8, 16, ... classes. Si le nombre désiré de classes n'est pas une puissance de 2, on peut limiter l'augmentation du nombre de classes en ne considérant que les plus grosses ou les plus dispersées.

La figure 1 représente les différentes étapes de traitement pour la classification automatique, et commence par 1 seule classe et le GMM associé correspondant à l'ensemble des données à classifier. Ensuite, à chaque étape du processus, le nombre de classes est multiplié par 2. Pour cela, chaque GMM Φ_k est dupliqué, et les valeurs des moyennes des gaussiennes sont légèrement modifiées de manière aléatoire pour obtenir deux GMMs Φ_{k1}et Φ_{k2}. Ces GMMs servent alors à classifier les données conformément à l'équation (1), i.e. chaque donnée est affectée à la classe du GMM qui maximise la vraisemblance. Pour chacune des classes obtenues, un nouveau GMM est appris. Les étapes de classification et d'apprentissage des GMMs sont répétées autant que nécessaire, jusqu'à convergence (critère de vraisemblance) ou nombre maximal d'itérations.

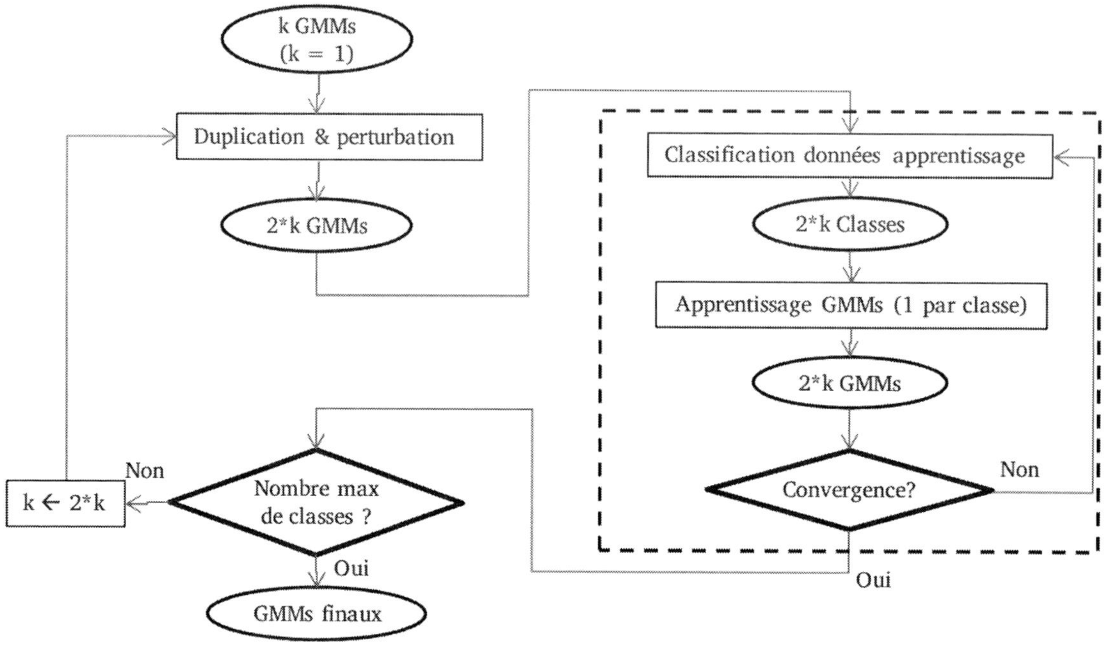

FIGURE 1 – Etapes de la classification automatique.

2.3 Exploitation d'une marge de tolérance lors de la classification

L'idée sous-jacente consiste à exploiter de manière optimale les données qui sont à la frontière des classes. En effet les données à la frontière de deux classes peuvent être affectées à l'une ou l'autre des classes, voire aux deux classes. Cela revient à considérer qu'il y a une incertitude sur la frontière. L'introduction d'une marge de tolérance δ dans l'équation (1) permet de gérer une telle incertitude, et d'affecter à plusieurs classes les données qui se trouvent à la frontière des classes :

$$X \in C_k \Leftrightarrow \frac{1}{T} Log\ P(X|\Phi_k) \geq \max_l \frac{1}{T} Log\ P(X|\Phi_l) - \delta \quad (3)$$

Lorsque la marge de tolérance δ vaut 0, l'équation (3) conduit à la même classification que l'équation (1). Lorsque l'on augmente la marge de tolérance δ, de plus en plus de données se trouvent affectées à plusieurs classes, ce qui augmente, en moyenne, la quantité des données associées à chaque classe.

3 Etude expérimentale

Les expériences de reconnaissance automatique de la parole avec des modèles de classes ont été menées sur les données de la campagne d'évaluation ESTER2 (Galliano *et al.*, 2009).

3.1 Contexte expérimental

Les données d'apprentissage du corpus ESTER2, environ 190 heures, ont servi pour l'estimation des GMMs de classification, ainsi que pour l'estimation des modèles acoustiques des phonèmes associés à chaque classe. Les évaluations ont été menées sur les données françaises du corpus de développement, et correspondent à environ 4h30 de signal audio et 36800 mots.

Les expériences ont été menées avec le système de reconnaissance Sphinx (2011). La transcription de la parole est effectuée en 2 passes : une première passe pour la segmentation du signal et l'identification des caractéristiques des segments, puis une seconde passe pour effectuer le décodage avec le modèle correspondant aux caractéristiques estimées (qualité studio vs téléphone, et homme vs femme pour l'approche classique, ou classe du locuteur pour l'approche proposée ici). L'identification de la classe du locuteur repose sur les GMMs appris, et l'application de l'équation (1), i.e. identification de la classe correspondant au maximum de vraisemblance.

Les modèles acoustiques des phonèmes sont composés de 4 500 senones (états/densités partagés) et chaque densité a 64 composantes gaussiennes. Les modèles des phonèmes dépendant du contexte sont d'abord appris pour les conditions studio et téléphone, puis adaptés au type du locuteur (homme vs femme) ou aux classes de locuteurs, selon les expériences, en combinant successivement une adaptation MLLR (une matrice de régression par phonème) puis une adaptation MAP des paramètres. L'adaptation aux classes se fait à partir des données associées à chaque classe en fonction de la marge de tolérance choisie, d'après l'équation (3).

Le lexique de prononciations comprend environ 64 000 mots, et un modèle de langage trigramme est également utilisé.

3.2 Analyse de quelques classes

Lorsque la marge de tolérance de classification augmente, plus de données sont affectées à chaque classe, i.e. les classes se recouvrent de plus en plus.

C'est ce qui est représenté sur la figure 2 pour la classification à 32 classes. L'axe vertical représente sur une échelle logarithmique la durée totale (en secondes) du signal de l'ensemble des segments affectés à chaque classe (axe horizontal) en fonction de la marge de tolérance (0,0, 0,5, 1,0 et 1,5). Les classes ont été rangées par ordre décroissant de la quantité des données affectées à la classe pour la classification traditionnelle (équivalent à une marge de 0,0).

On voit que la quantité des données associées à chaque classe est très variable, et va d'une vingtaine de minutes à plus de 13 heures. A quelques exceptions près, l'introduction d'une marge de tolérance dans la classification augmente de manière significative la quantité de données associées à chaque classe. L'idée sous-jacente de l'approche proposée, est que, pour une marge de tolérance raisonnable, les données complémentaires associées à chaque classe sont similaires à celles du noyau de la classe, et donc ne perturberont pas l'apprentissage, mais au contraire seront bénéfiques, car l'ensemble d'adaptation plus grand devrait rendre l'estimation des paramètres plus pertinente.

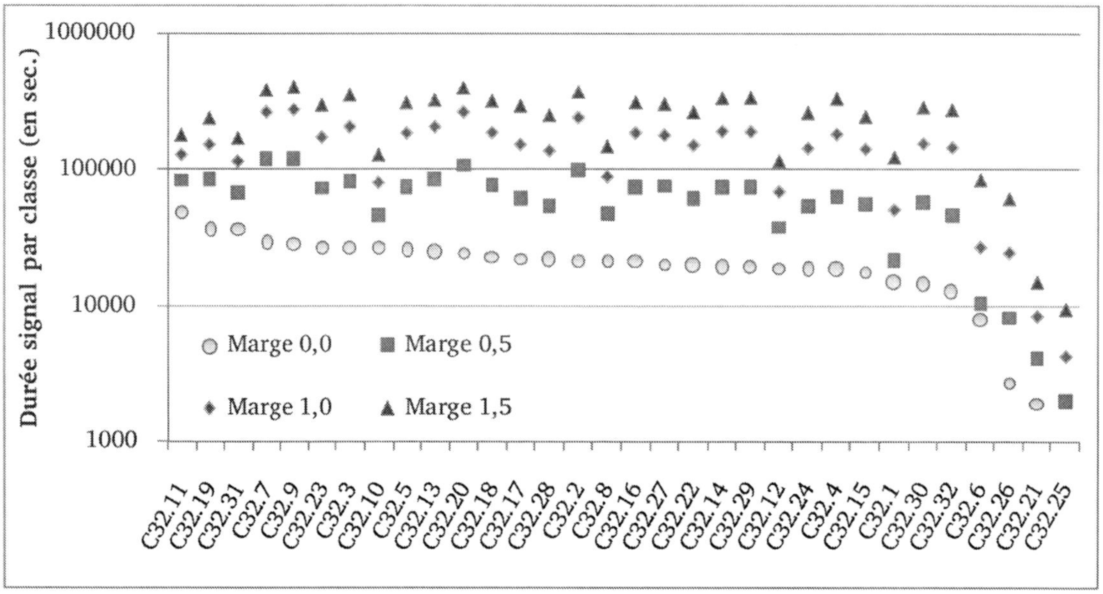

FIGURE 2 – Impact de la marge sur la taille des sous-ensembles de données associées à chaque classe (modèle 32 classes).

3.3 Evaluation des performances de reconnaissance

Le tableau suivant indique les taux d'erreur de reconnaissance sur les données françaises de l'ensemble de développement d'ESTER2 en fonction du nombre de classes du modèle, et de la marge de tolérance utilisée pour la classification des données d'apprentissage.

En l'absence de classification, i.e. en utilisant uniquement un modèle générique pour les données de qualité studio, et un autre pour les données de qualité téléphone, le taux d'erreur obtenu est de 25,97%.Lorsque l'on utilise en plus une classification homme/femme, le taux d'erreur descend à 24,91%.

Marge de tolerance	0,0 (aucune)	0,5	1,0	1,5	2,0	2,5
2 classes	**24,97**	25,16	25,55	25,37	25,56	25,66
4 classes	24,77	**24,69**	24,99	25,21	25,09	25,29
8 classes	24,88	**24,66**	**24,71**	25,01	24,95	25,29
16 classes	25,15	25,14	**24,54**	**24,52**	24,90	24,98
32 classes	25,97	24,82	**24,32**	24,59	24,51	25,04

TABLE 1 – Taux d'erreur (%) en fonction du nombre de classes et de la marge de tolérance.

Les modèles acoustiques des phonèmes pour chaque classe ont été adaptés en applicant successivement une adaptation MLLR (une matrice de régression par phonème) puis une adaptation MAP des paramètres. Cette combinaison donne en effet de meilleures performances que l'adaptation MAP seule, en particulier lorsque le nombre de classes est élevé.

La deuxième colonne du tableau (marge 0,0) montre que l'approche de classification standard est rapidement limitée par le manque de fiabilité des modèles estimés dès que le nombre de classes est important. Les performances se dégradent à partir de 8 classes.

Les résultats montrent également qu'en introduisant une légère marge de tolérance dans la classification des données d'apprentissage, on améliore la qualité des modèles acoustiques des classes, et donc globalement les performances de reconnaissance. Par contre, lorsque la marge de tolérance est trop grande (par exemple 2,0 et 2,5), on introduit dans la classe des données trop disparates qui viennent pénaliser la précision des modèles.

Globalement, les résultats montrent qu'en introduisant une marge de tolérance raisonnable lors de la classification des données du corpus d'apprentissage on peut utiliser de manière efficace un nombre important de classes de données, et obtenir des taux d'erreurs significativement meilleurs qu'avec la traditionnelle classification homme/femme.

4 Conclusion

Ce papier a analysé l'apprentissage de modèles acoustiques de classes de données dans le cadre de la transcription de parole. La classification automatique des données permet de fabriquer un nombre arbitraire de classes. Cependant lorsque le nombre de classes augmente, la quantité de données affectées à chacune des classes diminue, ce qui fait que le gain en précision du modèle est pénalisé par le manque de fiabilité des estimations (manque de données). En conséquence le nombre de classes utilisables est rapidement limité.

Ce papier présente l'utilisation d'une marge de tolérance de classification pour pallier ce problème d'estimation. Elle consiste à introduire une tolérance sur la frontière des classes, ce qui permet d'accroître la quantité des données affectées à chaque classe. Les résultats expérimentaux ont montré que la prise en compte d'une petite marge de tolérance permet d'améliorer la pertinence des modèles appris, et d'obtenir des taux de reconnaissance significativement meilleurs que ceux résultant de la traditionnelle classification homme/femme.

Dans ces expériences une classification automatique simple des données d'apprentissage a été exploitée. On peut supposer raisonnablement qu'une classification plus élaborée, telle que celles proposées dans (Krstulovic *et al.*, 2007) qui focalisent sur certaines classes phonétiques ou exploitent des modèles acoustiques des phonèmes ou dans (Beaufays *et al.*, 2010) qui cherche à maximiser la dissimilarité entre classes, pourrait conduire à des performances encore meilleures.

Références

BEAUFAYS, F., VANHOUCKE, V. et STROPE, B. (2010). Unsupervised discovery and training of maximally dissimilar cluster models. *In Proc. INTERSPEECH'2010*, Makuhari, Japon, sept. 2010.

BENZEGHIBA, M., DE MORI, R.,DEROO, O., DUPONT, S.,ERBES, T., JOUVET, D.,FISSORE, L.,LAFACE, P.,MERTINS, A., RIS, C., ROSE, R., TYAGI, V. etWELLEKENS, C. (2007). Automatic speech recognition and variability: a review. *Speech Communication*, vol. 49, pp. 763-786, 2007.

CLOAREC, G. et JOUVET, D. (2008). Modeling inter-speaker variability in speech recognition. *In Proc. ICASSP'2008*, Las-Vegas, USA, mars 2008.

FISCUS,J.G. (1997). A post-processing system to yield reduced word error rates: Recognizer Output Voting Error Reduction (ROVER). *In Proc. ASRU'97*, Santa Barbara, CA, USA, 1997, pp. 347-354.

GALES, M.J.F. (1998). Cluster adaptive training for speech recognition. *In Proc. ICSLP'98*, Sydney, Australie, 1998, pp. 1783-1786.

GALLIANO, S., GRAVIER, G., etCHAUBARD, L. (2009). The ESTER 2 evaluation campaign for rich transcription of French broadcasts. *In Proc. INTERSPEECH'2009*, Brighton, UK, pp. 2583-2586, sept. 2009.

JOUVET, D., FOHR, D. et ILLINA, I. (2011). About handling boundary uncertainty in a speaking rate dependent modeling approach. *In Proc. INTERSPEECH'2011*, Florence, Italie, août 2011.

KORKMAZSKY, F., DEVIREN, M., FOHR, D. et ILLINA, I. (2004). Hidden factor dynamic Bayesian networks for speech recognition. *In Proc. ICSLP'2004*, Jeju Island, Corée, 2004.

KRSTULOVIC, S., BIMBOT, F., BOËFFARD, O., CHARLET, D., FOHR, D. et MELLA, O. (2007). Selecting representative speakers for a speech database on the basis of heterogeneous similarity criteria. *Speaker Classification II*, Christian Müller (réd), Lecture Notes in Computer Science, 4441, Springer Berlin, 2007, pp. 276-292.

KUHN, R., NGUYEN, P., JUNQUA, J.-C.,GOLDWASSER, L.,NIEDZIELSKI, N.,FINCKE, S., FIELD, K.etCONTOLINI, M. (1998). Eigenvoices for speaker adaptation. *In Proc. ICSLP'98*, Sydney, Australie, 1998, pp. 1771-1774.

SPHINX.[Online] Available: http://cmusphinx.sourceforge.net [consulté en 2011].

STEPHENSON, T.A., MAGIMAI-DOSS, M. et BOURLARD, H. (2004). Speech recognition with auxiliary information. *IEEE Trans. on Speech and Audio Processing*, 2004, vol. 12, pp. 189-203.

TENG, W., GRAVIER, G., BIMBOT, F. et SOUFFLET, F. (2007). Rapid speaker adaptation by reference model interpolation. *In Proc. INTERSPEECH'2007*, Anvers, Belgique, 2007, pp. 258-251.

ZWEIG, G. (1998). *Speech recognition with Dynamic Bayesian Networks*. Ph. D. Dissertation, Univ. California, Berkeley, 1998.

Production des voyelles du français par des apprenants japonophones : effet du dialecte d'origine

Takeki Kamiyama[1, 2]
(1) Linguistique Anglaise, Psycholinguistique (EA1569), Université Paris 8, 93526 Saint-Denis
(2) Laboratoire de Phonétique et Phonologie (UMR7018), CNRS / Paris 3, 75005 Paris
takeki.kamiyama@univ-paris8.fr

RESUME

Il a été montré dans des études antérieures que les apprenants japonophones de Tokyo ont des difficultés à produire le /u/ français, caractérisé par un regroupement des deux premiers formants en dessous de 1000 Hz, et qu'ils ont tendance à produire une voyelle avec un F2 supérieur à 1000 Hz, perçue plutôt comme /ø/ par les auditeurs francophones natifs. Le /u/ du japonais du Kansaï est considéré comme arrondi, avec un F2 inférieur à 1000 Hz à la différence de celui de Tokyo (Sugitô, 1995), ce qui fait anticiper moins de difficultés à prononcer le /u/ français. Les résultats préliminaires qui portent sur 8 apprenants (dont 4 du Kansaï) montrent qu'un apprenant du Kansaï produit un /u/ avec un F2 inférieur à 1000 Hz, même si le /ø/ est prononcé de manière semblable, suggérant que l'acquisition phonétique du /u/ est facilitée mais l'opposition phonémique /u/-/ø/ reste une difficulté majeure.

ABSTRACT

Production of French vowels by Japanese-speaking learners: effect of the native dialect

It was shown in previous studies that Tokyo-Japanese speakers have difficulty in learning to produce the French /u/, characterized by a grouping of the first two formants below 1000 Hz, and that they tend to produce a vowel with an F2 higher than 1000 Hz instead, which is perceived rather as /ø/ by native listeners of French. The /u/ in Kansai Japanese is considered as rounded, with an F2 inferior to 1000 Hz, unlike that of Tokyo Japanese (Sugitô, 1995), which leads us to anticipate less difficulty in pronouncing the French /u/. Preliminary results based on 8 learners (including 4 from Kansai) show that one learner from Kansai produces /u/ with an F2 inferior to 1000 Hz, even if /ø/ is pronounced similarly. These findings suggest that the phonetic acquisition of /u/ is facilitated, but the phonemic opposition /u/-/ø/ remains a major difficulty.

MOTS-CLES : français, acquisition L2, voyelles, production, dialecte natif, japonophones.

KEYWORDS: French, L2 acquisition, vowels, production, native dialect, Japanese-speakers.

1 Introduction

Des modèles récents de perception interlangue ou d'acquisition phonétique et phonémique, tels que le PAM (*Perceptual Assimilation Model*) de Best et al. (Best, 1995), le PME (*Perceptual Magnet Effect*) de Kuhl et al. (Kuhl, 2000), le SLM (*Speech Learning Model*) de Flege et al. (Flege, 1995), ou le L2LP (*Second Language Linguistic Perception Model*) d'Escudero (Escudero, 2005), ainsi que les approches plus anciennes telles que celle de Polivanov (1931), le crible phonologique de Troubetzkoy (1939/2005), ou l'analyse contrastive (Weinreich, 1953/1968 ; Lado, 1964), accordent une importance considérable au système phonémique non seulement de la langue cible mais aussi de la langue source. Les études empiriques sont nombreuses à montrer l'influence de la ou des langue(s) de l'apprenant.

Il a été également montré que les locuteurs natifs de la même langue mais de différentes variétés régionales présentent des comportements perceptifs différents. Morrison (2008) a montré que les dialectes de l'espagnol (de l'Espagne et du Mexique) pourraient avoir un effet considérable sur l'acquisition du contraste /i/–/ɪ/ de l'anglais canadien de l'ouest par des auditeurs qui ont l'espagnol comme première langue. Chládková et Podlipský (2011) ont effectué une expérience d'assimilation perceptive des voyelles du néerlandais par des auditeurs tchécophones bohémiens et moraves. Les résultats montrent que les voyelles /i/ et /ɪ/ du néerlandais sont perçues différemment par les auditeurs bohémiens, qui distinguent les voyelles antérieures fermées brève et longue du tchèque plutôt par une différence spectrale ([i] / [ɪ]), et moraves, qui le font plutôt par une différence de durée.

Nous pouvons nous attendre à ce qu'il y ait un effet de la variété native également sur la production des langues étrangères et secondes. Le /u/ du japonais de Tokyo est communément décrit [ɯ] en transcription phonétique large. Sur le plan acoustique, le deuxième formant (F2) du /u/ du japonais de Tokyo se trouve entre 1000 Hz et 1500 Hz et le premier formant (F1) se situe entre celui du /i/ et du /o/ (Sugitô, 1995, Mokhtari et Tanaka, 2000). À la différence du /u/ de Tokyo, celui d'Osaka (et de la région du Kansaï, dans laquelle se situe Osaka) est communément décrit arrondi. Sugitô (1995) montre que le F2 est inférieur à 1000 Hz et que le F1 n'est que légèrement supérieur à celui du /i/.

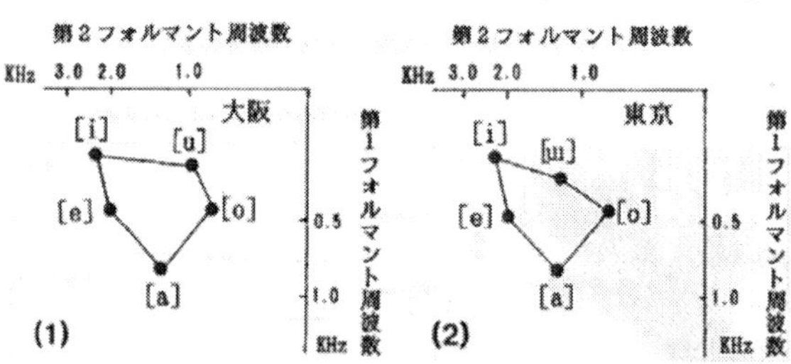

FIGURE 1 – F1 (axe vertical) et F2 (axe horizontal) des cinq voyelles (voix masculine) du japonais d'Osaka (à gauche) et de Tokyo (à droite). Sugitô (1995).

Ces caractéristiques du /u/ du japonais de Tokyo semblent exercer une influence sur l'acquisition du /u/ français, qui est une voyelle focale (Schwartz et al., 1997, Vaissière, 2007), marquée par un regroupement des deux premiers formants en dessous de 1000 Hz (Liénard, 1977, Vaissière, 2007, entre autres). Il a été montré que les japonophones de Tokyo apprenant le français langue étrangère ont tendance à produire le /u/ français avec un F2 supérieur à 1000 Hz (Kamiyama et Vaissière, 2009, pour les voyelles isolées dans une phrase cadre ; Marushima et al., 2010, pour les voyelles arrondies dans des mots monosyllabiques) et qu'une voyelle prononcée ainsi est perçue plutôt comme /ø/ par les auditeurs francophones natifs (Kamiyama et Vaissière, 2009).

Si les japonophones d'Osaka (ou du Kansaï) produisent le /u/ japonais comme décrit dans Sugitô (1995), il est attendu que le /u/ français soit prononcé plus facilement avec un F2 bas (inférieur à 1000 Hz) par les apprenants du Kansaï que ceux de Tokyo. La présente étude compare la production des voyelles du français par des apprenants du Kansaï et de Tokyo afin de tester cette hypothèse.

2 Méthode

2.1 Corpus

Le corpus enregistré est constitué des 13 voyelles françaises (10 orales /i e ɛ a ɔ o u y ø œ/ et 3 nasales (/ɛ̃ ɑ̃ ɔ̃/), placées dans des phrases cadre telles que : « Bébé, je dis « é » comme dans bébé ». Dans la présente étude, seules les 10 voyelles orales seront traitées.

Ce corpus s'intègre dans un projet de constitution d'une base de données entreprise par un groupe de jeunes chercheurs du Laboratoire de Phonétique et Phonologie (UMR 7018) travaillant sur l'acquisition de la prononciation du français langue étrangère (Landron et al., à paraître).

2.2 Locuteurs

Deux groupes d'apprenants ont participé à cette expérience. Le premier était constitué de 4 étudiants (2 hommes et 2 femmes) inscrits à l'Université des Langues Étrangères de Tokyo. Ils vivaient tous dans la région de Tokyo depuis au moins 3 ou 4 ans, mais sont originaires de différentes régions (dont 1 de la région de Tokyo, 1 de Kagawa, séparé du Kansaï par une mer intérieure). Deux d'entre eux avaient commencé l'apprentissage du français à 17 ans ou 18 ans, les deux autres plus tôt (13 ans et 15 ans), ce qui fait entre 3 et 9 ans d'expérience d'apprentissage. Le deuxième groupe était composé de 4 étudiants (2 hommes et 2 femmes) en deuxième ou troisième année à l'Université de Kobe (département de Hyogo ; 30 km environ à l'ouest d'Osaka). Ils avaient tous grandi essentiellement dans le Kansaï. Ils avaient tous commencé à apprendre le français à l'université (à l'âge de 18 ans environ), ce qui fait entre 1,5 et 2,5 ans d'expérience d'apprentissage. Tous les locuteurs étaient dans la tranche d'âge des 18-24 ans.

2.3 Procédures et enregistrement

Les phrases ont été présentées une par une sur un écran dans un ordre semi-aléatoire pré-établi. La liste des phrases a été répétée 4 fois sans arrêt. La voyelle cible a été représentée par un orthographe typique (ex. « è » pour /ɛ/). Les apprenants ont été invités à bien détacher la voyelle cible du reste de la phrase cadre afin d'éviter des transitions formantiques, dans la mesure du possible. Une séance d'entraînement préliminaire a été effectuée avant de passer à la lecture du corpus.

Les enregistrements ont eu lieu dans les studios d'enregistrement de l'Université des Langues Étrangères de Tokyo et de l'Université de Kobe (faculté des études interculturelles) au moyen d'un microphone serre-tête. La production des apprenants a été enregistrée à une fréquence d'échantillonnage de 44,1 kHz et une profondeur de 16 bit.

2.4 Mesure des valeurs formantiques

Les voyelles cibles ont été étiquetées manuellement sous Praat (Boersma et Weenink, 2011). Le segment retenu comme voyelle exclut les parties où le F2 et les formants supérieurs ne sont pas clairement observables ainsi que les périodes irrégulières.

Par la suite, les quatre premiers formants ont été mesurés avec un script écrit par Cédric Gendrot (LPP, Paris 3) et modifié par l'auteur. Les valeurs ont été mesurées toutes les 6,25 millisecondes et la moyenne a été prise sur les 1er (deb), 2e (mid) et 3e tiers (fin) de la voyelle. La détection des formants (fondées sur la méthode LPC) ont été vérifiées et les paramètres ont été modifiés en cas de besoin.

3 Résultats

3.1 Les valeurs des formants

La Figure 2 présente les formants des voyelles produites par les 4 apprenants de Tokyo.

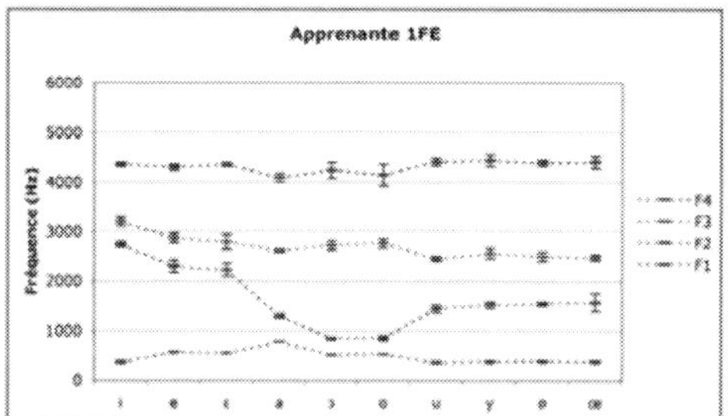

	i	e	ɛ	a	ɔ	o	u	y	ø	œ
F4	4356	4300	4351	4090	4239	4145	4410	4434	4385	4408
F3	3193	2866	2786	2603	2726	2757	2443	2545	2489	2463
F2	2731	2296	2224	1292	839	845	1447	1524	1548	1572
F1	367	564	551	774	510	524	362	375	383	372

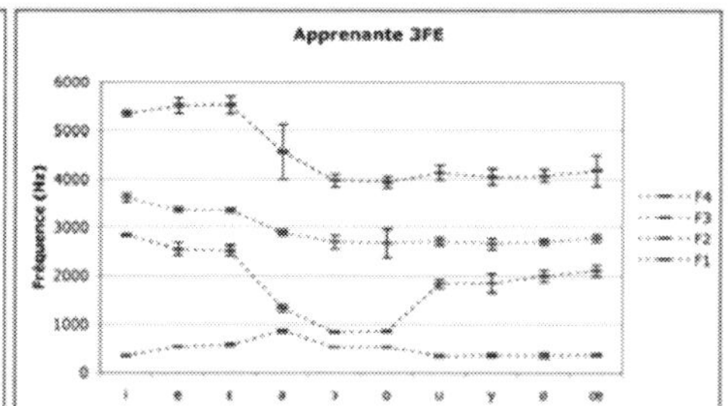

	i	e	ɛ	a	ɔ	o	u	y	ø	œ
F4	5351	5518	5529	4567	3971	3944	4131	4048	4070	4186
F3	3614	3368	3353	2884	2696	2669	2708	2653	2696	2776
F2	2839	2549	2514	1335	837	859	1829	1844	1995	2109
F1	353	537	576	864	525	531	352	360	360	370

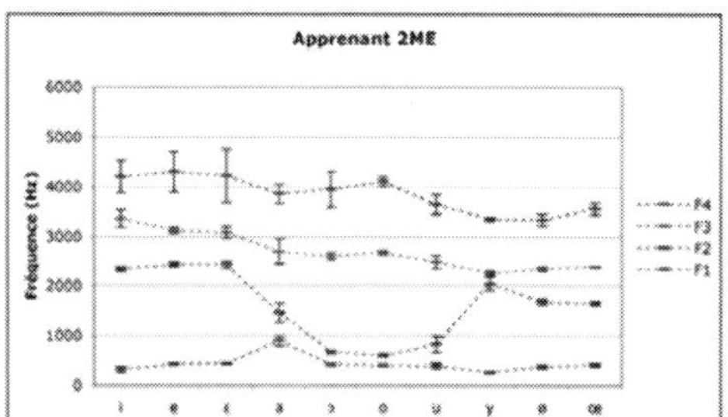

	i	e	ɛ	a	ɔ	o	u	y	ø	œ
F4	4195	4299	4216	3857	3951	4107	3647	3346	3329	3560
F3	3356	3120	3081	2694	2604	2678	2482	2261	2348	2388
F2	2338	2426	2423	1456	675	601	829	2048	1672	1652
F1	323	421	435	895	417	404	396	258	378	419

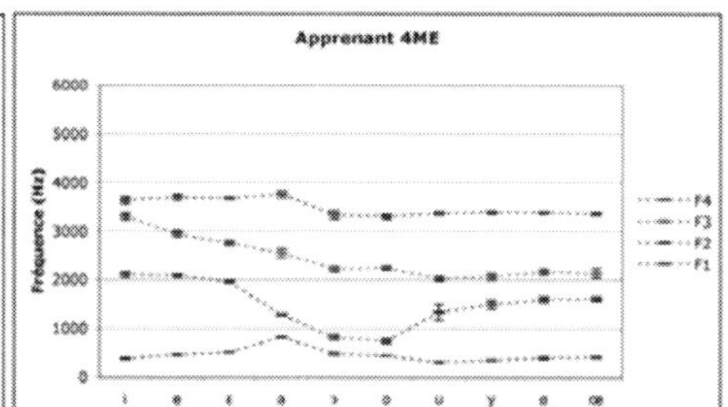

	i	e	ɛ	a	ɔ	o	u	y	ø	œ
F4	3643	3697	3678	3762	3345	3313	3375	3390	3387	3371
F3	3311	2952	2762	2554	2222	2245	2029	2067	2167	2139
F2	2108	2085	1961	1284	813	745	1329	1496	1598	1611
F1	383	458	510	820	482	437	310	348	401	418

FIGURE 2 – Locuteurs de Tokyo : F1, F2, F3 et F4 moyens des voyelles orales françaises (3 mesures x 4 répétitions), par 4 apprenants (2F en haut et 2H en bas). Le /e/ chez 2ME sur 9 valeurs (3 mesures x 3 répétitions). Barres d'erreur : écart-type.

Nous avons choisi de ne pas nous limiter aux seules voyelles arrondies, mais d'inclure toutes les voyelles, car il est important de représenter les voyelles comme un système complet d'oppositions. Chaque valeur présentée correspond à la moyenne de 12 valeurs (3 mesures x 4 répétitions), sauf pour le /e/ chez l'apprenant 2ME (9 valeurs : 3 mesures x 3 répétitions). Nous voyons que le F2 du /u/ est supérieur à 1000 Hz et éloigné du F1 chez 3 apprenants (1FE, 3FE et 4ME). Cette tendance confirme ce qui a été observé dans notre étude antérieure (Kamiyama et Vaissière, 2009). Le seul apprenant qui a rapproché les deux premiers formants en dessous de 1000 Hz (2ME) a commencé l'apprentissage du français plus tôt que les autres, à l'âge de 13 ans. Il a également produit le /y/ avec un rapprochement F2/F3 (Liénard, 1977, entre autres) avec un écart-type peu élevé, ce qui indique que cette voyelle n'est pas diphtonguée, à la différence des cas observés chez certains apprenants japonophones (Figure 3 ci-dessous ; Kamiyama et Vaissière, 2009).

Notons que les valeurs formantiques sont en général plus élevées pour les femmes que pour les hommes, mais dans une moindre mesure pour les formants essentiellement dus à une résonance de Helmholtz (F1 de /i y u/ et F2 de /u/ en français : Tubach, 1989).

Les résultats des apprenants du Kansaï sont représentés dans la Figure 3. Concernant le /u/, les deux femmes (5FW et 6 FW) montrent un F2 autour de 1500 Hz comme les apprenants de Tokyo. En revanche, les deux hommes (7MW et 8MW) présentent un F2 autour de 1000 Hz (920 Hz chez 7MW et 1035 Hz chez 8MW ; significativement supérieurs aux données des locuteurs de Kamiyama et Vaissière, 2009 : test de Wilcoxon, $p < ,0001$), même si la distance F1-F2 est relativement grande (660 Hz chez 7MW, 805 Hz chez 8MW, contre 342 Hz et 333 Hz chez les deux locuteurs natifs dans Kamiyama et Vaissière, 2009, la différence étant significative : test de Wilcoxon, $p < ,0001$).

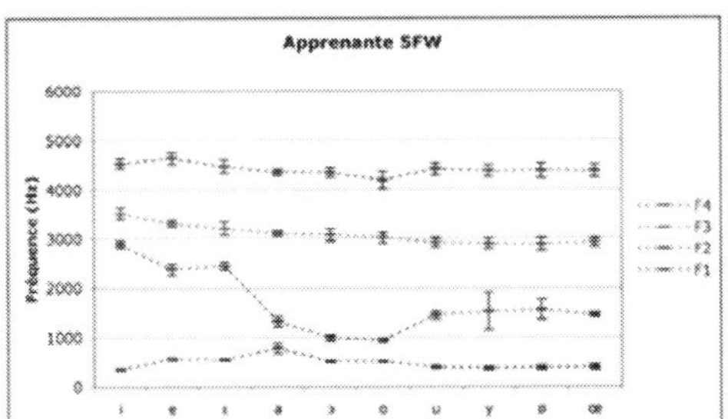

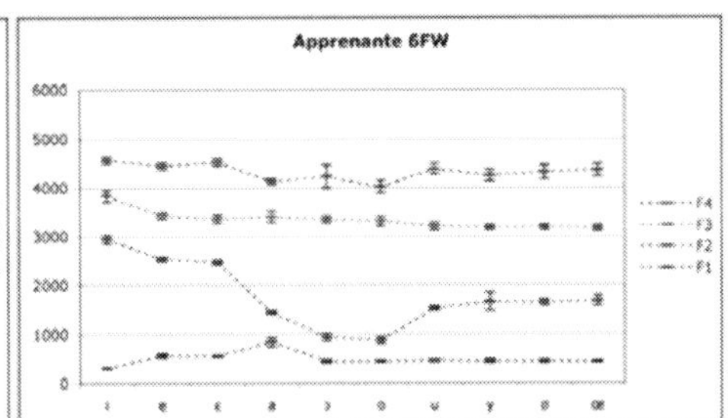

	i	e	ɛ	a	ɔ	o	u	y	ø	œ
F4	4536	4638	4474	4355	4345	4197	4422	4383	4390	4383
F3	3518	3314	3210	3108	3081	3016	2918	2893	2879	2922
F2	2875	2383	2440	1321	988	945	1450	1526	1559	1459
F1	352	564	551	779	515	507	400	374	387	399

	i	e	ɛ	a	ɔ	o	u	y	ø	œ
F4	4557	4444	4518	4124	4217	4017	4378	4249	4310	4350
F3	3827	3424	3363	3409	3352	3313	3208	3184	3184	3170
F2	2937	2528	2467	1443	943	878	1521	1653	1644	1677
F1	314	562	558	842	443	447	459	445	443	439

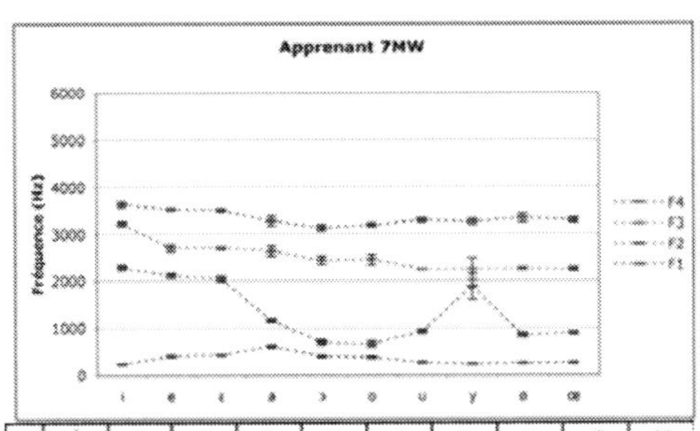

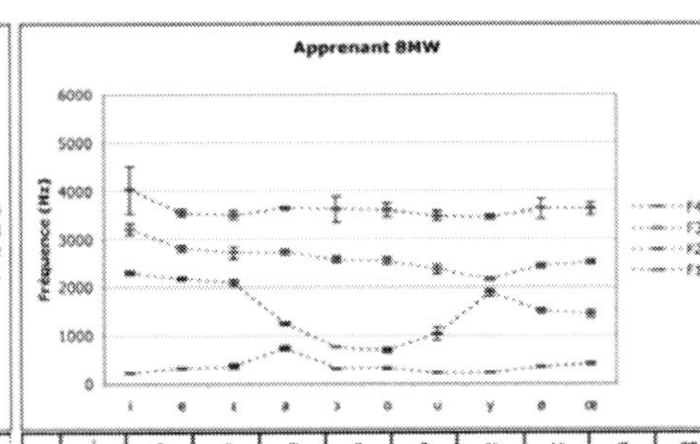

	i	e	ɛ	a	ɔ	o	u	y	ø	œ
F4	3638	3532	3517	3283	3135	3195	3304	3265	3347	3301
F3	3221	2708	2710	2646	2444	2458	2258	2256	2264	2251
F2	2290	2117	2043	1153	691	659	920	1876	841	887
F1	231	405	423	606	394	376	260	233	248	255

	i	e	ɛ	a	ɔ	o	u	y	ø	œ
F4	4031	3549	3510	3648	3621	3611	3484	3459	3636	3633
F3	3218	2814	2728	2728	2585	2554	2377	2171	2448	2529
F2	2308	2182	2094	1254	750	687	1035	1881	1510	1442
F1	228	330	360	741	317	324	230	225	344	411

FIGURE 3 – Locuteurs du Kansaï : F1, F2, F3 et F4 moyens des voyelles orales françaises (3 mesures x 4 répétitions), par 4 apprenants (2F et 2H). Barres d'erreur : écart-type.

3.2 Distance entre les voyelles

Afin d'examiner si les voyelles autour du /u/ ont été bien distinguées de cette voyelle, la distance euclidienne a été calculée. Cette mesure a déjà été appliquée aux données des voyelles arrondies du français prononcées par des apprenants japonophones afin de mesurer le degré de dispersion en fonction des tâches (Marushima et al., 2010 : calcul fondé sur les deux premiers formants). Dans cette étude, la distance euclidienne a été calculée sur les quatre premiers formants en bark ($[26.81/(1+1960/f)]-0.53$: formule proposée par Traunmüller, 1990) afin de considérer l'aspect perceptif :

Distance euclidienne entre les voyelles A et B $= \sqrt{(F1_{(A)}-F1_{(B)})^2+(F2_{(A)}-F2_{(B)})^2+(F3_{(A)}-F3_{(B)})^2+(F4_{(A)}-F4_{(B)})^2}$

La Figure 4 montre les distances euclidiennes entre /u/-/o/, /u/-/y/, /y/-/ø/ et /u/-/ø/, en comparaison avec les valeurs de francophones natifs qui ont produit les voyelles isolées dans une phrase cadre similaire (Kamiyama et Vaissière, 2009). Les valeurs formantiques des apprenantes (de Tokyo et du Kansaï) distinguent clairement les /u/ et /o/ comme chez les natives, mais elles sont similaires pour les autres paires, à la différence des locutrices natives. Il a été vu dans la section précédente que l'apprenant 7MW (du Kansaï) a prononcé le /u/ avec un F2 inférieur à 1000 Hz. En revanche, cette figure met en évidence le fait qu'il a produit le /u/ et le /ø/ de manière similaire.

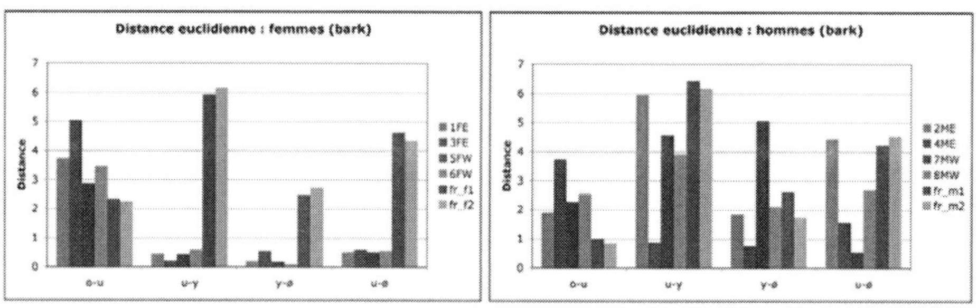

FIGURE 4 – Distance euclidienne (sur F1, F2, F3 et F4 moyens en bark) entre /o/-/u/, /u/-/y/, /y/-/ø/ et /u/-/ø/ : femmes et hommes (apprenants de Tokyo (E) et du Kansaï (W), francophones natifs (fr) dans Kamiyama et Vaissière, 2009). 4 répétitions chez les apprenants, 3 répétitions chez les natifs.

4 Discussion et conclusion

Il a été montré dans cette étude que les deux apprenants (hommes) du Kansaï ont produit le /u/ français avec un F2 autour de 1000 Hz (dont un en dessous de 1000 Hz), mais avec une distance F1-F2 plus grande que les locuteurs natifs, et que celui qui a produit un F2 inférieur à 1000 Hz a prononcé le /ø/ d'une façon similaire. Notons que la faible distance F1-F2 caractérise le /u/ français (Gendrot et al., 2008) et que les formants supérieurs (dont F3) des voyelles postérieures du français /u/ et /o/ ne sont pas perceptibles (F'2 proche de F2 : Vaissière, 2011). Ce résultat suggère que la réalisation phonétique du /u/ du japonais du Kansaï faciliterait l'acquisition phonétique du /u/ français, même si les deux premiers formants ne sont pas tout à fait rapprochés comme chez les locuteurs natifs : une expérience de perception devra être effectuée afin d'examiner l'aspect perceptif de cette réalisation phonétique. En revanche, l'acquisition phonémique du /u/, c'est-à-dire l'opposition avec les voyelles voisines, notamment le

/ø/, n'est pas nécessairement facilitée.

Par ailleurs, les deux hommes du Kansaï ont prononcé un /u/ avec un F2 autour de 1000 Hz, alors que les deux femmes ont produit un F2 se trouvant autour de 1500 Hz, tout comme une des apprenantes de Tokyo. Il sera nécessaire d'effectuer une étude de production des voyelles des deux variétés du japonais par des locuteurs natifs, ainsi que de comparer les résultats avec ceux du français par des apprenants des deux variétés afin d'éclaircir cette tendance.

Il est également essentiel d'examiner les voyelles dans des contextes variés. Les données de Gendrot et Adda-Decker (2005) présentent un F2 élevé (1153 Hz pour les femmes) pour le /u/ français, ce qui est probablement dû à un effet de la coarticulation dans la parole continue, où les voyelles se situent dans des contextes consonantiques et prosodiques divers.

Remerciements

L'auteur tient à remercier M. KAWAGUCHI Yûji (Université des Langues Étrangères de Tokyo) et Mme HAYASHI Ryôko (Université de Kobe), Jacqueline Vaissière, Jean-Yves Dommergues, les deux reviewers anonymes, ainsi que les participants de l'expérience et les membres du groupe didactique du LPP.

Références

BEST, C. T. (1995). A direct realist view of cross-language speech perception. In Strange, W. (1995), pages 171-204.

BOERSMA, P. et WEENINK, D. (2011). Praat: doing phonetics by computer [logiciel]. Version 5.3.03, téléchargée en décembre 2011 depuis : http://www.praat.org/

CHLÁDKOVÁ, K. et PODLIPSKÝ, V. J. (2011). Native dialect matters: Perceptual assimilation of Dutch vowels by Czech listeners. *Journal of the Acoustical Society of America* 130(4), EL186–EL192.

ESCUDERO, P. (2005). *Linguistic perception and second-language acquisition: Explaining the attainment of optimal phonological categorization.* Ph.D. thesis, Utrecht University, the Netherlands.

FLEGE, J. E. (1995). Second language speech learning: Theory, findings, and problems. In Strange, W. (1995), pages 233-277.

GENDROT, C. et ADDA-DECKER, M. (2005). Impact of duration on F1/F2 formant values of oral vowels: an automatic analysis of large broadcast news corpora in French and German. In *Proceedings of Interspeech 2005*, pages 2453-2456.

GENDROT, C., ADDA-DECKER, M. et VAISSIÈRE, J. (2008). Les voyelles /i/ et /y/ du français : focalisation et variations formantiques. In *Actes des JEP 2008*, pages 205-208.

KAMIYAMA, T. et VAISSIERE, J. (2009). Perception and production of French close and close-mid rounded vowels by Japanese-speaking learners. In Dommergues, J.-Y. (ed), *Revue AILE... LIA* 2, pages 9-41.

KUHL, P. K. (2000). A new view of language acquisition. In *Proceedings of National Academy of Science USA* n° 97, pages 11850-7.

LANDRON, S., PAILLEREAU, N., NAWAFLEH. A., EXARE C., ANDO, H. et GAO, J. (à paraître). Vers la construction d'un corpus commun de français langue étrangère : pour une étude phonétique des productions de locuteurs de langues maternelles plurielles. In *Actes du colloque « Corpus, données, modèles : approches qualitatives et quantitatives »*, Montpellier.

LAURET, B. (1998). *Aspect de phonétique expérimentale contrastive : l'accent anglo-américain en français. Thèse de doctorat de phonétique, Université Paris 3 –Sorbonne Nouvelle.*

LIENARD, J.-S. (1977). Les processus de la communication parlée : introduction à l'analyse et la synthèse de la parole. *Paris, Masson.*

MARUSHIMA, N., DETEY, S. et KAWAGUCHI, Y. (2010). Caractéristiques phonétiques des voyelles orales arrondies du français chez des apprenants japonophones. *Flambeau* (Revue annuelle de la section française, Université des Langues Étrangères de Tokyo) 36, pages 53–72.

MOKHTARI, P. et TANAKA, K. (2000). A Corpus of Japanese vowel formant patterns. *Bulletin of Electrotechnical Laboratory* 64 (special issue), pages 57-66.

MORRISON, G. S. (2008). Perception of synthetic vowels by monolingual Canadian-English, Mexican-Spanish, and Peninsular-Spanish listeners. *Canadian Journal of Linguistics* 36 (4), pages 17–23.

POLIVANOV, E. (1931). *La perception des sons d'une langue étrangère. Travaux du Cercle linguistique de Prague 4,* pages 79-96.

SCHWARTZ, J.-L., BOË, L.-J., VALLÉE, N. et ABRY, C. (1997). The Dispersion-Focalization Theory of vowel systems. *Journal of Phonetics* 25(3), pages 255-286.

STRANGE, W. (1995). *Speech perception and linguistic experience: Issues in cross-language research.* Baltimore, York Press.

SUGITÔ, M. (1995). *Oosaka - Toukyou akusento onsei jiten CD-ROM: kaisetsuhen* [CD-ROM Accent dictionary of Spoken Ôsaka and Tôkyô Japanese]. Tokyo, Maruzen.

TRAUNMÜLLER, H. (1990). Analytical expressions for the tonotopic sensory scale. *Journal of the Acoustical Society of America* 88(1), pages 97-100.

TROUBETZKOY, N. S. (1939/2005) *Principes de phonologie* (traduction de Jean Cantineau, revue et corrigée par Luis Jorge Prieto). Paris, Klincksiek.

TUBACH, J.-P. (CALLIOPE) (1989). *La parole et son traitement automatique*. Masson, Paris.

VAISSIÈRE, J. (2007). Area functions and articulatory modeling as a tool for investigating the articulatory, acoustic and perceptual properties of sounds across languages. In Solé M. J., Beddor, P. S., Ohala M., *Experimental Approaches to Phonology.* Oxford, Oxford University Press, pages 54-71.

VAISSIÈRE, J. (2011). On the acoustic and perceptual characterization of reference vowels in a cross-language perspective. In *Proceedings of the ICPhS 2011*, pages 52-59.

WEINREICH, U. (1953/1968). Languages in Contact. The Hague, Mouton.

Robustesse et portabilités multilingue et multi-domaines des systèmes de compréhension de la parole : les corpus du projet PORTMEDIA

Fabrice Lefèvre[1], Djamel Mostefa[2], Laurent Besacier[3], Yannick Estève[4], Matthieu Quignard[5], Nathalie Camelin[4], Benoit Favre[6], Bassam Jabaian[1,3], Lina Rojas-Barahona[5]

(1) Université d'Avignon, LIA-CERI, France, {fabrice.lefevre,bassam.jabaian}@univ-avignon.fr
(2) Evaluation and Language resources Distribution Agency, France, mostefa@elda.org
(3) LIG, Grenoble, France, laurent.besacier@imag.fr
(4) LIUM, Le Mans, France, {yannick.esteve,nathalie.camelin}@univ-lemans.fr
(5) LORIA, Nancy, France, {matthieu.quignard,lina.rojas}@loria.fr
(6) LIF, Marseille, France, benoit.favre@lif.univ-mrs.fr

RÉSUMÉ

Le projet ANR PORTMEDIA avait pour objectif de compléter le corpus MEDIA afin de favoriser le développement de méthodes performantes, notamment statistiques, pour la compréhension automatique de la parole dans le cadre des systèmes de dialogues homme-machines. Les principaux axes traités sont : la robustesse aux erreurs de reconnaissance de la parole, la portabilité multilingue, la portabilité multi-domaines et la représentation sémantique haut-niveau. Ainsi tout en élaborant au sein du projet des éléments de solution à ces problématiques nous nous sommes principalement attachés à élaborer des données et meta-données permettant ensuite à d'autres groupes de recherche d'évaluer dans les meilleures conditions possibles leurs propres propositions.

ABSTRACT

Robustness and portability of spoken language understanding systems among languages and domains : the PORTMEDIA project

The ANR PORTMEDIA projet aimed at complementing the MEDIA corpus so as to foster the development of new performing approaches, including statistical approaches, for the automatic spoken language understanding in the framework of human-machine spoken dialogue systems. The main topics for which work has been carried out are : robustness to speech recognition errors, language portability, domain portability and high-level semantic representation. Thus while elaborating some solutions to theses issues inside the projet itself, we focused our efforts towards collecting new data and metadata which could help other research groups to evaluate their own propositions in the best conditions possible.

MOTS-CLÉS : corpus de dialogue oraux, compréhension de la parole, reconnaissance de la parole, multilinguisme, portabilité, représentation sémantique.

KEYWORDS: spoken language understanding, dialogue systems, speech recognition system, multilingual, portability, semantic representation.

1 Introduction

Avec le développement rapide des communications homme-machine (centres d'appels, services téléphoniques, smartphones...), la compréhension automatique de la parole (CAP) a reçu un intérêt croissant ces dernières années. Les systèmes de CAP ont été déployés dans des applications industrielles mais avec des effets mitigés jusqu'à présent. Tout d'abord les systèmes de CAP sont généralement disponibles dans une seule langue et ne supportent donc pas le multilinguisme. Ensuite les services existants utilisant des composants de CAP sont très contraints et limités par la tâche ou le domaine d'application. Enfin la qualité de l'interaction utilisateur/système est toujours loin d'être aisée et naturelle. Le projet PortMedia tente d'apporter des solutions à ces difficultés en développant de nouveaux corpus visant trois objectifs distincts mais complémentaires :

- **Robustesse des systèmes de CAP aux erreurs de reconnaissance.** Les erreurs dues à la reconnaissance automatique de la parole doivent être prises en compte dans le processus de compréhension et pour cela des transcriptions automatiques doivent être mises à disposition avec les données d'apprentissage.
- **Portabilités multilingue et multi-domaines.** Les systèmes de CAP sont très dépendants de la langue et du domaine. Adapter un système à un nouveau domaine ou une nouvelle langue requiert habituellement la collecte très coûteuse d'une nouvelle grande base de données de dialogues du langage ou domaine visé et un effort important de développement. PortMedia vise à permettre l'évaluation de la généricité et de la portabilité de nouvelles approches pour les systèmes de CAP.
- **Représentation sémantique haut-niveau.** Une représentation sémantique haut-niveau (High-level Semantics, HLS) est nécessaire pour prendre en compte le processus de composition sémantique intervenant au sein et entre des interactions successives de l'utilisateur.

Le projet PortMedia (2009-12) est une suite du projet Media (2003-07) durant lequel un corpus de 1258 dialogues en français pour *le domaine touristique* a été produit. Les partenaires du projet sont : l'université d'Avignon, ELDA, le LIG, le LIUM et le LORIA.

2 Les corpus de dialogues oraux du projet PortMedia

Les systèmes de CAP de l'état-de-l'art reposent sur des modèles statistiques qui doivent être entraînés à l'aide de grand corpus de dialogues. Or, il existe très peu de corpus de dialogues homme-machine disponibles publiquement. En fait, contrairement aux autres types de parole, comme la parole lue ou les émissions télédiffusées, les seuls corpus disponibles chez LDC [1] par exemple sont des dialogues humain-humain (CallHome, CallFriends, Fisher...). Ce manque de données peut s'expliquer par la difficulté à collecter de tels corpus.

En effet, il est nécessaire de mettre au point un premier système de CAP pour collecter les données à l'aide d'un système de dialogue opérationnel. Afin de pallier cette difficulté, il est aussi possible de simuler la machine par un protocole de Magicien d'Oz (Wizard-of-Oz, WOZ) dans lequel un agent humain remplace la machine tout en tentant d'en reproduire le comportement (afin d'assurer le réalisme des données). Une fois les données collectées, des meta-données doivent être ajoutées. Alors que la transcription orthographique est une tâche bien définie, mettre au point un protocole d'annotation sémantique est bien plus complexe et requiert beaucoup

1. Linguistic Data Consortium

d'expertise. Dans ces conditions, il paraît naturel que les plus grands corpus de dialogues aient été développés par l'industrie des télécoms à l'aide de prototypes ou de systèmes déployés, comme chez AT&T *how may I help you ?* (Gorin *et al.*, 1997) ou chez France-Télécom.

PortMedia a produit 2 nouveaux corpus spécifiques pour étudier la portabilité des systèmes de CAP à travers domaines et langues. Le premier corpus est composé de 604 dialogues en italien toujours sur le domaine touristique. Le second comprend 700 dialogues en français pour la réservation de billets de spectacles dans le cadre du Festival d'Avignon 2010. Les statistiques complètes sont reprises dans le tableau 1.

2.1 PM-lang : le corpus PortMedia en italien

La base de données en italien, nommée PM-lang, a été enregistrée, transcrite et annotée en suivant les mêmes spécifications et configurations que le corpus Média initial. La seule différence entre les corpus Media et PM-lang est donc la langue parlée par les locuteurs. En 2004, 250 scénarii avaient été utilisés pour la collecte de Media et une plateforme d'enregistrement téléphonique mise au point. La plateforme inclut un générateur automatique (textuel) de phrases afin d'aider les agents (compères) dans leurs réponses. Pour la base de données italienne, les mêmes outils, protocoles, scénarii et contraintes ont été retenus pour la collecte des dialogues. La seule adaptation a été de traduire les messages du WoZ et les scénarii du français vers l'italien, mais aucun changement n'a été opéré sur le contenu des scénarii (y compris les entités nommées qui ont été conservées telles quelles, par exemple les noms de lieux, d'hôtels. . .). Le protocole d'enregistrement est complètement décrit dans (Devillers *et al.*, 2004). La procédure d'annotation et les recommandations sont décrites dans (Maynard *et al.*, 2005). La base de données résultante est un corpus de 604 dialogues transcrits et annotés sémantiquement.

2.2 PM-dom : le corpus PortMedia en français sur un nouveau domaine

Afin d'étudier de nouvelles techniques pour la portabilité entre domaines, nous avons développé un corpus de dialogues homme-machine en français (PM-dom) en suivant le même paradigme et les spécifications de Media mais sur un domaine différent. Alors que Media s'intéressait au domaine de l'information touristique, PM-dom vise le domaine de la réservation de billets pour le Festival d'Avignon 2010. Nous avons tenté de rester aussi proche que possible des spécifications, outils et paradigmes de Media et de minimiser les différences entre les 2 corpus (autre que le domaine, ce qui implique déjà une grande variabilité intrinsèque bien sûr). La seule adaptation a été de créer de nouveaux scénarii pour les appelants, d'adapter le système de gestion du dialogue pour le compère et de développer une ontologie du domaine pour l'annotation sémantique. Ce corpus comprend 700 dialogues avec transcriptions orthographiques et annotations sémantiques.

3 Pré-transcriptions et pré-annotations sémantiques des corpus PM-lang et PM-dom

Les transcriptions et annotations sémantiques de PM-lang et PM-dom ont été réalisées de manière semi-automatique. Grâce à la disponibilité du corpus Media, le LIUM a développé un reconnaisseur de parole performant pour transcrire le corpus PM-DOM. Une fois les données transcrites, elles ont été corrigées par un humain. Les corrections ont été retournées au LIUM afin de ré-entraîner les modèles et d'améliorer le système de reconnaissance de parole. Puis un nouveau lot de données était transcrit automatiquement, manuellement corrigé et retourné pour l'amélioration du système. Les détails sur le système de reconnaissance de la parole du LIUM peuvent être trouvés dans la section 3.1.

Pour les annotations sémantiques, le LIA et le LIG ont pré-annoté les deux corpus automatiquement. La pré-annotation a été validée manuellement par deux linguistes pour chacune des langues (français pour PM-DOM et italien pour PM-LANG. Le même processus itératif que pour les transcriptions a été activé. Les détails sur les modules de CAP utilisés par le LIA et le LIG sont donnés dans la section 3.2.

Nom	Lang	Domaine	#Dial	#heures	#mots	#seg concepts
MEDIA	fr	information touristique	1258	71	438k	53k
PM-DOM	fr	réservation de billet	700	40.5	293k	18k
PM-LANG	it	information touristique	604	50	218k	20k

TABLE 1 – Statistiques pour les corpus MEDIA, PM-LANG and PM-DOM.

3.1 Reconnaisseur de la parole spontanée en français

Le système de reconnaissance du LIUM pour PORTMEDIA est un système à 5 passes basé sur le système open-source SPHINX (versions 3 et 4), similaire au système LIUM'08 français décrit dans (Deléglise *et al.*, 2009) : la première passe utilise des modèles acoustiques génériques et un modèle de langage 3-grammes. Les meilleures hypothèses générées par la première passe sont utilisées pour estimer une transformation CMLLR pour chaque locuteur. Utilisant des modèles acoustiques SAT et MPE et les transformations CMLLR, la deuxième passe génère des graphes de mots. Dans la troisième passe, les graphes de mots sont re-scorés en utilisant un score acoustique inter-mots plus performant. La passe suivante re-calcule les scores des graphes de mots avec un 4-grammes. Enfin, la dernière passe génère un réseau de confusion dont est extraite l'hypothèse finale par la méthode du décodage par consensus.

Les modèles acoustiques ont été estimés sur les corpus ESTER-1 (Galliano *et al.*, 2005), ESTER 2 (Galliano *et al.*, 2009) et EPAC (Estève *et al.*, 2010) : l'ensemble représentant environ 280 heures d'émissions radio-télédiffusées. Les modèles de langage et le vocabulaire ont été extraits directement du corpus MEDIA (conformément aux résultats de (Lefèvre *et al.*, 2005) sur l'apprentissage multi-source). Afin de traiter le premier lot de données enregistrées de PM-DOM, le système utilise un vocabulaire de 5k mots et des 4-grammes ont été appris sur l'ensemble d'apprentissage de MEDIA. Le taux d'erreur mots de ce système sur le test MEDIA était de 25,2% sur les énoncés des appelants uniquement (*i.e.* sans prendre en compte les tours de parole des agents qui sont généralement mieux reconnus car très formatés). Le tableau 2 montre les taux d'erreurs atteints par les versions successives du système de reconnaissance après chaque itération du processus de pré-transcription présenté dans la section 3. Quatre lots de données ont été traités automatiquement. À chaque itération, le vocabulaire et les modèles de langage étaient mis à jour d'après les corrections manuelles.

Itération	Dialogues	Global	WoZ	Appelants
0 (init)	**1-100**	**46,9%**	41,3%	53,2%
1	**101-300**	**15,9%**	7,4%	39,5%
2	**301-500**	**15,8%**	6,9%	37,2%
3	**501-700**	**15,9%**	8,2%	35,6%

TABLE 2 – Taux d'erreur mots de la pré-transcription automatique pour chaque itération. Les phrases du WoZ et de l'appelant sont calculées séparément.

3.2 Les systèmes de CAP pour le français et l'italien

Afin de pouvoir réaliser la pré-annotation sémantique pour les corpus français et italien, nous avons utilisé un étiqueteur CAP basé sur une méthode statistique : les champs conditionnels markoviens (Conditional Random Fields, CRFs). Un corpus sémantiquement annoté est nécessaire pour entraîner un tel système. Pour le corpus français PM-DOM, des modèles furent entraînés directement sur les données MEDIA et de nouvelles entités nommées ont été ajoutées simultanément afin de prendre en compte les nouveautés dans les données. La pré-annotation est une combinaison des sorties proposées par les systèmes de CAP et de détection d'entités nommées.

Comme il n'existe pas de corpus équivalent pour la langue cible du corpus PM-LANG, nous avons proposé de porter automatiquement le corpus MEDIA français en italien. Plusieurs approches pour la portabilité d'un système de CAP entre langues ont été étudiées et évaluées (Jabaian *et al.*, 2010; Lefevre *et al.*, 2010) et la meilleure a été appliquée pour créer un nouveau corpus annoté. L'approche retenue consiste à traduire automatiquement le corpus MEDIA français en italien puis de porter l'annotation sémantique sur les données italiennes. La traduction a été réalisée par un système de traduction automatique statistique à base de segments sous-phrastiques (Phrase-based Statistical Machine Translation, PB-SMT) entraîné sur un corpus parallèle (obtenu en traduisant manuellement un sous-ensemble des données françaises). Le transfert de l'annotation est basé sur un alignement automatique entre les phrases françaises et italiennes. En d'autres termes, la méthode consiste en la projection des concepts à l'aide de l'alignement des corpus source et cible. Dans la mesure où le corpus français était déjà annoté de façon segmentale, nous avons proposé d'utiliser directement l'information de l'alignement mot-à-mot. Pour ce faire nous avons développé un algorithme qui utilise les informations d'alignement et de segmentation : à chaque segment conceptuel en français, l'algorithme associe les mots correspondants en italien en se référant à l'alignement. Cette stratégie a permis d'annoter l'ensemble du corpus traduit en italien (y compris la partie traduite manuellement). Le corpus italien permet alors d'entraîner un étiqueteur sémantique qui à son tour permet de réaliser une première itération de pré-annotation en italien. Pour les itérations suivantes, la correction manuelle d'un premier lot est ajoutée au corpus d'entraînement et les modèles réappris.

Une évaluation des performances du modèle de CAP italien est décrite dans le tableau 3. Seuls sont reportés les taux d'erreur en concept avec ou sans utilisation des corpus PM-LANG et MEDIA traduit pour l'entrainement des modèles (les taux mesurés sur le test MEDIA traduit manuellement sont donnés à titre de référence). Le meilleur résultat sur le test PM-LANG 17,6% est obtenu par une combinaison des deux corpus. Pour le corpus PM-DOM, le modèle entrainé avec les données du corpus obtient un CER de 19,1%.

Apprentissage	Test	Sub	Del	Ins	CER
MEDIA	MEDIA	3,1	15,0	2,3	20,5
	PM-LANG	3,8	13,9	3,1	20,8
PM-LANG	MEDIA	4,7	17,4	3,2	25,3
	PM-LANG	3,6	12,1	3,3	18,9
MEDIA et PM-LANG	MEDIA	2,8	14,6	2,1	19,5
	PM-LANG	3,9	9,0	4,6	17,6

TABLE 3 – Évaluation (CER %) des modeles de CAP italiens en fonction de l'ensemble d'apprentissage.

3.3 Gains de productivité

Durant la transcription et l'annotation sémantique, nous avons régulièrement comparé les gains dus aux pré-transcriptions et annotations semi-automatiques. Dans cette optique, le protocole suivant a été implémenté. Lors de chaque itération un ensemble de 10 dialogues était transcrit (resp. annoté) par deux annotateurs différents. Le premier réalisait la transcription (resp. annotation) à partir de la pré-transcription (resp. pré-annotation) tandis que le second annotateur réalisait les mêmes opérations sans hypothèses initiales. Les gains en productivité mesurés sont reportés dans la figure 1.

Pour les transcriptions, on observe que le temps mis à transcrire un dialogue est divisé par deux avec l'utilisation des transcriptions automatiques. Pour l'annotation sémantique, les gains de productivité sont de plus de 50% pour l'italien et 40% pour le français.

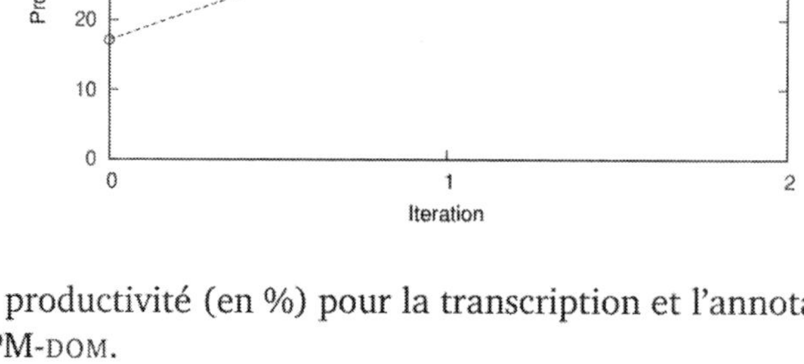

FIGURE 1 – Gains de productivité (en %) pour la transcription et l'annotation sémantique des 2 corpus PM-LANG et PM-DOM.

4 Annotation sémantique haut-niveau

L'utilisation d'une sémantique haut-niveau (High Level Semantic, HLS), une représentation sémantique hiérarchique, a été étudiée pour l'annotation du corpus Media. À cet effet, nous nous sommes référés au langage pour les interfaces multimodales (MultiModal Interface Language, MMIL) pour générer des structures guidées par l'ontologie du domaine qui supportent les informations linguistiques utiles de la syntaxe jusqu'au discours.

Ainsi, les traits fins des actes de dialogues, prédicats et arguments sont correctement définis pour les énoncés par rapport à l'annotation conceptuelle séquentielle déjà disponible pour le corpus. Toutefois, cette annotation représente un véritable challenge. Pour commencer, nous avons traité les énoncés les plus complexes, contenant des prédicats et arguments se chevauchant et des énoncés elliptiques contenant des prédicats et/ou des arguments implicites. Nous avons élaboré le guide d'annotation et annoté manuellement un sous-ensemble d'énoncés supposés être représentatifs des aspects les plus complexes de l'annotation HLS, en terme de constituants (Rojas-Barahona *et al.*, 2011), à l'aide d'un outil graphique développé spécifiquement. Une architecture incrémentale a ensuite été élaborée pour l'annotation semi-automatique du corpus complet, ainsi que les moyens d'évaluer l'annotation fournie (Rojas-Barahona et Quignard, 2011).

Cette annotation est en cours de correction par des annotateurs experts afin de fournir un *gold standard* pour l'ensemble du corpus. Celui-ci servira à implémenter et tester des méthodes d'apprentissage supervisé pour l'annotation automatique de cette sémantique complexe.

5 Conclusion

Dans cet article, nous avons présenté les différents apports du projet PortMedia visant à favoriser le développement de méthodes statistiques pour la compréhension de la parole. Principalement, le travail a pris la forme de la mise à disposition de corpus permettant une évaluation pertinente et aisée des méthodes étudiées. Ainsi, 4 axes principaux ont été couverts :

- robustesse aux erreurs de reconnaissance : mise à disposition de transcriptions automatiques avec un système à l'état de l'art des données
- portabilité multilingue : collecte d'un nouveau corpus en italien, comprenant un ensemble de test et un ensemble d'adaptation ;
- portabilité multi-domaine : collecte d'un nouveau corpus sur un nouveau domaine (réservation de billets), avec un ensemble de test et d'adaptation ;
- annotation sémantique hiérarchique : élaboration d'une représentation sémantique de haut-niveau permettant la prise en compte d'informations au niveau de la phrase complète (les spécifications sont prêtes, l'annotation du corpus Media complet est en cours de finition).

Enfin une série d'évaluations a été réalisée sur les nouvelles données fournies permettant notamment de vérifier leur qualité. Ces évaluations seront poursuivies avec la recherche de collaboration externe au projet afin de fournir les données avec une référence de performance. L'ensemble du corpus ainsi réalisé rejoindra le catalogue d'ELDA [2] dans le courant de l'année.

2. http ://catalog.elra.info/

Remerciements

Ce travail a été partiellement financé par l'Agence Nationale pour la Recherche : projet PortMedia ANR 08 CORD 026 01. Plus d'informations sur www.port-media.org.

Références

Deléglise, P., Estève, Y., Meignier, S. et Merlin, T. (2009). Improvements to the LIUM french ASR system based on CMU Sphinx : what helps to significantly reduce the word error rate ? *In Interspeech 2009*, Brighton (United Kingdom).

Devillers, L., Maynard, H., Rosset, S., Paroubek, P., McTait, K., Mostefa, D., Choukri, K., Charnay, L., Bousquet, C., Vigouroux, N., (5), F. B., Romary, L., Antoine, J., Villaneau, J., Vergnes, M. et Goulian, J. (2004). The french media/evalda project : the evaluation of the understanding capability of spoken language dialogue systems.

Estève, Y., Bazillon, T., Antoine, J., Béchet, F. et Farinas, J. (2010). The EPAC corpus : manual and automatic annotations of conversational speech in french broadcast news. *In Proceedings of the Seventh conference on International Language Resources and Evaluation, Valletta, Malta.*

Galliano, S., Geoffrois, E., Mostefa, D., Choukri, K., Bonastre, J. F. et Gravier, G. (2005). The ESTER phase II evaluation campaign for the rich transcription of French broadcast news. *In EUROSPEECH-05*, volume 1, pages 1149–1152, Lisbonne, Portugal.

Galliano, S., Gravier, G. et Chaubard, L. (2009). The ester 2 evaluation campaign for the rich transcription of french radio broadcasts. *In In Interspeech 2009.*

Gorin, A., Riccardi, G. et Wright, J. (1997). How may i help you. *Speech Communication*, 23:113–127.

Jabaian, B., Besacier, L. et Lefevre, F. (2010). Investigating multiple approaches for slu portability to a new language. *In Proceedings of the 11th Annual Conference of the International Speech Communication Association, Japan, Septembre 2010.*

Lefèvre, F., Gauvain, J.-L. et Lamel, L. (2005). Genericity and portability for task-independent speech recognition. *Computer Speech & Language*, 19(3):345–363.

Lefevre, F., Mairesse, F. et Young, S. (2010). Cross-lingual spoken language understanding from unaligned data using discriminative classification models and machine translation. *In Proceedings of the 11th Annual Conference of the International Speech Communication Association, Japan, Septembre 2010.*

Maynard, H., Rosset, S., Ayache, C., Kuhn, A. et Mostefa, D. (2005). Semantic annotation of the media corpus for spoken dialog. pages 3457–3460.

Rojas-Barahona, L. M., Bazillon, T., Quignard, M. et Lefevre, F. (2011). Using mmil for the high level semantic annotation of the french media dialogue corpus. *In In : Proceedings of the 9th International Conference on Computational Semantics, Oxford, January 2011.*

Rojas-Barahona, L. M. et Quignard, M. (2011). An incremental architecture for the semantic annotation of dialogue corpora with high-level structures. a case of study for the media corpus. *In Proceedings of the SIGDIAL 2011 Conference*, page 332–334, Portland, Oregon. Association for Computational Linguistics, Association for Computational Linguistics.

L'effet d'aimant perceptif : réponses préliminaires au débat entre hypothèses acoustique et cognitive

Jennifer Krzonowski[1], *Emmanuel Ferragne*[2], *Véronique Boulenger*[1] *et Nathalie Bedoin*[1]

(1) Dynamique Du Langage - UMR 5596 / CNRS - Université Lyon 2
14 avenue Berthelot - 69007 LYON
(2) CLILLAC-ARP / Université Paris 7
10 rue Charles V - 75004 PARIS
jennifer.krzonowski@univ-lyon2.fr

RESUME

Étant données les conséquences de l'effet d'aimant perceptif sur la théorie phonologique et l'absence de consensus pour déterminer s'il relève de processus de bas niveau liés aux aspects acoustiques de certaines voyelles ou de processus de haut niveaux associés à l'acquisition du langage, nous avons mené deux expériences pilotes tentant de répliquer l'effet d'aimant perceptif avec des voyelles du français, quantiques (/a/ et /i/) et non quantiques (/ɛ/ et /e/). Les premiers résultats d'une tâche de discrimination témoignent d'une sensibilité plus faible autour des prototypes quantiques qu'autour des prototypes non quantiques, ce qui est en faveur de l'interprétation quantique (acoustique) de l'effet d'aimant perceptif.

ABSTRACT

The Perceptual Magnet Effect: preliminary results on the acoustic vs. cognitive debate

Given the consequences of the Perceptual Magnet Effect on phonological theory, and the lack of agreement as to whether it reflects low-level processes triggered by specific acoustic features in certain vowels or higher level cognitive mechanisms associated with language acquisition, we conducted two pilot experiments involving quantal~non quantal French vowels continua /a/~/ɛ/ and /i/~/e/. Preliminary results in two discrimination tasks tend to show that sensitivity near the quantal prototype tends to be smaller than sensitivity near the non quantal prototype, which might lead to the tentative conclusion that the quantal (acoustic) explanation for the PME could interfere with the cognitive hypothesis.

MOTS-CLES : Effet d'aimant perceptif, prototype, voyelles quantiques, discrimination
KEYWORDS : Perceptual Magnet Effect, prototype, quantal vowels, discrimination

1 L'effet d'aimant perceptif

Les théories phonologiques ont longtemps considéré que les catégories phonémiques étaient perçues de façon essentiellement catégorielle. On considère actuellement qu'elles présentent une structure interne riche et que certains exemplaires de catégories sont plus représentatifs que d'autres (Kuhl, 1991; Miller, 2001). L'effet d'aimant perceptif (*perceptual magnet effect*) témoigne de cette structure interne complexe, car il révèle que, à distance objective équivalente, deux stimuli proches du prototype sont plus difficiles à distinguer que deux stimuli qui en sont éloignés (Iverson & Kuhl, 1995; Kuhl, 1991). Pour Kuhl et ses collègues (Kuhl et al., 2008), l'effet d'aimant perceptif est une conséquence de l'acquisition du langage. Si c'est le cas, la taille de cet effet pourrait être utilisée pour évaluer la maturation phonologique. L'effet d'aimant perceptif pourrait alors devenir un outil pertinent dans l'établissement de diagnostics, voire dans la conception de programmes de remédiation de troubles du langage (e.g., dyslexie développementale, dysphasie...), à l'instar de la perception catégorielle (Bogliotti, Serniclaes, Messaoud-Galusi, & Sprenger-Charolles, 2008).

Il n'y a cependant pas de consensus quant aux mécanismes sous-tendant l'effet d'aimant perceptif, ni même quant au caractère systématique de cet effet. Lotto et ses collègues (Lotto, Kluender, & Holt, 1998) critiquent ainsi la procédure expérimentale initialement utilisée par Kuhl. En particulier, certains des exemplaires utilisés étaient considérés comme peu typiques de la catégorie étudiée, alors qu'ils relèveraient en fait d'une autre catégorie. L'effet d'aimant perceptif observé se ramènerait alors à un simple effet catégoriel. D'autre part, si cet effet a été à plusieurs reprises répliqué, c'est essentiellement avec la voyelle /i/ (Diesch, Iverson, Kettermann, & Siebert, 1999; Iverson & Kuhl, 1995; Iverson & Kuhl, 2000; Sussman & Lauckner-Morano, 1995). Or, le /i/ est connu pour avoir des propriétés quantiques (Stevens, 1972, 1989), c'est-à-dire qu'une grande variation objective dans la zone du /i/ est perçue comme une variation plus faible que si une même variation était attestée dans une autre région de l'espace acoustique. Tomaschek et ses collègues (Tomaschek, Truckenbrodt, & Hertrich, 2011) ont toutefois répliqué l'effet d'aimant perceptif avec le /a/ de l'allemand, mais cette voyelle est ici encore quantique. De ce fait, il est possible que l'effet d'aimant perceptif résulte davantage des propriétés acoustiques des stimuli utilisés que de processus de haut niveau impliqués dans l'apprentissage de la langue.

Pour soutenir l'interprétation de l'effet d'aimant perceptif en termes de processus cognitifs élaborés, Kuhl (1991) a montré que cet effet n'est pas présent chez des macaques Rhésus. Cependant, la portée de cet argument peut être relativisée étant donné la taille assez petite de l'échantillon (6 singes).

Enfin, concernant l'approche électro-encéphalographique de cette question, il n'existe à notre connaissance que deux tentatives de réplication de l'effet d'aimant perceptif en potentiels évoqués (Aaltonen, Eerola, Hellström, Uuispaikka, & Lang, 1997; Sharma & Dorman, 1998). Seuls Aaltonen et collègues ont pu mettre en évidence un effet d'aimant perceptif à la fois à partir de données comportementales et de potentiels évoqués. Toutefois, l'effet est restreint aux seuls participants considérés comme de « bons catégorisateurs ». Afin de contribuer à une meilleure compréhension du niveau de traitement dont l'effet d'aimant perceptif relève, il semble donc essentiel d'apporter des compléments à l'étude de la distorsion de l'espace acoustique qui caractérise l'effet d'aimant perceptif, au moyen de données comportementales, mais aussi électrophysiologiques. C'est pourquoi nous avons mené deux expériences pilotes permettant d'apporter quelques réponses préliminaires. Les données présentées ici relèvent de l'étude comportementale.

2 Expériences

2.1 Principe des expériences

L'objectif des deux expériences de discrimination est de répliquer l'effet d'aimant perceptif avec des voyelles du français, et en prenant soin d'éviter ou de contourner certains biais que nous venons d'évoquer. Tout d'abord, alors que les études classiques utilisent un même stimulus comme prototype pour tous les participants, nous tenons compte de la variabilité inter-individuelle de ces prototypes en testant chaque participant avec son prototype. Ensuite, pour éviter le biais méthodologique relevé par Lotto et ses collègues (Lotto et al., 1998), nous avons utilisé deux prototypes de catégories différentes, ceci dans chaque expérience. Enfin, nous avons testé l'effet d'aimant perceptif non seulement sur des voyelles quantiques (/a/ et /i/) mais aussi sur des voyelles non quantiques (/ɛ/ et /e/).

2.2. Méthode

2.2.1 Participants Huit jeunes adultes (7 femmes, 1 homme) de langue maternelle française et non bilingues ont participé à l'Expérience 1. Sept autres jeunes adultes (5 femmes, 2 hommes) remplissant les mêmes critères ont participé à l'Expérience 2.

2.2.2. Détermination des prototypes individuels de voyelles. Les voyelles prototypiques des Expériences 1 et 2 ont été estimées indépendamment pour chaque participant à partir d'un algorithme de détermination de prototypes (i.e., meilleur exemplaire d'une catégorie) décrit dans Benders and Boersma (2009). Cet algorithme estime les valeurs des deux premiers formants des prototypes vocaliques, au moyen d'une tâche de comparaison. Le participant entend une succession de deux voyelles synthétiques et choisit celle qui se rapproche le plus de la voyelle cible indiquée par la consigne. Après chaque réponse, l'algorithme se base sur le choix qui vient d'être fait pour ré-estimer deux nouveaux exemplaires situés dans la direction de la réponse précédente. Il réduit à chaque fois l'espace en Bark entre les deux exemplaires, et par conséquent leur distance avec le prototype qui émerge progressivement. L'algorithme estime alternativement les valeurs de F1 et de F2 en tenant compte à chaque essai de la dernière estimation effectuée sur l'autre formant. Les premiers stimuli présentés constituent les extrémités du continuum sur lequel peut se trouver le prototype. Pour chaque formant, lorsque la distance entre les stimuli présentés atteint un seuil de différence non perceptible (Kewley-Port & Watson, 1994), l'algorithme estime la valeur formantique du prototype du participant comme étant le milieu des deux dernières valeurs formantiques estimées.

À partir de ces voyelles prototypiques estimées pour chaque participant, des continua de

6 voyelles entre /a/ et /ɛ/ (Expérience 1) et entre /i/ et /e/ (Expérience 2) ont été constitués. Dans chaque continuum, les voyelles différaient entre elles uniquement au niveau des fréquences de F1 et F2. De plus, chaque voyelle était séparée de ses voisines par une distance constante en Bark.

2.2.3. Procédure. Dans l'Expérience 1 comme dans l'Expérience 2, les participants effectuaient une tâche de discrimination en répondant « identique » ou « différent » (*same/different roving discrimination task*) pour un couple d'items voisins sur les continuums préalablement constitués. Dans chaque expérience, 5 conditions étaient manipulées, chacune correspondant à une position du couple de voyelles sur le continuum (voir Table 1). La liste de couples proposée contenait pour chaque expérience 40% d'items pour lesquels la réponse attendue était « identique » et 60% d'items pour lesquels la réponse attendue était « différent ». La liste complète propose 210 couples dans l'une et l'autre expérience, la durée de chacune étant de 20 minutes.

Condition	Items identiques (40 %)	Items différents (60 %)
Condition 1	1-1 / 2-2	1-2 / 2-1
Condition 2	2-2 / 3-3	2-3 / 3-2
Condition 3	3-3 / 4-4	3-4 / 4-3
Condition 4	4-4 / 5-5	4-5 / 5-4
Condition 5	5-5 / 6-6	5-6 / 6-5

Table 1 – Rang des voyelles (de 1 à 6) sur le continuum, impliquées dans chaque condition de la tâche de discrimination. Les voyelles 1 et 6 sont les voyelles prototypiques.

2.2 Résultats et discussion

L'hypothèse d'un effet d'aimant perceptif prédit des taux de discrimination plus faibles autour des prototypes (i.e., conditions 1 et 5) que plus loin des prototypes (i.e., conditions 2 et 4). Des indices de sensibilité non paramétriques (*A'*) ont été calculés pour chaque condition à partir de la Théorie de la détection du signal (Green & Swets, 1966). Une analyse de la variance non paramétrique (test de Kruskal-Wallis) ne montre pas d'effet significatif du facteur condition sur l'indice *A'*, et ce ni dans l'Expérience 1 avec les voyelles /a/~/ɛ/ ($\chi^2 = 3.87$; *d.f.* $= 4$; $p = 0.42$), ni dans l'Expérience 2 avec les voyelles /i/~/e/ ($\chi^2 = 0.54$; *d.f.* $= 4$; $p = 0.97$). La figure 1, qui résume la distribution des valeurs de *A'* pour chaque condition de l'Expérience 1 (/a/~/ɛ/), présente néanmoins des caractéristiques intéressantes :

Tout d'abord, il paraissait logique de penser que la frontière entre les catégories /a/et/ɛ/ se situait à mi-chemin entre les deux voyelles prototypes, ce qui correspondrait à la condition 3. L'indice de sensibilité aurait dû alors présenter un pic en condition 3. L'absence de pic de sensibilité dans cette condition indique cependant que la frontière catégorielle n'est pas située à cet endroit. Il apparaît donc désormais nécessaire de s'assurer de la localisation effective de la frontière catégorielle avant d'interpréter les effets, afin d'éviter de conclure à un effet d'aimant perceptif alors qu'il est possible qu'il corresponde à un simple effet de frontière. Cette remarque souligne une fois de plus la nécessité d'associer identification et discrimination pour l'étude de la perception catégorielle, la seule détermination des prototypes individuels ne pouvant s'y substituer.

Ensuite, on observe que, malgré l'absence d'effet principal du facteur condition, les valeurs médianes de *A'* sont plutôt éloignées pour les conditions 1 et 5. Bien que la puissance statistique d'un échantillon si faible ne permette de tirer aucune conclusion, il semble que la distorsion de l'espace perceptif autour du prototype de /a/ (condition 1) ne soit pas équivalente à celle de l'espace perceptif autour du prototype de /ɛ/ (condition 5). La sensibilité autour de ce prototype quantique serait donc moins importante que celle autour du prototype non quantique. Avec la réserve qu'il convient d'avoir pour une différence qui n'atteint pas le seuil de significativité, cette observation permet pour le moins de ne pas exclure d'emblée l'explication quantique (ou acoustique) de l'effet d'aimant perceptif. Crédibiliser cette interprétation nécessiterait de compléter l'échantillon et de déterminer la frontière catégorielle.

Nous avons par ailleurs remarqué d'importantes variations inter-individuelles. Il serait judicieux d'analyser davantage les scores individuels, et de distinguer à partir des scores globaux de catégorisation un groupe de bons et un groupe de mauvais « catégorisateurs », comme dans Aaltonen et al. (1997).

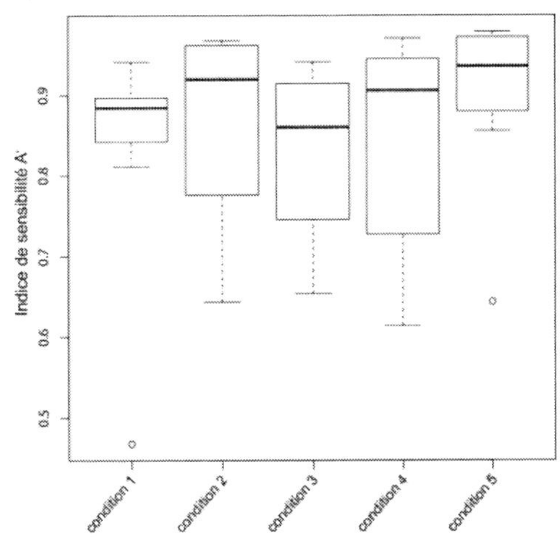

FIGURE 1 – Indice de sensibilité *A'* dans la tâche de discrimination de l'Expérience 1 (/a/~/ɛ/).

Un dernier élément pourrait avoir influencé les scores en discrimination dans nos expériences. Les valeurs de formants varient significativement plus entre les participants pour l'estimation des voyelles /ɛ/ et /e/ (non quantique) que pour celle des voyelles /a/ et /i/ (quantiques), comme le montre la figure 2, surtout pour le premier formant. Globalement, les estimations des voyelles quantiques sont donc moins dispersées que celles des voyelles non quantiques comme le rapporte le tableau 2.

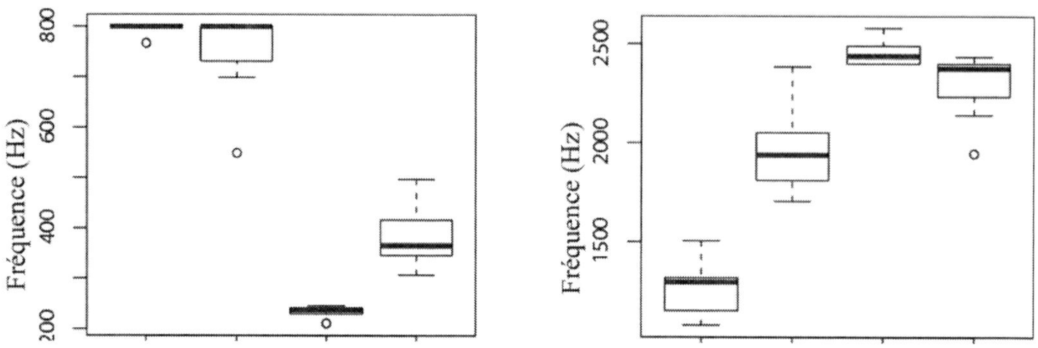

FIGURE 2 – Distribution des valeurs de formants estimées pour les voyelles prototypiques sur F1 (à gauche) et F2 (à droite).

	/a/	/ɛ/	/i/	/e/
/a/		* (F = 0.02; d.f. = 7,7; p = 2.21e-05)	NS (F = 0.99; d.f. = 7,6; p = 0.98)	* (F = 0.03; d.f. = 7,6; p = 0.2e-03)
/ɛ/	***NS (F = 0.41; d.f. = 7,7; p = 0.26)***		* (F = 58.41; d.f. = 7,6; p = 0.50e-05)	NS (F = 1.97; d.f. = 7,6; p = 0.43)
/i/	***NS (F = 4.26; d.f. = 7,6; p = 0.97)***	**** (F =10.35; d.f. = 7,6; p = 0,01)***		* (F = 1.96; d.f. = 6,6; p = 0.7e-03)
/e/	***NS (F = 0.596; d.f. = 7,6; p = 0.51)***	***NS (F = 1.44; d.f. = 7,6; p = 0.67)***	**** (F = 0.14; d.f. = 6,6; p = 0.03)***	

Table 2 –Tests d'égalité des variances pour l'estimation des valeurs formantiques des voyelles prototypiques sur F1 (police normale) et F2 (en gras) pour les voyelles utilisées dans les deux expériences (* : significatif avec $p < 0.05$, NS : non significatif).

Conclusion

Ces deux expériences pilotes n'ont pas répliqué l'effet d'aimant perceptif. Elles en relativisent donc le caractère systématique. Au-delà de cette absence d'effet toujours délicate à interpréter, nos résultats présentent des aspects intéressants qui suggèrent que l'effet d'aimant perceptif pourrait davantage être expliqué par les propriétés quantiques des voyelles utilisées que par un effet de plus haut niveau lié à l'acquisition du langage. Toutefois, le faible échantillon utilisé ne permet pas de conclure avec fermeté. Il convient donc de compléter l'échantillon, de déterminer plus précisément les frontières des catégories manipulées, et de recueillir des données en potentiels évoqués qui devraient nous renseigner sur des composantes implicites des traitements étudiés.

Références

AALTONEN, O., EEROLA, O., HELLSTRÖM, Ä., UUISPAIKKA, E., & LANG, A. H. (1997). Perceptual magnet effect in the light of behavioral and psychophysiological data. *Journal of the*

Acoustical Society of America, 101, 1090-1105.

BENDERS, T., & BOERSMA, P. (2009). *Comparing methods to find best exemplar in a multidimensional space.* Paper presented at the Interspeech, Brighton.

BOGLIOTTI, C., SERNICLAES, W., MESSAOUD-GALUSI, S., & SPRENGER-CHAROLLES, L. (2008). Discrimination of speech sounds by children with dyslexia: comparisons with chronological age and reading level controls. *Journal of Experimental Child Psychology, 101*(2), 137-155.

DIESCH, E., IVERSON, P., KETTERMANN, A., & SIEBERT, C. (1999). Measuring the perceptual magnet effect in the perception of /i/ by German listeners. *Psychological Research, 62*, 1-19.

GREEN, D. M., & SWETS, J. A. (1966). *Signal detection theory and psychophysics*. New York: John Wiley & Sons.

IVERSON, P., & KUHL, P. (1995). Mapping th perceptual magnet effect for speech using signal detection theory and multidimensional scaling. *Journal of the Acoustical Society of America, 97*(1), 553-562.

IVERSON, P., & KUHL, P. K. (2000). Perceptual magnet and phoneme boundary effects in speech perception: do they arise from a common mechanism? *Perception & Psychophysics, 62*(4), 874-886.

KEWLEY-PORT, D., & WATSON, C. S. (1994). Formant-frequency discrimination for isolated English vowels. *Journal of the Acoustical Society of America, 95*(1), 485-496.

KUHL, P. K. (1991). Human adults and human infants show a "perceptual magnet effect" for the prototypes of speech categories, monkeys do not. *Perception & Psychophysics, 50*(2), 93-107.

KUHL, P. K., CONBOY, B. T., COFFEY-CORINA, S., PADDEN, D., RIVERA-GAXIOLA, M., & NELSON, T. (2008). Phonetic learning as a pathway to language: new data and native language magnet theory expanded (NLM-e). *Philosophical Transactions of the Royal Society of London, Section B, 363*(1493), 979-1000.

LOTTO, A. J., KLUENDER, K. R., & HOLT, L. L. (1998). Depolarizing the perceptual magnet effect. *Journal of the Acoustical Society of America, 103*, 3648-3655.

MILLER, J. L. (2001). Mapping from acoustic signal to phonetic category: Internal category structure, context effects and speeded categorisation. *Language and Cognitive Processes, 16*(5/6), 683-690.

SHARMA, A., & DORMAN, M. F. (1998). Exploration of the perceptual magnet effect using the mismatch negativity auditory evoked potential. *Journal of the Acoustical Society of America, 104*(1), 511-517.

STEVENS, K. N. (1972). The quantal nature of speech: Evidence from articulatory-acoustic data. In E. E. David, Jr. & P. B. Denes (Eds.), *Human communication: A unified view* (pp. 51-66). New York: McGraw-Hill.

STEVENS, K. N. (1989). On the quantal nature of speech. *Journal of Phonetics, 17*, 3-45.

SUSSMAN, E., & LAUCKNER-MORANO, V. J. (1995). Further tests of the "perceptual magnet effect" in the perception of [i]: Identification and change/no-change discrimination. *Journal of the Acoustical Society of America, 97*(1), 539-552.

TOMASCHEK, F., TRUCKENBRODT, H., & HERTRICH, I. (2011, 17-21 août). *Processing german vowel quantity: categorical perception or perceptual magnet effect?* Paper presented at the ICPhS XVII, Hong Kong.

Avancées dans le domaine de la transcription automatique par décodage guidé

Fethi Bougares[1] Yannick Estève[1] Paul Deléglise[1]
Mickael Rouvier [1] George Linarès[2]
(1) LIUM, Laboratoire d'Informatique de l'Université du Maine
(2) LIA, Laboratoire d'Informatique d'Avignon
[1]prenom.nom@lium.univ-lemans.fr, [2]prenom.nom@univ-avignon.fr

RÉSUMÉ

Dans cet article, nous présentons une méthode de combinaison de systèmes de reconnaissance automatique de la parole (SRAP) inspirée d'un algorithme de décodage guidé (DDA). La combinaison par décodage guidé est basée sur un alignement entre une transcription auxiliaire et l'hypothèse développée par un système primaire, suivi d'une ré-évaluation du score linguistique de cette dernière. Nous proposons une nouvelle méthode qui facilite la gestion des transcriptions auxiliaires pour effectuer cette ré-évaluation sans alignement. Les hypothèses auxiliaires sont groupées par segment sous forme de sac de n-grammes (BONG : Bag Of NGrams) et la ré-évaluation est réalisée en fonction du résultat de recherche dans le sac de trigrammes correspondant. Cette méthode permet de réduire le taux d'erreur mots du système primaire en utilisant des systèmes auxiliaires moins performants.

ABSTRACT

Improvements on driven decoding system combination

This paper proposes an improved driven decoding method for speech recognition system combination. The combination method involves the use of auxiliary transcription as external information source included on primary system decoding process. Auxiliary transcriptions are used to modify search space exploration via linguistic score reevaluation. it was shown that DDA outperforms ROVER when the primary system is guided by a more accurate system. In this paper we propose a new method to manage auxiliary transcriptions which are presented as a bag-of-n-grams (BONG) without temporal matching. These modifications allow to make easier the combination of several hypotheses given by different auxiliary systems and improves primary system WER even with less accurate auxiliary systems.

MOTS-CLÉS : Reconnaissance de la parole, combinaison de systèmes, décodage guidé.

KEYWORDS: Speech recognition, systems combination, driven decoding.

1 Introduction

Bien que la majorité des systèmes de reconnaissance de la parole (SRAP) soient, à l'heure actuelle, basés sur des méthodes statistiques, ils peuvent différer sur plusieurs points (méthodes de paramétrisation du signal, modélisation acoustique et linguistique, algorithmes de décodage ...).

La combinaison de SRAP a pour objectif l'exploitation de ces différences pour construire une transcription finale améliorée. Le résultat de la combinaison de ces systèmes est directement lié à leur degré de complémentarité. En effet, la combinaison de deux systèmes qui font les mêmes types d'erreurs n'améliore pas la qualité de sortie finale.

Plusieurs méthodes de combinaison des SRAP ont été réalisées et testées à différents niveaux : dans le but d'exploiter les points forts de chaque méthode de paramétrisation, différents jeux de paramètres ont été combinés dans (Plahl *et al.*, 2011). La combinaison au niveau acoustique a été aussi testée via une adaptation croisée (cross-adaptation) dans (Stuker *et al.*, 2006). Les sorties de différents SRAP ont été aussi combinées dans un schéma de combinaison *a posteriori* (Fiscus, 1997).

La combinaison par décodage guidé a l'avantage d'être intégrée dans le processus de décodage. Contrairement aux méthodes de combinaison *a posteriori*, il n'est pas nécessaire d'attendre la fin du décodage de tous les systèmes utilisés pour pouvoir combiner leurs sorties.

Dans cet article, nous présentons une méthode de combinaison basée sur l'utilisation de différents systèmes auxiliaires pour la ré-évaluation des scores linguistiques d'un système primaire durant son processus de décodage. Cette méthode de combinaison est adaptée et améliorée dans l'optique de proposer un cadre de combinaison à la volée de systèmes de reconnaissance temps réel.

Cet article est organisé en quatre parties, la première partie présente le principe de décodage guidé, la deuxième détaille la méthode proposée et la troisième expose le cadre expérimental. Avant de conclure, la quatrième partie présente les résultats obtenus.

2 Principe de décodage guidé

Le décodage guidé modifie dynamiquement l'exploration de l'espace de recherche(Lecouteux *et al.*, 2007), il procède par la recherche de points de synchronisation entre les hypothèses d'un système primaire et celles d'un système auxiliaire. Cette recherche est réalisée en utilisant un alignement dynamique (DTW) entre les sorties du système auxiliaire et les résultats partiels de décodage du système primaire. Ensuite un score de correspondance est calculé selon le nombre de mots correctement alignés. Le score de correspondance est utilisé pour modifier la probabilité linguistique des hypothèses du système primaire en utilisant la formule suivante :

$$L(w_i|w_{i-2},w_{i-1}) = P(w_i|w_{i-2},w_{i-1})^{1-\alpha(w_i)}$$

Avec $P(w_i|w_{i-2},w_{i-1})$ la probabilité initiale du trigramme (w_i,w_{i-2},w_{i-1}) et $\alpha(w_i)$ le score de correspondance calculé via une mesure de similarité entre hypothèses du système primaires hw_i et celles du système auxiliaire w_i. Ce score de correspondance est donné par :

$$\alpha(w_i) = \begin{cases} \frac{\phi(w_i)+\phi(w_{i-1})+\phi(w_{i-2})}{3} & \text{if } (hw_i,hw_{i-1},hw_{i-2}) = (w_i,w_{i-1},w_{i-2}) \\ \frac{\phi(w_i)+\phi(w_{i-1})}{2} & \text{if } (hw_i,hw_{i-1}) = (w_i,w_{i-1}) \\ \phi(w_i) - \gamma & \text{if } (hw_i) = (w_i) \text{ and } \phi(w_1) \geq \gamma \\ 0 & \text{if } \phi(w_1) < \gamma \end{cases}$$

Avec $\phi(w_i)$ la mesure de confiance du mot w_i et γ un seuil fixé empiriquement.

Dans (Lecouteux *et al.*, 2008), l'auteur propose une généralisation de la combinaison DDA. La généralisation consiste à guider le système primaire par un réseau de confusion de mots (WCN : Word Confusion Network) construit à partir des hypothèses de plusieurs systèmes auxiliaires. La généralisation de la combinaison par WCN n'apporte pas d'amélioration par rapport à l'utilisation de la meilleure hypothèse d'un seul système auxiliaire.

3 Décodage guidé par sac de trigrammes

Dans la formulation initiale de DDA, l'hypothèse auxiliaire est considérée comme une séquence de mots. Notre proposition est de relâcher partiellement cette contrainte de séquentialité et de représenter chaque segment de l'hypothèse auxiliaire comme un sac de trigrammes. Cette simplification est raisonnable, car les segments ont une durée de 10 secondes ce qui fait une moyenne de vingtaine de mots par segment. Ces modifications permettent une accélération du processus de combinaison et rendent l'intégration de plusieurs systèmes auxiliaires simple et efficace (Bougares *et al.*, 2011). L'architecture du décodage guidé par sac de n grammes (Bag Of NGram (BONG) driven decoding) est présentée dans la figure 1.

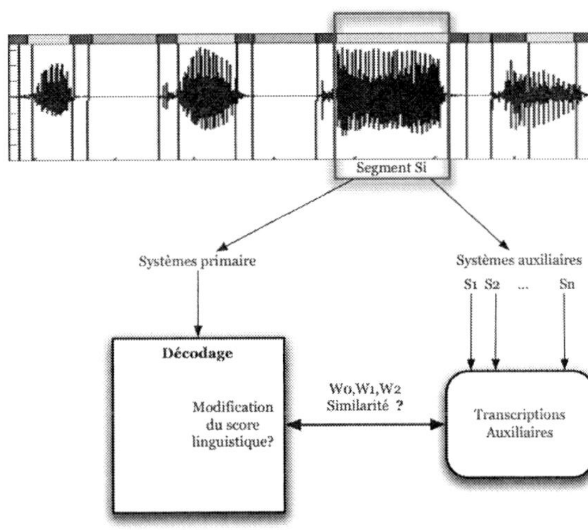

FIGURE 1 – *Décodage guidé par sac de trigrammes (BONG)*

4 Cadre expérimental

Aujourd'hui, la majorité des SRAP utilisent souvent une stratégie multi-passes avec différentes méthodes d'adaptation de modèles acoustiques et l'utilisation d'un modèle de langage plus performant lorsque l'espace de recherche est figé. L'architecture multi-passes permet la réduction de l'espace de recherche et le raffinement des modèles utilisés dans chaque passe en exploitant les sorties de la passe précédente. Cela permet aussi l'amélioration de la qualité de la transcription en utilisant des informations supplémentaires et des modèles plus complexes à chaque itération. En revanche, une telle architecture nécessite un décodage supplémentaire par passe et un temps de traitement plus important.

Contrairement à l'architecture multi-passes et à la combinaison *a posteriori*, L'objectif de la combinaison intégrée n'est pas limité à l'amélioration de la qualité de transcription, mais cherche aussi à accélérer le processus de combinaison. En effet, nous proposons une méthode permettant l'exploitation de l'ensemble de l'information qu'un système de transcription est capable de fournir avant de terminer son décodage. Bien que ces informations partielles sont incomplètes et moins précises (par exemple absence de mesure de confiance sur les mots), elles représentent un compromis entre la qualité des transcriptions et la rapidité du système.

Nos expériences seront donc limité à une seule passe de décodage, sans utilisation de mesures de confiance qui sont généralement calculées *a posteriori*. De plus, nous utilisons des sacs de n-grammes d'ordre 3 ($n = 3$).

4.1 Systèmes de reconnaissance

Trois différents systèmes de reconnaissance ont été utilisés pour tester la méthode de combinaison : le système du LIUM (Sphinx), le système du LIA (Speeral) et le système du RWTH (RASR). Le but étant d'améliorer la qualité de transcription finale, le système le plus performant a été choisi comme système primaire qui va être guidé par les autres systèmes dits auxiliaires.

Comme l'unité d'échange d'information inter-systèmes est le segment (voir section 3), et puisque l'échange doit concerner le même signal décodé par l'ensemble de systèmes, la segmentation est identique pour les trois systèmes.

4.1.1 Le système du LIUM (Sphinx)

Le système de transcription du LIUM est basé sur le système libre CMU-SPHINX amélioré et adapté à la langue française par le LIUM (Deléglise *et al.*, 2009). Durant le processus de segmentation (Meignier et Merlin, 2010), chaque segment est caractérisé par des conditions acoustiques spécifiques (parole téléphonique ou en studio, présence de parole, présence de musique, genre du locuteur, identité du locuteur...). Ces indications sont utilisées par la suite pour choisir les modèles acoustiques les plus appropriés pour décoder le segment considéré. Le processus de décodage comporte 5 passes ; les deux premières passes utilisent le décodeur Sphinx 3, tandis que Sphinx 4 est utilisé pour la suite.
Dans ce travail, seule la première passe sera utilisée, elle consiste à un décodage (beam search) avec un modèle de langage trigramme appris sur les données fournies pendant la compagne d'évaluation ESTER 2 et augmentées par le corpus Giga Word Corpus (environ 1 milliard de mots) et par des données provenant du web (80 millions de mots) pour un total d'environ 1,1 milliard de mots. Le modèle acoustique est spécialisé par bande (Large/Étroite) et par genre (Homme/Femme) pour modéliser un jeu de 35 phonèmes en contexte (triphone) avec une paramétrisation de 39 coefficients : 12 descripteurs PLP (Hermansky, 1990) plus l'énergie ainsi que leurs dérivées et dérivées secondes. En fin le lexique contient environ 122000 mots.

4.1.2 Le système du LIA (SPEERAL)

SPEERAL est un système de reconnaissance grand vocabulaire pour la parole continue (Nocera *et al.*, 2004). Le processus de décodage est basé sur un algorithme A^* avec un lexique d'environ

85.000 mots, une modélisation linguistique type n-gramme et des modèles acoustiques basés sur des Modèles de Markov Cachés (MMC) contextuels à états partagés.

Nous utilisons un modèle de langage quadri-gramme estimé sur environ 1 milliard et 200 millions de mots du journal Le Monde, sur environ 1 million de mots du corpus d'entrainement de la campagne d'évaluation ESTER-1 et ESTER-2 et sur 600 millions de mots extraits du de brèves d'informations de l'AFP (Gigaword). Les modèles acoustiques sont dépendants du genre et de la bande, ils sont entrainés sur les corpus ESTER-1 et 2 (environ 190 heures d'émission journalistique). Les paramètres acoustiques utilisés sont composés de 12 coefficients PLP plus l'énergie et leurs dérivées première et seconde, soit 39 coefficients.

4.1.3 Le système du RWTH (RASR)

Le système de transcription automatique de la parole RASR (RWTH ASR) a été développés par le groupe RWTH à l'université de Aachen (Allemagne). RASR est gratuitement téléchargeable[1] sous une licence dérivée de la Licence Publique Q (QPL).

Le système est basé sur un décodeur *Beam search*, une modélisation n-gramme du langage et des modèles de Markov cachés contextuels (triphone inter et intra-mots) à états partagés. La matrice de covariance est commune à l'ensemble des états. Une description plus détaillée du système est présente dans (Lööf *et al.*, 2007).

Contrairement aux autres systèmes, le décodage est réalisé avec un seul modèle acoustique (indépendant du genre et de la bande) appris sur les données d'ESTER-1 et d'ESTER-2 avec une paramétrisation $MFCC$ à 15 coefficients plus l'énergie et leurs dérivées première. Le lexique et le modèle de langage sont ceux utilisés dans le système Sphinx, avec une différence puisque les variantes de prononciation d'un mot dans le lexique sont équiprobables dans RASR.

Nous utilisons deux variantes du système RASR en modifiant la paramétrisation acoustique : d'abord, nous utilisons directement les 15 coefficients $MFCC$, ensuite nous concaténons les coefficients de 9 trames consécutives pour capturer l'information sur une fenêtre temporelle à plus long terme et nous appliquons une LDA (Haeb-Umbach et Ney, 1992) dessus pour obtenir un vecteur acoustique de 45 coefficients.

4.2 Corpus d'évaluation

Il est bien connu que la combinaison de systèmes donne des meilleurs résultats lorsque les systèmes utilisés ont des performances comparables, de ce fait nous avons choisi, dans un premier temps, d'évaluer notre méthode de combinaison uniquement sur la partie où les systèmes utilisés ont des performances proches.

Étant donné que RASR, contrairement aux autres systèmes, utilise un seul modèle acoustique, l'évaluation est faite sur la partie $STUDIO$ du corpus de développement de la compagne d'évaluation ESTER 2. Cette partie est plus proche du corpus d'apprentissage et son utilisation pour l'évaluation réduit l'écart entre le système RASR et les autres systèmes. Le corpus de développement contient initialement 6 heures d'émission radiophonique et la partie $STUDIO$ utilisée représente 5 heures.

1. `http://www-i6.informatik.rwth-aachen.de/rwth-asr/`

4.3 Performance du systèmes

Les données expérimentales sont initialement transcrites par les trois systèmes. Le taux d'erreur mots (WER : Word Error Rate) de chaque système est reporté dans le tableau 1. En se basant sur ces résultats, nous avons assigné à chaque système son rôle, ainsi le système Sphinx sera le système primaire. Dans la suite, chaque système utilisé sera identifié par son rôle.

Système	Rôle	WER
Sphinx	prim	**32,3 %**
SPEERAL	aux_1	32,8 %
RASR-LDA	aux_2	34,1 %
RASR	aux_3	34,4 %

TABLE 1 – Taux d'erreur mots du système primaire (Sphinx) et des systèmes auxiliaires (SPEERAL, RASR et RASR-LDA)

5 Résultats

Les résultats sont présentés séparément selon le nombre de systèmes auxiliaires utilisés. Pour plus d'un système auxiliaires, l'amélioration obtenue est comparée à la combinaison ROVER.

5.1 Combinaison avec un seul système auxiliaire

Contrairement à ROVER, la combinaison par décodage guidé reste applicable même si on dispose uniquement de deux systèmes de transcription avec des sorties sans mesure de confiance. Dans un premier temps, nous utilisons séparément les sorties des systèmes auxiliaires dont on dispose pour guider le meilleur système.

Système	WER
prim	32,3 %
BONG-aux_1	**29,2 %**
BONG-aux_2	29,9 %
BONG-aux_3	30,1 %

TABLE 2 – Taux d'erreur mots de système primaire et de sa combinaison avec les systèmes auxiliaires

Le meilleur gain est obtenu lorsque le meilleur système auxiliaire (aux_1) est utilisé dans la combinaison. Dans le tableau 2 l'utilisation de système aux_1 permet un gain absolu de 3,1 points de taux d'erreur. Il est intéressant de noter aussi les gains obtenus avec des systèmes auxiliaires ayant, initialement, de taux d'erreurs plus élevés de presque deux points. En effet, lorsque le système auxiliaire aux_3 (34,4 de WER) est utilisé on obtient un gain absolu de 2,2 points de WER.

5.2 Combinaison avec plusieurs systèmes auxiliaires

La généralisation de la combinaison par décodage guidé est directe ; en cas de présence de plusieurs systèmes, les hypothèses auxiliaires issues de ces systèmes sont groupées dans le même sac de n-grammes à utiliser pendant la ré-évaluation linguistique.

En premier lieu, les systèmes auxiliaires sont utilisés par groupe de deux avec le système primaire. Les résultats de combinaison sont comparés à un ROVER entre les sorties de trois systèmes auxiliaires. Les résultats obtenus sont rapportés dans le tableau 3 :

Système	WER
Rover-prim-aux_1-aux_2	30,1 %
Rover-prim-aux_1-aux_3	**29,9** %
Rover-prim-aux_2-aux_3	30,7 %
Rover-aux_1-aux_2-aux_3	31,3 %
BONG-aux_1-aux_2	**28,7** %
BONG-aux_1-aux_3	**28,7** %
BONG-aux_2-aux_3	29,5 %

TABLE 3 – Comparaison de taux d'erreur mots de la combinaison ROVER et la combinaison BONG avec deux systèmes auxiliaires.

L'utilisation de deux systèmes auxiliaires réduit le taux d'erreur mot de 1,2 point par rapport à la meilleure combinaison ROVER. L'intégration de couple de systèmes aux_1-aux_2 et aux_1-aux_3 rapporte plus d'information par rapport à l'utilisation de couple aux_2-aux_3. Cette différence est liée au degré de complémentarité entre les systèmes, en effet les systèmes aux_2 et aux_3 utilisent le même modèle de langage et les mêmes données d'apprentissage des modèles acoustiques (voir section 4.1.3).

Nous effectuons ensuite un ROVER sur l'ensemble de systèmes en remplaçant le système primaire par la sortie de la combinaison BONG. Les résultats sont présentés dans le tableau 4.

Système	WER
ROVER-prim-aux_1-aux_2-aux_3	28,3 %
Bong_aux_1-aux_2-aux_3	28,6 %
ROVER-BONG$_{ALL}$-aux_1-aux_2-aux_3	**27,4** %

TABLE 4 – Taux d'erreur mots de la combinaison BONG et ROVER en utilisant tous les systèmes.

Bien que le passage d'une combinaison BONG avec un seul système vers une combinaison avec deux systèmes auxiliaires améliore le WER de 0,5 point (de 29,2 à 28,7), l'ajout d'un troisième système n'apporte pas un gain significatif. Si l'on dispose de quatre systèmes le ROVER donne un meilleur résultat que le BONG, ce dernier en fournissant une sortie qui permet d'améliorer le ROVER final. La combinaison BONG modifie le processus d'exploration de l'espace de recherche, ainsi le décodeur garde de chemins qui auraient été élagués sans l'intégration des hypothèses auxiliaires. De ce fait, l'intégration de la sortie de combinaison BONG dans le schéma de ROVER réduit encore le WER de 0,9 point absolu par rapport au ROVER initial.

6 Conclusion

Dans cet article, nous avons présenté une méthode de combinaison par décodage guidé en utilisant des sacs des trigrammes (BONG) issus de systèmes auxiliaires. La combinaison BONG permet une réduction du WER avec une intégration simple et efficace des transcriptions auxiliaires.

Ces sources d'informations supplémentaires modifient les décisions prises par le décodeur et donnent plus de chance aux hypothèses proposées à la fois par le système primaire et les systèmes auxiliaires. La combinaison BONG a l'avantage d'être applicable même avec un seul système auxiliaire, et en l'absence de mesure de confiance. Elle offre aussi un cadre simple pour l'intégration de nouveaux systèmes auxiliaires. La sortie de la combinaison BONG peut être utilisée pour enrichir la combinaison ROVER et réduit de 15% relatif ainsi significativement le taux d'erreur mots du meilleur système individuel avec **4,9** points absolus (15% relatifs). Actuellement, nous avons testé et comparé la combinaison BONG avec ROVER. Dans la suite, nous envisageons d'étendre la combinaison BONG vers une combinaison à la volée où tous les systèmes décodent en parallèle. Le système primaire utilise les hypothèses partielles du systèmes auxiliaires pour guider son décodage et augmenter sa performance.

Références

BOUGARES, F., ESTÈVE, Y., DÉLÉGLISE, P. et LINARÈS, G. (2011). Bag Of N-Gram driven decoding for LVCSR system harnessing. *In ASRU.*

DELÉGLISE, P., ESTÈVE, Y., MEIGNIER, S. et MERLIN, T. (2009). Improvements to the LIUM French ASR system based on CMU Sphinx : what helps to significantly reduce the word error rate ? *In Interspeech*, Brighton, UK.

FISCUS, J. (1997). A post-prcessing system to yield reduced word error rates : recogniser output voting error reduction (ROVER). *In ASRU*, pages 347–354.

HAEB-UMBACH, R. et NEY, H. (1992). Linear discriminant analysis for improved large vocabulary continuous speech recognition. *In Proceedings of the 1992 IEEE international conference on Acoustics, speech and signal processing - Volume 1*, pages 13–16.

HERMANSKY, H. (1990). Perceptual linear predictive (plp) analysis for speech. *Journal of the Acoustical Society of America*, 87(4):1738–1752.

LECOUTEUX, B., LINARÈS, G., ESTÈVE, Y. et GRAVIER, G. (2008). Generalized driven decoding for speech recognition system combination. *In ICASSP*, Las Vegas, Nevada, USA.

LECOUTEUX, B., LINARÈS, G., ESTÈVE, Y. et MAUCLAIR, J. (2007). System combination by driven decoding. *In ICASSP.*

LÖÖF, J., GOLLAN, C., HAHN, S., HEIGOLD, G., HOFFMEISTER, B., PLAHL, C., RYBACH, D., SCHLÜTER, R. et NEY, H. (2007). The rwth 2007 tc-star evaluation system for european english and spanish. *In Interspeech*, Antwerp, Belgium.

MEIGNIER, S. et MERLIN, T. (2010). LIUM SpkDiarization : an open source toolkit for diarization. *In CMU SPUD Workshop*, Dallas, Texas, USA.

NOCERA, P., FREDOUILLE, C., LINARES, G., MATROUF, D., MEIGNIER, S., BONASTRE, J., MASSONIÉ, D. et BÉCHET, F. (2004). The LIA's french broadcast news transcription system. *In SWIM : Lectures by Masters in Speech Processing*, Maui, Hawaii.

PLAHL, C., SCHLÏTER, R. et NEY, H. (2011). Improved acoustic feature combination for lvcsr by neural networks. *In Interspeech 2011*, Florence ,Italie.

STUKER, S., FUGEN, C., BURGER, S. et WOFEL, M. (2006). Cross-system adaptation and combination for continuous speech recognition : The influence of phoneme set and acoustic front-end. *In Interspeech 2006*, Pittsburgh, USA.

Le son de tes lèvres : corrélats électrophysiologiques de la perception audio-haptique de la parole.

Camille Cordeboeuf[1], Avril Treille[1], Coriandre Vilain[1], Marc Sato[1]
(1) Département Parole & Cognition, GIPSA-Lab, CNRS & Grenoble Université, France.
Correspondance : marc.sato@gipsa-lab.grenoble-inp.fr

RESUME

Face à la nature multimodale de la perception de la parole, une question fondamentale est celle d'une possible intégration précoce des informations issues des différentes modalités sensorielles et l'existence de mécanismes anticipatoires prédictifs. L'objectif de cette étude pilote était de tester par électroencéphalographie (EEG) une possible modulation du potentiel évoqué auditif précoce N1 lors de la perception audio-haptique de la parole par rapport à une perception auditive seule. Dans ce but, nous avons comparé les réponses électroencéphalographiques de cinq participants obtenues lors de la perception de syllabes selon différentes modalités : auditive, audio-visuelle et audio-haptique. En accord avec de précédentes études, la comparaison des modalités auditive et audio-visuelle montrent une baisse d'amplitude de l'onde N1 lors de la perception audio-visuelle, un résultat suggérant une intégration précoce de ces deux modalités. Des résultats similaires sont observés lors de la comparaison des modalités auditive et audio-haptique pour les électrodes pariétales. De plus, une plus faible latence de l'onde N1 est observée pour la modalité audio-haptique. Pris ensemble, ces résultats suggèrent une intégration précoce des modalités auditive, visuelle et haptique lors de la perception de la parole et soulignent le possible rôle prédictif des informations haptiques dans le décodage et traitement des informations auditives.

ABSTRACT

The sound of your lips: electrophysiological correlates of audio-haptic speech perception

Given the multisensory nature of speech perception, one fundamental question is whether sensory signals are integrated early in the speech processing hierarchy and may reflect predictive, anticipatory, mechanisms. The present pilot EEG study aimed at investigating a possible modulation of auditory-evoked N1 component during audio-haptic compared to purely auditory speech perception. To this aim, we compared auditory-evoked N1 responses from five participants during auditory, audio-visual and audio-haptic perception of syllables. In line with previous studies, auditory-evoked N1 amplitude was attenuated during audio-visual compared to auditory speech perception. Crucially, similar results were observed for audio-haptic compared to auditory speech perception for parietal electrodes, with shortened latency. Altogether, these results suggest some early integrative mechanisms between auditory, visual and haptic modalities in speech perception as well as a predictive role of haptic information in auditory speech processing.

MOTS-CLES : perception de la parole, multimodalité, interactions audio-haptique, EEG.
KEYWORDS : speech perception, multimodality, audio-haptic interactions, EEG.

1 Introduction

Bien que l'audition soit considérée comme la modalité sensorielle principale de la communication parlée, la perception de la parole est par essence fondamentalement multisensorielle. Ainsi les informations visuelles issues du visage de notre interlocuteur modifient profondément le traitement de la parole, notamment en améliorant l'intelligibilité d'un signal de parole présenté dans le bruit (Sumby et Pollack, 1954 ; Benoît, Mohamadi and Kandel, 1994). L'effet McGurk (McGurk and MacDonald, 1976) est une autre démonstration de l'importance et de l'influence des informations visuelles sur le décodage de la parole. En plus des modalités auditives et visuelles, on sait également par la méthode Tadoma (Alcorn, 1932), utilisée par des personnes sourdes et aveugles, que des informations tactiles (perception haptique), obtenues en plaçant une main sur le visage du locuteur, permettent d'accéder à un niveau de communication quasi-normal ce, par la récupération d'informations sur le voisement, le mouvement des lèvres et l'ouverture mandibulaire des gestes de parole produits. Différentes études ont montré que des interactions audio-haptiques pour la parole existent également chez des sujets normaux non entraînés. Ainsi Fowler et Dekle (1991) ont mis en évidence lors d'une tâche de perception catégorielle l'existence d'interactions entre modalités auditive et haptique : l'information tactile influence le décodage de la syllabe auditive et, réciproquement, la syllabe auditive influence le décodage de la syllabe perçue tactilement. De plus, la présentation audio-haptique de syllabes non cohérentes peut produire chez certains sujets un percept illusoire de type McGurk (Fowler et Dekle, 1991) ou, à tout le moins, entrainer une diminution de performance par rapport à une perception auditive seule (Sato et al., 2010). Il a enfin été montré que l'information tactile, ajoutée à une information visuelle ou auditive dans un milieu bruité, améliore la perception de la parole chez des sujets non entrainés (Gick et al., 2008 ; Sato et al., 2010).

Pris ensemble, ces résultats soulèvent d'importantes questions sur les interactions entre la modalité auditive et les autres modalités sensorielles et sur un possible couplage fonctionnel entre systèmes de perception et de production de la parole (Schwartz et al., 2010 ; Grabski et al., 2010). Notamment, une question fondamentale est celle d'une possible intégration précoce des informations issues des différentes modalités sensorielles via l'existence de mécanismes anticipatoires prédictifs. Certaines études suggèrent en effet que dans le cas d'un signal visuel de parole précédant l'information auditive, cette avance temporelle serait exploitée par notre système perceptif afin d'extraire des indices permettant d'anticiper leur conséquence acoustique (Cathiard, 1994). Ces mécanismes anticipatoires prédictifs sont également à la base de modèles récents neurobiologiques de la perception de la parole (Skipper et al., 2007 ; Rauschecker and Scott, 2009). Ainsi, d'après Skipper et collègues (2007), les informations auditives et visuelles convergeraient au niveau des aires temporales associatives postérieures supérieures. De là, un mécanisme de simulation motrice permettrait alors d'associer les mouvements articulatoires associés aux phonèmes perçus et, en retour, de prédire les états auditifs et somatosensoriels associés à ces mouvements simulés afin de contraindre l'interprétation phonétique finale de l'auditeur.

En accord avec ces hypothèses, des études EEG ont démontré une diminution de l'amplitude du potentiel évoqué auditif précoce N1 lors de la perception audio-visuelle de syllabes par rapport à une perception auditive seule (Klucharev, Möttönen and Sams, 2003 ; Besle et al., 2004 ; Van Wassenhove, Grant and Poeppel, 2005; Stekelenburg and Vroomen, 2007 ; Pilling, 2009 ; Vroomen and Stekelenburg, 2009). L'onde N1 auditive apparaissant environ 100ms après l'onset d'un stimulus acoustique et étant traditionnellement reliée à une analyse précoce des indices acoustiques de ce stimulus dans le cortex auditif, la diminution d'amplitude observée dans ces études pourrait refléter une facilitation de traitement des syllabes auditives due à la présence d'informations phonétiques visuelles, à une latence où les différents traits acoustiques n'ont pas encore abouti à une représentation intégrée.

Dans cette étude, nous avons utilisé la méthode Tadoma pour évaluer l'interaction entre information tactile et information auditive lors de la perception de la parole en comparant les amplitudes et latences du potentiel évoqué auditif précoce N1 lors d'une tâche d'identification syllabique selon les modalités auditive, audio-visuelle et audio-haptique (grâce à une méthode similaire à la méthode TADOMA pour cette dernière modalité). En accord avec de précédentes études, la comparaison des modalités auditive et audio-visuelle devraient montrer une baisse d'amplitude de l'onde N1 lors de la perception audio-visuelle. De plus, des résultats similaires lors de la comparaison des modalités auditive et audio-haptique suggéreraient l'existence d'un mécanisme d'intégration précoce des modalités auditive et haptique.

2 Méthodes

2.1 Participants

Six sujets adultes, âgés de 26 à 42 ans, ont participé à l'expérience. Tous les participants étaient droitiers, locuteurs natifs du français et ne présentaient pas de troubles de compréhension ou de production de la parole. Tous les sujets ont donné préalablement à l'étude leur consentement éclairé.

2.2 Procédure

L'expérience consistait en la perception des syllabes /pa/ et /ta/ produites individuellement par une expérimentatrice de langue maternelle française. Cinq modalités perceptives ont été testées : Auditive (A : le sujet garde les yeux fermés et seule la voix de l'expérimentatrice est perçue), Visuelle (V : le sujet a les yeux ouverts et regarde l'expérimentatrice prononcer les syllabes silencieusement), Audio-Visuelle (AV : le sujet a les yeux ouverts et regarde l'expérimentatrice prononcer les syllabes à haute voix), Haptique (H : le sujet garde les yeux fermés, la main droite disposée sur les lèvres et la mandibule de l'expérimentatrice qui prononce les syllabes silencieusement) et Audio-Haptique (AH : le sujet a les yeux fermés et la main droite disposée sur les lèvres et la mandibule de l'expérimentatrice qui prononce les syllabes à haute voix).

L'expérience s'est déroulée dans une chambre sourde et consistait en 5 sessions expérimentales indépendantes correspondant aux modalités perceptives A, V, AV, H et AH. Chaque session est basée sur l'identification par le participant des syllabes /pa/ ou /ta/ prononcées individuellement par l'expérimentatrice (procédure à choix forcé). L'ordre de passage de ces différentes conditions a été randomisé entre les sujets. Pour chaque session, 80 syllabes ont été présentées de manière aléatoire (40 /pa/ et 40 /ta/). La durée de chaque essai était de 3 secondes. 600ms après la prononciation de la syllabe par l'expérimentatrice, une alerte sonore indiquait aux participants le moment de délivrer leur réponse. Pour ce faire, le sujet disposait de deux touches clavier et répondait avec sa main gauche.

Avant l'expérience, les participants étaient informés qu'il leur serait présenté les syllabes /pa/ ou /ta/ soit auditivement, soit visuellement, soit tactilement par contact entre leur main et le visage de l'expérimentatrice, soit par deux modalités en même temps. Un court entrainement était donné préalablement à l'expérience pour chacune des modalités. La procédure expérimentale dans les conditions H et AH est inspirée de celle de Fowler et Dekle (1991) et Sato et collègues (2010). Les participants étaient assis face à l'expérimentatrice, leur main droite placée sur son visage, le pouce posé verticalement sur les lèvres et les autres doigts placés horizontalement sur la mandibule. Cette position permettait de capter les mouvements des lèvres et de la mandibule lors de la production des syllabes /pa/ et /ta/. Le participant avait le coude posé sur la table et surélevé par un support en mousse. Pour éviter que les sujets ne regardent l'expérimentatrice, ils fermaient les yeux lors de ces deux conditions. L'expérimentatrice était assise face au sujet et à un écran d'ordinateur. À chaque essai, l'écran lui indiquait la syllabe à prononcer et affichait des indices temporels liés à la production de la syllabe. De manière à restreindre la variabilité des ses productions, elle était entraînée avant l'expérimentation à articuler à haute voix et silencieusement chaque syllabe en synchronie avec les indices affichés sur son écran. L'ensemble des productions de l'expérimentatrice lors des sessions A, AV et AH a été enregistré de manière à permettre une synchronisation des signaux EEG avec l'onset des syllabes produites.

2.3 EEG

Lors de chacune des sessions, un enregistrement continu des signaux EEG provenant de 9 électrodes représentatives (F3, Fz, F4, C3, Cz, C4, P3, Pz, P4 selon le système international 10-20) a été effectué via le système BIOSEMI. Ces 9 électrodes frontales, centrales et pariétales ont été sélectionnées du fait d'une réponse maximale du PE auditif N1 précédemment observée pour les électrodes centrales et permettaient de couvrir une partie conséquente du scalp des participants. Une électrode externe de référence a été placée sur l'extrémité du nez et les mouvements oculaires verticaux (VEOG) et horizontaux (HEOG) ont été enregistrés via deux électrodes placées sur le coté externe de chaque œil et une autre électrode placée sous l'œil gauche. Avant chaque expérience, l'impédance de toutes les électrodes était inférieure à 20 KΩ. Lors des enregistrements, la fréquence d'échantillonnage était fixée à 256 hz. En vue de permettre l'analyse des données EEG, un étiquetage semi-automatique des onsets syllabiques produits par l'expérimentatrice lors des sessions A, AV et AH a été réalisé via le logiciel Praat. Les triggers des enregistrements EEG ont ensuite été resynchronisés de manière à correspondre aux onsets syllabiques pour chaque essai et chaque session. Du fait de l'absence de marqueurs temporels précis pour les conditions de production silencieuse, les sessions H et AV n'ont pas été analysées. Pour les sessions A, AV et AH, les données EEG ont été prétraitées et analysées via le logiciel EEGlab sous environnement Matlab. Suite à l'indexation des signaux des 9 électrodes (F3, Fz, F4, C3, Cz, C4, P3, Pz, P4) par rapport à l'électrode de référence, un filtre passe-bande 1-40Hz a été appliqué. Pour l'ensemble des essais, les données ont ensuite été segmentées en évènements de 1000ms centrés sur l'onset de la syllabe, incluant une baseline de 100ms (de -500 à -400ms). Les évènements impliquant un changement d'amplitude supérieur à ± 60 µV pour tout électrode (y compris les électrodes HEOG et VEOG) ont été éliminés (en moyenne 6% des essais $\pm 5\%$).

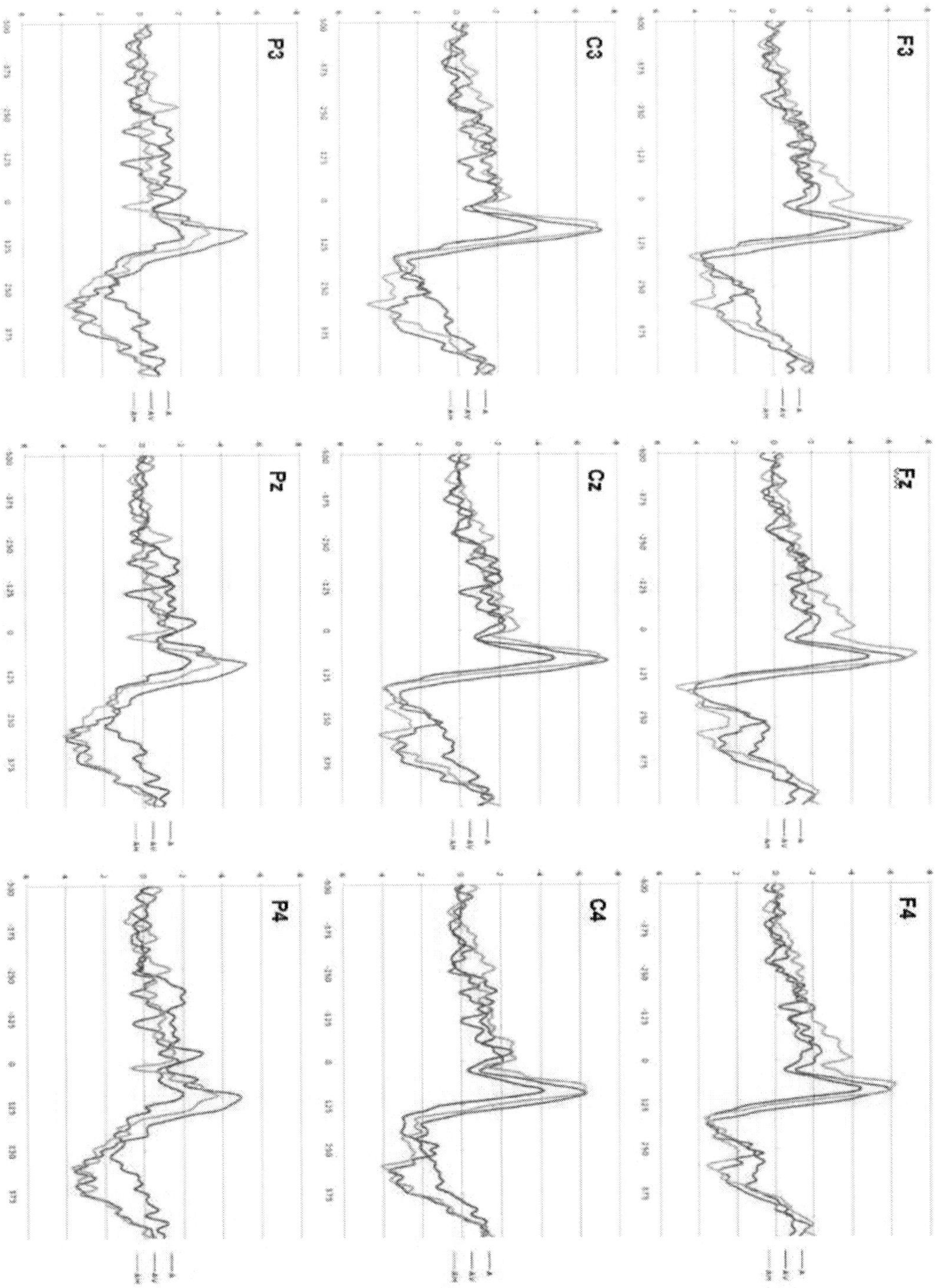

Figure 1 : Réponses EEG pour les conditions A (bleu), AV (rouge) et AH (vert). Chaque courbe représente la réponse moyenne d'une électrode : F3, Fz, F4 (frontales), C3, Cz, C4 (centrales) et P3, Pz, P4 (pariétales) (nombre impaire : position gauche, z : position centrale, paire : position droite).

3 Résultats

Pour toutes les analyses, le niveau de significativité a été fixé à $p < 0.05$, un test de Mauchley a été effectué de manière à vérifier l'hypothèse de sphéricité des données, enfin des tests de Newman-Keuls ont été utilisés pour les analyses post-hoc.

3.1 Réponses comportementales

L'ensemble des réponses recueillies a été analysé pour chaque participant et chaque condition. Les données ont été traitées par une analyse de variance (ANOVA) à mesures répétées avec pour variable intra-sujets la syllabe présentée (/pa/, /ta/), et la modalité de présentation (A, V, AV, H, AH). Les scores observés sont très élevés pour toutes les conditions (en moyenne 99%). Néanmoins, un effet significatif de la modalité de présentation est observé ($F_{(4,20)} = 3.85$, $p < 0.02$) avec un score perceptif plus faible en modalité haptique p/r à toutes les autres modalités (en moyenne, 100%, 99%, 100%, 97%, 99% pour les modalités A, V, AV, H et AH). Il n'y a pas d'effet de la syllabe ni d'interaction 'modalité x syllabe'.

3.2 Réponses EEG

Pour chaque participant et condition (A, AV, AH), les signaux EEG des électrodes frontales (C3, Cz, C4), centrales (F3, Fz, F4) et postérieures (P3, Pz, P4) ont été moyennés par électrode pour les 80 essais. L'amplitude et la latence du potentiel évoqué N1 ont ensuite été calculés. Pour l'amplitude et la latence, les données ont été traitées par une ANOVA à mesures répétées avec pour variable intra-sujets la modalité de présentation (A, AV, AH), la position de l'électrode sur l'axe latéral (gauche, centre, droite) et sur l'axe caudo-rostral (antérieur, centre, postérieur). Du fait d'un signal EEG bruité, un sujet n'a pu être analysé. Les réponses EEG moyennées par condition pour les 5 sujets et pour les électrodes frontales (F3, Fz, F4), centrales (C3, Cz, C4) et postérieures (P3, Pz, P4) sont indiqués sur la Figure 1.

Amplitude N1: L'ANOVA réalisée sur l'amplitude des PE auditifs N1 (voir la Figure 2) montre un effet significatif de la modalité ($F_{(2,8)} = 8.89$, $p < 0.01$) avec une amplitude plus faible pour la modalité AV p/r aux deux autres modalités A et AH. Un effet significatif de la position caudo-rostrale des électrodes est observé ($F_{(2,8)} = 12.52$, $p < 0.004$) avec une amplitude inférieure pour les électrodes postérieures par rapport aux électrodes antérieures et centrales. Enfin, une interaction 'modalité x position caudo-rostrale' est observée ($F_{(4,16)} = 4.11$, $p < 0.02$). Cette interaction provient du fait de différences d'amplitudes significatives entre les conditions A et AH pour les électrodes postérieures mais non pour les électrodes antérieures et centrales.

Latence N1: L'ANOVA réalisée sur la latence des potentiels évoqués N1 (voir Figure 3) montre un effet significatif de la modalité ($F_{(2,8)} = 6.89$, $p < 0.02$) avec une latence plus faible pour la modalité AH p/r aux deux autres modalités A et AV. Les interactions 'modalité x position latérale' ($F_{(4,16)} = 3.24$, $p < 0.04$) et 'modalité x position caudo-rostrale' ($F_{(4,16)} = 4.00$, $p < 0.02$) sont également significatives. L'interaction 'modalité x position latérale' démontre une latence plus faible pour les électrodes gauches en modalité AH par rapport aux autres électrodes. L'interaction 'modalité x position caudo-rostrale' démontre une latence plus importante pour les électrodes postérieures par rapport aux électrodes centrales et antérieures pour la modalité A.

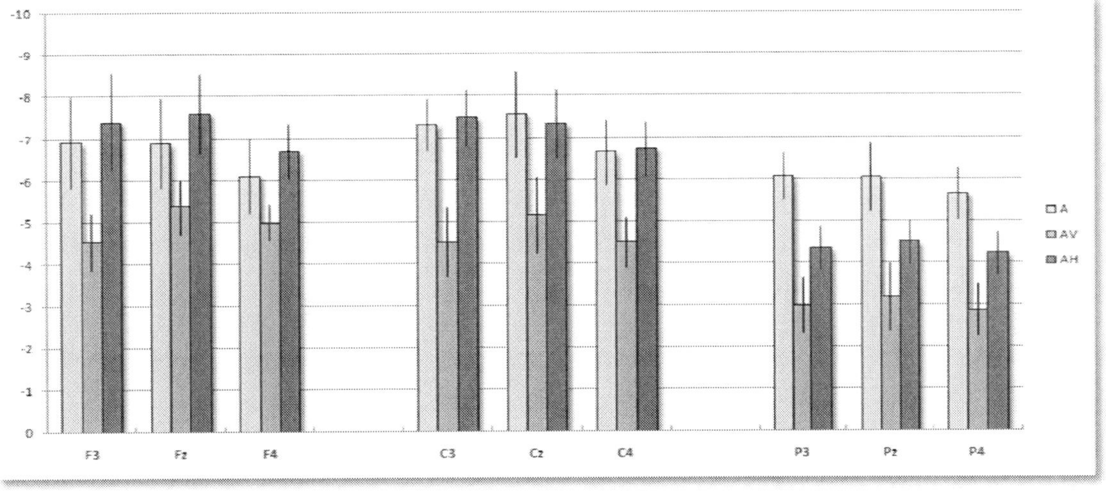

Figure 2 : Amplitude moyenne (en µV) du PE auditif N1 en fonction des conditions A, AV et AH et des électrodes F3, Fz, F4 (frontales), C3, Cz, C4 (centrales) et P3, Pz, P4 (pariétales).

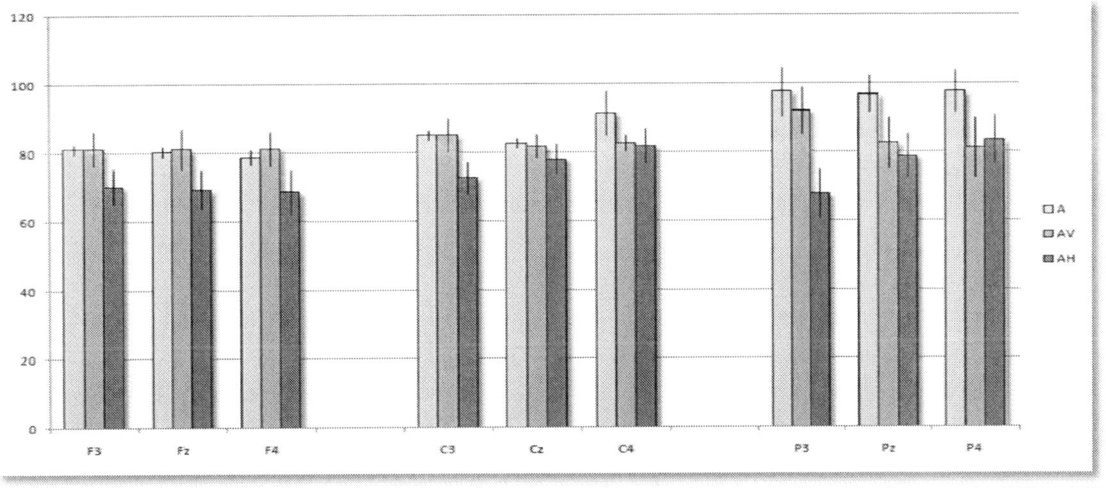

Figure 3 : Latence moyenne (en ms) du PE auditif N1 en fonction des conditions A, AV et AH et des électrodes F3, Fz, F4 (frontales), C3, Cz, C4 (centrales) et P3, Pz, P4 (pariétales).

4 Conclusion

En accord avec de précédentes études, la comparaison des modalités auditive et audio-visuelle démontre une moindre amplitude de l'onde N1 lors de la perception audio-visuelle. Bien qu'aucune modulation d'amplitude ne soit constatée entre les modalités audio-haptique et auditive au niveau des électrodes frontales et centrales, une moindre amplitude pour la modalité audio-haptique est cependant observée au niveau des électrodes pariétales. De plus, une moindre latence de l'onde N1 est observée lors de la condition audio-haptique par rapport aux conditions auditive et audio-visuelle. Bien que ces résultats doivent être confirmés par l'examen d'un plus grand nombre de sujets, ils suggèrent néanmoins une intégration précoce des modalités auditive, visuelle et haptique lors de la perception de la parole et soulignent le possible rôle prédictif des informations haptiques dans le décodage et traitement des informations auditives.

Références

ALCORN, S. (1932). The Tadoma method. *Volta Rev.*, 34: 195–198.

BENOÎT, C., MOHAMADI, T., & KANDEL, S. (1994). Effects of phonetic context on audio-visual intelligibility of French. *Journal of Speech and Hearing Research*, 37, 1195-1203.

BESLE, J., FORT, A., DELPUECH, C. & GIARD, M.H. (2004). Bimodal speech: early suppressive visual effects in human auditory cortex. *Eur. J. Neurosci.*, 20: 2225-2234.

CATHIARD, M. A. (1994). La perception visuelle de l'anticipation des gestes vocaliques: cohérence des évènements audibles et visibles dans le flux de la parole. *Thèse de doctorat. Université Stendhal, Grenoble, France.*

FOWLER, C. & DEKLE, D. (1991). Listening with eye and hand: crossmodal contributions to speech perception. *J. Exp. Psychol. Hum. Percept. Perform.*, 17: 816–828.

GICK, B., JÓHANNSDÓTTIR, K.M., GIBRAIEL, D. & MÜHLBAUER, M. (2008). Tactile enhancement of auditory and visual speech perception in untrained perceivers. *Journal of Acoustical Society of America*, 123: 72–76.

GRABSKI, K., LAMALLE, L., VILAIN, C., SCHWARTZ, J.-L, VALLÉE, N. TROPRÈS, I., BACIU, M. LE BAS, J.-F & SATO, M. (2010). Corrélats neuroanatomiques des systèmes de perception et de production des voyelles du Français. *Proceedings of the XXVIIIèmes Journées d'Étude sur la Parole.*

KLUCHAREV, V., MÖTTÖNEN, R. & SAMS, M. (2003). Electrophysiological indicators of phonetic and non-phonetic multisensory interactions during audiovisual speech perception. *Brain Res. Cogn. Brain Res.*, 18: 65–75.

MCGURK, H. & MACDONALD, J. (1976). Hearing lips and seeing voices. *Nature*, 264: 746-748.

PILLING, M. (2009). Auditory event-related potentials (ERPs) in audiovisual speech perception. *Journal of Speech, Language, and Hearing Research*, 52: 1073–1081.

RAUSCHECKER, J.P., & SCOTT, S.K. (2009). Maps and streams in the auditory cortex: Nonhuman primates illuminate human speech processing. *Nature Neuroscience*, 12(6): 718–724.

SATO, M., CAVE, C., MENARD, L. & BRASSEUR, A. (2010). Auditory-tactile speech perception in congenitally blind and sighted adults. *Neuropsychologia*, 48(12): 3683-3686.

SCHWARTZ, J.-L., MÉNARD, L., BASIRAT, A. & SATO, M. (IN PRESS). The Perception for Action Control Theory (PACT): a perceptuo-motor theory of speech perception. *Journal of Neurolinguistics.*

SKIPPER, J.I., VAN WASSENHOVE, V., NUSBAUM, H.C. & SMALL, S.L. (2007). Hearing lips and seeing voices: how cortical areas supporting speech production mediate audiovisual speech perception. *Cerebral Cortex*, 17(10): 2387-2399.

STEKELENBURG, J.J. & VROOMEN, J. (2007). Neural correlates of multisensory integration of ecologically valid audiovisual events. *Journal of Cognitive Neuroscience*, 19(12): 1964-1973.

SUMBY, W.H. & POLLACK, I. (1954). Visual contribution to speech intelligibility in noise. *Journal of Acoustical Society of America*, 26: 212-215.

VAN WASSENHOVE, V., GRANT, K.W. & POEPPEL, D. (2005). Visual speech speeds up the neural processing of auditory speech. *Proc. Natl. Acad. Sci. USA*, 102: 1181-1186.

VROOMEN, J. & STEKELENBURG, J.J. (2009). Visual anticipatory information modulates multisensory interactions of artificial audiovisual stimuli. *Journal of Cognitive Neuroscience*, 22(7): 1583-1596.

Détection et caractérisation des régions d'erreurs dans des transcriptions de contenus multimédia : application à la recherche des noms de personnes

Richard Dufour Géraldine Damnati Delphine Charlet
France Telecom R&D - Orange Labs, 2, av. Pierre Marzin 22307 Lannion
prénom.nom@orange.com

RÉSUMÉ

Dans cet article, nous proposons de détecter et de caractériser des régions d'erreurs dans des transcriptions automatiques de contenus multimédia. La détection et la caractérisation simultanée des régions d'erreurs peut être vue comme une tâche d'étiquetage de séquences pour laquelle nous comparons des approches séquentielles (segmentation puis classification) et une approche intégrée. Nous comparons les performances de notre système sur deux corpus différents en faisant varier les données d'apprentissage. Nous nous intéressons particulièrement aux erreurs des noms de personnes, information essentielle dans de nombreuses applications d'extraction d'information. Les résultats obtenus confirment l'intérêt d'une méthode à base d'apprentissage exploitant le contexte d'apparition des erreurs.

ABSTRACT

Error region detection and characterization in transcriptions of multimedia documents : application to person name search

In this article, we propose to detect and characterize error regions in automatic transcriptions of multimedia documents. The simultaneous detection and characterization could be seen as a sequence labeling task where we compare sequential approaches (segmentation then classification) and an integrated one. We compare our system performance on two different corpus by varying training data. We are particularly interested in person name errors, essential information in various information extraction applications. Results confirm the interest for learning-based method using the apparition context of errors.

MOTS-CLÉS : régions d'erreurs, caractérisation des erreurs, transcription automatique, classification automatique, noms propres.

KEYWORDS: error regions, error characterization, automatic transcription, automatic classification, person names.

1 Introduction

Dans le cadre de la reconnaissance de la parole continue à grand vocabulaire, les systèmes de reconnaissance automatique de la parole (RAP) peuvent actuellement fournir des transcriptions avec un bon niveau de performance, permettant leur intégration dans de nombreuses applications. Cependant, les erreurs de transcription de ces systèmes sont inévitables, ce qui représente toujours un problème pour certains domaines, tel que l'extraction automatique d'information dans des documents multimédia. Dans cet article, l'objectif est d'identifier et de caractériser les erreurs dans les transcriptions automatiques. Pour ce faire, nous ne considérons pas simplement ces erreurs de manière isolée mais nous cherchons à détecter et caractériser des régions d'erreurs (*i.e.* des regroupements d'erreurs consécutives).

Traditionnellement, la détection d'erreurs est conduite au travers de la définition des mesures de confiance (MC) représentant la probabilité qu'un mot soit correct. Appliquer un seuil sur ce score permet au système d'être réglé à un point de fonctionnement donné pouvant être choisi en fonction du contexte d'application (choix entre rappel ou précision élevés). Les MC peuvent être vues comme des classifieurs binaires permettant de séparer les mots en corrects/incorrects, leur performance est généralement évaluée en fonction de leur capacité à retrouver les mots corrects. Cependant, lorsque le taux d'erreur-mots est bas, cette tâche de classification binaire est typiquement un problème de classification avec données déséquilibrées : l'évaluation centrée sur la classe majoritaire (mots corrects) masque la capacité du classifieur à gérer la classe minoritaire (mots mal transcrits). Dans cet article, nous nous intéressons à la détection des erreurs de transcription dans le cadre d'émissions d'information multimédia, avec, pour entrée, des jeux de données déséquilibrés (en faveur des mots corrects). Nous nous focaliserons sur l'évaluation de la capacité de notre système à correctement détecter les erreurs de reconnaissance.

Au delà de le détection des erreurs nous voulons également les caractériser afin de déterminer leur nature. En fait, toutes les causes d'erreurs n'ont pas le même impact selon le contexte d'application considéré. On peut décider d'ignorer une erreur si son impact est jugé négligeable ou d'éventuellement définir des stratégies de correction appropriées dans le cas contraire. D'un point de vue analytique, plusieurs études ont fourni une analyse détaillée *a posteriori* des causes des erreurs. Les auteurs dans (Duta *et al.*, 2006) ont mis en lumière le fait que la majorité des erreurs de transcription dans les émissions d'information en langue anglaise sont dues à des entités nommées. Dans (Vasilescu *et al.*, 2009), les auteurs ont montré que les homophones, dans la langue française, sont très fréquents et représentent une importante source d'erreurs pour les systèmes de RAP. Cependant, du point de vue de leur caractérisation automatique, de nombreuses études se sont focalisées sur la détection et la correction des mots hors-vocabulaires (HV), dont le comportement et l'impact diffèrent des autres erreurs (Woodland *et al.*, 2000). Des stratégies spécifiques ont été proposées pour détecter les mots HV en utilisant, par exemple, un modèle de langage hybride de mots et de sous-mots (Rastrow *et al.*, 2009). Dans (Parada *et al.*, 2010), les auteurs se sont intéressés aux régions d'erreurs générées par les mots HV et ont proposé une méthode prenant en compte l'information contextuelle des régions voisines au lieu de ne considérer que la région "locale" des mots HV. Leur corpus a été construit en ne conservant que les mots HV riches en sens, en excluant ceux ayant moins de 4 phonèmes, et en supposant que les frontières des régions sont connues à l'avance. Dans les langues fortement flexionnelles, les mots HV peuvent être de natures différentes. Ainsi, bien que les noms propres impliqués dans les entités nommées soient une source importante des mots HV, d'autres causes sont à considérer, telles que les flexions d'un lemme donné, ou encore la présence de mots rarement utilisés dans le langage courant. Réciproquement, il arrive que des noms propres pourtant présents dans le dictionnaire soient mal transcrits. Ainsi, nous avons choisi de ne pas nous focaliser sur les mots HV, mais de définir des classes plus pertinentes pour notre contexte d'application en traitant la nature des erreurs dans leur ensemble (mot HV ou non). Bien que nous considérions toutes les erreurs, nous nous intéressons plus particulièrement aux noms de personnes, dont les erreurs ont un impact fort dans de nombreuses applications.

Dans cet article, nous traitons la détection et la caractérisation des régions d'erreurs comme une tâche d'étiquetage de séquences. Nous cherchons à comprendre l'impact du contexte d'apparition des erreurs pour cette tâche particulière. Nous détaillerons les données expérimentales (partie 2) puis les approches d'étiquetage de séquences décrites dans (Dufour *et al.*, 2012) ainsi que leur évaluation (parties 3 et 4). Enfin, les expériences menées sur l'influence de la base d'apprentissage seront présentées dans la partie 5, en analysant particulièrement les noms de personnes.

2 Données expérimentales

2.1 Description des données

Les expériences que nous menons s'appuient sur deux corpus expérimentaux en langue française manuellement transcrits et dont les noms de personnes ont été annotés. Le premier corpus est composé de 38 journaux télévisés (information, interviews, reportages...) collectés à partir de 7 chaînes de télévision entre octobre 2008 et janvier 2009. Ce corpus a ensuite été découpé en deux ensembles, avec 24 émissions pour (*JT train*) et 14 émissions pour (*JT test*). Le second corpus est composé de 28 extraits d'émissions télévisées plus hétérogènes (journaux télévisés, débats, émissions culturelles) provenant du corpus de développement du défi *REPERE*[1]. Il n'y a pas de recouvrement entre les chaînes dont sont extraites les données *JT* et celles des données *REPERE*. Les transcriptions automatiques de ces émissions sont réalisées au moyen du système de reconnaissance de la parole *VoxSigma v3.5* de *Vocapia Research* et fondé sur la technologie développée au LIMSI (Gauvain *et al.*, 2002). Les différents corpus sont décrits dans le tableau 1.

TABLE 1 – Description des corpus *JT train*, *JT test* et *REPERE*

	JT train	**JT test**	**REPERE**
Durée	7h45	6h15	3h00
Nb mots (taux d'erreur-mots)	84 146 (15,9 %)	70 538 (18,0 %)	33 413 (21,2 %)
Nb régions d'erreurs (taille moyenne)	5 529 (1,8)	4 908 (1,8)	2 296 (2,1)

Nous utilisons les mesures de confiance des mots estimées par le système de transcription (probabilités *a posteriori* calculées à partir des graphes de mots). Cette mesure de confiance est performante, avec un score d'entropie croisée normalisée respectivement de 0,36 sur le corpus complet des *JT* (train et test) et de 0,31 sur le corpus *REPERE*. Ces mesures de confiance sont notamment utilisées par le système de transcription pour filtrer les hypothèses émises : par défaut, les mots ayant une mesure de confiance inférieure à 0,3 sont retirés des hypothèses de la transcription. Cette étape permet d'améliorer le taux d'erreur-mots final. Ainsi, pour le corpus *JT (train+test)* le taux d'erreur-mots avec les mots filtrés serait de 19,6 % (principalement à cause des insertions de mots) et sur le corpus *REPERE* de 24,3 %.

2.2 Définition des classes d'erreurs

Le système que nous avons développé cherche à identifier 4 sources d'erreurs déterminées à partir de l'alignement entre les transcriptions automatiques et manuelles. L'alignement a été réalisé au moyen de l'outil NIST Sclite[2]. En premier lieu, nous avons défini la classe *Nom de personne (NP)*, particulièrement étudiée dans cette article, puisque cette information est essentielle dans de nombreuses applications d'extraction d'information. Nous avons également défini la classe *Autre nom propre (ANP)*, pouvant également contenir des informations très utiles. La classe *Homophone (H)*[3] a été choisie afin de prendre en compte un phénomène très fréquent dans la

1. `http://www.defi-repere.fr`
2. `http://www.icsi.berkeley.edu/Speech/docs/sctk-1.2/sclite.htm`
3. Comparaison des empreintes phonétiques des mots hypothèses et de référence au moyen d'un lexique additionnel.

langue française mais qui est moins pénalisant dans une optique d'indexation. Enfin, les erreurs ne rentrant dans aucune de ces classes ont été regroupées au sein de la classe *Autre (A)*. Lorsque plusieurs causes peuvent être attribuées à une même région, un ordre de priorité a été défini : **1** - *Nom de personne (NP)*, **2** - *Autre nom propre (ANP)*, **3** - *Homophone (H)* et **4** - *Autre (A)*. À titre d'exemple, les régions de type *A* dans le corpus *REPERE* représentent 68 % des régions d'erreurs (8 % pour *NP*, 4 % pour *ANP* et 20 % pour *H*). Si la classe des NP représente une faible proportion des régions d'erreurs, elle reste d'une importance applicative particulière d'autant que 37,4 % des entités NP prononcées initialement génèrent une région d'erreurs. Des tendances assez proches se dessinent sur les deux corpus, à savoir que les *NP* et les *ANP* génèrent des régions d'erreurs de tailles plus grandes que les erreurs dues à des *H* ou *A* (2,5 erreurs consécutives en moyenne pour les *NP* sur le corpus *REPERE* et 1,6 pour les *H*).

3 Extraction et caractérisation des régions d'erreurs

La détection et la caractérisation simultanée des régions d'erreurs peut être vue comme une tâche d'étiquetage de séquences. Nous proposons dans la sous-partie 3.1 une approche séquentielle qui consistera, dans un premier temps, à segmenter les transcriptions en région correcte / erronée, et dans un second temps à associer une classe à ces régions d'erreurs. Puis nous proposons une approche intégrée en 3.2 consistant à segmenter et étiqueter conjointement en classes d'erreurs. De plus amples détails peuvent être trouvés dans (Dufour *et al.*, 2012).

3.1 Approche séquentielle

Nous proposons trois approches différentes pour segmenter en régions d'erreurs. En premier lieu, nous utilisons une approche classique *Base* consistant à appliquer un seuil θ_b sur les mesures de confiance fournies par le système de RAP. En fait, les mots consécutifs dont le score est inférieur à θ_b seront considérés comme une région d'erreurs.

Appliquer un seul seuil sur les mesures de confiance peut ne pas être suffisant puisque les erreurs consécutives ne sont pas toutes associées à une mesure de confiance basse. Afin d'assouplir cette contrainte, nous introduisons un automate à deux états. Chaque mot d'un segment est analysé : dans l'état *Correct*, le mot est considéré comme correctement transcrit, alors que l'état *Erreur* détecte le mot comme incorrect. Le seuil θ_{err} permet de passer de l'état *Correct* à *Erreur*, ou de rester dans l'état *Correct*, et inversement pour le seuil θ_{cor} (avec $\theta_{err} < \theta_{cor}$). L'automate sera utilisé pour chaque phrase dans les deux sens de lecture (de droite à gauche et vice versa) afin de capturer les erreurs non trouvées dans un sens. Des automates d'ordre plus élevé ont été implémentés mais fournissaient des régions d'erreurs beaucoup trop grandes. Dans cette approche, nous ne nous intéressons pas simplement à la MC courante, mais à celles se trouvant au voisinage. Par exemple, il est possible de rester dans l'état *Erreur* si la mesure de confiance est située entre θ_{err} and θ_{cor}.

Enfin, nous proposons d'utiliser les champs conditionnels aléatoires (CRF) (Lafferty *et al.*, 2001) pour délimiter les régions d'erreurs en prenant en compte de nombreuses sources d'information : les bigrammes de mots, l'étiquetage grammatical et regroupement en syntagmes[4], les mesures de confiance, et les durées du mot courant, précédent et suivant. La mise en œuvre repose sur un formalisme *UIO* (*Unique* pour les erreurs isolées, *Inside* pour les $n > 1$ erreurs consécutives et *Outside* pour les mots corrects). *Begin* n'est pas pris en compte car peu performant.

Après avoir détecté ces régions d'erreurs, nous proposons de les associer à une des quatre classes d'erreurs décrites dans la section 2.2 au moyen d'une méthode de classification. Nous avons

4. Lia_tagg : `http://pageperso.lif.univ-mrs.fr/~frederic.bechet`

choisi d'utiliser l'outil *Icsiboost*[5], un classifieur à larges marges fondé sur l'algorithme *AdaBoost*. De nombreuses caractéristiques sont utilisées : les mots des régions (bigrammes), l'étiquetage grammatical et regroupement en syntagmes (trigrammes), le nombre des mots de la région, quadrigrammes sur les cinq mots précédents, la durée et la moyenne des mesures de confiance de chaque tour de parole, et enfin le nombre de syllabes par mot.

3.2 Méthode intégrée

Comme les CRF peuvent segmenter et étiqueter des séquences de données, nous proposons d'utiliser cette méthode pour directement retrouver les régions d'erreurs et les étiqueter avec une des 4 classes d'erreurs au lieu de réaliser ces opérations séparément. Les mêmes caractéristiques que celles présentées pour l'approche utilisant les CRF de manière séquentielle seront utilisées. Le formalisme *UIO* est toujours utilisé, auquel on associe les 4 classes d'erreurs. Au final, cela revient à utiliser 9 classes $(4 * I + 4 * U + O)$.

Nous proposons une dernière solution consistant à combiner toutes les propositions en fusionnant les régions d'erreurs au moyen de l'opérateur "OU", et en choisissant ensuite la classe de la région d'erreurs en fonction de la priorité définie dans la partie 2.2.

4 Évaluation comparée des différentes approches

4.1 Optimisation des seuils de décision

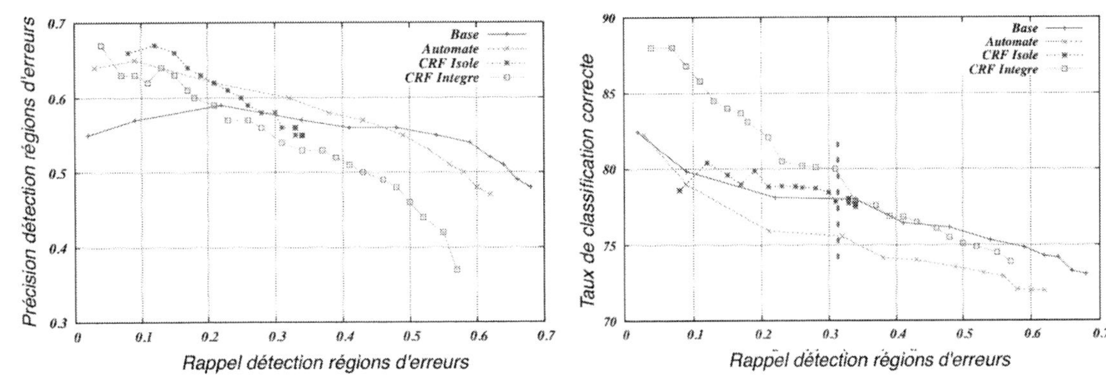

FIGURE 1 – Précision de la segmentation (à gauche) et taux de classification correcte des régions bien segmentées (à droite) en fonction du rappel de la détection sur le corpus *JT train*

Afin d'évaluer la performance des différentes approches, nous présentons dans la figure 1 (à gauche) les résultats obtenus sur le corpus *JT train* en termes de rappel et de précision sur la détection des régions d'erreurs en faisant varier le seuil de décision des 4 approches proposées. Détecter précisément les régions d'erreurs étant une tâche difficile, nous avons choisi d'assouplir la détection des régions en considérant comme correcte une région d'erreurs dont les frontières sont erronées à deux mots près. Les méthodes *Base* et *Automate* permettent d'atteindre des taux de précision plus élevés que les méthodes à base de CRF lorsque le rappel est très haut, mais à l'inverse, les méthodes à base de CRF sont plus précises lorsque le rappel est faible. Cette plus faible précision pour les CRF s'explique par un nombre trop grand d'hypothèses de détection conduisant à de nombreuses insertions ainsi qu'à des régions trop longues. Ces difficultés sont mieux gérées avec l'utilisation de la mesure de confiance seule. Notons également

5. `http://code.google.com/p/icsiboost`

que le comportement des deux approches à base de CRF diffère au niveau de l'évolution du taux de rappel : l'approche *CRF Isolé* ne dépasse pas les 35 % en rappel alors que la variation du seuil de décision permet à l'approche *CRF Intégré* d'approcher les 60 %. Il apparaît donc que, du point de vue de la segmentation seule en régions d'erreurs, le phénomène est mieux modélisé lorsque les classes sont utilisées dans le processus de segmentation (*CRF Intégré*, 9 classes) plutôt qu'une détection globale des régions d'erreurs (*CRF Isolé*, 3 classes).

Pour définir le seuil de décision, nous nous intéressons au taux de bonne classification des régions correctement détectées. Notre choix se porte sur un seuil optimisé en fonction du taux de rappel de la détection et de la qualité de la classification de ces régions (figure 1 à droite). Nous avons choisi de nous placer à un taux de rappel à peu près équivalent pour chaque approche autour de 0,3 afin de ne pas perturber la fusion finale.

À ce point de fonctionnement, la *fusion* des approches conduit à un taux de rappel de 42,2 % (gain de 8 points en absolu par rapport à la meilleure méthode) en gardant une précision acceptable de 57,0 %. Les régions bien détectées conduisent à un taux de classification correcte de 78,4 %.

4.2 Évaluation globale

Les performances de la détection des régions d'erreurs sont évaluées en rappel/précision. Le taux de classification correcte évalue la classification des classes d'erreurs sur les régions correctement détectées. Par ailleurs, une nouvelle mesure inspirée du Slot Error-Rate (SER) (Makhoul *et al.*, 1999) est introduite afin d'évaluer les performances globales de la détection et caractérisation des régions d'erreurs. Cette métrique est particulièrement utilisée pour évaluer les systèmes de détection des entités nommées. Elle possède l'avantage de prendre en compte de nombreuses combinaisons d'erreurs potentielles contenues dans notre double problématique de détection et caractérisation de régions d'erreurs :

$$SER = \frac{D + I + S_{all} + 0,5 * (S_{cla} + S_{reg})}{Nombre\ total\ des\ régions\ d'erreurs\ de\ référence} \quad (1)$$

où D est le nombre de régions non détectées, I le nombre de régions insérées, S_{cla} le nombre de régions d'erreurs correctement détectées mais mal classées, S_{reg} le nombre de régions d'erreurs dont les frontières ont été mal détectées mais assignées avec la classe d'erreur correcte, et S_{all} le nombre de régions d'erreurs dont les frontières ont été mal détectées et assignées avec une classe d'erreur incorrecte. En fonction de l'application visée, toutes les erreurs n'ont pas le même impact sur le score SER. Ici, les erreurs S_{cla} et S_{reg} ont un coût de 0,5.

Le SER obtenu pour la méthode *fusion* est de 81,6 % contre 86,7 % pour la méthode *Base*.

4.3 Impact du filtrage des mots de très faible confiance

Dans cet article, nous nous intéressons à l'impact des mots filtrés *a posteriori* par les systèmes de transcription (voir partie 2.1) sur notre méthode. Pour ce faire, nous avons utilisé tous les mots transcrits (aucun filtrage) pour entraîner les modèles des différentes approches puis avons appliqué ces méthodes sur les transcriptions de test toujours sans aucun filtrage. Enfin, pour avoir des résultats comparables, un filtrage des mots est effectué avant analyse des résultats afin de retrouver la transcription d'origine obtenant les meilleurs taux d'erreur-mots.

Comme illustré dans le tableau 2, cette approche améliore fortement le rappel de la détection, avec un gain de 13,9 points en absolu en conservant une précision de détection et un taux de classification correcte très proches. Les deux dernières colonnes présentent les résultats globaux obtenus sur la détection et la caractérisation des régions d'erreurs liées aux noms de personnes (*régions NP*). Là encore, le taux de rappel est bien meilleur en utilisant les transcriptions non filtrées. Le système permet ainsi de détecter et correctement caractériser 40,8 % des régions *NP*. La difficulté de cette tâche s'explique en partie par le fait que nous sommes dans un problème à données déséquilibrées : seulement 5 % des régions d'erreurs sont dues à cette classes particulière. Dans le cas où toutes les régions d'erreurs détectées étaient étiquetées en *NP*, le rappel atteindrait 61,7 % mais avec une précision de 2,7 %.

TABLE 2 – Impact de l'utilisation des mots filtrés avec la méthode *Fusion*

Corpus JT test	**Détection**		**Caractérisation**	**Global**	**Régions NP**	
	Rappel	**Précision**	**% classif correcte**	**SER**	**Rappel**	**Précision**
JT train	42,2	57,0	78,4	81,6	30,4	33,3
JT train non filtré	56,1	55,0	77,2	81,0	40,8	32,2

5 Influence de la base d'apprentissage

La deuxième partie de nos expériences s'est concentrée sur l'évaluation de la détection et caractérisation des régions d'erreurs dans le cadre de données hétérogènes. En effet, nous souhaitons connaître l'impact sur les performances de cette tâche particulière lors de l'utilisation de données d'apprentissage différentes des données de test. En nous appuyant sur les résultats obtenus dans la partie 4.3, nous avons choisi d'utiliser des transcriptions non filtrées ainsi que la méthode *Fusion* et de nous focaliser particulièrement sur la classe d'erreurs *Nom de personne (NP)*. Nous évaluons la performance de cinq bases d'apprentissage sur les données *JT test* et *REPERE test* : *REPERE train*, *JT train*, *JT train reduc*, *JT train+REPERE train* et *JT train+JT test+REPERE train* (plus de détails sur ces données dans la partie 2.1). La base *JT train reduc* est une version réduite de *JT train* de taille comparable à *REPERE train*. Afin de palier au manque de données du corpus *REPERE*, l'évaluation se fait en *leave-one-out* lorsque nous utilisons *REPERE train*.

TABLE 3 – Performances sur la classe *NP* en fonction de la base d'apprentissage

Régions NP	**JT test**		**REPERE test**	
	Rappel	**Précision**	**Rappel**	**Précision**
REPERE train	17,5	19,4	24,9	28,8
JT train reduc	31,7	26,2	15,2	23,7
JT train	40,8	32,2	14,3	21,7
JT train+REPERE train	43,3	32,6	23,2	19,7
JT train+JT test+REPERE train			25,7	30,1

Pour le corpus *JT test*, nous constatons dans le tableau 3 qu'à taille de données équivalente, *JT train reduc* permet d'obtenir des résultats bien supérieurs à ceux obtenus avec *REPERE train*. Cette différence est liée à la proximité des données d'apprentissage et de test, les données *JT train* étant très proches de *JT test*. L'utilisation de *JT train* en entier permet d'améliorer encore les performances. Enfin, le corpus combiné de *JT train+REPERE train* conduit a une légère amélioration, en permettant un rappel global de 43,3 % et une précision de 32,6 % sur la détection des régions d'erreurs de noms de personnes.

Des conclusions relativement similaires peuvent être tirées sur le corpus *REPERE test*. Des données d'apprentissage proches des données de test permettent d'obtenir de meilleures performances de détection des régions d'erreurs pour le cas des *NP* (*REPERE train*) en comparaison à un corpus d'apprentissage plus éloigné (*JT train*). Ces résultats confirment l'intérêt d'une méthode à base d'apprentissage exploitant le contexte d'apparition des erreurs. L'apprentissage au moyen des corpus *JT train+JT test+REPERE train* permet au final un léger gain pour atteindre 25,7 % en rappel et 30,1 % en précision. À données d'apprentissage équivalentes, les résultats sur ce corpus sont inférieures à celles obtenues sur le corpus *JT test*. La plus grande hétérogénéité des émissions du corpus *REPERE* explique des performances en retrait. Notons finalement que si l'on s'intéresse aux résultats globaux sur les 4 classes considérées, les évolutions des performances suivent la même tendance que celles observées sur la classe des noms de personnes.

6 Conclusion et perspectives

Dans cet article, nous nous sommes intéressés à la détection et caractérisation de régions d'erreurs dans des transcriptions automatiques de contenus multimédia. Nous considérons ce double problème comme une tâche d'étiquetage de séquences. Différentes approches ont été proposées, avec des approches dites *séquentielles* où les régions d'erreurs sont dans un premier temps détectées pour ensuite être caractérisées en classes d'erreurs, et une approche *intégrée* où ces deux problèmes sont traités conjointement. Parmi les 4 classes d'erreurs que nous cherchons à détecter, les erreurs dues à des noms de personnes ont été particulièrement étudiées car cette classe est essentielle dans de nombreuses applications d'extraction d'information. Nous avons proposé, dans un premier temps, d'étudier l'impact des mots à très faibles mesures de confiance sur notre problème d'étiquetage de séquences. Bien que ces mots soient généralement retirés de la transcription finale, leur prise en compte dans la modélisation du problème améliore les performances, particulièrement pour le rappel des régions d'erreurs détectées. Dans la seconde partie de nos expériences, nous avons cherché à comparer les performances de notre système sur deux corpus différents en faisant varier la taille et la nature des données d'apprentissage. Les résultats obtenus ont confirmé l'intérêt d'une méthode à base d'apprentissage exploitant le contexte d'apparition des erreurs. Nos travaux futurs s'orienteront vers l'utilisation de ces régions d'erreurs détectées afin de réaliser des traitements spécifiques dans la problématique d'indexation de documents, en proposant notamment des stratégies de correction.

Références

DUFOUR, R., DAMNATI, G. et CHARLET, D. (2012). Automatic error region detection and characterization in lvcsr transcriptions of tv news shows. *In ICASSP*, Kyoto, Japon.

DUTA, N., SCHWARTZ, R. et MAKHOUL, J. (2006). Analysis of the Errors Produced by the 2004 BBN Speech Recognition System in the DARPA EARS Evaluations. *In IEEE TASLP*, volume 14, pages 1745–1753.

GAUVAIN, J.-L., LAMEL, L. et ADDA, G. (2002). The LIMSI Broadcast News Transcription System. *Speech Communication*, pages 89–108.

LAFFERTY, J., MCCALLUM, A. et PEREIRA, F. (2001). Conditional random fields : Probabilistic models for segmenting and labeling sequence data. *In ICML*, Williamstone, États-Unis.

MAKHOUL, J., KUBALA, F., SCHWARTZ, R. et WEISCHEDEL, R. (1999). Performance measures for information extraction. *In Darpa broadcast news workshop*.

PARADA, C., DREDZE, M., FILIMONOV, D. et JELINEK, F. (2010). Contextual information improves OOV detection in speech. *In NAACL-HLT*, Los Angeles, États-Unis.

RASTROW, A., SETHY, A. et RAMABHADRAN, B. (2009). A new method for OOV detection using hybrid word/fragment system. *In ICASSP*, pages 3953–3956, Taipei, Taiwan.

VASILESCU, I., ADDA-DECKER, M., LAMEL, L. et HALLE, P. (2009). A perceptual investigation of speech transcription errors involving frequent near-homophones in French and American English. *In Interspeech*.

WOODLAND, P., JOHNSON, S., JOURLIN, P. et SPÄRCK JONES, K. (2000). Effects of out of vocabulary words in spoken document retrieval. *In SIGIR*, pages 372–374, Athènes, Grèce.

Perception de la Langue française Parlée Complétée(LPC) et effet d'expertise chez les normo-entendants

Clémence Bayard[1,2] *Jacqueline Leybaert*[1] *Anne-Sophie Tilmant*[2] *Cécile Colin*[2]
(1) LCLD, 50 avenue F. Roosevelt, 1050 Bruxelles
(2) UNESCOG, 50 avenue F. Roosevelt, 1050 Bruxelles
cbayard@ulb.ac.be, leybaert@ulb.ac.be, ccolin@ulb.ac.be

RESUME

La Langue française Parlée Complétée étant multi-signal (mouvements labiaux et manuels), nous avons élaboré une étude d'oculométrie dans une population normo-entendante afin de mettre en évidence le traitement intégratif en perception et l'impact du degré d'expertise. Notre paradigme, une tâche d'identification de mots/pseudomots (présentés sous forme de vidéo sans son), comportait trois conditions : une condition lecture labiale et code LPC, une condition lecture labiale et geste non significatif, et une condition lecture labiale seule. Après chaque vidéo le participant devait faire un choix parmi trois propositions : réponse correcte, distracteur labial et distracteur manuel. Les données comportementales et psychophysiologiques ont été récoltées auprès de trois groupes d'adultes normo-entendants : des experts LPC, des débutants LPC et des naïfs LPC. Les premiers résultats, prometteurs, suggèrent que seuls les experts et les débutants LPC intègrent l'information labiale et manuelle, et que le poids de chacune de ces informations évolue avec l'expertise.

ABSTRACT

French Cued Speech perception and expertise effect in hearing people

Since French Cued Speech (CS) is multi-signal (lip movements and CS gestures), we conducted an eye tracking study to examine whether this perception involves integrative treatment and how expertise affects it in normally-hearing participants. Our paradigm consisted in a word/pseudowords (presented in video clip, without sound) identification task. It included three conditions: a CS condition, a meaningless gesture condition, and a lipreading condition. After each video, participants were presented three options (i.e. correct answer, labial distractor and manual distractor) and instructed to select the correct one. Behavioral and eye tracking data were collected on three groups of normally-hearing partcipants: experts in CS, beginners in CS, and completely naïve toward CS. The first results, very promising, suggest that only experts and beginners integrate CS gestural and labial information, and that the relative weight of labial and manual information seems to change with expertise.

MOTS-CLES : Langue française Parlée Complétée, perception, effet d'expertise, intégration multi-signal, oculométrie
KEYWORDS : French Cued Speech perception, effect of expertise, multi signal integration, eye tracking

1 Introduction théorique

Les personnes sourdes, privées de l'audition, ont fréquemment recours à la lecture labiale pour identifier un message oral. Or la lecture labiale seule, du fait de son caractère incomplet et ambigu ne permet pas la perception de tous les contrastes phonémiques. Les personnes sourdes ont donc une perception très difficile de la parole par le biais de la lecture labiale.

Afin de pallier à ce déficit, Cornett (1967) a inventé un système d'aide à la perception de la parole. Ce système réduit l'ambiguïté de la lecture labiale en rendant visibles tous les contrastes phonologiques de la langue orale à l'aide de gestes manuels (les clés). Chaque syllabe prononcée est ainsi accompagnée d'un geste de complément. Ce système a été adapté au français en 1977 et est désigné actuellement sous le nom de la Langue française Parlée Complétée (la LPC). En français les voyelles de chaque syllabe sont codées grâce à cinq positions différentes de la main (par rapport au visage) et les consonnes sont codées par huit configurations des doigts (Figure 1).

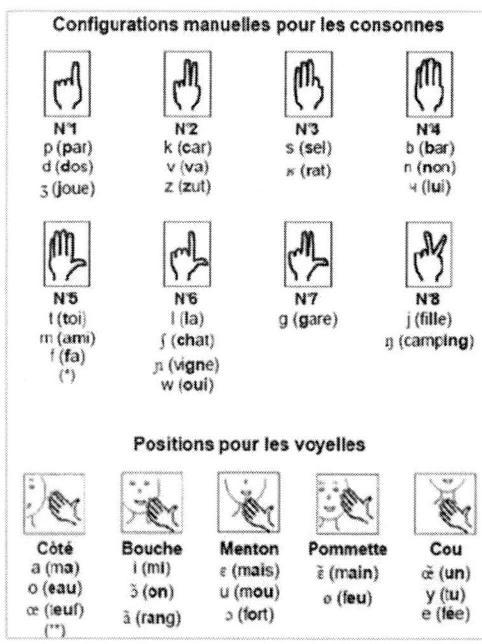

FIGURE 1 – Clés LPC de la Langue française Parlée Complétée (Attina, 2005)

La production et la perception de la LPC est un champ de recherche relativement récent. Attina, Cathiard, Beautemps et Odisio (2004) ont étudié le décours temporel dans la production de la LPC. Les résultats ont mis en évidence une anticipation du mouvement de la main sur celui des lèvres. Cette anticipation est mise à profit en perception par les sourds décodant la LPC (Attina, 2005 ; Troille, Cathiard et Abry, 2007 ; Troille, 2009). Le traitement anticipé des clés permet au récepteur de réduire à l'avance le nombre de syllabes potentielles et c'est ensuite l'information labiale qui désambiguïse l'information manuelle. Cette découverte renverse la vision classique de la LPC. L'information labiale ne serait pas la principale source d'informations phonologiques. Avec un tout autre paradigme, Alegria et Lechat (2005) ont également étudié la perception de la LPC. Afin de déterminer l'information traitée prioritairement, ils ont comparé la performance de deux groupes d'enfants sourds (exposés de façon précoce ou tardive à la LPC) dans une tâche d'indentification de syllabes codées. Les syllabes codées étaient congruentes ou incongruentes au code LPC. L'analyse des erreurs révèle un effet d'expertise. Chez les récepteurs experts le poids de l'information labiale et celui de l'information manuelle seraient identiques, et le traitement impliqué serait donc intégratif. Chez les récepteurs exposés tardivement à la LPC l'information labiale aurait davantage de poids que l'information manuelle.

La présente étude a pour but d'évaluer, au sein de la population normo-entendante, le poids de chaque information impliquée dans la perception de la LPC et l'effet d'expertise. La tâche expérimentale proposée utilisait la technique d'oculométrie et consistait en une épreuve d'identification de mots et de pseudomots.

2 Méthode

2.1 Participants

Trente-neuf participants adultes et normo-entendants ont été recrutés. Ils ont été divisés en trois groupes (experts, débutants et naïfs) sur base de leur niveau d'expertise en LPC. Les participants du groupe « experts » (N = 7 ; âge moyen : 44 ans) pratiquaient la LPC depuis plus d'un an (en moyenne 18 ans et 3 mois). Le groupe « débutants » incluait 13 participants (âge moyen : 26 ans) pratiquant la LPC depuis moins d'un an. Enfin le groupe « naïfs» se composait de 19 participants (âge moyen : 22 ans et 8 mois) ne connaissant pas la LPC.

2.2 Plan experimental

2.2.1 Stimuli

Les stimuli, 158 vidéos de mots ou pseudomots prononcés par une codeuse professionnelle, avaient chacun une durée de 2200 msec. Les 125 pseudomots étaient tous bisyllabiques et leur visibilité labiale a été contrôlée. Ainsi, les pseudomots étaient considérés comme visibles lorsque les deux consonnes utilisées étaient antérieures (ex. chudu) et comme peu visibles lorsqu'ils étaient constitués de deux consonnes postérieures (ex. rukin). Les 33 mots étaient bisyllabiques ou monosyllabiques. Leur fréquence lexicale a été contrôlée sur base du Lexique 3.72[1]. Lors de l'expérience, les vidéos étaient présentées sans son.

2.2.2 Conditions expérimentales

Notre paradigme comportait trois conditions expérimentales. Une condition « lecture labiale » (condition LL) dans laquelle la locutrice prononçait les mots (ou pseudomots) sans clés LPC. Une condition « code LPC » (condition LPC) au sein de laquelle la

---

[1] Lexique 3.72 est une base de données qui fournit entre autre les fréquences de 135 000 mots du français. Elle est consultable à l'adresse www.lexique.org

locutrice prononçait et codait les mots (ou pseudomots). Enfin, une condition « gestes non significatifs » (condition NS) dans laquelle la locutrice prononçait les mots (ou pseudomots) et effectuait un geste manuel sans signification. Les gestes manuels sans signification sont issus de la batterie d'évaluation de la praxie (Peigneux et Van Der Linden, 1999). Pour un récapitulatif du nombre de stimuli par caractéristiques et conditions voir Table 1.

		Lecture Labiale	Code LPC	Gestes non significatif
Pseudo mots	Visibles	38	38	5
	Peu visibles	19	19	6
Mots	Bisyllabiques	9	9	3
	Monosyllabiques	5	5	0

TABLE 1 – Nombre de stimuli par caractéristiques et conditions

2.2.3 Déroulement d'un essai

A chaque essai le/la participant-e visionnait une croix de fixation puis la vidéo (sans son) d'une locutrice prononçant un mot ou un pseudo mot. Il/elle devait ensuite choisir parmi trois propositions celle correspondant au mot/pseudomot prononcé. Les trois propositions correspondaient à la réponse correcte, un distracteur labial et un distracteur manuel. Les distracteurs étaient des mots (ou pseudomots) partageant la même image labiale ou la même clé LPC que le mot (ou pseudomot) prononcé. A chaque proposition était associée une couleur. Pour répondre le participant disposait d'un clavier dont trois touches étaient marquées de ces mêmes couleurs.

Dans l'exemple proposé ci-dessous (voir figure 2) l'item « baju » correspond à la réponse correcte et l'item « machu » au distracteur labial. En effet, les images labiales de « baju » et « machu » sont identiques. L'item « napu » correspond lui au distracteur manuel. Celui-ci partage les mêmes clés LPC que la cible « baju » (clés n° 4 et n°1).

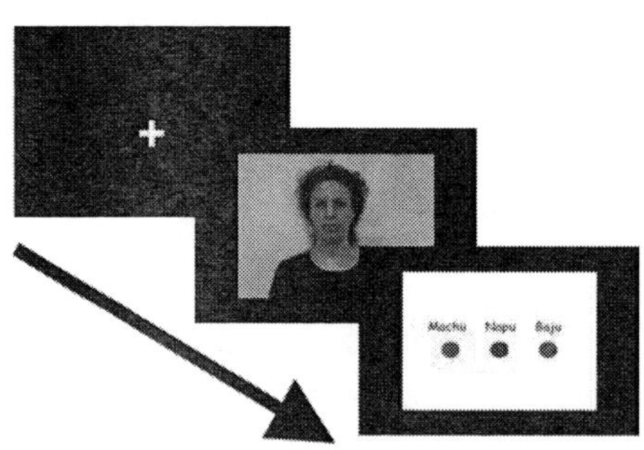

FIGURE 2 – Design expérimental : croix de fixation, vidéo de la locutrice et choix multiple

2.3 Procédure expérimentale

Le/la participant-e était placé-e face à un écran le menton maintenu par une mentonnière. La distance entre ses yeux et l'écran était de 55 cm. A chaque vidéo, les mouvements oculaires étaient captés par un système Eye Link 1000. L'expérience comportait un bloc d'entrainement, un bloc de pseudomots et un bloc de mots. Au sein de chaque bloc les trois conditions expérimentales étaient mélangées. Régulièrement au cours de l'expérience (environ toutes les cinq minutes), le/la participant-e disposait d'une courte pause. Ensuite, afin d'optimiser l'enregistrement des données, l'expérimentatrice procédait à une calibration du système d'oculométrie.

3 Résultats

Dans chaque condition, pour chaque essai et pour chaque participant-e nous avons récolté des données oculométriques à savoir le lieu (zone lèvres ou zone main[2]) et la durée de chaque fixation. Nous avons ensuite calculé le pourcentage de temps passé dans chaque zone et le nombre d'alternances entre celles-ci. Nous avons également comptabilisé le nombre de réponses correctes, de distracteurs labiaux et de distracteurs manuels choisis.

Les effectifs de nos groupes étant limités, nos données ne respectaient pas les conditions de normalité et d'homogénéité. Nous avons donc eu recours à des tests statistiques non paramétriques (Kruskal-Wallis, Mann-Whitney, Friedmann et Wilcoxon).

3.1 Analyse des données eye tracking

Dans toutes les conditions, les experts ont porté attention à la fois aux lèvres et à la main. Les débutants se focalisaient davantage sur les lèvres dans toutes les conditions. Les participants naïfs se concentraient uniquement sur les lèvres quelle que fut la condition (Figure 3).

Les résultats étaient identiques pour la première fixation, les participants débutants et ceux naïfs se concentraient en premier sur les lèvres (dans respectivement 97% et 95% des cas.). Les participants experts se focalisaient en premier soit sur les lèvres (dans 59% des cas) soit sur la main (dans 35% des cas). La différence entre les deux n'était pas significative.

[2] Les coordonnées des zones lèvres et main ont été définies par nos soins à l'aide du logiciel Photoshop

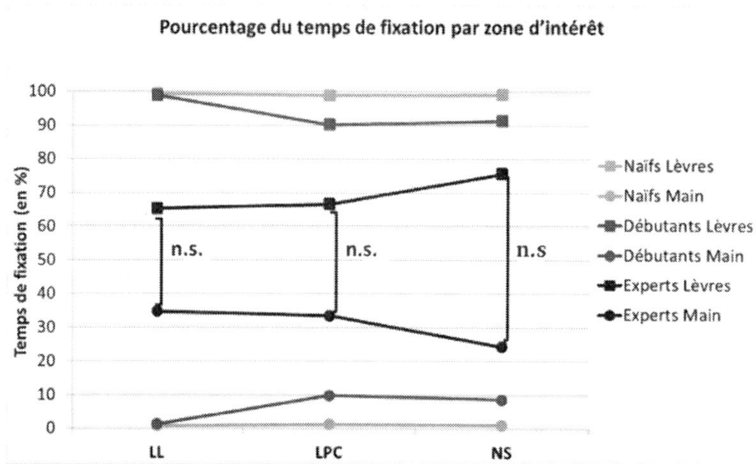

n.s. p>.05

FIGURE 3 – Pourcentage de temps de fixation par zone d'intérêt (lèvre ou main) en fonction de la condition lecture labiale (LL), code LPC (LPC), et non significative (NS), et en fonction du groupe (naïfs, débutants, ou experts)

De plus, les experts et les débutants effectuaient davantage d'alternances entre les zones lèvres et main en condition code LPC qu'en condition gestes non significatifs ou en condition lecture labiale (Figure 4).

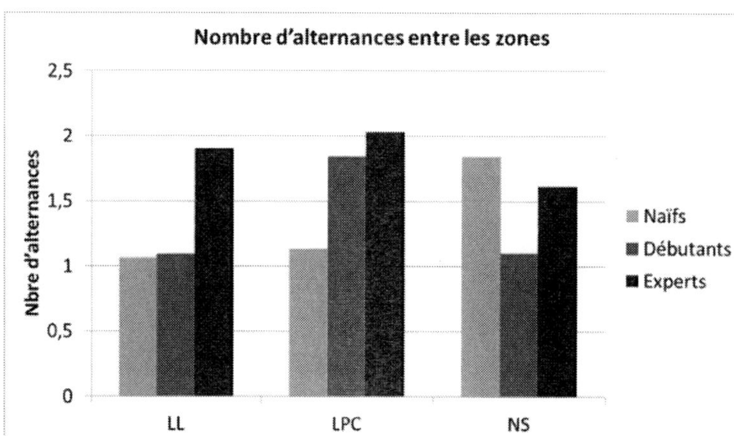

FIGURE 4 – Nombre d'alternances entre les zones lèvres et main en fonction de la condition lecture labiale (LL), code LPC (LPC), et non significative (NS), et en fonction du groupe (naïfs, débutants, ou experts)

3.2 Analyse des données comportementales

Les participants débutants et experts donnaient davantage de réponse correctes en condition code LPC qu'en condition lecture labiale ou non significative. En cas d'erreur ils choisissaient autant les distracteurs labiaux que les distracteurs manuels. L'analyse des données comportementales récoltées dans le groupe naïf ne montrait pas d'effet de condition (Figure 5).

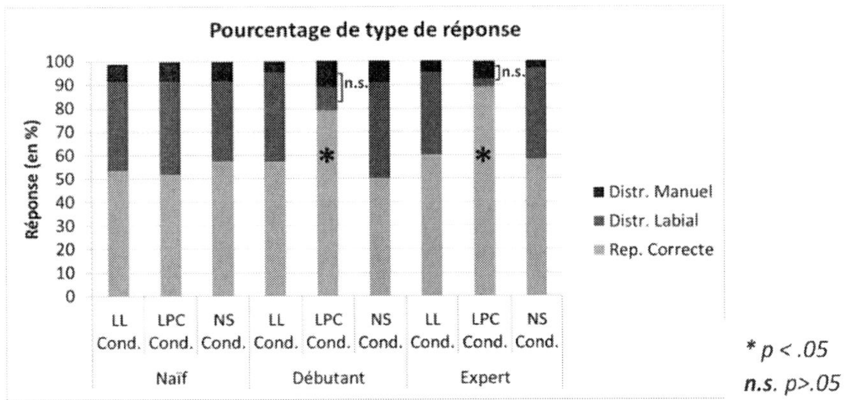

FIGURE 5 – Pourcentage de type de réponse (distracteur manuel, distracteur labial ou réponse correcte) en fonction de la condition lecture labiale (LL), code LPC (LPC), et non significative (NS), et en fonction du groupe (naïfs, débutants, ou experts)

4 Discussion

La Langue française Parlée Complétée est un système multi signal (lecture labiale et clé manuelle). Pour aboutir à un percept cohérent, il est donc nécessaire de combiner les informations labiales et manuelles. La perception de la LPC implique donc un traitement intégratif. Mais une question demeure : quel est le poids de chacune des informations (labiales et manuelles) dans la perception finale ?

Les données actuelles suggèrent que l'importance de chaque information est dépendante du niveau d'expertise du récepteur. Plus le récepteur serait expert en LPC, plus l'information manuelle serait traitée. Ainsi, les enfants sourds exposés de manière tardive au LPC extrairaient prioritairement les informations labiales. Les informations labiales et manuelles auraient le même poids pour les enfants sourds exposés précocement à la LPC (Alegria et Lechat, 2005). Les sourds adultes, exposés depuis longtemps à la LPC, extrairaient prioritairement l'information manuelle (Attina, 2005).

Le but de notre étude était de mettre en évidence le traitement mis en jeu dans la perception de la LPC dans la population normo-entendante (experte, débutante ou naïve à la LPC). Les résultats issus de nos analyses appuient l'existence d'un traitement intégratif chez les participants connaissant la LPC. En effet, les données comportementales révèlent que les participants débutants et experts en LPC donnent plus de réponses correctes en condition code LPC qu'en condition lecture labiale ou geste non significatif.

Qu'en est-il du poids relatif des informations labiales et manuelles ? L'analyse des erreurs faites en condition code LPC montre que la proportion de distracteurs labiaux sélectionnés est similaire à la proportion de distracteurs manuels choisis. Ceci nous suggère que le poids de l'information labiale et manuelle est identique pour les participants experts et débutants en LPC.

Nos seules données comportementales ne permettent donc pas de mettre en évidence un effet d'expertise. Mais grâce à l'exploitation des données d'oculométrie il est possible d'appréhender la façon dont chaque information est traitée de manière plus fine. Nos analyses révèlent ainsi un lien entre l'expertise et l'attention portée à la clé. Les naïfs au LPC ignorent l'information manuelle (non pertinente) et se focalisent quasi exclusivement sur les lèvres. Les débutants, en dépit de l'avance de la clé (Attina, 2005), se focalisent en premier sur les lèvres. Ils portent également attention à la clé mais dans une proportion plus faible qu'aux lèvres. Dans le groupe expert le temps de fixation sur les informations labiales et manuelles est équivalent. Les participants se focalisent en premier sur l'une ou l'autre information et pour les combiner ils effectuent des allers retours entre la zone lèvre et la zone main.

Pour conclure, nos résultats suggèrent que, de la même manière que la population sourde, les normo-entendants experts en LPC intègrent les informations labiales et manuelles. Pareillement, dans la population normo-entendante l'expertise LPC modifie le poids de chaque information (labiale ou manuelle) impliquée dans la perception de stimuli LPC.

Références

ALEGRIA J., LECHAT J. (2005). Phonological processing in deaf children : When lipreading and cues are incongruent. Journal of Deaf Studies and Deaf Education, vol 10, n°2, pages 22-133

ATTINA V., (2005). La Langue française Parlée Complétée : Production et Perception. Thèse de Doctorat en Sciences Cognitives, Institut National Polytechnique de Grenoble.

ATTINA V., BEAUTEMPS D., CATHIARD M.A., ET ODISIO M. (2004). A pilot study of temporal organization in Cued Speech production of French syllables: Rules for a Cued Speech synthetizer. Speech Communication, 44 (1-4), pages 197-244.

CORNETT, R.O. (1967). Cued Speech. American Annals of the Deaf, pages 3-13

PEIGNEUX P., VAN DER LINDEN M. (1999). L'évaluation de l'apraxie des membres supérieurs une approche neuropsychologique. Evolutions Psychomotrices, vol 11, n°45, pages 115-122

TROILLE E, M.A. CATHIARD ET ABRY C. (2007). A percpetual desynchronization study of manual and facial information in Franch Ceud Speech. ICPhS, Saarbrücken, Germany, 291-296

TROILLE E. (2009). De la perception audiovisuelle des flux oro-faciaux en parole à la perception des flux manuo-faciaux en Langue française Parlée Complétée. Adultes et Enfants : Entendants, Aveugles et Sourds. Unpublished PhD manuscript, Stendhal University, Grenoble, France.

Combinaison d'approches pour la reconnaissance du rôle des locuteurs

Richard Dufour[1] Antoine Laurent [2, 3] Yannick Estève [2]
(1) France Telecom R&D - Orange Labs
(2) LIUM - Université du Maine
(3) Spécinov - Trélazé
richard.dufour@orange.com, antoine.laurent@lium.univ-lemans.fr,
yannick.esteve@lium.univ-lemans.fr

RÉSUMÉ

Dans cet article, nous nous intéressons à la reconnaissance des rôles de locuteurs dans des émissions radiophoniques d'information. Des travaux antérieurs mettent en avant l'existence d'une relation entre la spontanéité de la parole et les rôles des locuteurs. Un système de détection automatique de la parole spontanée a déjà été appliqué pour reconnaître des rôles, sans adaptation ni modification de la méthode (Dufour et al., 2011). Nous proposons d'améliorer cette méthode en ajoutant des marqueurs propres à la détection du rôle. Ainsi, des caractéristiques extraites à partir de l'Analyse des Réseaux Sociaux (SNA) ont été utilisées dans le processus de décision. Cette nouvelle source d'informations a permis un gain aux deux niveaux de décision de la méthode, en améliorant les performances de 3,2 et 1,9 points en absolu, respectivement pour la décision *locale* puis *globale*. Au final, la méthode proposée permet d'associer le rôle correct à 76,3 % des locuteurs, pour un nombre de rôle supérieur à celui régulièrement retenu dans ce type de travaux.

ABSTRACT

Combination of approaches for speaker role recognition

In this article, we are particularly interested in recognizing speaker role inside broadcast news shows. Previous studies highlighted a link between speech spontaneity and speaker roles. An automatic spontaneous speech detection system has already been applied to recognize speaker roles, without any change in the method process (Dufour et al., 2011). We propose to improve this method by adding specific speaker role features. Thus, features from Social Network Analysis (SNA) are used in the method. This new information allowed to improve the two decision steps oh the method, with a gain of 3.2 and 1.9 points in absolute, respectively for the *local* then the *global* decision. Finally for a larger number of focused roles than usually retained, the proposed method allowed to associate the correct role to 76.3% of the speakers.

MOTS-CLÉS : indexation automatique, analyse des réseaux sociaux, parole spontanée, rôle du locuteur.

KEYWORDS: document indexing, social network analysis, spontaneous speech, speaker role recognition.

1 Introduction

La recherche d'information à partir de masses de données audio nécessite l'extraction de son contenu linguistique et peut être affinée par une structuration automatique du document. Face au nombre croissant de documents multimédia hétérogènes disponibles sur Internet, ce domaine devient de plus en plus important mais augmente également en complexité. Pouvoir fournir des informations supplémentaires à ces données brutes pourrait, par exemple, être utile dans le cadre d'indexation automatique de documents (Amaral et Trancoso, 2003). Dans cet article, nous nous intéressons particulièrement à la reconnaissance des rôles de locuteurs dans des émissions radiophoniques d'information. Des solutions ont déjà été proposées pour cette tâche spécifique, comme celles initiées par (Barzilay *et al.*, 2000).

Dans ce travail, nous proposons d'identifier 10 rôles de locuteurs, puisqu'au sein d'émissions radiophoniques d'information se rencontrent des rôles divers variant en fonction du type d'émissions (débats, interviews, chroniques...). Nous continuons les travaux initiés dans (Dufour *et al.*, 2011) qui ont mis en avant l'existence d'une relation entre la parole spontanée et les rôles des locuteurs. Le système de détection automatique de la parole spontanée développé dans (Dufour *et al.*, 2009) a permis de montrer qu'une reconnaissance des rôles était possible au moyen de cet outil, sans modification majeure de la méthode. Bien que cette méthode ait permis d'atteindre des performances acceptables, il est probable que la prise en compte d'éléments provenant de travaux déjà initiés dans le domaine de la reconnaissance des rôles permettrait encore d'améliorer les résultats. En effet, la méthode de détection issue de la parole spontanée utilise des bases de connaissances totalement différentes de celles généralement manipulées pour les rôles. Nous proposons alors d'ajouter des caractéristiques issues de l'Analyse des Réseaux Sociaux (Vinciarelli, 2007), approche déjà appliquée avec succès dans la reconnaissance des rôles des locuteurs.

La partie suivante présente les travaux antérieurs réalisés dans ce domaine. Nous verrons dans la partie 3 la méthode que nous proposons pour détecter les 10 rôles de locuteurs étudiés, puis dans la partie 4 les résultats obtenus.

2 Travaux antérieurs

Deux niveaux d'information sont généralement utilisés pour identifier les rôles de locuteurs, à savoir l'utilisation de caractéristiques acoustiques / prosodiques (Salamin *et al.*, 2009; Bigot *et al.*, 2010) ou de caractéristiques lexicales (Barzilay *et al.*, 2000; Damnati et Charlet, 2011).

Ces travaux proposent généralement un processus de classification automatique dans l'optique d'assigner un rôle à chaque locuteur. Dans (Barzilay *et al.*, 2000), les auteurs proposent d'associer à chaque locuteur un des trois rôles définis (*Présentateur*, *Journaliste* et *Invité*) au moyen d'un algorithme de *boosting* et un modèle d'entropie maximum manipulant des caractéristiques lexicales (n-grammes de mots) et la durée des segments. Ces caractéristiques ont été extraites à partir de transcriptions automatiques fournies par un système de reconnaissance de la parole. À cela s'ajoute également l'utilisation d'informations contenues au voisinage du segment à catégoriser (n-grammes de mots, durées...). En utilisant des transcriptions automatiques et des tours de parole étiquetés manuellement, la méthode proposée par (Barzilay *et al.*, 2000) a permis d'atteindre un taux de bonne classification de 80% des rôles au niveau des segments de parole. Une approche similaire a été récemment développée par (Damnati et Charlet, 2011), où les auteurs ont également cherché à catégoriser trois rôles dans des émissions d'informations télévisées. Les expériences ont, cette fois-ci, été réalisées à partir d'un système totalement automatique, que ce soit au niveau de la transcription, de la segmentation et du regroupement en locuteurs. Un taux de bonne classification de 86% des tours de parole a été atteint. Dans (Liu, 2006), les auteurs utilisent des modèles de Markov cachés et un modèle d'entropie maximum sur des transcriptions, des tours de parole ainsi que des rôles manuellement annotés. La combinaison des deux modèles a permis de correctement catégoriser 80% des tours de parole. Les auteurs dans (Salamin *et al.*, 2009) proposent d'utiliser des caractéristiques temporelles ainsi que des caractéristiques extraites d'un réseau d'affiliation sociale construit à partir d'un regroupement en locuteurs obtenu automatiquement. Les travaux réalisés par (Bigot *et al.*, 2010) choisissent de catégoriser jusqu'à cinq rôles en utilisant des caractéristiques temporelles et en ajoutant des caractéristiques acoustiques et prosodiques. Ces caractéristiques associées à un algorithme de classification supervisée ont permis d'attribuer le bon rôle à 92% des locuteurs.

La structure globale d'une émission est également prise en compte pour la détection des rôles des locuteurs. Dans (Vinciarelli, 2007), les auteurs introduisent le concept de l'Analyse des Réseaux Sociaux – *Social Network Analysis* (SNA) – pour la reconnaissance du rôle des locuteurs. Dans (Vinciarelli, 2007; Salamin *et al.*, 2009), SNA est combiné avec différentes approches utilisant des durées d'interaction associées à chaque locuteur. Grâce à cette combinaison, 85% du temps d'intervention des locuteurs a été assigné à un rôle correct (six rôles et onze locuteurs). De plus, l'approche SNA a également été appliquée avec succès dans (Garg *et al.*, 2008), où les auteurs l'ont combinée avec un algorithme de classification (*AdaBoost*) utilisant des informations lexicales. L'approche a permis de correctement catégoriser 70% des rôles en termes de durée. Notons que la plupart de ces études cherchent à reconnaître de trois (Barzilay *et al.*, 2000; Damnati et Charlet, 2011) à six (Salamin *et al.*, 2009) rôles au maximum.

3 Méthode proposée

3.1 Détection automatique de la parole spontanée

Une méthode permettant de détecter automatiquement la parole spontanée dans des documents audio a été proposée par (Dufour *et al.*, 2009). L'objectif de cet outil est d'associer à chaque segment de parole une des trois classes de spontanéité : parole *préparée*, *faiblement spontanée* et *fortement spontanée*. Des caractéristiques acoustiques (durées des voyelles, durées phonémiques, pitch. . .) et linguistiques (nombre de répétitions et de noms propres, taille du découpage syntaxique. . .) sont extraites pour chaque segment à partir d'un système de transcription automatique. La détection est réalisée au moyen d'une méthode statistique à deux niveaux :

- *Décision locale* : les caractéristiques acoustiques et linguistiques extraites pour chaque segment de parole sont utilisées dans un processus de classification, associant une classe de spontanéité à chaque segment. L'outil de classification automatique utilisé est *IcsiBoost*[1], un outil *open-source* proche du programme de classification *Boostexter* (Schapire et Singer, 2000), classifieur à large marge reposant sur la méthode de *boosting*.
- *Décision globale* : utilisation d'un modèle contextuel probabiliste prenant en compte les segments voisins. Des machines à états-finis sont utilisées pour réestimer les probabilités de classification obtenues pour chaque segment, en prenant en compte les résultats de classification des segments précédents et suivants.

L'outil de détection permet d'atteindre une précision de 69,3 % et un rappel de 74,6 % sur les segments de parole *fortement spontanée*.

1. `http://code.google.com/p/icsiboost/`

Dans (Dufour *et al.*, 2011), une analyse a permis de mettre en lumière le lien existant entre le type de parole et le rôle d'un locuteur. Ainsi, par exemple, un présentateur a tendance à préparer son discours, au contraire d'un invité, dont la parole est beaucoup moins fluide, que l'on qualifie plutôt de fortement spontanée. Ces travaux proposent d'appliquer directement l'outil de détection automatique de la parole spontanée pour détecter les rôles des locuteurs dans des émissions radiophoniques, sans modification ni adaptation de la méthode (caractéristiques et niveaux de décision identiques). La seule différence se situe au niveau de la taille des données à catégoriser : la détection ne se fait plus au niveau du segment (durée moyenne de 20 secondes) mais au niveau de l'ensemble des interventions d'un même locuteur.

3.2 Analyse des Réseaux Sociaux (SNA)

L'analyse des réseaux sociaux (SNA) consiste à déterminer la position de chaque locuteur dans le dialogue. L'idée défendue par les SNA est qu'un rôle spécifique (un *acteur*) interagit avec d'autres *acteurs* pendant des *événements*. Ces interactions peuvent aider à l'identification du rôle associé à chaque locuteur impliqué dans le réseau. L'objectif de cette méthode est d'être capable de déterminer la *centralité* de chaque locuteur (Vinciarelli, 2007) par rapport aux autres locuteurs dans une émission, en considérant que le locuteur i dialogue avec le locuteur j si j intervient juste après i dans la transcription. En nous inspirant de (Vinciarelli, 2007), nous proposons de calculer la centralité selon l'équation :

$$C_i = \frac{\sum_{j=1}^{nb} \chi D_{i,j}}{\sum_{j=1}^{nb} D_{i,j}} \qquad (1)$$

Avec $\chi = 1$ si $D_{i,j} = 1$, et $\chi = 0$ sinon, C_i la centralité de i, nb le nombre de locuteurs et $D_{i,j}$ la distance entre i et j. Cette distance est exprimée en nombre de liens (orientés) à parcourir pour atteindre chaque noeud. Dans l'exemple de réseau social affiché dans la figure 1, $D_{1,2} = 1$ et $D_{1,3} = 2$. Certains noeuds ont une distance "infini" avec les autres : c'est le cas du noeud correspondant au locuteur 5 dans l'exemple. Dans ce cas, la distance entre ce noeud et les autres est égale à $nb + 1$.

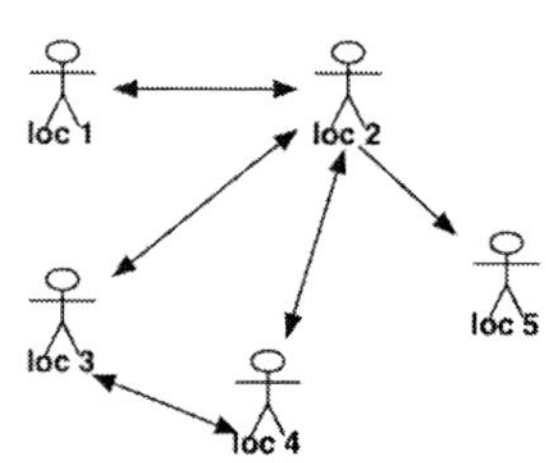

FIGURE 1 – Exemple d'un réseau social

3.3 Intégration du SNA

Nous avons choisi d'intégrer les caractéristiques extraites de l'analyse des réseaux sociaux au niveau de la décision *locale* de la méthode de détection de la parole spontanée. En effet, les caractéristiques du SNA peuvent être facilement intégrées dans le processus de classification, au même niveau que les caractéristiques de la parole spontanée : au lieu de combiner *a posteriori* les deux approches, l'algorithme de *boosting* définira et pondèrera les règles utiles à partir de l'ensemble des caractéristiques proposées pour catégoriser les rôles. La centralité sera ajoutée, ainsi que la *couverture* et le temps de parole de chaque locuteur. La couverture du locuteur correspond au temps écoulé entre sa première et sa dernière intervention dans l'émission.

4 Expériences

4.1 Corpus

Le projet EPAC[2] (Estève *et al.*, 2010) concerne le traitement de données audio non structurées. L'objectif principal de ce projet a été de proposer des méthodes d'extraction d'information et de structuration de documents spécifiques aux données audio. Les données audio traitées durant le projet EPAC proviennent d'émissions radiophoniques enregistrées entre 2003 et 2004 au sein de trois radios françaises : France Info, France Culture et RFI. Au cours de ce projet, 100 heures de données audio ont été manuellement annotées, avec principalement des émissions contenant une forte proportion de parole spontanée (interviews, débats, talk shows...). Le corpus EPAC inclut des informations supplémentaires au niveau des locuteurs et des émissions transcrites. Plus précisément, le rôle, la fonction et la profession de chaque locuteur ont été manuellement annotés selon la disponibilité des informations. Ainsi, un même locuteur a un seul rôle général (par exemple *Invité*, *Interviewé*, *Commentateur*...) mais qui peut être affiné avec un maximum de deux autres étiquettes (par exemple, pour un *Invité* : *politicien / premier ministre*). L'intégralité du corpus a été manuellement annotée en rôles par un expert linguiste.

TABLE 1 – Détails du corpus EPAC manuellement annoté en rôles de locuteurs

Rôle du locuteur	**# Locuteurs**	**# Tours de parole**	**Durée**
Auditeur	238	424	3h09
Chroniqueur	135	182	4h19
Envoyé spécial	85	113	1h38
Expert	151	1,527	16h23
Invité	134	2,813	26h46
Interviewé	116	438	4h02
Intervieweur	31	227	0h30
Journaliste	11	18	0h10
Présentateur	191	5,223	19h46
Autre	45	220	1h47
Total	1,137	11,125	78h30

Le tableau 1 présente la proportion (en nombre de locuteurs, nombre de tours de parole et durée) des 10 rôles étudiés et annotés manuellement dans le projet EPAC. Nous pouvons voir que les rôles *Expert*, *Invité*, et *Présentateur* sont les plus représentés en termes de nombre de locuteurs, de tours de parole et de durée. Ce constat semble normal puisque ce corpus contient principalement des données issues d'émissions radiophoniques d'information. La grande variété de genres des émissions de ce corpus (*journal*, *reportage*, *chronique*, *débat*...) a conduit l'annotateur à définir des rôles très précis. Les définitions suivantes sont données pour chaque rôle :

- **Auditeur** : intervenant occasionnellement pendant une émission au téléphone, dans un environnement bruyant, et prépare peu ses interventions, avec une parole plutôt spontanée.
- **Chroniqueur** : rapporte et analyse des événements qui font l'actualité pendant une émission. Les interventions d'un chroniqueur sont très largement préparées.
- **Envoyé spécial** : journaliste particulier contribuant sur des sujets à distance (par téléphone par exemple). Ce rôle n'apparaît que dans le cadre de journaux d'information.
- **Expert** : possède des connaissances poussées dans un domaine particulier. Il apporte de nouvelles informations, souvent techniques, sur un sujet précis.

2. `http://projet-epac.univ-lemans.fr`

- **Interviewé** : répond aux questions soulevées par un intervieweur ou un présentateur.
- **Intervieweur** : dirige une interview. Dans le corpus EPAC, peu de locuteurs ont été identifiés en tant qu'intervieweur : le rôle de *Présentateur* est souvent préféré.
- **Invité** : intervient pour discuter autour de sujets de société. Il peut apparaître dans une émission en parallèle d'un expert, mais n'a pas une connaissance poussée du sujet.
- **Journaliste** : réalise des reportages sur des sujets ou faits divers particuliers. Au cours d'une émission, un journaliste ne rapporte des évènements que sur un sujet précis.
- **Présentateur** : possède de multiples fonctions au sein d'une émission et prépare ses interventions : il peut animer un débat, interagir avec les auditeurs, présenter les informations...
- **Autre** : tous les rôles restants et qui ne sont pas étudiés (manque de données).

4.2 Résultats

Afin d'évaluer la performance du système de reconnaissance de rôles de locuteurs, nous avons suivi la méthode du *Leave One Out* sur les 121 fichiers du corpus EPAC : 120 fichiers ont été utilisés pour l'apprentissage, 1 fichier pour l'évaluation, et le processus a été répété jusqu'à évaluation de tous les fichiers. La segmentation manuelle et le découpage en locuteurs de référence ont été utilisés : nous savons exactement qui parle et quand. Les résultats présentés évalueront seulement le processus de reconnaissance des rôles, les problèmes induits par la segmentation automatique et le regroupement en locuteurs ne sont pas étudiés dans ces travaux. L'évaluation se fera donc en fonction de l'attribution du rôle pour chaque locuteur. Les transcriptions automatiques ainsi que l'extraction des paramètres acoustiques et linguistiques nécessaires à la reconnaissance des rôles ont été fournis par le système de transcription automatique du LIUM (Deléglise *et al.*, 2009).

Les expériences menées cherchent à évaluer la performance de la détection de rôles au moyen de caractéristiques issues de l'analyse des réseaux sociaux associées à des caractéristiques de la parole spontanée. Le tableau 2 présente les performances de la décision *locale* du système de reconnaissance des rôles (rappel et précision) en utilisant les caractéristiques issues du réseau social seules (*SNA*), les caractéristiques de la parole spontanée seules (*Sponta*) et enfin l'association des deux (*Sponta+SNA*).

TABLE 2 – Performances de la décision locale en utilisant les caractéristiques issues du réseau social seules (*SNA*), les caractéristiques de la parole spontanée seules (*Sponta*) et enfin les deux combinées (*Sponta+SNA*)

Décision	**SNA**		**Sponta**		**Sponta+SNA**	
Locale	Rappel	Précision	Rappel	Précision	Rappel	Précision
Auditeur	88,2	74,7	92,4	92,8	**94,1**	89,6
Chroniqueur	37,1	34,3	60,7	57,8	**66,6**	**66,6**
Envoyé spécial	15,3	22,0	56,5	53,3	**62,4**	**61,6**
Expert	78,2	69,4	73,5	71,2	76,8	**80,0**
Interviewé	32,8	31,4	51,7	45,5	**56,0**	**50,8**
Intervieweur	9,7	23,1	61,3	57,6	**61,4**	**61,3**
Invité	20,9	26,7	61,2	66,1	**62,7**	62,7
Journaliste	18,2	66,7	18,2	50,0	**36,4**	**66,7**
Présentateur	71,7	65,9	93,2	90,8	**95,3**	**91,0**
Autre	18,2	19,4	17,8	34,8	**20,0**	**40,9**

Nous remarquons tout d'abord que l'approche *SNA* permet de correctement classifier les rôles les plus représentés (*Auditeur*, *Expert* et *Présentateur*). Bien entendu, ces caractéristiques seules ne sont pas suffisantes pour reconnaître correctement tous les rôles étudiés, ce que l'approche

Sponta permet avec des caractéristiques plus étendues (acoustiques+linguistiques). Au final, nous constatons que, pour la majorité des rôles, la combinaison de ces approches *Sponta+SNA* permet d'améliorer les performances. Les améliorations sont particulièrement visibles pour les rôles *Journaliste, Expert, Envoyé spécial* ou *Chroniqueur*. Notons une légère baisse de la précision pour les rôles *Auditeur* et *Invité* qui est cependant compensée par une amélioration du rappel. Au niveau de cette décision locale, un gain de 3,2 points en absolu est constaté grâce au SNA, passant de 71,2 % de locuteurs assignés avec son rôle correct (*Sponta*) à 74,4 % (*Sponta+SNA*). Ce gain est principalement dû au fait que le SNA apporte des informations inexploitées au niveau de la décision locale : il permet l'analyse des interactions des locuteurs dans tout le document, alors que les caractéristiques issues de la parole spontanée ne s'intéressent qu'au locuteur courant.

Nous nous sommes ensuite intéressés à la décision globale de la méthode, prenant en compte les décisions prises au niveau des locuteurs voisins. Le tableau 3 présente les performances de la décision globale du système de reconnaissance des rôles utilisant les caractéristiques de la parole spontanée seules (*Sponta*) et intégrant l'analyse des réseaux sociaux (*Sponta+SNA*).

TABLE 3 – Performances de la décision globale des locuteurs en utilisant d'une part les caractéristiques de la parole spontanée seules (*Sponta*) et d'autre part en intégrant l'analyse du réseau social (*Sponta+SNA*)

Décision Globale	**Sponta**		**Sponta+SNA**	
	Rappel	Précision	Rappel	Précision
Auditeur	91,6	95,6	**92,4**	94,0
Chroniqueur	63,7	59,3	**65,2**	**67,7**
Envoyé spécial	52,9	56,3	**56,5**	**60,8**
Expert	82,1	72,1	**83,4**	**80,3**
Interviewé	56,0	52,9	**62,1**	**56,7**
Intervieweur	64,5	95,2	**71,0**	75,9
Invité	69,4	65,0	**70,2**	61,4
Journaliste	9,1	33,0	**18,2**	**50,0**
Présentateur	96,3	92,0	**97,4**	91,6
Autre	22,2	45,5	20,0	42,9

Nous constatons toujours une amélioration des performances, mais dans une proportion moindre. En effet, de nombreux rôles voient toujours leurs performances s'améliorer (*Chroniqueur, Envoyé spécial, Expert*...) que ce soit en termes de précision ou de rappel. L'impact des caractéristiques du SNA est cependant faible, voire nul, pour les rôles *Auditeur* ou *Présentateur*, et même négatif pour le rôle *Intervieweur*, avec une chute de la précision. Ces constats peuvent s'expliquer par le fait que les performances de certains rôles étaient déjà très élevées mais aussi parce que la décision globale utilise déjà des informations au niveau de la "structure" du document : l'enchaînement des tours de parole des locuteurs est prise en compte. Globalement, le système passe de 74,4 % de locuteurs assignés avec le rôle correct (*Sponta*) à 76,3 % (*Sponta+SNA*). Notons que la méthode *Sponta+SNA*, avec une décision locale seule, permet d'atteindre la même performance globale que la méthode *Sponta* mais où les deux niveaux de décision (locale + globale) sont nécessaires.

5 Conclusion et perspectives

Dans cet article, nous avons proposé une méthode de reconnaissance automatique de rôles de locuteur dans des émissions radiophoniques d'information (journaux, débats, interviews...). Nous avons ainsi continué les travaux initiés dans (Dufour *et al.*, 2011), proposant d'appliquer directement une méthode de détection de la parole spontanée pour la détection de rôles, en enrichissant les caractéristiques au moyen d'une analyse des réseaux sociaux (SNA). L'utilisation de cette nouvelle source d'informations a permis un gain aux deux niveaux de décision de la méthode, en améliorant de 3,2 points en absolu au niveau de la décision *locale* et 1,9 points en absolu au niveau de la décision *globale*. Les caractéristiques de l'analyse des réseaux sociaux permettent de fournir des informations au niveau de l'interaction des rôles de locuteur dans tout le document, ce qui n'était auparavant pas exploité dans la décision locale de l'approche initiale. Lors du passage à la phase de décision globale de la méthode de détection des rôles, les gains sont moins importants puisque des informations au voisinage de chaque tour de parole étaient déjà exploitées. Dans des travaux futurs, nous nous intéresserons à la mise en place d'une méthode de détection des rôles complètement automatique, avec une segmentation et un regroupement en locuteurs automatiques. Nous pouvons également penser à intégrer d'autres caractéristiques encore inexploitées, telles que les interactions relatives pouvant être extraites du SNA.

Références

AMARAL, R. et TRANCOSO, I. (2003). Segmentation and indexation of broadcast news. *In ISCA Workshop on Multilingual Spoken Document Retrieval (MSDR)*, pages 31–36, Hong Kong, Chine.

BARZILAY, R., COLLINS, M., HIRSCHBERG, J. et WHITTAKER, S. (2000). The rules behind roles : Identifying speaker role in radio broadcasts. *In AAAI*, pages 679–684.

BIGOT, B., FERRANÉ, I., PINQUIER, J. et ANDRÉ-OBRECHT, R. (2010). Speaker role recognition to help spontaneous conversational speech detection. *In Searching Spontaneous Conversational Speech*, Italie.

DAMNATI, G. et CHARLET, D. (2011). Robust speaker turn role labeling of tv broadcast news shows. *In ICASSP*, Prague, République Tchèque.

DELÉGLISE, P., ESTÈVE, Y., MEIGNIER, S. et MERLIN, T. (2009). Improvements to the LIUM French ASR system based on CMU Sphinx : what helps to significantly reduce the word error rate ? *In Interspeech*, pages 2123–2126, Brighton, Angleterre.

DUFOUR, R., ESTÈVE, Y. et DELÉGLISE, P. (2011). Investigation of spontaneous speech characterization applied to speaker role recognition. *In Interspeech*, Florence, Italie.

DUFOUR, R., ESTÈVE, Y., DELÉGLISE, P. et BÉCHET, F. (2009). Local and global models for spontaneous speech segment detection and characterization. *In ASRU*, Merano, Italie.

ESTÈVE, Y., BAZILLON, T., ANTOINE, J.-Y., BÉCHET, F. et FARINAS, J. (2010). The EPAC corpus : manual and automatic annotations of conversational speech in French broadcast news. *In LREC*, Valletta, Malte.

GARG, P. N., FAVRE, S., SALAMIN, H., HAKKANI-TÜR, D. et VINCIARELLI, A. (2008). Role recognition for meeting participants : an approach based on lexical information and social network analysis. *In ACM Multimedia Conference (MM'08)*, pages 693–696, Vancouver, Canada.

LIU, Y. (2006). Initial study on automatic identification of speaker role in broadcast news speech. *In Human Language Technology Conference of the NAACL*, pages 81–84, New York, USA.

SALAMIN, H., FAVRE, S. et VINCIARELLI, A. (2009). Automatic role recognition in multiparty recordings : Using social affiliation networks for feature extraction. *In IEEE Transactions on Multimedia*, volume 11.

SCHAPIRE, R. E. et SINGER, Y. (2000). BoosTexter : A boosting-based system for text categorization. *Machine Learning*, 39:135–168.

VINCIARELLI, A. (2007). Speakers role recognition in multiparty audio recordings using social network analysis and duration distribution modeling. *IEEE Transaction on Multimedia*, 9(6):1215–1226.

Orientation sélective de l'attention et apprentissage perceptuel

Sarah Brohé[1,2], Myriam Piccaluga[1], Véronique Delvaux[1], Kathy Huet[1], Bernard Harmegnies[1]
(1) Laboratoire de Phonétique (UMONS) (2) Fonds National de la Recherche Scientifique
sarah.brohe@umons.ac.be

RESUME

Dans cette étude, nous explorons l'effet de l'orientation de l'attention sur la catégorisation de sons de parole. Nous orientons l'attention des sujets de deux manières : par des instructions qui les informent quant aux indices à utiliser comme critères pour le classement des sons et par l'apport d'un feedback. Nos résultats au terme d'une expérience de 15 minutes suggèrent une modification du comportement de catégorisation. Le feedback y contribue fortement, confirmant son rôle primordial dans l'apprentissage perceptuel. Nous observons également une tendance des instructions à avoir un effet différentiel sur le comportement. Ces résultats exploratoires suggèrent qu'il est possible d'influencer le comportement des sujets en orientant leur attention de manière sélective. Des expériences ultérieures devront être menées en vue de confirmer ces résultats et de mieux comprendre les processus à l'œuvre dans l'apprentissage perceptuel.

ABSTRACT

Selective orientation of attention and perceptual learning

In this experiment we explored the effect of the orientation of attention on speech processing in a categorization task. We oriented the subjects' attention by providing information about the cues that were relevant for classifying the sounds and by giving feedback after each response. Our results tended to show a modified behavior when categorizing at the end of this 15-minute experiment. The feedback strongly contributed to these results confirming its prominent role in perceptual learning. The instructions also seemed to have a differential effect on performance. These exploratory data suggest that it is possible to influence subjects' behavior by selectively orienting attention. Future research is needed to corroborate these results and to uncover the processes involved in perceptual learning.

MOTS-CLES : apprentissage perceptuel, catégorisation, attention sélective
KEYWORDS : perceptual learning, categorization, selective attention

1 Introduction

L'acquisition des aspects phonético-articulatoires d'une langue seconde est considérée comme particulièrement difficile. La raison en est que les compétences productives font appel au versant perceptuel et que l'acquisition d'un nouveau système phonologique nécessite la réorganisation des catégories de l'espace perceptuel, qui au contact de la L1, s'est structuré en articulation avec les propriétés de la L1 (Kuhl et al., 2008). Les difficultés pour percevoir des contrastes non conformes aux catégories de L1 résultent d'un conflit entre les catégories de L2 et les catégories qui constituent le système phonologique en L1 et corollairement, la maitrise des sons de L2 est fonction des relations de similarité entre ces sons et les catégories natives (Flege, 1995). En dépit d'un formatage de l'espace perceptuel adapté à traiter la L1, les adultes sont capables de discriminer et de former de nouvelles catégories moyennant une repondération des éléments à considérer via la redirection sélective de l'attention (Lively et al., 1994). L'attention sélective joue un rôle primordial dans le formatage perceptuel. Dans la parole, les indices ne manquent pas pour établir des distinctions entre les sons. En fonction de leur pertinence en L1, l'importance et, dès lors, l'attention accordée à ces indices varie. Cette notion est d'ailleurs au centre des modèles d'attention sélective dans l'apprentissage perceptuel (Iverson et Kuhl, 1995 ; Nosofsky, 1986), modèles selon lesquels l'apprentissage, pour favoriser la catégorisation, dirige l'attention vers les indices pertinents et inhibe les indices non pertinents. Dans la littérature, différents facteurs d'orientation de l'attention ont été utilisés et ont apporté des preuves en faveur de ces modèles (e.g., Francis et Nusbaum, 2002 ; Guion et Pederson, 2007; Lively et al., 1994), notamment le feedback (Amitay et al., 2010 ; Francis et al., 2000) et les instructions données au sujet (Pederson et Guion-Anderson, 2009).

La présente étude s'inscrit dans le cadre de travaux centrés sur l'étude des facteurs qui influencent la modification de la gestion perceptuelle de sons de parole (Delvaux et al., 2008). L'apprentissage perceptuel, tel que le définit Goldstone (1988), réfère à des modifications durables d'un système perceptuel qui favorisent son adaptation à l'environnement. Notre objectif est d'interroger la possibilité d'influencer la catégorisation de sons de parole, en l'occurrence des syllabes de type [ta] variant sur un continuum selon la durée de l'aspiration et son intensité, en ayant recours à l'orientation de l'attention. Nous orientons l'attention au moyen de deux facteurs. D'une part, les instructions, c'est-à-dire les informations que nous donnons au sujet quant au(x) critère(s) à utiliser pour le classement des sons. Ces critères représentent deux variables indépendantes (focalisation sur la durée et focalisation sur l'intensité) à 2 niveaux (absence ou présence). D'autre part, le feedback donné après chaque réponse a le statut de troisième variable indépendante à deux niveaux (absence ou présence). Le croisement des niveaux de ces trois variables donne lieu à huit groupes expérimentaux. Notre hypothèse est que ces interventions permettent de focaliser l'attention sur des indices de voisement non pertinents en français mais qui s'avèrent utiles pour distinguer nos stimuli, de sorte que les sujets catégorisent les sons en trois catégories en fonction de ces indices.

2 Méthodologie

2.1 Sujets

Les sujets ont le français comme langue maternelle. Après examen des questionnaires langagiers destinés à cerner leur profil linguistique, les sujets en contact avec des langues pouvant influencer leurs résultats (anglais, allemand) ont été exclus des analyses. À une époque où tout un chacun est de près ou de loin confronté à l'anglais, nous avons pris comme critère d'exclusion l'utilisation quotidienne de ces langues dans un but fonctionnel et communicatif. Les sujets retenus ne présentent a priori pas de troubles auditifs. L'échantillon total se compose de 80 sujets (17 hommes, 63 femmes) entre 18 et 58 ans répartis aléatoirement dans chacun des huit groupes.

2.2 Stimuli

Les stimuli sont 15 syllabes de type [ta]. Ils ont été construits sur base d'une production naturelle : il s'agit d'une syllabe [ta] produite par une anglophone native. Cette syllabe se compose d'un burst de 15 ms, d'une aspiration de 40 ms et d'une voyelle de 210 ms débutant par une portion breathy de 30 ms. À partir de cette syllabe, 14 autres stimuli ont été générés. Le burst et la voyelle y restent inchangés. Par contre, la durée et l'intensité de l'aspiration y varient continument. Nous avons choisi l'intensité de l'aspiration comme deuxième indice car il s'agit d'un des indices secondaires du contraste phonologique de voisement. L'augmentation de l'amplitude de l'aspiration par rapport à l'amplitude de la voyelle qui suit est corrélée à la perception d'une consonne non voisée (Lisker, et Abramson, 1964 ; Repp, 1979). Dans le but de maximiser les variations entre stimuli afin d'observer le comportement de catégorisation des sujets sous l'effet de nos manipulations, nous avons donc choisi de faire covarier ces deux indices linéairement de manière à obtenir 15 stimuli qui se répartissent en trois catégories : la catégorie A contenant des sons avec des valeurs de VOT typiques du français (environ 20 ms), la catégorie B contenant des stimuli caractérisés par une durée (VOT d'environ 60 ms) et une intensité d'aspiration peu probables en français, mais communes dans d'autres langues (comme l'anglais, par exemple), et la catégorie C avec des valeurs atypiques dans la plupart des langues (à tout le moins européennes). Dans la suite, nous désignerons nos stimuli sous la forme d'une lettre et d'un nombre, la lettre désignant la catégorie d'appartenance (A, B, C) et le nombre la position sur le continuum (1 à 15). La durée de l'aspiration varie de 0 à 70 ms par pas de 5 ms : de 0 à 20 ms dans la catégorie A (stimuli A1 à A5) ; de 25 à 45 ms dans la catégorie B (stimuli B6 à B10) et de 50 à 70 ms dans la catégorie C (stimuli C11 à C15). L'intensité relative de l'aspiration a été modifiée par pas réguliers de 2 dB : pour les stimuli de la catégorie A, le différentiel par rapport à la voyelle est de -26 à -20 dB; dans la catégorie B, de -18 à -10 dB ; dans la catégorie C, de -8 à 0 dB.

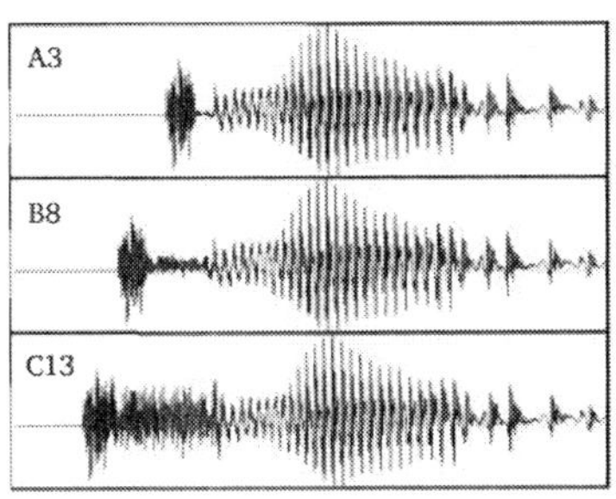

FIGURE 1 –Représentations oscillographiques des stimuli A3, B8 et C13.

2.3 Dispositif expérimental

L'ensemble du dispositif expérimental est contenu dans un montage audio-visuel et présenté aux sujets sur ordinateur. Les sujets portent un casque et participent à l'expérience dans un environnement calme. La durée totale de notre expérience est d'environ 15 minutes. Le dispositif expérimental se compose de deux phases : une première phase d'apprentissage et une seconde phase d'effectuation. Dans la première phase, le sujet observe comment l'ordinateur classe les 15 sons: après chaque son entendu, la catégorie à laquelle appartient le son (A, B ou C) est mise en évidence visuellement. Le sujet entend la séquence de 15 stimuli dans un ordre déterminé, pseudo-aléatoire. Ce bloc est répété trois fois (soit 45 sons). Dans la phase d'effectuation, le sujet accomplit une tâche perceptive de catégorisation : pour chaque son entendu, il doit choisir la catégorie adéquate en cliquant sur l'un des trois boutons portant les lettres A, B ou C et représentant nos catégories mutuellement exclusives. L'ordre des 15 stimuli est déterminé mais ne permet pas la mémorisation d'une quelconque séquence et est différent de celui de la phase d'apprentissage. Ce bloc est répété six fois, soit 90 stimuli à classer. Pour réaliser cette tâche, les sujets disposent d'indices qui varient selon leur groupe d'appartenance : dans la première phase, il peut y avoir présence d'instructions attirant leur attention sur la durée (D_1) ou au contraire, absence d'informations à propos de cet indice (D_0). De même, pour l'intensité, ils peuvent être informés (I_1) ou pas (I_0) de la pertinence de cet indice. Ainsi, les sujets des groupes D_0I_0 ne sont pas informés des critères à utiliser pour le classement, les sujets des groupes D_1I_1 sont informés que les sons se distinguent par rapport au temps et au bruit entre [t] et [a], les sujets des groupes D_1I_0 sont informés que les sons se différencient quant au temps entre [t] et [a] tandis que les sujets des groupes D_0I_1 sont informés qu'ils doivent être attentifs au bruit entre [t] et [a]. Notre troisième variable indépendante, le feedback visuel, que nous utilisons comme second facteur d'orientation de l'attention intervient (F_1) ou non (F_0) dans la phase d'effectuation. L'ensemble de ces critères donne lieu à la constitution de huit groupes : D_0I_0/F_0, D_0I_0/F_1, D_1I_1/F_0, D_1I_1/F_1, D_1I_0/F_0, D_1I_0/F_1, D_0I_1/F_0, D_0I_1/F_1.

3 Résultats

L'analyse de Friedman et les tests de Wilcoxon, significatifs à $p = 0.001$, indiquent que les sons C (78.96% de réponses correctes) sont mieux classés que les sons A (68.92% de réponses correctes) qui sont eux-mêmes mieux classés que les sons B (47.71% de réponses correctes). La perception des stimuli est donc influencée par la similarité entre les stimuli et les catégories natives (Flege, 1995) : les sujets classent correctement les sons qui correspondent à leur langue maternelle et les sons qui représentent pour eux des sons atypiques alors que les sons intermédiaires sont plus difficiles.

Afin d'évaluer l'effet de notre traitement expérimental, nous avons calculé un indice de performance destiné à déterminer si, quand il choisit une catégorie, le sujet se comporte comme un générateur aléatoire de réponses ou si sa performance peut être imputée à une cause systématique, à savoir les manipulations auxquelles nous l'avons soumis. Nous avons obtenu cet indice de performance en comparant, dans un rapport, la probabilité binomiale d'une performance aléatoire (5/15 puisque la probabilité de choisir la catégorie correcte est de 1/3) et la probabilité binomiale du score effectivement obtenu par le sujet et en calculant ensuite le logarithme de ce rapport. Dans les analyses, nous considérons notre indice moyen de performance au sein de chaque groupe, c'est-à-dire, la moyenne des indices de performance obtenus par les sujets d'un même groupe. Cet indice, que nous avons créé et qui exprime le caractère aléatoire ou non du comportement des sujets, permet d'inférer la qualité des performances des sujets en partant du principe qu'un sujet qui a appris ne se comportera pas de manière aléatoire.

Dans un premier temps, une analyse de variance (ANOVA) nous a permis d'évaluer l'effet de nos variables indépendantes (l'apport de feedback, la focalisation sur la durée et la focalisation sur l'intensité) sur notre indice de performance au dernier bloc (celui-ci est représenté par un cercle dans la figure 2). Celle-ci révèle un effet du feedback ($F = 11{,}825$, $p = 0.001$) et un effet d'interaction feedback x focalisation sur l'intensité ($F = 6{,}523$; $p = 0.013$) sur les performances moyennes de nos sujets en fin d'expérimentation. Les groupes avec feedback obtiennent des résultats significativement meilleurs au sixième bloc que les groupes sans feedback. Dans les situations sans feedback, la focalisation sur l'intensité semble bénéfique : les résultats sont meilleurs lorsqu'il y a focalisation sur l'intensité, en particulier lorsqu'il y a aussi focalisation sur la durée. En revanche, l'interaction entre le feedback et la focalisation sur l'intensité semble néfaste à l'apprentissage: la focalisation sur l'intensité donne de plus mauvais résultats que lorsqu'il n'y a pas de focalisation sur l'intensité.

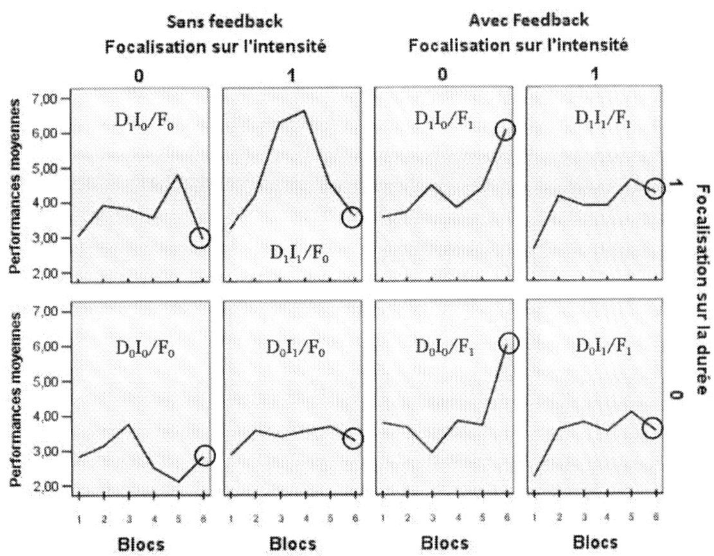

FIGURE 2 – Indice moyen de performance (en ordonnée) au cours des six blocs (en abscisse) en fonction de nos trois variables (focalisation sur la durée, focalisation sur l'intensité et feedback)

Dans un deuxième temps, nous avons étudié l'évolution des performances au cours des six blocs. En effet, l'apport de feedback après chaque réponse dans quatre de nos groupes, de même que l'absence de feedback dans les quatre autres, sont susceptibles d'engendrer des ajustements du comportement qui ne peuvent apparaitre que si nous envisageons les performances dans une dimension temporelle. La figure 2 représente l'évolution des performances moyennes au fil des six blocs pour chaque groupe. L'effet positif du feedback est clair : tandis que les groupes avec feedback (graphes de droite) se caractérisent par une progression générale signifiant un classement de moins en moins aléatoire, les groupes sans feedback (graphes de gauche) ne montrent pas de réelle progression au cours de l'expérience. Dans les groupes avec feedback, les performances au bloc 1 sont meilleures quand il n'y a aucune focalisation et quand il y a focalisation sur la durée. De plus, à même condition de focalisation sur l'intensité, le pattern ne varie pas, qu'il y ait ou non focalisation sur la durée alors qu'à focalisation sur la durée identique, la variable focalisation sur l'intensité donne de meilleurs résultats quand il n'y a pas de focalisation. Dans les groupes sans feedback, les performances fluctuent et finissent par chuter à la fin à des niveaux proches des performances du bloc 1. Contrairement à la condition D_0I_1 où il n'y a aucune amélioration, les performances dans les trois autres conditions, augmentent un peu pour finalement chuter ; il n'y a pas d'apprentissage. La condition avec double focalisation sans feedback se caractérise par une forte progression jusqu'au bloc 4, suivie d'une chute et de résultats au bloc 6 qui n'ont finalement pas évolué par rapport au bloc 1. Enfin, si l'on considère l'ensemble des groupes, les meilleurs résultats sont obtenus quand il y a feedback, pas de focalisation sur l'intensité et éventuellement, une focalisation sur la durée. La condition la plus explicite avec feedback (D_1I_1/F_1), qui apporte le plus d'informations, est la plus efficace jusqu'au bloc 4 mais au dernier bloc, ce constat n'est plus valable ; les conditions les plus efficaces sont celles sans focalisation sur l'intensité, et seulement s'il y a feedback.

Bien que l'ANOVA ne révèle pas d'effet significatif pour les instructions que nous donnons *avant* la réalisation de la tâche, les graphes examinés ci-avant suggèrent un effet différentiel des types d'instructions. Afin d'évaluer l'effet des instructions seules, nous avons observé les performances sous un troisième angle : nous avons examiné l'indice moyen de performance des sujets sans feedback au bloc 1. Ces sujets ont terminé la première phase et ne reçoivent pas de feedback ; ils sont donc sous la seule influence des instructions. D'après l'analyse de leurs résultats, il semblerait y avoir une certaine gradation dans l'efficacité des instructions à générer un comportement maitrisé : le groupe D_0I_0 montre les performances les plus aléatoires tandis que les groupes D_1I_0 et D_0I_1 font preuve d'un comportement que l'on peut qualifier de maitrisé. Le groupe D_1I_1 semble quant à lui obtenir les meilleures performances. Quoique non significative, cette constatation vaut aussi pour le sixième bloc dans les groupes sans feedback.

4 Discussion

L'objectif de cette étude était d'explorer la possibilité d'influencer les performances de sujets francophones en catégorisation d'occlusives variant graduellement sur un continuum en trois catégories. Étant donné l'effet reconnu de ces deux facteurs d'orientation sur l'apprentissage perceptuel, nous avons émis l'hypothèse que les instructions guidant la focalisation de l'attention sur des aspects phonétiques des sons avant l'entrainement couplées au feedback pendant la tâche, ont une influence positive sur la catégorisation des stimuli. Nos résultats suggèrent un effet de notre intervention, qui est toutefois limité puisqu'il ne s'observe que dans certains groupes. Les analyses statistiques indiquent un effet positif du feedback, confirmant l'hypothèse selon laquelle celui-ci joue un rôle important dans la catégorisation, en conformité avec les conclusions des études menées dans le champ de l'apprentissage perceptuel. En comparant les groupes avec et sans feedback, ce qui a rarement été fait dans la littérature, nous observons que les groupes avec feedback ont de meilleures performances que les groupes sans feedback. De plus, comme nous le supposions, les groupes avec feedback (en particulier sans focalisation sur l'intensité) progressent au fil des six blocs.

En l'absence de feedback, les profils d'évolution ne suggèrent pas la mise en place d'un apprentissage : les performances au bloc 6 apparaissent identiques à celles au début du test. Parmi les quatre conditions sans feedback, les meilleurs résultats s'observent dans la condition avec double focalisation, ce qui n'est pas le cas en présence d'un feedback. Cette condition (D_1I_1/F_0) est particulièrement intéressante car il y a une évolution favorable suivie d'une perte des bénéfices enregistrés durant les quatre premiers blocs. Ce déclin des performances peut s'expliquer de plusieurs manières. D'une part, il peut être dû à un effet de fatigue ou de lassitude vis-à-vis d'une tâche longue et répétitive, qui d'ailleurs s'observe dans d'autres groupes. Dès lors, nous pouvons suggérer que le feedback, outre son rôle dans l'orientation de l'attention, est un facteur crucial dans le maintien de l'attention sur la tâche et de la motivation. Son absence peut dès lors mener à une diminution de l'attention et/ou de la motivation et à un déclin des performances. D'autre part, le feedback étant considéré comme un moyen de contrôle sur les performances, qui se base sur la difficulté perçue de la tâche (Amitay et al., 2010), nous pouvons suggérer que notre tâche est trop difficile pour être apprise sans feedback, comme en témoigne l'absence d'apprentissage dans les groupes sans feedback, suggérant le rôle facilitateur voire nécessaire du feedback dans certains cas. Il semble donc que le feedback joue un rôle important, probablement parce qu'il assure une fonction d'engagement dans la tâche, de motivation et de régulation du comportement.

Par rapport aux autres études, qui entrainent les sujets sur des périodes beaucoup plus importantes (Francis et al., 2000), cet effet du feedback se manifeste après environ 15 minutes d'entrainement. En tout, dans notre expérience de 15 minutes, chaque sujet a entendu 135 sons. Avec une phase d'apprentissage plus longue, nous pouvons toutefois supposer que les résultats obtenus dans cette étude exploratoire pourraient être plus marqués. Par ailleurs, il pourrait s'avérer intéressant d'investiguer davantage cet effet du feedback en faisant varier le contenu informationnel de celui-ci et ses occurrences.

Si nos analyses statistiques mettent en évidence un effet du feedback, elles ne permettent en revanche pas de confirmer un effet significatif des instructions. Il existe toutefois un effet d'interaction feedback x focalisation sur l'intensité : en présence de feedback, l'apprentissage est plus important en l'absence de focalisation sur l'intensité alors que la focalisation sur l'intensité en l'absence de feedback semble bénéfique. En présence de focalisation sur l'intensité, les performances ont progressé mais la progression ne se poursuit pas au-delà du bloc 5. Il est possible que le feedback amène les sujets à formuler des hypothèses qui entrent en conflit avec la catégorisation qu'ils font en prenant pour critère l'intensité, ce conflit produisant un déclin des performances (Vlahou et al., 2011).

De manière générale, contre toute attente, la condition avec feedback et focalisation sur l'intensité et sur la durée, celle qui donne un maximum d'informations, n'est pas la plus efficace, du moins si on considère le dernier bloc (car au premier bloc dans les groupes sans feedback, elle donne lieu aux meilleures performances). Les conditions donnant lieu aux meilleurs résultats sont, semble-t-il, la condition avec feedback et focalisation sur la durée ou sans focalisation. Par ailleurs, nous ne pouvons avancer que la condition sans focalisation est la moins efficace. Au contraire, en présence de feedback, elle est l'une des deux conditions conduisant aux meilleurs résultats. Ainsi, l'apprentissage perceptuel ne nécessite pas d'informations explicites quand il y a feedback.

Finalement, l'observation des performances des groupes sans feedback au premier bloc nous a renseignés sur l'effet des instructions. Ces quatre groupes ont dans l'ensemble d'assez bonnes performances dès le début de la tâche. À la fin, la double focalisation serait plus efficace que la focalisation sur l'un ou l'autre indice tandis que les instructions sans focalisation peineraient à provoquer un comportement maitrisé. Pederson et Guion-Anderson (2009) ont montré que des instructions focalisant l'attention sur un aspect favorisent l'apprentissage de cet aspect. Nos instructions focalisaient l'attention sur des aspects phonétiques précis et il semble, à la lumière de nos résultats, que les instructions aient des effets différentiels et que la focalisation sur des aspects phonétiques soit bénéfique aux performances de catégorisation de nos stimuli. Cette étude utilisait des syllabes de type [ta] mais il nous faudra vérifier ces résultats avec d'autres sons tels que des voyelles, d'autres consonnes et avec d'autres paramètres ainsi qu'utiliser une grande variété de sons produits par plusieurs locuteurs dans différents contextes phonétiques. Enfin, il serait opportun d'investiguer l'effet de nos interventions sur d'autres tâches perceptives et surtout sur les performances productives.

Références

AMITAY, S., HALLIDAY, L., TAYLOR, J., SOHOGLU, E. & MOORE, D. (2010). Motivation and intelligence drive auditory perceptual learning. *Plos One, 5 (3),* 1-6.

DELVAUX, V., HUET, K., PICCALUGA, M., & HARMEGNIES, B. (2008). Perceptually driven VOT lengthening in initial stops by French-L1 English L2-Learners. Proceedings 8th ISSP, 149-152.

FLEGE, J. (1995). Second-language Speech Learning: Theory, Findings, and Problems. In W. Strange (Ed) *Speech Perception and Linguistic Experience: Issues in Cross-language research,* Baltimore : York Press, pp. 229-273.

FRANCIS, A.L., BALDWIN, K., & NUSBAUM, H.C. (2000). Effects of training on attention to acoustic cues. *Perception & Psychophysics, 62 (8),* 1668-1680.

FRANCIS, A.L., & NUSBAUM, H.C. (2002). Selective attention and the acquisition of new phonetic categories. *J. Exp. Psychol. Hum. Percept. Perform., 28(2),* 349-366.

GOLDSTONE, R.L. (1988). Perceptual learning. *Annual Review of Psychology, 49,* 585-602.

GUION, S.G. & PEDERSON, E. (2007). Investigating the role of attention in phonetic learning. In O.-S. Bohn & M. Munro (Eds.) *Language Experience in Second Language Speech Learning.* Amsterdam: John Benjamins, 57-77.

IVERSON, P, & KUHL, P.K. (1995). Mapping the perceptual magnet effect for speech using signal detection theory and multidimensional scaling. *JASA, 97 (1),* 553-562.

KUHL, P. K., CONBOY, B. T., COFFEY-CORINA, S., PADDEN, D., RIVERA-GAXIOLA, M. & NELSON, T. (2008). Phonetic learning as a pathway to language: new data and native language magnet theory expanded (NLM-e). *Philosophical Transactions of the Royal Society B, 363,* 979-1000.

LISKER, L., & ABRAMSON, A.S (1964). A cross-language study of voicing in initial stops: Acoustical measurements. *Word, 20,* 384-422.

LIVELY, S. E., PISONI, D. B., YAMADA, R. A., TOHKURA, Y., & YAMADA, T. (1994). Training Japanese listeners to identify English /r/ and /l/: III. Long-term retention of new phonetic categories. *JASA, 96,* 2076–2087.

NOSOFSKY, R. M. (1986). Attention, similarity, and the identification-categorization relationship. *J. Exp. Psychol. Gen., 115,* 39-57.

PEDERSON, E., & GUION-ANDERSON, S. (2009). Orienting attention during phonetic training facilitates learning. *JASA, 127,* EL54-EL59.

REPP, B. H. (1979). Relative amplitude of aspiration noise as a voicing cue for syllable-initial stop consonants. *Language and Speech, 22,* 173-189.

VLAHOU, E.L., PROTOPAPAS, A., SEITZ, A.R. (2011). Implicit training of nonnative speech stimuli. *J Exp Psychol Gen.* Advance online publication. doi:10.1037/a0025014.

Quand la connaissance de l'état du locuteur nous fait entendre sa voix autrement

Alain Ghio[1], *Sabine Merienne*[2], *Antoine Giovanni*[1,2]
(1) LPL, CNRS, Université d'Aix-Marseille, Aix-en-Provence, France
(2) CHU Timone, Service ORL, Marseille, France
alain.ghio@lpl-aix.fr

RESUME

L'objectif de l'étude était d'évaluer dans quelle mesure les connaissances a priori qu'un thérapeute possède sur un locuteur dysphonique peut influencer le jugement de la voix du patient. 53 patients dysphoniques ont été enregistrés deux fois dans des circonstances différentes. Sept auditeurs cliniciens ont été soumis en aveugle à l'écoute de ces paires de voix et devaient fournir un jugement comparatif. Quelques semaines plus tard, les mêmes auditeurs ont subi le test à l'identique sauf que dans cette deuxième session, une information sur le statut des voix du locuteur était donnée : pré ou post traitement. Nous avons équilibré cette information de façon soit à renforcer le jugement porté au préalable, soit à contrarier le jugement. Dans l'écoute influencée renforcée, la préférence est amplifiée de façon significative. Dans l'écoute influencée contrariée, nous observons des inversions de préférences et la note avec information contradictoire est presque indépendante de la note obtenue en aveugle.

ABSTRACT

When the knowledge of the speaker's state can modify the perception of voice quality

Two experiments were conducted to examine how the knowledge of the patient's clinical state affects the results of perception of voice quality. This study involved 53 dysphonic speakers recorded twice in different circumstances. These pairs of voices were presented to seven listeners. The task was to perceptually compare the severity of the dysphonia between the 2 recordings of the pair. Stimuli were presented first in a blind test, then several weeks later with accompanying information about the patient (pre- or post-treatment). We balanced this artificial contextual information in order to reinforce the blind judgment or be inconsistent in a clinical point of view compared to the blind test. Results revealed that in the clinical-consistent context, the preference was amplified in a significant way. In clinical-inconsistent condition, we observed an inhibition effect or a change of decision. In this condition, the judgment was more dependent on the contextual information than on the auditory sensation obtained in blind condition.

MOTS-CLES : perception, qualité vocale, dysphonie, processus descendant montant
KEYWORDS : perception, voice quality, dysphonia, bottom-up top-down processes

1 La perception de la qualité vocale

Dans le cadre de la prise en charge de la dysphonie, l'évaluation perceptive de la qualité de la voix permet de faire un bilan clinique de la forme et de la sévérité du dysfonctionnement. Elle s'effectue généralement à l'aide d'une échelle standardisée contenant plusieurs paramètres que l'auditeur doit juger à l'oreille. L'échelle GRBAS (Hirano, 1981) est l'échelle la plus couramment utilisée. Dans la pratique, l'évaluation perceptive est considérée comme le « gold standard » par les spécialistes de la voix. Cependant, même si elle est très largement utilisée et si une écoute attentive contribue de façon indéniable à dresser le tableau clinique complet du patient, son importance réelle dans un procédé fiable d'évaluation est régulièrement discutée. En effet, de nombreuses études ont mis en évidence une variabilité certaine, observée dans le jugement porté par différents auditeurs sur une même voix ou pour un même auditeur entre diverses séances d'écoute (Kreiman et al., 1993). Ce manque de fiabilité peut être expliqué par la sensibilité au contexte des mécanismes de perception de la parole. (Gerratt et al., 1993) ont mis en évidence que le contexte de présentation des voix peut entraîner une modification des jugements. Dans (Martens et al., 2007), les auteurs montrent que la lecture du spectrogramme de la voix simultanément à son écoute augmente la fiabilité inter-auditeurs pour le jugement perceptif de la qualité vocale. Ces résultats illustrent le fait que la décision issue de la perception est en fait une décision complexe faisant appel non seulement au système perceptif « pur » mais aussi, pour ce dernier travail, aux informations visuelles du spectrogramme et aux connaissances possédées par les auditeurs sur l'interprétation d'une telle représentation spectro-temporelle. Ces phénomènes de variabilité de jugement, reflet d'un manque de fiabilité du procédé, sont ainsi déjà observés en conditions expérimentales contrôlées. Qu'en est-il en pratique clinique quotidienne ? Comment peut-on expliquer ces phénomènes ?

2 L'importance des processus descendants dans la perception

Pour (Gaillard et al., 2007), « *la perception de la réalité sonore n'est pas un enregistrement direct de la réalité. C'est une construction mentale opérée à la suite d'un traitement de l'information disponible, contrainte par nos sens ainsi que nos habitudes sélectives* ». Ainsi, évaluer une voix à l'oreille consiste à interpréter à un moment précis le signal sonore qui nous est donné à entendre, avec le risque que le résultat de cette interprétation diffère avec celle d'un autre auditeur sous l'influence d'habitudes sélectives différentes ou diffère lors d'une évaluation ultérieure sous l'influence d'un changement de l'information disponible. Juger la qualité vocale d'un locuteur est au premier abord un processus de perception ascendant (bottom-up), c'est-à-dire qu'à partir de l'échantillon vocal, l'auditeur va catégoriser la voix par interprétation des indices acoustiques détectés perceptivement. Mais, comme dans tout autre processus de perception de la parole, il ne se réduit pas à ce simple trajet ascendant de l'acoustique vers le cognitif. Des processus descendants (top-down) interviennent et influencent la perception. En effet, lorsque nous entendons un énoncé dégradé, bruité ou phonétiquement appauvri, ces processus top-down entrent en jeu pour restaurer ce qui est dégradé et optimiser l'intelligibilité du message. L'attention portée au message viendra maximiser ou minimiser les effets de ces processus de restauration (Warren et al., 1970). Dans le domaine de la perception visuelle, (Simons et al., 1999) ont montré que nous pouvons être aveugles à certains éléments saillants et inattendus d'une scène visuelle lorsque notre attention est focalisée sur une autre tâche ou un autre objet de cette scène. Il définit cela par le terme de cécité inattentionnelle (inattentional blindness). Dans l'expérience de (Vitevitch, 2003), les participants avaient pour consigne principale de répéter des mots dont la complexité lexicale variait. Au milieu de la liste, la voix utilisée pour produire les mots à répéter pouvait changer. Au moins 40% des participants ne détectaient pas ce changement de locuteur. L'odorat n'est pas épargné par les effets de distorsion ou d'illusion perceptive avec notamment, une interférence du langage dans cette modalité de perception. Les études de (Herz, 2003) ont mis en évidence l'influence du contexte verbal dans la perception des odeurs et le simple fait d'associer un label à une odeur pouvait provoquer une illusion olfactive. Les auteurs ont constaté en effet qu'une même odeur pouvait être jugée différemment selon le nom qu'on lui donne.

3 Corpus et méthode

Notre protocole expérimental consistait en l'évaluation, par un jury expérimenté, de voix dysphoniques, présentées en aveugle dans une première expérience, puis accompagnées d'informations sur le parcours médical du patient dans une deuxième séance. Les différences entre les résultats des deux expérimentations pourraient être attribuées à l'apport d'information sous réserve de rigueur méthodologique. Les voix ont été présentées par paire, chaque paire étant constituée de deux enregistrements d'un même locuteur. Ces enregistrements ayant été effectués à des dates différentes, la qualité vocale des deux éléments de la paire était la plupart du temps différente. Les auditeurs devaient évaluer ces paires de voix par comparaison: après écoute de chacune des deux voix, et ce, plusieurs fois s'il le souhaitait, l'auditeur devait juger leur degré de dysphonie en utilisant une échelle comparative à 7 points : la voix A est (1) nettement moins dysphonique, (2) moins dysphonique, (3) légèrement moins dysphonique, (4) de même qualité, (5) légèrement plus dysphonique, (6) plus dysphonique, (7) nettement plus dysphonique que la voix B. Nous avons opté pour cette échelle de façon (1) à placer l'auditeur dans des conditions proches des usages en pratique clinique où l'intérêt principal réside souvent dans la perception de la quantité de changement (amélioration ou dégradation) lors de la prise en charge thérapeutique (2) pour avoir une sensibilité de mesure suffisante. Les participants à l'expérimentation étaient des auditeurs régulièrement confrontés à l'écoute de voix dysphoniques: 3 chirurgiens ORL, 3 orthophonistes et 1 phoniatre. Bien évidemment, afin de ne pas biaiser les résultats de l'expérience, ils ignoraient l'objectif réel de l'étude qui était présentée comme une mise au point d'un protocole informatisé de jugement de la dysphonie en conditions hospitalières. Les enregistrements proposés aux auditeurs ont été sélectionnés dans la base de données MTO de locuteurs dysphoniques enregistrés dans le service ORL du CHU de la Timone à Marseille (Ghio et al., 2011). Les 53 patients retenus, pour lesquels nous disposions d'au moins deux enregistrements réalisés à des dates différentes, étaient des adultes, porteurs de nodules ou de polypes (44 femmes et 9 hommes). La restriction à ces deux pathologies a été retenue afin de limiter l'hétérogénéité des formes d'expression de la dysphonie mais aussi car elles peuvent être prises en charge à la fois par des traitements chirurgicaux et orthophoniques, conditions nécessaires à la deuxième partie de l'expérience. Le style de parole choisi était de la lecture de texte effectuée sur le premier chapitre de « La chèvre de Monsieur Seguin » d'Alphonse Daudet. La durée moyenne des énoncés était de 20 secondes.

4 Déroulement des expériences et précautions méthodologiques

Pour le déroulement des expériences, nous avons utilisé le logiciel PERCEVAL avec son extension LANCELOT, développé par le Laboratoire Parole et Langage d'Aix en Provence (www.lpl-aix.fr/~lpldev). Les sessions d'écoute ont été effectuées dans un local fermé, sur le même ordinateur, avec la même carte son et le même casque audiophonique. L'expérience se déroulait en quatre phases : deux sessions d'écoute en aveugle (test-retest) suivies de deux sessions d'écoute influencée (test-retest). Dans la condition aveugle, l'auditeur n'avait aucune information sur les locuteurs qu'il écoutait. Dans les sessions d'écoute influencée, une information était affichée à l'écran indiquant la nature du traitement suivi par le patient (chirurgie ou rééducation) et pour chacune des voix de la paire le statut pré ou post traitement. Pour chacune des sessions, la consigne était présentée par écrit sur l'écran de l'ordinateur. Avant de démarrer le test proprement dit, 3 items d'entraînement étaient proposés à l'auditeur, lui permettant de s'approprier la tâche et l'échelle. Les paires étaient présentées dans un ordre aléatoire dans le but de minimiser les effets de liste. Enfin, pour chaque auditeur, les sessions d'écoute étaient séparées les unes des autres d'au moins une semaine pour s'affranchir d'éventuels phénomènes de mémorisation. Chaque modalité de présentation des stimuli (aveugle ou avec information) était constituée d'un test et d'un retest pour lesquels l'ordre de présentation des stimuli variait d'une part entre les auditeurs, d'autre part entre le test et le retest pour le même auditeur. La répétition du test en retest a permis, pour les deux types d'écoute, de moyenner les résultats et donc de diminuer une part des effets d'erreurs aléatoires. A l'issue de l'écoute en aveugle, chaque paire de voix a été jugée 14 fois (7 auditeurs x 2 sessions). Chaque jugement a été converti en note : [nettement moins dysphonique] ⇔ 3, [moins dysphonique] ⇔ 2, [légèrement moins dysphonique] ⇔ 1, [équivalent] ⇔ 0, [légèrement plus dysphonique] ⇔ -1, [plus dysphonique] ⇔ -2, [nettement plus dysphonique] ⇔ -3

La moyenne des 14 notes permettait d'établir un classement décroissant des paires. Plus la moyenne obtenue était proche de 3 en valeur absolue, plus la quantité de changement entre la voix A et la voix B était importante (+3 renseignant une nette préférence pour A, -3 une nette préférence pour B). Plus la moyenne était proche de 0, plus les auditeurs avaient considéré que les stimuli A et B étaient équivalents en terme de qualité vocale. A partir des résultats de cette première expérience, nous avons scindé le corpus en deux parties équivalentes en terme de distribution de notes (jeu de données α et β) sur un principe simple. Le jeu de données α était constitué des paires positionnées en 1,3,5,7,...45, 47,49 dans le classement ordonné des notes. Le jeu de données β était constitué des paires 2,4,6,8 ...46, 48,50 dans le même classement. Sur le jeu de données α, l'information fournie à l'auditeur pour la deuxième expérience allait être cohérente au sens clinique du terme dans la mesure où les voix jugées moins dysphoniques en aveugle allaient être déclarées comme le résultat post thérapeutique. Sur le jeu de données β, l'information fournie à l'auditeur pour la deuxième expérience allait être incohérente au sens clinique du terme dans la mesure où les voix jugées moins dysphoniques en aveugle allaient être déclarées comme l'état en pré traitement, impliquant ainsi un résultat thérapeutique défavorable. Nous précisons que les informations qui allaient accompagner les voix étaient construites artificiellement pour équilibrer parfaitement les conditions de test et rendre le design expérimental symétrique. Elles ne tenaient pas compte de la réelle situation pré-post traitement. Pour éviter que les informations incohérentes du jeu de données β apparaissent trop invraisemblables et sèment le doute dans l'esprit des auditeurs, nous avons exclus les paires de voix dont la note moyenne en aveugle était proche des extrêmes, c'est à dire avec une différence de qualité importante entre la voix A et la voix B. En effet, dans ces cas là, la voix évaluée comme nettement plus dysphonique aurait été déclarée dans le jeu de données β comme post traitement, hypothèse peu vraisemblable et difficilement acceptable par des thérapeutes de la voix. Finalement, nous avons sélectionné les paires dont la note moyenne en aveugle se situait entre + 1,5 et -1,5, ce qui représentait un échantillon de 32 paires, la même restriction étant appliquée aux deux jeux de données α et β. Signalons enfin une dernière précaution méthodologique. Afin d'éviter un effet d'ordre d'écoute dans la paire, la voix déclarée comme pré-thérapeutique correspondait parfois à la voix « A » écoutée en premier et parfois à la voix « B », ceci pour limiter l'effet de récence (meilleure trace en mémoire de la dernière voix écoutée, laquelle aurait été favorisée). Par la suite, nous appellerons la condition α comme « information cohérente » ou « jugement renforcé ». De même, la condition β sera dénommée « information incohérente », « jugement contraire » ou « jugement contrarié ».

5 Résultats

L'analyse statistique a été effectuée avec le logiciel 'R' version 2.12.0. Que ce soit en situation aveugle ou en écoute contextuelle, la note retenue par paire de voix est la note moyenne obtenue sur les 14 jugements (7 auditeurs * 2 écoutes pour chaque condition). Au total, les expériences ont porté sur 700 écoutes de paires de voix (14 jugements * 50 paires) pour l'expérience en aveugle et 448 (14 * 32) pour l'expérience en contexte, soit 2296 écoutes de voix. Bien évidemment, lors de la passation du test en condition contextuelle, les stimuli de la cohorte α ou β étaient mélangés et présentés de façon aléatoire. La répartition des notes obtenues sur les 32 paires de voix est fournie en Fig 1.

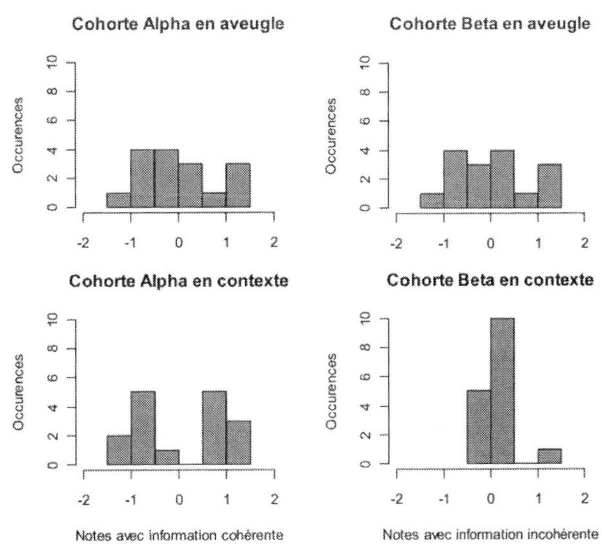

FIGURE 1 –Résultats de l'écoute aveugle (en haut) et de l'écoute contextuelle (en bas). La cohorte alpha (resp. beta) a été utilisée en fournissant une information cohérente (resp . incohérente) en situation contextuelle.

Nous observons clairement sur les distributions de la Figure 1 un effet net de l'apport d'information lors de l'écoute des voix. Dans la condition ou l'information est cohérente, nous observons une distribution quasi bimodale (Figure 1, en bas à gauche) correspondant à une décision plus tranchée. Inversement, dans la condition ou l'information est incohérente, nous observons une distribution où la majorité des appréciations est centrée autour de zéro (équivalence de qualité vocale des 2 voix de la paire) correspondant à une indécision (Figure 1, en bas à droite). Nous émettons l'hypothèse que dans le cas de la condition cohérente, l'effet de l'apport d'information est amplificateur : les voix jugées comme légèrement moins dysphoniques en écoute aveugle sont jugées clairement moins dysphoniques car elles sont annoncées comme post thérapeutiques et les voix jugées comme légèrement plus dysphoniques en écoute aveugle sont jugées clairement plus dysphoniques car elles sont annoncées comme pré thérapeutiques. Cette hypothèse rendrait compte de la bimodalité de la distribution de la Figure 1. Inversement, nous émettons l'hypothèse que dans le cas de la condition incohérente, l'effet de l'apport d'information est inhibiteur : les voix jugées comme légèrement moins dysphoniques en écoute aveugle sont jugées de qualité vocale équivalente à l'autre voix car elles sont annoncées comme pré thérapeutiques et les voix jugées comme légèrement plus dysphoniques en écoute aveugle sont jugées de qualité vocale équivalente à l'autre voix car elles sont annoncées comme post thérapeutiques. Pour vérifier cette hypothèse, nous avons réalisé une régression linéaire entre les notes obtenues en contexte en fonction des notes fournies en aveugle pour les catégories α ou β. Les observations sont fournies en Figure 2.

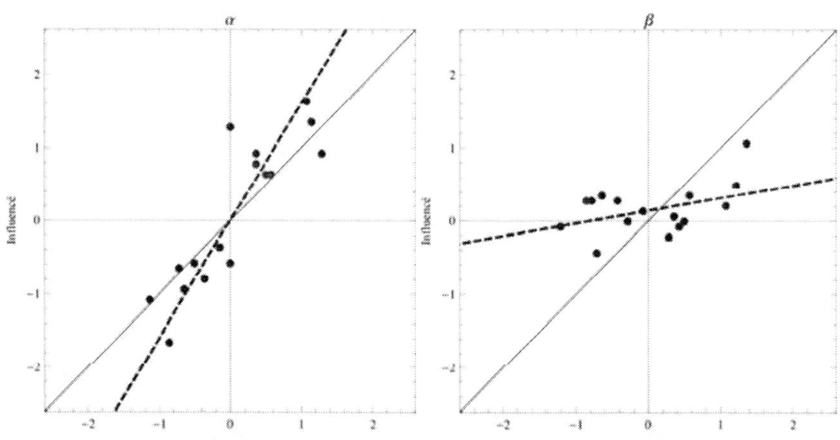

FIGURE 2 – Résultats de l'écoute contextuelle influencée (verticalement) en fonction de l'écoute aveugle (horizontalement). A gauche : apport d'information cohérente (cohorte alpha). A droite : apport d'information incohérente (cohorte beta). La droite bissectrice en trait plein est celle de l'absence d'effet (notes identiques entre la condition aveugle et la condition contextuelle). La droite en pointillé est la régression linéaire obtenue à partir des observations.

La droite d'ordonnée à l'origine 0 et de pente +1 traduit l'absence d'effet de contexte. En effet, un point sur cette droite correspond à deux notes égales en écoute contextuelle et en aveugle. La répartition des notes observées par rapport à cette droite est donc importante. Dans la condition α ou l'apport d'information est cohérent, l'analyse statistique montre que la pente de la droite de régression est de 1.60 +/- 0.19. Cette pente a été obtenue par la méthode des moindres carrés pondérés en tenant compte simultanément des incertitudes sur les données aveugle et contextuelle, où chaque note (aveugle ou contextuelle) est affectée d'un poids qui est inversement proportionnel à la variabilité (erreur standard) inter-juges. Cette pente importante de coefficient directeur 1.6 valide l'hypothèse de l'effet amplificateur du contexte cohérent : la note est accentuée de 60% par rapport à celle obtenue en aveugle. Dans la condition β où l'apport d'information est incohérent, l'analyse statistique indique que la pente de la régression linéaire est de 0.17 +/- 0.14, valeur de pente faible validant l'hypothèse inhibitrice de la condition. Rappelons qu'une pente nulle indiquerait la totale indépendance de la note fournie en contexte par rapport à celle obtenue en aveugle. La valeur faible de 0.17 indique que les auditeurs confrontés à une information en contradiction avec leur perception ont eu tendance à se fier à l'information contextuelle et à atténuer fortement les effets perçus en aveugle. On peut même observer des inversions de préférences visibles dans les points situés dans les quadrants supérieurs gauches ou inférieurs droits de la Figure 2b. Ces inversions de préférence représentent 50 % des cas de situation incohérente. 100% des cas d'inversion de préférence sont contraints par l'information contextuelle.

6 Discussion

Dans la condition cohérente, l'apport d'information est amplificateur : nous retrouvons les effets observés par (Herz, 2003) dans la perception des odeurs où les préférences sont généralement amplifiées par l'association d'information verbale au stimulus olfactif. Dans notre expérience, les auditeurs sont confortés dans leur jugement par la cohérence des informations fournies en contexte : la qualité vocale est meilleure après qu'avant traitement.Dans la condition incohérente, nous observons là aussi des analogies avec les résultats de Herz. Les auteurs constatent que pour certaines odeurs, et sous l'unique effet du contexte verbal, jusqu'à 88 % des sujets ont une interprétation perceptive complètement différente entre deux sessions avec connotation positive vs négative. Dans notre expérience, nous observons une inversion de polarité du jugement dans 50 % des cas incohérents. Nos résultats confirment que la perception « *est une construction mentale opérée à la suite d'un traitement de l'information disponible* » (Gaillard et al., 2007). Dans le cadre de notre étude, les stimuli auditifs étaient identiques entre les deux conditions d'écoute. Seule variait l'information fournie aux auditeurs sur la nature du locuteur et cette donnée a fait varier de façon importante le résultat. La perception du thérapeute est ainsi influencée par des processus cognitifs top-down (« une voix post thérapeutique est meilleure qu'une voix pré thérapeutique ») et que cette information le rend « sourd » à des phénomènes qu'il a perçu lors de la phase aveugle. Nous pouvons aussi interpréter ce phénomène comme une capture attentionnelle (« on m'indique que c'est post thérapeutique, je n'entends que ce que je m'attends à entendre : l'amélioration »). Nos auditeurs étaient des professionnels de la prise en charge de la voix. Ils étaient donc, de façon légitime, en situation de forte implication par rapport aux aspects liés à la réussite thérapeutique. Il serait intéressant d'effectuer ces expériences sur des auditeurs détachés de cette problématique et de vérifier si les résultats restent présents ou disparaissent. De plus, les auditeurs étaient composés de chirurgiens ORL et d'orthophonistes. Ce choix avaient été guidé par le fait que lors de l'écoute contextuelle, nous manipulions non seulement la situation pré/post traitement mais aussi la nature du traitement : chirurgie ou rééducation. Nous souhaitions mesurer si les phénomènes d'influence contextuelle pouvaient varier selon l'origine professionnelle : par exemple, nous émettions l'hypothèse que les orthophonistes seraient plus sensibles dans le cas de rééducation que de chirurgie. Le faible effectif de chaque groupe (3 auditeurs par groupe) ne permet pas de mesurer de tels éventuels effets de groupe. Cela nécessite une augmentation du nombre d'auditeurs.

7 Conclusion

L'évaluation d'un résultat thérapeutique lié à une dysphonie est une préoccupation essentielle du phoniatre et de l'orthophoniste. La chirurgie ou la rééducation a-t-elle eu un effet positif, négatif ou négligeable ? L'écoute attentive de la voix avant et après peut être un moyen d'obtenir cette réponse. Mais peut-on estimer qu'il s'agit réellement d'une évaluation dans la mesure où le thérapeute est parfois lui-même juge de son travail thérapeutique et qu'il dispose de nombreuses informations sur le parcours médical de son patient ? Les résultats de cette étude semblent converger vers l'extrême nécessité d'utiliser uniquement des évaluations perceptives en aveugle pour réaliser un bilan perceptif d'une dysphonie.

Remerciements

Nous remercions l'ANR pour le financement qu'elle a apporté dans le cadre du projet DESPHO-APADY ANR-08-BLAN-0125 ayant permis la structuration et l'exploitation du corpus de parole pathologique été utilisé dans cette étude.

Références

GAILLARD, P., BILLIERES, M., MAGNEN, C. (2007) *La surdité phonologique illustrée par une étude de catégorisation des voyelles françaises perçues par les hispanophones.* In: Proc. Percepción y Realidad., Valladolid, Spain, 2007; pp. 187-196.

GHIO, A., POUCHOULIN, G., TESTON, B., PINTO, S., FREDOUILLE, C., DE LOOZE, C., ROBERT, D., VIALLET, F., GIOVANNI, A. (2011), *How to manage sound, physiological and clinical data of 2500 dysphonic and dysarthric speakers?* Speech Communication. 2011; Special Issue "Advanced Voice Assessment".

GERRAT, B., KREIMAN, J., ANTONANZAS-BARROSO, N., BERKE, G. (1993) *Comparing internal and external standards in voice quality judgments.* J Speech Hear Res.; 36(1), 14-20.

Herz, R., *The effect of verbal context on olfactory perception.* (2003)J Exp Psychol Gen. 132(4), 595-606.

HIRANO, M. (1981). Clinical Examination of Voice. Springer Verlag, Wien

KREIMAN, J., GERRAT, B., KEMPSTER, G., ERMAN, A., BERKE, G. (1993). *Perceptual evaluation of voice quality: review, tutorial, and a framework for future research.* J Speech Hear Res. 36(1), 21-40.

MARTENS, J., VERSNEL, H., DEJONCKERE, P. (2007) *The effect of visible speech in the perceptual rating of pathological voices.* Arch. Otolar. Head Neck Surg. 133(2), 178-185.

SIMONS, D., CHABRIS, C. (1999) *Gorillas in our midst: sustained inattentional blindness for dynamic events.* Perception.; 28(9), 1059-1074.

VITEVITCH, M. (2003) *Change deafness: the inability to detect changes between two voices.* J Exp Psychol Hum Percept Perform.; 29(2), 333-342.

WARREN RM., WARREN RP. (1970), *Auditory illusions and confusions.* Sci. Am.; 223, 30-36.

Traitement audiovisuel lors d'une tâche de discrimination syllabique : une étude EEG/IRMf simultanée

Cyril Dubois[1,2] *Rudolph Sock*[2]

(1) Université de Zürich Romanisches Seminar 8 Zürichbergstr. 8032 Zürich

(2) Université de Strasbourg Institut de Phonétique de Strasbourg (IPS) / Équipe Parole et Cognition (PC), U.R. 1339 – LiLPa, 22, rue René Descartes 67084 Strasbourg cedex

cyril.dubois@uzh.ch, sock@unistra.fr

RÉSUMÉ

Nous avons mené une étude anatomo-fonctionnelle simultanée en Imagerie par Résonance Magnétique fonctionnelle / Électro-encéphalographie (IRMf/EEG), en utilisant une tâche de discrimination à choix forcé, portant sur des syllabes CV, selon deux modalités perceptives : audiovisuelle dynamique et audiovisuelle statique, afin de pouvoir observer les bases neurophysiologiques de la perception audiovisuelle syllabique. La tâche de discrimination portait sur des paires syllabiques, s'opposant sur les trois traits suivants : la labialité vocalique, le lieu d'articulation et le voisement consonantiques. Les résultats IRMf montrent un recrutement de structures corticales dans le gyrus temporal supérieur et dans le cortex occipital des deux hémisphères (correspondant à la perception visuelle), ainsi que des activations du cortex prémoteur gauche. L'analyse des potentiels évoqués (EEG) révèle que l'influence des mouvements est précoce et se manifeste dès 150 millisecondes, mais aussi de façon plus tardive autour de 250 ms, après le début du stimulus d'intérêt.

ABSTRACT

Audiovisual processing in syllabic discrimination task: a simultaneous fMRI-EEG study

We conducted a study based on simultaneous fMRI/EEG recordings, in a discrimination task, comprising CV syllables, in two perception modalities: audiovisual dynamic and audiovisual static, in order to investigate the neural substrates of audiovisual syllabic perception. The discrimination task was based on syllable pairs, contrasting three features: vowel lip rounding, consonant place of articulation and voicing. fMRI results show significant activations in the superior temporal gyrus and in the occipital cortex bilaterally (associated with visual perception), and also a recruitment of the left Premotor cortex. Significant evoked potential responses to syllabic discrimination were recorded around 150 ms and 250 ms following the onset of the second stimulus of the pairs, whose amplitude was greater in the dynamic modality compared to the static audiovisual modality. Our results provide arguments for the involvement of the speech motor cortex in speech perception, and suggest a multimodal representation of speech units.

MOTS-CLÉS : Neurophysiologie, EEG/IRMf, perception audiovisuelle, syllabes.

KEYWORDS: Neurophysiology, EEG/fMRI, audiovisual perception, syllables.

1 Introduction

L'objectif général de cette étude est une contribution à la précision du recrutement de zones cérébrales (IRMf) et du *timing* (EEG) impliqués dans les processus de perception de la parole audiovisuelle et, par là même, dans la compréhension du langage articulé. L'intérêt d'une étude couplant simultanément ces deux techniques consiste à recueillir des données sur la localisation et le décours temporel au sein d'une seule et unique session expérimentale. L'avantage de ce recueil simultané repose sur le fait que les phénomènes observés, enregistrés dans des conditions expérimentales similaires, ce qui laisse penser que les processus attentionnels, sensoriels et motivationnels sont identiques (Debener, Ullsperger, Siegel, Fiehler, von Cramon & Engel, 2005). Ainsi, on évite le biais possible de la variation intra-individuelle lors d'enregistrements séparés. Sumby & Pollack (1954) ont démontré que la perception visuelle du visage du locuteur améliorait l'intelligibilité des mots en milieu bruité. Ross, Saint-Amour, Leavitt, Javitt & Foxe (2006) n'observent pas une progression linéaire, le gain étant maximal pour un rapport signal sur bruit de -12 dB. La perception de phonèmes et de syllabes, appartenant à une même classe de visèmes, semble aussi améliorée par la présence d'indices visuels phonologiques (Schwartz, Berthommier & Savariaux, 2004),tout comme la perception des accents lexicaux (Scarborough, Keating, Baroni, Cho, Mattys, Alwan, Auer & Bernstein, 2006). Ces résultats montrent que la perception visuelle a un impact favorable, non seulement, sur l'intelligibilité, mais aussi sur la perception prélexicale. Le cadre théorique sous-jacent que nous avons retenu afin d'ordonner nos résultats est celui de Hickok & Poeppel, (2007) qui reprend l'idée d'un traitement double, et qui postule l'existence d'une voie dite ventrale, qui serait orientée vers la lexicalité (c'est-à-dire principalement vers la compréhension de la parole), et d'une voie dorsale qui serait une interface sensori-motrice (par conséquent impliquée dans la production de la parole). Préalablement à la subdivision en deux voies, deux premières « phases » entrent en jeu : ce sont les traitements acoustique et phonético-phonologique ; les auteurs emploient les notions d'« analyse spectrotemporelle » et de « réseau phonologique ». Notre étude met en jeu deux modalités perceptives se différenciant par la présence ou l'absence de mouvements visuels linguistiquement pertinents. Nous évoquerons par conséquent les modalités audiovisuelles dynamique et statique. À l'aide du paradigme de la soustraction cognitive, nous souhaitons observer les zones cérébrales impliquées dans la perception visuelle de la parole. Dans la perspective d'affiner nos données, nous avons choisi de comparer des syllabes CV se différenciant en fonction d'un seul trait distinctif. Les tâches de discrimination présentent trois contrastes au sein des paires syllabiques. Une opposition portait sur la labialisation vocalique (étirée *vs.* arrondie [i y]). Les deux autres oppositions étaient consonantiques et portaient soit sur le voisement, ou plus précisément sur l'un des indices de l'opposition de sonorité en français, le Délai d'Établissement du Voisement ou “Voice Onset Time” (VOT : sourdes *vs.* sonores : [p b] et [t d]), soit sur les lieux d'articulation (extra *vs.* intra-buccales : [p t] et [b d]). Nous avons retenu ces trois traits en fonction de leur apport visuel à la perception de la parole. La question principale de cette étude est de savoir si l'intégration de la dimension visuelle dans les processus de discrimination phonologique est sous tendue par le recrutement de régions cérébrales dédiées, ou par une modulation de l'activité des réseaux impliqués dans le traitement auditif pur ? Il y a-t-il une implication du cortex auditif primaire lors de la lecture labiale (Calvert, Bullmore, Brammer, Campbell, Williams, McGuire, Woodruff, Iversen & David, 1997) ? On peut aussi s'interroger sur le *timing* des dits processus, en particulier sur une accélération éventuelle de ceux-ci dans le cadre de la perception audiovisuelle dynamique (van Wassenhove, Grant & Poeppel, 2005).

2 Méthode

2.1. Participants

Pour cette étude, nous avons recruté vingt-six participants (quatorze femmes et douze hommes ; âge moyen : 22.6 ± 3.7). Parmi ces vingt-six sujets, seuls onze d'entre eux ont pu être considérés lors de l'analyse des potentiels évoqués (8 femmes et 3 hommes ; âge moyen : 22.55 ± 3.1). Ce sont principalement des artefacts (mouvements oculaires et artefacts cardiaques) qui ont suscité l'exclusion des autres participants.

2.2. Protocole expérimental

Nous avons utilisé un paradigme de discrimination à choix forcé « AX ». Dans ce paradigme, deux stimuli sont présentés l'un après l'autre séparés par une pause. Au sein d'un essai composé de deux syllabes ou de deux stimuli non phonologiques, les participants devaient juger si le second stimulus était identique (AA) ou différent du premier (AB). Ce paradigme a été appliqué aux deux modalités audiovisuelle statique (AVs) et audiovisuelle dynamique (AVd). Chaque tâche de discrimination comprenait huit catégories, constituées de 40 essais, soit un total de 320 paires. Afin d'obtenir une ligne dite de base, 40 essais exempts de tous stimuli étaient présentés durant chaque session (AVs et AVd). L'utilisation de 40 items par catégories est rendue nécessaire par l'IRMf, afin de pouvoir compiler la réponse hémodynamique, ainsi que par l'EEG afin d'obtenir des grandes moyennes statistiquement valides. En raison de l'amplitude très faible du potentiel lié à un événement par rapport à l'activité spontanée du cerveau, il est nécessaire d'enregistrer de nombreuses réponses évoquées par le même événement. Les catégories sont scindées en deux groupes, l'un comprenant les paires appelant une réponse « identique » (AA), et l'autre comprenant les paires appelant une réponse « différente » (AB). Dans ces deux groupes, nous avons introduit des paires ne faisant pas partie du système phonologique du français contemporain. Ces paires non phonologiques sont utilisées afin de faire apparaître les zones cérébrales impliquées dans les processus de traitement de la parole, grâce à la méthode de la « soustraction cognitive ». Cette méthode consiste à mettre en place deux conditions expérimentales en tous points identiques à l'exception du processus d'intérêt, ici la dimension phonologique des stimuli.

2.2.1. Stimuli

Nous avons filmé une locutrice francophone, sans accent identifiable, âgée de 23 ans prononçant les syllabes isolément. Enregistrée à l'aide d'une caméra (Sony DXC D30-Pal), chaque séquence vidéo était constituée de neuf images, soit une durée de 360 millisecondes par syllabe. Pour la modalité AV statique, nous avons utilisé le signal acoustique acquis durant l'enregistrement des séquences filmées. Une image fixe était projetée afin de pouvoir observer l'influence des indices visuels dynamiques lors des analyses comparant les deux modalités perceptives. Nous avons effectué un cadrage de sorte que n'apparaisse que le bas du visage de notre locutrice, afin de limiter les distracteurs et de concentrer l'attention des sujets.

2.2.2. Corpus

Nos stimuli sont constitués d'une part de huit syllabes naturelles du type Consonne – Voyelle (CV) : [pi bi ti di pu bu tu du] et, d'autre part, de huit syllabes naturelles modifiées à l'aide du logiciel Audacity® (paires non phonologiques). Ces paires non phonologiques ont été créées à partir de syllabes naturelles prononcées par la même locutrice. Nous les avons modifiées afin de les rendre méconnaissables, tout d'abord en inversant le décours temporel des images et des sons, puis en appliquant une distorsion aux signaux acoustiques Les syllabes nous ont permis de réaliser des paires minimales. Les paires syllabiques s'opposant par un seul trait articulatoire pertinent ont été construites afin d'étudier trois contrastes opératoires en français contemporain. Ces paires minimales diffèrent en fonction de la labialisation (étirée *vs.* arrondie [i y]) pour l'opposition vocalique, en fonction du voisement (sourdes *vs.* sonores : [p b] et [t d]), et des lieux d'articulation (extra *vs.* intra-buccales : [p t] et [b d]).

2.2.3. Paradigme IRMf/EEG

Nous avons utilisé un paradigme d'IRMf événementiel à intervalle fixe. Les réponses hémodynamiques liées aux stimuli d'intérêt, dans une condition donnée, ont été moyennées. Ensuite, la réponse moyenne, liée aux stimuli dits de « contrôle », a été soustraite à la réponse aux stimuli audiovisuels dynamiques et statiques. Durant l'acquisition d'un volume cérébral (4 sec.), 1800 ms étaient réservées pour la présentation des paires de stimuli. La période pré-stimuli durait 100 ms. Nos syllabes durant 360 ms et l'intervalle inter-stimuli étant de 400 ms, la durée totale de présentation est de 1120 ms (deux fois 360 ms plus 400 ms). La fenêtre d'analyse des potentiels évoqués débute 100 ms avant le début du second stimulus (760 ms). La période post-stimuli durait 580 ms. Par conséquent, la fenêtre d'analyse des potentiels évoqués se terminait 340 ms avant le début des gradients subséquents. Les gradients sont les périodes d'acquisition d'un volume cérébral durant lesquelles un bruit important est généré par le scanner. Ce bruit est dû à l'alternance des champs magnétiques intenses. Des électrodes amagnétiques en chlorure d'argent ont été utilisées, reliées à des amplificateurs différentiels à faible bruit. De plus, les signaux EEG sont parasités par l'activité cardiaque du sujet. Par conséquent, il est nécessaire de réaliser une acquisition simultanée de l'électrocardiogramme (ECG), à l'aide d'un amplificateur (Physiogard, Bruker SARL, Wissembourg France), afin de pouvoir procéder au filtrage de cet artefact cardiaque (Otzenberger, Gounot, Marrer, Namer & Metz-Lutz, 2005). Les signaux EEG et ECG ont été enregistrés à la fréquence de 1000 Hz. Dix-neuf électrodes d'intérêt ont été utilisées durant chaque session, elles étaient placées selon une disposition normalisée appelée « système 10-20 ».

3 Résultats

3.1. Résultats : Comportementaux

Une interaction significative est observée entre nos deux modalités et les différentes paires pour les scores de discrimination ($F(3,45) = 11{,}30$ $p < 0.0001$) et pour les temps de réponse ($F(3,45) = 3.05$ $p < 0.04$). Les paires syllabiques discriminées le moins efficacement sont celles mettant en jeu la labialité en AV statique (82,8 %) ; c'est aussi l'indice le plus lentement identifié (827 ms). Les stimuli non phonologiques en AV statique (92,5 %) et en AV dynamique (95 %) sont significativement moins bien discriminées que les autres, hormis les paires s'opposant sur le lieu d'articulation en AV statique (95,8 %).

3.2. Résultats : Potentiels évoqués

La figure 1 montre les potentiels évoqués recueillis sur l'électrode Fz (vertex frontal). On peut observer deux pics significatifs en modalité AV dynamique (ligne rouge) une onde positive autour de 150 ms et une négative autour de 250 ms. On constate que l'amplitude des potentiels évoqués en modalité AV dynamique est supérieure à celle enregistrée en modalité AV statique, et ce, de façon significative autour de 250 ms. Pour les trois contrastes (labialité:

$T = 4.67$ $p < 10^{-4}$; lieux d'articulation : $T = 3.37$ $p < 0.008$; voisement : $T = 2.95$ $p < 0.009$).

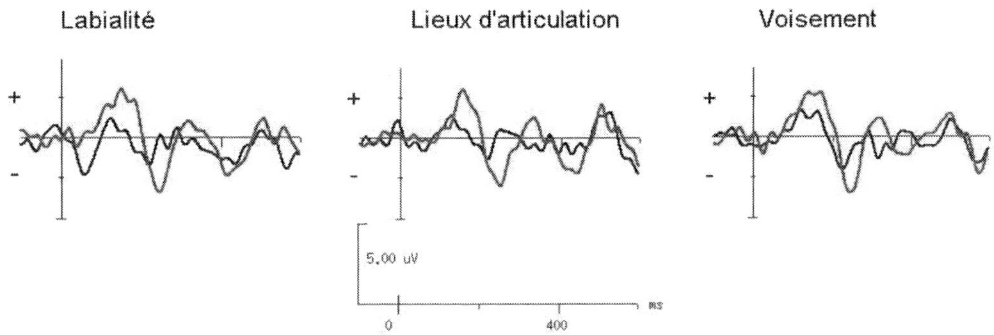

FIGURE 1 : Potentiels évoqués par les réponses correctes à la discrimination des trois contrastes phonologiques (en rouge : AV dynamique ; en noir : AV statique). La fenêtre temporelle s'étend de -100 à + 400 ms ; la ligne verticale représente le début du second stimulus.

3.3. Résultats : IRMf

La figure 2 montre les résultats IRMf pour les réponses aux paires différentes dans les deux modalités. Le cortex temporal supérieur est recruté dans les deux hémisphères pour les deux modalités et par tous les types de stimuli. La région MT/V5 du cortex occipital apparait activée uniquement en AV dynamique. De plus, une zone du cortex prémoteur est activée par les contrastes de voisement et de lieux d'articulation, lors de la présentation AV dynamique.

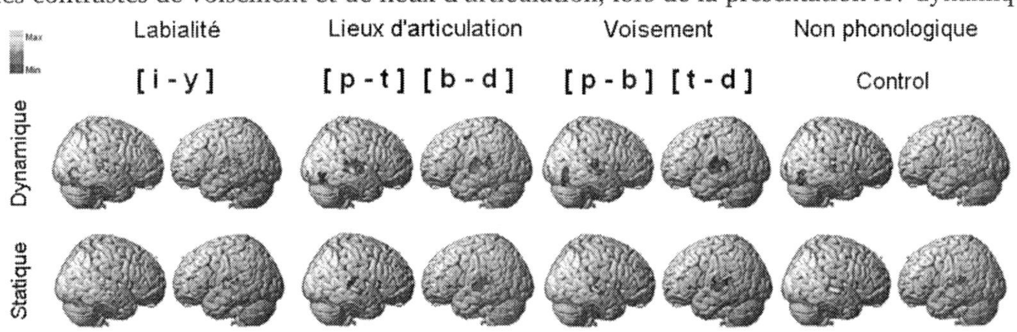

FIGURE 2 : Activations significatives à un niveau $p<.005$, ayant une étendue supérieure à 25 voxels.

4. Discussion

L'influence de la dimension dynamique des mouvements visuels se caractérisent dans nos résultats à deux niveaux. Tout d'abord, les potentiels évoqués par la modalité AV statique ont une amplitude plus faible que ceux évoqués en modalité AV dynamique. L'étude de Ponton, Auer & Bernstein (2002) rapporte un effet similaire, observant un renforcement lors des présentations audiovisuelles de l'onde. Nous n'observons pas de différence significative entre les deux modalités à l'instar de l'étude de Van Wassenhove *et al.* 2005. L'influence des mouvements dynamiques apparait de façon précoce dès 150 ms. et se poursuit aux alentours de 250 ms. La soustraction des activations IRMf suscitées par la modalité AV dynamique, par rapport à la modalité AV statique, met en évidence, dans les deux hémisphères, des activations significativement plus élevées dans la partie inférieure du cortex occipito-temporal, et localisées dans les aires de Brodmann 19 et 37. Cette région est activée par tous types de mouvements (Tong, 2003), incluant les mouvements orofaciaux inhérents à la production de la parole. Contrairement aux données de Calvert *et al.* (1997), les résultats de la soustraction entre les cartes d'activation obtenues, lors de la présentation AV dynamique par rapport à l'AV statique, ne montrent pas d'activation plus marquée du cortex auditif primaire (gyrus de Heschl / Aires de Brodmann 41 et 42), en présence des seuls mouvements orofaciaux langagiers. Nos résultats plaident en faveur d'une modulation de l'activité cérébrale lors de la perception AV dynamique, sans pour autant qu'une région soit dévolue spécifiquement au traitement des indices visuels. L'activation du cortex prémoteur évoque les neurones miroirs (Rizzolatti & Craighero, 2004). L'éventualité que ceux-ci prennent part dans la perception de la parole est encore en débat (Hickok, 2009 ; Skipper, van Wassenhove, Nusbaum & Small, 2007), mais semble appuyée par nos résultats. Les premières questions relatives au rôle et l'implication des aires motrices dans la perception verbale ont été soulevées par la présence d'activation de l'aire de Broca, dans des tâches n'impliquant aucune production articulée (Price, Wise, Warburton, Moore, Howard, Patterson, Fracowiak & Friston, 1996). La découverte du système des neurones miroirs a multiplié les interrogations sur l'implication des régions motrices dans la perception de la parole (Gallese, Fadiga, Fogassi & Rizzolatti, 1996 ; Rizzolatti, Fadiga, Gallese & Fogassi, 1996). Le modèle à deux voies de Hickok & Poeppel (2007) postule que l'aire de Broca et la partie supérieure de l'aire prémotrice (AB 6) font partie de la voie dorsale. Dans notre étude, la discrimination, en modalité AV dynamique, des syllabes s'opposant sur le voisement et sur les lieux d'articulation est associée à l'activation significative d'une région du cortex prémoteur (AB 6). Les coordonnées des pics observés (voisement : $x = -50$; $y = -2$; $z = 52$; lieux d'articulation : $x = -50$; $y = -4$; $z = 52$) sont à mettre en parallèle avec celles rapportées ($x = -50$; $y = -6$; $z = 47$) dans l'étude de Wilson, Saygin, Sereno, & Iacoboni (2004). Ces auteurs ont constaté un recouvrement des activations liées à la perception passive de syllabes CV, avec celles liées à la production orale des mêmes syllabes. Contrairement à ces travaux, nos analyses en cerveau entier révèlent des activations du cortex prémoteur, alors que Wilson *et al.* (2004) ont procédé à une analyse en régions d'intérêt. Néanmoins, n'ayant pas mené de phase de localisation motrice, nous pouvons seulement constater la similarité de nos pics. L'implication du cortex prémoteur peut constituer un lien entre la perception et la production de la parole, *via* le réseau articulatoire de la voie dorsale tel que proposé par le modèle de Hickok et Poeppel (2007). À l'instar de ce modèle qui reconnait une influence réciproque des deux voies l'une sur l'autre, le concept de représentation perceptuo-motrice avancé par Schwartz, Basirat, Ménard, Sato (2010) retient notre attention. Les auteurs considèrent que l'action façonne la perception et vice-versa. Certaines composantes du système des neurones miroirs pourraient constituer un substrat important dans un tel mécanisme. Au vu de nos résultats, on peut envisager que dans des conditions perturbées, la composante motrice des représentations intervienne dans le processus de perception de la parole. Parmi les nombreuses questions qui demeurent, on peut s'interroger sur la nécessité de la perception des indices visuels dans un tel mécanisme. En effet, si la perception visuelle est nécessaire pour l'accès à la composante motrice des représentations, pourquoi n'observons-nous pas des activations du cortex prémoteur lors de la discrimination des paires s'opposant sur le degré de labialisation des voyelles ? Cela pourrait suggérer que l'implication du cortex prémoteur est davantage liée à la composante motrice des représentations plutôt qu'à la perception des indices visuels (Dubois, Otzenberger, Gounot, Sock, Metz-Lutz, 2012)

Remerciements

Ce travail a été financé par un programme de la Maison Interuniversitaire des Sciences de l'Homme Alsace (MISHA), 2008-2012 « Perturbations et Réajustements : parole normale vs. parole pathologique », par une ANR "DOCVACIM" attribuée à l'Institut de Phonétique de Strasbourg / U.R. LiLPa, E.R. Parole et Cognition et par le projet du CS de UdS Gutenberg-Strasbourg, 2009-2011.

Références

CALVERT, G. A., BULLMORE, E. T., BRAMMER, M. J., CAMPBELL, R., WILLIAMS, S. C. R., MCGUIRE, P. K., WOODRUFF, P. W. R., IVERSEN, S. D. & DAVID, A. S. (1997). Activation of auditory cortex during silent lipreading. *Science, 276*, 593-596.

DEBENER, S., ULLSPERGER, M., SIEGEL, M., FIEHLER, K., VON CRAMON, Y. D. & ENGEL, A. K. (2005). Trial-by-trial coupling of concurrent electroencephalogram and functional magnetic resonance imaging identifies the dynamics of performance monitoring. *The Journal of Neurosicence, 25*(50).

DUBOIS, C., OTZENBERGER, H., GOUNOT, D., SOCK, R. & METZ-LUTZ, M.-N. (2012). Visemic processing in audiovisual discrimination of natural speech: A simultaneous fMRI-EEG study. Neuropsychologia

GALLESE, V., FADIGA, L., FOGASSI, L. & RIZZOLATTI, G. (1996). Action recognition in the premotor cortex. *Brain, 119*, 535-609.

HICKOK, G. (2009). Eight Problems for the Mirror Neuron Theory of Action Understanding in Monkeys and Humans. *Journal of Cognitive Neuroscience, 21*(7), 1229-1243.

OTZENBERGER, H., GOUNOT, D., MARRER, C., NAMER, I. J. & METZ-LUTZ, M.-N. (2005). Reliability of Individual Functional MRI Brain Mapping of Language. *Neuropsychology, 19*(4).

PONTON, C. W., AUER, E. T. & BERNSTEIN, L. E. (2002). Neurocognitive basis for audio-visual speech perception: evidence from event-related potentials. *7th International Conference on Spoken Language Processing, DENVER, USA.* .

PRICE, C. J., WISE, R. J. S., WARBURTON, E. A., MOORE, C. J., HOWARD, D., PATTERSON, K., FRACOWIAK, R. S. J. & FRISTON, K. J. (1996). Hearing and saying The functional neuro-anatomy of auditory word processing. *Brain, 119.*

RIZZOLATTI, G. & CRAIGHERO, L. (2004). The mirror-neuron system. *Annual Review Neuroscience, 27*, 169-192.

RIZZOLATTI, G., FADIGA, L., GALLESE, V. & FOGASSI, L. (1996). Premotor cortex and the recognition of motor actions. *Cognitive brain research 3*, 131-141.

ROSS, L. A., SAINT-AMOUR, D., LEAVITT, V. M., JAVITT, D. C. & FOXE, J. J. (2006). Do You See What I Am Saying? Exploring Visual Enhancement of Speech Comprehension in Noisy Environments. *Cerebral Cortex 10.*

SCARBOROUGH, R., KEATING, P., BARONI, M., CHO, T., MATTYS, S., ALWAN, A., AUER, E. J. & BERNSTEIN, L. (2006). Optical Cues to the Visual Perception of Lexical and Phrasal Stress in English. *UCLA Working Papers in Phonetics, 105.*

SCHWARTZ, J. L., BERTHOMMIER, F. & SAVARIAUX, C. (2004). Seeing to hear better: evidence for early audio-visual interactions in speech identification. *Cognition 93.*

SCHWARTZ, J.-L., BASIRAT, A., MÉNARD, L., SATO, M. (2010) The Perception-for-Action-Control Theory (PACT): A perceptuo-motor theory of speech perception. *Journal of Neurolinguistics,* vol. In Press, Corrected Proof.

SKIPPER, J. I., VAN WASSENHOVE, V., NUSBAUM, H. C. & SMALL, S. L. (2007). Hearing Lips and Seeing Voices: How Cortical Areas Supporting Speech Production Mediate Audiovisual Speech Perception. *Cerebral Cortex.*

SUMBY, W. H. & POLLACK, I. (1954). Visual Contribution to Speech Intelligibility in Noise. *JASA, 26*(2).

TONG, F. (2003). Primary visual cortex and visual awereness. *Cognitive Neuroscience, 4.*

VAN WASSENHOVE, V., GRANT, K. W. & POEPPEL, D. (2005). Visual speech speeds up the neural processing of auditory speech. *PNAS, 102*(4), 1181-1186.

WILSON, S. M., SAYGIN, A. P., SERENO, M. I. & IACOBONI, M. (2004). Listening to speech activates motor areas involved in speech production. *Nature Neuroscience, 7*(7), 701-702.

La mie de pain n'est pas une amie : une étude EEG sur la perception de différences infra-phonémiques en situation de variations.

Stéphane Pota[1,2] *Elsa Spinelli*[1] *Véronique Boulenger*[3] *Emmanuel Ferragne*[3]
Léo Varnet[2] *Michel Hoen*[2] *Fanny Meunier*[2]
(1) Laboratoire de Psychologie et NeuroCognition, CNRS UMR5105, Grenoble
(2) Centre de Recherche en Neurosciences de Lyon, INSERM U1028, CNRS UMR5292, Bron
(3) Laboratoire Dynamique du Langage, CNRS UMR5596, Lyon
stephane.pota@gmail.com

RESUME

Nous avons examiné les corrélats électrophysiologiques de la sensibilité des auditeurs aux indices acoustiques fins en condition de variabilité intra-locuteur dans le but de tester la pertinence de tels indices durant le traitement de la parole. Pour ce faire, une version modifiée du paradigme Oddball a été utilisée avec pour stimuli des syllabes homophones telles que *la* et *l'a* et dans une seconde expérience des séquences plus longues telles que *la mie* et *l'amie*. Le principal résultat de cette étude a été l'observation d'une négativité de discordance (MMN) pour les déviants homophones. Le système de perception de la parole est par conséquent sensible aux différences infra-phonémiques entre des séquences homophones malgré le contexte de variabilité de la parole. Les indices acoustiques fins sont donc assez robustes pour pouvoir jouer un rôle dans le traitement de la parole.

ABSTRACT

Robustness of fine acoustic cues and Speech variability: a Mismatch Negativity study

We examined electrophysiological correlates of listener's sensitivity to fine acoustic cues in intra-speaker variability conditions in order to test the relevance of such cues for the speech perception system. For this purpose, a modified oddball paradigm has been used with syllables such as French homophones *la* and *l'a,* and in a second experiment with longer sequences such as *la mie* and *l'amie,* both /lami/. The main result of this study was the observation of a mismatch negativity (MMN) for homophone deviants. Speech perception system is thus sensitive to subphonemic differences between homophone sequences despite the speech variability. Fine acoustic cues are robust enough to play a role in speech processing.

MOTS-CLES : Indices acoustiques fins, Mismatch Negativity, traitement de la parole
KEYWORDS: Fine acoustic cues, Mismatch Negativity, speech processing

1 Introduction

Afin de comprendre la parole, les auditeurs doivent faire le lien entre l'information sensorielle provenant de l'input acoustique et les entrées lexicales stockées en mémoire à long terme. Deux problèmes majeurs sont rencontrés lors de la reconnaissance de la parole : la continuité et la variabilité de son signal acoustique. Parce que ce signal est continu, les auditeurs doivent segmenter le flux afin d'identifier les mots. Par exemple, le phénomène d'élision rend certaines séquences phonologiquement ambiguës (comme *l'amie* vs *la mie*) : une segmentation correcte est nécessaire pour une bonne compréhension. Bien que ces séquences soient homophones (i.e., dont la transcription phonémique est identique, ici /lami/), il existe tout de même de légères différences acoustiques entre les membres de telles paires comme la montée initiale de fréquence fondamentale (*F0*), caractéristique des débuts de mots de contenus (elle apparaît ici au début de *l'amie* et de *mie*). Spinelli et al. (2010) ont montré au niveau comportemental que, pour une production donnée, ces indices acoustiques fins pouvaient être pertinents lors de la segmentation des mots par les auditeurs.

Bien qu'il semble maintenant admis que certains indices acoustiques soient utilisés en temps réel pour influencer la reconnaissance des mots par les auditeurs, certaines questions importantes restent pour l'instant sans réponse. Il reste notamment à établir si ces indices sont suffisamment robustes pour être utilisés dans un contexte de productions multiples. En effet, il s'avère que les productions d'un même mot, d'une même séquence, par un même locuteur diffèrent les unes des autres (variabilité intra-locuteur). Cependant les auditeurs semblent garder une trace des probabilités de distribution des signaux acoustiques qui leur sont associées : ils ne sont donc pas seulement sensibles aux informations acoustico-phonétiques, mais aussi à leurs probabilités de distribution. Par exemple, il a été montré que des informations acoustico-phonétiques telles que le VOT (Voice Onset Time) sont capables de restreindre l'activation d'une seule des deux langues pour un auditeur bilingue (Ju et Luce, 2004).

Si certaines caractéristiques acoustiques constituent des indices robustes, notamment pour la segmentation du flux continu, alors elles devraient être disponibles d'une production à l'autre malgré la variabilité du signal et le système neural devrait être sensible à ces différences. La présente étude a donc pour but de tester la robustesse de certains indices acoustiques fins, différenciant des séquences homophones comme *l'amie* vs *la mie*, en conditions de productions multiples.

Afin d'éviter toute focalisation particulière de l'attention des auditeurs sur la forme des mots (ce qui est généralement le cas dans les études comportementales), nous avons ici utilisé une tâche passive couplée à l'enregistrement de potentiels évoqués (PEs). Nous nous sommes intéressés plus particulièrement à une composante majeure des PEs auditifs, associée à la détection de tout changement inattendu dans certains aspects réguliers d'un flux auditif continu: la négativité de discordance (en anglais **MMN** ou Mismatch Negativity ; Näätänen & Alho, 1995). La MMN est une négativité fronto-centrale avec un pic entre 150 et 250 ms après l'apparition du stimulus. Ce PE est obtenu classiquement dans un paradigme dit 'Oddball' au cours duquel un son rare (le *déviant*) apparaît dans une série de stimuli plus fréquents (les *standards*), et cela, indépendamment de l'attention du sujet ou de la tâche proposée. Des études ont montré l'apparition d'une MMN pour des phonèmes déviants, alors même que les phonèmes standards étaient issus de multiples productions (par différents locuteurs, Shestakova et al., 2002), ce qui suggère que ce sont les régularités partagées par les différents standards qui importent. Dans notre étude nous nous sommes intéressés à la perception de différences acoustiques fines infra-phonémiques, pour des séquences homophones. Nous avons examiné les corrélats électrophysiologiques du traitement d'indices acoustiques fins avec une version modifiée du paradigme Oddball (Brunellière et al., 2010) dans lequel chaque stimulus provenait de productions différentes d'un même locuteur. Dans la première expérience (ExpCV) nous nous sommes intéressés aux syllabes homophones [la#] vs [l#a], et dans la deuxième (ExpMot) à des séquences nominales homophones telles que *la mie* vs *l'amie.*

2 Matériel et méthodes

2.1 Participants, Stimuli et Procédure

Trente-six volontaires de langue maternelle française et âgés de 18 à 24 ans ont participé à notre étude (18 sujets pour chaque expérience : ExpCV : M=22 ans ; SD=3 ; 10 femmes; ExpMot : M=21 ans ; SD=3 ; 9 femmes). Ils étaient tous droitiers, normoentendants, sans troubles du langage, et sans antécédents de maladies neurologiques.

Les séquences nominales françaises: *la locution, l'allocution,* et *l'illocution* ont été extraites de phrases enregistrées par une même locutrice de langue maternelle française (durées moyennes respectives des syntagmes nominaux = 889 ms, 823 ms et 827 ms; normalisation à 65 dB-A). Chacun de ces stimuli provenait de 5 productions différentes de chaque mot. De ces stimuli ont ensuite été extraites les syllabes /la/ ([la#] de *la locution* ou [l#a] de *l'allocution*) et /li/ (durée moyennes respectives = 140 ms, 202 ms et 197ms, *F0* moyennes respectives à la mi-voyelle =163Hz, 183Hz et 173Hz).

Les passations se sont déroulées dans une salle à isolation électroacoustique. Les sujets, confortablement installés devant un écran d'ordinateur, devaient regarder un film de leur choix sans le son, tout en ignorant les stimuli présentés en stéréophonie via un casque (niveau d'écoute confortable de 65 dB-A). Les sons étaient présentés dans une version modifiée du paradigme *Oddball* (cf. Fig.1), dans lequel une série de quatre standards (identiques mais provenant de productions différentes) était toujours suivie par un stimulus en position test qui pouvait être identique aux standards (**condition identique**, i.e. autre production d'un standard) ou bien être différent, (i) soit en étant un homophone /la/ (**condition homophone** ; parmi 5 productions différentes), (ii) soit un non homophone /li/ (**condition non homophone** ; également parmi 5 productions différentes). Les positions des stimuli ont été pseudo-aléatoirisées et les stimuli étaient séparés par un ISI (Inter-Stimulus Interval) de 500 ms. Chaque expérience a été divisée en deux blocs consécutifs de 1800 stimuli chacun (80% de standards et 20% de stimuli en position test). Les Blocs[l#a] avait pour standard [l#a] et les Blocs[la#], [la#]. L'ordre de présentation des blocs a été contrebalancé entre les sujets.

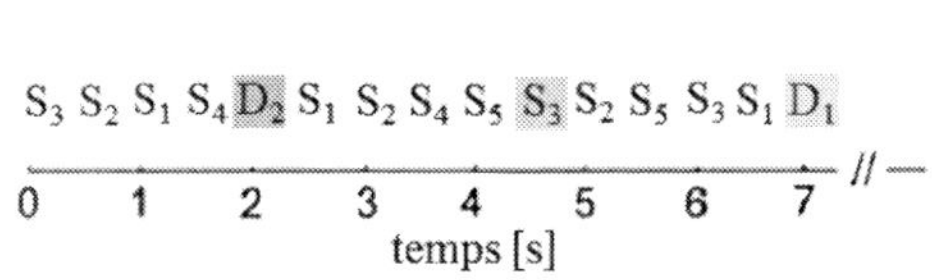

FIGURE 1 – Exemple de séquence.
S_n correspond aux Standards et D_n aux déviants. Encadré en rouge, la *condition homophone*, en vert la *condition non homophone*, et en bleu, la *condition identique*.

2.2 Acquisition et Analyses de l'EEG

L'acquisition EEG a été réalisée avec le système Biosemi à 32 électrodes actives (Electro-Cap International, INC, Ohio, USA ; Biosemi, ActiveTwo, version 5.36) posées sur le scalp des participants selon le système international 10-20. Le signal EEG a été recueilli à une fréquence d'échantillonnage de 2 kHz sur une bande passante de [0.1-400 Hz]. L'enregistrement a été référencé sur la référence commune (CMS) et 1 terre (DRL) directement intégrées au bonnet. L'apparition de chaque son était associée à un marqueur généré par le logiciel Presentation (Neurobs).

Les différentes analyses ont été réalisées avec Fieldtrip (Oostenveld et al., 2011 ; Donders Institute for Brain, Cognition and Behaviour, Pays-Bas). Les données brutes ont d'abord été analysées individuellement. Les conditions de rejet des enregistrements ont été les suivantes : nombre d'électrodes bruitées ≥ 6 ou nombre d'essais bruités par condition > 10%. Ainsi, pour l'ExpCV comme pour l'ExpMot, 16 participants ont fourni des enregistrements de qualité satisfaisante pouvant être inclus dans les analyses ultérieures. Pour les enregistrements conservés, a été réalisée une segmentation automatique calée sur la présentation des stimuli sur une fenêtre temporelle de -200 ms à +600 ms pour les syllabes, et de -200 ms à +900 ms pour les mots. Une normalisation a été appliquée aux segments en définissant la période pré-stimulus de 200 ms comme ligne de base. Pour l'analyse qualitative des segments, une analyse en composantes indépendantes (ACI) nous a permis d'identifier les artéfacts oculaires et cardiaques, et d'en exclure les composantes avant de recomposer un signal EEG débruité. Les données nettoyées de tout artéfact ont alors pu être moyennées. La visualisation des PEs s'est faite en réalisant au préalable un re-référencement sur la base de l'activité moyenne de deux électrodes externes placées sur les mastoïdes (référence « linked-mastoïd »). Un filtre passe-bas de 20 Hz ainsi qu'un filtre coupe-bande à 50 Hz ont été appliqués offline. Pour chacune des conditions, la procédure classique d'observation des MMNs a été appliquée (par la soustraction PE-déviant moins PE-standard). En accord avec des études précédentes, la réponse MMN est maximale pour la plupart des déviants sur une électrode se rapprochant de Fz dans le système 10-20, cette électrode a donc été choisie pour l'analyse statistique.

Pour chaque bloc et chaque participant, des analyses basées sur un rolling t-test ont été réalisées sur toute la durée des segments afin d'effectuer la comparaison des amplitudes entre les PEs Standard et Déviant. Il s'agissait de déterminer la significativité des pics d'amplitude de l'onde de différence. L'amplitude et la latence exactes des MMNs ont ensuite été mesurées pour chaque sujet dans une fenêtre de 40 ms, centrée sur les pics. En complément, nous avons utilisé une méthode statistique appelée test non paramétrique par « partitionnement de données » dit « en cluster » (Maris et Oostenveld, 2007), pour étudier le décours temporel et la topographie exacte des évènements de négativité, les clusters étant des zones dans les représentations temporelles pour lesquelles les valeurs d'énergies diffèrent significativement entre deux conditions. Avec cette méthode, il ne s'agit plus de chercher si un point de l'espace temps-électrodes permet de rejeter l'hypothèse nulle (selon laquelle deux conditions sont équivalentes), mais de vérifier si l'on obtient un ensemble contigu de ces points, les « clusters », suffisamment grand pour ne pas être le fruit du hasard.

3 Résultats

3.1 Différences PEs Déviants – Standards et Clusters significatifs

La Fig.2 présente les signaux du grand moyennage de la différence (déviant – standard) sur Fz. Les tracés révèlent une large réponse négative, identifiée comme étant la MMN :

(i) pour la **condition non homophone** (<u>ExpCV</u> : Bloc[l#a] = +201 ms/-3.22 µV, Bloc[la#] = +201 ms/-2.46 µV ; <u>ExpMot</u> : Bloc[l#a] = +249 ms/-2.79 µV, Bloc[la#] = +247 ms/-1.71 µV),

(ii) et pour la **condition homophone** (<u>ExpCV</u> : Bloc[l#a] = +236 ms/-2.30 µV, Bloc[la#] = +274 ms/-1.30 µV ; <u>ExpMot</u> : Bloc[l#a] = +241 ms/-1.76 µV, Bloc[la#] = +182 ms/-0.86 µV).

Pour la **condition identique**, aucune MMN n'a été observée.

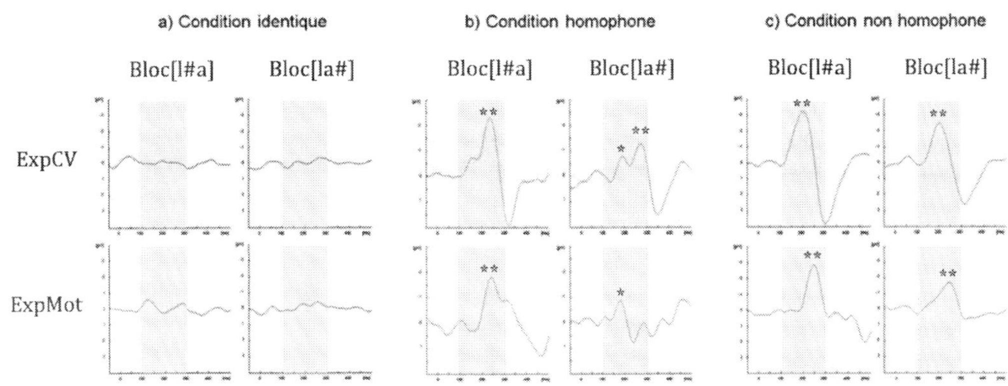

FIGURE 2 – Tracés des différences Déviant–Standard sur Fz.
La fenêtre temporelle de la MMN [100-300ms] est colorée.
Pics négatifs significatifs au rolling t-test: ** = p < .01, et, * = p < .05

Les topographies des clusters significatifs sont présentées, à leur apparition, sur la Fig.3. Toutes les négativités de notre fenêtre temporelle débutent sur quelques sites fronto-centraux, latéralisés ou non, qui se propagent ensuite sur toutes les électrodes fronto-centrales jusqu'à l'atteinte du sommet du pic négatif de la MMN.

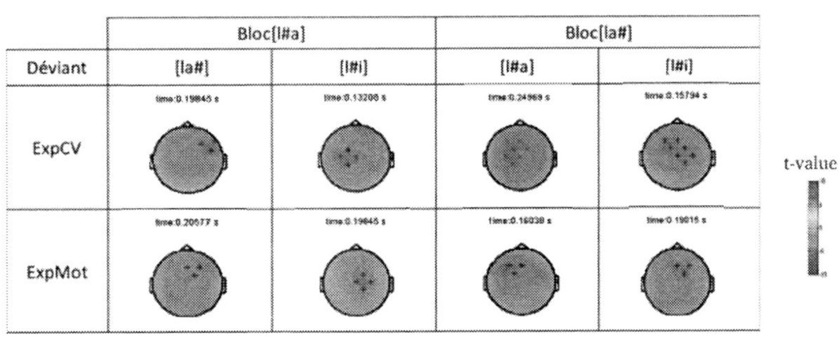

FIGURE 3 – Moment d'apparition et topographie des Clusters significatifs
pour la négativité induite par les différentes déviations.

Bloc-[l#a]. Le déviant [la#] a produit une négativité fronto-centrale et **latéralisée à droite** commençant à +198 ms (fin à +241 ms) sur 3 électrodes (F4, F8, Fc6). Un cluster similaire a été observé pour le déviant *la locution* à +205 ms (fin à +269 ms) sur 3 sites (Fz, F4, Fc2). Pour la condition non-homophone, un cluster apparaît dans les 2 cas sur 4 sites centraux, latéralisé à gauche pour l'ExpCV (de +132 ms à +240 ms) et à droite pour l'ExpMot (de +198 ms à + 291 ms).

Bloc-[la#]. Pour le déviant [l#a], le cluster apparaît de manière moins localisée sur 7 électrodes fronto-centrales (de +249 ms à +289 ms), tout comme le déviant [l#i] (de +158 ms à + 249 ms). Le cluster de l'évènement négatif pour le déviant *l'allocution* apparaît **latéralisé à gauche** à +160 ms (fin à +201 ms) sur 3 électrodes frontales (F3, Fz, Fc1). Pour le déviant l'illocution, il apparaît sur 3 électrodes fronto-centrales latéralisées à droite (Fz, F4, Fc2 : de +190 ms à +278 ms).

3.2 Différences entre les MMNs

3.2.1 Condition homophone vs Condition non homophone

Dans l'ExpCV, les **MMNs observées pour la condition homophone ont été significativement plus tardives et moins négatives** que celles observées pour les conditions non homophones /li/ (+35 ms / +0.92 µV pour [la#] et +73 ms / +1.16 µV pour [l#a], ps<.001).

Les **MMNs pour *la locution* et *l'allocution* ont également été les moins négatives** (respectivement +1.03 µV et +0.85 µV par rapport aux MMNs pour *l'illocution*, ps<.001). La latence de la MMN pour le déviant *l'illocution*, bien que plus importante que celle observée pour la condition homophone *la locution* (+8 ms), n'a pas été significativement différente (t15=0.609, p>.1). Par contre, elle l'a été par rapport à celle du déviant *l'allocution* (+65 ms, t15=5.040, p<.001).

3.2.2 Bloc-[l#a] vs Bloc-[la#]

Dans l'ExpCV, la comparaison des deux conditions homophones a montré **un pic pour la MMN du déviant [l#a] significativement plus tardif et moins négatif** que celui de la MMN du déviant [la#] (+38 ms, t15=4.929, p<.001 ; +1.00 µV, t15=3.439, p<.005). Au cours de l'ExpMot, **la négativité observée pour le déviant *l'allocution* a été significativement plus précoce et moins négative** que la MMN pour *la locution* (-60 ms, t15=-5.094, p<.001 ; +0.90 µV, t15=2.294, p=.037).

On peut également noter qu'aucune différence de latence n'a été observée entre les MMNs pour les déviants /li/ en fonction des blocs, et cela dans les deux expériences. En ce qui concerne les amplitudes, pour l'ExpCV comme pour l'ExpMot, les MMNs de la condition non homophone des Blocs-[l#a] ont été plus négatives que celles observées dans les Blocs-[la#] (-0.76µV pour l'ExpCV, -1.08µV pour l'ExpMot, ps<.001).

4 Discussion

La présente étude avait pour objectif de tester la robustesse des indices acoustiques fins différenciant des séquences homophones en conditions de productions de variabilité intra-locuteur, et d'examiner le décours temporel du traitement de tels indices par le système de perception de la parole. Pour ce faire, nous nous sommes intéressés à un marqueur cortical : la MMN, obtenue à l'aide d'une version modifiée du paradigme Oddball, dans laquelle chaque stimulus provenait de productions naturelles différentes d'un même locuteur.

Nos résultats montrent clairement que les indices acoustiques qui différencient les homophones /la/ sont encodés durant le traitement de la parole et cela, malgré la variabilité des stimuli, standards comme déviants. En effet, une MMN a été obtenue pour les deux conditions homophones de l'ExpCV et de l'ExpMot. De plus, aucune MMN n'a été observée pour la condition identique (autre production d'un standard en position test) : ce qui confirme l'importance des régularités partagées par les standards variables dans la formation de la trace de mémoire sensorielle. La condition non homophone a quant à elle toujours généré des MMNs plus amples que celles observées pour les conditions homophones et dans l'ExpCV, les déviants [l#i] sont ceux qui ont été détectés le plus rapidement. Ces résultats sont en accord avec la littérature puisque *l'i* et *l'illocution* diffèrent phonologiquement des standards et des MMNs étaient par conséquent attendues. De plus, peu importe le standard (*l'a* ou *la*), les MMNs de la condition non homophone ne diffèrent pas en latence.

Un autre résultat, plus surprenant, apparait dans nos données : une asymétrie d'amplitude observée selon la nature du standard. Les blocs avec [l#a] en standard présentent en effet des MMNs plus négatives que les blocs avec [la#] en standard (en moyenne -0.9 μV) quelle que soit la nature du déviant (homophone et non homophone) et l'unité de stimulation (CV ou Mot). Cette asymétrie pourrait être sous tendue par des différences de robustesse des indices acoustiques de chaque homophone. En effet, des analyses acoustiques de nos stimuli ont montré une plus grande variabilité (durée de la syllabe ainsi que du premier formant *F1* de la voyelle) dans les productions des différents [la#] par rapport à celles des différents [l#a]. Il est ainsi envisageable que les standards [l#a], moins variables, produisent une trace plus définie permettant une détection plus efficace des déviants. Selon Näätänen et al. (2010), la trace sensorielle formée par les standards n'inclut pas seulement l'information de l'input auditif précédant mais aussi des prédictions sur les futurs évènements auditifs. En d'autres termes, la MMN serait générée lorsque les modèles prédictifs de l'environnement auditif échouent, et aurait pour fonction principale l'ajustement du modèle neuronal, permettant une meilleure description des régularités de l'environnement auditif. Ainsi, la trace formée par les standards [l#a] (*l'a* et *l'allocution*) pourrait engendrer des prédictions plus précises, ce qui augmenterait la sensibilité aux déviants et donc l'amplitude des MMNs. A l'inverse, [la#], qui correspond également à un des articles les plus fréquents de la langue française, engendre des productions naturelles bien moins stables, et ainsi des traces moins définies, ce qui a pour conséquence d'engendrer des prédictions moins précises, et donc, de rendre plus difficile la détection d'une divergence.

Une autre asymétrie a également été observée entre les 2 expériences. Dans l'ExpMot, la négativité observée pour la condition homophone *l'allocution* a en effet été très précoce (+182 ms) par rapport aux autres MMNs des deux expériences (en moyenne, +236 ms) et en particulier en comparaison avec la même condition de l'ExpCV, pour laquelle le pic d'amplitude de la MMN observée pour le déviant [l#a] est à +274 ms. Cet évènement négatif précoce pourrait avoir pour origine un mécanisme différent. Sa topographie bien différenciée sur une aire frontale-gauche, tout comme sa précocité, semble être comparable à celle de la MMN-syntaxique de Pülvermüller et Shtyrov (2003). La trace formée par les standards *la locution* pourrait ainsi contenir une information de type grammatical, liée à la présence du déterminant [la#], dont l'absence dans le déviant *l'allocution* produirait cette négativité précoce. Dans tous les cas, et cela est généralisable à toutes les MMNs obtenues, nos données sur la topographie d'apparition des clusters de négativité suggèrent de possible différences de générateurs de MMN. Cependant, l'interprétation de la latéralisation avec nos données de PEs ne permettent pas de conclure puisqu'aucune localisation de source n'a été effectuée.

En conclusion, la présente étude a montré que certains indices acoustiques fins sont suffisamment robustes en situation de variations intra-locuteurs pour pouvoir jouer un rôle important dans le traitement de la parole en français. Les recherches à venir viseront à identifier clairement ces indices et à clarifier les asymétries observées.

Références

BRUNELLIERE, A., DUFOUR, S., NGUYEN, N., et FRAUENFELDER, U.H. (2009). Behavioral and electrophysiological evidence for the impact of regional variation on phoneme perception, *Cognition*, 111(3), pages 390-396.

JU, M. et LUCE, P. A. (2004). Falling on sensitive ears: Constraints on bilingual lexical activation. *Psychological Science*, 15, pages 314–318.

MARIS, E. et OOSTENVELD, R. (2007). Nonparametric statistical testing of EEG- and MEG-data. *Journal of Neuroscience Methods*, 164, pages 177–190.

NÄÄTÄNEN, R. et ALHO, K. (1995). Mismatch negativity – A unique measure of sensory processing in audition. *International Journal of Neuroscience*, 80, pages 317–337.

NÄÄTÄNEN, R., ASTIKAINEN, P., RUUSUVIRTA, T., et HUOTILAINEN, M. (2010). Automatic auditory intelligence: an expression of the sensory-cognitive core of cognitive processes. *Brain Research Reviews*, 64, pages 123-136.

OOSTENVELD, R., FRIES, P., MARIS, E. et SCHOFFELEN, J.M. (2011). FieldTrip: Open Source Software for Advanced Analysis of MEG, EEG, and Invasive Electrophysiological Data. *Computational Intelligence and Neuroscience*, 2011, pages 1-9.

PULVERMÜLLER, F. et SHTYROV, Y. (2003). Automatic processing of grammar in the human brain as revealed by the mismatch negativity. *Neuroimage*, 20, pages 159–172.

SHESTAKOVA, A., BRATTICO, E., HUOTILAINEN, M. et al. (2002). Abstract phoneme representations in the left temporal cortex: Magnetic mismatch negativity study. *NeuroReport*, 13(14), pages 1813–1816.

SPINELLI, E., WELBY, P. et. SCHAEGIS, A.L. (2007). Fine-grained access to targets and competitors in phonemically identical spoken sequences: The case of French elision. *Language and Cognitive Processes*, 22, pages 828–859.

SPINELLI, E., GRIMAULT, N., MEUNIER, F. et WELBY, P. (2010). An intonational cues to word segmentation in phonemically identical sequences. *Attention, Perception, & Psychophysics*, 72(3), pages 775-787.

Index